Thomas A. Powell

HTML
Ent-Packt

Übersetzung aus dem Amerikanischen von
Dirk Chung, Andreas Klünder

mitp

Die Deutsche Bibliothek –
CIP-Einheitsaufnahme

Ein Titeldatensatz für diese Publikation ist
bei Der Deutschen Bibliothek erhältlich.

ISBN 3-8266-0894-1
1. Auflage 2002

Übersetzung der amerikanischen Originalausgabe
Thomas A. Powell, HTML, The Complete Reference, Third Edition

Printed in Germany
© Copyright 2002 by mitp-Verlag GmbH, Bonn,
ein Geschäftsbereich der verlag moderne industrie AG&Co.KG, Landsberg

Lektorat: Sabine Schulz
Sprachkorrektorat: Petra Heubach-Erdmann
Druck: Media-Print, Paderborn
Satz und Layout: G&U e.Publishing Services GmbH, Flensburg

Inhaltsverzeichnis

Kapitel 9:   HTML und Multimedia   247

Kapitel 10: Style Sheets   269

Kapitel 13: Einführung in JavaScript und DHTML 413

Kapitel 14: Clientseitige Programmierung: PlugIns, ActiveX und Java 447

Anhang B: Style-Sheet-Referenz   805

Anhang C: Sonderzeichen   881

Einleitung

Informationen zum Inhalt

Sie haben die erste Auflage von HTML Ent-Packt vor sich. Wie Sie sicher gemerkt haben, geht der Umfang dieses Buches weit über reines HTML hinaus.

Zum einen liegt das daran, dass wir der Meinung sind, dass es nicht viel nützt die HTML Befehle zu kennen, ohne zu wissen wie sie anzuwenden sind. Daher finden Sie im ersten Teil neben einer Einführung in HTML (und dem verwandten XHTML) auch Hinweise darauf, worauf Sie bei der Arbeit mit dieser Markierungssprache und der Planung und Durchführung eines Web-Projekts besonders achten sollten.

Der zweite Teil widmet sich ausführlich den HTML Elementen. Sie finden eine thematisch geordnete Übersicht über alle HTML Befehle und deren Anwendung. Natürlich kommen hier auch die verschiedenen Attribute zur Sprache, die Ihnen eine Vielzahl von zusätzlichen Einstellungs- und Verfeinerungsmöglichkeiten bieten. Der Schwerpunkt liegt hier bei den verschiedenen Möglichkeiten von Verweisen, dem Hauptmerkmal einer Hypertext-Sprache. Diese reichen von der Verknüpfung einfacher Textstellen, bis hin zu klicksensitiven Grafiken mit mehreren verschiedenen Sprungzielen, sogenannten Imagemaps.

Der folgende Teil III beschäftigt sich dann vor allem mit den gestalterischen Aspekten der Webseitenprogrammierung. Sie erfahren hier, wie die Optik von Webseiten mit Hilfe von Farben, Hintergründen und Tabellen kontrolliert wird, wie Sie Ihre Dokumente mit Hilfe von Frames besser organisieren können, und wie man einem Internet- (oder Intranet-) Auftritt mit Hilfe von multimedialen Elementen mehr Attraktivität verleiht. Am Ende des dritten Teils verlassen wir erstmals die Pfade des »reinen HTML« und widmen uns ausführlich den Style Sheets – einer Art von selbst erstellbaren Formatvorlagen für HTML Dokumente.

Teil IV behandelt einen weiteren Aspekt der Interaktivität: die Programmierung. Sie erhalten zunächst einen ausführlichen Überblick über die einzelnen Formularelemente, und werden anschließend in die Grundlagen der Client-/Server-Programmierung eingeführt. Serverseitig beschäftigen wir uns vor allem mit den für das WWW relevanten Themen CGI, SSI und ASP. Bei der clientseitigen Programmierung gilt das Hauptaugenmerk JavaScript und DHTML, sowie der Implementierung von PlugIns, ActiveX Steuerungen und Java Applets.

Nachdem die Webseiten fertig sind, müssen natürlich auch Fragen der Übertragung und der Veröffentlichung geklärt werden. Dem wird im fünften Teil des Buches Rechnung getragen. Sie erfahren zunächst, worüber Sie sich Gedanken machen sollten, wenn Sie Ihre Seiten dem Rest der Welt zugänglich machen wollen, ob Sie einen eigenen Server betreiben oder einen Internet Service Provider beauftragen wollen, und was bei der Auswahl eines Providers zu beachten ist. Im Anschluss daran werden verschiedene Fragen bezüglich des Sitemanagements angesprochen. Dazu gehören vor allem die Meta-Informationen, die sich im Kopf eines jeden HTML-Dokuments befinden sollten, sowie das Thema Suchmaschinen, und hierbei vor allem, wie Sie Ihre Seiten für die Katalogisierung bei diesen Suchdiensten optimieren können.

Der letzte Teil befasst sich schließlich mit einem Ausblick auf die nähere und die fernere Zukunft. Hier steht vor allem ein kurzer Einblick in die Sprache XML im Vordergrund, die Ihnen anhand von einigen lauffähigen Beispielen näher gebracht werden soll.

Für wen ist dieses Buch geeignet?

Dieses umfassende Handbuch richtet sich grundsätzlich an alle, die sich näher mit dem Erstellen von Webseiten beschäftigen, oder dies vorhaben. Sofern Sie eine ungefähre Ahnung haben, wie eine Webseite aussieht, benötigen Sie keinerlei Vorkenntnisse. Der logische Aufbau dieses Buches macht es auch »echten Anfängern« leicht, sich schnell in diese Markierungssprache einzuarbeiten. Aber auch für diejenigen, die sich bereits mit HTML auskennen, hat dieses Buch jede Menge – sicher auch neues - zu bieten. Sowohl Einsteiger, als auch Erfahrenere dürften davon profitieren, dass sich der Inhalt nicht ausschließlich auf HTML konzentriert, sondern den Blick recht weit über den Tellerrand schweifen lässt, und auch bei diesen Themen nicht nur an der Oberfläche kratzt.

HTML Ent-Packt ist jedoch nicht nur ein reines Lehrbuch. Es lässt sich auf Grund der vollständigen Befehlsübersichten im Anhang auch hervorragend als Referenz und Nachschlagewerk für den täglichen Einsatz von HTML und CSS verwenden.

Online Beispiele im Netz

Die meisten Beispiele dieses Buches finden Sie online auf den Webseiten des Verlags (`http://www.mitp.de`).

Weitere Informationen

Weitere Informationen zu einzelnen Themen finden Sie in den folgenden Büchern:

HTML IT-Tutorial

HTML Ge-Packt

Die JavaScript-Bibel

JavaScript Ge-Packt

Java IT-Tutorial

Java Ent-Packt

Java Ge-Packt

Die XML-Bibel

XML Ge-Packt

Einführung in HTML und XHTML

HyperText Markup Language (HTML) ist eine Markierungssprache, die hauptsächlich im World Wide Web verwendet wird. Wenn Sie an Ihre Klausuren in der Schule oder an Business-Memos zurück denken, haben Sie bereits Erfahrungen mit Textmarkierungen gemacht. Ihre Klausuren bekamen Sie vermutlich mit freundlichen Bemerkungen Ihres Lehrers, in roter Tinte verfasst, zurück. Die dabei verwendeten Symbole und Abkürzungen wiesen Sie darauf hin, an welchen Stellen eine inhaltliche Korrektur notwendig erschien.

In diesem Beispiel sind die Markierungen separat von dem eigentlichen Inhalt Ihres Dokuments vermerkt. Wenn Sie ein Dokument mit einer Textverarbeitung wie z.B. Microsoft Word oder WordPerfect erstellen, verwendet das Programm eine Markierungssprache, um die Struktur und die Formatierung des elektronischen Dokuments zu erkennen. Der Inhalt, der auf Ihrem Monitor dargestellt wird, ist ein zum Lesen tauglich formatierter Text; der Rest wird sozusagen »hinter den Kulissen« gesteuert. HTML ist eine Sprache, die nicht ganz so sehr hinter den Kulissen dem Webbrowser erklärt, wie die Struktur der Webseite dargestellt werden soll.

Ein erster Blick auf HTML

HTML definiert Ihren webbasierten Inhalt und überträgt die Struktur Ihres Dokuments in die Browser-Software so passend, wie Sie den Inhalt dargestellt haben möchten. Wenn Sie z.B. einen Textabschnitt in fetter Schrift (bold) hervorheben möchten, rahmen Sie den betreffenden Text mit den Formatierungsbefehlen <b> und </b>, wie hier gezeigt, ein:

```
<b>Dies ist ein wichtiger Text</b>
```

Wenn der Browser ein Dokument liest, das HTML-Markierungen beinhaltet, bestimmt dieser, wie das Dokument unter Beachtung der eingebetteten HTML-Elemente auf dem Bildschirm angezeigt wird (siehe *Abbildung 1.1*). Es sollte Ihnen allerdings bewusst sein, dass ein Browser die Inhalte nicht immer so darstellt, wie Sie es für richtig halten. Dafür sind der Aufbau von HTML und die verschiedenen Versionen von Webbrowsern verantwortlich, die zurzeit in Benutzung sind.

Ein HTML-Dokument ist eine einfache Text-Datei, die Informationen darüber enthält, wie Sie diese veröffentlichen möchten. Es beinhaltet eingebettete Befehle, die auch Tags genannt werden, die den Webbrowser darauf hinweisen, wie die Struktur eines Dokuments aussehen soll. Ein Element beginnt mit einem Start-Tag, wie z.B. <b>, und schließt mit einem Schluss-Tag ab, das einen Schrägstrich innerhalb des Tags aufweist, wie z.B. </b>. Dieses Tag-Paar sollte den beliebigen Inhalt unter vollständiger Einbezie-

Abbildung 1.1: Darstellung einer Webseite mit HTML-Befehlen

hung des Textes und anderer HTML-Markierungen einrahmen. Manche HTML-Elemente haben jedoch abweichende End-Tags, da anhand ihres Aufbaus darauf geschlossen werden kann. Andere HTML-Elemente werden leere Elemente genannt, da sie keinerlei Inhalte einschließen, was bedeutet, dass sie grundsätzlich kein abschließendes Tag benötigen. Um beispielsweise einen Zeilenumbruch einzufügen, wird das Element `<br>` verwendet, das ein leeres Element ist, da es keinerlei Inhalt einschließt und dadurch kein entsprechend abschließendes Tag benötigt.

Der Startbefehl eines HTML-Elementes kann Attribute enthalten, die die Bedeutung eines Befehls modifizieren. Die Einbeziehung des Attributes `noshade` (unschattiert) im Element `<hr>`, wie hier gezeigt

```
<hr noshade>
```

erzwingt, dass die horizontale Trennlinie ohne Schatten dargestellt wird. Die meisten Attribute benötigen Werte, die mit einem Gleichheitszeichen gesetzt werden; diese Werte sollten mit Anführungsstrichen gesetzt werden.

```
<img src="logo.gif" alt="Demo Company" height="100" width="100">
```

spezifiziert z.B. vier Attribute für das Element `<img>`, die dafür sorgen, dass mehrere Informationen für die Benutzung der eingefügten Grafik vorhanden sind. Eine komplette Übersicht der Struktur von HTML-Elementen wird hier dargestellt:

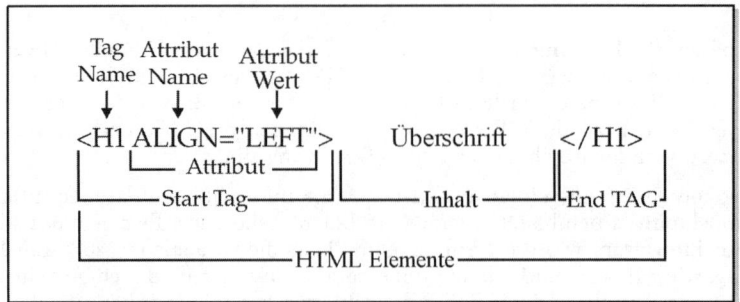

Die Anwendung der HTML-Grundlagen lässt sich am einfachsten anhand eines Beispieldokuments verdeutlichen. Unser erstes komplettes HTML-Beispiel wird nachfolgend dargestellt:

```
<!DOCTYPE HTML PUBLIC "-//W3C//DTD HTML 4.01 Transitional//EN">
<html>
<head>
<title>Erstes HTML-Beispiel</title>
</head>
<body>
<h1>Willkommen in der Welt von HTML</h1>
<hr>
<p>HTML ist <b>wirklich</b> nicht so schwer!</p>
<p>Wenn Sie möchten, können Sie hier noch mehr Text schreiben. Tatsache ist, Sie
können hier fleißig mehrere Sätze zusammenstellen und weiter fortführen.</p>
</body>
</html>
```

Das vorangegangene Beispiel zeigt einige der am häufigsten verwendeten Elemente in HTML, die hier erklärt werden:

❑ Der <!DOCTYPE>-Kommentar weist detailliert auf die HTML-Version hin, die in diesem Dokument benutzt wird.

❑ Die <html>-, <head>- und <body>-Befehlspaare werden verwendet, um die allgemeine Struktur des Dokuments zu spezifizieren.

❑ Das <title>- und </title>-Befehlspaar spezifiziert den Titel des Dokuments, der in der Titelzeile des Webbrowsers dargestellt wird.

❑ Das <h1>- und </h1>-Befehlspaar weist auf eine Überschrift mit wichtigen Informationen hin.

❑ Das <hr>-Element, das kein Schluss-Tag hat, integriert eine horizontale Linie oder Zeile waagerecht auf dem Bildschirm.

❑ Das <p>- und </p>-Befehlspaar weist auf einen Textabsatz hin.

Wenn Sie einen Text-Editor verwenden, können Sie das vorangegangene Beispiel abschreiben und die Datei beispielsweise unter dem Namen erstesbeispiel.htm oder erstesbeispiel.html abspeichern. Damit ein Browser Ihre Datei richtig lesen kann, muss diese entweder die Dateinamenerweiterung .htm oder .html besitzen. Wenn Sie Ihre Datei nicht mit der passenden Dateinamenerweiterung abspeichern, ist der Browser vermutlich nicht in der Lage, die HTML-Markierungen richtig zu interpretieren. Wenn dies passiert, werden die Markierungsbefehle im Browserfenster wie in Abbildung 1.2 dargestellt.

Nachdem Sie das Beispiel auf Ihrem Computer abgespeichert haben, verwenden Sie Ihren Browser, um die Datei über den Befehl SEITE ÖFFNEN oder DATEI ÖFFNEN, den Sie im Dateimenü Ihres Browsers finden sollten, zu öffnen. Nachdem der Browser die Datei gelesen hat, sollte er sie so wiedergeben, wie sie in Abbildung 1.3 gezeigt wird.

Sollte diese Seite nicht richtig angezeigt werden, überprüfen Sie Ihre Datei und stellen Sie sicher, dass Sie das Beispiel korrekt abgeschrieben haben. Wenn Sie einen Fehler finden und eine Änderung an der Datei vornehmen, speichern Sie die Datei ab, gehen zurück zu Ihrem Browser und klicken die NEU LADEN- oder AKTUALISIEREN-Schaltfläche an. Manchmal lädt der Browser die Seite trotzdem aus seinem Zwischenspeicher; falls die Seite in diesem Fall nicht korrekt aktualisiert wird, halten Sie die Shift-Taste Ihrer Tastatur gedrückt, während Sie den Aktualisierungsbutton anklicken. Der Browser sollte nun die Seite neu laden. Es ist eine gute vorgehensweise, den Browser und den Text-Editor gleichzeitig geöffnet zu haben, um ein ständiges Neustarten der Programme zu vermeiden. Langsam werden Sie HTML-Design begreifen und bereits in diesem Stadium werden Sie gleichzeitig editieren, kompilieren und aufrufen, wie es Program-

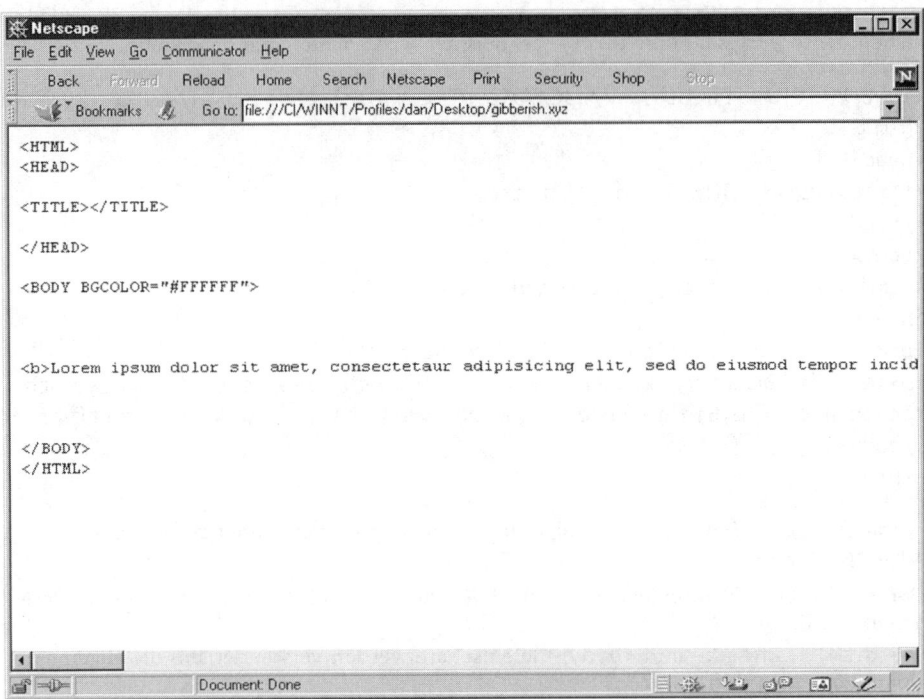

Abbildung 1.2: HTML-Befehle versehentlich im Browser angezeigt

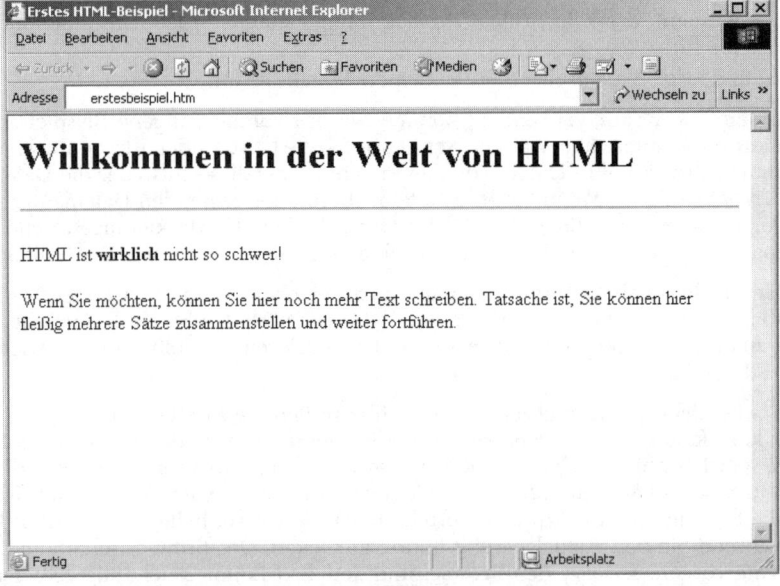

Abbildung 1.3: Ein HTML-Dokument im Browser

mierer tun. Diese Anleitung behandelt die Entwicklung von Webseiten vermutlich nicht in der Form, wie Sie sie angehen möchten, da es ermüdend, fehleranfällig und ineffizient ist, visuell zu gestalten. Im weiteren Verlauf werden Sie sehen, dass es so oder so gut funktioniert. Ein besseres Verfahren zum Erstellen eines HTML-Dokuments wird in Kapitel 2 vorgestellt.

Basierend auf dem gerade gezeigten einfachen Beispiel werden Sie jetzt vermutlich annehmen, dass HTML lediglich das Erlernen der großen Anzahl von Markierungsbefehlen, wie <b>, beinhaltet, die das Format und die Struktur der Dokumente den Browsern spezifizieren. Während dies bestimmt ein wichtiger erster Schritt ist, trivialisiert es allerdings die Rolle, die HTML im Web spielt, und es wäre so, als wollten Sie Drucksverlagswesen dadurch erlernen, dass Sie nur die verschiedenen Befehle verstehen, über die Microsoft Word verfügt, ohne etwas über Seitenlayout, Dokumentenstruktur und Ausgabeformate zu wissen.

Genauso funktioniert es im Web. Neben dem Erlernen der verschiedenen Markierungsbefehle müssen Sie Bildschirmlayout und visuelles Design, Programmiersprachen, Navigation, Schnittstellendesign und die Möglichkeiten berücksichtigen, die Webseiten tatsächlich mit sich bringen.

Diese Themen werden nur zu einem beschränkten Grad in diesem Buch erörtert. Kümmern wir uns jetzt jedoch darum, die Grundsyntax von HTML zu verstehen.

HTML: Eine strukturierte Sprache

HTML hat eine sehr wohl definierte Syntax; alle HTML-Dokumente sollten einer formellen Struktur folgen. Das *World Wide Web Consortium* (W3C) ist die Hauptorganisation, die versucht, HTML (wie auch viele andere im Web verwendete Technologien) zu standardisieren. Um für einen Standard zu sorgen, muss das W3C alle Aspekte dieser Technologie sorgfältig spezifizieren. Im Falle von HTML bedeutet dies eine genaue Definition der Elemente in dieser Sprache. Das W3C hat HTML als eine Applikation der *Standard Generalized Markup Language* (SGML) definiert. Zusammenfassend gesagt, ist SGML eine Sprache, die verwendet wird, um andere Sprachen dadurch zu definieren, dass die erlaubte Dokumentenstruktur in der Form einer *document type definition (DTD)* angegeben wird, die die Syntax anzeigt, die für die verschiedenen Elemente einer Sprache wie HTML verwendet werden kann.

> **Hinweis**
>
> 1999 beschrieb das W3C HTML als eine Applikation von XML (Extensible Markup Language) neu und benannte es in XHTML um. XML dient demselben Zweck wie SGML: Es ist eine Sprache, in der die Regeln einer Sprache beschrieben sind. Zunächst werden wir uns nur um traditionelles HTML anstelle von XHTML kümmern. Jedoch werden alle Diskussionen über Markierungen, die schließlich von XHTML übernommen worden sind, berücksichtigt und später in diesem Kapitel erörtert.

Aus der HTML-4.01-DTD kann eine Dokumentvorlage für ein Grund-HTML-Dokument abgeleitet werden, wie hier gezeigt:

```
<!DOCTYPE HTML PUBLIC "-//W3C//DTD HTML 4.01 Transitional//EN">
<html>
<head>
<title>Der Dokumenttitel kommt hier hin</title>

... Kopfinformationen, die das Dokument beschreiben und zusätzliche Informationen
liefern, kommen hier hin....
</head>
<body>
...Dokument-Inhalt und Markierungen kommen hier hin....

</body>
</html>
```

Die erste Zeile des Templates ist der <!DOCTYPE>-Indikator, der zeigt, wie der besondere Dialekt von HTML verwendet wird. Darin enthalten ist das <html>-Element, das die Grundstruktur eines Dokuments in zwei Hauptabschnitte gliedert: der *head-* und der *body-*Bereich. Der Kopf des Dokuments, vom <head>-Element angezeigt, enthält verschiedene Informationen, die das Dokument wie z.B. seinen Titel beschreiben. Der Hauptteil des Dokuments, vom <body> -Element angezeigt, enthält das Dokument selbst, mit den für die Struktur oder die Darstellung verantwortlichen Befehlen.

Alternativ ist es in einem HTML-Dokument möglich, das <body>-Element durch ein <frameset>-Element zu ersetzen, das zahlreiche <frame>-Elemente beinhalten kann, die einzelnen Teilen im Browserfenster entsprechen, die als Frames bezeichnet werden. Jeder Frame würde auf ein anderes HTML-Dokument verweisen, das entweder ein Standarddokument komplett mit <html>, <head> und <body> enthält, oder eventuell auf ein anderes Dokument mit Frames. Das <frameset>-Element sollte auch ein <noframes>-Element beinhalten, das eine Version der Seite für Browser liefert, die keine Frames unterstützen. In diesem Element tritt das <body>-Tag für nicht Frame-unterstützende Browser auf. Eine Beispielvorlage für ein Frameset-Dokument wird hier gezeigt. Beachten Sie, dass sich DTD für ein Dokument mit Frames von einem normalen Dokument unterscheidet.

```
<!DOCTYPE HTML PUBLIC "-//W3C//DTD HTML 4.01 Frameset//EN">
<html>
<head>
<title>Der Dokumenttitel kommt hier hin</title>

... Kopfinformationen, die die Framesets beschreiben und zusätzliche
Informationen liefern, kommen hier hin...
</head>
<frameset>
    ...zahlreiche <frame>-Elemente hier…
<noframes>
  <body>
    ...Alternativer Inhalt für nicht Frame-taugliche Browser...
  </body>
</noframes>
</frameset>
</html>
```

Frame-Dokumente werden in Kapitel 8 näher vorgestellt. Jetzt konzentrieren wir uns auf eine typische Dokumentenvorlage mit <!DOCTYPE>, <html>, <head> und <body>.

Dokumenten-Typen

HTML folgt der SGML-Notation für das Definieren strukturierter Dokumente. Von SGML erhält HTML die Anforderung, mit der alle Dokumente beginnen, einer <!DOCTYPE>-Deklaration. In einem HTML-Kontext identifiziert diese den HTML-»Dialekt«, der in einem Dokument benutzt wird, damit er sich auf eine externe Dokumenten-Typ-Definition oder *DTD* bezieht. Eine DTD definiert die tatsächlichen Elemente, die *Eigenschaften* und Elementbeziehungen, die im Dokument gültig sind. Die <!DOCTYPE>-Deklaration ermöglicht einer Validierungssoftware, die HTML-DTD zu bestimmen, der ein Dokument folgt, um zu bestätigen, dass das Dokument syntaktisch korrekt ist – mit anderen Worten, dass alle verwendeten Tags Teil einer besonderen Spezifikation sind und richtig verwendet werden. Der Prozess der Gültigkeitserklärung wird genauer in Kapitel 2 erörtert.

Es gibt zahlreiche HTML-DTDs, die, korrespondierend mit verschiedenen Standards wie auch Eigentums-Versionen, verwendet werden können. In diesem Buch werden die gängigsten <!DOCTYPE>-Typen verwendet, wie z.B. die HTML-4.0-Übergangsform, wie hier gezeigt:

```
<!DOCTYPE HTML PUBLIC "-//W3C//DTD HTML 4.0 Transitional//EN">
```

oder die HTML-4.01-Übergangsspezifikation wie

```
<!DOCTYPE HTML PUBLIC "-//W3C//DTD HTML 4.01 Transitional//EN">
```

Im Verlaufe der Zeit wird wahrscheinlich die strengere Form von HTML – XHTML – übernommen. Diese wird angezeigt durch

```
<!DOCTYPE html PUBLIC "-//W3C//DTD XHTML 1.0 Transitional//EN">
```

Es gibt zahlreiche Dokument-Typ-Bezeichner, die am Anfang des Dokuments verwendet werden könnten, wie in Tabelle 1.1 gezeigt wird.

HTML-Version	<!DOCTYPE>-Deklaration
2.0	`<!DOCTYPE HTML PUBLIC "-//IETF//DTD HTML//EN">`
3.2	`<!DOCTYPE HTML PUBLIC "-//W3C//DTD HTML 3.2 Final//EN">`
4.0 übergangsweise	`<!DOCTYPE HTML PUBLIC "-//W3C//DTD HTML 4.0 Transitional//EN">`
4.0 Frameset	`<!DOCTYPE HTML PUBLIC "-//W3C//DTD HTML 4.0 Frameset//EN">`
4.0 strikt	`<!DOCTYPE HTML PUBLIC "-//W3C//DTD HTML 4.0//EN">`
4.01 übergangsweise	`<!DOCTYPE HTML PUBLIC "-//W3C//DTD HTML 4.01 Transitional//EN">`
4.01 Frameset	`<!DOCTYPE HTML PUBLIC "-//W3C//DTD HTML 4.01 Frameset//EN">`
4.01 strikt	`<!DOCTYPE HTML PUBLIC "-//W3C//DTD HTML 4.01//EN">`
XHTML 1.0 übergangsweise	`<!DOCTYPE html PUBLIC "-//W3C//DTD XHTML 1.0 Transitional//EN">`
XHTML 1.0 strikt	`<!DOCTYPE html PUBLIC "-//W3C//DTD XHTML 1.0 Strict//EN">`
XHTML 1.0 Frameset	`<!DOCTYPE html PUBLIC "-//W3C//DTD XHTML 1.0 Frameset//EN">`

Tabelle 1.1: Gängige HTML-DOCTYPE-Deklarationen

Hinweis

Bei Gelegenheit könnten Sie andere HTML-Dokumententyp-Indikatoren sehen. Bemerkenswert ist der 3.0-Standard, der nie wirklich von der Netzgemeinde angenommen wurde.

Während XHTML gewiss die Zukunft von HTML sein wird, ist es sicher, dass viele Formen von HTML wohl noch für eine lange Zeit im Netz verwendet werden. Dokumentautoren sollten daher mit den vielen Formen von HTML vertraut sein. Eine kurze Erklärung jeder Version von HTML wird in Tabelle 1.2 gegeben.

HTML-Version	Beschreibung
2.0	Klassisches HTML, unterstützt durch Browser wie Mosaic. Diese Form von HTML unterstützt die HTML-Kern-Elemente und -Merkmale wie Tabellen und Formulare, aber keine browserspezifischen Erweiterungen wie Style Sheets, Skripte oder Frames.
3.0	Der vorgeschlagene Ersatz für HTML 2.0, der nie weit verbreitet war, hauptsächlich wegen des Schwerpunkts auf browserspezifische Elemente.
3.2	Ein HTML, das 1997 durch das W3C fertig gestellt wurde und die meisten HTML-Elemente standardisiert hat, die von Browsern wie Netscape 3 vorgestellt wurden. Diese Version von HTML unterstützt viele Präsentationselemente wie <font> und einfache Skripte.
4.0 übergangsweise	Version 4.0 wurde übergangsweise vom W3C im Dezember 1997 fertig gestellt. Es enthält die meisten Präsentationselemente von HTML 3.2. Es unterstützt eine Basisversion von CSS sowie einen Grundsatz von Elementen und Attributen für die Unterstützung verschiedener Sprachen und Scripting.
4.0 strikt	Die strikte Version von HTML 4.0 entfernte die meisten Präsentationselemente der HTML-Spezifikation wie <font> zu Gunsten der Cascading Style Sheets (CSS) zur Seitenformatierung.
4.0 Frameset	Die Frameset-Spezifikation bietet rigorose Syntaxvorschriften für Frame-Dokumente, die in der vorangegangenen Version von HTML fehlten.
4.01 übergangsweise/ strikt/Frameset	Ein kleineres Update zum 4.0-Standard, der einige Fehler der Original-Spezifikation korrigierte.
XHTML 1.0 übergangsweise	Eine Umformulierung von HTML zu einer XML-Anwendung. Die Übergangsform enthält viele einfache Präsentationselemente von der HTML-4.0-Übergangsversion, enthält aber auch die strikten Syntaxregeln von XML für HTML.
XHTML 1.0 strikt	Eine Reformation von HTML 4.0 zum strikten Gebrauch von XML. Diese Sprache ist regelgestützt und überlässt alle Präsentationsaufgaben Technologien wie CSS.

Tabelle 1.2: Beschreibung der gängigen HTML-Versionen

Die Browser-Anbieter haben auch verschiedene eigene Erweiterungen für HTML erarbeitet. Während viele dieser Elemente nicht verwendet werden sollen, wurden manche in den Standard übernommen. Webautoren sollten mit den verschiedenen Versionen von HTML vertraut sein. Tabelle 1.3 listet einige der wichtigsten Browserversionen auf und fasst einige der von ihnen eingeführten Neuerungen zusammen.

Browser	Vorgestellte Merkmale	Standardunterstützung
Netscape 2.x	Java, JavaScript, Frames, PlugIns	2.0 und Netscape-Erweiterungen, viele davon wurden mit Version 3.2 Standard
Netscape 3.x	Einige exklusive Elemente wie <spacer> und <multicol>	3.2 mit Netscape-Erweiterungen
Netscape 4.x	CSS-Basisunterstützung und das exklusive HTML-Element <layer>	3.2, Teile von 4.0, Teile von CSS1 und Netscape-Erweiterungen
Netscape 6.x	Unterstützt (fast) alle Standards	4.0, CSS1, große Teile von CSS2, ein Großteil des Document Object Model

Tabelle 1.3: Browser-Innovationen und Standardunterstützung

Browser	Vorgestellte Merkmale	Standardunterstützung
Internet Explorer 3.0	Frames und Inline-Frames, JScript, ActiveX Controls, VBScript, einige exklusive HTML-Elemente wie <marquee> und <bgsound>	3.2 mit einigen Microsoft-Erweiterungen und begrenzte Unterstützung für CSS1
Internet Explorer 4.0	Deutlich mehr Unterstützung für JavaScript-Zugriff auf Seitenelemente	Das meiste von HTML 4.0 plus Microsoft-Erweiterungen, die meisten CSS1-Elemente
Internet Explorer 5.0/5.5	Eingebundene Unterstützung für XML, Document Object Model Level 1 (fast komplett)	4.0 mit Microsoft-Erweiterungen, die meisten CSS1-Elemente, Großteil des Document Object Model

Tabelle 1.3: Browser-Innovationen und Standardunterstützung (Forts.)

Das Kennen der verschiedenen Versionen von <!DOCTYPE>-Deklarationen, wie auch Erweiterungen, die von den Browser-Anbietern gemacht wurden, sind für Dokumentenautoren sehr wichtig. Bei Kontrolle der Syntax ist es wichtig zu verstehen, dass das strikte Festhalten an W3C-Spezifikationen kein vernünftiges Ziel ist, da diese nur mangelhaft von den gängigen Browsern unterstützt werden. Hoffentlich wird es eines Tages, wie von XHTML versprochen, einen korrekten Dokumentaufbau geben, der verlangt, dass nur die beschriebenen Spezifikationen beachtet werden. Gegenwärtig sollten Seitendesigner in der Lage sein, die gemeinsame Basis unter dem Browserbestand zu finden, und versuchen, den bestmöglichen Standard zu ermitteln.

Das <html>-Element

Das <html>-Element grenzt den Anfang und das Ende eines HTML-Dokuments ab. Es enthält einzig das <head>- und das <body>-Element und eventuell das <frameset>-Element statt des <body>-Elements. Die HTML-Vorlage, die vorher im Kapitel gezeigt wurde, zeigt die für <html>-Elemente typische Verwendung als Behälter für alle anderen Elemente in einem Dokument.

Das <head>-Element

Die Informationen im Kopf eines HTML-Dokuments sind sehr wichtig, weil sie verwendet werden, um den Inhalt des Dokuments zu beschreiben oder zu erweitern. Der Kopf eines HTML-Dokuments ist wie das Titelthema oder das Deckblatt eines Dokuments. In vielen Fällen sind die enthaltenen Informationen innerhalb des <head>-Elements Informationen über die Informationen der Seite, die im Allgemeinen als Meta-Informationen übergeben werden. Dies ist ein sehr wichtiger und oft übersehener Aspekt von HTML-Dokumenten. Suchmaschinen verwenden Meta-Informationen, um Webseiten zu indexieren. Abgesehen von Meta-Informationen kann das <head>-Element Informationen über den Autor, Schriften, Stilvordrucke, Kommentare und – am wichtigsten – einen Seitentitel beinhalten.

Das <title>-Element

Das wichtigste Kopfelement ist das <title>-Element, dessen Inhalt die meisten Browser in einer Titelzeile am oberen Ende des Browserfensters anzeigen. Der Dokumententitel ist in den aktuellen HTML-Spezifikationen vorgeschrieben und sollte als das erste Element innerhalb des <head>-Elements auftreten. Das <title>-Element muss in jedem HTML-Dokument verwendet werden. Es gibt einem HTML-Dokument einen Titel, der durch den Browser erkannt und von Robots indiziert wird. Browser zeigen den

Dokumententitel an, während das Dokument betrachtet wird, und können auch von Lesezeichenlisten verwendet werden.

Ein Dokumenttitel kann Standardtext wie auch Sonderzeichen (zum Beispiel ©) enthalten, die später im Kapitel erörtert werden. Jedoch sind im `<title>`-Element HTML-Markierungen nicht erlaubt und liefern auch nicht das erwartete Ergebnis. Aufgrund der Regeln für das `<title>`-Element ist

```
<title><b>Home Page</b></title>
```

nicht gültig, während

```
<title>Die Demo Firma Geschichte &copy; 2000</title>
```

gültig ist. Ein korrekt gebildeter Titel ist jedoch nicht unbedingt ein sinnvoller Titel. Denken Sie daran, dass ein Benutzer einen Titel in seiner Lesezeichenliste sieht, wenn er die Seite mit einem Lesezeichen versieht. Suchmaschinen, die oft das Netz indizieren, stellen spezielle Anforderungen an den Inhalt des `<title>`-Elements, wenn sie bestimmen, wovon eine Seite handelt. Titel wie »Meine Seite« oder »Home Page« machen nicht viel Sinn; »John Smith's Home Page« und »Demo Company« sind besser. Ein gut kreierter Titel kann einen navigatorischen Wert innerhalb einer Gruppe von Seiten hinzufügen, durch den Anschein einer impliziten Hierarchie. Obwohl »Dingsbums X-103 Datenblatt« scheinbar ein vernünftiger Titel ist, ist »Demo Company: Produkte: Trainerroboter« ein besserer Titel. Es zeigt nicht nur die Firma an, die das Produkt vertreibt, sondern weist auf eine Hierarchie der Seite hin.

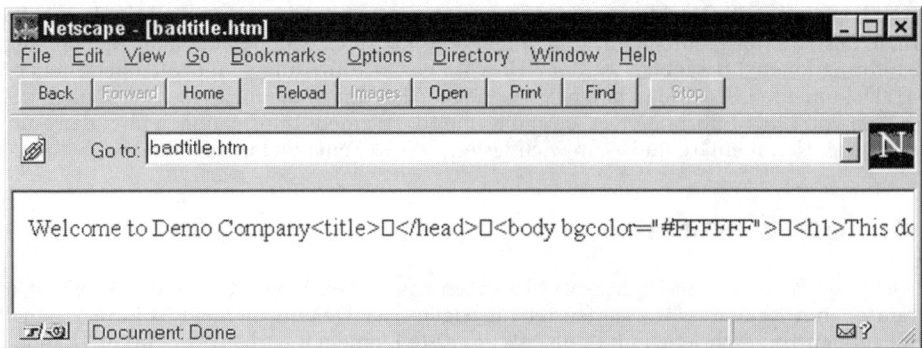

Abbildung 1.4: `<title>` Problem im Netscape Navigator

Browser sind in Bezug auf das `<title>`-Element sehr empfindlich. Sogar noch vor XHTML, auf Grund der HTML-3.2- und 4.0-Spezifikationen, ist das `<title>`-Element verbindlich, während dies die `<body>`-, `<head>`- und `<html>`-Elemente nicht sind. In einigen Versionen des Navigator bewirkt das Weglassen des `<title>`-Elements, dass ein Dokument überhaupt nicht anzeigt wird. Wenn Sie Chaos auf Ihrem Bildschirm bekommen (siehe Abbildung 1.4), überprüfen Sie zunächst das `<title>`-Element.

Titel sollen beschreibend, aber auch kurz sein. Beschränken Sie die Titellänge auf eine vernünftige Anzahl von Zeichen. Netscape und Internet Explorer zeigen ungefähr 20 bis 30 Zeichen eines Titels in ihren Lesezeichenlisten an. Eine Möglichkeit, die Länge von Titeln zu kürzen, ist es, Wörter wie »ein«, »an« und »das« zu entfernen, da diese nur einen geringen zusätzlichen Wert liefern.

Entsprechend der HTML-4.01-Spezifikation sollte nur ein `<title>`-Element in jedem Dokument enthalten sein. Der Titel sollte im Kopf des Dokuments erscheinen. Unter sehr alten Browserversionen wurden oft `<title>`-Elemente innerhalb der Dokumente verwendet, um einen animierten Titel zu erzeugen. Das war ein Programmfehler und moderne Browser unterstützen diese Fähigkeit nicht, also sollte es nicht verwendet werden.

Andere `<head>`-Elemente

Zusätzlich zum `<title>`-Element sind unter der HTML-4.01-Übergangs-DTD innerhalb des `<head>`-Elements die Befehle `<base>`, `<isindex>`, `<link>`, `<meta>`, `<object>`, `<script>`, und `<style>` zugelassen. Eine kurze Erläuterung dieser Elemente folgt. Komplette Informationen sind in den folgenden Kapiteln und im Referenzteil verfügbar.

Das `<base>`-Element spezifiziert eine absolute URL-Adresse, die verwendet wird, um Server- und Verzeichnisinformationen für innerhalb des Dokuments verwendete URL-Adressen zu beschreiben. Bekannt als *relative Verbindungen* werden sie in Kapitel 4 erörtert, das Verknüpfungen abdeckt.

Das `<isindex>`-Element zeigt an, dass das Dokument einen durchsuchbaren Index beinhaltet. Es veranlasst, dass der Browser eine Frageaufforderung und ein Feld für das Eingeben einer Anfrage anzeigt. Normalerweise wird dieses Element für einfache Suchmechanismen verwendet, ist aber heute größtenteils durch Formulare ersetzt worden. Unter der strengen HTML-4.0-Definition wird `<isindex>` missbilligt. Das Element wird nur in Anhang A erörtert, da seine Verwendung nicht mehr gewünscht wird.

Das `<link>`-Element gibt eine spezielle Beziehung zwischen dem gegenwärtigen Dokument und einem anderen Dokument an. Seine Verwendung betrifft Hypertext-Navigationsverbindungen. Diese werden in Kapitel 4 erörtert. Eine andere Verwendung, die sich auf die Verknüpfung von Style Sheets bezieht, wird in Kapitel 10 vorgestellt.

Das `<meta>`-Element verwendet Namens-/Wertpaare, um Meta-Informationen über ein Dokument zu liefern. Das `<meta>`-Element liefert oft beschreibende Informationen, die speziell für Web-Suchmaschinen bereitgestellt werden. In einer ganz anderen Verwendung kann das `<meta>`-Element einen HTTP-Abfrage-Header definieren, der veranlasst, dass nach einem angegebenen Zeitintervall automatisch eine andere Seite geladen wird. Diese und andere Verwendungen werden in Kapitel 16 erörtert, das die Seitenpflege und verwandte Elemente abdeckt.

Das `<object>`-Element erlaubt Programmen und anderen binären Objekten, direkt in eine Webpage eingebettet zu werden. Die beliebtesten gegenwärtigen Verfahren verwenden Java Applets, PlugIns oder ActiveX Controls. Dieses Verfahren dient dazu, Webpages interaktiver zu gestalten, was als *clientseitige Programmierung* bekannt ist. Das `<object>`-Element und die mit ihm verbundene Verwendung werden in Kapitel 14 erörtert.

Das `<script>`-Element erlaubt es, Programme, die in einer Script-Sprache geschrieben sind, direkt in eine Webpage einzubetten. Die beliebteste Script-Sprache ist ECMAScript, die allgemein JavaScript heißt.

Das <script>-Element und der mit ihm verbundene Gebrauch von Skripten, der oft als Dynamic HTML (DHTML) bezeichnet wird, sollte einfach als eine Form von clientseitigem Scripting betrachtet werden; es wird in Kapitel 14 erörtert.

Das <style>-Element fügt Stilspezifikationen ein, die sich auf Schrifttypen, Farben, Positionierung und andere Aspekte der inhaltlichen Präsentation beziehen. Diese Stilvorschriften können mit Dokumentelementen verbunden werden. Die Verwendung von <style> wird in Kapitel 10 erörtert.

Das <body>-Element

Nach dem Kopfabschnitt folgt, wie zuvor in der HTML-Dokumentenvorlage gezeigt, der Körper eines Dokuments, der von <body> und </body> abgegrenzt wird. Unter der 4.01-HTML-Spezifikation und vielen Browsern ist das <body> Element optional, es sollte jedoch immer eingeschlossen sein, weil das in XHTML erforderlich ist. Es kann nur ein <body>-Element pro Dokument erscheinen. Weil das <body>-Element das Dokument selbst abgrenzt, werden seine Eigenschaften in erster Linie verwendet, um Einstellungen für das ganze Dokument, wie Hintergrundbilder, Hintergrundfarben und Verknüpfungs- und Textfarbe, vorzunehmen. Diese Eigenschaften werden eingehend in Kapitel 6 erörtert. Der Rest des Kapitels führt die Grundarten von HTML-Elementen ein, die in einem Dokumentkörper gefunden werden könnten, und überlässt die Erörterung ihrer speziellen Syntax den nachfolgenden Kapiteln.

Elemente und Zeichen

Innerhalb des Inhaltteils eines Web-Dokuments gibt es eine Vielfalt von Elementarten. Zum Beispiel definieren absatzformatierende Elemente strukturelle Inhaltsblöcke wie Absätze <p> oder Überschriften <h1>. Absatzformatierende Elemente fügen allgemein ausgedrückt Zeilenumbrüche ein. Innerhalb der Absätze treten Elemente wie Fettschrift (<b> oder <strong>) und zahlreiche andere auf. Diese Elementarten führen keine Umbrüche aus. Weitere Elementarten umfassen jene, die auf andere Objekte wie Bilder (<img>) oder Programme (<object>) verweisen. Andere schwer zu charakterisierende Elemente könnten auch zusammengefasst und definiert werden, aber im Allgemeinen sind diese mit browserspezifischen Elementen wie z.B. <marquee> verwandt. Jede von diesen Elementarten wird in den nachfolgenden Kapiteln vorgestellt, die Kernelemente werden in Kapitel 3 erörtert.

Schließlich können sowohl regulärer Text als auch Sonderzeichen innerhalb der Elemente im Hauptteil eingegeben werden. Gelegentlich kann es notwendig sein, Sonderzeichen wie Akzentbuchstaben, Copyrightsymbole oder sogar eckige Klammern innerhalb eines Dokuments einzubinden. Um solche Zeichen in einem HTML-Dokument zu verwenden, müssen sie durch die Benutzung eines speziellen Codes »maskiert« werden. Alle Zeichencodes nehmen die Form &code; an, die aus einem Wort oder einem numerischen Code bestehen, die das tatsächliche Zeichen symbolisieren, das auf dem Bildschirm dargestellt werden soll. Wenn z.B. ein »kleiner als«-Symbol, »<«, eingefügt werden soll, könnten Sie < (für »less than«) oder < verwenden. Sonderzeichen werden in Kapitel 3 näher beschrieben; eine vollständige Liste der Sonderzeichen wird in Anhang C gezeigt.

Die HTML-Regeln

HTML hat selbst in seiner Standardform einige Regeln. Leider sind diese »Regeln« nicht wirklich Regeln, sondern eher Vorschläge. Die meisten Browser geben ziemlich sinngemäß wieder. Jedoch werden diese Regeln unter XHTML durchgesetzt und falsch formatierte Dokumente werden nicht dargestellt. Meist liegt HTML, ob von Hand oder einem Programm erstellt, irgendwo zwischen strenger und keiner Übereinstimmung mit der Spezifikation. Lassen Sie uns eine kurze Tour durch einige der wichtigeren Aspekte der HTML-Syntax durchführen.

HTML unterscheidet nicht zwischen Groß- und Kleinschreibung

Diese Markierungs-Beispiele

```
<B>Werde fett</B>
<B>Werde fett</b>
<b>Werde fett</B>
<b>Werde fett</b>
```

sind alle unter traditionellem HTML äquivalent. Entwickler sind äußerst eigen in ihrer Meinung, wie man Elemente einpackt. Einige Designer weisen auf die Leichtigkeit kleingeschriebener Tags hin wie auch auf die Bevorzugung von XHTML für kleingeschriebene Elemente, weshalb in Zukunft alle Befehle kleingeschrieben werden sollten. Andere Designer weisen darauf hin, dass statistisch gesehen Kleinbuchstaben häufiger vorkommen als Großbuchstaben; Befehle grundsätzlich in Großbuchstaben zu schreiben, macht sie in einem Dokument leichter auffindbar, wodurch die Struktur für einen Leser deutlicher wird, der Markierungen per Hand einfügt. Wenn alle HTML-Markierungen von Programmen richtig generiert werden würden, würde es natürlich niemanden interessieren, aber zunächst geht es um eine einheitliche Lösung. Im Allgemeinen könnten Sie erwägen, entweder Groß- oder Kleinschreibung zu wählen, und dabei bleiben. Glücklicherweise können die meisten HTML-Editoren und -Wartungstools, wenn Sie zu einer anderen Meinung kommen, sofort die Schrift ändern. Wenn Sie jedoch einen anderen Stil auswählen müssen, wählen Sie die von XHTML vorgegebene Kleinschreibung für diesen Stil.

Hinweis

Mit dem Aufstieg von XHTML wird Kleingeschriebenes der veröffentlichte Stil werden. Wenn die Per-Hand-Codierung fortgeführt wird, könnte es schwierig sein, dies zu übernehmen, aber wenn sich XHTML durchsetzt, sollten Designer bei der Verwendung von Kleinschreibung einheitlich sein.

Ein interessanter Aspekt der Groß- und Kleinschreibung in HTML ist, dass die Groß- und Kleinschreibung zwar bei Element- und Eigenschaftsnamen keine Rolle spielt, was aber nicht bedeutet, dass hier alles egal ist. Betrachten Sie beispielsweise `<img SRC="test.gif">` und `<img src="test.gif">`. Diese sind äquivalent, weil das `<img>`-Element und die SRC-Eigenschaft unabhängig von der Schreibweise sind. Jedoch können die Attributwerte von der Schreibweise abhängig sein, besonders bei URLs. So verweisen `<img src="test.gif">` und `<img src="TEST.GIF">` nicht unbedingt auf dasselbe Bild. Wenn sich die Daten auf einem UNIX-System befinden, auf dem Dateinamen abhängig von der Groß- und Kleinschreibung sind, wären `test.gif` und `TEST.GIF` zwei verschiedene Dateien, während es auf einem NT-System, auf dem Dateinamen unabhängig von der Schreibweise sind, dieselben Dateien wären. Dies ist ein allgemeines Problem und wird dadurch beibehalten, dass der Standort leicht von einem Server zu einem anderen transportiert werden kann.

HTML ist bei allein stehenden Freiräumen empfindlich

Browser fassen Freiräume zwischen Schriftzeichen zu einem einzelnen Element zusammen. Dies betrifft alle Tabulatoren, Zeilenumbrüche und Absätze.

Betrachten Sie das Quelltextfragment

```
<b>T e s t v o n L e e r r a u m</b><br>
<b> T    e    s    t    v o n L e e r    r    a    u    m </b><br>
<b>T
e s
t v o n L e e r          r a u m</b><BR>
```

Wie hier gezeigt, werden alle Leerräume, Tabulatoren und Absätze zu einem einzigen Element zusammengefasst.

T e s t v o n L e e r r a u m

T e s t v o n L e e r r a u m

T e s t v o n L e e r r a u m

Beachten Sie, dass HTML Freiräume in einigen Situationen unterschiedlich behandelt. Im Falle des `<pre>`-Elements, das einen vorformatierten Textblock definiert, wird Freiraum nicht ignoriert. Auch Freiraum innerhalb des `<textarea>`-Elements bleibt erhalten, wenn die Grundeinstellung für ein mehrzeiliges Texteingabefeld gesetzt wird.

Da Browser die meisten Freiräume ignorieren, formatieren HTML-Autoren ihre HTML-Dokumente oft für Lesbarkeit. In der Realität interessieren sich Browser jedoch nicht wirklich für den einen oder einen anderen Weg. Deswegen haben einige Sites eine Idee übernommen, die *HTML crunching* genannt wird, die in Kapitel 2 erörtert wird.

Gewöhnlich schleichen sich kleine Fehler in HTML-Dateien ein, wenn es Freiräume betrifft; seien Sie besonders vorsichtig mit Abständen rund um die Elemente `<img>` und `<a>`. Betrachten Sie beispielsweise diese Markierung:

```
<a href="http://www.democompany.com">
<img src="demofirma.gif" width="221" height="64"
border="0" alt="Demo Firma">
</a>
```

Beachten Sie den Zeilenumbruch nach dem `<img>`-Element, das gerade die Verknüpfung vor dem `</a>`-Tag schließt. Bei einigen Browsern wird dies zu einem kleinen »Schweif« zum Bild führen, oft als ein *Tick* bezeichnet, wie hier gezeigt:

Einige Browser werden das »Tick«-Problem lösen; andere nicht. Interessant ist, dass die Browser, die den »Tick« tatsächlich anzeigen, die HTML-Spezifikation richtig interpretieren.

Der letzte Aspekt, der bei Abständen in Betracht gezogen werden sollte, ist die Verwendung des »non-breaking-space« oder ` `. Dieser kann trickreich im Web eingesetzt werden – vor allem dann, wenn ein wenig Gestaltung erforderlich ist oder ein Element offen gehalten werden muss. Das ` `-Zeichen kann auf viele nützliche Arten genutzt werden, z.B. für leere Tabellenzellen, um zu verhindern, dass sie nicht angezeigt werden. Designer sollten sich allerdings nicht zu sehr darauf verlassen. Es ist zwar richtig, dass Markierungen wie z.B.

```
      Schau, ich bin Leerraum!
```

Freiraum in irgendeinen Text schaffen würden, allerdings lautet die Frage, wie viel genau? Es ist gefährlich, Leerräume zu verwenden, um Druckausgaben zu gestalten, denn selten befindet sich der Text dann wie gewünscht in einer Zeile. Im Web ist es nicht anders.

HTML unterstützt ein Inhaltsmuster

HTML unterstützt ein strenges Inhaltsmuster, das besagt, dass bestimmte Elemente nur innerhalb anderer Elemente auftreten dürfen. Zum Beispiel folgt ein Quelltext wie dieser

```
<ul>
    <p>Eine einfache Lücke im Inhaltsmuster!</p>
</ul>
```

der oft für einfache Einrückung verwendet wird, nicht dem HTML-Inhaltsmuster. Das <ul>-Element soll <li>-Elemente enthalten. Das <p>-Element ist nicht wirklich in diesem Kontext vorgesehen. Schlimmer noch: Einige Elemente dürfen nur innerhalb anderer Elemente verwendet werden. Ein <input>-Element kann nur innerhalb eines <form>-Elements leben; ein <option>-Element darf nur innerhalb eines <select>-Elements gefunden werden. HTML-Elemente und Textinhalt sollten einem strukturierten Inhaltsmuster folgen.

HTML-Elemente sollten schließen, außer wenn sie leer sind

Einige HTML-Elemente haben optionale Abschluss-Tags. Zum Beispiel sind hier beide Codebeispiele erlaubt, obgleich das zweite die bessere Lösung ist:

```
<p>Das ist nicht geschlossen
<p>Das ist geschlossen</p>
```

Einige Befehle, wie die horizontale Linie <hr> oder der Zeilenumbruch <br> haben keine Schluss-Tags, da sie keinen Inhalt enthalten. Diese werden als *leere Elemente* bezeichnet und können verwendet werden, wie sie sind. Allerdings können Elemente mit optionalen Abschluss-Tags für Verwirrung sorgen. Erwägen Sie Folgendes:

```
<p><p><p>
```

Erzeugt dieser Code Leerzeilen? Nein, da die Browser die Freiräume zusammenfassen. Einige HTML-Editoren verwenden hierfür folgenden Code:

```
<p> </p><p> </p><p> </p>
```

Das ist eine Zweckentfremdung von HTML. Stattdessen sollten mehrere
-Elemente verwendet werden, um mehrere Zeilenumbrüche zu erhalten.

HTML-Elemente sollten verschachtelt sein

Eine einfache Regel legt fest, dass HTML verschachtelt sein sollte, nicht vermischt, wie

```
<b><i>es ist ein Fehler, Befehle zu mischen</b></i>
```

während

```
<b><i>das kein Fehler ist, da die Befehle verschachtelt sind</i></b>.
```

Das Missachten dieser Regel scheint belanglos, führt aber zu Missverständnissen, wenn Befehle automatisch mit Hilfe eines Programms bearbeitet werden. Unter XHTML ist es unbedingt erforderlich, Befehle richtig zu verschachteln.

HTML-Attribute sollten in Anführungszeichen gesetzt werden

Bei Attributwerten kann zwar auf Anführungsstriche verzichtet werden, es kann jedoch zu Schwierigkeiten beim Scripting führen. Das Beispiel

```
<img src=bozo.gif height=10 width=10>
```

würde bei den meisten Browsern gut funktionieren. Das `src`-Attribut nicht in Anführungszeichen zu setzen, ist zwar unschön, sollte aber seinen Zweck erfüllen. Was würde jedoch passieren, wenn das `src`-Attribut durch ein JavaScript beeinflusst und mit einem Leerzeichen in `bozo 2.gif` umbenannt wird? Dies könnte Probleme verursachen. Darüber hinaus erfordert XHTML das Setzen von Anführungsstrichen, so dass alle Attribute wie im Folgenden geschrieben werden sollten:

```
<img src="bozo.gif" height="10" width="10">
```

Es ist unwichtig, ob doppelte oder einfache Anführungszeichen verwendet werden. Bleiben Sie jedoch einheitlich. Seien Sie besonders vorsichtig, wenn Sie HTML in Verbindung mit JavaScript verwenden.

Browser ignorieren unbekannte Attribute und Elemente

So oder so, Browser ignorieren unbekannte Elemente und Attribute, wie

```
<bogus>dieser Text wird auf dem Bildschirm dargestellt</bogus>
```

und Elemente wie

```
<p id="meinAbsatz" zweifelsfreischlecht="TRUE">werden auch dargestellt.</p>
```

Letzteres führt bei Browsern dazu, dass der schlecht formatierte Inhalt bestmöglich strukturiert und Code ignoriert wird, der zweifelsfrei falsch ist. Die tolerante Natur der Browser hat bei schlechtem HTML-Code zur Folge, dass die Änderung von HTML-Dokumenten mit Editoren sehr mühsam ist; die Sprache bietet bestenfalls eine instabile Basis, die zum Aufbau der Präsentation dient und später um interaktive Elemente erweitert wird. Die Einführung von XHTML bringt etwas Hoffnung für Stabilität und Struktur im Web.

XHTML: Die auferlegten Regeln

Die neue Version von HTML, XHTML genannt, ist eine W3C-Empfehlung von Januar 2000. XHTML ist eine Neuformulierung von HTML als Anwendung von XML, mit dem Ziel, den Einsatz von HTML in die gewünschte Richtung zu lenken. Was bedeutet das? Kurz gesagt, die Regeln sind jetzt einzuhalten. In der Vergangenheit konnten Sie Ihren Browser mit allem Möglichen füttern, und es wurde dargestellt. Mit XHTML ist das vorbei. Wenn Sie jetzt Fehler machen, sind diese viel schwerwiegender. Die Seite wird nicht dargestellt. Die Regeln sind zum Glück sehr einfach; sie wurden in den vorangegangenen Abschnitten bereits angesprochen. Kurz gefasst, beinhalten sie Folgendes:

❏ Sie müssen einen Doctype-Indikator haben, der übereinstimmend mit seinen Regeln ist.
`<!DOCTYPE html PUBLIC "-//W3C//DTD XHTML 1.0 Transitional//EN"` `"http://www.w3.org/TR/ xhtml1/DTD/xhtml1-transitional.dtd">`.

❏ Sie müssen `<html>`, `<head>` und `<body>` **haben** (oder ein `<frameset>`, das ein `<body>` für `<noframes>` beinhaltet).

❏ Das Element `<title>` muss als Erstes im `<head>`-Element stehen.

❏ Sie sollten ALLE Attribute in Anführung setzen, sogar einfache Sachen wie `<p align=left>`.

❏ Befehle müssen richtig verschachtelt werden, d.h., `<i><b>ist richtig</b></i>`, aber `<i><b>ist es nicht</i></b>`.

❏ Sie können optionale Schluss-Tags nicht auslassen, so dass z.B. <p> nicht alleine stehen kann. Sie müssen ein <p> und ein </p> haben.

❏ Leere Befehle müssen geschlossen werden, so dass Befehle wie <hr> ein <hr /> bekommen.

❏ Es muss alles kleingeschrieben werden.

Es gibt zwar weitere Regeln, doch das sind die wichtigsten. Abgesehen von ein paar Änderungen in der Syntax, wie leere Befehle und die notwendige Kleinschreibung, schreiben Sie einfach korrektes HTML (wie Sie es auch vorher schon gemacht haben sollten). Ein typisches XHTML- wird sich nicht sehr von einem HTML-Dokument unterscheiden, wie Sie hier sehen:

```
<?xml version="1.0" encoding="UTF-8"?>
<!DOCTYPE html PUBLIC "-//W3C//DTD XHTML 1.0 Strict//EN"
 "DTD/xhtml1-strict.dtd">
<html xmlns="http://www.w3.org/1999/xhtml" xml:lang="en" lang="en">
<head>
<title>Hier steht der Titel</title>
</head>
<body>
Hier steht der Inhalt
</body>
</html>
```

Obwohl XHTML nicht wie eine große Sache wirkt, ist es eine. Aufgezwungene Regeln verursachen Probleme, und die meisten Seiten müssen etwas umgebaut werden. Die große Frage, die man im Hinterkopf haben sollte: Wird es wirklich so kommen? Wenn das der Fall sein wird, wird XHTML wahrscheinlich das Web in Kürze umkrempeln. In gewisser Hinsicht sollte diese Technologie eine große Sache werden, weil die Vorteile von gut formatierten HTML, oder besser XHTML, enorm sind: einfachere Konvertierung von Dokumenten, verbesserte Editoren, die sauberen Quelltext generieren können, eine weitere Entwicklung zur Trennung von Inhalten und Strukturen, und sogar automatisiertes Extrahieren von Inhalten, da die Seiten exakt weitergeleitet werden können. Was wird passieren, wenn der erste XHTML-taugliche Browser auf den Markt kommt und er nicht 99 % aller Seiten im Netz darstellen kann? Höchstwahrscheinlich werden die Browser einen Kompatibilitäts-Modus für älteren Quellcode beinhalten. Die Designer werden sich nicht kurzfristig vom alten HTML abwenden. Sie können HTML als das DOS des Webs bezeichnen, das immer noch irgendwo herumschleicht. Wie auch immer, der Wechsel zu XHTML ist nicht schwierig und die Vorteile sind groß. Mit sorgfältiger Formatierung können normale Webseiten XHTML-konform erstellt werden. Programme wie HTML Tidy (http://www.w3.org/People/Raggett/tidy/) und XHTML-taugliche Editoren sollten das Entwickeln von neuen Dokumenten und das Überarbeiten der alten leichter machen.

Logisches und physisches HTML

Keine Einleitung zu HTML wäre komplett, ohne eine Diskussion über die Differenzen zwischen logischen und physischen Markierungen in HTML zu führen. *Physisches HTML* bezieht sich auf die Verwendung von HTML, um die Seiten mit einem bestimmten Aussehen zu versehen; *logisches HTML* bezieht sich auf die Benutzung von HTML, um die Struktur des Dokuments zu beschreiben, wobei eine andere Technologie, wie Cascading Style Sheets (s.a. Kapitel 10), verwendet wird, um das Aussehen der Seite zu bestimmen.

Die meisten Leute sind mit dem physischem Dokumentenentwurf schon vertraut, weil sie WYSIWYG (What You See Is What You Get)-Texteditoren wie Microsoft Word verwenden. Wenn Word-Benutzer etwas in Fettschrift gestalten wollen, betätigen sie einfach den entsprechenden Button und der Text wird fett dargestellt. In HTML können Sie fett formatieren, indem Sie die Stellen einfach mit den <b>- und </b>-Tags umgeben, wie hier gezeigt:

```
<b>Das ist wichtig.</b>
```

Dies kann leicht dazu führen, dass die Anwender glauben, HTML sei nicht mehr als eine einfache Formatierungssprache. WYSIWYG-HTML-Editoren (wie Microsoft FrontPage) verstärken diesen Eindruck. Seitendesigner, die versuchen, HTML möglichst einfach einzusetzen, müssen sich mit der Tatsache abfinden, dass HTML *keine* physische Seitenbeschreibungssprache ist. Autorenprogramme können es nicht bewerkstelligen, dass die Seiten genau so aussehen, wie Sie es wollen, und selbst wenn sie es könnten, benötigen sie dazu viele Tabellen, riesige Bildern und HTML-Tricks. Andere Technologien wie Style Sheets sind eine bessere Lösung zur Formatierung von Texten als viele Tricks und browserspezifische HTML-Elemente, die nur bedingt unterstützt werden.

Nach Meinung von Experten wurde HTML nicht dafür entwickelt, erwartete Layoutmerkmale zu liefern, und sollte auch nicht zu diesem Zweck verwendet werden. Stattdessen sollte HTML eine logische, oder allgemeiner, eine Markierungs-Sprache sein, die die Struktur des Dokuments definiert und nicht ihr Aussehen. Anstatt beispielsweise die Einleitung eines Dokuments mit einem bestimmten Rand, Schrifttyp und Größe zu definieren, kennzeichnet HTML nur den Einleitungsabschnitt und überlässt anderen Systemen, wie Cascading Style Sheets, die Darstellung. Im Falle von HTML bestimmt dabei letztendlich der Browser oder ein Style Sheet, wie ein Dokument aussieht.

HTML beinhaltet bereits viele logische Elemente. Ein Beispiel für ein logisches Element ist <strong>, das auf eine wichtige Passage hinweist, wie Sie hier sehen:

```
<strong>Das ist wichtig.</strong>
```

Das <strong>-Element sagt nichts darüber aus, wie der Ausspruch »Das ist wichtig« wiedergegeben wird, auch wenn es so wirken sollte. Wahrscheinlich wird er in Fettschrift ausgegeben. Allerdings werden die meisten der logischen Elemente relativ selten genutzt. Andere, wie Überschriften (<h1> bis <h6>) und Absätze (<p>), werden weit häufiger verwendet.

Die Vorteile logischer Elemente sind für diejenigen, die mit physischer Markierung vertraut sind, nicht offensichtlich. Um die Vorteile zu erkennen, ist es wichtig zu verstehen, dass im Web viele Browser verschiedene Dinge unterschiedlich wiedergeben. Außerdem ist es schwierig, vorherzusagen, auf welchem System die Seiten betrachtet werden. Welchen Browser hat der Benutzer? Welche Bildschirmauflösung ist eingestellt? Wird überhaupt ein Bildschirm verwendet? Wenn man von dem Extrem ausgeht, dass der Benutzer überhaupt keinen Bildschirm benutzt, wie würde dann ein akustischer Browser das <bold>-Element wiedergeben? Was ist mit dem <strong>-Element? Text, der durch <strong>-Befehle umgeben wird, könnte mit fester Stimme gelesen werden, fett geschriebener Text kann jedoch keine Bedeutung außerhalb von visuellen Ausgabegeräten haben.

Es gibt viele realistische Beispiele für die Mächtigkeit logischer Elemente. Berücksichtigen Sie die multinationalen oder mehrsprachigen Aspekte des Netzes. In einigen Ländern wird das Datum beginnend mit dem Tag, gefolgt von Monat und Jahr geschrieben. In den Vereinigten Staaten wird das Datum grundsätzlich beginnend mit dem Monat, dann mit dem Tag und dem Jahr geschrieben. Ein <date>-Element könnte, wenn es existieren würde, im Befehl diese Information enthalten und dem Browser ermöglichen, es für die betrachtende Umgebung passend anzuzeigen. Ein anderes Beispiel ist das Problem der Bildschirmgröße, die, theoretisch, durch einen logisch strukturierten Begriff reduziert werden könnte. Dies würde erlauben, ein Dokument zu schaffen, das auf einem Laptop genauso ansprechend angezeigt wird wie auf einem großen Arbeitsplatz-Monitor. Die Trennung der logischen Struktur von der physischen Darstellung erlaubt zusammengefasst viele physische Darstellungen, die für denselben Inhalt angewendet werden. Das ist ein Vorteil, der unglücklicherweise selten genutzt wird. Wir werden in Kapitel 10 einen Blick auf diese Vorgehensweise beim Seitendesign werfen, wenn wir die Verbindung zwischen HTML und Style Sheets behandeln.

Ob Sie den physischen (spezifischen) oder logischen (allgemeinen) Standpunkt bevorzugen, traditionelles HTML ist nicht einfach eine physische oder logische Sprache – bisher. Anders ausgedrückt, gegenwärtig genutzte HTML-Elemente gibt es in zwei Geschmacksrichtungen: physisch und logisch. Elemente, die Schrift, Zeichengröße, Zeichenstil usw. spezifizieren, sind physisch. Elemente, die Inhalt oder Bedeutung spezifizieren, wie `<cite>` und `<h1>`, und den Browser entscheiden lassen, was sie machen sollen, sind logisch. Ein schneller Blick auf die Webseiten quer durch das Internet legt nahe, dass logische Elemente und Style Sheets häufig ungenutzt bleiben, weil Webentwickler mehr Layout beherrschen wollen, als rohes HTML anzubieten, und Style Sheets sind relativ neu und noch fehleranfällig. Darüber hinaus denken viele Designer nicht gerade in der Methode, die für logische Markierung notwendig ist, und WYSIWYG-Seiteneditoren ermutigen grundsätzlich nicht zu einem solchen Denken. Selbstverständlich wird XHTML das alles ändern, die Sprache wird zu einer hauptsächlich logischen Formatierungssprache zurückkehren.

Ob es Ihnen gefällt oder nicht, zum Erzielen des gewünschten Ergebnisses werden Seitendesigner vermutlich Elemente, wie `<table>` und `<frame>`, missbrauchen und auf verschiedene Tricks zurückgreifen, um ihre Layouts so umzusetzen, wie sie es möchten. Das ist der Kampf, der gegenwärtig zwischen denen herrscht, die sich von HTML wegbewegen, und denen, die tatsächliches HTML anbieten. Mit dem Aufkommen von HTML 4, XHTML und Cascading Style Sheets könnte diese Auseinandersetzung endlich beendet sein, aber die Verbreitung ist langsam und Millionen von Dokumenten werden weiterhin ohne ein Konzept logischer Strukturierung entstehen. Die Entwicklung von Webseiten bietet weiterhin eine interessante Möglichkeit, Unterschiede zwischen dem aufzuzeigen, was Theoretiker sagen und was die Leute wollen.

Mythen über HTML und XHTML

HTML ist eine mächtige Technologie, über die jedoch viele falsche Vorstellungen existieren. Es kann für Entwickler sehr hilfreich sein, zu verstehen, was HTML *nicht* ist, um gängige Fehler zu vermeiden.

Mythos: HTML ist eine WYSIWYG-Designsprache

HTML ist keine spezifische Bildschirm- oder druckgenaue Formatierungssprache wie PostScript. Viele Leute kämpfen täglich mit HTML und versuchen, mit unsauberer Verwendung von HTML-Elementen ein perfektes Layout zu kreieren, oder verwenden Grafiken, um die Schwächen von HTML auszugleichen. Andere Technologien, wie Cascading Style Sheets (CSS), sind weit besser als HTML zur Manipulation der Darstellung geeignet; ihre Verwendung bringt HTML zu seinen strukturellen Wurzeln zurück.

Mythos: HTML ist eine Programmiersprache

Viele Leute denken, dass das Anfertigen von HTML-Seiten Programmieren entspricht. HTML ist jedoch etwas anderes, da es keiner Logik folgt. Es bestimmt die Struktur und oft auch das Layout eines Dokuments. Mit der Einführung von Scriptsprachen wie JavaScript wird das Konzept von dynamischem HTML (DHTML) immer populärer und es wird verwendet, um interaktive Webseiten zu erstellen. Einfach ausgedrückt bietet DHTML Scriptsprachen die Möglichkeit, HTML-Elemente und deren Inhalt vor und möglicherweise nach dem Laden der Seite zu modifizieren.

DHTML verwischt die Linien zwischen HTML als Layoutsprache und HTML als Programmierumgebung. Die Trennung sollte jedoch beibehalten werden, da HTML keine Programmiersprache ist. Ungeschicktes, spontanes Mischen von Code, wie es von vielen DHTML-Autoren praktiziert wird, ist weitaus schlimmer als die Verwendung von HTML als WYSIWYG-Markierungssprache. Logischer Scriptcode kann sauber von HTML getrennt werden, wie in Kapitel 13 gezeigt wird. Wenn diese Trennung nicht beherzigt wird, wird die Wartung von Seiten zu einem Alptraum, der die Probleme verkümmern lässt, die durch den Missbrauch von HTML-Code für Darstellungszwecke verursacht werden.

Mythos: HTML ist vollständig

HTML ist nicht fertig. Die Sprache bietet nicht alle Möglichkeiten, die sie als eine logische Markierungssprache bieten sollte. Zurzeit ist man gerade dabei, die gegenwärtigen HTML-Standards in einer neuen

Sprache zu implementieren, die *eXtensible Markup Language* (XML) genannt wird. Zukünftige Versionen von HTML werden ziemlich sicher als Untergruppe von XML definiert werden. Theoretisch ist dies eine kluge Entscheidung, aber die allgegenwärtige Natur von HTML und seine enorme Verbreitung legen nah, dass es eine unglaublich wichtige Aufgabe ist, HTML zu erweitern oder seine kleinen Lücken zu schließen. Das gegenwärtige *W3C HTML Activity Statement* kann auf der W3C-Website gefunden werden (http://www.w3.org/MarkUp/Activity.html).

Mythos: HTML ist vollständig standardisiert

Obwohl das W3C die HTML-Spezifikation definiert, definieren in der Praxis oft die Hersteller der Browser und deren Benutzer ihre eigenen De-facto-Standards, sie entscheiden, welche Standards sie unterstützen. Das mag zwar wie Ketzerei klingen, aber es ist wahr. Wenn ein neuer Browser ein neues Feature unterstützt, werden viele Firmen und Personen es sofort einsetzen, ohne Rücksicht darauf, ob es dem W3C-Standard entspricht oder nicht. Heute ist es das Ziel der Browserhersteller, einheitliche Standards im Web durchzusetzen, was keinen Moment zu früh passiert. Zurzeit müssen die Entwickler jedoch noch mit den alten Befehlen und all den damit verbundenen Problemen klarkommen.

Mythos: Traditionelles HTML verschwindet

HTML ist das Fundament des Web; mit buchstäblich Milliarden von existierenden Seiten kann nicht jedes Dokument in Kürze überarbeitet werden. Das »Vermächtnis« Web wird für Jahre bestehen und HTML wird immer irgendwo herumschleichen, selbst in den fortschrittlichsten Seiten kommender Jahre.

Mythos: XHTML wird das Web im Sturm erobern

Das ist Wunschdenken, denn nachdem wir Jahre lang HTML gelernt haben und dabei festgestellt haben, wie sowohl Editoren und Menschen Webseiten erstellen, ist es eher unwahrscheinlich, dass XHTML vor Ende des Jahres 2000 zur Norm wird, oder möglicherweise sogar erst Jahre später. Das Problem ist, dass einige der bereits existierenden Web-Dokumente überhaupt nicht angezeigt werden, wenn die Browser plötzlich die Einhaltung der XHTML-Regeln verlangen. Bedenken Sie, dass sich viele Leute nicht um die Regel von HTML gekümmert haben, obwohl schon immer Regeln galten. Viele Leute lernen HTML allein durch Nachahmung, indem sie sich den Quelltext vorhandener Seiten anschauen, die nicht immer korrekt geschrieben sind. Ähnlich wie die englische Sprache wird HTML gut verstanden und wird häufig verwendet, aber oft nicht perfekt beherrscht. Es wird im Web strenger werden, aber erwarten Sie nicht, dass das alles auf einmal passieren wird.

Mythos: HTML-Codierung von Hand wird es noch Jahrzehnte geben

Obwohl einige Entwickler nach wie vor ihre Seiten wie mechanische Schriftsetzer von Hand erstellen werden, wird dieser Ansatz des Entwickelns aufgrund ständig verbesserter Editoren, die sich immer mehr an die Standards halten, verschwinden. Dankbar werden die Designer feststellen, dass der »unsichtbare Pixel«-Trick nicht das Erfolgsrezept ist, sondern dass der Entwicklungsschwerpunkt von ihrem Talent und ihren fundierten HTML-Kenntnissen abhängt.

Mythos: HTML ist alles, was Sie wissen müssen, um gute Webseiten zu erstellen

Während HTML die Basis für Webseiten ist, müssen Sie mehr als HTML kennen, um nützliche Webseiten zu erstellen (es sei denn, die Seite ist sehr einfach). Dokumentendesign, Grafikdesign und auch Programmierkenntnisse sind häufig zum Erstellen komplexer Webseiten notwendig. HTML dient lediglich als Grundlage für all diese Aufgaben. Das Beherrschen der HTML-Grundlagen kann für Autoren nur eine Hilfe sein. Eine kurze Erörterung einiger anderer Aspekte des Webdesigns folgt im nächsten Kapitel.

Zusammenfassung

HTML ist eine Markierungssprache zum Erstellen von Webseiten, die physische und logische Strukturen kombiniert. Elemente – in der Form von Befehlen wie <b> und </b> – werden in Textdokumente eingebettet, um Browsern zu zeigen, wie die Seiten darzustellen sind. Die Regeln für HTML sind recht einfach. Leider wurden diese Regeln von Browsern in der Vergangenheit nicht umgesetzt. Auf Grund dieser Nachlässigkeit hat es viele Missverständnisse über den Sinn und Zweck von HTML gegeben und eine Vielzahl von Dokumenten im Web entspricht keiner »offiziellen« Spezifikation von HTML. Die Einführung von XHTML versucht HTML an seine Wurzeln als strukturelle Sprache zurückzuführen, wobei einige Darstellungsaufgaben anderen Technologien, wie Cascading Style Sheets, überlassen werden. Die neueste Version von HTML versucht, die erforderliche Strenge bei der Syntax durchzusetzen, die HTML zu einer soliden Grundlage machen wird, auf der die Webanwendungen von morgen basieren werden. Während der Einsatz von strengem XHTML sich im Web erst noch durchsetzen muss, sollten die Autoren den Regeln auch bei klassischem HTML folgen, um gut gerüstet zu sein, wenn es darum geht, perfekt geformte Dokumente nach XHTML zu transformieren. Bevor wir uns nun den Kernelementen von HTML zuwenden, werfen wir einen Blick auf die Webentwicklungspraxis und Projektplanung, die für den ehrgeizigen HTML-Autor nützlich sind.

Dieses Vorgehen ist nur eine kurze Einführung in einige »Regeln«, denen HTML-Dokumente folgen sollten. Leider ist der Nutzen dieser Regeln für junge Webentwickler nicht immer offensichtlich, da die meisten Browser die Standards nicht strikt umsetzen. Obwohl die verschachtelte Regel mit der formellen Definition von HTML übereinstimmt, haben z.B. die meisten Browser kein Problem mit überkreuzten Befehlen oder sogar mit Befehlen, die völlig unangemessen verwendet werden. Der Grund für die Laxheit der Browser bei der Umsetzung ist allerdings logisch: Ein Browser würde jedes Mal, wenn er auf geringfügig fehlerhaften Code stoßen würde, Fehlermeldungen anzeigen! Verwenden Sie die Laxheit der Browser beim Umsetzen von HTML-»Regeln« nicht als Entschuldigung, um HTML zu missbrauchen oder eine Seite unsauber zu codieren. Standards stellen strukturelle Anforderungen an Dokumente, und während das Web zunehmend komplizierter wird und Technologien wie die eXtensible Markup Language (XML) übernommen werden, wird das Befolgen der Standards immer wichtiger.

Leider sind viele Autoren nicht mit den Standards vertraut. Daher können sie der Struktur keine Aufmerksamkeit schenken, wenn sie die Philosophie von HTML nicht verstehen; oder sie sehen HTML als eine physische Seiten-Beschreibungssprache wie PostScript, anstatt als eine logische, strukturorientierte Markierungssprache. Browser schrecken nicht vor dieser Sichtweise ab, sondern könnten die physische Betrachtung sogar noch unterstützen.

2

Web-Entwicklung – Ein Überblick

Wenn wir das Erstellen von Webseiten erläutern, haben wir oft das Problem, dass das Beherrschen von HTML mit dem Entwickeln der Webseiten verwechselt wird. HTML ist nur ein Teil dieses Prozesses. Grafikdesign und das Wissen um Programmiersprachen sind weitere wichtige Gesichtspunkte. Web-Publishing oder Web-Entwicklung sind vielmehr allgemeine Begriffe, die das Planen und Erstellen einer Website beschreiben. Das gilt insbesondere auch dann, wenn Voraussicht, Können und künstlerisches Verständnis mit ins Spiel kommen. Das Beherrschen von HTML alleine reicht nicht aus, um alle Facetten, die zum Erstellen von ansprechenden, benutzerfreundlichen Websites erforderlich sind, abzudecken. Bevor Sie jetzt zu sehr in die Tiefen der HTML-Befehle eintauchen, sollten Sie erst einmal verstehen, wie die Entwicklung einer Webseite funktioniert und welche Rolle HTML in diesem Zusammenhang spielt. Dieses Kapitel bietet Ihnen einen kurzen Überblick über einige Entwicklungsmethoden, wobei das Hauptaugenmerk auf die Aufgaben gerichtet ist, die HTML dabei übernimmt.

Die Notwendigkeit sorgfältiger Web-Entwicklung

Wir befinden uns in einer Krise, vergleichbar der »Software-Krise« in den späten 60ern des letzten Jahrhunderts. Vor wenigen Jahren waren Webseiten nicht viel mehr als digitale Broschüren und wurden häufig auch so bezeichnet. Eine solche Site zu erstellen, erforderte nicht viel Planung. Häufig wurde lediglich ein einfaches Layout entwickelt, das anschließend mit Inhalten gefüllt wurde. Heutzutage sind Websites sehr viel größer und komplexer. Mit der Entwicklung hin zum E-Commerce und zu dynamischen Seiten haben sich Internetpräsentationen von Broschüren hin zu vollständigen Software-Anwendungen gewandelt. Trotzdem beharren viele Programmierer nach wie vor auf ihre vertrauten Methoden des spontanen Entwickelns.

Hinweis

Die »Software-Krise« bezieht sich auf eine Zeit, in der die verbesserten Hardware-Technologien es den Software-Entwicklern erlaubten, immer größere und komplexere Programme zu entwickeln. Es wurde jedoch zu einer wahren Herausforderung, diese neuen Programme zu erstellen und zu warten, da in der Vergangenheit keine geeigneten Methoden angewandt wurden. Offensichtlich wurde die daraus resultierende Krise durch eine Vielzahl scheiternder Projekte. Um dieser Krise entgegenzuwirken, entwickelte man Methoden wie die strukturierte oder die Top-down-Programmierung.

Beispiele für die Krise in der Webentwicklung finden sich überall. Anders als bei den fehlgeschlagenen Software-Entwicklungen in der Vergangenheit können selbst fehlgeschlagene Web-Projekte häufig »live«

im Internet begutachtet werden. Die Vielzahl der Webseiten, die für immer und ewig »under construction« oder »demnächst hier zu betrachten« sind, zeugen davon, wie armselig viele Websites geplant werden. Leider werden die rot-weißen Baustellenschilder und animierten Presslufthämmer nur viel zu selten entfernt. Wenn man dem Inhalt oder den Datumsstempeln der »letzte Änderung am«-Schriftzügen Glauben schenkt, befinden sich viele Sites seit Jahren in diesem Zustand. Wie eine »Online-Geisterstadt« strotzen diese halbtoten Seiten vor betagten Inhalten, überholtem HTML, veralteter Technologie, toten Links und nicht funktionierenden Skripten. Beschönigen Sie solche Probleme nicht als nebensächlich oder als Flüchtigkeitsfehler. Ein toter Link ist ein katastrophaler Fehler. Stellen Sie sich ein Programm mit Menüs vor, die nirgends hin führen!

Die Gründe, warum diese Sites Fehler aufweisen, sind vielfältig. Einige Seiten verschlechtern sich lediglich deshalb, weil der Betreiber die Lust am Erstellen seiner Seiten verloren hat. Andere Seiten werden nicht weiter gepflegt, weil sie nicht weiter als nützlich betrachtet werden oder weil die finanziellen Mittel für die Pflege der Seiten nicht länger zur Verfügung stehen. Wieder andere Seiten werden nicht fertig gestellt, weil das Projekt den Entwickler überfordert hat. Manchmal ist der Entwickler auch nicht in der Lage, die ihm zur Verfügung stehenden Werkzeuge zu nutzen, oder er war sich nicht der Restriktionen des Mediums bewusst. Selbst wenn ein Designer all diese Klippen umschifft hat, besteht immer noch die Möglichkeit, dass er das Projekt zu schnell oder ohne die erforderliche Planungsphase durchführen will. Oft ist der Prozess der Website-Erstellung so schnell, dass er im Grunde genommen nur aus zwei Schritten besteht: Erstellung und Veröffentlichung. Beachten Sie, dass viele Webdesign-Werkzeuge ein solches Vorgehen geradezu herausfordern. Einige Programme ermuntern den Entwickler, seine Inhalte herunterzuschreiben und später mit Hilfe von so genannten »Wizards« Funktionalität hinzuzufügen. Andere Programme erstellen große Mengen von Quellcode und schlagen vor, die Inhalte erst nachträglich einzubinden. Es besteht kein Zweifel daran, dass eine schnelle Entwicklung aus Zeitgründen durchaus wichtig ist. Mit unsauber programmierten, schlecht durchdachten Webseiten erweist man sich jedoch einen Bärendienst, wenn der Betrachter sich anschließend mit den Problemen dieser Site herumschlagen muss. Die Gründe für fehlgeschlagene Web-Projekte variieren, aber die vielen toten Seiten im Web legen den Schluss nahe, dass das Entwickeln von Websites oft zum Scheitern verurteilt ist. Wir sollten bemüht sein, eine Methode anzubieten, die das Erstellen von Websites strukturiert und so das Risiko des Scheiterns reduziert.

Das Basis-Web-Entwicklungsmodell

Um die Schwierigkeiten bei der Erstellung von Websites zu reduzieren, übernehmen wir ein *Entwicklungsmodell*, das die einzelnen Phasen der Website-Entwicklung beschreibt. So kann jeder Schritt sorgfältig vom Entwickler nachvollzogen werden, wobei er sich an die Richtlinien und die Dokumentation halten kann, die ihm beschreiben, wie die einzelnen Arbeitsschritte zu erledigen sind, und anhand derer er überprüfen kann, ob er jeden Schritt korrekt durchgeführt hat.

Das ideale Entwicklungsmodell für das Web hilft dem Entwickler, sich der Komplexität der Site bewusst zu werden, das Risiko des Misslingens zu minimieren, der hohen Wahrscheinlichkeit von Änderungen während der Bearbeitung Rechnung zu tragen, und hält ihn durch stetige Rückmeldungen über den aktuellen Stand der Entwicklung auf dem Laufenden. Natürlich muss dieses Modell einfach zu erlernen und durchzuführen sein. Das sind ziemlich viele Anforderungen, und es ist unwahrscheinlich, dass ein einzelnes Entwicklungsmodell in der Lage ist, all diesen Ansprüchen zu genügen.

Hinweis

Von Software-Entwicklern wird dieses Modell oft Wasserfall- oder Software-Lebenszyklus-Modell genannt, da dieses Modell die einzelnen Lebensphasen eines Programms beschreibt. Hier folgt bis zum Ablauf des Modells Phase auf Phase.

Der Vorteil dieser Vorgehensweise ist die Tatsache, dass sie den Entwickler von Anfang an jeden einzelnen Schritt planen lässt. Das ist allerdings auch ihre größte Schwäche. Schließlich hat man es bei einem Web-Projekt bezüglich der Frage, welche Voraussetzungen zu schaffen sind, mit einer Vielzahl von Unsicher-

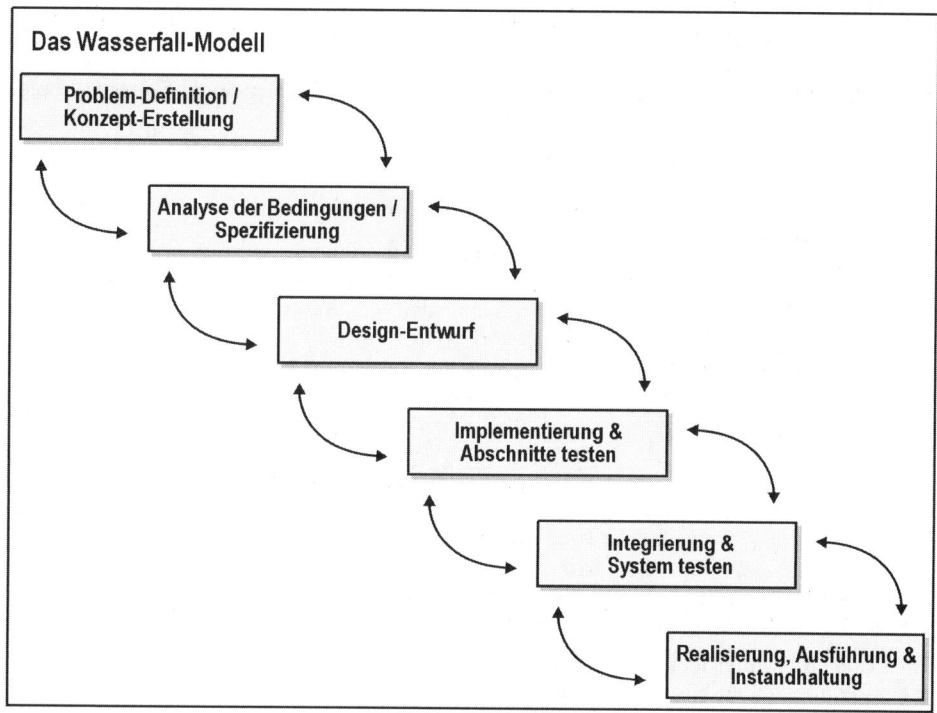

2.1: Das Wasserfall-Modell

heitsfaktoren zu tun. Das gilt vor allem dann, wenn der Entwickler auf diesem Gebiet noch nicht sehr viel Erfahrung hat. Eine weitere Schwierigkeit dieses Modells ist die Tatsache, dass es suggeriert, jeder Schritt wäre unabhängig vom nächsten. In der Realität neigen die Abschnitte jedoch dazu, sich mit den vorangegangenen oder den nachfolgenden Schritten zu überlappen, sich gegenseitig zu beeinflussen, so dass sie häufig kontrolliert oder wiederholt werden müssen. Unglücklicherweise ist das beschriebene Modell recht starr und verlangt vom Entwickler, das Projekt zu unterbrechen und einzelne Schritte immer wieder auszuführen, falls zu viele Änderungen am Projekt vorgenommen werden. Kurzum: Das Modell lässt sich im Falle von Änderungen nicht gut handhaben. Trotzdem ist dieses einfache Modell nach wie vor sehr beliebt, da es sowohl einfach zu verstehen, als auch leicht anzuwenden ist. Darüber hinaus erleichtern die starren Schritte dem Management die Kontrolle über Fortschritte und dienen als Projekt-Teilziele.

In der Theorie machen solche Modelle durchaus Sinn, aber lassen sie sich auch in der Praxis einsetzen? Die Antwort ist ein eindeutiges Ja. Allerdings funktioniert die Web-Entwicklung nicht in aufeinander folgenden Schritten, da sie ständigen Neuerungen, einem enormen Zeitdruck und ständigen Änderungen der Projekte unterworfen ist. Entwickler sollten stets vorsichtig vorgehen. In den nächsten Abschnitten wird der Leser durch die typischen Schritte, die beim Erstellen einer Website eine Rolle spielen, geführt.

Ziele und Probleme

Viele Website-Projekte sind zum Scheitern verurteilt, weil es ihnen an klaren Zielen fehlt. In den Anfangsjahren des Web-Designs wurden viele Seiten nur erstellt, um zu zeigen, dass die Firma eine Site hat. Ohne einen Internetauftritt kann eine Firma nicht als progressiv oder gar als Marktführer gelten und Mitbewerber, die über eine Website verfügen, wurden zur Bedrohung. Einen wirklichen Nutzen boten diese Präsentationen jedoch selten. Ihr einziger Zweck war es, das Unternehmen im Internet darzustellen. Mit steigender Popularität des Webs wurden auch die Gründe für einen Internetauftritt deutlicher. Heute sind die Ziele einer Webpräsentation wichtiger geworden und werden im Allgemeinen von Beginn an festgelegt. Das heißt jedoch nicht, dass das Web von Logik bestimmt wird – viele Web-Projekte entstehen quasi aus Lust und Laune und reagieren eher auf den Druck von außen, als dass sie helfen sollen, Probleme zu lösen.

Ein Ziel für eine Website zu definieren, ist nicht schwierig. Das Problem ist viel mehr, dieses zu verfeinern. Hüten Sie sich vor vagen Zielen wie »besseren Kundenservice anbieten« oder »Geld durch das Öffnen eines Online-Marktes verdienen«. Das mag als Schlagwort oder grobe Zielrichtung gut klingen, aber Sie benötigen Details. Eine gute Zielvorgabe könnte etwas so aussehen:

❑ Erstelle eine Kundensupportsite, die die Kundenzufriedenheit dadurch erhöht, dass Standardfragen rund um die Uhr beantwortet werden und dadurch den Telefonsupport um 25 Prozent senkt

❑ Wir eröffnen einen Online-Spielzeugshop, über den wir Waren im Wert von mindestens 5.000 Euro im Monat direkt an den Endverbraucher verkaufen

❑ Entwickle einen Internetauftritt für ein japanisches Restaurant, das potenzielle Kunden über Öffnungszeiten, Speisekarte, Atmosphäre und Preis informiert und sie ermuntert, telefonisch zu bestellen oder das Restaurant zu besuchen

Beachten Sie, dass zwei dieser drei Ziele messbare Vorgaben haben. Das ist von großer Bedeutung, da man auf diese Weise über Vergleichsgrößen zur Erfolgskontrolle oder über die Einhaltung des Budgets verfügt. Das dritte Statement gibt kein wirklich messbares Ziel vor. Das ist deswegen problematisch, weil es so schwer sein wird, andere vom Erfolg der Site zu überzeugen, oder die Site in irgendeiner Form zu bewerten. Im Falle einer Informationsseite für ein Restaurant könnte die Anzahl der Betrachter oder die Anzahl der Kunden, die einen Nachweis für ihren Besuch auf den Webseiten liefern, eine Hilfe sein. Das dritte Statement könnte also wie folgt modifiziert werden:

❑ Entwickle einen Internetauftritt für ein japanisches Restaurant, das monatlich 300 potenzielle Kunden über Öffnungszeiten, Speisekarte, Atmosphäre und Preis informiert und sie ermuntert, telefonisch zu bestellen oder das Restaurant zu besuchen

Allein durch das Einbinden der Anzahl der erwarteten Besucher haben wir die Bedingungen für eine klare Zielvorgabe erfüllt. Mit der Vorgabe einer bestimmten Anzahl von zu erreichenden Besuchern kann der Restaurantbesitzer die Kosten für den Internetauftritt mit denen von Print- und Radiowerbung vergleichen und diese dann mit dem zu erwartenden Nutzen abwägen.

Brainstorming für die Site

An sich ist das Bestimmen einer Zielsetzung relativ einfach. Das Schwierigste dabei ist es, das Ziel präzise und realistisch zu definieren. Häufig besteht die Gefahr, alles in einer Site unterzubringen. Bedenken Sie jedoch, dass eine Website nicht alles enthalten kann. Konzentrieren Sie sich auf eine bestimmte Zielgruppe und deren Bedürfnisse. Um Ziele festzulegen, wird oft ein Brainstorming nötig. Sinn und Zweck des Brainstormings ist es, so viele Ideen wie möglich zu sammeln. Es ist hilfreich, während eines Brainstormings eine Tafel zu verwenden, um alle Ideen darauf zu sammeln oder sie dort weiter zu entwickeln.

Bisweilen verliert man beim Brainstorming das eigentliche Ziel aus den Augen, weil einzelne Teilnehmer vom Thema abweichen oder zu sehr über Website-Design philosophieren. In solchen Fällen ist es am besten, das Gespräch wieder in eine Richtung zu lenken, in der alle Teilnehmer übereinstimmen. Versuchen Sie, eine gemeinsame Design-Philosophie zu finden, indem Sie die Teilnehmer über etwas diskutieren lassen, was niemand mit der Site in Verbindung bringt. Es ist einfach, Übereinstimmung darin zu erzielen, dass die Site nicht langsam, benutzerunfreundlich oder Ähnliches sein soll. Nachdem man diese gemeinsame Zielsetzung erarbeitet hat, ist es leichter, weitere Eigenschaften zu finden, die die Site haben soll.

Wenn Sie ein Projekt leiten, bei dem eine Site überarbeitet werden soll, hüten Sie sich davor, die bereits bestehende Version bei einem Brainstorming schlecht zu reden. Das gilt vor allem dann, wenn Entwickler, die an dieser Version mitgearbeitet haben, anwesend sind. Ein todsicheres Mittel, ein Überarbeitungsprojekt zum Scheitern zu bringen, ist es, die Original-Designer durch Kritik an ihrer Arbeit in eine Verteidigungshaltung zu drängen. Die Mitarbeiter sollen Websites erstellen – es ist also wichtig, ein positives Team zusammenzustellen.

Reduzieren der Wunschliste

Während eines Brainstormings sind alle Ideen großartig. Sinn einer solchen Sitzung ist das Erarbeiten einer so genannten *Wunschliste*. Eine Wunschliste ist ein Dokument, das alle möglichen Bestandteile sammelt, die, unabhängig von Preis, Machbarkeit oder Anwendbarkeit, in die Site eingebunden werden könnten. Es ist wichtig, während eines Brainstormings keine Ideen zu unterdrücken, da auf diese Weise der kreative Aspekt der Site-Entwicklung unterbunden wird. Es kann jedoch notwendig sein, die Wunschliste anschließend auf ein vernünftiges und für die Site angemessenes Maß zu reduzieren. Bei einer Site mit vielen verschiedenen Zielen kann das eine bedeutende Aufgabe sein. Stellen Sie sich z.B. eine Firmensite vor, die Produkt- und Investorinformationen, Pressemeldungen, Stellenangebote und technischen Support anbieten soll. Jeder beteiligte Entwickler wird seinen Bereich für den wichtigsten halten. Jeder von ihnen wird auf der Homepage einen großen Hinweis zu seinem Bereich wollen. Einen Kompromiss zwischen vielen Bereichsleitern zu finden, kann eine Herausforderung sein!

Um die Wunschliste zu reduzieren, können Sie z.B. jede der gesammelten Ideen auf ein kleines Stück Papier oder eine Karteikarte schreiben und diese auf einen großen Stapel legen. Lassen Sie jede der beteiligten Personen eine Karte ziehen und vorschlagen, an welcher Stelle der Prioritätenliste sie diese Idee platzieren würde. Natürlich muss die Zahl der insgesamt zu ziehenden Karten limitiert werden. Durch ein solches Vorgehen können Sie ermitteln, welche Ideen für die wichtigsten gehalten werden. Je nach dem Verhalten der Gruppenmitglieder kann ein solches Vorgehen allerdings auch scheitern – insbesondere dann, wenn die Teilnehmer sehr viel Wert auf ihre eigenen Bereiche legen.

Die Ziele, die beim Brainstorming ermittelt wurden, sollten verfeinert und weiter entwickelt werden. Für die meisten Sites wird wahrscheinlich eine Vielzahl von Zielen erarbeitet, die alle abgewogen und gut dokumentiert werden sollten. Obwohl ein Brainstorming eine gute Möglichkeit für alle beteiligten Entwickler ist, sich über den Sinn der Website klar zu werden, ist das Ergebnis nur ein Teil der Zielsetzung. Was ein Entwickler will, ist nicht notwendigerweise das, was der Besucher wünscht. Um einen guten Entwicklungsplan zu erstellen, müssen auch immer die Bedürfnisse der Betrachter berücksichtigt werden.

Zielgruppe

Um die Ziele einzugrenzen, denken Sie am besten immer an Ihr Publikum. Die Wünsche der Brainstorminggruppe stimmen nicht immer mit denen der User überein. Als Erstes sollten Sie Ihre Zielgruppe und deren Gründe für den Besuch auf Ihrer Website genau definieren. Es macht jedoch keinen Sinn, sich einen »Otto Normal-User« zu schaffen, der sich über AOL mit einem 56-K-Modem auf Ihrer Site einloggt. Es ist unwahrscheinlich, dass sich ein solcher User für Ihre Site herausarbeiten lässt. Die meisten Betrachter haben ihre ganz persönlichen Ziele. Überlegen Sie zuerst, welche Art von Personen Ihre Besucher sein werden. Stellen Sie sich ein paar grundsätzliche Fragen über Ihre Zielgruppe:

❑ Wo leben sie?
❑ Wie alt sind sie?
❑ Welches Geschlecht haben sie?
❑ Welche Sprache sprechen sie?
❑ Wie gut ist ihr technisches Verständnis ausgebildet?
❑ Welche Anbindung haben sie zum Internet?
❑ Welchen Rechnertyp benutzen sie?
❑ Welche Browser werden sie verwenden?

Als Nächstes überlegen Sie, was Ihre Besucher auf Ihrer Site machen (wollen)

❑ Wie sind sie zu Ihrer Site gelangt?
❑ Was wollen die Besucher mit Hilfe der Site erreichen?
❑ Wann werden sie die Site besuchen?

❏ Wie lang wird ein durchschnittlicher Besuch dauern?

❏ Von welchen Seiten aus werden sie die Seite verlassen?

❏ Wann, falls überhaupt, werden sie auf Ihre Seiten zurückkehren?

Obwohl Sie wahrscheinlich dazu in der Lage sind, einen Benutzer durch solche Fragen zu beschreiben, sollten Sie sich darüber im Klaren sein, dass es wahrscheinlich nicht einen einzigen Betrachter gibt, der diesem Profil genau entspricht. Für die meisten Sites gibt es viele Besuchertypen, von denen jeder seine eigenen Merkmale aufweist und seine eigenen Ziele hat.

User-Profile

Der beste Weg, User zu verstehen, ist es, mit ihnen zu reden. Falls irgend möglich sollten Sie sie direkt befragen, um Näheres über ihre Wünsche und Charakteristika zu erfahren. Auch eine Umfrage könnte hilfreich sein, allerdings erhalten Sie durch Interviews Antworten und Ideen, die weit über den Informationsgehalt vorgefertigter Antworten hinausgehen. Leider sind Interviews und Umfragen sehr zeitaufwändig und es ist unmöglich, jeden einzelnen Usertyp oder -wunsch zu berücksichtigen. Aus den Ergebnissen der Interviews, Umfragen oder auch nur dem bloßen Nachdenken über ihre Betrachter sollten Sie einige detaillierte Profile von »typischen« Usern erstellen. Entwickeln Sie mindestens drei Usertypen. Diese Typen sollten sich auch an der Web-Erfahrung der Anwender orientieren: Typ 1 hat wenig Erfahrung im Umgang mit dem Internet, Typ 2 hat etwas Web-Erfahrung, schaut jedoch relativ selten auf Ihren Seiten vorbei, während Typ 3 ein »Power-User« ist, der sich im Internet auskennt und Ihre Site häufig besucht. Für die meisten Sites trifft diese Klassifizierung zu, wobei die größte Anwendergruppe von durchschnittlich erfahrenen Usern gebildet wird. Ordnen Sie den Anteilen der einzelnen Anwendertypen Prozentwerte zu, um die einzelnen Gruppen gewichten zu können. Benennen Sie die einzelnen Typen. Sie können ihnen Namen von interviewten Personen zuweisen oder künstliche Namen wie »Anton Anfänger«, »Dora Durchschnitt« oder »Paul Poweruser« geben. Erarbeiten Sie nun ein spezifisches Profil für jeden Anwendertyp, wobei Sie sich die Fragen des vorangegangenen Abschnitts zunutze machen. Achten Sie darauf, dass die Antworten dieser Fragen grob mit den Durchschnittsantworten der Gruppe übereinstimmen. Falls also die meisten der erfahrenen Anwender nur über eine langsame Verbindung verfügen, sollten Sie das berücksichtigen.

Wenn Ihre Anwender-Profile komplett sind, sollten Sie Besuchsszenarien erstellen. Wie würde sich Anton Anfänger verhalten, wenn er Ihre Site besucht? Was würde er gerne machen? Welche Ziele hat er? Anhand eines Szenarios können Sie sich den Bedürfnissen Ihrer Besucher anpassen. An dieser Stelle können Sie eventuell feststellen, dass Ihre Ziele nicht mit den Interessen Ihrer Besucher übereinstimmen. Falls dem so ist, sollten Sie zur Zieldefinition zurückkehren und die neu gewonnenen Informationen nutzen, um Ihre Ziel-Statements zu modifizieren.

Anforderungen

Basierend auf den Zielvorgaben Ihrer Site und den Wünschen Ihres Publikums definieren sich die Anforderungen von allein. Die Erfordernisse eines Web-Projekts teilen sich in vier Primärkategorien: Inhalt, Optik, Technologie und Übertragung. Welche Inhalte werden benötigt? In welchem Stil soll sich die Site präsentieren? Welche Programme müssen geschrieben werden? Wie viele Server werden benötigt, um die Benutzer bedienen zu können? Welche Beschränkungen werden den Entwicklern durch die Bandbreite, die Bildschirmgröße, den verwendeten Browser usw. auferlegt? Diese Anforderungen veranschaulichen die Kosten- und Implementierungsprobleme. Es wird deutlich, wie viele Entwickler benötigt werden und welche Inhalte fehlen. Wenn an dieser Stelle deutlich wird, dass der betriebene Aufwand zu hoch ist, sollten Sie erneut Ihre gesetzten Ziele oder die Zielgruppendefinition überprüfen. Die ersten drei Schritte des Webentwicklungsprozesses können mehrfach wiederholt werden, bis eine endgültige Sitespezifikation definiert ist.

Der Site-Plan

Sobald die Ziele, die Zielgruppen und die Anforderungen diskutiert und dokumentiert sind, sollte ein formaler Site-Plan erstellt werden. Der Site-Plan sollte folgende Abschnitte enthalten:

❏ **Projekt-Übersicht** Dieser Abschnitt enthält eine kurze Beschreibung des eigentlichen Zwecks der Site, sowie die Erfolgsparameter

❏ **Projekt und Zieldiskussion** Dieser Bereich enthält eine detaillierte Diskussion über die Zielsetzung der Site und die messbaren Ziele, um den Erfolg verifizieren zu können.

❏ **Publikumsanalyse** Hier werden die Profile der anzusprechenden User vorgestellt. Hier werden sowohl die besonderen Merkmale der Besucher, als auch die Informationen, die sie auf der Site erwarten, beschrieben.

❏ **Anforderungen** Dieser Bereich zeigt die zur Erreichung der oben gesteckten Ziele erforderlichen Aufwendungen auf und gliedert sich in vier Unterabschnitte.

    ❏ **Inhaltsanforderungen** Der Bereich Inhaltsanforderungen sollte eine Liste aller Text-, Grafik- oder sonstigen Elemente enthalten, die für die Site benötigt werden. Zur besseren Übersicht können Sie eine Tabelle erstellen, der zu entnehmen ist, welche Inhalte, in welcher Form, von welchem Entwickler oder Bearbeiter bereits vorhanden oder noch zu bearbeiten sind. Ein Beispiel für eine solche Tabelle sehen Sie in Tabelle 2.1.

Inhaltsname	Beschreibung	Inhaltstyp	Inhaltsformat	Fertig?	Besitzer
Butler-Robot-Pressemeldung	Pressemeldung für die Veröffentlichung der neuen Butler-7-Serie, die in *Roboter Heute* erschien.	Text	Microsoft Word	Ja	Jennifer Tuggle
Software-Agreement-Formular	Kurze Beschreibung der rechtlichen Verpflichtungen beim Einsatz der Roboter-Persönlichkeits-Testsoftware.	Text	Papier	Ja	John P. Lawyer
Handheld-Supercomputer-Screenshot	Bild des neuen Demo-Company-Cray-9000-Taschencomputers.	Grafik	GIF	Nein	Pascal Wirth
Grußwort des Vorstandsvorsitzenden	Kurzer einführender Brief vom Vorstandsvorsitzenden, um die Besucher zu begrüßen.	Text	Microsoft Word	Nein	President's Executive Assistant

Tabelle 2.1: Inhaltsmatrix

    ❏ **Technische Anforderungen** Hier finden Sie eine Übersicht der eingesetzten Technologien, wie z.B. HTML, JavaScript, CGI, ColdFusion, Java Applets, PlugIns usw. Die technischen Anforderungen sollten sich sowohl an den Möglichkeiten der User als auch der Entwickler orientieren.

    ❏ **Visuelle Anforderungen** Der Bereich visuelle Anforderungen enthält grundsätzliche Überlegungen über das Interface-Design. Hier wird in groben Zügen aufgezeigt, inwieweit sich die Site an bereits bestehenden Marketingmaterialien orientiert und welche Einschränkungen beim Einsatz von Grafiken und Multimedia-Elementen durch den User bezüglich der Bildschirmgröße, Farbtiefe, Bandbreite usw. zu erwarten sind. Des Weiteren können hier spezifische Merkmale wie Schrifttyp und Farben definiert werden, allerdings werden die meisten dieser Größen erst später im Entwicklungsprozess festgelegt.

    ❏ **Übertragungsanforderungen** Hier werden Überlegungen bezüglich der Übertragung, insbesondere des Hostings, angestellt. Dieser Bereich enthält vor allem die Diskussion über die Anzahl der zu erwartenden Besucher, die Anzahl der betrachteten Seiten und die Größe einer typischen Seite. Selbst wenn hier nur von Überlegungen ausgegangen wird, kann so eine kurze Analyse der benötigten Serverleistung und Bandbreite durchgeführt werden.

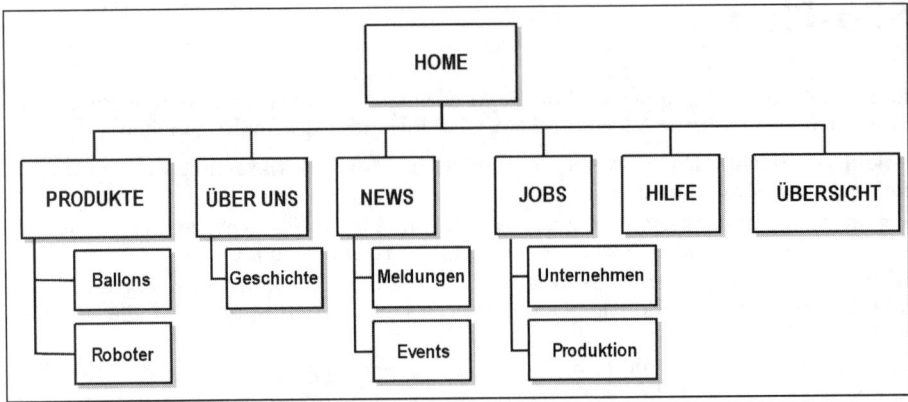

Abbildung 2.2: Ein typisches Site-Diagramm

❑ **Logistik** Obwohl es wahrscheinlich nicht so gekennzeichnet wird, sollte sich der letzte Bereich des Site-Plans mit Anforderungen aus dem »echten Leben« befassen, die für das Erstellen der Site beansprucht werden. Wie viele Personen werden benötigt? Wie lange wird das Projekt laufen? Und, vielleicht die wichtigste Frage, wie viel wird es kosten? Bei einem kommerziellen Webentwicklungsplan sollten in diesem Abschnitt auch alle rechtlichen Informationen dargestellt werden.

  ❑ **Personalbedarf** Hier werden alle Ressourcen, die für das Projekt benötigt werden, ermittelt. Die Angaben erfolgen in Personenstunden und werden nach den vier Bereichen Inhalt, Technologie, optisches Design und Management aufgeteilt.

  ❑ **Zeitplan** Der Zeitplan zeigt auf, wie sich was entwickelt, wobei der zuvor ermittelte Personalbestand die Grundlage für diese Prognose ist.

  ❑ **Budget** Das Budget wird in erster Linie vom Personalbedarf und den Übertragungsanforderungen bestimmt. Allerdings haben auch die Kosten für das Marketing und die Lizenzierung von Inhalten Einfluss auf das Budget.

Das ist ein einfacher Organisationsvorschlag für einen Website-Plan. Die tatsächliche Organisation und der Inhalt des Site-Plans obliegen dem Entwickler. Denken Sie daran: Der Sinn des Plans ist es, den beteiligten Personen die Ziele der Site zu kommunizieren und es ihnen zu erleichtern, das Projekt zu einem guten Abschluss zu führen. Selbst wenn Sie es für unnötig halten, sollten Sie einen solchen Plan erstellen, da Sie ohne dieses Hilfsmittel Ihr Projekt nur ad hoc im Trial-and-Error-Verfahren entwickeln werden. Darüber hinaus wird es Ihnen fast unmöglich sein, ernsthafte Anfragen von Kunden zu erhalten, wenn Sie diesen keinen solchen Plan vorlegen können. Das heißt jedoch nicht, dass Sie sofort nach Fertigstellung des Plans mit der Umsetzung beginnen können. Nachdem Sie das Konzept erstellt haben, sollten Sie dieses ein letztes Mal durchgehen. Der fertige Plan könnte unrealistische Erwartungen enthalten, die Sie zwingen, Ihre Ursprungsziele oder die Zielgruppe erneut in Frage zu stellen. Sollte das nicht der Fall sein, können Sie sich ins kalte Wasser stürzen und mit der Designphase beginnen.

Designphase seziert

Die Design- oder Prototypphase ist für die meisten Webdesigner der angenehmste Teil eines Web-Projekts, da das Projekt nun sichtbare Formen annimmt. In dieser Phase werden sowohl technische als auch optische Prototypen entwickelt. Bevor damit begonnen wird, sollten jedoch möglichst viele Inhalte zusammengestellt werden. Diese Inhalte beeinflussen das Aussehen der Site und helfen bei der Gestaltung. Wenn die Inhalte sehr förmlich abgefasst sind, die Grafiken aber eher lustig und locker gehalten wurden, wird die

Site einen eher seltsamen Eindruck auf den Betrachter machen. Wenn dem Designer die Inhalte im Voraus bekannt sind, kann verhindert werden, dass die Verbindung von Design und Inhalten missglückt. Bedenken Sie außerdem, dass das Sammeln von Inhalten mit zu den langwierigsten Aufgaben beim Site-Design gehört. Viele Teilnehmer gehören zu den ersten, wenn es darum geht, ein Brainstorming-Meeting einzuberufen, sind aber schwer aufzufinden, wenn ihre Beiträge benötigt werden. Fehlende Inhalte sind bei weitem das größte Problem für Web-Projekte. Gehen Sie dieses potenzielle Problem frühzeitig an.

Block-Komponenten

Design sollte von oben nach unten verlaufen. Überlegen Sie sich zuerst, wie der User die Site betritt und wie er sie wieder verlassen wird. In den meisten Fällen bedeutet das, dass zuerst die Homepage gestaltet wird, gefolgt von den Seiten der darunter liegenden Bereiche. Erstellen Sie zuerst auf dem Papier ein Seitenmodell in Originalgröße in Blockform, wie Sie es in Abbildung 2.3 sehen.

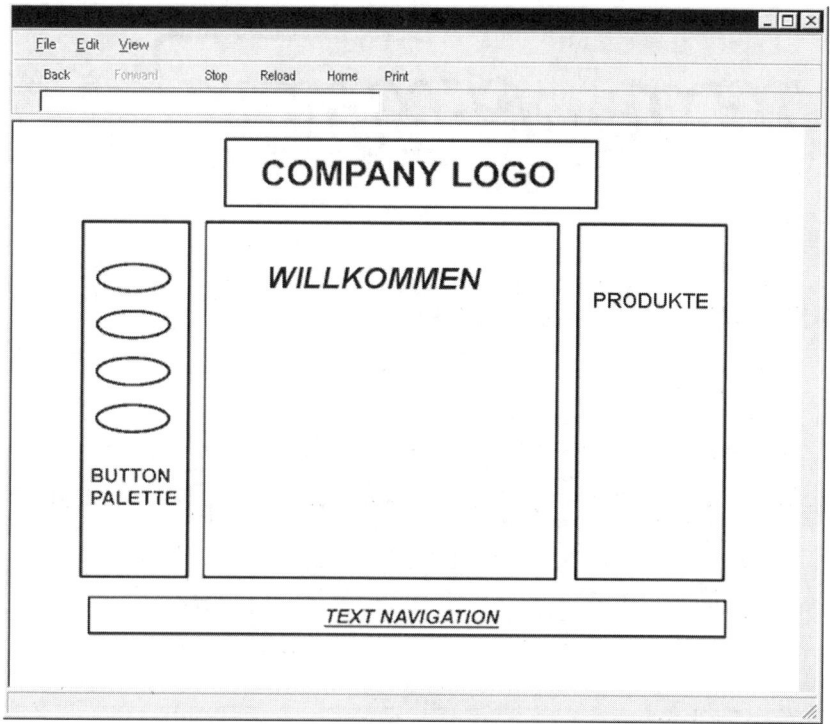

Abbildung 2.3: Homepage in Block-Komponenten

Die Block-Komponenten erlauben es den Designern, sich auf die Objekttypen und deren Anordnung zu konzentrieren, ohne sich zu sehr um die präzise Platzierung kümmern zu müssen. Dieser Ansatz hilft dem Designer außerdem dabei, Schablonen, so genannte Templates, zu entwickeln, was es später einfacher macht, weitere Seiten zu erstellen. Halten Sie sich beim Anfertigen der Blöcke an die Vorgaben, die Ihnen durch den Browser gemacht werden. Die Grenzen, die Ihnen der Browser setzt, können ein wichtiger Faktor sein. Wenn dieses Modell erstellt ist, gestalten Sie die weiteren Seitentypen in der gleichen Art. Wenn Sie damit fertig sind, überprüfen Sie, ob der Aufbau der Bildschirmgestaltung logisch ist. Ist das der Fall, können Sie zur nächsten Phase schreiten.

Bildschirm- und Papier-Entwürfe

Die nächste Stufe ist die Papier- oder Bildschirm-Prototyp-Phase. Hier kann der Designer die einzelnen Komponenten entweder zeichnen oder digital näher skizzieren. Egal für welche Methode Sie sich entscheiden, behalten Sie stets die Einschränkungen des Browserfensters und der Bildschirmauflösung im Hinterkopf. Verwenden Sie für Ihre Entwürfe ein Blatt Papier, das ein leeres Browserfenster zeigt.

Zeichnen Sie verschiedene Buttons, Überschriften und andere Merkmale auf die Seite. Binden Sie auch etwas Text in die Seite ein. Es spielt keine Rolle, ob Sie hier reale Inhalte verwenden oder Blindtext.

Abbildung 2.4: Papier-Entwurf für die Demo-Company-Homepage

Hinweis

Viele Designer verwenden Blindtext innerhalb von Musterseiten. Obwohl so das Hauptaugenmerk auf die gestalteten Seitenelemente gerichtet wird, sollten Sie, wann immer möglich, reale Inhalte verwenden, weil Ihr Entwurf so eher eine Vorstellung vom Endergebnis vermitteln kann.

Auf dieser Entwicklungsebene haben Sie den meisten Spielraum für Kreativität, aber seien Sie vorsichtig und bewegen Sie sich immer innerhalb der Möglichkeiten, die Ihnen das Web zur Verfügung stellt und die Ihnen durch die visuellen Anforderungen vorgegeben sind. Dateigrößen, Farbtiefe und HTML-Layout mögen einschränken, aber es verhindert, dass die Designer eine Site entwerfen, die zwar optisch atemberaubend ist, aber technisch kaum umsetzbar. Widerstehen Sie der Versuchung, so in Ihrem künstlerischen

Drang den Look einer Organisation für die Website neu zu erfinden. Denken Sie daran, dass Ihnen der Site-Plan optische und marketingtechnische Einschränkungen auferlegt hat. Das Verhältnis von Form, Funktion, Zweck und Inhalt sollte bereits offensichtlich sein, wenn die Designer sich damit herumschlagen, ihre kreativen Bedürfnisse den Bedingungen von Web-Technologie, den Möglichkeiten der User und den Anforderungen der Site zu unterwerfen. Abbildung 2.4 zeigt einen typischen Papierentwurf.

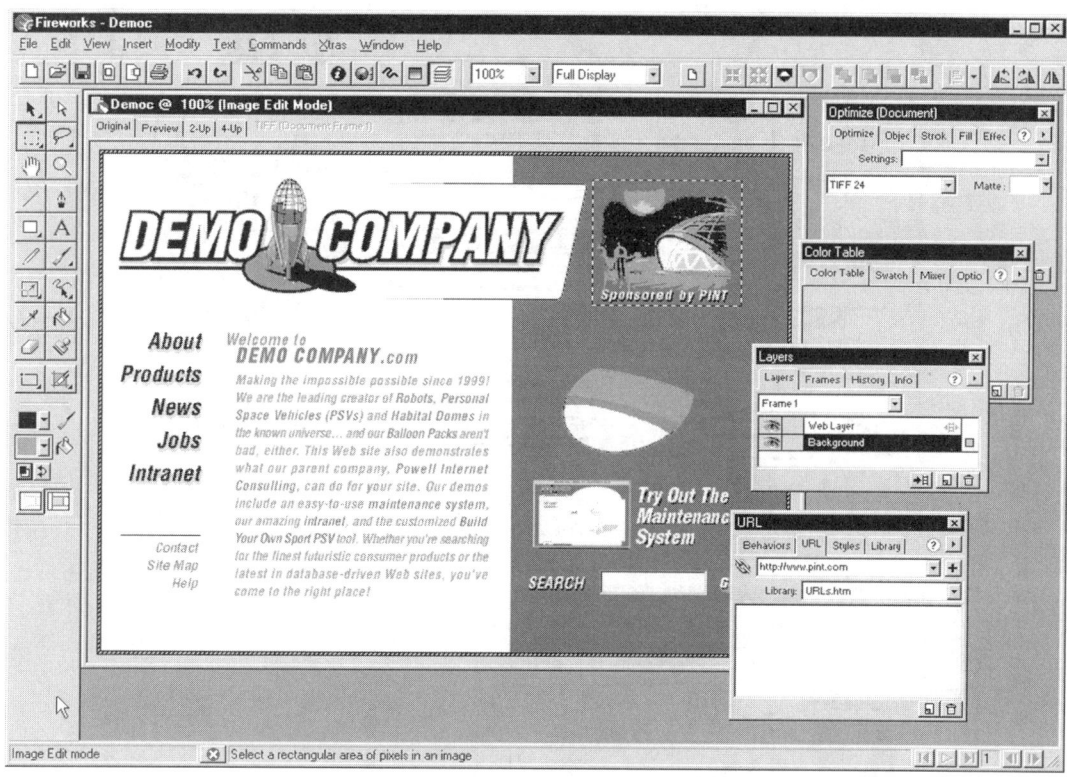

Abbildung 2.5: Digitaler Entwurf für die Demo-Company-Homepage

Sollten Sie mit einem digitalen Prototyp arbeiten, so erstellen Sie zunächst eine einzelne Grafik, die den ganzen Bildschirm, inklusive aller Buttons, Bilder und Texten, zeigt. Speichern Sie dieses Bild im GIF- oder JPEG-Format und laden Sie diese in einem Webbrowser, um zu sehen, wie es in einer typischen Umgebung wirkt. An diesem Punkt müssen Sie der Versuchung widerstehen, Ihr Seitendesign komplett in HTML umzusetzen. Eventuell müssen Sie an Ihrem Design »herumbasteln«, wozu eine HTML-Version nicht geeignet ist. In Abbildung 2.5 sehen Sie einen digitalen Entwurf der Demo-Company-Site in Form einer großen GIF-Datei.

Sobald Ihr Prototyp fertig gestellt ist, sollte er von Anwendern getestet werden. Fragen Sie einige User, welche Bereiche auf dem Bildschirm sie für klickbar halten und welche Buttons sie für welche Aufgaben anklicken würden. Zeigen Sie Ihre Entwürfe verschiedenen Anwendern, da der persönliche Geschmack der User ein wichtiges Kriterium für die Akzeptanz Ihrer Seiten ist. Wenn ein Betrachter zu viele negative Einwände hat, sollten Sie sich überlegen, noch einmal ans Zeichenbrett zurückzukehren. Entwickeln Sie in diesem Stadium nicht zu starke Bindungen an »Ihr Baby«, sonst laufen Sie Gefahr, dass die Seiten eher Entwickler- als User-orientiert werden. Wenn Sie mit dem Homepageentwurf zufrieden sind, führen Sie dieselben Arbeitsschritte mit den Folge- und Inhaltsseiten durch. Eine typische Folgeseite sehen Sie in Abbildung 2.6.

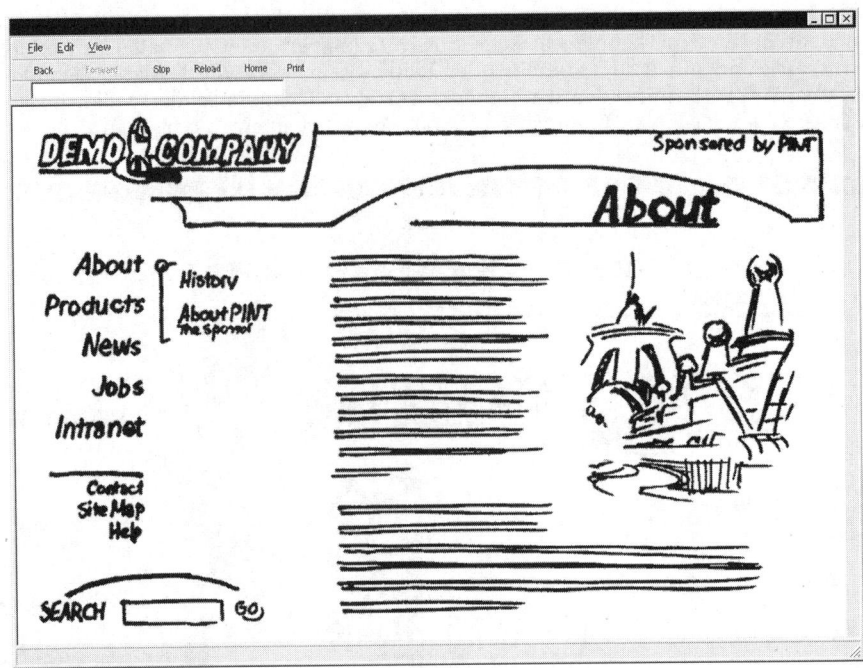

Abbildung 2.6: Papier-Entwurf für eine Bereichsseite

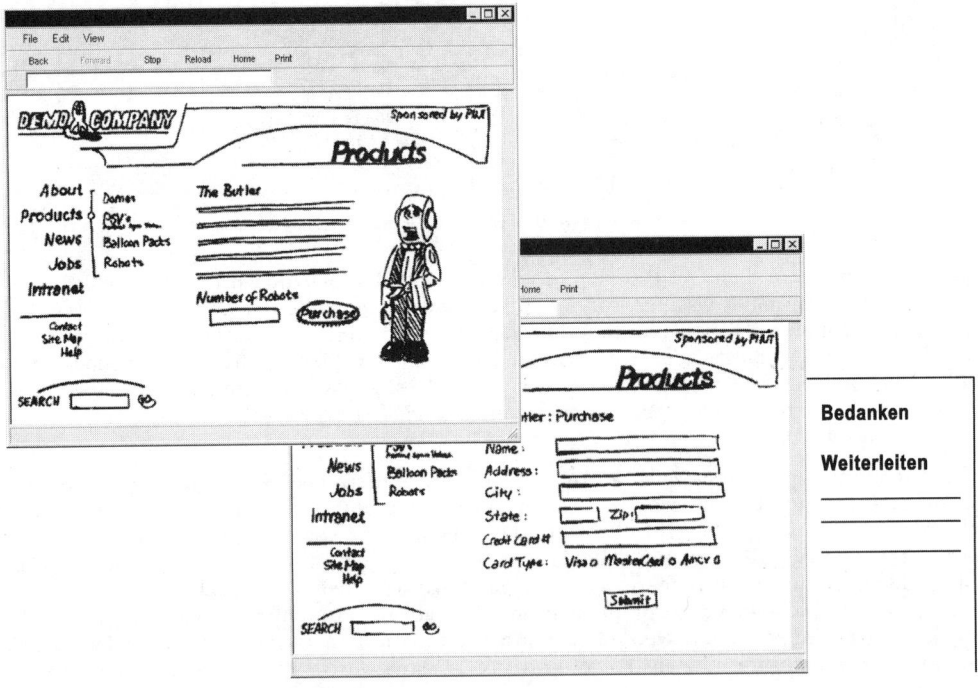

Abbildung 2.7: E-Commerce-Papier-Entwurf

Bei Seiten, die viele Interaktionen zulassen, werden Sie für jeden interaktiven Schritt, wie z.B. Bestellen oder Herunterladen von Dateien, einen eigenen Prototyp erstellen müssen. Diese Entwurfseiten müssen detaillierter geplant und gestaltet werden; z.B. sollten Formulare mit allen geplanten Feldern ausgestattet werden. Einen Beispielentwurf für eine interaktive Seite sehen Sie in Abbildung 2.7.

Nicht alle Sites werden technische Prototypen benötigen. Für Sites mit einem hohen Grad an Interaktion sollten Sie nicht nur »optische« Entwürfe, sondern auch technisch voll ausgestattete Modellseiten erstellen, die zeigen, dass alle technischen Anforderungen wie Datenbankabfragen, Personalisierung, E-Commerce-Anwendungen usw. funktionieren. Leider passiert es häufig, dass solche Programme erst erstellt werden, wenn das Design fast fertig gestellt ist, was zu großem zusätzlichen Aufwand führen kann.

Erstellen einer Probe-Site

Nachdem alle Entwürfe erstellt sind, ist es an der Zeit, eine so genannte Probe- oder Alpha-Site zu programmieren. Hierzu schneiden Sie die Entwürfe in ihre Bestandteile und setzen diese mit Hilfe von HTML und eventuell Cascading Style Sheets wieder zusammen. Versuchen Sie, die Seiten in Form von Templates zu erstellen, mit denen Sie später die ganze Site schnell zusammenfügen können. Füllen Sie die Seiten jedoch noch nicht mit Inhalten. Viele moderne Web-Publishing-Programme können Ihnen helfen, aus Bildschirmentwürfen Beispielseiten zu erstellen. Nehmen Sie z.B. den Entwurf der Demo-Company-Site aus Abbildung 2.5. Mit einem Tool wie Marcomedia Fireworks (`www.macromedia.com/software/fireworks`) kann dieser in »brauchbare« Stücke zerteilt werden, wie in Abbildung 2.8 zu sehen ist.

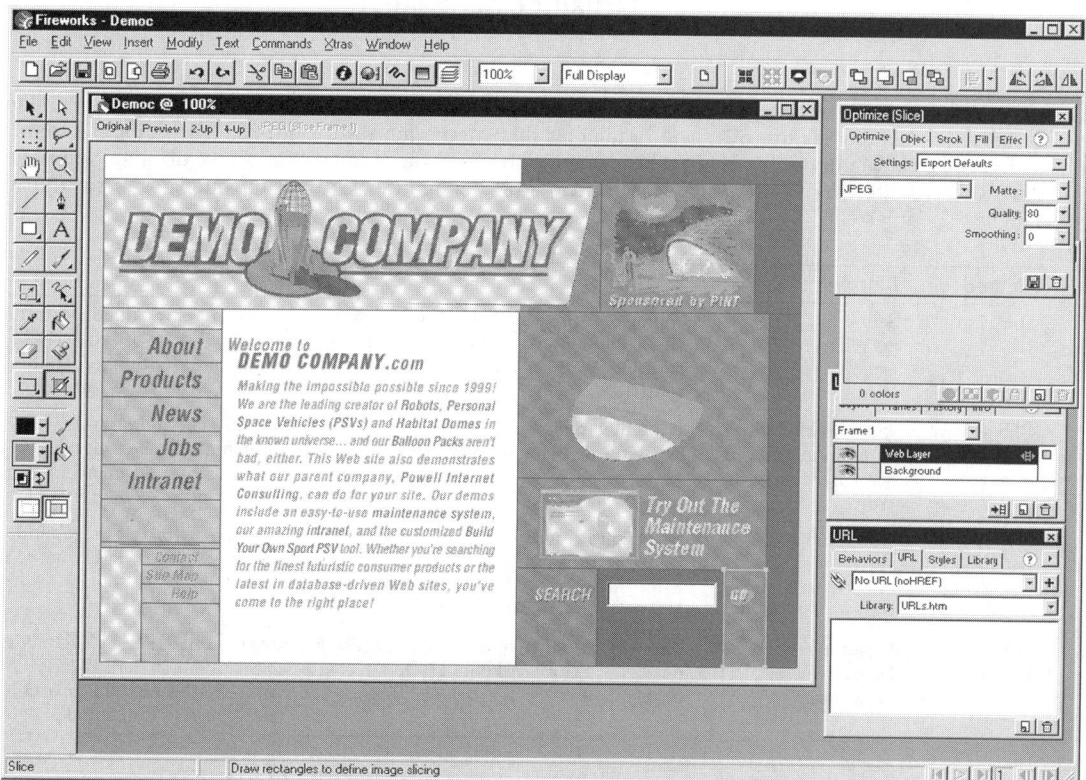

Abbildung 2.8: Entwürfe zerschneiden, Schablonen erstellen

Mit den verschiedenen Teilen, aus denen die Homepage und die verschiedenen Folgeseiten bestehen, kann ein Webdesigner mit Hilfe von HTML-Tools die einzelnen Komponenten zu voll funktionsfähigen Seiten ohne Inhalte zusammenfügen.

HTML produzieren

Obwohl optische und technische Elemente sehr wichtig für das Web-Design sind, ist HTML immer noch das Herzstück jeder modernen Webseite. HTML sollte sehr wichtig genommen werden, da es das Fundament für die Präsentation und Interaktion darstellt.

Interaktivität einer Seite:
Aufbau durch Server- und Client-Seite

Präsentation einer Seite:
Aufbau durch HTML, CSS und Flash

Struktur einer Seite:
Besteht aus HTML / XHTML

Viele Webdesigner machen sich allerdings eher Sorgen darüber, wie sie ihren HTML-Code erstellen, als darüber, wie gut sie das tun oder wie brauchbar ihre Methoden dazu sind. Natürlich gibt es Gründe für und gegen jede Methode der HTML-Produktion, ob man von Hand editiert oder ob man den neuesten WYSIWYG-Editor verwendet. Beide Methoden sowie einige der Gründe für oder gegen sie werden in Tabelle 2.2 dargestellt.

Methode	Beispiel	Vorteile	Nachteile
Von Hand	Seiten mit Notepad erstellen	Gute Kontrolle über HTML-Code. Kann kleine Fehler und neue HTML-Elemente oder CSS-Eigenschaften sofort bearbeiten.	Langsam, fehleranfällig, erfordert sehr gute Kenntnisse der HTML-Befehle und CSS-Eigenschaften. Keine visuelle Unterstützung.
Übersetzung	»Save as HTML« eines anderen Tools, wie z.B. Microsoft Word	Schnell, vereinfacht die Umsetzung eines existierenden Dokuments	Der HTML-Code ist oft problematisch. Benötigt das Hinzufügen von Links und das Lösen von Problemen von Hand.
HTML-Befehlseditor	HomeSite verwenden	Sehre gute Kontrolle. Schneller als Editieren von Hand. Bietet Hilfe bei Fehlersuche und schreibt strukturiertes HTML und fehlerfreies CSS.	Langsam, erfordert tiefgehende Kenntnisse von HTML und CSS.
WYSIWYG-Editor	FrontPage oder Dreamweaver verwenden	Arbeitet mit einer optischen Darstellung der Seite. Erfordert keine großen Kenntnisse von HTML oder CSS.	Könnte schlechten HTML- oder CSS-Code erstellen. Präzise Kontrolle des Layouts erfordert häufig direkte Eingabe der Befehle.

Tabelle 2.2: Methoden der HTML-Produktion

Die Wahrheit ist, dass es für jede Methode Anwendungsgelegenheiten gibt. Um z.B. einen einzelnen Markierungsbefehl zu verändern, ist ein reiner Texteditor meistens der schnellste Weg. Wenn Sie große, bereits bestehende Dokumente nach HTML transformieren wollen, könnten Sie sich eines Konvertierungsprogramms bedienen. Zum genauen Codieren einer HTML-Schablone wäre ein HTML-Texteditor das beste Werkzeug und um eine bescheidene Site optisch zu gestalten, könnten Sie einen WYSIWYG-Editor verwenden. Überlegen Sie sich den genauen Anwendungszweck eines Tools, bevor Sie es einsetzen.

Diese Tools werden ständig überarbeitet. Die Programme, die zu der Zeit, in der dieses Buch geschrieben wurde, am beliebtesten waren, werden in Tabelle 2.3 dargestellt. Natürlich gibt es viele Werkzeuge (alle mit ihren eigenen Merkmalen und Besonderheiten), aber wenn man nach der Mehrheit der professionellen Entwickler geht, ist die Kombination aus Dreamweaver und HomeSite am empfehlenswertesten.

Produkt	Platt-form(en)	URL	Kommentare
Dreamweaver	Windows Macintosh	`http://www.macromedia.com/`	Ein gutes visuelles Designtool, das WYSIWYG-Designfähigkeiten mit Code-Editierung kombiniert. Gute CSS- und DHTML-Unterstützung.
HomeSite	Windows	`http://www.allaire.com/ homesite`	Ein erstklassiger Texteditor für HTML-Profis. Schwache visuelle Unterstützung, aber unglaubliches Code- und Markierungshandling. Das Schwesterprodukt ColdFusion besitzt sogar noch größere Möglichkeiten bei der Unterstützung von dynamischen Technologien.
GoLive	Macintosh Windows	`http://www.adobe.com/ products/golive/`	Bei Macintosh-Usern sehr beliebt ist dieses Programm mit visuell orientierter Schnittstelle. Einige Probleme mit korrekten Markierungen haben seine Beliebtheit bei Entwicklern, die sich strikt nach den Standards richten, etwas eingeschränkt.
FrontPage	Windows	`http://www.microsoft.com/ frontpage`	Beliebt bei Entwicklern kleiner Sites und von internen Anwendungen. Hat sich gut bewährt, steht aber im Ruf, schlechte und sehr Microsoft-lastige Seiten zu erstellen.

Tabelle 2.3: Eine Auswahl populärer HTML-Entwicklungstools

WYSIWYG-Versprechungen

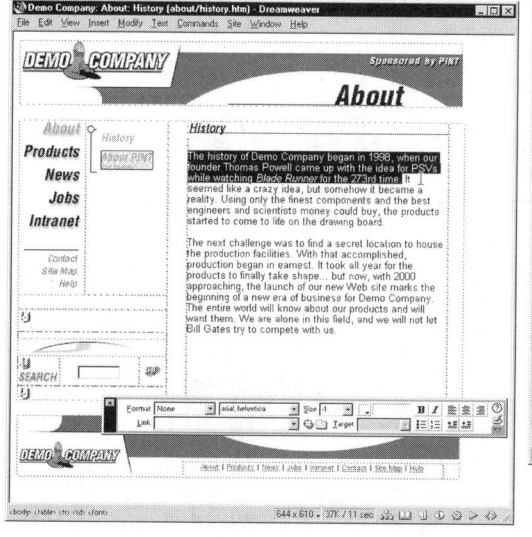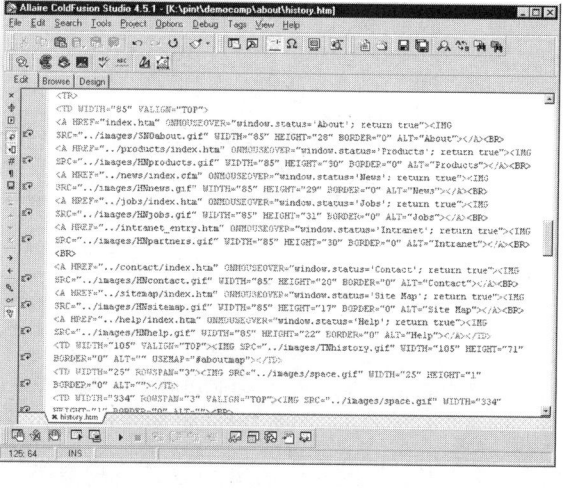

Abbildung 2.9: WYSIWYG Editor oder HTML von Hand?

Viele Leute werden sich, nachdem sie über die Ziele der HTML-Produktion gelesen haben, fragen, warum man sich noch mit etwas anderem als einem WYSIWIG(What You See Is What You Get)-Editor wie FrontPage oder Dreamweaver auseinander setzen sollte. Bedenken Sie den Unterschied zwischen dem direkten Codieren und der visuellen Bearbeitung, wie sie in Abbildung 2.9 gegenübergestellt werden.

Auf den ersten Blick sieht es so aus, als wäre es ziemlich schwer, einen pragmatischen Menschen davon zu überzeugen, dass direktes Eingeben von HTML-Code (quasi »von Hand«) der richtige Weg ist. WYSI-WYG-Editoren täuschen zum einen oft über die Komplexität von HTML hinweg und halten zum anderen nicht immer das, was sie versprechen. In Wirklichkeit haben diese Werkzeuge einen nicht ganz zutreffenden Namen. Sie sollten eher WYSIWYMG(What You See Is What You *Might* Get)-Editoren heißen. Denken Sie daran, dass der Browser die eigentliche Ausgabesoftware für ein HTML-Dokument ist, d.h., dass ein grafischer Editor das letztendliche Aussehen eventuell nicht ganz korrekt wiedergibt, wie wir in Abbildung 2.10 sehen.

Schlimmer noch als die Tatsache, dass der Begriff WYSIWYG nicht immer ganz zutrifft, ist das Problem, dass diese Editoren verschiedene Browsererweiterungen haben. Viel zu oft haben sie ihre eigene Vorstellung von HTML. Häufig produzieren sie einfach schlechten oder viel überflüssigen HTML-Code.

Zurzeit, da die ultimative Versprechung der visuell unterstützten HTML-Produktion noch nicht erfüllt ist, sagen einige Experten, dass die Zukunft der »Handarbeit« gehört. Wenn HTML in Form von XHTML strenger wird und CSS besser von der Software unterstützt wird, wird es für die Editoren viel einfacher werden, qualitativ hochwertigen HTML-Code zu erstellen. Eines Tages wird das Editieren von Hand vielleicht denselben Weg gehen wie der Zeichensatz beim Druck. Bis dahin sollten Webdesigner allerdings HTML im Schlaf beherrschen, damit ihre Seiten korrekt dargestellt werden.

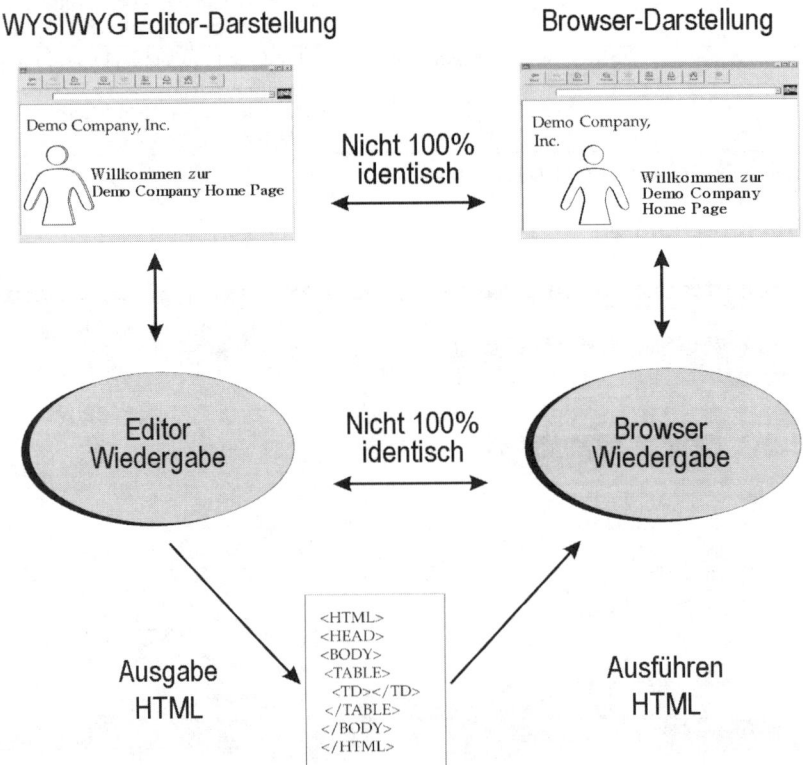

Abbildung 2.10: WYSIWYG Editoren liefern nicht immer das, was erwartet wird

Tipps für dieHTML-Produktion

Unabhängig davon, wie HTML-Dokumente erstellt werden, soll beim Einsatz von Markierungsbefehlen besondere Sorgfalt walten. Die Standards müssen eingehalten und ein einheitlicher Stil eingeführt werden. In diesem Buch wird immer wieder darauf hingewiesen, möglichst viele, wenn nicht alle XHTML-Regeln, die in Kapitel 1 vorgestellt wurden, zu beachten, damit Ihre Quelltexte so zukunftssicher wie möglich sind. Dieser Abschnitt wird diese Hinweise noch einmal zusammenfassen und gibt Ihnen noch einige andere Tipps für eine bessere HTML-Produktion.

Kleinbuchstaben verwenden

Obwohl es stilistisch einfacher sein mag, HTML in Großbuchstaben zu lesen, ist es besser, sich an die XHTML-Vorgaben zu halten und Kleinbuchstaben zu benutzen.

Anführungszeichen setzen

Nur weil Sie im traditionellen HTML Befehle wie `<p algin=right>` schreiben können, heißt das nicht, dass Sie das auch sollen. Setzen Sie *alle* Attribute in Anführungszeichen, damit das Dokument auch den XHMLT-Regeln entspricht: `<p algin="right">`.

Verwenden Sie die Befehle richtig

Bedenken Sie, HTML basiert auf einer wohl-definierten Spezifikation. Nur weil Ihr Browser Ihnen unsauberes HTML durchgehen lässt, bedeutet das nicht, es wäre gut. Achten Sie immer darauf, dass Sie gutes HTML verwenden – geschlossene Markierungsbefehle, korrekt eingebunden und richtig eingesetzt. Verwenden Sie immer eine DTD-Zeile wie diese

```
<!DOCTYPE HTML PUBLIC "-//W3C//DTD HTML 4.01 Transitional//EN">
```

am Anfang Ihrer Dokumente, um zu zeigen, welche HTML-Version Sie verwenden, und versuchen Sie immer, sich an diese Regeln zu halten. Natürlich können jedem Fehler unterlaufen. Versichern Sie sich also, indem Sie Ihren Quelltext überprüfen.

Überprüfen Sie Ihren Quelltext

Die Vorteile einer Kontrolle des Quelltextes können gar nicht hoch genug eingeschätzt werden. Egal wie HTML-Dokumente erstellt werden, sie sollten auf jeden Fall einer Überprüfung unterzogen werden. Hierbei wird die HTML-Datei inspiziert, um sicherzugehen, dass das Dokument allen HTML-Spezifikationen genügt. Nur wenige Programme erstellen 100 % korrektes HTML, und wenn HTML von Hand geschrieben wird, ist es nur zu einfach, Fehler zu machen. Viele Web-Editoren haben bereits einen eingebauten Überprüfungsmechanismus, einen so genannten Validator. Es gibt auch die Möglichkeit, seine Dateien online auf Fehler durchsuchen zu lassen, z.B. unter `http://validator.w3.org`. Der CSE-Validator (`www.htmlvalidator.com`) ist das wahrscheinlich beste Kontrollprogramm für diesen Zweck. Um die Vorteile einer Quelltext-Überprüfung zu verstehen, werfen Sie einen Blick auf den folgenden HTML-Code. Das Beispiel hat verschiedene Fehler, von falschen Attributen, fehlenden Anführungszeichen, falsch verschachtelten Markierungen bis hin zu falsch verwendeten und nicht geschlossenen Befehlen.

```
<html>
<head>
<title>Messed <b>Up!</b></title>
</head>
<body bgproperties="fixed">
<h1 align="center">Broken HTML
<hr>
```

```
<ul>
<p>Is this <b><i>correct</b></i>?<br>
<a href=HTTP://WWW.DEMOCOMPANY.COM>
Visit DemoCompany</a>
<pre>
        Should we do <b>this?</b>
        How about entities &copy; ?
</pre>
</ul>
</body>
<html>
```

Wenn wir diese Seite von einem Validator überprüfen lassen, werden sämtliche Fehler aufgezeigt, wie wir Abbildung 2.11 entnehmen können.

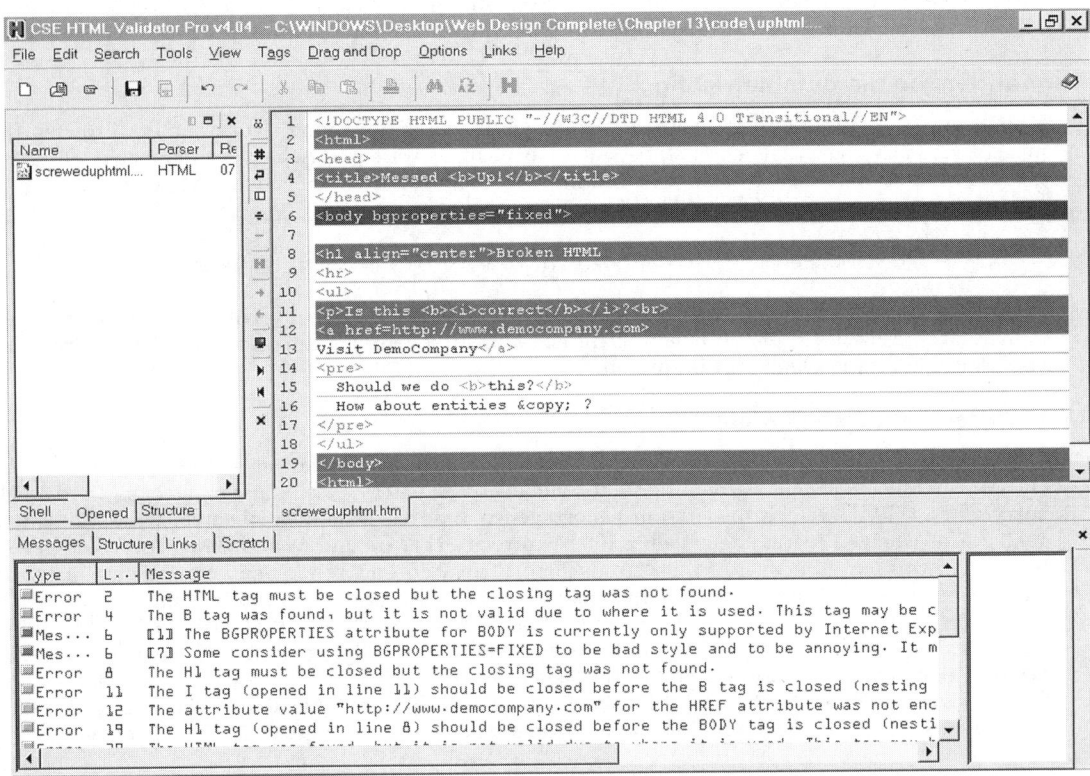

Abbildung 2.11: HTML-Fehler durch Überprüfung vermeiden

Vermischen Sie nicht Skript, Stil und Struktur

Designer sollten immer versuchen, ihr HTML so einfach wie möglich zu halten. Durch Einbinden von Style-Sheet-Informationen und JavaScript kann ein HTML-Dokument recht groß und sehr kompliziert werden. Bevor Sie also all diese Elemente vermischen, lagern Sie diese besser nach dem folgenden Muster aus:

```
<link rel="stylesheet" href="styles/pagestyle1.css">
```

Näheres hierzu erfahren Sie in Kapitel 10. JavaScript-Dateien werden wie folgt ausgelagert:

```
<script src="scripts/validate.js"
type="javascript"></script>
```

Detaillierte Angaben hierzu finden Sie in Kapitel 13. Durch die saubere Trennung zwischen Optik und Interaktivität werden Veränderungen an einer Seite vereinfacht.

Richtig benennen

Die Benennung kann ein anhaltendes Problem für manche Designer sein – verwendet man die `.htm`- oder die `.html`-Dateiendung? Es könnte vereinfachend wirken, .htm zu benutzen, aber in Wirklichkeit macht es keinen großen Unterschied. Das Einzige, worauf es wirklich ankommt, ist, dass Sie konsequent bei der einmal gewählten Endung bleiben. Es ist traurig, aber auch teilweise belustigend, wie sich manche Entwickler mit `index.htm` und `index.html` benannten Dateien innerhalb eines Verzeichnisses herumärgern und sich wundern, warum die Modifizierungen am Quelltext keine Auswirkungen auf die Bildschirmdarstellung haben. Ersparen Sie sich das Ärgernis und bleiben Sie bei dem, wofür Sie sich einmal entschieden haben. Vergewissern Sie sich außerdem, dass Sie einfache, allgemein verständliche Verzeichnisnamen wählen, deren Namen Sie in Kleinbuchstaben schreiben. Gleiches gilt für die anderen Elemente der Site. Sie sollten je ein Unterverzeichnis für Bilder (`/bilder`), Style Sheets (`/styles`) und JavaSkripte (`/scripts`) erstellen. Auch für andere Datentypen wie Sound-, Video- und animierte Dateien könnte diese Vorgehensweise sinnvoll sein. Letztendlich ist es sicherlich hilfreich, wenn Sie Grafiken und alle anderen Elemente so benennen, dass man durch den Namen auf ihren Inhalt schließen kann. Ein Name wie *kopfhome.gif* ist vermutlich besser gewählt als *r1c1.gif*.

Quelltext kommentieren

Denken Sie daran, dass Sie mit Hilfe des Tag-Paares `<!--` und `-->` Kommentare in ein HTML-Dokument einbinden können. Verwenden Sie Kommentare, um komplizierte Bereiche zu beschreiben, oder hinterlassen Sie einfach einen Hinweis für spätere Wartungsarbeiten. Für gewöhnlich werden Kommentare an den Beginn eines HTML-Dokuments gesetzt, um wichtige Hinweise über das Dokument, den Autor usw. anzuzeigen. Als Beispiel zeigt das folgende Dokument, wie Sie mit Kommentaren innerhalb des Dokumentkopfes Informationen für spätere Nachbearbeitungen einfügen können.

```
<!DOCTYPE HTML PUBLIC "-//W3C//DTD HTML 4.01 Transitional//EN">
<html>
<head>
<title>Demo Company kündigt Butler 1.0 an</title>
<!--
    Dokument Name: Butler Robot Pressemitteilung

    Beschreibung: Diese Pressemitteilung kündigt den neuesten Robot Butler der Demo
Company Familie an.

    Autoren: D.Chung / Andy Klünder (webmaster@democompany.com)

    Creation Date: 9/15/00
    Last Updated: 9/25/00
    Kommentar: Erstellt durch SuperDuperEdit.
-->
</head>
<body>
```

```
...
</body>
</html>
```

Verwenden Sie Templates

Besonders einfach wird das Erstellen von HTML-Seiten, wenn Sie diese nicht als Seiten, sondern als Schablonen ansehen. Warum zehn verschiedene Presseerklärungen erstellen, wenn man auch ein einzelnes Template anfertigen und immer wieder modifizieren kann? Leider tendieren viele Editoren und Bücher zu der Empfehlung, eine Seite nach der anderen zu verfassen. Übergehen Sie das und erstellen Sie Templates. Sie ersparen sich viel Zeit und Arbeit und erreichen darüber hinaus, dass Ihre Seiten in Stil und Struktur einheitlicher sind. Einige Designer sind unsicher, weil sie glauben, dass sie durch Schablonen in ihrer Kreativität eingeschränkt sind. Das ist nicht der Fall. Tatsächlich ersparen Templates einen Großteil der Routinearbeiten und lassen dem Designer mehr Zeit für das Design. In den meisten Fällen, wenn der Designer sich daran hält, einheitliche, benutzerfreundliche Seiten zu erstellen, werden ihm keinerlei Begrenzungen von Templates auferlegt.

Formatieren Sie den Quelltext

Wenn Sie HTML von Hand erstellen, wäre es gut, wenn Sie den Quelltext einheitlich formatiert schreiben. Zum Beispiel können Sie paarweise auftretende Tags durch Tabstopps einrücken, Leerzeilen verwenden, um verschiedene Abschnitte voneinander zu trennen und verschachtelte Tags alphabetisch anordnen. Diese einfachen Formatierungen machen spätere Veränderungen sehr viel einfacher.

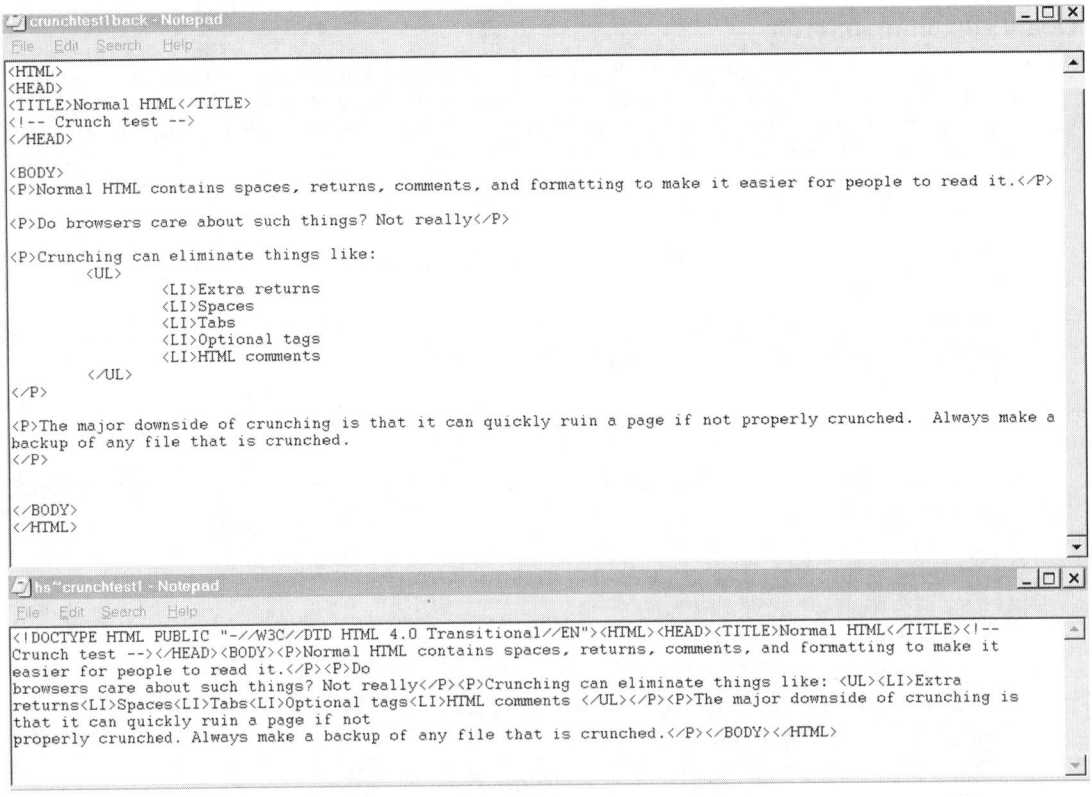

Abbildung 2.12: Geschrumpftes HTML reduziert die Dateigröße und die Lesbarkeit

Wenn Sie allerdings ausschließlich mit einem WYSIWYG-Editor arbeiten und auch nicht vorhaben, jemals einen Blick auf den Quelltext zu werfen, können Sie die Seite genauso gut mit einem Hilfsprogramm »schrumpfen«, wie es in Abbildung 2.12 gezeigt wird. Der Zweck des »Schrumpfens« ist es, den Quellcode von allen überflüssigen Zeichen, wie Leerzeichen und Kommentare, zu befreien. Das macht die Seite kleiner, wodurch sie schneller zum Betrachter übertragen werden kann. Wenn Sie nicht vorhaben, jemals von Hand eine HTML-Seite zu editieren, können Sie bedenkenlos davon Gebrauch machen. Aber seien Sie vorsichtig. Wenn eine Seite erst einmal »geschrumpft« wurde, kann es sehr schwer sein, die Datei wieder in ein leicht zu lesendes Dokument zu verwandeln. Heben Sie sich für alle Fälle eine Kopie Ihrer Seiten im Originalzustand auf.

Die vorangegangenen Abschnitte haben sich mit der Gestaltung und produktionstechnischen Themen befasst, die zum Erstellen einer Probe- oder Alpha-Site erforderlich sind. Eine solche Site ist wie der Rohbau eines Hauses. Es gibt noch viel zu bearbeiten. Es müssen immer noch technische Installationen wie Strom und Wasser eingebaut werden und schließlich müssen ja auch noch die Inhalte eingebunden werden, bevor die Site veröffentlicht werden kann.

Beta-Site-Implementation

Wenn die Probesite erstellt und für gut befunden wurde, ist es an der Zeit, die Beta-Site zu implementieren. Die Seiten sollten jetzt mit realen Inhalten gefüllt und die technischen und interaktiven Komponenten mitsamt dem endgültigen Design eingebunden werden. Obwohl es erscheint, als sei das Zusammenfügen dieser Elemente der zeitraubendste Teil des Projekts, ist diese Arbeit, wenn alle Bestandteile vorhanden und die Prototypen vorbereitet sind, in Wirklichkeit relativ schnell erledigt.

Testen

Für die meisten Entwickler ist das Testen wahrscheinlich der unangenehmste Teil eines Web-Projektes. Nach all der harten Arbeit, dem Definieren der Spezifikation, dem Entwerfen und Fertigstellen der Seiten, sind die meisten bereit, das Ergebnis zu veröffentlichen. Widerstehen Sie dieser Versuchung. Tests sind der Schlüssel zu zufriedenen Usern. Zwingen Sie Ihre Besucher nicht, die Site nach der Veröffentlichung zu testen. Wenn Sie Fehler auf einer fertig gestellten Site finden, werden sie Ihnen das nicht verzeihen. Bedauerlicherweise wird das Testen einer Site auf einen kurzen Kontrollblick mit ein paar wenigen Browsern und vielleicht dem Überprüfen der Links reduziert. Bugs wird es im Web immer geben. Leider gehen die meisten Entwickler davon aus, dass eine Site, die gut aussieht, auch gut ist. Web-Design ist allerdings nicht nur optisches Design. Alle anderen Gesichtspunkte müssen ebenfalls überprüft werden. Es folgt eine Übersicht über die Grundzüge der Kontrolle einer Site.

Testen der optischen Akzeptanz

Mit der optischen Akzeptanz vergewissern Sie sich, dass die Site so aussieht, wie es zu Beginn geplant war. Betrachten Sie jede Seite des Webauftritts und überprüfen Sie, dass sie in Layout, farblicher Gestaltung und Stil einheitlich sind. Schauen Sie sich die Site mit verschiedenen Browsern bei unterschiedlichen Bildschirmauflösungen auf mehreren Systemen an, so wie es Ihre Besucher auch tun werden. Klicken Sie sich sehr schnell durch die Site, um zu sehen, ob das Layout »springt«. Betrachten Sie die Seiten aus verschiedenen Blickwinkeln, um eventuelle Unregelmäßigkeiten im Layout zu entdecken. Zum Testen der optischen Akzeptanz gehört unter Umständen auch das Ausdrucken der einzelnen Seiten. Bedenken Sie, dass die Seiten nicht ausschließlich für den Online-Gebrauch erstellt worden sind.

Funktionstests

Funktionstests und das Testen der optischen Akzeptanz überlappen dahingehend, dass die Hauptfunktion der Seiten die korrekte Darstellung auf dem Monitor ist. Trotzdem enthalten die meisten Seiten einige Basisfunktionen, wie z.B. die Navigation. Vergewissern Sie sich, jede Verknüpfung der Site überprüft und jeden einzelnen toten Link beseitigt zu haben. Betrachten Sie tote Links wie katastrophale Funktionsfehler. Überprüfen Sie alle interaktiven Elemente wie z.B. Formulare und Shopping-Systeme. Überprüfen Sie Standardsituationen ebenso wie extreme Ausnahmesituationen. Versuchen Sie Ihre Formulare zu fehlerhaftem Verhalten zu zwingen, indem Sie falsche Daten eingeben. Anwender denken nicht wie Sie, seien Sie also auf das Unerwartete vorbereitet.

Überprüfen der Inhalte

Inhalte sind ein sehr wichtiger Bestandteil einer Site. Vergewissern Sie sich, dass alle Inhalte grammatisch korrekt und am richtigen Platz sind und die Wortwahl einheitlich und fehlerfrei ist. Überprüfen Sie Details wie Produktnamen und Copyright-Hinweise. Und denken Sie immer daran, die Rechtschreibung zu kontrollieren! Häufig reicht ein Fehler aus, damit Kunden und Betrachter Ihre Site abwerten. Der Stellenwert dieser Tatsache kann gar nicht hoch genug bewertet werden. Am besten führen Sie diesen Test durch, indem Sie jede einzelne Seite ausdrucken und buchstäblich jede Zeile lesen.

Testen der System- und Browser-Kompatibilität

Es ist wünschenswert, dass die System- und Browserrestriktionen während der Entwicklung eingehalten wurden. Das muss bei diesem Test kontrolliert werden. Überprüfen Sie die Site auf den Systemen und mit den Browsern, die Sie bei Ihrer Zielgruppe erwarten. Leider hat es oft den Anschein, dass Designer die Kompatibilität auf Systemen testen, die viel leistungsfähiger sind als die der typischen Anwender. Im Projektplan wurden detaillierte Browser-Anforderungen gestellt. Stellen Sie also sicher, dass die Site unter diesen Programmen einwandfrei funktioniert.

Übertragungstests

Probieren Sie aus, ob die Site adäquat übertragen wird. Betrachten Sie die Site unter realen Bedingungen. Wenn Sie die Site für Modembenutzer mit AOL-Zugang angefertigt haben, richten Sie sich einen AOL-Account ein und testen Sie mit einem Modem die Übertragungsgeschwindigkeit. Um Verkehr auf dem Server zu simulieren, sollten Sie erwägen, eine Testsoftware einzusetzen, die virtuelle User, die sich durch die Site klicken, simuliert. So erfahren Sie, wie die Site sich unter realen Bedingungen verhalten wird. Testen Sie die Site mit dem Server, auf dem die Site bei Veröffentlichung installiert werden wird, oder einem vergleichbaren System. Unterschätzen Sie nicht die Bedeutung, die die Übertragung auf den Erfolg der Site hat. Das ganze Projekt kann entgleisen, wenn dieser Aspekt bei der Planung nicht ausreichend bedacht wurde. Weiterführende Informationen zum Thema Übertragung und Hosting finden Sie in Kapitel 15.

Testen der User-Akzeptanz

Die Akzeptanz der User sollten Sie testen, wenn die Site korrekt funktioniert. Bei Software-Produkten wird diese Art von Test Betatest genannt. Lassen Sie Anwender mit der Site arbeiten und anschließend kommentieren. Führen Sie einen solchen Test nicht durch, bevor nicht alle bisher aufgetretenen Bugs beseitigt sind. Anwendertests sind die wichtigste Form von Überprüfung, da sie tatsächliche Arbeitsabläufe am realistischsten simulieren. Wenn in dieser Phase Probleme auftauchen, sind Sie eventuell nicht in der Lage, diese sofort zu beseitigen. Wenn es sich nicht um schwer wiegende Problem handelt, können Sie die Site veröffentlichen und die Fehler später korrigieren. Wenn es sich jedoch um ernsthafte Probleme handelt, sollten Sie die Veröffentlichung verschieben, bis die Fehler beseitigt sind.

Die Zeit der Veröffentlichung

Wenn die Site zur Veröffentlichung bereit ist, gibt es keinen Grund für Sie, sich zu entspannen – Sie sind noch nicht fertig. Tatsächlich hat die Arbeit eben erst begonnen. Jetzt ist es an der Zeit, die Site im Betrieb zu überwachen. Entspricht die Site den Erwartungen der Benutzer? Wurden die Zielsetzungen erreicht? Sind Korrekturen notwendig? Letztendlich muss die Site jetzt am Leben erhalten werden. Neue Funktionen sind einzubinden. Technologische Aktualisierungen sind unumgänglich. Wahrscheinlich sind optische Veränderungen erforderlich, um sich den Marktbedürfnissen anzupassen. Mit der Veröffentlichung beginnt ein Prozess ständiger Weiterentwicklung, der meist als *Wartung* bezeichnet wird. Webentwicklung ist ein Prozess; wenn man ihn beendet hat, ist es an der Zeit, sich wieder an einen neuen Entwurf zu machen, die Ziele zu beurteilen, und, egal ob sie erreicht wurden oder nicht, von vorne zu beginnen, zu planen, entwerfen, entwickeln, veröffentlichen usw.

Willkommen in der realen Welt

Obwohl der Prozess der Webentwicklung ein sehr einfacher Kreislauf zu sein scheint, ist es nicht immer ein sehr ebener Weg. Es gibt einfach zu viele unbekannte Größen in der realen Welt. Stellen Sie sich z.B. vor, Sie erstellen eine Website für jemand anders, wie z.B. Ihren Chef oder einen Kunden. Wenn diese Person für eine Site bezahlt, müssen Sie ihrem Willen nachgeben, unabhängig davon, ob diese Vorgaben dem entsprechen, was sich die User wünschen. Versuchen Sie andere immer davon zu überzeugen, dass Entscheidungen unter dem Aspekt der Benutzerfreundlichkeit getroffen werden sollten. Versuchen Sie die Vorteile von Designtheorien aufzuzeigen, anstatt Regeln herunterzubeten. Bereiten Sie sich darauf vor, fertige Beispiele zu präsentieren. Machen Sie sich allerdings auch darauf gefasst, dass diese oft verworfen werden.

> **Hinweis**
>
> Erfahrene Designer erstellen häufig eine Vielzahl von Entwürfen, um die Diskussion mit dem Kunden zu führen, vergleichbar mit einem Musterbuch für Kunden, die nicht in der Lage sind, zu verbalisieren, was sie wollen.

Die meisten Web-Projekte neigen dazu, politische Probleme zu haben. Erwarten Sie nicht, dass Ihnen jeder zustimmt. Abteilungen in einer Firma rangeln um Kontrolle, wobei die Frontlinie häufig zwischen der Marketing- und der Technologieabteilung verläuft. Um das Ganze noch etwas aufzumischen, gibt es zahlreiche selbsternannte Web-Experten, die nur zu gerne bereit sind, gute Ratschläge zu erteilen. Seien Sie nicht überrascht, wenn jemand einen Bruder hat, dessen Freund ein Web-»Experte« ist und der behauptet, dass Sie die ganze Site mit Microsofts FrontPage in einer Stunde erstellen können. Die einzige Möglichkeit, dieses politische Problem zu bekämpfen, ist Geduld und der Versuch zu erklären. Nicht jeder wird das Ziel der Site verstehen. Ohne eine klare Vorgabe werden sich die Entwickler in einer prekären Situation, ungeschützt vor Angriffen von allen Seiten, wiederfinden.

Denken Sie immer daran, dass das Ziel eines Prozessmodells, wie es in diesem Kapitel vorgestellt wurde, die Minimierung der Probleme ist, die während eines Web-Projekts auftauchen können. Ein Prozessmodell kann nicht alle Unwägbarkeiten der realen Welt vorhersehen, insbesondere nicht die menschlicher Art. Erfahrung ist der einzige Lehrer, wenn es um das Lösen dieser vielen Probleme geht. Entwickler, denen es bei Web-Projekten an Erfahrung mangelt, sind aufgefordert, sich den Problemen zu stellen und sie als neue Lernerfahrung zu verstehen.

Zusammenfassung

Eine moderne Website zu erstellen kann eine Herausforderung sein. Web-Entwickler sollten ein Prozessmodell entwickeln, um den Entwicklungsprozess zu leiten und Risiken zu minimieren, die Komplexität des Projekts zu managen und ein gutes Resultat zu erzielen. Prozesse aus der Software-Entwicklung, wie z.B. das Wasserfall-Modell, können leicht auf die meisten Web-Projekte übertragen werden. Bisweilen sollte aufgrund der häufig fehlenden Erfahrung im Projektmanagement oder bei der Formulierung klarer Zielstatements ein protyporientiertes Prozessmodell verwendet werden.

Obwohl der auf Prototypen basierende Ansatz der organischen Natur vieler Sites entgegenkommt, entsteht durch ihn häufig das unnötige Risiko, mehrmals die falsche Site zu entwickeln, bevor man zum richtigen Ergebnis gelangt. Eine frühzeitige Planung minimiert das Risiko und kann das Projekt zu einem guten Ende führen. Es sollte immer ein Dokument entwickelt werden, in dem die Ziele, eine Zielgruppen- und Aufgabenanalyse, die Sitestruktur, technische und inhaltliche Anforderungen sowie Überlegungen des Managements festgehalten sind. Dieses Dokument leitet die Produktion der Website. Verwenden Sie während der Designphase Blockdiagramme, Papierentwürfe, Storybords und Testsites, um die Gefahr zu reduzieren, die Site später erneut entwerfen zu müssen.

Wenn ein guter Plan entworfen wurde und die Prototypen erstellt sind, sollte die Implementierungsphase für HTML und JavaScript zügig voranschreiten und wenig Nachbesserungen erfordern. Wenn Sie die Site fertig gestellt haben, seien Sie vorsichtig und drängen nicht auf voreilige Veröffentlichung – ausgiebige Tests sind erforderlich und die Qualität des HTML sollte sehr ernst genommen werden. Wenn eine schlecht erstellte Site veröffentlicht wird, wird sehr bald eine Überarbeitung notwendig sein.

Kernelemente

Dieses Kapitel führt in die Grundlagen der HTML-Elemente ein, die von nahezu allen Browser unterstützt werden und die von der vorübergehenden HTML-4.0-Spezifizierung definiert wurden. Diese Elemente fallen in drei verschiedene Gruppen; absatzformatierende Elemente, zeichenformatierende Elemente und Sonderzeichen. Die Elemente werden größtenteils von oben nach unten vorgestellt; von größeren, absatzorientierten Strukturen (wie z.B. Absätze) bis hin zu kleineren Einheiten (wie den eigentlichen Sonderzeichen). Zuerst werden jedoch die Kernattribute, die für alle HTML-Elemente gemeinsam sind, erläutert.

HTML-Kernattribute

Um neue Technologien wie Style Sheets und Skriptsprachen einzubinden, wurden einige wichtige Änderungen an HTML vorgenommen. Ein Satz von vier Kernattributen wurden hinzugefügt, die von nahezu allen HTML-Elementen unterstützt werden. Zum jetzigen Zeitpunkt mag der Sinn dieser Attribute nicht immer erkennbar sein, aber es ist wichtig, auf ihre Existenz hinzuweisen, bevor die anderen HTML-Elemente erklärt werden. Die Kernattribute von HTML 4.0 sind id, class, style und title. Diese Attribute gelten für die meisten HTML-Elemente.

id

Das id-Attribut wird benutzt, um einem Element einen bestimmten Namen zuzuweisen. Das id-Attribut wird z.B. wie folgt mit dem Absatzelement <p> verwendet:

```
<p id="FirstParagraph">
Dies ist der erste Text-Abschnitt.
</p>
```

So weisen Sie dem verknüpften Befehl den Namen FirstParagraph zu. Das Benennen eines Elements ist nützlich, um den damit eingeschlossenen Inhalt mit einem Style Sheet zu formatieren. Eine Stilregel kann beispielsweise mit

```
<style type="text/css">
<!--
```

```
#FirstParagraph {color: red;}
-->
</style>
```

in den <head> eines Dokuments platziert werden. Diese Stilregel besagt, dass ein Element mit dem Namen »FirstParagraph« rot dargestellt wird. Das id-Attribut ist der Schlüssel, um ein Element mit einem Stil oder mit einer Funktion zu verknüpfen. Natürlich müssen die Autoren sicherstellen, dass sie Objekte nur mit einmalig vergebenen Namen bezeichnen, weil mehrmals vergebene id-Attribute zu beträchtlichen Fehlern führen können. Die Verwendung des id-Attributs in Zusammenhang mit Style Sheets oder Skripten wird in den Kapiteln 10 bzw. 13 vorgestellt.

class

Das class-Attribut wird benutzt, um die Klasse oder die Klassen zu bezeichnen, denen ein Element zugewiesen wird. Wie bei id wird class mit einem bezeichneten Befehl in Verbindung gebracht wie

```
<p id="FirstParagraph" class="important">
Dies ist der erste Textabschnitt.
</p>
```

Hier wird nicht nur der Absatz einmalig mit FirstParagraph benannt, sondern auch darauf hingewiesen, dass der Absatz zu einer Klasse gehört, die important heißt. Klassennamen müssen in einem Dokument nicht einmalig vergeben werden. Hauptsächlich wird das class-Attribut verwendet, um eine Gruppe von Elementen mit verschiedenen Stilregeln zu verknüpfen. Eine Stilregel wie z.B.

```
<style>
<!--
.important {background-color: yellow;}
-->
</style>
```

würde allen Elementen mit dem class-Attribut important einen gelben Hintergrund zuweisen. Weitere Beispiele für die Verwendung von class und id können Sie in Kapitel 10 finden.

style

Das style-Attribut wird dazu benutzt, eine Style-Sheet-Information einem Befehl direkt zuzuweisen.

```
<p style="font-size: 18pt">
Dies ist der erste Textabschnitt.
</p>
```

Diese Anweisung setzt die Schriftgröße des Abschnitts auf 18 Punkt. Obwohl das style-Attribut es ermöglicht, CSS-Regeln für ein einzelnes Element hinzuzufügen, ist der Einsatz von id oder class vorzuziehen, um diese Regeln für das gesamte Dokument zu verwenden oder mit einem Style Sheet zu verknüpfen. Die Benutzung von CSS wird in Kapitel 10 vorgestellt.

title

Das Attribut `title` wird verwendet, um dem Inhalt eines Elements einen Hinweistext zuzuweisen. Im Beispiel

```
<p title="Einfuehrungsabsatz">
Dies ist der erste Textabschnitt.
</p>
```

wird das `title`-Attribut eingesetzt, um zu verdeutlichen, dass dieser spezielle Absatz ein einleitender Absatz ist. Browser können diesen erklärenden Text in Form eines Hinweisfensters (»Tool-Tipp«) anzeigen, was nützlich ist, um Zusatzinformation oder andere Ratschläge für Benutzer anzubieten, wie Sie hier sehen:

Die Kernattribute machen hier vielleicht noch keinen besonders großen Sinn, weil sie meistens mit Skripten oder Style Sheets genutzt werden. Bedenken Sie jedoch, dass diese vier Attribute mit jedem Befehl verwendet werden können, der im weiteren Verlauf dieses Kapitels vorgestellt wird.

Kern-Sprachattribute

Ein vorrangiges Ziel von HTML 4.0 ist es, andere Sprachen als die englische besser zu unterstützen. Die Verwendung von anderen Sprachen kann erforderlich machen, dass die Textrichtung auf dem Bildschirm von links nach rechts in rechts nach links geändert wird. Fast alle HTML-Elemente unterstützen jetzt das `dir`-Attribut, das dazu genutzt werden kann, die Textrichtung entweder mit dem Wert `ltr` (links nach rechts) oder `rtl` (rechts nach links) zu bestimmen. Sehen Sie hier ein Beispiel:

```
<p dir="rtl">
Dieser Absatz verläuft von rechts nach links.
</p>
```

Darüber hinaus könnte es mehr mehrsprachige Dokumente geben, wenn die Browser-Unterstützung für nicht ASCII-basierte Sprachen verbessert wird. Die Verwendung des `lang`-Attributes ermöglicht es Entwicklern, darauf hinzuweisen, welche Sprache auf der aktuellen Ebene benutzt wird. Zum Beispiel,

```
<p lang="fr">
C'est Francais.
</p>

<p lang="en">
This is English.
</p>
```

Obwohl die Sprachattribute ein beträchtlicher Teil aller HTML-Elemente sein sollten, werden sie in Wirklichkeit nur spärlich durch die gegenwärtigen Browser unterstützt.

Kernereignisse

Die letzte große Veränderung, die in HTML 4.0 eingeführt wurde, war die verbesserte Möglichkeit, Skripte in HTML-Dokumente einzubinden. In Vorbereitung auf ein dynamischeres Web wurden eine Reihe von Kernereignissen in nahezu alle HTML-Elemente eingebunden. Die meisten dieser Ereignisse stehen mit einer Aktion des Benutzers in Verbindung, z.B. dass der Benutzer ein Objekt anklickt, das mit einem onclick-Ereignis verbunden ist. Beispielsweise würde

```
<p onclick="alert('Ouch!')">
Drücke diesen Absatz
</p>
```

in Verbindung mit ein wenig Skriptcode den Absatz mit einem Ereignis verknüpfen, das aktiviert wird, sobald ein Benutzer auf den so markierten Absatz klickt. Das Ereignismodell wird jedoch nicht vollständig von allen Browsern für alle Befehle unterstützt, so dass das vorangegangene Beispiel nicht unbedingt viel bewirkt. Eine viel ausführlichere Erläuterung der Ereignisse finden Sie in Kapitel 13 und in Anhang A. Fürs Erste reicht es, zu wissen, dass mit einem beliebigen Befehl eine Vielzahl von Ereignissen verbunden werden kann, die den Weg für ein dynamischeres Web-Erlebnis ebnen.

Jetzt, da die Kernattribute abgehandelt sind, können wir darauf verzichten, bei jedem vorgestellten Element daran zu erinnern, und kommen zurück zu den am häufigsten verwendeten Elementen in HTML. Der nächste Abschnitt beginnt mit der Beschreibung der absatzformatierenden Elemente, die in Dokumenten mit am häufigsten gefunden werden: Überschriften.

Überschriften

Die Überschriftelemente werden zum Erstellen von »Schlagzeilen« in Dokumenten benutzt. Es gibt sechs verschiedene Arten von Überschriften: <h1>, <h2>, <h3>, <h4>, <h5> und <h6>. Diese sind nach Wichtigkeit aufgelistet: von <h1>, der bedeutendsten, bis <h6>, der am wenigsten wichtigen. Die meisten Browser stellen Überschriften in größerer und/oder fetterer Schrift als normalen Text dar. Das ist der Grund dafür, dass viele HTML-Autoren irrtümlich denken, Elemente als Überschrift zu formatieren mache Text lediglich größer oder fetter. Tatsächlich übermitteln Überschriftelemente (so wie Überschriften selbst) auch eine logische Bedeutung über die Struktur eines Dokuments. Größe und Breite sind relativ zur Wichtigkeit der Überschrift, daher sind <h1>-Überschriften größer als <h3>-Überschriften. Überschriften stellen den so formatierten Text in einem alternativen Stil (größer und/oder fetter) und in einer eigenen Zeile dar. Da eine Überschrift ein eigener Absatz ist, findet vor und nach ihr ein Zeilenumbruch statt. Das folgende Codebeispiel zeigt das Überschriftelement:

```
<!DOCTYPE HTML PUBLIC "-//W3C//DTD HTML 4.01 Transitional//EN">
<html>
<head>
<title>Beispiel von Überschriften</title>
</head>
<body>
        <h1>Überschrift 1</h1>
        <h2>Überschrift 2</h2>
        <h3>Überschrift 3</h3>
        <h4>Überschrift 4</h4>
```

```
        <h5>Überschrift 5</h5>
        <h6>Überschrift 6</h6>
    </body>
</html>
```

Abbildung 3.1. zeigt die Darstellung dieses Beispiels:

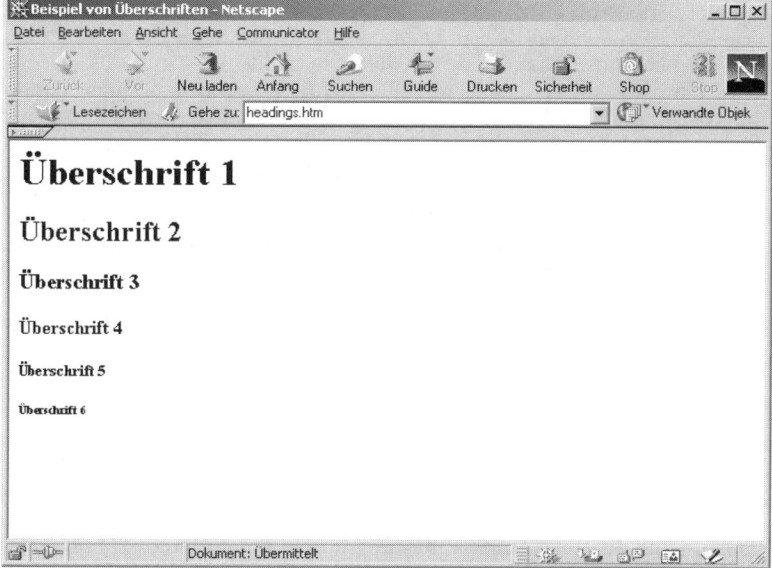

Abbildung 3.1: Darstellung der verschiedenen Überschriften-Typen

Hinweis

Der Lynx-Textbrowser stellt Überschriften deutlich anders als kommerzielle grafische Browser dar. Lynx kann keine größeren Zeichen darstellen, so dass er versucht, diese fett zu gestalten oder auszurichten. <h1>-Überschriften sind zentriert ausgerichtet und jede niedrigere Stufe einer Überschrift wird weiter eingerückt als die nächsthöhere Stufe.

Ein Attribut, das den Text links, rechts oder zentriert ausrichtet, kann einer Überschrift hinzugefügt werden. Standardüberschriften sind gewöhnlich linksbündig, durch den Einsatz des `align`-Attributs kann der Text jedoch auch rechts oder zentriert ausgerichtet werden. Das folgende Codebeispiel zeigt die Verwendung des `align`-Attributs für Überschriften:

```
<!DOCTYPE HTML PUBLIC "-//W3C//DTD HTML 4.01 Transitional//EN">
<html>
<head>
<title>Ausrichtung einer Beispiel-Überschrift</title>
</head>
<body>
<h1 align="left">Links ausgerichtet</h1>
```

```
<h1 align="center">Zentriert ausgerichtet</h1>
<h1 align="right">Rechts ausgerichtet</h1>
</body>
</html>
```

Unter der strikten HTML-4.01-Spezifikation wurde, wie auch unter XHTML, das `align`-Attribut verworfen, stattdessen sollen Style Sheets benutzt werden.

HTML-Autoren verwenden oft Überschriften, um Text größer zu gestalten. Wie bei allen HTML-Elementen ist Größe auch hier ein relativer Begriff. Die wirkliche Größe einer Überschrift hängt vom Browser, seiner Einstellung und der Plattform ab, auf der er läuft. Die Größe einer <h1>-Überschrift unter Netscape auf einem UNIX-System erscheint anders als dieselbe <h1>-Überschrift auf einer Windows-Maschine, wenn sie mit dem Internet Explorer betrachtet wird. Die Überschriften sind relativ größer, die exakte Größe ist jedoch unbekannt, was eine konsequente Gestaltung schwierig macht. Ferner haben Überschriften eine implizierte logische Bedeutung und bewirken typischerweise mehr, als nur den Text zu vergrößern.

Hinweis

Ein kurzer Blick auf die im Web benutzten Überschriften zeigt, dass Überschriften jenseits von <h3> selten genutzt werden. Warum? Teilweise, weil Seitenentwickler Überschriften zur visuellen Gestaltung nutzen. Die Effekte von <h4>, <h5> und <h6> können auch mit anderen Elementen erreicht werden. Ferner ist es unüblich, verschachtelte Dokumente zu haben, die tiefer als drei Ebenen sind.

Absätze und Umbrüche

Anders als Dokumente in Textverarbeitungsprogrammen ignorieren HTML-Dokumente Freiräume, Tabulatorsprünge und Leerzeilen. Umbrüche können an jedem beliebigen Punkt in Ihrem Quelltext auftreten und mehrere Leerzeichen werden auf ein einzelnes reduziert. Um die Ähnlichkeit von Text-Formatierung zu bewahren, wurden Elemente eingeführt, die ein Dokument unterteilen. Eines der wichtigsten Elemente zur Strukturierung ist das Absatzelement. Ein mit <p>- und </p>-Tags umgebener Text zeigt an, dass der Text eine logische Absatzeinheit ist. Normalerweise platziert der Browser ein oder zwei Leerzeilen vor einem Absatz, aber die exakte Darstellung des Textes ist vom Browser und eventuell verwendeten Style Sheets abhängig. Text innerhalb des durch <p> markierten Absatzes wird normalerweise linksbündig dargestellt, mit einem flatternden rechten Rand. Das `align`-Attribut ermöglicht eine linke, rechte oder zentrierte Ausrichtung. Unter HTML 4.01 können Sie den Wert von `align` auch auf `justify` setzen, um den gesamten Text eines Absatzes im Blocksatz darzustellen. Aufgrund der schlechten Qualität der Blocksatzbildung bei einigen Browsern sowie der mangelnden Unterstützung sollte dieser Wert nur äußerst selten angewendet werden. Das folgende Beispiel zeigt vier ausgerichtete Absätze, deren Darstellung in Abbildung 3.2 gezeigt wird:

```
<!DOCTYPE HTML PUBLIC "-//W3C//DTD HTML 4.01 Transitional//EN">
<html>
<head>
<title>Absatz-Beispiel</title>
</head>
<body>

<p>Dies ist der erste Absatz, in einem Beispiel für den P-Befehl.
Es gibt hier wirklich nicht viel zu sagen.</p>
```

```
<p align="center">Dies ist der zweite Absatz. Etwas mehr für das Beispiel. Dieses
Mal ist der Absatz zentriert ausgerichtet. Das dürfte nicht so eine gute Idee
sein, da es den Text schwer lesbar macht.</p>

<p align="right">Hier ist der Absatz nach rechts ausgerichtet. Rechts
ausgerichteter Text ist auch schwierig zu lesen. Der Rest vom Text dieses Absatzes
hat nur eine geringe Bedeutung.</p>

<p align="justify">Unter HTML 4.0 unterstützenden Browsern sind Sie in der Lage,
Text als Blocksatz auszurichten. Bedenken Sie jedoch, dass die Art der Browser,
Blocksatz darzustellen, manchmal ungenau ist. Darüber hinaus unterstützen nicht
alle Browser diesen Attributwert.</p>

</body>
</html>
```

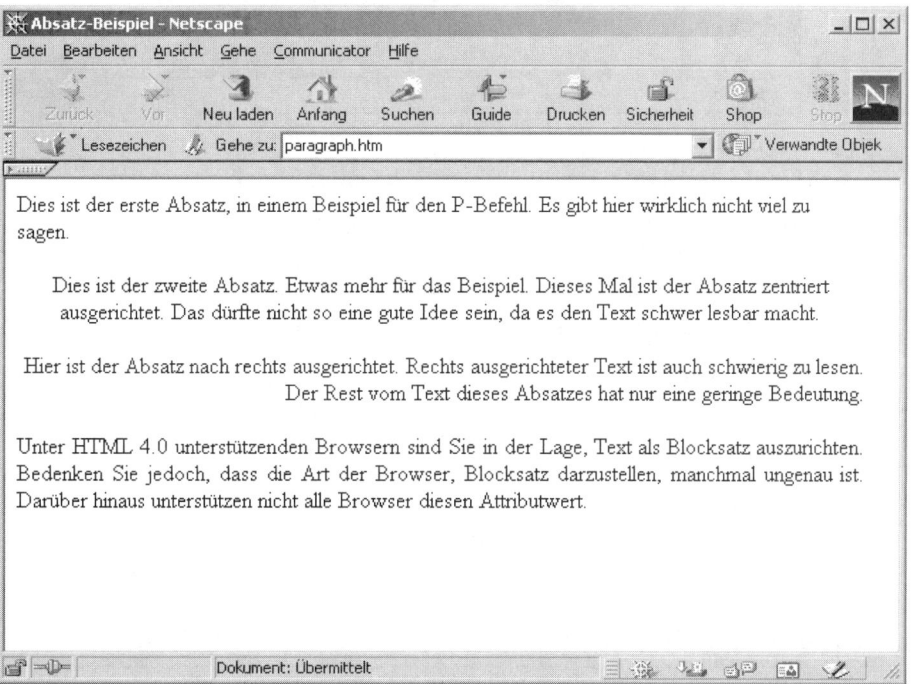

Abbildung 3.2: Darstellung des Absatzbeispiels

Da das Tag <p> grundsätzlich eine Leerzeile verursacht, versuchen einige HTML-Autoren, Leerzeilen unter der Verwendung von mehreren <p>-Elementen in ein Dokument einzufügen. Selten ergibt sich so das gewünschte Resultat. Der Browser ignoriert leere <p>-Elemente, weil sie logische Texteinheiten beschreiben, keine physische Formatierung.

Hinweis

Viele WYSIWYG-HTML-Editoren und einige Seitenautoren versuchen Non-Breaking-Space-Zeichen in einem leeren Absatz zu verwenden, um mit diesem Element einen Umbruch zu erzeugen, z.B. mit: `<p> </p>`. Dieses Verfahren wird nicht empfohlen, da so unnötiger Code entsteht und die Bedeutung des Dokuments undeutlich wird.

Um Zeilenumbrüche oder Leerzeilen in ein Dokument einzufügen, muss das `<br>`-Tag verwendet werden. Das `<br>`-Tag ist ein Text formatierendes Element, das eine neue Zeile oder einen Umbruch in einem Dokument einfügt. Es enthält keinen Inhalt und hat kein Schluss-Tag. Es ist ein leeres Element, so dass es kein Schluss-Tag benötigt. Unter XHTML sollten Sie `<br />` verwenden, statt einfach nur `<br>`. (Siehe Kapitel 1 und 17 für mehr Informationen über XHTML.) Das einzige Attribut, das mit `<br>` verwendet werden kann, ist `clear`. Dieses Attribut ermöglicht es, festzulegen, wie der Text um eine Grafik oder ein eingebundenes Objekt fließt. Die Verwendung dieses Attributs wird in Kapitel 5 erläutert.

Das folgende Codefragment zeigt die grundlegende Verwendung von `<p>` und `<br>` und legt dar, dass diese beiden Elemente nicht gleichwertig sind. Trotzdem ist ihre physische Darstellung ähnlich (die Bildschirmdarstellung sehen Sie in Abbildung 3.3):

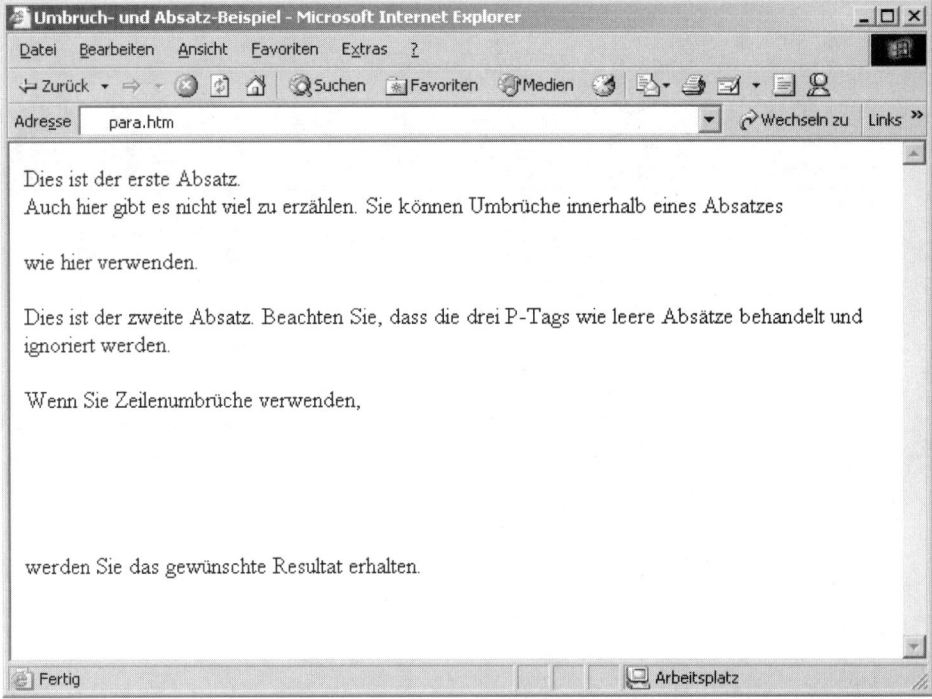

Abbildung 3.3: Darstellung des Umbruch- und Absatzbeispiels

```
<!DOCTYPE HTML PUBLIC "-//W3C//DTD HTML 4.01 Transitional//EN">
<html>
<head>
<title>Umbruch- und Absatz-Beispiel</title>
</head>
<body>
<p>Dies ist der erste Absatz.<br>
Auch hier gibt es nicht viel zu erzählen. Sie können Umbrüche innerhalb eines
Absatzes<br><br>
wie hier verwenden.
</p>


<p><p><p>


<p>Dies ist der zweite Absatz. Beachten Sie, dass die drei P-Tags wie leere
Absätze behandelt und ignoriert werden.</p>

<p>Wenn Sie Zeilenumbrüche verwenden,</p>
<br><br><br><br>
<p>werden Sie das gewünschte Resultat erhalten.</p>
</body>
</html>
```

Hinweis

Benutzer, die mehrere Leerzeilen darstellen wollen, müssen mehrere `<br>`-Elemente in ihr Dokument einfügen. Ein einzelnes `<br>`-Element umbricht lediglich die Zeile ohne eine eingefügte Leerzeile.

Abschnitte und Zentrierung

Das `<div>`-Element wird verwendet, um HTML-Dokumente in einzelne Teile oder Abschnitte zu strukturieren. Es ist ein logisches Absatzelement, das keine feste Bedeutung hat. Unter traditionellem HTML ist die Hauptaufgabe des `<div>`-Elements die Ausrichtung von Inhaltsteilen mit Hilfe des `align`-Attributs. Standardmäßig ist der Inhalt von `<div>`-Elementen links ausgerichtet. Abschnitte sind bedeutend nützlicher, wenn sie in Verbindung mit Style Sheets verwendet werden (s.a. Kapitel 10).

Außer der Ausrichtung von Absätzen mit Hilfe des `<div>`-Elements ist es möglich, Text mit einem schwer zu charakterisierenden Element zu zentrieren: `<center>`. Unter HTML-2.0-basierten Browsern war das Zentrieren von Text nicht möglich. Eine der wichtigen Neuerungen von Netscape war das `<center>`-Element. HTML 3.2 übernahm dieses Element, da es weit verbreitet verwendet wurde. Um Text oder eingebundene Objekte (wie z.B. Bilder) zu zentrieren, wurde der Inhalt einfach mit `<center>` und `</`

center> umgeben. In diesem Sinn erscheint <center> ein Textformatierungselement zu sein, doch unter der HTML-3.2- und der vorübergehenden 4.0-Spezifikation ist <center> als absatzformatierendes Element definiert und wird schließlich unter der strengen Version von HTML verworfen. Unter der HTML-4.01-DTD ist <center> einfach ein Alias für <div align="center"> und wird genau auf diese Weise behandelt. Es ist unwahrscheinlich, dass <center> verschwindet, da die Einfachheit und die Verwendung zu groß sind. Gemäß der Spezifikation gibt es zwei empfohlene Arten, um Inhalte zu zentrieren: das <div>-Element mit dem center-Attribut oder die Verwendung des align-Attributs in Verbindung mit <img> und möglichen anderen Elementen. Das folgende Beispiel zeigt die Verwendung von <center> und <div>. (Abbildung 3.4 zeigt die Darstellung auf dem Monitor.)

Abbildung 3.4: Beispieldarstellung von <div> *und* <center>

```
<!DOCTYPE HTML PUBLIC "-//W3C//DTD HTML 4.01 Transitional//EN">
<html>
<head>
<title>Zentrierungs- und Gruppierungsbeispiel</title>
</head>
<body>
<center>
<h1>Diese Überschrift ist zentriert</h1>
<p>Dieser Absatz ist auch zentriert.</p>
```

```
</center>
<br><br>

<div align="right">
<h1>Gruppen-Überschrift</h1>
<p>Viele Absätze und andere Absatzelemente können vom DIV-Befehl gleichzeitig
beeinflusst werden</p>
<p> Beachten Sie, dass alle Absätze rechts ausgerichtet sind </p>
</div>
</body>
</html>
```

Spans

Obwohl das `<div>`-Element dafür verwendet werden kann, umfassende Teile eines Dokuments für spätere Style-Sheet-Anwendungen oder andere Formatierungen zu gruppieren, ist es nicht ratsam, alles in einem Abschnitt zusammenzufassen. Bedenken Sie, dass `<div>` ein Absatzelement ist. Es wird immer eine neue Zeile beginnen. Wenn Sie Text zusammenfassen wollen, ohne ein Absatzelement zu verwenden, benutzen Sie das Tag `<span>`, da es eine logische Gruppierung in einer Zeile ohne vordefiniertes Aussehen unterstützt. Betrachten Sie folgendes Codebeispiel:

```
<p>In diesem Satz <span class="important">ist einiges vom Text wichtig!</span></p>
```

In diesem Codefragment würde das `<span>`-Element in einer einfachen HTML-Präsentation keine besonderen Auswirkungen haben. Die Verwendung des `class`-Attributs könnte jedoch mit einem Style Sheet verbunden werden, um den eingebetteten Text anders darzustellen, ohne dass es eine logische Bedeutung hätte. An dieser Stelle mag die Verwendung von `<div>` und `<span>` keinen Sinn machen, sie gehören jedoch zu den nützlichsten Kernelementen von HTML. Ihre Verwendung mit Style Sheets wird in Kapitel 10 vorgestellt.

Zitate

Gelegentlich möchten Sie einen langen Textteil zitieren, der vom übrigen Text hervorgehoben werden soll. Das `<blockquote>`-Element ermöglicht es Ihnen, einen Zitatabsatz in ein Dokument einzufügen. Obwohl das Element logischer Natur ist, wird ein Text, der von `<blockquote>` und `</blockquote>` umgeben wird, gewöhnlich links und rechts eingerückt. Einhergehend mit seiner Bedeutung unterstützt das `<blockquote>`-Element das `cite`-Attribut. Mit diesem kann die Webadresse des Dokuments angegeben werden, von der das Zitat übernommen wurde, oder es kann ein kurzer Hinweis eingefügt werden, der das Zitat oder dessen Quelle beschreibt.

Während `<blockquote>`, wie andere Blockelemente auch, einen Zeilenumbruch verursacht, ist es mit dem `<q>`-Element möglich, ein Zitat innerhalb einer Zeile einzufügen. Um das Zitatelement (`<q>`) sollten Anführungsstriche gemäß der Sprache, in der das Dokument verfasst wurde, gesetzt werden. Ältere Browser unterstützen das `<q>`-Element nicht, es ist jedoch Bestandteil der HTML-4.0/4.01-Spezifikation. Wie das `<blockquote>`-Element unterstützt auch `<q>` das `cite`-Attribut. Nachfolgend wird ein Beispiel von `<blockquote>` und `<q>` gezeigt (die analoge Darstellung sehen Sie in Abbildung 3.5):

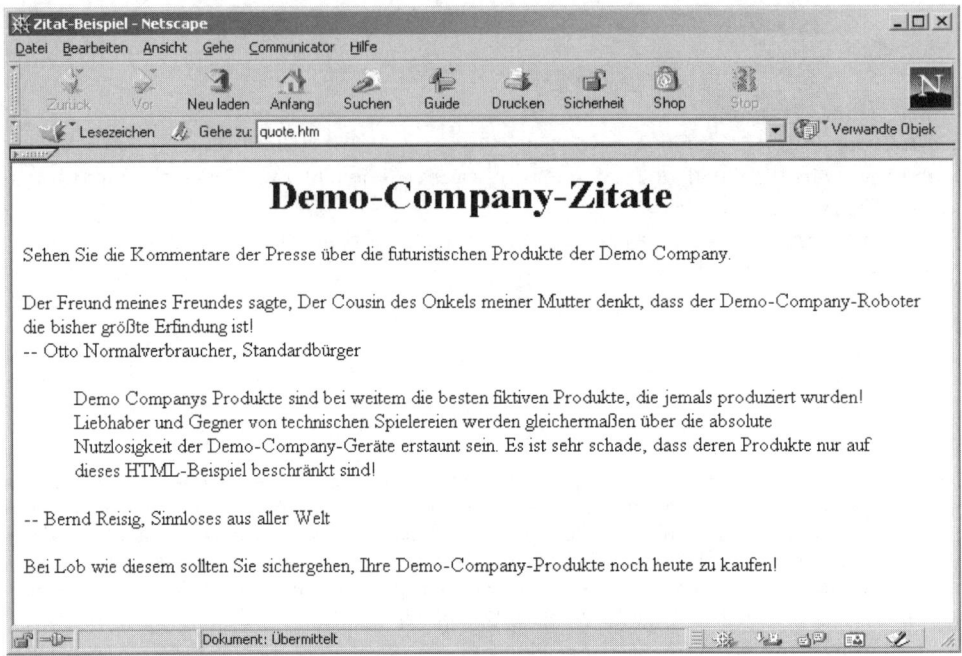

Abbildung 3.5: Darstellung des Zitatbeispiels

```
<!DOCTYPE HTML PUBLIC "-//W3C//DTD HTML 4.01 Transitional//EN">
<html>
<head>
<title>Zitat-Beispiel</title>
</head>
<body>
<h1 align="center">Demo-Company-Zitate</h1>

<p>Sehen Sie die Kommentare der Presse über die futuristischen Produkte der Demo
Company.</p>

<q>Der Freund meines Freundes sagte, <q cite="sounds fishy">Der Cousin des Onkels
meiner Mutter denkt, dass der Demo-Company-Roboter die bisher größte Erfindung
ist!</q></q>
<br>-- Otto Normalverbraucher, Standardbürger

<blockquote cite="http://www.democompany.com">
Demo Companys Produkte sind bei weitem die besten fiktiven Produkte, die jemals
produziert wurden! Liebhaber und Gegner von technischen Spielereien werden
gleichermaßen über die absolute Nutzlosigkeit der Demo-Company-Geräte erstaunt
sein. Es ist sehr schade, dass deren Produkte nur auf dieses HTML-Beispiel
beschränkt sind!
</blockquote>
```

```
-- Bernd Reisig, Sinnloses aus aller Welt

<p>Bei Lob wie diesem sollten Sie sichergehen, Ihre Demo-Company-Produkte noch
heute zu kaufen!</p>
</body>
</html>
```

Hinweis

Die ersten Webbrowser konnten keinerlei Einrückungen in normalem Text unterstützen. Viele HTML-Autoren verwendeten <blockquote>, um eine Einrückung zu erzielen. Text innerhalb <blockquote> kann auf beiden Seiten eines Dokuments eingerückt werden und kann auch in einer alternativen Schriftart wiedergegeben werden (z.B. kursiv). Aus diesem Grund sind die Listenelemente, insbesondere die nicht nummerierten Listen, mögliche Hilfsmittel, um Einrückungen in Webseiten zu bewirken. Tatsache ist, dass viele HTML-Editoren diese Elemente für Einrückungen verwenden. Bis Style Sheets weiter verbreitet sind, werden diese Hilfsmittel weiter verwendet werden.

Vorformatierter Text

Manchmal sind Leerraum, Tabs und Zeilenumbrüche in einem Text von großer Bedeutung, was allerdings durch das vorgegebene Verhalten von HTML nicht berücksichtigt wird und dadurch die Bedeutung des Textes stören kann. In solchen Fällen können Sie die Einrückungsformatierung durch die vorformatierte Darstellung des Textes erhalten. Stellen Sie sich vor, dass Sie Programm-Quellcode oder ein Gedicht in eine Webseite einfügen wollen. In beiden Fällen müssen der Leerraum, die Zeilenumbrüche und die Tabs in dem Dokument beibehalten werden, um den richtigen Sinn zu erhalten. Für diese Situation wird eine HTML-Anweisung benötigt, die den Aufbau der Einrückungen erhält. Das Tag-Paar <pre> und </pre> kann für Text verwendet werden, der nicht durch den Browser formatiert werden soll. Der Text, der von <pre>-Tags umgeben wird, behält alle Leerräume und Zeilenumbrüche bei und verändert die Darstellung auch dann nicht, wenn die Größe des Browserfensters geändert wird. Wenn die Zeilen länger sind als die Fensterbreite des Browsers, werden Rollbalken und horizontales Scrolling eingeblendet. Der Browser gibt den vorformatierten Text grundsätzlich in nicht proportionaler Schrift, standardmäßig in Courier, wieder. Es können einige Textformatierungen, wie fett, kursiv oder Verknüpfungen, innerhalb des <pre>-Tags verwendet werden. Das folgende Beispiel, bildlich dargestellt in Abbildung 3.6, verwendet das <pre>-Element und stellt es einem normalen Textabsatz gegenüber:

```
<!DOCTYPE HTML PUBLIC "-//W3C//DTD HTML 4.01 Transitional//EN">
<html>
<head>
<title>PRE-Beispiel</title>
</head>
<body>
<pre>
Dies ist V  O  R  F  O  R  M  A  T  I  E  R  T  E  R

    T
        E
          X
            T
```

```
        LEERRÄUME sind ok!  Genauso wie


         ZEILENUMBRÜCHE!
        </pre>
        <br><br>
        <p>


        Dies ist NICHT V  O  R  F  O  R  M  A  T  I  E  R  T  E  R


              T
                E
                  X
                    T


        LEERRÄUME    und
        ZEILENUMBRÜCHE gehen verloren.
        </p>
        </body>
        </html>
```

Hinweis

Auf Grund der HTML-4.0-Spezifikation sind andere HTML-Elemente innerhalb des `<pre>`-Elements erlaubt, aber manche Elemente, wie `<img>`, sind ausgeschlossen. Die meisten Browser lassen jedes beliebige Element zu, selbst diejenigen, die nicht Teil der Spezifikationen sind, erscheinen innerhalb der `<pre>`-Elemente und werden, wie erhofft, dargestellt. Autoren sollten sich jedoch nicht darauf verlassen.

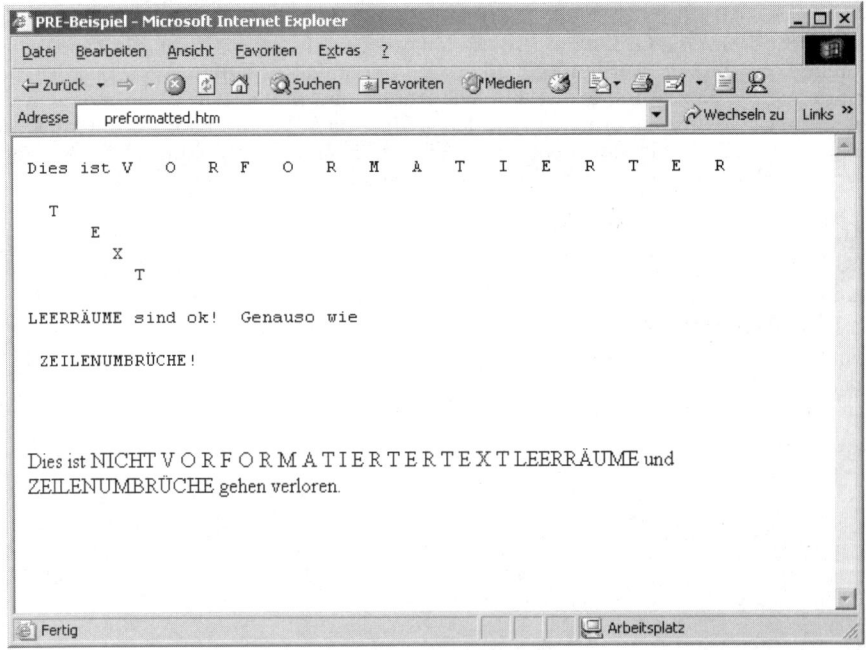

Abbildung 3.6: Darstellung von vorformatiertem und normalem Text

Entwickler sollten sorgsam mit der Verwendung des <pre>-Elements sein, wenn sie einfache Tabellen erstellen oder Freiräume schaffen wollen. Unvorhersehbare Unterschiede bei der Größe von Browserfenstern könnten ein horizontales Scrollen für zu breite Inhalte erfordern. In diesem Fall bieten andere Elemente eine bessere Kontrolle über die Formatierung.

Listen

Modernes HTML hat drei grundlegende Formen von Listen: nummerierte Listen (<ol>), nicht nummerierte Listen (<ul>) und Definitions-Listen (<dl>). Zwei andere selten verwendete Listenelemente, <menu> und <dir>, werden nur spärlich unterstützt und gewöhnlich wie ungeordnete Listen behandelt. Listen sind Absätze, obwohl sie verschachtelt werden können und ihre Elemente andere Strukturen haben können als z.B. Absätze.

Nummerierte Listen

Eine nummerierte Liste, umgeben von <ol> und </ol>, definiert eine Liste, in der Elemente geordnet werden. Eine typische Aufzählung wird durch arabische Ziffern, Buchstaben oder römischer Zahlen dargestellt. Nummerierte Listen sind gut für das Entwerfen von einfachen Übersichten oder Step-by-Step-Anleitungen, da die Listenelemente automatisch durch den Browser nummeriert werden. Die Listenpunkte werden in nummerierten oder anderen Listen durch das Listenpunkt-Element <li> definiert, das kein abschließendes Tag benötigt. Gemäß XHTML ist die Verwendung des schließenden </li> jedoch erforderlich. Listenpunkte werden normalerweise vom Browser eingerückt. Die Nummerierung beginnt bei der Zahl Eins. Eine allgemeine nummerierte Liste könnte wie folgt aussehen:

```
<ol>
    <li>Punkt 1</li>
    <li>Punkt 2</li>
      . . .
    <li>Punkt n</li>
</ol>
```

In vielen Browsern kann das <li>-Element auch außerhalb von Listen verwendet werden. Es wird oft als nicht eingerücktes Aufzählungszeichen dargestellt. Einige Bücher empfehlen diese Art der Verwendung von <li>, aber es ist nicht die korrekte Verwendung, die durch HTML vorgegeben wird. Das <ol>-Element hat drei grundlegende Attribute, von denen keines zwingend erforderlich ist: compact, start und type. Das compact-Attribut benötigt keinen Wert. Es weist lediglich darauf hin, dass Browser versuchen sollen, die Liste kompakt darzustellen, um weniger Platz auf den Bildschirm einzunehmen. In der Praxis ignorieren die meisten Browser das compact-Attribut.

Mit Hilfe des type-Attributs kann durch den Wert a die Aufzählung durch Kleinbuchstaben, durch das Setzen von A durch Großbuchstaben eingestellt werden. Der Wert i bestimmt eine Aufzählung durch kleine römische Zahlen und der Wert I bewirkt, dass die Aufzählungszeichen große römische Zahlen sind. Mit dem Wert 1 wird eine reguläre Nummerierung eingestellt, was dem Standardwert entspricht. Das type-Attribut bestimmt innerhalb des <ol>-Elements ein numerisches Schema für die gesamte Liste, solange es nicht durch den type-Wert in einem <li>-Element überschrieben wird. Jedes <li>-Element kann ein eigenes type-Attribut haben, das auf a, A, i, I, oder 1 gesetzt werden kann. Wenn ein <li>-Element auf einen neuen Typ gesetzt wird, überschreibt der Nummerierungsstil den gesamten Rest der Liste, sofern nicht ein anderes <li> das type-Attribut verwendet.

Das <ol>-Element hat auch ein start-Attribut, das einen numerischen Startwert für die Listennummerierung setzt. Egal, ob das type-Attribut ein Buchstabe oder eine Zahl ist, der start-Wert muss eine Zahl sein. Um die Aufzählung mit dem Buchstaben *j* zu starten, muss der Befehl `<ol type="a" start="10">` verwendet werden, da *j* der zehnte Buchstabe im Alphabet ist. Mit Hilfe eines weiteren `<li>`-Elements kann die aktuelle Nummerierung der Liste durch das `value`-Attribut überschrieben werden, das einen neuen numerischen Wert bestimmt.

Hinweis

Nummerierte Listen, die rückwärts von 10 bis 1 oder in Zweier- oder anderen Schritten zählen, sind in HTML nicht möglich. Nach Meinung des Autors könnte ein einfaches Additionsattribut das bewerkstelligen, aber es scheint so, als würden einige Lücken in HTML ungefüllt bleiben.

Die Verwendung von nummerierten Listen und deren Attribute wird nachfolgend gezeigt. Die Darstellung auf dem Monitor sehen Sie in Abbildung 3.7:

```
<!DOCTYPE HTML PUBLIC "-//W3C//DTD HTML 4.01 Transitional//EN">
<html>
<head>
<title>Beispiel einer nummerierten Liste</title>
</head>
<body>

<p>Nummerierte Listen können sehr einfach sein.</p>

<ol>
    <li>Punkt 1
    <li>Punkt 2
    <li>Punkt 3
</ol>

<p>Nummerierte Listen können eine Vielzahl von Typen haben.</p>

<ol>
    <li type="a">Kleine Zeichen
    <li type="A">Große Zeichen
    <li type="i">Kleine römische Zahlen
    <li type="I">Große römische Zahlen
    <li type="1">Arabische Zahlen
</ol>

<p>Nummerierte Listen können in verschiedenen Werten beginnen und mit
verschiedenen Typen.</p>

<ol start="10" type="a">
<li>Das soll j sein
<li value="3">Dies soll ein c sein
   <ol>
```

```
        <li>Listen können verschachtelt sein
            <ol>
                <li>Die Tiefe der Verschachtelung ist unbegrenzt
            </ol>
    </ol>
</ol>
</body>
</html>
```

Hinweis

In Ausnahmefällen sollten Nummerierungen mit großer Vorsicht verwendet werden. Negative oder sehr hohe Werte produzieren unvorhersehbare Ergebnisse. Während der Netscape Navigator negative Zahlen ignoriert, zählt der Internet Explorer aufwärts bis zur Zahl Null. Browser können dem linken Freiraum vor einem Listenelement eine feste Breite zuweisen, um die Aufzählungszahl darzustellen. Unter Netscape kann eine Liste, die nicht in einer anderen Blockstruktur eingebettet ist, nur vierstellig sein; eine größere Zahl könnte Listenelemente überschreiben. Eine Liste, die durch Verschachtelungen in einer anderen Blockstruktur eingebunden ist, könnte mehr Platz erhalten. Nummerierungen in Netscape und Internet Explorer verlieren bei hohen Zahlenwerten an Bedeutung, wahrscheinlich aufgrund der Verringerung der Darstellungsumgebung.

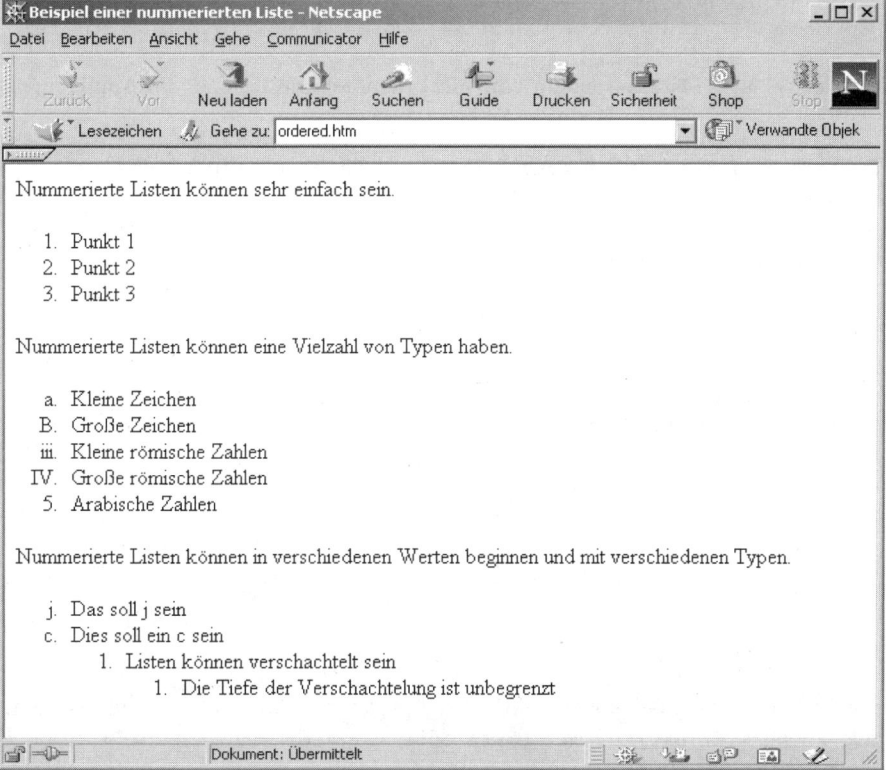

Abbildung 3.7: Darstellung von nummerierten Listen

Nicht nummerierte Listen

Eine nicht nummerierte Liste, definiert durch `<ul>` und `</ul>`, wird für Listen verwendet, die nicht spezifisch geordnet sind. Dies kann zum Hervorheben von Eigenschaften und Vorteilen eines Produktes nützlich sein. Ein Browser fügt typischerweise ein bestimmtes Aufzählungszeichen (einen ausgefüllten Kreis, ein Quadrat oder einen leeren Kreis) für jedes Listenelement ein.

Nicht nummerierte Listen können verschachtelt werden. Jede Stufe einer Verschachtelung rückt die Liste weiter ein, wobei das Aufzählungszeichen entsprechend wechselt. Standardmäßig wird ein gefüllter Kreis oder ein gefüllter runder Punkt für die erste Stufe einer Liste verwendet. Für die zweite Stufe wird ein leerer Kreis benutzt. In der dritten Stufe einer verschachtelten Liste wird gewöhnlich ein Quadrat verwendet. Diese Darstellungen sind bei den meisten Browsern üblich, man sollte sich jedoch nicht darauf verlassen. Das `type`-Attribut bestimmt den Typ des Aufzählungszeichens einer Liste. Es kann innerhalb des `<ul>`-Elements verwendet werden und bestimmt den Typ für die gesamte Liste. Es kann in jedem einzelnen `<li>` gesetzt werden. Eine `type`-Spezifikation in einem `<li>`-Element überschreibt den Wert für den Rest der Liste, bis es durch einen `type`-Wert überschrieben wird. Die für `type` erlaubten Werte sind `disc`, `circle` und `square`. Die Darstellung wird nicht von allen Browsern konsequent unterstützt. Im Fall von WebTV gibt es ein dreieckiges Aufzählungszeichen, da ein Kreis oder ein Quadrat auf einem Fernseher wegen der geringen Auflösung fast gleich aussieht. Für eine größtmögliche Browserkompatibilität sollten Autoren einen Typ für die gesamte Liste bestimmen.

Hinweis

Der Internet Explorer 3.0 stellt unter Windows das Attribut `type` bei nicht nummerierten Listen nicht dar. Dieser Fehler wurde im Internet Explorer 4.0 behoben.

Im Folgenden sehen Sie ein Beispiel für eine nicht nummerierte Liste, die in Abbildung 3.8 unterschiedlich dargestellt wird:

```
<!DOCTYPE HTML PUBLIC "-//W3C//DTD HTML 4.01 Transitional//EN">
<html>
<head>
<title>Beispiel einer nicht nummerierten Liste</title>
</head>
<body>

<ul>
    <li>Nicht nummerierte Listen
        <ul>
            <li>können verschachtelt werden.
                <ul>
                    <li>Die Aufzählungszeichen wechseln beim Verschachteln.
                </ul>
        </ul>
</ul>

<p>Aufzählungszeichen können durch das type-Attribut definiert werden.
Diese können für die gesamte Liste oder für jeden einzelnen Punkt gesetzt
werden.</p>

<ul type="square">
```

```
      <li>Die erste Punkt-Form bestimmt durch UL
      <li type="disc">Disc
      <li type="circle">Circle
      <li type="square">Square
</ul>

</body>
</html>
```

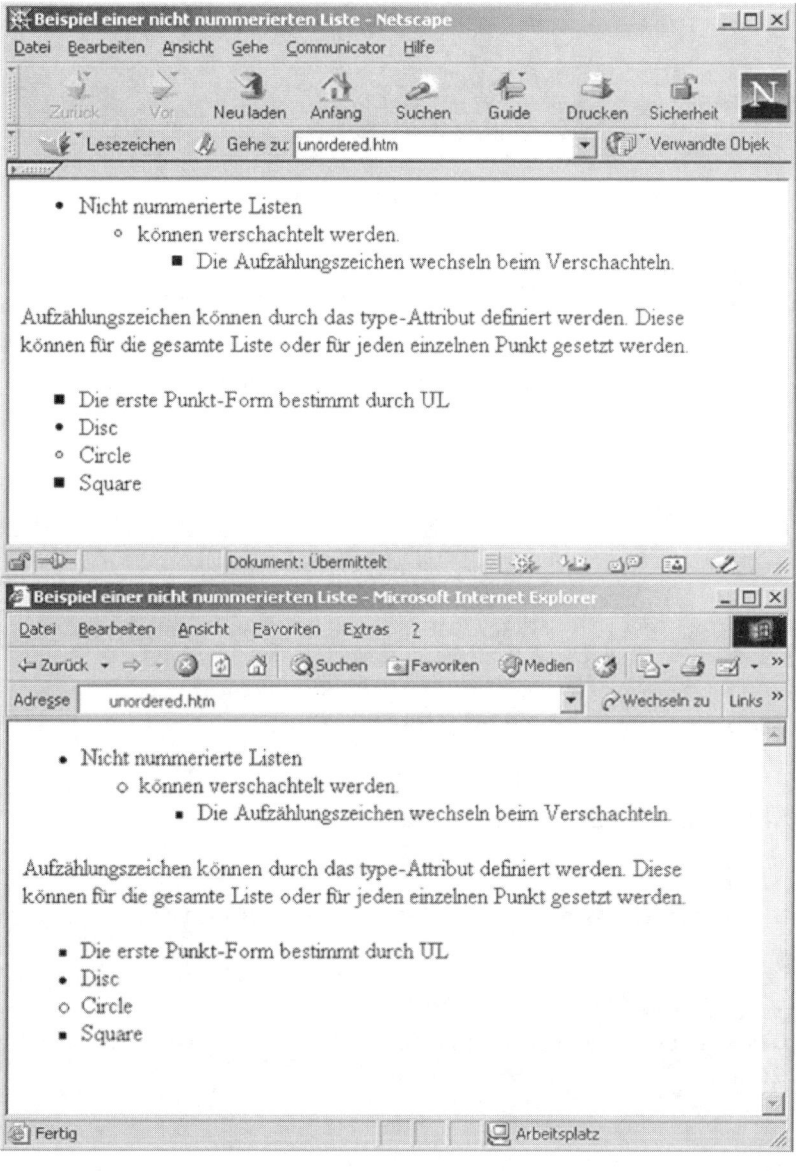

Abbildung 3.8: Darstellungen von nicht-nummerierten Listen

Definitionslisten

Eine Definitionsliste ist eine Liste von Begriffen verbunden mit den zugehörigen Definitionen – mit anderen Worten: ein Glossar. Definitionslisten sind umgeben von <dl> und </dl>. Jeder zu definierende Begriff wird durch ein <dt>-Element angezeigt, was von *definition term* abgeleitet ist. Die Definitionen selbst werden durch <dd> eingeleitet. Weder das <dt>- noch das <dd>-Element benötigen ein abschließendes Tag, aber für lange Definitionen und zur Anpassung an XHTML ist es empfehlenswert. Im Folgenden sehen Sie ein einfaches Beispiel für die Verwendung von <dl>, das in Abbildung 3.9 gezeigt wird:

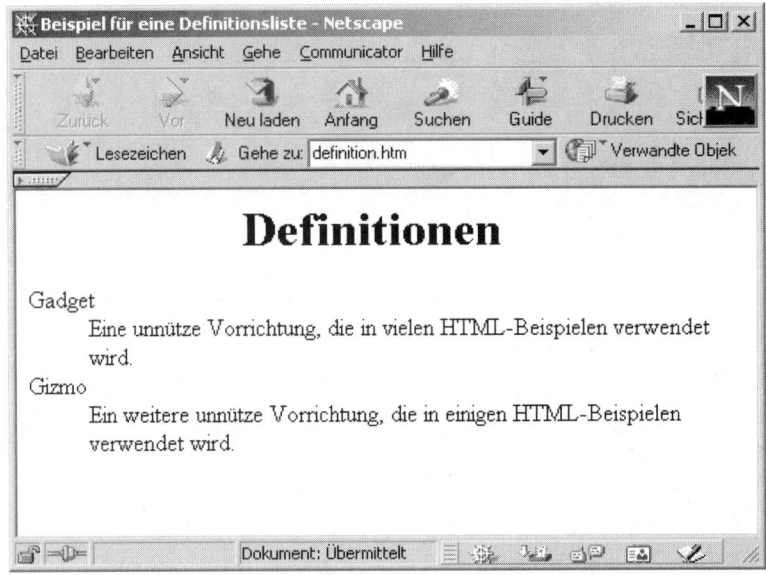

Abbildung 3.9: Ein Definitionslistenbeispiel

```
<!DOCTYPE HTML PUBLIC "-//W3C//DTD HTML 4.01 Transitional//EN">
<html>
<head>
<title>Beispiel für eine Definitionsliste</title>
</head>
<body>
<h1 align="center">Definitionen</h1>
<dl>
    <dt>Gadget</dt>
    <dd>Eine unnütze Vorrichtung, die in vielen HTML-Beispielen verwendet wird.
    </dd>

    <dt>Gizmo</dt>
    <dd>Ein weitere unnütze Vorrichtung, die in einigen HTML-Beispielen verwendet
wird.</dd>
```

```
  </dl>
 </body>
</html>
```

Nebensächliche Listen: <dir> und <menu>

Neben geordneten, ungeordneten und Definitionslisten gibt es noch zwei weitere Listentypen in HTML: <menu> und <dir>. Diese selten verwendeten Listen werden üblicherweise in den meisten Browsern wie nicht nummerierte Listen dargestellt. Sie werden hier nur der Vollständigkeit halber vorgestellt. HTML-Autoren sollten diese Listen nicht benutzen, da sie aus der strengen HTML-4.0-Spezifikation entfernt wurden.

Listen für eine Präsentation

Da Definitionslisten keine Aufzählungszeichen in ein Dokument einfügen, verwenden viele HTML-Entwickler dieses Element, um Texte einzurücken, da so dieser Effekt am einfachsten zu erzielen ist. Auch nicht nummerierte Listen werden häufig für diesen Zweck verwendet. Bei dem Vergleich von <ul> und dem von HTML-Editoren generierten Code empfiehlt sich die Verwendung von <ul> statt <dl>, um Text schnell und gleichmäßig einzurücken. Der Grund hierfür ist, dass weniger Elemente für eine Einrückung benötigt werden. Bedenken Sie, dass Listen verschachtelt werden können, so dass verschiedene Einrückungsgrade möglich sind. Benutzer, die sich eine genaue Kontrolle bei der Gestaltung wünschen, sollten keine Listen für diesen Zweck verwenden. Es ist nicht präzise bestimmbar, wie groß der linke Einzug ist, zumal er von der Schriftgröße des Browsers abhängig ist. Ein einfaches Beispiel für Einrückungen mit Listen wird nachfolgend gezeigt, die zugehörige Darstellung sehen Sie in Abbildung 3.10:

```
<!DOCTYPE HTML PUBLIC "-//W3C//DTD HTML 4.01 Transitional//EN">
<html>
<head>
<title>Beispiel für eine Einrückung mit Hilfe einer Liste</title>
</head>
<body>

<dl><dd><p>Dieser Absatz ist eingerückt. Beachten Sie die linke Kante. Wenn Sie zu
nah an sie kommen, verursacht sie Schmerzen!</p>
</dl>

<br><br>

<ul><ul>
<p>Dieser Absatz ist noch weiter eingerückt. Die meisten HTML-Autoren und
-Editoren neigen dazu, diese Methode zu verwenden, da sie weniger Befehle
benötigt.</p>
</ul></ul>

</body>
</html>
```

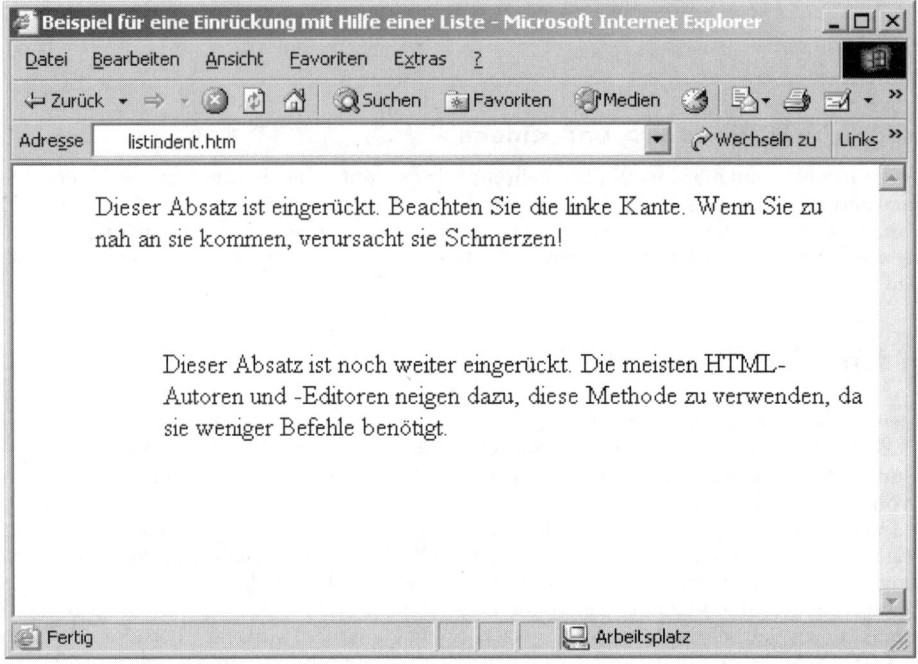

Abbildung 3.10: Einrückung mit Listen

Hinweis

Einige HTML-Puristen ärgern sich über die Verwendung von `<ul>`, um Einrückungen zu erzielen. Die Autoren erwägen Definitionslisten oder, wenn möglich, Tabellen zu verwenden, um Text einzurücken. WYSIWYG-Editoren, die `<ul>`-Elemente in großer Anzahl ausspucken, sind eher ein nebensächliches Detail als ein wirkliches Problem. Die wachsende Verbreitung von Style Sheets und anderer Technologien sollte diesem Thema in Kürze ein Ende bereiten.

Horizontale Linien

Wenn ein HTML-Dokument in Abschnitte aufgeteilt werden soll, sind Unterbrechungen durch visuell klar erkennbare Regionen sinnvoll. Eine horizontale Linie, eingebunden durch das `<hr>`-Element, das ein Absatzelement ist, dient diesem Zweck. Unter HTML 2.0 wurden horizontale Linien generell als geprägter Balken quer durch das Browserfenster dargestellt. Ab HTML 3.2 wurden diesem Befehl weitere Kontrollmöglichkeiten bezüglich des Aussehens und der Größe hinzugefügt. Unter der strikten HTML-4.0-Spezifikation und in XHTML wurden die Darstellungsattribute der horizontale Linie entfernt, um dem Browser die Darstellung der Linie zu überlassen.

Hinweis

Obwohl <hr> wie ein physisches Element wirkt, hat es auch eine logische Bedeutung als Trennung für Abschnitte. Unter einem alternativen Anzeigeprogramm, wie z.B. einem sprachbasierten Browser, könnte eine horizontale Linie theoretisch als Pause ausgelegt werden. Auf einem Kleinstcomputer mit einer geringen Auflösung könnte sie als Vorrichtung verwendet werden, die das Scrollen des Textes begrenzt.

Das <hr>-Element ist ein leeres Element, da es kein Schluss-Tag hat und keine Daten beinhaltet. Das Hinzufügen eines <hr>-Elements zwischen zwei Absätze bietet eine einfache Methode, um eine horizontale Linie zwischen zwei Abschnitten einzufügen.

Die Browserhersteller haben bereits mehrere Attribute zum <hr>-Element hinzugefügt. Mit size wird die Stärke (Höhe) des Balkens bestimmt. Das width-Attribut legt die Breite des Balkens fest. Das align-Attribut definiert die vertikale Ausrichtung und das noshade-Attribut lässt den Balken ohne umgebenden Schatten darstellen. Die HTML-3.2- sowie die übergangsweise 4.0-Spezifikation unterstützen diese Attribute. Weitere browserspezifische Attribute (wie z.B. color) werden in der Elementreferenz im Anhang A beschrieben.

Als Nächstes folgt ein Beispiel für horizontale Linien und deren Basisattribute. Abbildung 3.11 zeigt die Darstellung im Browser:

```
<!DOCTYPE HTML PUBLIC "-//W3C//DTD HTML 4.01 Transitional//EN">
<html>
<head>
<title>Beispiel für eine horizontale Linie</title>
</head>
<body>

<p>HR Größe auf 10</p>
<hr size="10">

<p>HR Breite auf 50 % und ohne Schatten</p>
<hr width="50%" noshade>

<p>HR mit einer Breite von 200 Pixel, Höhe auf 3 Pixel und kein Schatten</p>
<hr width="200" size="3" noshade>

<p>HR mit einer Breite auf 100, rechts ausgerichtet</p>
<hr align="right" width="100">

<p>HR mit einer Breite auf 100, links ausgerichtet</p>
<hr align="left" width="100">

<p>HR mit einer Breite auf 100, zentriert ausgerichtet</p>
<hr align="center" width="100">

</body>
</html>
```

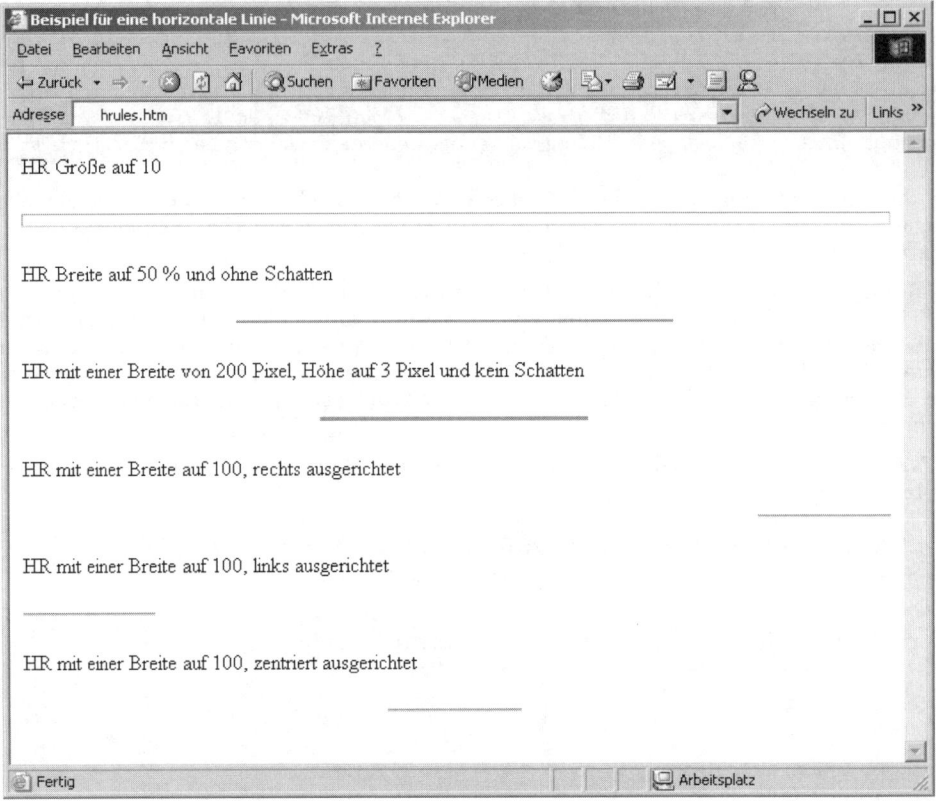

Abbildung 3.11: Darstellung von horizontalen Linien

Andere Absatzelemente

HTML hat viele weitere absatzformatierende Elemente, meist für Tabellen und Formulare. Viele andere Elemente sind unter dem Netscape Navigator und dem Internet Explorer verfügbar. Dazu gehören Frames, Layer und eine Vielzahl von anderen formatierenden und strukturierenden Elementen. Diese könnten in diesem Kapitel vorgestellt werden, aber aufgrund ihrer Komplexität ist das in späteren Kapiteln sinnvoller. Tabellen werden in Kapitel 7 näher vorgestellt, Formulare in Kapitel 11. Bevor wir zu den zeichenorientierten Elementen kommen, zeigen wir ein Element, das etwas schwierig zu charakterisieren ist: `<address>`.

Adresse

Das `<address>`-Element wird zum Markieren von Informationen, wie der Unterschrift einer Person oder der Adresse der Organisation, der eine Seite gewidmet ist, verwendet. Beispielsweise kann

```
<address>
Demo Company, Inc.<br>
1122 Fake Street<br>
```

```
San Diego, CA 92109<br>
619.555.2086<br>
info@democompany.com<br>
</address>
```

am Ende jeder Seite des gesamten Webauftritts eingefügt werden.

Das `<address>`-Element wird wie ein logisch formatiertes Element behandelt und wird typischerweise in kursiver Schrift dargestellt. Die HTML-Spezifikation behandelt `<address>` als ein eigenständiges absatz-formatierendes Element. Wie andere absatzformatierende Elemente fügt es eine Leerzeile vor und nach jedem Absatz ein. Es kann mehrere Zeilen, Formatierungselemente zum Verändern der Zeichendarstellung und sogar Grafiken enthalten. Entsprechend der Spezifikation sollten keine anderen absatzformatierende Elemente wie `<ul>` eingebunden werden. Von den Browsern werden diese, insbesondere das `<p>`-Element, jedoch zugelassen.

Zeichen formatierende Elemente

Es gibt zwei grundsätzliche Typen von Zeichen formatierenden Elementen: physische oder logische. *Physische Elemente*, wie beispielsweise `<b>` für fett und `<i>` für kursiv, werden verwendet, um die Darstellung von Text zu bestimmen. *Logische Elemente*, wie beispielsweise `<strong>` und `<em>`, weisen auf eine Bedeutung des Textes hin, nicht aber notwendigerweise auf sein Aussehen. Obwohl es allgemeine Darstellungsweisen für logische Textelemente gibt, haben die Doppeldeutigkeit dieser Elemente und das eingeschränkte Wissen um diese Art der Dokumentstrukturierung deren Einsatz beschränkt. Die steigende Verbreitung von Style Sheets und die wachsende Vielfalt der Darstellungsprogramme führt jedoch dazu, dass der Einsatz logischer Elemente sinnvoller ist als bisher.

Physische Zeichenformatierungselemente

Ab und zu möchten Sie Text fett, kursiv oder anders hervorheben, um bestimmte Textarten, wie z.B. Quelltext, hervorzuheben. HTML unterstützt einige Elemente, die verwendet werden können, um die physische Darstellung zu beeinflussen. Diese Elemente dienen ausschließlich dem Zweck, Text auf eine bestimmte Art darzustellen. Jede andere Bedeutung hineinzuinterpretieren bleibt dem Leser überlassen. Diese physischen Elemente sind in Tabelle 3.1 aufgelistet.

Element	Elementtyp
`<i>` ... `</i>`	Kursiv
`<b>` ... `</b>`	Fett
`<tt>` ... `</tt>`	Typewriter (dicktengleich / nicht proportional)
`<u>` ... `</u>`	Unterstrichen
`<strike>` ... `</strike>`	Durchgestrichen
`<s>` ... `</s>`	Alternativelement zu `strike` (kein Standard, aber gebräuchlich)
`<sub>` ... `</sub>`	Tiefgestellt
`<sup>` ... `</sup>`	Hochgestellt
`<big>` ... `</big>`	Größerer Schrifttyp (einen Schritt größer)
`<small>` ... `</small>`	Kleinerer Schrifttyp (einen Schritt kleiner)

Tabelle 3.1: Die häufigsten physischen Textformatierungselemente

Der folgende Beispiel-Code zeigt die grundlegende Verwendung von physischen Text-Formatierungs-elementen:

```
<!DOCTYPE HTML PUBLIC "-//W3C//DTD HTML 4.01 Transitional//EN">
<html>
<head>
<title>Physische Text-Elemente</title>
</head>
<body>

<h1 align="center">Physische Text-Elemente </h1>
<hr>

Das ist <b>fett</b>                                     <br>
Das ist <i>kursiv</i>                                   <br>
Das ist <tt>dicktengleich</tt>                          <br>
Das ist <u>unterstrichen</u>                            <br>
Das ist <strike>durchgestrichen</strike>                <br>
Das ist ebenfalls <s>durchgestrichen</s>                <br>
Das ist <big>groß</big>                                 <br>
Das ist sogar <big><big>größer</big></big>              <br>
Das ist <small>klein</small>                            <br>
Das ist sogar <small><small>kleiner</small></small>     <br>
Das ist <sup>hochgestellt</sup>                         <br>
Das ist <sub>tiefgestellt</sub>                         <br>

</body>
</html>
```

Physische Textformatierer können beliebig kombiniert werden. Dass jedoch Text dicktengleich, fett, kursiv und hochgestellt gemacht werden *kann*, bedeutet nicht, dass diese Formatierungstypen auf Text angewendet werden *sollen*. Abbildung 3.12 zeigt die Darstellung von physischen Textelementen auf einem Browser.

Verschiedene physische Textformatierungselemente – insbesondere <u>, <big> und <small> – werfen bestimmte Probleme auf, die einer gesonderten Erläuterung bedürfen.

Verwirrung durch Unterstreichung

Die meisten Browser unterstützen das <u>-Element, das Text unterstrichen darstellt. Es war nicht von Beginn an unter HTML 2.0 definiert, und das aus gutem Grund. Die Bedeutung von unterstrichenem Text kann für den Benutzer unklar sein. Die meisten grafischen Browser stellen klickbare Hypertext-Verknüpfungen durch unterstrichenen Text dar, wobei die Verknüpfungsfarbe variieren kann. Die Benutzer denken instinktiv, dass unterstrichene Texte Verweise sind, die angeklickt werden können. Einige Entwickler glauben, dass die Verknüpfungsfarbe ausreicht, um Links von Text zu unterscheiden, der aus rein stilistischen Zwecken unterstrichen wird. Damit werden jedoch Schwarzweiß-Monitore oder Leute mit Farbenblindheit außen vor gelassen. Da Unterstreichungen mehr Ärger als Nutzen bringen, sollten sie nicht verwendet werden.

Verwendung von <big> und <small>

Was machen eigentlich die Elemente <big> und <small>? Offensichtlich wird das <big>-Element verwendet, um Text größer darzustellen. Die Benutzung des <small>-Elements dient dazu, Text zu verkleinern. Was geschieht, wenn verschiedene `<big>`- und `<small>`-Elemente verschachtelt werden? HTML hat relative Schriftgrößen, die von Größe 1, sehr klein, bis Größe 7, sehr groß, variieren. Jede Anwendung von `<big>` lässt die Schrift um je eine Stufe wachsen. Die vorgegebene Schrift für ein Dokument ist standardmäßig die Größe 3, so dass das zweimalige Anwenden von `<big>` die Schriftgröße auf 5 steigern würde. Der Einsatz von `<small>` führt zum Gegenteil – hiermit wird die Schrift um eine Stufe kleiner. Entwickler, die mit dem im Kapitel 6 vorgestellten `<font>`-Element vertraut sind, sollten bedenken, dass `<big>` gleichwertig dem Befehl `<font size="+1">` und `<small>` gleichbedeutend mit `<font size="-1">` ist.

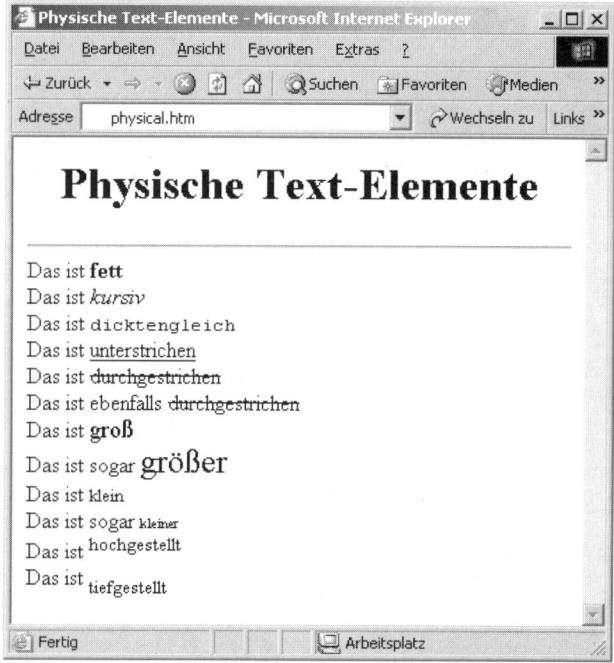

Abbildung 3.12: Beispieldarstellung von physischen Textformatierungselementen

Logische Elemente

Logische Elemente weisen auf den umgebenen Inhaltstyp hin. Der Browser ist relativ frei in der Darstellung dieser Inhalte, auch wenn die erwartete Darstellung dieser Elemente von fast allen Browsern befolgt wird. Obwohl dieses Vorgehen mit der Grundidee von HTML konform geht, kann es hier zu Problemen kommen. Denkt ein Designer an `<strong>` oder `<b>`? Wie oben erwähnt, ziehen HTML-Puristen `<strong>` vor, weil ein Browser für Blinde einen so formatierten Text entsprechend lesen kann. Für die Entwickler ist HTML jedoch eine visuelle Sprache, bei der optische Aspekte den Vorrang haben. Darüber hinaus stellt sich die Frage, wie ein WYSIWYG-Editor das Element `<strong>` darstellen würde?

Erfahrene Autoren kennen die Schönheit und Absichten der logischen Elemente und hoffen, dass die logischen Elemente beim Einsatz von Style Sheets an Bedeutung gewinnen werden. Eine Umfrage hat ergeben, dass logische Elemente zurzeit relativ selten verwendet werden. Hinzu kommt, dass viele HTML-Editoren die Verwendung logischer Elemente richtiggehend erschweren. Wenn Style Sheets weiter verbreitet sind, sollten HTML-Autoren die Verwendung dieser Elemente neu überdenken. Tabelle 3.2 zeigt die logischen Textformatierungselemente, die von den meisten Browsern unterstützt werden.

Element	Elementtyp
`<acronym> ... </acronym>`	Akronym
`<abbr> ... </abbr>`	Abkürzung
`<cite> ... </cite>`	Zitat
`<code> ... </code>`	Quelltext
`<dfn> ... </dfn>`	Definition
`<em> ... <em>`	Hervorhebung
`<kbd> ... </kbd>`	Tastatureingabe
`<samp> ... </samp>`	Beispiel
`<strong> ... </strong>`	Starke Hervorhebung
`<var> ... </var>`	Programmierungsvariable

Tabelle 3.2: Die logischen Textformatierungselemente

Das folgende Beispiel wendet alle logischen Elemente in einem Beispieldokument an (Abbildung 3.13 zeigt die Darstellung auf den gängigsten Browsern):

```
<!DOCTYPE HTML PUBLIC "-//W3C//DTD HTML 4.01 Transitional//EN">
<html>
<head>
<title>Logische Textelemente</title>
</head>
<body>

<h1 align="center">Logische Textelemente </h1>
<hr>
<acronym>WWW</acronym> ist ein Akronym<br>
<abbr>WWW</abbr> ist eine Abkürzung<br>
Das ist eine <em>Betonung</em><br>
Das ist eine <strong>starke Betonung</strong><br>
Das ist ein <cite>Zitat</cite><br>
Das ist ein <code>Quelltext</code><br>
Das ist eine <dfn>Definition</dfn><br>
Das ist eine <kbd>Tastatureingabe</kbd><br>
Das ist ein <samp>Beispiel</samp><br>
Das ist eine <var>Variable</var><br>


</body>
</html>
```

Es kann bei der Darstellung zu kleinen Unterschieden kommen. Zum Beispiel wird `<dfn>` unter Netscape nicht proportional dargestellt, vom Internet Explorer 4 jedoch kursiv. Es gibt keine Garantie für die genaue Darstellung, und ältere Browser können bei älteren logischen Elementen, wie etwas dem `<em>`, variieren.

> **Hinweis**
>
> Die Elemente `abbr` und `acronym` haben gegenwärtig keine praktische Bedeutung, außer wenn sie in Verbindung mit dem `title`-Attribut verwendet werden; die Textdarstellung des Browsers wird dabei nicht geändert, es wird jedoch, falls dieses Attribut unterstützt wird, ein Hinweisfenster mit dem Wert des `title`-Attributs angezeigt. Weitere Informationen hierzu erhalten Sie in Anhang A.

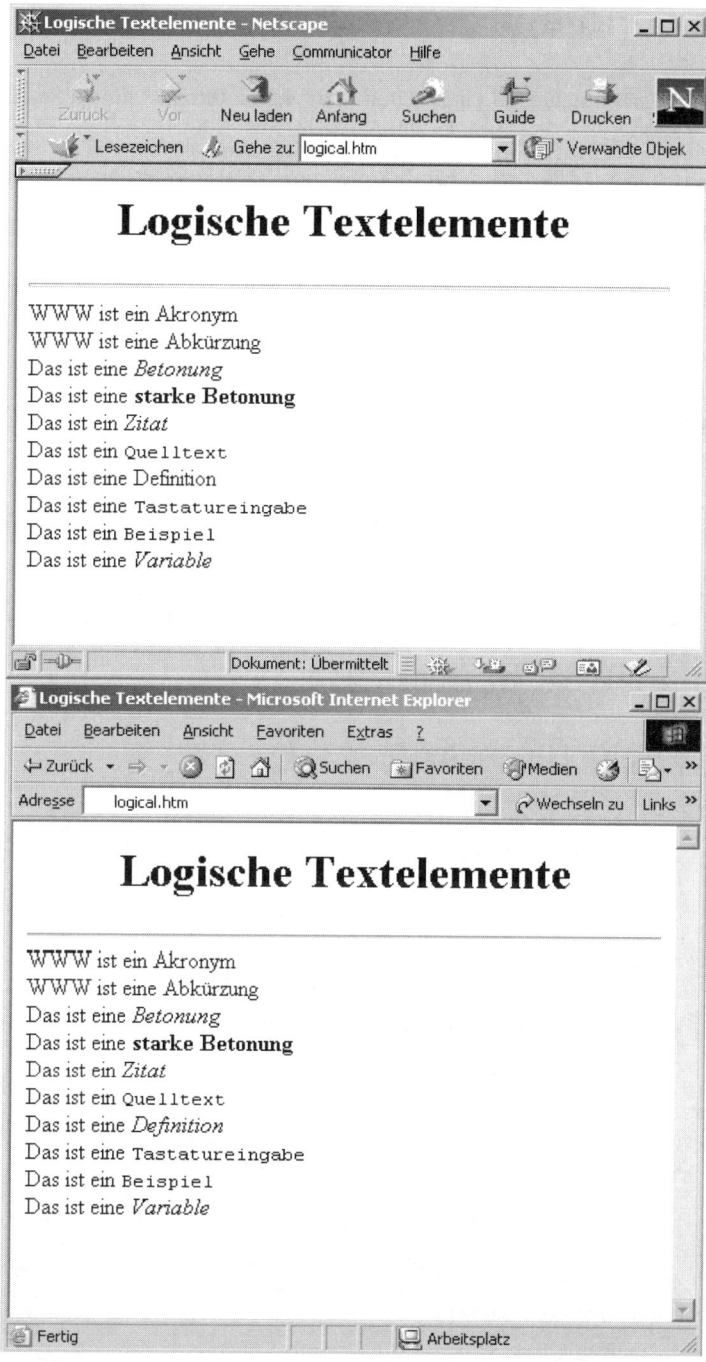

Abbildung 3.13: Logische Textformatierer in Netscape und Internet Explorer

Eingefügter und entfernter Text

HTML 4.01 bietet Elemente, die auf eingefügten oder gelöschten Text hinweisen. Der Befehl `<ins>` wird zum Anzeigen von eingefügtem Text verwendet und könnte von einem Browser unterstrichen dargestellt werden, während das `<del>`-Element verwendet wird, um auf gelöschten Text hinzuweisen, der gewöhnlich als durchgestrichen angezeigt wird. Ein Beispiel dieser Markierung sehen Sie hier:

```
<p>Hier sind <del>6</del> <ins>5</ins> Roboter-Modelle</p>
```

Es zeigt, wie klein die Änderung am Quelltext sein kann, um diese zwei Elemente zu verwenden. Es ist möglich, mit Hilfe des `title`-Attributs mehr Informationen über den eingefügten oder entfernten Text anzubieten. Das könnte in Form eines Hinweistextes über den geänderten Text stattfinden, der auch das `datetime`-Attribut enthalten könnte, mit dem angezeigt werden kann, wann die Änderung vorgenommen wurde. Durch die Verwendung von Skripten ist es möglich, verschiedene Änderungen, die an diesem Dokument vorgenommen wurden, zu verbergen.

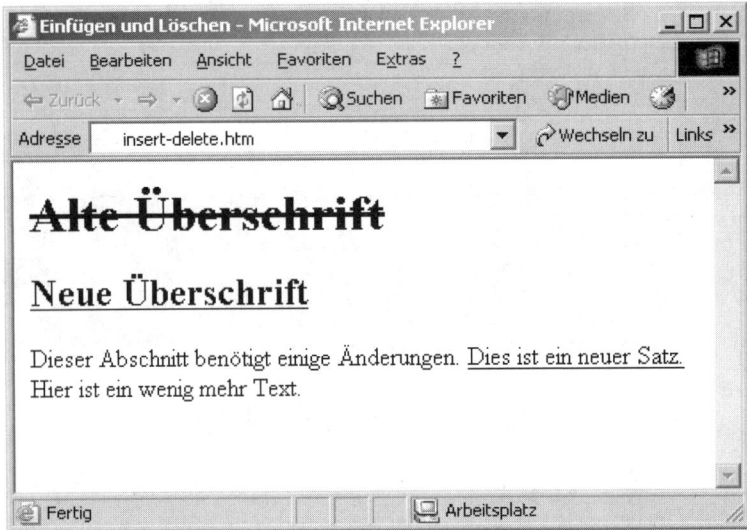

Abbildung 3.14: Darstellung von `<ins>` und `<del>`

Ein vollständiges Beispiel über die Verwendung von `<ins>` und `<del>` wird hier gezeigt; die Darstellung auf einem Browser sehen Sie in Abbildung 3.14. Es ist wichtig, darauf hinzuweisen, dass der Sinn dieser Elemente, ähnlich wie beim `<center>`-Element, sehr schwierig zu erklären ist, da sie eine Menge von absatz- oder Zeichen formatierenden Elementen enthalten können.

```
<!DOCTYPE HTML PUBLIC "-//W3C//DTD HTML 4.01 Transitional//EN">
<html>
<head>
<title>Einfügen und Löschen</title>
</head>
<body>
<del><h1>Alte Überschrift</h1></del>
```

```
<ins><h2>Neue Überschrift </h2></ins>
<p>Dieser Abschnitt benötigt einige Änderungen.
<ins datetime="1999-01-05T09:15:30-05:00"
title="Neue Information eingefügt durch RK">
Dies ist ein neuer Satz.</ins>
Hier ist ein wenig mehr Text.</p>
</body>
</html>
```

Sonderzeichen

Nach der Vorstellung der meisten Absatzformatierer und den wichtigsten Zeichen formatierenden Elementen denken Sie vielleicht, dass nichts mehr verblieben ist, worüber man sprechen könnte – doch es gibt noch einen weiteren Punkt zu HTML-Dokumenten: die Sonderzeichen.

Manchmal benötigen Sie besondere Zeichen innerhalb eines Dokuments, wie Vokale mit Akzenten, das Copyright-Symbol oder sogar spitze Klammern, die zum Einschließen von HTML-Elementen verwendet werden. Um solche Zeichen in einem HTML-Dokument verwenden zu können, müssen diese durch einen speziellen Code erstellt werden. Alle Zeichencodes haben die Form &code;, in dem »code« ein Wort oder ein numerischer Code ist, der das Zeichen repräsentiert, das Sie darstellen wollen. Einige der häufiger verwendeten Zeichen werden in Tabelle 3.3 gezeigt.

Numerischer Wert	Namenswert	Symbol	Beschreibung
&#034;	&quot;	"	Anführungszeichen
&#038;	&amp;	&	Kaufmanns-Und
&#060;	&lt;	<	Kleiner als
&#062;	&gt;	>	Größer als
&#153;	N/A	™	Schutzmarke (Trademark)
			Non-breaking space
&#169;	&copy;	©	Copyright-Symbol
&#174;	&reg;	®	Registriertes Markenzeichen

Tabelle 3.3: Einige gängige Sonderzeichen

Hinweis

Das ™ benannte Zeichen ergibt möglicherweise nicht immer das Schutzmarke-Zeichen. Auf vielen UNIX-Plattformen und eventuell auf Mac- oder Windows-Systemen werden einige andere Zeichensätze verwendet, die das Schutzmarke-Zeichen nicht enthalten. Weil &153; undefiniert sein kann, sollten HTML-Autoren versuchen, diesen Code zu meiden, selbst wenn er sich mit dem ™-Zeichen, das unter Windows vorgegeben ist, und einigen anderen Zeichensätzen deckt. Schutzmarken sind rechtlich bedeutend, wodurch dieses Symbol ab und zu benötigt wird. Eine zukünftige Version von HTML wird wahrscheinlich ein Schutzmarken-Element beinhalten. Bis dahin ist es am sinnvollsten, `<sup><small>TM</small></sup>` zu verwenden. Dieser Code erstellt ein hochgestelltes Schutzmarken-Symbol (™) in einer etwas kleineren Schrift. Da diese Schreibweise unter HTML Standard ist, funktioniert sie auf fast jeder Plattform. Ältere Unix-Browser könnten damit einige Probleme haben, aber derzeit gängige Unix-Browser stellen das wahrscheinlich als [TM] dar.

Das folgende Beispiel zeigt die Standardanwendung von HTML-Sonderzeichen, in Abbildung 3.15 sehen Sie, wie dieses Beispiel dargestellt werden könnte:

```
<!DOCTYPE HTML PUBLIC "-//W3C//DTD HTML 4.01 Transitional//EN">
<html>
<head>
<title>Beispiel für Sonderzeichen</title>
</head>
<body>

<h1 align="center">Demo Companys zusammenhängende Produkte</h1>
<hr>
<p>Sonderzeichen, wie &amp;copy; erlauben dem Benutzer das Einfügen von
speziellen Zeichen wie &copy;.

<p>Ein Zeichen, das nützlich ist, aber auch missbraucht wird, ist das nicht
umbrechende Leerzeichen (non-breaking-space).</p>

<br><br>

Das Einfügen von Leerzeichen ist einfach durch   zu realisieren<br>
Schau:   L       E      
E       R       Z
      E       I      C    
  H       E       N.<br>

<hr>
<address>
Die Inhalte dieser Seite &copy; 1999 Demo Company, Inc.<br>
Das <b>Wunder Tag</b> &lt;P&gt; &#153; ist eine registrierte Schutzmarke der Demo
Company, Inc.
</address>

</body>
</html>
```

Hinweis

Das Verwenden eines nicht umbrechenden Leerzeichens, um Text oder Objekte auf dem Bildschirm zu positionieren, ist ein überbeanspruchtes Hilfsmittel. Viele HTML-Editoren übertreiben diese Technik bei dem Versuch, gewünschte Optik zu erzielen. Dieses Sonderzeichen wird in Kapitel 6 näher betrachtet.

Der übermäßige Einsatz von Sonderzeichen kann das Lesen von HTML-Quelltexten erschweren, wenn die Sonderzeichen nicht vernünftig eingerückt sind.

Der Zeichensatz, der gegenwärtig von HTML unterstützt wird, ist der ISO-Latin-1-Zeichensatz. Viele dieser Zeichen, wie Akzente und spezielle Symbole, können nicht auf allen Tastaturen direkt eingegeben werden. Sie müssen in HTML-Dokumente durch die Verwendung des passenden Codes eingebunden werden. Selbst wenn das entsprechende Zeichen von der Tastatur unterstützt wird (wie z.B. das Copyright-Symbol) und einfach eingetippt werden kann, wird das Symbol wahrscheinlich nicht korrekt dargestellt.

Selbstverständlich können viele HTML-Editoren das Einfügen dieser Zeichen für Sie übernehmen. Eine komplette Liste der Sonderzeichen finden Sie in Anhang C.

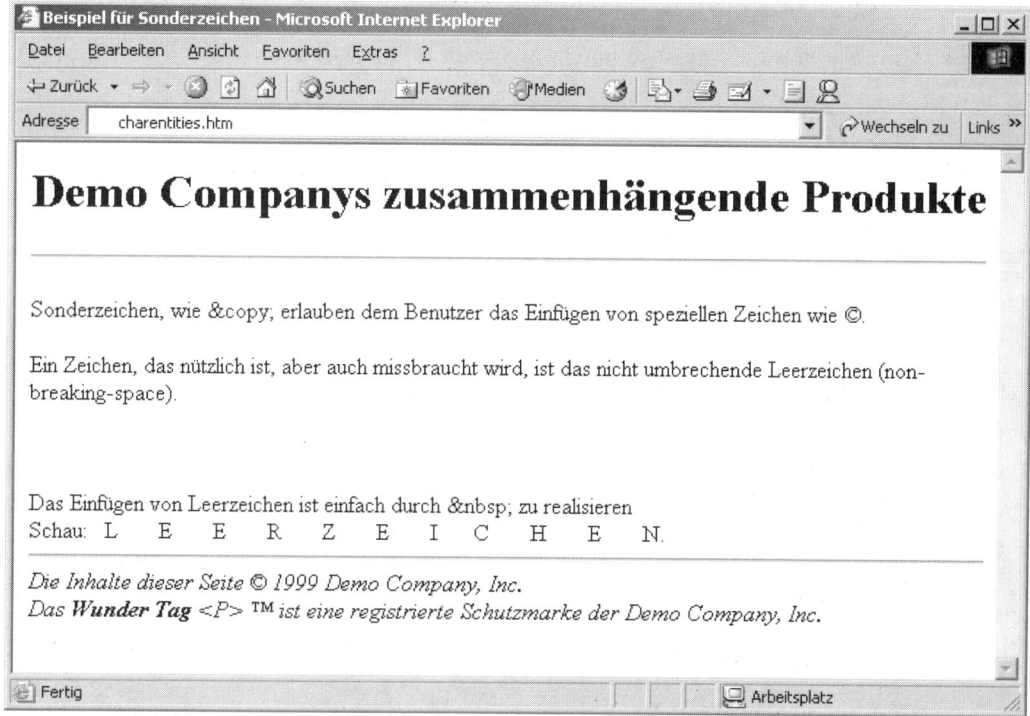

Abbildung 3.15: Darstellung des Sonderzeichenbeispiels

Kommentare

Der letzte Abschnitt, der als Kernaspekt von HTML in Betracht gezogen werden sollte, ist die Verwendung von Kommentaren. Die Inhalte von HTML-Kommentaren werden nicht im Browserfenster dargestellt. Kommentare werden durch einen Startwert <!-- und einen Endwert --> gekennzeichnet. Sie können sich über viele Zeilen erstrecken. Zum Beispiel ist

```
<!--

Dokumenten-Name: Beispiel-HTML-Dokument
Autoren: D.Chung/A.Kluender
Datum der Erstellung: 29/5/99
```

```
        (c) 1999 Demo Company, Inc.

   -->
```

ein gültiger Kommentar. Vermeiden Sie es, Freizeichen zwischen den Bindestrichen oder zusätzliche Ausrufezeichen im Kommentar einzubinden. Kommentare sind nützlich im `<head>` des Dokuments, um eine Beschreibung des Dokuments zu liefern. Sie können auch nützlich sein, wenn versucht wird, eine komplexe HTML-Markierung zu erklären.

Kommentare können auch HTML-Elemente enthalten. Das ist sehr nützlich, um neue HTML-Elemente vor älteren Browsern zu verstecken, und wird häufig mit `<style>`- und `<script>`-Elementen verwendet, wie Sie in Kapitel 10 und 13 sehen werden. Um z.B. Style-Sheet-Inhalte vor alten Browsern zu verbergen, könnte das `<style>`-Element wie folgt im `<head>` eines Dokuments auftreten:

```
<style type="text/css">
H1   {font-size: 48pt; color: red;}
</style>
```

Für den Fall, dass der Browser Style Sheets nicht unterstützt, würde der `<style>`-Befehl übersprungen und die eigentlichen Stilregeln würden auf dem Bildschirm ausgegeben. Die einfache Verwendung eines HTML-Kommentars hilft, dieses Problem zu vermeiden:

```
<style type="text/css">
<!--
H1   {font-size: 48pt; color: red;}
-->
</style>
```

In diesem Falle sind Style-Sheet-taugliche Browser intelligent genug, um die Stilregeln aus einem Kommentar zu lesen, der in einem `<style>`-Element gefunden wird, während ältere Browser den Kommentar einfach überspringen und nichts passieren würde. Leider hat dieser Auskommentierungstrick ein paar Schwächen; außer der Tatsache, dass dieser Trick von XHTML nicht unterstützt wird, können ältere Browser Probleme haben, wenn HTML-Befehle auskommentiert werden. Weitere Informationen über Kommentare finden Sie in Anhang A.

Zusammenfassung

Bis hier wurden alle HTML-Elemente beschrieben, die auf fast allen Systemen funktionieren. Sie sind einfach und werden weitestgehend verstanden, ob sie verwendet werden oder nicht. Trotz ihrer Einfachheit werden viele dieser Grundelemente missbraucht, um ein spezielles Aussehen für ein Dokument zu bewirken, wodurch der Kampf zwischen der logischen und physischen Sichtweise von HTML fortgesetzt wird. Trotz mancher Manipulation werden diese Elemente meist in einer vernünftigen Art und Weise verwendet. Komplexere Formatierungs- und Programmierungselemente werden in den folgenden Kapiteln vorgestellt. Die Einfachheit dieses Kapitels soll Ihnen die Sicherheit vermitteln, dass HTML auf einem stabilen Kern basiert.

Viele Elemente wurden aus dieser Erläuterung herausgenommen. Layoutorientierte Elemente und Grafiken fanden keine Erwähnung. Diese und andere Themen werden in den folgenden Kapiteln behandelt. Als Erstes werden wir uns um das »H« in HTML, nämlich Hypertext, kümmern, und Ihnen im nächsten Kapitel das Konzept von verknüpften Dokumenten und Objekten präsentieren.

4

Links und Adressierung

Die vorangegangenen Kapitel haben gezeigt, wie Dokumente mit HTML formatiert und strukturiert werden können, aber es wurde wenig über den Hypertext-Aspekt erwähnt. HTML erlaubt es, Verknüpfungen zu anderen Informationselementen auf der ganzen Welt zu erstellen, so dass Dokumente aus dem globalen Informationsraum, dem World Wide Web, miteinander verbunden werden können. Die Verknüpfungen sind möglich, weil jedes Dokument eine einmalige Adresse, einen *Uniform Ressource Locator* (URL), hat. Das explosive Zunehmen der Dokumente hat ein verworrenes Durcheinander geschaffen, selbst wenn die einzelnen Dokumente den Regeln entsprechend benannt werden. Durch diese Eigenart des Webs verlieren sich die Anwender häufig im Cyberspace. Eine Information online zu finden, vermittelt bisweilen den Eindruck der Suche nach der sprichwörtlichen Nadel im Heuhaufen. Das muss jedoch nicht so sein, wenn die Designer bei der Strukturierung der Site sorgfältig sind.

Grundlagen der Verknüpfung

In HTML ist die wichtigste Möglichkeit, einen Hyperlink zu definieren, das Ankerelement <a>. Ein *Link* ist ein einfacher Pointer in eine Richtung vom Quelldokument, das den Link enthält, zu einem beliebigen Ziel. Der Endpunkt einer Verknüpfung wird in Hypertexten als *anchor* (Anker) bezeichnet, daher wird dieser Begriff auch in der Nomenklatur von HTML verwendet.

Um eine Verknüpfung erstellen zu können, benötigt das <a>-Element ein Attribut: href. Das href-Attribut verweist auf den URL des Zielelements, das in der Regel die Adresse eines anderen Dokuments, wie z.B. http://www.democompany.com, ist. Der von <a>-Elementen umgebene Text kennzeichnet einen »Hot Spot«, über den der Hyperlink aktiviert wird. Inhalt des Ankers können Text, eine Grafik oder eine Mischung aus beidem sein. Ein allgemeiner Link hat folgendes Aussehen: <a href="url">Besuchen Sie unsere Site </a>. Der Text »Besuchen Sie unsere Site« ist der Link. Der URL, den das href-Attribut definiert, wird aufgesucht, sobald der Link aktiviert wird. Es folgt ein einfaches Beispiel für die Verwendung des <a>-Elements:

```
<!DOCTYPE HTML PUBLIC "-//W3C//DTD HTML 4.01 Transitional//EN">
<html>
<head>
<title>Einfaches Link Beispiel</title>
</head>
<body>
```

```
<h1 align="center">Viele Links</h1>
<hr>
<ul>
  <li>Besuchen Sie <a href="http://www.yahoo.com">Yahoo!</a></li>
  <li>Just a <a href="http://www.democompany.com">Demo Company</a></li>
  <li>Gehen Sie zum <a href="http://www.w3.org">W3C</a></li>
</ul>
</body>
</html>
```

Wenn das obige Beispiel in einem Webbrowser betrachtet wird, werden die Links standardmäßig in einer anderen Farbe unterstrichen, meistens blau oder purpurfarben, abhängig davon, ob der Link zuvor bereits besucht wurde oder nicht. Verknüpfungsobjekte werden, nachdem sie besucht wurden, in einer anderen Farbe hervorgehoben, damit Sie wissen, welchen Links Sie schon gefolgt sind. Die Statuszeileninformationen des Browsers können sich unter Umständen verändern, sobald Sie die Maus über einen Link ziehen. Auch ein sich verändernder Mauszeiger oder andere Indikatoren sind Hinweise dafür, dass eine bestimmte Information eine Verknüpfung darstellt. In Abbildung 4.1 sehen Sie einige Beispiele für Verknüpfungshervorhebungen in verschiedenen Browsern. Beachten Sie, dass sich der Mauszeiger über dem Demo-Company-Link in einen zeigenden Finger verwandelt, und dass der URL für die Demo-Company-Homepage in der unteren linken Ecke des Browsers angezeigt wird.

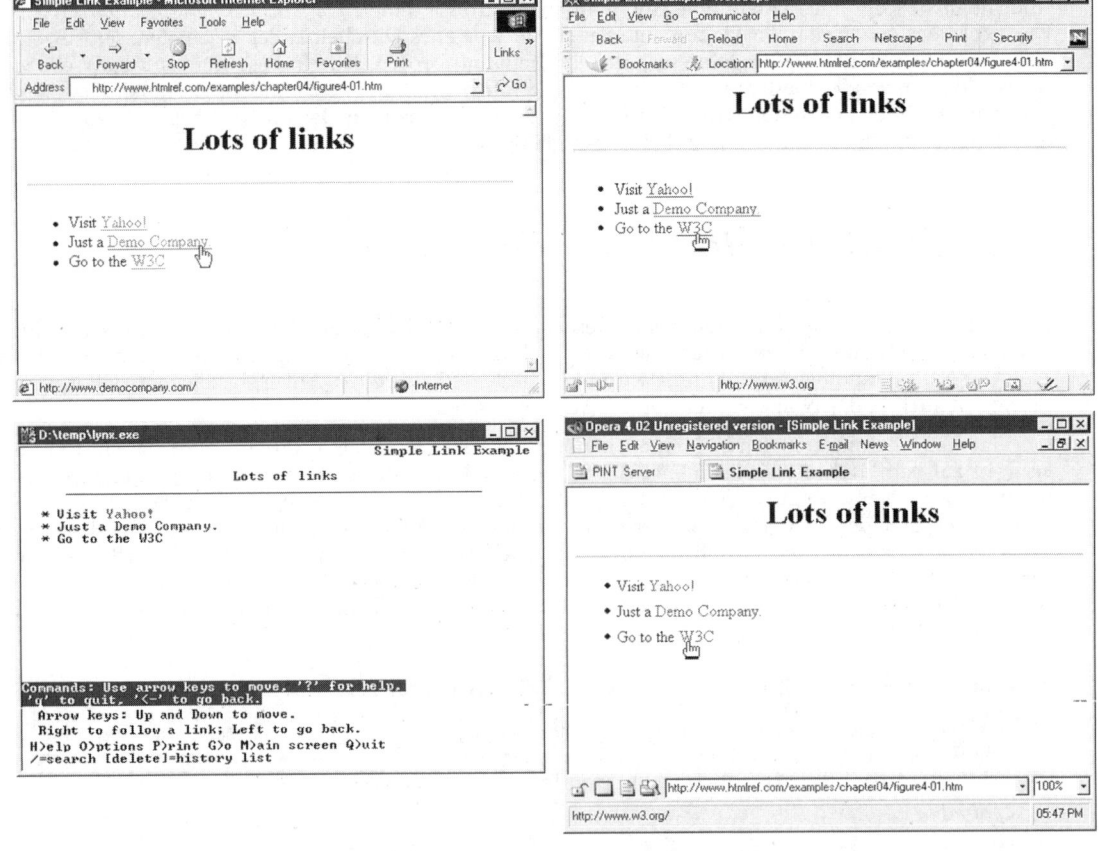

Abbildung 4.1: Beispieldarstellungen von Link-Rückmeldungen in verschiedenen Browsern

Bei einigen Browsern lässt sich die Unterstreichung von Links abschalten. Das kann Probleme bei der Benutzerführung zur Folge haben. Trotzdem wird diese Option bei vielen Seiten aus Gründen der Ästhetik gewählt.

Die jeweilige Darstellung von Verknüpfungen hängt vom Browser oder der darstellenden Software ab. Wenn Sie HTML-Style-Sheets einsetzen, können Sie Links mit verschiedenen Merkmalen hervorheben. Zum Beispiel kann sich die Farbe eines Links, der zuvor besucht wurde, ändern.

Sie können jeden Textabschnitt unterstrichen darstellen, indem Sie ihn mit dem Unterstreichungsbefehl <u> markieren. Das könnte jedoch zu Verwechslungen zwischen Hyperlinks und aus stilistischen Gründen unterstrichenem Text führen. Das kann vor allem dann passieren, wenn der Link auf einem Schwarzweiß-Monitor oder von einer farbenblinden Person betrachtet wird. Deshalb sollten Sie bei nicht verknüpften Elementen sehr vorsichtig mit dem <u>-Element umgehen.

Im einfachsten Beispiel verweisen alle <a>-Elemente auf eine Adresse, die ausschließlich eine externe Serveradresse in Form eines URL enthält. In manchen Fällen verweisen Verknüpfungen jedoch auf eine bestimmte Seite innerhalb der Site. In diesem Fall wird ein verkürzter URL, *relativer URL* genannt, verwendet, der ausschließlich den Dateinamen und die Verzeichnisstruktur enthält. Das folgende Beispiel verweist auf verschiedene andere Dokumente: ein Dokument (specs.htm) im selben Verzeichnis, ein Dokument, (access.htm) im Unterverzeichnis extras und einen Link in das übergeordnete Verzeichnis.

```
<!DOCTYPE HTML PUBLIC "-//W3C//DTD HTML 4.01 Transitional//EN">
<html>
<head>
<title>Einfaches Link Beispiel 2</title>
</head>
<body>
<h1 align="center">Green Gadgets</h1>
<hr>
<p>Hier finden Sie Informationen über das mysteriöse green gadget - Das
Wunderwerkzeug des Millenniums.</p>
<ul>
    <li><a href="specs.htm">Spezifikationen</a></li>
    <li><a href="extras/access.htm">Zubehör</a></li>
</ul>
<p align="center">
<a href="../index.htm">Zurück zur Demo-Company-Homepage</a>
</p>
</body>
</html>
```

Diese allgemeinen Beispiele zeigen, dass das Verwenden von Links, zumindest innerhalb von Texten, einfach ist. Eine genaue Bestimmung eines URL ist nicht immer klar. HTML-Autoren sind oft versucht, ausschließlich sehr einfache URLs, wie Dateinamen, zu verwenden. Oder sie benutzen voll ausgeschriebene URLs, ohne ein Gefühl dafür, was URLs wirklich aussagen. Weiter unten in diesem Kapitel wird das Augenmerk wieder auf die HTML-Syntax für Verknüpfungen gelenkt. Zunächst schauen wir uns die URLs noch einmal genauer an, da ein fundiertes Verständnis der URLs sehr wichtig für das Erstellen von Verknüpfungen ist.

Was sind URLs?

Ein URL ist eine einheitliche Form, auf Objekte und Dienste im Internet zu verweisen. Selbst Anfänger sollten in der Lage sein, einen URL, wie z.B. `http://www.democomapany.com`, in eine Browser-Dialogbox einzugeben, um eine Website zu erreichen. Anwender verwenden URLs, um Internetdienste, wie den Datentransfer via FTP oder für das Versenden von E-Mails, aufzurufen. HTML-Autoren verwenden URLs, um Verknüpfungen zu anderen Web-Dokumenten herzustellen. Trotz der eventuell verwirrenden Ansammlung von Schrägstrichen und Bindestrichen wurde die URL-Syntax als eine einfache, klare und leicht verständliche Schreibweise entwickelt. Die folgenden Konzepte werden Ihnen helfen, die Hauptbestandteile eines URL zu verstehen.

Hinweis

Einige Leute nennen URLs »universal resource locators«. Bis auf einen einzigen, historischen Verweis in einer Jahre alten Dokumentation gilt als aktuelle Standardbezeichnung »uniform resource locator«.

Basis-Konzepte

Um ein beliebiges Objekt im Internet zu finden, benötigen Sie die folgenden Informationen:

1. Als Erstes müssen Sie den Rechner, auf dem das gewünschte Objekt gespeichert ist, finden und Zugang zu ihm erhalten. Um die Site zu finden, benötigen Sie den Domain-Namen oder die IP-Adresse. Für den Zugang brauchen Sie einen Usernamen und ein Passwort.

2. Nachdem Sie Zugang zu dem Rechner erhalten haben, müssen Sie den Namen der gewünschten Datei, das Verzeichnis, in dem diese abgelegt wurde, und das Protokoll, über das Sie Zugriff zu dieser Information erhalten, angeben.

Der URL beschreibt, wo sich etwas befindet, und wie darauf zugegriffen werden kann. Das *Wie* wird durch das Protokoll bestimmt (z.B. HTTP). Das *wo* wird durch den Namen des Rechners, den Verzeichnis- und den Dateinamen angegeben. Schrägstriche und andere Zeichen werden verwendet, um die einzelnen Teile der Adresse in maschinenlesbare Stücke zu teilen. Die Grundstruktur eines URL sehen Sie hier:

```
Protokoll://site adresse/verzeichnis/dateiname
```

Die nachfolgenden Abschnitte werfen einen genaueren Blick auf die einzelnen Bestandteile eines URL.

Site-Adresse

Jedes Web-Dokument existiert auf einem Server-Computer irgendwo im Internet oder in einem Intranet. Der erste Schritt, ein Dokument zu finden, ist es, den Server zu identifizieren. Der bequemste Weg, das in einem TCP/IP-basierten Netzwerk zu tun, ist es, den symbolischen Namen, *Domain-Name* genannt, einzugeben. Im Internet besteht ein voll qualifizierter Domain-Name (FQDN = fully qualified domain name) aus dem Namen des Rechners, gefolgt vom Domain-Namen. Die Adresse `www.microsoft.de` bezeichnet z.B. den Rechner *www* in der *microsoft.de*-Domain. In einem Intranet verhält sich das etwas anders, da man auf den Domain-Namen verzichten kann. Der Rechnername *hr-server* ist unter Umständen alles, was Sie benötigen, um auf den Human-Resources-Server im Intranet Ihres Unternehmens zuzugreifen.

Der Maschinenname bezeichnet den lokalen, inter-organisatorischen Namen eines Servers. Ein Maschinenname kann beliebig vergeben werden, da es dafür keine vorgegebenen Regeln gibt. Es gibt jedoch Bestimmungen zur Identifikation von Rechnern, die Informationen für das Internet bereitstellen. Namen von Servern für Web-Dokumente beginnen in aller Regel mit dem Präfix www. Viele lokale Rechner haben jedoch meist den Namen des Users (z.B. bruno-pezzey), seiner Lieblings-Comic-Figur (z.B. homer) oder sogar esoterische Maschinennamen (z.B. dell-p6-200-a12). Die Bestimmungen für die Vergabe von Rechnern sind wichtig, da sie es den Usern erlauben, URLs herauszufinden, ohne sie wirklich zu wissen.

Ein Anwender, der weiß, wie sich ein URL zusammensetzt, sollte von sich aus darauf kommen, dass die Adresse von Toyotas Webserver `http://www.toyota.com/` ist.

Der andere Teil der meisten Web-Adressen, der Domain-Name, ist ziemlich einheitlich. Innerhalb der USA besteht ein Domain-Name aus der eigentlichen Domain, gefolgt von einem Punkt und dem Domain-Typ. Ein Beispiel ist `sun.com`. Die Domain selbst ist *sun*, der Server von Sun Microsystems. Da Sun Microsystems den Status einer Firma hat, existiert die Domain in der kommerziellen Zone, so dass der Domain-Typ *com* lautet. In den USA haben die meisten Domain-Endungen einen Code aus drei Buchstaben, der anzeigt, um welche Art von Domain es sich bei der Organisation handelt, der der jeweilige Server gehört. Die geläufigsten Codes sind *com* für kommerzielle Institutionen, *edu* für Bildungseinrichtungen, *net* für Netzwerke und *mil* für militärische Einrichtungen. Vor kurzem entbrannte eine Diskussion, ob der Namensraum für Domains erweitert werden soll. In Kürze werden wahrscheinlich einige neue Domain-Endungen hinzukommen. Während dieses Buch geschrieben wird, kursieren eine Menge möglicher Endungen, die kurz davor sind, zugelassen zu werden. Es ist anzunehmen, dass beim Erscheinen der 2. Auflage immer noch auf sie gewartet wird, aber vielleicht werden ja demnächst wirklich einige neue Top-Level-Domains verfügbar sein. Tabelle 4.1 zeigt die gängigsten U.S.-Domain-Typen.

Domain-Typ	Domain-Beschreibung	Beispiel
Com	Kommerzielle Einrichtungen und Personen	`apple.com`
Net	Netzwerke und Netzwerkanbieter	`cerf.net`
Org	Nicht kommerzielle und andere Organisationen	`greenpeace.org`
Edu	Bildungseinrichtungen	`ucla.edu`
Gov	Regierungseinrichtungen der USA	`whitehouse.gov`
Mil	Einrichtungen des Militärs der USA	`nosc.mil`
Us	Wird für eine Vielzahl von Organisationen und Personen, einschließlich Bildungseinrichtungen, Büchereien, Stadt- und Bezirksbehörden verwendet	`co.san-diego.ca.us`

Tabelle 4.1: Domain-Typen in den USA

Der Domain-Raum außerhalb der USA ist etwas komplizierter. Ein FQDN, der ein Länderkürzel enthält, sieht in allgemeiner Schreibweise so aus:

```
rechner name . domain name . domain type . country code
```

Außerhalb der USA wird ein Code aus zwei Zeichen verwendet, um den Standort des Host-Servers anzuzeigen. Beispiele hierfür sind *ca* für Kanada, *de* für Deutschland oder *jp* für Japan. Innerhalb jeden Landes können die zuständigen Organisationen nach Belieben eigene Domain-Typen erstellen. Zum Beispiel verweist `www.sony.co.jp` auf den Webserver von Sony, der sich in der Zone von Japan befindet. In diesem Fall bezeichnet *co* und nicht *com* den kommerziellen Aspekt der Site. In Großbritannien lautet der Bezeichner einer Bildungseinrichtung *ac*. Der Webserver der Universität von Oxford hat die Adresse `www.ox.ac.uk`, wobei *ac* für *academic* steht (im Gegensatz zur amerikanischen Endung *edu* für *education*). Anstatt die Verwendung der geografischen Namen einfacher zu gestalten, sind für internationale Konzerne (wie z.B. Sony) die Probleme immer noch akut. Autoren von Webseiten, die auf fremde Domains verweisen, sollten sich das Domain-System in den jeweiligen Regionen zunächst vergegenwärtigen. Die spezielle Top-Level-Domain *int* ist für Organisationen, die durch internationale Verträge entstanden sind, reserviert. Hierzu gehört z.B. die Europäische Union (`eu.int`). Top-Level-Domains wie *com*, *net* oder irgendeine der neu eingeführten Domains, werden nicht unbedingt auf eine geografische Region hinweisen.

Hinweis

Symbolische Namen vereinfachen es, auf Internetserver zuzugreifen. Die reale Adresse eines Servers ist seine numerische Internet-Protokoll(IP)-Adresse. Im Internet hat jeder erreichbare Server eine einmalige IP-Adresse, über die er mit Hilfe des TCP/IP-Protokolls lokalisiert werden kann. Eine IP-Adresse ist eine Zahlenreihe, die aus vier Zahlen zwischen 0 und 255 besteht, die durch Punkte voneinander getrennt sind (z.B. 213.6.17.34). Diese Nummer korrespondiert mit einem Domain-Namen, wie www.democompany.com. Beachten Sie, dass der symbolische Name eines Servers in eine IP-Adresse übersetzt werden muss, bevor auf den zugehörigen Server zugegriffen werden kann. Diese Aufgabe wird vom so genannten Domain Name Server (DNS) ausgeführt. Sie können auch die IP-Adresse anstelle des symbolischen Namens verwenden, allerdings verzichten Sie damit auf die Annehmlichkeit eines leicht zu merkenden Namens. In manchen Fällen ist es sogar erforderlich, die IP-Adresse zu verwenden, da zwar jeder Server über eine IP-Adresse verfügt, aber nicht jeder Server einen symbolischen Namen hat.

Alle Aspekte der Struktur von Domain-Namen zu untersuchen, würde den Rahmen dieses Buches sprengen. Es soll jedoch darauf hingewiesen werden, dass das Domain-Namen-Format und der Domain-Namen-Suchdienst sehr kritische Aufgaben im Web sind. Wenn der Domain Name Server nicht erreichbar ist, ist es unmöglich, einen Webserver zu erreichen. Um mehr über Rechner- und Domain-Namen zu erfahren, können Sie sich auf den folgenden Websites informieren: http://rs.internic.net, http://www.iana.org, http://www.gtld-mou.org

Hinweis

Domain-Namen interessieren sich nicht für Groß-/Kleinschreibung. Eine Adresse kann www.Democompany.com oder www.DEMOCOMPANY.com geschrieben werden. Ein Browser sollte beide Eingaben korrekt verarbeiten. Groß-/Kleinschreibung wird meist nur für Marketingzwecke eingesetzt. Für Verzeichnisnamen, die auf den Domain-Namen folgen, kann Groß-/Kleinschreibung wichtig sein. Das hängt vom Betriebssystem ab, unter dem der Webserver läuft. Unix-Systeme berücksichtigen z.B. Groß-/Kleinschreibung, Windows-Maschinen (in der Regel) nicht. Problematisch kann es werden, wenn Groß- und Kleinschreibung willkürlich eingesetzt werden. Es gilt die Faustregel, dass alle Namen kleingeschrieben werden sollten oder einheitlich der erste Buchstabe eines Verzeichnis- oder Dateinamens großgeschrieben wird.

Nachdem Sie den Rechner, entweder durch seinen Domain-Namen oder seine IP-Adresse, spezifiziert haben, müssen Sie nun eventuell ein spezielles Verzeichnis auf dieser Maschine angeben. Das ist das Thema des nächsten Abschnitts.

Verzeichnis

Server können Hunderte, wenn nicht Tausende von Dateien enthalten. Aus praktischen Gründen sollten die Dateien in überschaubaren Einheiten organisiert werden, vergleichbar mit Aktenordnern, die Sie verwenden, um Ihre Papierdokumente zu organisieren. Diese Einheiten werden Dateiverzeichnisse genannt. Nachdem Sie den Server, auf dem ein bestimmtes Dokument gespeichert ist, bestimmt haben, ist der nächste Schritt zur Identifizierung seines genauen Standortes die Angabe des Verzeichnisses, das dieses Dokument enthält. So wie ein Aktenordner verschiedene andere Hefter enthalten kann, können Dateiverzeichnisse weitere Unterverzeichnisse enthalten. Verzeichnisse enthalten andere Verzeichnisse in einer verzweigten, hierarchischen Struktur, die den Zweigen eines Baumes ähnelt.

Das Verzeichnis, das alle anderen beinhaltet, wird auch als *Wurzelverzeichnis* (root directory) bezeichnet. Zusammengenommen bilden die Verzeichnisse und Dateien einen Dateibaum oder *Dateisystem*. Eine Datei wird in einem Dateisystem durch Angabe des *Verzeichnispfades* lokalisiert. Das ist eine verzweigte Liste aller Verzeichnisse, die diese Datei enthalten, von der allgemeinsten Ebene – dem Wurzelverzeichnis – bis zur spezifischsten. Wie beim Unix-Betriebssystem werden die einzelnen Verzeichnisse durch Slashes (Schrägstriche »/«) voneinander getrennt und nicht durch Backslashes (\) wie bei DOS. Abbildung 4.2 zeigt ein einfaches Beispiel für den Verzeichnisbaum einer Website.

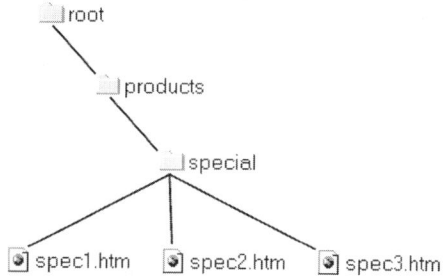

Abbildung 4.2: Ein Beispiel-Verzeichnisbaum

Abbildung 4.2 zeigt, wie Verzeichnisse miteinander verknüpft sind. Zum Beispiel befindet sich das Verzeichnis special innerhalb des products-Verzeichnisses, das sich wiederum innerhalb des Wurzelverzeichnisses, symbolisiert durch einen Schrägstrich, befindet. Der komplette Pfad zum aktuellen Verzeichnis special sollte /products/special/ geschrieben werden, um anzuzeigen, dass es sich bei special um ein Verzeichnis und nicht um eine Datei innerhalb des products-Verzeichnisses handelt. Wenn Sie Verknüpfungen zu anderen Dateien erstellen, müssen Sie eventuell auf ein Verzeichnis in einer höheren Ebene oder auf der aktuellen Ebene verweisen. Im hier dargestellten Schema steht ./ für das aktuelle, ../ für das nächstgelegene Verzeichnis. Enthält also ein Dokument im spezial-Verzeichnis einen Linkpfad ../, so verweist es auf das Verzeichnis products.

Hinweis

Verzeichnisnamen folgen unter Umständen den Konventionen eines Betriebssystems, inklusive der Bestimmungen für Groß-/Kleinschreibung. Autoren sollten hier besonders vorsichtig sein. Außerdem könnten die Verzeichnisse den bekannten Namenskonventionen folgen (z.B. tmp) oder sie können beliebig sein. Normalerweise lässt sich aus dem Namen eines Verzeichnisses auf dessen Inhalt, wie z.B. auf bestimmte Datentypen, thematische Inhalte oder privilegierte Anwendergruppen, schließen. In einem Verzeichnis namens »images« werden höchstwahrscheinlich Bilder und Grafiken gespeichert.

Dateiname

Nachdem Sie den Server und den Verzeichnispfad für ein Dokument spezifiziert haben, ist der nächste Schritt, es zu lokalisieren, sein Dateiname. Dieser besteht normalerweise aus zwei Teilen: ein Dateiname gefolgt von der Dateiendung. Dateinamen können alle Namen sein, die von dem Betriebssystem, unter dem der Server läuft, verwendet werden können. Sonderzeichen wie Leerzeichen, Doppelpunkte und Schrägstriche können Störungen verursachen, wenn sie in Dateien, die über das Web verteilt werden sollen, verwendet werden. Ein Dateiname test:1.htm verursacht Probleme auf einem Macintosh-System. test/1.htm wäre hier zulässig, wäre aber problematisch auf einem PC oder einer Unix-Maschine.

Ein Punkt trennt den Dateinamen von der Namenerweiterung, die normalerweise aus drei Zeichen besteht. Diese ist ein Code für den Datentyp der in der Datei enthaltenen Information. HTML-Dateien haben z.B. die Endung .htm oder .html, JPEG-Grafiken die Endung .jpg. Die Dateiendung ist sehr wichtig für Webanwendungen, weil sie in der Regel der einzige Hinweis für den in der Datei enthaltenden Datentyp sind. Ein Webserver liest die Dateiendung und schließt daraus, welchem MIME-Typ (s.a. Kapitel 15) die Datei zugeordnet wird. Wenn die Dateiendungen weggelassen oder falsch verwendet werden, kann die Datei nicht richtig interpretiert werden. Wenn eine Datei direkt an einen Browser weitergeleitet wird, richtet sich die Art der Darstellung nach der Dateiendung. Eine falsche oder fehlende Dateiendung führt zu einer falschen Darstellung im Webbrowser.

Hinweis

Obwohl viele Betriebssysteme Dateiendungen mit vier oder mehr Buchstaben unterstützen, können Sie Inkompatibilitäten minimieren, indem Sie Dateiendungen mit drei Buchstaben (`.htm`) Endungen mit vier Buchstaben (`.html`) vorziehen. Leerzeichen, Großbuchstaben und Sonderzeichen sollten ebenfalls vermieden werden. Autoren und User sollten sorgfältig bei der Verwendung von Groß- und Kleinschreibung bei Datei- und Verzeichnisnamen sein.

Protokoll

Es hat den Anschein, als sei zum Auffinden eines Dokuments nichts weiter erforderlich als Server, Verzeichnis und Dateiname. Ein Bestandteil fehlt jedoch – das Protokoll. Das Internet unterstützt einige Standardanwendungen, von denen jede ein eigenes Protokoll zugewiesen bekommen hat.

Ein *Protokoll* ist eine strukturierte Diskussion, die Computer führen, um über ressourcenspezifische Dienste zu verhandeln. Das Protokoll, das das Web möglich macht, ist das Hypertext Transfer Protocol (HTTP). Wenn Sie einen Hyperlink anklicken, benutzt Ihr Browser das HTTP-Protokoll zur Kontaktaufnahme mit einem Webserver, um das gewünschte Dokument zu laden.

Hinweis

Obwohl HTTP für Hypertext Transfer Protocol steht, definiert es nicht, auf welche Art eine Datei vom Server zum Browser transportiert wird. Es regelt lediglich die Verhandlung zwischen Server und Browser über den Transfer. Für den eigentlichen Transport der Dateien ist ein darunter angesiedeltes Protokoll, das Transmission Control Protocol (TCP), verantwortlich. Die Kombination von TCP und IP macht die Kommunikation erst möglich. Obwohl es ein sehr wichtiger Punkt ist, wissen viel Internetprofis nicht sehr viel über Protokolle, die den Anwendungsprotokollen wie HTTP untergeordnet sind.

Obwohl sie deutlich weniger als HTTP und TCP/IP gebraucht werden, gibt es einige andere Protokolle, die wichtig für HTML-Autoren sind, da sie in Hyperlinks verwendet werden können. Die folgende Tabelle zeigt einige Beispiele:

Protokoll	Beschreibung
File	Ermöglicht einem Hyperlink den Zugriff auf eine Datei auf dem lokalen Dateisystem
File Transfer Protocol (FTP)	Ermöglicht einem Hyperlink den Download von Dateien von einem entfernten System
Gopher	Erstellt einen Hyperlink zu einem Gopher-Server
mailto	Ruft das Simple Mail Transfer Protocol (SMTP) auf und ermöglicht es einem Hyperlink so, eine adressierte E-Mail-Nachricht zu versenden
Network News Transport Protocol (NNTP)	Ermöglicht einem Hyperlink den Zugriff auf einen USENET-Artikel
News	Ermöglicht einem Hyperlink den Zugriff auf ein USENET-Forum
telnet	Ermöglicht einen Hyperlink, mit dem eine telnet-Session auf einem entfernten System geöffnet werden kann

Das sind die gebräuchlichsten Protokolle, aber es werden ständig eine Vielzahl neuer Protokolle und URL-Arten diskutiert. Irgendwann wird es die Möglichkeit geben, Zugriff auf Dinge wie LDAP (Lightweight Directory Access Protocol), IRC (Internet Relay Chat), Telefon, Telefax und sogar den Fernseher zu erhalten. Weitere Ausblicke auf neue URLs und andere Ideen werden am Ende dieses Kapitels vorgestellt.

Neben Protokoll, Serveradresse, Verzeichnis und Dateinamen enthalten URLs bisweilen einen Usernamen, ein Passwort, eine Portnummer und manchmal sogar einen Fragment Identifier. Einige URLs, wie z.B. mailto, können auch eine ganz andere Form von Information, wie z.B. eine E-Mail-Adresse enthalten.

Username und Passwort

FTP und telnet sind Protokolle für *zugriffgeschützte Dienste*. Diese Dienstleistungen ermöglichen nur angemeldeten Anwendern den Zugriff, und die Protokolle können einen Usernamen und ein Passwort als Parameter verlangen. Diese Angaben werden vor den Servernamen gesetzt: `username:passwort@serveradresse`. Optional können Sie auf die Angabe des Passwortes auch verzichten, so dass der URL nur `username@serveradresse` lautet.

Hinweis

HTML-Autoren werden davor gewarnt, Passwörter in URLs einzubinden, da diese Informationen für jedermann auf der Webpage oder im Browser-Adressdialogfeld lesbar sind.

Port

Es kommt zwar nur selten vor, aber auch die Kommunikationsportnummer kann in einem URL festgelegt werden. Browser, die über ein bestimmtes Protokoll angesprochen werden, kommunizieren mit den Servern über Zugangspunkte, die *Ports* genannt werden und im Allgemeinen durch numerische Adressen benannt werden. Jedem Port ist eine Standardportnummer zugewiesen. HTTP-Anfragen werden z.B. standardmäßig an Port 80 gerichtet. Ein Serveradministrator kann einen Server so konfigurieren, dass die Anfragen an einen anderen Port weitergeleitet werden. Das geschieht normalerweise zu experimentellen Zwecken oder aus Sicherheitsgründen. In einem solchen Fall muss der angesprochene Port ausdrücklich adressiert werden. Um eine Portnummer anzugeben, platzieren Sie diese nach der Serveradresse, getrennt von einem Doppelpunkt, z.B. `siteadresse:8080`. Webadministratoren seien davor gewarnt, Servernummern nach Belieben zu ändern, da es Anwender verwirren und zu Problemen beim Zugreifen auf die Site führen kann, insbesondere dann, wenn von Rechnern, die sich hinter einer Firewall befinden, zugegriffen werden soll. Anwender, die von Sites mit wohldefinierten Sicherheitsbestimmungen zugreifen, werden nicht erbost sein, wenn sie auf Sites zugreifen, deren Portnummern nicht dem Standard entsprechen.

Hinweis

Einige Webentwicklungssysteme verlangen, dass sich Anwender an Ports anmelden, die nicht den Standards entsprechen. Ein gängiges Beispiel hierfür ist ein Administrator, der einen Webserver über einen Webbrowser konfiguriert.

Abschnitte

Nachdem ein Anwender eine Datei angesteuert hat, möchte er eventuell direkt einen bestimmten Punkt aufsuchen. Da Sie unter HTML interne Links erstellen können, haben Sie die Möglichkeit, auf verschiedene Stellen innerhalb einer Seite zu verweisen. Um zu einem speziellen internen Link zu gelangen, muss der URL den Linknamen enthalten, dem ein Hash (#) vorangestellt wird, um anzuzeigen, dass der folgende Wert einen bestimmten Abschnitt benennt. Um einen Punkt namens `inhalt` innerhalb einer Datei namens `test.htm` als Ziel zu spezifizieren, adressieren Sie an `"test.htm#inhalt`. Dieser Abschnittsname wird irgendwo in der Datei durch einen speziell benannten Anker, z.B. `<a name="inhalt"></a>` erstellt. Weiter unten, im Abschnitt *Das name-Attribut*, wird genauer darauf eingegangen.

Codierung

Achten Sie beim Schreiben der Komponenten eines URL darauf, dass Sie ausschließlich Zeichen verwenden, die vom ASCII-Zeichensatz unterstützt werden. Selbst unter den Standardzeichen Ihrer Tastatur befinden sich einige unsichere Zeichen. Darüber hinaus gibt es einige Zeichen, denen im Zusammenhang mit einem URL oder beim Betriebssystem eine besondere Bedeutung zukommt. Falls sich unsichere, reservierte oder nicht darstellbare Zeichen im URL befinden, müssen diese codiert werden. Fehler beim Codieren dieser Zeichen können zu Fehlern führen.

Ein codiertes ASCII-Zeichen besteht aus einem Prozentzeichen und zwei Hexadezimalzahlen. Innerhalb vieler Intranet-Umgebungen werden oft benutzerfreundliche Dateinamen wie z.B. `gewinne erstes` `quartal 1999.doc` verwendet. Solche Dateinamen enthalten unsichere Zeichen. Würde sich diese Datei auf einem Abteilungs-Webserver einer Firma befinden, so wäre der die Datei benennende Teil des URL `gewinne%20erstes%20quartal%201999.doc`. Beachten Sie, wie die Leerzeichen in `%20` umgewandelt wurden – dem Hexadezimal-Wert des ASCII-Leerzeichens. Weitere unsichere Zeichen in URLs sind der Schrägstrich (/), der in `%2F` geändert wird, das Fragezeichen (?), das als `%3F` codiert wird, und das Prozentzeichen (%) selbst, das als `%25` wiedergegeben wird. In einem URL sollten nur alphanumerische und einige Sonderzeichen ($ - _ . + ! * '), einschließlich der Klammern, verwendet werden. Im Allgemeinen sind sämtliche Sonderzeichen wie Akzent, Leer- und Interpunktionszeichen zu codieren. HTML-Autoren sollten beim Benennen von Dateien immer daran denken, damit das Codieren nach Möglichkeit vermieden werden kann. Tabelle 4.2 zeigt eine Liste der reservierten und für URLs potenziell gefährlichen Zeichen.

Zeichen	Codierungswert
Leerzeichen	%20
/	%2F
?	%3F
:	%3A
;	%3B
&	%26
@@	%40
=	%3D
#	%23
%	%25
>	%3E
<	%3C
{	%7B
}	%7D
[	%5B
]	%5D
"	%22
'	%27
`	%60
^ ^	%5E
~	%7E
\	%5C
|	%7C

Tabelle 4.2: Gängige Zeichencodierungswerte

Hinweis

Viele der Zeichen in Tabelle 4.2 müssen nicht zwingend codiert werden; da ein codiertes Zeichen jedoch niemals Probleme bereitet, sollten Sie diese Zeichen im Zweifelsfall codieren.

Hiermit schließt diese kurze Einführung in die verschiedenen Komponenten eines URL. Der nächste Abschnitt präsentiert eine Formel für das Erstellen von URLs sowie einige Beispiele.

Formel für einen URL

Alle URLs haben die gleiche Grundform: Ein Protokollname, gefolgt von einem Doppelpunkt, gefolgt von einer protokollspezifischen Ressourcenbeschreibung:

```
protokollname:ressourcenbeschreibung
```

Da es innerhalb dieser Basisform zahlreiche Variationen von Protokollspezifikationen gibt, werden die geläufigsten von ihnen hier etwas genauer betrachtet.

HTTP

Ein minimaler HTTP-URL gibt lediglich einen Servernamen an. Er beinhaltet keine Verzeichnis- oder Dateiinformation.

❑ **Formel** `http://server/` (mit oder ohne abschließendem /)
❑ **Beispiel** `http://www.democompany.com/`

Ein minimaler HTTP-URL beschreibt eine Anfrage an das Home-Verzeichnis einer Website. Selbst wenn kein abschließender Schrägstrich eingegeben wird, wird er erwartet und entweder vom Browser oder vom Webserver hinzugefügt, so dass die Eingabe `http://www.democompany.com` in `http://www.democompany.com/` umgewandelt wird. Standardmäßig wird bei der Anfrage an ein Verzeichnis eine vorgegebene Seite, die als Index-Datei bezeichnet wird, angezeigt. Normalerweise heißt eine Index-Datei, abhängig von der Serversoftware, `index.htm` oder `default.htm` (oder `index.html` und `default.html`). Das ist jedoch nur eine allgemeine Vereinbarung. Webadministratoren sind frei in der Namenswahl der Standardseiten. Interessanterweise legen viele Leute besonderen Wert auf die Schreibweise des minimalen HTTP-URL, da diese Abfrage ein bestimmtes Verzeichnis und eine bestimmte Index-Datei liefert, obwohl diese nicht explizit angefordert wurde.

> ### Hinweis
>
> Einige Sites benennen Ihre Systeme um, so dass die Eingabe von www optional ist. So ist z.B. `http://pint.com` das Gleiche wie `http://www.pint.com`. Obwohl manche Browser verschiedene Abkürzungsfunktionen anbieten, sollten Anwender nicht erwarten, dass das immer zum gewünschten Ergebnis führt. Zum Beispiel führt bei manchen Browsern die Eingabe von democompany dazu, dass der Browser `http://www.domocompany.com` abfragt. Eine solche Eingabe kann nicht als URL in einem HTML-Dokument verwendet werden. Um Missverständnisse zu umgehen, sollten Site-Manager so viele Variablen wie möglich verwenden, damit die Site, unabhängig von den Fähigkeiten des Browsers oder kleineren Fehlern in der Verlinkung, funktioniert.

Um das HTTP-URL-Beispiel etwas komplexer zu machen, wird hier eine Formel dargestellt, die eine bestimmte HTML-Datei anfordert, die im Standardverzeichnis des Servers existiert:

❑ **Formel** `http://server/file`
❑ **Beispiel** `http://www.democompany.com/hallo.htm`

Eine erweiterte Version dieses URL beinhaltet den Namen eines Verzeichnisses, ohne eine spezielle Datei zu nennen. Obwohl ein schließender Schrägstrich eingegeben werden sollte, unterstellen Server seine Existenz, falls er ausgelassen wurde, und suchen nach einem »Home«-Dokument im angegebenen Verzeichnis. In der Praxis ist der schließende Schrägstrich optional, wird aber empfohlen:

❑ **Formel** `http://server/directory/`
❑ **Beispiel** `http://www.democompany.com/products/`

Ein HTTP-URL kann beides spezifizieren, ein Verzeichnis und eine Datei

❑ **Formel** `http://server/directory/file`
❑ **Beispiel** `http://www.democompany.com/products/greeting.htm`

Für einige Systeme gelten Verkürzungskonventionen für Verzeichnisse. Unix-basierende Webserver zum Beispiel unterstützen verschiedene Verzeichnisse, die jeweils einem spezifischen User gehören. Anstatt den ganzen Verzeichnispfad zum Wurzelverzeichnis der Users zu schreiben, kann dieses Verzeichnis auch über eine Abkürzung erreicht werden, indem man das Tilde-Zeichen (~) gefolgt vom Accountnamen des betreffenden Users und den schließenden Schrägstrich eingibt. Jedes Verzeichnis und jede Dateiinformation, die darauf folgt, wird relativ zu diesem Userverzeichnis interpretiert:

- ❑ **Formel** `http://server/~user/`
- ❑ **Beispiel** `http://www.bigisp.com/~jsmith/`

Userverzeichnisse, die durch eine Tilde angezeigt werden, folgen ähnlichen Konventionen wie das Betriebssystem Unix, wobei andere Webserver auf anderen Betriebssystemen diese Abkürzung ebenfalls unterstützen.

Ein URL kann auf eine spezielle Stelle innerhalb eines HTML-Dokuments verweisen, die als markierter oder internen Link bezeichnet wird. Wie man diese Markierungen erstellt, wird weiter unten in diesem Kapitel im Abschnitt *Das name-Attribut* beschrieben, doch für den jetzigen Zeitpunkt folgen Sie dem Dateinamen des Zieldokumentes mit dem Hash (#) und dem daran anschließenden Abschnittsnamen:

- ❑ **Formel** `http://server/directory/file#marker`
- ❑ **Beispiel** `http://www.democompany.com/profile.htm#introduction`

Abgesehen von HTML-Dokumenten, kann ein HTTP-URL jede Art von Datei anfordern. Mit `http://www.democompany.com/images/logo.gif` fordern Sie z.B. eine GIF-Grafik vom Server an. Autoren sollten sich darüber im Klaren sein, dass die Flexibilität von Webservern oft übersehen wird und dass der Glaube vorherrscht, dass ein Dokument, auf das man im Web zugreifen kann, im HTML-Format vorliegen muss.

Ein HTTP-URL kann im Gegenteil sogar ein ausführbares Programm referenzieren. Diese serverseitigen Programme werden normalerweise nach dem Schnittstellenstandard, der beschreibt, wie die Daten in und aus dem Programm übermittelt werden, *Common Gateway Interface (CGI)* Programme genannt. CGI und ähnliche serverseitige Programme werden in Kapitel 12 vorgestellt. Häufig werden diese Programme verwendet, um Datenbankabfragen zu bearbeiten und HTML-Dokumente aus den Eingaben der Anwender zu generieren. Parameter für diese Programme können direkt in einen URL eingegeben werden, indem Sie ein Fragezeichen gefolgt von einem Parameterstring an den URL anhängen. Da der User eventuell Sonderzeichen, die in einem URL nicht zulässig sind, in seiner Anfrage verwendet, sind diese zu codieren. Denken Sie daran, dass Sonderzeichen durch ein Prozentzeichen, gefolgt von zwei Hexadezimalzahlen, die deren ASCII-Wert darstellen, codiert werden. Ein Leerzeichen wird z.B. durch %20 dargestellt.

- ❑ **Formel** `http://server/directory/file?parameters`
- ❑ **Beispiel** `http://www.democompany.com/products/search.cgi?cost=400.00&name=Super%20Part`

Das Erstellen von komplexen, codierten URLs und Abfragestrings sieht sehr schwierig aus. Im Alltag wird das jedoch selten von Hand getan. Normalerweise wird solch ein String vom Browser, auf der Basis der Daten, die in ein Formular eingegeben wurden, generiert. Eine ausführliche Vorstellung von HTML in Kombination mit anderen Programmen finden Sie in den Kapiteln 12 bis 14.

Außerdem kann jede HTTP-Anfrage an einen Port, der nicht dem Standardport 80 entspricht, gerichtet werden, indem der gewünschte Port, getrennt durch einen Doppelpunkt, im Anschluss an den Servernamen angegeben wird:

- ❑ **Formel** `http://server:port/directory/file`
- ❑ **Beispiel** `http://www.democompany.com:8080/products/greetings.htm`

In diesem Beispiel richtet sich die Anfrage an einen Server, der auf Port 8080 läuft. Obwohl jeder nicht reservierte Port verwendet werden kann, wird von der Verwendung von Portnummern, die nicht dem Standard entsprechen, abgeraten. Um die Adresse im Beispiel zu erreichen, muss der Anwender die Portnummer angeben. Wird das nicht getan, ist es unmöglich, den Server zu erreichen.

Es gibt einen Fall von HTTP, der in gewisser Hinsicht ein anderes Protokoll darstellt: sichere Web-Trans-aktionen, die Secure Sockets Layer (SSL) verwenden. In diesem Fall wird das Protokoll als *https* bezeich-net. Der hierfür gültige Port ist 443. Eine Beispielformel für Secure HTTP wird hier gezeigt; abgesehen vom kosmetischen Unterschied des *s* und der abweichenden Portnummer ist der URL identisch mit ande-ren HTTP-URLs:

❑ **Formel** `https://server:port/directory/file`
❑ **Beispiel** `https://www.wellsfargo.com`

Ein HTTP-URL für eine Webseite ist wahrscheinlich die gängigste Form von URLs, aber mit der zuneh-menden Popularität von Intranets werden Sie immer öfter »file« oder ähnliche URL-Typen sehen.

File

Das file-Protokoll spezifiziert eine Datei, die irgendwo auf einem Computer oder einem lokal zugäng-lichen Netzwerk abgelegt wurde. Es beschreibt kein Zugriffsprotokoll und hat nur beschränkten Wert, außer in einem wichtigen Fall: Es ermöglicht dem Browser den Zugriff auf eine Datei auf dem lokalen System, was für die Web-Entwicklung sehr wichtig ist. In diesem Fall wird kein Servername angegeben oder er wird durch das Schlüsselwort *localhost* ersetzt, dem der Verzeichnispfad und der Dateiname folgen:

❑ **Formel** `file://drive oder network path/directory/file`
❑ **Beispiel** `file:///dev/web/testpage.html`

In manchen Umgebungen sind das aktuelle Laufwerk und der Pfad zu der Datei spezifiziert. Auf einem Macintosh sieht ein URL wie folgt aus:

`File:///Macintosh %20HD/Desktop%20Folder/Bookmarks.html`

Ein file-URL wie der folgende könnte auf der Festplatte C eines PCs im lokalen Netzwerk »pc1« existieren:

`File://\\pc1\C\Netlog.txt`

Abhängig von der Komplexität des Browsers sind file-URLs unter Umständen nicht nötig, wenn er so sehr ins Betriebssystem eingebunden ist wie z.B. der Internet Explorer 4.

Bei Intranets sind viele Laufwerke bereits ins Filesystem gemounted, so dass unter Umständen überhaupt kein Server benötigt wird, um Dateien zu transferieren. In diesen serverlosen Umgebungen kann es mög-lich sein, mit dem file-URL auf Dateien zuzugreifen. Dieses Beispiel zeigt, wie einfach Webserver sind. Für viele Leute ist ein Webserver nicht mehr als ein unzureichender, wenn auch offener Fileserver. Diese Auf-fassung zum Dateitransfer führt uns logisch weiter zu dem FTP-URL, der als Nächstes vorgestellt wird.

FTP

Das File-Transfer-Protokoll, das schon vor dem browserorientierten HTTP-Protokoll entwickelt wurde, über-mittelt Dateien von und zu einem Server. Es wird in der Regel für Daten verwendet, die auf einem Server gespeichert und nicht sofort betrachtet werden, wie es bei einem Browser der Fall ist. Wegen seiner Effizienz wird FTP vor allem für den Transport großer Dateien, wie z.B. ganze Anwendungen, verwendet. Wie beim HTTP-Protokoll werden hier der Server, der Port, das Verzeichnis und der Dateiname angegeben:

❑ **Formel** `ftp://server:port/verzeichnis/file`
❑ **Beispiel** `ftp://ftp.democompany.com:9978/info/eine-datei.exe`

Ein minimaler FTP-URL besteht ausschließlich aus dem Servernamen, woraufhin der Inhalt des Verzeich-nisses angezeigt wird: `ftp://ftp.democompany.com`. Allgemein besteht ein FTP-URL jedoch aus Name, Verzeichnis und einem bestimmten Dateinamen, wie Sie hier sehen:

❑ **Formel** `ftp://server/verzeichnispfad/datei`
❑ **Beispiel** `ftp://ftp.democompany.com/info/einedatei.exe`

FTP ist ein zugriffsgeschütztes Protokoll, d.h., jede gültig FTP Anfrage erfordert ein registriertes Benutzerkonto auf dem Server, von dem die Daten geladen werden sollen. In der Praxis gibt es viele FTP-Quellen für den allgemeinen Zugriff, so dass es hier unsinnig ist, ein Konto für jeden potenziellen Anwender einzurichten. Hierfür gibt es eine Konvention, die *anonymous FTP* genannt wird. Der Username »anonymous« oder »ftp« gewährt Zugriff zu allen auf dem Server verfügbaren Dateien. Bei jedem FTP-URL, der keine explizite Konteninformation enthält, wie im obigen Beispiel, wird ein anonymer Zugriff durchgeführt.

Ein FTP-URL kann einen Namen und ein Passwort spezifizieren. Diese Daten werden der Serverdeklaration vorangestellt, wie Sie der folgenden Formel entnehmen können:

❏ **Formel** `ftp://user:password@server/verzeichnis/datei`
❏ **Beispiel** `ftp://jan-aage:sge1959@ftp.democompany.com/products/list`

Diese Formel zeigt das Passwort innerhalb des URL. Ein Kontenpasswort in einem öffentlich zugänglichen Dokument wie einer HTML-Datei einzufügen, ist sehr gefährlich, da es in reiner Textform übermittelt und sowohl im Browserfenster als auch im Quellcode sichtbar ist. Bei zugriffsgeschützten Diensten sollten nur öffentliche Passwörter in einen URL eingefügt werden. Wird das Passwort nicht angegeben, werden Sie automatisch bei Zugriffsversuch aufgefordert, ein Passwort einzugeben. Es ist daher ratsam, lediglich auf den Server zu verweisen oder nur den Benutzernamen anzugeben, so dass sich der Betrachter anschließend identifizieren muss, wie Sie es im nächsten Beispiel sehen:

❏ **Formel** `ftp://user@server/verzeichnis/datei`
❏ **Beispiel** `ftp://jan-aage@ftp.democompany.com/products/sales`

Das FTP-Protokoll erwartet, dass die zu ladende Datei binäre Informationen enthält. Sie können diese Standardeinstellung überschreiben, indem Sie den Typ-Code an den URL anhängen. Hier sehen Sie die drei gängigen Typen für Typ-Codes:

❏ Der a-Code zeigt an, dass es sich um eine ASCII-Textdatei handelt.
❏ Der i-Code, der gleichzeitig als Standard vorgegeben ist, steht für Bild- und Binärdateien.
❏ Der Code d weist den Browser an, eine Inhaltsliste des angesprochenen Verzeichnisses anzuzeigen.

Der Vollständigkeit halber sehen Sie hier noch ein Beispiel:

❏ **Formel** `ftp://server/verzeichnis/datei;type=code`
❏ **Beispiel** `ftp://ftp.democompany.com/products;type=d`

In der Praxis trifft man Typ-Codes nur selten an, da das binäre Transferformat in der Regel keinen Schaden bei Textdateien anrichtet und die Browser normalerweise intelligent genug sind, FTP-URLs auch ohne Codeangaben richtig zu handhaben. Wie bei vielen anderen URLs kann auch hier ein anderer Port als der Standardport 21 verwendet werden, was jedoch nicht empfehlenswert ist.

mailto

Das mailto-Protokoll verweist untypischerweise nicht auf eine Quelle im Internet. Stattdessen öffnet es ein Fenster zum Erstellen und Versenden einer E-Mail an eine vorgegebene Adresse:

❏ **Formel** `mailto:user@server`
❏ **Beispiel** `mailto:president@whitehouse.gov`

Diese ziemlich einfache Formel zeigt eine Standardadressierung für Internetmail. Auch komplexere Adressen sind gültig. Mailto-URLs werden in Websites gern verwendet, um dem Betrachter eine einfache Möglichkeit für ein Feedback zu geben. Sollte der Anwender seinen Browser nicht richtig konfiguriert haben, erhält er beim Verwenden des Links eine Fehlermeldung, die ihn auffordert, seine Mail-Einstellungen zu überprüfen. Aufgrund dieses Problems sollten Webautoren sich nicht ausschließlich auf mailtobasierende Links verlassen, wenn sie ein Feedback vom Betrachter wünschen.

telnet

Das telnet-Protokoll erlaubt es einem Anwender, eine interaktive Terminal-Sitzung auf einem entfernten System zu öffnen. Ein minimaler telnet-URL, wie Sie ihn im Folgenden sehen, gibt lediglich den Namen des entfernten Rechners an. Nachdem die Verbindung hergestellt wurde, verlangt das System nach der Eingabe eines Anwendernamens und einem Passwort.

❑ **Formel**   `telnet://server`
❑ **Beispiel** `telnet://host.democompany.com`

Als zugriffsgeschütztes Protokoll verlangt telnet standardmäßig ein Benutzerkonto auf dem entfernten System. Sind diese Daten nicht im URL angegeben, wird der Anwender aufgefordert, diese Angaben zu machen. Wie bei FTP können diese Daten zwar bereits mit dem URL übermittelt werden, es gelten jedoch die gleichen sicherheitstechnischen Vorbehalte. Wegen dieser Risiken sollten Sie das Passwort nur optional wie in der folgenden Formel mit angeben:

❑ **Formel**   `telnet://user:password@server`
❑ **Beispiel** `telnet://jan-aage:sge1959@host.democompany.com`
❑ **Beispiel** `telnet://jan-aage@host.democompany.com`

Sie können eine telnet-Verbindung auch an einen speziellen Port richten, indem Sie die Portnummer an die Adresse anhängen:

❑ **Formel**   `telnet://server:port`
❑ **Beispiel** `telnet://host.democompany.com:94`

Einige Informationsquellen können so konfiguriert werden, dass sie einen anderen Port als Port 23 verwenden. Die Verwendung von abweichenden Portnummern kommt bei telnet-URLs häufiger vor als bei anderen Verknüpfungstypen.

Andere Protokolle

Es gibt eine Vielzahl anderer Protokolle, wie z.B. Gopher, NNTP, news usw., die Sie verwenden können. Moderne Browser unterstützen viele dieser URL-Formen. Einige Protokolle, wie z.B. das *wais*-Protokoll, haben jedoch kaum noch mehr als historischen Wert. Sie werden nur noch von wenigen Usern genutzt, und selbst ihre letzte Erwähnung in Büchern liegt ein bis zwei Jahre zurück. Zu den älteren Protokollen gehören *finger* und esoterische Protokolle wie *VEMMI Videotext Service*. Neue Protokolle werden ständig eingeführt. Tatsächlich gibt es derzeit Dutzende von vor der Einführung stehenden oder bereits eingeführten Protokollen, die mit einem nicht standardmäßigen URL referenziert werden können. Wenn Sie Interesse an solchen URLs haben, besuchen Sie `http://www.w3.org/pub/WWW/Adressing/schemes` oder `http://www.ics.uci.edu/pub/ietf/uri/` für weitere Informationen.

Relative URLs

Bis zu diesem Zeitpunkt haben wir uns mit einer URL-Form beschäftigt, die als absoluter URL bezeichnet wird. Absolute URLs bestehen aus Protokoll, Host, Verzeichnis und Dateinamen. So viele Details anzugeben kann anstrengend sein und ist nicht immer notwendig. An dieser Stelle kommt der relative URL ins Spiel. Bei relativen URLs können verschiedene Teile der Adresse – die Site, das Verzeichnis und das Protokoll – vom URL des aktuellen Dokuments vom `<base>`-Element abgeleitet werden. Nehmen wir ein Beispiel, um das zu verdeutlichen.

Wenn eine Website die Adresse `www.democompany.com` hat, kann ein Anwender mit dem URL `http://www.democompany.com/` auf diese Homepage zugreifen. Ein Verweis von einem externen System zu dieser Site hätte die Adresse `http://www.democompany.com/`. Einmal auf dieser Site angekommen, gibt es jedoch keinen Grund mehr, jedes Mal die volle Adresse auszuschreiben. Der komplett ausgeschriebene Link von der Homepage zu einer Mitarbeiterseite im Hauptverzeichnis mit dem Namen `staff.html` lautet `http://www.democompany.com/staff.html`. Protokoll, Adresse und Verzeichnis können jedoch übernommen werden, so dass die Adresse nur noch `staff.html` lautet. Dieses relative Schema funktioniert, weil `http://www.democompany.com/` als Basis für alle weiterführenden Verweise dient, und macht eine verkürzte Schreibweise möglich. Relative URLs sind bei Dateinamen und Verzeichnissen möglich, wie Sie Tabelle 4.3 entnehmen können.

Aktuelle Seitenadresse	Adresse der Zielseite	Relativer URL
`http://www.democompany.com/index.htm`	`http://www.democompany.com/staff.htm`	`staff.htm`
`http://www.democompany.com/index.htm`	`http://www.democompany.com/products/gadget1.htm`	`products/gadget1.htm`
`http://www.democompany.com/products/gadget1.htm`	`http://www.democompany.com/index.htm`	`../index.htm`

Tabelle 4.3: Beispiele für relative URLs

Wenn Sie relative URLs innerhalb einer Website verwenden, ist diese Site transportierbar. Durch das Nicht-Ausschreiben des Servernamens bei den Verweisen kann die Site auf einem Server entwickelt und auf einen anderen kopiert werden. Andererseits müssen bei absoluten URLs alle Links geändert werden, wenn sich der Name des Servers ändert oder die Dateien auf einen anderen Server kopiert werden.

Natürlich kann der Einsatz von relativen URLs auch Nachteile haben: Bei einer großen Site können sie verwirrend wirken, vor allem wenn Sie für Grafiken und ähnliche Elemente zentrale Verzeichnisse verwenden. Stellen Sie sich in einem Dokument tief in der Verzeichnisstruktur einen URL `../../../images/logo.gif` vor. Mancher User wird geneigt sein, zur Vermeidung dieser Probleme einfach Dateien in andere Verzeichnisse zu kopieren, was jedoch Cache- und Wartungsprobleme aufwerfen kann. Eine Lösung ist der Einsatz des `<base>`-Elements. Eine andere Möglichkeit ist das Erstellen von symbolischen Links auf dem Webserver, um ein Objekt von mehreren Orten zu referenzieren. Da es hier allerdings um HTML geht, soll unsere Lösung die Verwendung des `<base>`-Elements sein.

Das `<base>`-Element definiert eine Basis für alle relativen URLs innerhalb eines Dokuments. Wird der Attributwert dieses Elements mit einem kompletten URL definiert, so verwenden alle relativen Links diesen URL als Basis. Wird das `<base>`-Element z.B. definiert als `<base href="http://www.democompany.com/">`, dann wird allen nicht voll ausgeschriebenen Links ein `http://www.democompany.com/` vorangestellt. Da das `<base>`-Element ein leeres Element ist, muss es `<base href="http://www.democompany.com/ ">` geschrieben werden, um XHTML-tauglich zu sein.

Das `<base>`-Element kann nur einmal in einem HTML-Dokument eingesetzt werden, innerhalb des Head-Bereiches. Das Erstellen verschiedener Abschnitte eines Dokuments mit verschiedenen Basis-URLs ist somit nicht möglich. Vielleicht wird es diese Möglichkeit in Zukunft einmal geben, aber bis dahin müssen die HTML-Autoren mit dieser Abkürzungsmöglichkeit auskommen. In Anhang A erfahren Sie mehr über das `<base>`-Element.

Verknüpfungen in HTML

Bisher haben wir uns ausschließlich auf die Form von URLs konzentriert. Es wurde nur wenig über die Art gesagt, wie die Objekte im Web miteinander verknüpft werden. Weiter unten in diesem Kapitel werden wir theoretischer und behandeln das Verhältnis zwischen URLs, URIs, URCs und URNs.

Das Anker-Element

Mit einem URL können Sie auf viele verschiedene Informationstypen sowohl im Internet, als auch innerhalb eines lokalen Netzwerkes verweisen. Aber wie genau kann mit HTML ein Hyperlink erstellt werden, der ein Dokument mit einem anderen verknüpft? Die häufigste Art, einen Hyperlink zu definieren, ist das Anker-Element <a>. In seiner einfachsten Form benötigt dieser Befehl zwei Informationen: den URL des Ziels und den Dokumentteil, mit dem der Hyperlink aktiviert wird. Das Ziel wird spezifiziert, indem dem <a>-Element mit Hilfe des href-Attributs ein URL zugewiesen wird. Die meisten Links verwenden einen HTTP-URL, um ein HTML-Dokument mit einem anderen zu verknüpfen. Denken Sie jedoch daran, dass auch Verweise zu anderen Informationsquellen möglich sind.

Der Inhalt des <a>-Elements bezeichnet den »Hot Spot« des Dokuments zur Aktivierung der Verknüpfung. Der Inhalt des Ankers können Text, Grafiken oder eine Mischung aus beidem sein. Durch das Einschließen von Text oder anderen Inhalten zwischen den Tags <a> und </a>, verwandeln Sie diese Elemente in einen Link, der, wenn er aktiviert wird, ein neues Objekt anfordert. Im folgenden Code-Fragment lädt der Text »verknüpfter Inhalt« den durch das href-Attribut referenzierten URL, wenn er ausgewählt wird:

```
<a href="URL">verknüpfter Inhalt</a>
```

Hinweis

Ein <a>-Element darf kein weiteres <a>-Element enthalten. Der Code <a href="URL1">Link<a href="URL2">Noch ein Link</a></a> macht keinen Sinn.

Der einfachste Link verbindet ein <a>-Element mit einem URL, der lediglich eine Webserver-Adresse enthält. Umgekehrt ist das referenzierte Objekt die Homepage eines Servers, die das Standarddokument im Wurzelverzeichnis des Servers ist. Viele weitaus komplexere Verknüpfungsarten sind möglich. Im Folgenden finden Sie einige Beispiele von HTTP-Verweisen, denen jeweils eine kurze Beschreibung folgt.

```
<a href="http://www.whitehouse.gov/">Besuchen Sie den Präsidenten</a>
```

Ein Link mit einem Basis-URL verweist zur Homepage einer Website.

```
<a href="http://www.democompany.com/about/">Über die Demo Company</a>
```

Fügen Sie einen Verzeichnispfad zu einem URL hinzu, damit die Standardseite in einem bestimmten Verzeichnis geladen wird.

```
<a href="http://www.democompany.com/products/domes.htm">D.C. Domes</a>
```

Ein Dateiname am Ende eines URL beschreibt den vollständigen Pfad zu einem Dokument.

```
<a href="http://www.democompany.com/products/domes.htm#top">Zum Anfang</a>
```

Ein Abschnittsname hinter einem Dateinamen beschreibt eine bestimmte Stelle innerhalb eines Dokuments.

```
<a href="products/robots.htm">Robots</a>
```

Anker können relative URLs verwenden.

```
<a href="../../index.htm">Back to home</a>
```

Auch relative URLs können komplex sein.

```
<a href="ftp://ftp.democompany.com">Access FTP archive</a>
```

Verknüpfungen sind nicht auf HTTP-URLs beschränkt.

```
<a href="mailto:info@democompany.com">More information?</a>
```

Neben dem Aufrufen von Dateien können URLs auch das Senden von E-Mails oder das Starten von Programmen ermöglichen.

Hinweis

Seien Sie vorsichtig, wenn Sie mailto-URLs verwenden: Oft funktionieren sie nicht, weil der Browser nicht korrekt konfiguriert wurde, um Mails zu versenden, oder weil er diesen URL nicht unterstützt.

Das folgende Beispiel zeigt ein HTML-Dokument mit einem relativen und einem absoluten URL:

```
<!DOCTYPE HTML PUBLIC "-//W3C//DTD HTML 4.01 Transitional//EN">
<html>
<head>
<title>Link Example 3</title>
</head>
<body>
<h1 align="center">Green Gadgets</h1>
<hr>
<p>Here you will find information about the mysterious green
gadget--the wonder tool of the millennium.</p>
<ul>
<li><a href="specs.htm">Specifications</a></li>
<li><a href="extras/access.htm">Accessories</a></li>
<li><a href="http://www.democompany.com">Distributors</a></li>
<li><a href="ftp://ftp.democompany.com/pdfs/order.pdf">
    Download order form</a></li>
</ul>

<div align="center">
<a href="../index.htm">Back to Demo Company Home </a>
</div>
<hr>
<address>
Questions?
<a href="mailto:info@democompany.com">info@democompany.com</a>
</address>
</body>
</html>
```

Die Darstellung dieser Link-Beispiele sehen Sie in Abbildung 4.3

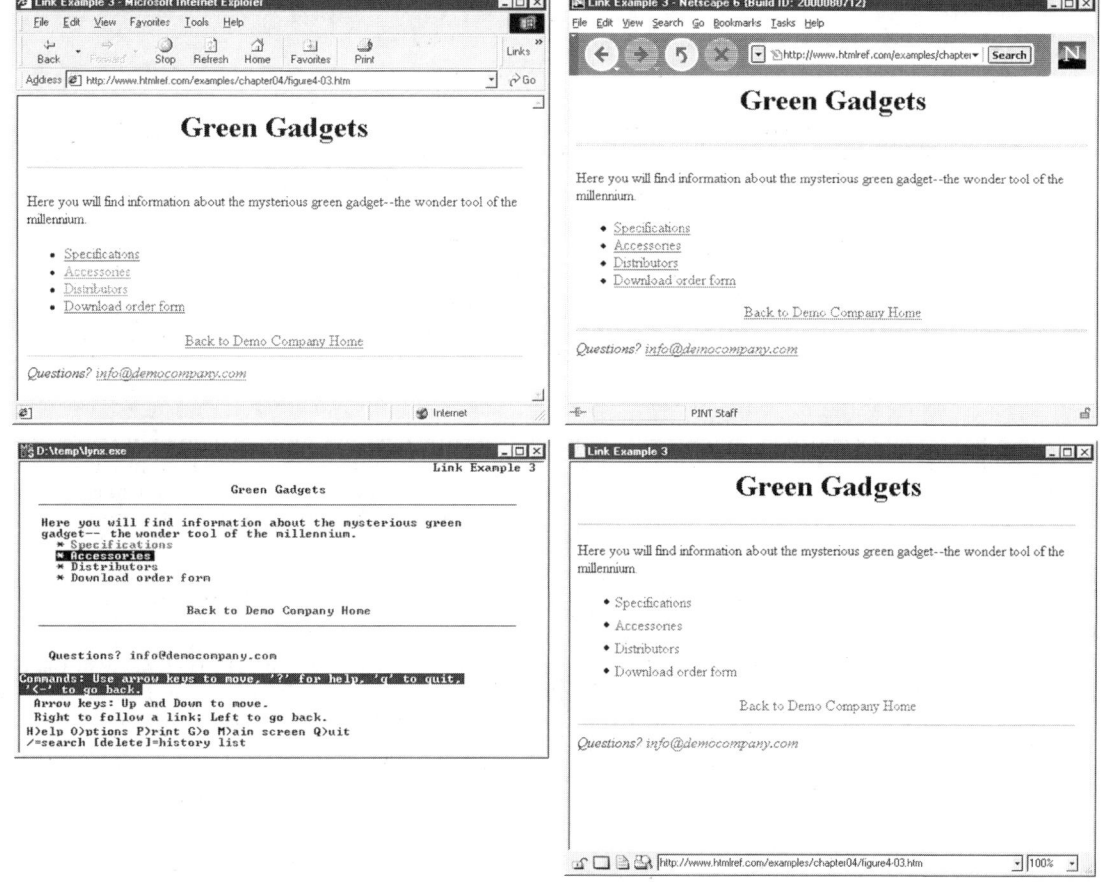

Abbildung 4.3: Browser-Darstellung der Link-Beispiele

Link-Darstellung

Die meisten Browser stellen Textlinks unterstrichen dar. Die Farbe der Unterstreichung – Blau für noch nicht besuchte Links, Purpur für bereits betrachtete Verweise – ist ebenfalls vorgegeben. Falls ein Verweis durch eine Grafik dargestellt wird, wird das durch eine farbliche Umrandung, ebenfalls blau und purpur, kenntlich gemacht, sofern der Wert des border-Attributes nicht auf null gesetzt wurde. HTML-Autoren können sich über diese Vorgaben hinwegsetzen, indem sie die link-, alink- und vlink-Attribute des <body>-Tags entsprechend ändern. Das link-Attribut bestimmt die Farbe aller noch nicht besuchter Links; das vlink-Attribut ändert die bereits besuchten Links. Das alink-Attribut legt die Farbe von aktiven Verweisen fest, was in dem Moment wirksam wird, in dem der Link angeklickt wird. Wenn HTML-Style-Sheets verwendet werden, können HTML-Autoren auch Einfluss auf die Dekoration von Links ausüben, Unterstreichung ausschalten, die Darstellung bei Überfahren des Links mit der Maus festlegen oder Links in einer vollkommen anderen Art darstellen lassen. Diese Veränderungsmöglichkeiten werden im folgenden Beispiel gezeigt:

```
<!DOCTYPE HTML PUBLIC "-//W3C//DTD HTML 4.01 Transitional//EN">
<html>
<head>
<title>Link Style Changes</title>
<style type="text/css">
<!--
A        {text-decoration: none;}
A:hover {color: red; text-decoration: underline;}
-->
</style>
</head>
<body link="blue" alink="red" vlink="red">
<a href="http://www.yahoo.com">Test Link zu Yahoo!</a>
</body>
</html>
```

Aus ästhetischen Gründen kann das Verändern der Linkfarbe oder das Entfernen von Unterstreichungen sinnvoll sein, aber es kann die Besucher auch verwirren, wenn sie Ihre Seiten aufsuchen und das Standardfarbschema für die Linkdarstellung erwarten. Gelegentlich versuchen Autoren ihre Besucher zum erneuten Besuch auf ihren Seiten zu bewegen, indem sie eine einheitliche Farbe für besuchte und noch nicht besuchte Links verwenden oder eventuell die Farben dafür vertauschen. Solche Veränderungen können der Benutzerfreundlichkeit schaden, da sie nicht den Erwartungen der Besucher entsprechen.

Ob Sie es mögen oder nicht, die Erfahrung hat die Anwender gelehrt, unterstrichenen blauen oder purpurnen Text anzuklicken. Aufgrund solcher Gewohnheiten sollten Unterstreichungen als Hervorhebung für Texte, wenn überhaupt, nur spärlich eingesetzt werden. Außerdem sollte HTML-Text nicht blau oder purpur eingefärbt werden, sofern es sich hierbei nicht offensichtlich um Links handelt. Farbkontrolle von Links ist sehr wichtig, aber es ist nur einer von vielen Punkten, die bei Ankern beeinflusst werden können.

Anker-Attribute

Das <a>-Element hat außer href noch eine Vielzahl verschiedener Attribute, die Sie in Tabelle 4.4 sehen. Die wichtigeren Attribute werden im Folgenden, in Verbindung mit der Einbindung von Skripten, dem Verwenden von Grafiken als Ankern und dem Erstellen spezieller Grafiklinks, so genannter *Imagemaps*, vorgestellt. Eine komplette Liste aller Attribute für das <a>-Element finden Sie in der Referenz (Anhang A).

Attribut-Name	Möglicher Wert	Beschreibung
href	URL	Bestimmt den URL des Zielobjekts für den Anker.
name	Text	Benennt den Abschnitt, so dass er Ziel eines Ankers sein kann.
id	Text	Bezeichnet den Anker als Ziel für einen anderen Anker, Style-Sheet-Zugriff oder für Skripte.
target	Ein Framename	Definiert einen Frame oder ein Fenster als Ziel für einen Link.
title	Text	Erstellt einen Hinweistext für einen Link.
accesskey	Ein Buchstabe	Definiert einen Buchstaben für direkten Zugriff auf einen Link.

Tabelle 4.4: Häufig vorkommende Anker-Attribute

Attribut-Name	Möglicher Wert	Beschreibung
`tabindex`	Ein Zahlenwert	Bestimmt die Reihenfolge, in der Verweise beim Drücken der Tabulatortaste aktiviert werden.
`rel`	Text	Bestimmt die Beziehung zum Objekt, auf das verwiesen wird.
`rev`	Text	Bestimmt die Beziehung des aktuellen Objektes zu dem Objekt, von dem aus auf das aktuelle Dokument verwiesen wurde.

Tabelle 4.4: Häufig vorkommende Anker-Attribute (Forts.)

Hinweis

In HTML 4 unterstützt das `<a>`-Element auch die Attribute `form` und `coords`, die in Zusammenwirken mit dem `<object>`-Element so genannte *Imagemaps* erstellen können. Diese Erweiterungen von `<a>` werden im Anhang A ebenso behandelt wie in Kapitel 5, wo wir uns mit dem `<object>`-Element in Verbindung mit Grafiken beschäftigen. Bislang werden diese Attribute noch nicht sehr häufig unterstützt. HTML-Autoren können jedoch clientseitige Imagemaps verwenden, die später in diesem Kapitel, im Abschnitt *Imagemaps* vorgestellt werden.

Das name-Attribut

Normalerweise definiert das `<a>`-Element die Zielquelle eines Hyperlinks: wohin der Link führt und was man anklicken muss, um dorthin zu gelangen. Ein mögliches Ziel für einen Hyperlink ist ein benannter Ort innerhalb eines HTML-Dokuments. Das `<a>`-Element wird außerdem verwendet, um diese Zielorte in einer Art zu definieren, die man *einen Abschnitt setzen* bezeichnet, obwohl der Begriff *markieren* sinnvoller wäre. Um einen Markierungspunkt zu setzen, ersetzt das `name`-Attribut das `href`-Attribut. Der Wert des `name`-Attributs ist ein beliebiger, symbolischer Name für den Markierungspunkt, der innerhalb des Dokuments einmalig sein muss. Die markierte Stelle wird so zum potenziellen Ziel für Hyperlinks. Der Befehl `<a name="marker">Das ist ein Markierer</a>` verbindet den Text »Das ist ein Markierer« mit dem Abschnittsmarkierer `#marker`.

Hinweis

Im Gegensatz zu Hyperlink-Ankern wird ein Markierer nicht optisch hervorgehoben dargestellt.

In der Praxis umschließt ein `<a>`-Element, das als Markierer verwendet wird, nur selten Text, was jedoch nicht bedeutet, dass auf das schließende Tag verzichtet werden kann – obwohl man das jedoch häufig sieht. Ein Markierungspunkt wie `<a name="top">` wird zwar von den meisten Browsern akzeptiert, die korrekte Form lautet jedoch `<a name="top"></a>`.

Ein `<a>`-Element kann gleichzeitig als Zielpunkt und Link dienen. Zum Beispiel verweist

```
<a name="yahoolink" href="http://www.yahoo.com/">Yahoo!</a>
```

auf eine Site und markiert den Anker, so dass von anderen Links direkt auf ihn verwiesen werden kann. Die doppelte Verwendung des `<a>`-Elements kann zwar verwirrend wirken, aber es ist gültiges HTML.

Hinweis

Wie bereits in Kapitel 3 erwähnt, ist das `id`-Attribut für fast jedes Element verfügbar. Es kann somit auch als Markierer verwendet werden. Das vorangegangene Beispiel kann auch `<a id="yahoolink" href="http://www.yahoo.com">Yahoo!</a>` geschrieben werden, um einen Anker für Verknüpfungen, Style Sheets und Skriptsprachen auszuzeichnen. Um eine Abwärtskompatibilität zu gewährleisten, sollte das `name`-Attribut verwendet werden, da viele Browser `id` nicht voll unterstützen.

Der Sinn von Abschnittsmarkierern ist nicht immer deutlich. Ihr Hauptzweck ist es, einen Punkt innerhalb eines Dokuments zu benennen, um ihn direkt zu erreichen, wie z.B. der »zurück zum Anfang«-Link, den man häufig auf langen Seiten findet. Einen solches Konstrukt wird erstellt, indem mit `<a name="top"></a>` ein Abschnitt als Ziel markiert wird, das über einen Verweis wie `<a href="#top">Anfang des Dokuments</a>` erreicht werden kann. Vergewissern Sie sich, dass Sie bei Markierungsnamen immer das #-Symbol verwenden, da der Browser den Link sonst als Datei und nicht als Sprungmarke interpretiert.

Häufiger ist der Fall, bei dem ein markierter Punkt in einem anderen Dokument referenziert wird, indem ein # und der Abschnittsname an den normalen URL angehängt werden.

```
<a href="http://www.democompany.com/products/robots.htm#specs">Robot Specs</a>
```

verweist z.B. auf den Abschnitt »specs« in der Datei `robots.htm`. Hier sehen Sie ein vollständiges HTML-Beispieldokument, das Verweise sowohl auf markierte Abschnitte in sich selbst als auch auf markierte Abschnitte in externen Dokumenten enthält.

```
<!DOCTYPE HTML PUBLIC "-//W3C//DTD HTML 4.01 Transitional//EN">
<html>
<head>
<title>name Attribut Beispiel</title>
</head>
<body>
<a name="top"></a>
Zum <a href="#ende">Ende</a> dieses Dokuments.<br>
Link zu einem
<a href="../beispiele/kapitel4/testfile.htm#markierer1"> markierer</a>
in einem anderen Dokument.

<p>Damit das funktioniert, müssen wir ein langes Dokument mit vielen Umbrüchen
simulieren.</p>
<br><br><br><br><br><br><br><br><br>
<br><br><br><br><br><br><br><br><br>
<strong id="mitte">Die Mitte</strong>
<br><br><br><br><br><br><br><br><br>
<br><br><br><br><br><br><br><br><br>
<hr>
<a name="ende" href="#top">zurück nach oben</a>
<a href="#mitte">Zur Mitte</a>

</body>
</html>
```

Hinweis

Namenswerte müssen einmalig sein, unabhängig davon, ob das `name`-Attribut oder das `id`-Attribut verwendet wurde.

Das title-Attribut für Anker

Wie schon in Kapitel 3 erwähnt, erscheint das `title`-Attribut nicht sonderlich hilfreich für den Anwender, da es nur grobe Hinweise über ein spezielles Element enthält. Im Falle eines Ankers ist es jedoch sehr nützlich, da es verwendet werden kann, um Informationen in kleinen Hinweisfenstern für einen Link anzuzeigen. In Browsern wie dem Internet Explorer erscheint dieses Fenster, wenn die Maus lange genug über dem Verweis ruht. Das folgende Codefragment zeigt Ihnen ein Beispiel für den Einsatz des `title`-Attributs:

```
<a href="staff/index.htm"
    title="Information ueber unsere Mitarbeiter">Staff</a>
```

Wird das `title`-Attribut nicht verwendet, wird der Ziel-URL angezeigt. Abbildung 4.4 zeigt den Einsatz des `title`-Attributes im Internet Explorer 4.

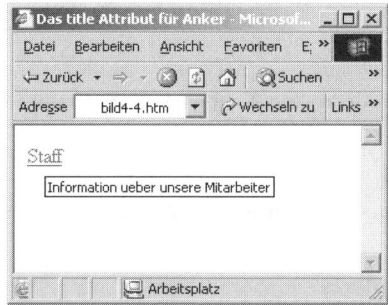

Abbildung 4.4: Darstellung des title-Attributs im Hinweisfenster (Internet Explorer)

Hinweis

Obwohl das `title`-Attribut, zumindest im Internet Explorer, bei fast jedem HTML-Element verwendet werden kann, ist sein Einsatz vor allem bei Links, Grafiken, binären Objekten und Formularen sinnvoll.

Das `title`-Attribut erfüllt einen weiteren Zweck: Es liefert die Titelinformationen für Lesezeichen von Seiten, die als Lesezeichen markiert werden, bevor die Seite besucht wurde. Obwohl das nicht intuitiv ist, bieten viele Browser die Möglichkeit an, ein Verweisziel in die Lesezeichenliste aufzunehmen, indem Sie den Verweis mit der rechten Maustaste anklicken und den entsprechenden Menüpunkt aus der daraufhin erscheinenden Auswahlliste wählen. In der Liste der Lesezeichen wird die Seite nun unter dem Titel geführt, der dem Browser mit dem `title`-Attribut mitgeliefert wurde, und nicht unter dem Wert des `<title>`-Elements der zu ladenden Seite. (Beachten Sie, dass das `title`-Attribut und das `<title>`-Element zwei unterschiedliche Dinge sind.)

Tastaturzugriffe

Die für HTML 4 vorgeschlagene Spezifikation fügt das Attribut `accesskey` für das `<a>`-Element sowie einige weitere Formularelemente, die in Kapitel 11 vorgestellt werden, hinzu. Mit diesem Attribut können Sie eine Taste definieren, die den Verweis aktiviert, ohne dass er von der Maus ausgewählt werden muss. Zum Aktivieren des Links muss der Anwender eine Tastenkombination betätigen, die sich aus einer

Beschleunigungstaste, in der Regel die Alt-Taste, und der Taste, die mit dem Attribut definiert wurde, zusammensetzt. Mit dem Link

```
<a href="http://www.yahoo.com/" accesskey="Y">Yahoo!</a>
```

können Sie Yahoo! durch Drücken der Alt-Taste und Y erreichen. Momentan wird diese Erweiterung noch nicht von vielen Browsern unterstützt.

Obwohl das Einbinden von Zugriffen auf Webseiten über die Tastatur eine deutliche Verbesserung darstellt, sollten HTML-Autoren vorsichtig beim Einsatz dieser Technik sein. Beim Internet Explorer 4 und höher sind bereits acht Tasten für Browserfunktionen reserviert. Der Netscape Communicator 4 und höher weicht bei einem Buchstaben vom Internet Explorer ab. Davon ausgehend, dass beide Browser diese Funktionen eines Tags unterstützen werden (Netscape macht das zurzeit noch nicht), sollten HTML-Autoren die Tasten, die in Tabelle 4.5 aufgelistet werden, meiden.

Taste	Verknüpft mit	Hinweise
F	Datei Menü	
E	Bearbeiten Menü	
C	Communicator Menü	Nur Netscape Communicator
V	Anzeigen Menü	
G	Gehe zu Menü	
A	Favoriten Menü	Nur Internet Explorer
H	Hilfe	
Linker Pfeil	Zurück in der History	
Rechter Pfeil	Vor in der History	

Tabelle 4.5: Reservierte Zeichen mit Browserfunktionen

Ein weiteres Problem mit Tastaturzugriffen ist die Frage, wie man sie auf einer Seite anzeigt. Bei den meisten Programmen wird ein möglicher Zugriff über die Tastatur durch Unterstreichung des Zugriffbuchstabens angezeigt. Da Links in der Regel unterstrichen werden, ist dieser Ansatz nicht praktikabel. Die Darstellung von Links lässt sich mit Style Sheets ändern, so dass das Unterstreichen des ersten Buchstabens machbar wäre, allerdings könnte es den Betrachter irritieren, dass nicht der ganze Link unterstrichen ist. Eine weitere Möglichkeit wäre es, den Zugriffsbuchstaben innerhalb eines Textlinks fett oder leicht vergrößert darzustellen.

Das tabindex-Attribut

Das `tabindex`-Attribut des `<a>`-Elements definiert die Reihenfolge, in der Links mit Hilfe einer Tabulatortaste angesprungen werden, sofern der Browser Tastaturnavigation unterstützt. Der Wert des `tabindex`-Attributs ist normalerweise eine positive Zahl. Browser springen die Links in der Reihenfolge der ansteigenden `tabindex`-Werte an. `<a href="about.htm" tabindex="1">` setzt diesen Anker an die erste Stelle der durch die Tabulatortaste zu erreichenden Elemente. Wenn das `tabindex`-Attribut nicht verwendet wird, markiert der Browser bei Drücken der Tabulatortaste die Links in der Reihenfolge ihres Auftretens.

Das target-Attribut

Das `target`-Attribut wird in Verbindung mit Frames verwendet, die in Kapitel 8 behandelt werden. Dieses Attribut ist Teil der HTML-4-Spezifikation. Um einen Verweis so einzurichten, dass er in einem bestimmten Frame oder Fenster dargestellt wird, muss das `target`-Attribut zum `<a>`-Element hinzugefügt werden. In der Regel hat ein Frame einen Namen, so dass das `target` dem Framenamen entsprechen muss, damit ein Link in diesem Frame dargestellt wird. Wenn z.B. ein Link wie

```
<a href="http://www.yahoo.com/" target="darstellungs_frame">
```

ausgewählt wird, erscheint die referenzierte Seite in einem Frame namens `darstellungs_frame`. Wird das `target`-Attribut nicht verwendet, so wird das Dokument im aktuellen Frame oder Fenster angezeigt. Neben den Namen, die der Autor den Frames zuweist, gibt es einige reservierte Namen für Frames, die besondere Eigenschaften haben: `_blank`, `_self`, `_parent` und `_top`. Für weitere Informationen und Instruktionen über den Einsatz des `<a>`-Elements in Verbindung mit Frames und die verschiedenen reservierten Framenamen lesen Sie bitte in der Befehlsreferenz (Anhang A) oder in Kapitel 8 weiter.

Anker und Link-Beziehungen

Das `<a>`-Element hat die folgenden zwei Attribute, deren Bedeutung oft missverstanden wird. Diese Attribute werden nicht von vielen Browsern unterstützt:

❏ `rel` wird verwendet, um die Beziehung zwischen dem Dokument und dem Zieldokument, das durch das Ankerattribut `href` referenziert wird, zu beschreiben. Wenn z.B. das Ziel eines Verweises das zum aktuellen Dokument gehörende Glossar bezeichnet, könnte der Anker wie folgt aussehen:

```
<a href="words.htm" rel="Glossar">
```

❏ `rev` definiert die umgekehrte Beziehung von `rel`: Es beschreibt die Beziehung aus Sicht des auf diese Seite verweisenden Dokuments. Nehmen wir als Beispiel eine Reihe von linear miteinander verknüpften Dokumenten, in denen das `rel`-Attribut auf `next` und das `rev`-Attribut auf `prev` gesetzt wurden, wie wir im folgenden Codefragment sehen:

```
<a href="seite2.htm" rel="next" rev="prev">Seite 2</a>
```

Obwohl die Attribute `rel` und `rev` sehr sinnvoll erscheinen, werden sie, wenn überhaupt, nur von wenigen Browsern unterstützt. Zurzeit ist die einzige wichtige Einsatzmöglichkeit für sie, die Beziehung von Verweisen innerhalb des `<a>`-Elements zu dokumentieren. Das `<link>`-Element (das weiter unten in diesem Kapitel behandelt wird), das eine ähnliche Bedeutung hat wie die Attribute `rel` und `rev`, wird in begrenztem Umfang von einigen Browsern unterstützt. Eine Liste der verschiedenen vorgesehenen Werte dieser Attribute kann in einem der nachfolgenden Abschnitte nachgeschlagen werden.

Skripte und Anker

Mit Hilfe von clientseitigen Skriptsprachen wie JavaScript können logische Ereignisse in Anker eingebunden werden. In HTML 4 wurden Event-Attribute, wie `onclick`, `onmouseover`, `onmouseout` und andere, zum `<a>`-Element hinzugefügt, die mit Skriptereignissen verknüpft werden können. Die Namen der Ereignisse korrespondieren mit den verknüpften Aktionen: `onclick` (ein Anker wird geklickt), `onmouseover` (der Zeiger wird über einen Anker geführt) und `onmouseout` (der Zeiger verlässt den Link wieder). Ein Einsatzzweck für solche Ereignisse ist das Animieren von Verweisen. Ein Link kann z.B. die Farbe wechseln, wenn er von der Maus überfahren wird. Wird der Link dann angeklickt, kann das von einem Geräusch signalisiert werden. Üblicherweise wird dieser Effekt als *Rollover-Effekt* bezeichnet. Neben solchen Ereignissen, die nützlich beim Erstellen von Rollover-Effekten sind, gibt es Ereignismodelle von Microsoft und Netscape, die eine Vielzahl von anderen Ereignissen wie z.B. die Hilfetastenfunktion (in der Regel die F1-Taste) beinhalten. Um mehr zu diesem Themenbereich zu erfahren, konsultieren Sie Kapitel 13. In Verbindung mit Grafiken können ankerorientierte Skripte Webseiten um überzeugende Elemente ergänzen.

Grafiken und Anker

Wie schon zuvor bemerkt, können <a>-Elemente Text und andere Inhalte, einschließlich Grafiken, enthalten. Wenn ein Anker eine Grafik enthält, wird diese Grafik *heiß*. Eine heiße Grafik kann einen Link aktivieren und dieselbe Funktionalität wie ein grafischer Button aufweisen. Normalerweise wird eine Grafik, die Teil eines Ankers ist, durch eine farbige Umrandung hervorgehoben – meist in derselben Einfärbung wie Textlinks, blau oder purpurn. Der Browser weist außerdem darauf hin, dass die Grafik einen Verweis darstellt, indem der Mauszeiger seine Form ändert (z.B. in Form eines Zeigefingers), sobald er über einen Link bewegt wird. In Verbindung mit Skripten kann ein Anker die Grafik sowohl in Form als auch in Größe nach Art eines animierten Buttons verändern. Der nachfolgende HTML-Code zeigt, wie ein Anker in Verbindung mit dem <img>-Element, das in Kapitel 5 behandelt wird, einen Button erstellen kann.

```
<!DOCTYPE HTML PUBLIC "-//W3C//DTD HTML 4.01 Transitional//EN">
<html>
<head>
<title>Grafiken und Anker</title>
</head>
<body>
<b>Button mit einer Umrandung</b><br>
<a href="ueber.htm">
<img src="ueber.gif" alt="About Button" height="57" width="57">
</a>
<br><br>
<b>Derselbe Button ohne Umrandung</b><br>
<a href="ueber.htm">
<img src="ueber.gif" alt="About Button" border="0" height="57" width="57">
</a>
</body>
</html>
```

Beachten Sie, wie das border-Attribut auf 0 gesetzt wurde, um die Umrandung der Grafik abzuschalten. Darüber hinaus enthält der Code einen kleinen, aber deutlich sichtbaren Fehler. Wenn sich ein Leerzeichen zwischen dem Ende eines <img>-Tags und dem schließenden </a>-Element befindet, wird eine kurze blaue oder purpurne Linie, ein so genannter »Tick« sichtbar, wie Sie ihn in Abbildung 4.5 sehen können. Um einen Tick zu entfernen, vergewissern Sie sich, dass Sie alle Leerzeichen vor dem schließenden </a> entfernen.

Hinweis

Obwohl Ticks nicht die schlimmsten Fehler im Web sind, weisen sie auf einen Mangel an Aufmerksamkeit beim Codieren von Webseiten hin. Bei gedruckter Literatur lösen Rechtschreibfehler und kleinere Makel regelrecht Alarm aus. Vielleicht sollte bei Webseiten derselbe Standard gelten, so dass HTML-Autoren auch auf kleinste Fehler achten. Seien Sie sorgfältig bei der Suche nach Ticks. Einige Browser, wie der Internet Explorer, versuchen solche Fehler für Sie auszumerzen, indem sie diese Ticks nicht darstellen. Es ist daher unumgänglich, auf verschiedenen Browsern zu testen, um alle kleinen Fehler zu finden.

Alle bisherigen Beispiele zeigten grafische Links mit nur einem Ziel. Bei einer weiteren Sorte von grafischen Links, so genannten Imagemaps, können verschiedene Regionen auf verschiedene Ziele verweisen.

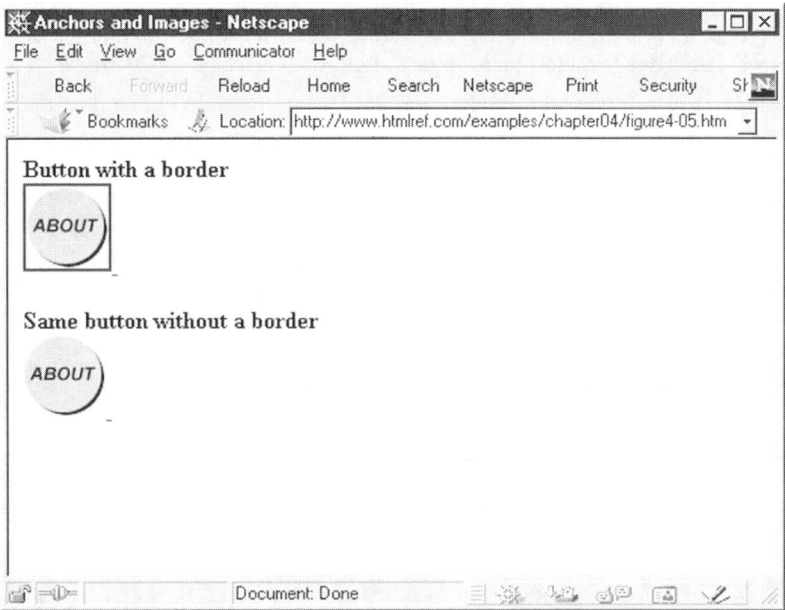

Abbildung 4.5: Ticks – ein häufiges Problem bei grafischen Links

Imagemaps

Eine Imagemap ist eine Grafik, die verschiedene klicksensitive Bereiche (»Hot Spots«) enthält, die zu unterschiedlichen URLs verweisen, abhängig von dem Ort, auf den der Anwender klickt. Es gibt zwei unterschiedliche Typen von Imagemaps: *serverseitige Imagemaps* und *clientseitige Imagemaps*. Bei einer serverseitigen Imagemap läuft folgender Prozess ab:

1. Der Anwender klickt irgendwo auf die Grafik.
2. Der Browser schickt eine Anfrage an den Webserver und fragt nach dem URL, der mit dem angeklickten Bereich verknüpft ist. Das angeklickte Koordinatenpaar wird an ein Programm, meist Imagemap genannt, weitergereicht, das die Information decodiert.
3. Nachdem der Server überprüft hat, welcher URL mit den Koordinaten korrespondiert, sendet er die gewünschte Information zurück.
4. Nachdem der Server die Antwort erhalten hat, verbindet er den Browser mit dem neuen URL.

Das Konzept der serverseitigen Imagemaps hat einige schwerwiegende Nachteile und wird heutzutage nur noch wenig eingesetzt. Unabhängig davon wird dieses Format in diesem Buch behandelt, um den Leser davon zu überzeugen, von dieser Technik abzusehen. Der erste Nachteil ist die Tatsache, dass die User nicht ersehen können, wohin ein Klick sie führen wird. Alles was sie sehen, wenn sie die Maus über eine Grafik führen, sind die aktuellen Koordinaten, über denen sich der Mauszeiger befindet. Das zweite – und schwerwiegendere – Problem ist, dass der Server jedes Mal ermitteln muss, welche Seite angefordert wird. Das kann zu einer Verzögerung beim Seitenaufbau führen, da die Verbindung zum Server zum Flaschenhals werden kann. Das langsame Decodieren und die Möglichkeit, dass ein Betrachter in einen nicht definierten Bereich klickt und nichts passiert, lassen clientseitige Imagemaps zur vorzuziehenden Variante werden.

Bei clientseitigen Imagemaps sind alle Informationen – welche Region zu welchem URL führt – innerhalb desselben HTML-Dokuments abgelegt, das auch die Grafik bestimmt, die mit der Map verknüpft ist. Das, und die Tatsache, dass der Browser die Map decodiert, hat verschiedene Vorteile:

❏ Es muss kein Server aufgesucht werden, um das Ziel zu bestimmen, so dass die Links schnell aufgesucht werden können.

❏ Der Ziel-URL kann angezeigt werden, wenn der User die Maus über die Grafik führt.

❏ Imagemaps können lokal erstellt und getestet werden, ohne dass ein Server oder ein Administrator benötigt werden.

Obwohl es ersichtlich ist, dass clientseitige Imagemaps weit überlegen sind, wird diese Technik von alten Browsern eventuell nicht unterstützt. Das muss jedoch kein Problem sein, da Sie beide Typen simultan anbieten können.

Serverseitige Imagemaps

Um eine serverseitige Imagemap zu erstellen, verwenden Sie das `<a>`-Element, um eine Grafik zu markieren. Das `href`-Attribut des `<a>`-Elements verweist auf den URL eines Programms oder eine Map-Datei, die die Imagemap decodiert. Das `<img>`-Tag muss das Attribut `ismap` enthalten, so dass der Browser die Grafik korrekt decodieren kann.

Hinweis

Abhängig vom eingesetzten Webserver ist die Unterstützung für serverseitige Imagemaps eingebaut oder nicht. Wenn sie unterstützt werden, muss das `<a>`-Element lediglich auf den URL der Map-Datei verweisen, damit sie decodiert werden kann. Das wird als Beispiel in Abbildung 4.6 gezeigt. Auf einigen älteren Servern muss der Anker auf ein Imagemap-Programm verweisen, das im `cgi-bin`-Verzeichnis des Servers liegt.

Wie bei allen grafischen Verweisen, ist auch bei Imagemaps die Unterdrückung der Rahmendarstellung erwünscht. Sie können das erreichen, indem Sie das `border`-Attribut des `<img>`-Tags mit dem Wert 0 versehen. Ein einfaches Code-Beispiel einer serverseitigen Imagemap sehen Sie hier. Abbildung 4.6 zeigt die Darstellung in einem Browser.

```
<!DOCTYPE HTML PUBLIC "-//W3C//DTD HTML 4.01 Transitional//EN">
<html>
<head>
<title>Serverseitige Imagemap</title>
</head>
<body>
<h1 align="center">Serverseitige Imagemap</h1>
<div align="center">
<a href="http://www.htmlref.com/beispiele/kapitel4/shapes.map">
<img src="formen.gif" ismap border="0" width="400" height="200"></a>
</div>
</body>
</html>
```

Wie schon oben erwähnt, geben serverseitige Imagemaps dem Anwender keine brauchbaren Rückmeldungen und belasten unter Umständen die Performance. Abbildung 4.6 zeigt, dass der Browser keinen Ziel-URL, sondern lediglich Koordinaten anzeigt.

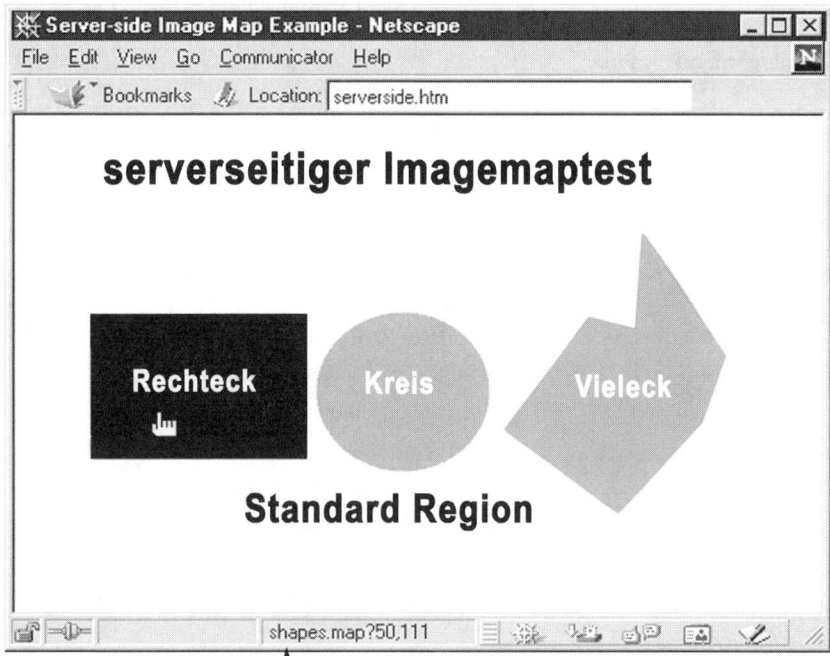

Abbildung 4.6: Feedback einer serverseitigen Imagemap

HTML-Autoren sollten clientseitige Imagemaps bevorzugen und serverseitige Imagemaps nur verwenden, wenn alte Browser unterstützt werden müssen.

Clientseitige Imagemaps

Um eine clientseitige Imagemap in Ihre Seiten einzubinden, müssen Sie das usemap-Attribut zum <img>-Tag hinzufügen und es mit einem <map>-Element verknüpfen, das die aktiven Bereiche der Map definiert. Ein Beispiel für solch eine Syntax ist <img src="controlbar.gif" usemap="#controlmap">. Beachten Sie, dass die Grafik, anders als bei der serverseitigen Imagemap, wie ein Link behandelt wird, obwohl kein <a>-Element die Grafik umgibt. Bei Bedarf ist das border-Attribut der Grafik auf 0 zu setzen.

Das <map>-Element erscheint in der Regel im selben Dokument, obwohl es auch unterstützt wird, wenn es in einem anderen Dokument gespeichert ist. Sinngemäß funktioniert es ähnlich wie eine serverseitige Imagemap. Das <map>-Element kann an jedem Platz innerhalb des Body-Bereichs eines HTML-Dokuments erscheinen, obwohl es meistens am Ende einer Seite abgelegt wird.

Hinweis

Theoretisch kann eine Map-Datei einer clientseitigen Imagemap auch in einer anderen Datei gespeichert werden. Die meisten Browser unterstützen das jedoch nicht.

Das <map>-Element hat ein Attribut, name, das zur Identifizierung der zugehörigen Map dient. Der Map-Name wird innerhalb des <img>-Tags über das usemap-Attribut mitgeteilt. Das <map>-Tag muss ein schließendes </map>-Element haben. Zwischen <map> und </map> werden die klickbaren Bereiche und deren Form der Grafik definiert. Das `<area>`-Element benötigt kein Schluss-Tag, es sei denn, Sie wollen Ihren Quelltext XHTML-kompatibel gestalten. Das `<area>`-Tag hat eine Vielzahl von Attributen, die Sie Tabelle 4.6 entnehmen können.

Attribut Name	Mögliche Werte	Beschreibung
shape	rect, circle und poly	Bestimmt die Form
coords	x, y Koordinatenpaare	Bestimmt die Punkte, die die Form definieren
href	Ein URL	Bestimmt das Ziel des Verweises
id	Text	Definiert den Anker als Ziel für einen anderen Anker, ein Style Sheet oder ein Skript
target	Ein Framename	Definiert den Zielframe oder das Zielfenster des Links
nohref	-	Gibt an, das dieser Bereich kein Ziel hat
alt	Text	Definiert einen alternativen Text für diese Form
title	Text	Definiert einen Hinweis für diese Form
tabindex	Eine Zahl	Definiert die numerische Reihenfolge für Tab-Sprünge
onclick	Ein Skript	Verbindet ein Mausklick-Ereignis mit einem Skript
onmouseover	Ein Skript	Verbindet ein mouseover-Ereignis mit einem Skript
onmouseout	Ein Skript	Verbindet ein mouseout-Ereignis mit einem Skript

Tabelle 4.6: Attribute für `<area>`

Die wichtigsten Attribute des `<area>`-Tags sind `href`, `shape` und `coords`. Das `href`-Attribut bestimmt den Ziel-URL für den Browser, wenn der entsprechende Bereich in der Grafik angeklickt wird. Die Attribute `shape` und `coords` definieren die einzelnen klickbaren Bereiche. Wenn der Wert des `shape`-Attributs `rect` ist, definiert es ein Rechteck, dessen obere linke und untere rechte Ecke mit dem Attribut `coords` bestimmt werden. Hat das `shape`-Attribut den Wert `circle`, so bestimmen die Koordinatenwerte den x- und den y-Wert des Mittelpunktes sowie den Radius. Der Attributwert `poly` zeigt an, dass es sich bei der definierten Region um ein Polygon handelt. Mit den Koordinatenwerten werden die einzelnen Eckpunkte symbolisiert, deren Verbindung das Vieleck bilden. Der letzte Punkt wird mit dem ersten verbunden, um das Polygon zu schließen. Nicht klickbare Bereiche können mit dem Wert `shape="default"` ausgewiesen werden.

Hinweis

Wird das `shape`-Attribut nicht gesetzt, wird ein Rechteck vorausgesetzt.

Tabelle 4.7 fasst die Möglichkeiten des `area`-Befehls zusammen und zeigt einige Beispiele.

Form	Koordinatenformat	Beispiel
rect	left-x, top-y, right-x, bottom-y	`<area shape="rect" coords="0,0,100,50" href="ueber.htm">`
circle	center-x, center-y, radius	`<area shape="circle" coords="25,25,10" href="produkte.htm">`
poly	x1, y1, x2, y2, x3, y3,...	`<area shape="poly" coords="255,122,306,53,334,62,255,122" href="kontakt.htm">`

Tabelle 4.7: Shape-Formate und -Beispiele

Hinweis

Einige Browser unterstützen zwar beim `shape`-Attribut die Werte `rectangle`, `circ` und `polygon`, es wird jedoch darauf hingewiesen, dass diese Werte keinem Standard entsprechen.

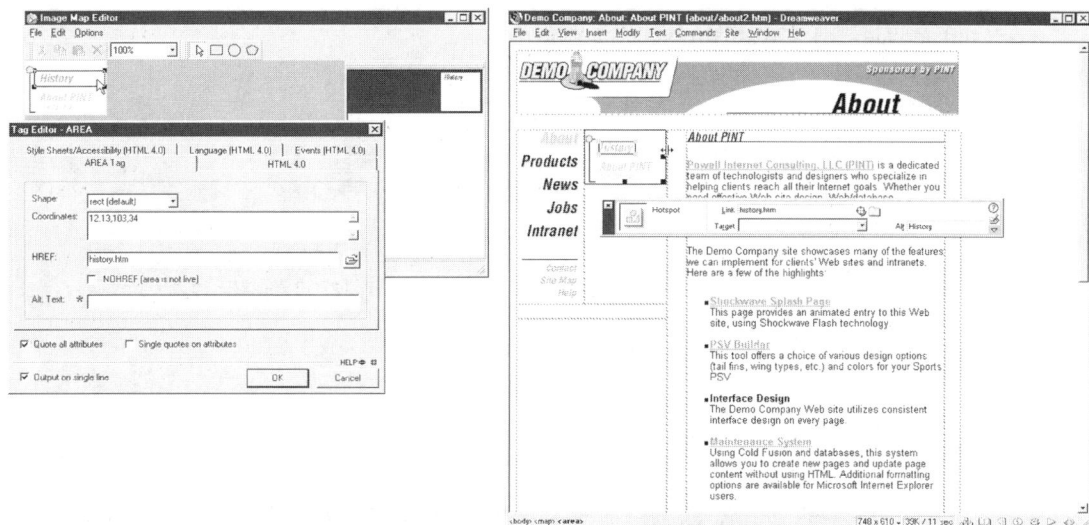

Abbildung 4.7: Vereinfachtes Erstellen einer Imagemap mit einem Editor

Die verschiedenen x- und y-Koordinaten werden in Pixeln von der oberen linken Ecke (0,0) der zu bearbeitenden Grafik aus gemessen. Es können auch Prozentangaben der Bildhöhe und der -breite verwendet werden. Die Angabe `<area shape="rect" coords="0,0,50%,50%">` beschreibt z.B. einen rechteckigen Bereich, der von der oberen linken Ecke zur Mitte der Abbildung reicht. Obwohl es Prozentangaben erlauben, ein Bild in der Größe zu verändern, sind sie im Allgemeinen nicht sinnvoll. Die größte Schwierigkeit ist das Bestimmen der Koordinaten für individuelle Formen innerhalb einer Grafik. Zur Vereinfachung dieser Aufgabe sollten Sie ein Tool verwenden, das Ihnen diese Aufgabe abnimmt. Bei vielen HTML-Editoren, wie z.B. Allaires Homesite (`http://www.allaire.com`) und Macromedia Dreamweaver (`http://www.macromedia.com`) sind solche Werkzeuge, wie Sie es in Abbildung 4.7 sehen, bereits im Lieferumfang enthalten.

Mapedit (`http://www.boutell.com/mapedit`) für Windows und Unix sowie MapMaker (`http://www.kickinit.net/mapmaker/`) für Macintosh haben ebenfalls einfache Map-Tauglichkeit.

Hinweis

Andere `height`- und `width`-Werte für die Grafik als die üblichen zu verwenden, wird nicht empfohlen, da ein Verändern der Grafik die Imagemap zerstört.

Die folgende clientseitige Imagemap wird in Abbildung 4.8 angezeigt:

```
<!DOCTYPE HTML PUBLIC "-//W3C//DTD HTML 4.01 Transitional//EN">
<html>
<head>
<title>Clientseitige Imagemap</title>
</head>
```

```
<body>
<h1 align="center">Clientseitige Imagemap</h1>
<div align="center">
<img src="formen.gif" usemap="#formen" border="0" width="400" height="200">
</div>
<!–Anfang der clientseitigen Imagemap -->

<map name="formen">
<area shape="rect" coords="6,50,140,143" href="rechteckt.htm"
      alt="rechteck">
 <area shape="circle" coords="195,100,50" href="kreis.htm"
      alt="kreis">
 <area shape="poly"
coords="255,122,306,53,334,62,338,0,388,77,374,116,323,171,255,122"
      href="polygon.htm" alt="polygon">
 <area shape="default" href="defaultreg.htm">
</map>
</body>
</html>
```

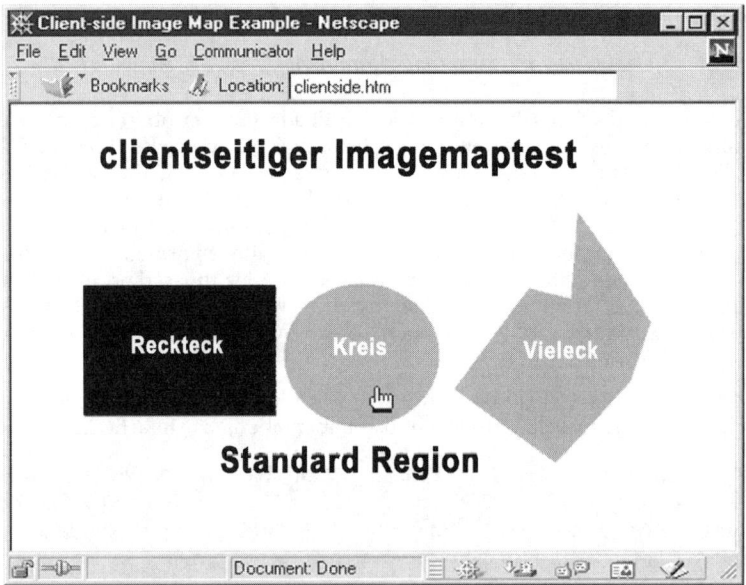

Abbildung 4.8: Darstellung einer clientseitigen Imagemap

Sie können serverseitige und clientseitige Imagemaps in einer Datei kombinieren, da Browser normalerweise serverseitige Imagemaps übergehen, wenn gleichzeitig eine clientseitige angeboten wird. Mit diesem Ansatz ist die Abwärtskompatibilität für alte Browser gewährleistet. Um beide Map-Arten zu unterstützen, binden Sie sowohl das ismap-, als auch das usemap-Attribut, in Verbindung mit der eingebundenen und der extern definierten Map, in das <img>-Tag ein, wie Sie es im folgenden Code-Abschnitt sehen:

```
<a href="shapes.map">
<img src="shapes.gif" usemap="#shapes" border="0" ismap width="400"
height="200"></a>
```

Imagemap-Attribute

Clientseitige Imagemaps haben eine Vielzahl von Attributen, die innerhalb des <area>-Elements verwendet werden können. Serverseitige Imagemaps haben keine anderen Attribute, außer denen, die mit dem <img>-Tag verbunden sind, wie z.B. das border-Attribut. Die wichtigsten Attribute sowie die Verknüpfung von Skripten mit Imagemaps werden hier erläutert.

target

Das <area>-Element für clientseitige Imagemaps wurde um ein target-Attribut, das dieselbe Funktion wie beim <a>-Element hat, erweitert. Der Wert des target-Attributs sollte der Name eines Frames oder eines Fensters sein. Frames haben in der Regel einen Namen, damit ein aufgerufener Link in einem spezifischen Frame dargestellt werden kann. Wird ein Link wie

```
<area shape="rect" coords="0,0,50%, 50%" href=http://www.yahoo.com
target="anzeige_frame">
```

ausgewählt, so wird der in href definierte URL im Frame anzeige_frame dargestellt. Wird kein target-Attribut angegeben, so wird der aktuelle Frame oder das aktuelle Fenster für die Darstellung verwendet. Neben den vom Autor zu wählenden Framenamen gibt es folgende reservierte Namen, die eine besondere Bedeutung haben: _blank, _self, _parent und _top. Für weitere Informationen über Frames und die Verwendung des <area>-Elements in Verbindung mit Frames schauen Sie in die Befehlsreferenz (Anhang A) und in Kapitel 8.

nohref

Das nohref-Attribut scheint nur wenig Nutzen zu haben, es kann jedoch verwendet werden, um eine Region in der Map auszuweisen, bei der nichts geschieht, wenn sie angeklickt wird. Das kann nützlich sein, wenn Sie ein Loch in einen Gegenstand in einer Grafik schneiden wollen. Das Bild von einem Donut ist ein gutes Beispiel für eine Imagemap, insbesondere, wenn Sie das Loch in der Mitte als nicht klicksensitiven Bereich definieren wollen. Mit dem nohref-Attribut ist das einfach. Definieren Sie lediglich einen großen Bereich für das ganze Bild und bestimmen Sie die Mitte des Bildes mit dem nohref-Attribut als nicht klickbar. Ein Beispiel hierfür sehen Sie hier:

```
<!DOCTYPE HTML PUBLIC "-//W3C//DTD HTML 4.01 Transitional//EN">
<html>
<head>
<title>nohref-Beispiel</title>
</head>
<body>
<img src="donut.gif" width="300" height="300" border="0"
     alt="donut widget" usemap="#donut">
```

```
<map name="donut">
  <area shape="circle" coords="150,150,81" nohref>
  <area shape="circle" coords="150,150,146" href="donut.htm">
  <area shape="default" nohref>
</map>

</body>
</html>
```

Hinweis

Bei XHTML erstellen Sie einen nohref-Bereich wie folgt: `<area shape="circle" coords="150, 150,81" nohref="nohref" />`

Wenn dieser Code von einem Netscape-Browser dargestellt wird, wechselt der handförmige Cursor die Form zur Standardform, wenn er über einen nicht klickbaren Bereich wechselt. Beim Internet Explorer behält der Cursor zwar stets das gleiche Aussehen, die Region selbst ist jedoch nicht klickbar.

Wenn ein nohref-Bereich auf einer aktiven Region verhindert, dass die darunter liegende Grafik klickbar ist, was passiert dann, wenn sich zwei Regionen überlappen? Gemäß der Spezifikation hat bei sich überlappenden Bereichen der zuerst definierte Vorrang. Diese Regel legt nahe, dass `<area>`-Elemente mit einem nohref-Attribut vor den anderen `<area>`-Elementen eingebunden werden sollten, damit ein Klick in einen mit nohref spezifizierten Bereich nicht zu einem anderen URL führt, nur weil sich zwei Bereiche überlappen.

alt und title

Imagemaps haben bei textbasierten Browsern, selbst in der clientseitigen Version, einige schwerwiegende Nachteile. Das alt-Attribut kann, wie in den vorherigen Beispielen gezeigt, verwendet werden, um beim Überfahren der aktiven Bereiche mit der Maus Textschilder anzuzeigen. Obwohl das title-Attribut zu allen Elementen hinzugefügt werden kann und eine ähnliche Wirkung wie das alt-Attribut hat, ziehen Browser in der Praxis das alt- dem title-Attribut vor. Um auf der sicheren Seite zu sein, können Sie beide Attribute parallel verwenden. Ein unglückliches Problem tritt beim alt-Attribut in clientseitigen Imagemaps auf, wenn nicht grafische Browser verwendet werden, da diese nicht immer das alt-Attribut verwenden. Anstelle einer Gruppe von Verweisen sieht der Betrachter lediglich eine kryptische Nachricht, wie in Abbildung 4.9.

HTML-Autoren sollten eine zweite Navigation anbieten, die die Verweise der Imagemap zur Verfügung stellt. Diese zweite Navigation sollte aus Textlinks bestehen, die unter der Grafik abgebildet werden, damit die Verweise auch für Anwender mit einem Textbrowser zugänglich sind. Anwender mit einer langsamen Anbindung können sich für einen Textlink entscheiden, bevor die Grafik vollständig geladen ist. Ein Beispiel für Textlinks in Verbindung mit einer Imagemap wird in Abbildung 4.10 gezeigt. Bei serverseitigen Imagemaps können Sie den inaktiven Bereich auf eine Seite verweisen lassen, die ein Textmenü der Verweise enthält, die von der Imagemap angeboten werden. Auf diese Weise bekommen User, deren ältere Browser die ismap-Variante ausgewählt haben, das Textmenü angezeigt.

Diskussionen über Design und Navigationsprobleme, die Imagemaps betreffen, werden den Büchern überlassen, die sich mit Site-Design befassen. Wo immer möglich sollten sich HTML-Autoren nicht zu sehr auf Imagemaps zu Navigationszwecken stützen.

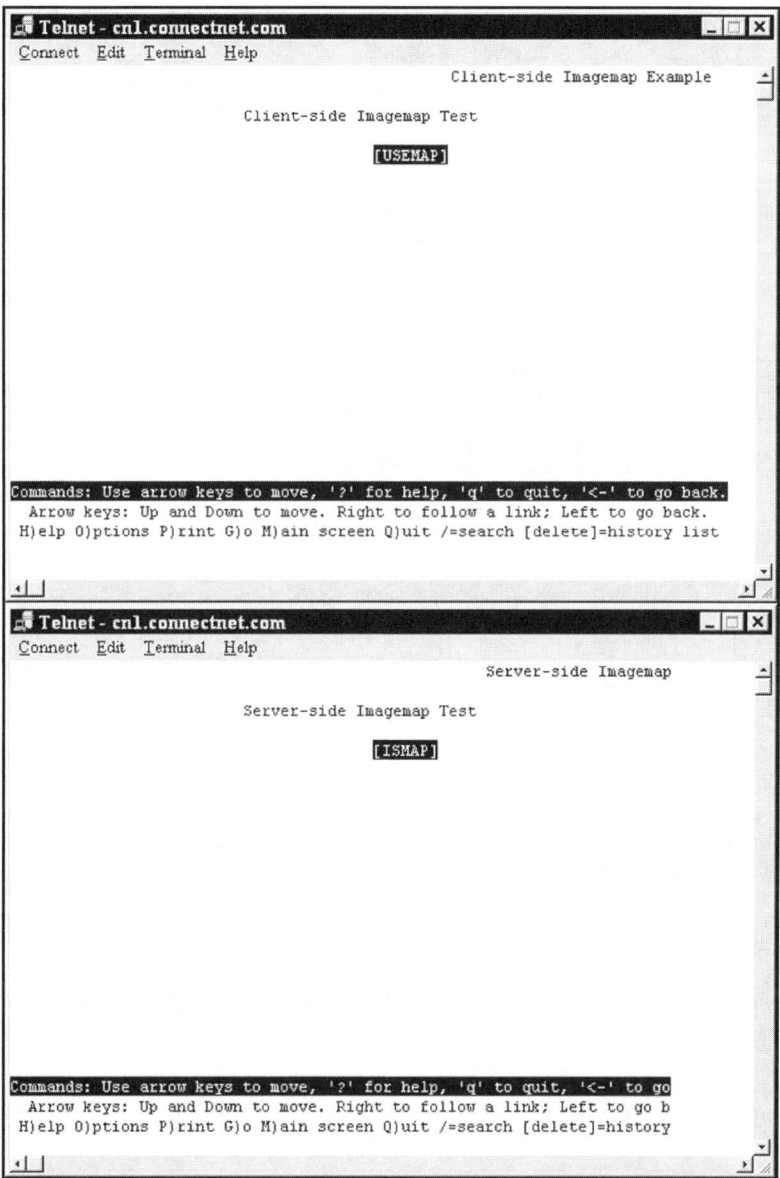

Abbildung 4.9: Nutzlose Darstellungen von Imagemaps

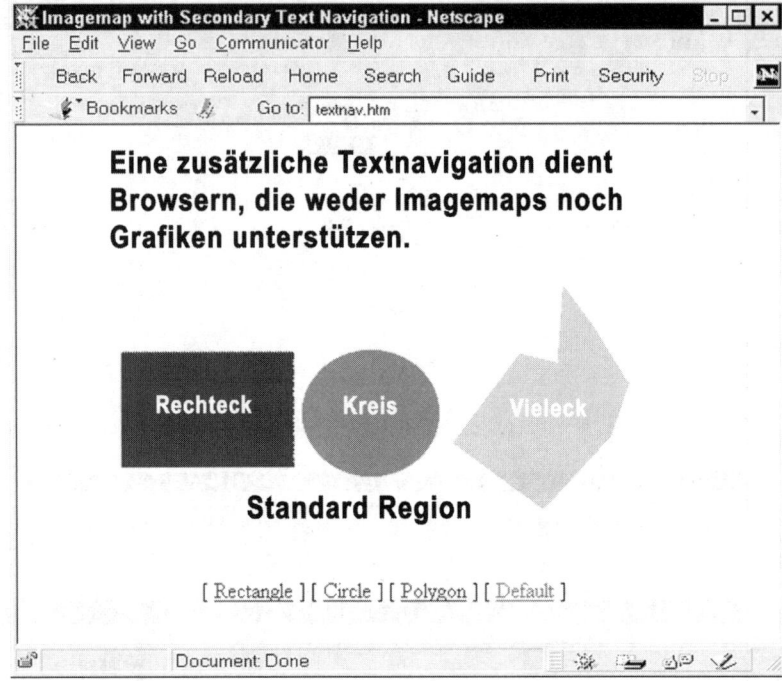

Abbildung 4.10: Eine Imagemap mit zusätzlicher Textnavigation

tabindex

Gemäß der vorgeschlagenen HTML-4-Spezifikation können Sie das `tabindex`-Attribut innerhalb des `<area>`-Elements verwenden, um die Reihenfolge festzulegen, in der die Hot Spots beim Drücken der Tabulatortaste aktiviert werden, sofern der Browser tastaturgestützte Navigation unterstützt. Der Wert des `tabindex`-Attributes ist standardmäßig eine positive Zahl. Ein Browser springt die Links in der Rangfolge der `tabindex`-Werte an und lässt dabei eventuelle negative Zahlen aus. Der folgende Code-Ausschnitt setzt diesen Anker an die erste Stelle:

```
<area shape="rect" coords="0,0,50%,50%" href="http://www.yahoo.com/"
tabindex="1">
```

Bleibt das Attribut `tabindex` undefiniert, aktiviert der Browser in der Reihenfolge, in der sie im HTML-Dokument eingebunden wurde.

Skripte

Wie bereits angedeutet, können Sie Imagemaps mit clientseitigen Skriptsprachen, wie JavaScript oder VBScript, verknüpfen. Es können drei Erweiterungen – `onclick`, `onmouseover` und `onmouseout` – in das `<area>`-Element eingebunden werden, um eine Reaktion hervorzurufen, sobald die Maus über einen Link fährt. Dieser Rollover-Aspekt wurde bereits früher vorgestellt. Allerdings ist das `<area>`-Element weniger flexibel als ein Anker bei einer Einzelgrafik, da das Ersetzen des Teils einer Grafik nicht möglich ist. Die meisten Webseiten bieten keine Imagemaps an, sondern verwenden stattdessen zerschnittene und wieder zusammengesetzte Grafiken.

Inhaltliche Verknüpfungen mit dem <link>-Element

Ein Link von einem Dokument zu einem anderen sagt nichts über die Beziehung zwischen dem aktuellen und dem aufzurufenden Dokument aus. Sie können das title-Attribut verwenden, um Informationen über den Link anzuzeigen, damit der Betrachter etwas über die Bedeutung des Links erfährt. Auch die Grafik, oder der Text, die den Link darstellt, kann einen Hinweis darauf liefern, was passiert, wenn der Link aktiviert wird, aber in HTML selbst haben Verweise keine inhaltliche Bedeutung. Das <link>-Element bietet jedoch eine Möglichkeit, die Beziehung zwischen zwei verknüpften Dokumenten zu definieren. Das Konzept des <link>-Elements sieht vor, dass ein Dokument in einer vordefinierten Beziehung zu anderen Dokumenten steht, die den Browser dabei unterstützt, eine Seitennavigation aufzubauen, eine Seite darzustellen oder sie zum Drucken vorzubereiten. Obwohl das <link>-Element seit mehreren Jahren existiert, wird es bis heute nur von wenigen Browsern unterstützt. Mit dem Aufkommen von Style Sheets, Skriptsprachen und browsereigenen Erweiterungen, wird das <link>-Element noch weniger unterstützt.

Das <link>-Element wird in den Kopfteil eines HTML-Dokuments eingebunden, wo es mehrmals auftreten kann. Die beiden wichtigsten Attribute des Elements sind href und rel. Wie das href-Attribut beim <a>-Element, bestimmt href hier den URL eines anderen Dokuments, wobei rel die Beziehung zu dieser Datei definiert. Der Wert von rel wird oft als Link-Typ bezeichnet. Die Grundform des <link>-Elements lautet <link href="url" rel="Beziehung">. In HTML 4 unterstützt <link> auch ein umgekehrt inhaltliches Verhältnis, das durch die Attribute rev und title angezeigt wird, und die verwendet werden können, um nähere Informationen zum Link anzuzeigen. Die schwierigsten Gesichtspunkte des <link>-Elements sind die Werte der Attribut rel und rev.

Link-Beziehungen im Detail

Wie schon beim <a>-Element, definiert das rel-Attribut bei link eine Beziehung zwischen dem aktuellen und dem mit ihm verknüpften Dokument. Der Wert des rel-Attributs ist ein beliebiger vom Autor gewählter Text, es gibt jedoch standardisierte Beziehungsarten, die der Browser auf eine besondere Art interpretiert. Der Browser kann z.B. spezielle Icons oder Navigationselemente einfügen, wenn er die Bedeutung eines Links versteht. Zurzeit gibt es keine Standards für Dokumentbeziehungen, es gibt jedoch in der HTML-4-Spezifikation eine Liste vorgeschlagener Beziehungswerte, die Sie Tabelle 4.8 entnehmen können. Bei diesen Werten spielt die Groß- oder Kleinschreibung keine Rolle.

Relationship Value	Erläuterung	Beispiel
alternate	Der Link verweist auf eine Alternativversion des Dokuments von dem der Verweis ausgeht. Das kann eine übersetzte Version des Dokuments sein, was durch das lang Attribut vorgeschlagen wird.	<link href="frenchintro.htm" rel="alternate" lang="fr">
appendix	Der Link verweist auf ein Dokument, das einen Anhang für das Dokument oder die Site aufweist.	<link href="intro.htm" rel="appendix">
bookmark	Der Link referenziert ein Dokument, das als Lesezeichen markiert werden soll. Das Attribut title kann verwendet werden, um einen Titel für den Lesezeicheneintrag vorzugeben.	<link href="index.htm" rel="bookmark" title="homepage">
chapter	Der Link verweist auf ein Dokument, das ein Kapitel einer Site, oder einer Sammlung von Dokumenten ist.	<link href="ch01.htm" rel="chapter">
contents	Der Link verweist auf ein Dokument, das ein Inhaltsverzeichnis enthält. Ob dieses für die ganze Site, oder nur für ein Dokument Gültigkeit besitzt geht aus der Definition nicht hervor.	<link href="toc.htm" rel="contents">

Tabelle 4.8: Vorgeschlagene rel Werte für HTML

Relationship Value	Erläuterung	Beispiel
index	Der Link verweist auf ein Dokument, das einen Index für das Dokument enthält.	`<link href="docindex.htm" rel="index">`
glossary	Der Link verweist auf ein Dokument, das ein Glossar enthält.	`<link href="glossary.htm" rel="glossary">`
copyright	Der Link verweist auf eine Seite, auf der Copyright Informationen angeboten werden.	`<link href="copyright.htm" rel="copyright">`
next	Der Link verweist auf ein Dokument, das in der vorgesehenen Reihenfolge als nächstes betrachtet werden sollte. Dieses Attribut kann verwendet werden, um die folgende Seite vor zu laden.	`<link href="page2.htm" rel="next">`
prev	Der Link verweist auf das Dokument, das gemäß der vorgesehenen Reihenfolge zuvor betrachtet wurde.	`<link href="page1.htm" rel="previous">`
section	Der Link verweist auf eine Seite, die einen Abschnitt einer Sammlung von Dokumenten darstellt.	`<link href="sect07.htm" rel="section">`
start	Der Verweis zeigt auf die erste Seite einer Sammlung von Dokumenten.	`<link href="begin.htm" rel="start">`
stylesheet	Der Link verweist auf ein externes Style Sheet.	`<link href="style.css" rel="stylesheet">`
subsection	Der Link verweist auf ein Dokument, das ein Unterbereich einer Sammlung von Dokumenten istt.	`<link href="sect07a.htm" rel="subsection">`
help	Der Link verweist auf eine Seite, die Hilfe für die Verwendung der Site bietet.	`<link href="help.htm" rel="help">`

Tabelle 4.8: Vorgeschlagene rel Werte für HTML (Forts.)

Neben den für HTML 4 vorgeschlagenen Beziehungsarten werden noch einige andere diskutiert. HTML-Autoren können auch ihre eigenen Beziehungsformen entwickeln, sollten dabei aber vorsichtig bei der Verwendung von prev, next, rel oder rev sein, da diese Werte für manche Browser eine besondere Bedeutung haben.

`<link>` und Style Sheets

Es gibt eine Vielzahl von Attributen für das `<link>`-Element. Dazu gehören type, media und target. Diese neuen Attribute werden bereits bei der Verwendung von Style Sheets bei Browsern wie Internet Explorer und Netscape unterstützt. Das `<link>`-Element ermöglicht es, dass Style Sheets für ein Dokument aus einer externen Datei geladen werden. Wenn der Befehl `<link rel="stylesheet" href="firmenstil.css">` im Kopf des Dokuments eingebunden wird, verbindet er das Style Sheet firmenstil.css mit dem aktuellen Dokument. stylesheet als Wert des Attributs rel erklärt das Verhältnis zwischen den Dokumenten.

Die Beziehung alternate stylesheet, die es Anwendern erlaubt, aus einer Vielzahl von Stilarten zu wählen, wurde auch vorgeschlagen. Um einen alternativen Stil zu definieren, muss das title-Attribut für eine Gruppe von Elementen gesetzt werden, die alle zum gleichen Stil gehören. Der folgende Code-Ausschnitt definiert einen Standardstil, basissitl.css, und zwei Alternativstile, 640 x 480 und 1024 x 768, die das Erscheinungsbild für verschiedene Bildschirmauflösungen optimieren sollen:

```
<link rel="alternate stylesheet" title="640by480" href="small-1.css">
<link rel="alternate stylesheet" title="640by480" href="small-2.css">
<link rel="alternate stylesheet" title="1024by768" href="big.css">
<link rel="stylesheet" href="basestyle.css">
```

Ein Webbrowser sollte eine Methode zur Verfügung stellen, damit sich der User einen Stil aus einer Liste auswählen kann. Das `title`-Attribut kann hierbei dazu dienen, die Auswahl zu treffen. Zurzeit wird diese Auswahlmöglichkeit für alternative Style Sheets von keinem Browser unterstützt.

Da es viele potenzielle Datentypen gibt, auf die verwiesen werden kann, wurde dem `<link>`-Element das Attribut `type` hinzugefügt, um den verknüpften Datentyp zu spezifizieren. Das kann z.B. in Verbindung mit Style Sheets sehr hilfreich sein, da es verschiedene Style-Sheet-Technologien gibt. `type` wird von Browsern, wie im folgenden Beispiel, verwendet, um den entsprechenden Typ zu ermitteln:

```
<link rel="stylesheet" href="firmenstil.css" type="text/css">
```

Für Style Sheets wird gewöhnlich ein MIME-Typ gewählt, der das Format des verknüpften Style Sheets angibt.

Das `media`-Attribut ist ein weiteres neues Attribut für das `<link>`-Element, wird aber noch nicht sehr oft unterstützt. Bei Style Sheets würde dieses Attribut angeben, welche Art von Medium mit diesem Style Sheet angesprochen werden soll. Dasselbe Dokument kann je ein Style Sheet für die Anzeige auf dem Monitor und ein Style Sheet für die Ausgabe auf einem Drucker verwenden. Der Browser ist dafür verantwortlich, das richtige Style Sheet für die jeweilige Umgebung auszuwählen. Das folgende Code-Fragment zeigt ein Beispiel für die Anwendung:

```
<link rel="stylesheet" media="print" href="corp-print.css">
<link rel="stylesheet" media="screen" href="corp-screen.css">
```

Es wurden viele verschiedene Werte für das `media`-Attribut vorgeschlagen, darunter `print`, `projection`, `screen`, `braille`, `aural`, `tv` und `all`. Ohne Angabe eines Wertes für das `media`-Attribut würde `all` als Standardtyp vorausgesetzt, so dass dieser Stil für alle Ausgabegeräte zuständig wäre.

Vor der Zusammenfassung dieses Kapitels soll noch einmal ein Blick auf die praktischen und theoretischen Beschränkungen für Verknüpfungen im Internet geworfen werden.

Jenseits der Adressierung

Es ist eine erstaunliche Vielfalt an Informationen im Web verfügbar. Obwohl viele Leute sich über eine Überflutung mit Informationen beschweren, ist das eigentliche Problem nicht die Menge. Es ist die Relevanz. Wie kann eine bestimmte Information schnell und einfach lokalisiert werden? Wäre das Web perfekt, würde es innerhalb von Sekunden jede gewünschte Information liefern, wie der Computer in *Star Trek™*. Im Internet liefert die Rückmeldung einer Suchmaschine oft Zehntausende von Einträgen zurück. Einige dieser Einträge sind veraltet, die Dokumente, auf die verwiesen wird, sind auf einen anderen Server umgezogen, oder der Eintrag ist unerreichbar. Obwohl das Internet keine Science-Fiction ist, hat es doch dieselbe Zielsetzung, wie viele Informationssysteme in Zukunftsromanen. Das Hauptproblem eines besser organisierten Webs ist die URL-basierte Adressierung.

Probleme mit URLs

Das Hauptproblem von URLs ist, dass sie Orte definieren, keine Bedeutung. URLs geben an, wo etwas im Web gespeichert wurde, nicht, was es ist oder worum es sich handelt. URLs spezifizieren, wohin man geht, nicht, was man bekommt. Das scheint nicht so wichtig zu sein, aber das ist es. Das wird offensichtlich, wenn die Probleme einmal aufgezählt werden:

❏ *URLs sind nicht beständig.* Dokumente ziehen um, Server wechseln die Namen und Dokumente werden unter Umständen gelöscht. Das ist die Natur des Webs, und das ist der Grund, warum 404 Not Found-Meldungen so häufig sind. Wenn User auf einen toten Link stoßen, sind sie wahrscheinlich nicht in der Lage, seinen neuen Standort ausfindig zu machen. Wäre es nicht schön, wenn – egal was passiert – ein einheitlicher Identifizierer anzeigen würde, wo eine Kopie des gesuchten Objekts zu finden wäre?

❏ *URLs neigen dazu, lang und verwirrend zu sein.* Oft müssen die Leute Adressen übertragen. Die folgende Adresse ist z.B. schon ziemlich lang: `http://pint.com/about`

Marketing-Firmen bemühen sich um kurze Domain-Namen und Site-Strukturen, die kurze URLs verwenden, wie z.B. `http://www.democompany.com/prod1`. In Anzeigen und Werbematerial wird häufig das `http://` ausgelassen. Obwohl es von den meisten Browsern eingefügt wird, kann das bei älteren Browsern, die komplette URLs erwarten, zu Problemen führen.

❏ *URLs, die einen Speicherort anstelle einer Bedeutung spezifizieren, schaffen einen künstlichen Flaschenhals und sind sehr von DNS-Servern abhängig.* Der Text der HTML-4-Spezifikation ist ein sehr hilfreiches Dokument und wird ziemlich sicher auf der W3C-Website gespeichert. Gibt es eine Kopie an anderen Orten im Internet? Es gibt wahrscheinlich Kopien auf anderen Servern, aber was passiert, wenn der W3C-Server nicht erreichbar ist oder ein DNS-Server ausfällt? In diesem Fall ist das Dokument nicht auffindbar. URLs definieren einen Zielpunkt für eine Information. Web-User sollten eher versuchen, einen Standort im Internet zu finden als ein bestimmtes Dokument. Sie sollten sich klarmachen, was sie suchen, bevor sie überlegen, wo sie suchen.

URNs, URCs und URIs

Es macht Sinn, sich eher Gedanken darüber zu machen, welches Dokument man sucht, als wo man sucht, wenn man sich überlegt, wie Informationen außerhalb des Internets organisiert werden. Niemand spricht davon, welche Bibliothek ein bestimmtes Buch hat oder in welchem Regal es steht. Die relevante Information ist der Titel des Buches, sein Autor und vielleicht einige andere Anhaltspunkte. Was passiert, wenn zwei oder mehr Bücher den gleichen Titel haben oder es zwei Autoren mit dem gleichen Namen gibt? Das ist relativ oft der Fall. Normalerweise hat ein Buch einen einmaligen Identifizierer wie die ISBN, der das Buch, in Verbindung mit anderen Merkmalen, wie Autor, Herausgeber und Veröffentlichungsdatum, eindeutig beschreibt. Dieses Schema ermöglicht es, ein Buch eindeutig zu beschreiben und zu suchen.

Das Web ist jedoch nicht wie eine Bibliothek organisiert. Im Web nennen die Leute ihre Dokumente, wie sie wollen, und Suchmaschinen organisieren ihre Indexe nach Belieben. Eine Kategorisierung ist schwierig. Das einzige einmalige Merkmal ist der URL, der lediglich ausdrückt, wo sich ein Dokument befindet. Aber wie viele URLs hat die HTML-4-Spezifikation? Ein Dokument kann an vielen Orten existieren. Schlimmer noch, was passiert, wenn ein Dokument an einem Ort geändert wird? Vielleicht beschäftigt sich ein bestimmter URL heute mit Katzen und morgen mit Hunden. So funktioniert das Web in der Realität. Es wurde jedoch schon eine Menge getan, um die Unzulänglichkeiten des Webs und seines Adressierungsschemas in den Griff zu bekommen.

URN

Einige neue Adressierungskonzepte, wie z.B. URNs, URCs und URIs, wurden entwickelt, um dieses Problem des Webs zu beseitigen. Ein *Uniform Resource Name* (URN) kann eine Informationsquelle auffinden, indem nach einem einmaligen symbolischen Namen anstelle einer einmaligen Adresse gesucht wird. Netzwerkdienste, die den DNS-Services entsprechen, übersetzen einen URN in einen URL (Server-IP-Adresse, Verzeichnispfad und Dokumentnamen), der benötigt wird, um das eigentliche Dokument aufzufinden. Diese Übersetzung kann verwendet werden, um den nächsten Server zu finden, was die Ladegeschwindigkeit erhöht, oder um verschiedene Backup-Server zu finden, falls ein Server nicht erreichbar ist. Der Vorteil dieses Konzepts ist allein schon durch dieses Beispiel offensichtlich.

Um die Idee hinter einem URN besser zu verstehen, stellen Sie sich einen Domain-Namen wie `www.democompany.com` vor. Dieser Name ist bereits in eine numerische IP-Adresse, wie 192.102.249.3, übersetzt. Dieses System gewährleistet die Möglichkeit, die numerische Adresse einer Maschine zu ändern, ohne den Zugriff auf die darauf enthaltenen Informationen zu gefährden, da der Name gleich bleibt. Darüber hinaus haben numerische Adressen keine Bedeutung für den Anwender, wohingegen

Domain-Namen meist einen Hinweis auf den Anbieter geben. Das Prinzip der DNS macht also durchaus Sinn im Web. Besser noch als einen unförmigen URL einzugeben, könnte ein URN eingeführt werden, der in einen zugehörigen URL übersetzt wird. Einige Experten sorgen sich, dass ein System, das URNs in URLs umwandelt, von vornherein zum Scheitern verurteilt ist. Da das DNS-System sehr empfindlich ist, mag diese Befürchtung nicht ganz unbegründet sein. Ein weiteres Problem mit URNs ist, dass es nicht einfach sein wird, sich an sie zu erinnern, wie es schon das Beispiel Buchtitel und ISBN angedeutet hat.

URC

Ein *Uniform Resource Characteristic* (URC), auch als *Uniform Resource Citation* bekannt, beschreibt eine Menge von Attribut/Wert-Paaren, die einige Aspekte für Informationsquellen beschreiben. URCs sind ähnlich wie `<meta>`-Informationen oder PICS Label, die mit einem Web-Dokument verbunden sind. Über das Format der URCs wird noch diskutiert, aber viele Ideen, die dahinter stecken, werden bereits angewendet.

In Kombination beschreiben ein URL, ein URN und eine Sammlung von URCs eine Informationsquelle. Das Dokument »Demo Company Corporate Summary«, z.B., könnte eine einmalige URN wie `urn://corpid:5127` haben.

Hinweis

Die Syntax des obigen URN ist fiktiv. Sie zeigt lediglich, dass URNs Namen haben können, die nur schwer zu merken sind, und dass sich die Nummern ähnlich wie ISBNs zusammensetzen können.

Die »Demo Company Corporate Summary« hätte außerdem eine Reihe von URCs, die die Datei, den Autor, den Herausgeber usw., beschreibt. Darüber hinaus gäbe es einen Platz/mehrere Plätze im Web, an dem das Dokument existiert, wie im folgenden Beispiel:

```
http://www.democompany.com/about/corp.htm
http://www.democompany.co.jp/about/corp.htm
```

URI

Alles das zusammen beschreibt eine Informationsquelle. Die Sammlung von Informationen, die verwendet wird, um dieses spezielle Dokument zu identifizieren, wird *Uniform Resource Identifier* (URI) genannt.

Hinweis

Gelegentlich wird der Begriff URI synonym mit URL verwendet. Obwohl das an sich nicht verkehrt ist, ist ein URI eigentlich dem URL überzuordnen, da er das Ideal einer Informationsquellenbeschreibung darstellt. Zurzeit ist ein URL die einzig gängige Möglichkeit, eine Informationsquelle im Internet zu beschreiben. Obwohl ein URL technisch auch als URI bezeichnet werden könnte, trifft diese Aussage nicht im Kern und wird auch dem Ziel nicht gerecht, eine Information eher allgemein, als nur als einen Ort in einem Netzwerk zu definieren.

Obwohl viele der Ideen, die hier behandelt wurden, noch diskutiert werden, haben Systeme wie Persistant URLs, oder PURLs (`www.purl.org`) und Handles (`www.handle.net`) bereits viele der Merkmale von URNs und URCs implementiert. Darüber hinaus haben viele Browser-Hersteller und große Websites spezielle Schlüsselwort-Navigationsschemata eingeführt, die viele Ideen der URNs und URCs übernehmen. Leider sind viele dieser Ansätze zum jetzigen Zeitpunkt noch nicht weit verbreitet oder akzeptiert. Keiner dieser Vorschläge kann für sich beanspruchen, wirkliche URIs zu verwenden, und für die nahe Zukunft werden URLs die gebräuchlichste Art sein, Informationen im Web zu beschreiben. Deshalb muss das System erweitert werden, um den neuen Informationstypen und Zugriffsmethoden gerecht zu werden.

Neue URL-Formen

Die URLs werden bleiben, aber wenn neue Ideen zum Internet hinzukommen, muss es auch für URLs neue Formen geben. Wenn z.B. Telefone und Fernseher in Verbindung mit einem PC auf das Internet zugreifen können, werden Adressschemata für Telefone und Fernsehkanäle notwendig werden. WebTV, Videokonsolen und Mobiltelefone zeigen bereits jetzt, dass das Web auch von anderen Orten als von PCs und Workstations aus erreichbar ist. Auf diesen Geräten sind URLs, wie sie in diesem Kapitel beschrieben wurden, nicht angemessen. Vielen dieser Geräte fehlt es an Speicher, so dass das file-Protokoll z.B. hier keinen Sinn macht. Andererseits haben viele dieser Geräte Zugang zu anderen Informationsquellen, wie z.B. Fernsehkanäle oder Telefondienstleistungen. Ein Fernsehkanal-URL könnte z.B. `tv://kanal` sein, wobei `kanal` entweder ein alphanumerischer Name (wie z.B. `ard` oder `ard1-23`) oder eine Kanalnummer in Zahlenform sein könnte. Ähnlich wie beim news-URL müsste zwischen den verschiedenen regionalen `ard`-Adressen nicht unterschieden werden, da das System so konfiguriert wäre, dass es seine Informationen lokal bezieht. Analog dazu würde ein Telefon-URL so aussehen: `phone://telefonnummer`. Die eigentliche Adresse wäre ein numerischer Wert für die Telefonnummer, die aus allen möglichen Informationen, wie Rufnummer, Orts- und Landesvorwahl sowie eventuell Telefonkarteninformationen, bestehen kann. Zum Beispiel wäre `phone://+1-555-270-2086` eine Telefonnummer in den USA. Die Anweisung, ein Fax zu versenden, könnte dann so aussehen: `fax://telefonnummer`.

Neue Inhaltstypen und URL-Schemata bringen neue Herausforderungen, vor allem in der Art, wie Links und Abschnittsbezeichner in HTML-Dokumenten eingesetzt werden. Wie soll z.B. eine bestimmte Szene in einem Videostream adressiert werden? Zufallszugriffe zu großen Audio- und Videodateien scheinen sinnvoll, vor allem, wenn man die Anforderungen an den Download solcher Daten bedenkt. Unterabschnitte oder »Clips« eines Datenflusses, die einen Zeitraum beschreiben, müssen durch URLs adressierbar werden. Wie soll ein URL beschreiben, dass auf eine Audiodatei namens `mozart.audio` zugegriffen und dass ein 10-Sekunden-Ausschnitt um 2:05 Uhr abgespielt werden soll? Gerade bei Videoclips sollte ein Mechanismus vorhanden sein, um von einem Datenstream zum anderen oder gar zu anderen Objekten wechseln zu können. Einige experimentelle Systeme zeigen bereits Videofilme mit Hot Spots, die wie eine Imagemap funktionieren. Gerade wenn man bedenkt, dass Video ein extrem wichtiges Datenformat im Web der Zukunft sein wird und dass noch viele weitere Datenformate hinzukommen werden, muss man feststellen, dass die heutigen URL-Schemata weit davon entfernt sind, vollständig zu sein. Ständig werden neue Schemata angekündigt. Viele exotische Schemata sind bereits da. Wenn Sie an neuen URL-Schemata interessiert sind, schauen Sie beim W3C im Adressierungsbereich (`www.w3.org/Adressing`) nach neuen Informationen.

Zusammenfassung

Dokumente im Web zu verknüpfen verlangt nach einem durchgängigen Namensschema. URLs bieten die Basisinformationen, wie Hostname, Verzeichnisname, Dateiname und Zugangsprotokoll, die notwendig sind, um ein Objekt im Internet zu finden. URLs werden in einem Standardformat geschrieben, damit eine Adresse für jedes Objekt erstellt werden kann. Abgekürzte Schreibweisen, relative URLs, sind besonders sinnvoll, wenn Verknüpfungen innerhalb einer Website erstellt werden. Wenn ein Dokument-URL bestimmt werden kann, egal ob relativ oder voll ausgeschrieben, kann er im <a>-Element spezifiziert werden, um eine Verknüpfung von einem Dokument zu einem anderen Dokument zu erstellen. Links in HTML-Dokumenten können mit Text oder Grafiken realisiert werden. Eine spezielle Form von klickbaren Grafiken, Imagemap genannt, erlaubt es, verschiedene Regionen der Grafik als »hot« zu definieren.

Einfache Verknüpfungen zwischen Dokumenten sind die Grundform von Hypertext. Mit Hilfe des <link>-Elements und den Attributen `rel` und `rev` des <a>-Elements können Beziehungen zwischen den Dokumenten definiert werden. Zurzeit wird das <link>-Element hauptsächlich für Style Sheets verwendet.

Selbst wenn Webautor en alle Aspekte der Verweise beherrschen, bleibt ein Problem, das es zu meistern gilt. Kapitel 16 beschäftigt sich mit den verschiedenen Aspekten des Verknüpfens von Dokumenten, inklusive des Link-Managements, `<meta>`-Informationen und dem Filtern, es bleiben jedoch theoretische Beschränkungen. Das Web ist eine chaotische Umgebung, und das Navigieren zwischen den Dokumenten und das Verknüpfen der Dokumente stellt eine ernsthafte Herausforderung für den HTML-Autor dar. In der Zukunft werden diese Probleme vielleicht durch URNs, URCs und erweiterte URLs, die zusammen einen Uniform Resource Identifier (URI) ergeben, gelöst sein. Solange das jedoch nicht der Fall ist, sollten HTML-Autoren vorsichtig beim Erstellen von Verweisen sein und ihre Links sorgfältig testen.

HTML und Grafiken

Bei einem großen Webauftritt geht es nicht nur um korrektes HTML. Seiten-Organisation, Navigation, Interaktivität, Inhalt, Übertragung und eine Vielzahl anderer Faktoren beeinflussen den Eindruck, den eine Präsentation beim Nutzer hinterlässt. Grafiken sind vermutlich das markanteste Merkmal einer großen Website. Eine sorgfältig eingesetzte bildliche Darstellung kann sowohl den Reiz als auch die Benutzbarkeit eines Webauftritts verstärken. Das Erstellen webfähiger Grafiken ist bestimmt nicht das Hauptthema dieses Buches, doch sollten sich HTML-Autoren mit den wichtigsten Grafik-Formaten für das Netz, wie GIF und JPEG, auskennen und wissen, wie diese sinnvoll eingesetzt werden. Obwohl die grundlegende HTML-Syntax für das Einfügen von Grafiken durch die Verwendung des <img>-Elements recht einfach ist, ist die Entwicklung einer ästhetisch ansprechenden Seite eher eine Kunst als eine Wissenschaft. Mit Hilfsprogrammen können Webgrafiken bestimmt leichter erstellt werden, doch sollten die Leser so realistisch sein und dabei bedenken, dass sowohl die eigenen künstlerischen Fähigkeiten als auch die Datenmengen zu berücksichtigen sind, bevor sie sich mit Grafiken beschäftigen.

Einführung in Grafiken

Als Erstes ist es wichtig, zu bedenken, welche Grafikformate derzeit im Web unterstützt werden. Im Allgemeinen gibt es zwei Formate für webbasierte Grafiken: *GIF* (Graphics Interchange Format), das durch die .gif-Erweiterung angezeigt wird, und *JPEG* (Joint Photographic Experts Group) mit der Erweiterung .jpg oder .jpeg. Ein drittes Format, *PNG* (Portable Network Graphics), auf das durch die .png-Dateiendung hingewiesen wird, gewinnt als Webformat langsam an Bedeutung. Tabelle 5.1 zeigt detailliert die meisten unterstützten Grafik-Typen, doch sollten Sie sich derzeit auf die Formate der GIF- oder JPEG-Grafiken beschränken.

Dateityp	Dateierweiterung
GIF (Graphics Interchange Format)	.gif
JPEG (Joint Photographic Experts Group)	.jpg oder .jpeg
XBM (X Bitmaps)	.xbm
XPM (X Pixelmaps)	.xpm
PNG (Portable Network Graphics)	.png

Tabelle 5.1: Ausgewählte Web-Grafikformate

Hinweis

Der Internet Explorer unterstützt zusätzlich Bitmap (BMP), das unter Windows-Benutzern verbreitet ist. Dieses Format ist im Web nicht weit verbreitet.

Die Wahl des richtigen Grafikformats ist ein wichtiger Bestandteil des Webdesigns. Grundsätzlich sind GIF-Grafiken gut für Illustrationen, wie Logos oder Cartoons, während JPEG-Grafiken für komplexe Grafiken, wie Fotografien, nützlicher sind. Die Hauptsorge eines Seitendesigners dürfte die Größe der Datei wie auch die Qualität der Wiedergabe sein. Tabelle 5.2 bietet eine kurze Zusammenfassung der Eigenschaften der einzelnen Formate.

Format	Komprimierungsschema	Unterstützte Farbtiefe	Progressive oder Interlaced-Darstellung	Transparenz	Animation
GIF	Verlustfrei; minimale Komprimierungsraten bei 256 möglichen Farben.	8-Bit (256 Farben)	Interlaced	Ja (1 Farbwert)	Ja
JPEG	Verlustbehaftet; verringert Bildqualität zu Gunsten der Dateigröße.	24-Bit (16,7 Millionen darstellbare Farben)	Progressive	Nein	Nein

Tabelle 5.2: Webgrafik-Format-Übersicht

Hinweis

Eine weitgehend unbekannte Tatsache ist, dass dank der GIF-Spezifikation Ebenen verwendet werden können, um GIF-Grafiken zu erzeugen, die mehr als 256 Farben unterstützen. Nicht alle Browser unterstützen jedoch diese Eigenschaft. Der Einsatz von Ebenen erlaubt auch eine interessante Form der Farbverflechtung, mit der eine Farbpalette vor einer anderen dargestellt werden kann.

Die folgenden Abschnitte werden jede dieser grundlegenden Eigenheiten der zwei Hauptgrafikformate etwas detaillierter erläutern.

GIF-Grafiken

Das Hauptaugenmerk der meisten Designer gilt, wenn sie sich für ein Grafikformat entscheiden, natürlich der Dateigröße und der grafischen Qualität. Das Komprimierungsschema, das von GIF verwendet wird, funktioniert vor allem mit großen Farbflächen, so dass GIF besonders bei der Komprimierung von Illustrationen mit wenigen Farben sehr effizient ist. Beachten Sie hier, dass eine GIF-Grafik mit vertikalen Linien datenmäßig größer ist als eine mit horizontalen Linien. Sie sehen hier dieselbe Grafik, einmal um 90 Grad gedreht.

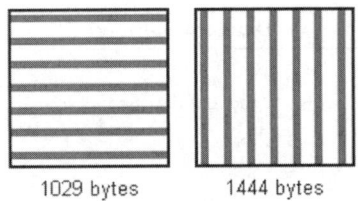

1029 bytes   1444 bytes

GIF unterstützt eine Farbtiefe von 8-Bit bis zu einem Maximum von 256 Farben. Daher ist ein gewisser Qualitätsverlust unvermeidlich, wenn Sie eine True-Color-Grafik, wie eine Fotografie, im GIF-Format darstellen wollen. Typischerweise treten *Farbanpassungen* auf, wenn eine Grafik mit einer großen Anzahl von Farben auf eine kleinere Farbpalette reduziert wird. Durch diese Anpassungen wird versucht, Farben zu imitieren, wobei möglichst ähnliche Farben verwendet werden. Darüber hinaus wird ein Sprenkel- oder Streifeneffekt erzeugt, der die Grafik rau oder unscharf erscheinen lässt. Entsprechend sorgfältig sollten Webautoren mit GIF-Grafiken umgehen. Netscape und Microsoft verwenden gegenwärtig eine so genannte »browsersichere« Farbpalette von 216 Farben, die auf Macintosh- und Windows-Systemen verfügbar ist. Wenn eine GIF-Grafik eine Farbe außerhalb dieser Palette verwendet und auf einem 8-Bit-System wiedergegeben wird, kann eine Farbanpassung auftreten, wie sie hier illustriert wird.

Non-dithered colors

Dithered colors

GIF-Grafiken unterstützen ebenfalls eine Eigenschaft, die *Transparenz* genannt wird. Ein Bit wird als transparent definiert, wodurch ermöglicht wird, dass bei einer Grafik der Hintergrund durchsichtig gestaltet werden kann. Das ermöglicht eine Vielfalt von komplexen Effekten.

GIF-Transparenz ist alles andere als ideal, so kann es in manchen Situationen zu einem Schleiereffekt kommen. Um beispielsweise eine Grafik zu glätten, wird eine Technik verwendet, die *Anti-Aliasing* genannt wird. Diese Grafiken erscheinen geglättet, da die Grafik zum Hintergrund hin stufenweise heller gestaltet wird, wie der Vergleich zweier Grafiken hier zeigt.

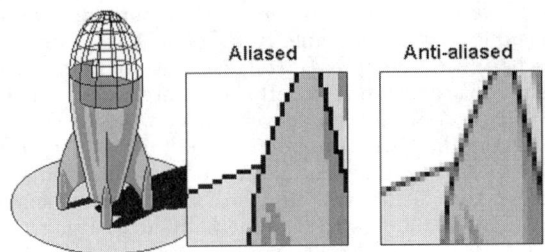

GIF-Grafiken haben darüber hinaus auch eine Eigenschaft, die *interlacing* genannt wird. Interlacing erlaubt es einer Grafik, in Form einer Jalousie geladen zu werden, anstatt wie bisher zeilenweise von oben nach unten. Der Interlacingeffekt erlaubt es, dem Benutzer eine Vorstellung zu geben, wie eine Grafik aussieht, bevor sie vollständig geladen ist. Die Idee des Interlacing wird in Abbildung 5.1 gezeigt. Beachten Sie, dass umso mehr von einer Grafik zu sehen ist, je mehr Daten von ihr übertragen wurden. Zu Beginn kann der Benutzer lediglich eine unklare, grobe Grafik sehen. Wenn die Grafik komplett geladen ist, präsentiert sich ihm ein klares Bild eines Bürogebäudes; zum Zeitpunkt des Aufbaus jedoch gibt es dem Benutzer bereits einen guten Eindruck von dem, was gerade geladen wird. Der Vorteil der Vorhersehbarkeit beim Interlacing ist im Web sehr nützlich, da die Ladegeschwindigkeit öfters eher unzureichend ist. Obwohl das Interlacing bei GIF grundsätzlich eine gute Idee ist, kommt es gelegentlich zu Nachteilen. Erstens sind diese Grafiken möglicherweise etwas größer als andere Grafiken. Zweitens unterstützt Interlacing nicht immer den beabsichtigten Vorteil einer Vorschau. Wenn die GIF-Grafik beispielsweise aus Text besteht, wird dieser wahrscheinlich nicht lesbar sein, bis die Grafik vollständig geladen ist.

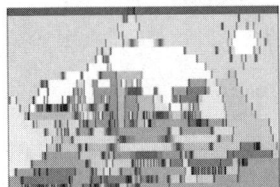  

Abbildung 5.1: Beispiel eines GIFs mit Interlacing

Mit dem GIF89a-Format wurden erstmals Animationen im Web möglich. Das GIF89a-Format unterstützt die Darstellung einer Serie von GIF-Grafiken, deren einzelne Bilder die Animation bilden. Die Animation kann mit einem Daumenkino verglichen werden, bei dem ein Bild nach dem anderen aufgebaut wird. Sie erlaubt außerdem eine Erweiterung der Grafik um Informationen wie den zeitlichen Ablauf und Wiedergabeschleifen. Heute sind animierte GIFs die meistverwendete Methode, um bewegliche Bilder in eine Webseite zu integrieren, da sie von fast jedem Browser unterstützt werden. Browser, die das animierte GIF-Format nicht unterstützen, zeigen grundsätzlich das erste Bild der Animation. Selbst wenn keine Plug-Ins oder andere Browsermöglichkeiten benötigt werden, sollten die Autoren nicht voreilig Animationen auf ihrer Seite verwenden. Der übertriebene Gebrauch von Animation führt zum einen zu einer Abwertung der Seite, zum anderen führen sie zu einem drastischen Anstieg der Ladezeit, insbesondere dann, wenn einzelne Bilder nicht effizient verwendet werden. Eine Möglichkeit, zu großen Dateien vorzubeugen, ist es, nur die bewegten Bereiche einer Animation auszutauschen. Das kann zu einer dramatischen Einsparung der Datenmenge führen, wie in Abbildung 5.2 gezeigt.

Zusammenfassend kann gesagt werden, dass GIF-Grafiken aufgrund des Komprimierungsschemas und der Farbtiefe von 8-Bit am besten für Illustrationen geeignet sind. GIF-Grafiken unterstützen Interlacing, was eine Vorschau auf zu ladende Bilder ermöglicht. Aufgrund der bildkomprimierenden Art sind GIFs nicht so sehr für fotorealistische Bilder geeignet, die besser als JPEG gespeichert werden sollten. Zu den Vorteilen zählt, dass GIF-Grafiken das meistunterstützte Grafikformat sind und Merkmale wie Transparenz und Animationen unterstützen. Der einzig kontroverse Aspekt dieses Grafikformats, vom Komprimierungsschema abgesehen, ist womöglich seine Aussprache, die entweder wie ein hartes »g« oder wie ein »j« klingt. Der Autor bevorzugt das harte »g«, da die andere Version eher wie eine beliebte Erdnussbutter-Marke klingt, aber dieses schmierige Thema wird wahrscheinlich nie geklärt.

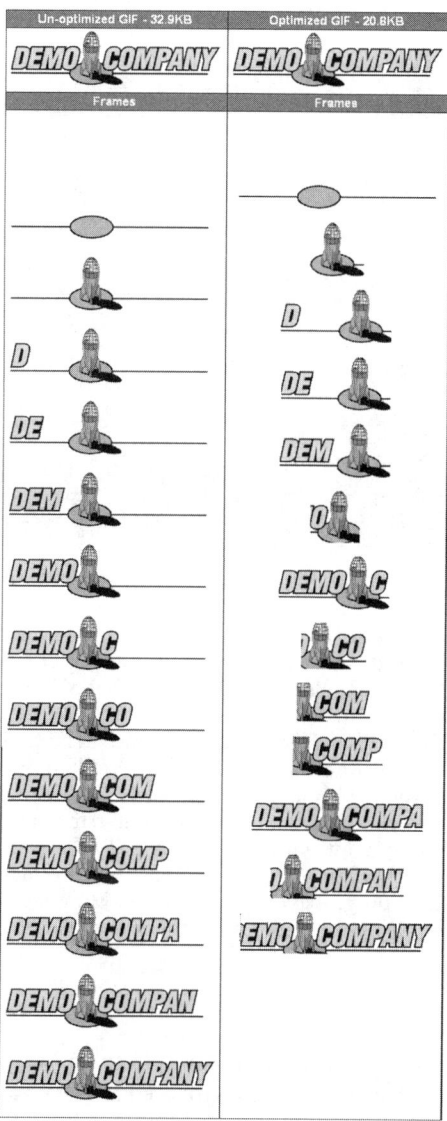

Abbildung 5.2: Die Einezlbilder eines animierten GIFs und seine Optimierung

JPEG-Grafiken

Das andere gängige Webgrafikformat ist JPEG, das gewöhnlich durch die Dateiendung `.jpg` oder `.jpeg` erkannt wird. JPEG steht für Joint Photographic Experts Group – dem Namen der Kommission, die diesen Standard entwickelte. JPEG ist ein Grafikformat, das für die Komprimierung von Fotografien entwickelt wurde, die Tausende oder sogar Millionen von Farben oder Graustufen enthalten können. Da JPEG ein schlankes Grafikformat ist, sind einige Kompromisse zwischen der Qualität der Grafik und der Dateigröße zu machen. Das JPEG-Format speichert Grafiken in einer hohen Qualität, so dass eine Grafik mit einer Farbtiefe von 24-Bit deutlich weniger Speicherplatz benötigt als ein GIF. Daher spart es kostbare Festplattenkapazität und Ladezeiten im Web.

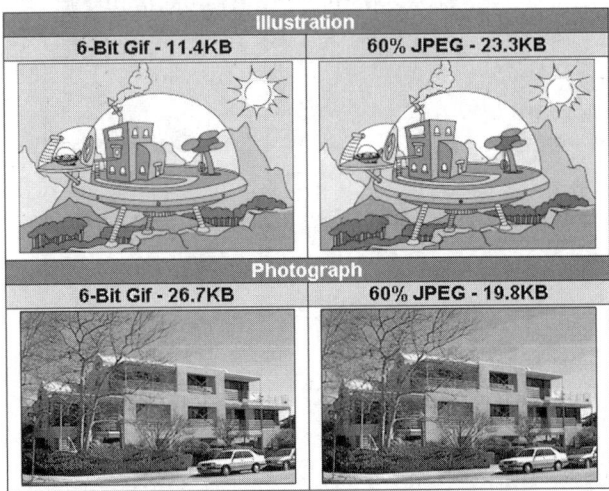

Abbildung 5.3: Vergleich zwischen dem GIF- und JPEG-Format

Obwohl das JPEG-Format vor allem Fotografien gut komprimieren kann, ist es weniger gut für Zeichnungen oder Text geeignet. Der Grad der Komprimierung bei JPEG-Grafiken in Abbildung 5.3 zeigt, dass JPEG für Fotografien geeigneter ist. Beachten Sie, dass beim Speichern von Illustrationen im JPEG-Format ungewollte Informationen, meist in Form von unschönen Punkten oder anderen Rückständen, auftauchen können. Da JPEG vor allem für Fotografien und GIF für Illustrationen geeignet ist, erstaunt es nicht, dass beide im Web verwendet werden. JPEG-Grafiken unterstützen weder Animation noch irgendeine Form von Transparenz. Webdesigner, die solche Effekte benötigen, müssen zu einem anderen Grafikformat, wie z.B. GIF, wechseln. JPEG-Grafiken unterstützen eine Form von Interlacing in einem Format, das *Progressives JPEG* genannt wird. Progressive JPEGs wechseln von einer niedrigen zu einer hohen Auflösung, also von unscharf zu scharf. Wie GIFs mit Interlacing sind progressive JPEG-Grafiken ein wenig größer als deren nicht progressiven Gegenstücke. Ein eher unbedeutendes Problem mit progressiven JPEGs ist, dass sehr alte Browser, insbesondere jene vor Netscape 2.x, diese nicht unterstützen.

PNG-Grafiken

Das Portable-Network-Graphics(PNG)-Format beinhaltet alle Eigenschaften von GIF89a zuzüglich einiger weiterer Eigenschaften. Hervorzuheben sind die größere Farbtiefe, Farb- und Gammakorrektur und 8-Bit-Transparenz. Zusätzlich ist der Komprimierungsalgorithmus für PNG nicht geschützt, was PNG möglicherweise zu einem Nachfolger von GIF macht. Der Internet Explorer 4 unterstützt PNG eingeschränkt. Einige Versionen des Netscape Communicator benötigen ein PlugIn, doch die neueren Versionen bieten eine unvollständige Unterstützung. Die 4.x- oder 5.x-Browsergenerationen unterstützen das PNG-Format nur zufrieden stellend, so dass Webdesigner dieses Format meiden sollten, wenn sie nicht der Auffassung sind, dass ihre Grafiken vom Browser garantiert richtig wiedergegeben werden.

Andere Grafikformate

Es gibt eine Menge Formate neben GIF, JPEG und PNG, die im Web genutzt werden können. Vector-formate, wie Flash (mit der Dateinamenerweiterung .swf) oder Scalable Vector Graphics (SVG), verwenden womöglich eine exotische Komprimierungstechnologie, wie eine Fractal- oder Wavelet-Komprimierung. Viele dieser selten genutzten Grafikformate benötigen ein Hilfsprogramm oder ein PlugIn, das die Darstellung einer solchen Grafik ermöglicht. Sofern Sie keinen bestimmten Grund haben, sollten Sie diese speziellen Grafiktypen, die Browser-AddOns benötigen, möglichst meiden; die Betrachter könnten bei der Arbeit frustriert sein, wenn sie eine besondere Software zum Betrachten installieren müssen.

Zum jetzigen Zeitpunkt gehen wir davon aus, dass ein Seitendesigner nur eine webkompatible Grafik hat, die in eine Webseite platziert werden soll, und nun die passende HTML-Syntax benötigt, um das zu tun.

HTML-Grafik-Grundlagen

Um eine Grafik in eine Webseite einzubinden, wird das `<img>`-Element verwendet, wobei das `src`-Attribut des Elements auf den URL der Grafik verweist. Wie in Kapitel 4 erläutert, kann die Form des URL entweder relativ oder absolut sein. Am wahrscheinlichsten wird das Grafikelement durch einen relativen URL spezifiziert, um die Grafik auf dem lokalen System zu finden. Um eine GIF-Grafik einzufügen, die `logo.gif` heißt und sich im aktuellen Verzeichnis befindet, verwendet man

```
<img src="logo.gif">
```

Selbstverständlich kann auch ein absoluter URL verwendet werden, der auf eine Grafik auf einem anderen Server verweist, wie beispielsweise

```
<img src="http://www.democompany.com/images/logo.gif">
```

Die Verwendung eines externen URL ist nicht ratsam, weil die Grafik verschoben werden könnte oder es ein langsameres Laden der Seite verursacht.

Hinweis

Das `src`-Attribut muss einbezogen werden. Ansonsten werden Browser, die eine Grafik darstellen wollen, einen Platzhalter oder ein Broken-Image-Icon anzeigen.

Um das an einem einfachen Beispiel zu verdeutlichen, legen Sie zuerst ein Verzeichnis an, das Ihre Grafik beinhaltet. Es ist eine gute Idee, alle Ihre Grafiken in einem Verzeichnis mit dem Namen `images` abzulegen. Das wird Ihnen helfen, den Inhalt zu organisieren, während Sie den Webauftritt aufbauen. Jetzt platzieren Sie eine Grafik im GIF-Format mit dem Namen `robot.gif` in das Verzeichnis. Um eine Grafik aus dem Internet zu laden, können Sie durch einen einfachen Klick mit der rechten Maustaste auf eine Grafik die Datei auf Ihrem Rechner abspeichern. Macintosh-Benutzer müssen die Maustaste über einer Grafik etwas länger gedrückt halten, um das Menü zum Speichern der Grafik aufzurufen. Sobald Sie eine GIF-Grafik haben, sollten Sie in der Lage sein, etwas HTML-Code zu verwenden, um mit der Benutzung von `<img>` zu experimentieren, wie nachfolgend gezeigt:

```
<!DOCTYPE HTML PUBLIC "-//W3C//DTD HTML 4.01 Transitional//EN">
<html>
<head>
<title>Grafik-Beispiel</title>
</head>
```

```
<body>
<h2 align="center">Grafik-Beispiel</h2>
<img src="images/robot.gif" width="234" height="150" border="0">
</body>
</html>
```

Hinweis

Der Name dieser Grafik, der Pfad, die Breite und die Höhe wurden für dieses Beispiel ausgedacht. Ihre genauen Attributwerte könnten davon abweichen.

Eine mögliche Darstellung dieses Grafik-Beispiels zeigt Abbildung 5.4.

Abbildung 5.4: Mögliche Darstellung eines einfachen <img> Beispiels

Unter der Original-HTML-2-Spezifikation sind außer src lediglich drei andere Attribute für das <img>-Element zugelassen: ismap, align und alt. Später wurden durch Netscape und Microsoft zahlreiche weitere Attribute hinzugefügt, von denen viele in die HTML-4-Spezifikation aufgenommen wurden, die zurzeit gültig ist. Die nächsten Abschnitte werden sich mit diesen Basis-Attributen befassen. Eine komplette Zusammenfassung der möglichen Grafikoptionen wird folgen.

Alternativer Text mit dem alt-Attribut

Das alt-Attribut wird verwendet, um alternativen Text für Programme anzubieten, die keine Grafiken darstellen, oder für grafische Browser, bei denen der Benutzer die Grafikwiedergabe ausgeschaltet hat, wie in Abbildung 5.5 gezeigt. Der Wert des alt-Attributs kann anstelle einer Grafik oder in einem Hinweisfenster angezeigt werden oder als Platzhalterinformation in grafischen Browsern verwendet werden. Mit zunehmender Verwendung des title-Attributs sollte der alt-Wert wirklich nur als eine alternative Wiedergabe gezeigt werden, wenn die Grafik nicht gefunden wird. Als Hinweistext, der durch das title-Attribut spezifiziert wird, kann der Text auch in einem eigenen kleinen Fenster als »Tool-Tipp« dargestellt werden. Natürlich gibt es keine Garantie, dass Browser die Bedeutung von alt und title richtig interpretieren. Es könnte daher sinnvoll sein, bei beiden Attributen denselben Wert zu setzen.

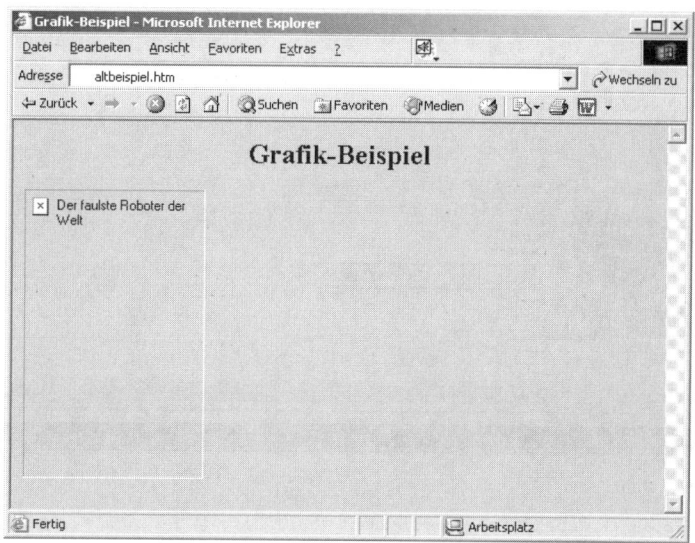

Abbildung 5.5: Darstellung des alternativn Textes

Während manche Quellen empfehlen, den Wert des alt-Attributs auf 1.024 Zeichen zu beschränken, gibt es hier tatsächlich kein Limit. Etwas mehr als ein paar hundert Zeichen könnten jedoch unhandlich werden. Darüber hinaus behandeln einige Browser, inklusive einiger Versionen von Netscape 4, lange Tool-Tipps nicht richtig und können den beschreibenden Text nicht darstellen.

Die Bedeutung von alternativem Text

Es wird leicht vergessen, dass es viele verschiedene Arten von Browsern gibt, die benutzt werden, um auf das Web zuzugreifen. Auch wenn die meisten User möglicherweise Netscape- oder Microsoft-Produkte benutzen, um eine Seite aufzurufen: Was ist mit dem Rest da draußen? Dort gibt es Leute, die das Web nur mit einer reinen Textumgebung durchforsten. Abbildung 5.6 zeigt eine Seite auf zwei Arten: unter Netscape mit aktivierter Grafikdarstellung und unter Lynx.

Neben denen, die das Web mit einer reinen Textdarstellung betrachten, benötigen einige Sehbehinderte einen besonderen Browsertyp. Blinde User greifen mit einem Browser im Textmodus auf das Web zu, der eine Sprachausgabe ermöglicht, oder verwenden einen Browser wie pwWebSpeak (www.issound.com), der mit einem Stimmen-Synthesizer verbunden werden kann. Andere Benutzer könnten nur durch ein Telefon oder einem anderen automatischen System mit dem Netz verbunden werden. Bereits jetzt können Systeme genutzt werden, die eine automatische Telefonverbindung ins Web bieten. Stellen Sie sich eine Situation vor, bei der ein automatisches Telefonsystem bei Zugriff das Web liest, »Drücken Sie 1 für allgemeine Informationen, drücken Sie 2 für Produktinformationen.« Und was ist mit den Suchmaschinen, die das Web nach relevanten Informationen durchsuchen und Webauftritte indexieren? Die Inhalte von Grafiken bieten hierfür keine Informationen. In all diesen Fällen – dem Textmodus-Browser, dem automatischen Webzugangssystem und der Seiten indexierenden Suchmaschine – haben Grafiken keine besonders große Bedeutung. In diesen Fällen kann das alt-Attribut sehr wertvoll sein.

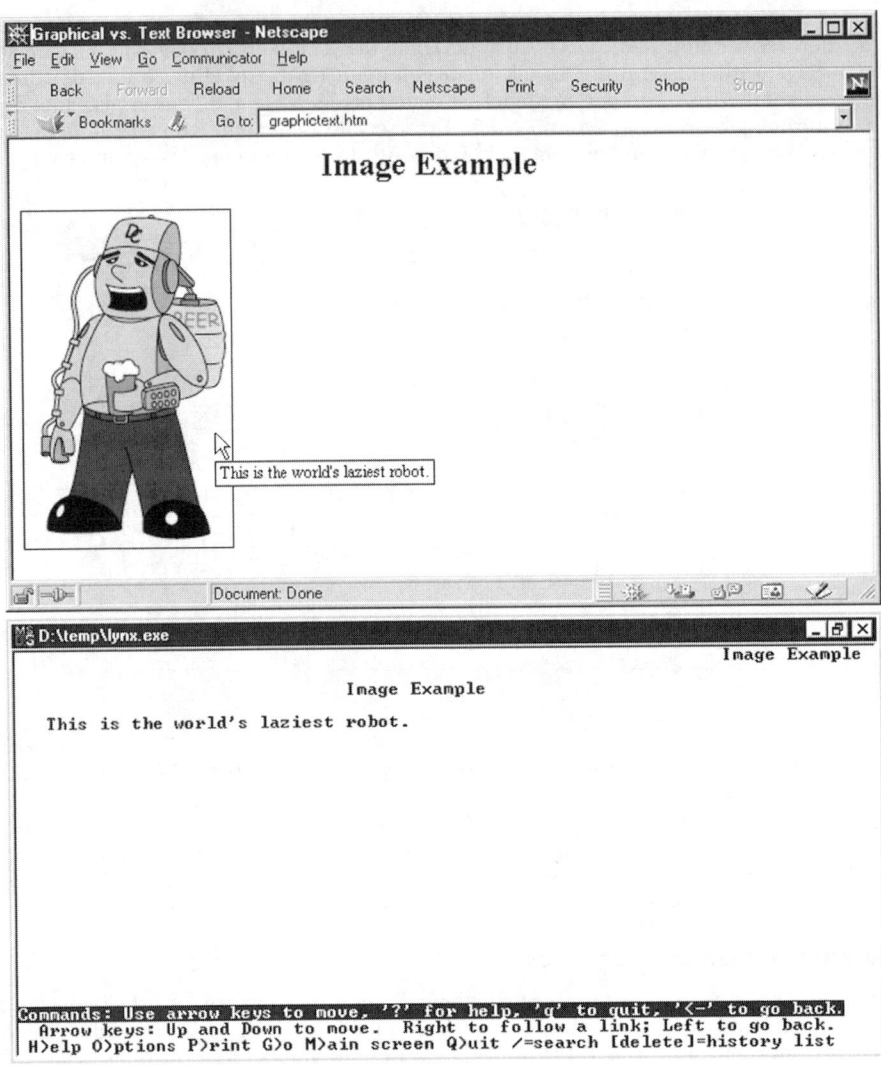

Abbildung 5.6: Grafischer und Textbrowser

Das Setzen des alt-Attributs, um alternative Informationen für eine Grafik zu bieten, kann eine Menge aufkommender Probleme lösen. Es reicht aber nicht, einfach einen alternativen Text zu setzen. Das größte Problem alternativen Textes ist, dass er oft keinen wirklichen Nutzen bietet. Stellen Sie sich ein Firmenlogo auf der Seite eines Unternehmens vor, das Demo Company heißt. Sollte der alt-Text »Logo der Demo Company« lauten? Stellen Sie sich vor, eine Person hört das Gelesene laut. Macht da ein einfaches »Demo Company« nicht mehr Sinn?

Bei Abbildungen von Gegenständen kann alt-Text sogar für noch mehr Verwirrung sorgen. Ein Bild von einem Firmenbüro mit einem gesetzten alt-Text wie »Bild des Firmenbüros« ist nicht sonderlich erklärend. Eine detailreichere Beschreibung wie »Ein Bild der Einrichtung der Demo-Company-Corporate-

Büros – ein dreistöckiges Gebäude mit strandähnlicher Architektur umgeben von großen Bäumen« ist viel nützlicher. In diesem Fall wurden ein paar Werte hinzugefügt, die es für den Benutzer sogar bildlich machen. Eine allgemeine Regel besagt, dass eine Grafik, die Informationen übermittelt, einen alt-Text haben sollte, der dieselben Informationen enthält. Bei einer Grafik, die lediglich der Dekoration dient, kann der alt-Text leer bleiben: alt="".

Als Letztes folgt der berühmte Fall des Aufzählungszeichens. Viele Nutzer fügen einen kleinen roten oder blauen Kreis oder Punkt auf ihren Seiten ein. In vielen Fällen wird der alt-Text für diese Objekte auf »bullet« gesetzt. Und nun denken Sie über die erschwerende Anzeige des ständig wiederholenden Wortes »bullet« auf der Seite nach, ganz zu schweigen vom lauten Vorlesen. Vielleicht wäre das Hinzufügen eines Sternchens im alt-Text in diesem Beispiel angemessener.

Obwohl viele Leute argumentieren könnten, dass das Web nur wenig populär war, bis Grafiken integriert wurden, oder dass es dem Web anhaftet, ein visuelles Medium zu sein, ist der Wert von Textinhalten unbestreitbar. Konsequenterweise sollten diese so zugänglich wie möglich gemacht werden. Es gibt kein Argument dafür, dass ein Bild wertvoller ist als tausend Worte; aber falls das der Fall sein sollte, wieso nicht im Tausch ein paar Worte bieten?

Ausrichtung von Grafiken

Der vermutlich erste Schritt, den Benutzer tun wollen, wenn sie in der Lage sind, eine Grafik auf einer Webseite einzubinden, ist es herauszufinden, wie sie auf der Seite positioniert wird. Unter dem HTML-2-Standard gab es nur wenig Möglichkeiten, die es dem Benutzer erlaubten, Grafiken für das Layout einer Seite zu formatieren. Anfänglich konnte das align-Attribut lediglich die Werte top, bottom oder middle haben. Wird eine Grafik innerhalb eines Textabsatzes eingefügt, wird die nächste Textzeile, abhängig von dem Wert des align-Attributs entweder am Anfang, in der Mitte oder am Ende ausgerichtet. Wird kein Attribut gesetzt, würde sich der Text standardmäßig am Fuß des Objekts befinden. Das nachfolgende Beispiel illustriert die Grafikausrichtung, die erstmals in HTML 2 definiert wurde. Die Darstellung dieses Beispiels sehen Sie in Abbildung 5.7.

```
<!DOCTYPE HTML PUBLIC "-//W3C//DTD HTML 4.01 Transitional//EN">
<html>
<head>
<title>Grundlegende Grafikausrichtung</title>
</head>
<body>

<p><img src="images/aligntest1.gif" align="top" border="1">
Dieser Text sollte am Kopf der Grafik ausgerichtet sein.</p>

<p><img src="images/aligntest1.gif" align="middle" border="1">
Dieser Text sollte an der Mitte der Grafik ausgerichtet sein.</p>

<p><img src="images/aligntest1.gif" align="bottom" border="1">
Dieser Text sollte am Fuß der Grafik ausgerichtet sein.</p>

</body>
</html>
```

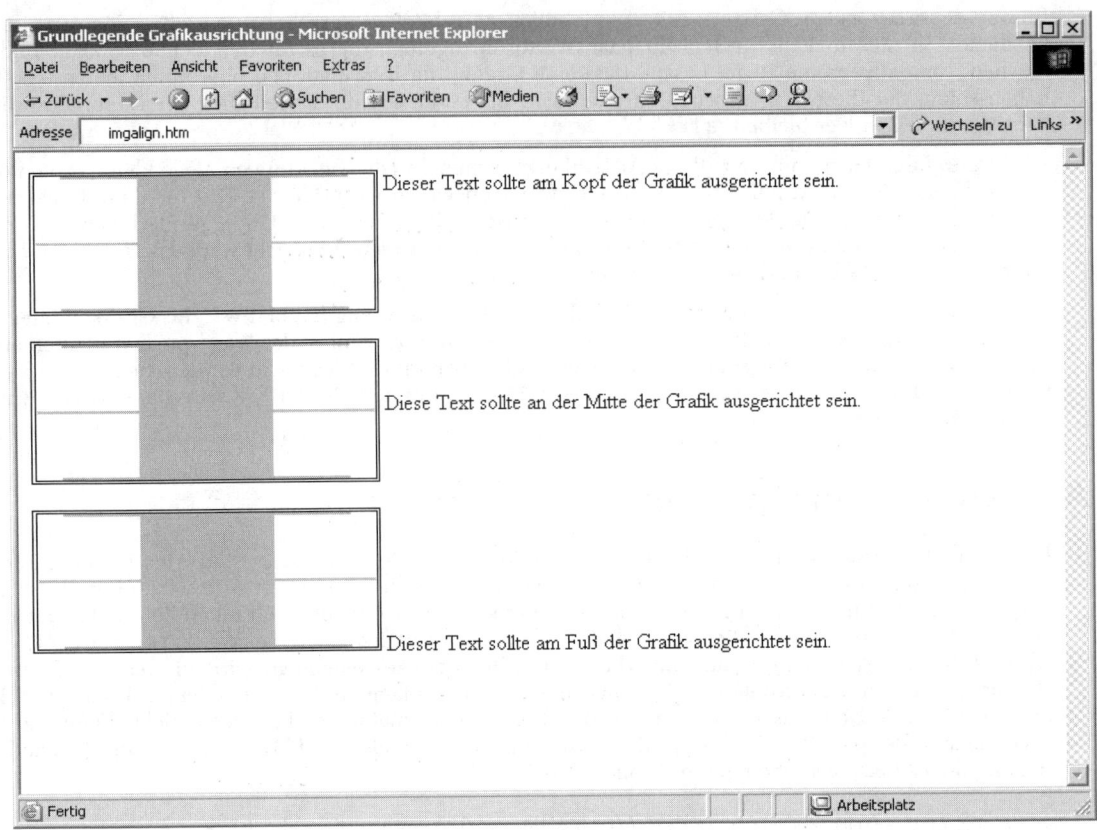

Abbildung 5.7: Ausrichtung von Grafiken

Eines der anfänglichen Probleme der Ausrichtung einer Grafik im frühen HTML war, dass der Text nicht wirklich um die Grafik herum geflossen ist. In Wirklichkeit war nur eine Textzeile direkt an der Grafik ausgerichtet, was bedeutet, dass die eingefügte Grafik sehr klein sein sollte, da sonst das Layout etwas seltsam aussah, wie Abbildung 5.8 zeigt.

Netscape führte die Werte `left` und `right` für `align` ein, die einen Textfluss um die Grafik herum erlauben. Wenn ein Grafikelement wie `<img src="logo.gif" align="left">` gesetzt wird, ist die Grafik links ausgerichtet und der Textfluss führt rechts herum. Verwenden Sie eine Markierung wie `<img src="logo.gif" align="right">`, wird die Grafik rechts ausgerichtet und der Text fließt links herum. Mit sorgfältiger Arbeit ist es sogar möglich, den Text zwischen zwei Objekten fließen zu lassen. Das folgende Beispiel zeigt, wie das `align`-Attribut verwendet werden kann, um Text um Grafiken herumzuführen. Die Wiedergabe dieses Beispiels zeigt Abbildung 5.9.

Beachten Sie im vorherigen Beispiel, dass es dort ein spezielles Attribut für das `<br>`-Element gibt. Das ist notwendig, um eine richtige Ausrichtung des Textflusses zu erzwingen, und wird in Kürze erläutert. Es gibt noch einige Aspekte des `align`-Attributs, die zuvor aufgezeigt werden sollten. So herrscht z.B. etwas Verwirrung bezüglich der Verwendung des Wertes `center` mit dem `align`-Attribut für das `<img>`-Element. Typischerweise ergibt der Wert dieses Attributs dasselbe Ergebnis wie der Wert `middle` und sollte nicht verwendet werden. Um tatsächlich eine Grafik in der Mitte des Bildschirms zu platzieren, ist es erforderlich, die Grafik innerhalb des `<p align="center">`, `<div align="center">` oder eines einfachen `<center>`-Elements einzuschließen.

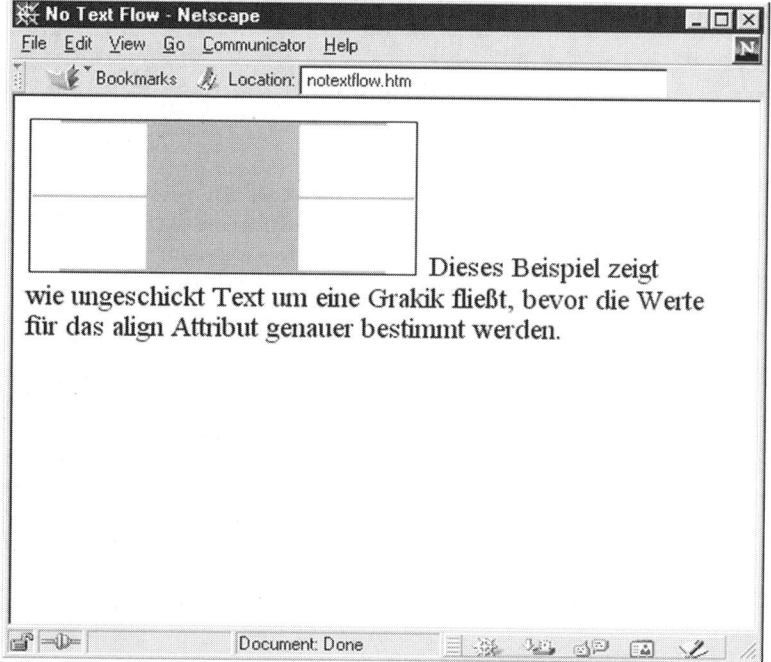

Abbildung 5.8: Schlechter Textfluss mit HTML

```
<!DOCTYPE HTML PUBLIC "-//W3C//DTD HTML 4.01 Transitional//EN">
<html>
<head>
<title>Verbesserter Textfluss</title>
</head>
<body>

<img src="images/redsquare.gif" align="left">
Das align-Attribut der oberen Grafik ist auf "left" gesetzt, so dass der Textfluss
rechts herum läuft. Das align-Attribut der oberen Grafik ist auf "left" gesetzt,
so dass der Textfluss rechts herum läuft. Das align-Attribut der oberen Grafik ist
auf "left" gesetzt, so dass der Textfluss rechts herum läuft.

<br clear="left"><br><br>

<img src="images/redsquare.gif" align="right">
Das align-Attribut der unteren Grafik ist auf "right" gesetzt, so dass der
Textfluss links herum läuft. Das align-Attribut der unteren Grafik ist auf "right"
gesetzt, so dass der Textfluss links herum läuft. Das align-Attribut der unteren
Grafik ist auf "right" gesetzt, so dass der Textfluss links herum läuft.

</body>
</html>
```

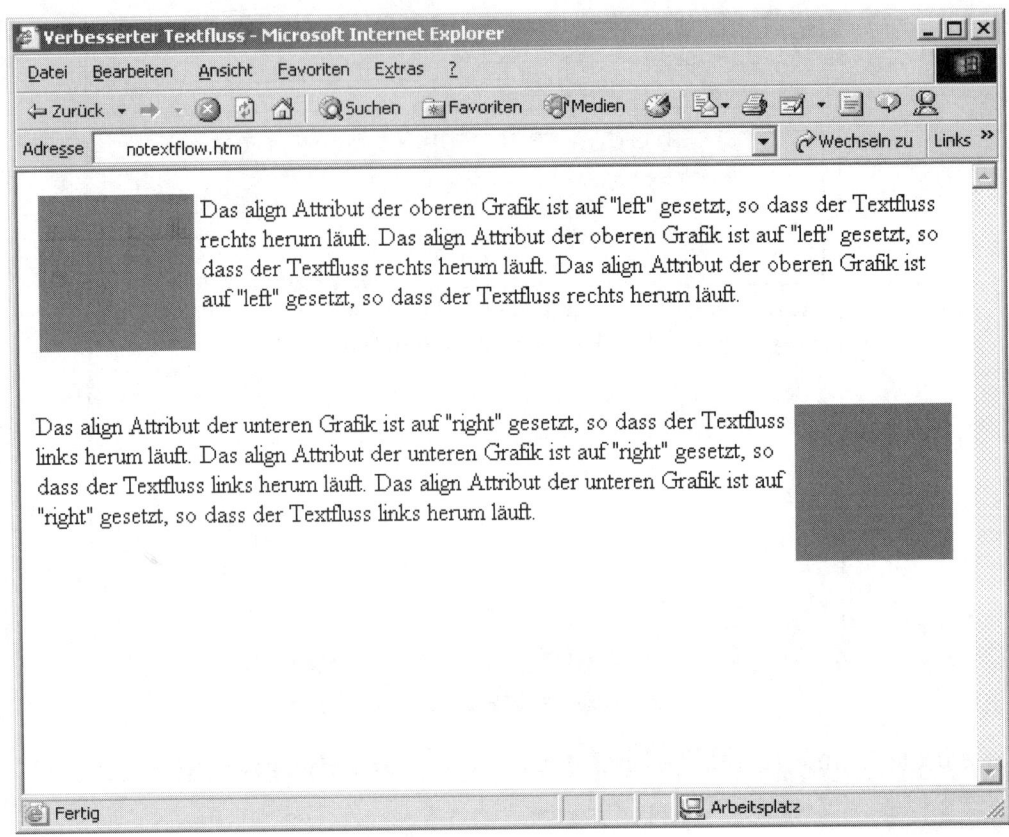

Abbildung 5.9: Ein verbessertes Textflussbeispiel

Netscape und Microsoft unterstützen außerdem vier weitere Werte für align: texttop, baseline, absmiddle und absbottom. Diese Attribute sollten jedoch nur in den seltensten Fällen verwendet werden, da sie von den Browsern auf unterschiedliche Weise interpretiert werden und sie derzeit keinem Standard entsprechen. Durch eine Technologie wie Style Sheets kann die Positionierung genauer definiert werden, worauf in Kapitel 10 eingegangen wird. Die grundlegende Bedeutung des Wertes dieses Attributes wird hier betrachtet.

Das Setzen des align-Attributs auf texttop richtet den Anfang einer Grafik auf eine Linie mit dem höchsten Zeichen aus. Dieses Attribut wird von verschiedenen Browsern unterschiedlich dargestellt. Der baseline-Wert richtet den Grund einer Grafik auf die Grundlinie des Textes aus. (Die Grundlinie ist die nicht zu sehende Linie, auf der sich alle Zeichen befinden.) absmiddle richtet die Mitte einer Grafik auf die Mitte des Textes aus, was die tatsächliche Mitte der Zeichen selbst bedeutet. Der absbottom-Wert richtet den Grund einer Grafik nach dem niedrigsten Punkt in der Textzeile aus, inklusive der unterlangen Zeichen, wie das kleine »y« und »g«, die bis unterhalb der Grundlinie führen. Anders als absbottom bezieht baseline die Unterlänge eines Zeichens nicht ein. So befindet sich bei einem kleinen »g« die niedrigere Hälfte des Buchstabens unter der Grundlinie.

Abstände: hspace und vspace

Nur den Textfluss einer Grafik zu bestimmen, reicht nicht aus. Es ist außerdem wichtig, wie die Grafik präziser am Text positioniert werden kann, um sicherzugehen, dass der Text dort umbricht, wo er es tun soll. Anfänglich durch Netscape eingeführt und offiziell in die HTML-3.2-Spezifikation aufgenommen, können die Attribute hspace und vspace verwendet werden, um einen Abstand um eine Grafik herum zu definieren. Das hspace-Attribut wird verwendet, um einen horizontalen Abstand um eine Grafik einzufügen, wohingegen das vspace-Attribut verwendet wird, um vertikalen Abstand zu bestimmen. Der Wert der beiden Attribute sollte eine positive Zahl sein, die den Abstand in Pixel angibt. Obwohl es unter einigen Browsern möglich sein könnte, Attributwerte in Prozent anzugeben, ist dies nicht zu empfehlen, da sehr hohe Werte zu seltsamen Ergebnissen führen könnten. Der problematischste Aspekt dieser Attribute ist die Summe des Abstandes, der auf beiden Seiten einer Grafik entsteht. Schauen Sie sich das Codebeispiel an, das hier gezeigt wird, um zu sehen, wie hspace und vspace arbeiten. Abbildung 5.10 zeigt eine mögliche Browserdarstellung des Beispiels:

```
<!DOCTYPE HTML PUBLIC "-//W3C//DTD HTML 4.01 Transitional//EN">
<html>
<head>
<title>HSPACE- und VSPACE-Beispiel</title>
</head>
<body>

<p>Die nachfolgende Grafik hat ihre <tt><b>&lt;HSPACE&gt;</b></tt>- und
<tt><b>&lt;VSPACE&gt;</b></tt>-Attribute auf 50 Pixel gesetzt, damit der Text in
einem Abstand von 50 Pixel um die Grafik herum fließt. Der Rest dieses Textes ist
Dummy-Text. Sollte er irgendetwas Interessantes aussagen, würden Sie es gewiss als
Erstes erfahren.

<img src="images/redsquare.gif" align="left" hspace="50" vspace="50">

Der Rest dieses Textes ist Dummy-Text. Sollte er irgendetwas Interessantes
aussagen, würden Sie es gewiss als Erstes erfahren. Es gibt wirklich keinen Grund,
ihn zu lesen. Der Rest dieses Textes ist Dummy-Text. Sollte er irgendetwas
Interessantes aussagen, würden Sie es gewiss als Erstes erfahren. Es gibt wirklich
keinen Grund, ihn zu lesen. Der Rest dieses Textes ist Dummy-Text. Sollte er
irgendetwas Interessantes aussagen, würden Sie es gewiss als Erstes erfahren. Es
gibt wirklich keinen Grund, ihn zu lesen. Der Rest dieses Textes ist Dummy-Text.
Sollte er irgendetwas Interessantes aussagen, würden Sie es gewiss als Erstes
erfahren. Es gibt wirklich keinen Grund, ihn zu lesen. Der Rest dieses Textes ist
Dummy-Text. Sollte er irgendetwas Interessantes aussagen, würden Sie es gewiss als
Erstes erfahren. Es gibt wirklich keinen Grund, ihn zu lesen. Der Rest dieses
Textes ist Dummy-Text. Sollte er irgendetwas Interessantes aussagen, würden Sie es
gewiss als Erstes erfahren. Es gibt wirklich keinen Grund, ihn zu lesen. Der Rest
dieses Textes ist Dummy-Text. Sollte er irgendetwas Interessantes aussagen,
würdenSie es gewiss als Erstes erfahren. Es gibt wirklich keinen Grund, ihn zu
lesen.
</p>

</body>
</html>
```

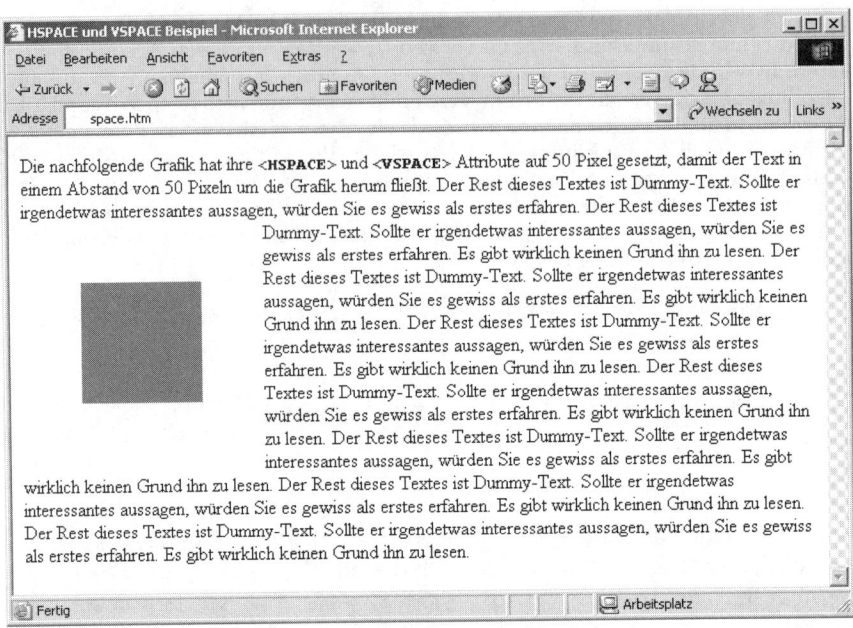

Abbildung 5.10: Darstellung des HSPACE- und VSPACE-Beispiels

Es läuft darauf hinaus, dass es in Zukunft durch die Verwendung von Style Sheets (erläutert in Kapitel 10) möglich sein könnte, diese etwas ungenauen Layouteigenschaften vollständig zu umgehen. Die hspace- und vspace-Attribute waren sehr nützlich, obgleich sie gelegentlich von Webdesignern missbraucht wurden. Wie diese Attribute in Verbindung mit dem so genannten *unsichtbaren Pixel-Gif* arbeiten, um das Layout in den Griff zu bekommen, wird in Kapitel 6 erklärt.

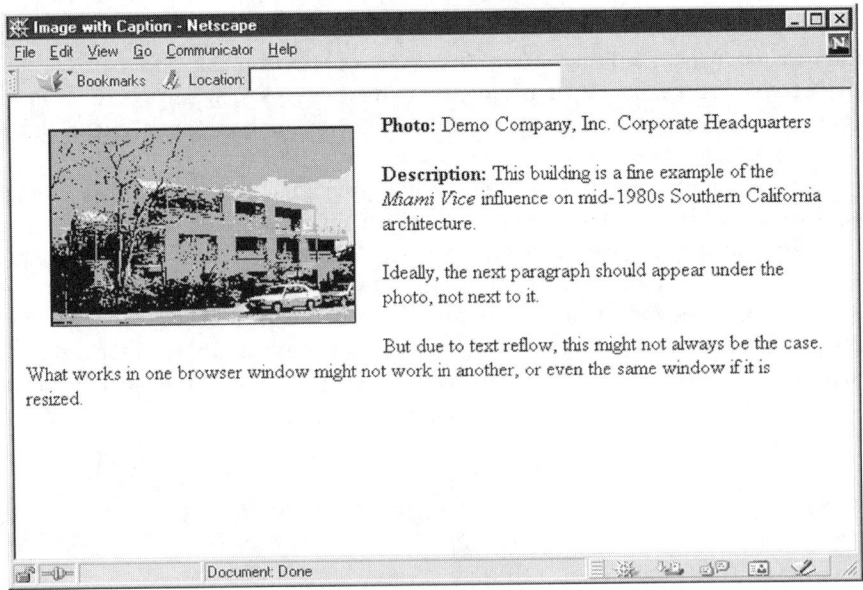

Abbildung 5.11: Grafik mit schlecht ausgerichteter Unterschrift

Erweiterungen für

Beim Einbinden von Grafiken kann es zu einer Situation kommen, in der der Designer den Textfluss um eine Grafik herum selbst bestimmen möchte. Eine Grafik mit einer Erklärung wie in Abbildung 5.11 zu erstellen, kann problematisch sein, weil der Text »falsch« fließen könnte.

Um dieses Problem zu lösen, wurde dem
-Element das neue Attribut clear hinzugefügt; diese Erweiterung ist jetzt Teil des HTML-Standards. Das clear-Attribut kann die Werte left, right, all oder none annehmen und bestimmt den Textfluss um ein eingebundenes Objekt, wie z.B. eine Grafik. Stellen Sie sich ein Codebeispiel <img src="photo. gif" align="left"> mit zugehörigem Fließtext vor. Wenn <br clear="left"> im Quellcode vorhanden ist und der Text um die Grafik herum fließt, wird er am Ende der Grafik umbrochen. Das Attribut clear="right" funktioniert bei Fließtext um rechts ausgerichtete Grafiken. Der Wert none entspricht dem Standardwert dieses Elements und hat die gleiche Funktion wie <br>. Ein Beispiel für die Verwendung dieses Attributs wird hier gezeigt; die Darstellung sehen Sie in Abbildung 5.12:

```
<!DOCTYPE HTML PUBLIC "-//W3C//DTD HTML 4.01 Transitional//EN">
<html>
<head>
<title>Break und Clear</title>
</head>
<body>

<img src="images/building.jpg" width="234" height="150" border="2" alt="Outside
of the DemoCompany corporate headquarters" align="left" hspace="20" vspace="10">

<b>Foto:</b> Demo Company, Inc. Corporate Zentrale<br><br>

<b>Beschreibung:</b> Dieses Gebäude ist ein schönes Beispiel für den <i>Miami
Vice</i>-Einfluss auf die südkalifornische Architektur in den mittleren 80ern.

<br><br>

Der nächste Absatz sollte , dank des <tt>&lt;br clear=&quot;left&quot;;</tt>unter
dem Foto erscheinen, nicht nachfolgend.

<br clear="left">
<i>Foto copyright &copy; 1999 von Demo Company, Inc.</i>
</body>
</html>
```

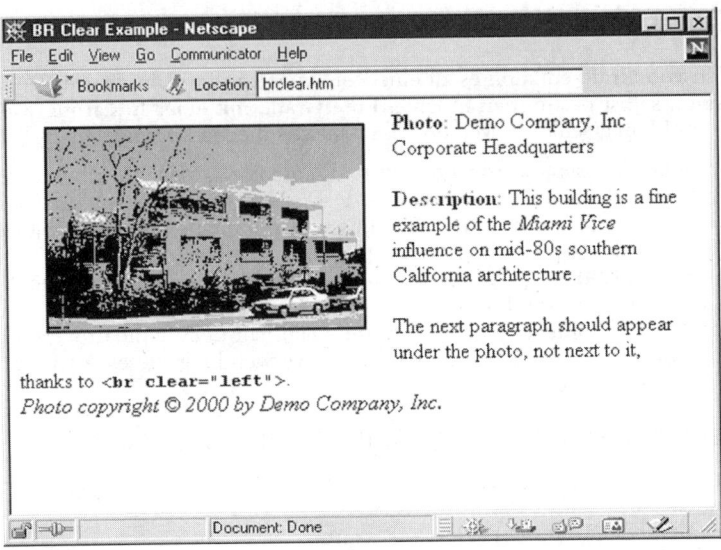

Abbildung 5.12: Darstellung des Break und Clear Beispiels

Height und Width

Die height- und width-Attribute im <img>-Befehl wurden mit HTML 3.2 eingeführt und werden für die Bestimmung der Größe der Grafik verwendet. Der Wert dieser Attribute ist entweder ein positiver Pixel- oder ein prozentualer Wert zwischen 1 und 100 Prozent. Obwohl eine Grafik mit diesem Attribut gestreckt oder verkleinert werden kann, ist sein tatsächlicher Zweck, Platz für die Grafiken zu reservieren, die gerade geladen werden. Während die Seiten durch Browser abgerufen werden, wird jede einzelne Grafik separat angefordert. Der Browser kann die Seite so lange nicht layouten, bis alle Elemente inklusive Text herunter-geladen sind und der Raum, den eine Grafik benötigt, bekannt ist. Das bedeutet, dass auf eine Grafik gewartet werden muss, bis sie vollständig geladen ist. Werden dem Browser Höhe und Breite einer Grafik im Quelltext mitgeteilt, kann er den Platz für die Grafiken im Voraus reservieren. Das Bestimmen von Höhe und Breite erlaubt dem Browser, den Text zu laden und zu setzen, während die Grafiken noch gela-den werden. Für eine Grafik mit dem Namen test.gif, die eine Höhe von 10 und eine Breite von 150 Pixel hat, wird der Befehl <img src="test.gif" height="10" width="150"> verwendet. Der Nut-zen der Attribute height und width für Grafiken ist bedeutsam. Sie sollten daher stets verwendet werden.

Hinweis

Viele fragen sich, wie die Ausmaße einer Grafik sind. Bei Verwendung von Netscape ist die Dimension leicht zu bestimmen. Als Erstes laden Sie die Grafik ohne begleitendes HTML in den Browser. Nun wer-den in der Titelleiste des Browsers die Maße angezeigt. Außerdem können Sie die Option zum Darstel-len der Dokumenteneigenschaften auf die Grafik anwenden, in der der Browser die Maße offenbaren sollte. Außerdem können die meisten Webeditoren automatisch die Ausmaße einer Grafik bestimmen.

Neben dem Vorausberechnen des Layouts können height- und width-Attribute verwendet werden, um Grafiken zu skalieren. Das ist jedoch nur selten sinnvoll, da die Grafik dabei verzerrt werden kann. Eine Möglichkeit, eine Verzerrung zu vermeiden, ist das proportionale Verkleinern der Grafik. Wenn die Grafik verkleinert werden soll, ist es jedoch besser, die Größe der Abbildung mit einem Grafikprogramm zu ändern. Das Ändern der Größe einer Grafik mit den Attributen height und width hat keinen Einfluss auf die Dateigröße, während die Änderung der Grafikdatei die Dateigröße verändert, was sich auch auf die Ladezeit auswirkt. Einen weiteren Nutzen bieten die Attribute height und width, da sie eine einfache Möglichkeit bieten, eine Grafik zu vergrößern. Stellen Sie sich z.B. eine Grafik vor, die aus einem einzigen grünen Pixel besteht, und setzen height und width folgendermaßen ein: <img src= "greenpixel.gif" height="100" width="100">. Daraus resultiert eine große, grüne Box mit einer sehr geringen Ladezeit. Auf manchen Seiten werden die Attribute height and width sogar mit prozentualen Werten, wie 100 Prozent, eingesetzt, um interessante Effekte, wie eine bildschirmfüllende Grafik sowie vertikale oder horizontale farbige Balken, zu erzeugen.

Eine andere interessante Verwendung der Attribute height und width ist das Vorladen von Grafiken. Um den Eindruck einer schnell ladenden Seite zu erwecken, können Grafiken vorgeladen werden. Während der ungenutzten Zeit, die der Betrachter die aktuelle Seite liest, können bereits die Grafiken der nächsten Seite geladen werden, so dass diese bereits im Cachespeicher vorhanden sind, wenn der Besucher zur nächsten Seite wechselt. Es wird der Eindruck einer verbesserten Performance erweckt. Um diesen Vorladevorgang zu erzielen, werden Grafiken, die später erscheinen sollen, mit den Attributwerten 1 für height und width auf die aktuelle Seite eingebunden. Auf diese Weise ist die Grafik nicht sichtbar, wird aber bereits vollständig in den Browser-Cache geladen. Wenn der Benutzer die nächste Seite besucht, kann die Grafik von der lokalen Festplatte geladen und schnell angezeigt werden.

Ein mögliches Problem dieses Verfahrens ist, dass der Browser Grafiken nicht im gleichen Tempo oder in der gleichen Reihenfolge lädt. Daher sollte der Seite eine gewisse Logik hinzugefügt werden, so dass eine Grafik erst vorgeladen wird, nachdem die eigentliche Seite komplett geladen ist. Ein Problem ergibt sich, wenn der Betrachter eine Seite auswählt, deren Grafiken noch nicht vorgeladen sind. Aus diesem Grund ist eine lineare Anordnung von Seiten wahrscheinlich die einzige Struktur, bei der Sie einen Vorteil mit diesem Trick erzielen.

Low-Source-Grafiken

Eine weitere Beschleunigung des Seitenaufbaus wurde von Netscape eingeführt und ist noch kein Bestandteil des HTML-4-Standards: das Attribut lowsrc. Das lowsrc-Attribut sollte auf einen URL verweisen, der eine Grafik beinhaltet, die vor der eigentlichen so genannten *High-Source-Grafik*, die durch das src-Attribut definiert wird, geladen wird. Das bewirkt, dass die mit dem lowsrc-Attribut spezifizierte, niedrig auflösende oder schwarz-weiße Grafik geladen werden kann, bevor die hoch auflösende Datei auf das lokale System kopiert wird. Betrachten Sie folgendes Codebeispiel:

```
<img src="hi-res-photo.gif" lowsrc="bw-photo.gif" height="100"
width="100"alt="Outside of building photograph">
```

Der Nutzen des lowsrc-Attributs steigt mit zunehmender Größe der Grafiken.

Ein interessanter Aspekt des lowsrc-Attributs ist, dass der Browser die Ausmaße der lowsrc-Datei zur Reservierung des Raumes innerhalb der Webseite nutzt, wenn die Attribute height und width nicht verwendet werden. Es kann daher zu unschönen Verzerrungen kommen, wenn die hoch auflösende Datei nicht dieselbe Größe hat wie die niedrig auflösende Grafik. Dieses Problem tritt unter verschiedenen Netscape-Versionen auf.

Darüber hinaus können Sie mit Hilfe des lowsrc-Attributs eine kleine Animation erstellen. Beispielsweise könnte das lowsrc-Attribut auf ein Bild von einem geschlossenen Buch verweisen, während das reguläre src-Attribut auf das Bild eines geöffneten Buches zeigt. Wenn die Seite geladen wird, erscheint eine kleine Zwei-Bilderanimation. Allerdings ist diese Art einer Animation sehr primitiv und bietet nicht die Möglichkeit des Timings. Obwohl das bei einer relativ langsamen Verbindung gut aussehen könnte, würde der Effekt bei einer DSL-Verbindung, bei der Grafiken sehr schnell geladen werden, verloren gehen. Für eine Animation sollte ein animiertes GIF verwendet werden, wie es weiter oben in diesem Kapitel beschrieben wurde. Animierte GIFs benötigen keine spezielle Syntax und können sowohl für src als auch für lowsrc verwendet werden. Wird eine komplexere Animation benötigt, verwenden Sie die Elemente <embed> oder <object>, um eine Flash-Datei einzubinden, wie es in Kapitel 9 erklärt wird.

Dies sind nur die Basis-Attribute für das <img>-Element. Eine vollständige Liste der Attribute für den <img>-Befehl finden Sie in der Element-Referenz im Anhang A.

Grafiken als Schaltflächen

Ein wichtiger Gesichtspunkt von Grafiken ist, wie bereits in Kapitel 4 erwähnt, wie diese mit dem <a>-Element kombiniert werden können, um als Schaltflächen zu dienen. Damit eine Grafik »anklickbar« wird, fügen Sie diese einfach in eine Verknüpfung ein:

```
<a href="http://www.democompany.com"><img src="logo.gif"></a>
```

Wenn die Seite in einem Browser dargestellt wird, kann der User durch Anklicken der Grafik zu dem spezifizierten Ziel gelangen. Im Allgemeinen stellt der Browser einen Rand um die Grafik herum dar, um darauf hinzuweisen, dass eine Grafik mit einem Link verknüpft. Außerdem wird das dem Betrachter verdeutlicht, indem sich der Mauszeiger in einen Zeigefinger verwandelt, wenn er über eine verlinkte Grafik oder eine verlinkte Textpassage bewegt wird. Die Standard-Reaktionstypen können Sie in Abbildung 5.13 sehen, die den Rahmen, den Finger-Mauszeiger und eine URL-Verknüpfung zeigt – alles Hinweise auf einen Verweis.

Für Seitendesigner eher ärgerlich dürfte der Rahmen sein, der um eine verknüpfte Grafik herum erscheint. Es ist möglich, die Darstellung des Rahmens abzuschalten, indem das Attribut border mit dem Wert 0 verwendet wird, wie in diesem Beispiel:

```
<a href="http://www.democompany.com"><img src="logo.gif" border="0"></a>
```

Natürlich wird es ohne diesen Rahmen schwierig sein, festzustellen, welche Grafiken auf der Seite Verweise sind und welche nicht. Das kann dazu führen, dass die Betrachter die Maus über den gesamten Bildschirm führen müssen, um einen Verweis zu finden. Eine Möglichkeit, solche Nutzungsprobleme zu vermeiden, wäre es, visuelle Hinweise in den Grafiken darauf zu bieten, dass diese anklickbar gemacht wurden. Das könnten gedrückte, schräge oder schattierte Grafiken sein. Beispiele für solche Schaltflächen werden in Abbildung 5.14 gezeigt.

Obwohl aus Sicht des Designers einige dieser Effekte, insbesondere Schattierungen, ein klein wenig überbeansprucht sind, bietet deren Hinzufügung deutliche Vorteile beim Erkennen von Schaltflächen-Grafiken. Ein anderes Verfahren, um eine Rückmeldung darüber zu bieten, welche Grafiken mit einem Link verknüpft sind, ist es, die Schaltflächen zu animieren. Durch ein sehr einfaches JavaScript ist es möglich, eine Schaltfläche so zu animieren, dass die Maus eine Grafik zum Leben erweckt, wenn sie diese überquert. Eine kurze Erläuterung, wie HTML-Seiten durch die Verwendung einer Skript-Sprache, wie z.B. JavaScript, dynamischer gestaltet werden können, finden Sie in Kapitel 13.

Eine nicht schaltflächenorientierte Verwendung des border-Attributs ist das Setzen einer einfachen Linie um die Grafik herum. Häufig werden Grafikprogramme verwendet, um einen Rahmen um eine Grafik zu erstellen. Das border-Attribut ist eine Bandbreiten sparende Methode, um denselben Effekt zu erzielen. Probieren Sie einmal, dem border-Attribut einen positiven Wert für eine nicht klickbare Grafik zuzuweisen – z.B. <img src="portrait.gif" border="5">. Diese kleine Änderung ist der einfachste Weg zu einer umrahmten Grafik und kann dabei sogar zu interessanten Designideen führen.

Abbildung 5.13: Grafik als Verknüpfung

Größe des Linktexts verändern	Geprägter Text
Schatten hinzufügen	Bewegungeslinien
Farbe ändern	Text verwischen
Einen Schimmer hinzufügen	Text unterstreichen
Eine Textur einbinden	Schrifttyp ändern
Den Text umranden	Kapitälchen verwenden
Kanten anschrägen	Wild formatieren

Abbildung 5.14: Beispieleffekte für Buttons

Klicksensitive Grafiken (Imagemaps)

Eine andere Form von klickbaren Grafiken, die bereits in Kapitel 4 behandelt wurden, sind klicksensitive Grafiken, so genannte *Imagemaps*. Eine Imagemap ist eine große Grafik, die mehrere klicksensitive Flächen beinhaltet, die ausgewählt werden können, um den Benutzer zu verschiedenen mit ihr verknüpften Inhalten zu führen. Denken Sie an das vorangegangené Kapitel, in dem Sie erfahren haben, dass es zwei grundlegende Arten von klicksensitiven Grafiken gibt: *serverseitige* und *clientseitige*. Bei einer serverseitigen klicksensitiven Grafik klickt der Benutzer auf eine Grafik, wonach der Server entschlüsseln muss, wohin der Benutzer geklickt hat, bevor die Zielseite (sofern ein Ziel für diese Region definiert wurde) geladen werden kann. Bei einer clientseitigen klicksensitiven Grafik können alle Verknüpfungsinformationen – welche klicksensitiven Flächen auf welche URLs verweisen – in dem HTML-Dokument spezifiziert werden, das die Grafik beinhaltet. Die klicksensitiven Daten mitsamt der zugehörigen Grafik auf einer Seite zu integrieren und die Entschlüsselung dem Browser zu überlassen, hat verschiedene Vorteile:

❏ Es besteht keine Notwendigkeit, den Server aufzusuchen, um das Ziel eines Verweises zu ermitteln, so dass Links schneller aufgerufen werden.

❏ Die Ziele der Verweise können in der Statuszeile gezeigt werden, wenn sich der Mauszeiger über die Grafik bewegt.

❏ Klicksensitive Grafiken können lokal entwickelt und getestet werden, ohne einen Server oder die Unterstützung der Systemadministration zu benötigen.

❏ Clientseitige Imagemaps können so erstellt werden, dass sie ein alternatives Text-Menü für Textbrowser anbieten.

Obwohl diese Betrachtung deutlich macht, dass clientseitige Imagemaps serverseitigen vorzuziehen sind, kann es sein, dass sehr alte Browser dieses Feature nicht unterstützen. Das sollte allerdings kein Problem sein, da es möglich ist, beide Typen von Imagemaps auf einmal zu unterstützen.

Serverseitige sensitive Grafiken

Um eine serverseitige Imagemap zu spezifizieren, muss das `<a>`-Element mit einem speziell markierten `<img>`-Element verbunden werden. Das `href`-Attribut des `<a>`-Elements sollte auf den URL des Programms oder der Map-Datei verweisen, mit der die klicksensitive Grafik entschlüsselt wird. Das `<img>`-Element muss das `ismap`-Attribut beinhalten, damit der Browser die Grafik entsprechend entschlüsseln kann. Wie bei allen verlinkten Grafiken könnte es wünschenswert sein, den Grafikrahmen durch das `border`-Attribut mit dem Wert 0 zu deaktivieren. Wie in Kapitel 4 erwähnt, bieten serverseitige Imagemaps dem Benutzer keine angemessene Reaktion, da sie nur die Koordinaten anzeigen. Den Entwicklern wird empfohlen, clientseitige Imagemaps zu verwenden.

Clientseitige klicksensitive Grafiken

Der Schlüssel für die Verwendung der clientseitigen Imagemap ist das Hinzufügen des `usemap`-Attributs zum `<img>`-Befehl, der auf ein `<map>`-Element verweisen muss, in dem die aktiven Flächen der klicksensitiven Grafiken definiert werden. Ein Beispiel für die Syntax des `<img>`-Elements ist `<img src="controlbar.gif" usemap="#controlmap">`. Beachten Sie, dass, wie bei serverseitigen Imagemaps, die Grafik als Link angezeigt wird, ungeachtet der Tatsache, dass der `<img>`-Befehl nicht von einem `<a>`-Element umgeben wird. Das `border`-Attribut sollte, wenn nötig, den Wert 0 erhalten. Das `<map>`-Element tritt grundsätzlich im selben Dokumente auf wie der `<img>`-Befehl, obwohl auch externe Dokumente unterstützt werden. Sinngemäß wäre das eine ähnliche Methode wie bei serverseitigen Imagemaps. Das `<map>`-Element kann innerhalb des Körpers eines HTML-Dokuments an einer beliebigen Stelle eingebunden werden, obwohl es sinnvoll ist, dieses am Ende des HTML-Dokuments zu speichern.

Das <map>-Element hat ein Attribut name, das verwendet wird, um die Verbindung zur klicksensitiven Grafik herzustellen. Der Name der Map verweist innerhalb des <img>-Elements durch die Verwendung des usemap-Attributs auf die Map-Daten. Das <map>-Element muss ein schließendes </map>-Element haben. Innerhalb des <map>- und </map>-Tag-Paares befinden sich definierte »Formen«, die auf der Grafik abgebildet werden und mit denen die aktiven Flächen auf der klicksensitiven Grafik definiert werden. Die Formen werden durch das <area>-Element definiert, die nur innerhalb des <map>-Elements verwendet werden können. Das Format der Mappingbefehle wird in Kapitel 4 vorgestellt. Es wird allerdings ebenso wenig empfohlen, diese Angaben auswendig zu lernen wie das manuelle Erstellen von client- oder serverseitigen Imagemaps. Designer werden in den meisten Editoren wie Macromedia Dreamweaver oder Allaire HomeSite Hilfe hierbei finden. Ein sehr nützliches Tool zum Erstellen von Imagemaps ist MapEdit, das unter www.boutell.com/mapedit bezogen werden kann.

Es ist möglich, sowohl server- als auch clientseitige Imagemaps in einer Datei kombiniert zu unterstützen. Der Browser wird den besseren clientseitigen Stil der serverseitigen Version vorziehen. Dieses Verfahren garantiert Ihnen die Abwärtskompatibilität zu älteren Browsern. Um beides zu unterstützen, verwenden Sie die ismap- und usemap-Attribute in Verbindung mit einer im Dokument eingebetteten und einer auf dem Server gespeicherten Map-Datei, wie es das nachfolgende Codefragment zeigt:

```
<a href="shapes.map">
<img src="shapes.gif" usemap="#shapes" border="0" ismap width="400"
height="200"></a>
```

Clientseitige Imagemaps haben einige Attribute, die mit dem <area>-Element verwendet werden können. Serverseitige Imagemaps haben keine anderen Attribute als die normalerweise mit dem <img>-Element verknüpften, wie z.B. border. Die wichtigsten unterstützten Attribute finden Sie in Kapitel 4 und in der Element-Referenz im Anhang A.

Erweiterte Grafik-Betrachtungen: Scripting, Style und <object>

Obwohl die wichtigsten Einsatzmöglichkeiten für Grafiken erklärt wurden, gibt es ein paar Punkte, die hier schon einmal angesprochen werden sollen. Zum einen kann es wichtig sein, Grafiken einen Namen zu geben, damit sie identifiziert werden können, wenn ein Style Sheet oder ein Script darauf zugreifen soll. Die Attribute class, id und name können hierfür verwendet werden. Diese Namen sollten nur einmal innerhalb des Dokuments vergeben werden und den HTML-Richtlinien entsprechen.

Es ist möglich, Skripte oder Stilinformationen direkt mit einer Grafik zu verknüpfen. Das style-Attribut erlaubt, z.B. Stilregeln direkt mit einem <img>-Element zu verbinden. Style Sheets werden in Kapitel 10 erläutert. Es ist außerdem möglich, eine Grafik mit einem einzelnen Ereignis zu verknüpfen, indem ein Ereignisattribut, wie z.B. onmouseover, verwendet wird, um es mit einem Script zu verknüpfen. Eine sehr einfache, aber attraktive Einsatzmöglichkeit von Ereignissen in Verbindung mit einer Grafik ist das Verändern des Grafik-Zustandes in Abhängigkeit von einer Benutzeraktion. Die häufigste Anwendung sind hier animierte Schaltflächen oder die Verknüpfung von Schaltflächen mit Geräuschen, die ertönen, wenn die Grafik angeklickt wird. Die Möglichkeiten sind unendlich. Ausführlichere Erklärungen und Beispiele zum Einbinden von JavaScript und zum Erstellen animierter Schaltflächen werden in Kapitel 13 dargestellt.

Als Letztes soll hier noch darauf hingewiesen werden, dass es in HTML 4 möglich ist, mit dem <img>-Element eine Grafik mit dem <object>-Element einzufügen, wie z.B. hier gezeigt:

```
<object data="images/logo.gif">Bild des Demo-Company-
Gebäudes</object>
```

Ähnlich dem src-Attribut beim <img>-Befehl verweist hier das data-Attribut auf einen URL, der auf die einzufügende Grafik verweist, während die Alternativdarstellung innerhalb der <object>-Elemente platziert wird. Obwohl Sie aus dieser neuen Syntax interessante Möglichkeiten entwickeln könnten, ist es in der Praxis so, dass die gegenwärtigen Browser diese Art des Einbindens von Grafiken nicht unterstützen. Da der Befehl `<object>` in diesem Zusammenhang sinnvoll erscheint, da eine Grafik sich nicht von anderen binären Objekten unterscheidet, sollte diese Methode nicht verwendet werden, bis sie durch die Browser richtig interpretiert wird. Eine ausführlichere Betrachtung dieses Elements kann in Anhang A gefunden werden.

Tipps für die Verwendung von Grafiken

Viele Leser finden das Erstellen von Webseiten frustrierend, da es immer so aussieht, als ob andere Seiten einfach besser aussehen oder schneller laden. Obwohl der Schwerpunkt dieses Buches auf HTML liegt, sollen hier einige Bemerkungen über die Verwendung von Grafiken gemacht werden.

Grafik-Benutzung

Der erste Punkt, den es zu berücksichtigen gilt, ist die Qualität der verwendeten Grafik, die das Ergebnis eines Seitenlayouts stark beeinflusst. Selbst wenn Sie mit einem Scanner, einer Digital-Kamera oder der passenden Software, wie Adobe Photoshop, Adobe Illustrator oder Macromedia Fireworks ausgestattet sind, müssen Sie womöglich einen langen Weg zurücklegen, um ästhetisch ansprechende Webseiten zu erstellen. Sorgen Sie sich nicht – Sie würden niemals in Betracht ziehen, dass der einfache Besitz eines Word-Textverarbeitungsprogramms Ihnen helfen könnte, einen großen Roman zu schreiben; es benötigt Geschick, Geduld und jahrelange praktische Erfahrung.

Obwohl das hier sicherlich kein Buch über Webdesign ist, soll Ihnen ein einfacher Webdesigntipp gegeben werden: Streben Sie nach einem minimalen Design. Gerade Linien, einige wenige Farben und der zurückhaltende Einsatz von Grafiken sollte ein relativ sauberes und ordentliches Design ergeben. Zusätzlich wird ein einfaches Design wahrscheinlich sehr schnell geladen! Wenn Sie sich dazu entscheiden, Grafiken für Ihre Seiten zu verwenden, ob nur zur Dekoration oder als Informationen, dürfen Sie nicht mit der Qualität geizen. Wenn Sie Cliparts von kostenlosen Webseiten verwenden, werden Ihre Seiten auch so aussehen. Glücklicherweise gibt es viele Seiten, wie z.B. EyeWire (`www.eyewire.com`), die professionelle, hochwertige Illustrationen und Fotografien relativ günstig verkaufen. Nur weil das Geld kostet, sollten Sie nicht versuchen, durch einen einfachen Rechtsklick an schöne, neue, kostenlose Grafiken zu kommen. Webbenutzer sind erfahren genug, um zu wissen, wann ihnen eine billige Seite angedreht wird.

Die rechtliche Seite von Grafiken

Leider haben die Kosten für lizenzierte Grafiken und die Möglichkeit, Grafiken einfach zu kopieren, viele Leute dazu verführt, sich die gewünschten Grafiken, einfach anzueignen. Bedauerlicherweise ist das ein Diebstahl von geistigem Eigentum. Obwohl es harte Strafen für Verstöße gegen das Urheberrecht gibt, wird es schwierig sein, diese Gesetze durchzusetzen. Auch einige Webdesigner neigen dazu, diese Regeln mit Hinweis auf das Konzept »*fair use*« zu beugen. Dieses Konzept erlaubt die Verwendung von urheberrechtlich geschützten Arbeiten anderer unter bestimmten Umständen.

Es gibt vier grundlegende Fragen, die das Fair-Use-Konzept definieren:

1. **Ist die besagte Arbeit für eine nichtgewerbliche oder gewerbliche Verwendung bereitgestellt?**
   Fair Use ist nicht dazu bestimmt, sich zu erheben, wenn die »geborgte« Arbeit dazu verwendet wurde, Geld für einen anderen als den Urheberrecht-Inhaber zu erwirtschaften.
2. **Ist die Arbeit kreativ oder sachlich?**
   Eine kreative Arbeit könnte eine spekulative Abhandlung über den Einfluss einer kürzlich geführten Bundestagsdebatte sein; eine sachliche Arbeit wäre eine wertfreie Beschreibung einer Debatte. Fair Use würde eher die sachliche als die kreative Arbeit schützen.

3. **Wie viel der urheberrechtlichen Arbeit wurde verwendet?**
   Es ist möglich die Grafiken eines anderen zu nutzen, wenn das Original deutlich verändert wurde. Das Problem ist, festzustellen, wie stark die Änderung, die an der Grafik vorgenommen wurde, sein muss, um als neue Arbeit angesehen zu werden. Einfach ein Bildbearbeitungsprogramm zu verwenden, um ein Bild zu drehen oder um Farben zu ändern, reicht nicht aus. Es ist ein schmaler Grat zwischen dem Verwenden von Teilen fremder Arbeit und einem offensichtlichen Diebstahl. Selbst wenn Sie nicht vorhaben, nicht freigegebene Grafiken zu verwenden, sollten Sie mit der Verwendung von Bildern, die aus freien Internet-Clipart-Sammlungen stammen, vorsichtig sein. Diese so genannten freien Bilder könnten in dem Glauben angeboten worden sein, dass diese frei verfügbar sind. Trotzdem könnten einige von ihnen aus einer kommerziellen Clipart-Sammlung stammen. Seien Sie besonders vorsichtig mit hoch qualitativen Bildern von berühmten Personen und kommerziellen Produkten. Obwohl solche Gruppen oft dankbar dafür sind, dass ihre Grafiken benutzt werden, ist die Verwendung meist auf nicht kommerzielle Zwecke beschränkt.

4. **Die dritte Fair-Use-Frage führt zu der vierten: Welchen Einfluss kann die Grafik auf den wirtschaftlichen Wert der Arbeit haben?**
   Obwohl eine unberechtigte Verwendung einer einzelnen *Star Trek*-verwandten Grafik keinen Einfluss auf die Jahresumsätze von Paramount Pictures hat, sind die Anwälte von Paramount nicht über eine derartige Verwendung begeistert. Tatsächlich haben einige Unterhaltungsfirmen Schritte eingeleitet, die es dem Webdesigner erschweren, solche Grafiken zu nutzen.

5. **Vielleicht könnte eine fünfte Frage zu der Liste hinzugefügt werden: Wem gehört die Originalarbeit und wie energisch wird der Eigentümer diese verteidigen?**
   Diese Diskussion wirft eine Vielzahl rechtlicher Fragen auf, die über den Umfang des Buches hinausgehen. Nur so viel sei gesagt: Auf die Dauer ist es grundsätzlich besser, eigene Originale zu erstellen, lizenzierte Grafiken oder öffentlich zugängliches Material zu verwenden. Nur weil viele Webdesigner das Gesetz umgehen, sollten Sie das nicht auch tun.

Grafiken und Ladegeschwindigkeit

Auch wenn Ihre Seite mit wunderschönen Grafiken übersät ist, wollen viele Leute nicht Minuten lang warten, bis Ihre Seite geladen ist. Seitendesigner sollten immer an die Ladezeit denken, wenn sie Grafiken auf ihren Seiten hinzufügen. Gehen Sie niemals davon aus, dass jeder über die neueste Hochgeschwindigkeitskabelverbindung verfügt oder dass eine hohe Bandbreite selbstverständlich ist. Dieser Abschnitt zeigt ein paar Tipps für eine verbesserte Ladezeit:

❏ Vergewissern Sie sich, dass Sie das richtige Format für den jeweiligen Zweck verwenden

   Denken Sie daran, dass GIF-Grafiken gut für Illustrationen sind, während JPEG-Grafiken besser für Fotografien geeignet sind. Wenn Sie diese Faustregel missachten, werden Sie herausfinden, dass Ihre Grafiken unnötig großen Datenverkehr verursachen und dass dadurch längere Ladezeiten verursacht werden.

❏ Reduzieren Sie Farben, wenn möglich

   Wenn Sie GIF-Grafiken verwenden, kann eine Reduzierung der Anzahl der in der Grafik verwendeten Farben die Dateigröße wesentlich verringern. Angenommen, Ihr Firmenlogo enthält nur 30 Farben. Weshalb ein 8-Bit-GIF verwenden, wenn auch eine 5-Bit-Grafik ausreicht, die 32 Farben unterstützt? Mit Programmen wie Macromedia Fireworks oder Adobe Photoshop können Sie leicht eine Farbreduzierung vornehmen.

❏ Reduzieren Sie die Anzahl der Grafiken auf der Seite

   Die Anzahl der einzelnen Grafiken auf einer Seite kann wesentlich die Ladegeschwindigkeit beeinflussen, ungeachtet der Gesamtanzahl übertragener Bytes. Bedenken Sie, dass jede einzelne Anfrage eine Übertragung verursacht und dadurch das Netzwerk nicht besonders effektiv ausgenutzt wird, verglichen mit dem Laden ein paar größerer Grafiken. Bedenken Sie, dass die Zeit zählt – nicht die gelieferten Bytes. Daher sollten Sie, wo immer es möglich ist, die Anzahl der Grafiken reduzieren.

❏ Verwenden Sie den Zwischenspeicher des Browsers

   Wenn eine Grafik erst einmal geladen wurde, sollte sie sich im Zwischenspeicher des Browsers befinden. Wird dieselbe Datei später vom Browser benötigt, kann sie aus dem Zwischenspeicher geladen werden. Wenn Sie Skripte verwenden können, ist es sogar möglich, die Grafiken im Voraus in den Zwischenspeicher des Browsers zu laden. Sie können sich jedoch nur dann auf den Zwischenspeicher verlassen, wenn Sie identische Quelldateien verwenden. Ein einziges Grafikverzeichnis ist daher besser, als die Grafiken über unterschiedliche Verzeichnisse zu verteilen.

❑ Bieten Sie eine Vorschau an

Wenn zu erwarten ist, dass der Ladevorgang eine Weile dauern kann, bieten Sie dem Benutzer etwas zum Anschauen. Eine GIF-Grafik im Interlace-Verfahren gespeichert oder ein Progressive JPEG führt dazu, dass die Grafiken Schritt für Schritt dargestellt werden. Der Benutzer kann dadurch das Wesentliche einer Grafik erkennen, lange bevor sie komplett geladen ist. Kleine Vorschaubilder von Grafiken sind ebenfalls ein nützlicher Weg, um dem Benutzer eine generelle Vorstellung zu geben, bevor er einen langen Ladevorgang abwartet. Bei großen Grafiken können Sie den Benutzer auf die zu erwartenden Ladezeiten hinweisen.

❑ Verwenden Sie HTML korrekt

Verwenden Sie die Attribute `alt`, `height` und `width`, um die Seitendarstellung zu verbessern. Der alternative Text gibt dem User etwas zu lesen, während die Grafik lädt. Der richtige Einsatz der Attribute `height` und `width` erlaubt dem Browser, das Seitenlayout im Voraus zu erkennen und so sofort den richtigen Textfluss darzustellen.

Wenn Sie auf Ihren Webseiten große Datenmengen verwenden, hat das hoffentlich seinen Grund. Lange Wartezeiten für ein riesiges Logo oder eine übertrieben aufwändig gestaltete Seite mit geringen Inhalten frustrieren die Benutzer, die danach wahrscheinlich nie wieder zurückkommen werden. Könnte das der Grund dafür sein, dass die größten Seiten wie Amazon und Yahoo! relativ einfache visuelle Hilfsmittel verwenden, die schnell zu laden sind? Es ist fast sicher, dass das der Fall ist. Wenn Sie Grafiken verwenden, rufen Sie sich immer in Erinnerung, dass Sie etwas in Ihre Seiten einfügen, das für ein allumfassendes Erlebnis für den Benutzer sorgt, ob es sich dabei um ein visuelles Erlebnis oder um Informationen handelt.

Zusammenfassung

Ob Sie es mögen oder nicht, Grafiken haben geholfen, das Web populär zu machen. Aber nur weil Grafiken das Aussehen einer Webseite verbessern können, heißt das nicht, dass diese unbedacht verwendet werden sollen. Obwohl das Präsentieren im Web wichtig ist, geht es immer noch um die Verbreitung von Informationen, wozu einige Grafiken geeignet sind und andere nicht. Das Einbinden von Grafiken auf einer Webseite erreichen Sie mit dem `<img>`-Element, das zahlreiche Attribute hat. Viele Attribute des `<img>`-Elements – inklusive `alt`, `height`, `width` und `lowsrc` – sind nützlich für die Verbesserung der Zugriffszeiten und der Nutzbarkeit von Webseiten.

Wie bisher wird der ewige Kampf zwischen gut gestalteten Seiten und der Ladezeit fortgesetzt, wobei Kenntnisse von HTML hilfreich sind, um den Kampf gegen lange Wartezeiten zu führen. Viele andere Attribute für das `<img>`-Element wurden in der Absicht entwickelt, zu gestalten. Das gilt insbesondere für `align`. Grafiken können in Verbindung mit Farben verwendet werden, um ansprechende Layouts, inklusive gekachelter Hintergründe, zu erstellen. Das wird im nächsten Kapitel vorgestellt. In Zukunft könnten Style Sheets und das `<object>`-Element viele Aufgaben des `<img>`-Elements und seiner Attribute übernehmen; zurzeit gibt es jedoch keinen Ersatz für `<img>`.

6

Basis-Layout: Text, Farben und Hintergründe

Webdesigner sind ständig bemüht, attraktive Webseiten zu erstellen, aber das war nicht immer einfach. HTML wurde nicht unter Design-Gesichtspunkten entwickelt. Selbst so einfache Layouttechniken wie das Zentrieren von Text sind erst seit ein paar Jahren möglich. Die Browser-Entwickler haben viele HTML-Elemente und -Attribute hinzugefügt, um den Web-Entwicklern mehr Kontrolle über das Aussehen ihrer Seiten zu geben. Standardisierte Elemente wie <ul> wurden verwendet, um als Struktur- und Layoutwerkzeug zu dienen. Es wurden auch neue Möglichkeiten für Schrifttypen in HTML eingebunden, um mehr Einfluss auf das Aussehen ausüben zu können. Einen absoluten Fortschritt in der Darstellung von HTML-Seiten brachte die Einführung von Cascading Style Sheets, die in Kapitel 10 vorgestellt werden. Trotz ständiger Erweiterungen bei der Browserunterstützung durch CSS sind oft noch HTML-Tricks und -Basteleien notwendig, um optisch ansprechende Seiten zu erstellen, die auch in älteren Browsern funktionieren. Obwohl es theoretisch natürlich am besten wäre, Techniken zu vermeiden, die nicht dem Standard entsprechen, sind sie heute noch an der Tagesordnung – und das wahrscheinlich so lange, bis Methoden wie Style Sheets besser unterstützt werden.

Design-Anforderungen

Was würde sich ein Webdesigner wünschen, wenn er einen Wunsch frei hätte? Das Web wurde als plattformübergreifendes System für Bildschirmdarstellung entwickelt, aber es fehlt an einer besseren Kontrolle der Positionierung. Die Möglichkeit, für jede Plattform zu entwickeln, ist optimal, aber in der Realität wird es akzeptiert, dass Webseiten für eine bestimmte Zielgruppe erstellt werden. Wenn der Entwickler die Umgebung seiner Besucher kennt, hat er mehr Kontrolle über die Präsentation. Designer wollen auch mehr Einfluss auf die Darstellung von Schriften. Ursprünglich gab es keine Möglichkeit festzulegen, welche Schrifttypen für ein Dokument verwendet wurden, unabhängig davon, ob der Schrifttyp auf dem System des Betrachters vorhanden war oder nicht. Weitere komplexe Gestaltungsmöglichkeiten, vergleichbar zu anderen Desktop-Publishing-Programmen, wie z.B. echte Farbkontrolle und das genaue Positionieren von Objekten, wären wünschenswert. Optimal wäre eine perfekte pixelgenaue Kontrolle sowie eine exakte Bestimmung der Schrifttypen, um das Web auf einen ähnlichen Level wie das Printdesign zu bringen.

Allein Merkmale wie pixelgenaue Objekt- und Textpositionierung auf dem Bildschirm bringen das Web ebenso wenig weiter wie die Auswahl von Schrifttypen. Es ist nach wie vor schwierig, genau zu ermitteln, welche Darstellungsmöglichkeiten der Betrachter hat. Die Möglichkeiten reichen von kleinen Flüssigkristalldisplays auf Mobiltelefonen bis hin zu 20-Zoll-Monitoren – oder größer. Diese Displayarten haben unterschiedliche Farbdarstellungen, von den vier Graustufen eines Taschencomputers bis hin zu Millionen von Farben auf dem High-End-System eines Grafik-Designers. Unter Umständen gibt es überhaupt keinen Bildschirm, wenn die Ausgabe auf einem sprachbasierten Browser erfolgt. Wenn die Möglichkeit besteht, zu ermitteln, welche Bildschirmkonfiguration beim Betrachter zu erwarten ist, kann ein daran angepasstes und somit besseres Design entwickelt werden.

Die Herausforderungen an den Webdesigner sind groß. In der Vergangenheit wurden sie durch mangelnde Technologie und Werkzeuge noch vergrößert, von den Problemen der Bandbreite und der Benutzerfreundlichkeit ganz zu schweigen.

HTML-Ansätze des Web-Designs

Während HTML nicht unter Designgesichtspunkten entwickelt wurde, wurde es missbraucht und erweitert, um die Gestaltung so gut wie möglich zu unterstützen. Heute gibt es viele Elemente, die eine Layoutkontrolle ermöglichen, von denen nicht alle dem Standard entsprechen. Dazu gehören verschiedene `align`-Werte für Markierungsbefehle, browserspezifische Tags wie `<spacer>` und `<multicol>` und Tabellen. Dieser Abschnitt behandelt einige der Basiselemente – sowohl Standardelemente, aber auch solche, die nur auf bestimmten Systemen funktionieren –, die verwendet werden, um die Bildschirmdarstellung zu kontrollieren. Der Leser wird daran erinnert, dass diese Ansätze am besten für Umgebungen geeignet sind, die mit älteren Browsern arbeiten – solche, die Techniken wie Cascading Style Sheets nicht unterstützen. Letztendlich sollte HTML nicht die Präsentation, sondern die Struktur bestimmen.

Text-Ausrichtung mit HTML-Elementen

Als Erstes sollten Sie beim Einsatz von HTML bedenken, dass alle Elemente und Attribute verwendet werden, um Text und andere Objekte auf einer Seite zu positionieren. Webdesigner erlagen lange der Versuchung, die Standarddarstellung mit einem Element wie `<ul>` ihren Wünschen anzupassen, wie es das folgende Beispiel zeigt:

```
<!DOCTYPE HTML PUBLIC "-//W3C//DTD HTML 4.01 Transitional//EN">
<html>
<head>
<title>Layout einer Unordered List </title>
</head>
<body>

<ul>
Das ist eingerückter Text
</ul>

<ul><ul>
Dieser Text wurde noch weiter eingerückt.
</ul></ul>
```

```
<ul><ul><ul><ul><ul><ul><ul><ul><ul><ul><ul><ul><ul><ul>
Dieser Text wurde sehr weit eingerückt, erzeugt aber nicht den Effekt, den Sie
erhofft haben.
</ul></ul></ul></ul></ul></ul></ul></ul></ul></ul></ul></ul></ul></ul>

</body>
</html>
```

Die Darstellung der Formatierung mit Hilfe des <ul>-Elements sehen Sie in Abbildung 6.1; den Code können Sie sich online auf den Webseiten zum Buch anschauen (www.mitp.de).

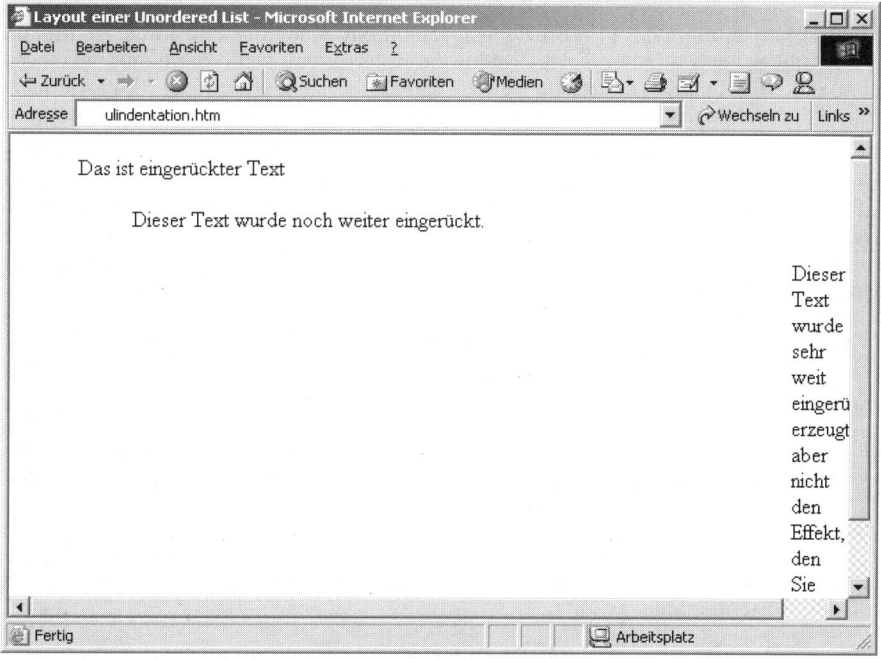

Abbildung 6.1: Texteinrückung mit <ul>

Viele HTML-Entwicklungstools verwenden immer noch dieses oder das <blockquote>-Tag, um Objekte auf dem Bildschirm auszurichten. Wenn Sie unsicher sind, verwenden Sie das Einrückungswerkzeug eines WYSIWYG-Editors und betrachten Sie den so entstandenen Quelltext. Bedenken Sie, dass das nicht der eigentliche Zweck dieser Tags ist und dass es keine Garantie dafür gibt, wie weit die Einrückung wirklich vorgenommen wird. Das kann von Browser zu Browser variieren.

Ein anderer auf HTML basierender Ansatz zur Kontrolle des Textflusses ist die Verwendung des <pre>-Tags. Wie in Kapitel 3 erwähnt, bleiben bei einem Text, der von <pre>-Elementen umgeben wird, alle Tabulatorsprünge, Umbrüche und Leerzeichen erhalten. Mit dem <pre>-Tag ist es möglich, ein Text-Layout so zu erzwingen, wie der Autor es sich vorstellt, selbst wenn dadurch ein horizontales Rollen durch den Text erforderlich wird. Im Allgemeinen wechselt der Browser bei der Darstellung der Schrifttypen durch so formatierten Text zu einem nicht proportionalen Schrifttyp, wie z.B. Courier. Dieser Fontwechsel ist eventuell jedoch unerwünscht.

Non-Breaking Spaces

Webbrowser minimieren jede Form von Freiräumen auf ein Leerzeichen. Dazu zählen Leerzeichen, Tabulatorsprünge und Zeilenumbrüche. Webautoren werden daran verzweifeln, wenn sie zwei Leerzeichen hintereinander einfügen möchten, ohne das `<pre>`-Element zu verwenden. Das Sonderzeichen ` ` bzw. `$#160;` definiert einen so genannten *non-breaking space*, der nicht vom Browser eliminiert wird. Um drei Leerzeichen zwischen Wörtern einzufügen, verwenden Sie `     `. Viele erzwingen sich auf diese Weise ihr Layout:

```
          
Jetzt sind wir zehn Leerzeichen von links entfernt!
```

Obwohl diese Verwendung des non-breaking space oft ein bequemes Hilfsmittel ist, funktioniert das nicht in allen Situationen. Das werden Sie spätestens dann verstehen, wenn Sie einmal versuchen, den Text in einer Textverarbeitung mit Leerzeichen auszurichten. Das hängt mit der Proportionalität der Schriftzeichen und der Größe der Zwischenräume zusammen. Warum sollte das im Web anders sein?

Obwohl der non-breaking space nicht hilft, das Layout fehlerfrei darzustellen, könnte er als eine Art »Alleskleber« für das Web bezeichnet werden. Jeder, der zu Hause schon mal eine Kleinigkeit repariert hat, weiß, dass Alleskleber hier und da eine gute Hilfe sein kann – genau so verhält es sich mit ` ` im Web! Da der Browser Zwischenräume minimiert, wo sie anscheinend nicht benötigt werden, oder weil sich kein Inhalt darin befindet, gibt es nur eine Möglichkeit das zu verhindern: ein einzelnes Zeichen einzubinden. Da Sie aber wahrscheinlich nicht wollen, dass dieses Zeichen eingebunden wird, bleibt nur das ` `-Zeichen. Dieser Effekt wird häufig – vor allem auch in Tabellen oder ähnlichen Konstrukten – von WYSIWYG-Editoren missbraucht. Betrachten Sie einmal den Quellcode

```
<p> </p>
```

der häufig von WYSIWYG-Editoren generiert wird, wenn Sie die Return-Taste drücken. Dieser Abschnitt erstellt einen leeren Absatz, aber macht das wirklich Sinn? Vielleicht wollten wir viel eher so etwas

```
<br><br>
```

Hin und wieder sehen Sie auch einen non-breaking space innerhalb einer Liste. Schauen Sie sich den folgenden Code-Ausschnitt an:

```
<ul>
    <li>Item 1</li>
    <li>Item 2</li>
    <li>Item 3</li>
</ul>
```

Diese Aufzählung wird wie folgt dargestellt:

- Item 1
- Item 2
- Item 3

Das mag zu eng sein, also fügt der Designer ein paar Umbrüche hinein, um das Ganze etwas aufzulockern,

```
<ul>
    <li>Item 1<br><br></li>
```

```
    <li>Item 2<br><br></li>
    <li>Item 3<br><br></li>
</ul>
```

aber das ist wohl etwas zu viel.

- Item 1

- Item 2

- Item 3

Schließlich erstellt er die Liste mit dem non-breaking space in Verbindung mit dem Superscript-Element, was die einzelnen Elemente etwas auseinander hält. Der Quelltext

```
<ul>
    <li>Item 1<sub> </sub></li>
    <li>Item 2<sub> </sub></li>
    <li>Item 3<sub> </sub></li>
</ul>
```

sorgt auf den meisten Browsern für eine etwas bessere Darstellung:

- Item 1
- Item 2
- Item 3

Diese Tricks funktionieren recht gut, aber es sind nur Tricks. Sie sind davon abhängig, wie Browser bestimmte Elemente darstellen, und machen HTML komplizierter, als es sein sollte. Trotzdem reicht ein wenig Wissen über das -Element, um einige ärgerliche Web-Probleme zu umgehen.

Das <center>-Element

In den frühen Tagen des Webs war es schwer, wenn nicht unmöglich, die Bildschirmdarstellung zu kontrollieren. Netscape brachte einige Elemente und Attribute, die für die Positionierung hilfreich waren, darunter auch das <center>-Tag.

Das <center>-Tag kann jede Form von Inhalt umgeben, der dann im Browserfenster zentriert wiedergegeben wird. Im frühen HTML konnte Text zentriert werden, indem man den folgenden Code verwendete:

```
<center>Welcome to Demo Company!</center>
```

Das <center>-Element kann für beliebige Inhaltsmengen und Formen, darunter Text und Grafiken, verwendet werden. Der Gebrauch dieses Elements ist sehr weit verbreitet. Es wurde in den HTML-4-Standard integriert. Es gilt als die Kurzform für <div align="center">. Später wurde das align-Attribut (das weiter unten vorgestellt wird) zu vielen weiteren Attributen hinzugefügt.

Ausrichtungsattribute

Neben `<center>` gibt es viele Elemente in HTML 3.2 und HTML 4, die `align`-Attribute unterstützen. Beim `<div>`-Element, das verwendet wird, um einen Abschnitt in einem Dokument zu erstellen, kann der Wert von `align` auf `left`, `center` und `right` gesetzt werden; in HTML 4 auch auf `justify`. Wird das `align`-Attribut nicht definiert, wird der Text standardmäßig links ausgerichtet, wenn die Sprachrichtung auf `ltr` (left to right) gesetzt ist. Bis vor kurzem funktionierte der Attributwert `justify` in den meisten Browsern nicht. Mittlerweile wird er zumindest von den beiden wichtigsten Browsern unterstützt. Das `align`-Attribut wird von den Elementen `<p>`, `<table>` und den Überschriften `<h1>` bis `<h6>` mit den Basiswerten unterstützt. Beachten Sie, dass das `align`-Attribut beim `<img>`-Tag anderen Zwecken dient, was in Kapitel 5 ausführlich erläutert wird.

> **Hinweis**
>
> Streng genommen sind das Tag `<center>` und die Verwendung des `align`-Attributs überholt.

Vorgaben mit `<nobr>` und `<wbr>`

Bei vielen Browsern ist es möglich, das Textlayout auch mit weiteren Mitteln zu beeinflussen. Da die Schriftgröße und die Breite der Browserfenster variabel sind, können Zeilenumbrüche zum Teil an ungelegenen Stellen vorkommen. Viele Browser unterstützen die Tags `<nobr>` und `<wbr>`, die dem Browser Vorgaben für die Textgestaltung machen.

Das Tag `<nobr>` stellt sicher, dass eine Textzeile, unabhängig von der Browserbreite, nicht umbricht. Dieses Element ist hilfreich bei Worten oder Phrasen, die auf einer Zeile zusammenbleiben sollen. Bei einer langen Textzeile kann es erforderlich werden, dass der User seitwärts scrollen muss, um den Text lesen zu können. Ein einfaches Beispiel des `<nobr>`-Tags sehen Sie hier:

```
<nobr>Das ist eine sehr wichtige lange Textzeile, der nicht erlaubt werden soll,
in zwei Teilen angezeigt zu werden.</nobr>
```

Es ist möglich, das `<nobr>`-Tag in Verbindung mit Grafiken zu verwenden. Es kann jedoch sein, dass ein Scrollen notwendig ist, um alle Bilder zu sehen. In einigen Fällen kann es sein, dass der Browser die Bilder skaliert, um sie in einer Zeile anzeigen zu können.

Im Ergänzung zum `<nobr>`-Tag, das Zeilenumbrüche streng unterbindet, erlaubt das `<wbr>`-Element dem Webdesigner, dem Browser eine Stelle für einen »weichen« Zeilenumbruch innerhalb eines `<nobr>`-Bereiches vorzuschlagen (`<wbr>` ist kein Element des HTML-Standards, wird aber von vielen Browsern unterstützt). `<wbr>` markiert die Stelle, an der bei Bedarf ein Zeilenumbruch zulässig wäre. Das Element hat optionalen Charakter, im Gegensatz zu `<br>` oder `<nobr>`, die dem Browser eine strikte Vorgabe machen. Je nach Situation entscheidet der Browser, ob ein Zeilenumbruch erforderlich ist oder nicht. Das `<wbr>`-Tag ist ein leeres Element, das heißt, es benötigt kein schließendes Tag. Hier ist ein kleines Beispiel, das zeigt, wie `<wbr>` funktioniert:

```
<nobr>Das ist eine sehr wichtige lange Textzeile, der nicht erlaubt werden soll,
in zwei Teilen angezeigt zu werden. Sollte ein Umbruch erforderlich sein, dann
hier <wbr> und sonst nirgends.</nobr>
```

Das `<wbr>`-Element darf nur innerhalb des `<nobr>`-Elements existieren, obwohl es auch außerhalb funktionieren könnte. Dieses Tag hat keine Attribute. Seine einzige – sehr nützliche – Aufgabe ist der Vorschlag eines Orts für einen möglichen Zeilenumbruch.

Ausrichtung mit Grafiken

Wie bereits in Kapitel 5 erläutert, gibt es für das `<img>`-Element das `align`-Attribut, das die Werte `top`, `bottom` und `middle` akzeptiert. Befindet sich eine Grafik in einem Textblock, wird die nächste Zeile oben, in der Mitte oder am Fuß der Grafik ausgerichtet, abhängig vom Wert des `align`-Attributes. Wurde kein Attributwert angegeben, gilt der Fuß der Grafik als Standardwert.

Ein Problem der Grafikausrichtung im frühen HTML war, dass der Text nicht um die Grafik fließen konnte. Nur eine Textzeile wurde an der Grafik ausgerichtet. Netscape führte die Werte `left` und `right` ein, die es dem Text erlaubten, auf einer Seite der Grafik zu fließen. Wenn eine Grafik mit `<img src="logo.gif" align="left">` eingebunden wird, wird die Grafik auf der linken Seite angezeigt, während der Text auf der rechten Seite fließt. Dementsprechend sorgt ein Quelltext `<img src="logo.gif" align="right">` dafür, dass die Grafik auf der rechten Seite angezeigt wird, während der Text auf der linken Seite fließt. Stellen Sie es sich vor wie ein Fluss aus Text, der um einen Fels herumfließt. Befindet sich die Grafik auf der linken Seite, fließt der Text auf der rechten Seite, und umgekehrt.

Während diese Basisausrichtungswerte HTML-Standard wurden, haben die Browser von Netscape und Microsoft vier weitere Werte unterstützt: `texttop`, `baseline`, `absmiddle` und `absbottom`. Vermeiden Sie diese Attribute, wenn möglich, da sie nicht auf allen Browsern in derselben Art dargestellt werden und noch nicht Teil des Standards sind. Für weitere Informationen zu diesen Attributen schauen Sie in Kapitel 5 oder in der Befehlsreferenz (Anhang A) nach.

Da der Text in unerwünschter Richtung um die Grafiken herumfließen könnte, wurde dem `<br>`-Tag ein weiteres Element hinzugefügt. Es hat nun das Attribut `clear`, dessen Wert `left`, `right`, `all` oder `none` sein kann. Standardmäßig erhält das Attribut den Wert `none`, der einen Zeilenumbruch erzeugt. Wenn eine Grafik links ausgerichtet wird, könnte es sinnvoll sein, nach der Grafik einen Zeilenumbruch einzufügen, bevor ein neuer Textabschnitt beginnt. Das Element `<br clear="left">` zwingt den Browser dazu, so weit nach unten zu gehen, bis der linke Rand des Fensters frei ist. `<br clear="right">` macht das Gleiche für rechts ausgerichtete Bilder. Wenn Sie mehrere Grafiken umgeben wollen, die sowohl rechts als auch links ausgerichtet sind, verwenden Sie `<br clear="all">`.

Obwohl das Attribut `align` und die Erweiterungen für `<br>` etwas mehr Layoutkontrolle ermöglichen, werden diese Aufgaben von Style Sheets mit höherer Genauigkeit übernommen. Bis Style Sheets besser unterstützt werden, gibt es jedoch verschiedene Fälle, in denen das `<img>`-Tag und seine Attribute (inklusive `hspace`, `vspace` und `align`) verwendet werden können, um interessante Seitenlayouts umzusetzen.

Unsichtbare Grafiken und Layout

Um eine weitere Möglichkeit zum Verschieben vom Texten zu nutzen, benötigen Sie eine Grafik. Dieser Ansatz ist Anwendern des Desktop-Publishing-Programms QuarkXPress wohl bekannt. Bei diesem Programm werden unsichtbare Regionen definiert, um die herum ein Text verläuft. Unter HTML können Sie das erreichen, indem Sie eine unsichtbare Grafik in Verbindung mit dem Attributen `align`, `hspace` und `vspace` in ein Dokument einbinden. Mit einer transparenten 1-Pixelgrafik, und wenn Sie wollen, einem »unsichtbaren Pixel«, kann der Designer eine Vielzahl von interessanten Tricks anwenden. Nehmen Sie z.B. ein solches Pixel und setzen Sie den Attributwert von `width` auf 10. Platzieren Sie diese Grafik an den Anfang eines Absatzes, wie hier gezeigt:

```
<p><img src="pixel.gif" width="10" align="left">Das ist der Anfang des
Absatzes.</p>
```

Dieser Abschnitt zeigt einen Absatz, dessen erste Zeile um zehn Pixel eingerückt ist. Die Abbildung zeigt Ihnen diesen Trick mit ein- und ausgeschalteter Umrandung, um Ihnen zu zeigen, wo das unsichtbare Pixel ist.

Das ist der Anfang des Absatzes.

□Das ist der Anfang des Absatzes.

Neben Einrückungen können Sie verschiedene Effekte erzielen, indem Sie vorsichtig mit den Attributen hspace und vspace experimentieren. Sie können sogar die Zeilenhöhe manipulieren. Natürlich ist das in CSS viel leichter zu realisieren. Viel größere Regionen können Sie erstellen, indem Sie die Werte der Attribute height und width des <img>-Tags entsprechend einstellen und das align-Attribut verwenden, um den Text entsprechend zu lenken. Mit dem Befehl <img src="pixel.gif" height="100" width="50" align="left"> können Sie z.B. einen großen unsichtbaren Block erstellen, der von Text umflossen wird.

Der Pixel-Trick kann ein nützliches Hilfsmittel sein. Allerdings hat der Trick auch seine Nachteile. Bedenken Sie, was passiert, wenn ein Benutzer die Darstellung von Grafiken abschaltet, oder der Stopp-Button gedrückt wird, bevor die unsichtbare Grafik geladen ist. Das Ergebnis könnte so aussehen wie in Abbildung 6.2.

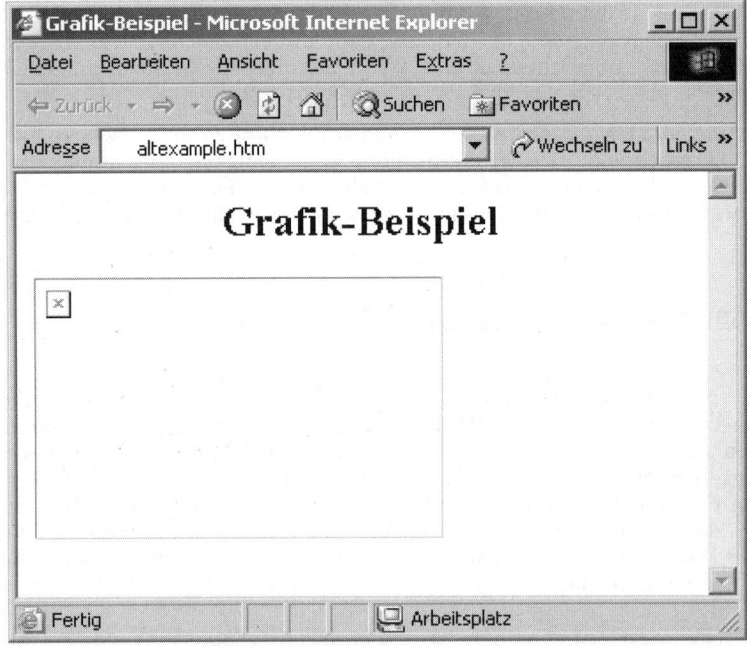

Abbildung 6.2: Problem mit dem Pixel-Trick

Von diesen Problemen abgesehen, sind Layout-Tricks mit unsichtbaren Grafiken sehr weit verbreitet. Sie werden als so nützlich betrachtet, dass Netscape eigens ein Element <spacer> eingeführt hat, das viele dieser Funktionen nachahmt.

Das <spacer>-Element

Das <spacer>-Element wurde mit Netscape 3.0 eingeführt und ermöglicht es Anwendern, unsichtbare Regionen zu erstellen, um Text und andere Objekte auf dem Bildschirm zu verschieben. Dieses Element ist in vielerlei Hinsicht eine Antwort auf den 1-Pixel-Trick, der im vorangegangenen Abschnitt vorgestellt wurde. Obwohl <spacer> die gleichen Aufgaben übernimmt, sind der 1-Pixel-Trick oder Style Sheets dem <spacer>-Element aufgrund der mangelnden Unterstützung durch andere Browser vorzuziehen.

Das <spacer>-Element ist ein leeres Element und wird verwendet, um eine unsichtbare Region zu erstellen, um Gestaltungsveränderungen zu erzwingen. Seine Hauptattribute, die die Form des unsichtbaren Bereichs definieren, lauten horizontal, vertical und block. Die anderen Attribute werden verwendet, um die Größe des Freiraums zu bestimmen. Das folgende Beispiel erzeugt einen Freiraum von 75 Pixeln zwischen zwei Wörtern eines Satzes, wie wir hier sehen:

```
Das ist der Anfang des Satzes <spacer align="left" type="horizontal"
size="75"> und das ist das Ende.
```

Wie beim unsichtbaren Pixel ist es auch hier möglich, Zeilen voneinander zu trennen. Im nächsten Beispiel erzeugt das <spacer>-Element einen vertikalen Bereich mit einer Höhe von 24 Pixeln, um den Effekt eines doppelten Zeilenabstandes zu bewirken. Sehen Sie, wie der Zeilenumbruch durch das Element <spacer> erzeugt wird.

```
Das ist Zeile 1.
<spacer align="left" type="vertical" size="24">
Das ist Zeile 2.
```

Das <spacer>-Element kann nur in eine Richtung angewandt werden. Es ist nicht möglich, ein <spacer> zu haben, das sowohl horizontal als auch vertikal ausgerichtet wird. Wird eine solche Funktionalität benötigt, benutzen Sie das Attribut block. Das <spacer>-Element kann auch verwendet werden, um den Textfluss um unsichtbare Blöcke herum darzustellen. Im folgenden HTML-Code wird ein unsichtbarer Bereich mit einer Höhe von 150 Pixeln und einer Breite von 100 Pixeln erzeugt.

```
... Text...
<spacer type="block" height="150" width="100" align="left">
... Text...
```

Beachten Sie, dass das align-Attribut wie bei einer Grafik verwendet wird. Das Element kann auch mit dem Befehl <br clear="left"> kombiniert werden, um eventuell folgenden Text nicht zu beeinflussen.

Sie sollten sich nicht vollständig auf das <spacer>-Element verlassen, da dieses fast nur von Netscape-Browsern unterstützt wird. Wenn es sich nur um Kleinigkeiten handelt, kann es sparsam verwendet werden, da es von anderen Browsern einfach ignoriert wird. Unsichtbare Grafiken werden von Textbrowsern dargestellt, sofern Sie kein alt-Attribut verwenden, das keinen Inhalt hat. Wenn Sie lediglich einen unsichtbaren Block erzeugen wollen, der den Textfluss beeinflussen soll, ist der 1-Pixel-Trick die bessere Alternative, da diese Methode von den meisten grafischen Browsern korrekt wiedergegeben wird.

Hinweis

Einige WYSIWYG-Editoren verwenden das <spacer>-Element in Verbindung mit tabellengestützten Layouts. Da dieses Tag wahrscheinlich demnächst seine Gültigkeit verliert, sollten Sie auf diese Variante verzichten.

Das <multicol>-Element

Wie auch <spacer> wird das <multicol>-Element ausschließlich von Netscape-Browsern ab Navigator 3.0 unterstützt. Dieses Element erlaubt es Webdesignern, Text auf mehrere Spalten zu verteilen, die in der gleichen Breite dargestellt werden. Das Element wird von älteren Netscape-Versionen oder dem Internet Explorer nicht unterstützt. Kurzum, es sollte nicht verwendet werden, wenn die Seiten nicht ausschließlich auf Netscape-Browsern betrachtet werden. Dieses Tag wird hier nur vorgestellt, um zu erklären, warum Webdesigner auf Elemente verzichten sollten, die nur von bestimmten Browsern verwendet werden können.

Das wichtigste Attribut des <multicol>-Tags ist cols, das die Anzahl der anzuzeigenden Textspalten definiert. Der Browser soll den Text gleichmäßig über die Spalten verteilen, die eine einheitliche Höhe haben, außer der letzten Zeile, die, je nach anzuzeigender Textmenge, auch kürzer sein kann. Ein weiteres unterstütztes Attribut ist gutter, das den Freiraum zwischen den Spalten definiert. Standardwert, z.B. wenn gutter nicht spezifiziert wird, ist 10 Pixel. Das letzte Attribut des <multicol>-Tags lautet width, das den einzelnen Spalten eine einheitliche Breite zuweist. Wenn kein Wert für width festgelegt wird, ergibt sich sein Wert aus der Gesamtbreite abzüglich der Freiräume zwischen den Spalten, dividiert durch die Anzahl der betroffenen Spalten, die im Attribut cols festgelegt werden. Ein Syntaxbeispiel finden Sie hier:

```
<multicol
cols="Anzahl der Spalten"
gutter="Freiraum zwischen den Spalten in Pixel oder Prozent"
width="Spaltenbreite in Pixel oder Prozent ">

Text, der in der Spalte wiedergegeben werden soll.

</multicol>
```

Ein Beispiel, das zeigt, wie <multicol> funktioniert, sehen Sie hier, oder online unter http://www.mitp.de. Die Darstellung des Beispiels wird in Abbildung 6.3 gezeigt. Beachten Sie, dass der Internet Explorer diese Tags nicht unterstützt.

```
<!DOCTYPE HTML PUBLIC "-//W3C//DTD HTML 4.01 Transitional//EN">
<html>
<head>
<title>MULTICOL Beispiel</title>
</head>
<body>

<multicol cols="2" gutter="50" width="80%">
Das funktioniert nur unter Netscape. Tun Sie so etwas nicht zu Hause!
Es grünt so grün, wenn Spaniens Blüten blühen. Was du heute kannst besorgen, das
verschiebe nicht auf morgen.
Es grünt so grün, wenn Spaniens Blüten blühen. Was du heute kannst besorgen, das
verschiebe nicht auf morgen.
Es grünt so grün, wenn Spaniens Blüten blühen. Was du heute kannst besorgen, das
verschiebe nicht auf morgen.
Es grünt so grün, wenn Spaniens Blüten blühen. Was du heute kannst besorgen, das
```

```
verschiebe nicht auf morgen.
</multicol>

</body>
</html>
```

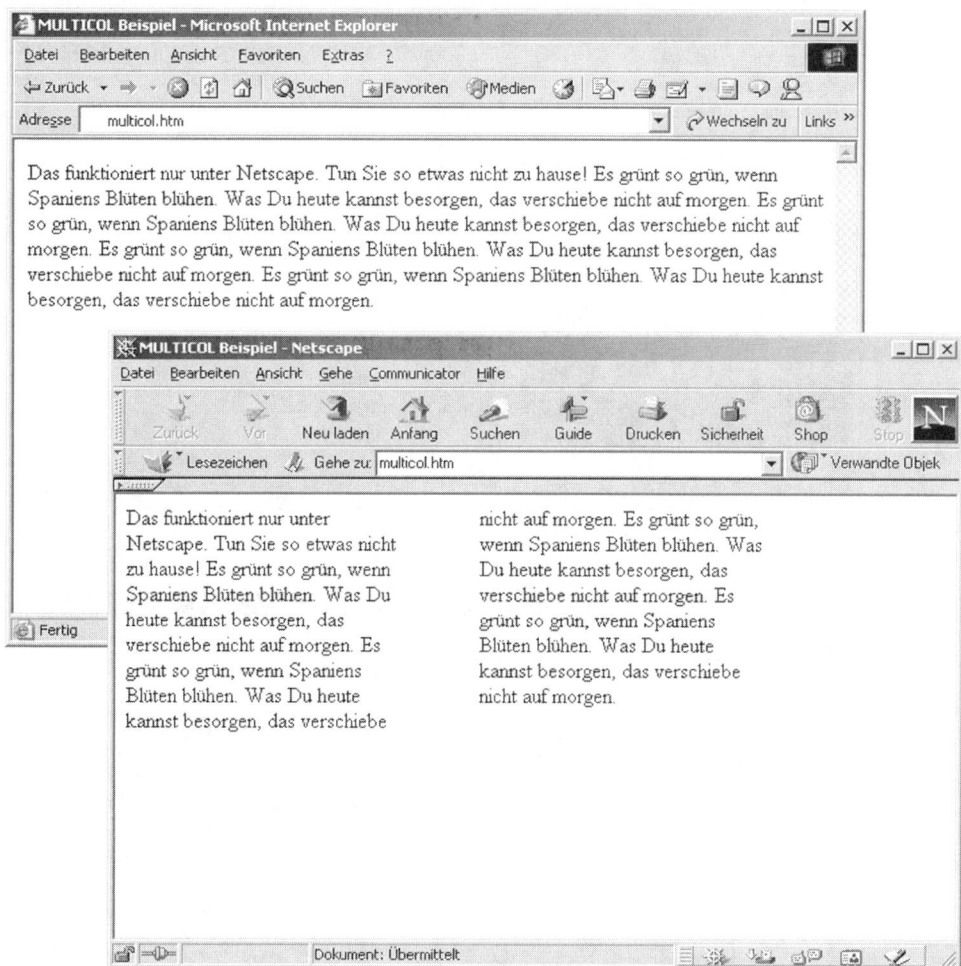

Abbildung 6.3: <multicol> in Netscape und Internet Explorer

Wenn Sie andere Objekte innerhalb des <multicol>-Elements einfügen, werden diese auf unvorhersehbare Art und Weise dargestellt. Das gilt insbesondere für Grafiken und Tabellen, die mit dem align-Attribut formatiert werden, wie Sie in Abbildung 6.4 sehen.

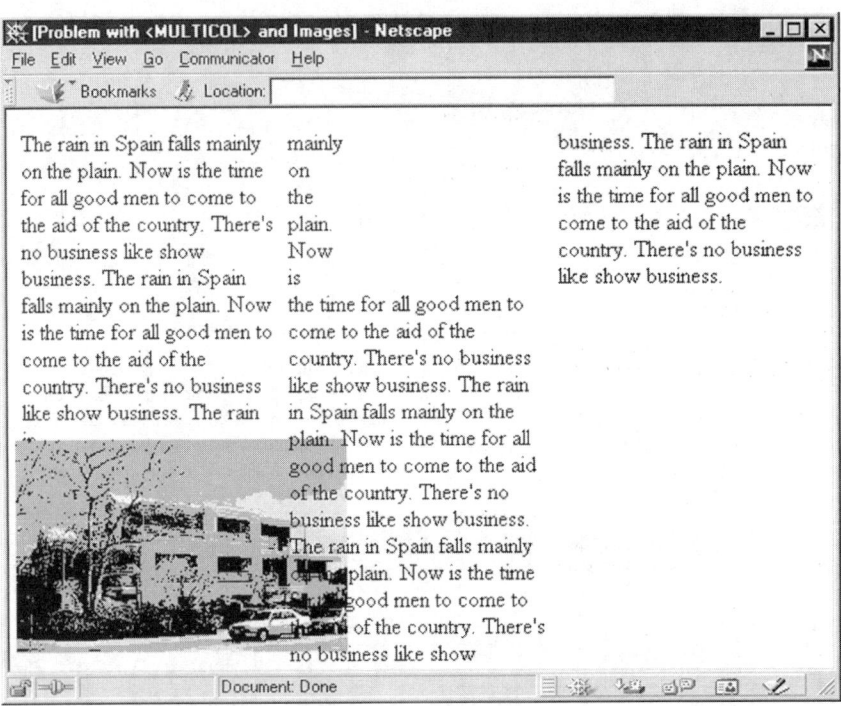

Abbildung 6.4: Problem mit <multicol> und Grafiken

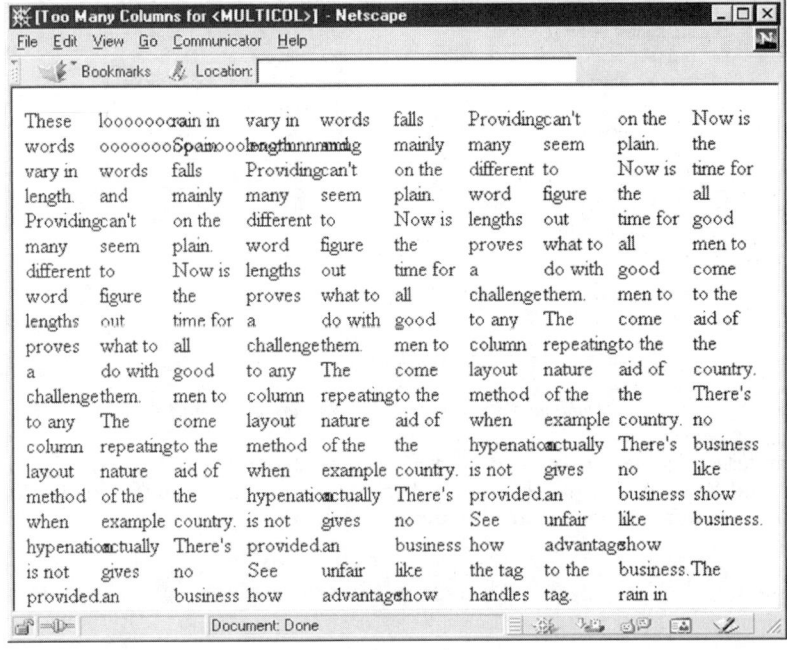

Abbildung 6.5: Zu viele Spalten für <multicol>

Da Browser grundsätzlich nicht in der Lage sind, Trennstriche zu setzen, sollten Webautoren darauf achten, das `<wbr>`-Element nur zwischen Wörtern einzusetzen, die länger als die Spaltenbreite sind. `<multicol>` versagt auch, wenn es zu viele Spalten umfasst. Versuchen Sie die Anzahl von Spalten niedriger als sechs zu halten. Ein Beispiel dafür, wie sich zu viele Spalten auswirken und wie `<wbr>` helfen kann, sehen Sie in Abbildung 6.5.

Denken Sie daran, dass dieses Element nur in einer reinen Netscape-Umgebung verwendet werden sollte. An sich sollten browserspezifische Tags wie `<blink>`, `<marquee>`, `<bgsound>` und `<multicol>` überhaupt nicht eingesetzt werden. Die Probleme bezüglich der Kompatibilität mit anderen Browsern und der Darstellung sollten Sie überzeugen, das browserspezifische Lösungen nicht wirklich Lösungen sind. Befassen Sie sich stattdessen mit den Möglichkeiten der in Kapitel 7 beschriebenen Tabellen oder mit Style Sheets, die in Kapitel 10 erläutert werden. Wenden wir nun unsere Aufmerksamkeit von den beschränkten Möglichkeiten von HTML ab und hin zu den Schrifttypen, den Farben und Hintergründen.

Fonts

Neben einer besseren Unterstützung für das Layout haben sich Designer lange die Möglichkeit gewünscht, Einfluss auf die Schrifttypen ausüben zu können. HTML 2.0 unterstützte lediglich zwei Fonts, eine proportionale Schrift und eine Schrift mit fester Zeichenbreite. Bei Browsern wie Netscape oder dem Internet Explorer war die proportionale Schrift meist Times oder Times New Roman, während die nicht-proportionale Schrift Courier war. Um Schrift in Courier darzustellen, umschließen Sie den betreffenden Bereich mit einem Element wie `<tt>`. Ansonsten wird der Text im Regelfall in einer proportionalen Schriftart dargestellt. Es gab nur wenig Kontrollmöglichkeiten für die Schriftgröße. Die Standardgröße war 12 Punkt für Schriften mit variabler Schriftbreite und 10 Punkt für Schriften mit fester Breite. Nur der Betrachter konnte durch Browsereinstellungen die Größe nach Belieben variieren.

Es gab bei alten Browsern nicht viel an der Typografie zu verändern. Die einzige Möglichkeit, wirklich Einfluss zu nehmen, war das Abspeichern ganzer Textpassagen als Grafik. Auch heute verwenden noch viele Webdesigner Grafiken, um mehr Kontrolle über die genaue Platzierung von Texten zu gewinnen und um Schriftarten zu verwenden, über die der Betrachter nicht verfügt. Aufgrund der Verfügbarkeit und der benötigten Bandbreite beim Download sollte das jedoch nicht als praktikable Lösung angesehen werden, um mit Schriften zu arbeiten.

Mit dem Netscape Navigator 1.1 wurde es möglich, etwas mehr Einfluss auf die Schriftdarstellung auszuüben. Netscape führte das `<font>`-Element ein, das es erlaubte, die Schriftgröße zu bestimmen, und das mit dem Navigator 2.0 um die Fähigkeit, Farben zu definieren, erweitert wurde. Microsoft fügte später das `face`-Attribut hinzu, um einen zu verwendenden Fonttyp zu bestimmen. Die Attribute `size` und `color` wurden in den HTML-3.2-Standard aufgenommen. Das Attribut `face` kam mit HTML 4 dazu. Es ist jedoch damit zu rechnen, dass das `<font>`-Tag, wie viele andere Tags auch, in Zukunft seine Gültigkeit verlieren wird, da seine Aufgaben von Style Sheets besser erledigt werden können.

Unter HTML 4.0 ist es möglich, einen bestimmten Textabschnitt mit einer bestimmten Farbe zu versehen, indem dieser mit dem `<font>`-Tag und dem entsprechenden Farbwert für das `color`-Attribut umgeben wird. Ein gültiger Farbwert besteht entweder aus einem zulässigen Farbnamen wie z.B. `red` oder dem zugehörigen RGB-Wert, in diesem Fall #FF0000. RGB-Hexadezimalwerte werden weiter unten in diesem Kapitel und in Anhang E vorgestellt. Der Code

```
<font color="red">Das ist wichtig</font>
```

lässt den Text »Das ist wichtig« in roten Zeichen darstellen. Das `<font>`-Tag kann beliebig viel Text enthalten, so dass es möglich ist, die Farbe von einzelnen Buchstaben zu kontrollieren, obwohl der so entstehende Regenbogen-Effekt die Augen sehr anstrengen kann.

Sie können auch eine relative Zeichengröße einstellen, indem Sie das `size`-Attribut für das `<font>`-Element verwenden. Auf einer Webseite gibt es sieben relative Textgrößen, die von 1 bis 7 durchnummeriert sind. 1 ist die kleinste Größe und 7 die größte. Um einen Text in der größten Größe darzustellen, verwenden Sie `<font size="7">Das ist groß</font>`. Der Standardwert für die Fontgröße ist 3. Dieser Wert kann mit dem Tag `<basefont>`, über das Sie weiter unten mehr erfahren, überschrieben werden. Wenn Ihnen die Fontgröße nicht bekannt ist, der Text aber größer dargestellt werden soll, können Sie als alternativen Befehl zur Veränderung der Schriftgröße `<font size="+1">` anstelle einer absoluten Zahl eingeben. Die Größenangaben »+« und »-« ermöglichen es, die Schriftgröße um eine spezifizierte Anzahl von Schritten zu verändern. Die Werte für diese Art der Größenangaben sollten von +1 bis +6 und -1 bis -6 variieren. Wenn eine Größenänderung über die zulässigen Grenzen hinausgeht, wird die Schrift im größten oder kleinsten zulässigen Format angezeigt.

Microsoft hat das `face`-Attribut eingeführt, das inzwischen von fast allen Browsern unterstützt wird und in die HTML-4-Spezifikation aufgenommen wurde. Das `face`-Attribut kann verwendet werden, um den Schrifttyp zu bestimmen, in dem ein Text angezeigt werden soll. Ein Webdesigner, der möchte, dass ein bestimmter Abschnitt in Britannic Bold dargestellt werden soll, kann den folgenden Code verwenden:

```
<font face="Britannic Bold">Das ist wichtig</font>
```

Der Browser liest das entsprechende HTML-Fragment und stellt den Text in der gewünschten Schrift dar, wenn der Betrachter diese Schrift auf seinem System installiert hat. Das wirft eine weitere interessante Frage auf: Was passiert, wenn der User diesen Schrifttyp nicht installiert hat? Das `face`-Attribut erlaubt es, eine Liste von zu verwendenden Schriftarten anzugeben, wobei die Werte durch Kommata zu trennen sind. Der Browser sucht so lange nach einer Schrift, bis er eine installierte gefunden hat, oder er verwendet die Standard-Systemschrift. Im folgenden Beispiel wird zuerst nach Arial, dann nach Helvetica und schließlich Sans Serif gesucht, bis der Browser aufgibt und den Standardfont verwendet.

```
<font face="Arial, Helvetica, Sans-serif">Das sollte ein anderer font sein</font>
```

Obwohl es unmöglich ist, vorher zu sagen, welche Schriften auf einem fremden System vorhanden sind, zeigt das vorangegangene Beispiel, wie wir uns bestimmte Systemeigenschaften zunutze machen können. Die meisten Macintosh-, Windows- und Unix-Anwender haben einen Standardsatz an Schriften zur Verfügung. Wenn gleichartige Schriften bestimmt werden, sollte es möglich sein, plattformübergreifend ein gleiches Aussehen der Seiten zu erreichen. Tabelle 6.1 zeigt einige Schrifttypen, die auf Macintosh-, Windows- und Unix-Systemen zu finden sind.

Windows	Macintosh	Unix*
Arial	Chicago	Charter
Comic Sans MS	Courier	Clean
Courier New	Geneva	Courier
Impact	Helvetica	Fixed
Times New Roman	Monaco	Helvetica
Symbol	New York	Lucida
Verdana	Palatino	Sans Serif
Wingding	Symbol	Serif
	Times	Symbol
		Times
		Utopia

* Unix-Fonts variieren; diese Einträge dienen nur der Veranschaulichung der gebräuchlichsten Fonts unter einer Standard-X-Window-Installation

Tabelle 6.1: Beispiele für System-Schriften nach Betriebssystem

Aufgrund der Gleichartigkeit dieser Schriften ist es im Allgemeinen sicher, die im folgenden Codebeispiel gezeigten Fontkombinationen zu verwenden.

```
<font face="Arial,Helvetica,sans-serif">Ein Font ohne Serifen</font>
<br>
<font face="Verdana, Arial, Helvetica, sans-serif">
Noch eine Schrift ohne Serifen</font>
<br>
<font face="'Times New Roman', Times, serif">Eine Schrift mit Serifen</font>
<br>
<font face="Georgia, Times New Roman, Times, serif">Eine weitere Schrift mit
Serifen</font>
<br>
<font face="'Courier New',Courier,monospace">Eine nicht proportionale Schrift
</font>
```

Die Darstellung dieser Schriften auf einem Windows- und einem Macintosh-System zeigt Ihnen Abbildung 6.6 als Vergleich.

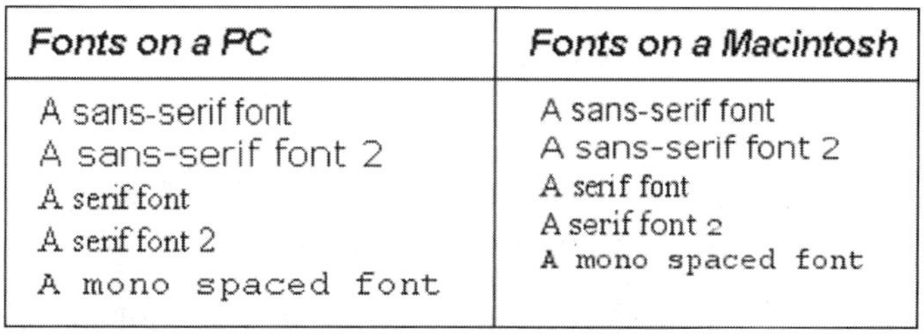

Fonts on a PC	Fonts on a Macintosh
A sans-serif font A sans-serif font 2 A serif font A serif font 2 A mono spaced font	A sans-serif font A sans-serif font 2 A serif font A serif font 2 A mono spaced font

Abbildung 6.6: Standardschriften bei verschiedenen Betriebssystemen

Der Betrachter hat wahrscheinlich noch eine Menge anderer Schriften auf seinem System. Besitzer von Microsoft Office verfügen z.B. in der Regel über Fonts wie Algerian, Book Antiqua, Bookman Old Style und andere mehr. Viele Browser machen zusätzliche Schriften verfügbar. Mit dem Internet Explorer 4 hat Microsoft z.B. einen Font namens WebDings eingeführt, der viele nützliche Icons für den Gebrauch in einer Webseite anbietet. Sie können zur Navigation oder als Symbol für verschiedene Datentypen verwendet werden. Allein durch die Verwendung von Größen- und Farbveränderungen kann mit Hilfe von Web-Dings ein interessantes, aber sehr browserspezifisches Layout erstellt werden, wie Abbildung 6.7 zeigt.

Ein gemeinsamer Satz von Icons für das Web ist keine neue Idee. Das W3C hat bereits vor einiger Zeit einen ähnlichen Vorschlag unterbreitet, der dann allerdings von der Industrie nicht unterstützt wurde. Der Microsoft-Font beinhaltet einige dieser Symbole, hält sich jedoch nicht an die Namensvorgaben. Es wäre z.B. vorstellbar, dass ein Zeichen wie &audio; ein Audiosymbol auf einer Webseite einfügen könnte, aber zum jetzigen Zeitpunkt ist die sinnvollste Möglichkeit das Einbinden eines WebDing-Zeichens oder einer Grafik.

Abbildung 6.7: Beispielseite mit Microsofts WebDings-Schrift

Ein komplettes Beispiel, das alle Attribute für den `<font>`-Tag zeigt, wird im folgenden Codebeispiel präsentiert. Die Darstellung auf dem Browser sehen Sie in Abbildung 6.8.

```
<!DOCTYPE HTML PUBLIC "-//W3C//DTD HTML 4.01 Transitional//EN">
<html>
<head>
<title>Font Element Demo</title>
</head>
<body>
<h2 align="center">Font Größen</h2>

<font size="1">Font size 1</font><br>
<font size="2">Font size 2</font><br>
<font size="3">Font size 3</font><br>
<font size="4">Font size 4</font><br>
<font size="5">Font size 5</font><br>
<font size="6">Font size 6</font><br>
```

```
<font size="7">Font size 7</font><br>
Das ist <font size="+2">+2 bezogen auf die Basisgröße.</font>
Und das ist <font size="-1">-1 bezogen auf die Basisgröße.</font>

<h2 align="center">Font Farbe</h2>

<font color="red">Roter Text</font><br>
<font color="#ffcc66">Hex #ffcc66 Farbe</font>

<h2 align="center">Schrifttypen</h2>

<font face="Arial">Verwenden Sie Standardschriften wie Arial</font><br>
<font face="Burton's Nightmare">Versuchen Sie einen ungewöhnlichen Font
</font><br>
Oder benutzen Sie sogar WebDing-Zeichen
<font face="Webdings">f3khilqm </font><br>

<h2 align="center">Kombination von Standard-Schriften</h2>

<font face="Arial,Helvetica,sans-serif">
Arial,Helvetica,sans-serif</font><br>

<font face="Verdana, Arial, Helvetica, sans-serif">
Verdana, Arial, Helvetica, sans-serif</font><br>

<font face="'Times New Roman',Times,serif">
Times New Roman,Times,serif</font><br>

<font face="Georgia, 'Times New Roman', Times, serif">
Georgia, Times New Roman, Times, serif</font><br>

<font face="'Courier New', Courier, monospace">
Courier New, Courier, monospace</font><br>

<h2 align="center">Kombination</h2>

Sie können <font size="+2" color="red" face="Arial">alle font-
Attribute auf einmal verwenden!</font>

</body>
</html>
```

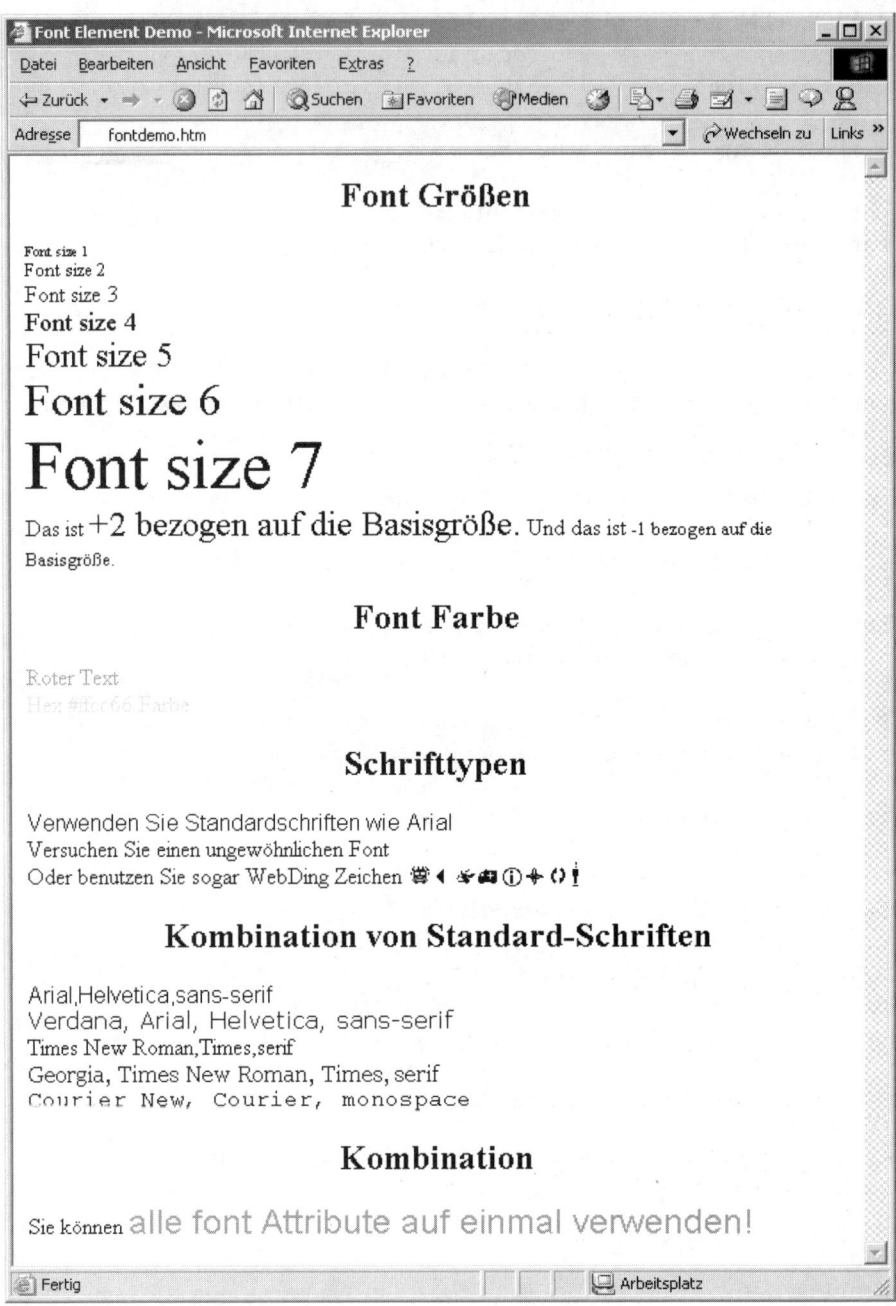

Abbildung 6.8: <font> Demonstration

Das <font>-Element ist streng genommen in HTML 4 und XHMTL ungültig, da für diesen Zweck Style Sheets zur Verfügung stehen. Es wird jedoch noch oft angewendet und wahrscheinlich für längere Zeit unterstützt.

Dokumentweite Font-Einstellungen

In einigen Fällen kann es angemessen sein, die Schriftgröße, -farbe oder den Schrifttyp für das ganze Dokument zu ändern. Um das zu erreichen, wird das `<basefont>`-Element im Kopf des Dokuments verwendet. Dieses Tag hat die Attribute `color`, `face` und `size` und sollte nur einmal in einem Dokument erscheinen. Wie das `<font>`-Element wird die Farbe in hexadezimalen RGB-Werten oder mit reservierten Farbnamen festgelegt. Der Schrifttyp wird mit dem Attribut `face` bestimmt, dessen Wert den Fontnamen oder eine Liste der zu verwendenden Schriftarten angibt. Der Wert von `size` ist eine Zahl zwischen 1 und 7. Relative Werte machen hier keinen Sinn. Um die Schrifttyp des Dokuments in roten Helvetica-Typen der Größe 6 anzeigen zu lassen, verwenden Sie `<basefont color="red" face="Arial, Helvetica" size="6">` zwischen den Tags `<head>` und `</head>`. Weitere Informationen zum `<basefont>`-Tag finden Sie in Anhang A.

> **Hinweis**
>
> Da das Element leer ist, muss sein XHTML-Gegenstück kein Schluss-Tag haben. Seine XHTML-Schreibweise hat somit folgendes Aussehen: `<basefont color="red" face="Arial, Helvetica" size="6" />`.

Downloadbare Fonts

Obwohl Microsoft einen einheitlichen Satz von Schrifttypen für das Web als Lösung vorgeschlagen hat, kann dieser Ansatz außerhalb der Windows-Welt wohl kaum umgesetzt werden. Auch wenn viele Windows-, Macintosh- und Unix-Systeme ähnliche Fonts haben, bleibt immer noch die Frage, was passiert, wenn ein Autor eine außergewöhnliche Schrift verwenden möchte. In diesem Fall muss der Text in Form einer statischen Grafik erstellt werden. Das kann jedoch die Downloadzeiten erheblich verlängern und verhindert sowohl das Indexieren des Textes als auch eine Weiterverarbeitung per Copy&Paste.

Die beste Lösung für Schriften im Web wäre die Möglichkeit, plattformübergreifende Fonts anzubieten, die bei Bedarf auf den Browser geladen werden. Obwohl das relativ einfach klingt, ist das eigentliche Problem, dass die jeweiligen Schriften sehr kompakt sein müssen. Darüber hinaus sollten die Schriften vor unrechtmäßigem Gebrauch und Diebstahl geschützt werden. Die beiden großen Browser-Hersteller haben an einem solchen Konzept gearbeitet. Die Lösung von Microsoft heißt *OpenType* (`www.microsoft/typography`), das Netscape Gegenstück nennt sich *Dynamic Fonts* und basiert auf dem TrueDoc-System von BitStream (`www.truedoc.com`). Zurzeit werden diese Systeme nur von Netscape 4.0 und höher sowie dem Internet Explorer 4.0 und höher unterstützt. Verlassen Sie sich also nicht zu sehr auf den Einsatz von solchen Schriften.

Netscapes Dynamic Fonts

Um Dynamic Font unter Netscape zu verwenden, muss der Autor den Schrifttyp lediglich mit dem `<font>`-Element oder mit einem Style Sheet, auf das in Kapitel 10 näher eingegangen wird, einbinden. Ist die fragliche Schrift nicht auf dem System des Betrachters installiert, wird eine herunterladbare Schrift, deren Adresse auf der Seite spezifiziert wird, direkt auf das betrachtende System kopiert und für die Seitendarstellung verwendet. Um einen Link zu einer Font-Definitionsdatei im Portable-Font-Resource(PFR)-Format zu erstellen, verwenden Sie das `<link>`-Element, wobei das `rel`-Attribut den Wert `fontdef` annimmt und das `src`-Attribut auf die Adresse des gewünschten Schrifttyps verweist. Das

`<link>`-Element muss innerhalb des `<head>`-Bereichs der Seite eingebunden werden. Ein Beispiel für den Einsatz dieses Tags finden Sie hier:

```
<!DOCTYPE HTML PUBLIC "-//W3C//DTD HTML 4.01 Transitional//EN">
<html>
<head>
<title>Netscape-Font-Demo</title>
<link rel="fontdef" src="http://www.htmlref.com/examples/chapter06/fonts/
customfonts.pfr">
</head>
<body>
<font face="newfont">
Inhalt, der mit der Schrift "newfont", die Teil einer pfr-Datei ist, dargestellt
werden soll.
</font>
</body>
</html>
```

Beachten Sie, dass es eventuell verschiedene Schriften innerhalb einer Definitionsdatei gibt. Es gibt keine Begrenzung, wie viele Schriften auf einer Seite verwendet werden können. Nachdem der Font heruntergeladen wurde, kann er verwendet werden, als wäre er auf dem lokalen System installiert. Es gibt zwei zusätzliche nützliche Attribute, die Netscape 4 für die Arbeit mit Dynamic Fonts zur Verfügung stellt. Das erste lautet `point-size` und kann verwendet werden, um die Schriftgröße im Punktmaß anzugeben. Die andere Erweiterung ist das `weight`-Attribut, dessen Wert eine Zahl zwischen 100 und 900 ist, wobei nur 100er-Schritte zulässig sind. Mit diesem Attribut lässt sich die Stärke des Fettdrucks genauer beeinflussen, wobei 900 den stärksten Effekt hat. Wenn Sie Dynamic Fonts verwenden, ist es sinnvoll, diese mit Style Sheets einzubinden, da diese zwar auf ähnliche Weise eingebunden werden, Sie aber nicht auf Attribute zurückgreifen müssen, die nur von Netscape unterstützt werden. Das einzige Hindernis ist, dass zunächst eine `.pfr`-Datei erstellt werden muss. Dafür ersparen Sie sich jedoch das Grübeln, welche Schriften auf dem entfernten System vorhanden sein könnten, bzw. Ihrem Besucher das Warten auf eine zu ladende Textgrafik.

Hinweis

Ein Problem des Netscape-Ansatzes ist, dass die Dynamic Fonts bei einigen Netscape-Versionen zu ungewünschten Reaktionen führen. Dass dieses Problem nach drei Jahren immer noch nicht gelöst wurde, kann ein Grund dafür sein, dass bisher so wenige Seiten von Dynamic Fonts Gebrauch machen.

Microsofts Dynamic Fonts

Microsoft bietet einen eigenen Weg an, wie Schriftarten in eine Webseite eingebunden werden können. Um einen Font einzubinden, muss zunächst die Seite mit dem `<font>`-Element erstellt bzw. mit einem Style Sheet verknüpft werden. Style Sheets werden später in Kapitel 10 näher behandelt. Beim Erstellen der Seiten brauchen Sie sich keine Gedanken darüber zu machen, ob Ihr Betrachter über den Font verfügt oder nicht; er wird heruntergeladen. Als Nächstes verwenden Sie das Web Embedding Font Tool, das Sie unter `www.microsoft.com/typography` bekommen können, um eine `.eot`-Datei zu erstellen. In dieser Datei sind die eingebundenen Schriften enthalten. Die Fontinformationen für die Seite werden dann in ein Style Sheet eingebunden, wie Sie es im folgenden Beispiel sehen:

```
<!DOCTYPE HTML PUBLIC "-//W3C//DTD HTML 4.01 Transitional//EN">
<html>
<head>
<title>Microsoft-Font-Test</title>
<style type="text/css">
<!--

  @font-face {
    font-family: Ransom;
    font-style:  normal;
    font-weight: normal;
    src: url(http://www.htmlref.com/examples/chapter06/fonts/ransom.eot);
  }
-->
</style>
</head>
<body>
<font face="ransom" size="6">Example Ransom Note Font </font>
</body>
</html>
```

Eine mögliche Darstellung von eingebundenen Fonts sehen Sie in Abbildung 6.9.

Abbildung 6.9: Eingebundene Schriften erweitern die Gestaltungsmöglichkeiten

Wie beim Netscape-Ansatz müssen Sie zuerst eine Schriftendatei erstellen und diese dann von der Seite aus referenzieren, die diese Schriften verwenden soll. Es ist unter Umständen sinnvoll, ein Verzeichnis für Schriften anzulegen, so wie Sie auch ein eigenes Verzeichnis für Grafiken haben sollten.

Durch das Element @font-face können Sie eine beliebige Anzahl von Schriften in einer Seite verwenden. Die Art der Schrifteneinbindung entspricht der W3C-Spezifikation. Weitere Informationen zu diesem Thema sowie über Tools wie WEFT finden Sie auf dem bereits oben genannten Microsoft-Server.

Farben in HTML

HTML 4 unterstützt Farbeinstellungen für Text ebenso wie für Hintergrundfarben von Dokumenten oder sogar einzelnen Tabellenzellen. Mit Style Sheets ist es möglich, Vorder- und Hintergrundfarben gleichzeitig zu bestimmen. Es gibt 16 allgemeingültige Farbnamen in der HTML-4-Spezifikation. Diese Namen und ihre hexadezimalen RGB-Werte sehen Sie in Tabelle 6.2.

Black (#000000)	Green (#008000)
Silver (#C0C0C0)	Lime (#00FF00)
Gray (#808080)	Olive (#808000)
White (#FFFFFF)	Yellow (#FFFF00)
Maroon (#800000)	Navy (#000080)
Red (#FF0000)	Blue (#0000FF)
Purple (#800080)	Teal (#008080)
Fuchsia (#FF00FF)	Aqua (#00FFFF)

Tabelle 6.2: Gängige HTML-4.0-Farbnamen und ihre Hexadezimalwerte

Um einen bestimmten Textteil in gelber Schrift anzuzeigen, umgeben Sie den entsprechenden Bereich lediglich mit `<font color="yellow">` und `</font>`. Natürlich gibt es noch viele andere Namen neben denen, die Sie in Tabelle 6.2 sehen. Einige von ihnen wurden von den Browserherstellern eingeführt. Eine Liste dieser Namen finden Sie in Anhang E. Das Problem mit diesen Farben ist, dass sie nicht immer das machen, was sie machen sollten. Schlimmer noch, Sie können Ihre eigenen Farben erfinden. Versuchen Sie Folgendes, und betrachten Sie es mit einem Netscape- und einem Microsoft-Browser:

```
<body bgcolor="html farbnamen sind problematisch">
```

Dieser Farbname ist absolut ungültig, aber er bewirkt, dass die so markierte Schrift in einem blassen Grün erscheint. Es ist möglich, Farbnamen wie »chili braun« oder »eintracht rot« einzubinden, aber das ist genauso wenig empfehlenswert wie die Netscape-Farbe »dodgerblue«. Besser ist es, Farben in der Hexadezimal-Schreibweise zu definieren, da Farbnamen, die nicht dem Standard entsprechen, nicht von allen Browsern unterstützt werden.

Bedenken Sie, dass ein Computer alle Farben als eine Kombination aus Rot, Grün und Blau darstellt. Dieser additive Farbprozess wird RGB-Farbe genannt. Am einfachsten kann man sich drei Regler vorstellt, mit denen die gewünschten Mengen an roter, grüner und blauer Farbe eingestellt werden, um eine bestimmte Farbe zu mischen. Um der Denkweise des Computers zu entsprechen, reicht die Skala auf den Reglern von 0 bis 255 in dezimaler Schreibweise und von 00 bis FF in hexadezimaler Schreibweise, die für den Computer gebräuchlich ist. Eine Farbe, die durch den Wert 0, 255, 0 bzw. 00, FF, 00 eingestellt wird, entspricht einem voll aufgedrehten grünen Regler und den anderen Reglern auf der Stellung 0. Das ergibt ein reines Grün. Analog dazu erhalten Sie mit FF, 00, 00 ein pures Rot, und mit 00, 00, FF ein pures Blau. Wenn alle Regler ausgeschaltet sind, also bei 00, 00, 00, ist keine Farbe vorhanden, was der Farbe

Schwarz entspricht. Die Einstellung FF, FF, FF ergibt Weiß. In HTML werden diese Hexadezimalwerte mit einem Hash eingeleitet und die Zahlenwerte ohne Leerzeichen geschrieben. Die Farbe Gelb wird als hexadezimaler Wert mit #FFFF00 für das color-Attribut definiert.

Bevor Sie jetzt alle Hexadezimalzahlen auswendig lernen, können Sie sich auch mit einem Editor oder einem ähnlichen Hilfsprogramm behelfen oder in Anhang E nachschauen, wo die verschiedenen unter HTML darstellbaren Farben erklärt werden. Eine Farbreferenz finden Sie auch online auf den Seiten zum Buch.

Dokumentweite Farbattribute für <body>

Das <body>-Element hat verschiedene Attribute, die verwendet werden können, um die Darstellung des Inhalts einer Seite, d.h. die Hintergrundfarbe, die Textfarbe und die Farbe der Links zu bestimmen. Eines der am häufigsten benutzten Attribute ist bgcolor, das die Hintergrundfarbe definiert. Bei seiner Einführung war das eine große Verbesserung im Vergleich zu den grauen (oder bei Macintosh weißen) Standardhintergründen von Mosaic, obwohl dieses und die anderen <body>-Attribute zu einer Vielzahl von Designsünden geführt haben. Weise eingesetzt können Sie das Erscheinungsbild einer Seite stark verbessern, missbraucht können sie Migräneanfälle hervorrufen. Für das bgcolor- und die anderen <body>-Attribute können Sie Hexadezimal-Farbwerte und Farbnamen verwenden. Um einen weißen Seitenhintergrund zu erstellen, können Sie das Attribut entweder mit <body bgcolor="#FFFFFF"> (hexadezimal) oder einfach mit <body bgcolor="white"> verwenden.

Das Text-Attribut des <body>-Elements definiert die Farbe, in der der Text des gesamten Dokuments dargestellt wird. Auch hier wird der Farbwert entweder als Hexadezimalzahl oder als Farbname angegeben. Mit dem Tag <body bgcolor="white" text="green"> erstellen Sie eine Seite mit grünem Text auf weißem Hintergrund.

Beachten Sie, dass der Wert für die Textfarbe überschrieben werden kann, wenn Sie dem <font>-Element mit dem color-Attribut eine neue Farbe zuweisen, wie es weiter oben in diesem Kapitel bereits vorgestellt wurde.

Neben der Textfarbe können Sie auch die Farben für Links einstellen, wofür Ihnen die Attribute link, alink und vlink zur Verfügung stehen.

Das Attribut link definiert die Farbe eines noch nicht besuchten Links. Wenn Sie den Seitenhintergrund z.B. schwarz eingestellt haben, empfiehlt es sich, eine helle Linkfarbe zu wählen. Mit alink bestimmen Sie die Farbe, die ein Link in dem Moment annimmt, in dem er angeklickt wird. Das dauert meistens zu kurz, um bemerkt zu werden, kann aber, wenn das gewünscht wird, ein kurzes Aufblitzen bewirken. Für einen eher gedämpften Eindruck geben Sie dem alink-Attribut die gleiche Farbe wie link oder vlink. Das vlink-Attribut bestimmt die Farbe, in der ein Verweis angezeigt wird, nachdem dieser besucht wurde. Als Standardfarbe dient bei den meisten Browsern die Farbe Purpur. Sehen Sie hier ein Beispiel für die oben genannten Attribute, bei dem eine weiße Seite mit grünem Text, roten Verweisen und fuchsiafarbenen besuchten Links erstellt wird:

```
<!DOCTYPE HTML PUBLIC "-//W3C//DTD HTML 4.01 Transitional//EN">
<html>
<head>
<title>Farben</title>
</head>
<body bgcolor="#FFFFFF" text="#008000" link="#FF0000" vlink="#FF00FF"
alink="#FF0000">

... Farbige Inhalte ...
```

```
</body>
</html>
```

Achten Sie darauf, keine Linkfarben zu verwenden, mit denen Sie Ihre Besucher verwirren. Das wäre z.B. der Fall, wenn Sie die Standardfarben umkehren. Es ist unwahrscheinlich, dass ein Webautor so etwas machen würde, es ist aber schon vorgekommen, besonders dann, wenn das Aussehen der Seite wichtiger wird als die Inhalte. Ein weiteres Problem mit der Linkfarbe kann aufkommen, wenn alle Linkwerte auf Blau gesetzt werden, um dem Betrachter dazu zu verleiten, bereits gesehene Seiten erneut aufzusuchen. Das mag aus marketingtechnischen Gründen sinnvoll klingen, aber die Frustration der Besucher und die schlechtere Orientierung auf der Site übersteigen den möglichen Gewinn der zusätzlichen Seitenaufrufe.

Autoren sollten extrem vorsichtig sein, wenn sie die Text- und Hintergrundfarben auswählen, um eine gute Lesbarkeit zu gewährleisten. Designer sind oft versucht, helle Farben auf hellen Hintergründen oder dunkle Farben auf dunklen Hintergründen zu wählen, weil es »cool« aussieht. Aber sieht das auf jedem Monitor »cool« aus? Wenn der Gammawert Ihres Monitors sich stark von dem Ihres Betrachters unterscheidet, kann es leicht unlesbar werden. Weiß und Schwarz sind immer eine gute Wahl, auch Rot ist immer nützlich. Die beste Kombination für einen guten Kontrast sind Gelb und Schwarz. Neben einem hohen Kontrast sollten Sie auch bedenken, dass auch weißer Text auf schwarzem Grund schlecht lesbar ist, wenn die Schrift zu klein wird, insbesondere bei Bildschirmen mit einer schlechten Auflösung.

Hinweis

Gamma ist ein Begriff, der das Verhältnis zwischen dem Input und dem Output für ein Grafikausgabegerät beschreibt. Unterschiedliche Monitore haben unterschiedliche Gammawerte. Daraus resultiert, dass eine Seite auf zwei verschiedenen Monitoren deutlich anders aussehen kann. Während man den Gammawert eines Monitors nicht ändern kann, lassen sich Werte wie Kontrast, Helligkeit und Farben einstellen.

Hintergrundbilder

Außer dem Einstellen der Hintergrundfarbe haben Sie auch durch die Verwendung eines Hintergrundbildes Einfluss auf die Darstellung einer Seite. Hierfür verwenden Sie das background-Attribut des <body>-Befehls. Der Wert von background ist der URL einer GIF- oder JPEG-Datei, die sich normalerweise im Bilderverzeichnis Ihrer Website befinden, z.B. <body background="images/tile.gif">. Dieser Wert könnte auch ein vollständiger URL zu einer Grafik auf einem entfernten System sein, was aber eher unwahrscheinlich ist. Grafiken, die so eingebunden werden, wiederholen sich bzw. werden auf dem Hintergrund der Seite *gekachelt*. Damit kann das Aussehen einer Seite stehen oder fallen. Stellen Sie sich vor, jemand verwendet ein 200 x 300 Pixel großes Bild seiner Lieblingskatze für den Hintergrund seiner Homepage. Das Bild der Katze wird vertikal und horizontal wiederholt, bis der Bildschirm gefüllt ist. Das macht den Katzenliebhaber glücklich, aber die Seite schwer lesbar. Abbildung 6.10 zeigt ein ähnliches Beispiel für sich wiederholende Hintergründe.

Im Allgemeinen sind komplexe Seitenhintergründe eine schlechte Wahl. Mit einem dezenten Ansatz können Sie aber auch danebenliegen. Einige Designer verwenden blasse Hintergründe, deren Optik einen papierähnlichen Effekt andeutet. Das Problem hier ist, dass dieser Hintergrund auf manchen Monitoren überhaupt nicht zu erkennen ist oder dass die Textur den Text leicht verschwimmen lässt. Wie bei den Hintergrundfarben ist hier das ausschlaggebende Merkmal der Kontrast. Versuchen Sie einen möglichst hohen Kontrast zwischen Vorder- und Hintergrund zu erzielen. Was nützt ein eindrucksvolles Layout, wenn niemand lesen kann, was auf den Seiten steht?

Wenn ein Hintergrund gewünscht wird, können Sie ein Grafikprogramm wie Photoshop verwenden, um eine nahtlose Kachel für den Hintergrund zu erstellen, die das Auge schont. Abbildung 6.11 zeigt ein gelungenes Beispiel für ein sich wiederholendes Hintergrundbild.

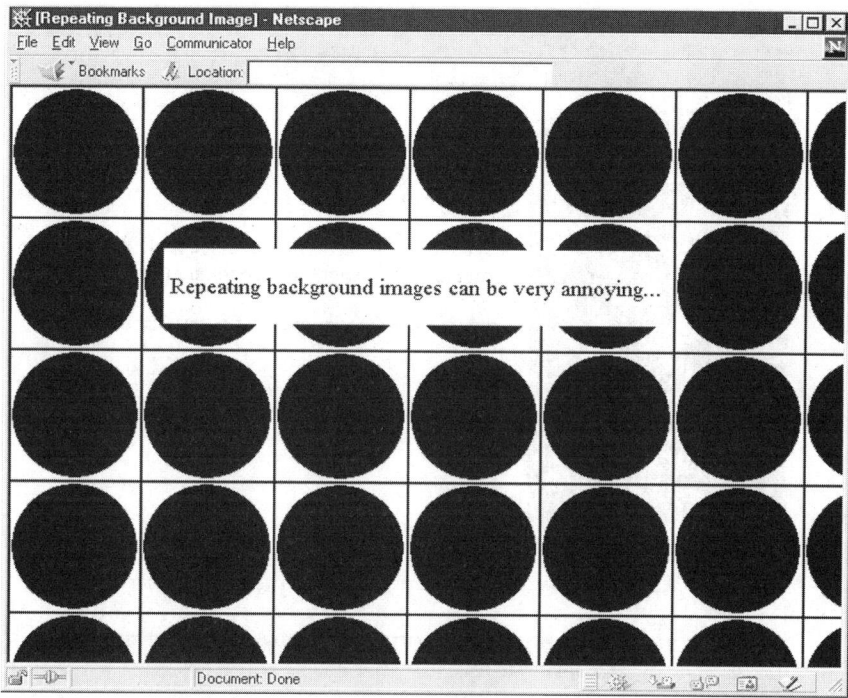

Abbildung 6.10: Wiederholendes Hintergrundbild

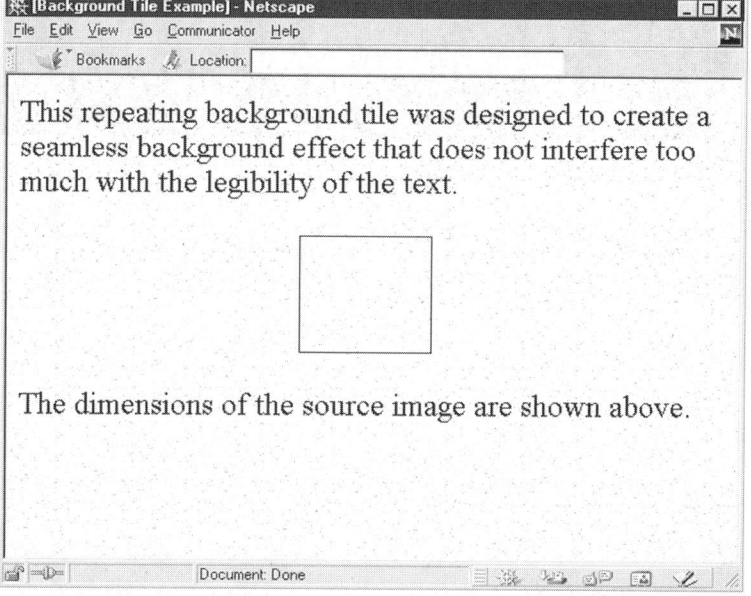

Abbildung 6.11: Hintergrundbild mit unsichtbarem Übergang

Hintergrundbilder oder -kacheln können auch verwendet werden, um andere Effekte zu erzielen. Mit einer einfachen Grafik, die 5 Pixel hoch und 1.600 Pixel breit ist, kann ein brauchbares Seitenlayout erstellt werden. Färben Sie die ersten horizontalen 200 Pixel schwarz und den Rest weiß ein. Wenn man

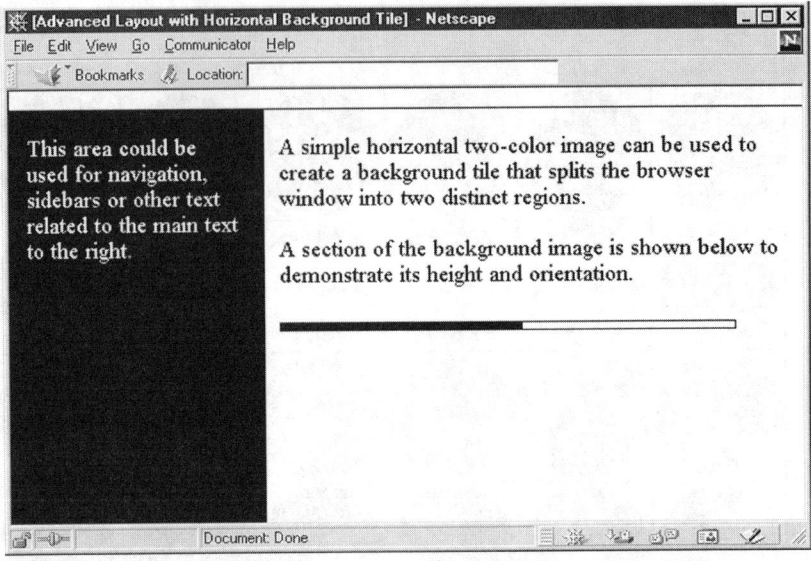

Abbildung 6.12: Seitenbalken-Layout mit Hintergrundgrafik (horizontales GIF)

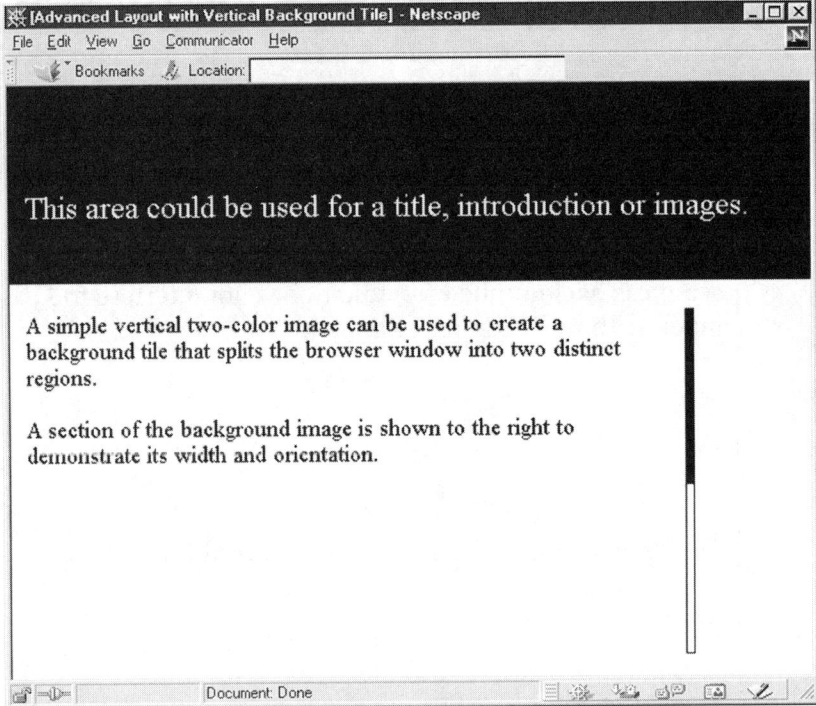

Abbildung 6.13: Layout mit Hintergrundgrafik (gekacheltes vertikales GIF)

voraussetzt, dass die maximale Bildschirmbreite 1.600 Pixel sind, wird die Grafik nur vertikal wiederholt, was die Illusion eines zweifarbigen Hintergrunds erweckt. Dieses Konzept wird im Internet sehr häufig verwendet. Viele Sites verwenden die linke Seite für den Navigationsbereich, während im verbleibenden Raum die Inhalte dargestellt werden, wie Abbildung 6.12 zeigt. Um jedoch sicher sein zu können, dass die Inhalte am Kopf der Seite angezeigt werden, werden Sie hier mit Tabellen arbeiten müssen. Lesen Sie hierzu das nächste Kapitel sorgsam, bevor Sie diese Art von Seitendesign ausprobieren.

Seien Sie vorsichtig, wenn Sie den Bildschirm mit Hintergrundgrafiken aufteilen. Viele Leute versuchen beispielsweise eine Seite zu entwerfen, indem sie vertikale Sektionen erstellen, wie in Abbildung 6.13 zu sehen ist.

Es gibt jedoch ein Problem mit diesem Layout. Wird sich der schwarze Balken nicht wiederholen? Das ist sehr wahrscheinlich, da die Länge des Inhalts nur schwer zu bestimmen ist. Die Betrachter sehen eventuell einen schwarzen Balken, der sich mehrmals wiederholt und verschiedene Teile des Inhalts unlesbar macht. Eine Lösung wäre es, ein sehr großes Hintergrundbild zu verwenden. Das erhöht jedoch nicht nur die Ladezeit, sondern wirft auch die Frage auf: Wie groß ist groß genug? Da die Inhalte von Seite zu Seite variieren und von Zeit zu Zeit anwachsen, ist es fast unmöglich, die Breite im Voraus zu erraten. Das Problem können Sie vermeiden, wenn Sie eine Hintergrundgrafik mit einer ausreichenden Breite wählen, da Text in der Regel nicht dazu neigt, ein horizontales Scrollen zu erzeugen. Sie können davon ausgehen, dass ein Monitor die Breite von 1.600 Pixeln nicht überschreitet. Auf jeden Fall lässt sich das Problem lösen, wenn Sie mit Style Sheets arbeiten, da sich hier die Positionierung und die Wiederholung von Hintergrundgrafiken genauer bestimmen lässt. Diese Themen werden ausführlich in Kapitel 10 behandelt. Die HTML-spezifischen Problemlösungen für dieses und andere Probleme werden im Folgenden kurz angerissen.

> **Hinweis**
>
> Ein weiteres Problem mit Hintergrundgrafiken ist, dass einige Designer versuchen, die Dateigröße zu minimieren. Ein Hintergrundbild kann nur ein Pixel groß sein. Das kann jedoch bei langsamen Grafikkarten zu Problemen führen, da das Hintergrundbild über den gesamten Bildschirm gekachelt wird, da der langsame Aufbau des Hintergrunds zu einem hässlichen optischen Effekt führt. Um das zu verhindern, müssen Sie versuchen, ein ausgewogenes Verhältnis zwischen Dateigröße und Ladezeit zu finden. Wenn Sie die Anzahl der Farben möglichst gering halten, ist es kein Problem, wenn Ihre Hintergrundgrafik 20 oder 30 Pixel hoch ist.

Hintergrund-Attribute im Internet Explorer

Der Internet Explorer unterstützt einige weitere Attribute für das <body>-Element, die hilfreich für die Gestaltung von Seitenhintergründen sind, ohne dass dabei auf Style Sheets zurückgegriffen werden muss. Das bgproperties-Attribut bietet eine Lösung für das Problem scrollender Hintergrundbilder. Zurzeit wird es jedoch nur vom Internet Explorer 3.0 und höher unterstützt. Wird das bgproperties-Attribut mit dem Wert fixed versehen, so können zwar Texte und Grafiken bei Bedarf scrollen, der Hintergrund bleibt jedoch fest auf seinem Platz. Sie können sich das wie einen Wasserzeichen-Effekt vorstellen. Diesen Effekt können Sie auch mit Style Sheets erzielen.

Kontrolle der Seitengrenzen

Mit dem <body>-Element lassen sich auch die Grenzen zum Fensterrand definieren. Allerdings haben der Internet Explorer 4 und der Netscape Communicator 4 verschiedene Ansätze, dieses Attribut umzusetzen. Der Internet Explorer kennt zwei Attribute, mit denen die Ausrichtung am Rand bestimmt werden kann: leftmargin und topmargin. Bei beiden Attributen wird ein Pixelwert angegeben. Der Befehl leftmargin="25" bewirkt einen Abstand von 25 Pixeln zwischen dem linken Rand des Browserfensters und seinem Inhalt. Mit dem Befehl topmargin="15" wird zwischen dem oberen Fensterrand und den Inhalten ein Abstand von 15 Pixeln eingeräumt. Beim Netscape-Browser verwenden Sie analog die Befehle `marginheight` und `marginwidth`.

Viele Designer würden gerne alle Zwischenräume abschalten, um ihre Inhalte direkt am Rand des Browserfensters beginnen zu lassen. In HTML kann das mit dem folgenden Befehl bewerkstelligt werden:

```
<body topmargin="0" leftmargin="0" marginheight="0" marginwidth="0">
```

Einfacher kann dieser Effekt mit Style Sheets erreicht werden. Es bedarf lediglich einer einfachen Regel, die mit `<style>`-Befehl innerhalb des Dokumentkopfes eingebunden wird:

```
<style type="text/css">
<!--
    body    {margin: 0px; }
-->
</style>
```

Der Vorteil ist, dass dieses Codesegment für alle CSS-tauglichen Browser gilt. Sie können natürlich beide Vorgehensweisen parallel einsetzen, um sicherzugehen, dass alle Ränder beseitigt werden.

Hinweis

Der Microsoft Internet Explorer unterstützt die Attribute `bottommargin` und `rightmargin` für das `<body>`-Element. In Anhang A finden Sie weitere Informationen über diese und andere Internet-Explorer-spezifische Attribute.

Obwohl bereits viele dieser Tags und Attribute, die in den vorangegangenen Abschnitten vorgestellt wurden, nützlich bei der Kontrolle des Layouts, der Farbe und der Hintergründe einer Seite sind, sind viele browserspezifisch oder in HTML 4 und XHTML nicht mehr gültig. Ziel sollte es sein, diese Funktionen ausschließlich über Style Sheets anzubieten. Bis die Style-Sheet-Probleme jedoch endgültig beseitigt sind und alle Browser auf dem neuesten Stand sind, können aus Gründen der Abwärtskompatibilität eventuell noch beide Lösungsansätze erforderlich sein.

Zusammenfassung

HTML ist keine große Unterstützung in Layoutfragen, wurde allerdings auch nie zu diesem Zweck erschaffen. Es ist natürlich einfach zu sagen, dass HTML nicht dazu verwendet werden soll, Seiten zu gestalten, aber genau das ist es, wofür es in den meisten Fälle verwendet wird. Früher gab es keinen anderen Weg. Die Entwickler suchten verzweifelt nach der Möglichkeit, ihre Seiten pixelgenau zu gestalten und beliebige Schriftarten zu verwenden. Damit wurden dem »Missbrauch« von HTML, Tricks wie dem unsichtbaren Pixel, sowie browserspezifischen Tags wie `<spacer>` Tür und Tor geöffnet. Trotz der Verbesserungen der Gestaltungsmöglichkeiten ist das Einbinden von Schrifttypen immer noch ein Thema. Besserung ist jedoch in Form von herunterladbaren Fonts in Sicht. Das nächste Kapitel wird zeigen, wie sich Seiten mit Hilfe von Tabellen relativ präzise gestalten lassen. In späteren Kapitel wird sich dann jedoch zeigen, dass mit den Tabellen auch viele weitere Probleme kommen, die sich nur verringern lassen, wenn Sie mit Style Sheets arbeiten.

7

Layout mit Tabellen

Das `<table>`-Element und die dazu gehörigen Elemente gehören zu den bedeutendsten Elementen für die Entwicklung von Webseiten-Layouts. Obwohl die Positionierung durch Style Sheets (s.a. Kapitel 10) ein präziseres Layout ermöglicht, ist die Browserunterstützung noch uneinheitlich und auch die Abwärtskompatibilität bereitet Sorgen. So oder so ist die Gestaltung durch Tabellen wahrscheinlich das einzige Verfahren, das auf verschiedenen Browsern funktioniert, vor allem, wenn auch ältere Browser berücksichtigt werden sollen. Die Möglichkeiten von Tabellen beschränken sich jedoch nicht nur auf das Gestalten, darauf wird noch in einem späteren Teil dieses Kapitels eingegangen.

Einführung in Tabellen

Eine Tabelle stellt Informationen, wie das Arbeitsblatt einer Tabellenkalkulation, durch ein Raster mit Zeilen und Spalten auf tabellarische Weise dar. In gedruckten Dokumenten spielen Tabellen allgemein eine untergeordnete Rolle, einige Punkte werden durch einen begleitenden Text beschrieben. In HTML-Dokumenten übernehmen Tabellen diese veranschaulichende Funktion noch immer. Da HTML bei der Gestaltung nicht dasselbe Leistungsvermögen hat, wie es für Druckdesigner verfügbar ist, sind webbasierte Tabellen das geeignete Hilfsmittel, um ein Dokument gestalterisch zu erstellen. Im Gegensatz zu gedruckten Tabellen können HTML-Tabellen Informationen beinhalten, die *dynamisch*, oder interaktiv, wie z.B. die Resultate einer Datenbankabfrage sind. Um dieses Merkmal nutzen zu können, wird einer HTML-Tabellenvorlage ermöglicht, eine direkte Verbindung zu einer Datenbank aufzunehmen. Eine solche Tabelle wird durch die Verwendung einer Dokumentvorlage und den Ergebnissen einer Datenbankanfrage generiert. Diese Fähigkeiten machen Tabellen zu einem der brauchbarsten und ausgefeiltesten Hilfsmittel.

Einfache Tabellen

In der einfachsten Form platziert eine Tabelle, geformt durch ein in Zeilen und Spalten aufgeteiltes Rechteck, Informationen innerhalb von Zellen. Die meisten Zellen enthalten Daten. Einige, meist am Anfang oder an der Seite, beinhalten Überschriften. HTML stellt vier Grundelemente für die Verwendung von Tabellen zur Verfügung. In HTML beinhaltet eine Tabelle, `<table>` ... `</table>`, eine oder mehr Zeilen, `<tr>` ... `</tr>`. Jede Zeile beinhaltet Zellen, die eine Überschrift, `<th>` ... `</th>`, oder Daten, `<td>` ... `</td>`, enthalten. Das folgende Codebeispiel veranschaulicht eine einfache Tabelle. Beachten Sie, dass das einzige Attribut, das in diesem Beispiel verwendet wird, `border` ist, das zum

Bestimmen eines Rahmens von ein Pixel Stärke dient, damit das Aussehen der Tabelle deutlich wird. Die Darstellung dieser Tabelle unter verschiedenen Browsern wird in Abbildung 7.1 gezeigt.

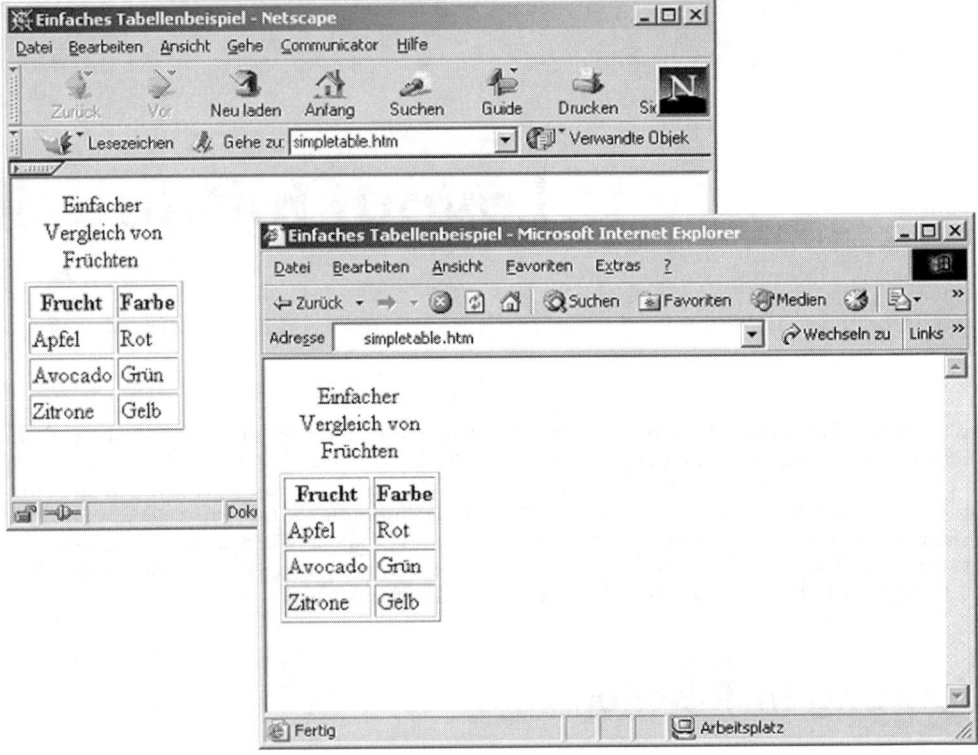

Abbildung 7.1: Browserdarstellung eines einfachen Beispiels

```
<!DOCTYPE HTML PUBLIC "-//W3C//DTD HTML 4.01 Transitional//EN">
<html>
<head>
<title>Einfaches Tabellenbeispiel</title>
</head>
<body>

<table border="1">
<caption>Einfacher Vergleich von Früchten </caption>
    <tr>
        <th>Frucht</th>
        <th>Farbe</th>
    </tr>
    <tr>
        <td>Apfel</td>
        <td>Rot</td>
```

```
        </tr>
        <tr>
            <td>Avocado</td>
            <td>Grün</td>
        </tr>
        <tr>
            <td>Zitrone</td>
            <td>Gelb</td>
        </tr>
    </table>
    </body>
</html>
```

Dieses einfache Beispiel zeigt die Anwendung der grundlegendsten Tabellenelemente: Überschriften, Zeilen und Datenzellen.

Eine Tabelle besteht aus Zeilen, die innerhalb von `<tr>` ... `</tr>` eingeschlossen sind. Die Anzahl der Zeilen in der Tabelle wird durch die Anzahl der darin vorkommenden `<tr>`-Elemente bestimmt. Und die Spalten? Die Anzahl der Spalten in einer Tabelle wird in der Regel durch die maximale Anzahl von Datenzellen, angezeigt durch `<td>` ... `</td>` oder Überschriften durch `<th>` ... `</th>`, bestimmt. Es könnte nützlich sein, dem Browser die Anzahl der Spalten in der Tabelle mit Hilfe des `cols`-Attributes anzuzeigen. Dieses Attribut wurde durch den Internet Explorer 4 eingeführt. Sein Wert wird im `<table>`-Element mit der Anzahl von Spalten in der Tabelle gleichgesetzt (z.B. `<table border="1" cols="2">`, passend zum letzten Beispiel).

Die Überschriften für die Tabelle werden mit dem Befehl `<th>` erstellt. Im Allgemeinen stellen die Browser Überschriften unterschiedlich dar. Meistens werden die Inhalte der Überschrift zentriert und fett angezeigt. Die eigentlichen Zellen der Tabelle werden durch das `<td>`-Element angezeigt. Sowohl das `<td>`-als auch das `<th>`-Element können eine beliebige Menge von beliebigen Datentypen aufnehmen. Im vorangegangenen Beispiel könnte ein vollständiger Textabschnitt zusammen mit einer Grafik, Listen und Links in einer Tabellenzelle eingefügt werden. Schließlich kann die Tabelle mit Hilfe von `<caption>` ... `</caption>` eine Erklärung enthalten, deren Inhalt normalerweise ober- oder unterhalb der Tabelle anzeigt wird und den Inhalt der Tabelle beschreibt.

Technisch gesehen, sind die schließenden Tags für `<tr>`, `<th>` und `<td>` gemäß der HTML-Spezifikation optional. Obwohl dies zu überschaubarerem Code in HTML-Dokumenten führen würde, sind HTML-Autoren dennoch ermutigt, Schluss-Tags ebenso wie Einrückungen zu verwenden. Damit wird sichergestellt, dass die Tabellenzellen und -reihen klar definiert sind, besonders bei verschachtelten Tabellen. Das hilft auch, die Probleme von Netscape-Browsern zu umgehen, die Tabellen häufig »brechen«, wenn keine schließenden Tags für diese Elemente verwendet werden. Da XHTML – das für alle nicht leeren Elemente schließende Tags verlangt – sich anschickt, der Standard der Zukunft zu werden, gibt es einen weiteren Grund, immer Schluss-Tags zu verwenden.

rowspan und colspan

Während das vorangegangene Beispiel zeigt, dass es möglich ist, eine einfache Tabelle mit einer einfachen Struktur zu erstellen, stellt sich die Frage, was passiert, wenn größere oder kleinere Tabellenzellen benötigt werden? Der folgende HTML-Code erstellt etwas komplexere Tabellen. Durch Hinzufügen der Attribute `rowspan` und `colspan` zum Tabellenelement ist es möglich, Datenzellen zu erstellen, die sich über mehrere Zeilen oder Spalten erstrecken. Die Darstellung dieses Codes erscheint in Abbildung 7.2.

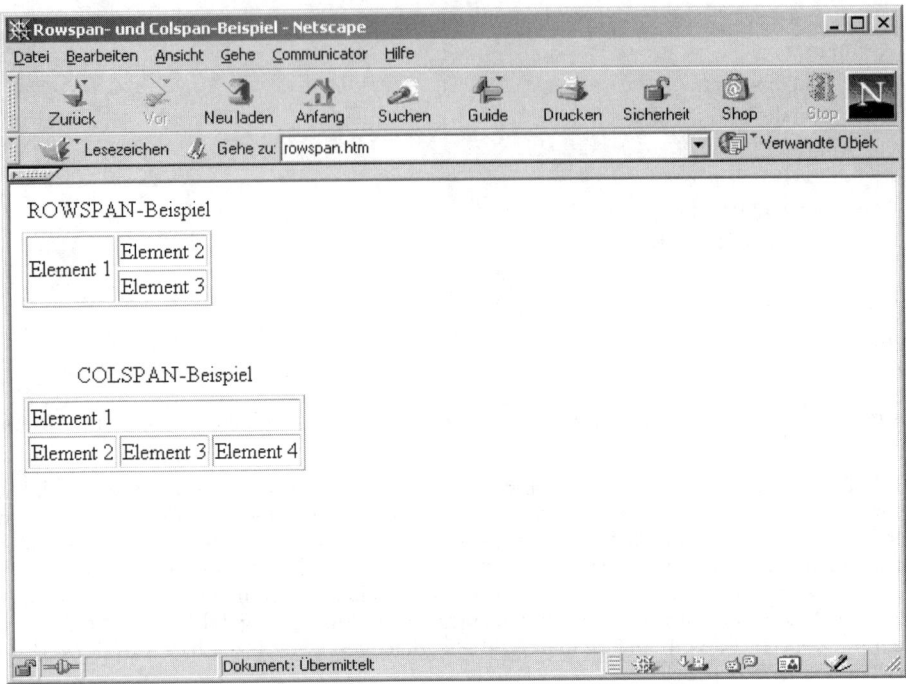

Abbildung 7.2: Anwendung von rowspan und colspan

```
<!DOCTYPE HTML PUBLIC "-//W3C//DTD HTML 4.01 Transitional//EN">
<html>
<head>
<title>Rowspan- und Colspan-Beispiel</title>
</head>
<body>

<table border="1">
  <caption>ROWSPAN-Beispiel</caption>
   <tr>
      <td rowspan="2">Element 1</td>
      <td>Element 2</td>
   </tr>
   <tr>
      <td>Element 3</td>
   </tr>
  </table>

<br><br>

<table border="1">
  <caption>COLSPAN-Beispiel</caption>
```

```
    <tr>
        <td colspan="3">Element 1</td>
    </tr>
    <tr>
        <td>Element 2</td>
        <td>Element 3</td>
        <td>Element 4</td>
    </tr>
</table>

</body>
</html>
```

Die Grundidee der Attribute `rowspan` und `colspan` für `<td>` und `<th>` ist es, die Größe der Zellen über zwei oder mehr Zeilen oder Spalten zu erweitern. Um eine Zelle über drei Zeilen zu erstrecken, wird `<td rowspan="3">` verwendet; um eine Überschrift über zwei Spalten zu ziehen, schreiben Sie `<th colspan="2">`. Das Bestimmen eines Wertes für `colspan` oder `rowspan`, der größer als die Gesamtzahl der Spalten oder Zeilen der Tabelle ist, vergrößert nicht die Ausmaße der Tabelle. Seien Sie sich darüber im Klaren, dass einige Browser eine präzise Anwendung dieser Attribute verlangen. Betrachten Sie folgenden Code:

```
<table border="1" cellspacing="0" width="120">
<tr>
    <td>1</td>
    <td>2</td>
    <td rowspan="2">3</td>
</tr>

<tr>
    <td>4</td>
    <td>5</td>
    <td>6</td>
</tr>
</table>
```

Die meisten Browser geben den Code etwa so wieder:

Der Grund hierfür ist ziemlich einfach: Die letzte Datenzelle in der zweiten Zeile soll zugunsten des `rowspan` in Zelle 3 entfernt werden. Korrekt hätte die Tabelle folgendes Aussehen:

```
<table border="1" cellspacing="0" width="120">
<tr>
    <td>1</td>
    <td>2</td>
```

```
      <td rowspan="2">3</td>
  </tr>

  <tr>
      <td>4</td>
      <td>5</td>
  </tr>
</table>
```

Die Darstellung des korrekten Codes würde so aussehen:

1	2	
4	5	3

Außer der Fähigkeit, Zeilen und Spalten zu strecken, unterstützen das <table>-Element und die dazugehörigen Elemente <td>, <th> und <caption> eine Vielzahl von Attributen, die der Ausrichtung, Skalierung und Gestaltung dienen. Das folgende Beispiel zeigt eine komplexere Tabelle:

```
<!doctype html public "-//w3c//dtd html 4.0 transitional//en">
<html>
<head>
<title>Komplexes Beispiel einer komplexen Tabelle</title>
</head>
<body>

<p>Beachten Sie, wie der Text des Abschnitts

<table align="left" border="1" width="300">
<caption align="bottom">The Super Widget</caption>
    <tr>
      <td rowspan="2"><img src="widget.gif" alt="super widget"
          width="100" height="120"></td>
      <th bgcolor="lightgreen">Spezifikationen</th>
    </tr>
    <tr>
      <td>
         <ul>
            <li>Durchmesser: 10 cm
            <li>Zusammensetzung: Kryptonit
            <li>Farbe: Grün
         </ul>
      </td>
    </tr>
</table>
```
rings um eine Tabelle herumfließen kann, genauso wie das jede andere eingebettete Objektform machen würde. Beachten Sie, wie der Text des Abschnitts rings um eine

```
Tabelle herumfließen kann, genauso wie das jede andere eingebettete Objektform
machen würde. Beachten Sie, wie der Text des Abschnitts rings um eine Tabelle
herumfließen kann, genauso wie das jede andere eingebettete Objektform machen
würde.</p>

</body>
</html>
```

Dieses Beispiel zeigt, dass es möglich ist, jede Form von Inhalt in einer Zelle zu platzieren, genauso wie die einzelne Größe der Zelle und der Tabelle selbst gesteuert werden kann. Der nächste logische Schritt ist, die Seitengestaltung durch die Erstellung eines Rasters, mit Hilfe des `<table>`-Elements, zu steuern.

Tabellen zur Gestaltung

Tabellen können ein sehr wichtiges Werkzeug für das HTML-Seitenlayout sein. Die Grundlage von Grafikdesign ist die Fähigkeit des räumlichen Anordnens visueller Elemente in Relation zueinander. Tabellen können verwendet werden, um ein Layoutgitter für genau diesen Zweck zu definieren. Vor der Entwicklung von Style Sheets (s.a. Kapitel 10) waren Tabellen die einzig zuverlässige Methode, um das zu erreichen. Sie bleiben auch weiterhin die meist verwendete Technik für Weblayout.

Der Schlüssel zum Verwenden einer Tabelle als präzises Layoutraster ist die Benutzung des `width`-Attributs. Das `width`-Attribut bestimmt im `<table>`-Element die Breite einer Tabelle in Pixel oder mit einem prozentualen Wert, wie z.B. 80 Prozent. Es ist auch möglich, für jede Zelle innerhalb der Tabelle eine individuelle Pixelbreite zu definieren. Hierzu wird das `width`-Attribut auf das jeweilige `<td>`- oder `<th>`-Element angewendet. Stellen Sie sich vor, Sie versuchen eine 400 Pixel breite Spalte mit Text zu erstellen, die einen Abstand von 50 Pixel auf der linken und 100 Pixel auf der rechten Seite hat. Mit älterem HTML wäre das schier unmöglich, wenn Sie den Text nicht als große Grafik erstellen wollten. Mit einer Tabelle ist es einfach, wie durch den folgenden Quellcode gezeigt:

```
<!DOCTYPE HTML PUBLIC "-//W3C//DTD HTML 4.01 Transitional//EN">
<html>
<head>
<title>Tabellen-Layout</title>
</head>
<body>
  <table border="0">
  <tr>
     <td width="50"> </td>
     <td width="400">
      <h1 align="center">Hier ist Layout!</h1>
         <hr>
     <p>Dies ist ein sehr einfaches Layout, das ohne Tabellen nahezu unmöglich zu
     erstellen wäre.</p>
     </td>
     <td width="100"> </td>
  </tr>
  </table>
</body>
</html>
```

Im vorangegangen Code ist der Wert des `border`-Attributs auf null gesetzt. Dieses Attribut wird nicht benötigt; wenn der Browser kein `border`-Attribut im `<table>`-Element sieht, zeichnet er keinen Rahmen um die Tabelle. Zu Übungszwecken ist es besser, das Attribut beizubehalten, den Wert aber auf null zu lassen, damit der Rahmen bei Bedarf oder zu Kontrollzwecken an- und ausgeschaltet werden kann. Wenn leere Tabellenzellen erstellt werden, ist es eine gute Idee, einen »non-breaking-space« (` `) in die Zelle einzufügen, damit sie nicht vertikal zusammenbricht.

Tabellen können auch verwendet werden, um eine präzisere Gestaltung bezogen auf den Hintergrund zu ermöglichen. Ein beliebtes Gestaltungskonzept verwendet einen vertikalen Streifen, der sich auf der linken Seite befindet und mit einem farbigen Hintergrund versehen wurde. Hier befindet sich die Navigation. Der Rest des Dokuments beinhaltet den Haupttext. Ohne Tabellen wäre es schwierig, die Inhalte über dem gewünschten Hintergrund zu platzieren. Ein Beispiel für ein HTML-Dokument, das am Anfang einen 100 Pixel breiten Farbhintergrund und ein Zwei-Spalten-Design verwendet, wird hier gezeigt:

```
<!DOCTYPE HTML PUBLIC "-//W3C//DTD HTML 4.01 Transitional//EN">
<html>
<head>
<title>Tabellen-Layout mit Hintergrund</title>
</head>

<body background="yellowtile.gif">

<table width="550">
  <tr>
    <td width="100">
<a href="about.htm">Über</a><br><br>
<a href="products.htm">Produkte</a><br><br>
<a href="staff.htm">Mitarbeiter</a><br><br>
<a href="contact.htm">Kontakt</a><br><br>
    </td>
    <td width="450">
  <h1 align="center">Willkommen bei der Demo Company</h1>
  <hr>
<p>Dieser Text ist über einem weißen Hintergrund positioniert; die Navigation über
einem farbigen Hintergrund. Dieses Layout kombiniert eine Tabelle mit einer
Hintergrundgrafik.
</p>
    </td>
  </tr>
</table>
</body>
</html>
```

Die Darstellung dieses Layouts sehen Sie in Abbildung 7.3. Beachten Sie, wie der Inhalt (der `<body>`-Inhalt) über der Hintergrundgrafik ausgerichtet ist. Eine andere Methode, solche Effekte zu erreichen, verwendet das `bgcolor`-Attribut für Tabellenzellen. `bgcolor` wurde vom Netscape Navigator 3 eingeführt und wird auch vom Internet Explorer unterstützt. Hintergrundschattierungen können auch durch die Verwendung von Style Sheets gesteuert werden, wie in Kapitel 10 erklärt wird. Obwohl solche Techniken helfen, Kopfschmerzen zu vermeiden, die bei der Anordnung von Vorder- und Hintergrundelementen auftreten können, kann hierbei die Abwärts-Kompatibilität zum Problem werden.

Abbildung 7.3: Darstellung des Vordergrund-/Hintergrundlayouts

In HTML-Dokumenten gibt es für Tabellen viele nicht traditionelle Gestaltungsmöglichkeiten. Diese gehen weit über das Erstellen von Rastern hinaus; selbst Tabellen mit nur einer Zelle können für viele Zwecke genutzt werden. Ein einfaches Beispiel hierfür ist der Einsatz als pastellfarbige »Sticker«-Notiz. Diese kann in allen HTML-Dokumenten eingefügt werden, um die Aufmerksamkeit auf interessante Ideen zu lenken. Ein HTML-Beispiel für eine solche Tabelle wird hier gezeigt:

```
<table align="left" bgcolor="#ffffcc" cellpadding="20" hspace="15" vspace="15">
<tr>
    <td>Das ist ein wichtiger Punkt!</td>
</tr>
</table>
```

Beachten Sie, dass dieses Beispiel nur einen einzigen Datensatz beinhaltet – für eine konventionelle Tabelle ist das eher unüblich. Außerdem demonstriert es zwei neue <table>-Attribute. Das bgcolor-Attribut setzt die Hintergrundfarbe einer Tabelle, die entweder einen Standardfarbnamen oder einen hexadezimalen RGB-Wert verwendet. Der angegebene Wert entspricht einem hellen Pastellgelb. Das cellpadding-Attribut definiert den Abstand zwischen dem äußeren Rand einer Tabellenzelle und dem Punkt, an dem der Inhalt beginnt, in Pixel. Außer der »Sticker«-Notiz und anderen Formen von bunten Tabellen zur Hervorhebung von Informationen gibt es verschiedene weitere Anwendungen für Tabellen mit nur einer Zelle. In Verbindung mit einer Breitenangabe könnte das genau die richtige Methode sein, Texte innerhalb einer Seite zu formatieren.

Hintergrundfarben

Wie bereits in diesem Kapitel erwähnt, können auch Tabellenelementen Hintergrundfarben durch das bgcolor-Attribut zugewiesen werden. Das bgcolor-Attribut ist zulässig für <table>, <tr>, <th> und <td>.

```
<table border="1" cellspacing="0" cellpadding="8" bgcolor="green">
<tr>
<th bgcolor="lightblue">a</th>
<th bgcolor="lightblue">a</th>
<th bgcolor="lightblue">a</th>
</tr>

<tr bgcolor="orange">
<td>b</td>
<td>b</td>
<td>b</td>
</tr>

<tr>
<td bgcolor="red">c</td>
<td bgcolor="white">c</td>
<td bgcolor="blue">c</td>
</tr>

<tr>
<td> </td>
<td> </td>
<td> </td>
</tr>
</table>
```

Durch diesen Code wird die Überschriften-Zelle (th) in der ersten Zeile einen hellblauen Hintergrund haben; alle drei Zellen (td) in der zweiten Zeile werden mit einem orangefarbigen Hintergrund dargestellt werden, der für die gesamte Zeile (tr) definiert ist. Die drei Zellen der dritten Zeile bekommen unterschiedliche Hintergründe, die durch das bgcolor-Attribut für jeden einzelnen <td>-Befehl definiert sind. Die Zellen in der letzten Zeile haben keine Hintergrundfarbe, so dass sie den grünen Hintergrund haben werden, der im <table>-Tag definiert ist, wie Sie in Abbildung 7.4 sehen.

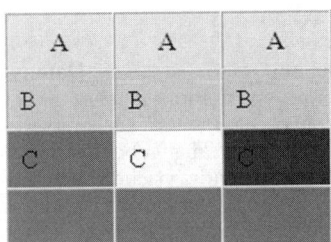

Abbildung 7.4: bgcolor-Zuweisungen zu verschiedenen Tabellenelementen

Beachten Sie, dass das cellspacing-Attribut für <table>, das die Anzahl des Leerraums in Pixel zwischen den Tabellenzellen bestimmt, den Wert 0 hat. Wird dieser mit einem höheren Wert versehen, so wird die Hintergrundfarbe vom Internet Explorer und von Opera-Browsern zwischen den Zellen angezeigt.

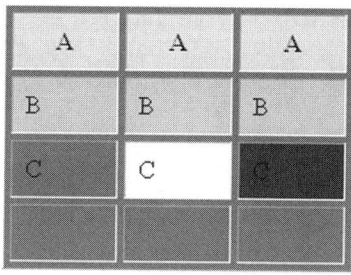

Vergessen Sie nicht, dass die meisten Browser die Tabelle standardmäßig mit mehreren Pixeln Zellen-abstand darstellen, wenn das cellspacing-Attribut nicht verwendet wird. Gehen Sie sicher und setzen Sie es auf »0«, um einer versehentlichen Darstellung von Leeräumen vorzubeugen.

Auch einige Gruppierungselemente, wie <thead> and <tfoot>, akzeptieren das Attribut bgcolor. Diese wurden mit der HTML-4.0-Spezifikation eingefügt und werden zurzeit nur vom Internet Explorer 4 und höher unterstützt.

Rahmenfarben

Es wurden auch einige browserspezifische Attribute für Tabellenelemente definiert. Internet Explorer 4 und höher definieren ein bordercolor-Attribut für table. Hier bewirkt folgender Code,

```
<table bordercolor="#ff0000" border="1">
<tr><td>. . . Inhalt . . .</td></tr>
</table>
```

dass bei einer Tabelle alle Rahmenelemente in und um die Tabelle rot dargestellt werden. Netscape 4 und höher kann nur die vier Außenseiten einer Tabelle rot einfärben, doch die Darstellung unterscheidet sich völlig von der des Internet Explorers. Unter Netscape erzeugt der Browser darüber hinaus einen Schatten-Effekt, wenn der Rahmen mit einem Pixelwert gesetzt wird, der größer als 5 ist. Unter Internet Explorer 4 und höher kann bordercolor auch Zeilen (tr), Überschriften (th) und Zellen (td) zugewiesen werden.

Internet Explorer 4 und höher bietet zwei weitere Attribute zum Verändern der Rahmenfarbe: border-colordark und bordercolorlight.

```
<table bordercolorlight="#ff0000" bordercolordark="#0000ff"
       border="4">
<tr><td>...Inhalt...</td></tr>
</table>
```

Der Internet Explorer 4 oder höher stellt diese Tabelle mit einem zweifarbigen Außenrahmen dar: Der obere und linke äußere Rahmen sind blau und der untere und rechte äußere Rahmen rot. Diese Attribute haben keine Auswirkungen auf die Darstellung im Netscape-Browser. Experimentieren Sie mit diesen Elementen und Attributen unter verschiedenen Browsern, um die Unterschiede in der Darstellung zu verstehen und zu kontrollieren.

Browser-Abweichungen können einige Frustration hervorrufen, wenn Sie Tabellenrahmen modifizieren wollen, aber mit einem einfachen Umweg kann durch die Verwendung von verschachtelten Tabellen eine annähernd browserübergreifende Version erstellt werden.

```
<table cellspacing="0" cellpadding="0" border="0" width="200">
<tr>
<td bgcolor="#000000">
```

```
<!-- Hier beginnt die verschachtelte Tabelle -->

<table cellspacing="1" cellpadding="3" border="0" width="200">
<tr>
    <td bgcolor="#FFFFFF" width="100">Zelle 1</td>
    <td bgcolor="#FFFFFF" width="100">Zelle 2</td>
</tr>

<tr>
    <td bgcolor="#FFFFFF" width="100">Zelle 3</td>
    <td bgcolor="#FFFFFF" width="100">Zelle 4</td>
</tr>
</table>
<!-- Hier endet die verschachtelte Tabelle -->
</td></tr></table>
```

Die äußere Tabelle enthält eine einzelne Tabellenzelle mit einem schwarzen Rahmen. Die Zellen in der darin enthaltenen Tabelle haben eine weiße Hintergrundfarbe. Das `cellspacing`-Attribut der verschachtelten Tabelle hat den Wert 1, um den schwarzen Hintergrund im Leerraum zwischen den Zellen darzustellen:

Cell 1	Cell 2
Cell 3	Cell 4

Dies funktioniert bei Netscape-Browsern bis hinunter zum Netscape 3. Trotzdem sollten Sie beim Einsatz dieses Verfahrens vorsichtig sein. Beide Tabellen müssen dieselbe Breite haben, da der Rahmeneffekt sonst ungleichmäßig wird.

Hintergrundgrafiken in Tabellen

Durch Verwendung des `background`-Attributs, das von Microsoft entwickelt wurde, ist es außerdem möglich, Hintergrundgrafiken für Tabellen oder Tabellenelemente zu definieren. Wenn Sie eine Tabelle wie diese erstellen,

```
<table width="220" border="1" cellpadding="0" cellspacing="0"
      background="kleine_kachel.gif">
....andere Tabellenelemente...
</table>
```

würde die Tabelle über einer sich wiederholenden Hintergrundkachel dargestellt werden, wie es hier gezeigt wird:

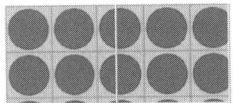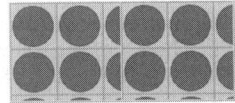

Internet Explorer   **Netscape**

Die linke Abbildung zeigt die Darstellung einer mit einem Hintergrundbild versehenen Tabelle im Internet Explorer. Die Hintergrundgrafik wird über die gesamte Tabelle gekachelt. Auf der rechten Seite sehen Sie die Darstellung der gleichen Tabelle im Netscape-Browser. Hier wird der Hintergrund für jede einzelne Tabellenzelle von neuem angezeigt. Diese Unterschiede der Browser machen dieses Verfahren unpraktikabel.

Das background-Attribut kann auch auf Tabellenzeilen (<tr>) angewendet werden, was im Internet Explorer jedoch nicht dargestellt wird. Netscape beginnt bei jeder einzelnen Zelle von neuem mit der Darstellung des Hintergrundbildes.

Die einzig sinnvolle Methode, Tabellenhintergründe in Tabellenzellen zu verwenden, sehen Sie hier:

```
<table width="220" border="1" cellpadding="0" cellspacing="0">
<tr>
<td width="110" background="grosse_kachel.gif"> <td>
<td width="110" background="kleine_kachel.gif"> </td>
</tr>
</table>
```

Sehr schön sieht das jedoch nicht aus. Durch Verwendung des height-Attributs in der Tabellenzelle mit dem breiten Titel und durch die Anpassung des width-Attributs an die Ausmaße der Zelle, wie hier:

```
<table width="220" border="0" cellpadding="0" cellspacing="0">
<tr>
<td background="bigtabletile.gif" height="100" width="100"
align="center"><b>Hallo!</b></td>
<td width="120" background="smalltabletile.gif"> </td>
</tr>
</table>
```

kommt es im Internet Explorer 5 und Netscape 4 zu folgender Darstellung. Ältere Browser, wie Netscape 3, unterstützen Hintergrundgrafiken grundsätzlich nicht.

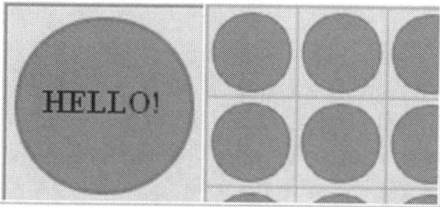

Obwohl das für ein paar nette Effekte genutzt werden kann, ist es ein wenig umständlich, besonders dann, wenn der Betrachter eine größere Schriftgröße in seinem Browser eingestellt hat.

Erweiterte Gestaltung durch Tabellen

Das Erstellen von ausgefeilteren Layouts kann mit Tabellen relativ einfach sein. Das folgende Codebeispiel zeigt, wie eine Tabelle für ein zweispaltiges Layout mit Text und einer Grafik verwendet werden
kann. Der Text im Beispielcode wurde gekürzt, um Platz zu sparen. Das `colspan`-Attribut wurde verwendet, um eine Zelle (`<td>`) für Überschriften und Zwischentitel zu erstellen, die sich über die gesamte Breite
der Tabelle erstreckt. Das Attribut `cellpadding` für `<table>` hat den Wert 10 erhalten, um zu verhindern, dass der Text in den Spalten zu nah nebeneinander läuft. Die Umsetzung des Codes wird in Abbildung 7.5 gezeigt.

```html
<!DOCTYPE HTML PUBLIC "-//W3C//DTD HTML 4.01 Transitional//EN">
<html>
<head>
<title>2-spaltiges Layout mit einer Tabelle</title>
</head>
<body>

<table cellspacing="0" cellpadding="10" border="1" width="550">
<tr>
    <td colspan="2" align="center">
        <font face="arial black, helvetica, sans-serif" size="+2">FEZ: JUWEL DES
MAROKKANISCHEN IMPERIUMS</font></td>
</tr>

<tr>
    <td width="50%" valign="middle">
        <font face="arial, helvetica, sans-serif" size="+1">
        <b>Jenseits des Bou Jeloud Tores....</b></font></td>
    <td width="50%" align="center">
  <img src="boujeloud002.jpg" width="240" height="185" border="0">
    </td>
</tr>

<tr>
    <td colspan="2" align="center">
  <font face="Arial, Helvetica, Sans-serif">
  <b><i>Glücklicherweise hat nun ein UNESCO-Restaurationsprojekt begonnen...
</i></b></font></td>
</tr>

<tr>
    <td width="50%" valign="top">Ein Teil des Problems....</td>
    <td width="50%" valign="top">Wichtige Sehenswürdigkeiten....</td>
</tr>
</table>

</body>
</html>
```

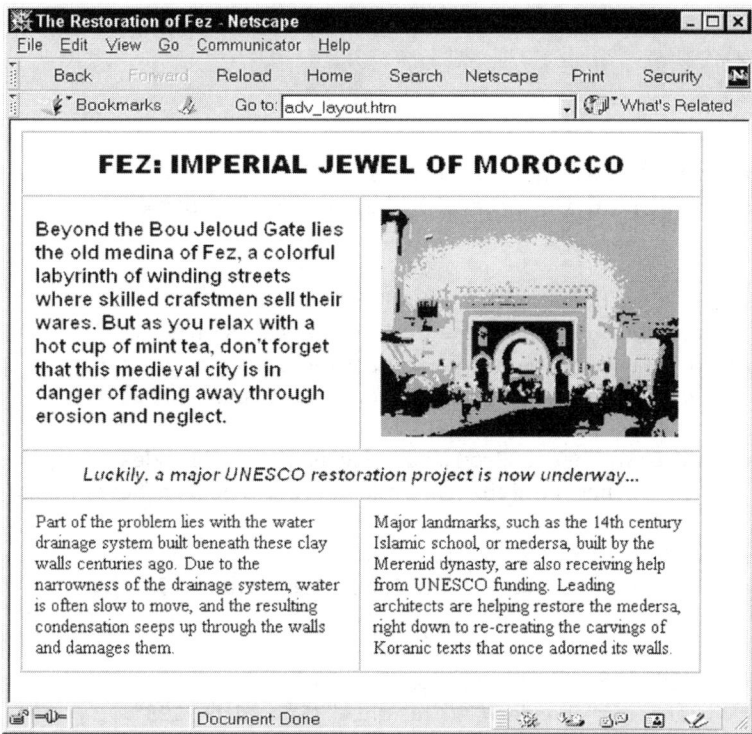

Abbildung 7.5: Darstellung eines zweispaltigen Dokumententwurfs

Darüber hinaus ist es möglich, Tabellen zu erstellen, um noch kompliziertere Entwürfe zu gestalten. Layouts, die Text und Grafiken kombinieren, können mit Hilfe von großen Grafiken erstellt werden, die den Text enthalten. Dieses Verfahren produziert jedoch Seiten, die nur sehr langsam geladen werden. Das folgende Codebeispiel zeigt ein komplexes Layout, das eine Grafik zerteilt und wieder zusammenfügt wie ein Puzzlespiel. Durch die Verwendung einer Tabelle als unsichtbares »Gerüst« behalten alle Teile ihren Platz bei. Beachten Sie, dass die Verknüpfungen zu den grafischen Links in diesem Code (`widgets.gif` usw.) nicht angezeigt werden, um den Beispielcode zu vereinfachen.

```
<!DOCTYPE HTML PUBLIC "-//W3C//DTD HTML 4.01 Transitional//EN">
<html>
<head>
<title>Demo Company - Frühes Homepage-Konzept</title>
</head>
<body>

<table border="0" cellpadding="0" cellspacing="0" width="570">
<tr>
<td>
<img src="roof.gif" border="0" height="45" width="124">
</td>

<td colspan="4">
```

```
<img src="logo.gif" border="0" height="45" width="446">
</td>
</tr>

<tr>
<td valign="top" rowspan="7" width="124">
<img src="building.gif" border="0" height="248" width="124">
</td>

<td rowspan="7" valign="top" width="185">
<img src="headline.gif" border="0" height="45" width="185">
Und jetzt, dank unserer Fusion mit Massive Industries, sind wir der weltgrößte
Hersteller von Gadgets&#153; und anderen nutzlosen Produkten.
<br><br>
Wenn Sie mehr über unsere Produkte oder unser wachsendes Monopol wissen wollen,
klicken Sie auf einen beliebigen Link auf der rechten Seite.</td>

<td rowspan="3" width="68" valign="top">
<img src="curve.gif" border="0" height="108" width="68">
</td>

<td colspan="2" width="193" valign="top">
<img src="blank.gif" border="0" height="35" width="193">
</td>
</tr>

<tr>
<td colspan="2" width="193" valign="top">
<img src="widgets.gif" border="0" height="35" width="193">
</td>
</tr>

<tr>
<td colspan="2" width="193" valign="top">
<img src="gadgets.gif" border="0" height="38" width="193">
</td>
</tr>

<tr>
<td colspan="2" rowspan="4" width="136" valign="top">
<img src="gear.gif" border="0" height="140" width="136">
</td>
```

```
<td valign="top" width="125">
<img src="sales.gif" border="0" height="29" width="125">
</td>
</tr>

<tr>
<td valign="top" width="125">
<img src="about.gif" border="0" height="36" width="125">
</td>
</tr>


<tr>
<td valign="top" width="125">
<img src="history.gif" border="0" height="35" width="125">
</td>
</tr>

<tr>
<td valign="top" width="125">
<img src="map.gif" border="0" height="40" width="125">
</td>
</tr>

<tr>
<td colspan="2" width="309"> </td>
<td width="68"> </td>
<td width="68"> </td>

<td valign="top" width="125">
<img src="lowcurve.gif" border="0" height="31" width="125">
</td>
</tr>
</table>

</body>
</html>
```

Wenn Sie ein Layout wie dieses erstellen, ist es sehr wichtig, den Attributen cellpadding und cellspacing den Wert 0 zuzuweisen. Die Zellenbreite sollte mit der Breite der darin enthaltenen Grafik übereinstimmen. Die Breite einer Tabelle sollte aus der Summe der Zellen in einer Tabellenzeile bestehen. Es ist wichtig beim Einbinden von Grafiken, die Attribute height and width zu verwenden. Abbildung 7.6 zeigt die Browserdarstellung dieses Layouts mit Zellenumrandungen, um darzustellen, wie die Grafik zerteilt wurde.

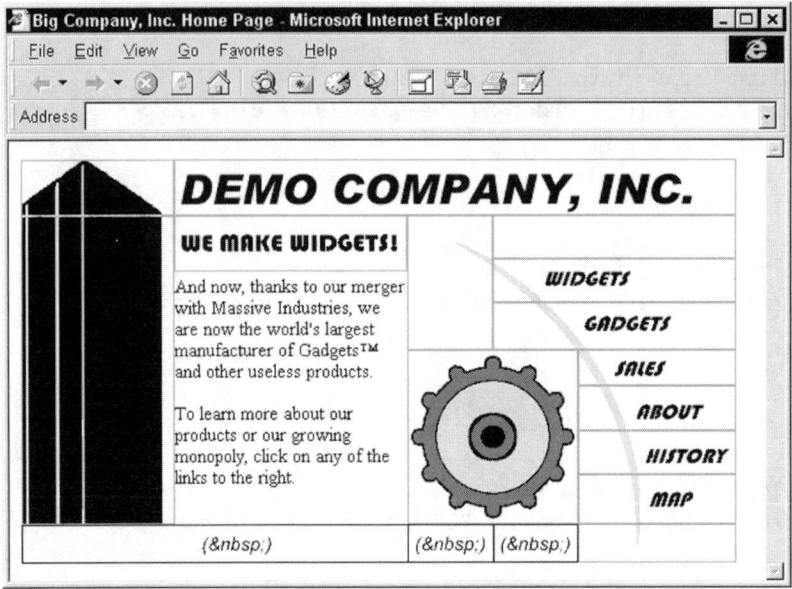

Abbildung 7.6: Darstellung eines Layouts mit »Puzzle«-Bildern

Während die Grafiken in dem präsentierten Beispiel alle im GIF-Format vorliegen, können natürlich auch JPEG-Grafiken verwendet werden. Fotografische Abbildungen sollten als JPEGs gespeichert werden, während Bereiche mit begrenzter Farbtiefe, wie z.B. Überschriften, als GIFs abgespeichert werden sollten. Durch die richtige Wahl des Grafikformats ist es möglich, die Datengröße einer Seite zu reduzieren und die Performance zu verbessern. (Dies wird ausführlicher in Kapitel 5 erklärt.)

Zu komplizierte Tabellen-Layouts

Das Programm Macromedia Fireworks erlaubt Designern, einen einzelnen Grafikentwurf zu erstellen. Dabei wird mit einer Grafikdatei begonnen, die dann in »Scheiben« geschnitten wird, um daraus ein HTML-Layout zu erstellen. Dieses besteht dann aus einer Tabelle – die einzelnen Teile der Grafik werden wahlweise nach GIF und/oder JPEG konvertiert. (Für weitere Informationen besuchen Sie www.macromedia.com/software/fireworks/.) Dieses Programm erstellt außerdem »Füllgrafiken«, um die korrekte Zellenbreite und -höhe in der Tabelle zu erzielen. Obwohl das ein sehr komfortables Werkzeug ist, produziert es oft unnötig komplizierte Tabellen, gespickt mit variierenden colspan- und rowspan-Attributen, was das folgende Raster verdeutlicht:

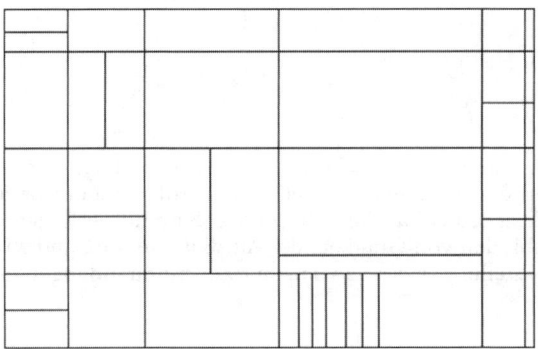

Einige Designer könnten ähnliche Tabellenlayouts allein erzeugen. Ob mit einem Werkzeug wie Fireworks oder durch den Aufbau von Hand, es ist hilfreich einen Schritt zurückzugehen und ein einfacheres Verfahren in Betracht zu ziehen. Stellen Sie sich einen einfachen Entwurf wie diesen hier vor:

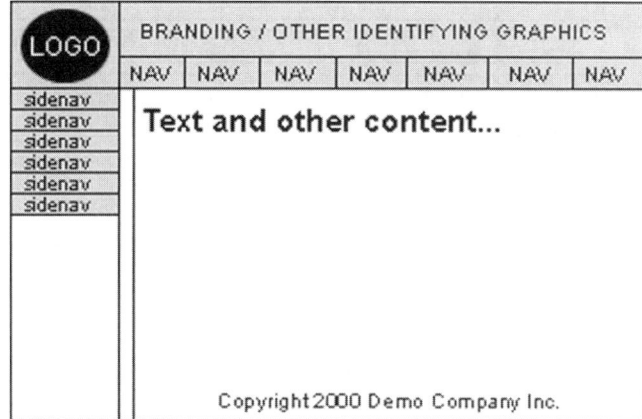

Obwohl es sicherlich möglich ist, alles in einer Tabelle unterzubringen, die alle Grafik- und Textelemente dieses Designs enthält, ist es einfacher, das Layout als eine Art vielschichtige Torte zu betrachten:

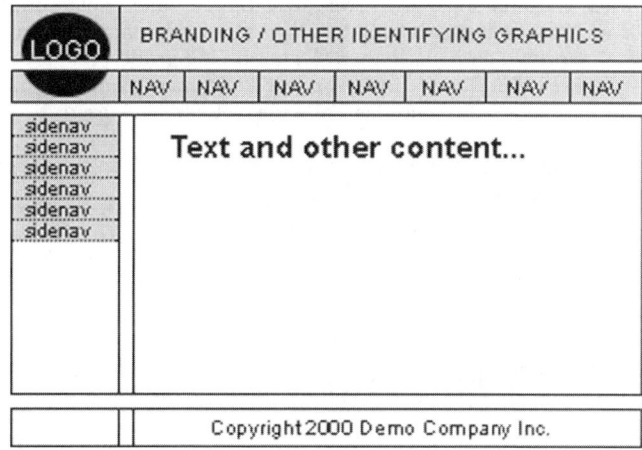

Die Navigationszeile könnte eine Tabelle sein und der Teil des Layouts, in dem die Navigationsspalte vorkommt, eine weitere. Während die Copyright-Information am Ende durch eine Zelle mit dem `colspan`-Attribut eingefügt werden könnte, ist es auch denkbar, sie in einer eigenen Tabelle unterzubringen, um das logische Konzept beizubehalten, dass verschiedene Teile der Seite separat gehalten werden. Die Tabellen sollten perfekt aufeinander passen, solange alle Tabellen die gleiche Breite haben und jede eine Spaltenbreite aufweist, die sich proportional zur gesamten Tabellenbreite verhält. Darüber hinaus dürfen sich keine `<br>`-Befehle oder sonstige Elemente dazwischen befinden.

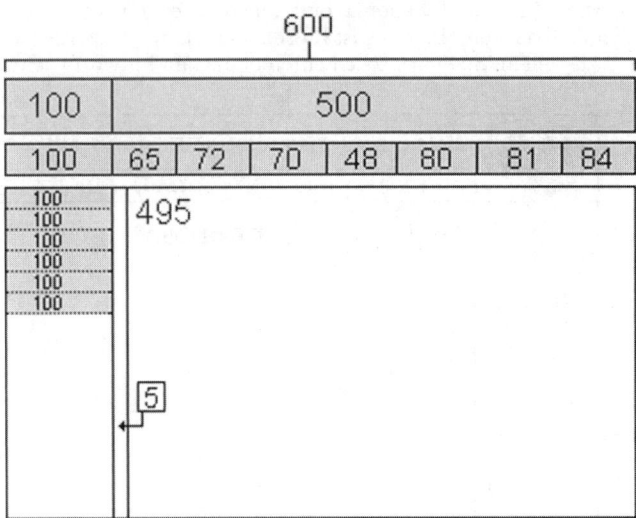

Tabellen-Code-Anordungen mit Kommentaren versehen

Auch wenn Sie relativ einfache Tabellenlayouts nur für Ihre eigenen Zwecke verwenden, stehen die Chancen gut, dass, wenn Sie in einer professionellen Umgebung arbeiten, jemand anderes Ihren Code ändern oder aktualisieren wird. Es kann sogar passieren, dass Sie zu einem späteren Zeitpunkt an Ihrem Code wieder arbeiten müssen, nur um festzustellen, dass Sie sich nicht einmal mehr an die Hälfte von dem erinnern können, was Sie ursprünglich getan haben! Es kann eine große Hilfe sein, den Code mit Kommentaren zu versehen – *jeden* HTML-Code –, insbesondere aber dann, wenn Sie mit Tabellenlayouts arbeiten. Zumindest sollten Sie auf den Anfang und das Ende der Tabelle hinweisen.

```
<!-- Anfang der oberen Navigations-Tabelle -->
   ... Tabellenelemente ...
<!-- Ende der oberen Navigations-Tabelle -->
```

Wenn Sie verschachtelte Tabellen verwenden, sollten Sie sie folgendermaßen kommentieren:

```
<!-- Anfang der verschachtelten Tabelle 1 -->
   ... Tabellenelemente ...
<!-- Ende der verschachtelten Tabelle 1 -->
```

Wie weit Sie dabei gehen, hängt von Ihnen ab. Von Kommentaren, die darauf hinweisen, dass eine neue Tabellenzeile beginnt, bis hin zu Erklärungen des Zwecks einer Tabellenzelle. So lange Ihre Kommentare sinnvoll sind, wird es zu verschmerzen sein, wenn Ihrem Dokument, im Interesse einer guten Markierungspraxis, ein paar Kilobytes hinzugefügt werden.

Tabellen-Tipps

Hier noch einige nützliche Regeln, die bei der Gestaltung mit Tabellen beachtet werden sollten.

❑ Benutzen Sie stets die drei grundlegenden Attribute mit dem `<table>`-Element: `border`, `cellpadding` und `cellspacing`. Sollten Sie diese nicht benötigen, setzen Sie deren Werte auf 0; `border` ist sinnvoll, um Ihre Arbeit zu überprüfen. Da Browser grundsätzlich einige ungewollte `cellpadding`- und `cellspacing`- Bits einfügen, sollten Sie auch diese Attribute benutzen.

❏ Verwenden Sie grundsätzlich Schluss-Tags für jedes Element; dies wird Problemen bei der Browser-darstellung vorbeugen und stellt zusätzlich die XHTML-Kompatibilität sicher.

❏ Vergewissern Sie sich, dass die Spaltenbreiten, definiert durch `<th>`- oder `<td>`-Zellen, in der Summe der definierten Breite der Tabelle entsprechen. Fehlerhafte Addition hat schon mehr ruiniert als ein paar anscheinend perfekte Tabellen.

❏ Vergessen Sie nicht, dass die Verwendung von `colspan`- oder `rowspan`-Attributen in einer Zeile die Beseitigung von einigen Tabellenzellen in anderen Zeilen erfordert.

❏ Browserübergreifende Unterstützung des Hintergrund-Attributs ist unvereinbar mit den meisten Tabellenelementen; es kann halbwegs sicher mit dem `<td>`-Element verwendet werden. Mit den Elementen `<table>` oder `<tr>` sollte das jedoch unterbleiben.

❏ Bestimmte von Microsoft entwickelte Attribute, wie `bordercolor`, `bordercolordark` und `bordercolorlight`, sind nicht für eine browserübergreifende Verwendung zu empfehlen. Meiden Sie diese, sofern Sie nicht für eine spezielle IE-Umgebung, wie z.B. ein Intranet, entwickeln.

❏ Bevorzugen Sie einfache Layouts; ärgern Sie sich nicht mit der exzessiven Verwendung von `rowspan` and `colspan` herum, wenn Sie Tabellen auch viel einfacher gestalten können. Es könnte behilflich sein, wenn Sie sich das Layout wie eine geschichtete Torte vorstellen, mit je einer Tabelle pro Ebene.

❏ Kommentieren Sie Ihren Code grundsätzlich so, dass Sie ihn auch später noch nachvollziehen können.

Tabellen in HTML 4

Bisher wurden bei der Betrachtung von Tabellen fünf Elemente erwähnt: `<table>`, `<caption>`, `<tr>`, `<th>` und `<td>`. Dies sind die meistverwendeten Elemente. HTML 4 beinhaltet eine Anzahl von neuen Elementen, die eine größere Kontrolle über die Tabellenformatierung bieten: `<col>`, `<colgroup>`, `<thead>`, `<tfoot>` und `<tbody>`. Eine HTML-Tabelle, die der HTML-4-Spezifikation entspricht, hat folgende Struktur:

❏ Ein eröffnendes `<table>`-Element.

❏ Eine optionale Rubrikenüberschrift, spezifiziert durch `<caption> ... </caption>`.

❏ Eine oder mehrere Zeilengruppen, die aus einem Überschriftenabschnitt, spezifiziert durch `<thead>`, einem Fußzeilenabschnitt, spezifiziert durch `<tfoot>`, und dem Hauptteil, spezifiziert durch `<tbody>`, bestehen könnte. Obwohl all diese Elemente optional sind, muss die Tabelle mindestens eine Reihe von Zeilen enthalten, die durch `<tr>` spezifiziert sind. Die Zeilen selbst müssen mindestens eine Überschrifts- oder Datenzelle enthalten, die durch `<th>` bzw. `<td>` spezifiziert wird.

❏ Eine oder mehrere Spaltengruppen, spezifiziert durch `<colgroup>`, mit einzelnen Spalten innerhalb der Gruppe, die durch `<col>` ausgewiesen wird.

❏ Ein schließendes `</table>`-Element.

Der Hauptunterschied zwischen HTML-4-Tabellen und dem einfacheren Tabellenformat ist, dass Zeilen und Spalten miteinander gruppiert werden können. Der Vorteil des Gruppierens liegt in der Übermittlung der Strukturinformation der Tabelle, was nützlich für einen schnelleren Darstellungsaufbau ist. Die Spezifizierung von `<thead>` oder `<tfoot>` erlaubt z.B. einen einheitlichen Dateikopf oder -fuß, der für große Tabellen verwendet werden kann, die sich über mehrere Bildschirmseiten (oder beim Ausdrucken Papier-blätter) erstreckt. Die Benutzung dieser Elemente ist bei der Arbeit mit dynamisch gefüllten Tabellen unbedingt erforderlich. Auf diesen von Microsoft entwickelten Tabellentyp wird weiter unten in diesem Kapitel näher eingegangen.

Das folgende Beispiel erklärt die Verwendung der neuen HTML-4-Tabellenelemente.

```
<!DOCTYPE HTML PUBLIC "-//W3C//DTD HTML 4.0 Transitional//EN">
<html>
<head>
<title>HTML-4.0-Tabellen</title>
</head>
```

```
<body>
<table border="1" frame="box" rules="groups">
<caption>Spaß mit Essen</caption>
<colgroup>
    <col>
</colgroup>
<colgroup>
    <col align="center">
    <col align="char" char=".">
</colgroup>
<thead>
<tr>
    <th bgcolor="yellow">Frucht</th>
    <th bgcolor="yellow">Farbe</th>
    <th bgcolor="yellow">Preis pro Pfund</th>
</tr>
</thead>
<tbody>
<tr>
    <td>Weintrauben</td>
    <td>Dunkelrot</td>
    <td>EURO 1.45</td>
</tr>
<tr>
    <td>Kirschen</td>
    <td>Rot</td>
    <td>EURO 1.99</td>
</tr>
<tr>
    <td>Kiwi</td>
    <td>Braun</td>
    <td>EURO 11.50</td>
</tr>
</tbody>

<tfoot>
<tr>
    <th colspan="3">Dies war ein weiteres feines Tabellen-Beispiel.</th>
</tr>
</tfoot>
</table>

</body>
</html>
```

Das Erste, was Sie hier beachten müssen, ist die Benutzung der Attribute `frame` und `rules` für das `<table>`-Element. Das `frame`-Attribut bestimmt, welche Seite des die Tabelle umgebenden Rahmens sichtbar wird. In diesem Beispiel ist der Wert auf box gesetzt, was bedeutet, dass der Rahmen um die Tabelle herum dargestellt wird. Andere für dieses Attribut zulässige Werte sind above, below, hsides, vsides, lhs, rhs, void und border. Die Bedeutung dieser Werte wird in Anhang A erklärt.

Verwechseln Sie nicht das Attribut frame mit rules. Das rules-Attribut definiert die Linien, die zwischen den Zellen in der Tabelle erscheinen. Im Beispiel hat das Attribut rules den Wert groups. Dieser stellt die Linien zwischen den Zeilen- oder Spalten-Gruppen der Tabelle dar. Das rules-Attribut kann außerdem die Werte none, groups, rows, cols und all haben.

Der Hauptunterschied, den Sie hier feststellen werden, ist die Verwendung der Elemente <thead> und <tbody>. <thead> enthält die Zeilen (<tr>), Überschriften (<th>) und Zellen (<td>), die den Kopf der Tabelle bilden. Neben der Organisation und der Anwendung von Stilvorgaben ist der Vorteil der Gruppierung dieser Begriffe, dass es so möglich ist, die Elemente (auf bestimmten Browsern) über mehrere Seiten zu wiederholen. Stellen Sie sich vor, Sie möchten eine große Tabelle ausdrucken und auf jeder Seite dieses Ausdrucks erscheinen die Zeilenüberschriften. Genau das vermag <thead> zu leisten. Analog dazu definiert <tfoot> eine Fußzeile für die Tabelle, die über viele Seiten wiederholt wird. Das <tbody>-Element zeigt den Körper der Tabelle an, in dem die Zeilen und Spalten enthalten sind, die den inneren Teil einer Tabelle ausmachen. Im Gegensatz zu <thead> und <tfoot>, die nur einmal vorkommen sollten, darf <tbody> mehrmals erscheinen. Mehrere Datenkörper könnten in einem Dokument verwirrend wirken, doch zum Zweck der Gruppierung sind sie besser als alles andere geeignet. Wenn eine Tabelle ohne <thead>, <tfoot> oder <tbody> erstellt wird, wird von einem einzigen Datenkörper ausgegangen.

Beachten Sie, dass eines der col-Elemente im Beispiel den char-Wert für align in Verbindung mit dem char-Attribut verwendet:

```
<col align="char" char=".">
```

Damit werden die Inhalte der Zellen dieser Spalte an einem bestimmten Zeichen ausgerichtet. In diesem Beispiel an einem Punkt. Mit diesem Effekt können Zahlen an einem Dezimalpunkt ausgerichtet werden.

Spaß mit Essen

Frucht	Farbe	Preis pro Pfund
Weintrauben	Dunkelrot	EURO 1.45
Kirschen	Rot	EURO 1.99
Kiwi	Braun	EURO 11.50
Dies war ein weiteres feines Tabellen-Beispiel.		

Leider scheint dies nicht in jedem Browser zu funktionieren:

Spaß mit Essen

Frucht	Farbe	Preis pro Pfund
Weintrauben	Dunkelrot	EURO 1.45
Kirschen	Rot	EURO 1.99
Kiwi	Braun	EURO 11.50
Dies war ein weiteres feines Tabellen-Beispiel.		

Obwohl es immer schwieriger wird, Tabellen zu erstellen, können Sie sich aus der Vielzahl der Programme bedienen, die zum Erstellen von HTML-Dokumenten verfügbar sind. Die meisten HTML-

Editoren fügen einfach die Elemente hinzu, die zum Aufbau von Tabellen benötigt werden. Allaire's HomeSite und ColdFusion Studio haben exzellente Hilfswerkzeuge für Tabellen und auch Dreamweaver bietet ein gutes WYSIWYG-Tool an. Das ist auch gut so, denn die Kombination der neuen Tabellenelemente von HTML 4 mit den verschiedenen, durch Microsoft und Netscape eingeführten Erweiterungen, ergibt eine Schwindel erregende Ansammlung von Elementen und Attributen.

Microsoft-Erweiterungen

Microsoft hat einige eigene tabellennahe Elemente eingeführt. Einige von ihnen, wie `background`, `bordercolor`, `bordercolordark` und `bordercolorlight`, wurden bereits in diesem Kapitel vorgestellt. Andere stehen nicht im direkten Zusammenhang mit Tabellenfunktionen. Dazu gehören `accesskey` und `tabindex`, die vom Internet Explorer 4 oder 5 unterstützt werden, und `hidefocus`, das ab Explorer 5.5 funktioniert. Das `accesskey`-Attribut erlaubt einen schnellen Zugriff über zu definierende Tastaturbefehle, während `tabindex` einem Tabellenelement einen Rang bei der Navigation über die Tabulatortaste zuweist. Das `hidefocus`-Attribut ermöglicht die Deaktivierung des durch den `tabindex` zugewiesen Fokus-Wertes. (Für weitere Informationen schauen Sie in die Elementübersicht in Anhang A.)

Zwei weitere Microsoft-Erweiterungen, `datapagesize` und `datasrc`, haben nichts mit der Gestaltung von Tabellen zu tun. Sie werden in Verbindung mit der Einbindung von Daten verwendet und wurden mit dem Internet Explorer 4 eingeführt. Der folgende Abschnitt behandelt diese Erweiterungen.

Datenanbindung: Durch Datenquellen generierte Tabellen

Tabellen beinhalten Zeile auf Zeile identisch formatierte Daten, die aus einer Datenbank stammen. Es gibt zwei grundsätzliche Methoden, diese datenabhängigen Tabellen zu erstellen. Keine ist optimal:

❏ Wenn die Tabelle relativ statisch ist, ist es üblich, eine lange Tabelle von Hand oder mit einem Werkzeug zu erstellen, wobei Zelle für Zelle mit Inhalten gefüllt wird.

❏ Sind die Tabellendaten dynamisch, wird üblicherweise die ganze Seite einschließlich der Tabelle durch ein serverseitiges CGI-Programm (Common Gateway Interface) generiert.

Der erste Ansatz ist für den HTML-Autor schwierig, der zweite, der nicht wirklich einen qualifizierten HTML-Autor erfordert, bringt einigen Programmieraufwand mit sich. *Datenanbindung* ist eine Technologie, die kürzlich von Microsoft eingeführt wurde, um dynamisch externe Daten in HTML-Elemente einzubinden. Obwohl es keine technischen Einschränkungen für HTML-Tabellen gibt, stellt dieses Verfahren eine einfachere, mächtigere Methode für das Generieren großer, datenabhängiger Tabellen dar.

Bei der HTML-Datenanbindung wird eine Datenquelle, die Informationen bietet, mit einem Datenkonsumenten verbunden, der diese Daten präsentiert. Die Datenquelle ist eine Steuerung, die Zugriff auf externe Informationen hat, die mit Hilfe des `<object>`-Elements in das Dokument eingebunden werden. Dieses Element wird in Kapitel 15 näher erläutert. Hier reicht es aus zu verstehen, dass das `<object>`-Element der Seite ein kleines Programm zufügt, mit dem auf die externe Datenquelle zugegriffen werden kann. Das Dokument kann auch mit Hilfe spezieller Attribute über eine ActiveX-Steuerung Daten abfragen, die dann auf der Seite dargestellt werden. Hier gibt es zwei Möglichkeiten: Es werden einzelne Datenwerte präsentiert oder es werden tabellarische Daten präsentiert. Tabellen fallen in die zweite Kategorie.

Das Erstellen einer HTML-Tabelle, die eine Datenanbindung nutzt, ist ein sehr einfacher Prozess. Es muss lediglich eine Tabellenzeile definiert werden. Die restlichen Zeilen werden, gemäß der Vorgabe der ersten Zeile, automatisch generiert. Bedenken Sie, dass jede Zeile eines tabellarischen Datensatzes mit einem Datensatz einer Datenbank korrespondiert und jede Spalte mit einem darin enthaltenen Feld. Die Vorlage einer Tabellenzeile wird in HTML mit `<td>`- oder `<th>`-Elementen verbunden, deren Inhalte durch die Feldnamen des Datensatzes definiert werden. Die Tabelle wird anschließend mit einer Zeile für jeden Datensatz generiert, wobei die Zellen von den zugewiesenen Datensatzfeldern ausgefüllt werden. Die

Steuerung der Datenquelle könnte weitere Funktionen, wie z.B. das Sortieren oder Filtern, ermöglichen. In diesem Fall könnte die Tabelle auf Benutzerseite als Reaktion auf Betrachteraktionen dynamisch regeneriert werden.

Eine Datenquelle könnte z.B. Produkt-Preisinformationen enthalten. Ein Feld enthält den Namen des Produkts, ein anderes den Preis. Standardmäßig wären die Informationen alphabetisch nach Produktnamen sortiert. Als Reaktion auf den Klick auf eine Schaltfläche in einer HTML-Seite könnten die Daten nach Preisen sortiert werden. Die Tabelle, die diese Informationen darstellt, würde dynamisch regeneriert werden.

Betrachten Sie ein einfaches Datenanbindungsbeispiel. Eine externe Daten-Datei beinhaltet zwei oder mehr Spalten von Daten, die durch Kommata voneinander getrennt sind. Die erste Zeile beinhaltet die Namen der Datenfelder, die den Spalten entsprechen. Die folgenden Zeilen beinhalten die eigentlichen Daten für die zugehörigen Felder. Eine externe Muster-Datei, genannt `alphabet.txt`, wird hier gezeigt.

```
Buchstabe, Name
A, Anton
B, Berta
C, Cäsar
D, Dora
E, Emil
F, Friedrich
G, Gustav
H, Heinrich
```

Um auf die Daten zuzugreifen, bezieht sich ein HTML-Dokument auf ein Objekt, das die Datenquelle steuert und die verbundene Tabelle definiert. Ein Beispiel, wie dieses ausgeführt werden könnte, wird hier gezeigt:

```
<!DOCTYPE HTML PUBLIC "-//W3C//DTD HTML 4.0 Transitional//EN">
<html>
<head>
<title>Datenanbindungsbeispiel </title>
</head>
<body>

<object id="alphabet"
classid="clsid:333C7BC4-460F-11D0-BC04-0080C7055A83">
    <param name="DataURL" value="alphabet.txt">
    <param name="UseHeader" value="True">
</object>

<table datasrc="#alphabet" border="1">
<thead>
    <tr bgcolor="yellow">
        <th>Buchstabe</th>
        <th>Name</th>
    </tr></thead>
<tbody>
    <tr align="center">
        <td><span datafld="Buchstabe"></span> </td>
```

```
        <td><span datafld="Name"></span></td>
    </tr>
  </tbody>
  </table>
  </body>
  </html>
```

Dieser HTML-Code generiert eine Tabelle aus der Datei `alphabet.txt`, in der jede Tabellenzeile einen Buchstaben des Alphabets und den Namen, mit dem dieser Buchstabe buchstabiert wird, enthält. Die Wiedergabe dieses Beispiels unter dem Internet Explorer 4 zeigt Abbildung 7.7.

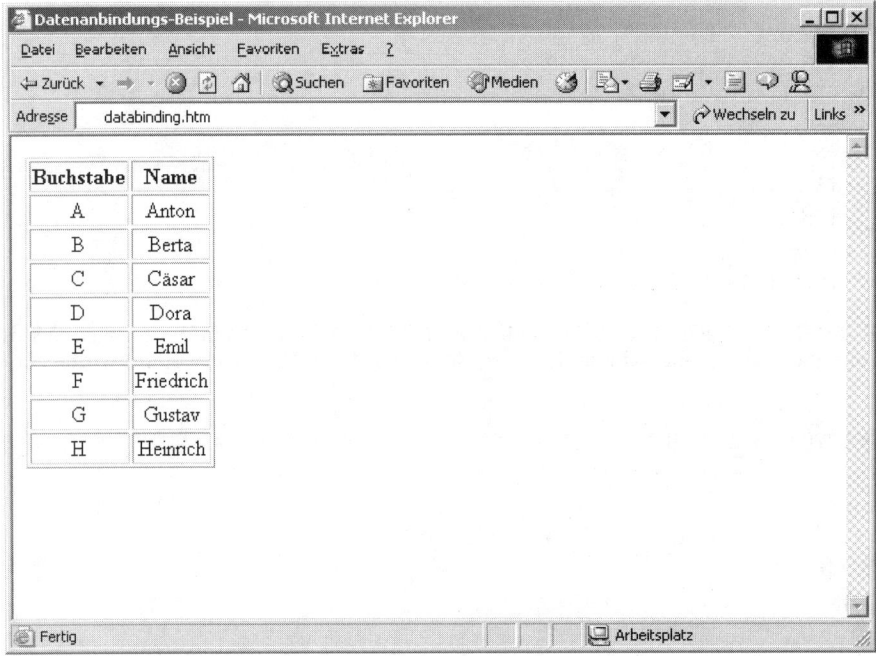

Abbildung 7.7: Datenanbindungsbeispiel im Internet Explorer

Begutachten wir die benötigten Teile etwas intensiver, die dieses Datenanbindungs-Beispiel zum Laufen bringt. Als Erstes die Datenquelle. Dieses Beispiel verwendet das Tabular-Data-Control(TDC)-Objekt: eine ActiveX-Steuerung, die von Microsoft angeboten wird und durch einen langen Klassenbezeichner identifiziert wird. Diese Steuerung lokalisiert und manipuliert Textdatendateien im Tabellenformat. Es hätten auch andere Steuerungen, die Datenanbindung unterstützen, verwendet werden können. Diese können verschiedene Arten des Datenzugriffs unterstützen, wie z.B. den Zugriff auf entfernte relationale Datenbanken. Die Microsoft-ActiveX-Data-Objects-Steuerung (ADO) ist jedoch ein repräsentatives Beispiel. Die TDC unterstützt verschiedene Parameter, von denen zwei für dieses Beispiel verwendet wurden. Der `DataURL`-Parameter teilt der TDC den Namen und den Ort der verwendeten Datendatei mit. Wenn nur ein Dateiname angegeben wird, sucht die TDC in dem Verzeichnis, das die Webseite beinhaltet. Standardmäßig behandelt die TDC jede Zeile in einer Daten-Datei wie Daten. Der `UseHeader`-Parameter teilt der TDC mit, dass die erste Zeile in der Datendatei keine Daten, sondern die Namen der Datenfelder beinhaltet.

Als Datenkonsument verwendet das `<table>`-Element das `datasrc`-Attribut als Datenquelle. Beachten Sie in diesem Beispiel, dass der Wert des `datasrc`-Attributs den Namen des `<object>`-Befehls zugewiesen bekommen hat. Dem Namen muss ein #-Symbol vorangestellt werden. Dem `<object>`-Element muss mit dem id-Attribut ein Name zugewiesen werden, damit der Daten-Konsument darauf zugreifen kann. Das datasrc-Attribut identifiziert eine Datenquelle, die in einer generierten Tabelle verwendet wird.

Als Nächstes sind die Zellen der Tabellenvorlage mit den einzelnen Feldern des Datensatzes zu verbinden. Dies geschieht in den jeweiligen Elementen unter Verwendung des datafld-Attributs. Falls kein datensatzspezifischer Name definiert ist, können die Felder durch die in der Grundeinstellung vorgegebenen Namen definiert werden: »column1«, »column2« usw. Der <td>-Befehl, der normalerweise für Datenzellen verwendet wird, unterstützt das datafld-Attribut nicht. Um ein Feld in einer Tabellenzelle zu verknüpfen, benötigt der <td>-Befehl eines der Elemente, die datafld unterstützen. Die Elemente, die hier am ehesten in Frage kommen, sind <span>, <div>, <object> und <img>. Die beiden letztgenannten Befehle weisen darauf hin, dass die Datenanbindung nicht auf Textdaten beschränkt ist. Eine Spalte kann z.B. mit Grafiken versehen werden, indem der Befehl <img datafld="Picture"> innerhalb der Tabellenzelle verwendet wird. Beachten Sie, dass das src-Attribut hier nicht benötigt wird. Stattdessen bezeichnet das datafld-Attribut ein Feld innerhalb des Datensatzes, das auf eine gültige Grafikdatei wie mypict.gif verweist, und verknüpft die Grafik mit diesem Wert.

Microsoft hat ein weiteres Attribut, datapagesize, eingeführt, das dazu verwendet werden kann, die Anzahl der dargestellten Einträge zu beschränken. Wenn z.B. das <table>-Element aus dem vorangegangenen Beispiel wie folgt geändert wird

```
<table datasrc="#alphabet" border="1" datapagesize="3">
```

werden nur die ersten drei Zeilen (A, B und C) der Informationen in alphabet.txt in der Tabelle dargestellt.

Falls in einer Tabelle die Kopf- oder Fuß-Elemente nicht explizit deklariert werden, befinden sich alle Tabelleninhalte im Body-Abschnitt. In statischen Tabellen hat das für gewöhnlich keine optischen Folgen. Sehr wohl jedoch in Tabellen, die durch Datenanbindung generiert werden. Alle Body-Zeilen, die in der Vorlage enthalten sind, werden für die generierten Tabellenzeilen verwendet, nicht nur die Zeilen, deren Felder Verweise auf die externen Daten enthalten. Um zu verhindern, dass die Kopf- oder Fußzeilen für jede Zeile in der Tabelle wiederholt werden, ist es notwendig, diese mit dem <thead>- oder <tfoot>-Element zu markieren. Das <tbody>-Element kann dann verwendet werden, um den Beginn der mit den Daten verknüpften Vorlage zu kennzeichnen.

Dieses kurze Beispiel kratzt nur an der Oberfläche der Datenanbindung. Es zeigt lediglich die Bedeutung von Tabellen in Relation zu dynamischen Daten. Für weitere Informationen über Datenanbindung besuchen Sie Microsoft Web Workshop, unter http://msdn.microsoft.com/workshop/, und die Remote Data Servicesite, unter http://www.microsoft.com/data/ado/rds/.

Zusammenfassung

Die Entwicklung von Tabellen war der erste Schritt zu einer effektiven Gestaltung von HTML-Seiten. Tabellen bieten eine nützliche Struktur, in der Text und Grafiken platziert werden können, aber sie werden wahrscheinlich durch die Positionierung durch Style Sheets (erklärt in Kapitel 10) verdrängt werden. Hierfür ist jedoch erforderlich, dass Style Sheets besser von Browsern unterstützt werden. Zum jetzigen Zeitpunkt werden Tabellen für den Umgang mit dynamischen Daten wichtig bleiben, wie im vorangegangenen Abschnitt erläutert wurde. Kapitel 8 behandelt zwei weitere Optionen für die Seitengestaltung – Frames und Layer – und wägt deren Vor- und Nachteile ab.

8

Frames

Tabellen und die anderen HTML-Techniken, die in den vorangegangenen Kapiteln beschrieben wurden, bieten eine deutliche Verbesserung für das Webseiten-Layout. Viele Designer wünschen sich jedoch noch mehr Gestaltungsmöglichkeiten, wie z.B. multiple Fenster. Diese Erwartungen sind nicht einmal unvernünftig, da diese Merkmale auch bei anderen Designprogrammen gängig sind. Allerdings hat dieser Fortschritt auch seinen Preis. Frames bieten eine herausragende Flexibilität bei der Gestaltung, können aber, wenn sie falsch eingesetzt werden, den Anwender verunsichern, wenn nicht ganz aus einer Site ausschließen.

Frames

Eine Framedarstellung unterteilt das Browserfenster in mehrere Felder. Jeder Frame kann ein anderes Dokument anzeigen. Der Vorteil dieser Technik ist offensichtlich: Der Besucher kann in einem Frame Informationen betrachten, während das referenzierende Dokument sichtbar bleibt, was ihm ständiges Hin- und Herblättern erspart. Der Inhalt eines Frames kann auf den Inhalt eines anderen verweisen. So ist es dem Entwickler möglich, technisch hochwertigere Präsentationen zu erstellen. Ein Frame kann z.B. die Links enthalten, die in einem anderen Frame angezeigt werden. Ein Anwendungsbeispiel hierfür sehen Sie in Abbildung 8.1.

Frames eröffnen viele Möglichkeiten. Sie können Inhaltsverzeichnisse, Seitenindexe und Linklisten enthalten. Frames ermöglichen eine *feste Bildschirm-Navigation* –, wobei die Navigationsbuttons ständig auf dem Monitor bleiben, unabhängig von der Größe des Dokuments. Dass der Betrachter weniger scrollen muss, und dass Dokumente nicht so oft neu geladen werden müssen, ist ein großer Vorteil gegenüber Fenstern mit nur einem Dokument. Andererseits ist der Umgang mit Frame-Seiten komplizierter. Sie verunsichern viele Anwender, da nicht immer klar ist, welche Teile einer Seite sich verändern werden, wenn ein Button geklickt wird. Darüber hinaus gibt es Problem mit der Benutzerfreundlichkeit, da der aktuelle URL nicht immer sichtbar ist, es Probleme beim Drucken und Setzen von Lesezeichen geben kann, Suchmaschinen zum Teil außen vor bleiben und wertvolle Bereiche des Bildschirms von Rollbalken und Grenzen beansprucht werden.

Unabhängig von diesen potenziellen Problemen haben viele Designer angefangen Frame-Seiten zu entwickeln, kaum dass diese Technologie eingeführt wurde. Genauso schnell haben sie diese auch wieder entfernt, da es Navigationsprobleme und andere Anwenderbeschwerden gab. Glücklicherweise wurden viele dieser Probleme bis heute durch neue Browserversionen behoben, und auch die Anwender haben ein Gefühl für den Umgang mit Frames bekommen. Zum richtigen Zeitpunkt richtig eingesetzt, sind Frames ein wichtiges Werkzeug für den Webdesigner. Entwickler, die bislang einen Bogen um Frames gemacht haben, sollten sich vergegenwärtigen, dass Frames keine browserspezifische Neuerung mehr sind, sondern mittlerweile in den HTML-Standard aufgenommen wurden.

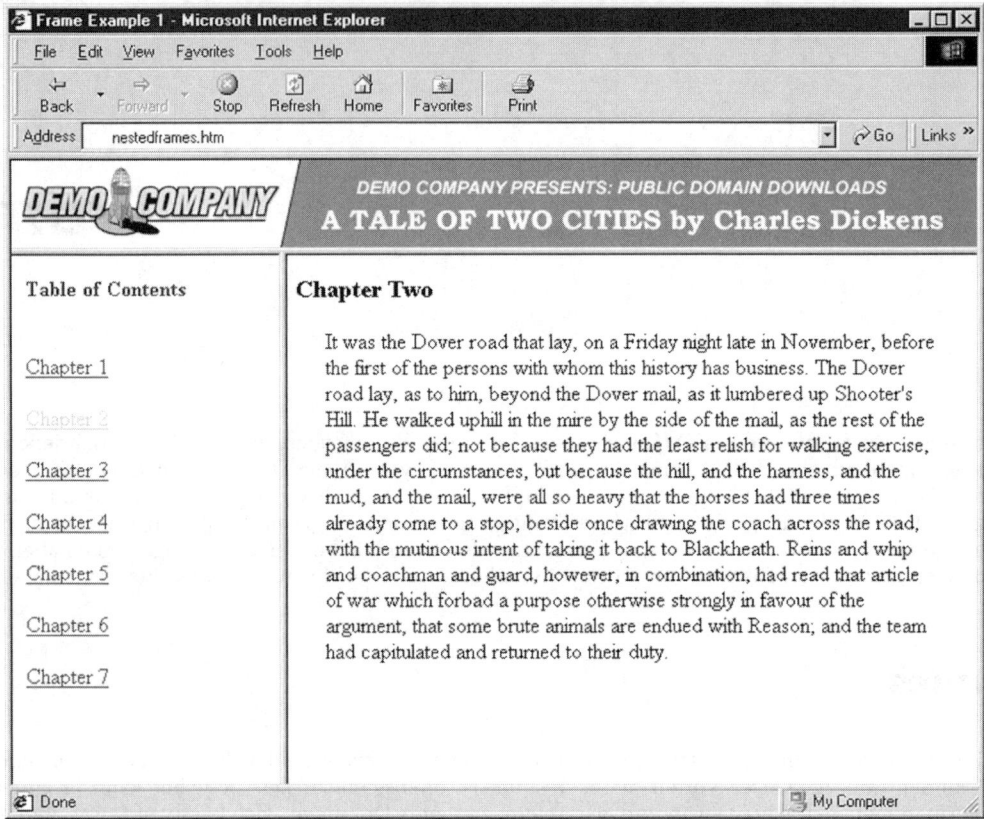

Abbildung 8.1: Beispiel Frameanwendung

Übersicht über Frames

Ein Frame ist eine unabhängig scrollende Region oder ein Fenster einer Webseite. Jede Seite kann in viele unabhängige Frames aufgeteilt werden, die wiederum in anderen Frames verschachtelt sind. Wie viele Frames gleichzeitig angezeigt werden sollen, bestimmt die Größe des Monitors. Jeder Frame eines Fensters kann von den anderen Frames durch eine Trennlinie separiert werden, so dass sich ein Frame-Dokument wie eine Tabelle zusammensetzen kann. Frames sind jedoch keine schickere Version von Tabellen. Jeder Frame kann ein eigenes Dokument enthalten. Da die Dokumente in Frames größer als der vorhandene Platz sein können, kann jeder Frame einen eigenen Rollbalken enthalten. Frames haben in der Regel Namen, damit sie durch Verweise oder Skripte angesprochen werden können. So ist es möglich, dass ein Frame Veränderungen in einem anderen Frame auslösen kann. Diese Art der Referenzierung ist der Hauptunterschied zwischen Tabellen und Frames.

Ein einfaches Frame-Beispiel

Das wichtigste an einer Frame-Seite ist, dass der Bildschirm sich aus verschiedenen Dokumenten zusammensetzt. Um das zu verdeutlichen, zeigen wir eine Seite mit zwei Frames, zu deren Darstellung drei Dateien erforderlich sind:

❑ Die Datei, die den Inhalt von Frame Eins enthält

❑ Die Datei, die den Inhalt von Frame Zwei enthält

Betrachten Sie das einfache Zwei-Frame-Dokument in Abbildung 8.2. Der linke Frame bedeckt ca. 20 Prozent des Bildschirms und enthält einen Link, der in einer Datei namens links.htm definiert wird. Die größere Spalte auf der rechten Seite, die ca. 80 Prozent des Monitors beansprucht, enthält Inhalte, die in einer Datei display.htm gespeichert sind. Das aktuelle Dokument, das diese Beziehung zwischen den beiden Frames definiert, heißt basicframe.htm.

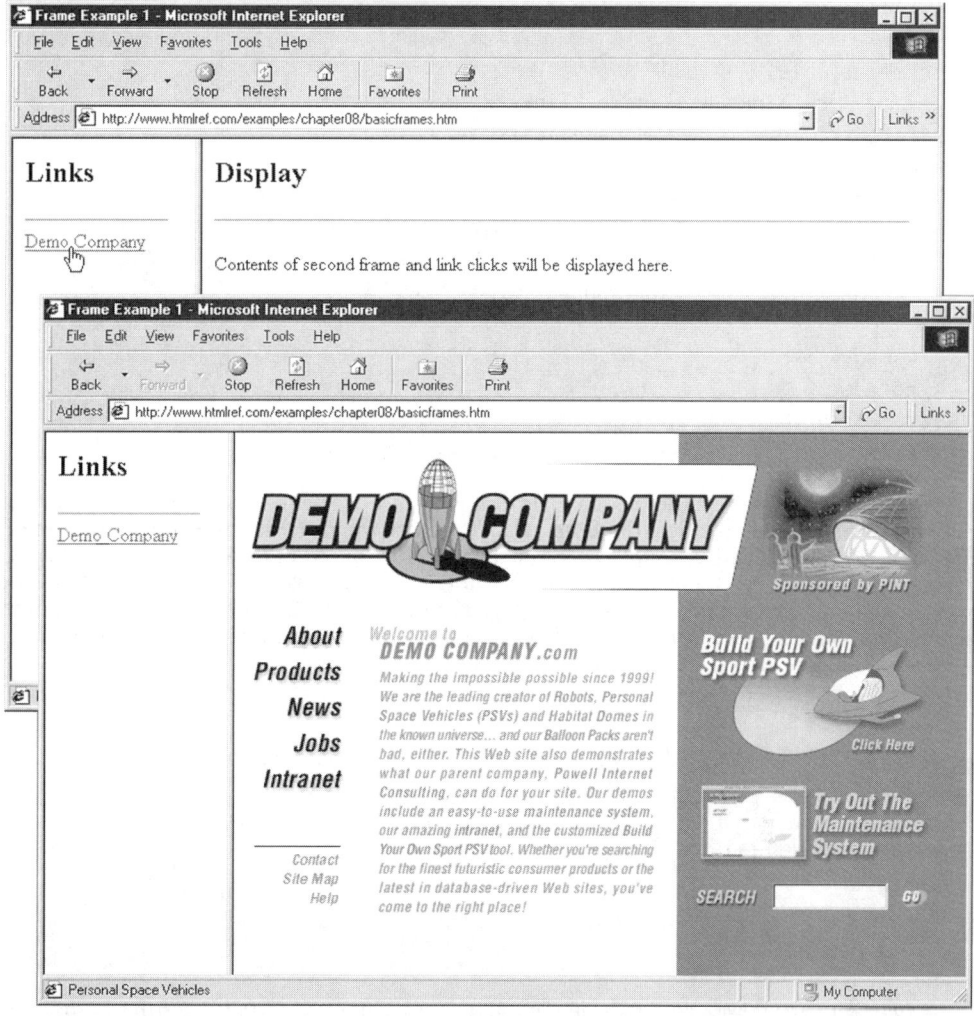

Abbildung 8.2: Einfaches 2-Frame

Die Frame-definierende Datei (basicframes.htm) weicht in der Struktur von einer typischen HTML-Seite ab. Sie enthält einen Bereich <frameset> anstelle des <body>-Tags. Das <frameset>-Element enthält die Frame-Sätze, die das Dokument ausmachen. Die Hauptattribute dieses Tags sind rows und cols. In diesem Fall haben wir zwei Spalten, die je 20 % und 80 % des Bildschirms einnehmen, so dass dieser Befehl folgendes Aussehen hat: <frameset cols="20%, 80%">. Ein Befehl <frameset rows="10%, 80%, 10%"> würde den Bildschirm in drei horizontale Bereiche zu je 10 %, 80 % und 10 % aufteilen. Innerhalb des <frameset>-Tags befinden sich die <frame>-Elemente, mit denen Dokumente in den mit <frameset> definierten Bereichen dargestellt werden sollen. Die Basissyntax für das <frame>-Tag lautet <frame src="URL of framed document" name="unique frame name">. Ein einfaches Beispiel für eine Frame-Definition sehen Sie hier:

```
<!DOCTYPE HTML PUBLIC "-//W3C//DTD HTML 4.01 Frameset//EN">
<html>
<head>
<title>Frame-Beispiel 1</title>
</head>
<frameset cols="20%, 80%">
 <frame src="links.htm" name="links">
 <frame src="display.htm" name="display">
 <noframes>
    <body>
    <p>Dieses Dokument verwendet Frames.
     Bitte klicken Sie hier für eine Version
    <a href="noframes.htm">ohne Frames</a>
    </p>
    </body>
 </noframes>
</frameset>
</html>
```

Im vorstehenden Beispiel würde die Datei links.htm in der Spalte dargestellt werden, der 20 Prozent des Bildschirms zugeteilt wurden, die Datei display.htm würde in der breiteren Spalte auf der rechten Seite wiedergegeben. Die Reihenfolge der Darstellung wird durch die Definition der Reihen- oder Spaltenwerte im <frameset>-Element bestimmt. Nachdem die Frame-Definitionsdatei erstellt wurde, müssen die einzelnen Frames mit Hilfe des <frame>-Tags mit Inhalten gefüllt werden. Das Attribut src legt hier fest, welche Datei in den entsprechenden Frame zu laden ist. Um das Beispiel zu vervollständigen, sehen Sie hier die Dateien links.htm und display.htm:

Datei: links.htm

```
<!DOCTYPE HTML PUBLIC "-//W3C//DTD HTML 4.01 Transitional//EN">
<html>
<head>
<title>Links</title>
</head>
<body>
<h2>Links</h2>
<hr>
<a href="http://www.democompany.com" target="display">Demo Company</a>
</body>
</html>
```

Datei: `display.htm`

```
<!DOCTYPE HTML PUBLIC "-//W3C//DTD HTML 4.01 Transitional//EN">
<html>
<head>
<title>Display</title>
</head>
<body>
<h2>Display</h2>
<hr>
<p>Die Inhalte des zweiten Frames werden hier angezeigt. Zielort für Links.</p>
</body>
</html>
```

Wenn Sie alle drei Dateien im selben Verzeichnis abspeichern und die Frame-Definitionsdatei (`basicframes.htm`) in den Browser laden, sollte das Ergebnis ähnlich wie in Abbildung 8.2 aussehen. (Online können Sie sich das auf den Beispielseiten zu diesem Buch ansehen.)

Der <noframes>-Bereich

Das `<noframes>`-Element, das Sie aus dem vorherigen Beispiel kennen, enthält HTML-Informationen, die angezeigt werden, wenn ein Browser keine Frames darstellen kann. Dieser Befehl sollte nur innerhalb des `<frameset>`-Elements verwendet werden. Trotzdem wird es oft direkt nach dem `<frameset>`-Tag gefunden, was aber von fast allen Browsern nachsichtig gehandhabt wird. Um XHMTL-konform zu sein, sollte der `<noframes>`-Bereich ein `<body>`-Element enthalten, in dem sich ein korrektes HTML-Dokument befindet. HTML 4 benötigt kein `<body>`-Tag im `<noframes>`-Bereich.

Das folgende Beispiel enthält die Links, die für die Browser sichtbar werden, die keine Frames unterstützen:

```
<!DOCTYPE HTML PUBLIC "-//W3C//DTD HTML 4.01 Transitional//EN">
<html>
<head>
<title>Ein einfaches Noframes-Beispiel</title>
</head>
<frameset cols="20%,80%">
<frame src="links.htm" name="controls">
<frame src="display.htm" name="display">
<noframes>
<body>
 <h2>Navigation ohne Frames</h2>
 <hr>
 <a href="http://www.yahoo.com">Yahoo</a>
 <br>
 <a href="http://www.microsoft.com">Microsoft</a>
 <br>
 <a href="http://www.netscape.com">Netscape</a>
</body>
</noframes>
```

```
    </frameset>
    </html>
```

Heute unterstützen die meisten Browser Frames. Allerdings können Browser der ersten Generation, wie z.B. Netscape 1.x, keine Frames darstellen. Sie zeigen dann ein Layout wie in Abbildung 8.3.

Abbildung 8.3: Ältere Browser haben Probleme bei der Unterstützung von Frames

Obwohl es nur noch wenige alte Browser gibt, die Sie mit einem `<noframes>`-Bereich unterstützen müssen, haben auch die Browser von Kleinstcomputern (PDA) und Mobiltelefone Problem mit Frames. Gleiches gilt für die Indexierungsprogramme einiger Suchmaschinen. Verwenden Sie daher `<noframes>`. Da das jedoch verlangt, quasi eine zweite komplette Site zu erstellen und jede Aktualisierung zwei Mal durchzuführen, weisen viele Entwickler lediglich darauf hin, dass für die korrekte Darstellung der Site ein Frame-tauglicher Browser benötigt wird. Sie ersparen sich damit zwar eine Menge Arbeit, allerdings ist Ihre Site damit nicht mehr für jeden zugänglich.

Frame-Adressierung

Ein großer Vorteil von Frames ist die Möglichkeit, Verweise aus einem Frame in einem anderen Frame darstellen zu lassen. Im Beispiel des vorherigen Abschnitts wäre es sinnvoll, die Links aus dem Frame namens `controls` im Frame `display` abzubilden. Für diese Art von Verweisen sind zwei Schritte notwendig:

1. Achten Sie darauf, dass jeder Frame mithilfe des `name`-Attributs im `<frame>`-Tag einen eindeutigen Namen zugewiesen bekommt.
2. Verwenden Sie das `target`-Attribut des `<a>`-Elements, um den Zielframe zu definieren. Ein Verweis `<a href="http://www.yahoo.com" target="display">` lädt die spezifizierte Site in den Frame `display`, wenn ein solcher existiert. Wenn dieser Targetframe nicht definiert ist, wird der Link in dem Frame dargestellt, aus dem er aufgerufen wurde.

Sie können den Frames beliebige Namen geben. Am besten wählen Sie ein kurzes Wort ohne Sonderzeichen wie z.B. `fenster1`, `frame3` oder `infobereich`. Die Spezifikation empfiehlt die Verwendung des `id`-Attributs, um Frames zu benennen, in der Praxis hat sich das `name`-Attribut jedoch durchgesetzt. Das `id`-Attribut wird in erster Linie für Style Sheets und Skriptsprachen verwendet. Um ganz sicher zu gehen, sollten Entwickler sowohl das `id`- als auch das `name`-Attribut mit dem gleichen Wert im `<frame>`-Element setzen. Bei der Namenswahl verzichten Sie am besten auf Leer- und Sonderzeichen, da diese Probleme verursachen können. Darüber hinaus gibt es reservierte Werte, die eine besondere Bedeutung haben, und daher nicht für das `target`-Attribut verwendet werden sollten. Diese Werte und ihre Bedeutung werden in Tabelle 8.1 zusammengefasst.

Wert	Bedeutung
_blank	Lädt das Dokument in ein neues, in der Regel namenloses Fenster
_self	Lädt das Dokument über den aktuellen Frame
_parent	Lädt das Dokument über den Elternframe
_top	Lädt das Dokument über alle Frames in das Browserfenster

Tabelle 8.1: Reservierte `target`-Werte

Wenn Sie das `target`-Attribut auf `_top` setzen, werden alle Frames nach dem Aktivieren dieses Links eliminiert. Diese Technik kann durchaus auch Vorteile haben. Häufig werden externe Links in einem Frame-Gerüst dargestellt, um den Betrachter »zu halten«. Da sich das negativ auf das Layout auswirken und auch sonst ungewünschte Effekte haben kann, verwenden viele Entwickler Skripte oder setzen einfach bei jedem Link das Attribut `_top`, um aus solchen einschließenden Frame-Gerüsten auszubrechen.

Auch der Attributwert `_blank` ist sehr nützlich, da er ein neues Fenster öffnet, in dem der Verweis dargestellt wird. Das einzige Problem ist, dass sich in diesem Fall das neue Fenster direkt über das ursprüngliche Browserfenster legt und der Anwender nicht sieht, dass er mehrere Fenster geöffnet hat. Sie können jedoch JavaScript verwenden, um die Größe des neuen Fensters zu bestimmen. Mehr darüber erfahren Sie in Kapitel 13.

Der Wert `_parent` wird nicht sehr häufig verwendet, da er nur sinnvoll ist, wenn die Frames sehr verschachtelt sind. Der Wert `_parent` erlaubt es, den übergeordneten Frame zu überschreiben, ohne das Frame-Gerüst, in das der übergeordnete Frame eingebunden ist, zu zerstören.

Wenn `target` den Wert `_self` zugewiesen bekommt, wird eine Seite über dem aktuellen Frame dargestellt, was der Standardeinstellung der meisten Browser entspricht.

Hinweis

Die HTML-4.01-Spezifikation empfiehlt auf Frame-Namen zu verzichten, die mit einem Unterstrich beginnen, da es sich hierbei um reservierte Werte handeln kann.

Nachfolgend sehen Sie eine Alternative zur Datei `links.htm`. Dieses HTML-Dokument verwendet die `target`-Werte, die im vorangegangenen Abschnitt beschrieben wurden. Verwenden Sie diese Datei anstelle der vorherigen Version von `links.htm` und laden Sie das Frameset, um die `target`-Attribute für das `<a>`-Tag zu testen.

```
<!DOCTYPE HTML PUBLIC "-//W3C//DTD HTML 4.01 Transitional//EN">
<head>
<title>Link-Ziele</title>
</head>
<body>
<h2 align="center">Test-Links</h2>
<hr>
<ul>
<li><a href="http://www.yahoo.com" target="display">
Yahoo im Frame namens display</a>
<li><a href="http://www.hotbot.com" target="_blank">
HotBot in einem neuen Fenster</a>
```

```
<li><a href="http://www.infoseek.com" target="_self">
Infoseek in diesem Frame</a>
<li><a href="http://www.excite.com" target="_top">
Excite im aktuellen Fenster (überschreibt alle Frames)</a>
<li><a href="http://www.google.com" target="_parent">
Google über dem Parent-Fenster (sollte das gesamte Fenster sein)</a>
<li><a href="http://www.democompany.com" target="mysterywindow">
Demo-Company in einem bislang unbekannten Fenster</a>
</ul>
</body>
</html>
```

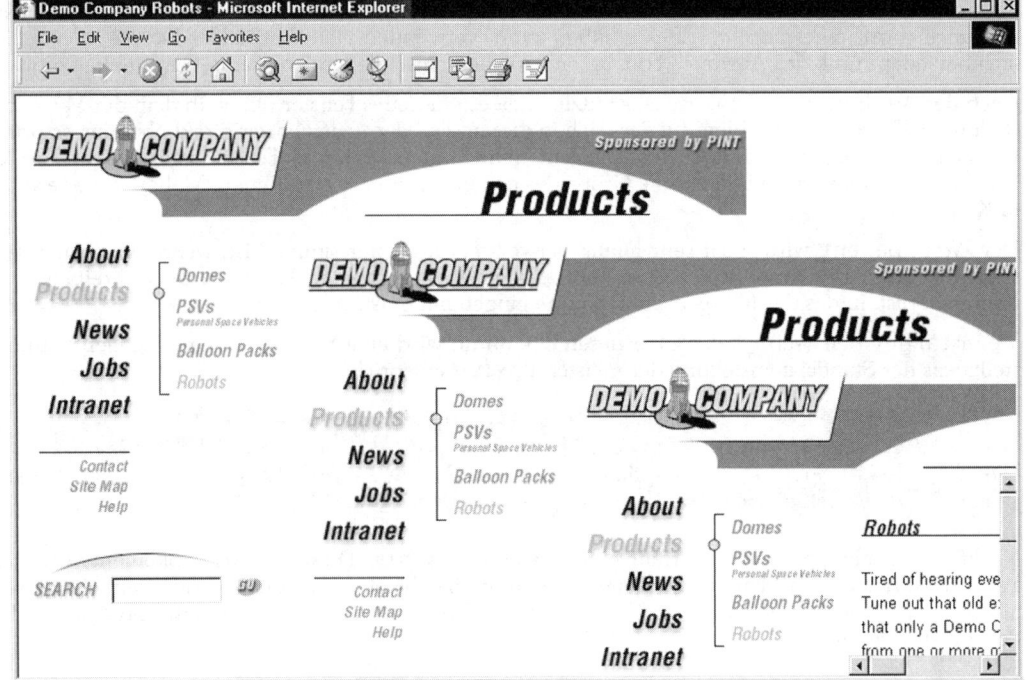

Abbildung 8.4: Frames innerhalb von Frames

Wie das Beispiel zeigt, öffnet ein Link, dessen `target`-Wert auf ein nicht existierendes Fenster, so wie `mysterywindow`, verweist, ein neues Fenster.

So lange die Namen durchgängig verwendet werden und das Frame-Layout relativ einfach gehalten wird, ist das Verweisen auf andere Frames recht einfach. Unsauberes Arbeiten kann jedoch zu Problemen führen, wie Sie in Abbildung 8.4 sehen können. Webautoren sollten Links in Frame-Seiten immer sorgfältig testen.

Frame-Layouts

Frames können auf vielfältige Weise zum Strukturieren einer Seite verwendet werden. Als Erstes sollten Sie bedenken, dass die Werte für die Größe von Frames nicht nur in Prozenten bestimmt werden können, sondern auch in Pixeln oder mit Platzhaltern. Die Werte der Attribute rows und cols können auch in Pixeln bestimmt werden, so dass `<frameset cols="200,400">` eine Spalte von 200 Pixel Breite anlegt, der eine 400 Pixel breite Spalte folgt. Bei einem Bildschirm, der schmaler als 600 Pixel ist, wird entweder Inhalte abgeschnitten oder es muss seitwärts gescrollt werden. Ist der Bildschirm breiter, könnten entsprechend große Freiräume auf dem Monitor entstehen. Da es schwer ist, die exakte Breite des Programmfensters vorauszusagen, birgt diese Art der Größenbestimmung Gefahren in sich.

In der Regel ist es am sinnvollsten, absolute Pixelwerte mit flexiblen Werten wie Prozenten oder Platzhaltern, so genannten *Wildcards*, zu kombinieren. Wenn Sie einen Navigationsframe erstellt haben, dessen Buttons 150 Pixel breit sind, können Sie die Breite dieses Frames auf 175 Pixel festlegen, um die Grafiken und etwas Freiraum darin unterzubringen. Wäre der Frame schmaler, könnten die Grafiken abgeschnitten werden. Es ist also sinnvoll, hier einen absoluten Wert für die Breite zu verwenden, wenn Sie die Breite der Inhalte kennen. Was aber wird mit dem Rest des Programmfensters? Um dem anderen Frame einfach den verbleibenden Rest zuzuweisen, können Sie das Wildcard-Zeichen (*) verwenden. Der Code für ein solches Frameset lautet `<frameset cols="175,*">`. Ein weiteres gängiges Format ist das Drei-Reihen-Frameset, das aus Kopfzeile, Inhaltframe und Fußzeile besteht.

```
<frameset rows="100, *, 50">
 <frame src="kopf.htm" name="kopf">
 <frame src="display.htm" name="display">
 <frame src="fuss.htm" name="fuss">
</frameset>
```

Neben diesen einfachen Layouts besteht auch die Möglichkeit, mehrere Framesets ineinander zu verschachteln. Schauen Sie sich das folgende Beispiel an:

```
<frameset cols="200, *">
 <frame src="links.htm" name="controls">
 <frameset rows="100, *">
  <frame src="kopf.htm" name="kopf">
  <frame src="display.htm" name="display">
 </frameset>
</frameset>
```

Hiermit erzeugen Sie ein Drei-Frame-Design, wobei die zweite Spalte aus zwei Reihen besteht. Eine Beispieldarstellung eines solchen Layouts sehen Sie in Abbildung 8.5 oder online auf den Seiten zum Buch (`http://www.mitp.de`).

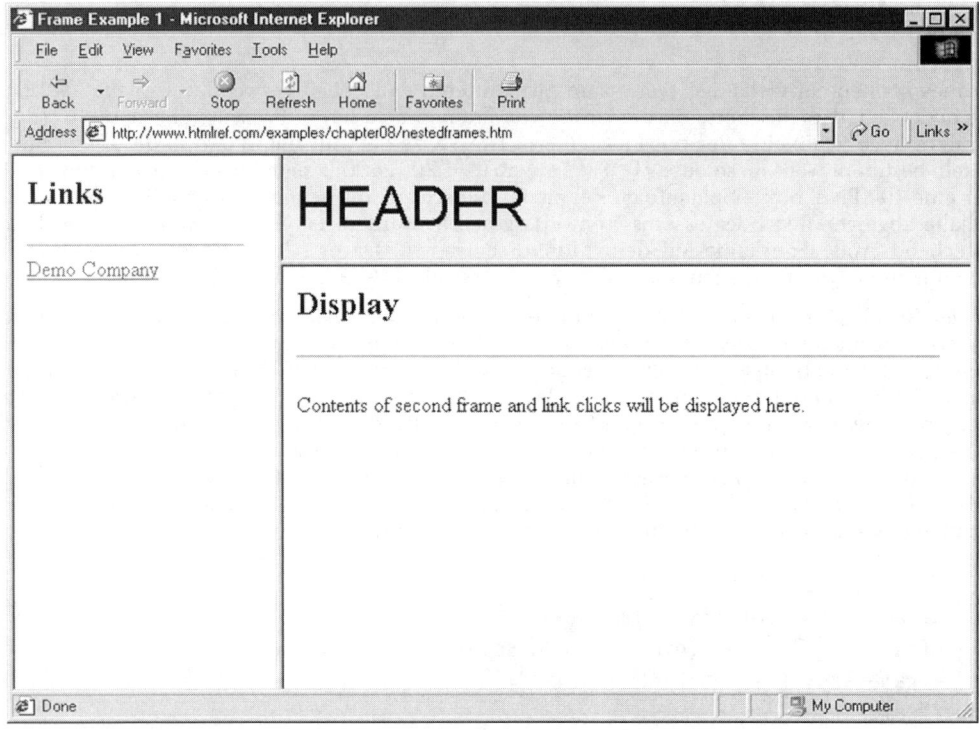

Abbildung 8.5: Verschachteltes Frame Design

Dieses Layout lässt sich auch erzielen, indem ein `<frame>`-Element auf ein Dokument verweist, das selbst ein weiteres `<frameset>` enthält. Allerdings können diese Verschachtelungen, wenn sie zu weit getrieben werden, schnell zu kompliziert für spätere Wartungsarbeiten werden. Es sind jedoch auch weit komplexere Designs möglich. Das folgende Beispiel zeigt ein Konstrukt, dessen Umrandung auf 100 Pixel festgelegt wurde. Das Ergebnis können Sie in Abbildung 8.6 betrachten.

```
<!DOCTYPE HTML PUBLIC "-//W3C//DTD HTML 4.01 Frameset//EN">
<html>
<head>
<title>Frame-Beispiel 3</title>
</head>
<frameset rows="100, *, 100">
 <frame src="blau.htm" name="oben">
 <frameset cols="100,*,100">
 <frame src="blau.htm" name="links">
 <frame src="mitte.htm" name="mitte">
 <frame src="blau.htm" name="rechts">
 </frameset>
<frame src="blau.htm" name="unten">
</frameset>
</html>
```

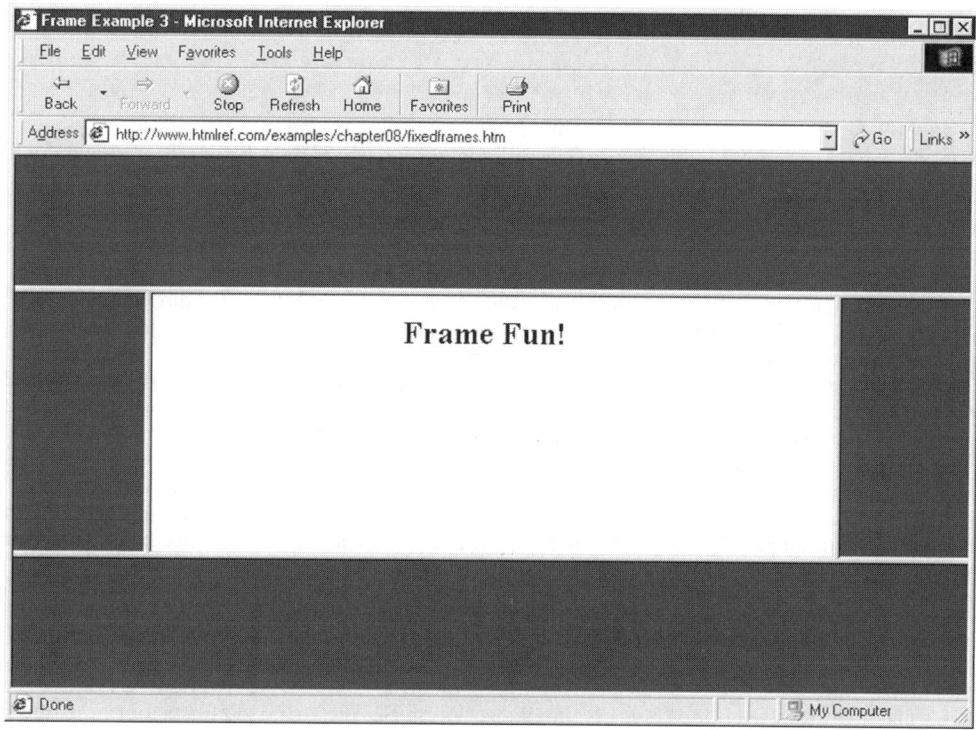

Abbildung 8.6: Feste Fenstergröße im Framedesign

Der Vollständigkeit halber sehen Sie hier den Quelltext der zugehörigen Dateien blau.htm und mitte.htm:

Datei: blau.htm

```
<!DOCTYPE HTML PUBLIC "-//W3C//DTD HTML 4.01 Transitional//EN">
<html>
<head>
<title>Blau</title>
</head>
<body bgcolor="blue">
<!-- Ein leeres Dokument -->
</body>
</html>
```

Datei: mitte.htm

```
<!DOCTYPE HTML PUBLIC "-//W3C//DTD HTML 4.01 Transitional//EN">
<html>
<head>
<title>Mitte</title>
</head>
<body bgcolor="white">
```

```
<h2 align="center">Frame Fun!</h2>
</body>
</html>
```

Die eigentliche Herausforderung mit komplexen Frame-Entwürfen wie dem vorherigen ist, sicherzugehen, dass alle Unwägbarkeiten wie die Darstellung auf verschiedenen Browsern und eventuell erforderliches Scrollen bedacht werden.

Zuerst sollten Sie die Frame-Grenzen beseitigen. Gemäß der HTML-4.01-Spezifikation wird das erreicht, indem Sie das frameborder-Attribut verwenden. Der Standardwert 1 bewirkt, dass eine Umrandung dargestellt wird. Setzen Sie diesen Wert auf 0, um sie zu beseitigen. Mit dem Befehl `<frame src="links.htm" name="controls" frameborder="0">` schalten Sie die Darstellung der Frame-Grenzen für den Frame mit dem Namen controls ab. Das Problem ist, dass diese Funktion nicht von allen älteren Browsern korrekt verwendet wird. Einige Browser verwenden dieses Attribut auch im `<frameset>`-Element, womit der Effekt alle darin eingeschlossenen Frames betrifft. Das entspricht zwar nicht der HTML-Spezifikation, wird aber von vielen Browsern unterstützt. Selbst wenn Sie erfolgreich die Grenzlinien beseitigt haben, kann es sein, dass es unsichtbare Lücken zwischen den Frames gibt. Für den Internet Explorer gibt es daher noch ein exklusives Attribut framespacing, das Sie im `<frameset>`-Tag verwenden können, um das zu verhindern. Setzen Sie den Wert auf 0, und die Zwischenräume sollten in diesem Browser verschwinden. In der Realität werden Sie einige Attribute mehrfach verwenden und verschiedene Methoden parallel anwenden müssen, um eine gleichartige Frame-Grenzen-Darstellung für alle Browser zu erreichen.

Wenn Sie die Grenzen sichtbar lassen, möchten Sie eventuell die Möglichkeit zu scrollen abschalten oder verhindern, dass die Frame-Größen vom Betrachter verändert werden. Um die Möglichkeit des Scrollens zu beeinflussen, verwenden Sie das scrolling-Attribut, dessen Standardwert auto ist. In diesem Fall wird einem Frame bei Bedarf ein Rollbalken hinzugefügt. Mit den Attributwerten yes oder no erzwingen Sie die Darstellung eines oder keines Rollbalkens. Wenn Sie das noresize-Attribut hinzufügen, verhindern Sie, dass ein User die Frames in ihrer Größe verändern kann. Das folgende Beispiel zeigt einen Frame, bei dem die Darstellung von Rollbalken unterdrückt und die Möglichkeit zum Verändern der Frame-Größe abgeschaltet wurde.

```
<frame src="test.htm" name="frame1" border="0" noresize scrolling="no">
```

Hinweis

Um XHTML-kompatibel zu sein, müssen Sie das leere Frame-Element korrekt schließen und dem Attribut noresize einen Attributwert zuweisen. Die XHTML-Schreibweise für das obige Beispiel hat dann folgendes Aussehen: `<frame src="test.htm" name="frame1" id="frame1" border="0" noresize="noresize" scrolling="no" />`

Denken Sie immer daran, dass das Nichtdarstellen von Rollbalken und die Verwendung des noresize-Attributs zu Problemen bei der Darstellung auf kleinen Monitoren führen kann.

Die letzten beiden Attribute, auf die hier eingegangen werden soll, sind marginheight und marginwidth. Wie bei ihrer Verwendung im `<body>`-Element ermöglichen diese Attribute die Kontrolle über die Abstände zwischen den Frames und ihren Inhalten. Häufig werden diese Werte von den Entwicklern auf 0 gesetzt, um den Inhalt an den äußersten Rand eines Frames zu rücken.

```
<frame src="blau.htm" name="rechts" marginwidth="0" marginheight="0">
```

Für die Elemente `<frame>` und `<frameset>` gibt es noch mehr Elemente als die oben aufgezählten: id, class, style und title. Dazu kommen einige Erweiterungen, die exklusiv von bestimmten Browsern

– insbesondere dem Internet Explorer – unterstützt werden, um z.B. Transparenz und Farben für Frame-Grenzen festzulegen. Wenn Sie Interesse an diesen Attributen haben, können Sie sich in Anhang A darüber informieren. Der nächste Abschnitt handelt von fließenden oder Inline-Frames, mit denen sich das hier gezeigte Beispiel des eingebundenen Frames sehr einfach verwirklichen lässt.

Fließende Frames

Bis jetzt waren alle Frames, die Sie kennen gelernt haben, an einer Seite des Browsers ausgerichtet (oben, unten, rechts, links). Eine weitere Sorte von Frames, so genannte *fließende Frames* (entwickelt von Microsoft), wurde in den HTML-4-Standard eingeführt. Die Idee des fließenden Frames ist es, eine Region zu erstellen, die sich wie ein eingebundenes Objekt verhält. Zum Beispiel besteht die Möglichkeit, dass ein Text um diese Region herumfließt. Ein Inline-Frame wird durch den Befehl <iframe> definiert und kann überall innerhalb des <body>-Elements erscheinen – im Gegensatz zum <frame>-Element, das nur innerhalb des <frameset>-Elements zulässig ist.

Die Hauptattribute für <iframe> sind src, height und width. Das src-Attribut bestimmt den URL, der in die Seite geladen werden soll, während height und width die Größe, entweder in Pixel oder als Prozentwert des zur Verfügung stehenden Raumes, angeben. Wie beim <img>-Tag unterstützt <iframe> das Attribut align, um die Ausrichtung des Fließtextes zu bestimmen. Beim Internet Explorer werden auch die Attribute hspace und vspace unterstützt, obwohl diese gemäß HTML-4.01-Spezifikation nicht zum <iframe>-Tag gehören. Die Aufgaben dieser Attribute sollten ohnehin von CSS übernommen werden, zu denen Sie in Kapitel 10 mehr erfahren.

Im Gegensatz zum leeren <frame>-Tag hat <iframe> ein Schluss-Tag. Das Tag-Paar <iframe> und </iframe> kann jede Art von HTML-Befehlen enthalten. Hier sehen Sie ein kleines Beispiel eines fließenden Frames:

```
<!DOCTYPE HTML PUBLIC "-//W3C//DTD HTML 4.01 Transitional//EN">
<html>
<head>
<title>Fließende Frames (Beispiel)</title>
</head>
<body>
<h1 align="center">Fließende Frames (Beispiel)</h1>
<iframe name="iframe1" src="dateieins.htm" width="350" height="200" align="left">
Hier erscheint ein fließender Frame, sofern diese von Ihrem Browser unterstützt
werden.</iframe>
<p>
Das ist ein einfaches Beispiel für fließende Frames. Beachten Sie, dass diese
Frames sich in vielerlei Hinsicht wie eine Grafik verhalten.
Sie verhalten sich wie eingebundene Objekte.
</p>
</body>
</html>
```

Die Darstellung dieses Beispiel-Codes wird in Abbildung 8.7 gezeigt. Sie sehen, dass die 4er-Generation des Netscape-Browsers das <iframe>-Element nicht unterstützt und den eingebundenen Text im Browser darstellt. Der Internet Explorer 5.5 und der Netscape Communicator 6 stellen den fließenden Frame korrekt dar. (Auch online auf den Beispielseiten zum Buch zu sehen.)

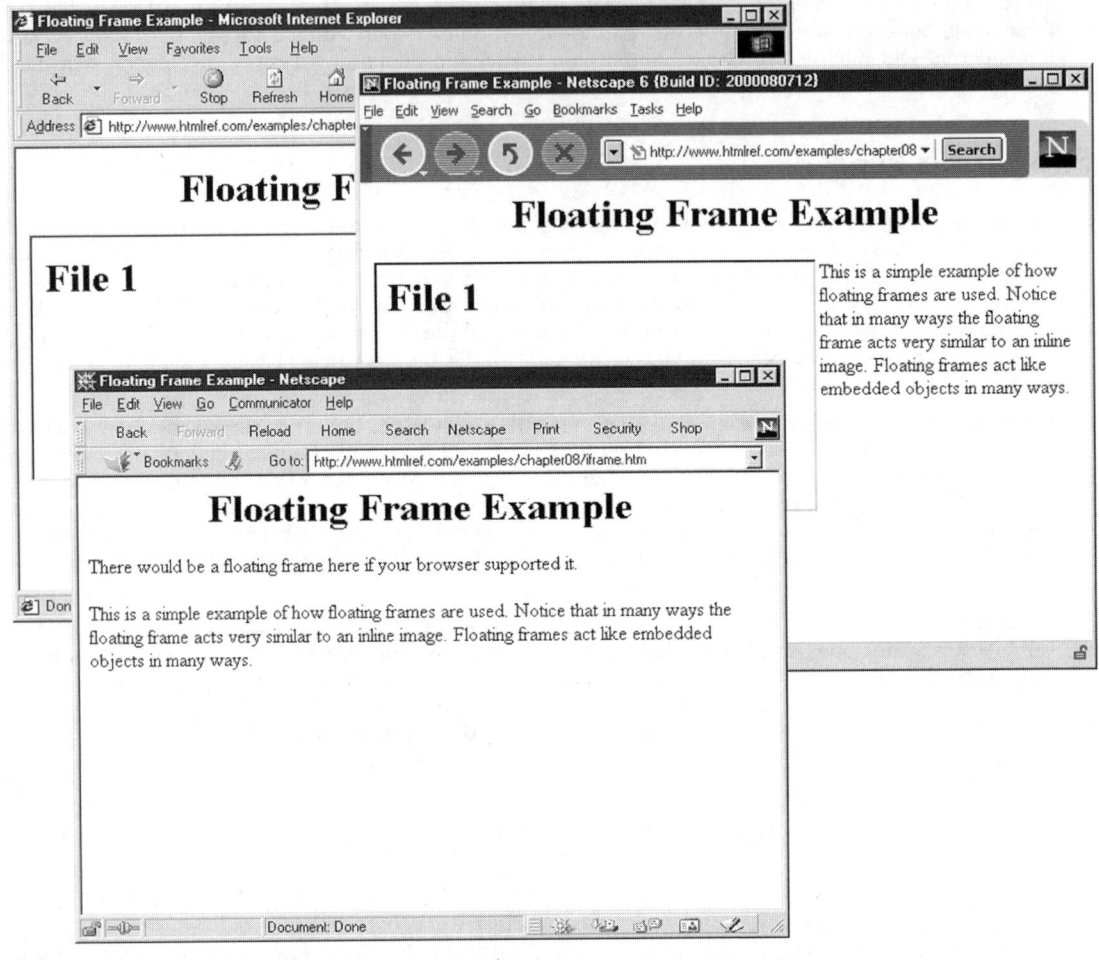

Abbildung 8.7: Verschiedene Beispiele von <iframe> Darstellungen

Wie bei anderen Frames ist es auch hier möglich, einen fließenden Frame mit dem `target`-Attribut des `<a>`-Elements anzusprechen. Das folgende Beispiel zeigt einen solchen Verweis:

```
<a href="http://www.democompany.com" target="iframe1">Im iframe darstellen.</a>
```

der das Zieldokument in den fließenden Frame lädt. Leider gibt es einen unerwünschten Nebeneffekt bei Browsern, die diese Form der Zieladressierung für das `<iframe>`-Element nicht unterstützen. Hier würde sich ein neues Fenster öffnen, in dem der aktivierte Verweis angezeigt wird.

Die Syntax für das `<iframe>`-Tag ist den `<img>`- und `<object>`-Tags auffällig ähnlich, die ja auch beide dazu dienen, andere Inhalte in einem Dokument einzubinden. Eine komplette Tag- und Attributsübersicht finden Sie in Anhang A.

Arbeiten mit Frames

Eines der größten Probleme mit Frames ist, dass sie anfänglich benutzt wurden, weil es sie gab. Frames bieten einige Vorteile, aber zu welchem Preis? Ein möglicher Vorteil ist, dass sie ermöglichen, dass bestimmte Inhalte immer präsent sind. Wie in einigen Beispielen gezeigt wurde, kann ein Frame die Navigation enthalten, während ein anderer Frame die gewünschten Informationen darstellt. Eine permanent sichtbare Navigation bietet eine bequeme Möglichkeit, sich durch eine Site zu bewegen. Darüber hinaus müssen so nur die jeweils angeforderten Informationsseiten aktualisiert werden. Außerdem wird dem Designer ermöglicht, mehrere Dokumente gleichzeitig zu präsentieren, was vor allem bei Vergleichen eine große Hilfe darstellt. Trotz allem haben Frames auch ihre Nachteile, auf die im folgenden Abschnitt eingegangen wird.

Probleme mit Frames

Viele Experten kritisieren Frames als nicht benutzerfreundlich. Sie sagen, dass Frames den Designern »mehr Seil geben, mit dem sie sich erhängen können«, worin ein Quäntchen Wahrheit steckt. Mit etwas Glück werden die Entwickler Frames jedoch nur dann einsetzen, wenn es mehr Vorteile als Nachteile gibt.

Die Probleme mit Frames sind vielfältig. Dazu gehören Designprobleme, Verwirrung bei der Navigation, Probleme beim Setzen von Lesezeichen, ein Mangel an Information über aufzurufende oder angezeigte URLs und Probleme beim Drucken. Manche Designer werden Frames wegen der Frame-Grenzen nicht mögen. Mit der aktuellen HTML-Spezifikation ist es jedoch möglich, die Darstellung dieser Grenzen zu unterdrücken. Das einzige wirkliche Designproblem dürfte die Möglichkeit sein, dass Rollbalken auf dem Bildschirm erscheinen, die der Präsentation wertvollen Platz auf dem Bildschirm nehmen. Die einzige Lösung hierfür ist, die Anzahl der verwendeten Frames zu begrenzen.

Eine verwirrende Navigation ist ein großes Thema bei Frames. Als mit dem Netscape 2 die Frames eingeführt wurden, reagierte der Zurück-Button nicht, wenn er geklickt wurde. Heute dürfte das kein großes Problem mehr sein, aber man sollte im Auge behalten, dass Frames die Navigation für den Betrachter weniger vorhersehbar machen. Weiß der User überhaupt, was passieren wird, wenn er einen Link anklickt? Bei einigen Frame-Konstrukten kann er es ahnen, bei anderen scheint die neu geladene Seite zufällig ausgewählt worden zu sein. Wenn das Frame-Gerüst nicht sehr einfach gehalten wird und sich beim Aktivieren eines Links eventuell mehrere Frames gleichzeitig austauschen, kann der Betrachter leicht die Orientierung auf der Site verlieren. Schlimmer noch, ein Besucher, der ein bestimmtes Dokument in seine Lesezeichensammlung aufnehmen möchte, muss das ganze Gerüst und damit meist einen Verweis auf die Startseite einer höher gelegenen Ebene speichern. Beim Internet Explorer scheint dieses Problem gelöst zu sein. Andere Browser wie der Netscape Navigator haben aber nach wie vor Probleme mit dem Setzen von Lesezeichen. Selbst wenn es möglich ist, ein Lesezeichen auf die gewünschte Seite zu setzen, kann es passieren, dass dem Betrachter die dazu gehörenden Navigationselemente nicht mehr angeboten werden, wenn er die Seite erneut aufsucht.

Ein weiteres Navigationsproblem entsteht durch die Tatsache, dass nach dem Aufsuchen einer neuen Seite die Adresse in der Adressspalte des Browsers unverändert bleibt. Das erklärt auch das Problem bei Erstellen von Lesezeichen, da hierbei der URL aus der Adressspalte gespeichert wird. Dass der Anwender den tatsächlichen URL nicht sieht, kann auch zu weiteren Problemen führen, da er so eine wichtige Möglichkeit, sich zu orientieren, verliert.

Vor der Veröffentlichung des Internet Explorer 4 gestaltete sich auch das Ausdrucken von Frames schwierig. Obwohl der Inhalt einzelner Frames gedruckt werden konnte, war es unmöglich, ein gesamtes Dokument, das aus verschiedenen Frames bestand, auszudrucken. Neuere Versionen des Microsoft-Browsers bieten hierfür eine Option an. Trotzdem sollten Sie als Webautor im Auge behalten, dass Ihre Inhalte beim Ausdrucken unter Umständen zerstückelt werden.

Auch für Suchmaschinen und weniger verbreitete Browser stellen Frame-Layouts ein Problem dar, da ihnen oft ein Einblick in die tiefere Struktur der Site verwehrt bleibt. Das gilt vor allem dann, wenn es kein <noframes>-Element gibt. Webdesigner sollten das sorgsam bedenken, wenn sie eine Frame-Site erstellen. Eventuell lässt sich der gewünschte Effekt auch auf andere Weise erzielen, z.B. durch Style Sheets.

Auch wenn keins dieser Probleme unüberwindlich ist, sollten Entwickler diese Technologie mit Vorsicht einsetzen, und nicht nur um der Technologie willen.

Zusammenfassung

Ein Seitenlayout mit HTML-Befehlen durchzusetzen ist nicht Sinn der Sache. Bis zur Einführung von CSS wurden Frames jedoch sowohl als Navigationsinstrument als auch für Präsentationseffekte genutzt. Oft werden Frames als Layoutwerkzeug eingesetzt, aber das hat seinen Preis. Verwirrende Navigation, Druckprobleme und Schwierigkeiten beim Umsetzen eines Designs können die Folge des Missbrauchs von Frames sein. Werden Frames jedoch richtig eingesetzt, z.B. um eine feste Tabelle oder ein Navigationstool einzubinden, sind sie eine wertvolle Ergänzung für den Webdesigner. Aufgrund ihrer Popularität und weil sie ein mächtiges Werkzeug sind, wurden Frames in die HTML-Spezifikation aufgenommen. Obwohl Frames verwendet werden können, um eindrucksvolle und dynamische Layouts zu erstellen, können ähnliche Effekte auch mit einer mehr standardisierten Technologie, insbesondere mit Style Sheets, erreicht werden, wie Sie in Kapitel 10 sehen werden.

9

HTML und
Multimedia

Eine der Innovationen, die zur Entwicklung des modernen Webs führte, war die Einführung von Bildern durch den Mosaic Browser 1993 – aber das war nur der erste Schritt zum Traum eines multimedialen Webs. Heutzutage kann das Web eine Vielzahl von Medienarten direkt auf Ihrem Rechner wiedergeben – inklusive Sound, Video und Animationen. In den letzten Jahren wurde eine Vielzahl von Neuerungen eingeführt, insbesondere beim Vertrieb von Musik. Dieses Kapitel wirft einen Blick auf einige der neuesten und wichtigsten Technologien für Multimedia im Web und deren Einbindung in Webseiten.

Audio

Weniges ist so überzeugend wie akustische Signale. Einem stummen Fernseher zuzuschauen, ist nicht sonderlich interessant. Sound ist ein belebendes Element für richtige Multimedia-Webseiten – aber wie sollen Töne eingesetzt werden? Welche Audio-Technologie kann verwendet werden? Einfaches Hinzufügen einer MIDI-Datei zu einer Präsentation, um eine permanente Hintergrundsmusik zu bieten, kann dazu führen, dass Ihre Seite als ein virtueller Vorführraum für elektronische Orgeln angesehen wird. Die Audio-Unterstützung hat im Web in den letzten paar Jahren viele Veränderungen durchgemacht, und die Schwerpunkte haben sich vom Abspielen der Musik in Webseiten zur Verwendung von externen Programmen, wie MP3-Player und RealPlayer, stark verschoben. Dieser Abschnitt beginnt mit einer kurzen Übersicht über Sound- und Komprimierungsgrundlagen, betrachtet dann einige ältere Formate und Verfahren, wie MIDI, und schließt mit einem Blick auf den Einfluss von MP3 auf die Download- und Hörgewohnheiten sowie dem aktuellen Stand von Echtzeitübertragungen, repräsentiert durch RealAudio. Die in dem Text enthaltenen URLs empfehlen Seiten, bei denen Sie weitere Informationen zu diesen Technologien erhalten können.

Grundlagen digitaler Sounds

Digitaler Sound wird durch die Frequenz des *Sampling* gemessen, oder wie oft der Sound in einem bestimmten Zeitraum digitalisiert wird. Sampling-Frequenzen werden in Kilohertz (KHz) bestimmt, die die Sound-Sampling-Rate pro Sekunde angeben. CD-Qualität entspricht 44,1 KHz, oder 44.100 Samplings je Sekunde. Für Stereo sind zwei Kanäle, je 8 Bits erforderlich, und somit 16 Bits pro Sample, das ergibt eine Datenmenge von 705.600 Bits für jede Sekunde in CD-Qualität. Theoretisch können die Datenbits einer CD über das Internet versandt werden, um dem Benutzer Musikwünsche von höchster Qualität zu erfüllen. In der Praxis würde die Übertragung dieser Datenmenge eine sehr große Bandbreite benötigen. Selbstverständlich steht eine solche Bandbreite nicht jedem Web-Benutzer zur Verfügung.

Ein weiterer Ansatz ist die Reduzierung der Sampling-Rate, um digitalen Sound für das Web zu erstellen. Eine Sampling-Rate von 8 KHz in Mono produziert eine ausreichende Wiedergabequalität für einfache Anwendungen wie Sprache, insbesondere wenn man bedenkt, dass die Hardware zur Wiedergabe oft nur aus einer einfachen Soundkarte und kleinen Lautsprechern besteht. Solche Audiodateien benötigen lediglich 64.000 Daten-Bits pro Sekunde, aber der Betrachter muss immer noch warten, um den Sound zu laden. Für Modem-Benutzer dauert die Übertragung selbst unter den besten Bedingungen ein paar Sekunden für jede Sekunde einer Sounddatei niedriger Qualität, was die Verwendung permanenter Sounds unrealistisch macht.

Audio-Dateiformate und Komprimierung

Wie Grafik-Dateien können auch Audio-Dateien komprimiert werden, um die zu versendende Datenmenge zu reduzieren. Die Software auf der Anbieterseite komprimiert die Daten, die beim Empfänger dekomprimiert und abgespielt werden. Die Komprimierungs-/Dekomprimierungs-Software ist allgemein bekannt als *codec*. Wie auch bei Grafikformaten gibt es Audio-Komprimierungsmethoden, die verlustbehaftet oder verlustfrei sind. Datenkomprimierung mit leichten Verlusten kann die ursprünglichen Daten nicht perfekt wiedergeben, aber es reicht und führt zu einer Dateneinsparung. Die meisten Techniken können nur bedingt komprimieren, was eine verlustfreie Komprimierungstechnik garantiert. Komprimierung ist immer mit einem Kompromiss zwischen Qualität und Datenmengen verbunden; größere Dateien bedeuten längere Ladezeiten.

Laden und Abspielen von Audio

Frühere Verfahren, um Sound über das Internet anzubieten, folgten dem »Laden und Abspielen«-Modell, unter Verwendung von Formaten wie WAV (waveform). In diesem Szenario mussten die Betrachter den Sound zunächst komplett laden, bevor er abgespielt werden konnte. Dazu wurde wertvoller Festplattenspeicher belegt, selbst wenn der Benutzer nur die ersten Sekunden einer Datei hören wollte. Sounds mussten unter dieser Situation deutlich eingeschränkt werden, was für Inhalte, die ein fehlerloses Abspielen erforderten, nicht akzeptabel war. Sogar bei sehr niedrigen Sampling-Raten mussten die Sounds sehr kurz sein, um die ungeduldigen Benutzer nicht mit übermäßigen Ladezeiten zu quälen. Die Ladezeiten können durch Verkleinern der Audiodateien reduziert werden, was die Nachteile dieser Methode nur betont.

Verschiedene ältere Formate, wie AU und AIFF, werden im Web noch benutzt, verlieren jedoch zunehmend an Bedeutung. Ein Format, das sich nach wie vor einiger Beliebtheit erfreut, ist MIDI (Musical Instrument Digital Interface), das öfters mit dem Microsoft-spezifischen `<bgsound>`-Element verwendet wird, und später in diesem Kapitel im Abschnitt »Grundlagen der Audio-Einbindung« behandelt wird. Netscapes LiveAudio-Technologie könnte einmal verwendet werden, um einfache gleichartige Effekte in Verbindung mit dem `<embed>`-Element zu erzeugen. Es scheint nun jedoch so, als würde LiveAudio selbst von Netscape nicht mehr unterstützt. Davon abgesehen wurde dieses Format nie browserübergreifend unterstützt. MIDI ist eigentlich kein digitalisiertes Audioformat, sondern stellt Noten und andere Informationen so dar, dass Musik künstlich erzeugt werden kann. Es kann ein mächtiges Werkzeug für Musiker sein, wenn Synthesizer oder andere elektronische Instrumente verwendet werden, über PC-Soundkarten klingen sie jedoch billig, was mehr an der Hardware als an der Technik selbst liegt. Tabelle 9.1 zeigt einige der älteren Formate, die immer noch im Web vorkommen können.

Während viele der Dateiformate in Tabelle 9.1 im Web noch für einige Zeit überleben werden, ist MP3 (MPEG Level 3) die einzige Wahl für eine hochwertige Audiowiedergabe. Es überrascht daher nicht, dass MP3 heute das beliebteste Audioformat im Web ist.

Dateiformat	Beschreibung
WAV	Waveform-(oder einfach *wave*-)Dateien, ist das meistverbreitete Soundformat auf Windows-Plattformen. WAVs können mit der richtigen Software auch auf Macs und anderen Systemen gespielt werden.
AU	Sparc-audio, oder u-law-Format, ist eine der ältesten Internet-Soundformate. Ein Player ist für nahezu jede Plattform erhältlich.
AIFF	Audio Interchange File Format, ist auf Macs weit verbreitet. Es wird weitestgehend in Multimedia-Applikationen verwendet und ist daher im Web nicht sehr verbreitet.
MIDI	Musical Instrument Digital Interface Format, ist kein digitalisiertes Audioformat. Es repräsentiert Noten und andere Informationen, damit Musik synthetisiert werden kann. MIDI wird gut unterstützt und die Dateien sind sehr klein. Es ist jedoch nur für bestimmte Formate sinnvoll, da die erzeugte Qualität oft durch die Hardware eingeschränkt wird.

Tabelle 9.1: Ältere Internet-Sound-Formate

MP3

MP3 ist eines der Audioformate, die durch MPEG (Moving Picture Experts Group) für die Übertragung im Web entwickelt worden sind. MPEG Level 3 ist ein Audioformat, das im Allgemeinen Komprimierungsraten von 10 bis 12 erreicht und dabei beinahe CD-Qualität hat. Das wird durch eine Technik ermöglicht, die unter Berücksichtigung des menschlichen Hörempfindens entwickelt wurde und nicht hörbare oder unwichtige Frequenzen minimiert und den Rest optimiert. Eine typische MP3-Datei (benannt nach der Dateierweiterung .mp3), die ein durchschnittlich langes Musikstück enthält, ist ca. 3 MB groß. Ein vergleichbares Stück auf einer Compact Disc benötigt ca. 30 MB Speicherplatz.

In den letzten Jahren ist dieses Format wirklich durchgestartet. Der Grund dafür liegt auf der Hand: Es bietet eine hohe Audioqualität, die nicht nur für das Web ideal ist, sondern, dank der zunehmenden Verfügbarkeit von CD-Kopiergeräten oder -Brennern, auch in der realen Welt. Musikstücke von CDs können in MP3-Dateien konvertiert, über das Web verteilt, dekomprimiert und durch jedermann, der einen Computer, einen CD-Brenner und die passende Software besitzt, auf einer CD gespeichert werden. Die stetig wachsende Beliebtheit von MP3 wird natürlich nicht von allen mit Freude beobachtet. Ungeachtet der rechtlichen Meinungsverschiedenheiten zum Thema MP3 ist eines sicher: Das Format hat eine große Anhängerschaft, und das wird einige Zeit so bleiben.

Grundlagen der Audio-Einbindung

Das Einbinden eines Musikstücks, wie z.B. einer MP3-Datei, auf einer Webseite, ist unter Verwendung des Ankerbefehls <a> eine einfache Angelegenheit:

```
<a href="titellied.mp3">Die Demo-Company-Erkennungsmelodie</a><br>
<a href="theme.midi">Musik-Thema 2</a><br>
<a href="robotsound.wav">Roboter in Aktion</a><br>
```

Wenn ein Benutzer die passende Wiedergabe-Hard- und -Software besitzt, sollte der jeweilige Sound geladen und abgespielt werden, sobald ein Link angeklickt wird. Besitzt er die entsprechende Software nicht, wird nicht viel passieren.

Hinweis

Es könnten Probleme auftauchen, wenn der Webserver nicht richtig konfiguriert ist, um die Sounddateien zu übertragen. Wenn die Wiedergabe lokal funktioniert, die Dateien jedoch als Text oder in Form von Zeichen unbekannten Typs angezeigt werden, könnten Sie ein Problem mit Ihrem Webserver haben.

Selbst wenn alles richtig konfiguriert ist, sollten Sie Benutzer durch Angabe der Dateigröße, des Dateityps und einen Hinweis darüber, dass das verknüpfte Objekt eine Musikdatei ist, wissen lassen, was sie erwartet. Hier ist ein Beispiel dafür,

```
<a href="robotsound.wav"><img src="speaker.gif" height="10" width="10"
border="0">Roboter in Aktion</a> [wav format / 10k]
```

das in etwa so aussehen könnte:

⏴)Robots in Action [wav format / 10k]

Besser als ein Link zu einer externen Sounddatei ist das direkte Einbetten einer Sounddatei in Ihre Seite. Es gibt verschiedene Arten, das zu tun. Die einfachste ist vermutlich das Microsoft-Element <bgsound>.

Microsofts <bgsound>

Microsoft Internet Explorer 2 und höher unterstützen WAV- und MIDI-Dateien mit dem <bgsound>-Element, mit dem Audiodateien im Hintergrund abspielt werden können, nachdem sie geladen wurden. Der Benutzer hat keine Kontrolle über die Lautstärke oder die Wiedergabe des Sounds, was für Verärgerung sorgen könnte. Das Element benötigt ein src-Attribut, das auf den URL der Sounddatei verweist, die abgespielt werden soll. Das Attribut loop, dessen Wert eine ganze Zahl ist, bestimmt, wie oft der Sound wiederholt werden soll. Das loop-Attribut kann auch den Wert infinite annehmen, um eine dauerhafte Wiedergabe zu ermöglichen. Um einen Sound mit dem Namen test.wav zweimal auf dem Internet Explorer abzuspielen, verwenden Sie folgenden Code <bgsound src="test.wav" loop="2">. Es handelt sich hierbei um ein leeres Element ohne Schluss-Tag. Die Schreibweise <bgsound src="test.wav" loop="2" / > wäre zwar XHTML-kompatibel, aber völlig nutzlos, da es sich hierbei um ein Element handelt, dass exklusiv für den Internet Explorer entwickelt wurde.

RealAudio

Das Laden und Abspielen von Formaten wie MP3 und selbst WAV ist beliebt, da sie den Transfer von hochwertigen Audiodateien über das Internet erlauben – aber auch hier muss der Benutzer warten. Anbieter und Benutzer wünschen sich jedoch, dass das Web als radioähnliches Medium verwendet werden kann. Der Schlüssel hierzu ist etwas, das *streaming* genannt wird. Das bekannteste Medium für Streaming-Audio ist das RealAudio-Format, das von RealNetworks (www.realnetworks.com) entwickelt wurde. Dieses ermöglicht sogar die Übertragung von Audiodaten bei verschiedenen Übertragungsgeschwindigkeiten und passt sich so den Bedingungen des jeweiligen Betrachters an. Aber bevor wir uns näher mit den Möglichkeiten von RealAudio beschäftigen, ist es sinnvoll, einen genaueren Blick auf die Streaming-Technologie selbst zu werfen.

Streaming

Was ist Streaming? Bedenken Sie zunächst, dass der Benutzer eines 28,8-Kbps-Modems ungefähr 2 KB Daten pro Sekunde empfängt. Wenn eine Tonfolge von einer Sekunde Länge in einer Datei von 2 KB Größe gespeichert werden könnte und die Daten könnten mit einer Rate von 2 KB je Sekunde zum Endbenutzer übertragen werden, würden die Daten effektiv als *Stream*, oder in Echtzeit, abgespielt werden. Streaming ist sehr sinnvoll. Warum sollte man stundenlang darauf warten, bis eine Rede komplett geladen wird, wenn man sich nur für den momentan gesprochenen Text interessiert? Streaming-Daten belegen keinen Festplattenspeicher und sie öffnen sich bei direkten Zugriff an einer beliebigen Stelle der Audiodatei. Allerdings hat Streaming-Audio ein paar – möglicherweise schwer wiegende – Nachteile. Erstens müssen Sie der Komprimierungsrate einiges an Soundqualität opfern. Zweitens unterstützen die Internet-Protokolle selbst die Anforderungen für Streaming nicht.

Da das Internet in sehr hohem Maße genutzt wird und häufig Verzögerungen auftreten, gibt es eine Reihe von Punkten, die bedacht werden müssen. Das TCP/IP-Protokoll, das im Internet verwendet wird, wurde unter den Gesichtspunkten der Robustheit und der Anpassungsfähigkeit entwickelt. Das Internet ist ein Daten-Paket-Netzwerk, das die Daten in kleine Einheiten zerteilt und separat versendet, um sie am anderen Ende wieder zusammenzusetzen. Weil diese Pakete auf ihrer Reise verloren gehen oder in der falschen Reihenfolge ankommen können, garantiert das *Transmission Control Protocol* (TCP) die Unversehrtheit der Daten. Auf diese Weise können viele Benutzer an diesem festen Kreislauf teilnehmen. Allerdings bergen diese Netzwerke ein ernsthaftes Problem: Sie können keine Übertragungszeit ohne spezielle Modifikation garantieren. Das macht Streaming-Audio, -Video und andere »Echtzeit« Applikationen in Daten-Paket-Netzwerken sehr schwierig.

Paketorientierte Netzwerke können durch Protokolle wie *Real Time Streaming Protocol* (RTSP) erweitert werden, die das Versenden durch eine Pufferung, ein Versenden der Daten über mehrere Pakete oder eventuell sogar eine Reservierung von Bandbreite bei Bedarf ermöglichen. Während diese Protokolle die Versendung der Echtzeitdaten verbessern, führen sie gleichzeitig zu einer veränderten Verwendung des Webs. Wenn z.B. eine Reservierung der Bandbreite stattfindet, stellt sich die Frage, wie hoch das Reservierungslimit ist, da sich der Benutzer stets die maximale Bandbreite wünscht. Einige Experten argumentieren, dass die Bereitstellung von gebührenpflichtiger Bandbreite alltäglich wird, wenn sich diese Protokolle erst einmal durchgesetzt haben. Zurzeit ist das alles pure Spekulation, aber es sollte bedacht werden, wenn über den Aufbau einer bandbreitenintensiven Multimediaanwendung nachgedacht wird.

Heute ist die geläufigste Lösung für Echtzeitdaten im Internet das Hoffen auf eine mutige Annahme – Sie hoffen, dass der Endbenutzer über die erforderliche Bandbreite verfügt, um die Datei in Echtzeit zu empfangen. Wenn die Komprimierung im benötigten Maß erfolgen kann, können selbst 28.8-Kbps-Benutzer mit Echtzeitdaten bedient werden – wenn die Vermutung stimmt. Wenn sie nicht stimmt, treten im Audio-Stream kleine Fehler auf, genannt *Drop-Outs*. Falls zu viele Drop-Outs auftreten, beendet der Benutzer den Audio-Stream.

Eine Möglichkeit, Drop-Outs zu umgehen, ist das *Puffern* der Daten. Bei diesem Prozess wird der Beginn der Wiedergabe durch das Vorladen einer bestimmten Menge von Daten in einen Puffer verzögert, so dass schwere Probleme dadurch überbrückt werden können. Eine anfängliche Verspätung von 10 oder 15 Sekunden durch Puffern ist für einen langen Audio-Clip akzeptabel; das Puffern von kurzen Sounds ist kontraproduktiv. Viele Internet-Audiolösungen verwenden eine Kombination aus starker Komprimierung, Pufferung und einer vorausgesetzten Bandbreite, um den Stream aufrechtzuerhalten. Bei komplexeren Audiolösungen wird der Prozess vom Server gesteuert. Beide Streaming-Verfahren haben ihre Vor- und Nachteile. Selbst mit der ständig wachsenden Anzahl von Hochgeschwindigkeitszugängen zum Internet durch Kabel oder DSL wird Streaming-Audio seinen Stellenwert als Medium für die Übertragung von Audiodaten noch für einige Zeit behalten.

Zugang zu RealNetworks

Das erste – und verbreitetste – Verfahren, Audio zu streamen, wurde durch RealNetworks entwickelt. RealAudio verwendet einen speziellen Server, um fortlaufende Audiodaten zu einer Browsererweiterungsapplikation, wie z.B. einem Netscape-PlugIn oder dem eigenständigen RealNetworks RealPlayer (derzeit in Version 8), zu senden. Dadurch, dass die Abspielsoftware für alle wichtigen Plattformen verfügbar ist, wurde RealAudio das geläufigste Audio-Streamingformat im Internet. Daten in das RealAudio-Format zu transformieren ist recht einfach, wenn die Dateien im WAV oder einem anderen gängigen Format vorliegen. Verwenden Sie einfach die RealAudio-Produktionswerkzeuge, die von RealNetworks geladen werden können, und die Daten können veröffentlicht werden. Trotz der großen RealAudio-Unterstützung gibt es auch Nachteile, die meistens daher rühren, dass ein spezieller Server benötigt wird.

Streaming-Server bieten einen höheren Grad an Kontrolle. Beispielsweise können sie die Anzahl der zu versendenden Streams limitieren oder steuern und sie ermöglichen den genauen Zugang auf bestimmte Punkte in einem Audio-Stream. Bei einfacheren »serverlosen« Streaming-Lösungen ist ein »Vorspulen« nicht möglich. Einige höher entwickelte Server können die Datenqualität einer zunehmenden Bandbreite anpassen und so die Qualität verbessern. Weniger komplexe Systeme liefern eine einheitliche Qualität, ungeachtet der aktuellen Zugriffsgeschwindigkeit. Serverbasierte Systeme sind teuer und benötigen weit mehr Rechnerressourcen als ein einfacher Webserver. RealAudio-basierte Streaming-Audio-Server verursachen hohe Kosten, die manchen Benutzer vor dieser Lösung zurückschrecken lassen. Glücklicherweise ist das RealAudio-System für Einsteiger, die nur ein paar Streams anbieten, kostenlos oder sehr günstig. Real-Audio kann, mit einigen Einschränkungen, auch direkt von einem normalen Webserver angeboten werden. Viele Unternehmen nutzen bereits die RealAudio-Plattform, was für die Qualität dieses Systems spricht.

RealAudio-Grundlagen

Der erste Schritt bei der Produktion von RealAudio-Inhalten für das Web ist die Konvertierung der existierenden Audiodateien in das RealAudio-Format, was mit dem RealProducer erledigt werden kann.

Hinweis

Während dieses Buch verfasst wurde, konnte eine kostenlose Version des RealProducer von www.realnetworks.com/products/ geladen werden.

Der zweite Schritt ist die Verknüpfung von RealAudio mit einer Webseite. Hierzu wird der Befehl <a> verwendet. Es gibt jedoch noch einen Zwischenschritt: Sie verweisen nicht direkt auf die .rm-Datei, die Sie mit dem RealProducer erstellt haben, sondern auf eine Textdatei, die mit der Erweiterung .ram endet:

```
<a href="http://www.democompany.com/audio/robotdrone.ram">
Hören Sie Ihre glücklichen Roboter dröhnen!</a>
```

Diese einfache Textdatei enthält lediglich den URL der .rm-Datei, die abgespielt werden soll:

```
http://www.democompany.com/audio/robotdrone.rm
```

Bei einem Benutzer, der den RealPlayer auf seinem System installiert und diesen Link aktiviert, wird der RealPlayer gestartet und die .rm-Datei abgespielt, wie es Abbildung 9.1 darstellt. RealAudio-Inhalte können zwar auf jedem normalen Webserver abgespielt werden, aber Entwicklern von Inhalten, die eine weit reichende Zuhörerschaft erreichen sollen, wird geraten, sich die verschiedenen RealServer-Pakete anzuschauen, die verschiedene Stufen einer multiplen Streaming-Unterstützung anbieten.

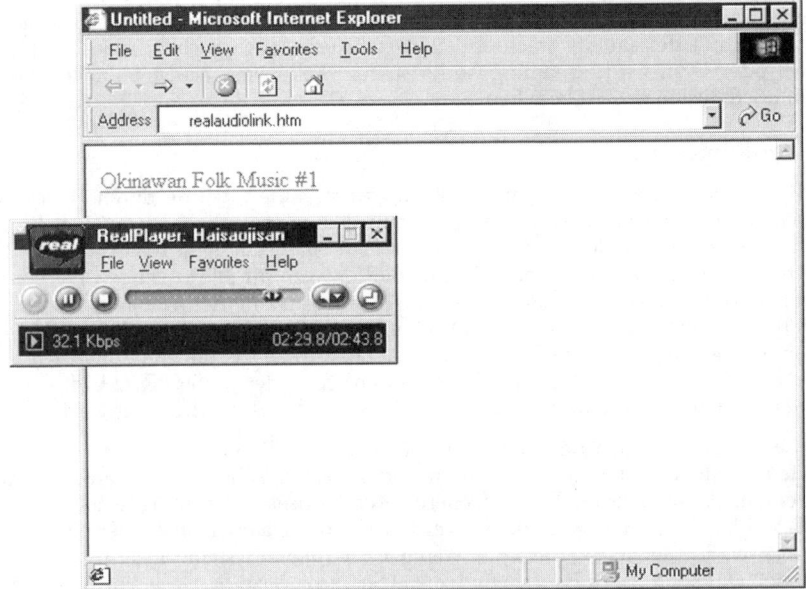

Abbildung 9.1: RealAudios RealPlayer

Kompliziertere Audio-Präsentationen, die mehrere Audio-Clips abspielen sollen, können durch Verknüpfung der .ram-Datei mit einer anderen Datei erstellt werden, die in *Synchronized Media Integration Language* (SMIL) geschrieben wurde und die die Dateierweiterung .smil haben sollte. SMIL kann außerdem zum Integrieren von Video, Text und Animationen in Ihre Präsentation verwendet werden. SMIL wird in Kapitel 17 vorgestellt.

Einbindung von RealAudio

RealAudio kann auch durch Verwendung der Elemente <object> oder <embed> in Ihre Webseite eingebunden werden. Hierzu verwenden Sie ein Codefragment wie dieses:

```
<embed src=http://www.democompany.com/audio/robotdrone.rpm nojava="true"
 height="100" width="250" autostart="false">
```

Beachten Sie, dass hier auf eine Datei mit der Erweiterung .rpm, nicht .ram, verwiesen wird. Dieser Dateityp wird anstatt einer .ram-Datei verwendet, wenn der RealPlayer im Browser eingebunden werden soll. Die .rpm-Datei selbst ist wie eine .ram-Datei aufgebaut und beinhaltet nichts weiter als den URL der .rm-Datei. Darüber hinaus teilt sie dem Browser mit, dass er den Player innerhalb des Browserfensters, und nicht in einem eigenen Fenster, darstellen soll, wie hier unter Netscape 6 gezeigt.

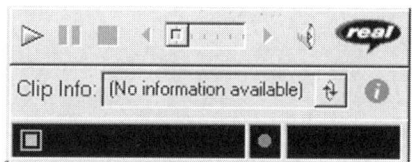

Das autostart-Attribut bestimmt, ob der Audio-Clip abgespielt werden soll, sobald die Seite geladen ist. Wenn dieses Attribut den Wert "true" hat, wird der Clip sofort gestartet. Wenn es den Wert "false" hat oder es nicht verwendet wird, startet der Audio-Clip nicht, bis der Benutzer die Play-Schaltfläche betätigt.

Wenn das <object>-Element verwendet wird, hat der Code in etwa folgendes Aussehen:

```
<object id="robotdrone"
 classid="clsid:CFCDAA03-8BE4-11cf-B84B-0020AFBBCCFA"
 width="75" height="30">
<param name="src" value="http://www.democompany.com/audio/robotdrone.rpm">
<param name="controls" value="PlayButton">
</object>
```

Auch hier wird auf eine .rpm-Datei verwiesen. Der Wert von id kann jeden zulässigen Wert annehmen. Der Wert für das Attribut classid sollte jedoch immer clsid:CFCDAA03-8BE4-11cf-B84B-0020AFBBCCFA sein, da er das RealAudio-PlugIn identifiziert. Der erste Parameter, der durch ein <param>-Element definiert wird, hat den Namen src und den Wert value, mit dem der URL der .rpm-Datei mitgeteilt wird. Der zweite <param>-Befehl bestimmt, welche Steuerungselemente angezeigt werden. Hier hat er den Wert PlayButton, der die Schaltflächen »Play« und »Pause« darstellt, wie Sie am Beispiel des Internet Explorer 5.5 sehen.

Um eine browserübergreifende Unterstützung zu gewährleisten, kann es sinnvoll sein, auf das Einbinden von RealAudio zu verzichten und sich ganz auf den RealPlayer zu verlassen, wie er bereits jetzt von vielen Benutzern verwendet wird.

Es ist nicht das Ziel des Buches, Details über RealAudio zu vertiefen, es sollte Ihnen nur einen kurzen Eindruck darüber geben, was mit dieser Technologie möglich ist. Für weiterführende Informationen über den Einsatz der RealAudio-Technologie schauen Sie bitte auf die RealNetwork-Webseiten.

Windows Media Audio

Überflüssig zu sagen, dass Microsoft eine eigene Version für Streamings auf den Markt geworfen hat. Nach langen Überlegungen wurde diese *Windows Media* (windowsmedia.com/) genannt. Windows Media unterstützt das Microsoft-eigene Format .asf (Advanced Streaming Format). WAV- und MP3-Dateien können durch Verwendung des Windows Media Encoder in dieses Format konvertiert werden. Das Verknüpfen zu einer .asf-Datei geschieht analog zu RealMedia-Daten. In diesem Fall wird einfach auf eine Textdatei mit der Erweiterung .asx verwiesen.

```
<a href="robotdrone.asx">Hören Sie Ihre glücklichen Roboter dröhnen!</a>
```

Die .asx-Datei sollte in etwa dieses Aussehen haben:

```
<ASX version="3">
    <Entry>
      <ref href="robotdrone.asf" />
    </Entry>
</ASX>
```

Wird ein Verweis auf eine .asx-Datei aktiviert, so öffnet sich der Windows Media Player und die Audiodatei wird abspielt. Beachten Sie, dass der Microsoft Player, Windows Media Player 7, einige Nachteile hat. Er ist z.B. nur für Windows 98 und Windows 2000 verfügbar. Benutzer, die mit dem älteren Windows 95 oder dem robusteren Windows NT (das sehr häufig an Firmen-Arbeitsplätzen angetroffen wird) arbeiten, wird geraten, ihn nicht auf ihrem System zu installieren. (Eine frühere Version dieses Players ist für Macintosh erhältlich.) Windows Media Player spielt außerdem die folgenden anderen Audioformate ab: WAV, MIDI, AU, AIFF, MP3, Windows Media Audio (.wma).

Der Windows Media Player kann auch als CD-Abspielsoftware verwendet werden. Er spielt auch Videodateien ab, worauf im folgenden Abschnitt »Video« näher eingegangen wird.

Video

Der »Heilige Gral« des Multimedia im Internet ist ein hochwertiges Echtzeit-Video mit 30 Bildern pro Sekunde. Die Verwendung von Videos auf Webseiten nahm in den letzten Jahren erheblich zu. So finden Sie immer mehr Filmtrailer oder Sequenzen von Nachrichten auf Onlinepräsentationen wie www.cnn.com. Das Anbieten von Video-Clips im Internet ist kein Kunststück, wenn Sie die Menge von Daten berücksichtigen, die übertragen werden.

Die Maßeinheiten für digitale Videos sind die Anzahl der angezeigten Bilder pro Sekunde und der Größe und die Auflösung der einzelnen Bilder. Der Speicherbedarf für ein Video ist enorm, besonders dann, wenn Sie ein Video in PAL (TV-Qualität) wollen. Ein 640x480 Pixel großes Bild mit einer Farbtiefe von 24 Bits und einer Bildrate von 30 Bildern pro Sekunde benötigt unglaubliche 27 Megabits pro Sekunde – und das ohne Sound. Mit akustischer Untermalung in CD-Qualität – 705.600 Daten-Bits für jede Sekunde – steigt die Dateigröße proportional. Theoretisch könnten die Daten, die notwendig sind, um Videos in TV-Qualität zu liefern, über das Internet übertragen werden, um das lange herbeigesehnte interaktive Fernsehen zu ermöglichen. In der realen Welt ist die Übertragung dieser Datenmenge nicht durchführbar, selbst nach einer Komprimierung.

Wie Audiodateien können Videodaten komprimiert werden, um die Datenmenge zu reduzieren, die versendet werden soll. Wegen des benötigten Komprimierungsgrades für ein Video verwenden die meisten Videos einen verlustreichen Ansatz, der einen Kompromiss zwischen der Qualität der Bilder/Sounds und der Dateigröße einschließt, da größere Dateien selbstverständlich zu einer längeren Ladezeit führen.

Wie auch bei Audiodateien folgt die Übertragung von einfachen Online-Videos dem Modell »Laden und Abspielen«, wobei Betrachter die Video-Clips erst vollständig laden müssen, bevor sie abgespielt werden können. Abbildung 9.2 listet die am häufigsten verwendeten downloadfähigen Video-Formate auf, die im Web anzutreffen sind.

Das Dateiformat bestimmt in der Regel, welche Komprimierungstechnik verwendet wird. Manche Dateiformate, wie QuickTime, erlauben allerdings auch verschiedene Codecs, aus denen gewählt werden kann. In mancher Hinsicht macht das QuickTime zum flexibelsten Videoformat. Die Wahl des jeweiligen Videoformats hängt oft davon ab, was das Publikum benötigt, und davon, ob für die jeweiligen Inhalte Streaming oder Laden der Inhalte nötig ist.

Grundlagen der Einfügung von Videos

Das Einfügen von Videos, wie z.B. einer AVI-Datei, zum Laden und Abspielen in einer Webseite ist einfach. Es bedarf lediglich der Verwendung des Befehls <a>, um es zu verknüpfen. Zum Beispiel,

```
<a href="movie.avi">Die Geschichte der Demo Company</a><br>
```

Video Format	Beschreibung
AVI	Audio Video Interleave; das Video für Windows Dateiformat für Digitalvideo und -audio ist sehr verbreitet und leicht zu verwenden. Die Dateigröße von AVI ist beträchtlich.
QuickTime	Die Datei-Erweiterung MOV weist auf das Apple-QuickTime-Format hin. Es ist vermutlich das verbreitetste Digitalvideo-Format und wird seine Beliebtheit im Internet noch steigern. QuickTime hat eine große Anhängerschaft in der Multimedia-Entwicklungs-Community. Verschiedene Codecs und Technologieverbesserungen machen QuickTime zu einer mächtigen Lösung im Bereich Digitalvideo, die mit dem MPEG-Format kombiniert werden kann.
MPEG	Motion Picture Experts Group Videoformat ist generell das Standardformat für Digitalvideo. Obwohl Komprimierungs- und Bildqualität von MPEG-Dateien eindrucksvoll sind, kann es teuer und schwierig werden, mit diesem Format zu arbeiten.

Tabelle 9.2: Allgemeine Internet-Video-Formate

Wie schon bei Audiodateien sollte das Video geladen und abgespielt werden, wenn der Benutzer den entsprechenden Verweis anklickt und er über die entsprechende Hard- und Software verfügt.

Auch hier ist ein Hinweis darauf, dass die anzuzeigende Datei ein Video ist, zu empfehlen:

```
<a href="movie.avi"><img src="tv.gif" height="10" width="10">Roboter in Aktion
</a> [AVI format / 1200k]
```

Der nächste Abschnitt zeigt eine einfache Möglichkeit, eine AVI-Datei im Internet Explorer einzubinden.

Verwendung des <img>-Elements mit dem dynsrc-Attribut unter Internet Explorer

Das dynsrc-Attribut für das <img>-Element kam mit dem Internet Explorer 2 auf und ermöglicht das Abspielen von AVI-Dateien innerhalb einer Webseite. Obwohl die Syntax für Abwärts-Kompatibilität entwickelt wurde, ist die Verwendung der Elemente <object> oder <embed> vorzuziehen. Ursprünglich unterstützte das dynsrc-Attribut nur AVI-Dateien. Tests haben jedoch gezeigt, dass beliebige Active-Movie unterstützende Daten mit dieser Syntax eingebunden werden können. Es werden alle Standardattribute für das <img>-Element unterstützt. Darüber hinaus können auch die folgenden Ergänzungen verwendet werden:

❏ Das `dynsrc`-Attribut sollte entweder relativ oder absolut auf den URL des abzuspielenden Inhalts verweisen.

```
dynsrc="URL_des_aktiven_Inhalts"
```

❏ Wenn das `controls`-Attribut vorhanden ist, werden, wenn möglich, Steuerungselemente für den Player unter dem Inhalt präsentiert. Dieses Attribut benötigt keinen Wert.

```
controls
```

❏ Das `loop`-Attribut wird verwendet, um beliebig viele Wiederholungen des eingefügten Inhalts erzwingen. Ist der Wert eine positive Ganzzahl, wiederholt sich der Inhalt so oft, wie durch den Wert spezifiziert. Lautet der Wert `-1` oder `infinite` wird der Inhalt unendlich wiedergegeben.

```
loop="wert"
```

❏ Das `start`-Attribut des `<img>`-Elements wird mit `dynsrc` verwendet, um zu spezifizieren, wie der Inhalt abgespielt werden soll. Der Wert `fileopen` startet die Wiedergabe, sobald die Datei geladen ist. Der Wert `mouseover` verzögert das Abspielen, bis der Mauszeiger über den Inhalt bewegt wird. Der Standardwert ist `fileopen`.

```
start="fileopen | mouseover"
```

Es folgt ein Beispiel für die Verwendung des `dynsrc`-Attributs mit dem Image-Element für einen AVI-Film. Abbildung 9.2 zeigt die Darstellung dieses Beispiels im Internet Explorer 4.

```
<!DOCTYPE HTML PUBLIC "-//W3C//DTD HTML 4.01 Transitional//EN">
<html>
<head>
<title>DYNSRC im Internet Explorer</title>
</head>

<body>

<font size="4">
Dieses Beispiel zeigt den Einsatz des DYNSRC-Elements mit dem control-Attribut,
wie es im Internet Explorer Browser dargestellt wird.</font>

<img src="critter.gif" dynsrc="critter.avi" controls align="left" vspace="20">

</body>
</html>
```

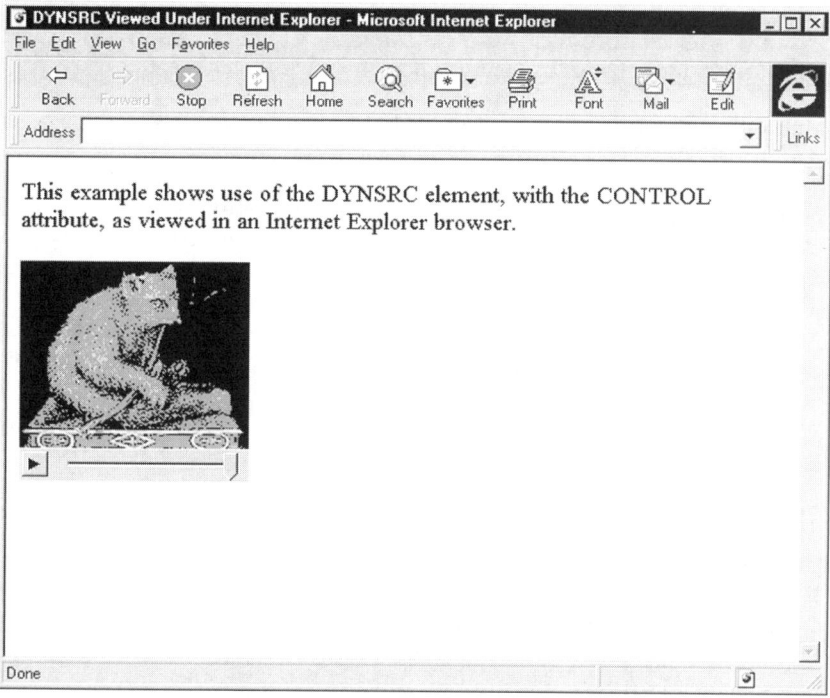

Abbildung 9.2: dynsrc im Internet Explorer

In Bezug auf Browserunterstützung ist es schwierig zu sagen, welches Format am besten für ein einfaches Webvideo ist. Sowohl Netscape 3 als auch Internet Explorer unterstützen AVI innerhalb des Browserfensters, Macintosh-Benutzer haben allerdings nichts davon. Bei QuickTime-Filmen werden Windows-Benutzer mit Internet Explorer und Netscape ohne installierten QuickTime Player außen vor gelassen. AVI scheint das kleinere Problem zu sein, aber die Größe und der Mangel an Synchronisation sind bei AVI-Videodateien weit vom Idealzustand entfernt. Es macht wahrscheinlich einigen Sinn, ein Videoformat wie Real-Video vorzuziehen, da sich der Streaming-Ansatz einer großen Akzeptanz erfreut. Im Folgenden finden Sie einen kurzen Überblick über QuickTime und die Möglichkeiten, die Ihnen zur Integration eines solchen Videos auf Ihren Seiten zur Verfügung stehen.

QuickTime

Das QuickTime-Format, aktuell in der Version 6, wurde von Apple entwickelt, um die synchronisierte Wiedergabe von zeitbasierten Daten in verschiedenen Formaten, inklusive Video, Sound, MIDI und sogar Text, zu bieten. Obwohl es von Apple entwickelt wurde, wird es auch auf PC-Plattformen unterstützt. Ein interessanter Aspekt von QuickTime ist, dass es mit verschiedenen Video-Komprimierungs-Codierungen, wie Cinepack, Indeo, MPEG und sogar mit exotischen fraktalen Komprimierungscodierungen umgehen kann. QuickTime mit Standard-Cinepack-Codierung mangelt es an der Komprimierung von MPEG oder anderen Videoformaten, aber die Qualität von QuickTime ist sehr hoch. Das Erstellen oder Bearbeiten von QuickTime-Filmen ist mit relativ einfachen Werkzeugen, wie dem populären Adobe-Premiere-Paket, möglich.

Die Basissyntax des <embed>-Befehls für das QuickTime-PlugIn sehen Sie hier:

```
<embed src="URL des QuickTime Objekts"
       align="top | bottom | center | baseline | left |
       right | texttop | middle | absmiddle | absbottom"
       autoplay="true | false"
       cache="true | false"
       controller="true | false"
       height="Pixel oder Prozent"
       hidden
       href="URL der Seite zum Laden "
       hspace="Pixel"
       loop="true | false | palindrome"
       playeveryframe="true | false"
       pluginspage="URL der PlugIn-Informationen"
       scale="tofit | aspect | number"
       target="gültiger Rahmenname"
       volume="0 - 100"
       vspace="Pixel"
       width="Pixel oder Prozent">
```

Nachfolgend die Auflistung und Beschreibungen der Schlüsselattribute in der vorangegangenen Syntax:

❑ **src** Erforderlich, soll auf den URL einer gültigen QuickTime-Datei verweisen.

❑ **align** Arbeitet wie das gleichnamige Attribut für das <img>-Element und akzeptiert dieselben Werte.

❑ **autoplay** Kann die Werte true oder false (Voreinstellung) haben; bestimmt, ob der Film sofort nach dem Laden abgespielt werden soll.

❑ **cache** Kann die Werte true oder false annehmen. Der Wert true veranlasst den Browser, betrachtete Informationen in den lokalen Zwischenspeicher abzulegen, so dass sie nicht mehrmals geladen werden müssen. Ist der Wert false gesetzt ist, muss der Film für nochmaliges Betrachten erneut geladen werden.

❑ **controller** Kann die Werte true oder false annehmen. Dieses Attribut bestimmt, ob die Filmsteuerung sichtbar ist. Die Steuerung bietet die Standards Stop, Abspielen, Pause, Zurückspulen, Bildauswahl und Lautstärkensteuerung. Die Steuerung ist 24 Pixel hoch, so dass der Wert des Attributs height diesen Wert erhalten sollte. In der Voreinstellung hat controller den Wert true.

❑ **height** Wird wie das width-Attribut verwendet. Der Wert spezifiziert die Höhe des Objekts mit einem Pixel- oder Prozentwert und verkürzt oder vergrößert in der gleichen Art wie width das Objekt. Wenn der angegebene Wert die Höhe des Films übersteigt, wird der Film innerhalb dieser Höhe zentriert. Ist der Wert kleiner, wird das Objekt zurechtgeschnitten. Vermeiden Sie die Werte 0 oder 1 für das height-Attribut, weil das zu unvorhersehbaren Ergebnissen führen kann. Bedenken Sie, dass die Steuerung für den Film 24 Pixel hoch ist und dass dieser Wert dem height-Wert hinzugefügt werden muss, um das Objekt richtig anzuzeigen.

❑ **hidden** Besitzt keine Parameter. Die Anwesenheit des Attributs bestimmt, ob der Film sichtbar ist. In der Voreinstellung ist der Wert off. In den meisten Fällen ist das nicht sinnvoll. Wenn jedoch ein nur aus Sound bestehender Film eingefügt wird, kann so eine ähnliche Funktion wie eine Hintergrundmusik geboten werden, vorausgesetzt, dass autoplay den Wert true hat.

❏ **href** Verweist auf den URL einer Seite, die geladen werden soll, wenn der Film angeklickt wird. Es kann jedoch problematisch werden, wenn das `controller`-Attribut den Wert `false` annimmt. Dann hat ein Klick zwei Bedeutungen: Zum einen wird der Film gestartet und zum anderen wird eine andere Seite aufgerufen. Die Autoren sollten entweder das Attribut `autoplay` verwenden oder eine Steuerung anbieten, wenn sie dieses Attribut verwenden.

❏ **hspace** Bestimmt den horizontalen Pixelabstand für das PlugIn und arbeitet wie das `hspace`-Attribut für das `<img>`-Element.

❏ **loop** Legt fest, ob der Film in einer Schleife abgespielt werden soll. Der Wert `true` lässt den Film so lange wiederholen, bis der User die Wiedergabe stoppt. Der voreingestellte Wert ist `false`. Wenn das Attribut `loop` den Wert `palindrome` hat, wird der Film zunächst vorwärts und anschließend rückwärts abgespielt. Dieser Wert produziert interessante Effekte mit Filmen und spielt sogar den Soundtrack rückwärts ab.

❏ **playeveryframe** Auch hier können die Werte `true` oder `false` verwendet werden. Der Wert `true` instruiert das PlugIn, jedes einzelne Bild abzuspielen, selbst wenn das erfordert, den Film langsamer wiederzugeben. Das ist sinnvoll, wenn der Prozessor Bilder unterdrückt, die wertvoll sein könnten. Der Wert `true` ist nicht bei Filmen ratsam, die mit Ton unterlegt sind, da das denselben Effekt wie eine ausgeschaltete Soundwiedergabe hat.

❏ **pluginspage** Bestimmt den URL der Seite, die Informationen über das erforderliche PlugIn beinhaltet und von der dieses geladen und installiert werden kann, sofern es nicht bereits installiert ist. Diese Eigenschaft wird von Netscape unterstützt und soll auch auf dem Internet Explorer funktionieren. Seien Sie vorsichtig im Ungang mit diesem Attribut. Es sollte grundsätzlich den Wert `http://quicktime.apple.com` haben, wenn nicht zusätzliche, spezielle Anweisungen neben der Standard-QuickTime-Information eingefügt werden.

❏ **scale** Kann Werte haben wie `tofit`, `aspect` oder eine Zahl, die dem gewünschten Skalierungsfaktor, wie `1.5`, entspricht. Der voreingestellte Wert ist `1`, was einem normal skalierten Film entspricht. Wird das Attribut auf den Wert `aspect` gesetzt, wird der Film so skaliert, dass er in einen Rahmen passt, der durch die Attribute `height` und `width` definiert wird. Der Wert `tofit` skaliert den Film und passt ihn, ohne Berücksichtigung derer Seitenverhältnisse, den Attributen `height` und `width` an. Seien Sie bei der Skalierung von Filmen vorsichtig, da es möglicherweise die Wiedergabeleistung und die Bildqualität herabsetzt.

❏ **target** Wird in Verbindung mit dem `href`-Attribut verwendet, um den Namen eines Frames anzugeben, in dem die Seite, die durch das `href`-Attribut definiert wird, geladen wird. Reservierte Frame-Namen können genauso wie eigene Frame-Namen verwendet werden. Weitere Informationen über Frames finden Sie in Kapitel 8.

❏ **volume** Kann einen Wert von 0 bis 100 annehmen. Je höher der Wert, desto lauter wird die Tonspur des QuickTime-Films wiedergegeben. Der Wert 0 schaltet den Ton vollständig aus, während 100 die Lautstärke auf das Maximum setzt. Wenn das Attribut nicht gesetzt wird, wird der Standardwert 100 angenommen. Dieses Attribut ist relativ neu und wird nicht von den älteren Versionen des QuickTime-PlugIns unterstützt.

❏ **vspace** Bestimmt die Anzahl der vertikalen Pixel, um einen Abstand zwischen dem eingebunden Objekt und den es umgebenden Inhalten zu schaffen. Dieses Attribut wird auf die gleiche Weise verwendet wie das gleichnamige Attribut des `<img>`-Elements.

❏ **width** Wird in Pixel oder als prozentualer Wert angegeben. Ihnen sollte bewusst sein, dass das PlugIn nicht zwangsläufig den Film streckt, um einen bestimmten Raum einzunehmen. Wie bereits erwähnt, wird durch die Verwendung des `scale`-Attributs mit dem Wert `aspect` der Film an einen Rahmen angepasst, der durch die Attribute `height` und `width` definiert wird. Wenn der Wert dem Objekt weniger Raum als die tatsächliche Breite zuweist, wird es dementsprechend gestaucht. Der Wert für `width` muss gesetzt werden, sofern nicht das Attribut `hidden` verwendet wird. Seien Sie vorsichtig, wenn Sie sehr kleine Werte wie 0 und 1 Pixel verwenden, da das zu Problemen führen kann.

Das folgende Beispiel illustriert nur die einfachsten Anwendungsmöglichkeiten für QuickTime-PlugIns, dessen Darstellung in Abbildung 9.3 gezeigt wird:

```
<!DOCTYPE HTML PUBLIC "-//W3C//DTD HTML 4.01 Transitional//EN">
<html>
<title>QuickTime-Unterstützung unter Netscape</title>

<body>

<font size="4">Dieses Beispiel zeigt ein Bild von einem Werbe-Clip für QuickTime,
dargestellt in einem Netscape-Browser.</font>

<embed src="quicktime.mov" width="180" height="178" autoplay="true" align="left"
hspace="12" vspace="20">

</body>
</html>
```

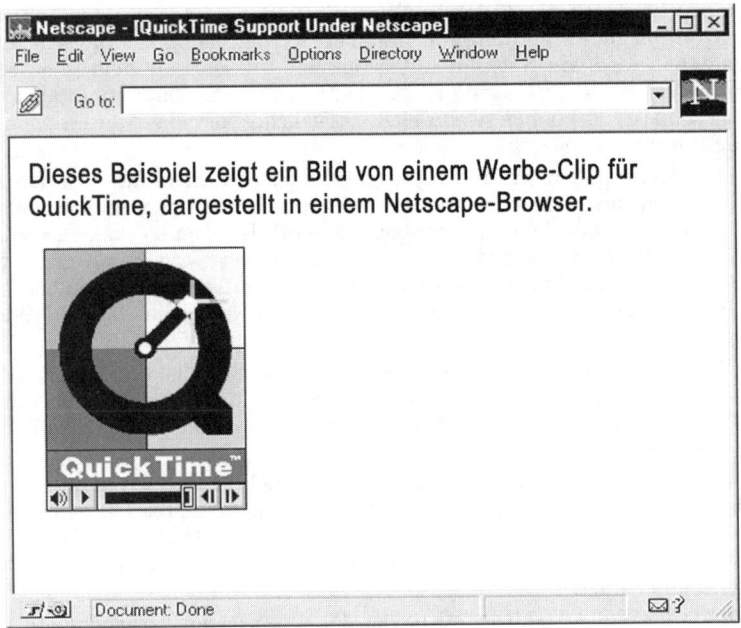

Abbildung 9.3: QuickTime Unterstützung durch Netscape

Für weitere Informationen über die Verwendung von QuickTime-Videos im Web verweisen wir Sie auf Apples QuickTime-Seiten (`http://www.apple.com/ quicktime/`).

Weitere ausgewählte Videoformate

Die anderen beiden Videostandards, die neben QuickTime sehr häufig online verwendet werden, sind RealVideo und Windows Media. Die Syntax dieser Technologien ist einem ständigen Wechsel unterworfen. Die Filme werden meist in einem eigenen Fenster und nicht direkt innerhalb einer Webseite angezeigt. Trotzdem sollen diese beiden Technologien hier kurz vorgestellt werden.

RealVideo

RealVideo ist ein Verfahren für Streaming-Videos, das von RealNetwork entwickelt wurde. Es ist vergleichbar mit RealAudio und kann mit dem RealPlayer betrachtet werden. Mit dem RealProducer können mehrere Videoformate, einschließlich AVI, QuickTime und MPEG, verarbeitet und in RealVideo-Dateien umgewandelt werden. Die Dateiendung dieser Dateien lautet, wie bei RealAudio, `.rm`. Tatsächlich findet hier fast der gleiche Umwandlungsprozess wie bei RealAudio-Clips statt. Auf die Videodatei kann durch Verweis auf eine `.ram`-Datei (oder eine `.rpm`-Datei für auf die Webseite integrierte Videos) zugegriffen werden. Diese verweisen wiederum auf eine `.rm`- oder eine `.smil`-Datei. Letztere kann mit verschiedenen Datentypen verknüpft sein, um eine Multimedia-Präsentation wiederzugeben. Die Basissyntax ist bereits weiter oben in diesem Kapitel, im Abschnitt »RealAudio«, vorgestellt worden; für nähere Informationen zu SMIL lesen Sie bitte Kapitel 17. Eine umfangreiche Dokumentation finden Sie auf den RealNetworks-Webseiten.

Windows Media Video

Microsofts Medientechnologie hat eine Anzahl von Formen eingenommen, inklusive ActiveMovie, aber das neueste Produkt aus dieser Familie ist Windows Media, dessen Audio-Applikationen bereits in diesem Kapitel vorgestellt wurden. Windows Media Player ermöglicht das Abspielen von Multimedia-Streams vom lokalen oder netzwerkbasierten Server. Darüber hinaus erlaubt der Windows Media Player auch das Abspielen von Video- und Audio-Inhalten, die in verschiedenen Formaten komprimiert wurden. Es werden die folgenden Videoformate unterstützt:

- AVI
- MPEG
- Video on Demand (VOD)
- MP3
- QuickTime Dateien (.aiff, .mov)
- Windows Media Video (.wmv)
- Advanced Streaming Format (.asf)

Die letzten beiden Formate sind Microsoft-spezifische Dateiformate. Das Advanced Streaming Format wurde bereits im Audiobereich erwähnt und kann unter Verwendung einer zwischengeschalteten Textdatei von einer Webseite aus aufgerufen werden. Diese Textdatei muss die Dateierweiterung `.asx` haben. Mehr dazu erfahren Sie im Abschnitt *Windows Media Audio* weiter oben in diesem Kapitel. Ausführliche Informationen zur Verwendung von Windows Media erhalten Sie bei Microsoft unter `http:// msdn.microsoft.com/ workshop/imedia/windowsmedia/abc.asp`.

Animation

Manchmal wirkt ein großes Video etwas übertrieben, zumal schon eine kleine Animation einer Webseite etwas Würze verleiht. Animationen werden im Web für viele Gelegenheiten verwendet: aktive Logos, animierte Zeichen, Präsentationen und kurze Cartoons. Es gibt eine Vielzahl von Animationstechnologien, die für Webdesigner verfügbar sind. Einige der geläufigsten Animationsverfahren sind animierte GIFs, Flash-, Shockwave- und DHTML-Animationen. Es existieren einige weitere Möglichkeiten, Animationen zu erstellen. Vor allem Java-basierte Animationen und ältere Techniken, wie Server-Push, sind hier hervorzuheben. Die Anzahl der wirklichen Alternativen hat sich jedoch sehr verkleinert. Es gibt nur wenige ältere oder browserspezifische Animationsformate, die einen Blick wert sind, doch einige davon, wie Microsofts `<marquee>`-Tag, werden fortbestehen.

Textanimation mit <marquee>

Eine Möglichkeit, einen neuen Multimediaansatz einzuführen, ist das Hinzufügen von neuen Elementen und der Einbau der Unterstützung für dieses Objekt in einen Browser. Dieses Verfahren ist bei Browserherstellern sehr beliebt und zum großen Teil verantwortlich für die Zunahme von browserspezifischen Befehlen. Ein Beispiel dafür ist der Befehl <marquee>, der sich im Web inzwischen etabliert hat. Obwohl <marquee> kein eingebundenes Binärobjekt ist, verhält es sich wie ein solches. Es unterstützt die Attribute hspace, vspace, height und width. Bei der Einführung browserspezifischer Elemente hat sich vor allem Microsoft hervorgetan, von denen auch der verpönte <marquee>-Befehl stammt, der wohl genauso verachtet wird wie das <blink>-Element. Dank <marquee> können nun HTML-Autoren Nachrichten erstellen, die sich hin- und herbewegen und auf die unterschiedlichsten Arten über den Bildschirm gleiten. Zusammengefasst lässt sich sagen, dass es nicht zu empfehlen ist, übermäßigen Gebrauch von diesem Element zu machen.

Der Internet Explorer unterstützt das <marquee>-Element. Es benötigt ein schließendes </marquee>-Tag. Der zwischen den Befehlen eingefügte Text transformiert sich in ein scrollendes Tickerband, vergleichbar mit den Börsenkurseinblendungen, die Sie am unteren Bildschirmrand jedes Nachrichtensenders im Fernsehen betrachten können. Ein sehr einfaches Beispiel hierfür sehen Sie im folgenden HTML-Fragment:

```
<marquee>
Willkommen bei der Demo Company -- dem größten Schwindel-Unternehmen der Welt!
</marquee>
```

Der Internet Explorer und andere Browser, die das <marquee>-Element unterstützen, stellen den eingeschlossenen Text als sich wiederholendes von rechts nach links laufendes Textband dar. Browser, die <marquee> nicht unterstützen, zeigen den Text nur statisch.

Nachfolgend ein etwas komplexeres Beispiel, das einige gängige Attribute, die von <marquee> unterstützt werden, illustriert. Abbildung 9.4 zeigt die zugehörige Browserdarstellung:

```
<!DOCTYPE HTML PUBLIC "-//W3C//DTD HTML 4.01 Transitional//EN">
<html>
<head>
<title>Marquee-Beispiel</title>
</head>
<body>
<div align="center">
<marquee bgcolor="yellow"
         behavior="alternate"
         direction="right"
         loop="6"
         scrollamount="1"
         scrolldelay="40"
         title="Unnütze Befehle sind nicht mehr nur Netscape vorbehalten."
         width="80%">Willkommen bei der Demo Company, dem größten
         Schwindelunternehmen von allen!
</marquee>
</div>
</body>
</html>
```

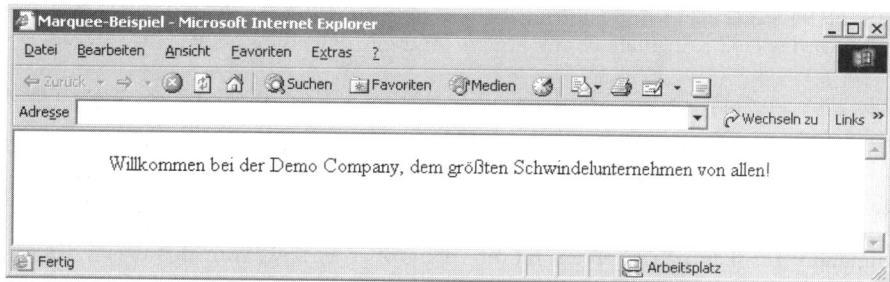

Abbildung 9.4: Darstellung des <marquee> Beispiels

Durch Änderungen der Attribute wird die Darstellung von Marquee angepasst. Es ist z.B. möglich, den Wert des behavior-Attributs auf alternate, scroll oder slide zu setzen. Sie bestimmen, wie sich der scrollende Text verhalten soll. Gemäß der Voreinstellung scrollt der Text von rechts nach links, sofern nicht das Attribut direction etwas anderes verlangt. Der gescrollte Text muss erst vollständig vom Monitor verschwinden, bevor er auf der anderen Seite wieder ins Bild läuft. Wenn das Attribut den Wert alternate hat, pendelt der Text hin und her. Der Wert slide lässt den Text aus der spezifizierten Richtung auf seine Zielposition gleiten und er verbleibt dann auf dem Bildschirm.

Das direction-Attribut wird verwendet, um die Laufrichtung festzulegen, in der sich der Text bewegen soll. Mögliche Werte für dieses Attribut sind down, left, right und up.

Das loop-Attribut wird verwendet, um die Anzahl der Durchläufe zu bestimmen. Wenn das Attribut behavior den Wert slide hat, scrollt ein Marquee unendlich. Der Wert des loop-Attributs sollte eine ganze, positive Zahl sein.

Das Attribut scrollamount erlaubt die Steuerung der Glätte. Der Wert dieses Attributs bestimmt die Anzahl der Pixel, die zwischen den einzelnen Zuständen der gescrollten Nachricht liegen. Je größer der Wert in Pixel ist, desto ruckartiger scrollt der Text.

Das scrolldelay-Attribut wird verwendet, um die Anzahl von Millisekunden zwischen jedem Schritt der Nachricht zu bestimmen. Ein höherer Wert für dieses Attribut verlangsamt den Textfluss. Ein sinnvoller Wert für dieses Attribut ist 50 oder größer. Kleinere Werte für scrolldelay machen den Text unter Umständen sehr schwer lesbar.

Schließlich hat das <marquee>-Element, da es in einer rechteckigen Region dargestellt wird, auch die Attribute align, hspace, vspace, height und width.

Anhang A bietet eine komplette Beschreibung des <marquee>-Elements und seiner zahlreichen Attribute. Obwohl das <marquee>-Element sicherlich als eine einfache Möglichkeit, animierten Text darzustellen, interessant ist, kann es bei Licht betrachtet nicht das leisten, was eine einfache GIF-Animation vermag.

Animierte GIFs

Animierte GIFs sind die einfachste Form von Animation und werden nahezu von allen Browsern unterstützt. Zwar können hier Schleifen und in beschränktem Maße auch zeitlich definierte Schleifen festgelegt werden, komplexere Animationen sind jedoch bei diesem Format nicht möglich.

Das GIF89a-Format unterstützt auch Animation. Die Animation wird durch das Stapeln verschiedener Bilder übereinander erstellt, einer Methode, die einem Daumenkino ähnlich ist. Darüber hinaus können Information über den zeitlichen Ablauf und die Anzahl der gewünschten Wiederholungen zu der Grafik hinzugefügt werden. Animierte GIFs sind eine der beliebtesten Möglichkeiten, um einfache Animationen zu einer Webseite hinzuzufügen, da sie von fast jedem Browser unterstützt werden. Browser, die das animierte GIF-Format nicht unterstützen, stellen generell das erste Bild der Animation dar. Eine GIF-Animation wird wie eine normale Grafik in eine Webseite eingebunden, wie hier gezeigt:

```
<img src="animation.gif" width="100" height="100" border="0" alt="DemoCompany">
```

Auch wenn für animierte GIFs keine PlugIns oder andere Browser-Mittel benötigt werden, sollten es die Autoren nicht mit der Verwendung von Animationen übertreiben. Zu viele Animationen können auf den Benutzer störend wirken und führen oft zu ineffizienten Ladezeiten. Da die Animation grundsätzlich aus einer Vielzahl von Grafiken besteht, ist die Dateigröße abhängig von der Anzahl der Grafiken innerhalb der Animation. Das kann zu Grafiken führen, die größer sind als vom Benutzer erwartet oder toleriert wird. Es ist daher sehr wichtig, dass jedes einzelne Bild der Animation so gut wie möglich komprimiert ist. Ein Verfahren, um aufgeblasene Dateien zu bekämpfen, ist die Optimierung durch das ausschließliche Ersetzen von bewegten Teilen. Mehr zu diesem Thema finden Sie in Kapitel 5.

Flash

Macromedia Flash (www.macromedia.com/flash) ist das führende Format für hoch entwickelte webbasierte Animationen. Flash-Dateien sind sehr kompakt. Der Grund für Flashs kleine Dateigrößen ist die Tatsache, dass es vektorbasiert ist. Jeder, der mit Photoshop, Illustrator, FreeHand oder einem anderen vektorbasierten Grafikprogramm gearbeitet hat, weiß, was das bedeutet. Während Photoshop Grafiken wie GIF und JPEG erstellt, die im Wesentlichen ein Mosaik aus Pixeln sind, verwenden vektorbasierte Grafiken mathematisch definierte Kurven (Bézier-Kurven, um es technisch auszudrücken), um Grafiken zu definieren. Computer lesen diese mathematischen Informationen und erstellen die Grafik auf dem Monitor. Ein 100 x 100 Pixel großes Quadrat, mit einem 2 Pixel breiten roten Rahmen, würde mathematisch definiert werden, nicht durch eine Ansammlung von farbigen Punkten. Wenn ein Browser Grafiken auf diese Weise verarbeiten könnte, wäre er in der Lage, Bilder effektiv im Web zu skalieren. Durch Verändern des Teils der Gleichung, der die Höhe und die Breite des Quadrats definiert, könnte der Browser die Größe der Grafik verändern, ohne das Bild qualitativ zu beeinflussen. So könnten die Verzerrungsprobleme umgangen werden, die Größenänderungen per HTML mit sich bringen. Leider unterstützen die meisten Browser dieses Grafikformat noch nicht, obwohl ein Format namens *Scalable Vector Graphics* (SVG) bereitsteht und auf allgemeine Browserunterstützung wartet. Microsoft unterstützt ein einfaches Format namens *Vector Markup Language* (VML) im Internet Explorer. Die meisten Designer sind jedoch noch abhängig von PlugIns, um vektorbasierte Formate darzustellen.

Flash wird hauptsächlich zum Erstellen von Animationen verwendet. Es erfordert das Flash-PlugIn, aber das Endresultat rechtfertigt die Installation. Eine Flash-Animation (Dateierweiterung .swf) ist einem animierten GIF in vielerlei Hinsicht überlegen. Es kann deutlich mehr Informationen beinhalten als ein GIF, was ausgeklügeltere und komplexere Effekte erlaubt. Die Grafik ist skalierbar und kann gedehnt oder gestaucht werden, um sie an unterschiedlich große Bildschirme anzupassen, wodurch sie auf großen Monitoren größer wirken und dennoch komfortabel skaliert werden kann, um auf kleine Monitore vollständig angezeigt zu werden. Der größte Vorteil ist, dass .swf-Dateien eine kleinere Datenmenge als eine vergleichbare GIF-Animation aufweisen – insbesondere bei großen, detaillierteren Grafiken. Wenn Sie sich eine Flash-Animation im Internet anschauen, können Sie mit einem Rechtsklick (auf PCs) oder CTRL-Klick (auf Macs) ein Menü öffnen, in dem Sie die Animation zoomen können, damit Sie sich die Details der Animation genauer ansehen können.

Nachdem Sie eine Animation erzeugt und als SWF Datei abgespeichert haben, ist es einfach, von einer Webseite darauf zu verweisen. Hierzu verwenden Sie einfach das <embed>-Element:

```
<embed src="test.swf"
       swLiveConnect="false"
       width="320" height="240"
       quality="autohigh" bgcolor="#ffffff"
       type="application/x-shockwave-flash"
```

```
                pluginspage="http://www.macromedia.com/shockwave/download/
                         index.cgi?P1_Prod_Version=ShockwaveFlash">

<noembed>
  <img src="test.gif" height="250" width="320">
</noembed>
</embed>
```

Beachten Sie die Verwendung des `<noembed>`-Elements, um eine alternative Datei, wie z.B. ein animiertes GIF, anzubieten, falls Flash nicht unterstützt wird.

Sie können auch den Befehl `<object>` zum Verweisen auf eine ActiveX-Steuerung verwenden, so wie hier:

```
<object classid="clsid:D27CDB6E-AE6D-11cf-96B8-444553540000"

codebase="http://download.macromedia.com/pub/shockwave/cabs/flash/
swflash.cab#version=4,0,2,0" width="400" height="250">

<param name="movie" value="test.swf">
<param name="quality" value="high">

    <img src="test.gif" width="320" height="240">

</object>
```

Schließlich können Sie auch all diese Formate kombinieren, um alle möglichen Situationen zu berücksichtigen, wie hier gezeigt:

```
<object classid="clsid:D27CDB6E-AE6D-11cf-96B8-444553540000"

codebase="http://download.macromedia.com/pub/shockwave/cabs/flash/
swflash.cab#version=4,0,2,0" width="400" height="250">

<param name=movie value="test.swf">
<param name="quality" value="high">

<embed src="test.swf" quality="high"
       pluginspage="http://www.macromedia.com/shockwave/download/
index.cgi?P1_Prod_Version=ShockwaveFlash"
       type="application/x-shockwave-flash" width="400" height="250">

<noembed>
  <img src="test.gif" height="250" width="320">
</noembed>

</embed>

</object>
```

Aufgrund der Komplexität der Syntax für das Einfügen von Flash-Dateien ist es das Beste, den Basis-HTML-Code durch das Flash-Programm generieren zu lassen und bei Bedarf zu modifizieren. Gleiches gilt für HTML-Editoren wie z.B. Dreamweaver.

PDF-Format

Während in diesem Kapitel bislang das Hauptaugenmerk auf dynamische Multimediaelemente, wie Sound, Video und Animationen gerichtet wurde, gibt es hier einen weiteren wichtigen Aspekt zu beachten: das Drucken. Es war lange schwierig, eine Webseite exakt so auszudrucken, wie sie auf dem Bildschirm dargestellt wird. Die verbesserte Browserunterstützung für CSS verspricht eine bessere Kontrolle in diesem Bereich, wie in Kapitel 10 erläutert wird, aber die ernüchternde Wahrheit ist, dass Webseiten die Layoutkontrolle nicht in der Form gewährleisten, wie es druckorientierte Programme, wie Quark oder sogar Microsoft Word, bieten. Es ist zwar möglich, Word-Dokumente in einem Webbrowser zu betrachten, doch deren Dateigröße verbietet diese Idee von sich aus. Glücklicherweise bietet die Acrobat-Technologie von Adobe ein funktionstüchtiges Verfahren für den Onlinevertrieb von elektronischen Dokumenten.

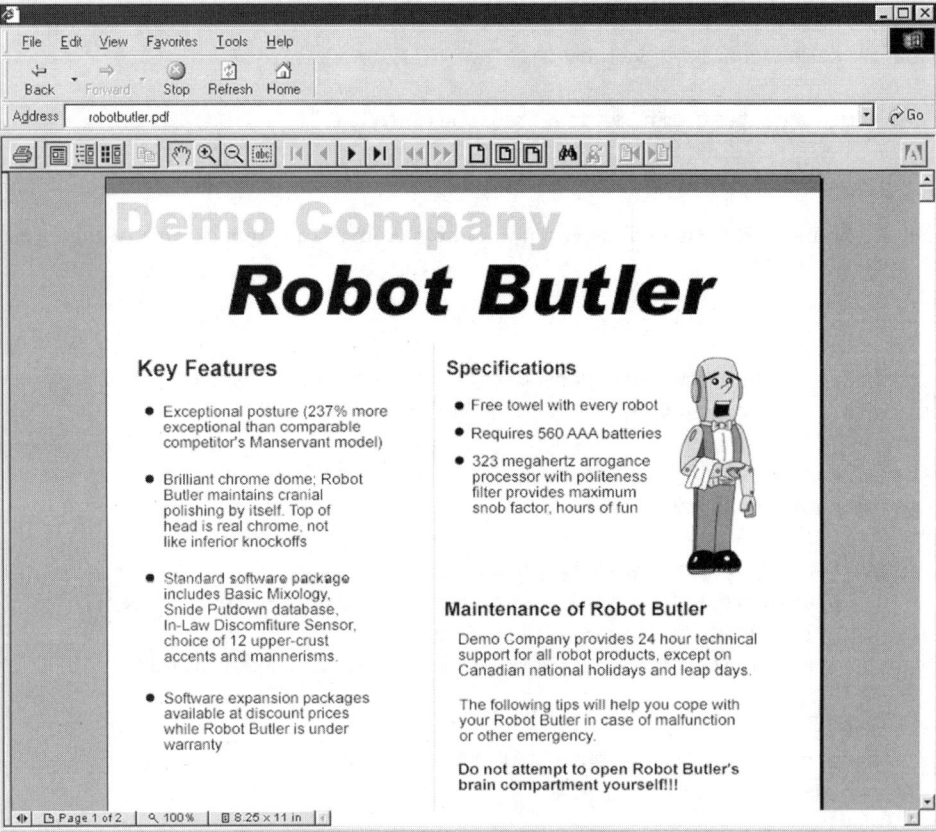

Abbildung 9.5: Beispiel Acrobat Dokument

Dieses online und offline taugliche Produkt wurde ursprünglich entwickelt, um dabei zu helfen, den Mythos des papierlosen Büros Realität werden zu lassen. Adobe Acrobat bietet dem Benutzer die Leistungsfähigkeit eines elektronischen Dokuments, ohne dass der Leser einen größeren Aufwand betreiben muss, um die Datei zu öffnen. Acrobat bewahrt die exakte Optik des Dokuments sowohl auf dem Bildschirm und als auch beim Druck. Für designorientierte Webentwickler bietet Acrobat eine interessante Alternative zu HTML, das die relativ einfachen und ungenauen Layouteigenschaften von HTML einfach übertrifft, wie Abbildung 9.5. verdeutlicht.

Acrobat-Dateien werden durch die Verwendung einer Kombination von traditionellen Textverarbeitungsprogrammen (Word- und Desktop-Publishing-Software) und der speziellen Acrobat-Autorensoftware (Adobe Exchange oder Distiller) erstellt. Die Dateien werden dann in einem Dateiformat mit dem zutreffenden Namen *Portable Document Format* (PDF) abgespeichert. PDF-Dateien sind klein und können auf verschiedene Arten transportiert werden: auf Disketten, CD-ROM oder über ein Netzwerk. Der Betrachter kann die Dateien mit dem kostenlosen Adobe Acrobat Reader lesen. Deshalb muss die Acrobat-Reader-Technologie plattformunabhängig sein. Versionen des Acrobat Reader sind derzeit für folgende Betriebssysteme erhältlich: Microsoft Windows 3.*x*, Windows 95, Windows 98 und Windows NT; Macintosh; Linux; Sun Microsystems Sun SPARC Solaris und Sun SPARC SunOS; Hewlett-Packards HP-UX; Silicon Graphics IRIX; IBMs AIX und OS/2 und Digitals VMS.

Das Einbinden einer Acrobat-Datei in eine Webseite ist so einfach wie jede andere Verknüpfung mit dem <a>-Element:

```
<a href="document.pdf">Demo-Company-Datenblatt
    (Acrobat-PDF-Format, 55Kb)</a>
```

Stellen Sie sicher, dass Sie den Benutzer wissen lassen, was er lädt, wenn Sie auf eine PDF-Datei verweisen. Sie können das durch eine entsprechend benannte Verknüpfung oder ein PDF-Icon verdeutlichen. Darüber hinaus können Sie dem Besucher die Dateigröße des verknüpften Dokuments mitteilen. Auch das Datum der letzten Änderung könnte für den Benutzer nützlich sein. Schließlich sollten Sie sich noch vergewissern, einen Verweis auf eine Site anzubieten, von der ein Benutzer den Acrobat Reader herunterladen kann, wenn er ihn noch nicht auf seinem System installiert hat. All diese Ideen werden hier illustriert:

Der Jahresreport 2001 ist auch als PDF (Portable Document Format) Datei erhältlich. Zum Öffnen dieser Datei benötigen Sie den kostenlosen Acrobat Reader von Adobe.

Für weitere Informationen über Acrobat und mehr Details darüber, wie ein Acrobat-Dokument in eine Webseite eingebunden werden kann, besuchen Sie die Webseiten von Adobe unter www.adobe.com.

Zusammenfassung

Früher wurde oft davon ausgegangen, dass die Zukunft das Internet und die Musik zusammenführen würde. In gewisser Hinsicht hat sich das als richtig erwiesen – aber nicht in dem erwarteten Sinne. Der wirkliche Trend scheint in die Richtung zu gehen, dass eigenständige Programme gestartet werden, wenn entsprechende Dateien (MP3) oder Streaming-Audio (RealAudio) geladen werden. Auch die Entwicklung von Programmen, wie RealPlayer und Windows Media Player, die eine breite Palette von Dateiformaten abspielen können, war nicht unbedingt vorauszusehen. Mit der Ausnahme MP3 bleibt es jedoch unrealistisch, CD-Qualität für Internet-basierte Musik zu erwarten. Bezüglich Online-Video werden oft die gleichen Entwicklungen angewendet. Eingebundene QuickTime-Clips könnten als Werbemöglichkeit im Web alltäglich werden, der Schwerpunkt hat sich jedoch weitgehend von Videoclips in Webseiten hin zu der Wiedergabe in RealPlayer und Windows Media Player verlagert. Das Aufkommen von vektorbasierten Formaten, wie Flash, öffnet die Tür zu einer umfangreicheren Nutzung von Animationen in Webseiten, während animierte GIFs weiterhin fortbestehen bleiben, und sei es nur als Ausweichmöglichkeit für Betrachter, bei denen Flash nicht unterstützt wird. Für viele Entwickler scheint Flash sogar eine Layout-Kontrolle zu bieten, die in HTML fehlt. Trotzdem sollten Sie nicht zugunsten binärer Daten, wie Flash, auf Text verzichten, denn der geringe Aufwand und die Flexibilität von Text sind unschlagbar. Im nächsten Kapitel wird erläutert, wie durch die wachsende Unterstützung von Cascading Style Sheets (CSS) die Layoutprobleme, die mit HTML in Verbindung gebracht werden, überwunden werden.

10

Style Sheets

Für Formatierungszwecke bietet HTML nur wenige Möglichkeiten, es wurde jedoch auch nicht zu diesem Zweck entwickelt. HTML-Elemente wurden nicht geschaffen, um ein Layout umzusetzen. Viele Leute verwenden HTML, um ein visuelles Design zu erarbeiten. Sie neigen dazu, eher visuell als organisatorisch zu denken, wenn sie Webseiten erstellen. Ziel war es, möglichst viel Kontrolle über das Layout der Seiten zu erlangen. Bis vor kurzem waren diese Möglichkeiten auf Tabellen, HTML-Tricks und Grafiken oder eingebundene Objekte, wie z.B. Flash-Filme beschränkt. Allerdings waren diese Lösungen nur bedingt zufrieden stellend.

Jetzt gibt es eine bessere Lösung. Für die wichtigsten Browser sind Formatvorlagen in Form von Cascading Style Sheets (CSS) verfügbar. Diese Style Sheets bieten all das, wonach sich Webdesigner all die Jahre gesehnt haben: mehr Kontrolle über das Layout. Das Hauptproblem mit der CSS-Umsetzung sind die älteren Versionen der Netscape- und Microsoft-Browser, die den CSS1-Standard (die erste Spezifikation) nur teilweise unterstützten. Neuere Versionen dieser Browser unterstützen CSS1 vollständig, was den Effekt hat, dass immer mehr Webautoren Style Sheets zum Formatieren ihrer Seiten einsetzen. Teile der CSS2-Spezifikation werden besser unterstützt. Obwohl CSS inzwischen recht weit verbreitet sind, bleiben einige Probleme: Große Teile von CSS2 werden nicht unterstützt, es gibt Erweiterungen, die exklusiv von den Browserherstellern eingeführt und umgesetzt werden und das World Wide Web Consortium macht sich bereits daran, eine CSS3-Spezifikation zu entwickeln.

Style-Sheet-Grundlagen

CSS1-Style-Sheets basieren wie HTML auf einer tief gehenden Markierungsstruktur. Style Sheets sind kein Ersatz für HTML. Ohne mit einem Element verbunden zu sein, hat ein Style keinerlei Bedeutung. Der Sinn eines Style Sheets ist es, die Darstellung eines bestimmten Elements oder einer Gruppe von Elementen genau zu spezifizieren. Ein Element mit einer Stilspezifikation zu verknüpfen ist sehr einfach: Einem Selektor – in der Regel einfach der Name des Elements – folgt die mit ihm verknüpfte Stilinformation – Regeln genannt – innerhalb geschwungener Klammern. Stellen Sie sich z.B. vor, dass Sie das <h1>-Tag mit einer Regel verknüpfen wollen, die den Text in einer 28-Punkt-Schrift darstellt. Die folgende Regel würde die gewünschte Darstellung bewirken:

```
h1   {font-size: 28pt;}
```

Es können auch mehrere Regeln für das <h1>-Tag definiert werden, wie z.B. die Schriftgröße oder -farbe, indem die verschiedenen Stilvorschriften mit einem Semikolon getrennt werden.

```
h1 {font-size: 28pt; color: red; font-family: Impact;}
```

Um das Style Sheet verwenden zu können, müssen Sie es in ein HTML-Dokument einbinden. Hierfür gibt es verschiedene Möglichkeiten. Sie können entweder ein externes Style Sheet, ein dokumentweites Style Sheet oder interne Styles mit Hilfe des `style`-Attributes, das für die meisten HTML-Elemente gilt, verwenden. Alle diese Methoden werden in diesem Abschnitt vorgestellt. Zu Demonstrationszwecken sehen Sie hier eine dokumentweite Stildefinition, die mit dem `<style>`-Element innerhalb des Dokumentkopfes einer Webseite eingebunden wird:

```
<!DOCTYPE HTML PUBLIC "-//W3C//DTD HTML 4.01 Transitional//EN">
<html>
<head>
<title>Das erste CSS-Beispiel</title>
<style>
h1    {font-size: 28pt;
       color: red;
       font-family: Impact;}
</style>
</head>
<body>
<h1>Neues und verbessertes HTML mit Stil</h1>
</body>
</html>
```

CSS bietet hervorragende Möglichkeiten, das Aussehen von HTML-Elementen zu beeinflussen. Beachten Sie, welchen Unterschied dieses einfache Beispiel bei der Darstellung zwischen einem alten Browser und einem Style Sheets unterstützenden Browser bewirkt.

Abbildung 10.1: Eine Webseite mit und ohne CSS

Style Sheets in ein Dokument einfügen

Stilinformationen können grundsätzlich auf drei verschiedene Arten in ein HTML-Dokument eingebunden werden:

❑ Verwenden eines externen Style Sheets, auf das entweder verwiesen oder das importiert wird
❑ Einbinden dokumentweiter Stilregeln im Kopf des Dokuments
❑ Einbetten von Stilregeln genau an der Stelle, an der sie angewendet werden

Jede dieser Formen hat ihre Vor- und Nachteile, die Sie in Tabelle 10.1 sehen.

	Externe Style Sheets	Dokumentweite Stile	Eingebundene Stile
Vorteile	Mit einem Style Sheet können die Stilvorgaben für viele Dokumente festgelegt werden	Das Aussehen kann einfach Seite für Seite kontrolliert werden. Es wird keine zusätzliche Ladezeit benötigt	Das Aussehen kann für jeden einzelnen Buchstaben bestimmt werden. Externe oder dokumentweite Stilregeln können überschrieben werden
Nachteile	Es wird zusätzliche Downloadzeit für das Style Sheet benötigt, was den Seitenaufbau verzögert	Bei anderen Dokumenten müssen die Stilregeln neu hinzugefügt werden	Stilregeln müssen mehrfach innerhalb eines Dokuments wiederholt werden. Zu sehr in den HTML-Code eingebunden und daher schwer zu überarbeiten

Tabelle 10.1: Vergleich von Style-Sheet-Ansätzen

Verweise auf ein Style Sheet

Ein externes Style Sheet ist eine einfache Textdatei, in der die Stilspezifikationen für HTML-Befehle oder -Klassen definiert werden. Die übliche Endung für Dateien, die Style-Sheet-Informationen enthalten, ist .css (Cascading Style Sheets).

Hinweis

Die Dateiendung .jss wird verwendet, um ein Netscape JavaScript Style Sheet (JSSS) anzuzeigen, das die Grundelemente von CSS in einer Netscape-spezifischen Darstellung bietet. Webdesigner sollten .jss-Dateien meiden.

Die folgenden CSS1-Regeln befinden sich in einer Datei namens sitestyle.css, die die Stilinformationen für eine ganze Site bestimmt:

```
body        {font: 10pt;
             font-family: Serif;
             color: black;
             background-color: white;}


h1          {font: 24pt;
             font-family: Sans-Serif;
             color: black;
             text-align: center;}
```

```
p            {text-indent: 0.5in;
              margin-left: 50px;
              margin-right: 50px;}


a:link    {color: blue; text-decoration: none;}
a:visited {color: red; text-decoration: none;}
a:active  {color:red; text-decoration: none;}
a:hover   {color: red; text-decoration: underline;}
```

Hinweis

Die Pseudoklassen `a:link`, `a:visited`, `a:active` und `a:hover` sind Selektoren, die mit den verschiedenen Zuständen eines Links verknüpft sind. Diese Selektoren werden weiter unten in diesem Kapitel vorgestellt.

Eine HTML-Datei, die dieses Style Sheet verwendet, kann mit Hilfe des `link`-Tags, das sich im Kopf des Dokuments befindet, darauf zugreifen. Wie Sie bereits aus Kapitel 4 wissen, dient das `link`-Element nicht ausschließlich zum Einbinden von Style Sheets und es hat eine Vielzahl von Verknüpfungsmöglichkeiten, die mit dem `rel`-Attribut umgesetzt werden. Im Folgenden sehen Sie ein Beispiel, wie eine Verknüpfung mit Style Sheets realisiert wird:

```
<!DOCTYPE HTML PUBLIC "-//W3C//DTD HTML 4.01 Transitional//EN">
<html>
<head>
<title>Style-Sheet-Verknüpfungs-Beispiel</title>
<link rel="stylesheet" href="sitestyle.css" type="text/css">
</head>
<body>
<h1>HTML mit Stil</h1>
<p>Cascading Style Sheets wie vom
<a href="http://www.w3.org">W3C</a> definiert, bieten vielfältige Layout-
Möglichkeiten.</p>
 ...weitere Inhalte mit Style Sheets formatiert...
</body>
</html>
```

In diesem Beispiel wird die Beziehung für das `link`-Element durch das `rel`-Attribut mit dem Wert `stylesheet` angezeigt. Das `href`-Attribut wird verwendet, um den URL des zu verwendenden Style Sheets anzuzeigen. In diesem Fall befindet sich das Style Sheet im selben Verzeichnis wie die aktuelle Datei und hat den Namen `stylesheet.css`. Es ist jedoch sinnvoll, alle Style Sheets in einem speziellen Verzeichnis zusammenzufassen. Es ist natürlich auch möglich, auf ein Style Sheet zu verweisen, das sich auf einem anderen Server befindet. In diesem Fall wäre der vollständige URL des Style Sheets, z.B. `http://www.htmlref.com/styles/remotestyle.css`, anzugeben. Beachten Sie, dass Verweise auf ein externes Style Sheet die gleichen Probleme wie alle Links auf externe Objekte mit sich bringen: Die Ladezeiten können sich verlängern, das Objekt kann eventuell nicht mehr verfügbar sein oder eine Überlastung auf dem externen System kann die Performance der Seite stark beeinflussen.

Ein weiterer Hinweis auf das obige Beispiel gilt dem `type`-Attribut des `link`-Tags, das den MIME-Typ »`text/css`« angibt. Dieser Wert zeigt an, dass die eingebundenen Formatierungsregeln in Form eines Cascading Style Sheets angegeben werden. Ein Style-Sheet-Typ kann sowohl an Ort und Stelle als auch dokumentweit definiert werden. Um zu vermeiden, das `type`-Attribut verwenden zu müssen, möchten Sie eventuell eine Standard-Style-Sheet-Sprache im `<head>`-Element festlegen, wobei Sie das `<meta>`-Element wie folgt benutzen:

```
<meta http-equiv="Content-Style-Type" content="text/css">
```

Standardmäßig setzen die meisten Browser voraus, dass CSS verwendet werden. Die Einstellungen in `type` haben daher nur einen geringen Effekt, unabhängig davon, wie sie eingesetzt werden.

Style Sheets einbinden und importieren

Der zweite Weg, eine Verknüpfung zu einem externen Style Sheet zu erstellen, ist, es einzubinden. Dabei schreiben Sie die Formatierungsregeln direkt in das HTML-Dokument. Sie können separate Stilregeln in einer anderen Datei speichern und diese importieren oder direkt ins Dokument kopieren. Bei beiden Varianten wird das `<style>`-Element im Kopf des Dokuments verwendet. Die Stilregeln selbst werden zwischen dem Tag-Paar `<style>` und `</style>` eingebunden.

Bedenken gibt es, weil nicht alle Browser in der Lage sind, die Stilinformationen umzusetzen. Um diese Probleme zu vermeiden, kommentieren Sie die Stilinformationen aus, damit die Formatierungsregeln nicht fehlinterpretiert oder gar auf dem Bildschirm angezeigt werden. Ein komplettes Beispiel für ein dokumentweites Style Sheet, inklusive der auskommentierten Regeln, sehen Sie hier:

```
<!DOCTYPE HTML PUBLIC "-//W3C//DTD HTML 4.01 Transitional//EN">
<html>
<head>
<title>Documentweites Style-Sheet-Beispiel</title>
<style type="text/css">
<!--
body        {font: 10pt;
             font-family: Serif;
             color: black;
             background-color: white;}

h1          {font: 24pt;
             font-family: Sans-Serif;
             color: black;
             text-align: center;}

p           {text-indent: 0.5in;
             margin-left: 50px;
             margin-right: 50px;}

a:link      {color: blue; text-decoration: none;}
a:visited   {color: red; text-decoration: none;}
a:active    {color:red; text-decoration: none;}
a:hover     {color: red; text-decoration: underline;}
-->
</style>
</head>
<body>
<h1>HTML with Style</h1>
```

```
<p>Cascading Style Sheets 1 wie vom <a href="http://www.w3.org">W3C</a>
definiert, bieten vielfältige Layout-Möglichkeiten.</p>
...weitere Inhalte mit Style Sheets formatiert...
</body>
</html>
```

Das `<style>`-Element kann mehrmals innerhalb des Dokumentkopfes erscheinen, und Sie können sogar noch weitere Stilvorschriften importieren oder auf weitere Stilregeln verweisen. Auch das Aufteilen der Stilinformationen in verschiedene Sektionen kann sehr nützlich sein, es muss jedoch bestimmt werden, welche Regeln für welche Bereiche gelten. Das ist der Gedanke der Kaskade, der weiter unten in diesem Kapitel genauer beschrieben wird.

Sie können dokumentweite Formatierungsvorschriften auch importieren. Die Vorgehensweise entspricht dem Verweisen auf Style Sheets. Es wird auch hier auf ein externes Style Sheet verwiesen, allerdings mit einer anderen Syntax. Der Befehl hierfür lautet `@import`, gefolgt vom URL des einzubindenden Style Sheets, und wird mit einem Semikolon abgeschlossen. Diese Anweisung muss innerhalb des `<style>`-Elements eingebunden werden und hat außerhalb dieses Befehls keine Bedeutung. Ein Beispiel für den Import von Style Sheets wird hier gezeigt:

```
<!DOCTYPE HTML PUBLIC "-//W3C//DTD HTML 4.01 Transitional//EN">
<html>
<head>
<title>Eingebundenes Style Sheet (Beispiel)</title>
<style type="text/css">
<!--
@import url(grundregeln.css);
@import url(linkregeln.css);

/* eine Regel speziell für dieses Dokument */

h1        {font: 24pt;
           font-family: Sans-Serif;
           color: black;
           text-align: center;}
-->
</style>
</head>
<body>
<h1>HTML mit Stil</h1>
<p>Cascading Style Sheets 1 wie vom <a href="http://www.w3.org">W3C</a>
definiert, bieten vielfältige Layout-Möglichkeiten.</p>
...weitere Inhalte mit Style Sheets formatiert...
</body>
</html>
```

Hinweis

Das vorangegangene Beispiel zeigt den Einsatz von Kommentaren in CSS. Sie werden von /* und */ umgeben und werden verwendet, um Hinweise zu komplexen und verwirrenden CSS-Anweisungen zu geben.

Im vorangegangenen Beispiel werden die Regeln für die Befehle <body> und <p> aus der Datei grund-regeln.css abgeleitet, während die Regeln für das <a>-Element in der Datei linkregeln.css enthalten sind. Eine spezielle Regel für das <h1>-Element, die in diesem Dokument verwendet werden soll, wird in diesen Block eingebunden, um dem Leser einen Einblick zu ermöglichen, wie die @import-Anweisung als Teil einer Gesamtformatierungsvorlage gehandhabt wird (alle @import-Anweisungen sollten vor allen anderen Stilregeln angegeben werden). Obwohl importierte Style Sheets einen großen Vorteil zu haben scheinen, werden sie nur selten verwendet, da einige Browser sie nicht vollständig unterstützen. Webdesigner sollten die <link>-Anweisung für die Verwendung externer Style Sheets bevorzugen, bis diese Form mehr unterstützt wird.

Hinweis

Obwohl die @import-Anweisung von Netscape-4.x-Browsern ignoriert wird, kann sie nützlich sein, um Stilregeln einzubinden, die vom Netscape-Browser nicht korrekt wiedergegeben werden.

Eingebettete Stilregeln verwenden

Neben Style Sheets für ganze Dokumente können Sie Stilinformationen auch direkt für ein einzelnes Element hinzufügen. Die einfachste, aber nicht unbedingt beste Methode hierfür ist, Stilregeln für ein spezielles HTML-Element zu bestimmen. Und so funktioniert's: Stellen Sie sich vor, Sie wollen einen bestimmten <h1>-Abschnitt in grüner, 48 Punkt großer Schrift vom Typ Arial darstellen. Dann können Sie allen <h1>-Tags oder einer entsprechenden Klasse diese Vorgaben zuweisen, indem Sie eine dokumentweit gültige Stilvorschrift erstellen. Andererseits können Sie die Stilvorschriften auch einfach mit dem style-Attribut dem Tag direkt hinzufügen. Das style-Attribut gehört, wie auch class, id und title zu den Attributen, die bei fast jedem Tag verwendet werden können. Das folgende Beispiel zeigt, wie die erwähnten Regeln zum <h1>-Tag hinzugefügt werden:

```
<h1 style="font-size: 48pt; font-family: Arial; color: green;">CSS1 Inline</h1>
```

Diese Sorte von Stilinformation muss nicht vor älteren Browsern versteckt werden, da Browser Attribute, die sie nicht kennen, ignorieren.

Obwohl eingebettete Stilregeln eine einfache Möglichkeit sind, CSS zu verwenden, gibt es hierbei einige Probleme. Das Hauptproblem ist, dass eingebettete Regeln sehr eng mit dem jeweiligen Befehl verknüpft sind. Wenn Sie die Regel aus dem obigen Beispiel auf alle anderen <h1>-Elemente anwenden möchten, müssen Sie das style-Attribut in jedes andere <h1>-Element einfügen. Für kleine, einmalige Modifikationen ist das Einbetten von Stilregeln jedoch eine akzeptable Lösung.

CSS und HTML-Befehle

Ein mögliches Problem mit Style Sheets und HTML ist, dass die Standarddarstellung von HTML-Befehlen unpassend ist. Stellen Sie sich z.B. folgende Stilregel für das Element <strong> vor:

```
<strong style="color: red">Ich bin strong!</strong>
```

Während der enthaltene Text rot erscheint, wird er gleichzeitig fett dargestellt, weil das der Standarddarstellung dieses HTML-Befehls entspricht. Designer müssen das bedenken, wenn sie HTML-Befehlen Stilregeln hinzufügen. Ein Autor kann mit Style Sheets HTML-Befehle dahingehend verändern, dass die Darstellung völlig verkehrt wird.

```
<!DOCTYPE HTML PUBLIC "-//W3C//DTD HTML 4.01 Transitional//EN">
<html>
<head>
<title>Manipulierte HTML-Befehle</title>
<style type="text/css">
<!--
   b    {font-style: italic; font-weight: normal;}
-->
</style>
</head>
<body>
<b>Was bin ich?</b>
</body>
</html>
```

<div> und <span> - Die Style Sheet Version

Wenn Webautoren Style Sheets verwenden, ohne dabei die Standarddarstellung von HTML-Befehlen zu verändern, sind die Befehle <div> und <span> unentbehrlich. In Kapitel 3 haben Sie bereits erfahren, dass <div> und <span> Absatz- bzw. Zeichen-Tags sind, die keine spezifischen Formatierungen haben. Die Verwendung des <div>-Tags zur Zuweisung eines bestimmten Stils ist sehr einfach, wie Sie hier sehen können:

```
<div style="background-color: yellow; font-weight: bold; color: black;">

<p>Style Sheets trennen die Struktur eines Dokuments von seiner Darstellung. Diese
Trennung bringt eine Menge theoretischer Vorteile mit sich und erlaubt große
Flexibilität für Dokumente, die sowohl auf großen Systemen als auch auf
Taschencomputern die gleiche Darstellung haben.</p>

<p>Das ist ein weiterer Absatz, der die wunderbaren Vorteile von Style Sheets
beschreibt.</p>

</div>
```

Während das Tag <div> für Absätze verwendet werden sollte, da es einen Umbruch einfügt, können Sie das <span>-Element für einzelne Wörter oder gar Buchstaben verwenden. Sehen Sie im folgenden Beispiel, wie der <span>-Befehl für einzelne Regionen von Text verwendet wird.

```
<p>Es ist nicht schwer, <span style="background-color: yellow; font-weight: bold;
color: black;">einzelne Textregionen</span> mit span zu beeinflussen.</p>
```

Style-Sheet-Regeln erstellen

Wie Sie gesehen haben, können Sie einfache Stilregeln für jedes Element bestimmen. Um z.B. die Zeilenhöhe für alle Absätze zu bestimmen, verwenden Sie eine Regel wie

```
p   {line-height: 150%;}
```

Unglücklicherweise haben einige dieser Elemente eigene Darstellungsvorschriften, so dass auf die Tags <div> und <span> zurückgegriffen werden muss, da es für diese keine vordefinierten Formatierungsregeln gibt. Davon abgesehen können Stilvorschriften für fast alle HTML-Elemente, inklusive dem <body>-Tag, gemacht werden. Eine Regel wie z.B.

```
body {background-color: black;}
```

setzt den Wert für die Hintergrundfarbe für das ganze Dokument auf Schwarz. Um sich etwas Tipparbeit zu sparen, können solche Anweisungen auch für mehrere Befehle, die Sie durch Kommata voneinander trennen, gelten. Wenn Sie also den Formatierern <h1>, <h2> und <h3> die gleiche Hintergrundfarbe zuweisen wollen, können Sie dass mit folgendem Eintrag erreichen:

```
h1, h2, h3  {background: yellow; color: black}
```

Wenn sich dann herausstellt, dass eine bestimmte Überschrift eine andere Größe haben soll, können Sie das durch Einfügen weiterer Regeln deutlich machen:

```
h1    {font-size: 200%;}
h2    {font-size: 150%;}
h3    {font-size: 125%;}
```

Gruppierte und andere Regeln können miteinander kombiniert werden und bestimmen das gesamte Erscheinungsbild. Obwohl es nützlich sein kann, alle Elemente mit einem einheitlichen Look zu versehen, werden Designer in der Realität für jedes Element eigene Regeln erstellen.

id-Regeln

Wie kann einem <h1>-Element oder einigen ausgewählten <h1>-Elementen ein bestimmter Stil zugewiesen werden, ohne dass eingebettete Style Sheets verwendet werden? Die Lösung für dieses Problem sind die Attribute class und id. Wie bereits in Kapitel 3 erläutert, können Sie einzelnen Befehlen mit dem id-Attribut einen Namen zuweisen, um es als Ziel für einen Link zu markieren. Der Befehl

```
<h1 id="ErsteUeberschrift">Willkommen bei der Demo Company</h1>
```

weist dem <h1>-Tag den Namen »ErsteUeberschrift« zu. Entsprechend den Ausführungen in Kapitel 4 können Sie wie folgt einen Verweis auf diesen Abschnitt definieren:

```
<a href="#ErsteUeberschrift">Zu Überschrift 1</a>
```

Es ist jedoch auch möglich, einem Element auf diese Weise eine Stilregel zuzuweisen. Eine CSS-Regel wie

```
#FirstHeading {background-color: green;}
```

stellt das Element, dessen id-Attribut den Namen ErsteUebeschrift trägt, vor einem grünen Hintergrund dar.

Der folgende Quelltext zeigt, wie dem <p>-Tag mit Hilfe des id-Wertes zweiterAbsatz ein grüner Hintergrund zugewiesen wird, wobei die anderen Absätze unberührt bleiben:

```
<!DOCTYPE HTML PUBLIC "-//W3C//DTD HTML 4.01 Transitional//EN">
<html>
<head>
<title>ID-Regel-Beispiel</title>
<style type="text/css">
<!--
#Zweiter Absatz    {background-color: green;}
-->
</style>
</head>
<body>
<p>Das ist der erste Absatz.</p>
<p id="zweiterAbsatz"> Das ist der zweite Absatz.</p>
<p> Das ist der dritte Absatz.</p>
</body>
</html>
```

Das Attribut id wird mit wenigen Ausnahmen, wie z.B. <html>, <head> oder <body>, von fast allen HTML-Elementen unterstützt. Es ist jedoch sehr sorgfältig darauf zu achten, dass die vergebenen Namen einmalig sind. Vergeben Sie keinen Namen doppelt. Was passiert, wenn zwei Absätze den gleichen Namen haben? In diesem Fall werden die meisten Browser die entsprechenden Absätze auf einem grünen Hintergrund anzeigen. Wenn so etwas beabsichtigt wird, sollten Sie stattdessen eine Klassenregel einführen.

Klassenregeln

Das Attribut class definiert den Namen einer Klasse, die zu einem Element gehört. Der Wert dieses Attributes muss nicht einmalig sein. Viele Elemente können einer Klasse angehören. Es muss sich dabei nicht einmal um gleichartige Elemente handeln. Die Grundidee von class wird hier verdeutlicht:

```
<!DOCTYPE HTML PUBLIC "-//W3C//DTD HTML 4.01 Transitional//EN">
<html>
<head>
<title>class-Beispiel</title>
<style type="text/css">
<!--
  .sehrwichtig {background-color: yellow;}
-->
</style>
</head>

<body>
<h1 class="sehrwichtig">Example</h1>
<p class="sehrwichtig">Das ist der erste Absatz.</p>
```

```
<p>Das ist der zweite Absatz.</p>
<p class="sehrwichtig"> Das ist der dritte Absatz.</p>
</body>
</html>
```

Dieses Beispiel hat drei Elemente, die mit dem class-Attributwert sehrwichtig versehen sind. Entsprechend der Style-Sheet-Vorgaben haben alle Mitglieder der Klasse sehrwichtig, die mit einem vorangestellten Punkt definiert wird, einen gelben Hintergrund. Regeln für Klassen zu erstellen ist einfach: Spezifizieren Sie einfach den Klassennamen mit einem vorangestellten Punkt als Selektor:

```
.main-item {font-size: 150%;}
```

Es gibt auch andere Variationen für Klassenregeln. Um z.B. alle <h1>-Elemente, die der Klasse sehrwichtig angehören, mit einem orangefarbenen Hintergrund zu versehen, schreiben Sie einfach:

```
h1.sehrwichtig {background-color: orange;}
```

Klassen können verwendet werden, um die Anzahl der Stilregeln drastisch zu senken.

Pseudoklassen und Elemente

Eine speziell vordefinierte Klassengruppe, Pseudoklassen genannt, wird auch in CSS1 verwendet, um die jeweiligen Zustände der Links zu definieren. Wie Sie wissen, gibt es drei Zustände – nicht besucht, besucht und aktiv –, die ein Verweis in HTML annehmen kann. Die Standardfarben für diese Situationen sind Blau, Purpur und Rot. In HTML können diese Farben mit den Attributen link, vlink und alink im <body>-Tag geändert werden. In Style Sheets werden die Farbwerte hierfür durch die Pseudoklassen-Selektoren a:link, a:visited und a:active kontrolliert. CSS2 wird darüber hinaus ein Attribut a:hover bereitstellen, das den Zustand eines Verweises beschreibt, sobald die Maus über einen Link geführt wird. Außerdem wird es eine Pseudoklasse :focus geben, die weiter unten kurz beschrieben wird. Ein Beispiel, das den Einsatz der Pseudoklassen-Selektoren beschreibt, sehen Sie hier:

```
<!DOCTYPE HTML PUBLIC "-//W3C//DTD HTML 4.0 Transitional//EN">
<html>
<head>
<title>Link-Pseudoklassen-Beispiel</title>
<style type="text/css">
<!--
a:link      {color: blue; text-decoration: none;}
a:active    {color: red; background-color: #ffffcc;}
a:visited   {color: purple; text-decoration: none;}
a:hover     {color: red; text-decoration: underline;}
-->
</style>
</head>
<body>
<a href="URL ZUM BUCH">HTML ENT-PACKT</a>
</body>
</html>
```

Obwohl Style Sheets Ihnen die Möglichkeit bieten, die Darstellung von Links in den jeweiligen Zuständen auf drastische Weise zu verändern, sollten Sie dabei vor allem auf die Benutzerfreundlichkeit achten. Bedenken Sie auch, dass ein Wechsel der Schriftgröße und andere spürbare Veränderungen unvorhersehbare Auswirkungen auf die Bildschirmpräsentation haben können.

Es gibt weitere Selektoren, deren Syntax den Pseudoklassen sehr ähnlich ist, und die Pseudoelemente genannt werden. CSS1 kennt zwei Pseudoelemente: :first-letter und :first-line. Diese Selektoren werden in Absatzformaten wie dem <p>-Tag verwendet und beeinträchtigen den ersten Buchstaben oder die erste Zeile des markierten Textes. Ein kurzes Beispiel für den Einsatz wird hier gezeigt:

```
<!DOCTYPE HTML PUBLIC "-//W3C//DTD HTML 4.01 Transitional//EN">
<html>
<head>
<title>Erste Zeile und Buchstabe</title>
<style type="text/css">
<!--
p:first-line     {background-color: yellow;}
p:first-letter   {color: red; font-size: 150%;}
-->
</style>
</head>
<body>
<p>CSS-Selektoren können verwendet werden, um Elemente auf interessante Art und
Weise zu beeinflussen. Dieser Text soll lediglich den Absatz füllen. Das sollte
genug Text sein, um diesen Absatz auszufüllen.</p>

<p>CSS-Selektoren können verwendet werden, um Elemente auf interessante Art und
Weise zu beeinflussen. Dieser Text soll lediglich den Absatz füllen. Das sollte
genug Text sein, um diesen Absatz auszufüllen.</p>

</body>
</html>
```

Abbildung 10.2 zeigt Ihnen die Darstellung dieses Beispiels auf zwei verschiedenen Browsern, um die unterschiedliche Umsetzung dieser Befehle zu demonstrieren. Pseudoklassen und -Elemente erweitern die Möglichkeiten von CSS-Regeln, die abhängig von der betroffenen Stelle im Dokument unterschiedlich reagieren können.

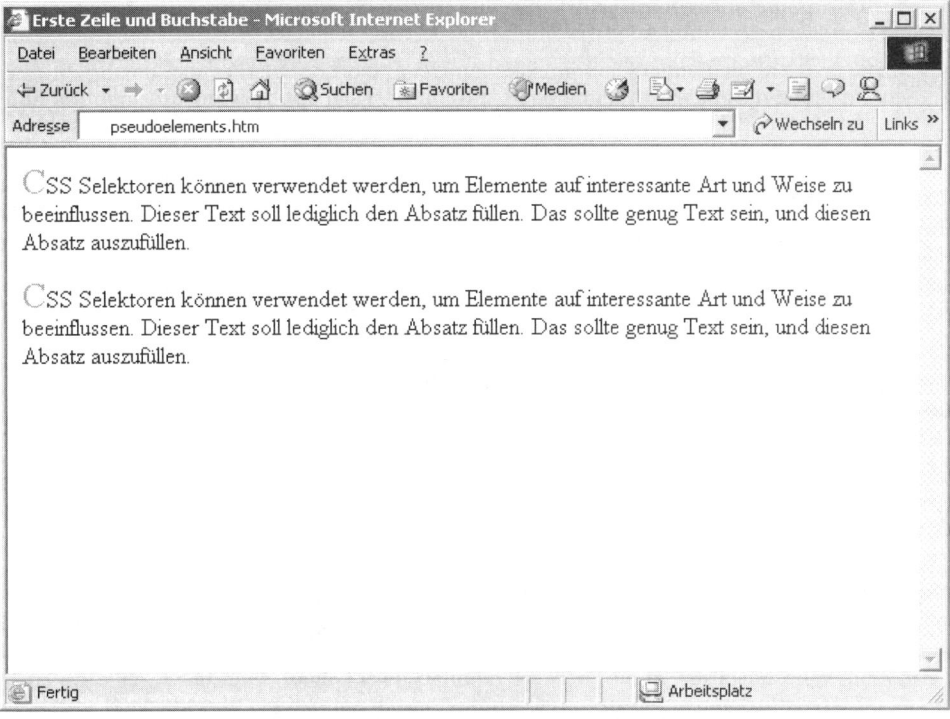

Abbildung 10.2: Pseudoelemente in der Praxis

Kontextabhängige Selektion

Obwohl die Attribute class und id eine große Flexibilität für Formatierungsregeln ermöglichen, gibt es eine weitere Vielzahl von ähnlich wertvollen Regelarten. Zum Beispiel kann es sinnvoll sein, die mit <strong> markierten Textabschnitte, die innerhalb eines <p>-Elements erscheinen, anders darstellen zu lassen als die übrigen mit <strong> markierten Bereiche im gleichen Dokument. Um diese Regel zu erstellen, muss eine kontextabhängige Selektion durchgeführt werden. Kontextabhängige Selektoren werden erstellt, indem die für eine Formatierungsregel notwendige Reihenfolge, in der die Befehle ineinander verschachtelt werden, bestimmt wird. Die Formatierungsregel

```
p strong {background-color: yellow}
```

bewirkt z.B., dass alle mit <strong> markierten Textbereiche innerhalb eines mit <p> eingeleiteten Absatzes einen gelben Hintergrund haben. Andere mit <strong> formatierte Abschnitte müssen dieser Regel nicht folgen.

Vererbung

HTML-Dokumente haben eine vorgegebene Struktur. Alle haben ein <html>-Tag. Innerhalb dieses Elements liegen die <head>- und <body>-Elemente, die ihrerseits <title>- und <p>-Elemente enthalten können. Die Struktur des Dokuments sieht ähnlich aus wie ein Familienstammbaum. Das folgende Dokument hat z.B. eine Struktur, wie Sie sie in Abbildung 10.3 sehen:

```
<!DOCTYPE HTML PUBLIC "-//W3C//DTD HTML 4.01 Transitional//EN">
<html>
<head>
<title>Test-Datei</title>
</head>
<body>
<h1>Test</h1>
<p>Das ist ein <b>Test</b></p>
</body>
</html>
```

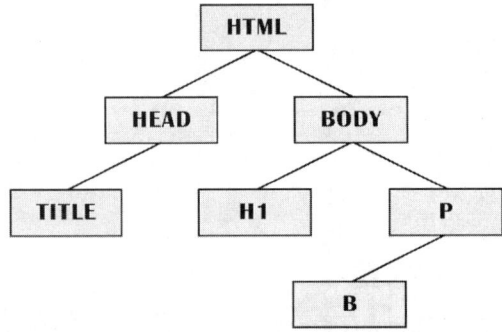

Abbildung 10.3: Ein Stammbaum demonstriert die Vererbung

In diesem Beispiel sehen Sie, wie das <b>-Element innerhalb des <p>-Elements eingebunden ist, das sich wiederum im <body>-Element befindet, das zum Inhalt von <html> gehört. Was wird passieren, wenn Sie folgende Stilvorschrift für das <p>-Element definieren?

```
p {color: red;}
```

Wird der Inhalt des <b>-Elements auch rot dargestellt? Die Antwort lautet ja, da die Farbe vom »Elternelement« vererbt wird. Während die meisten Elemente Stilvorgaben von ihren Eltern vererbt bekommen können, gibt es einige Stilbefehle, die nicht vererbbar sind. Stellen Sie sich z.B. einen Absatz mit folgendem border-Attribut vor:

```
p {border: solid;}
```

Wenn das <b>-Element den Wert von border erbt, würden Sie etwas wie in der folgenden Darstellung erwarten.

> Das ist Standardtext in einem umrandeten Absatz.
>
> Das ist fetter Text, der keine Umrandung haben sollte, da das <b> Element keine Umrandung erbt.
>
> Etwas mehr Text für den Absatz.

Das passiert jedoch nicht und die Begrenzung ist allein auf den Absatz beschränkt. Wenn die anderen CSS-Attribute später in diesem Kapitel vorgestellt werden, wird extra darauf hingewiesen, wenn es sich dabei um ein nichtvererbbares handelt. Auch in Anhang B werden alle CSS1-Attribute aufgelistet und angezeigt, ob die jeweilige Eigenschaft vererbt werden kann oder nicht.

Sollte eine Eigenschaft vererbbar sein, so ist es immer noch möglich, die vererbte Eigenschaft zu überschreiben. Stellen Sie sich z.B. die folgenden zwei Regeln vor:

```
p    {color: red; font-size: 14pt;}
b    {color: yellow;}
```

In diesem Fall wäre der Text innerhalb des <b>-Elements gelb und in einer 14 Punkt großen Schrift. Beide Eigenschaften des <p>-Tags sind vererbbar, die Farbeigenschaft wurde jedoch durch die Regel für das <b>-Element überschrieben.

Die Kombination mehrerer Regeln mit vererbbaren Attributen und dem Überschreiben einzelner Vorschriften stellt die Grundidee der Kaskade in Cascading Style Sheets dar. Es handelt sich also um ein System, in dem ausgewählt werden kann, welche Regeln für ein Dokument gültig sein sollen, wenn mehrere Style Sheets zur Anwendung kommen. Eine Regel, die z.B. mit einem id-Attribut übermittelt wird, hat eine höhere Priorität als eine Regel, die über das class-Attribut eingebunden wird. In HTML-Code eingebettete Stilvorgaben sind wichtiger als dokumentweite Stile oder durch Verknüpfung eingebundene Stile. Wenn Sie sich unklar sind, welche Regel greift: Es gilt immer die Regel, die am spezifischsten ist bzw. die am nächsten beim jeweiligen Befehl steht.

Wenn eine bestimmte Regel nicht von einer anderen überschrieben werden soll, können Sie die !important-Markierung verwenden. Gleiches gilt für eine Regel, die nicht ignoriert werden darf. Verwenden Sie den !important-Markierer direkt vor dem Semikolon der Regel. Um z.B. alle Absätze in roter Schrift darzustellen, verwenden Sie

```
p {color: red !important; font-size: 12pt;}
```

Weiter unten könnte sich ein Absatz mit folgendem eingebetteten Stil befinden:

```
<p style="color: green; font-size: 24pt;">
```

In diesem Absatz würde der Text aufgrund des Hinweises !important nach wie vor in roter, allerdings größerer Schrift geschrieben werden, da diese Regel wie erwartet überschrieben wurde. Wenn der !important-Indikator verwendet wird, sollten Sie ihn ans Ende der Regel setzen, da diese sonst ignoriert wird.

Hinweis

Viele ältere Browser unterstützen die !important-Markierung nicht, so dass Sie diese vorsichtig verwenden sollten.

Nun, da wir die Grundlagen von Style Sheet Regeln vorgestellt haben, ist es Zeit, unsere Aufmerksamkeit den verschiedenen Style-Sheet-Eigenschaften zuzuwenden. Bevor wir das jedoch machen, schauen wir uns im folgenden Abschnitt ein kurzes Beispiel an, in dem viele der bisher vorgestellten Ideen angewendet werden.

Ein vollständiges Style-Sheet-Beispiel

Das hier gezeigte Beispiel verwendet zwei Formen von Stilen: dokumentweite und eingebettete. Das Beispiel verdeutlicht außerdem die Verwendung von class- und id-Attributen und die sinnvolle Verwendung von HTML-Elementen mit CSS-Eigenschaften. Die meisten dieser Eigenschaften sollten Ihnen logisch erscheinen, vor allem, nachdem Sie die Darstellung auf einem Browser gesehen haben. Falls Sie diese nicht nachvollziehen können, brauchen Sie sich keine Sorgen zu machen, die Grundeigenschaften werden später in diesem Kapitel noch erläutert und an Beispielen verdeutlicht.

```html
<!DOCTYPE HTML PUBLIC "-//W3C//DTD HTML 4.01 Transitional//EN">
<html>
<head>
<title>Ein einfaches CSS-Beispiel</title>
<style type="text/css">
<!--
body      {background-color: black;}
div.page  {background-color: #FFD040;
           color: black;
           margin: 50px 10px 50px 10px;
           padding: 10px 10px;
           width: 90%;
           height: 90%;}
h1        {font-size: 24pt;
           font-family: Comic Sans Ms, Cursive;
           text-align: center;}
.blackonwhite {color: black; background-color: white;}
.whiteonblack {color: white; background-color: black;}
p         {font-family: Arial, Sans-serif;
           font-size: 16pt;
           line-height: 200%;
           text-align: justify;
           text-indent: 20px;}
.style    {color: blue; font-family: Arial; font-style: oblique;}
.size     {font-size: x-large;}
#letterspace   {letter-spacing: 15pt;}
-->
</style>
</head>
<body>
<div class="page">
 <h1><span class="blackonwhite">CSS</span>
    <span class="whiteonblack">Fun</span>
 </h1>

<hr>
<p>Mit Style Sheets können Sie die Präsentation von Webseiten genauer
kontrollieren. Style Sheets können verwendet werden, um alles von <span
class="style">Schriftstilen</span> und
<span class="size">-größen</span> bis hin zur <span id="letterspace">Laufweite
</span> und Zeilenhöhe zu beeinflussen.
```

```
    </p>

    </div>
    </body>
    </html>
```

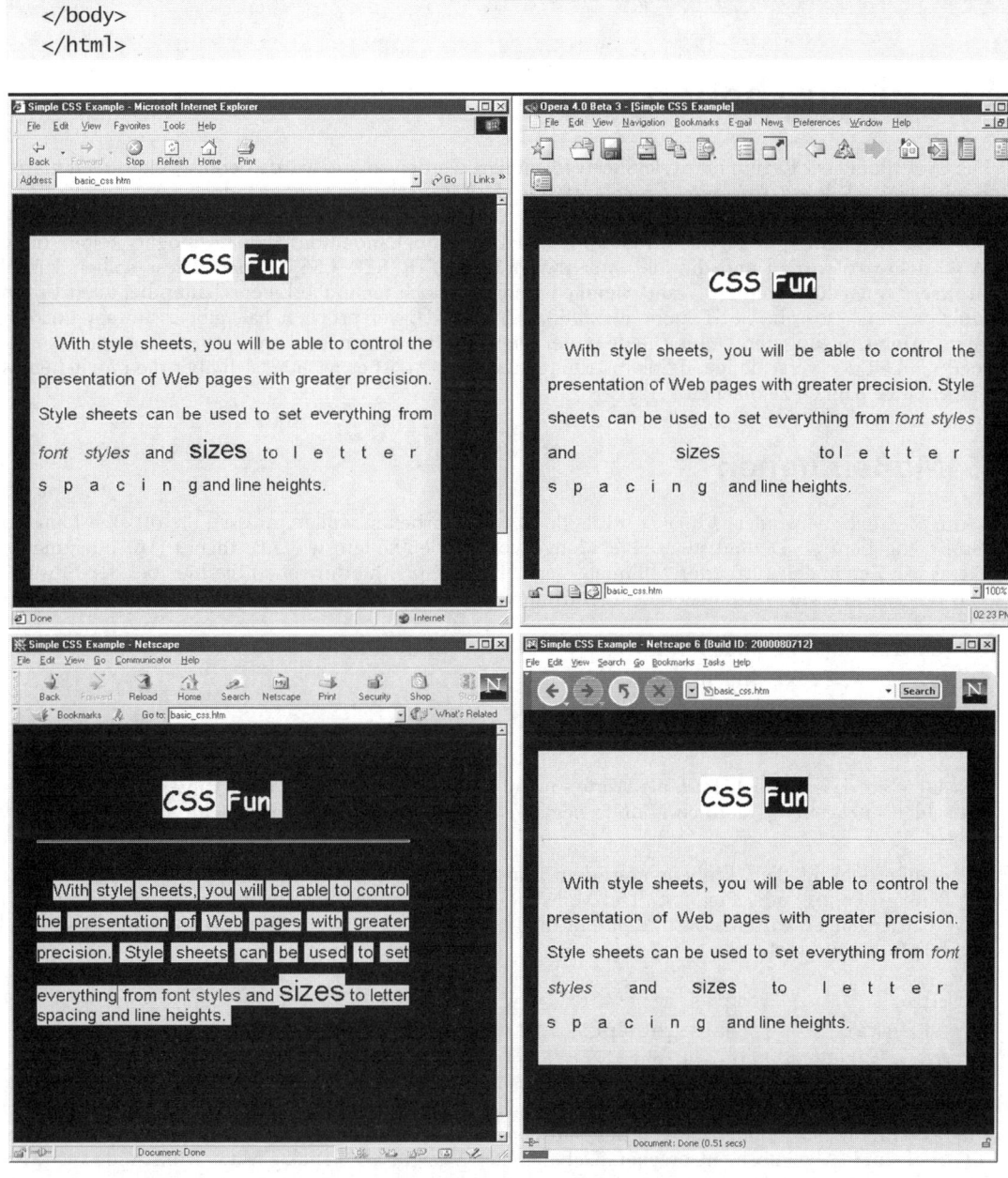

Abbildung 10.4: CSS in unterschiedlichen Browsern

Abbildung 10.4 zeigt, wie das vorangegangene CSS-Beispiel vom Internet Explorer 5, Netscape 6, Netscape 4.x und Opera 4.x dargestellt wird. Beachten Sie, dass die Darstellungen sich nicht gleichen. Bei einigen älteren Browsern kann es zu deutlichen Darstellungsproblemen kommen. Achten Sie beim Erstellen Ihrer Regeln auf mögliche Kompatibilitätsprobleme.

CSS1-Eigenschaften

Die Grundidee, *wie* Regeln für Style Sheets formuliert werden sollen, wurde bereits weiter oben in diesem Kapitel entwickelt (s.a *Style-Sheet-Grundlagen*). Welche Eigenschaften können jedoch gesetzt werden? CSS1 definiert mehr als 50 verschiedene Eigenschaften und Werte, und die Hersteller von Browsern sind ständig damit beschäftigt, weitere zu erfinden. Dieser Bereich behandelt die Standardmöglichkeiten, die vom W3C definiert wurden und die Sie unter `www.w3.org/TR/REC-CSS1` finden. Diese sollten von allen Browsern unterstützt werden. Wahrscheinlich werden jedoch nicht alle Eigenschaften bei allen Browsern funktionieren. Obwohl CSS1 mehr Flexibilität für HTML versprochen hat, gibt es immer noch mangelnde Unterstützung und Unterschiede in der Darstellung bei manchen Browsern. Bevor wir unsere Aufmerksamkeit den verschiedenen Stileinstellungen zuwenden, ist es wichtig, sich über die möglichen Maßeinheiten Gedanken zu machen.

CSS-Maßeinheiten

Wenn Sie Text oder andere Objekte mit Style Sheets bearbeiten wollen, müssen Sie oft eine Länge oder Größe angeben. CSS1 unterstützt eine Menge von Maßeinheiten, wie z.B. Inches (`in`) oder metrische Werte wie Zentimeter (`cm`) oder Millimeter (`mm`). Ein Beispiel hierfür sehen Sie hier bei der Einrückung von Text, das mit vier verschiedenen `id`-Attributwerten umgesetzt wird:

```
#para1      {text-indent: 1in;}
#para2      {text-indent: 10mm;}
#para3      {text-indent: 0.5cm;}
#para4      {text-indent: -0.75cm;}
```

Beachten Sie, dass es möglich ist, die Werte sowohl mit positiven als auch mit negativen ganzen oder Dezimalzahlen anzugeben. Natürlich können negative Zahlen unter Umständen nicht vorhersehbare Folgen haben.

Es ist außerdem möglich, Einheiten aus dem Printmedien-Bereich zu spezifizieren. Beispiele hierfür sind die Punktgröße (`pt`) oder Pica (`pc`). Der Vollständigkeit halber sei hier erwähnt, dass bei der Punktgröße davon ausgegangen wird, dass 72 Punkt ein Inch ergeben, während ein Pica 12 Punkt entspricht (folglich ergeben 6 Pica ein Inch).

```
P.big           {font-size: 64pt;}
.verysmall      {font-size: 6pt;}
#picameasure    {line-height: 2pc;}
```

Es gibt allerdings neben dem Komfort, den ein absolutes Maß für Text mit sich bringt, auch Probleme, da die Berechnung der Punktgröße von der Bildschirmauflösung abhängt, so dass 12 pt auf einem PC nicht 12 pt auf einem Macintosh entsprechen. Daher sollten Designer, die exakte Maße wünschen, solche Angaben in Pixel (`px`) machen.

```
.bypixel     {font-size: 40px;}
```

Pixel sind sicher nicht die beste Maßeinheit, da hier die Probleme durch die Abhängigkeit von der Bildschirmgröße des Anwenders auftreten. Deshalb verwenden viele Designer relative Maßeinheiten, wie das Höhenmaß em, x-Höhen Einheiten (ex) und Prozentangaben (%). Relative Einheiten können für Designer schwer zu ermitteln sein. Die Einheit em entspricht der Größe eines Zeichens. Wenn Sie also von einer 12-pt-Schrift ausgehen, entspricht jede em-Einheit 12 pt. Daraus folgt, dass 2 em einem Gegenwert von 24 pt entsprechen. Schauen Sie sich den folgenden Quelltext an,

```
<div style="font-size: 12pt; text-indent: 1em;">Em Beispiel mit der Fontgröße
12pt.</div>
<div style="font-size: 24pt; text-indent: 1em;">Das selbe Beispiel bei 24pt</div>
```

dessen Darstellung hier gezeigt wird.

Sie sehen, dass die Einrückung des zweiten Beispiels auf Grund der em-Werte fast doppelt so weit reicht wie beim ersten. Obwohl der Nutzen der em-Einheit nicht sofort sichtbar wird, sollten Sie bedenken, dass sie zum Justieren fast aller Inhalte relativ zur Basisgröße verwendet werden kann.

Etwas leichter zu verstehen ist das Konzept der x-Höhen-Maßeinheit (ex), die in der Typografie verwendet wird und die Höhe eines kleingeschriebenen x-Zeichens definiert. Diese wird interessant, wenn es darum geht, Schriftgrößen oder Zeilenhöhen einzustellen. Selbst wenn Schriften die gleiche Punktgröße haben, können sie bezüglich ihrer x-Höhe unterschiedliche Größen aufweisen, wie Sie hier sehen:

Arial-x   Courier-x   Times-x

Ein einfaches Beispiel für den Einsatz von x-Höhen (ex) ist die Bestimmung der Zeilenhöhe, relativ zur x-Größe einer Schrift.

```
p {line-height: 2.5ex;}
```

Auch die Angabe von Prozentwerten kann nützlich sein, wenn Sie Objekte in CSS bemessen wollen, wie hier gezeigt wird:

```
b {font-size: 80%;}   /* 80% of the parent element's font */
```

Auch wenn Webdesigner dazu neigen, die ihnen bekannten Maßeinheiten vorzuziehen, sollten sie relative Wertangaben im Auge behalten, da diese beim Erstellen von Style Sheets sehr nützlich sein können.

Hinweis

Viele ältere Browser, die CSS1 unterstützen, können Probleme mit relativen Maßangaben wie em und ex sowie mit negativen Werten haben.

Schrift-Eigenschaften

CSS1 bietet eine Menge schriftorientierter Eigenschaften, um Schriftfamilie, Stil und Größe sowie Variationen von Schriften in einer Webseite einzubinden. Neben diesen Eigenschaften können Sie diese Regeln mit Vorschriften über Farbe, Hintergründe, Abstände und Freiräume kombinieren, um eine Vielzahl an interessanten typografischen Effekten zu erzielen.

Schrift-Familie

Die Eigenschaft `font-family` wird verwendet, um die Schriftfamilie, in der der Text dargestellt werden soll, zu bestimmen. Sie kann wie eine bestimmte Schriftart oder ganz allgemein festgelegt werden. Namen von Schriftfamilien, die ein Leerzeichen enthalten, wie z.B. `Britannic Bold`, müssen in Anführungszeichen gesetzt werden. Außerdem ist auf die korrekte Groß- und Kleinschreibung zu achten.

Gemäß der CSS1--Spezifikation sollten die folgenden Schriftfamilien für alle Browser, die CSS1 unterstützen, verfügbar sein:

❏ Serif (z.B. Times)
❏ Sans-serif (z.B. Helvetica)
❏ Cursive (z.B. Zapf-Chancery)
❏ Fantasy (z.B. Western)
❏ Monospace (z.B. Courier)

Wie beim `<font>`-Tag können Sie auch hier eine Liste von Schriften angeben, deren Elemente durch Kommata voneinander getrennt sind und die der Reihe nach abgearbeitet werden, so dass das Setzen von Prioritäten möglich ist. Achten Sie darauf, am Ende der Liste immer eine Schriftfamilie zu benennen, die sicher auf dem System des Betrachters vorhanden sein wird. Um einen dokumentweiten Schrifttyp zu definieren, verwenden Sie folgende Regel für das `<body>`-Element:

```
body     {font-family: customSans, Arial, Helvetica, sans-serif;}
```

Während die Eigenschaft `font-family` sowohl spezielle Schriftarten als auch Schrifttypen kennt, gibt es nur eine Möglichkeit, die garantiert die gewünschte Schrift auf dem Bildschirm des Besuchers verwendet: herunterladbare Schriften, die am Ende des Kapitels vorgestellt werden.

Font-Größe

Die Eigenschaft `font-size` wird verwendet, um die relative oder absolute Größe der verwendeten Schrift festzulegen. Der Wert kann in Form einer physischen Punktgröße oder relativ als beschreibendes Wort bestimmt werden. Als beschreibende Wörter kommen Werte wie `xx-small`, `x-small`, `small`, `medium`, `large`, `x-large` und `xx-large` oder Relationen wie `larger` oder `smaller` in Frage. Physische Größen sind Werte wie z.B. `48pt`, `2cm` oder `.25in`. Relative Maßeinheiten können auch in Prozenten, wie `150%` angegeben werden. Negative Prozentzahlen oder Punktwerte sind allerdings unzulässig. Sehen Sie hier einige Beispiele:

```
p        {font-size: 18pt;}
strong   {font-size: larger;}
.double  {font-size: 200%;}
```

Bei der Auswahl der Punktgröße sollten Sie immer bedenken, dass bei kleinen Schriften die Lesbarkeit leidet. Auf bestimmten Monitoren mag eine 10-Punkt-Schrift gut aussehen, auf anderen könnte sie mikroskopisch wirken.

Font-Stil

Die `font-style`-Eigenschaft wird verwendet, um festzulegen, ob die Schrift normal, kursiv oder fett dargestellt wird. Der Wert `italic` verwendet die kursive Form einer Schrift, während der Wert `oblique` die Schrift schräg gestellt anzeigt. Der Wert `normal` stellt die Schrift in der Standardform dar. Hier ein paar Beispiele:

```
h1          {font-style: oblique;}
.firstuse   {font-style: italic;}
em          {font-style: normal;}
```

Font-Gewichtung

Die Eigenschaft `font-weight` bestimmt die Gewichtung, oder Dunkelheit, des Fonts. Die Werte reichen von 100 bis 900 bei einer Schrittweite von 100. Auch Schlüsselwörter wie `normal`, `bold`, `bolder` und `lighter` sind erlaubt, die die relative Gewichtung beschreiben. Manche Browser unterstützen auch Begriffe wie `extra-light`, `light`, `demi-light`, `medium`, `demi-bold`, `bold` und `extra-bold`, die mit den Zahlenwerten zwischen 100 und 900 korrespondieren. Die Beispiele für diese Eigenschaft sehen Sie hier.

```
.important  {font-weight: bolder;}
h1          {font-weight: 900;}
P.special   {font-weight: extra-bold;}
```

Normalerweise entspricht der Wert `bold` dem Zahlenwert 700, während `normal` dem Wert 400 gleichkommt. Bedenken Sie, dass viele Browser Probleme haben, andere Werte als `bold` und `normal` darzustellen.

Font-Varianten

Die Eigenschaft `font-variant` bestimmt die Variation einer bestimmten (oder der Standard-) Schriftfamilie. Die einzigen derzeit unterstützten Variationen sind die Werte `small-caps`, der Text in Kleinbuchstaben anzeigen lässt, und `normal`, der eine normale Schriftvariante verwendet. (Diese Eigenschaft wird ausschließlich vom Internet Explorer 5 und höher und Netscape 6 unterstützt.) Eine einfache Regel sehen Sie hier:

```
em   {font-variant: small-caps;}
```

Font

Die Eigenschaft `font` bietet Ihnen eine Möglichkeit, alle Fonteigenschaften mit einer einzigen Regel festzulegen. Ein Attribut lautet `line-height`, das den Abstand zwischen zwei Textzeilen definiert. Jedes Font-Attribut kann auf einer Zeile angegeben werden, wobei die einzelnen Angaben durch Leerzeichen getrennt werden. Eine Ausnahme macht hier das `line-height`-Attribut, das gemeinsam mit `font-size` verwendet wird und durch einen Schrägstrich von ihm getrennt wird. Sie können in dieser Kurzschreibweise so viele oder wenige Regeln verwenden, wie Sie wollen. Die allgemeine Schreibweise sehen Sie hier:

```
font: font-style font-variant font-weight font-size/line-height font-family
```

Im Folgenden sehen Sie ein Beispiel für die Anwendung der kompakten Regel:

```
p {font:italic small-caps 600 18pt/24pt "Arial, Helvetica";}
```

Die Kurzschreibweise verlangt nicht alle Eigenschaften. Folglich ist dieses Beispiel ebenso gültig wie eine komplette Schreibweise:

```
p    {font: italic 18pt/24pt;}
```

Sehen Sie hier die komplette Schreibweise, die alle Fontregeln verwendet:

```
<!DOCTYPE HTML PUBLIC "-//W3C//DTD HTML 4.01 Transitional//EN">
<html>
<head>
<title>CSS1-Font-Eigenschaften-Beispiel </title>
<style type="text/css">
<!--
body          {font-size: 14pt;}
.serif        {font-family: serif;}
.sans-serif   {font-family: sans-serif;}
.cursive      {font-family: cursive;}
.fantasy      {font-family: fantasy;}
.comic        {font-family: Comic Sans MS;}
.xx-small     {font-size: xx-small;}
.x-small      {font-size: x-small;}
.small        {font-size: small;}
.medium       {font-size: medium;}
.large        {font-size: large;}
.x-large      {font-size: x-large;}
.xx-large     {font-size: xx-large;}
.smaller      {font-size: smaller;}
.larger       {font-size: larger;}
.points       {font-size: 18pt;}
.percentage   {font-size: 200%;}
.italic       {font-style: italic;}
.oblique      {font-style: oblique;}
.weight       {font-weight: 900;}
.smallcaps    {font-variant: small-caps;}
-->
</style>
</head>
<body>

<h2>Font Family</h2>
Dieser Text ist in <span class="serif">Serif.</span><br>
Dieser Text ist in <span class="sans-serif">Sans-Serif.</span><br>
Dieser Text ist <span class="cursive">kursiv.</span><br>
Dieser Text ist in <span class="fantasy">Fantasy.</span><br>
```

```
Schriften können definiert werden wie <span class="comic">
Comic Sans MS</span><br>

<h2>Font-Größen</h2>
Das ist <span class="xx-small">xx-small-Text.</span><br>
Das ist <span class="x-small">x-small-Text.</span><br>
Das ist <span class="small">small-Text.</span><br>
Das ist <span class="medium">medium-Text.</span><br>
Das ist <span class="large">large-Text.</span><br>
Das ist <span class="x-large">x-large-Text.</span><br>
Das ist <span class="xx-large">xx-large-Text.</span><br>
Das ist <span class="smaller">kleinerer Text</span> als der Rest.
<br>
Das ist <span class="larger">größerer Text</span> als der Rest.<br>
Das ist <span class="points">exakt 18 Punkt grosser Text.</span><br>
Das ist <span class="percentage">200% größerer Text.</span><br>

<h2>Font-Stil, Gewichtung und Variationen</h2>
Dieser Text ist <span class="italic">kursiv.</span><br>
Dieser Text ist <span class="oblique">oblique.</span><br>
Dieser Text ist <span class="weight">fett.</span><br>
Dieser Text ist in <span class="smallcaps">Kleinbuchstaben.</span><br>
</body>
</html>
```

Die Darstellung des Schriftenbeispiels wird in Abbildung 10.5 gezeigt. Beachten Sie die Unterschiede der Darstellung zwischen den einzelnen Browsern selbst bei diesem einfachen Beispiel und vor allem bei den benannten Größen.

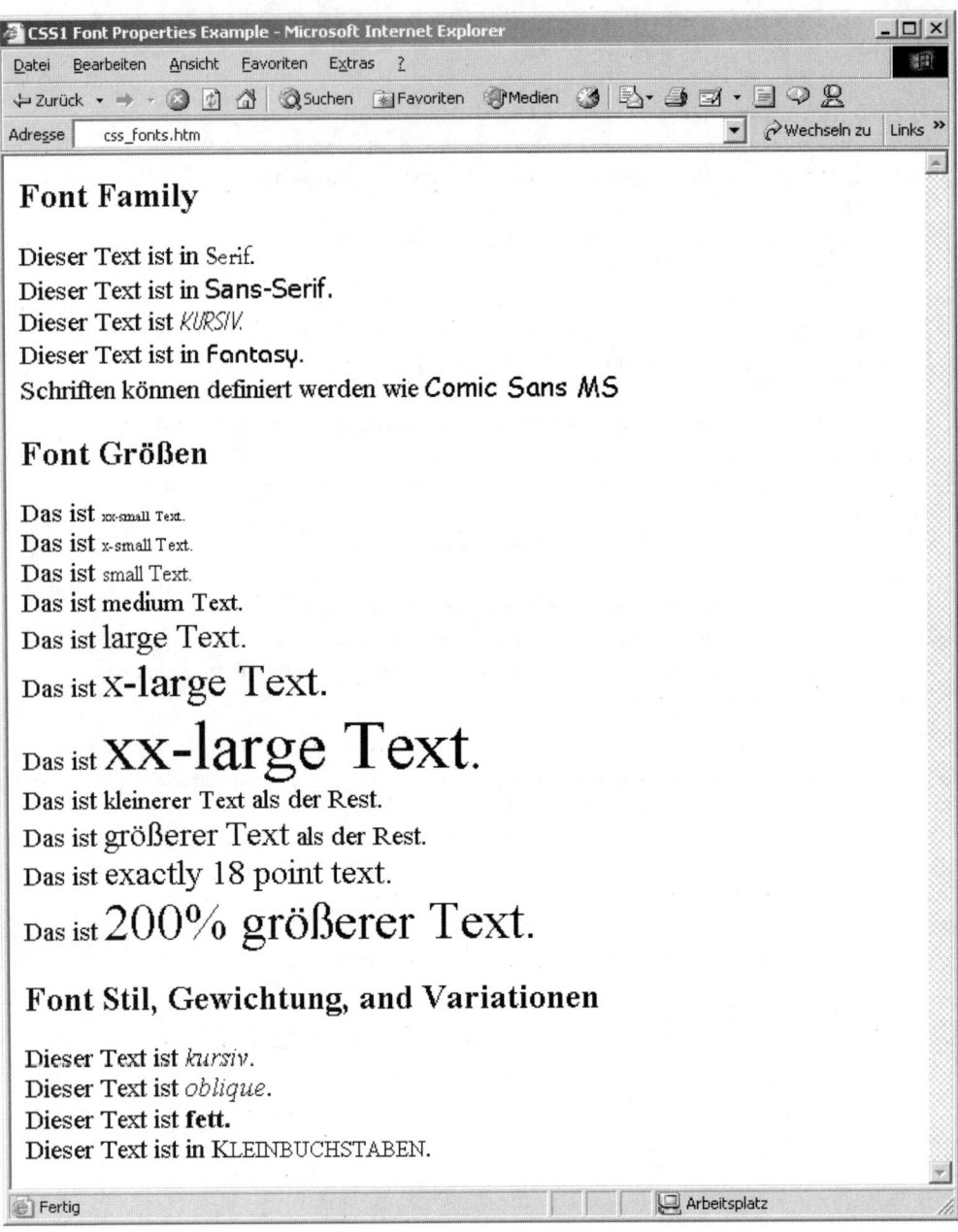

Abbildung 10.5: Darstellung des font-Beispiels im Internet Explorer

Text-Eigenschaften

Text-Eigenschaften werden verwendet, um die Laufweite und das Layout der Präsentation zu beeinflussen. Die Grundeigenschaften ermöglichen es dem Webdesigner, den Text mit Dekorationen, Einrückungen, Freiräumen zwischen Wörtern, Buchstaben und Zeilen und anderen Merkmalen zu versehen. Eine relativ ungebräuchliche Eigenschaft ist `text-transform`, die es dem Entwickler erlaubt, Groß- und Kleinschreibungen zu transformieren und mit der die Vorstellung der Texteigenschaften beginnt.

Text-Transformation

Die Eigenschaft `text-transform` bestimmt die Groß- und Kleinschreibung von markiertem Text. Die möglichen Werte sind `capitalize`, `uppercase`, `lowercase` und `none`, was dem Standardwert entspricht. Beachten Sie, dass der Wert `capitalize` Kapitälchen für jedes Wort erzeugt. Hier sind einige Beispiele für mögliche Texttransformationen:

```
p          {text-transform: capitalize;}
.upper     {text-transform: uppercase;}
.lower     {text-transform: lower;}
```

Text-Dekoration

Die `text-decoration`-Eigenschaft definiert Texteffekte. Die Standardwerte für diese Eigenschaft sind `line-through`, `overline`, `underline` und `none`. Die Bedeutung dieser Werte erklärt sich fast von selbst: Der Text wird entweder durchgestrichen, überstrichen, unterstrichen oder nichts von all dem. Überstrichen heißt, dass bei der markierten Textpassage eine Linie über dem Text gezogen wird. Netscape hat darüber hinaus den Wert `blink` eingeführt. Im Folgenden sehen Sie Anwendungsbeispiele für diese Eigenschaften:

```
.struck       {text-decoration: line-through;}
span.special  {text-decoration: blink;}
h1            {text-decoration: overline;}
a             {text-decoration: none;}
#author       {text-decoration: underline;}
```

Die Eigenschaft `text-decoration` wird häufig in Verbindung mit dem `<a>`-Element verwendet, wenn sie mit den Pseudoklassen `a:link`, `a:active`, `a:visited` und `a:hover` auftritt, um die Hervorhebung in Form der Unterstreichung zu ändern. Sehen Sie hier ein Beispiel dazu:

```
a         {text-decoration: none;}
a:hover   {text-decoration: underline;}
```

Wort-Freiräume

Die Eigenschaft `word-spacing` bestimmt die Größe der Freiräume zwischen Wörtern. Der Standardwert `normal` verwendet die Vorgabe des Browsers. Designer können den Abstand zwischen den Wörtern frei bestimmen, wobei ihnen die bereits oben angesprochenen Maßeinheiten zur Verfügung stehen. Einige Beispiele dazu sehen Sie hier:

```
body    {word-spacing: 10pt;}
p       {font-size: 18pt; word-spacing: 1em;}
```

Zeichen-Freiräume

Die Eigenschaft letter-spacing bestimmt die Breite der Freiräume zwischen Buchstaben. Der Standardwert normal verwendet die Vorgaben des Browsers. Wie bei der Eigenschaft word-spacing können auch hier eine Vielzahl von Maßeinheiten verwendet werden. Sehen Sie hier einige Beispiele:

```
p       {letter-spacing: 0.2em;}
body    {letter-spacing: 2px;}
.wide   {letter-spacing: 10pt;}
#Fun    {letter-spacing: 2cm;}
```

Vertikale Ausrichtung

Die Eigenschaft vertical-align kontrolliert die vertikale Positionierung von Text und Grafiken. Folgende Werte sind für diese Eigenschaft möglich: baseline, sub, super, top, text-top, middle, bottom, text-bottom und prozentuale Werte. Vergleichen Sie diese Werte mit den align-Attributwerten für das <img>-Element oder den Ausrichtungsmöglichkeiten bei Tabellen und Sie sehen, welche Bedeutung diese Werte haben. Durch die Flexibilität von Style Sheets können Sie Werte für einzelne Zeichen bestimmen. Wenn kein Wert angegeben wird, gilt der Standardwert baseline. Sehen Sie hier einige praktische Beispiele:

```
p             {vertical-align: text-top;}
.superscript  {vertical-align: super; font-size: smaller;}
.subscript    {vertical-align: sub; font-size: 75%;}
```

Beachten Sie im vorangegangenen Beispiel, dass vertical-align in Verbindung mit anderen Eigenschaften verwendet werden kann, um eine kontextorientierte Klasse wie .superscript zu erstellen.

Text-Ausrichtung

Die Eigenschaft text-align bestimmt, wie der Text in einem formatierten Absatz, z.B. innerhalb des <p>-Elements, horizontal ausgerichtet wird. Die zulässigen Werte für text-align sind right, center, justify und left. Letzteres ist der Standardwert. Diese Eigenschaft kann nur absatzweise verwendet werden und entspricht dem align-Attribut in HTML. Bedenken Sie, dass der Wert justify nicht unbedingt ein sehenswertes Ergebnis produziert, da die Freiräume zwischen den einzelnen Wörtern sehr groß werden können, um den Blocksatzeffekt zu erreichen. Hier sehen Sie einige Beispiele:

```
p          {text-align: justify;}
div        {text-align: center;}
.goright   {text-align: right;}
```

Text-Einrückung

Die Eigenschaft `text-indent` bestimmt die Einrückung der ersten Zeile eines formatierten Absatzes. Der Wert kann entweder als absoluter Längenwert (`.5cm`, `15px`, `12pt` oder ähnlich) oder als prozentualer Anteil der Breite des Absatzes definiert werden. Der Standardwert ist 0, so dass standardmäßig keine Einrückung erfolgt. Einige Beispiele, wie `text-indent` verwendet wird, sehen Sie hier:

```
p          {text-indent: 2em;}
p.heavy    {text-indent: 150px;}
```

Ein interessanter Effekt kann erzielt werden, indem Sie negative Werte verwenden, wodurch ein hängender Einzug entsteht, der sich über den Rand des Absatzes hinausschiebt. Das folgende Beispiel zeigt einen Absatz mit gelbem Hintergrund, dessen erste Zeile links vom Text beginnt.

```
p   {text-indent: -10px; background-color: yellow;}
```

Wenn Sie einen hängenden Absatz mit einem großen ersten Buchstaben, den Sie mit der Pseudoklasse `:first-letter` erstellen können, kombinieren, erzielen Sie einen interessanten Effekt.

Zeilenhöhe

Die Eigenschaft `line-height` bestimmt den Abstand zwischen zwei Zeilen innerhalb eines formatierten Absatzes. Der Wert kann in Form einer Zahl, die die Anzahl von Standardzeilenhöhen (z.B. `1.4`) angibt, als Punktwert (`14pt`) oder als Prozentangabe (`200%`) gemacht werden. Die Prozentangabe richtet sich dann wieder nach der Höhe einer Standardzeile. Eine doppelte Zeilenhöhe wird dann so definiert:

```
p.double        {line-height: 2;}
```

oder so:

```
p.double2       {line-height: 200%;}
```

Andere Anwendungsbeispiele für die Eigenschaft `line-height` sehen Sie hier:

```
p          {font-size: 12pt; line-height: 18pt;}
p.carson   {font-size: 24pt; line-height: 6pt;}
```

Beachten Sie, dass im zweiten Beispiel der Wert für `line-height` viel kleiner als der Wert für `font-size` ist. Bei manchen Browsern kann das dazu führen, dass die Zeilen überlappen, was zwar im Ergebnis schwer lesbar ist, aber einen »coolen« Effekt zur Folge haben kann.

Freiräume

Die Eigenschaft `white-space` kontrolliert, wie Leerzeichen, Tabulatorsprünge und Leerzeilen in einem Element behandelt werden. Der Standardwert `normal` fasst alle Freiräume zu einem Leerzeichen zusammen. Wenn der Wert `pre` für diese Eigenschaft verwendet wird, erfolgt die Darstellung genau so wie in

HTML bei der Verwendung der Tags <pre> und </pre>. Der Wert nowrap verhindert Zeilenumbrüche auch dann, wenn die Absatzbreite überschritten wird. Dieses Beispiel zeigt, wie das white-space verwendet wird, um das Tag <pre> zu simulieren:

```
p.pre {white-space:pre;}
```

Hinweis

Die Werte nowrap und pre werden von älteren Browsern nicht unterstützt.

Ein vollständiges Beispiel, das die HTML- und die CSS-Befehle für Texteigenschaften veranschaulicht, sehen Sie hier:

```
<!DOCTYPE HTML PUBLIC "-//W3C//DTD HTML 4.01 Transitional//EN">
<html>
<head>
<title>Beispiel für CSS-Text-Attribute</title>
<style type="text/css">
<!--

/* Freiraeume fuer Woerter und Buchstaben */
.letterspaced    {letter-spacing: 10pt;}
.wordspaced      {word-spacing: 20px;}

/* vertikale Ausrichtung */
.sub             {vertical-align: sub;}
.super           {vertical-align: super;}

/* Text-Ausrichtung */
.right           {text-align: right;}
.left            {text-align: left;}
.justify         {text-align: justify;}
.center          {text-align: center;}

/* Beispiele fuer Einrueckung und Zeilenhoehe */
p.indent         {text-indent: 20px;
                  line height: 200%;}

p.negindent      {text-indent: -10px;
                  background-color: yellow;}

#bigchar         {background-color: red;
                  color: white;
                  font-size: 28pt;
                  font-family: Impact;}

p.carson         {font-size: 12pt;
                  font-family: Courier;
```

```
                    letter-spacing: 4pt;
                    line-height: 5pt;}

/* Text-Transformation */

.uppercase    {text-transform: uppercase;}
.lowercase    {text-transform: lowercase;}
.capitalize   {text-transform: capitalize;}

/* Text-Dekoration */
.underline    {text-decoration: underline;}
.blink        {text-decoration: blink;}
.line-through {text-decoration: line-through;}
.overline     {text-decoration: overline;}

/* Freiraum-Kontrolle */
.normal    {white-space: normal;}
.pre       {white-space: pre;}
.nowrap    {white-space: nowrap;}
-->
</style>
</head>
<body>

<h2>Freiräume für Buchstaben und vertikale Ausrichtung</h2>

<p>Das ist ein Absatz mit Text.
<span class="letterspaced">Es ist möglich, Freiräume der Buchstaben zu
beeinflussen</span>.
Und so <span class="wordspaced">sollten Freiräume zwischen Wörtern aussehen.
Das wird jedoch nicht immer unterstützt!</span></p>

<p>Vertikale Ausrichtung kann für
<span class="sub">tief gestellten</span> und
<span class="super">hoch gestellten</span> Text verwendet werden, aber der
eigentliche Verwendungszweck ist die Ausrichtung von Text an Grafiken.</p>

<h2>Ausrichtung</h2>

<p class="left">Ein links ausgerichteter Absatz.</p>

<p class="right">Ein mit HTML rechts ausgerichteter Absatz.</p>

<p class="justify">Sie können sogar Blocksatz festlegen, so dass der Text sowohl
rechts als auch links ausgerichtet ist.
Seien Sie vorsichtig beim Einsatz dieses Attributes, da Sie sonst riesige weiße
```

```
Zwischenräume erhalten.</p>

<p class="center">Text kann natürlich auch zentriert sein.</span>

<h2>Einrückung und Zeilenhöhe</h2>

<p class="indent">Mit Style Sheets ist es möglich, sowohl die Einrückung als auch
die Zeilenhöhe einzustellen. Das ist ein Dummy-Text, um die Effekte von Einrückung
und Zeilenhöhen zu demonstrieren.
Das ist ein Dummy-Text, um die Effekte von Einrückung und Zeilenhöhen zu
demonstrieren.</p>

<p class="negindent"><span id="bigchar">D</span>as ist
ein anderer Absatz mit einem negativen Einzug. Beachten Sie, wie Sie den
vorgezogenen Buchstaben für interessante Effekte nutzen können.
Das ist ein Dummy-Text, um die Effekte von Einrückung und Zeilenhöhen zu
demonstrieren.
Das ist ein Dummy-Text, um die Effekte von Einrückung und Zeilenhöhen zu
demonstrieren.</p>

<h2>Cool bleiben!</h2>

<p class="carson">
Steigern Sie sich nicht in die neuen Möglichkeiten hinein. Sie könnten jetzt
versucht sein, zu zeigen, wie cool Sie sein können, indem Sie Text über anderen
Text stellen. Das mag in bestimmten Situationen gut aussehen, verwirrt aber den
Betrachter.</p>

<h2>Text-Transformation</h2>
Diese Textstelle ist transformiert: <span class="uppercase">komplett in
Großbuchstaben.</span><br> Die nächste Textstelle ist transformiert:
<span class="lowercase"> komplett in Kleinbuchstaben.</span><br>
<span class="capitalize">Dieser Text besteht aus Kapitälchen. Sieht er nicht so
aus, wie Sie dachten?</span><br>

<h2>Text-Dekoration</h2>

Dieser Text sollte <span class="blink">unter Netscape blinken.</span>
<br><br>
Dieser Text sollte <span class="underline">unterstrichen sein.</span>
<br><br>
Dieser Text sollte <span class="line-through">durchgestrichen sein.</span>
<br><br>
Dieser Text sollte <span class="overline">überstrichen sein.</span>
<br><br>
```

```
<h2>Freiraum-Kontrolle</h2>

<p class="normal">Dieser Text sieht normal aus,   da HTML alle
Leerzeichen und
            Zeilenumbrüche zu einem Leerzeichen zusammenfasst</p>

<p class="pre">Dieser Absatz hat ganz   s p e z i e l l e
    Freiräume.</p>

<p class="nowrap">Dieser Absatz wird nicht umbrechen, sondern so lange weiter auf
einer Zeile bleiben, bis ich hier aufhöre, zu schreiben.</p>

</body>
</html>
```

Die Darstellung der Texteigenschaften sehen Sie in Abbildung 10.6.

Listen-Eigenschaften

Wie in Kapitel 3 erläutert, unterstützt HTML drei Grundformen von Listen: nummerierte Listen, nicht nummerierte Listen und Definitionslisten. HTML unterstützte weitere Arten von Listen, die kompakter oder anders formatiert waren. Die Browserunterstützung war jedoch minimal. In CSS1 gibt es die Möglichkeit zur Beeinflussung von Listen, inklusive dreier Stileigenschaften, die für Listen bestimmt werden können: Listenstiltypen, Listenstilgrafiken und Listenstilpositionen. Die Grundform list-style bietet eine Kurzschreibweise, um alle drei Eigenschaften auf einmal einzusetzen.

Listenstiltypen

Den Stichpunkten in nummerierten oder nicht nummerierten Listen wird, je nach Listenart, ein numerischer Wert oder ein Aufzählungszeichen vorangesetzt. Diese Zeichen können mit CSS1 mit dem Attribut list-style-type definiert werden. Für nummerierte Listen gibt es fünf gültige Werte: decimal (Zahlenwerte), lower-roman (kleine römische Zahlen), upper-roman (große römische Zahlen), lower-alpha (Kleinbuchstaben) und upper-alpha (Großbuchstaben). Bei nicht nummerierten Listen können Sie unter drei Werten wählen: disc, circle und square. Der Wert none unterdrückt die Darstellung eines Aufzählungszeichens. Diese Werte sind identisch mit den Werten für das type-Attribut bei Listen in HTML. Folgender Quelltext:

```
ol    {list-style-type: upper-roman;}
```

entspricht <ol type="i">, während <ul type="square"> das gleiche Ergebnis wie

```
ul    {list-style-type: square;}
```

liefert.

Verschachtelte Listen können durch kontextabhängige Regeln kontrolliert werden. Um z.B. eine übergeordnete nummerierte Liste mit großen römischen Zahlen durchzunummerieren, die eine Liste enthält, die mit kleinen römischen Zahlen nummeriert wird, in der sich wiederum eine Liste befindet, deren Aufzählungszeichen Kleinbuchstaben sind, verwenden Sie folgende Regeln:

```
ol           {list-style-type: upper-roman;}
ol ol        {list-style-type: lower-roman;}
ol ol ol     {list-style-type: lower-alpha;}
```

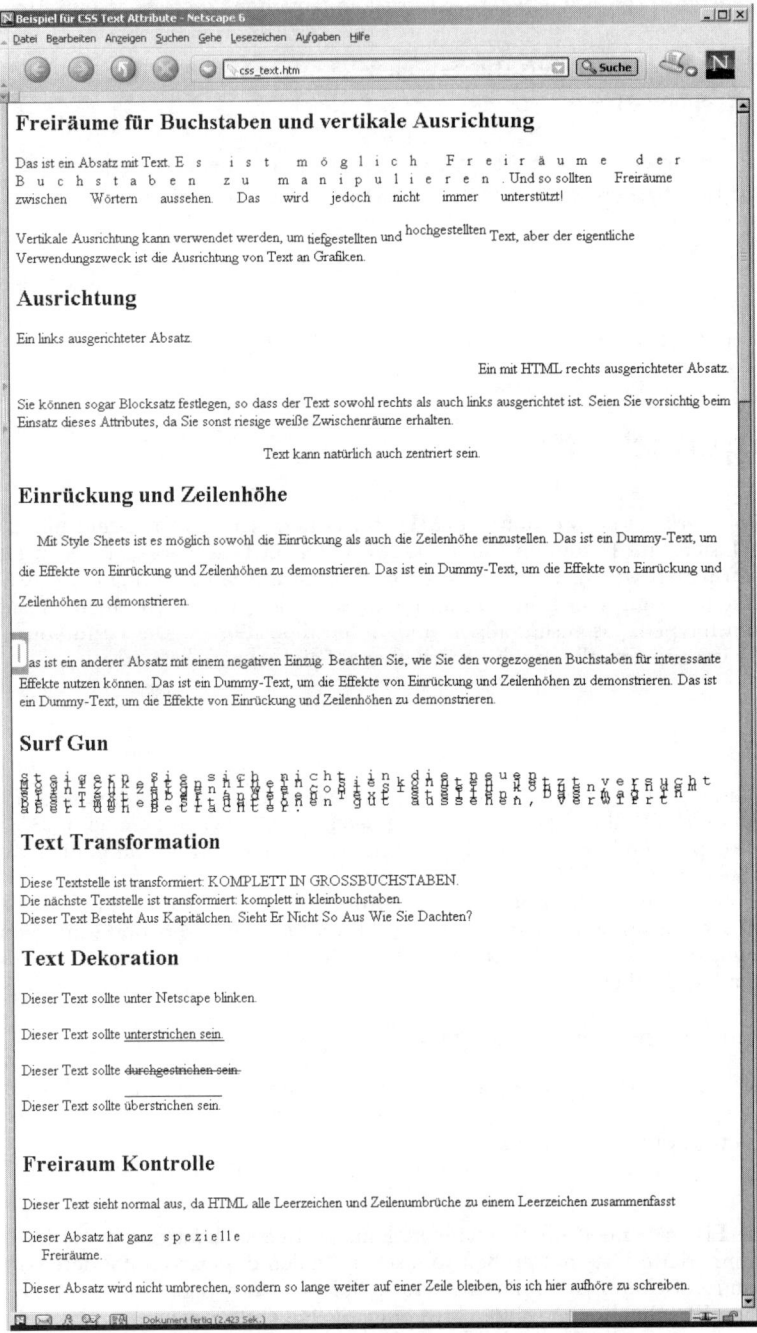

Abbildung 10.6: Darstellung von Texteigenschaften im Netscape 6

Die Eigenschaft list-style-type kann auch mit dem Tag <li> verknüpft werden. Bedenken Sie dabei aber, dass das Definieren von einzelnen Listenelementen die Verwendung des id-Attributs oder sogar eingebetteter Style Sheets erfordert.

Listenstilgrafiken

Die Eigenschaft list-style-type weicht in ihrer Funktion etwas von HTML-Listen ab. Mit list-style-image können Sie eine Grafik als Aufzählungszeichen definieren, was unter HTML relativ schwierig ist. Der Wert dieses Attributs ist entweder der URL der zu verwendenden Grafik oder none. Um also kleine Fähnchen als Aufzählungszeichen zu verwenden, erstellen Sie eine entsprechende Grafik und verwenden eine Regel wie diese:

```
UL   {list-style-image: url("flag.gif")}
```

Beachten Sie den Gebrauch des Schlüsselwortes url, das verwendet wird, um entweder eine absolute oder relative Adresse der einzubindenden Grafik anzugeben.

> **Hinweis**
>
> Obwohl Sie das list-style-image-Attribut auch für eine nummerierte Liste verwenden können, sollten Sie das nicht machen, da die Bedeutung der Liste damit verloren geht.

Listenstilpositionen

Anzuzeigende Elemente werden von Style Sheets behandelt, als würden sie sich innerhalb eines rechteckigen Rahmens befinden. Im Gegensatz zu anderen Elementen können die Aufzählungszeichen für Listenelemente auch außerhalb oder links von diesem Rahmen sein. Das Attribut list-style-position bestimmt, wo ein Aufzählungszeichen angezeigt wird. Die Werte, die dieses Attribut annehmen kann, sind inside oder outside. Letzteres ist der Standardwert. Das folgende Beispiel staucht eine Liste, indem die Aufzählungszeichen in den Rahmen geholt werden:

```
ul.compact   {list-style-position: inside;}
```

Listenstil

Wie bei anderen Formatierungen können Sie auch verschiedene Stilvorschriften für Listen in einer einzigen Anweisung zusammenfassen. Hierfür verwenden Sie den Befehl list-style. Die Reihenfolge, in der die einzelnen Stile erscheinen, ist unerheblich. Im Folgenden sehen Sie ein Beispiel für die verkürzte Schreibweise einer nicht nummerierten Liste, die innerhalb des Listenblocks erscheinen soll und eine Grafik als Aufzählungszeichen verwendet:

```
ul.special {list-style: inside url("bullet.gif");}
```

Ein vollständiges Beispiel der Listeneigenschaften sehen Sie hier. Die Darstellung im Browser können Sie in Abbildung 10.7 betrachten.

```html
<!DOCTYPE HTML PUBLIC "-//W3C//DTD HTML 4.0 Transitional//EN">
<html>
<head>
<title>Listen-Eigenschaften-Beispiel</title>
<style type="text/css">
<!--
ul   {list-style-image: url("flag.gif");}
.inside    {list-style-type: upper-roman;
           background-color: yellow;
           list-style-position: inside;}
.outside   {background-color: yellow;
           list-style-position: inside;}
-->
</style>
</head>
<body>
<ul>
    <li>Element a</li>
    <li>Element b</li>
</ul>

<ol class="outside">
    <li>Element a</li>
    <li>Element b</li>
</ol>

<ol class="inside">
    <li>Element a</li>
    <li>Element b</li>
</ol>

</body>
</html>
```

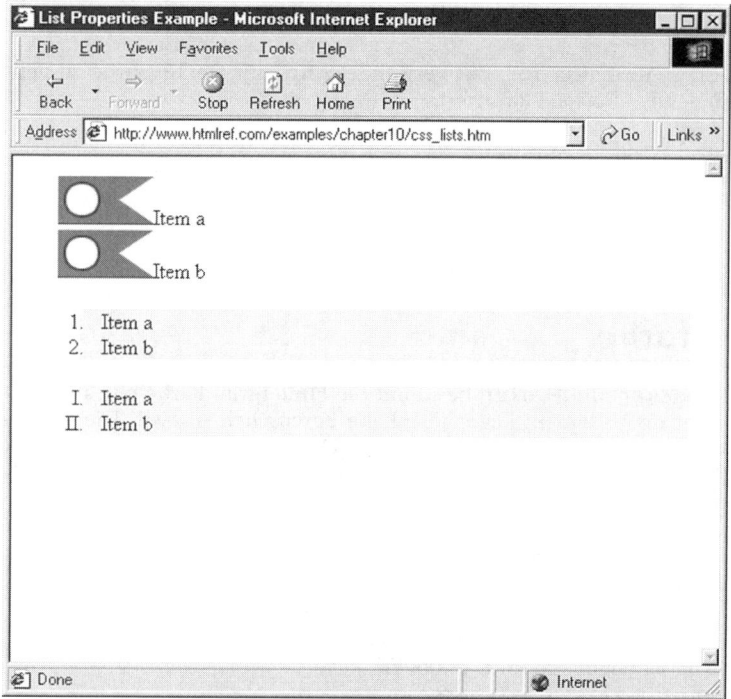

Abbildung 10.7: Listeneigenschaften im Internet Explorer 5

CSS2 bietet eine Vielzahl weiterer Einstellungsmöglichkeiten. Im Abschnitt *CSS2-Listenelemente* finden Sie weiterführende Informationen über die neuen Eigenschaften von Listen.

Farben und Hintergrundeigenschaften

CSS1 unterstützt eine Vielzahl von Eigenschaften, um Farben und Hintergrundeinstellungen eines Dokuments zu kontrollieren. Mit Style Sheets können Sie beliebige Regionen mit verschiedenen Hintergrundfarben und -grafiken erstellen. In der Vergangenheit waren solche Entwürfe ohne Tabellen und browserspezifische Erweiterungen schwierig umzusetzen.

CSS1-Style-Sheets unterstützen drei Grundformen von Farbspezifizierungen:

❑ **Farbnamen** Die vorgeschlagenen Farben werden von Browsern in Form von 16 Farbnamen, die der Windows-VGA-Palette entnommen sind, unterstützt. Diese Farben sind Aqua, Black, Blue, Fuchsia, Gray, Green, Lime, Maroon, Navy, Olive, Purple, Red, Silver, Teal, White und Yellow.

❑ **Hexadezimalwerte** Die Farbwerte werden als sechsstellige Zahl nach dem Schema #RRGGBB, wie sie die Tags <font> und <body> verwenden, angegeben. Eine verkürzte dreistellige Schreibweise wird von CSS1 unterstützt. Die Farbe Rot wird z.B. #F00 geschrieben. Diese Schreibweise ist jedoch nicht sehr geläufig und daher nicht empfehlenswert.

❑ **RGB-Werte** Das RGB-Format wird auch in der Form rgb (R,G,B) spezifiziert, wobei die Werte für R, G und B von 0 bis 255 reichen können. Dieses Format ist den meisten Anwendern von Programmen wie Adobe Photoshop bekannt. Zurzeit wird das RGB-Farbformat allerdings von den meisten Browsern nicht unterstützt.

Farben

CSS unterstützt das Attribut color, das verwendet wird, um die Textfarbe zu definieren. Seine Verwendung wird im folgenden Beispiel illustriert:

```
body        {color: green;}
h1          {color: #FF0088;}
.fun        {color: #0f0;}
#test       {color: rgb(0,255,0);}
```

Hintergrundfarbe

Die Eigenschaft background-color bestimmt die Hintergrundfarbe eines Elements. Der Standardwert ist none, der unter dem Element liegende Inhalte durchscheinen lässt. Dieser Zustand wird auch durch das Schlüsselwort transparent gekennzeichnet. Die Eigenschaft background-color wird häufig in Verbindung mit dem color-Attribut verwendet, das die Textfarbe bestimmt. In Absatzformatierern färbt background-color Inhalte und die Zwischenräume von den Inhalten bis zur Absatzbegrenzung ein. Bei Elementen innerhalb eines Absatzes wird ein Rahmen um das betroffene Element, auch über mehrere Zeilen hinweg, farbig unterlegt. Die Werte werden im selben Format wie beim color-Attribut angegeben. Einige Beispielregeln sehen Sie hier:

```
p           {background-color: yellow;}
body        {background-color: #0000FF;}
.fun        {background-color: #F00;}
#test       {background-color: rgb(0,0,0);}
```

Das zweite Beispiel ist interessant, da es den Hintergrund für das gesamte Dokument bestimmt.

Hintergrundbilder

Das Attribut background-image verknüpft eine Hintergrundgrafik mit einem Element. Wenn die Grafik transparente Bereiche enthält, können darunter liegende Inhalte durchscheinen. Um das zu verhindern, wird background-image häufig in Verbindung mit background-color verwendet. Die Farbe wird unter der Grafik dargestellt und sorgt für einen undurchsichtigen Hintergrund. Der Wert von background-image ist ein URL, der den Pfad zu der anzuzeigenden Grafik führt. Das Format der Grafiken, die für die Hintergrunddarstellung verwendet werden, muss vom Browser unterstützt werden. In der Regel sind das GIF und JPEG. Einige Beispiele sehen Sie hier, darunter auch Beispiele, die in Verbindung mit dem Attribut background-color arbeiten:

```
b           {background-image: url(donut-tile.gif);
             background-color: white;}
body        {background-image: url(funtile.gif);}
.brick      {background-image: url(brick.gif);}
#prison     {background-image: url(bars.gif);}
```

Bedenken Sie, dass Sie einen Hintergrund sowohl für einen kleinen Bereich, wie z.B. für das <b>-Element, als auch für ein ganzes Dokument (im <body>-Tag) verwenden können.

Hintergrund-Wiederholungen

Die Eigenschaft background-repeat bestimmt, wie Hintergrundbilder gekachelt werden, wenn die Grafik kleiner als der zur Verfügung stehende Raum ist. Der Standardwert ist repeat, der eine Wiederholung der Grafik sowohl horizontal als auch vertikal erzwingt. Der Wert repeat-x beschränkt die Wiederholung auf die horizontale Dimension. Der Wert repeat-y bewirkt das Gleiche in der vertikalen. Mit no-repeat können Sie die Wiederholung unterdrücken.

```
p          {background-image: url(donut-tile.gif);
           background-repeat: repeat-x;}
.tileup    {background-image: url(tile.gif);
           background-repeat: repeat-y;}
body       {background-image: url(tile.gif);
           background-repeat: no-repeat;}
```

Hinweis

Wenn Sie das Attribut background-repeat verwenden, können Sie unerwünschte Wiederholungseffekte vermeiden. Wie in Kapitel 6 erwähnt, verwenden Webdesigner oft sehr große Hintergrundbilder, damit die Betrachter die Wiederholungen nicht bemerken. Da die Wiederholungsrichtung kontrolliert werden kann, können Sie jetzt deutlich kleinere Hintergrundbilder verwenden.

Das zweite Beispiel könnte die Frage aufwerfen, was passiert, wenn der Betrachter durch das Dokument scrollt. Daher werfen wir nun einen Blick auf das nächste Attribut background-attachment.

Feststehende Hintergründe

Die Eigenschaft background-attachment legt fest, ob ein Hintergrundbild mit dem Inhalt scrollen soll oder ob es seine Position auf dem Bildschirm halten soll. Der Standardwert ist scroll. Mit dem Alternativwert fixed kann ein Wasserzeicheneffekt erzielt werden, vergleichbar zu dem bgproperties-Attribut im <body>-Element, das von Microsoft eingeführt wurde. Ein Anwendungsbeispiel sehen Sie hier:

```
body    {background-image:url(logo.gif);background-attachment: fixed;}
```

Hintergrund-Position

Die Eigenschaft background-position bestimmt, wie ein Hintergrundbild – nicht die Hintergrundfarbe – auf dem zur Verfügung stehenden Raum positioniert wird. Es gibt drei Möglichkeiten, die Position festzulegen:

❏ Die obere linke Ecke der Grafik kann als absoluter Abstand, normalerweise in Pixeln, angegeben werden.

❏ Die Position kann als Prozentwert der horizontalen und vertikalen Darstellungsfläche spezifiziert werden.

❏ Die Position kann mit Schlüsselworten bestimmt werden, um die horizontale und vertikale Ausrichtung festzulegen. Die Schlüsselworte für horizontale Ausrichtung sind left, center und right. Für die vertikale Ausrichtung stehen top, center und bottom zur Verfügung. Wenn Schlüsselworte verwendet werden, gilt center als Standardwert für nicht spezifizierte Dimensionen.

Das erste Beispiel zeigt, wie Sie die obere linke Ecke des Hintergrundes mit einem absoluten Abstand von 10 Pixeln von links und 10 Pixeln vom oberen Rand des einschließenden Elements angeben.

```
p {background-image:url(picture.gif);background-position: 10px 10px;}
```

Denken Sie daran, dass der Abstand relativ zu dem Element und nicht zum Dokument als Ganzem ist, sofern das Attribut nicht mit dem <body>-Element verknüpft wird.

Das nächste Beispiel zeigt, wie die Position des Hintergrundbildes mit Prozentwerten für die horizontale und vertikale Ausrichtung definiert wird:

```
p     {background-image:url(picture.gif);background-position: 20% 40%;}
```

Wenn Sie vergessen, einen Prozentwert anzugeben, gilt der Standardwert 50%.

Die Position einer Grafik mit Schlüsselworten festzulegen, ist eine einfache Möglichkeit, um ein Bild zu positionieren. Wenn Sie die Werte angeben, haben die Schlüsselworte folgende Bedeutung:

Schlüsselwortpaar	Horizontale Position	Vertikale Position
top left	0%	0%
top center	50%	0%
top right	100%	0%
center left	0%	50%
center center	50%	50%
center right	100%	50%
bottom left	0%	100%
bottom center	50%	100%
bottom right	100%	100%

Ein Beispiel für die Verwendung von Schlüsselworten sehen Sie hier:

```
body    {background-image: url(picture.gif);
         background-position: center center;}
```

Wenn nur ein Schlüsselwort gesetzt wird, gilt für das zweite Schlüsselwort der Standardwert center. Daher wurde im vorangegangenen Beispiel das Schlüsselwort center nur einmal benötigt.

Hintergrund

Die Eigenschaft background ist ein sehr umfassendes Attribut, da es zulässt, einige oder alle Hintergrundeigenschaften auf einmal zu definieren. Die Reihenfolge der Eigenschaften spielt keine Rolle. Nicht definierte Eigenschaften erhalten den Standardwert zugewiesen. Sehen Sie hier einige Beispiele:

```
p         {background: white url(picture.gif) repeat-y center;}
body      {background: url(tile.jpg) top center fixed;}
.bricks   {background: repeat-y top top url(bricks.gif);}
```

Ein vollständiges Beispiel mit allen Hintergrundeigenschaften, die mit CSS möglich sind, wird hier gezeigt:

```
<!DOCTYPE HTML PUBLIC "-//W3C//DTD HTML 4.01 Transitional//EN">
<html>
<head>
<title>CSS-Hintergrund-Attribute-Beispiel</title>
<style type="text/css">
<!--
body    {background-color: green;}
p       {background: yellow url(flag.gif) repeat-y fixed 100px;}
```

```
.red    {background-color: red;}
-->
</style>
</head>
<body>


<p>Das ist ein Absatz, der aus Text besteht. Die linke Seite wird wahrscheinlich
schwer zu lesen sein, da sie am oberen Teil einer Grafik steht, die sich entlang
der Y-Achse wiederholt. Sie sehen, dass der Bereich, der nicht von der
Hintergrundgrafik abgedeckt wird, mit einer Hintergrundfarbe gefüllt ist.
<span class="red">Hintergründe überall!
</span>
Hier ist noch mehr Text, um den Gebrauch zu illustrieren. Und noch mehr Text. Hier
ist noch mehr Text, um den Gebrauch zu illustrieren. Und noch mehr Text. Hier ist
noch mehr Text, um den Gebrauch zu illustrieren. Und noch mehr Text. Hier ist noch
mehr Text, um den Gebrauch zu illustrieren. Und noch mehr Text.
</p>
</body>
</html>
```

Sie sehen, das verschiedene Hintergrundtypen mit verschiedenen Elementen in ein Dokument eingebunden werden können. Ein ähnliches Layout ist auch mit reinem HTML möglich, wofür allerdings eine recht komplizierte Tabelle notwendig wäre. Die Darstellung des Hintergrundbeispiels wird in Abbildung 10.8 gezeigt.

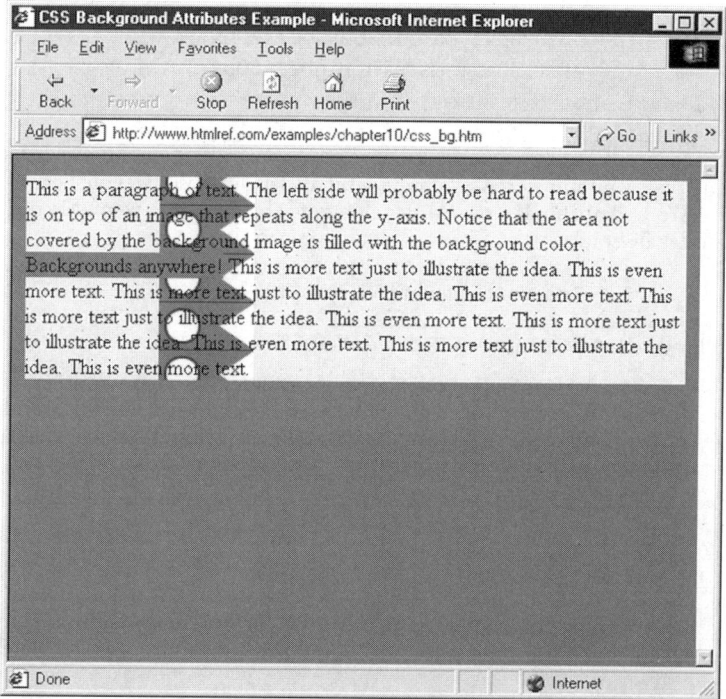

Abbildung 10.8: Darstellung von Hintergrundeigenschaften

Box-Eigenschaften

Absatzformatierende Elemente, wie das <p>-Tag, können Sie sich als ein blockierendes Rechteck auf dem Monitor vorstellen. Drei Aspekte dieser Rechtecke können mit Stileigenschaften kontrolliert werden:

❏ Abstandeigenschaften   Bestimmen den Abstand zwischen den Rändern des Rechtecks eines Elements und den Rändern der angrenzenden Elemente.

❏ Begrenzungseigenschaften   Bestimmen die optischen Charakteristika einer Grenze, die die Kanten eines Elements umgibt.

❏ Zwischenraumeigenschaften   Bestimmen den Abstand der Kante eines Elements zu seinem eigentlichen Inhalt.

❏ Höhen-, Breiten- und Positionierungseigenschaften   Bestimmen die Größe und die Position des Rechtecks, das ein Element erstellt.

Die Eigenschaften des Rechtecks sind den Attributen border, height und width ähnlich, wie Sie sie von anderen Absatzformatierern wie <img> kennen. Das Element box ist allerdings ungleich mächtiger als die Attribute in Standard-HTML.

Abstandeigenschaften

Es sind vier Abstandeigenschaften verfügbar, um den Abstand zu den vier Elementgrenzen individuell einzustellen. Ein fünftes Attribut erlaubt es, alle Grenzabstände gleichzeitig zu definieren. Die individuellen Grenzen für ein Absatzelement können mit den Attributen margin-top, margin-right, margin-bottom oder margin-left bestimmt werden. Der Werte können mit Längenwerten (z.B. 15pt oder 2em), einem Prozentwert, der die Breite des Absatzes angibt (z.B. 20%) oder dem Wert auto, der automatisch einen angemessenen Abstand ermittelt, angegeben werden.

```
body      {margin-top: 20px; margin-bottom: 20px;
           margin-left: 30px; margin-right: 50px;}
p         {margin-bottom: 20mm;}
div.fun   {margin-left: 1.5cm; margin-right: 1.5cm;}
```

Eine interessante Verwendung der Abstandeigenschaft ist der Einsatz von negativen Werten. Natürlich können negative Werte den Inhalt eines Absatzelements abschneiden, wenn Sie nicht vorsichtig sind. Probieren Sie folgendes Beispiel

```
p   {margin-left: -2cm; background-color: green;}
```

um eine Vorstellung zu bekommen, wie negative Werte funktionieren.

Die letzten Beispiele zeigen, dass Sie ein oder mehr Abstände definieren können. Um das Festlegen mehrerer Abstände noch einfacher zu machen, gibt es eine Kurzform, die es Webdesignern erlaubt, alle Abstände auf einmal zu definieren. Mit dem margin-Attribut können ein bis vier Werte für die Abstände eines Absatzelements spezifiziert werden. Wird nur ein einzelner Wert angegeben, wird es auf alle vier Richtungen angewendet. Mit

```
p   {margin: 1.5cm;}
```

bestimmen Sie, dass der Abstand in alle Richtungen 1,5 cm beträgt. Bei mehreren Werten werden diese den Abständen im Uhrzeigersinn zugewiesen: Der erste für die obere Grenze, gefolgt (in dieser Reihenfolge) von den Abständen zur rechten, zur unteren und zur linken Grenze. Der Befehl

```
p   {margin: 10px 5px 15px 5px;}
```

definiert den Abstand nach oben mit 10 Pixeln, nach rechts mit 5 Pixeln, nach unten mit 15 Pixeln und nach links mit 5 Pixeln. Wären nur zwei oder drei Werte in dieser Vorschrift angegeben, würden die fehlenden Werte von den vorhandenen abgeleitet weden. So definiert der Befehl

```
p      {margin: 10px 5px;}
```

einen Abstand zur oberen Begrenzung von 10 Pixeln und zur rechten Seite mit 5 Pixeln. Den jeweils gegenüberliegenden Seiten werden die gleichen Werte zugewiesen. Daraus ergibt sich ein Abstand zum unteren Rand von 10 Pixeln und zur linken Seite von 5 Pixeln.

Ein vollständiges Beispiel für die Verwendung der Abstandeigenschaften sehen Sie im folgenden Absatz. Beachten Sie, dass das Beispiel auch einen negativen Abstandwert verwendet. Die Hintergrundfarbe macht es einfacher, den Effekt zu sehen.

```
<!DOCTYPE HTML PUBLIC "-//W3C//DTD HTML 4.01 Transitional//EN">
<html>
<head>
<title>CSS-Abstände-Beispiel</title>
<style type="text/css">
<!--
#one      {background-color: yellow;
           margin: 1cm 1cm;}

#two      {background-color: orange;
           margin-top: 1cm;
           margin-bottom: 1cm;
           margin-right: .5cm;
           margin-left: -10px;}

#bigchar  {background-color: red;
           color: white;
           font-size: 28pt;
           font-family: Impact;}
-->
</style>
</head>
<body>

<p id="one">Das ist ein Textabsatz, bei dem der Abstand zum Rand an allen Seiten 1
cm beträgt. Das ist ein Dummy-Text, um den Effekt von Abständen zu demonstrieren.
Das ist ein Dummy-Text, um den Effekt von Abständen zu demonstrieren. Das ist ein
Dummy-Text, um den Effekt von Abständen zu demonstrieren.</p>

<p id="two"><span id="bigchar">D</span>as ist ein anderer Absatz, der auf einer
Seite einen negativen Abstand hat. Achten Sie darauf, keine Inhalte abzuschneiden,
wenn Sie negative Werte für den Abstand verwenden. Das ist ein Dummy-Text, um den
Effekt von Abständen zu demonstrieren.</p>

</body>
</html>
```

In Abbildung 10.9 sehen Sie die Darstellung dieses Beispiels im Internet Explorer.

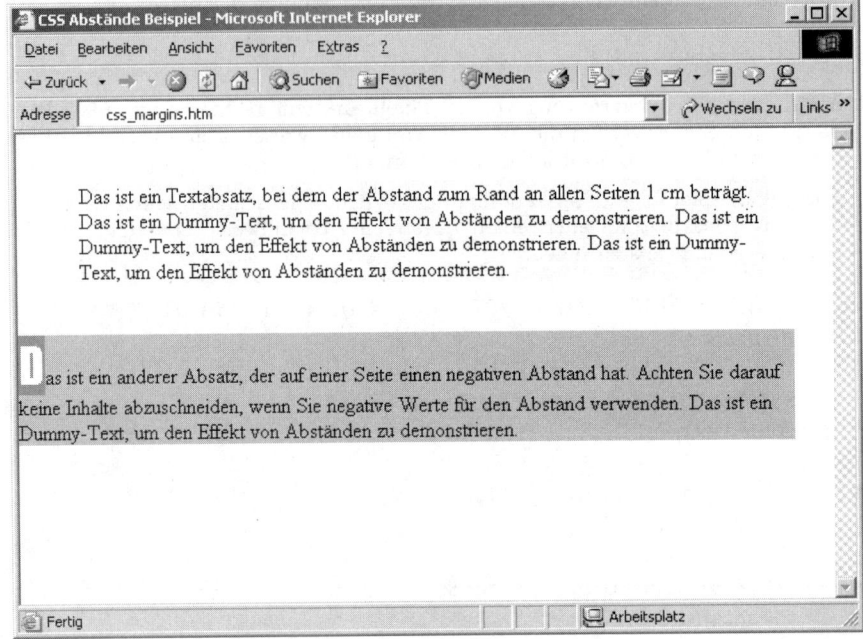

Abbildung 10.9: Abstände im Internet Explorer

Begrenzungseigenschaften

Die Elemente können komplett oder teilweise von Grenzen umgeben werden, die sich innerhalb des Freiraums zu ihren Grenzen befinden. Die Umrandungseigenschaften bestimmen, ob und wie die Kanten der Absatzelemente dargestellt werden sollen, ihre Breite, Farbe usw. Das Definieren von Begrenzungen sollte sowohl mit einzelnen Zeichen als auch mit ganzen Absätzen funktionieren. Absatzelement können ihre Begrenzungseigenschaften nicht vererben.

Begrenzungsstil

Die Eigenschaft `border-style` wird verwendet, um die Darstellung von Grenzen zu definieren. Der Standardwert ist `none`, was bedeutet, dass unabhängig von anderen Einstellungen keine Umrandung angezeigt wird. Die Werte für `border-style` lauten:

Wert	Beabsichtigte Darstellung
dotted	gepunktete Linie
dashed	gestrichelte Linie
solid	normal durchgezogene Linie
double	zweizeilige Linie
groove	eingekerbte Begrenzung
ridge	hervorstehende Begrenzung
inset	eine eingesetzte Begrenzung, die wie eine Vertiefung wirkt
outset	eine abgeschrägte Begrenzung, die das Objekt hervorgehoben wirken lässt

Einige Beispiel für den Einsatz des `border-style`-Attributs sehen Sie hier:

```
h1          {border-style: solid;}
p.boxed     {border-style: double;}
.button     {border-style: outset;}
```

Die Eigenschaft `border-style` definiert die Umrandung für alle Seiten des Elements. Einzelne Begrenzungsstile können mit den Attributen `border-top-style`, `border-bottom-style`, `border-left-style` und `border-right-style` kontrolliert werden. Für das Attribut `border-style` besteht die Möglichkeit, die einzelnen Werte in einer verkürzten Schreibweise zu definieren, wobei der zuerst angegebene Wert für die obere Grenze gilt. Die folgenden Werte werden den einzelnen Seiten im Uhrzeigersinn zugewiesen. Wie beim Attribut `margin` werden fehlende Werte aus der gegenüberliegenden Seite generiert. Um eine zweizeilige Begrenzung zu erstellen, verwenden Sie eine der folgenden Regeln:

```
p           {border-style: double none;}
p.one       {border-style: double none double none;}
p.two       {border-top-style: double; border-bottom-style: double;
             border-left-style: none; border-right-style: none;}
```

Begrenzungsstärke

Es gibt verschiedene Attribute, um die Stärke der Begrenzung zu definieren. Für die Breite der jeweiligen Grenzen stehen vier Attribute zur Verfügung: `border-top-width`, `border-right-width`, `border-bottom-width` und `border-left-width`. Analog zum Begrenzungsstil wird mit `border-width` die Stärke aller vier Begrenzungsseiten auf einmal festgelegt. Unterschiedliche Werte werden den Grenzen im Uhrzeigersinn zugewiesen: oben, rechts, unten, links. Werden nur zwei oder drei Werte definiert, werden die übrigen Werte aus den gegenüberliegenden Seiten abgeleitet. Die Breite der Begrenzung kann auch mit den Schlüsselworten `thin`, `medium` und `thick` oder durch die Verwendung eines Längenwertes wie z.B. 10 Pixel bestimmt werden. Das folgende Beispiel verdeutlicht die Definition von Begrenzungsbreiten:

```
p               {border-style: solid; border-width: 10px;}
p.double        {border-style: double; border-width: thick;}
p.thickandthin  {border-style: solid; border-width: thick thin;}
.fun            {border-style: double none; border-width: thick;}
```

Begrenzungsfarbe

Den Grenzen kann mit `border-color` eine Farbe zugewiesen werden. Die Farben werden entweder durch einen vordefinierten Farbnamen oder einen RGB-Zahlenwert bestimmt. Die Eigenschaft `border-color` definiert alle vier Grenzseiten. Durch sie können ein bis vier Werte definiert werden. Mehrere Werte werden den Grenzen im Uhrzeigersinn zugewiesen: oben, rechts, unten, links. Werden nur zwei oder drei Werte definiert, werden die übrigen Werte aus den gegenüberliegenden Seiten abgeleitet. Wie bei Begrenzungsbreite und -stil können Sie für jede Seite der Begrenzung einen eigenen Wert festlegen. Dazu verwenden Sie die Attribute `border-top-color`, `border-right-color`, `border-bottom-color` und `border-left-color`. Die folgenden Beispiele zeigen die einfachsten Möglichkeiten, die Begrenzungsfarben zu definieren:

```
p       {border-style: solid; border-color: green;}
p.all   {border-style: solid; border-top-color: green;
         border-right-color: #FF0000;
         border-bottom-color: yellow;
         border-left-color: blue;}
```

Begrenzungskurzbefehle

Verschiedene Begrenzungseigenschaften erlauben eine Kombination aus Breiten-, Farb- und Stilinformationen in einem Befehl. Die Attribute border-top, border-right, border-bottom und border-left lassen diese Zusammenfassung zu. Um z.B. die obere Grenze eines Absatzes durch eine rote, doppelte Linie von 20 Pixeln Breite darzustellen, schreiben Sie

```
p    {border-top: double 20px red;}
```

Die Reihenfolge, in der die Attributwerte für Stil, Breite und Farbe angegeben werden, scheint unwichtig zu sein. Gemäß der Spezifikation sollten Designer jedoch zuerst den Stil, dann die Breite und dann die Farbe definieren. Es können auch mehrere Attribute für verschiedene Grenzen in einer Regel zusammengefasst werden, wie Sie im folgenden Beispiel sehen:

```
#RainbowBox {background-color: yellow;
            border-top: solid 20px red;
            border-right: double 10px blue;
            border-bottom: solid 20px green;
            border-left: dashed 10px orange;}
```

Abgesehen von einer Kurzschreibweise für jede einzelne Begrenzungsseite können Sie die Kurzform auch für alle Seiten verwenden, indem Sie das Attribut border verwenden. Für eine rundum laufende doppelte rote Elementumrandung, die 20 Pixel breit ist, verwenden Sie den folgenden Befehl:

```
p    {border: double 20px red;}
```

Beachten Sie, dass es unmöglich ist, individuelle Begrenzungsseiten in dieser Kurzform zu definieren. Um die Eigenschaften für verschiedene Grenzen festzulegen, müssen die Attribute border-top oder noch spezifischer border-top-style verwendet werden.

Das folgende kurze Beispiel zeigt alle Begrenzungseigenschaften, die bisher verwendet wurden.

```
<!DOCTYPE HTML PUBLIC "-//W3C//DTD HTML 4.01 Transitional//EN">
<html>
<head>
<title>CSS1-Begrenzungs-Beispiel</title>
<style type="text/css">
<!--
#outer {background-color: orange;
        border-style: solid;
        border-width: 5px;
        padding: 10px 10px;}

#one    {background-color: yellow;
          border-style: double;
          border-width: medium;}

#two    {background-color: yellow;
          border-style: double solid;
          border-color: red green purple blue;
          border-width: thin medium thick .25cm;}
```

```
-->
</style>
</head>
<body>
<div id="outer">

<p id="one">Dieser Textabsatz hat eine Begrenzung, die aus einer doppelten roten
Linie besteht. Sehen Sie, wie der Text an den Kanten entlang kriecht. Andere Werte
für den Zwischenraum könnten dieses Problem vermeiden helfen.</p>

<p id="two">Das ist ein weiterer Absatz, dessen Begrenzung auf bizarre Art und
Weise definiert ist!</p>

Beachten Sie, dass sich die Absätze innerhalb einer großen Blockstruktur befinden
können.
</div>
</body>
</html>
```

Abbildung 10.10 zeigt die Darstellung des Begrenzungsbeispiels im Internet Explorer 4.

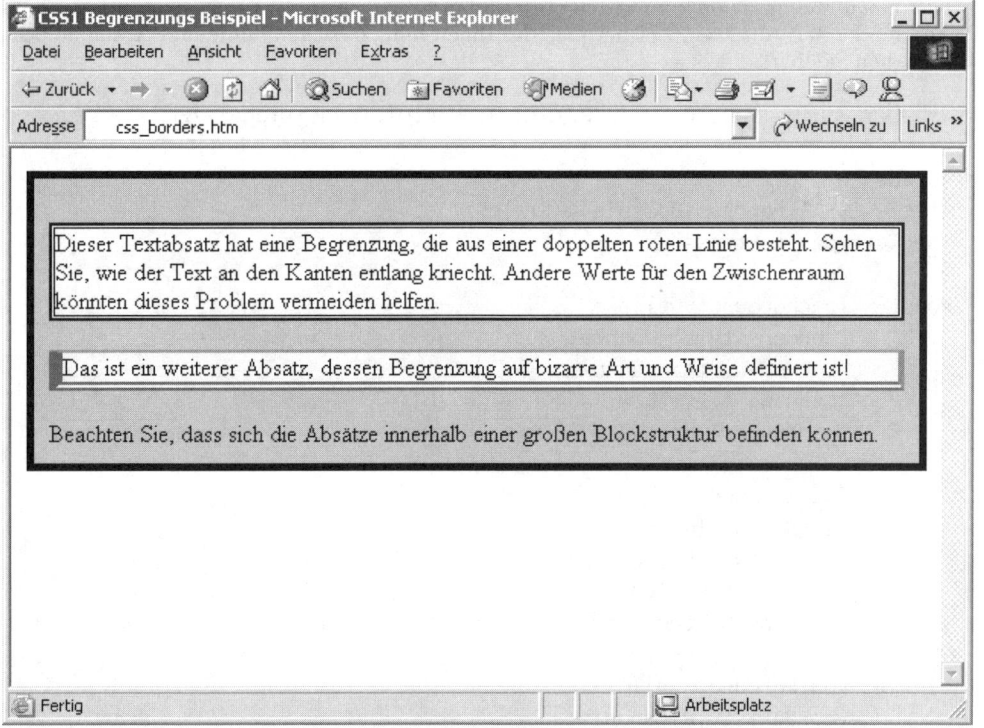

Abbildung 10.10: Umrandungen mit CSS

Zwischenraumeigenschaften

Der Zwischenraum zwischen der Begrenzung eines Elements und seinem Inhalt kann mit dem Element `padding` definiert werden. Die vier Regionen, für die diese Eigenschaft gilt, können mit den Attributen `padding-top`, `padding-right`, `padding-bottom` und `padding-left` beeinflusst werden. Wie bei Begrenzungen und Abständen gibt es auch hier eine Kurzschreibweise, mit der Sie die Freiräume für alle Seiten auf einmal festlegen. Dieses Beispiel illustriert die Verwendung dieser Eigenschaft:

```
div {padding-top: 1cm;}
p   {border-style: solid; padding-left: 20mm; padding-right: 50mm;}
```

Die Kurzform des `padding`-Attributs ermöglicht es, mit einer einzigen Regel die Freiräume aller vier Regionen zu bestimmen. Es können ein bis vier Werte angegeben werden. Ein einzelner Wert gilt für alle vier Seiten. Verschiedene Werte werden den jeweiligen Bereichen im Uhrzeigersinn zugewiesen: oben, rechts, unten, links. Werden nur zwei oder drei Werte angegeben, werden die übrigen Werte von den gegenüberliegenden Seiten abgeleitet. Die Anweisung

```
div   {border-style: solid; padding: 1cm;}
```

definiert eine Region mit einer Grenze, die aus einer durchgezogenen Linie besteht, und sich auf allen Seiten 1 cm von den Inhalten entfernt befindet.

```
p   {padding: 2mm 4mm;}
```

definiert einen Freiraum von 2 mm nach oben und unten sowie von 4 mm nach rechts und links bei allen mit <p> markierten Absätzen. Ein Beispiel, das Ihnen hilft, Zwischenräume und Abstände besser zu verstehen, sehen Sie hier:

```html
<!DOCTYPE HTML PUBLIC "-//W3C//DTD HTML 4.01 Transitional//EN">
<html>
<head>
<title>CSS1-Freiraum-Beispiel</title>
<style type="text/css">
<!--
#one    {background: yellow;
         border-style: double;
         border-width: medium;
         padding-left: 1cm;
         padding-right: .5cm;}

#two    {background: yellow;
         border-style: double;
         border-width: medium;
         padding-top: 1cm;
         padding-bottom: 1cm;}

#three  {background: yellow;
         border-style: double;
         border-width: medium;
         padding: 1cm 1cm;
```

```
        margin: .5cm 4cm;}
-->
</style>
</head>
<body>
<p id="one">Dieser Absatz hat links und rechts Freiräume, nicht aber oben und
unten.</p>

<p id="two">Auch dieser Absatz hat Freiräume. Dieses Mal aber nur oben und
unten.</p>

<p id="three">Verwenden Sie Abstände nur sehr vorsichtig. Sie gelten nicht
unbedingt für den Text in der Box, sondern unter Umständen für die Box selbst.</p>
</body>
</html>
```

Die Darstellung dieses Beispiels sehen Sie in Abbildung 10.11.

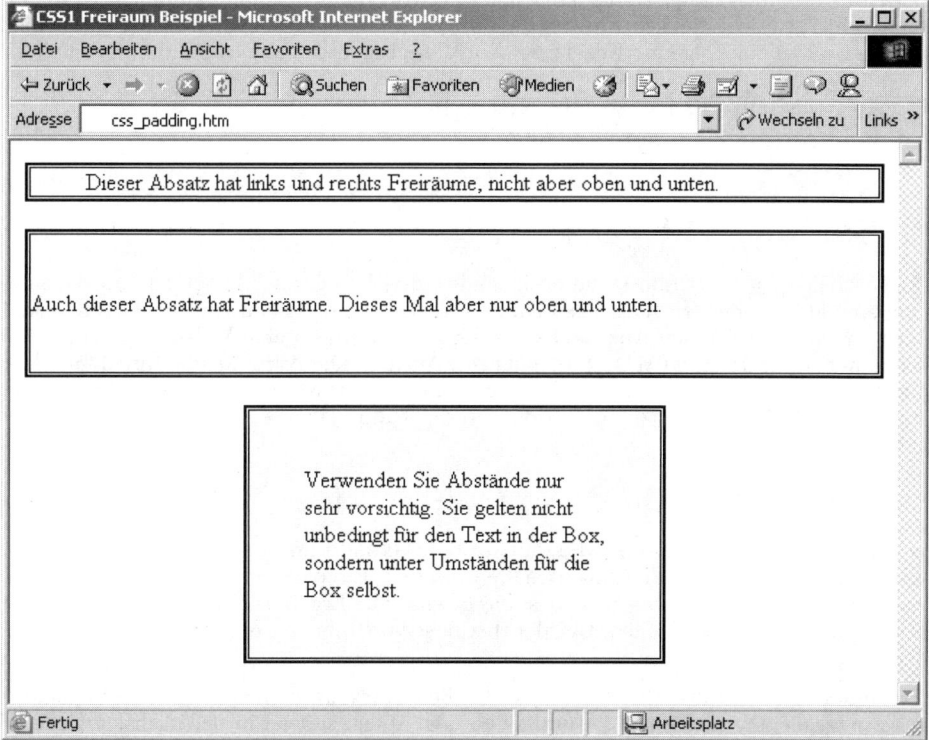

Abbildung 10.11: Das CSS1-Freiraum-Beispiel

Breite und Höhe

Das Attribut width bestimmt die Breite der Region, in der die Inhalte eines Elements anzeigt werden (also ohne Zwischenräume, Begrenzung und Abstände). Das folgende Beispiel definiert einen Absatz mit einer Breite von 300 Pixeln.

```
p       {width: 300px;
         padding: 10px;
         border: solid 5px;
         background-color: yellow;
         color: black;}
```

Sie können auch Prozentwerte für width verwenden. Mit diesem Attribut sind Tabellen nicht mehr erforderlich. Da die Unterstützung von Style Sheets noch nicht 100%ig garantiert ist, sollten Sie sich jedoch nicht auf Style Sheets verlassen.

Analog zu width definiert height die Höhe für die Inhaltsregion eines Elements. Die Höhe für Elemente auf Webseiten zu definieren mag, von Grafiken einmal abgesehen, ungewöhnlich scheinen. In den meisten Fällen ist es wohl am besten, keinen Wert für height zu bestimmen, so dass der Standardwert auto gilt. Am sinnvollsten scheint die Verwendung dieser Eigenschaft beim Einbinden von Objekten wie Bildern. Wenn wir jedoch später zu der Positionierung von Inhaltsregionen kommen, werden die Attribute width und height sehr nützlich. Für height und width können sowohl absolute als auch relative Werte angegeben werden. Die folgende Regel zeigt, wie diese Eigenschaften verwendet werden können:

```
#img1    {height: 100px; width: 200px;}
p        {width: 80%; height: 100px;}
```

(Text-)Flusskontrolle

Die Eigenschaft float beeinflusst die horizontale Ausrichtung von Elementen. Sie zwingt sie, entweder zum linken oder zum rechten Rand des Elements, in dem sie sich befinden, zu »fließen«. Das ist vor allem zum Einbinden von Objekten (wie Grafiken oder Ähnlichem) in eine Webseite nützlich. Ähnliche Möglichkeiten haben Sie unter HTML mit dem align-Attribut. Die Attribute, die Ihnen für float zur Verfügung stehen, sind left, right und none. Der Standardwert ist none. Um denselben Effekt zu erzielen wie mit dem HTML-Code <img id="logo" src="logo.gif" align="right">, verwenden Sie die folgende CSS-Regel:

```
#logo {float: right;}
```

Dieses Beispiel wirft die Frage auf, wie die Attribute hspace und vspace aus HTML mit Style Sheets imitiert werden können. Mit den Eigenschaften border, margin, padding, height und width haben Sie viel Kontrolle über jedes Objekt, so dass das gewünschte Ergebnis ohne Problem erreichbar sein sollte. Es ist lediglich nicht offensichtlich, wie der Textfluss von Inhalten um ein Objekt herum unterbrochen werden kann.

Die Verwendung des float-Elements weckt das Bedürfnis, ein Element vertikal zu positionieren. Sollen die Inhalte weiter um das Objekt herumfließen oder sollen sie erst in der nächsten Zeile folgen? Wenn fließende Elemente rechts und links auf einer Webseite positioniert sind, sollen die Inhalte zwischen den beiden fließen, nachdem das Ende des linken oder des rechten Objekts erreicht sind, je nachdem welches größer ist? Mit Hilfe der Eigenschaft clear können Sie all das bestimmen. Der Wert left beendet den Textfluss auf der linken Seite des Objekts, der Wert right hat die gleiche Wirkung auf der rechten Seite, und der Wert both beendet ihn auf der Seite, auf der sich das größere Objekt befindet. Der Standardwert ist none. Die Verwendung dieser Eigenschaft ist dem clear-Attribut des
-Tags sehr ähnlich. Das folgende Code-Beispiel demonstriert die Verwendung der float-und clear-Eigenschaft in einer recht ungewöhnlichen Art. Anstelle einer fließenden Grafik lassen wir Text um einen Absatz herumfließen.

```
<!DOCTYPE HTML PUBLIC "-//W3C//DTD HTML 4.01 Transitional//EN">
<html>
<head>
<title>Textflusskontrolle mit CSS</title>
<style type="text/css">
<!--
p.aligned-right {border-style: thick;
                 width: 400px;
                 background-color: orange;
                 float:right;}
 .clearright {clear:right;}
-->
</style>
</head>
<body>
<div>Das ist ein Dummy-Text.
<p class="aligned-right">
Das ist ein Dummy-Text. Das ist ein Dummy-Text.
Das ist ein Dummy-Text. Das ist ein Dummy-Text.
Dieser Dummy-Text sollte hier aufhören, zu fließen.</p>

Hier ist noch etwas mehr Text, der noch etwas an dem Absatz entlang fließen
sollte. Hier ist noch etwas mehr Text, der noch etwas an dem Absatz entlang
fließen sollte.

<br class="clearright">
Dieser Text soll nach dem fließenden Absatz erscheinen.
</div>
</body>
</html>
```

Die Darstellung des obigen Beispiels wird in Abbildung 10.12 gezeigt.

Der vorangegangene Abschnitt sollte Ihnen zeigen, wie viele Kontrollmöglichkeiten ein Designer mit CSS erhält. Sie haben fast pixelgenaue Positionierung von Objekten, aber bevor wir dazu kommen, zeigen wir Ihnen noch einmal, wie wir mit CSS die Grundbedeutung eines HTML-Befehls verändern können.

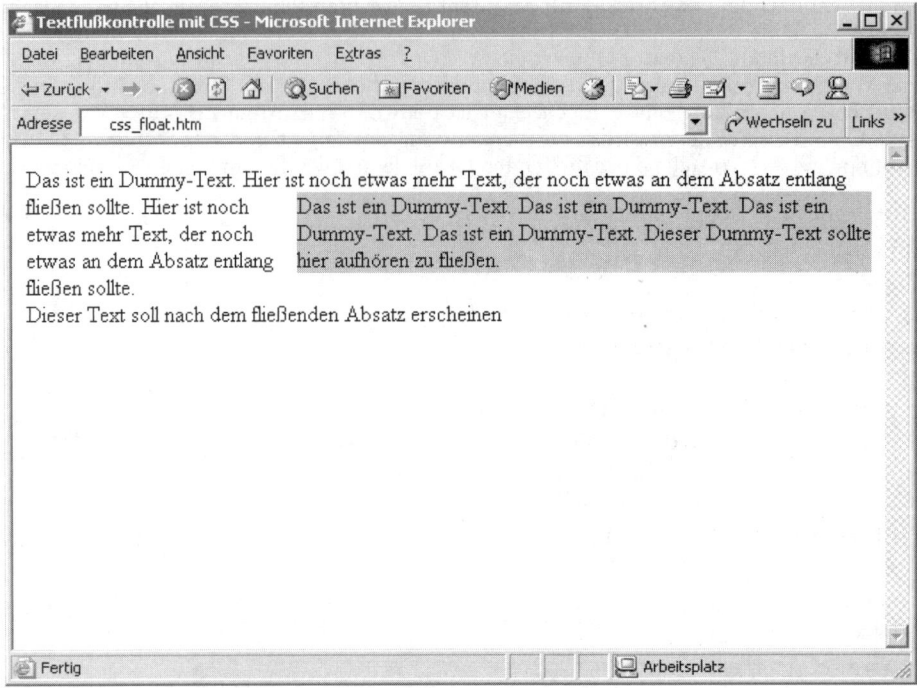

Abbildung 10.12: Textflussmanipulation mit CSS

Anzeige-Eigenschaften

Cascading Style Sheets haben eine bestimmte Art der Klassifikation von Elementen, die die Darstellung eines Elements bestimmen. Handelt es sich um einen Absatz oder ein eingebundenes Element? CSS kennt drei Typen von anzuzeigenden Elementen: Absätze, Zeichen und Listen. Das Attribut display erlaubt es, dem Anzeigetyp für ein Element einen von vier Werten zuzuordnen: block, inline, list-item und none. Der Anzeigetyp none erzwingt, dass ein Element nicht angezeigt wird oder Bildschirmfläche beansprucht. Das unterscheidet ihn von der Eigenschaft visibility, die im nächsten Abschnitt vorgestellt wird und die zwar verhindert, dass ein Objekt sichtbar wird, aber Platz auf dem Bildschirm für sich reserviert. Um einen Absatz abzuschalten, erstellen Sie eine Regel wie die folgende:

```
p.remove   {display:none;}
```

Neben dem Abschalten von Elementen sollte der Browser in der Lage sein, ein Absatzelement und ein eingebundenes Element umzuwandeln, wodurch verhindert wird, dass es eine neue Zeile beginnt. Die folgende Regel wandelt alle Absätze in einem Dokument um, wodurch unvorhersehbare Ergebnisse erzielt werden:

```
p   {display:inline;}
```

Browser könnten in der Lage sein, ein eingebundenes Element in einen Absatz umzuwandeln, der Zeilenumbrüche herbeiführt, wie hier:

```
em   {display:block;}
```

Sie können ein Element auch zwingen, sich wie eine Liste zu verhalten, indem Sie ihm das mit einer Regel mitteilen:

```
b    {display: list-item;}
```

Abgesehen von der Verwendung des Attributwertes none macht das Ändern der HTML-Bedeutung von Elementen nur sehr selten Sinn. Wenn wir allerdings in Kapitel 17 darauf kommen, wie Sie in XML Ihre eigenen Elemente definieren können, erhält diese CSS-Eigenschaft unschätzbaren Wert. Lassen Sie uns jetzt zu der Eigenschaft kommen, die sich Webdesigner am meisten gewünscht haben: der Positionierung von Objekten.

Positionierung mit Style Sheets

Am 12. Mai 1998 hat das W3C die CSS2-Spezifikation fertig gestellt. Die komplette Spezifikation finden Sie unter http://www.w3.org/TR/REC-CSS/. Während dieses Buch geschrieben wird, wurden nur ein paar wenige Eigenschaften von CSS2 von Browsern unterstützt, mit einer großen Ausnahme: Positionierung. Der Rest dieses Kapitels behandelt Positionierung im Detail, fasst neue, noch nicht implementierte Eigenschaften in CSS2 zusammen und endet mit einigen Style-Sheet-Effekten, die Microsoft vorgestellt hat.

Positionierung wurde ursprünglich als eine eigene Spezifikation entwickelt, die CSS-P genannt wurde und dann doch in CSS2 übernommen wurde. Noch vor der Fertigstellung von CSS2 wurde die Style-Sheet-basierte Positionierung von den wichtigen Browsern unterstützt. Mit Hilfe des <div>-Tags können die Funktionen von Netscapes <layer>-Technologie mit Style Sheets nachgeahmt werden.

Regionen positionieren

Die erste Eigenschaft, die hier vorgestellt werden soll, ist das Attribut position, die drei Werte hat:

❏ static   Platziert Elemente entsprechend ihrer Reihenfolge, wie sie in einem Dokument erscheinen (Standardwert).

❏ absolut   Definiert ein Koordinatensystem, das unabhängig vom üblichen Absatz- und Zeichensystem von HTML-Dokumenten ist. Ein Element, dessen Position absolut ist, wird ein sichtbarer Container für jede Art von Elementen, die darin eingeschlossen sind. Sollten Elemente, die darin enthalten sind, Koordinaten zugewiesen bekommen, die sich außerhalb der Dimension der Elterninstanz befinden, wird es unsichtbar.

❏ relative   Macht die Position des Elements relativ zu seiner eigentlichen Position im Dokumentenfluss. Da das verwirrend wirken kann, neigen die meisten Designer dazu, absolute Werte zu verwenden.

❏ fixed   Gleiches Verhalten wie absolut, erlaubt dem Objekt jedoch nicht, sich auf dem Bildschirm zu bewegen. Dieser Wert erlaubt es, ein Objekt fest zu positionieren, wie bei der Verwendung von Frames.

❏ inherit   Bestimmt die Positionierung in Abhängigkeit zur übergeordneten Elterninstanz.

Nachdem Sie festgelegt haben, wie Sie eine Region positionieren wollen (absolute, relative oder fixed), wird die tatsächliche Position der Elemente anhand ihrer oberen linken Ecke bestimmt. Die Position wird in der Regel mit den Eigenschaften left und top definiert. Das Koordinatensystem für positionierte Elemente verwendet die obere linke Ecke des einschließenden Elements als Ursprungspunkt 0,0. Normalerweise ist der Ursprung der obere linke Bereich des Bildschirms. Das muss allerdings nicht so sein, wenn Sie sich z.B. positionierte Elemente vorstellen, die positionierte Elemente enthalten. Werte für die x-Koordinate steigen nach rechts, y-Werte steigen auf dem Weg vom Ursprung nach unten. Ein Wert wie 10,100 wäre 10 Einheiten rechts und 100 Einheiten unterhalb des Ursprungs. Die Werte können als für CSS gültiger Längenwert (wie z.B. Pixel) oder als Prozentangabe des übergeordneten (Eltern) Objekts gemacht werden. Da einige Elemente andere Elemente beinhalten, ist 0,0 nicht immer die obere linke Ecke des Browsers. Beachten Sie, dass es möglich ist, die Werte bottom und right für ein Objekt zu definieren, aber nicht alle Browser diese Eigenschaften unterstützen. Es ist daher ratsam, zur Beschreibung der Lage eines Objektes top und left zu wählen.

Nachdem Sie die Position einer Region definiert haben, können Sie ihre Größe festlegen. Standardmäßig werden die Attribute height und width verwendet, um den Inhalt in die Region einzupassen. Wie aber weiter oben bereits erwähnt, können Sie mit height und width auch die Größe der Region spezifizieren.

Das folgende Beispiel verwendet eingebundene Stilregeln, um das <div>-Element 120 Pixel von der linken Seite und 50 Pixel vom oberen Rand des Browsers anzuzeigen:

```
<div style="position:absolute;
     left: 120px;  top: 50px;
     height: 100px; width: 150px;
     background-color: yellow">
Zumindest absolut positioniert!
</div>
```

Bevor Sie nun loslegen und alle Elemente auf dem Bildschirm positionieren, achten Sie auf die Feinheiten von verschachtelten Elementen. Schauen Sie sich z.B. den folgenden Code an. Beachten Sie, dass die Position der zweiten Region relativ zur ersten angegeben wird. Lesen Sie die Koordinatenwerte. Erinnern Sie sich daran, dass die Koordinaten relativ zum Objekt, das sie beinhaltet, angegeben werden.

```
<!DOCTYPE HTML PUBLIC "-//W3C//DTD HTML 4.01 Transitional//EN">
<html>
<head>
<title>Elemente positionieren</title>
<style type="text/css">
<!--
#outer   {position: absolute;
          left: 100px; top: 50px;
          height: 400px; width: 150px;
          background-color: yellow;}

#inner   {position: absolute;
          left: 75px; top: 50px;
          height: 30px; width: 40px;
          background-color: orange;}

#outer2  {position: absolute;
          left: 90%;
          height: 100px; width: 10%;
          background-color: green;
          color: white;}

#outer3  {position: absolute;
          bottom: 10px; right: 150px;
          height: 100px; width: 100px;
          background-color: purple;
          color: white;}
```

```
-->
</style>
</head>
<body>
<div id="outer">
Das ist der äußere Teil der "Schachtel".

<span id="inner">Das ist der innere Teil.</span>
</div>

<div id="outer2">Viel zu weit rechts oben.</div>

<div id="outer3">Verwendet die Eigenschaften bottom und right.</div>

</body>
</html>
```

Die Darstellung dieses Beispiels sehen Sie in Abbildung 10.13.

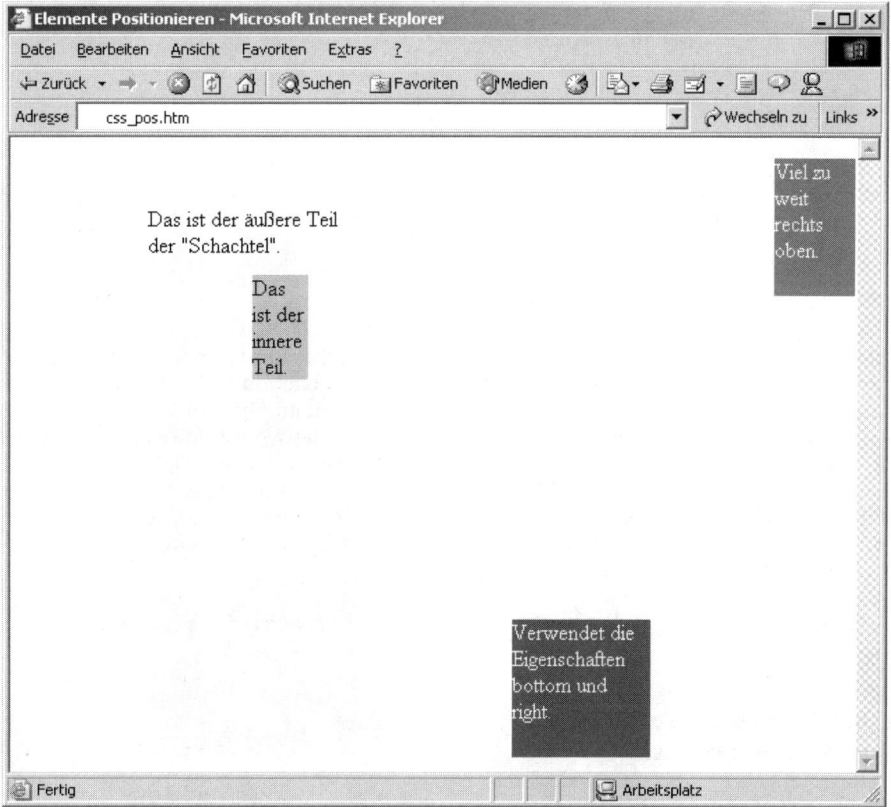

Abbildung 10.13: Objektpositionierung im Internet Explorer

Abgesehen von der Verwendung des Attributes `fixed` für die Eigenschaft `position`, ist das folgende Beispiel dem vorangegangenen sehr ähnlich:

```
<div style="position: fixed; top: 0px; left: 0px;
background-color: blue; color: yellow;">DemoCompany, Inc.</div>
```

In einem Browser, der das Attribut `fixed` unterstützt, wird diese Überschrift, unabhängig vom Scrollen, immer in der oberen linken Ecke des Bildschirms bleiben.

Der letzte Wert für die Eigenschaft `position` ist `relative`. Dieser Wert wird verwendet, wenn wir ein Objekt im Dokumentfluss relativ zu seiner aktuellen Position platzieren wollen. Das wird am besten durch ein Beispiel verdeutlicht:

```
<p style="background-color: orange;">Das ist ein Test für
<span style="position: relative; top: 10px; left: 20px;
background-color: yellow;">relative Positionierung.</span>
Das ist nur ein Test.</p>
```

Das `<span>`-Element in diesem Beispiel umgibt Text, der um 10 Pixel vom oberen Rand des Absatzes und um 20 Pixel von der linken Seite, an dem sich der Text normalerweise befinden würde, verschoben wird.

Beachten Sie, dass der Text in diesem Beispiel den anderen Text überlappt, was zeigt, dass Objekte übereinander liegen können. So wird uns die Eigenschaft des `z-index` nahe gebracht.

z-index

Absolute und relative Positionierung ermöglicht es, die Inhalte von Elementen überlappend darzustellen. Standardmäßig werden die Elemente in der Reihenfolge abgebildet, in der sie im HTML-Dokument erscheinen. Das Element, das als letztes erstellt wird, erscheint an oberster Stelle. Diese Reihenfolge kann mit dem Attribut `z-index` geändert werden. Absolut oder relativ positionierte Elemente definieren einen `z-index`-Wert für die Elemente, die sie enthalten. Das Element, das die Daten beinhaltet, hat den Index 0. Dieser Index steigt mit wachsender Anzahl darüber liegender Elemente. Das folgende Beispiel erzwingt ein Überlappen aller Abbildungen innerhalb des Containers. Beachten Sie, dass die Reihenfolge des Erscheinens nicht von der Reihenfolge des Erscheinens im Quelltext abhängig ist, sondern durch den `z-index` im Style Sheet definiert wird:

```
<!DOCTYPE HTML PUBLIC "-//W3C//DTD HTML 4.01 Transitional//EN">
<html>
<head>
<title>Z-index-Beispiel</title>
<style type="text/css">
```

```
<!--
div.one      {position: absolute;
              top: 20px; left: 20px;
              height: 50px; width: 50px;
              color: white;
              background-color: blue;
              z-index: 2;}

div.two      {position: absolute;
              top: 30px; left: 30px;
              height: 25px; width: 100px;
              background-color: orange;
              z-index: 1;}

div.three    {position: absolute;
              top: 40px; left: 40px;
              height: 25px; width: 25px;
              background-color: yellow;
              z-index: 3;}
-->
</style>
</head>
<body>
<div class="one">Das ist Sektion eins.</div>

<div class="two"> Das ist Sektion zwei.</div>

<div class="three"> Das ist Sektion drei.</div>
</body>
</html>
```

Die Browserdarstellung dieses Beispiels sehen Sie in Abbildung 10.14.

Hinweis

Es ist sinnvoll, die z-index-Werte nicht mit aufeinander folgenden Zahlen zu nummerieren. Wenn Sie z.B. die Werte jeweils mit einem Abstand von 5 definieren, ist es später einfacher, neue Objekte einzufügen.

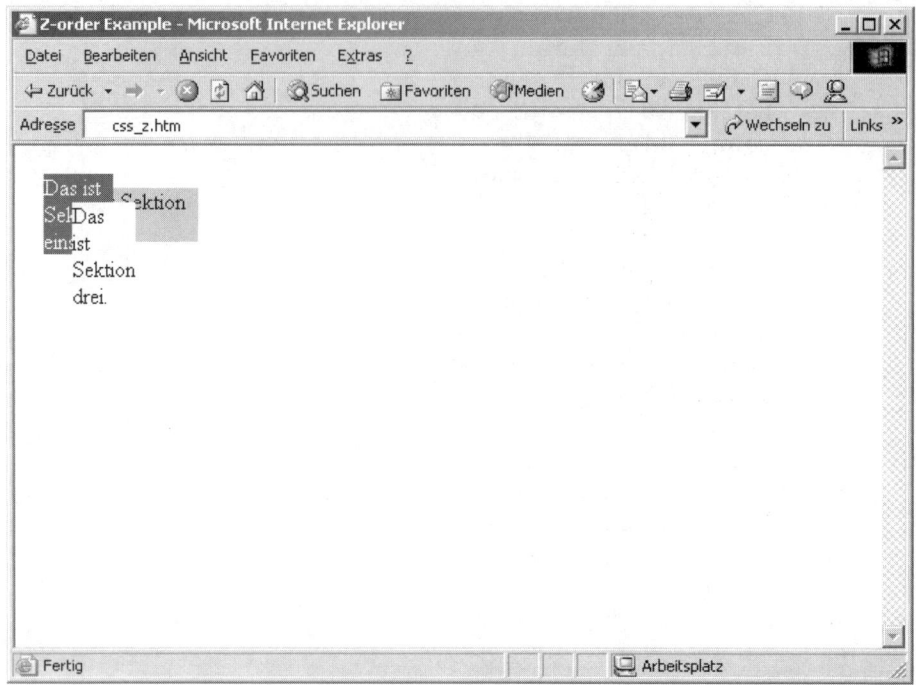

Abbildung 10.14: Z-index in der Praxis

Visibility

Die Eigenschaft visibility bestimmt, ob ein Objekt sichtbar ist oder nicht. Die Werte für diese Eigenschaft sind hidden, visible oder inherit. Der Wert inherit bedeutet, dass ein Objekt die Eigenschaft von dem Element erbt, in dem es enthalten ist. Wenn einem Element der Wert hidden zugewiesen wird, belegt es die volle Fläche, die es zur Darstellung benötigen würde, wird aber transparent dargestellt. Dieses einfache Beispiel zeigt, dass ein Element zwar unsichtbar ist, aber nicht entfernt wurde:

```
<p>Das ist ein <em style="visibility: hidden">Test</em> der Sichtbarkeit.
```

Die Abbildung zeigt, dass das Wort test zwar Raum beansprucht, aber nicht sichtbar ist.

Sie können natürlich jede Region verstecken, ob positioniert oder nicht. Obwohl die Inhalte Bildschirmplatz beanspruchen, wird es keinem Betrachter auffallen, wenn Sie mit Hilfe des z-index andere Objekte darüber platzieren. In Kombination mit Skriptsprachen ist es möglich, einzelne Regionen nach Bedarf zu verstecken und aufzudecken, was ein interessantes dynamisches Ergebnis bewirkt. Dieser und andere

Effekte, die mit einer Kombination aus HTML, CSS und JavaScript erstellt werden, die häufig als Dynamic HTML bezeichnet wird, werden in Kapitel 13 vorgestellt.

Content-Overflow-Eigenschaften

Kommen wir nun zum letzten Abschnitt, der sich mit positionierten Objekten beschäftigt und mit dem, was zu tun ist, wenn der Inhalt eines Elements mehr Raum benötigt, als zur Verfügung steht. Die meisten Browser stellen ausreichenden Raum für Inhalte zur Verfügung, wenn die Größe nicht ausdrücklich anders definiert wurde. Die Eigenschaft overflow bestimmt, wie ein Element eine Situation handhabt, wenn nicht genügend Platz für den Inhalt vorhanden ist. Der Wert hidden schneidet überstehende Inhalte, die nicht in den Container passen, ab. Der Wert scroll ermöglicht es, mit Hilfe eines Rollbalkens durch die Inhalte zu scrollen. Der Standardwert ist none, der bewirkt, dass keine Reaktion des Browsers erfolgt und nicht anzeigbare Inhalte abgeschnitten werden. Das folgende Beispiel, das die Funktionalität eines floating frames nachahmt, erstellt eine positionierte Region, die bei Bedarf ein Scrollen zulässt:

```
<div style="{position:absolute;
          left:20px; top:20px;
          width:100px; height:100px;
          overflow: scroll;}">

Das<br>ist<br>ein<br>Fall<br>bei<br>dem<br>sich<br>
die<br>Zeilen<br>außerhalb<br>der<br>box befinden,
so dass sie abgeschnitten werden.
</div>
```

Wenn Sie den Wert der overflow-Eigenschaft in hidden ändern, werden Sie feststellen, dass der Inhalt gestutzt wird.

Beschnittene Regionen

Manchmal kann es erwünscht sein, Inhalte zu beschneiden. Für Elemente, deren Positionstyp absolute ist, definiert ein Beschneidungsrechteck eine Teilmenge des Inhaltcontainers, der momentan angezeigt wird. Das Attribut clip kann verwendet werden, um die Koordinaten des Beschneidungsrechtecks, das die Inhalte beherbergt, zu bestimmen. Die Schreibweise für dieses Attribut ist

```
clip: rect( top right bottom left)
```

wobei top, right, bottom und left die Koordinatenwerte für die beschnittene Region sind:

```
<div style="position:absolute;
 left:20; top:20;
 width:100; height:100;
 clip: rect(10 90 90 10);">
Das<br>ist<br>ein<br>Fall<br>bei<br>dem<br>sich<br>
einige<br>Zeilen<br>außerhalb<br>der<br>box befinden, die beschnitten werden
könnte.
</div>
```

Bevor dieses Kapitel mit einem Blick auf browserspezifische Stilveränderungen abgeschlossen wird, soll hier noch eine Übersicht der W3C-CSS2-Spezifikation folgen, da diese für die Zukunft weitere Möglichkeiten für den Einsatz von Style Sheets verspricht. Dazu gehören u.a. erweiterte Multimediaoptionen, die im nächsten Abschnitt vorgestellt werden.

Zusammenfassung der CSS2-Merkmale

Dieser Abschnitt ist keine detaillierte Abhandlung über die CSS2-Spezifikation, sondern viel eher eine Zusammenfassung der neuen Möglichkeiten. Die komplette Spezifikation für CSS2 kann unter http://www.w3.org/TR/REC-CSS2/ gefunden werden. Beachten Sie, dass nur einige dieser Eigenschaften von den aktuellen Browsern unterstützt werden. Als Webdesigner sollten Sie geduldig sein, da die Browserhersteller noch dabei sind, die Versprechen von CSS1 einzulösen.

CSS2-Selektoren

CSS2 besitzt eine deutlich größere Anzahl von Selektoren als CSS1. Dank der meisten dieser Selektoren werden Sie sich weniger auf die Attribute id und class verlassen müssen. Stattdessen können Sie die Selektoren direkt im eigentlichen Element einsetzen. Der erste Selektor ist der Wildcard-Selektor, der durch ein Sternchen (*) dargestellt wird. Dieser Selektor wird in jedem Element gelten, so dass eine Regel wie

```
* {color: red;}
```

den Inhalt jeden Elements rot darstellen wird. Dieser Wildcard-Selektor ist vor allem nützlich, wenn eine kontextabhängige Regel erstellt wird. Stellen Sie sich z.B. folgende Regel vor, die immer wenn ein <span>-Element innerhalb eines <div>-Elements auftaucht, den Hintergrund gelb färbt.

```
div * span  {background-color: yellow;}
```

Mit dem Kind-Selektor, der durch das Größer-als-Zeichen (>) symbolisiert wird, ist es in CSS2 möglich, eine Regel zu definieren, die nur für Elemente gilt, die direkt in einem anderen Element eingeschlossen sind. Schauen Sie sich folgende Regel an:

```
body > p  {background-color: yellow;}
```

Diese Regel zeigt an, dass nur <p>-Elemente, die direkt innerhalb des Tags <body> erscheinen, einen gelben Hintergrund haben. Das folgende Beispiel zeigt die Wirkung einer Kind-Selektor-Regel:

```
<!DOCTYPE HTML PUBLIC "-//W3C//DTD HTML 4.01 Transitional//EN">
<html>
<head>
<title>CSS2-Kind-Selektor</title>
<style type="text/css">
<!--
body > p  {background-color: yellow;}
-->
</style>
</head>
<body>
<div><p>Dieser Absatz ist nicht gelb.</p></div>
<p>Während dieser gelb ist.</p>
</body>
</html>
```

Eine ähnliche Regel, Angrenzende-Geschwister-Regel genannt, wird durch Verwendung des Plus-Zeichens (+) angezeigt und wird benutzt, um Elemente auszuwählen, die miteinander verschwistert sind. Die Regel

```
h1 + p {color: red;}
```

legt fest, dass alle Absätze (<p>), die direkt auf ein <h1> folgen, rot darzustellen sind.

```
<h1>Überschriftlevel 1</h1>
<p>Ich bin rot!</p>
<p>Ich bin es nicht!</p>
```

Ein sehr interessanter neuer CSS2-Selektor erlaubt dem Designer, Attribute zusammenzufügen. Ein Regel wie z.B.

```
A[href] {background-color: orange;}
```

würde alle <a>-Elemente, die ein href-Attribut haben, miteinander verbinden, während eine Regel wie

```
A[href="http://URL DER MITP BUCH SEITE"] {background-color: yellow;}
```

nur die <a>-Elemente betrifft, deren href-Attribut auf die Supportseite dieses Buches verweisen. Mit CSS2 sollte es außerdem möglich sein, verschiedene Attributwerte oder sogar nur Teile von Attributwerten miteinander zu verknüpfen. Diese Beispiele sollten jedoch mehr als genug sein, um die Grundlagen dieser neuen Selektoren zu verdeutlichen.

CSS2-Pseudoklassen und -Elemente

CSS2 unterstützt außerdem eine Vielzahl von neuen Pseudoelementen, inklusive :first-child, :focus, :hover und :lang. Der :first-child-Selektor wird verwendet, um nur das erste Kind eines bestimmten Elements zu finden. Eine Regel wie z.B.

```
p:firstchild {background-color: green;}
```

wird das erste Element innerhalb eines Absatzes grün hinterlegen. Die :focus-Pseudoklasse wird verwendet, um eine Regel nur auf ein Element anzuwenden, wenn es aktiv ist. Das trifft vor allem für Formularfelder zu, die z.B. durch Tastaturbefehle aktiviert werden können. Um also ein Texteingabefeld mit einem gelben Hintergrund zu versehen, wenn es aktiv ist, können Sie eine Regel wie diese aufstellen:

```
input:focus {background-color: yellow;}
```

Die Pseudoklasse :hover, die bereits oben vorgestellt wurde, wird bereits unterstützt und wird vor allem verwendet, um die Darstellung von Links zu verändern, wenn ein User sie mit der Maus überfährt oder ein Element aktiviert wird.

```
A {text-decoration: none;}
A:hover {text-decoration: underline;}
```

Es ist jedoch möglich, diese Pseudoklasse mit jedem anderen Element zu verknüpfen. Eine Regel wie

```
p:hover {background-color: yellow;}
```

produziert zwar keinen schönen Effekt, ist aber absolut gültig. Schließlich gibt es noch die Pseudoelemente `:before` und `:after`, die verwendet werden können, um Inhalte vor oder nach bestimmten Elementen zu platzieren. Diese beiden Selektoren können nützlich sein, um spezielle Anfangs- und Endindikatoren zu erzeugen.

```
div: before {content: url(sectionstart.gif);}
div: after {content: url(sectionend.gif);}
```

Die Eigenschaft `content`, die häufig in Verbindung mit den Selektoren `:before` und `:after` auftritt, kann verwendet werden, um, wie im obigen Beispiel, Grafiken zu spezifizieren. Sie können aber auch reguläre Inhalte spezifizieren, wie im nächsten Beispiel:

```
p.warning: before {content: "Warning";}
```

Eine häufige Anwendung dieser Pseudoelemente könnte das Einfügen von Anführungszeichen sein, für die es Werte wie `open-quote`, `close-quote`, `no-open-quote` und `no-close-quote` gibt, und die verwendet werden können, um das Einbinden von Anführungszeichen wie im folgenden Beispiel zu kontrollieren:

```
blockquote: before {content: open-quote;}
blockquote: after {content: close-quote;}
```

Obwohl diese beiden letzten Pseudoelemente sehr interessant scheinen, ist das Testen leider nicht möglich, da es noch von keinem Browser unterstützt wird.

CSS2-Text und Font-Verbesserungen

CSS2 stellt einige neue Fonteigenschaften zur Verfügung. Die Eigenschaft `font-stretch` wird z.B. verwendet, um einen Schrifttyp zu dehnen oder zu stauchen. Hierfür stehen die Attribute `ultra-condensed`, `extra-condensed`, `condensed`, `semi-condensed`, `normal`, `semi-expanded`, `expanded`, `extra-expanded` und `ultra-expanded` zur Verfügung. Für diese Eigenschaft können auch die relativen Attributwerte `wider` oder `narrower` angegeben werden, um die Modifikation im Verhältnis zur Ursprungsschrift vorzunehmen. Einige Anwendungsbeispiele sehen Sie hier:

```
.narrow        {font-stretch: narrower;}
#arialstretch  {font-family: Arial; font-stretch: ultra-expanded;}
```

Eine weitere neue Eigenschaft ist `font-size-adjust`. Hiermit können Sie Schriften skalieren, um sicherzustellen, dass ein Text immer den gleichen Raum einnimmt, unabhängig davon, ob eine bestimmte Schriftart auf dem System verfügbar ist oder nicht. Diese Eigenschaft wird zurzeit von keinem Browser unterstützt und seine genaue Anwendung ist nicht definiert.

Die letzte interessante CSS2-Erweiterung für Texte ist die Unterstützung von Schlagschatten für Text. Für dieses Attribut, `text-shadow`, müssen Sie zunächst die Ausrichtung des Schattens sowohl für die Horizontale als auch für die Vertikale sowie optional den Radius der Unschärfe und die Farbe festlegen. Positive Zahlen für einen horizontalen Ausrichtungswert bedeuten, dass der Schatten nach rechts fällt, negative Zahlen lassen ihn nach links fallen. Eine positive Zahl für die vertikale Ausrichtung weist auf einen Schatten unter dem Text hin, während eine negative Zahl die Darstellung des Schattens über den Text wirft. Ein einfaches Beispiel für die Definition eines Schattens für das <h1>-Element sehen Sie hier:

```
H1 {color: #CC0000; text-shadow: 0.2em 0.2em blue;}
```

Natürlich wird auch diese Eigenschaft zurzeit noch nicht unterstützt.

CSS2-Listenelemente

Kleinere Änderungen gab es bei CSS2 bei der Unterstützung der Eigenschaft list-style-type. Hier gibt es nun mit dem Attributwert decimal-leading-zero einen Aufzählungstyp, der bei mehrstelligen Zahlen vor kurzen Zahlen führende Nullen einfügt, damit alle Ziffern die gleiche Länge haben. Wenn z.B. decimal-leading-zero verwendet wird, beginnt eine Aufzählung, deren höchster Wert 99 ist, mit 01. Eine Aufzählung bis 999 beginnt mit 001 usw. Weitere Werte sind lower-greek und upper-greek, bei denen einer nummerierte Liste kleine oder große griechische Symbole vorangestellt werden. Die Werte lower-latin und upper-latin stellen den Listenelementen normale kleine bzw. große Buchstaben voran. Es werden weiterhin einige Werte unterstützt, die Zählsysteme aus fremden Sprachen definieren: hebrew, armenian, georgian, cjk-ideographic, katakana, hiragana-iroha und katagana-iroha.

Automatische Objektnummerierung

CSS2 gibt HTML-Elementen wie Listen und Überschriften mit der Einführung der automatischen Nummerierung ihre wahre Bedeutung zurück. Mit den Eigenschaften counter, counter-increment und counter-reset können Sie automatisch Abschnitte eines HTML-Dokuments durch eine CSS-Regel nummerieren lassen. So können mit dem :before-Pseudoelement alle <h1>-Elemente mit folgender Anweisung nummeriert werden:

```
h1:before {content: "Section" counter(section); counter-increment:
section;}
```

Es wäre möglich, mehrere Zähler auf einmal laufen zu lassen, um einen mehrdimensionalen Nummerierungsstil zu erstellen. Es können sogar Listen definiert werden, die in Sprüngen oder rückwärts zählen. Während dieses Buch entsteht, wird keine dieser Nummerierungssysteme unterstützt.

Display-Eigenschaftsänderungen

In CSS2 unterstützt die Eigenschaft display eine Vielzahl neuer Werte. Das Attribut compact wird z.B. verwendet, um Textabschnitte in der Umrandung eines folgenden Absatzes zu positionieren. Der Wert run-in erlaubt es einem Absatzelement, wie z.B. einer Überschrift, innerhalb des folgenden Absatzes dargestellt oder mit ihm kombiniert zu werden. Das Beispiel

```
<h1 style="display: run-in">Überschrift 1</h1>
<p>Dieser Absatz sollte direkt neben der Überschrift auf der ersten Zeile
beginnen.</p>
```

sollte eine große <h1>-Überschrift, die als erste Zeile eines Absatzes erscheint, erzeugen. Mit display ist es auch möglich, ein Element mit einem Markierer hervorzuheben. Ein Markierer zeigt an, dass der Inhalt wie ein Listenelement behandelt werden sollte. Die Position dieses Aufzählungszeichens kann nun leichter kontrolliert werden, indem das Attribut marker-offset verwendet wird. Hierfür können sowohl Zahlen, Buchstaben, Grafiken und sogar längere Texte verwendet werden. Der Wert marker ist nicht auf die Verwendung in Listen beschränkt. Sie können ihn für fast alles nutzen. Wenn Sie z.B. einen bestimmten Absatz als einen neuen Text mit einer GIF-Grafik hervorheben wollen, können Sie folgende Regel dafür verwenden:

```
#new:before    {display: marker;
                content: url(new.gif);
                marker-offset: 1.5em;}
```

CSS2 unterstützt eine Vielzahl von Darstellungseigenschaften, um Inhalte wie Tabellen reagieren zu lassen und um die Darstellung und die Formatierung von Tabellen allgemein zu kontrollieren. Auch hier gibt es bislang keine Browser, die in der Lage sind, diese Eigenschaften darzustellen. Interessierte Leser seien noch einmal für weitere Details auf die CSS2-Spezifikation hingewiesen.

Medien-Typen

Ein wichtiges Ziel von CSS2 ist die Unterstützung für die Wiedergabe von Medien jenseits des Monitors. Die CSS2-Spezifikation definiert viele Medien-Typen, die in Tabelle 10.2 aufgelistet sind. Bis die Browserhersteller diese Medienformate unterstützen, haben diese Definitionen außerhalb der Spezifikation keine Bedeutung.

Medientyp	Definition
all	Für die Verwendung mit allen Ausgabemedien
aural	Für die Verwendung mit Sprachsynthesizern
braille	Für die Verwendung mit Braille-Geräten
embossed	Für die Verwendung mit Braille-Druckern
handheld	Für die Verwendung mit Taschencomputern (z.B. PDAs)
print	Für die Verwendung mit gedrucktem Material und Online-Dokumenten im Druckvorschaumodus
projection	Für die Verwendung mit projizierten Medien (Direkte Computer-to-projector-Präsentationen) oder Druckfolien zur Projektion
screen	Für die Verwendung mit Computer-Farbmonitoren
tty	Für die Verwendung mit Terminals, Datensichtgeräten oder anderen Geräten mit begrenzten Darstellungsmöglichkeiten
tv	Für die Verwendung mit fernsehähnlichen Geräten

Tabelle 10.2: Medientypen, definiert nach CSS2

Medien-abhängige Style Sheets

In der CSS2-Spezifikation werden einige Style-Sheet-Eigenschaften nur von bestimmten Medientypen unterstützt. In anderen Fällen unterstützen mehrere Medientypen eine Eigenschaft, verlangen jedoch unterschiedliche Werte. Wenn z.B. schrifttypenbezogene Eigenschaften sowohl den Monitor als auch den Drucker ansprechen sollen, werden unterschiedliche Fontstile und -größen benötigt. CSS2 bietet zwei Möglichkeiten, Medientypen für Style Sheets zu definieren. Die erste Methode verwendet HTML. Die andere Methode verwendet entweder die @import- oder die @media-Regel.

Das media-Attribut für das <link>-Tag wird in CSS2 verwendet, um anzuzeigen, für welchen Medientyp das verknüpfte Style Sheet gelten soll. Dieses Attribut ermöglicht es dem Designer, einen Stil für den Monitor, einen für Ausdrucke und eventuell sogar einen dritten für Personal Digital Assistants (PDAs) zu definieren. Zum Beispiel kann ein Dokument zwei Links enthalten, einen für den Bildschirm und einen für den Drucker, wie Sie hier sehen:

```
<link rel="stylesheet" href="screenstyle.css" media="screen" type="text/css">

<link rel="stylesheet" href="printstyle.css" media="print" type="text/css">
```

Es können verschiedene Werte für ein Attribut gesetzt werden. Diese sollten durch Kommata getrennt werden, um anzuzeigen, dass ein Stil für verschiedene Medientypen gültig ist, z.B. media="screen,print". Zurzeit wird das Attribut media nicht von vielen Browsern verstanden.

Die @import-Regel wurde bereits in diesem Kapitel vorgestellt (s.a *Style Sheets einbinden und importieren*). Um einen Medientyp unter CSS2 zu definieren, müssen Sie lediglich einen Medientyp hinzufügen, nachdem ein URL mit der @import-Regel definiert wurde, wie im folgenden Codefragment:

```
@import url("braille.css") braille;
```

Die @media-Regel wird verwendet, um Stilregeln für verschiedene Medientypen in einem Style Sheet zu definieren. Das gilt, wenn Sie z.B. möchten, dass ein Dokument auf dem Monitor in einer großen Sans-serif-Schrift angezeigt wird, vom Drucker jedoch in einer kleinen Schrift mit Serifen ausgegeben werden soll. Verschiedene Medientypen werden mit Kommata voneinander getrennt, wie Sie im folgenden Beispiel sehen:

```
<style type="text/css">
<!--
@media screen {body
             {font-family: sans-serif;
              font-size: 18 pt;}
}

@media print {body
             {font-family: serif;
              font-size: 9 pt;}
}

@media screen, print {body
                     {line-height: 150%;}
}
  -->
</style>
```

Wenn ein Browser oder ein anderer User Agent diesen Quelltext umsetzt, würde das Dokument auf einem Computerbildschirm in einer 18 Punkt großen Sans-serif-Schrift angezeigt werden, ein Drucker würde es in einer 9-Punkt-Schrift mit Serifen ausdrucken. In beiden Fällen wäre die Zeilenhöhe 150 Prozent.

Printer-spezifisches CSS

Wie aus der CSS2-Spezifikation hervorgeht, werden CSS-Style-Sheets in Zukunft sicher einige Druckereinstellungen unterstützen. Microsoft hat bereits mit dem Internet Explorer 4 die Eigenschaften page-break-before und page-break-after eingeführt. Diese Eigenschaften können verwendet werden, um einen Seitenumbruch beim Drucken zu erzwingen. Wenn Sie diese Eigenschaften verwenden, können Sie den Drucker dazu veranlassen, vor oder nach einem bestimmten Absatz eine neue Seite zu beginnen. Der Standardwert für diese Eigenschaft lautet auto. Andere mögliche Werte sind always, left und right. Es ist nahe liegend, dass der Wert always dem Drucker mitteilt, jedes Mal einen Seitenumbruch durchzuführen. Betrachten Sie folgende Regel:

```
br.newpage    {page-break-after: always;}
```

Wenn Sie diese Regel in ein Dokument einfügen, wird ein Drucker jedes Mal, wenn er auf diese Regel trifft, ein neues Blatt beginnen. Druckerbezogene Style-Sheet-Regeln werden wahrscheinlich zu den ersten Neuerungen gehören, die von den neuen Browsern unterstützt werden.

User-Schnittstellen-Änderungen

Die CSS2-Spezifikation verspricht auch weitere Optionen, die es dem Designer erlauben sollen, kontextabhängige Veränderungen für Cursor, Farben und Schriften durchzuführen.

Cursor

Die Eigenschaft `cursor` bestimmt, wie der Mauszeiger dargestellt werden soll, wenn er ein bestimmtes Element berührt. Der Wert `auto` überlässt die Art der Darstellung dem Browser, so dass die Standarddarstellungsweise des Browsers oder die Einstellungen des Betrachters angewendet werden. Der Wert `crosshair` stellt den Cursor in Form eines einfachen Kreuz dar, während `default` den Standardcursor des Systems wählt, normalerweise in Form eines Pfeils. Verschiedene andere Werte, die in der CSS2-Spezifikation genannt werden, können anzeigen, dass ein Element einen Link (`pointer`) oder einen Text (`text`) darstellt, dass es sich um ein Objekt handelt, dessen Größe verändert werden kann (`e-resize`, `ne-resize`, `nw-resize`, `n-resize`, `se-resize`, `sw-resize`, `s-resize`, `w-resize`) oder dass der Betrachter warten muss, während das Programm arbeitet (`wait`).

Um z.B. den Betrachter wissen zu lassen, dass er warten muss, bis er auf einen Verweis Ihrer Seite zugreifen kann, können Sie folgende Regel in Ihrer Seite integrieren:

```
a    {cursor: wait;}
```

Neben den eingebauten Cursorformen, die bereits vom Internet Explorer unterstützt werden, können Sie mit Hilfe des Attributs `url` eine Datei definieren, die für die Cursordarstellung verwendet werden soll. Sie können auch verschiedene Quellen angeben, die dann in Form einer Liste aufzuzählen sind, wie das nächste Beispiel zeigt:

```
p { cursor : url("mything.cur"), url("second.cur"), text; }
```

Wie bei Schriften wird der Browser auch hier versuchen, den ersten genannten Cursor zu verwenden. Falls dieser nicht verfügbar ist, wird sich der Browser Element für Element durch die Liste arbeiten, bis er im ungünstigsten Fall doch den Standardmauszeiger verwendet. Kein Browser unterstützt diese Eigenschaft bisher, allerdings gibt es einige Tricks, mit denen dieses CSS2-Merkmal schon jetzt genutzt werden kann.

Farbeinstellungen des Betrachters integrieren

Unter CSS2 können Autoren Farbwerte definieren, die sich den bereits existierenden Vorgaben des Systems des Betrachters anpassen. Das kann nützlich sein, wenn Ihre Seiten den Vorlieben des Anwenders entsprechen oder ihm im Falle einer Sehbehinderung das Betrachten der Seite überhaupt ermöglichen sollen. Diese Werte können mit jeder CSS-Farbeigenschaft (`color`, `background-color` usw.) verwendet werden. Die CSS2-Spezifikation empfiehlt, die Werte aus Tabelle 10.3 zu verwenden.

Farbwert	Beabsichtigte Darstellung
ActiveBorder	Farbe der Begrenzung des aktiven Fensters
ActiveCaption	Farbe der aktiven Titelleiste
AppWorkspace	Hintergrundfarbe des Arbeitsplatzes beim Betrachter
Background	Farbe des Desktops
ButtonFace	Farbe der Schaltflächen
ButtonHighlight	Hervorhebungsfarbe der Schaltflächen
ButtonShadow	Schattenfarbe der Schaltflächen
ButtonText	Farbe des Schaltflächentextes
CaptionText	Textfarbe für Überschriften und die Pfeile des Rollbalkens

Tabelle 10.3: Farbwerte nach Benutzerpräferenzen nach CSS2

Farbwert	Beabsichtigte Darstellung
GrayText	Farbe des Textes von deaktivierten Optionen; wenn das System Grau nicht darstellen kann, ist der Standardwert Schwarz
Highlight	Hintergrundfarbe für ausgewählte Elemente
HighlightText	Textfarbe für ausgewählte Elemente
InactiveBorder	Farbe der Begrenzung des inaktiven Fensters
InactiveCaption	Farbe der inaktiven Titelleiste
InactiveCaptionText	Textfarbe für inaktive Überschriften
InfoBackground	Hintergrundfarbe für Hinweisfenster
InfoText	Textfarbe für Hinweisfenster
Menu	Hintergrundfarbe für Menüs
MenuText	Textfarbe für Menüs
Scrollbar	Farbe für Rollbalken (grauer Bereich)
ThreeDDarkShadow	Farbe für den dunklen Schatten der Kanten von 3-D-Objekten
ThreeDFace	Farbe für 3-D-Objekte
ThreeDHighlight	Hervorhebungsfarbe der 3-D-Objekte
ThreeDLightShadow	Farbe für den hellen Schatten der Kanten von 3-D-Objekten
ThreeDShadow	Farbe für den dunklen Schatten von 3-D-Objekten
Window	Hintergrundfarbe des Fensters
WindowFrame	Rahmenfarbe des Fensters
WindowText	Textfarbe des Fensters

Tabelle 10.3: Farbwerte nach Benutzerpräferenzen nach CSS2 (Forts.)

Der folgende Codeausschnitt zeigt, wie diese Werte verwendet werden könnten, um einem Absatz die gleichen Vorder- und Hintergrundfarben zuzuweisen, die der Betrachter in seinem System eingestellt hat:

```
p { color: WindowText; background-color: Window;}
```

Schriften und Benutzerpräferenzen koordinieren

Mit CSS2 haben Designer die Möglichkeit, die Schrifteinstellungen mit den Voreinstellungen des Systems des Betrachters abzustimmen. Gemäß der Spezifikation können die Systemschriften nur mit Hilfe der Kurzschreibweise eingebunden werden – nicht mit font-family. Eventuell wird die Implementierung bei den Browsern jedoch flexibler sein. Tabelle 10.4 listet die Werte und die damit verbundenen System-schriften auf.

Font-Wert	Systemschriftart
caption	Systemschriftart, die für Überschriften, Buttons und andere Kontrollelemente verwendet wird.
icon	Systemschriftart, die zur Beschriftung von Icons verwendet wird.
menu	Systemschriftart, die bei PullDown-Menüs und Menülisten verwendet wird.
message-box	Systemschriftart, die für Dialogboxen verwendet wird.
small-caption	Systemschriftart, die zur Beschriftung kleiner Kontrollelemente verwendet wird.
status-bar	Systemschriftart, die für die Statuszeile verwendet wird.

Tabelle 10.4: Schrifttypen nach Benutzerpräferenzen nach CSS2

Um also eine <h3>-Überschrift in einem Dokument in derselben Schrift darzustellen, in der auch die Windows-Statuszeile beschriftet wird, verwenden Sie folgenden Code in einem Style Sheet:

```
h3 {font: status-bar;}
```

Umriss-Eigenschaften

Ein neues Element von CSS2 sind Umrisse (outlines), die Umrandungen ähneln, aber keinen zusätzlichen Raum beanspruchen, und eine andere Form als die mit ihnen verknüpften Grafiken, Eingabefelder oder sonstigen Elemente haben können, mit denen sie verknüpft werden. Umrisse werden eher über ein Element gezeichnet als drumherum. Sie können dynamisch verwendet werden, um anzuzeigen, dass ein Element aktiviert ist. Die Attributwerte sind outline-width, outline-style und outline-color sowie für die Kurzschreibweise outline. In Tabelle 10.5 sehen Sie die Werte, die mit diesen Eigenschaften verknüpft sind.

Betrachten Sie folgende Regel, die einen Absatz mit einer gestrichelten Linie umgibt, wenn der Mauszeiger ihn überfährt:

```
p:hover   {outline-style: dashed;}
```

Beachten Sie, dass Umrisse im Gegensatz zu Umrandungen nicht unbedingt rechteckig sein müssen. Die letzte Kategorie der Neuerungen von CSS2 ist die Unterstützung von Audioelementen auf Webseiten und ist am schwersten zu beschreiben und zu demonstrieren.

Akustische Erweiterungen

Die CSS2-Spezifikation enthält viele Eigenschaften, die entwickelt wurden, um eine akustische Wiedergabe von Webseiten zu ermöglichen. Obwohl noch nicht implementiert, sind das die vorausschauenden Neuerungen von CSS2, die sich primär an Sehbehinderte richten, aber auch viele neue Möglichkeiten zur Einbindung von Audiodaten bieten. Während der Einsatz einer sprachgesteuerten Schnittstelle noch wie Science-Fiction klingt, machen die Fortschritte in Sprachausgabe und -erkennung deutlich, dass der praktische Einsatz dieser Technologie nicht mehr fern ist. Auch diese Möglichkeiten sind noch nicht implementiert, so dass die Beispiele ausschließlich auf der Spezifikation basieren und noch keine tatsächlichen Anwendungen existieren.

Grundsätzlich erlauben es akustische Style Sheets, synthetische Quellen mit Absätzen oder anderen Elementen zu verknüpfen. Auch das zeitlich-räumliche Verhältnis zwischen den einzelnen Sounds wird durch Style Sheets gesteuert. Vermutlich werden unterschiedliche synthetische Stimmen analog zu den unterschiedlichen Schriften auf dem Bildschirm verwendet. Verschiedene »Stimmen« könnten verschiedenen Elementen oder Klassen von Elementen zugewiesen werden. Es ist auch möglich, unterschiedliche Betonungen zur Hervorhebung von Überschriften einzusetzen.

speech-rate

Die Eigenschaft speech-rate wird verwendet, um das Tempo der Sprache zu steuern. Die Werte können in Form von Zahlen oder mit Werten x-slow, slow, medium, fast, x-fast, faster, slower und inherit angegeben werden. Zahlenwerte bestimmen die Anzahl der gesprochenen Wörter pro Minute (wpm). Die Geschwindigkeiten reichen von 80 wpm für x-slow bis zu 500 wpm für den Wert x-fast. Der relative Wert faster erhöht das Sprechtempo um 40 wpm, während slower die Geschwindigkeit um 40 wpm senkt. Der Standardwert ist medium.

voice-family

Die Eigenschaft voice-family funktioniert ähnlich dem font-family-Attribut. Sie kann verwendet werden, um einen bestimmten Sprachtyp, eine Sprachfamilie oder mit Hilfe einer Liste, deren Elemente durch Kommata getrennt sind, eine Kombination aus beidem zu spezifizieren. Ein Beispiel könnte folgendes Aussehen haben:

```
p.voiceone {voice-family: "bill gates", executive, male;}
p.voicetwo {voice-family: "jewel", singer, female;}
```

In diesem hypothetischen Beispiel basiert der erste Stimmenname auf einer allgemein bekannten Person, die zweite Stimme bezeichnet einen allgemeinen Charakter, während die dritte Stimme durch einen Oberbegriff beschrieben wird. Entsprechend der CSS2-Spezifikation können Namen in Anführungszeichen geschrieben werden. Sie müssen es, wenn der Name ein Leerzeichen enthält.

pitch

Die pitch-Eigenschaft definiert die Tonlage einer Stimme. Die Werte können als Zahlenwerte, die die Frequenz der Stimme in Hertz festlegt, oder durch Schlüsselworte wie x-low, low, medium, high und inherit bestimmt werden. Der Standardwert ist medium. Die Werte x-low bis high hängen von der Tonlage der verwendeten Stimmenfamilie ab, die mit voice-family definiert wurde.

pitch-range

Die Eigenschaft pitch-range definiert die Spannweite der Variation einer Tonlage, die mit voice-family und pitch vorgegeben wurde. Die Werte werden entweder vererbt (mit inherit) oder durch einen numerischen Wert zwischen 0 und 100 definiert. Der Wert 0 erlaubt keine Variation, 50 setzt eine normale Variation voraus und 100 stellt eine übertriebene Spannweite dar.

stress

Die Eigenschaft stress bestimmt die maximalen Ausschläge der Intonation einer Stimme. In Verbindung mit dem Attribut pitch-range wird das Erzeugen einer detaillierteren Stimmendefinition ermöglicht. Die Wahl des numerischen Wertes ist vom Geschlecht der Stimme und von der gesprochenen Sprache abhängig. Die Werte können zwischen 0 und 100 liegen, wobei der Standardwert 50 ist.

richness

Die Eigenschaft richness bestimmt die Fülle einer Stimme. Die numerischen Werte können zwischen 0 und 100 liegen, der Standardwert ist 50. Je höher die Nummer, desto voller klingt die Stimme.

volume

Das Attribut volume legt die durchschnittliche Lautstärke einer Stimme fest. Die Werte reichen von 0 bis 100. Ein Wert 0 erzeugt die leiseste hörbare Stimme, während der Wert 100 für die höchstmögliche Lautstärke steht. Die Werte können auch in Prozent angegeben werden. Andere mögliche Werte sind silent (kein Geräusch), x-soft (analog zu 0), soft (entspricht 25), medium (entspricht 50), loud (entspricht 75) und x-loud (entspricht 100). Diese Werte hängen stark vom verwendeten Soundsystem und den Anwendereinstellungen wie der Lautstärke der Lautsprecher ab. Der einzige weitere Wert ist inherit.

speak

Die Eigenschaft speak legt fest, ob und wie ein Text gesprochen wird. Der Wert none verhindert, dass ein Text gesprochen wird. Der Standardwert normal gibt einen Text in einer »normalen« Sprechstimme wieder, die von den anderen Eigenschaften und dem Ausgabegerät des Besuchers erzeugt wird. Der Wert spell-out veranlasst eine buchstabenweise Ausgabe, was bei Abkürzungen sinnvoll sein kann. Der einzige weitere Wert ist inherit.

pause-before

Die Eigenschaft pause-before definiert eine Sprechpause, die vor einem Element eingefügt wird. Die Angaben werden als Zeitangabe in Sekunden (Standard), in Millisekunden (ms) oder als Prozentangabe gemacht. Prozentangaben definieren die Pausenlänge in Relation zur durchschnittlichen Sprechdauer eines Wortes, das mit der Eigenschaft `speech-rate` definiert wird. (Bei einer Sprechrate von 100wpm dauert die Wiedergabe eines Wortes durchschnittlich 600 ms, während ein Wert von 50% eine Pause von 300 ms erzeugt.) Die CSS2-Spezifikation empfiehlt die Angabe der Werte in Prozent. Diese Eigenschaft kann nicht vererbt werden.

pause-after

Die Eigenschaft `pause-after` definiert eine Sprechpause, die nach einem Element eingefügt wird. Ansonsten entspricht diese Eigenschaft `pause-before`.

pause

Die Eigenschaft `pause` ist eine Kurzschreibweise für die Attribute `pause-before` und `pause-after`, die gerade vorgestellt wurden. Eine Stilregel

```
p {pause: 12 ms;}
```

fügt eine Pause von 12 Sekunden vor und nach jedem markierten Element ein. Eine Stilregel

```
p {pause: 12 ms 20 ms;}
```

erstellt eine Pause von 12 Sekunden vor und eine Pause von 20 Sekunden nach dem Element.

cue-before

Die Eigenschaft `cue-before` setzt ein »Audio-Icon« vor ein Element. Ein Beispiel hierfür könnte ein akustisches Signal am Anfang eines Absatzes oder eine Stimme sein, die »Absatzanfang« sagt. In gewisser Hinsicht ähnelt das dem »Umblättern-Geräusch«, das häufig in Kinderbüchern verwendet wird, denen eine Audio-Kassette, eine Schallplatte oder eine CD beiliegt. Der Wert wird in Form eines URL einer Audiodatei übermittelt, wie das folgende Beispiel zeigt:

```
p {cue-before: url("ding.wav");}
```

Kurz bevor der Inhalt des Absatzes vorgelesen wird, ertönt die Datei `ding.wav`. Der Wert des Attributes kann auch `none` sein. Wenn ein URL verwendet wird, der auf eine nicht verfügbare Datei verweist, wird das Element behandelt, als sei der Attributwert `none`. Die CSS2-Spezifikation empfiehlt, dass die Software des Anwenders für solche Fällen auf eine Standard-Sounddatei verweisen sollte. Diese Eigenschaft kann nicht vererbt werden, der Wert des Attributs kann jedoch durch Vererbung gesetzt werden.

cue-after

Die Eigenschaft `cue-after` setzt ein »Audio-Icon« hinter ein Element. Als mögliche Werte stehen die gleichen zur Verfügung wie bei `cue-before`:

```
p {cue-after: url("ding.wav");}
```

cue

Die Eigenschaft `cue` ist eine Kurzschreibweise für `cue-before` und `cue-after`. Ein einzelner Wert weist beiden Attributen den gleichen Wert zu, die Eigenschaften können jedoch auch einzeln definiert werden:

```
p {cue: url("ding.wav");}
```

play-during

Die Eigenschaft play-during erlaubt es, einen Hintergrundsound (Musik, Geräusche und Ähnliches) abzuspielen, während das Element dargestellt wird. Der Sound wird durch den URL der Audiodatei bestimmt. Weitere Werte sind:

❏ mix veranlasst den Sound, der durch das Eltern-Element play-during definiert wurde, weiterzuspielen, während das Kind-Element gesprochen wird. Ansonsten wird der Sound, den das Kind-Element definiert, gespielt.

❏ repeat veranlasst, dass der Sound wiederholt wird, falls seine Dauer kürzer ist, als für die Zeit zur Wiedergabe eines Elements erforderlich ist. Ist die für die Darstellung erforderliche Zeit kürzer als die zum Abspielen erforderliche, wird die Sounddatei nach dem Aufbau abgebrochen.

❏ auto erzwingt, dass der Sound des Eltern-Elements weitergespielt wird.

❏ none Bricht den Hintergrundsound des Eltern-Elements ab, bis das Kind-Element vollständig dargestellt ist. Anschließend fährt der Sound des Eltern-Elements fort.

❏ inherit Erzwingt, dass der Hintergrundsound des Eltern-Elements auch für das Kind-Element gewählt wird. Die Datei beginnt neu zu spielen. Sie wird nicht ununterbrochen gespielt wie bei den Attributen mix und auto.

azimuth

Die Eigenschaft azimuth bestimmt die horizontale Ausrichtung des Sounds. Wie die Wiedergabe letztendlich umgesetzt wird, hängt von der Software des Betrachters und seinem Audiosystem ab. Die Werte können anhand von Winkelwerten spezifiziert werden, die auf dem Konzept des 360°-Surroundsounds basieren. Der Wert 0deg sitzt direkt vor dem Besucher, der Wert 180deg direkt hinter ihm. Auf die direkt rechts neben dem Zuhörer liegende Seite verweist 90deg, wogegen 270deg bzw. -90deg direkt links neben dem Besucher liegt. Die Namen der Werte lauten left-side (270 Grad), far-left, left, center-left, center (0 Grad), center-right, right, far-right und right-side (90 Grad). Der Standardwert ist center. Der relative Wert leftward bewegt den Winkel 20 Grad entgegen dem Uhrzeigersinn, rightward bewegt ihn 20 Grad im Uhrzeigersinn. Die CSS2-Spezifikation weist darauf hin, dass diese Werte ein erwünschtes Ergebnis bezeichnen, dass die tatsächliche Umsetzung jedoch vom eingesetzten System des Besuchers abhängt. Die Eigenschaft azimuth kann vererbt werden.

elevation

Die Eigenschaft elevation bestimmt die vertikale Ausrichtung des Sounds relativ zum Zuhörer. Die Winkelwerte reichen von 90deg (direkt über dem Zuhörer) bis -90deg (direkt unter ihm). Ein Wert von 0deg zeigt an, dass sich die Tonquelle auf gleicher Höhe mit dem Besucher befindet. Einige Namen der Werte sind above (90 Grad), level (0 Grad) und below (-90 Grad). Der relative Wert higher addiert 10 Grad zum aktuellen Wert hinzu, während lower 10 Grad abzieht. Das Attribut elevation kann vererbt werden.

speak-punctuation

Die Eigenschaft speak-punctuation ermöglicht es, die Zeichensetzung bei der Sprachausgabe umzusetzen. Der Wert code erzwingt die wörtliche Wiedergabe der Satzzeichen, d.h., »,« wird »Komma« ausgesprochen, »?« als »Fragezeichen« usw. Der Wert none (Standard) verhindert, dass die Sonderzeichen namentlich genannt werden. Es ist vielmehr vorgesehen, dass die Aussprache normal erfolgt, dass also kurze und lange Pausen erfolgen, oder dass z.B. bei Fragen die richtige Sprachmelodie eingesetzt wird. Der einzige andere zulässige Wert ist inherit. Die Eigenschaft speak-punctuation kann vererbt werden.

speak-numeral

Die Eigenschaft speak-numeral besitzt zwei Optionen für die Wiedergabe von Zahlen. Beim Wert digits werden Zahlen als eine Folge von Ziffern vorgelesen, 1001 entspricht z.B. eins, null, null, eins. Der Wert continuous (Standard) erkennt Zahlen als komplette Werte. 1001 entspricht hier eintausendundeins. Der einzige andere zulässige Wert ist inherit. Die Eigenschaft speak-numeral kann vererbt werden.

speak-header

Die Eigenschaft speak-header bietet verschiedene Möglichkeiten für die Wiedergaben von Tabellenüberschriften im Verhältnis zum Tabelleninhalt. Werte sind once, always und inherit. Der Wert once bewirkt, dass die Tabellenüberschrift einmal vor der Aufzählung der zugehörigen Zellen genannt wird (»Tier: Hund, Katze, Maus, ...«). Beim Wert always wird der Bezeichner der Tabelle vor jedem einzelnen Wert genannt (»Tier: Hund, Tier: Katze, Tier: Maus, ...«). Die Eigenschaft speak-header kann vererbt werden.

Das ist nur eine kurze Übersicht über die vielen akustischen Eigenschaften unter CSS2. Obwohl die exakte Syntax in der CSS2-Spezifikation bereits wohldefiniert ist, gibt es bisher nur wenige Browser, die diese Technologie probeweise unterstützen. Bis diese Stilmöglichkeiten tatsächlich unterstützt werden, können noch manche Änderungen an der Syntax vorgenommen werden.

CSS3: Eines Tages?

Schon jetzt, wo noch kein Browser CSS2 korrekt wiedergeben kann und es selbst bei der Umsetzung von CSS1 noch hier und da hakt, hat die Arbeit an CSS3 begonnen. Leser, die an den Fortschritten dieses Projekts interessiert sind, können sich auf der Site des W3C darüber informieren (http://www.w3.org/Style/CSS/). Nach einem kurzen Blick auf die Aktivitäten lässt sich die CSS3-Spezifikation in Module aufteilen. CSS3 scheint auch mehr Unterstützung für internationale Sprachen, z.B. mit vertikal fließendem Text, zu bieten, weitere Verbesserungen bei Tabellen, eine bessere Druckerunterstützung, herunterladbare Schriften und die Integration anderer Technologien, wie z.B. Vektorgrafiken, MathML oder SMIL (Synchromized Multimedia Interchange Language). CSS3 wird auch die Integration zwischen HTML, Style Sheets und Skriptsprachen durch die Ideen wie BSCSS (Behavioral Extensions to CSS) verbessern. Obwohl das W3C zügig Neuerungen für das Web definiert, halten auch die Browserhersteller daran fest, eigene Erweiterungen einzuführen. Der nächste Abschnitt beschreibt einige Eigenschaften, die von Browserherstellern implementiert wurden, von denen jedoch noch nicht sicher ist, ob sie jemals ein Teil einer CSS-Spezifikation werden.

Eine Microsoft-spezifische Sammlung von Style-Sheet-Eigenschaften

Es wird ständig CSS-Erweiterungen von Browserherstellern geben. Vor allem Microsoft tut sich in diesem Bereich hervor. Zweifelsohne ist das erst der Anfang einer Welle von exklusiven Erweiterungen. Das Attribut zoom ermöglicht z.B. das Skalieren von Inhalten. Diese Eigenschaft akzeptiert entweder Prozentangaben, eine Fließkommazahl, die den Vergrößerungsfaktor angibt (2.0 für die doppelte Größe, 0.5 für eine Halbierung) oder das Schlüsselwort normal, mit dem das Objekt in seiner Originalgröße angezeigt wird. Ein einfaches Beispiel, um ein Objekt mit einer Klasse twotimes zu zoomen, ist folgende Regel:

```
.twotimes    {zoom: 200%;}
```

Obwohl das Attribut zoom in Verbindung mit einer statischen Regel vielleicht nicht viel Sinn macht, kann es in Kombination mit einer Skriptsprache die interessante Möglichkeit bieten, Bilder oder Text als Reaktion auf ein vom Betrachter ausgelöstes Ereignis zu vergrößern. Wenn Sie dieses Beispiel

```
<p onmouseover="this.style.zoom='200%'"
   onmouseout="this.style.zoom='normal'">
Bewege die Maus hierher, und schau mir beim Wachsen zu!</p>
```

im Internet Explorer 5.5 oder größer betrachten, sehen Sie, wie zoom verwendet werden kann.

Eine weitere Erweiterung, die vom Internet Explorer unterstützt wird, ist eine Sammlung von Eigenschaften, mit deren Hilfe die Darstellung von Rollbalken innerhalb des <body>- und des <textarea>-Elements kontrolliert werden kann. Dazu gehören scrollbar-3d-light-color, scrollbar-arrow-color, scrollbar-base-color, scrollbar-dark-shadow-color, scrollbar-face-color, scrollbar-highlight-color und scrollbar-shadow-color. Jedes dieser Attribute akzeptiert einen Farbwert, der in einer in CSS gültigen Form definiert wurde. Eine einfache Regel, mit der die Rollbalken des Dokuments rot gefärbt werden, sehen Sie hier:

```
body {scrollbar-face-color: red;}
```

Darüber hinaus hat Microsoft einige Style-Sheet-Erweiterungen für die Darstellung fremder Sprachen eingeführt, von denen die interessanteste wahrscheinlich die Eigenschaft writing-mode ist. Mit dieser Eigenschaft ist es möglich, Text vertikal fließen zu lassen. Die Anwendung wird im folgenden Code-Fragment demonstriert:

```
<div style="writing-mode:tb-rl">Auf und ab.
<span style="writing-mode:lr-tb; color: red;">Links und rechts.</span>
Mehr auf und ab.
<span style="writing-mode:lr-tb; color: green;">Zurück zu links und rechts.
</span>
</div>
```

Dieser Code liefert unter dem Internet Explorer 5.5 oder besser folgendes Ergebnis:

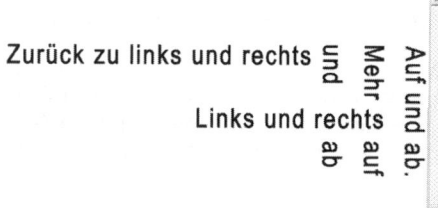

Obwohl es sich hierbei um eine exklusive Erweiterung handelt, könnte sie für die Darstellung japanischer oder ähnlicher Seiten sinnvoll sein und findet vielleicht ihren Weg in die CSS3-Spezifikation.

Es gibt eine Vielzahl weiterer Erweiterungen von Microsoft, von denen sich die meisten mit der Unterstützung von Multimedia-Elementen befassen. Die Realität ist jedoch, dass die meisten Erweiterungen fehlerhaft sind und ihre Syntax nicht stabil läuft oder oft und tief greifend von Version zu Version verändert wurde. Es ist also nicht ratsam, diese Erweiterungen zu nutzen. Um mehr über den aktuellen Stand der Entwicklung und die neuesten Erweiterungen zu erfahren, schauen Sie im Internet unter http://www.msdn.microsoft.com/workshop/ nach.

Herunterladbare Fonts

Die letzte Anforderung für eine perfekte Layoutkontrolle wäre die Einbindung dynamischer Schriften. Obwohl die CSS-Spezifikationen noch daran arbeiten, bieten die großen Browserhersteller bereits seit ihren 4.x-Versionen herunterladbare Fonts an. Wie in Kapitel 6 erklärt, können diese Schriften mit Style Sheets in Webseiten eingebunden werden. Um Schriften unter dem Internet Explorer in ein Web-Dokument einzubinden, verwenden Sie die @font-face-Eigenschaft. Diese erlaubt es dem Webdesigner, Schriften zu spezifizieren, die nicht auf dem System des Betrachters verfügbar sind.

Um diese Schrift zu integrieren, bestimmen Sie zunächst die font-family. Anschließend definieren Sie das src-Attribut, das den URL einer OpenType-Datei enthält und deren Endung .eot sein sollte. Wenn die Datei heruntergeladen und in eine TrueType-Schrift konvertiert wurde, kann sie auf dem Monitor angezeigt werden. Wenn Sie die folgende Regel in das Style Sheet aufnehmen, können Sie mit Hilfe der font-family-Eigenschaft die Schrift GhostTown überall auf dieser Seite verwenden:

```
@font-face {font-family:GhostTown;
        src:url(http://www.democompany.com/fonts/ghost.eot);}
```

Die große Frage lautet: Wie kann die Schriftendatei erstellt werden? Der Entwickler benötigt hierzu ein Tool, mit dessen Hilfe er eine Schriftdefinition erstellt und diese Datei auf den Webserver kopiert. Eventuell muss der Webserver so konfiguriert werden, dass die Datei korrekt übermittelt werden kann. Auf der Microsoft-Typographie-Website (http://www.microsoft.com/typography/) finden Sie Informationen über die Entwicklung und die benötigten Werkzeuge.

Um Schriften mit der Netscape-Definition einzubinden, verwenden Sie die @fontdef-Regel in einem Style Sheet, um einen herunterladbaren Font zu definieren. Darüber hinaus müssen Sie eine Schriftdatei für dynamische Fonts erstellen, in diesem Fall eine PFR-Datei. Um GhostTown zu installieren, verwenden Sie die Regel

```
@fontdef url(http://www.democompany.com/fonts/ghosttown.pfr);
```

wie in Kapitel 6 erwähnt. Sie können auch das <link>-Element im <head>-Tag verwenden, wie Sie es hier sehen:

```
<link rel="fontdef" src="http://www.democompany.com/fonts/ghosttown.pfr">
```

Diese Style-Sheet- und HTML-Lösung funktioniert bei Netscape. Die Microsoft-Lösung mit Hilfe der @font-face-Regel ist die vom W3C bevorzugte Lösung und wird eventuell von Netscape übernommen. Weitere Informationen über den Netscape-Ansatz sowie Links zu Tools, mit denen Sie dynamische Fonts erstellen und bearbeiten können, finden Sie unter http://www.truedoc.com.

Zusammenfassung

Cascading Style Sheets bieten eine bessere Kontrolle über die Darstellung von Webseiten. Style Sheets dienen nicht nur der Erstellung attraktiver Seiten. Durch die Trennung von Struktur und Inhalten erleichtern Sie Änderungen an Dokumenten. Obwohl Style Sheets beim Erstellen von Webseiten deutlich mehr Flexibilität verleihen, werden sie noch nicht vollständig von den aktuellen Browsern unterstützt. Wenn sie jedoch vorsichtig verwendet werden, sind Style Sheets eine hervorragende Möglichkeit, das Layout zu verbessern, ohne sich auf Lösungen zu verlassen, die nur unter bestimmten Voraussetzungen funktionieren. Nutzen Sie die vielen Informationen, die Sie unter http://www.w3.org/Style/CSS/ finden können.

Obwohl jedermann Zugang zu den Entwicklungen von Style Sheets hat, werden exklusive Erweiterungen von Browserherstellern vorgestellt, die den Gedanken des freien Zugangs zur Entwicklung untergraben. Das pixelgenaue Layout und herunterladbare Fonts sind kurz vor der Implementierung, doch es gibt ständig Neuerungen. Warum nach einem Printlayout streben, wenn voll programmierte Seiten möglich sind? Kapitel 11 führt Sie in den Übergang von statischen Webseiten zu programmierten Seiten ein, wobei wir den Anfang mit Formularen machen.

11

Wofür werden Formulare verwendet?

Eine der interessantesten Möglichkeiten im Web ist das Anbieten von interaktiven Elementen. Bisher wurde das Web nur als statisches Medium diskutiert. Webseiten können jedoch auch als Software angesehen werden, da hier Aufgaben ausgeführt und mit Inhalten interagiert werden kann, was im Druckbereich unmöglich ist. Während Links den Benutzern eine Auswahlmöglichkeit bieten, können Benutzer mit Hilfe von ausfüllbaren Formularen Informationen verbreiten, die von einem Datenerfassungssystem bis hin zu dynamisch erstellten Webseiten reichen. Heutzutage sind Formulare im Web etwas Alltägliches und die Beherrschung der Syntax ist erforderlich, um moderne Webseiten erstellen zu können.

Wie werden Formulare verwendet?

Es gibt viele Einsatzmöglichkeiten für Formulare im Web. Am gebräuchlichsten sind Formulare für Kommentare, Bestellungen, zum Registrieren und zu Anpassungszwecken:

❏ Kommentar-Formulare werden gewöhnlich zum Sammeln von Meinungen und Verbesserungsvorschlägen der Betrachter verwendet.

❏ Bestellformulare bieten dem Betrachter die Möglichkeit, Waren zu bestellen. Hier werden für gewöhnlich die Adresse, Kreditkarten-Nummer und andere notwendige Informationen des Benutzers abgefragt, um den Online-Handel zu erleichtern. (Man sollte grundsätzlich vorsichtig sein, wenn man seine Kreditkartennummer zu Unternehmen sendet, über die man nur wenig weiß. Es gibt Möglichkeiten, Daten, die zwischen Webbrowser und Server versandt werden, zu verschlüsseln. Trotzdem sollten Sie als Benutzer sehr vorsichtig sein, wenn Sie nicht wissen, wer auf der anderen Seite der Verbindung sitzt. Ein wenig gesunder Menschenverstand kann Ihnen einiges an Sorgen rund um empfindliche Datenübertragungen nehmen.)

❏ Registrierungsformulare werden verwendet, um Informationen über einen Benutzer zu sammeln, und sind häufig mit einem System verbunden, um den Zugriff auf bestimmte Bereiche freizuschalten oder einzuschränken.

❏ Formulare können auch dazu dienen, auf Datenbanken zuzugreifen, z.B. um Informationen in einem Katalog zu suchen. Viele E-Commerce-Seiten vertrauen auf Formulare und Datenbanken, um einen Bestellservice zu bieten.

❏ Einige Seiten erlauben Benutzern, das Aussehen der Seite ihren eigenen Vorstellungen gemäß anzupassen. Ein Formular für Besucherwünsche könnte Benutzern erlauben, selbst festzulegen, welche Themen eines Online-Magazins für sie interessant sind. In Verbindung mit einem Authentifizierungssystem präsentieren sich dem Benutzer Seiten, deren Aussehen er seinem eigenen Geschmack angepasst hat.

Es gibt eine Menge anderer Beispiele, wie Formulare im Web genutzt werden können. Es geht hier darum, aufzuzeigen, welche Form von Interaktivität durch Formulare geboten werden kann.

Einführung in Formulare

Formulare zu erstellen ist einfach. Sie müssen lediglich das `<form>`-Element und die dazugehörigen Befehle für die Formularfelder in das Dokument einfügen. Darauf wird im nächsten Abschnitt genauer eingegangen. Aber wie können die Inhalte eines Formulars verarbeitet werden, wenn der Benutzer die Informationen übermittelt hat? Nachdem ein Formular ausgefüllt wurde, werden die betreffenden Daten mit den zugehörigen Formularfeldnamen verknüpft und verschickt (sofern ein URL spezifiziert wurde). Üblicherweise ist das ein Programm auf einem Webserver, der die übermittelten Informationen analysiert und sie auf beliebige Weise weiterverarbeitet. Die Programme, die die übermittelten Formulardaten verarbeiten, sind gewöhnlich Common-Gateway-Interface(CGI)-Programme. Es können auch andere serverseitige Technologien verwendet werden, die von serverseitigen Skriptlösungen, wie ColdFusion, bis zu komplexen Servermodulen, wie ISAPI-Programmen, reichen. Eine kurze Übersicht über die Funktionsweise sehen Sie in Abbildung 11.1.

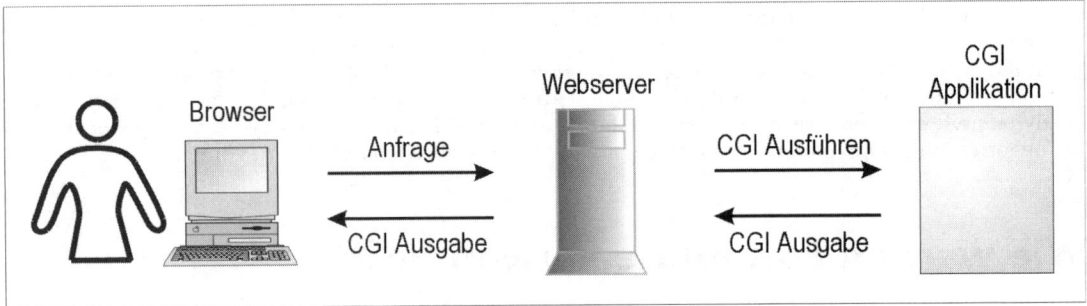

Abbildung 11.1: Interaktion mit Formularen

Es sollen hier nicht die Komplikationen beschrieben werden, die beim Abarbeiten eines CGIs oder eines anderen Programms mit den durch ein Formular übertragenen Daten vorkommen können, sondern es soll nur verständlich gemacht werden, dass ein Formular selbst nur ein Teil des Prozesses ist. Es müssen noch einige Dinge getan werden, bevor ein Formular seine Arbeit aufnimmt, aber das sollte nicht in Ihrer Verantwortung liegen. CGI kann kompliziert werden, da es gewöhnlich Programmierung in Sprachen wie C, Java oder Perl beinhaltet. Das könnte die Fähigkeiten eines Webdesigners übersteigen. In vielen Fällen ist es möglich, bereits vorhandene CGI-Programme zu nutzen.

Weshalb sich darüber Sorgen machen? Wissen die Personen, die Steuerformulare kreieren, wie die Programme, mit denen die Steuer berechnet wird, arbeiten? Warum sollten Sie sich dann Gedanken darüber machen, wie das CGI für eine Datenbankabfrage geschrieben wird, das Sie für das von Ihnen erstellte Formular verwenden? Diese Arbeitsteilung wird bei Webprojekten allzu oft übersehen. Die Personen, die die Programme erstellen, mit denen ein Formular interagiert, sind womöglich nicht die besten für das Codieren eines Formulars. Die Person, die ein Formular codiert, ist nicht notwendigerweise auch am besten für das Schreiben eines CGI-Programms geeignet. Interessierte Leser sollten sich Kapitel 12 anschauen, das die Serverprogrammierung vertiefend erklärt.

Das <form>-Element

Ein Formular wird in HTML von <form>- und </form>-Elementen eingeschlossen. Das Formular selbst beinhaltet regulären Text, andere HTML-Elemente, wie Tabellen und Formularelemente, Check-Boxen, Pull-Down-Menüs und Textfelder. Die W3C-Spezifikation nennt die Formularelemente *Steuerungen*. Das ist etwas irreführend, da Microsoft ActiveX-Objekte ebenfalls als Steuerungen bezeichnet. Um hier Konfusionen zu vermeiden, bezeichnen wir Formularelemente als *Formularfelder* oder *Formularsteuerung*, nicht einfach als *Steuerungen*. Die Formularsteuerungen werden durch den Benutzer gesetzt, um die Formularinhalte anzuzeigen. Jedes Formularfeld wird durch den Wert des jeweiligen name-Attributs benannt. Wenn ein Benutzer ein Formular ausgefüllt hat, ist der Inhalt jeden Feldes mit dem dazugehörigen Name-Wert-Paar (z.B. username=Thomas) des Formulars verknüpft und wird üblicherweise an ein serverbasiertes Programm, wie ein CGI-Skript, zur weiteren Verarbeitung übermittelt. Die Inhalte können sogar per E-Mail zur weiteren Prüfung an einen Benutzer gesandt werden. Damit ein Formular funktioniert, müssen Sie zwei Sachen beachten. Erstens müssen Sie die Adresse des Programms, das die Formularinhalte verarbeiten soll, durch die Verwendung des Attributs action angeben. Als Nächstes bestimmen Sie durch die Verwendung des method-Attributs die Methode der Datenübertragung. Das name-Attribut ist ebenfalls sehr wichtig, um den Namen des Formulars zu bestimmen, damit es später mit einer Skriptsprache, wie z.B. JavaScript, manipuliert werden kann. Schließlich müssen Sie in einigen Fällen noch mit Hilfe des enctype-Attributs bestimmen, wie die Formulardaten verschlüsselt werden sollen.

Das action-Attribut

Wie ein HTML-Formular verarbeitet werden soll, wird mit dem action-Attribut für das Formularelement bestimmt. Das action-Attribut verweist in der Regel auf den URL des Programms, das die Formulardaten verarbeiten soll. Dieser URL zeigt üblicherweise auf ein CGI-Script, um die Resultate des Formulars zu entschlüsseln. Der Code

```
<form action="http://www.democompany.com/cgi-bin/post-query" method="POST">
```

verweist z.B. auf ein Skript namens post-query, das sich im cgi-bin-Verzeichnis auf dem Server www.democompany.com befindet. Es ist auch möglich, einen relativen URL für dieses im action-Attribut benannte Skript anzugeben, wenn sich das Formular auf demselben Server befindet, auf dem das verarbeitende Programm beheimatet ist:

```
<form action="../cgi-bin/post-query" method="POST">
```

Das Auswahl des Wertes von action erfordert die Beantwortung folgender Frage: Welches Programm soll die Daten übergeben? Das hängt davon ab, woher das Programm stammt. Es könnten bereits fertige Programme verwendet werden, die die Formularinhalte verarbeiten. Aber was passiert, wenn es keine Möglichkeit gibt, ein auf dem Server liegendes Programm zu verwenden? Dann besteht die Möglichkeit, ein einfaches Formular zu erstellen, das einen mailto-URL verwendet. Zur Erinnerung: Das action-Attribut zeigt auf einen URL. Daher funktioniert in manchen Fällen sogar ein Formelement wie

```
<form action="mailto:formtest@democompany.com" method="POST"
enctype="text/plain">
```

Es ist sogar möglich, eine erweiterte Form des mailto-URLs zu verwenden, der von einigen Browsern unterstützt wird, wie den meisten Versionen von Netscape und neueren Versionen des Internet Explorers. Hier ein Beispiel:

```
<form action="mailto:formtest@democompany.com?
Subject="Formular%20Resultat">
```

Hinweis

%20 ist nur der Code für ein Leerzeichen.

Obwohl das mailto-Formular der einfachste Weg zu sein scheint, wird dieser Code nicht von allen Browser unterstützt. Außerdem gibt es hier mögliche Probleme mit der Sicherheit. Selbst wenn der Browser `mailto` unterstützt, sollten die Daten mit der POST-Methode übermittelt werden. Die Daten sollten durch Verwendung von `text/plain` anstatt der Standardmethode verschlüsselt werden. Diese Methode ist etwas kryptischer und ähnelt dem Aussehen eines URL. Der nächste Abschnitt wird auf die unterschiedlichen Methoden der Verschlüsselung eingehen.

Das method-Attribut

Sie müssen bestimmen, wie die Formulardaten an die Adresse, die durch das `action`-Attribut definiert wird, übermittelt werden sollen. Die Art der Übermittlung wird durch das `method`-Attribut festgelegt. Es gibt zwei zulässige Werte für `method`: GET und POST. Diese sind die HTTP-Methoden, die ein Browser verwendet, um sich mit einem Server zu »unterhalten«. Wenn das `method`-Attribut nicht spezifiziert wird, verwenden die meisten Browser die GET-Methode. Obwohl die meisten der nachfolgenden Erläuterungen eher für Leute geeignet sind, die Programme zum Verarbeiten von Formulardaten schreiben, ist es wichtig, die Grundidee beider Methoden zu verstehen.

Hinweis

Bei der Vorstellung der HTTP-Methoden wird die Rede von GET und POST sein. Während viele HTML-Attributwerte kleingeschrieben sind, sollten diese grundsätzlich großgeschrieben sein.

Die GET-Methode

Die GET-Methode ist in der Regel die Standardmethode für Browser zum Übermitteln von Informationen. Tatsächlich werden HTML-Dokumente grundsätzlich vom Webserver durch die Abfrage nach einem einzelnen URL gefunden, indem die GET-Methode verwendet wird, die Bestandteil des HTTP-Protokolls ist. Wenn Sie einen URL wie `http://www.democompany.com/staff/thomas.htm` in Ihren Webbrowser eingeben, wird er in eine gültige HTTP-GET-Anfrage übersetzt, wie hier:

```
GET /staff/thomas.htm HTTP/1.0
```

Diese Anfrage wird an den Server `www.democompany.com` gesendet. Was diese Anfrage im Grunde aussagt, ist »Gebe mir die Datei `thomas.htm` in dem Verzeichnis `staff`. Ich spreche den 1.0-Dialekt von HTTP.« Was bedeutet das für Formulare? Sie werden nicht einfach so eine Datei angezeigt bekommen, wenn Sie ein Formular ausfüllen, oder? In Wirklichkeit starten Sie ein Programm, das die Formulardaten verarbeitet. Zum Beispiel könnte der Wert des Attributs `action` auf einen URL wie `http://www.demo-company.com/cgi-bin/comment.exe` verweisen, unter dem ein Programm gespeichert ist, das die Kommentare eines Formulars analysiert. Würde die HTTP-Anfrage in diesem Fall nicht so ähnlich wie hier aussehen?

```
GET /cgi-bin/comment.exe HTTP/1.0
```

Fast! Sie müssen zusammen mit dem Namen des Programms auch die Formulardaten an das Programm übermitteln. Hierzu werden alle Informationen des Formulars am Ende des angefragten URL angehängt. Das produziert einen sehr langen URL, der die aktuellen Daten enthält:

```
http://www.democompany.com/cgi-bin/comments.exe?
Name=Axel+Hellmann&Alter=31&Status=Vize-Praesident
```

Die GET-Methode ist nicht sehr sicher, da die zu übertragenden Daten im URL angezeigt werden. Außerdem gibt es eine Einschränkung bei der Menge der Daten, die mit der GET-Methode übergeben werden können. Es ist unmöglich, eine Abhandlung von 10.000 Wörtern an das Ende eines URL anzuhängen, da die meisten Browser die Länge eines URL auf einige Tausend Zeichen begrenzen. Weitere Probleme mit GET tauchen auf, wenn mit Fremdsprachen gearbeitet wird. Würde es möglich sein, bei Verwendung der GET-Methode mit japanischen Kanji-Zeichen im URL zu arbeiten? Wahrscheinlich nicht. Unter der HTML-4.01-Spezifikation wurde die GET-Methode verworfen. Trotzdem ist es die Standard-Methode, wenn das `method`-Attribut nicht spezifiziert ist.

Warum sollte GET trotz all dieser Probleme benutzt werden? Erstens ist GET einfach anzuwenden. Ein Beispiel-URL wie der folgende macht deutlich, dass das Namensfeld den Wert »Axel Hellmann« hat, das Alter den Wert »31« und der Status »Vize-Praesident« ist:

```
http://www.democompany.com/cgi-bin/
comments.exe?Name=Axel+Hellmann&Alter=31&Status=Vize-Praesident
```

Formularfeldnamen erhalten Werte, die grundsätzlich mit Pluszeichen anstatt Leerzeichen verschlüsselt werden. Nicht alphanumerische Zeichen werden durch %nn ersetzt, wobei nn für den ASCII-Code des Zeichens im Hexadezimalcode steht, ähnlich wie bei der URL-Verschlüsselung, die in Kapitel 4 beschrieben wird. Die einzelnen Werte der Formularfelder werden durch Kaufmannsund (&) getrennt. Es wäre einfach, ein Programm zu schreiben, das die Daten aus dem Formular ausliest, aber es ist wahrscheinlich besser, eine der vielen bereits vorhandenen Bibliotheken zu verwenden, um übertragene Daten zu entschlüsseln.

Die andere Methode, POST, ist ebenso einfach zu handhaben, so dass es keinen schwerwiegenden Grund gibt, GET zu verwenden. Der beste Grund hierfür ist vielleicht, dass die Daten in Form eines URL übertragen werden, der als Lesezeichen oder Verweis gespeichert werden kann. Die GET-Methode funktioniert auch mit Suchmaschinen gut. Wenn ein Benutzer eine Anfrage an eine Suchmaschine richtet, startet die Maschine die Anfrage und liefert dann auf einer Seite Resultate. Es ist möglich, die Abfrageresultate als Lesezeichen zu speichern und die Abfrage später zu wiederholen. Genauso ist es möglich, Verknüpfungen zu erstellen, mit denen CGI-Programme gestartet werden. Dies ist teilweise bei bestimmten dynamischen Webseiten sinnvoll. Der nachfolgend gezeigte Link startet z.B. ein CGI-Programm, das in der ColdFusion-Markierungssprache (CFM) geschrieben wurde, und übergibt einen bestimmten Wert – hier die »MitarbeiterNr« mit dem Wert 1.

```
<a href="displayexec.cfm?MitarbeiterNr=1">Fabian Zoeller</a>
```

Die Abfrage wird in einem Link eingebaut. Wird der Link angeklickt, greift das CGI-Programm auf die passende Datenbank zu und alle Informationen über Fabian Zoeller werden abgerufen.

Obwohl die GET-Methode alles andere als perfekt ist, gibt es einige Situationen, in denen sie sehr nützlich ist. Es ist unwahrscheinlich, dass GET in nächster Zeit vollständig verschwinden wird.

Die POST-Methode

In Situationen, in denen eine große Menge an Informationen zurückgeliefert werden muss, ist die POST-Methode besser als GET. Die POST-Methode übermittelt sofort alle in das Formular eingegebenen Informationen als Datenstrom nach dem abgefragten URL. Mit anderen Worten heißt das, dass der Server immer dann, wenn er eine Anfrage von einem Formular empfängt, das POST verwendet, weiß, dass ihm jetzt die restlichen Informationen zugesandt werden. Die GET-Methode benötigt nur eine Information, da hier die Daten direkt mit der Abfrage übermittelt werden. Das Verschlüsseln der Formulardaten funktioniert im Großen und Ganzen wie bei der GET-Methode; Leerzeichen werden zu Pluszeichen und andere Zeichen werden wie bei einem URL verschlüsselt. Ein Formular könnte z.B. folgende Daten versenden:

```
Name=Ollie+Stein&Alter=40&Geschlecht=maennlich
```

Wie bei der Datenübertragung durch die GET-Methode werden die Daten zerstückelt, um vom verarbeitenden Programm verwendet zu werden. Der Vorteil der POST-Methode ist, dass auf diese Weise eine große Menge von Daten versandt werden kann, da die Formularinhalte nicht im URL enthalten sind. Es ist sogar möglich, die Inhalte ganzer Dateien mit dieser Methode zu versenden. Im Fall des POST-Beispiels ist die Verschlüsselung der Formulardaten die gleiche wie bei GET, obwohl es möglich wäre, die Verschlüsselung durch Verwendung des enctype-Attributs zu ändern.

> **Hinweis**
>
> Ein möglicher Nachteil der POST-Methode ist, dass Seiten, die mit Hilfe der durch POST übermittelten Daten generiert wurden, nicht als Lesezeichen gespeichert werden können.

Das enctype-Attribut

Wenn Daten von einem Formular an einem Webserver übergeben werden, werden diese normalerweise wie ein URL verschlüsselt. In dieser Verschlüsselung werden Leerzeichen durch »+«-Symbole und nicht alphanumerische Zeichen durch %nn ersetzt, wobei nn für den ASCII-Hexadezimalcode eines Zeichens steht. Diese Form wird in dem speziellen MIME-Dateiformat application/x-www-form-urlencoded beschrieben. Standardmäßig werden alle Formulardaten in dieser Form übertragen. Es ist jedoch möglich, die Verschlüsselungsmethode von Formulardaten durch das enctype-Attribut zu bestimmen. Bei Verwendung eines mailto-URL innerhalb des action-Attributs könnte der Verschlüsselungstyp text/plain bevorzugt werden. Das Ergebnis würde wie folgt aussehen:

```
Vorname=Alex
Nachname=Schur
Geschlecht=Männlich
Mitteilung=Versende es
```

Jedes Formularfeld hat eine eigene Zeile. Selbst hier können nicht alphanumerische Zeichen in hexadezimaler Form verschlüsselt werden.

Eine andere Form der Verschlüsselung ist ebenfalls wichtig: multipart/form-data. Wenn Dateien durch Verwendung eines Formulars weitergeleitet werden, ist es wichtig, anzugeben, wo jede Datei beginnt und endet. Der Wert von multipart/form-data für enctype wird benutzt, um dieses Vorgehen anzuzeigen. Bei dieser Art der Verschlüsselung sind Leerzeichen und nicht alphanumerische Zeichen reserviert. Datenelemente sind durch spezielle Abgrenzungszeilen getrennt. Der nachfolgende Dateiauszug zeigt die Übertragung eines Formulars mit multipart/form-data-Verschlüsselung, einschließlich der Inhalte der angefügten Dateien:

```
Content-type: multipart/form-data;
boundary=---------------------------2988412654262
Content-Length: 5289
---------------------------2988412654262
Content-Disposition: form-data; name="Vorname"
Alex
---------------------------2988412654262
Content-Disposition: form-data; name="Nachname"
Schur
---------------------------2988412654262
Content-Disposition: form-data; name="meinedatei";
filename="C:\WINNT\PROFILES\ADMINISTRATOR\DESKTOP\TEST.HTM"
Content-Type: text/html
<html><head><title>Test Datei</title></head>
```

```
<body><h1>Test Datei</h1></body></html>
---------------------------------------
8/12/97 4:47:45 PM--SF_NOTIFY_PREPROC_HEADERS
URL=/programs/postit.cfm?
---------------------------------------
8/12/97 4:47:45 PM--SF_NOTIFY_URL_MAP
URL=/programs/postit.cfm
Physical Path=C:\InetPub\wwwroot\programs\postit.cfm
---------------------------------------
```

Das name-Attribut

Bevor ein einfaches Formular präsentiert wird, bedenken Sie die Notwendigkeit des name-Attributs. Häufig sollen die Daten kontrolliert werden, bevor sie an einen Webserver gesandt werden. Es ist frustrierend für die Benutzer, ein Formular auszufüllen und es an einen Server zu übermitteln, nur um danach eine Mitteilung zu erhalten, dass die Daten fehlerhaft oder nicht vollständig sind. Das Überprüfen der Daten vor dem Versand, oft als *form validation* bezeichnet, erfordert den Einsatz von JavaScript, das in Kapitel 13 beschrieben wird. Der Schlüssel zur Verwendung von JavaScript ist, sicherzugehen, dass das Formular einen alphanumerischen Bezeichner bekommen hat. Das name-Attribut kann einen alphanumerischen Wert, wie z.B. »Bestellformular«, erhalten. Wie bei allen Formularelementen sollten Sie grundsätzlich darauf achten, das name-Attribute für das <form>-Element zu verwenden, um für zukünftige Manipulationen eine Skriptsprache einsetzen zu können..

Es könnte einige Verwirrung bei der Verwendung von name geben, da die HTML-Spezifikation 4.01 das id-Attribut als ein Kernattribut anbietet. Die meisten Browser, einschließlich der meisten älteren Versionen von Netscape und Microsoft Internet Explorer, machen den Zugriff auf ein Formular vom name-Attribut abhängig. Webautoren sollten daher berücksichtigen, die Attribute name und id mit demselben Wert zu verwenden. Für die Praxis ist es empfehlenswert, das id-Attribut hauptsächlich für Style Sheets zu verwenden, wenn im selben Element ein name-Attribut existiert, wie z.B. bei <form>.

Einfaches Beispiel für ein Formular

Wenn die Voraussetzungen erfüllt sind, dass wir ein Ziel für die Inhalte eines Formulars haben, das durch das action-Attribut bestimmt wird und dessen method-Attribut entweder den Wert GET oder POST hat, und dass vielleicht sogar eine Verschlüsselungsform bestimmt wurde, können wir folgendes einfache Beispiel für ein Formular schreiben:

```
<!DOCTYPE HTML PUBLIC "-//W3C//DTD HTML 4.01 Transitional//EN">
<html>
<head>
<title>Formular-Vorlage</title>
</head>
<body>
<form action="/cgi-bin/post-query.pl" method="POST">
Formularfelder und Standard-HTML-Markierung
</form>
</body>
</html>
```

Obwohl diese Syntax zum Aufbau einer Formularstruktur in den meisten Fällen ausreicht, könnten weitere Attribute für das Formularelement nützlich sein, um Frame-Ansprachen, Skripte und Style Sheets zu verwenden. All das wird in Anhang A erläutert. Nun ist es an der Zeit, die verschiedenen HTML-Elemente aufzuzählen, die zum Erstellen von Formularfeldern benötigt werden.

Formularfeld-Elemente

Ein Formular besteht aus *Feldern* oder *Steuerungen* sowie aus Markierungen, die notwendig sind, um das Formular zu strukturieren und die Präsentation zu kontrollieren. Die Steuerungen sind die Felder zum Ausfüllen oder zum Verändern durch den User, die den Zustand des Formulars bestimmen. Dazu gehören Textfelder, Passwortfelder, mehrzeilige Textfelder, Pull-Down-Menüs, Auswahllisten, Radiobuttons, Checkboxen und Schaltflächen. Auch versteckte Formularfelder sind möglich. Bevor die Syntax der einzelnen Formularelemente betrachtet wird, ist es sinnvoll, zunächst die Formularfelder kennen zu lernen und anschließend die komplette Syntax für der Elemente zu betrachten. Die Erläuterung befasst sich ausschließlich mit den Basiselementen. Neuere Formularfelder wie `<button>`, `<label>`, `<fieldset>` und `<legend>` werden im Abschnitt »Neue Formularelemente« vorgestellt.

Textfelder

Einzeilige Texteingabefelder werden durch die Verwendung des `<input>`-Elements spezifiziert und sind hilfreich beim Sammeln von kleinen Informationseinheiten wie dem Namen des Benutzers, der Adresse, der E-Mail-Adresse usw. Es ist auch möglich, ein mehrzeiliges Textfeld durch die Verwendung des `<textarea>`-Elements zu erstellen. Hier richten wir unsere Aufmerksamkeit jedoch auf die einfachste Form der Texteingabe. Um ein Texteingabefeld zu erzeugen, wird das `<input>`-Element mit dem Wert `text` für das `type`-Attribut verwendet:

```
<input type="text" name="BenutzerName">
```

In der XHTML-Syntax würden wir, da es sich um ein leeres Element handelt, Folgendes schreiben:

```
<input type="text" name="UserName" id="BenutzerName" />
```

Für den Rest der Erklärungen verwenden wir die traditionelle HTML-4.01-Syntax, aber es kann alles leicht in XHTML umgewandelt werden.

Alle Formularelemente sollten durch die Verwendung des `name`-Attributs mit einmaligen Werten benannt werden. Im vorangegangenen Beispiel hat das `name`-Attribut den Wert »BenutzerName« erhalten, da es die Benutzernamen aus einem Bestellformular sammelt. Denken Sie daran, einen Namen auszuwählen, der sinnvoll ist und nur einmal im Formular vorkommt. Der Name wird bei der Übermittlung der Formulardaten ebenso verwendet wie bei der Manipulation durch Skriptsprachen.

Das letzte Beispiel bestimmt weder die Größe des Feldes noch die maximale Anzahl der Zeichen, die in das Feld eingegeben werden können. Wenn kein anderer Wert für ein Feld angegeben wurde, wird ein Texteingabefeld standardmäßig eine Breite von 20 Zeichen haben. Um die Zeichenlänge festzulegen, verwenden Sie das `size`-Attribut wie in folgendem Beispiel:

```
<input type="text" name="BenutzerName" size="40">
```

Der Wert des `size`-Attributes gibt die Anzahl der darstellbaren Zeichen an. Es kann dem Benutzer ermöglicht werden, mehr Zeichen einzugeben als durch den Wert `size` bestimmt. Der Text läuft dann einfach nach links aus dem Bild. Wenn Sie die Größe des Feldes einschränken möchten, müssen Sie den Wert durch das `maxlength`-Attribut auf die maximal erlaubte Anzahl setzen, die verarbeitet werden kann.

Wird versucht, mehr Zeichen einzugeben, wird der Browser das ablehnen. Der Browser könnte zusätzlich einen Signalton von sich geben oder das letzte Zeichen überschreiben. Um ein Textfeld so einzustellen, dass 30 Zeichen sichtbar sind und maximal 60 Zeichen eingegeben werden können, schreiben Sie

```
<input type="text" name="BenutzerName" size="30" maxlength="60">
```

Das letzte Attribut, das im Zusammenhang mit einem Texteingabefeld verwendet werden kann, ist das value-Attribut. Mit diesem Attribut können Sie einen Standardtext definieren, der in der Eingabemaske erscheinen soll, wenn das Formular geladen wird. Im folgenden Code wird z.B. der Wert "Geben Sie hier Ihren Namen ein" angezeigt, um dem Benutzer darauf hinzuweisen, wie er das Feld richtig ausfüllt:

```
<input type="text" name="BenutzerName" size="30" maxlength="60" value="Geben Sie
hier Ihren Namen ein">
```

Ein sehr einfaches Beispiel eines Basis-Textfelds sehen Sie hier:

```
<!DOCTYPE HTML PUBLIC "-//W3C//DTD HTML 4.01 Transitional//EN">
<html>
<head>
<title>Ein Textfeld-Beispiel</title>
</head>
<body>
<h1 align="center">Apparat-Bestellformular</h1>
<hr>
<form action="http://www.democompany.com/cgi-bin/post.pl" method="POST">
<b>Kunden-Name:</b>
<input type="text" name="UserName" size="25" maxlength="35">
</form>
</body>
</html>
```

Die Darstellung dieses Beispiels sehen Sie in Abbildung 11.2.

Abbildung 11.2: Die Netscape-Darstellung eines Textfeldes

Passwortfelder

Passwortfelder werden mit der Ausnahme, dass die eingegebenen Begriffe nicht angezeigt werden, auf die gleiche Weise wie einfache Texteingabefelder dargestellt. Meistens zeigt der Browser für jedes Zeichen ein Sternchen oder einen Punkt an, um zu verhindern, dass andere das Passwort während der Eingabe sehen können:

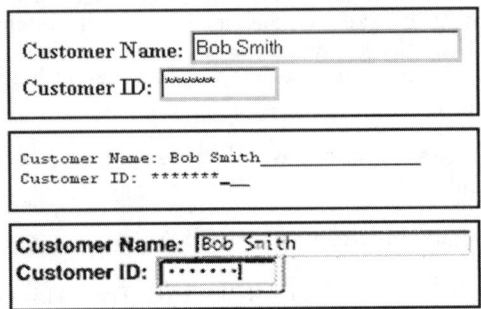

Das Nichtanzeigen des Passwortes auf dem Bildschirm ist sinnvoll. Es schreckt skrupellose Personen davor ab, anderen über die Schulter zu schauen und zu beobachten, welche geheimen Daten sie eingeben. Um ein Passwortfeld zu definieren, verwenden Sie das `<input>`-Element und geben dem `type`-Attribut den Wert `password`. Wie beim Texteingabefeld ist es möglich, die Größe des Feldes mit `size` und das Maximum der zu verarbeitenden Zeichen mit `maxlength` festzulegen. Im Falle des Passwortfeldes ist es vermutlich sinnvoll, die Länge des Feldes zu beschränken, damit der Benutzer den Überblick über die Anzahl der eingegebenen Zeichen behält.

Das Passwortformular ist dem einzeiligen Texteingabefeld sehr ähnlich. Allerdings macht hier die Verwendung des `value`-Attributs nicht viel Sinn, da der Benutzer es bei der Betrachtung des HTML-Quelltextes sehen kann. Ein vollständiges Beispiel für den Einsatz des Passwortfelds innerhalb eines Formulars wird nachfolgend gezeigt:

```
<!DOCTYPE HTML PUBLIC "-//W3C//DTD HTML 4.01 Transitional//EN">
<html>
<head>
<title>Passwortfeld-Beispiel</title>
</head>
<body>

<h1 align="center">Apparat-Bestellformular</h1>
<hr>
<form action="http://www.democompany.com/cgi-bin/post.pl" method="post">
<b>Passwort:</b>
<input type="password" name="pass" size="10" maxlength="10">
</form>
</body>
</html>
```

Mehrzeilige Texteingabe

Wenn es notwendig ist, mehr als eine Textzeile in einem Formularfeld einzugeben, kann das `<input>`-Element durch das `<textarea>`-Element ersetzt werden. Wie beim Texteingabefeld gibt es hier Attribute, mit der Sie die Dimension des Dateneingabefensters sowie einen Standardtext und einen Namen für das Feld festlegen können. Um z.B. die Anzahl der Zeilen in dem mehrzeiligen Textfeld zu definieren, erhält das `rows`-Attribut einen Wert, der der Anzahl der gewünschten Zeilen entspricht. Um die Anzahl der Zeichen pro Zeile zu bestimmen, wird das `cols`-Attribut verwendet. Um einen Textbereich mit fünf Zeilen zu je 80 Zeichen zu definieren, verwenden Sie folgenden Code:

```
<textarea rows="5" cols="80" name="KommentarBox">
</textarea>
```

Da es sein kann, dass sich viele Textzeilen innerhalb des `<textarea>`-Elements befinden, ist es nicht möglich, einen vorgegebenen Text mit dem `value`-Attribut vorzugeben. Stattdessen kann dieser Text innerhalb der Befehle `<textarea>` und `</textarea>` eingegeben werden:

```
<textarea rows="5" cols="80" name="KommentarBox">
Bitte schreiben Sie hier Ihren Kommentar hinein.
</textarea>
```

Die Informationen innerhalb des `<textarea>`-Elements sollen reiner Text sein und dürfen keinerlei HTML-Markierungen enthalten. Tatsächlich bleiben im Text innerhalb des `<textarea>`-Feldes alle Leerzeichen, Zeilenumbrüche und andere Sonderzeichen erhalten. HTML-Elemente innerhalb der Formularsteuerung werden nicht interpretiert. Ein vollständiges Beispiel für ein mehrzeiliges Textfeld sehen Sie hier:

```
<!DOCTYPE HTML PUBLIC "-//W3C//DTD HTML 4.01 Transitional//EN">
<html>
<head>
<title>Textbereich-Beispiel</title>
</head>
<body>

<h1 align="center">Apparat-Bestellformular </h1>
<hr>
<form action="http://www.democompany.com/cgi-bin/post.pl" method="POST">
<b>Kommentare:</b><br>
<textarea name="comment" rows="8" cols="40">
</textarea>
</form>
</body>
</html>
```

Die Wiedergabe des vorangegangenen Beispiels zeigt Abbildung 11.3.

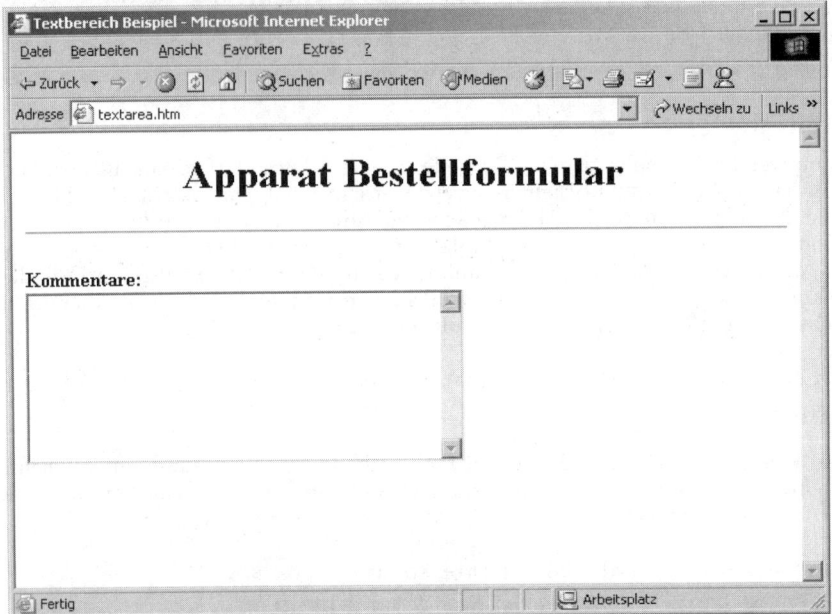

Abbildung 11.3: <textarea> im Internet Explorer

Wenn Text in ein mehrzeiliges Feld eingegeben wird, müssen die Umbrüche bedacht werden. Beim Internet Explorer wird automatisch ein Textumbruch durchgeführt, nicht aber bei Netscape 4.0 oder älter. Verwenden Sie das nicht standardisierte wrap-Attribut für das <textarea>-Element. Mögliche Werte dieses Attributs sind off, hard und soft. Der Wert off deaktiviert die Umbrüche in der Formularsteuerung. Texteingaben des Benutzers werden so dargestellt, wie sie eingegeben wurden. Der Wert hard ermöglicht die Eingabe von Zeilenumbrüchen, die beim Übertragen der Formulardaten mit an den Server gesandt werden. Der Wert soft erlaubt Zeilenumbrüche, die aber bei der Übertragung der Formularinhalte nicht übertragen werden. Der Wert soft ist im Internet Explorer Standard, sollte aber grundsätzlich angegeben werden, um sicherzugehen, dass andere Browser, so wie der Netscape, den Text passend umbrechen.

Eine interessante Vernachlässigung beim <textarea>-Element ist, dass es kein Attribut gibt, das die Menge des einzugebenden Textes limitiert. Dieses Versäumnis in HTML sollte in zukünftigen Versionen überarbeitet werden. Zurzeit können Sie JavaScript verwenden, um den Text, den ein User in ein Feld eingibt, zu begrenzen.

Pull-Down-Menüs

Zu den HTML-Formular-Steuerungen gehören auch Pull-Down-Menüs. Mit einem Pull-Down-Menü kann ein Benutzer eine Auswahl aus verschiedenen Optionen treffen. Ein netter Aspekt der Pull-Down-Menüs ist, dass nicht alle Auswahlmöglichkeiten gleichzeitig auf dem Bildschirm angezeigt werden und normalerweise verdeckt sind. Die folgende Illustration zeigt die Darstellung eines Pull-Down-Menüs auf verschiedenen Browsern:

Um ein Pull-Down-Menü zu erstellen, verwenden Sie den <select>-Befehl. Dieses-Element muss ein Start- und Schluss-Tag haben. Es sollten ein oder mehrere <option>-Elemente vorhanden sein. Die <option>-Elemente definieren die zur Verfügung stehenden Menüpunkte und benötigen kein Schluss-Tag, wenn sie nicht XHTML-kompatibel sein müssen. Aus Gründen der Aufwärtskompatibilität sollte

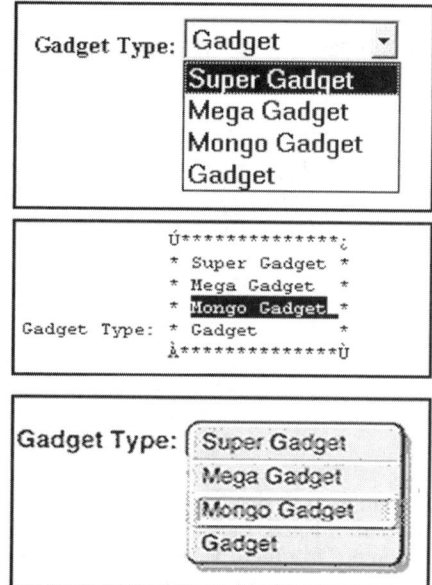

allerdings ein schließendes Tag hinzugefügt werden. In vielen Fällen sieht die Struktur eines Pull-Down-Menüs wie die einer Liste aus, wie Sie im nachfolgenden Code sehen:

```
<select name="ApparatTyp">
    <option>Super-Apparat</option>
    <option>Mega-Apparat</option>
    <option>Mittlerer Apparat</option>
    <option>Einfacher Apparat</option>
</select>
```

Wie im Code gezeigt, hat das `<select>`-Element wie auch die anderen Formularfelder das Attribut `name`, dessen Wert ein einmaliger Name ist, um die beabsichtigte Benutzerauswahl zu decodieren. Auch für das `<option>`-Element gibt es Attribute. Das Attribut `selected` wählt die so markierte Auswahl standardmäßig aus. Grundsätzlich zeigt ein Browser das erste `<option>`-Element, wenn kein anderes Element mit dem `selected`-Attribut versehen wurde. Wenn das `selected`-Attribut mehrmals verwendet wurde, wird in der Regel das letzte `<option>`-Element ausgewählt, doch sollten sich die Autoren nicht darauf verlassen und stattdessen korrekten HTML-Code schreiben. Üblicherweise wird der Wert übermittelt, der mit dem `<option>`-Element markiert wurde. Es ist jedoch auch möglich, mit dem `value`-Attribut eine Zeichenkette zu definieren, die stattdessen bei der Auswahl des betreffenden Elements an den Server geliefert wird. Hier noch ein vollständiges Beispiel für ein einfaches Pull-Down-Menü:

```
<!DOCTYPE HTML PUBLIC "-//W3C//DTD HTML 4.01 Transitional//EN">
<html>
<head>
<title>Pull-Down-Menü-Beispiel</title>
</head>
<body>
<h1 align="center">Apparat-Bestellformular </h1>
```

```
<form action="http://www.democompany.com/cgi-bin/post.pl " method="POST">
<b>Apparat Typ:</b>
<select name="GadgetType">
      <option value="SG-01">Super-Apparat</option>
      <option value="MEG-G5">Mega-Apparat</option>
      <option value="MO-45">Mittlerer Apparat</option>
      <option selected>Einfacher Apparat</option>
</select>
</form>
</body>
</html>
```

<optgroup>

Unter HTML 4 wurden die Formulare um das neue spezielle Element `<optgroup>` erweitert, das verwendet werden kann, um Optionen in Kategorien zu gruppieren. Obwohl das nicht von vielen Browsern unterstützt wird, kann dieses Element in einem Cascading-Menü-Format dargestellt werden. Dieses einfache Beispiel zeigt, wie `<optgroup>` verwendet werden kann:

```
<select name="ApparatTyp">
      <optgroup label="S*-Apparate">
         <option value="SG-01">Super-Apparat</option>
      </optgroup>
      <optgroup label="M*-Gadgets">
          <option value="MEG-G5">Mega-Apparat</option>
          <option value="MO-45">Mittlerer Apparat</option>
      </optgroup>
        <option selected>Einfacher Apparat</option>
</select>
```

Ein Darstellungsbeispiel in einer Beta-Version von Netscape 6 zeigt, wie dieses Element eventuell dargestellt werden wird.

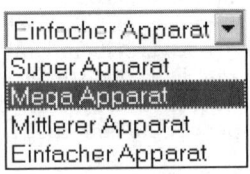

Zum jetzigen Zeitpunkt bleibt festzuhalten, dass die Verwendung dieses Attributs relativ harmlos ist, weil es von den meisten Browsern einfach ignoriert wird und als normale Liste dargestellt wird. Die komplette Syntax dieses Elements finden Sie in Anhang A.

Scrollende Listen

Dem <select>-Element kann auch das size-Attribut hinzugefügt werden, das verwendet wird, um die Anzahl der gleichzeitig sichtbaren Auswahlmöglichkeiten zu bestimmen. Der Standardwert hierfür ist 1, was einem normalen Pull-Down-Menü entspricht. Enthält das size-Attribut eine positive Zahl als Wert, so wird die Liste der Optionen in einem Fester mit der angegebenen Zeilenanzahl angezeigt:

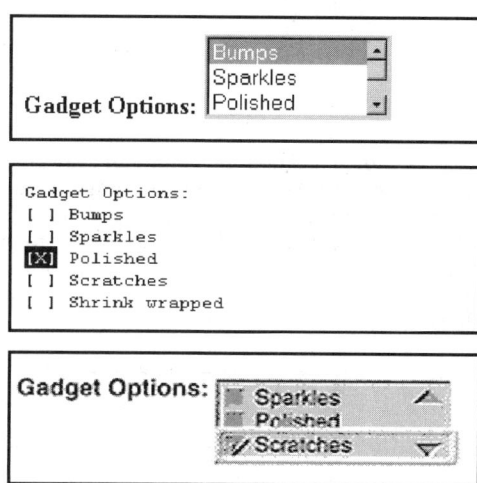

In vielen Fällen verhalten sich solche Listen wie Pull-Down-Menüs. Wenn allerdings das <select>-Element das Attribut multiple zugewiesen bekommt, ist es möglich, mehr als einen Eintrag auszuwählen. Wie der Betrachter mehrere Punkte auswählen kann, hängt vom Browser ab. In der Regel werden hierzu die Strg-Tasten oder die Umschalttaste gedrückt, während gleichzeitig der auszuwählende Menüpunkt mit der Maus angeklickt wird.

Da es möglich ist, mehr als einen Eintrag in einer scrollenden Liste auszuwählen, ist es auch möglich, mehrere <option>-Elemente mit dem Attribut selected zu versehen. Ein vollständiges Beispiel für eine scrollende Liste wird hier gezeigt:

```
<!DOCTYPE HTML PUBLIC "-//W3C//DTD HTML 4.01 Transitional//EN">
<html>
<head>
<title>Eine scrollende Liste</title>
</head>
<body>
<h1 align="center">Gadget Order Form</h1>

<form action="http://www.democompany.com/cgi-bin/post.pl" method="POST">
<b>Gadget-Optionen:</b>
<select name="GadgetOptions" multiple size="3">
    <option value="Hit with hammer" selected>Dellen</option>
    <option value="Add glitter">Flimmer</option>
```

355

```
      <option value="Buff it">Poliert</option>
      <option selected>Zerkratzt</option>
      <option>Klein gefaltet</option>
  </select>
  </form>
  </body>
  </html>
```

Check-Boxen

Mit den scrollenden Listen ist es möglich, mehrere Punkte auszuwählen. Leider werden nicht alle Auswahlmöglichkeiten gleichzeitig präsentiert. Wenn einige Optionen auszuwählen sind, die sich nicht gegenseitig ausschließen, ist es womöglich besser, eine Gruppe von Check-Boxen anzubieten, bei denen der Benutzer seine Auswahl ankreuzen kann. Check-Boxen sind bestens dazu geeignet, eine Auswahl ein- oder auszuschalten. Obwohl eine große Anzahl von Check-Boxen möglich sind und der Benutzer beliebig viele Optionen auswählen kann, erschwert es die Arbeit, wenn zu viele Optionen vorhanden sind. Denken Sie an die scrollenden Listen.

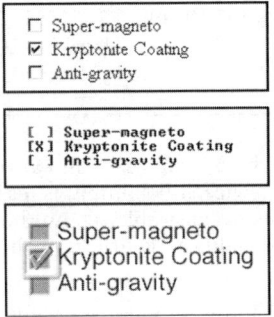

Um eine Check-Box zu erstellen, verwenden Sie das `<input>`-Element und geben Sie dem `type`-Attribut den Wert `checkbox`. Die Check-Box sollte durch das `name`-Attribut einen Namen zugewiesen bekommen. Um z.B. eine Check-Box zu erstellen, die den Benutzer fragt, ob er Käse möchte, verwenden Sie folgenden Quellcode:

```
Käse: <input type="checkbox" name="Kaese">
```

Der XHTML-Code hätte folgendes Aussehen:

```
Käse: <input type="checkbox" name="Käse" id="Kaese"/>
```

Die Benennung auf der linken Seite ist hier beliebig. Sie könnte genauso rechts sein und es könnte genauso gut »Machen Sie Käse drauf!« da stehen. Der Text hat keinen Einfluss auf die Daten, die an das bearbeitende Programm übermittelt werden. Wird die Check-Box ausgewählt, so wird der Wert `Kaese=on` an den Server übermittelt. Es gibt sinnvollere Werte für Check-Boxen. Um andere Werte als den voreingestellten zu übermitteln, verwenden Sie das `value`-Attribut. Der Code

```
Käse: <input type="checkbox" name="Extras" value="Kaese">
```

würde eine Rückmeldung wie Extras=Käse an den Server senden. Es ist auch möglich, dass mehrere Check-Boxen denselben Namen haben. Der Code

```
Käse: <input type="checkbox" name="Extras" value="Kaese">
Gurken: <input type="checkbox" name="Extras" value="Gurken">
```

würde mehrere Einträge an den Server senden, wenn beide Optionen ausgewählt werden:

```
Extras=Käse&Extras=Gurken
```

Es ist möglich, eine Check-Box mit Hilfe des checked-Attributs innerhalb des <input>-Elements als Standardwert vorzugeben. Das checked-Attribut benötigt keinen Wert. Unter XHTML verwenden Sie jedoch checked="checked". Ein vollständiges Beispiel für die Verwendung von Check-Boxen wird hier gezeigt:

```
<!DOCTYPE HTML PUBLIC "-//W3C//DTD HTML 4.01 Transitional//EN">
<html>
<head>
<title>Check-Box-Beispiel</title>
</head>
<body>
<h1 align="center">Gadget-Bestellformular</h1>
<hr>
<form action="http://www.democompany.com/cgi-bin/post.pl " method="POST">
<b>Gadget-Bonus-Optionen:</b>
<br>
Super-Magneto:
<input type="checkbox" name="Bonus" value="Magnetisierend"><br>
Kryptonite-Mantel:
<input type="checkbox" name="Bonus" value="Anti-Superman" checked><br>
Anti-Schwerkraft:
<input type="checkbox" name="Bonus" value="Anti-gravity"><br>
</form>
</body>
</html>
```

Radio-Buttons

Radio-Buttons werden ähnlich wie Check-Boxen verwendet, allerdings kann hier nur eine von mehreren Optionen ausgewählt werden. Das ist besonders nützlich, wenn eine Auswahl getroffen werden muss, bei der sich die einzelnen Optionen gegenseitig ausschließen. In diesem Sinne sind Radio-Buttons wie Pull-Down-Menüs, die lediglich eine Auswahl erlauben. Der Hauptunterschied ist, dass bei Radio-Buttons alle Optionen gleichzeitig dargestellt werden.

Wie bei Check-Boxen verwendet dieses Formularelement das Format <input type="">. In diesem Fall hat das Attribut type den Wert radio. Das Attribut name ist hierbei sehr wichtig, da es verschiedene Optionen gruppiert, die zur Auswahl stehen. Bei Radio-Buttons gilt, dass ein Punkt, der ausgewählt wird, vorher ausgewählte Punkte deaktiviert. Wenn die Namen der Radio-Buttons unterschiedlich sind, haben sie eher die Funktion einer Check-Box. Mögliche Darstellungen des Radio-Buttons werden hier gezeigt:

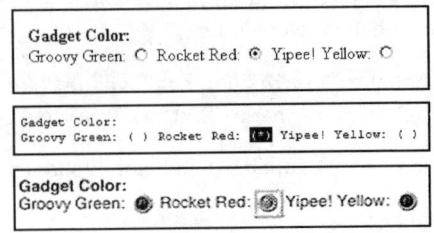

Ein anderes wichtiges Attribut ist value. Es ist wichtig, dass jeder einzelne Radio-Button einen eigenen Wert hat. Andernfalls ist es unmöglich zu erkennen, welcher Button ausgewählt wurde. Wie bei Check-Boxen bewirkt das selected-Attribut im <input>-Element eine Vorauswahl der jeweiligen Option. Wird das selected-Attribut nicht verwendet, stellt der Browser alle Optionen inaktiv dar. Ein vollständiges Beispiel für die Verwendung von Radio-Buttons sehen Sie hier:

```
<!DOCTYPE HTML PUBLIC "-//W3C//DTD HTML 4.01 Transitional//EN">
<html>
<head>
<title>Radio-Button-Beispiel</title>
</head>
<body>
<h1 align="center">Apparat-Bestellformular</h1>
<hr>
<form action="http://www.democompany.com/cgi-bin/post.pl" method="POST">
<b>Apparat-Farbe:</b><br>
Groovy-Grün: <input type="radio" name="Color" value="gruen">
Rocket-Rot: <input type="radio" name="Color" value="rot" checked>
Yipee!-Gelb: <input type="radio" name="Color" value="gelb">
</form>
</body>
</html>
```

Reset- und Submit-Buttons

Wenn ein Formular ausgefüllt wurde, muss es einen Weg geben, dieses zu versenden. Das <input>-Element hat zwei Werte für das type-Attribut, mit dem Buttons erstellt werden können, die für fast jedes Formular nützlich sind: reset und submit. Wenn das type-Attribut den Wert reset hat, wird eine Schaltfläche erstellt, die es dem Benutzer erlaubt, alle Felder auf einmal zu löschen oder in den Ursprungs-zustand zurückzuversetzen. Der Wert submit erstellt eine Schaltfläche, die die Versendung der Inhalte des Formulars an die im action-Attribut bestimmte Adresse auslöst. Sehen Sie hier die übliche Darstellung dieser Schaltflächen:

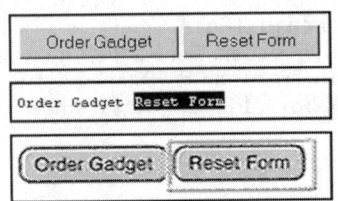

Die Buttons selbst haben zwei Basisattribute: `value` und `name`. Das `value`-Attribut bestimmt sowohl den Wert der Schaltfläche, wenn sie gedrückt wird, als auch ihre Beschriftung. Der Wert `name` verbindet einen Identifizierer für das Formularfeld. Ein vollständiges Beispiel, das ein kleines Formular mit einem `submit`- und einem `reset`-Button zeigt, folgt hier.

```
<!DOCTYPE HTML PUBLIC "-//W3C//DTD HTML 4.01 Transitional//EN">
<html>
<head>
<title>Formular-Beispiel</title>
</head>
<body>
<h1 align="center">Apparat-Bestellformular</h1>
<hr>
<form action="http://www.democompany.com/cgi-bin/post.pl" method="POST"
<b>Kunden-Name:</b>
<input type="text" name="KundenName" size="25" maxlength="35">
<b>Passwort:</b>
<input type="password" name="pass" size="10" maxlength="10"><br><br>
<br><br>
<b>Apparat-Typ:</b>
<select name="ApparatTyp">
        <option value="SA-01">Super-Apparat</option>
        <option value="MEA-G5">Mega-Apparat</option>
        <option value="MA-45">Mittlerer Apparat</option>
        <option selected>Kleiner Apparat</option>
</select>
<br><br>
<input type="submit" value="Apparat bestellen" name="SubmitButton">
<input type="reset" value="Formular zurücksetzen" name="ResetButton">
</form>
</body>
</html>
```

Hinweis

Bei der XHTML-Syntax für dieses Beispiel müssten sich die verschiedenen `<input>`-Elemente, die meistens leer sind, selbst schließen; zum Beispiel `<input type="reset" value="Reset Form" name="ResetButton" />`.

Da die Schaltflächen `reset` und `submit` eine Aktion auslösen – entweder die Übermittlung des Formulars oder das Zurücksetzen der Felder –, könnte es unklar sein, weshalb das `name`-Feld nützlich sein könnte. Obwohl mehrere `reset`-Buttons sinnlos erscheinen könnten, sind mehrere `submit`-Buttons sinnvoll, da der Wert der Schaltfläche an die im `action`-Attribut des `<form>`-Elements definierte Adresse gesendet wird. Eine mögliche Verwendung für drei Absende-Buttons wären die Aktionen: Hinzufügen, Löschen und Aktualisieren.

```
<input type="submit" value="Bestellung hinzufügen" name="Hinzufügen">
<input type="submit" value="Bestellung löschen" name="Löschen">
<input type="submit" value="Bestellung aktualisieren" name="Aktualisieren">
<input type="reset"  value="Formular zurücksetzen" name="Zurücksetzen">
```

Wenn das Formular übertragen wird, wird der Wert des Buttons an das verarbeitende Programm gesendet, das danach bestimmt, was mit den übertragenen Daten passiert.

> **Hinweis**
>
> Wenn Sie zwei Schaltflächen nebeneinander platzieren, ist es sinnvoll, die beiden durch einen »non-breaking space« ( ) voneinander zu trennen. Andernfalls werden sie wahrscheinlich zu nah aneinander dargestellt. Ein anderer Ansatz wäre das Verwenden einer kleinen Tabelle, in denen die Buttons durch `cellspacing` oder `cellpadding` ausreichenden Freiraum erhalten.

Zusätzliche <input>-Typen

Es gibt einige weitere Formen des `<input>`-Elements, die hier noch nicht erläutert wurden. Diese Formularelemente deuten auf die potenzielle Komplexität von Formularen hin. Einige dieser Elemente, insbesondere das Element zur Dateiauswahl, werden nicht von älteren Browsern unterstützt.

Versteckter Text und deren Verwendung

Der Nutzen dieses Formularfelds ist für neue Benutzer nicht immer erkennbar. Durch die Verwendung des Wertes `hidden` im `type`-Attribut ist es möglich, vorgegebenen oder vorher bestimmten Text unsichtbar für den Benutzer von einem Programm verarbeiten zu lassen. Wenn es mehrere Versionen eines Formulars gibt, das auf verschiedenen Webseiten verwendet wird, kann der versteckte Text darauf hinweisen, woher die aktuellen Formulardaten stammen:

```
<input type="hidden" name="ÜbermittelterFormularName" value="Formular1">
```

Da dieses Feld nicht auf der Webseite angezeigt wird, ist es für den Benutzer schwierig bzw. nicht möglich, seinen Inhalt zu ändern. Folglich muss das `value`-Attribut verwendet werden. Wenn auch das letzte Beispiel etwas konstruiert wirkt, gibt es doch in der Praxis einige wichtige Anwendungsmöglichkeiten dafür.

> **Hinweis**
>
> Es kann problematisch werden, sich zu sehr auf versteckte Werte zu verlassen. Stellen Sie sich vor, dass es ruchlosen Benutzern möglich ist, Einfluss auf das Innere Ihres Systems zu nehmen und/oder sogar falsche Informationen in die versteckten Felder einzufügen. Damit sollen Webdesigner nicht unnötig aufgeschreckt werden, aber bedenken Sie, dass versteckte Formularfelder im Quelltext von jedem Benutzer gelesen werden können!

Beim Ausfüllen von Formularen kann es problematisch sein, dass Informationen über mehrere Formulare hinweg benötigt werden. Stellen Sie sich ein Formular vor, in dem der Benutzer seine persönlichen Daten auf einer Seite und die Bestelldaten auf der nächsten eingibt. Wie werden sich die beiden Seiten zueinander verhalten? Die Protokolle im Web, hauptsächlich HTTP, unterstützen kein »Gedächtnis«. Mit anderen Worten, sie bewahren die eingegebenen Informationen nicht auf. Eine Möglichkeit, das zu umgehen, ist die Verwendung von verstecktem Text. Stellen Sie sich vor, dass im letzten Beispiel die persönlichen Daten durch dynamisches Einfügen als versteckter Text an das Bestellformular übergeben werden. Dann bleiben die Daten erhalten – oder? Wenn der Benutzer die Bestellung abgeschlossen hat, überträgt er das komplette Formular auf einmal. Dieser Ansatz der Verwendung von verstecktem Text umgeht das Problem der nicht gespeicherten Informationen, wie in Abbildung 11.4 illustriert.

Es gibt auch andere Verfahren, um Daten zu speichern, wie z.B. erweiterte Pfadinformationen und Cookies.

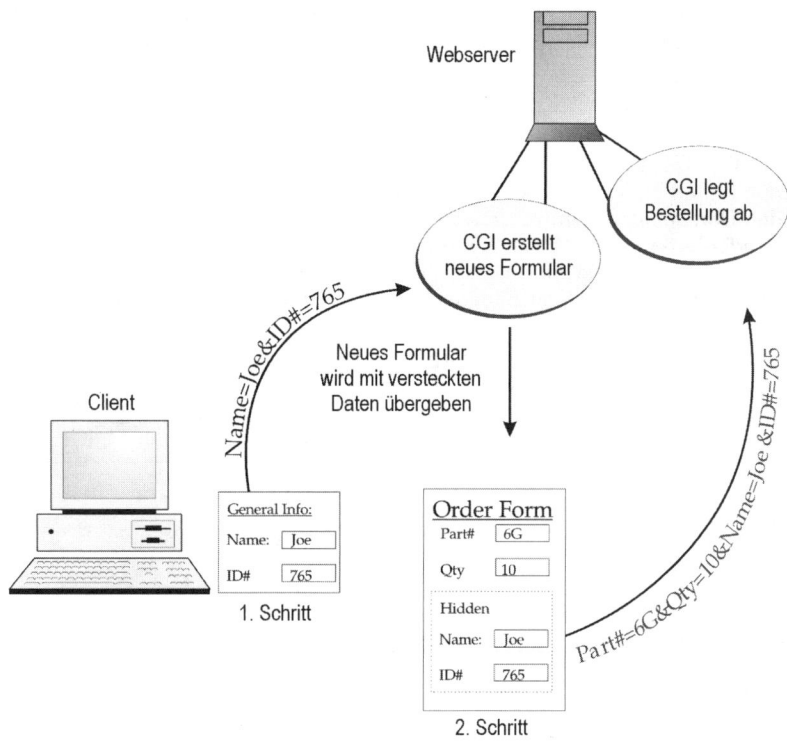

Abbildung 11.4: Versteckte Felder nutzen, um Informationen zu bewahren

Grafiktyp

Eine Form des `<input>`-Elements, die etwas seltsam ist, ist der Grafiktyp, der durch `type="image"` spezifiziert wird. Auf diese Weise wird eine grafische Version des `submit`-Buttons erstellt, der nicht nur die Formulardaten übermittelt, sondern auch die Koordinaten der Stelle, auf die der Benutzer geklickt hat. Die zu verwendende Grafik wird durch das `src`-Attribut bestimmt. Viele der Attribute, die für das `<img>`-Element verwendet werden, sind hier auch für `<input>` gültig. Die Spezifikation definiert `alt` und `align`. Die Unterstützung anderer Attribute wie `border`, `hspace` oder `vspace` durch die Browser ist unsicher. Wie bei den anderen Arten von `<input>` ist auch hier das `name`-Attribut ein sehr wichtiger Bestandteil, um festzustellen, woher die Koordinaten übermittelt wurden. Eine Beispielanwendung von `<input>`, wie sie im Folgenden gezeigt wird, könnte verwendet werden, um eine Karte der Vereinigten Staaten einzubinden, die dem Benutzer erlaubt, auf eine regionale Niederlassung zu klicken, an die er die Formulardaten senden will.

```
<input type="image" src="usamap.gif" name="Vertrieb" alt="Regionale
Vertriebskarte">
```

Nach dem Klick werden die Formularwerte gemeinsam mit zwei zusätzlichen Werten, `Vertrieb.x` und `Vertrieb.y` versendet. `Vertrieb.x` und `Vertrieb.y` entsprechen den *x*- und *y*-Koordinaten der Stelle, an der die Grafik angeklickt wurde. Die *x*- und *y*-Koordinaten sind relativ zur Grafik, deren Ursprung in der linken oberen Ecke der Grafik liegt. Beachten Sie die Ähnlichkeit zu Imagemaps. Tatsächlich können viele der Funktionen dieser Formularsteuerung mit etwas Skriptcode von Imagemaps nachgeahmt werden. Eine zukünftige Erweiterung dieser Art des `<input>`-Elements würde die Abhängigkeit vom Server verringern und möglicherweise dem Seitenautor sogar erlauben, einen Map-Namen zu bestimmen, um Koordinaten zu entschlüsseln. Abgesehen von diesen ausgefallenen Wünschen ist es vermutlich besser, die Funktion der grafischen Formularsteuerung auf eine andere Art umzusetzen.

Datei-Formularsteuerung

Eine weitere Ergänzung für das <input>-Element, die in die HTML-4-Spezifikation aufgenommen wurde, ist der Wert file für das type-Attribut. Diese Einstellung wird verwendet, um Dateien auf den Server zu laden (upload). Das Feld besteht generell aus einem Texteingabefeld, in das der Dateiname der zu kopierenden Datei eingegeben werden kann. Die Größe des Feldes kann mit den Attributen size und maxlength verändert werden. Dazu gehört eine Schaltfläche auf der rechten Seite des Feldes, die gewöhnlich mit »Browse« beschriftet ist. Ein Klick auf diese Schaltfläche ermöglicht dem Benutzer, das lokale Verzeichnissystem zu durchsuchen, um die zu ladende Datei auszuwählen.

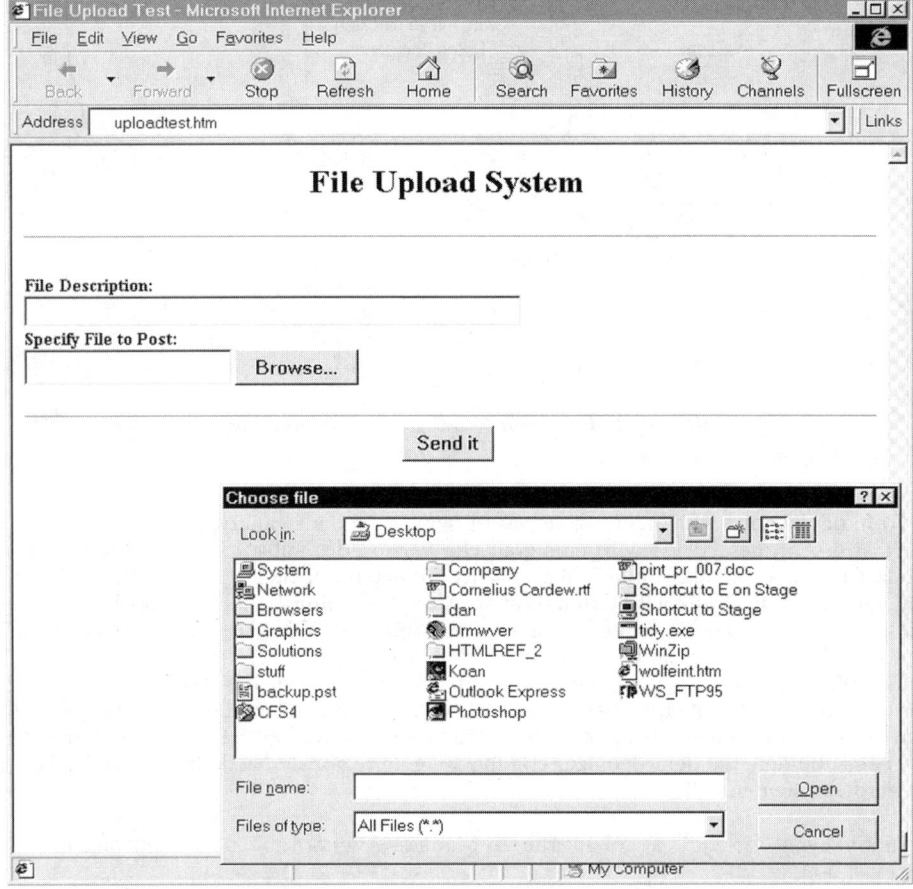

Abbildung 11.5: Datei-Upload mit Dialogfenster

Nachfolgend ein Syntaxbeispiel für die Datei-Formularsteuerung, in dem das Attribut enctype den Wert multipart/form-data hat, um das Kopieren der Datei zu ermöglichen:

```
<!DOCTYPE HTML PUBLIC "-//W3C//DTD HTML 4.01 Transitional//EN">
<html>
<head>
```

```
<title>Datei-Upload-Test</title>
</head>
<body>
<h1 align="center">Datei-Upload-System </h1>
<hr>
<form action="http://www.democompany.com/cgi-bin/upload.pl" method="POST"
enctype="multipart/form-data">
<b>Datei-Beschreibung:</b><br>
<input type="text" name="Description" size="50" maxlength="100">
<br><br>
<b>Wählen Sie eine Datei zum Upload:</b><br>
<input type="file" name="FileName">
<hr>
<input type="submit" value="Datei laden" name="SubmitButton">
<input type="reset" value="Zurücksetzen" name="ResetButton">
</form>
</body>
</html>
```

Die Darstellung dieses Beispiels zeigt Abbildung 11.5.

Obwohl es möglich ist, die Werte von `size` und `maxlength` für das `<input type="file">`-Element zu verwenden, ist das nicht zu empfehlen, da der Pfadname größer sein könnte als die spezifizierte Größe.

HTML 4.0 spezifiziert außerdem das Attribut `accept` für das Element `<input type="file">`, über das eine Liste von MIME-Typen angegeben werden kann. Diese Liste dient dem Server, damit er weiß, wie er mit bestimmten Dateitypen umzugehen hat. Die Browser verwenden diese Liste, um zu verhindern, dass Dateien auf das System kopiert werden, die der Server nicht akzeptiert (z.B. ausführbare Dateien). Es ist jedoch nicht gewiss, ob die aktuellen Browser dieses Attribut unterstützen.

Allgemeine Buttons

Eine letzte Form des `<input>`-Elements ist der allgemeine Button. Durch die Verwendung von `<input type="button">` ist es möglich, einen Button im Stil eines Submit-Buttons zu erstellen, der aber kein vorgeschriebenes Verhalten hat. Daher macht der nachfolgende Code wirklich nicht viel Sinn:

```
<input type="button" value="Drück mich!" name="meinbutton">
```

Wenn Sie auf diesen Button klicken, passiert nichts, und es wird kein Wert übermittelt. Was soll das also? Bei Verwendung einer Skriptsprache ist es möglich, dem Button ein Ereignis zuzuweisen. Am Ende dieses Kapitels werden Sie wie auch in Kapitel 13 sehen, wie Formulare mit Skriptsprachen verknüpft werden können, um mächtige interaktive Dokumente zu erstellen.

Neue Formularelemente

Mit HTML 4.0 kamen verschiedene neue Formularelemente und Attribute hinzu. Diese sollen bewirken, dass es weniger Beschränkungen und mehr Interaktivität in Formularen gibt. Microsoft hat bereits verschiedene Erweiterungen im Internet Explorer implementiert und auch die neueste Version von Netscape unterstützt die meisten dieser Elemente.

<button>

Dieses Element bietet die Möglichkeit, eigene Buttons in das Formular einzufügen. Der Text, der vom Befehl eingeschlossen wird, entspricht der Beschriftung der Schaltfläche. In seiner einfachsten Version funktioniert das <button>-Element wie <input type="button">, das nicht von der offiziellen HTML-3.2-Spezifikation unterstützt wird. In neueren Browser, wie dem Internet Explorer 4, der beide Arten unterstützt, werden beide folgenden Anweisungen identisch dargestellt:

```
<input type="button" value="Drück mich">
<button>Drück mich</button>
```

Das Element <button> ist vielseitiger, da es die meisten absatzformatierenden Elemente enthalten kann. Das folgende Beispiel zeigt ein <button>-Element, das Text und eine Grafik enthält und durch Style-Sheet-Regeln die Hintergrund- und die Textfarbe wechselt.

```
<button name="HomePage" value="Test-Button"
        type="button"
        style="background-color:blue; color:yellow">
    <img src="images/logonotext.gif" width="141" height="197">
    <br>Demo-Company-Homepage
</button>
```

Das Interessante an diesem Element ist, dass es den Button in verschiedenen Stilen und sogar mit Schalter-effekten darstellen kann. Eine weiterer Unterschied zwischen dem »image«-Button und dem neuen <button>-Element ist, dass das neue Element weder Koordinaten überträgt noch ein submit-Button ist. Es ist möglich, der Schaltfläche durch Verwendung des type-Attributs ein Ereignis zuzuweisen. Erlaubte Werte für dieses Attribut sind button, submit und reset. Die HTML-4.0-Dokumentation schlägt submit als Standardwert vor.

Hinweis

Es ist nicht korrekt, eine Imagemap mit einer im <button>-Element eingebundenen Grafik zu verbinden.

Obwohl das <button>-Element ein einfacher Weg zu sein scheint, Grafiken als Formular-Buttons zu verwenden, gibt es hierfür keine breite Unterstützung. Für ältere Browser könnte ein alternativer Ansatz benötigt werden.

<label>

Ein anderes neues Formularelement, das mit HTML 4.0 eingeführt wurde und von modernen Browsern unterstützt wird, ist das <label>-Element. Ein Grund für diesen Befehl ist eine bessere Unterstützung von sprachbasierten Browsern, die Beschreibungen zu Formularfeldern lesen können.

Das <label>-Element kann mit einem Formularfeld verbunden werden, wie hier gezeigt:

```
<label>Vorname:
    <input type="text" name="Vorname" size="20" maxlength="30">
</label>
```

Ein <label>-Element kann außerdem mit einer Steuerung verknüpft werden, indem sie sich durch das for-Attribut auf dessen id beruft. In diesem Fall umgibt <label> keine Steuerung. Dies erlaubt das Positionieren von <label> in Tabellen. Häufig werden Tabellen für eine bessere Optik von Formularen verwendet, denn viel zu oft werden Formularelemente nicht besonders gut angeordnet. Das nachfolgende Codebeispiel demonstriert, wie das <label>-Element mit dem for-Attribut eingesetzt wird.

```
<table>
   <tr>
      <td align="right">
         <label for="KundenName">Kunden-Name:</label>
      <td align="left">
         <input type="text" id="KundenName" size="25" maxlength="35">
   </tr>
</table>
```

Das <label>-Element unterstützt darüber hinaus die Attribute id, class, style, title, lang und dir ebenso wie einige Ereignisse. Diese werden auf die gleiche Weise verwendet wie jedes andere HTML-Element. Beachten Sie besonders die Verwendung von <label> innerhalb von Style Sheets, um das Aussehen aller labels oder einzelner label-Gruppen gleichmäßig zu gestalten. Die Attribute disabled und accesskey werden auch bei diesem Element unterstützt. Darauf wird weiter unten in diesem Kapitel eingegangen.

<fieldset>

Dieses HTML-4-Element gruppiert zusammengehörende Formularelemente analog zum <div>-Element, das Inhalte gruppiert. Wie dieses Element, kann <fieldset> besonders nützlich in Verbindung mit CSS verwendet werden, um das Aussehen oder die Positionierung von Formularfeldern für ein ganzes Dokument zu vereinheitlichen. Das <fieldset>-Element kann auch eine Verknüpfung zum <legend>-Element haben, um die verbundenen Punkte zu beschreiben. Das <fieldset>-Element selbst hat keine speziellen Attribute, außer denen, die bei Kernelementen zugelassen sind. Allerdings unterstützt das <legend>-Element das align-Attribut, das verwendet werden kann, um festzulegen, an welcher Stelle die Beschreibung im Verhältnis zu den gruppierten Formularfeldern dargestellt werden soll. Für dieses Attribut sind die Werte top (der voreingestellte Wert), bottom, left oder right zugelassen. Das folgende Beispiel zeigt, wie die Elemente <fieldset> und <legend> genutzt werden:

```
<!DOCTYPE HTML PUBLIC "-//W3C//DTD HTML 4.01 Transitional//EN">
<html>
<head>
<title>Fieldset- und Legend-Beispiel</title>
</head>
<body>
<form action="http://www.democompany.com/cgi-bin/postquery.pl" method="POST"
      enctype="multipart/form-data">
<fieldset>
<legend>Kundendaten</legend>
<br>
<label>Kunden-Name:
<input type="text" name="KundenName" size="25">
</label>
<br><br>
<label>Passwort:
```

```
<input type="password" name="KundenID" size="8" maxlength="8">
</label>
<br>
</fieldset>
<input type="submit" value="send">
<input type="reset" value="Zurücksetzen" name="ResetButton">
</form>
</body>
</html>
```

Das W3C empfiehlt, dass ein `<fieldset>` von einer Box umgeben wird. Abbildung 11.6 zeigt eine Beispieldarstellung im Internet Explorer.

Tastatur-Erweiterungen für Formulare

Eine der wichtigsten Änderungen, die HTML 4 für Formulare gebracht hat, ist die verbesserte Unterstützung für Zugriffe auf die Formularfelder. HTML 4 definiert hierzu das `accesskey`-Attribut. Wenn dem Attribut ein Buchstabe als Wert zugewiesen wird, wird damit eine Tastenkombination definiert, mit der ein bestimmtes Formularfeld aktiviert werden kann. In der Regel muss diese Taste hierfür in Kombination mit der Strg-, Alt oder der Mac-Optionstaste gedrückt werden. Ein Beispiel für die Verwendung dieses Attributs sehen Sie hier:

```
<label accesskey="N">Kunden <u>N</u>ame:
    <input type="text" name="KundenName" size="25">
</label>
```

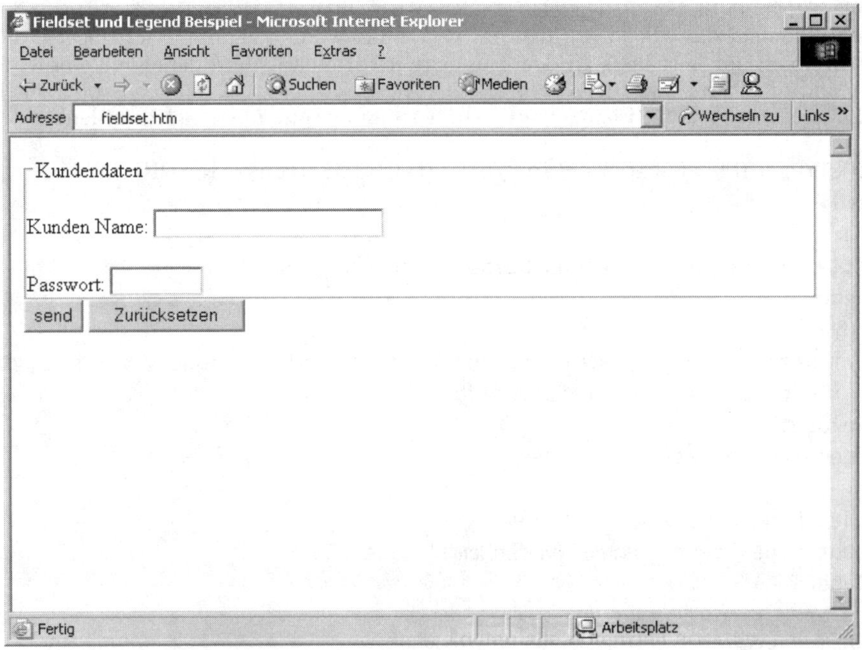

Abbildung 11.6: `<fieldset>` und `<legend>` in Aktion

Beachten Sie, wie das <u>-Element benutzt wird, um den Buchstaben, der das Feld aktiviert, hervorzuheben. Das ist die übliche Praxis, um eine Tastenkombination zu definieren. Gemäß HTML-4.0-Spezifikation sollten Browser eine eigene Form der Hervorhebung für eine Zugriffstaste bieten, was aber in der Praxis nicht üblich ist.

Der HTML-4-Standard definiert das accesskey-Attribut für die Elemente <label>, <input>, <legend> und <button>. Obwohl <select> und <textarea> hier nicht aufgezählt werden, werden diese Attribute von Microsoft unterstützt. Wahrscheinlich wird das auch in eine zukünftige HTML-Spezifikation übernommen.

Das Attribut accesskey kann ein Formular tastaturfreundlicher gestalten, es gibt jedoch bestimmte Buchstaben, die nicht verwendet werden sollten, da sie für Browser-Funktionen reserviert sind. Diese werden in Tabelle 11.1 aufgezählt.

Taste	Ziel	Hinweis
F	Menü »Datei«	
E	Menü »Bearbeiten«	
C	Menü »Communicator«	Nur Netscape Communicator
V	Menü »Ansicht«	
G	Menü »Gehe«	
A	Menü »Favoriten«	Nur Internet Explorer
H	Hilfe	
Linker Pfeil	Zurück in der History	
Rechter Pfeil	Vor in der History	

Tabelle 11.1: Reservierte Browser-Tastenkürzel

Eine weitere Verbesserung in HTML 4.0 ist die Unterstützung des tabindex-Attributs für die Elemente <input>, <select>, <textarea> und <button>. Dieses Attribut erlaubt das Definieren einer Reihenfolge für die Auswahl von Formularfeldern. Bei Microsoft-Browsern werden die Formularfelder mit tabindex-Werten, die größer als null sind, in aufsteigender Folge angesprungen. Wenn ein Browser das unterstützt, werden die Formularfelder in der definierten Reihenfolge aktiviert. Diese Rangfolge verläuft vom kleinsten positiven tabindex-Wert bis zum höchsten. Elemente mit einem tabindex von 0 werden in der Reihenfolge des Auftretens aktiviert, nachdem alle Elemente mit Tab-Steuerung aktiviert waren. Felder mit negativen tabindex-Werten werden ausgelassen. Im nächsten Beispiel wird das letzte Feld zuerst ausgewählt, darauf folgt das erste, während das zweite Feld ignoriert wird.

```
<input type="text" name="Vorname" tabindex="2">
<input type="text" name="Zuname" tabindex="-1">
<input type="text" name="Nachname" tabindex="1">
```

Seien Sie vorsichtig, wenn Sie tabindex mit Radio-Buttons verwenden, da diese eher über Pfeiltasten zu erreichen sind als mit der Tabulator-Taste.

Webdesigner können die Attribute accesskey und tabindex bedenkenlos in ihren Dokumenten verwenden, da sie in älteren Browsern keine Störungen verursachen, sondern einfach ignoriert werden.

Verschiedene HTML-4.0-Formular-Attribute

Die HTML-4-Spezifikation führt zusätzlich zwei weitere Attribute für Formularfelder ein: disabled und readonly. Wenn das disabled-Attribut in einem Formularelement vorhanden ist, wird das Feld deaktiviert. Deaktivierte Elemente werden weder übertragen, noch können sie über Tastatur oder Maus erreicht werden. Im Browser werden deaktivierte Elemente blass oder grau dargestellt. Der Zweck des disabled-Attributs scheint nicht sofort ersichtlich zu sein, aber stellen Sie sich vor, dass der submit-Button so lange inaktiv bleibt, bis bestimmte Felder ausgefüllt sind. Allerdings benötigt ein solches dynamisches Umschalten des disabled-Attributes eine Skriptunterstützung, die nicht alle Browser bieten.

Wenn das readonly-Attribut in einem Element verwendet wird, kann der Wert des Formularfelds nicht verändert werden. Ein Formularfeld, das mit dem readonly-Attribut versehen wurde, kann vom Benutzer zwar ausgewählt, aber nicht bearbeitet werden. Im Gegensatz zum disabled-Attribut wird der Wert übertragen. Das readonly-Attribut kann als eine sichtbare Version von <input type="hidden"> betrachtet werden. Gemäß HTML-4.0-Spezifikation kann das readonly-Attribut in den <input type="text">, <input type="password"> und <textarea>-Elementem verwendet werden. Manche Browser unterstützen auch das <select>-Element oder Check-Boxen. Der Status von Feldern, die mit readonly markiert wurden, lässt sich durch die Verwendung eines Skripts ändern.

Formular-Präsentation

Bis hier wurden die meisten Formularelemente der HTML-4.0-Spezifikation sowie die Elemente, die von den wichtigsten Browser unterstützt werden, vorgestellt. Wenden wir uns nun den Möglichkeiten einer ansprechenden Präsentation der Formulare zu. Leider werden im Web oft nur geringe Anstrengungen unternommen, logische oder vernünftig gestaltete Formulare zu erstellen. Schauen Sie sich beispielsweise das Formular in Abbildung 11.7 an: Sie werden feststellen, dass die Elemente weder gruppiert noch in Form gebracht wurden.

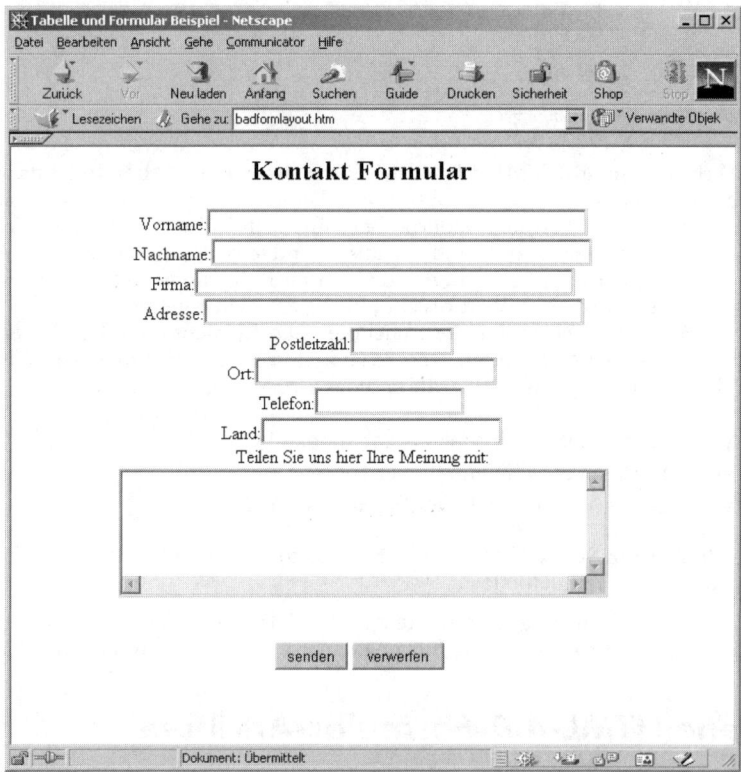

Abbildung 11.7: Beispiel für ein schlecht gestaltetes Formular

Formular-Designer sollten daran denken, dass innerhalb von Formularen andere HTML-Markierungen verwendet werden können, so dass es keine Entschuldigung für schlecht gestaltete Formulare gibt. Mit Hilfe einer Tabelle kann das Aussehen eines Formulars z.B. deutlich verbessert werden, wie Abbildung 11.8 zeigt.

Abbildung 11.8: Verbessern des Formularlayouts mit einer Tabelle

Der Quellcode für dieses Formular und die darin verwendete Tabelle sehen Sie hier:

```
<!DOCTYPE HTML PUBLIC "-//W3C//DTD HTML 4.01 Transitional//EN">
<html>
<head>
<title>Tabelle- und Formular-Beispiel</title>
</head>
<body>
<div align="center">
<h2>Kontakt-Formular</h2>
<form action="http://www.democompany.com/cgi-bin/postquery.pl"
      method="POST">
<table border="1">
    <tr>
        <td>Vorname:</td>
```

```
        <td><input name="vorname" size="40"></td>
    </tr>

    <tr>
        <td>Nachname:</td>
        <td><input NAME="nachname" SIZE="40"></td>
    </tr>

    <tr>
        <td>Firma:</td>
        <td><input name="firma" size="40"></td>
    </tr>

    <tr>
        <td>Adresse:</td>
        <td><input name="adresse" size="40"></td>
    </tr>

    <tr>
        <td>Postleitzahl:</td>
        <td><input name="plz" size="10"></td>
    </tr>

    <tr>
        <td>Ort:</td>
        <td><input name="ort" size="25"></td>
    </tr>

    <tr>
        <td>Telefon:</td>
        <td><input name="telefon" size="15"></td>
    </tr>

    <tr>
        <td>Land:</TD>
        <td><input name="land" size="25"></td>
    </tr>

    <tr>
        <td colspan="2"><br>Teilen Sie uns hier Ihre Meinung mit:<br>
        <textarea name="text" rows="5" cols="50"></textarea></td>
    </tr>

    <tr>
        <td colspan="2" align="center"><br>
            <input type="submit" value="senden">
```

```
                <input type="reset" value="verwerfen">
                <br><br>
        </td>
    </tr>
</table>
</form>
</div>
</body>
</html>
```

Hinweisfenster und Formularfelder

Es ist darüber hinaus möglich, den Benutzern mit Hilfe des `title`-Attributs einen Hinweis zu geben, wie er das Feld ausfüllen soll. Betrachten Sie dieses Codefragment:

```
<form>
Telefon:
<input type=text" size="10" name="Telefon"
 title="Bitte geben Sie Ihre Telefonnummer ohne Bindestriche ein.">
</form>
```

Dies wird von den meisten modernen Browsern unterstützt. Sehen Sie hier die Darstellung des Beispiels im Netscape-4.7-Browser.

Geben Sie, für den Fall, dass der Benutzer einen Browser verwendet, der das nicht darstellen kann, auf diesem Weg keine zu wichtigen Informationen. Verwenden Sie lieber JavaScript, um ein Hinweisfenster zu simulieren oder um die entsprechende Information in der Statuszeile anzuzeigen.

Telefon: 069283010
Bitte geben Sie Ihre Telefonnummer ohne Bindestriche ein.

Formulare und CSS

Autoren dürften erstaunt sein, wie sehr das Aussehen von Formularen durch Style Sheets verbessert werden kann. Gemäß HTML-4.0-Spezifikation unterstützen sowohl das `<form>`-Element als auch die Formularelemente die Attribute `class`, `id` und `style`, um so einen Zugriff auf Style Sheets zu ermöglichen. Aus Gründen der Abwärtskompatibilität, insbesondere für Skripte, wird auch das `name`-Attribut unterstützt. Die Darstellungen dieses Codes im Internet Explorer 5.5 und im Netscape 4.7 werden in Abbildung 11.9 gezeigt. Wie Sie sehen, stellen ältere Versionen des Netscape-Browsers die CSS-Formatierung nicht dar. Die Darstellung in Netscape 6 ähnelt der Umsetzung des Internet Explorers.

```
<form>
    <input type="text" value="Dieser Text ist blau "
           style="font-family: Arial; color: blue;
                  font-size: 12px; background: lightblue">
<br><br>
```

```
    <input value="Submit" type="Submit" style="color: white;
          background: green; font-weight: bold; font-size: 22px">


</form>
```

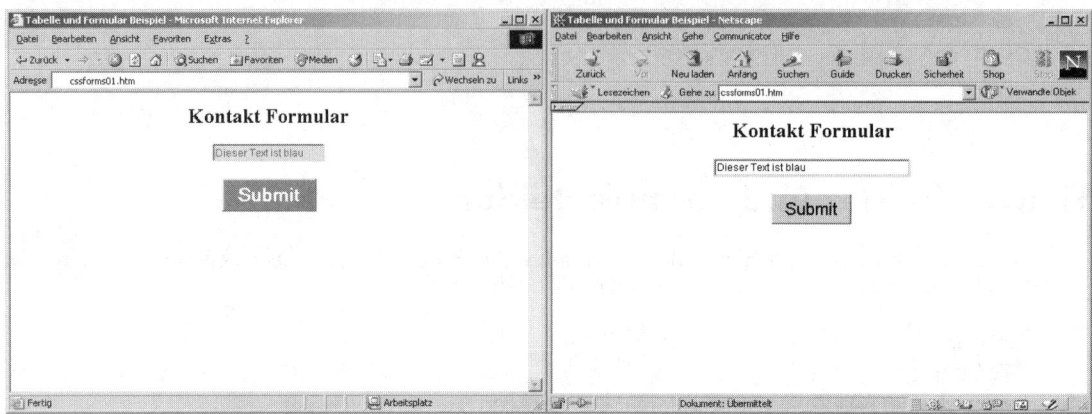

Abbildung 11.9: Verbesserte Formulargestaltung mit CSS

Mit dem Internet Explorer 5.x und Netscape 6 ist es auch möglich, die Ausmaße für ein `<input>`-Element zu bestimmen. Der IE5.5 stellt diesen Code wie in Abbildung 11.10 dar. Zum Vergleich wird darüber eine 150 Pixel breite horizontale Linie dargestellt.

```
<form>

<input type="text" value="150 pixels wide"
      style="width: 150; height: 35px; text-align: center">

</form>
```

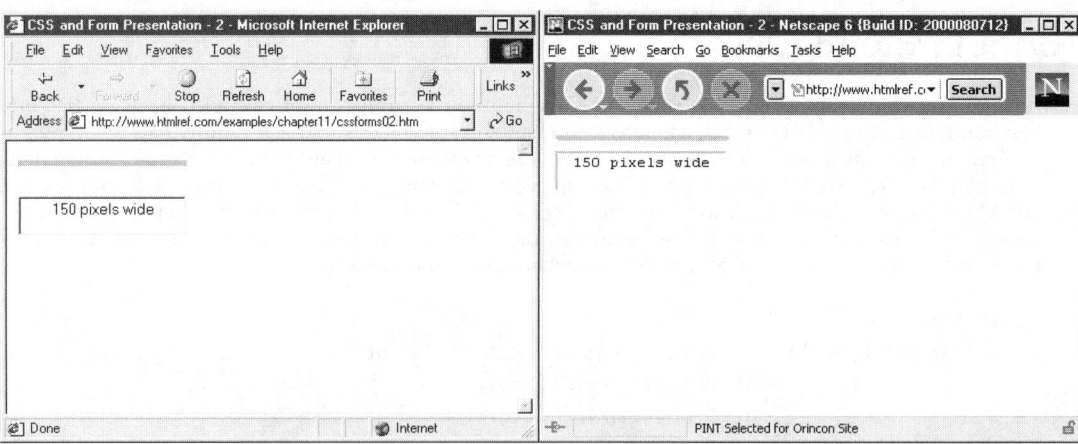

Abbildung 11.10: Erweiterte Formulardarstellungsattribute mit CSS

Wie Sie sehen, können ältere Versionen von Netscape, wie 4.7, die CSS-Formatierung nicht korrekt wiedergeben.

```
150 pixels wide
```

Es ist jedoch möglich, das `size`-Attribut für das Texteingabefeld zu verwenden, um sich an die CSS-Formatierung anzunähern:

```
<form>

<input type="TEXT" value="150 pixels wide" size="18"
        style="width: 150; height: 35px; text-align: center">

</form>
```

Hier wird gezeigt, wie das bei Netscape 4.7 aussieht:

```
150 pixels wide
```

Bedenken Sie, dass das nur eine Annäherung ist. Das Einstellen der Schriftgröße kann in älteren Netscape-Browsern die Größe des Formularfelds verändern. Außerdem können andere CSS-Eigenschaften, wie `text-align` und `height`, nicht durch einfaches HTML nachgeahmt werden.

Eine weitere Einsatzmöglichkeit von CSS bei Formularen könnte die Verwendung des Pseudo-Elements `focus` sein, um ein ausgewähltes Feld hervorzuheben:

```
input:focus {background-color: black; color: white}
```

Ein aktiviertes Textfeld würde so weißen Text auf schwarzem Hintergrund anzeigen. Ein vollständiges Beispiel für die Verwendung von CSS-Eigenschaften, das eine Hintergrundfarbe verwendet, um auf Pflichtfelder hinzuweisen, wird hier gezeigt. Abbildung 11.11 zeigt die Darstellung mit Netscape 6.

```
<!doctype html public "-//W3C//DTD HTML 4.01 Transitional//EN">
<html>
<head>

<title>CSS Formulare: Aktivierte und Pflicht-Felder</title>

<style type="text/css">
<!--
input:focus {background-color: black; color: white}
.required   {background-color: lightblue}
  -->
```

```
</style>

</head>

<body bgcolor="#FFFFFF">
<form action="http://www.democompany.com/cgi-bin/postquery.pl"
     method="POST">
<table border="0" cellspacing="5" cellpadding="0">
<tr>
<td><b>Vorname * </b></td>
<td>
<input type="text" name="vorname" size="30" maxlength="50" class="required">
</td>
</tr>

<tr>
<td><b>Nachname * </b></td>
<td>
<input type="text" name="nachname" size="30" maxlength="50" class="required">
</td>
</tr>

<tr>
<td><b>Firma * </b></td>
<td>
<input type="text" name="Firma" size="30" maxlength="50" class="required">
</td>
</tr>

<tr>
<td><b>Schuhgröße</b></td>
<td>
<input type="text" name="firma" size="30" maxlength="50">
</td>
</tr>

<tr>
<td align="center" colspan="2">
<input type="reset" value="Clear">
 
<input type="submit" value="Submit">
</td>
</tr>
</table>
</form><br><br>
<b>* = Pflicht-Felder</b>
```

```
</body>
</html>
```

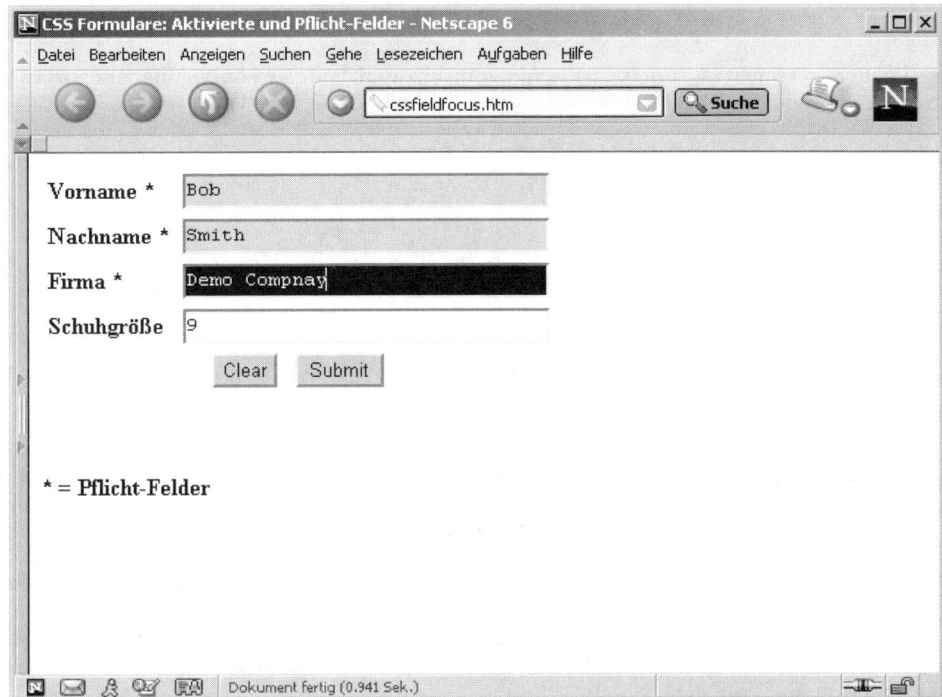

Abbildung 11.11: Aktiver Formularfeld-Zustand mit CSS Pseudoelementen

Von vielen Browsern wird CSS nur bedingt unterstützt. Das `input:focus`-Pseudoelement, gezeigt in Abbildung 11.11, funktioniert z.B. gegenwärtig nur in Netscape 6. So lange sie von den meisten Browsern nicht unterstützt werden, sollten Webautoren zurückhaltend mit deren Einsatz sein.

Internet Explorer: AutoVervollständigen

Eine durch den Internet Explorer 5 eingeführte Neuerung wird *AutoVervollständigen* genannt. Das Ziel dieses Konzepts ist es, dem Benutzer das Ausfüllen von Feldern zu erleichtern, indem eine Auswahlliste mit zuvor verwendeten Werten geboten wird, oder sogar Informationen, die sich auf das persönliches Datenprofil des Benutzers beziehen, angezeigt werden. Um AutoVervollständigen für Formulare im IE5 zu aktivieren, wählen Sie »Internetoptionen« im Menü »Extras« aus. Hier aktivieren Sie die Option »Inhalte« und klicken auf die »AutoVervollständigen«-Schaltfläche. Darüber hinaus können Sie bestimmen, ob Ihre persönlichen Daten zum Ausfüllen verwendet werden sollen, indem Sie den »Profil«-Button im selben Dialogfeld anklicken. Wenn Sie AutoVervollständigen einmal aktiviert haben, sollte der Browser Ihnen eine Auswahlliste für Textfelder anbieten, wenn Sie entweder die nach unten gerichtete Pfeiltaste drücken oder wenn Sie während des Ausfüllens eine Zeichenfolge eingeben, die mit einem bereits zuvor eingegebenen Wert für ein ähnliches Feld übereinstimmt:

Einige Leute bevorzugen es, AutoVervollständigung abzuschalten. Sie können hierzu dem Attribut auto-complete, entweder im <form>- oder im <input>-Befehl den Wert off zuweisen:

```
<form autocomplete="off"> ... </form>
```

oder

```
<input type="password" autocomplete="off" name="geheimescodewort">
```

Formulare und Ereignisse

Wie hier vorgestellt, erfüllen Formulare nicht die ganze Aufgabe. Es ist einfach, ein Formular zu erstellen, das nach dem Namen des Benutzers und der Anzahl der Apparate, die er bestellen will, fragt. Es ist auch nicht schwer, ein CGI-Programm zu schreiben (vorausgesetzt, dass Sie ein Programmierer sind), das die Formulardaten verarbeiten kann. Es ist allerdings nicht einfach, sicherzustellen, dass die übertragenen Daten korrekt sind. Wieso erlauben Sie es dem Benutzer, eine Bestell-Menge von -10 (minus Zehn) in das Formular einzugeben und zu versenden, wenn das offensichtlich falsch ist? Sicherlich kann CGI das auffangen, aber die beste Lösung wäre, wenn der Browser diese Fehler vor der Übermittlung und Verarbeitung der Daten erkennt. Das ist einer der Hauptgründe für clientseitige Skripte. Um auf der sicheren Seite zu sein, ist es natürlich das Beste, auf beiden Seiten, der Anwender- und der Serverseite, die Plausibilität der Eingaben zu überprüfen.

Seit Netscape 2.0 ist es möglich, eine Skriptsprache, wie JavaScript, mit Ereignissen zu verbinden, die von Benutzern verursacht werden. Um Ereignisse für ein Formularfeld zu definieren, wird ein Attribut verwendet, das mit dem Namen des Ereignisses korrespondiert. Wenn Sie ein Skript starten wollen, wenn ein Button gedrückt wird, können Sie etwas Skriptcode einfügen, der mit dem Ereignis in Verbindung gebracht wird, wie in dem nachfolgenden Testformular gezeigt wird:

```
<form>
    <input type="button" value="Nicht drücken!"
    onclick="alert('Achtung! Achtung!');">
</form>
```

Ereignisse werden durch den Einsatz von Attributen wie onclick, onsubmit, onreset usw. mit Formularelementen verknüpft. Durch das Konzept von DHTML geht der Trend dahin, dass Ereignisse mit jedem HTML-Element verwendet werden können. Werfen wir einen kurzen Blick auf ein Beispiel für die Überprüfung der Plausibilität mit Hilfe einiger weniger Zeilen Skriptcodes. Kapitel 13 bietet detailliertere Informationen zu diesem Thema.

Sie wissen bereits, dass es eine Möglichkeit gibt, Formulardaten auf Gültigkeit zu überprüfen, bevor sie an den Server gesandt werden. In dem folgenden Beispiel sammelt ein Formular den Kundennamen, die Kundennummer und die Anzahl der gewünschten Apparate. In diesem Beispiel sind alle Felder auszufüllen, und die Anzahl der Apparate, die bestellt werden, muss positiv sein. Um diese Überprüfung durchzuführen, wird ein einfaches Skript erstellt, das zuerst die Felder kontrolliert und dann den Benutzer anweist, eventuelle Fehler zu beseitigen. Die Überprüfung wird durch den submit-Button ausgelöst. Wird ein

Fehler bemerkt, erscheint eine Meldung, der Wert `false` wird zurückgemeldet und die Übertragung des Formulars verweigert. Sind alle Angaben korrekt, wird der Wert `true` zurückgegeben, und die Formular-daten werden an den Server weitergereicht.

```html
<!DOCTYPE HTML PUBLIC "-//W3C//DTD HTML 4.01 Transitional//EN">
<html>
<head>
<title>Einfache Plausibilitätsüberprüfung</title>
<script>
<!--
function pruefung ()
{
    if (document.forms.order.KundenName.value == "") {
        alert("Bitte geben Sie Ihren Namen ein.")
        return false;
    }

    if (document.forms.order.KundenID.value == "") {
        alert("Bitte geben Sie Ihre Kundennummer ein.")
        return false;
    }

    if (document.forms.order.Anz.value <= 0) {
        alert("Bitte geben Sie eine positive Anzahl von Apparaten ein.")
        return false;
    }

    return true;
}
// -->
</script>
</head>
<body>
<h1 align="center">Apparat-Bestellformular </h1>
<hr>
<form name="Bestellung" method="POST"
        action="http://www.democompany.com/cgi-bin/gadgetorder.pl"
        onsubmit="return pruefung()">
<b>Kunden-Name: </b>
<input type="text" name="KundenName" id="KundenName"
        size="25" maxlength="35">
<br><br>
<b>Kunden-Nummer:</b>
<input type="password" name="KundenID"
        id="KundenID" size="8" maxlength="8">
<br><br>
<b>Anzahl der Apparate:</b>
```

```
<input type="text" name="Anz" id="Anz" size="2"
        maxlength="2">

<input type="submit" value="Bestellen">
<input type="reset" value="Zurücksetzen">
</form>
</body>
</html>
```

Einige Punkte in diesem Beispiel sollten näher betrachtet werden. Erstens wurde dem Formular ein Name zugewiesen. Das ermöglicht es dem Skript, über diesen Namen auf das Formular zuzugreifen. Ein weiterer Punkt ist die Verwendung von onsubmit. Der Wert dieses Attributs ist der Name der JavaScript-Funktion, die an einem anderen Ort definiert wurde und das Formular auf die Gültigkeit überprüft. Die Prüffunktion ist im Dokumenten-Kopf innerhalb des <script>-Elements definiert. Machen Sie sich keine Gedanken darüber, dass die Ereignisse des Skripts keinen wirklichen Sinn ergeben. Sie werden detailliert in Kapitel 13 abgehandelt.

Zusammenfassung

HTML-Formulare bieten eine Basisschnittstelle, um Interaktivität für Webseiten hinzuzufügen. HTML unterstützt Formularelemente wie Check-Boxen, Radio-Buttons, Pull-Down-Menüs, Scrollende Listen, mehr- und einzeilige Textfelder und Schaltflächen. Diese Elemente können dazu verwendet werden, ein Formular zu erstellen, das zur Verarbeitung an ein serverseitiges Programm gesendet wird. Während das Erstellen eines einfachen Formulars nicht besonders schwierig ist, wird die Gestaltung des Formulars oft vernachlässigt. Der Einsatz von Tabellen und der neuen Gruppierungselemente, wie <label>, <fieldset> und <legend>, können ein Formular optisch stark beeinflussen. Darüber hinaus können weitere neue Eigenschaften von HTML 4.0, wie Tastenkürzel und Hinweisfenster, die Benutzung eines Formulars vereinfachen. Ungeachtet der Umsetzung in HTML fehlt noch der Funke, der das Formular zum Arbeiten bewegt. Die Logik des Formulars benötigt entweder ein serverseitiges Programm oder eine Technologie auf der Anwenderseite, wie JavaScript. Sonst sind Formulare nur eine einfache Möglichkeit, um Informationen zu sammeln.

12

Einführung in die serverseitige Programmierung

Das letzte Kapitel deutete schon den Schritt von statischen Webseiten zu einem mehr dynamischen Ansatz an. Das Web unterzieht sich einem Wandel von der seitenorientierten hin zu einer mehr programmorientierten Sicht. Obwohl sich das Augenmerk immer mehr auf die Programmelemente einer Webseite richtet, bedeutet das nicht, dass HTML in absehbarer Zeit verschwinden wird. Sauberen HTML-Code zu produzieren, kann wichtiger denn je werden, da XHTML danach verlangt, und Technologien wie CSS und JavaScript ein gutes Fundament benötigen, um richtig funktionieren zu können. Selbst vor dem Entstehen fortgeschrittener clientseitiger Technologien hat HTML die Grenze zur Programmierung durch CGI-Programme (Common Gateway Interface) überschritten. Serverseitige Programme, vor allem Lösungen wie Microsofts Active Server Pages (ASP) oder Allaires ColdFusion (CFM) haben häufig Ergebnisse in HTML produziert. Diese Technologien verwischen die Grenzen zwischen HTML und Programmierung, da sie mit Hilfe spezieller Markierungsbefehle arbeiten, die Informationen enthalten oder Programmierungsaufgaben übernehmen. Diese Themen scheinen nicht Teil von HTML zu sein und sie gehören auch nicht zu den offiziellen Standards, aber sie zeigen, wie Programmierung und HTML miteinander arbeiten.

Dieses Kapitel untersucht das Konzept programmierter Webseiten und einige der serverseitig eingesetzten Technologien, die Interaktion mit den Webseiten möglich machen. Die folgenden Kapitel werden diese Diskussion fortsetzen, dann allerdings mit den Schwerpunkten clientseitiger Programmierung und Programmiertechniken.

Übersicht der Client/Server-Programmierung im Web

Wenn man es genau nimmt, ist das Web nur eine Form von Client/Server-Interaktion. Webbrowser senden Anfragen an Webserver, die nach dem Abarbeiten dieser Anfrage eine Datei zurück an den Browser senden, der diese auf dem Monitor darstellt. Wenn man von dieser Beschreibung ausgeht, handelt ein Webserver wie ein Fileserver, der HTML-Dateien an einen Browser schickt, wie Abbildung 12.1 verdeutlicht.

Das Web als ein statisches Medium zu sehen, ist sehr engstirnig und wird auch dem Potenzial für Interaktivität nicht gerecht. Die einfachsten Möglichkeiten zu Interaktionen, neben der Auswahl von Links, sind das Ausfüllen von Formularen und die anschließende Verarbeitung dieser Daten auf dem Webserver. Dieser Aufgabe wird von CGI-Programmen übernommen. Die Art, wie ein Anwender mit einer CGI-basierten Webseite interagiert, ist einfach zu beschreiben. Zuerst fordert der Betrachter eine dynamische Seite an oder füllt ein Formular aus, um eine Aufgabe auszuführen (z.B. eine Bestellung tätigen). Die Anfrage wird an den Webserver geschickt, der das CGI-Programm ausführt. Das Ergebnis dieses Programmlaufs wird, in der Regel in HTML, an den Webbrowser zurückgeschickt. Eine Illustration dieses Ablaufs sehen Sie in

Abbildung 12.2. In diesem Sinne kann das Web genutzt werden, um Programme auf einem entfernten Server laufen zu lassen, der dann ein Ergebnis zurückliefert. Aus diesem Blickwinkel sieht das Web mehr und mehr wie eine Client/Server-Anwendung aus.

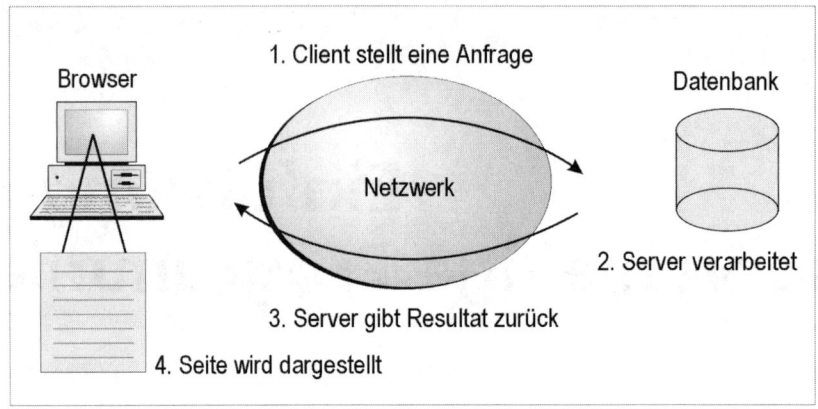

Abbildung 12.1: Grafische Darstellung der Client/Server Beziehung

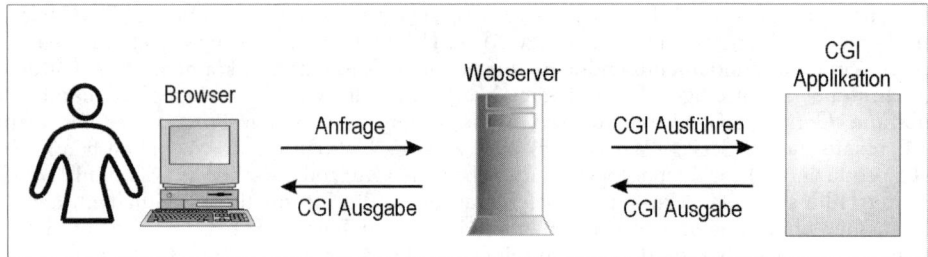

Abbildung 12.2: Das Prinzip der CGI Interaktivität

Das Diagramm in Abbildung 12.2 wirft zwei Fragen auf. Erstens, wo finden die Berechnungen statt? Und zweitens, welche Technologie wird verwendet? In den frühen Tagen des Webs haben die Browser nur sehr wenig selbst erledigen müssen. Sie waren lediglich für die Darstellung der Seiten auf dem Bildschirm verantwortlich. Mit der Entwicklung clientseitiger Technologien wie Java, ActiveX und JavaScript werden eine Menge weiterer Berechnungen vom Browser durchgeführt. Wenn all das vom Server erledigt werden müsste, würde dieser entweder zusammenbrechen oder der Betrachter würde von der langen Wartezeit frustriert werden. Es können allerdings nicht alle Berechnungen auf Seiten des Betrachters durchgeführt werden, da es sonst Probleme mit der Kompatibilität geben könnte, weil nicht vorhersehbar ist, welche Software beim Anwender zum Einsatz kommt. Auch sicherheitstechnisch könnte es zu Problemen kommen. Die beste Lösung ist eine Mixtur: Einige Programme laufen auf dem Server, andere beim Betrachter.

Wie in Kapitel 11 erläutert, ist es sinnvoll, JavaScript zu verwenden, um die Inhalte von Formularen zu überprüfen, bevor sie an ein CGI-Programm übermittelt werden. Trotzdem müssen die Daten auch auf dem Server überprüft werden, da es eventuell auch User gibt, die mit älteren Browsern arbeiten, die kein clientseitiges Scripting zulassen oder die diese Funktion bei sich deaktiviert haben. Bedenken Sie, dass im Internet einiges schief gehen kann und dass User nicht immer den besten Browser in der richtigen Konfiguration verwenden. Außerdem ist es wichtig zu ermitteln, ob ein bösartiger Besucher absichtlich unbrauchbare Daten an das CGI-Programm schickt. Ein Entwickler, der eine webbasierte Anwendung erstellt, muss sich Gedanken darüber machen, wo das Programm abgearbeitet werden soll (auf dem Server oder beim Anwender) und welche Technologie er dabei einsetzen will. Diese Entscheidung ist nicht einfach, es gibt viele Möglichkeiten, wie Sie Tabelle 12.1 entnehmen können.

Clientseitig Hilfsprogramme	Serverseitig CGI-Programme
Netscape-PlugIns	Web-Server-API-Programme
	NSAPI-Programme
	ISAPI-Programme
	Apache-Module
	Java Servlets
ActiveX Controls	Serverseitiges Scripting
	Server-side Includes (SSI)
	Active Server Pages (ASP)
	ColdFusion (CFM)
	PHP
	Java Server Pages (JSP)
Java Applets	
Client-Side Scritping	
JavaScript	
VBScript	
Dynamic HTML (DHTML)	

Tabelle 12.1: Eine Auswahl von Web-Programmierungstechnologien

Das Interessante an der Vielzahl von Technologien, die für Webprogrammierungen verfügbar sind, ist die Tatsache, dass sich die Entwickler meistens nur auf eine Sprache oder eine Seite der Gleichung (Client oder Server) beschränken, anstatt darüber nachzudenken, wie die Anwendung, die sie erstellen, genau funktioniert. Das sollte um jeden Preis vermieden werden. Achten Sie, wenn möglich darauf, den richtigen Technologiemix zu verwenden. Dieses Kapitel behandelt die serverseitige Programmierung, das folgende Kapitel beschäftigt sich dann mit der Client-Seite.

Serverseitige Programmierung

Wenn Sie interaktive Elemente auf Ihre Webseiten einbinden, macht es oft Sinn, alle Funktionen auf der Serverseite einzubinden. Dafür gibt es zwei Hauptgründe: Erstens ist der Server die einzige Stelle, der komplett kontrolliert werden kann. Wenn wir uns beim Browser ausschließlich darauf verlassen, dass er die Seiten darstellt, kann nicht viel passieren. Wenn wir erwarten, dass ein User über JavaScript, Java oder ein bestimmtes PlugIn verfügt, wird es schon schwieriger. Es gibt zu viele Unbekannte und zu viele fehlerhafte Programme. Oft unterdrücken Anwender aus Sicherheitsgründen die Unterstützung für JavaScript oder ActiveX. Selbst wenn diese Optionen aktiviert sind, laufen diese Technologien nicht immer stabil. JavaScript gibt es z.B. in verschiedenen Versionen, von denen jede ihre kleinen Unzulänglichkeiten hat. Es ist also verständlich, dass wir vorschlagen, die Programme auf den Server zu verlagern, wo solche Umstände leichter zu kontrollieren sind.

Während die serverseitige Programmierung mehr Sicherheit und Kontrolle bietet, verlässt sie sich stärker auf die Serverressourcen. Bei vielen Webseiten ist der Server allein für die Ausführung der Programme, von Datenbankabfragen bis zum Aufbau dynamischer Seiten verantwortlich. In diesem Fall muss der Browser lediglich den Aufbau der Webseiten sowie einige kleinere Aufgaben wie das Sammeln der Daten, die in ein Formular eingegeben wurden, übernehmen. Der Nachteil dieser Vorgehensweise ist eine große Abhängigkeit von der Kapazität des Servers. Wird dieser überlastet oder die Netzanbindung instabil, ist die Folge meist (mindestens) ein enttäuschter User. Der Vorteil der Kontrolle wird bei der serverseitigen Programmierung gegen Geschwindigkeit eingetauscht.

Schieben wir aber jetzt die Theorie zur Seite und wenden uns den verschiedenen Aspekten der serverseitigen Programmierung und ihrer Verbindung zu HTML zu.

Common Gateway Interface (CGI)

Wahrscheinlich sind CGI-Programme die am meisten genutzte Möglichkeit, eine Webseite mit interaktiven Elementen zu versehen. CGI ist ein Protokollstandard, der festlegt, wie Informationen von einer Webseite über einen Webserver zu einem Programm und wieder zurück geleitet werden können. Leider verwechseln viele Leute ein Programm, das eine bestimmte Aufgabe übernimmt, mit dem CGI-Protokoll. In der Realität ist das Programm nur ein Programm. Es ist nur zufällig ein CGI-Programm, weil es unter Einhaltung der CGI-Spezifikation geschrieben wurde, um Daten hin und her zu senden. CGI-Programme können in jeder auf dem Server ausführbaren Sprache geschrieben werden. Die beliebteste Sprache hierfür ist Perl, wobei es keinen Grund gibt, nicht auch C, C++, Pascal, Visual Basic oder selbst FORTRAN zu verwenden, um ein CGI-Programm zu erstellen.

Es ist möglich, alles, auch Spiele, mit CGI zu programmieren. Beispiele für CGI-Anwendungen sind:

❑ Formularabfragen
❑ Datenbankzugriffe
❑ Zähler für Seitenzugriffe
❑ Erstellung personifizierter Seiten
❑ Browserspezifische Seitenerstellung
❑ Generieren von Seitenbannern
❑ Gästebücher und Zugriffssteuerung
❑ Diskussionsforen
❑ Spiele

Später in diesem Kapitel werden wir einen Blick darauf werfen, wie so ein Programm erstellt oder umsonst oder für einen geringen Preis aus dem Internet geladen werden kann. Bis dahin betrachten Sie die Abläufe in einem CGI-Programm als eine Black Box. Betrachten wir einmal den typischen Ablauf eines CGI-Programms, das die Daten eines Formulars verarbeitet.

1. Der User füllt ein Formular aus.
2. Die Formulardaten werden an den Server gesendet und von dort an das CGI-Programm weitergereicht, wobei folgende Schritte durchgeführt werden:
   a) Der Server entscheidet, ob es sich um eine Serveranfrage oder um eine Programmanfrage handelt, indem er den Ausführungspfad untersucht.
   b) Der Server lokalisiert das Programm (meist im `cgi-bin`-Verzeichnis des Servers) und stellt fest, ob das Programm ausgeführt werden kann.
   c) Der Server startet das Programm und bereitet die mitgelieferten Daten und weitere Informationen aus der Umgebung vor, um diese an das Programm weiterzuleiten.
   d) Das Programm läuft.
   e) Der Server wartet, bis das Programm abgearbeitet ist, erstellt Ausgabedaten (optional) und sendet das Ergebnis oder eine Fehlermeldung an den Client zurück.
6. Das CGI-Programm verarbeitet die Daten und antwortet dem Server.
7. Der Webserver sendet die Antwort des CGI-Programms an den Client.

> **Hinweis**
>
> Der Start des Programms (Schritt 2c) ist vom Betriebssystem abhängig und muss eventuell einen neuen Prozess starten. Das kann relativ lange dauern, da CGI in dem Ruf steht, langsam zu sein.

Um zu verstehen, wie CGIs funktionieren, müssen Sie die Arbeitsweise des HTTP-Protokolls verstehen. Das einzige Geheimnis hinter CGIs ist das Lesen der Daten aus und das Schreiben der Daten an den Webserver. Daten vom Webserver zu lesen ist der leichtere Teil. Sie müssen lediglich die Header, genauer die MIME-Typen verstehen, damit der Browser weiß, welche Daten er erhält. MIME steht für Multipurpose

Internet Mailing Extension. Der MIME-Typ teilt dem Browser mit, wie er den empfangenen Datentyp zu verarbeiten hat.

Das folgende Beispiel, das zeigt, wie ein Webbrowser und ein Webserver miteinander kommunizieren, soll das Verständnis für die Arbeitsweise eines CGI-Programms erleichtern.

Sie können direkt auf den Webserver zugreifen, indem Sie sich mit einem Telnet-Programm direkt auf den TCP-Serviceport für HTTP einloggen. Hierzu setzen Sie die Portnummer auf 80. Unter Unix geben Sie Folgendes ein:

```
telnet www.democompany.com 80
```

Das können Sie auch mit Windows 98/NT erledigen, bei denen ein Telnet-Programm integriert ist. Sie müssen nur sichergehen, dass der Port 80 angegeben wird, wie hier gezeigt.

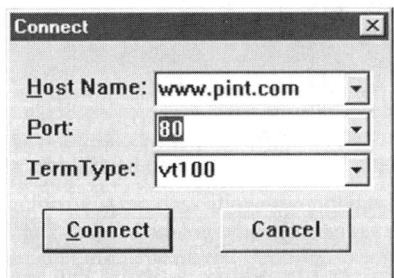

Sobald Sie mit dem Webserver verbunden sind, geben Sie eine »korrekte« Anfrage ein. Ein einfaches Beispiel wäre

```
GET / HTTP/1.0
```

Danach betätigen Sie zwei Mal die Enter-Taste, um eine leere Zeile zu senden, ohne die die Operation nicht funktionieren würde.

Sobald der Server die Anfrage bearbeitet hat, sollten Sie eine Antwort erhalten, die diesem Listing ähnelt:

```
HTTP/1.0 200 OK
Date: Monday, 01-January-99 09:00:00 GMT
Server:  NCSA/1.3.1
MIME-version: 1.0
Content-type: text/html
Content-length: 1200

<html>
<head>
<title>Beispiel HTML-Dokument</title>
</head>

<body>
...Inhalte...
</body>
```

Wenn ein Webbrowser diesen Datenstrom empfängt, würde er die Zeile `Content-type` lesen und daraus ableiten, wie er mit diesen Daten verfahren soll. In Abbildung 12.3 sehen Sie die so genannte »Mapping«-Datei des Netscape Navigator 4.7, aus der hervorgeht, welche Dateitypen der Browser kennt und welches Programm diese Daten verarbeitet.

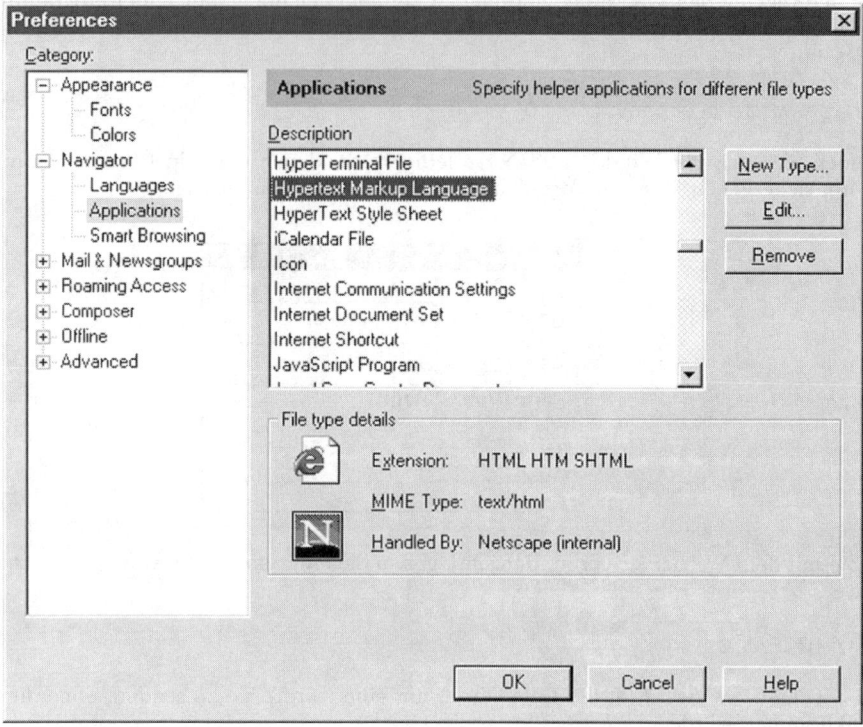

Abbildung 12.3: Die MIME Dialogbox von Netscape

Beachten Sie, dass der Inhaltstyp im vorangegangenen Beispiel `text/html` ist. Dieser veranlasst den Browser, die Daten im Browserfenster darzustellen. Webserver können jede Form von Daten versenden und diese an ein PlugIn oder ein anderes Programm weiterleiten oder den Anwender auffordern, die Datei zu speichern.

CGI-Output

Jetzt, da Sie die Ausführung gesehen haben, wissen Sie, dass die wichtigste Information für den Webbrowser der MIME-Typ und die mit ihm verknüpften Daten sind. In den meisten Fällen werden die Seiten HTML-basiert übertragen, so dass der MIME-Typ `text/html` sein sollte. Mit diesem Wissen sollte es einfach sein, ein CGI-Programm zu schreiben, das eine HTML-Seite simuliert. Um das zu bewerkstelligen, müssen Sie die MIME-Typenbezeichnung `Content-type: text/html` gefolgt vom HTML-Code von Ihrem Programm ausgeben lassen. Das folgende kleine Perl-Programm zeigt, wie das geschehen könnte. Sie hätten jedoch auch jede andere Sprache wie C, Pascal oder BASIC für dieses Beispiel verwenden können:

```
#!/usr/bin/perl
# Beachten Sie, dass der Pfad zu Perl anders sein kann.
#
print "Content-type: text/html\n\n";

print "<html>\n<head><title>Mein erstes CGI</title></head>\n";

print "<body><h1>\n";
print "Wow! Ich wurde von einem CGI-Programm erstellt!!";
print "</h1>\n </body>\n</html>";
```

Hinweis

Im vorangegangenen Beispiel ist sehr wichtig, dass auf die erste Zeile zwei Zeilenumbrüche folgen. Die Leerzeile nach der Content-type-Definition zeigt an, dass der Server einen Header gesendet hat. Ohne diese zwei Umbrüche würde das Programm nicht funktionieren.

Würde dieses Beispiel an einen Perl-tauglichen Webserver gesandt werden, könnte der Anwender direkt darauf zugreifen und würde eine Seite wie in Abbildung 12.4 angezeigt bekommen.

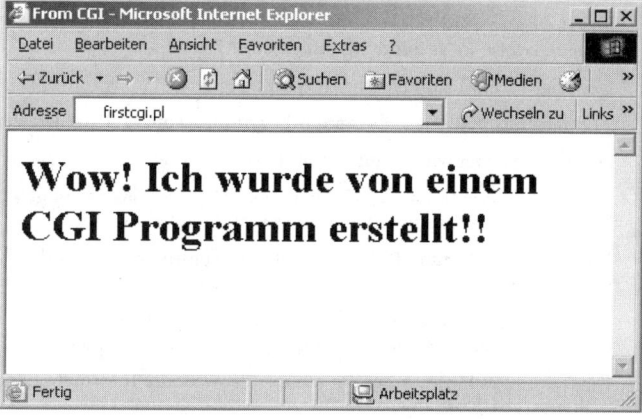

Abbildung 12.4: Eine einfache CGI-Ausgabe

Zusammengefasst lässt sich Folgendes feststellen:

Um ein HTML-Dokument durch ein Programm erstellen zu lassen, muss zunächst eine Reihe von Header-Angaben ausgegeben werden, bevor der eigentliche HTML-Text folgt, der die Seiteninhalte enthält. Welche Inhalte das sind, bleibt Ihnen überlassen. Das einzige, was das CGI ausmacht, ist das Einbinden des richtigen MIME-Typenheaders. Dieser Abschnitt behandelt ausschließlich den Empfang der Informationen vom Server, die die eine Hälfte der CGI-Gleichung sind. Der folgende Abschnitt beschäftigt sich damit, Informationen zum Programm zu senden.

Information an ein CGI-Programm weiterleiten: Umgebungsvariablen

Um Informationen zu einem CGI-Programm zu senden, benötigen Sie in der Regel ein Formular. Das CGI-Programm kann Informationen aus der HTTP-Anfrage und der Umgebung lesen. Die Umgebungsvariablen sind tatsächlich sehr wertvoll: Sie können verwendet werden, um dem CGI-Programm bei der Entscheidung zu helfen, welche Art von Seiten zu erstellen sind. Eine Liste der am häufigsten verwendeten CGI-Umgebungsvariablen wird in Tabelle 12.2 abgebildet.

Variablenname	Beschreibung
GATEWAY_INTERFACE	Die Versionsnummer von CGI, die durch den Server unterstützt wird (z.B. CGI/1.1).
SERVER_NAME	Der Domain-Name oder die IP-Adresse des Webservers, auf dem das CGI-Programm läuft.
SERVER_SOFTWARE	Informationen über den Webserver, insbesondere der Name und die Versionsnummer der Software (z.B. Netscape-Commerce/1.12).
SERVER_PROTOCOL	Die Versionsnummer des HTTP-Protokolls, das verwendet wird (z.B. HTTP/1.1.).
SERVER_PORT	Der Port, auf dem der Webserver läuft, standardmäßig 80.
REQUEST_METHOD	Die Methode, durch die die Information übermittelt wurde, entweder GET oder POST.
CONTENT_TYPE	Für Anfragen mit angehängten Informationen unter Verwendung der POST- oder PUT-Methode; enthält den MIME-Typ der mitgelieferten Daten.
CONTENT_LENGTH	Die Länge der durch den Browser weitergeleiteten Inhalte (POST oder PUT) normalerweise in Bytes.
PATH_INFO	Jegliche Extra-Pfad-Information, die mit der Anfrage weitergeleitet wurde. Geschieht normalerweise in Verbindung mit einer GET-Anfrage.
SCRIPT_NAME	Der relative Pfad zum laufenden Skript.
QUERY_STRING	Anfrage-Informationen, die an das Programm weitergeleitet wurden.
DOCUMENT_ROOT	Das Dokumentenwurzelverzeichnis des Webservers.
REMOTE_USER	Wenn der Server Authentifizierung unterstützt und das Skript geschützt ist, enthält diese Variable den Usernamen, den der User authentifiziert hat.
AUTH_TYPE	Diese Variable bestimmt die Authentifizierungsmethode, mit der der User Zugriff erlangt, wenn das Skript im geschützten Modus läuft.
REMOTE_IDENT	Wenn der Webserver die RFC-931-basierte Identifikation unterstützt, enthält diese Variable den Usernamen, der vom Server geholt wird. Diese Methode wird nur selten angewandt.
REMOTE_HOST	Der Name des Hosts, von dem aus der Browser die Informationen weiterreicht (z.B. sun1.bigcompany.com).
REMOTE_ADDR	Die IP-Adresse des Browsers, der die Anfrage startet.
HTTP_ACCEPT	Eine Liste von MIME-Typen, die der Browser akzeptiert.
HTTP_USER_AGENT	Ein Code, der den anfragenden Browsertyp angibt.
HTTP_REFERER	Der URL des Dokuments, das auf das CGI-Programm verweist. Wenn der User die Adresse des Programms direkt eingegeben hat, wird der Wert HTTP_REFERER nicht gesetzt.

Tabelle 12.2: Gängige CGI-Variablen

In Abbildung 12.5 sehen Sie das Ergebnis eines CGI-Programms, das die Umgebungsinformationen ausgibt.

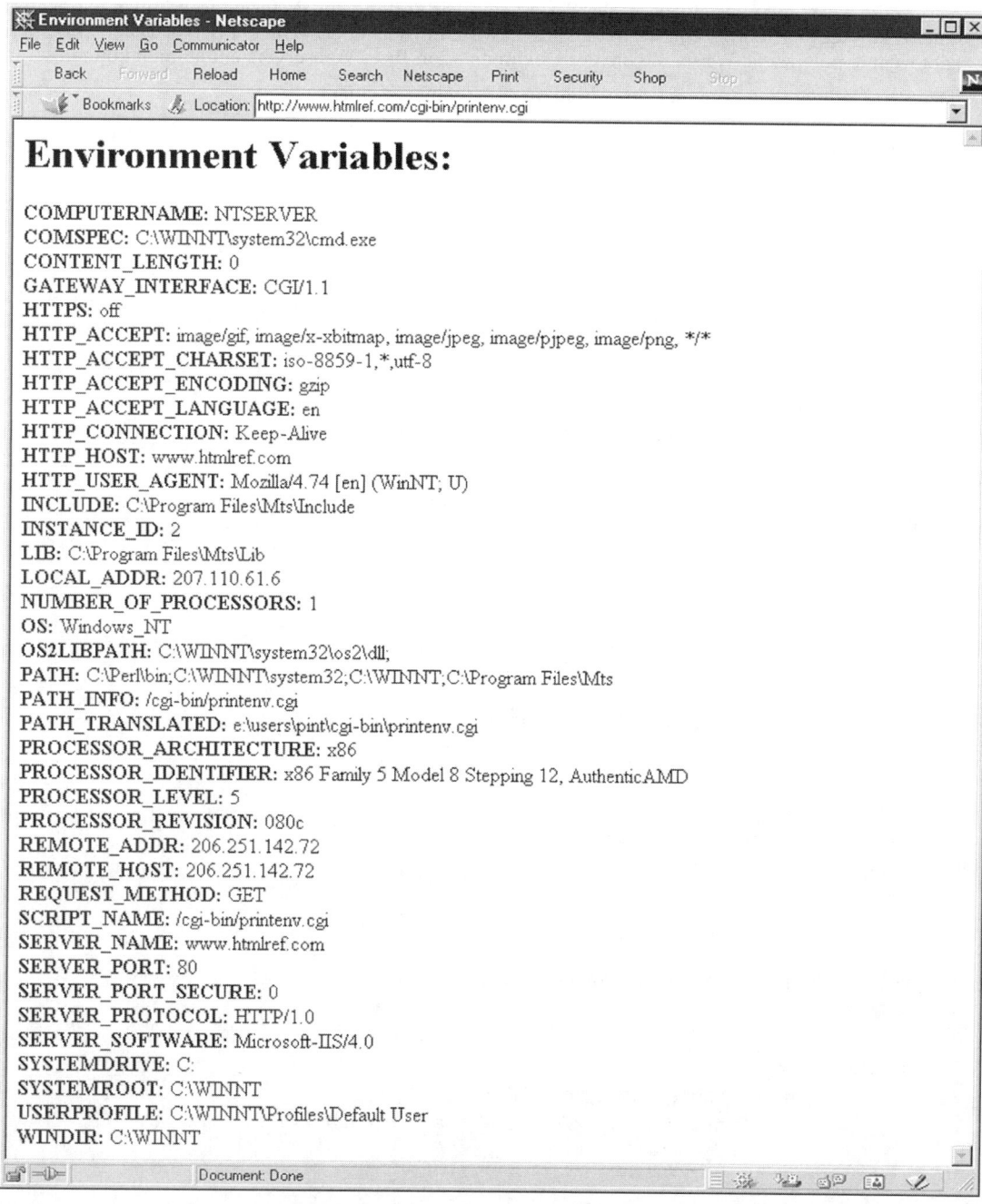

Abbildung 12.5: CGI Ausgabe der Umgebungsvariablen

Je nach Webserver und Browser gibt es auch andere nützliche Umgebungsvariablen. Dazu gehören HTTPS, die anzeigt, ob die Option SSL (Secure Sockets Layer Security) aktiv ist; HTTP_CONNECTION, die verwendet wird, um anzuzeigen, ob der Server eine Verbindung aus Performancegründen aufrechterhält, und HTTP_ACCEPT_LANGUAGE, womit angezeigt wird, in welcher Sprache der Server Daten akzeptiert. Es gibt weitere potenzielle Werte, die Sie der Dokumentation Ihres Webservers entnehmen können.

Den Perl-Code für das Ergebnis von Abbildung 12.5 sehen Sie hier:

```perl
#!/usr/bin/perl

&print_HTTP_header;
&print_head;
&print_body;
&print_tail;

# gibt den HTTP-Content-type-Header aus

sub print_HTTP_header {
    print "Content-type: text/html\n\n";
}

#Gibt den Anfang der HTML-Datei aus

sub print_head {
    print <<END;

<html>
<head>
<title>CGI-Umgebungsvariablen </title>
</head>

<body>
<h1 align="center">Umgebungsvariablen </h1>
<hr>
END
}

#Eine Schleife speichert die Umgebungsvariablen in
#einem assoziativen Array und gibt die Werte aus.

sub print_body {
    foreach $variable (sort keys %ENV) {
        print "<b>$variable:</b> $ENV{$variable}<br>\n";
    }

}

# Gibt das Ende der HTML-Datei aus
```

```
sub print_tail {
        print <<END;
</body>
</html>
END
}
```

Beachten Sie, dass der Code geschrieben wurde, um die notwendigen Header, den Beginn und das Ende des HTML-Dokuments auszugeben. Es gibt Code-Bibliotheken, die solche Standardaufgaben übernehmen.

Browsererkennung mit CGI

Auf den ersten Blick scheinen die Umgebungsvariablen keine große Hilfe zu sein. Wenn sie jedoch richtig eingesetzt werden, sind sie unentbehrlich. Eine der wichtigsten Einsatzmöglichkeiten von CGI ist das Erkennen von Browsern, so dass spezielle Seiten für spezielle Browsertypen angeboten werden können. Das wird häufig als »Browsersniffing« bezeichnet. Mit einem Sniffing-Programm können Sie feststellen, welchen Browser Ihr Besucher verwendet, und ihn direkt auf eine andere Seite umleiten. Das kann entweder mit einem client- oder einem serverseitigen Programm geschehen. Es ist jedoch besser, das Sniffing auf der Serverseite durchzuführen, da clientseitige Programme vom Browser des Betrachters eventuell nicht unterstützt werden.

Hinweis

Um Browsererkennung zu ermöglichen, muss der Server eventuell so konfiguriert werden, dass ein CGI-Programm automatisch startet. Hierzu ist eventuell erforderlich, dass eine Datei namens `index.cgi` in das Wurzelverzeichnis kopiert wird oder einige Dateien umbenannt werden. Der Server kann auch so konfiguriert werden, dass die zuerst geladene Datei von Ihnen bestimmt wird, unabhängig davon, ob es sich um eine Datei namens `index` oder ähnlich handelt. In diesem Fall würde der erste Zugriff auf das Verzeichnis automatisch die Sniffer-Datei laden.

Und so funktioniert die Browsererkennung: Die CGI-Umgebungsvariable HTTP_USER_AGENT wird vom CGI-Programm durch das Aufrufen einer Perl-CGI-Bibliothek gelesen. Nachdem der Wert gesetzt ist, bestimmt ein Satz von Bedingungen, welche Seite an den jeweiligen Browser gesendet wird. Im folgenden Beispiel wird die Datei `netscapeseite.htm` geschickt, wenn der rufende Browser von Netscape ist. Für den Internet Explorer wird die Datei `msseite.htm` geschickt. Ansonsten wird die Datei `seite.htm` versandt. Das ist nur ein einfaches Beispiel. Der Code könnte leicht so modifiziert werden, dass es für jede Version von Netscape oder Microsoft eine spezielle Version gibt.

```
#!/usr/local/bin/perl

#print "Content-type: text/html\n\n";
$agent = $ENV{'HTTP_USER_AGENT'};



if($agent =~ m/MSIE/i) {
        $file = "msseite.htm";
}
elsif ($agent =~ m/Opera/i || $agent =~ m/WebTV/i ||
$agent =~ m/Tango/i || $agent =~ m/Sextant/i ||
$agent =~ m/Oracle/i || $agent =~ m/OmniWeb/i ||
$agent =~ m/Lynx/i || $agent =~ m/Konqueror/i ||
$agent =~ m/iCab/i || $agent =~ m/FrontPage/i ||
```

```
$agent =~ m/Dreamcast/i || $agent =~ m/AOL/i ||
!($agent =~ m/Mozilla/i))
{
        $file = "seite.htm";
}
else {
        $file = "netscapeseite.htm";
}


print "Location: http://www.htmlref.com/examples/chapter12/$file\n\n";
```

Durch Browsererkennung lässt sich eine Startseite mit einem Hinweis wie »Klicken Sie hier für Netscape« oder »Klicken Sie hier für andere Browser« vermeiden. Die Seite funktioniert einfach, weil der Browser sofort erkannt wird. Natürlich wird es ein großes Problem, wenn Sie für jeden Browser eine eigene Version der gleichen Seite erstellen und diese immer an alle neuen Versionen anpassen wollen. Produkte wie BrowserHawk (www.browserhawk.com) bieten in Verbindung mit HTML-Technologien wie ColdFusion oder Active Server Pages (die später in diesem Kapitel vorgestellt werden) eine bessere Lösung an.

Informationen an ein CGI-Programm weiterleiten: Formular-Daten

Formulare sind eine gute Möglichkeit, um Eingaben, wie Umfrageergebnisse oder Kommentare, zu sammeln. Sie können auch Datenbankabfragen oder Programme starten. Das Erstellen von Formularen wurde in Kapitel 11 erläutert. Schauen Sie sich folgenden Code als kleine Gedächtnisstütze an:

```
<!DOCTYPE HTML PUBLIC "-//W3C//DTD HTML 4.01 Transitional//EN">
<html>
<head>
<title>Meet and Greet</title>
</head>

<body>
<h1 align="center"> Willkommen bei CGI!</h1>
<hr>

<form method="POST"
      action="http://www.htmlref.com/cgi-bin/hello.pl">
<b>Wie ist Ihr Name?</b>
<input type="text" name="username" size="25">
<br><br>
<input type="submit" value="Hallo ich bin ...">
<input type="reset" value="Löschen">
</form>

</body>
</html>
```

Wenn dieses Beispiel abgeschrieben und gestartet wird, begrüßt es den Besucher mit dem Namen, den er zuvor in das Formular eingegeben hat. Das <form>-Element ist der Schlüssel zu diesem Beispiel, da es eine Aufgabe durchführt (wie durch das action-Attribut angezeigt wird), wenn die Formulare abgeschickt werden. Diese Aufgabe ist es, das CGI-Programm zu starten, das durch den URL-Wert des action-Attributs definiert wird. Das <form>-Element hat ein weiteres Attribut method, das bestimmt, auf welche Weise die Daten an das CGI-Programm weitergereicht werden. Es gibt zwei Methoden, um Daten durch ein Formular zu übertragen: GET und POST. Die GET-Methode hängt die Daten an das Ende des gerufenen URL an, so dass der URL, der durch das Klicken des Formularbuttons aufgerufen wird, etwa so aussehen könnte:

```
http://www.htmlref.com/cgi-bin/gethello.pl?username=Joe+Smith
```

Die gesendeten Daten werden entschlüsselt. Die Zeichenkette hat alle Leerzeichen in +-Zeichen und Sonderzeichen nach dem Schema %nn verschlüsselt, wobei nn für Hexadezimalwerte steht. Die verschiedenen Formelementnamen werden dem CGI-Programm in Form von Name/Wert-Paaren, wie z.B. username=Joe, getrennt durch das Kaufmannsund (&), zugeschickt. Wenn das vorangegangene Beispiel weitere Felder hätte, in denen nach dem Alter und dem Geschlecht gefragt wird, könnte der Abfragestring in etwa so aussehen:

```
http://www.htmlref.com/cgi-bin/hello.pl?username=Joe+Smith&
age=32&sex=male
```

(Das Format von URL-verschlüsselten Daten wird in Kapitel 11 vorgestellt.) Das Problem mit der GET-Methode, abgesehen davon, dass es hässlich aussieht, ist, dass sie nur eine begrenzte Datenmenge versenden kann. Allerdings hat GET auch zwei Vorteile: Es ist leicht zu verstehen und bietet die Möglichkeit, häufig wiederkehrende Anfragen als Lesezeichen zu speichern, was mit POST nicht möglich ist. Der häufiger verwendete Ansatz für größere Formulare ist die POST-Methode, die die Formulardaten in einem getrennten Datenstrom, in Form einer Datei, an den Server schickt. Dieser Datenstrom besteht aus vielen Zeilen wie username=Joe%20Smith, die Name/Wert-Paare darstellen, die durch die Formulareinträge vom Betrachter erstellt wurden. Nachdem das serverseitige Programm die Daten erhalten hat, werden sie für die spätere Weiterverarbeitung analysiert. Ein erfahrener Programmierer, der weiß, wie die Daten verschlüsselt werden, kann leicht auf die Daten zugreifen. Das folgende HalloWelt-Beispiel zeigt, wie das auf eine sehr einfache Art, ohne Fehlerüberprüfung, bewerkstelligt werden kann, wobei dasselbe HTML-Beispiel wie oben verwendet wird.

```perl
#! /usr/bin/perl

# Ausgabe des HTTP-Headers
print "Content-type: text/html\n";
print "\n";

read (STDIN, $GN_QUERY, $ENV{CONTENT_LENGTH});

# Dieses Statement teilt die Daten in verschiedene Felder

@QUERY_LIST = split( /&/, $GN_QUERY);

foreach $item (@QUERY_LIST) {

    # Pluszeichen in Leerzeichen umwandeln

    $item =~ s/\+/ /g;
```

```
    # Mit $nn verschlüsselte Daten in normale Zeichen umwandeln

    $item =~ s/%(..)/pack("c",hex($1))/ge;

    # Das Ergebnis in ein Abfrage-Array schreiben

    $loc=index($item,"=");
    $param=substr($item, 0, $loc);
    $value=substr($item, $loc+1);
    $QUERY_ARRAY{$param} .= $value;
}

# Den Namen des Users auslesen

$name = "$QUERY_ARRAY{username}";

# Das HTML-Dokument erstellen
print "<html><head><title>Hallo</title></head>\n<body>\n";
print "<h1>Hallo $name. Willkommen bei CGI!</h1>\n";
print "</body></html>";
```

Hinweis

Das vorangegangene Beispiel funktioniert nur mit Daten, die durch die POST-Methode weitergereicht werden. Es funktioniert nicht, wenn die Methode GET ist.

CGI-Programme schreiben

Die obigen Beispiele könnten den Eindruck erwecken, dass es trivial ist, ein CGI-Programm zu erstellen. Das ist es aber nur so lange, wie Daten eingelesen und wieder ausgegeben werden. Tatsächlich ist diese Aufgabe eine Routine, die von verschiedenen Perl-Bibliotheken, wie z.B. cgic (http://www.boutell.com/cgic/) für ANSI-C-Programme, cgi++ (http://www.webthing.com/cgiplusplus/) für C++ und CGI.pm (http://stein.cshl.org/WWW/software/CGI/cgi_docs.html) für Perl 5, übernommen werden kann. Diese und andere Bibliotheken können aus dem Internet geladen werden, um das Lesen von Umgebungsvariablen und das Analysieren der decodierten Daten zu vereinfachen.

Der schwierige Teil der CGIs ist der eigentliche logische Code. Da ein CGI-Programm in fast jeder beliebigen Sprache geschrieben werden kann, stellen sich die meisten Programmierer früher oder später die Frage, welche die beste sein mag. Performance, Webanpassung und das Handling von Zeichenketten sind wichtige Kriterien bei der Sprachenwahl. Aus Gründen der Performance sind kompilierte CGI-Programme gegenüber interpretierten Skripten, die z.B. in Perl geschrieben werden, vorzuziehen. Es ist jedoch viel leichter, ein CGI in einer Skriptsprache zu verfassen, zumal es für diese Sprachen eine Menge vorgefertigter Module (z.B. mod_perl für Perl) gibt.

Einige Programmiersprachen haben bessere Schnittstellen für Webserver und HTTP als andere. Für Perl gibt es z.B. eine Vielzahl von CGI-Bibliotheken und Versionen für verschiedene Betriebssysteme. Da ein Großteil der Aufgaben von CGIs das Lesen und Schreiben von Textdaten umfasst, ist eine einfache Textbearbeitung ein wichtiges Kriterium bei der Auswahl einer Sprache für die CGI-Programmierung. Letztendlich hängt die Wahl der Sprache vom Server, auf dem das Skript laufen muss, und von den Vorlieben des Programmierers ab. Es ist sogar möglich, eine alte FORTRAN-Version oder eine unbekannte Sprache zu verwenden, obwohl es einfacher ist, eine Sprache zu benutzen, die gut mit dem Webserver zusammenarbeitet. CGI ist letztendlich eine Schnittstelle.

Tabelle 12.3 zählt die gängigen Sprachen für CGI-Programme auf, basierend auf den Betriebssystemen. Beachten Sie, dass Perl, aufgrund seiner langen Verwendung im Web, für die meisten Plattformen verfügbar ist.

Webserver-Betriebssystem	Gängige CGI-Sprachen
Unix	Perl, C, C++, Java, Shellskriptsprachen (csh, ksh, sh), Python
Windows	Visual Basic, C, C++, Perl
Macintosh	AppleScript, Perl, C, C++

Tabelle 12.3: Gängige CGI-Sprachen

Hinweis

CGI-Programme in einer Unix-Shellskriptsprache wie csh, ksh oder sh zu schreiben, kann ernsthafte Sicherheitsrisiken in sich bergen und sollte wenn möglich vermieden werden.

Fangen Sie jetzt nicht sofort an, Ihre eigenen Programme oder Formularroutinen zu programmieren. Bedenken Sie, wie viele andere Leute in der Welt vor Ihnen Datenbankzugriffe oder E-Mail-Formulare programmiert haben. Bei allgemeinen Anwendungen könnte es besser sein, eine fertige CGI-Lösung zu leihen oder zu kaufen, als selber eine neue zu erstellen.

CGI-Programme kaufen oder leihen

Die meisten CGI-Programme sind sich sehr ähnlich. Es gibt viele Freeware-, Shareware- oder auch kommerzielle Lösungen für die meisten gängigen Webaufgaben. Matt's Script Archive (www.world-widemart.com/scripts) und der CGI Resource Index (www.cgi-resources.com) sind gute Ausgangspunkte, um nach ihnen zu suchen. Es gibt viele Auswertungsskripte, schwarze Bretter, Seitenzugriffszähler und unendlich viele andere Sachen, die kostenlos im Internet zur Verfügung gestellt werden. Es gibt auch kompilierte kommerzielle CGI-Programme, die bestimmte Aufgaben übernehmen. Seitenentwickler müssen die Entwicklungskosten für selbst erstellte Lösungen mit dem Kaufpreis von fertigen Programmen vergleichen, wenn es an der Zeit ist, die Site fertig zu stellen.

Servermodule: NSAPI, ISAPI und andere

Ein großes Problem von CGI-Programmen ist ihre Langsamkeit. Es gibt zwei Gründe, weshalb CGI-Programme langsam sein können. Erstens kann der Programmstart durch den Webserver selbst sehr langsam sein. Zweitens kann das Programm nach dem Start langsam sein, weil es in einer zu interpretierenden Sprache wie Perl geschrieben wurde. Die Lösung für das zweite Problem ist sehr einfach: Schreiben Sie Ihre Programme in einer kompilierten Sprache wie C. Die Performance wird sich schlagartig verbessern. Was kann man aber gegen das Startproblem tun? Ein Ansatz wäre es, das Haupt-CGI-Programm im Voraus zu starten, so dass es ständig läuft und bei Bedarf nur kleinere CGI-Programme zu starten sind. Obwohl das etwas helfen würde, müsste der Server immer noch mit dem externen Programm kommunizieren, was zeitaufwändig ist. Wenn es auf die Geschwindigkeit ankommt, muss die Funktionalität des CGI-Programms in den Server integriert werden. So würde vermieden, dass Aufgaben vom Server auf ein externes CGI-Programm umgeleitet werden müssten. Das ist die Idee von Servermodulen, die geschrieben wurden, um eine Komponente des Webservers zu werden. Es gibt viele Typen von Servermodulen, die mit einem bestimmten Server verknüpft werden können. Das Netscape Server Application Programming Interface (NSAPI) und das Internet Server Application Programming Interface (ISAPI) sind Netscape- (jetzt Iplanet) und Microsoft-basierende Webserver. Weitere Typen von Servermodulen sind Apache-Module, Java Servlets und viele andere.

Kurz gesagt, sind Servermodule PlugIns für einen Server. Ein Programm, das normalerweise in C oder C++ geschrieben wurde und einer bestimmten Servermodulspezifikation entspricht, kann in einen Server eingebunden werden, um ihn um neue Funktionalitäten zu erweitern. Offensichtlich ist es schwerer, eine solche Lösung zu entwickeln, als ein einfaches CGI-Programm zu schreiben. Es gibt auch einige Nachteile. Ein schlecht funktionierendes Servermodul kann z.B. einen ganzen Server lahm legen. Entwickler, die eine Servermodullösung erstellen, sind an eine bestimmte Serverplattform gebunden, während CGI-Programme grundsätzlich von Server zu Server übertragen werden können. Ungeachtet dessen haben Servermodule einen Geschwindigkeitsvorteil und ermöglichen es verschiedenen Sessions und Anwendern, Daten auszutauschen. Viele Hersteller haben Servererweiterungen erarbeitet, um schnelle und einfache Datenbankzugriffe und verschlungene Diskussionsmöglichkeiten zu ermöglichen. Obwohl die meisten Entwickler weder spezielle Servermodule noch Browser-PlugIns schreiben würden, hat diese Technologie die Entwicklung der serverseitigen Programmierung erst ermöglicht, die für jeden Webentwickler sehr hilfreich sein kann.

Serverseitiges Scripting

CGI und Servermodule sind oft jenseits des technischen Verständnisses der Webentwickler. Es muss jedoch nicht schwierig sein, Interaktionen auf einer Site zu ermöglichen. Eine andere Art der serverseitigen Programmierung, auch serverseitiges Scripting genannt, bietet viele Möglichkeiten von CGIs kombiniert mit der Leichtigkeit von HTML. Die Idee ist einfach. Zuerst wird eine Seite in normalem HTML erstellt. Danach werden einige neue Elemente oder Anweisungen eingebunden, die festlegen, was in bestimmten Situationen zu tun ist. Stellen Sie sich vor, Sie möchten gerne unterschiedliche Überschriften für Netscape- und Microsoft-User sowie die Anwender von anderen Browsern anbieten. Mit einem serverseitigen Skript würden Sie folgende Aussagen in der speziellen Sprache in Ihre Seite einbinden:

```
$if browser = Netscape
    <blink>Hey Netscape-User!</blink>
$else if browser = IE
    <marquee>Hallo Microsoft-User!</marquee>
$else
    <h1>Hallo User!</h1>
$endif
```

Um anzuzeigen, dass die Datei eine besondere HTML-Datei ist, endet ihr Name mit der Erweiterung .parsedhtml. Als Nächstes muss der Server so konfiguriert werden, dass er die speziellen Anweisungen weiterleitet und ausführt. In diesem Fall würde der Server, abhängig vom jeweils verwendeten Browser, nur HTML-Daten ausgeben. Das ist natürlich eine frei erfundene serverseitige Skriptsprache, die nur dazu dient, die grundsätzliche Funktionsweise einer solchen Sprache zu illustrieren. Einen Überblick über serverseitige Skriptlösungen wird in Abbildung 12.6 gezeigt.

Obwohl der Umgang mit serverseitigen Skripten sehr leicht ist, können sie eine extreme Last für den Server bedeuten und unnötig Daten hin und her leiten. Die nächsten Abschnitte beschreiben drei im Web sehr populäre serverseitige HTML-Technologien: server-side includes (SSI), ColdFusion und Active Server Pages (ASP).

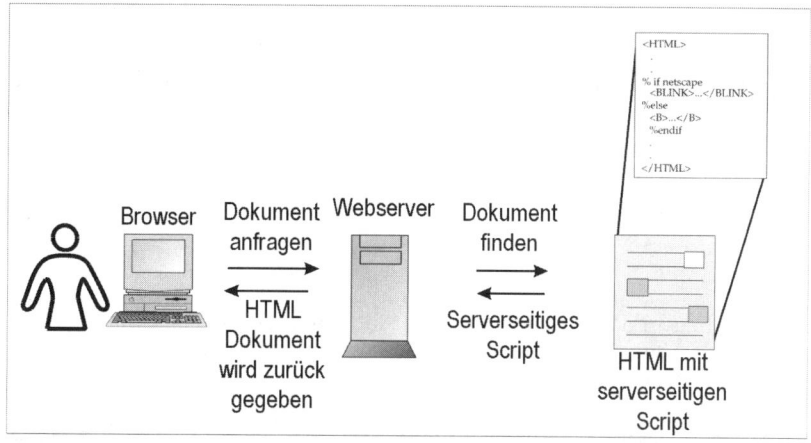

Abbildung 12.6: Übersicht: Weitergeleitete HTML Lösungen

Server-Side Includes (SSI)

SSIs sind die einfachste Art von serverseitigem Skript. SSIs sind kurze Anweisungen, die in ein HTML-Dokument eingebunden werden, um Dateien zu lesen und in den HTML-Output zu integrieren. Das kann nützlich sein, wenn ein Designer eine Datei mit Standardinformationen wie Adresse und Copyright-Hinweisen erstellt, die dann dynamisch an alle Seiten angehängt werden soll. Um das zu bewerkstelligen, erstellen Sie eine Datei `footer.html` und binden sie mit Hilfe von SSI ein. Der Inhalt von `footer.html` könnte etwa so aussehen:

```
<hr noshade>
<center>
<font size="-1">
Copyright 2000, Demo Company<br>
</font></center>
```

Um diese Datei in eine andere Datei einzubinden, brauchen Sie eine SSI-Anweisung wie diese hier:

```
<!--#include file="footer.htm" -->
```

Beachten Sie, dass es sich hier nur um eine spezielle Form von HTML-Inhalten mit dem Befehl `#include` und einer Parameter-Datei handelt, die anzeigt, welche Datei Sie einbinden wollen. Um dem Server anzuzeigen, dass die Seite SSI-Befehle enthält, verwenden Sie die `.shtml`-Endung. Wenn der Server richtig konfiguriert ist, sollte er die Datei öffnen und sie ausführen, bevor er ihren Inhalt weiterleitet. Neben dem Einbinden externer Dateien kann SSI auch das Ergebnis anderer Programme, inklusive CGIs, ausgeben. Daher bietet es auch die Möglichkeit, Datenbankabfragen zu tätigen, Seitenzugriffe zu zählen und vieles mehr. Das einfache Beispiel, das folgt, zeigt Ihnen, wie der SSI-Befehl `echo` verwendet werden kann, um auf die Umgebungsvariablen zuzugreifen, auf die auch CGI-Programme Zugriff haben.

```
<!DOCTYPE HTML PUBLIC "-//W3C//DTD HTML 4.01 Transitional//EN">
<html>
<head>
<title>SSI-Demo</title>
</head>
```

```
<body>

<h2 align="center">Willkommen <!--#echo var="REMOTE_HOST" -->
auf meinem Server <!--#echo var="SERVER_NAME" --></H2>
<hr>

Sie verwenden <!--#echo var="HTTP_USER_AGENT" -->.
</body>
</html>
```

Ein mögliches Ergebnis ist das Beispiel, das Sie in Abbildung 12.7 sehen. Erinnern Sie sich daran, dass Ihr Ergebnis anders aussehen wird, da die Seite dynamisch erstellt wurde, um auf einem Server mit eingeschalteter SSI-Option laufen zu können.

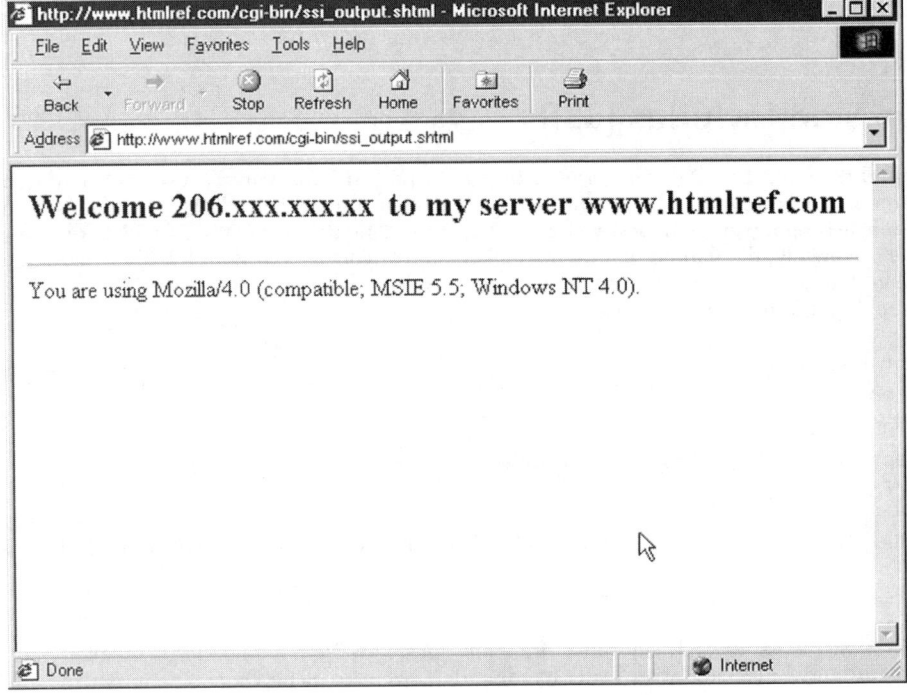

Abbildung 12.7: SSI Ausgabe im Internet Explorer

Die Umgebungsvariablen, auf die SSI zugreifen können, sind die gleichen, die von CGI-Programmen abgefragt werden. Sie enthalten auch die Variablen, die in Tabelle 12.4 aufgelistet werden.

Variablenname	Beschreibung
DATE_GMT	Dieser Wert liefert die aktuelle lokale Zeit, analog zu DATE_LOCAL, allerdings in Greenwich Mean Time (GMT). Die Variable kann mit dem Befehl CONFIG SSI formatiert werden.
DATE_LOCAL	Das aktuelle Datum entsprechend der lokalen Zeitzone. Die Variable kann mit dem Befehl CONFIG SSI formatiert werden.

Tabelle 12.4: SSI-Umgebungsvariablen

Variablenname	Beschreibung
DOCUMENT_NAME	Diese Variable speichert den Namen der aktuellen Datei.
DOCUMENT_URI	Diese Variable enthält den virtuellen Pfad zum aktuellen Dokument (z.B. /ueber/democompany/contact.shtml).
LAST_MODIFIED	Das Datum der letzten Änderung, die am aktuellen Dokument vorgenommen wurde. Die Variable kann mit dem Befehl CONFIG SSI formatiert werden.
QUERY_STRING_UNESCAPED	Diese Variable enthält die nicht verschlüsselte Version einer Suchabfrage (GET), die vom Browser gesendet wurde. Sonderzeichen werden durch einen »Backslash« maskiert.

Tabelle 12.4: SSI-Umgebungsvariablen (Forts.)

Neben dem Einbinden von CGI-Umgebungsvariablen ist es auch möglich, SSI zu verwenden, um das Ergebnis eines CGI-Programms mit dem EXEC CGI-Befehl in eine Webseite zu integrieren. Zum Beispiel können Sie ein Seitenzählprogramm ausführen und das Ergebnis auf Ihrer HTML-Seite anzeigen lassen. Wenn dieses Programm counter.cgi hieße und sich im cgi-bin-Verzeichnis befände, könnten Sie eine einfache SSI-Anweisung wie die folgende verwenden, um diesen Counter in Ihr Dokument einzubinden:

```
<!--#exec cgi="cgi-bin/counter.cgi"-->
```

Im Allgemeinen ist ein SSI ein spezieller Kommentar, der einen SSI-Befehl und einige Parameter enthält, um das Kommando zu modifizieren.

```
<!--#command parameter=value-->
```

Es folgen einige gebräuchliche SSI-Befehle und die von ihnen verwendeten Parameter.

ECHO

Parameter

VAR

Beschreibung

Wird verwendet, um den Wert spezieller SSI-Variablen und Umgebungsvariablen in die Seite zu integrieren.

```
<!--#ECHO VAR="REMOTE_HOST"-->
```

INCLUDE

Parameter

FILE, VIRTUAL

Beschreibung

Wird verwendet, um den Inhalt eines Dokuments in die aktuelle Datei einzubinden. Der Pfadname der Datei kann entweder relativ oder virtuell sein. Relative Dateinamen sind relativ zum aktuellen Verzeichnis, während virtuelle Dateinamen mit Hilfe der Angabe ../ auch auf andere Verzeichnisse zugreifen können.

```
<!--#INCLUDE FILE="footer.htm"-->
<!--#INCLUDE VIRTUAL="../templates/footer.htm"-->
```

FSIZE

Parameter

FILE

Beschreibung

Gibt die Größe der angegebenen Datei an.

```
<!--#FSIZE FILE="index.htm"-->
```

FLASTMOD

Parameter

FILE

Beschreibung

Fügt das Datum der letzten Modifikation der angegebenen Datei ein.

```
<!--#FLASTMOD FILE="index.htm"-->
```

EXEC

Parameter

CMD, CGI

Beschreibung

Erlaubt es, ein externes Programm auszuführen, entweder eine Anwendung auf dem Hostrechner oder ein CGI-Programm.

```
<!--#EXEC CMD="/usr/bin/ls"-->
<!--#EXEC CGI="cgi-bin/counter.cgi"-->
```

CONFIG

Parameter

ERRMSG= string, SIZEFMT= bytes | abbrev, TIMEFMT= format string

Beschreibung

Erlaubt Ihnen, SSI-Ausgabeoptionen für Fehlermeldungen, Dateigrößen und Datenausgaben zu konfigurieren. Der Wert für ERRMSG ist eine einfache Zeichenkette für die Fehlermeldung. SIZEFMT kann in bytes oder mit abbrev definiert werden, während TIMEFMT mit dem Unix-Datumsformatstring modifiziert werden kann.

```
<!--#config errmsg="[SSI Anweisung fehlgeschlagen!]"-->
<!--#CONFIG SIZEFMT="bytes"-->
<!--#CONFIG TIMEFM="%A %b %d %j"-->
```

Abhängig vom Server gibt es weitere SSI-Anweisungen, einschließlich ODBC und EMAIL, die verwendet werden, um auf Datenbanken zuzugreifen oder um E-Mails zu versenden. Diese Befehle sind die gebräuchlichsten bei den meisten SSI-tauglichen Servern.

SSI sieht zwar sehr reizvoll aus, hat aber zwei potenzielle Probleme: Sicherheit und Performance. Das SSI-Sicherheitsproblem rührt in erster Linie vom EXEC-Befehl her, der verwendet werden kann, um ein Programm auf dem Server zu starten. Mit diesem Befehl sind Sicherheitslücken möglich. Es ist z.B. möglich, ein Kommando einzubinden, das eine entfernte Session öffnet. Web-Administratoren sollten den Gebrauch dieses SSI-Befehls limitieren.

Das andere Problem von SSI ist typisch für jede Form von serverseitiger Scriptinglösung. Da alle SSI-Dateien weitergereicht werden müssen, wirken sie sich auf die Performance aus. Wenn eine Site ernsthafte Anforderungen an die Performance stellt, ist eine SSI-Lösung nicht sinnvoll. Glücklicherweise ist es möglich, serverseitige Skripte zu limitieren oder sie so einzusetzen, dass nur bestimmte Dateien mit der Endung .shtml versehen werden und entsprechend vom Server behandelt werden. Bei begrenzter Nutzung bieten SSI sehr mächtige Werkzeuge für jeden HTML-Autor. Trotzdem sind SSI beschränkt. Mancher Designer wird andere serverseitige Skriptlösungen wie ColdFusion oder ASP bevorzugen.

ColdFusion

Eine der populärsten Lösungen für serverseitige Programme ist Allaires ColdFusion (http://www.allaire.com). ColdFusion ist ein komplettes Webanwendungs-Entwicklungstool, das dem Entwickler ermöglicht, datenbankbasierende Website-Anwendungen zu erstellen. Das geschieht mit Hilfe einer leicht erlernbaren serverseitigen Sprache, die HTML sehr ähnlich ist und sich ColdFusion Markup Language (CFML) nennt. Da eine seiner Grundfunktionen das Arbeiten mit Datenbanken ist, nutzt ColdFusion den Open-Database-Connectivity-(ODBC)Standard, um Verbindungen zu Datenbankservern wie Microsoft SQL Server, Access, Sybase, Oracle und anderen herstellen zu können. ColdFusion ist nicht von einem bestimmten Webserver abhängig und arbeitet auf vielen Windows-NT-basierenden Servern sowie unter Linux und Solaris. Obwohl ColdFusion kein W3C-konformer Standard ist, wird es von vielen Servern unterstützt. ColdFusion dient hier als Beispiel für eine kommerzielle Lösung für serverseitige Programmierung und als Demonstration für die Zusammenarbeit von HTML und Datenbanken.

Webanwendungen, die mit ColdFusion erstellt wurden, verwenden dynamische Seiten, die aus einer Mixtur aus CFML- und HTML-Befehlen bestehen. Wenn eine Seite angefordert wird, erstellt ColdFusion als Servererweiterung die Seite, bearbeitet die Datenbank oder andere serverseitige Technologien und sendet die dynamisch erstellte HTML-Seite zurück an den Browser. Wahrscheinlich ist es besser, von ColdFusion erstellte Seiten als Schablonen zu bezeichnen, als von tatsächlichen Seiten zu reden.

CFML verwenden

Im Folgenden wird erläutert, wie CFML eingesetzt wird, um Daten für eine dynamische Webpage auszuwählen und zu transferieren. Dieser Abschnitt zeigt, wie mit Hilfe von CFML-Befehlen eine Datenbankabfrage durchgeführt wird, deren Ergebnis in einer neuen Seite ausgegeben wird.

Datenbank-Übersicht

Eine *Datenbank* ist eine Sammlung von Daten, die meist in Form einer Tabelle organisiert sind. Stellen Sie sich vor, Sie wollen eine Website erstellen, auf der verschiedene Job-Angebote Ihrer Firma angezeigt werden. Als Erstes müssen Sie entscheiden, welche Informationen relevant sind: eine Laufnummer, der Job-Titel, der Arbeitsort, eine kurze Job-Beschreibung, ein Ansprechpartner und das Veröffentlichungsdatum. Diese Informationen können in Form einer Datenbanktabelle, die wir Positionen nennen, gespeichert werden, wie sie in Tabelle 12.5 gezeigt wird.

Position-Num	JobTitel	Arbeitsort	Beschreibung	Ansprech-partner	Veröffent-licht
343	Gadget Sales	Austin	Diese Position verlangt einen aggressiven Verkäufer, um unsere Geräte an jeden zu verkaufen.	M. Spacely	01/20/00
525	Büroleiter	San Jose	Verantwortlich für den gesamten Bürobetrieb.	P. Mohta	01/24/00
2585	Präsident	San Diego	Führungspersönlichkeit. Erfordert tägliches Golfspielen und nächtliche Poker-Partien.	T. Powell	01/30/00
3950	Hausmeister	San Diego	Muss Arbeiten im Freien mögen und sich stundenlang ohne Sonnenschutz im Freien aufhalten.	J. Tam	01/30/00
1275	HTML-Hacker	Seattle	Muss in der Lage sein, HTML-Spezifikationen und -Codes auswendig zu rezitieren. Viel Arbeit, wenig Geld.	D. Whitworth	01/27/00
2015	Spiele-Tester	Los Angeles	Muss den ganzen Tag spielen können. Schlechte Haltung und Junk-Food-Diät erforderlich.	J. Daffyd	01/18/00

Tabelle 12.5: Eine einfache Datenbanktabelle namens Positionen

Dieses Beispiel ist mit einigen Daten gefüllt, aber wie kann auf die Daten zugegriffen werden, um sie automatisch in einer Webseite anzuzeigen?

Daten auswählen

Der erste Schritt ist es, eine Datenbankabfrage mit einer *Structured Query Language* (SQL) zu definieren. SQL ist eine Sprache, die benutzt wird, um Daten aus einer Datentabelle abzufragen oder zu modifizieren. Die Sprache ist relativ einfach, solange es darum geht, die Grundlagen zu beherrschen. Wenn Sie eine Anfrage an die Tabelle Positionen richten wollen, können Sie eine SQL-Anweisung wie die folgende verwenden.

```
SELECT * FROM Positionen
```

Diese Anfrage besagt, dass alle Elemente, was durch das Wildcardzeichen (*) symbolisiert wird, der Tabelle namens Positionen ausgewählt werden sollen. Wenn Sie nur die Angebote für Austin auflisten wollen, können Sie Ihre Anfrage mit Hilfe des WHERE-Filters spezifizieren, der anzeigt, dass Sie nur Einträge, die für Austin gelten, sehen wollen.

```
SELECT * FROM Positions WHERE Location="Austin"
```

Der Filter WHERE ermöglicht es, komplexe Anfragen zu formulieren. So können Sie z.B. alle Stellenangebote in Austin oder Los Angeles abfragen, deren Aufgabe es ist, Spiele zu testen.

```
SELECT *
    FROM Positions
    WHERE ((Location="Austin" OR
            (Location="Los Angeles") AND
            (Position="Game Tester"))
```

Das sollte Ihnen einen kleinen Einblick in SQL geben. Obwohl die Grundlagen sehr einfach zu erlernen sind, können die Abfragen viel komplizierter werden. Eine komplette Übersicht würde den Rahmen dieses Buches sprengen. Zur Verdeutlichung werden hier nur einfache Beispiele verwendet.

Um Daten aus einer Datenbank zu ermitteln, erstellen Sie eine SQL-Abfrage und platzieren diese in einem <CGQUERY>-Element. Das folgende Beispiel zeigt Ihnen die Verwendung von <CGQUERY>. Eine SQL-Abfrage namens ListJobs, die durch das NAME-Attribut spezifiziert wird, soll eine Datenbank nach allen Einträgen durchsuchen. Die Syntax dieses Beispiels sehen Sie hier:

```
<CFQUERY NAME="ListJobs"
         DATASOURCE="CompanyDataBase">
         SELECT * FROM Positionen
</CFQUERY>
```

Beachten Sie, dass das Attribut DATASOURCE analog zu CompanyDataBase gesetzt wurde, das die ODBC-Datenquelle ist, in der die Datenbank namens Company gespeichert ist. Hier befindet sich die Tabelle Positionen, von der die Daten bezogen werden.

Hinweis

Open Database Connectivity (ODBC) ist eine standardisierte Methode, um auf eine Vielzahl von Datenbanken zugreifen zu können. ODBC bietet ein Abstraktionsmodell, das es dem Entwickler erspart, sich in die Feinheiten eines bestimmten Datenbanksystems einzuarbeiten. Um auf die Tabelle Positionen zugreifen zu können, kann sich Ihr Server mit einer einfachen Microsoft-Access-Datenbank oder mit einem mächtigen Oracle-System verbinden. Als Entwickler müssen Sie lediglich auf die ODBC-Datenquelle verweisen. Hierzu wählen Sie den ODBC-Treiber aus, benennen die Datenquelle und bestimmen die Einstellungen für die Datenbank. Eine genaue Beschreibung, wie Sie ODBC-Treiber laden und die erforderlichen Konfigurationen vornehmen, finden Sie in der ColdFusion-Dokumentation.

Neben NAME und DATASOURCE hat der Befehl <CFQUERY> noch eine Vielzahl weiterer Attribute, die in Tabelle 12.6 beschrieben werden.

Attribut	Beschreibung
NAME	Erforderlich. Dieses Attribut wird verwendet, um einen Namen mit einer SQL-Abfrage zu verknüpfen. Der Name wird später im Template verwendet, um die Abfrageergebnisse darzustellen.
DATASOURCE	Erforderlich. Dieses Attribut spezifiziert den Namen der ODBC-Datenquelle, über den auf die Datenbank zugegriffen wird.
MAXROWS	Optional. Dieses Attribut bestimmt die maximale Anzahl von Zeilen, die eine Anfrage zurückliefern soll, durch eine positive ganze Zahl. Zeilen, die über diesen Wert hinausgehen, werden nicht berücksichtigt.
USERNAME	Optional. Da viele Datenbanken durch einen Passwortmechanismus geschützt sind, wird dieses Attribut dazu verwendet, den Benutzernamen zu bestimmen, mit dem auf die Datenquelle zugegriffen werden soll. Dieses Attribut überschreibt die Standardwerte des ColdFusion-Administrators.
PASSWORD	Optional. Dieses Attribut gibt das Passwort des Users an, der auf die Datenbank zugreifen will. Dieses Attribut überschreibt die Standardwerte des ColdFusion-Administrators.
TIMEOUT	Optional. Dieses Attribut kann verwendet werden, um eine maximale Zeitspanne (in Millisekunden) für eine erfolgreiche Abfrage festzulegen. Anfragen, die länger dauern, werden nicht weiter ausgeführt.
DEBUG	Optional. Wenn vorhanden, startet dieses Attribut die Tracing- und Debugging-Prozeduren für die Datei.

Tabelle 12.6: <CFQUERY>-Attribute

Daten ausgeben

Mit dem Befehl <CFOUTPUT> ist es möglich, Daten, die zuvor mit dem <CFQUERY>-Befehl abgefragt wurden, anzuzeigen. Um z.B. die Anfrage ListJobs ausgeben zu lassen, würden Sie das folgende Codefragment benutzen:

```
<CFOUPUT QUERY="ListJobs">


        <hr noshade><br>
        Position Number: #PositionNum#<br><br>
        Title: #JobTitle#<br><br>
        Location: #Location#<br><br>
        Description: #Description#


</CFOUPUT>
```

Beachten Sie die Verwendung des #-Symbols im Quelltext. Mit diesen Werten werden die Bereiche, die Sie für die Anzeige der Daten verwenden wollen, abgegrenzt. #PositionNum# wird z.B. mit den Daten aus der Spalte PositionNum gefüllt, während #JobTitle# mit den Daten aus der JobTitel-Spalte ersetzt wird. Beachten Sie auch, dass innerhalb der Abfrage auch normales HTML verwendet werden kann.

Das Hauptattribut für den <CFOUTPUT>-Befehl ist QUERY. Es gibt jedoch viele weitere Attribute, die in Tabelle 12.7 aufgezählt werden.

Attribut	Beschreibung
QUERY	Erforderlich. Bestimmt den Namen der <CFQUERY>, die verwendet wird, um die Datenbank abzufragen.
MAXROWS	Optional. Dieses Attribut wird verwendet, um die maximale Anzahl der Zeilen einer Abfrage zu bestimmen. Der Wert ist eine positive Zahl.
GROUP	Optional. Dieses Attribut gruppiert die Ausgabe und ist bei verschachtelten Ausgaben nützlich.
STARTROW	Optional. Dieses Attribut bestimmt die Zeile, ab der die Ausgabe beginnt. Der Wert 5 sorgt z.B. dafür, dass die Ausgabe mit der fünften Zeile der zurückgelieferten Ergebnisse beginnt.

Tabelle 12.7: <CFOUTPUT>-Attribute

Mit den beiden Befehlen <CFQUERY> und <CFOUTPUT> in einer CFML-Schablone können Sie auf einem Server, der CFML versteht, eine dynamisch generierte Seite erstellen. Ein komplettes Beispiel, das die beiden Hauptbefehle von ColdFusion verwendet, sehen Sie hier:

```
<!DOCTYPE HTML PUBLIC "-//W3C//DTD HTML 4.01 Transitional//EN">
<!-- SQL-Anweisung zum Auswählen aller verfügbaren Stellen aus der Datenbank -->

<CFQUERY NAME="ListJobs" DATASOURCE="CompanyDataBase">
SELECT * from Positionen
</CFQUERY>

<html>
<head>
<title>Demo-Company-Job-Angebote</title>
</head>

<body bgcolor="#FFFFFF">
```

```
<h2 align="center">Job-Angebote</h2>
<hr>

<CFOUTPUT QUERY="ListJobs">
<hr noshade><br>
Laufnummer: #PositionNum#<br><br>
Titel: #JobTitle#<br><br>
Arbeitsort: #Location#<br><br>
Beschreibung: #Description#
</CFOUTPUT>
<hr>

<address>
Demo Company, Inc.
</address>

</body>
</html>
```

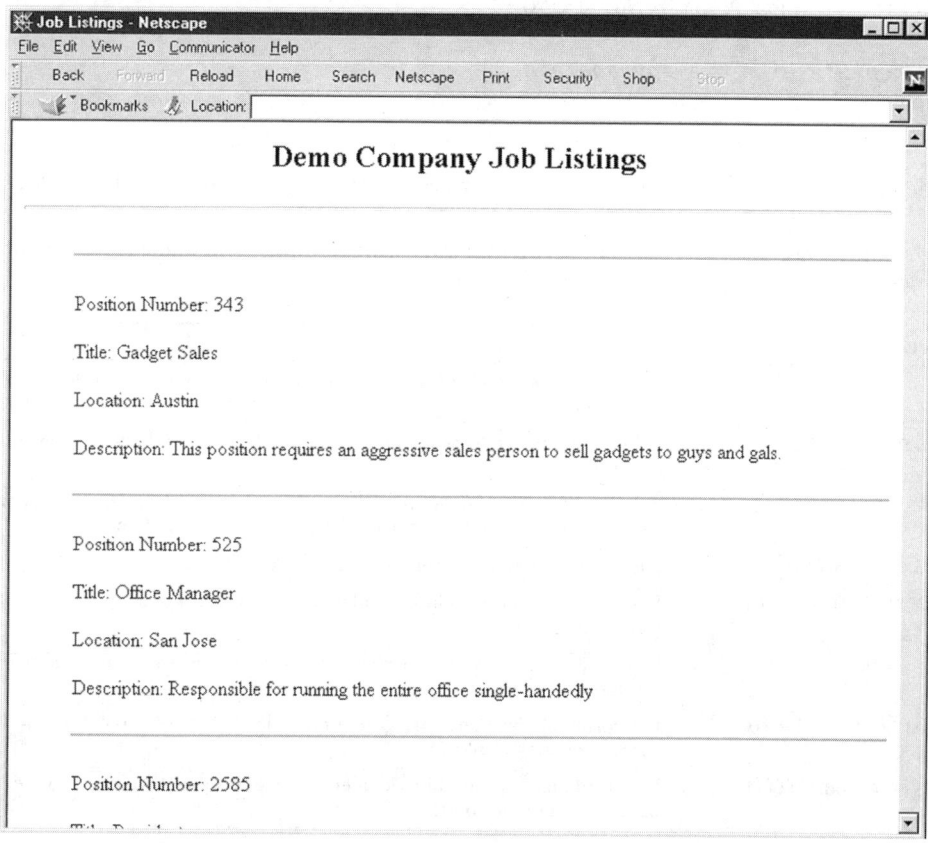

Abbildung 12.8: ColdFusion-generierte Seite in Netscape

Abbildung 12.8 zeigt eine Seite, die von ColdFusion dynamisch generiert wurde, auf einem Netscape-Browser. Beachten Sie, dass ColdFusion keine Anforderungen an den Browser stellt. Mit anderen Worten funktionieren Seiten von ColdFusion auch auf Internet Explorer, Lynx, WebTV oder jedem anderen Browser.

Bedingungen

Wenn dynamische Seiten erstellt werden sollen, funktioniert nicht immer alles so, wie erwartet. Was passiert, wenn es keine Jobangebote anzuzeigen gibt? Sollte der Anwender eine leere Seite angezeigt bekommen oder eine mit dem Hinweis »Es tut uns Leid, zurzeit werden keine Stellen angeboten«? ColdFusion bietet einige Werkzeuge, um solche Probleme zu lösen. Mit dem <CFIF>-Befehl können einfache Vergleichsbedingungen in eine Seite integriert und einfache Anwendungen erstellt werden. Die Grundsyntax für das <CFIF>-Element sehen Sie hier:

```
<CFIF Ausdruck>
HTML und CFML Tags
<CFELSE>
HTML und CFML Tags
</CFIF>
```

Ein Ausdruck ist eine Vergleichsoperation. Zum Beispiel ist IS NOT "" ein Ausdruck, der überprüft, ob etwas nicht gesetzt ist. Der Code

```
<CFIF ListJobs.PositionNum IS NOT "">

Geben Sie hier die Anfrage ein.

</CFIF>
```

würde der Anweisung »Geben Sie hier die Anfrage ein.« nur nachkommen, wenn das PositionNum-Feld nicht leer ist. Beachten Sie, dass der Befehl <CFELSE> optional ist.

Der Ausdruck, der im <CFIF>-Befehl verwendet wird, kann komplex sein und aus einem oder mehreren Operatoren bestehen, die Sie in Tabelle 12.8 sehen.

Operator	Beschreibung
IS	Führt einen Vergleich zweier Variablen durch (Groß- und Kleinschreibung wird unterschieden) und liefert TRUE zurück, wenn die Werte identisch sind.
IS NOT oder NEQ	Führt eine entgegengesetzte Operation zu IS durch und liefert TRUE zurück, wenn die Werte ungleich sind.
CONTAINS	Führt eine Überprüfung durch, ob der Wert auf der linken Seite des Operators in der Variablen enthalten ist, und liefert TRUE zurück, wenn dem so ist.
DOES NOT CONTAIN	Die entgegengesetzte Operation des CONTAINS-Operators.
GREATER THAN oder GT	Überprüft, ob der Wert links größer als der Wert rechts ist, und liefert TRUE zurück, wenn dem so ist.
LESS THAN oder LT	Überprüft, ob der Wert links kleiner als der Wert rechts ist, und liefert TRUE zurück, wenn dem so ist.
GREATER THAN oder EQUAL TO oder GTE	Überprüft, ob der Wert links größer oder gleich dem Wert rechts ist, und liefert TRUE zurück, wenn dem so ist.
LESS THAN oder EQUAL TO oder LTE	Überprüft, ob der Wert links kleiner oder gleich dem Wert rechts ist, und liefert TRUE zurück, wenn dem so ist.

Tabelle 12.8: CFIF-Operatoren

Mit Hilfe von Bedingungen, wie Sie Ihnen der <CFIF>-Befehl ermöglicht, können Sie ein erweitertes Beispiel erstellen, das überprüft, ob eine Tabelle offene Stellen enthält oder nicht.

```
<!DOCTYPE HTML PUBLIC "-//W3C//DTD HTML 4.01 Transitional//EN">
<!-- SQL-Anweisung zur Auswahl der verfügbaren Stellenangebote aus der Datenbank
-->

<CFQUERY NAME="ListJobs" DATASOURCE="CompanyDataBase">
SELECT * FROM Positionen
</CFQUERY>

<CFIF ListJobs.PositionNumber IS NOT "">

<html>
<head>
<title>Demo-Company-Job-Angebote</title>
</head>

<body>
<h1 align="center">Demo-Company-Job-Angebote</H2>
<hr>

<CFOUTPUT QUERY="ListJobs">
    <ul>
        <hr noshade><br>
        Laufnummer: #PositionNum#<br><br>
        Titel: #JobTitle#<br><br>
        Arbeitsort: #Location#<br><br>
        Beschreibung: #Description#
    </ul>
</CFOUPUT>

<hr>
<address>
Demo Company, Inc.
</address>

</body>
</html>

<CFELSE>
    <CFLOCATION URL="nojobs.htm">
</CFIF>
```

Die Anweisung <CFIF> überprüft in diesem Beispiel, ob das PositionNum-Feld in der Datenbank leer ist. Wenn es nicht leer ist, fährt sie damit fort, eine Webseite zu erstellen. Wenn das Feld leer ist, leitet sie auf eine Seite namens nojobs.htm weiter, auf der mitgeteilt wird, dass es zurzeit keine offenen Stellen gibt.

CFML-Zusammenfassung

Es sollte anhand der Beispiele deutlich geworden sein, dass ColdFusion genutzt werden kann, um dynamische Webseiten zu erstellen. Mit Hilfe von Bedingungen und anderen CFML-Elementen, die Schleifen einbinden oder Variablenwerte verändern können, ist es möglich, vollständige Webapplikationen zu erstellen. ColdFusion und andere HTML-ähnliche serverseitige Sprachen sind eine hervorragende Hilfe, da sie relativ leicht zu erlernen sind. Es gibt weniger als ein Dutzend CFML-Befehle zu lernen. Einige bieten sehr mächtige Eigenschaften wie die Möglichkeit, Dateien auf einen Server zu laden oder Cookies zu manipulieren, automatisch Tabellen zu generieren und Mails zu versenden. Eine kurze Übersicht über einige der in ColdFusion verfügbaren Elemente finden Sie in Tabelle 12.9.

Element	Beschreibung
`<CFABORT>`	Bricht den Ablauf einer CFML-Anwendung oder eines Templates an der spezifizierten Stelle ab.
`<CFAPPLICATION>`	Definiert den Namen der CFML-Anwendung und aktiviert die Client-Variablen.
`<CFCOL>`	Definiert eine Tabellenspaltenüberschrift und bestimmt die Breite und die Ausrichtung der Spalte.
`<CFCONTENT>`	Definiert den Inhaltstyp und den Namen einer Datei, die von der Anwendung hochgeladen werden soll.
`<CFCOOKIE>`	Definiert und setzt ein Cookie, das verwendet wird, um Zustandsinformationen zu speichern.
`<CFERROR>`	Wird verwendet, um HTML-Fehlerseiten zu erstellen.
`<CFFILE>`	Erlaubt dem Entwickler, Aufgaben für das File-Handling innerhalb einer CFML-Anwendung zu definieren.
`<CFHEADER>`	Generiert HTTP-Header in der Anwendung, die nützlich sein können, um zu verhindern, dass die Seite in den Cachespeicher geladen wird.
`<CFIF>`	Erstellt einen Bedingungsausdruck, der nützlich ist, um dem Output mehr Logik zu verleihen.
`<CFINCLUDE>`	Bindet eine ColdFusion-Templatedatei in eine Anwendung ein.
`<CFINSERT>`	Erzeugt neue Datensätze in einer ODBC-Datenbank.
`<CFLOCATION>`	Öffnet eine ColdFusion-Template- oder HTML-Datei. Wird meist zur Umleitung von Output verwendet.
`<CFLOOP>`	Wiederholt eine Menge von Anweisungen oder zeigt den Output einer (Bedingungs-) Schleife an.
`<CFMAIL>`	Verschickt SMTP-E-Mail aus der CFML-Anwendung.
`<CFOUTPUT>`	Zeigt das Ergebnis einer Datenbankabfrage an, wie sie durch das `<CFQUERY>`-Element spezifiziert wurde.
`<CFPARAM>`	Weist einem Parameter einen Initialwert zu.
`<CFQUERY>`	Sendet ein SQL-Statement, meist eine Anfrage, an eine ODBC-verknüpfte Datenbank.
`<CFREPORT>`	Bindet einen Report von Crystal Reports in eine Seite ein.
`<CFSET>`	Definiert eine Variable innerhalb einer CFML-Anwendung, auf die später mit `<CFIF>` oder einem ähnlichen Konstrukt zugegriffen werden kann.
`<CFTABLE>`	Erstellt eine »schnelle« HTML-Tabelle, um die Ausgabe einer Anfrage zu speichern.
`<CFUPDATE>`	Wird verwendet, um Datensätze in der ODBC-Datenquelle zu aktualisieren.

Tabelle 12.9: Einige CFML-Befehle

Dieser Abschnitt zeigt nur einen kleinen Ausschnitt dessen, was ColdFusion zu leisten vermag. Er soll lediglich demonstrieren, was eine serverseitige HTML-Sprache bieten kann. Für weitere Informationen über die Syntax von ColdFusion und Einsatzbeispiele schauen Sie sich die ColdFusion-Referenz auf Allaires Webseiten (`http://www.allaire.com`) an. Während sich ColdFusion speziell auf Datenbanken spezialisiert hat, gibt es weitere serverseitige HTML-Lösungen wie Microsofts ASP, das eher allgemeine Funktionen bietet.

Active Server Pages (ASP)

Microsofts ASP ist eine serverseitige Skriptumgebung, die vorrangig für den Microsoft Internet Information Server (IIS) entwickelt wurde, obwohl Firmen wie ChiliSoft (`http://www.chilisoft.com`) ASP für andere Webserver und Betriebssysteme portiert haben. Mit ASP ist es möglich, HTML, Skriptcode und serverseitige ActiveX-Komponenten zu kombinieren, um dynamische Webseiten zu erstellen. Die Möglichkeit, Skripte in Standardskriptsprachen wie VBScript, JavaScript oder anderen Sprachen wie Perl zu schreiben, erlaubt es Entwicklern, Anwendungen mit fast unbegrenzter Funktionalität zu erstellen. Dadurch wird der ASP-Ansatz für serverseitiges Scripting sehr allgemein für eine große Spanne von Anwendungen. Mit serverseitigen Skripten haben Sie, in Form von ActiveX, Zugriff auf andere serverseitige Objekte, wie z.B. Datenbankzugriffe über ODBC. Wie bei anderen serverseitigen HTML-Lösungen auch, werden die ASP-Seiten vom Webserver weitergeleitet, um dynamische HTML-Dokumente zu erstellen, die dann an den Webbrowser geschickt werden. Dadurch funktionieren ASP-Seiten auf allen Browsern gleichermaßen.

ASP-Seiten erstellen

Um sich in ASP einzuarbeiten, muss ein Entwickler gute HTML-Kenntnisse und Erfahrung mit Skriptsprachen wie VBScript oder JavaScript haben. Dateien, die für ASP erstellt werden, haben die Dateiendung `.asp`. Wenn ein ASP-tauglicher Server eine solche Datei entdeckt, wird er sie ausführen, bevor er sie an den Betrachter sendet. Im folgenden Beispiel wird ein einfaches VBScript in eine Seite eingebunden, um das aktuelle Datum auf der Webseite auszugeben:

```
<!DOCTYPE HTML PUBLIC "-//W3C//DTD HTML 4.01 Transitional//EN">
<script language="VBScript" runat="Server"></script>
<html>
<head>
<title>ASP-Beispiel</title>
</head>
<body>
<h1>Die letze Meldung</h1>

<% = date() %>

<p>Der Kurswert des großen Software-Unternehmens<br>
erreichte heute sein historisches Hoch,<br>
wodurch der CEO der Demo Company zum ersten<br>
und einzigen Trillionär der Welt wurde.</p>
</body>
</html>
```

Das `<script>`-Element wird verwendet, um die verwendete Skriptsprache anzuzeigen. Es teilt dem Webserver mit dem `runat`-Attribut außerdem mit, dass der Skriptcode auf dem Server, und nicht beim Client, ausgeführt werden soll. Das kann auch als `<%@ LANGUAGE=<script_language> %>` abgekürzt werden. Beachten Sie, dass `<% %>` verwendet wird, um den auszuführenden Code einzugrenzen. ASP ist eine verallgemeinerte Technologie. Sie kann verwendet werden, um alles zu tun, was sich der Entwickler wünscht. Da sich viele wünschen, Datenbankzugriffe zu ermöglichen, wurde ASP auch hierfür entsprechend erweitert.

Datenbankzugriff mit ASP

Im folgenden Abschnitt zeigen wir, wie mit ASP auf die Stellenangebote des obigen Beispiels zugegriffen werden kann. Das lässt sich mit ColdFusion wahrscheinlich einfacher erledigen, es geht hier allerdings nur darum, zu zeigen, wie mit ASP auf Objekte zugegriffen werden kann. Der erste Schritt in diesem Beispiel erstellt eine Datenbankkomponente durch das Hinzufügen der folgenden Zeile in die ASP-Datei, die `example.asp` heißen soll.

```
<object runat="Server" id="Conn" progid="ADODB.Connection">
</object>
```

oder genauer, nur eine einfache Anweisung wie

```
<%
Set Conn = Server.CreateObject("ADODB.Connection")
%>
```

Diese Anweisung erstellt ein Beispiel für ein Datenbankzugriffsobjekt mit dem Namen `Conn`, das wie ein serverseitiges Skript verwendet werden kann.

Später wird diese Datei eine Verbindung zur Datenbank herstellen und einen SQL-Befehl ausführen, um die Stellenangebote auszuwählen und diese Datensätze zurückzuliefern. Das folgende kurze Codefragment wird das erledigen. Der Code wird von <% und %> eingeschlossen, damit der Server weiß, welcher Teil ausgeführt werden soll.

```
<%
       Conn.Open ODBCPositions
       SQL = "SELECT * FROM Positions"
       SET RS = Conn.Execute(SQL)
       Do While Not RS.EOF
%>
```

Der Code zwischen <% und %> ist VBScript, das vom Webserver interpretiert wird, wenn die Seite angefordert wird. Die `Do While`-Schleife ist eine Standard-VBScript-Anweisung, die hier verwendet wird, um so lange über die Datensätze zu laufen, bis die Dateiendmarkierung (EOF = End Of File) erreicht ist. Während die Schleife über jeden einzelnen Datensatz läuft, wird der Output als regulärer HTML-Code in einer Tabellenzelle angezeigt.

```
<td>
<% = RS("JobDepartment") %>
</td>
```

Wenn man das alles zusammenfügt, entsteht die Datei `example.asp`, die einen kompletten ASP-Datenbankzugriff zeigt:

```
<!DOCTYPE HTML PUBLIC "-//W3C//DTD HTML 4.01 Transitional//EN">
<%@ LANGUAGE = VBScript %>
<html>
<head>
<title>Offene Stellen</title>
```

```
</head>
<body>
<h2 align="center">Offene Stellen</h2>
<br><br>
<table width="100%" border="1" cellspacing="0" cellpadding="4">
<tr>
<th>Laufnummer</th>
<th>Arbeitsort</th>
<th>Beschreibung</th>
<th>Ansprechpartner</th>
<th>Veröffentlichungsdatum</th>
</tr>

<!--
      Datenbankverbindung öffnen
      Ausführen der SQL-Abfrage
      Setzen der RS-Variable, um das
      Ergebnis der Abfrage zu speichern.
      Eine Schleife über die Datensätze,
      solange Datensätze abzuarbeiten sind.
-->
<%
    Set Conn = Server.CreateObject("ADODB.Connection")
    Conn.Open ODBCPositionen
    SQL = "SELECT JobTitle, Location, Description, HiringManager,
PostDate FROM Positionen"
    Set RS = Conn.Execute(SQL)
    Do While Not RS.EOF
%>

<!-- Anzeige der Datenbankfelder in Tabellenzellen -->
<tr>
    <td>
    <% = RS("JobTitel") %>
    </td>
     <td>
    <% = RS("Arbeitsort") %>
    </td>
    <td>
    <% = RS("Beschreibung") %>
    </td>
    <td>
    <% = RS("Ansprechparter") %>
    </td>
    <td>
    <% = RS("Veröffentlicht") %>
```

```
        </td>
    </tr>

    <!-- Gehe zum nächsten Datensatz und wiederhole die Schleife -->

    <%
        RS.MoveNext
        Loop
    %>

    </table>
    </body>
    </html>
```

An diesem Beispiel sehen Sie die Vorteile von ASP beim Erstellen dynamischer Seiten. Die anzuzeigenden Daten stammen aus einer Datenbank, auf die der Server mit Hilfe eines ASP-Skripts zugreift. Die dynamisch erstellte Seite wird aus einer Kombination aus VBScript, für das nur wenig Programmierkenntnisse notwendig sind, und HTML gebildet. Das Ergebnis kann auf verschiedenen Browsern ohne clientseitige Kompatibilitätsprobleme dargestellt werden, da die Seiten vom Server generiert werden. Obwohl das Beispiel einen relativ komplizierten Weg zeigt, wie auf die Datenbank zugegriffen werden kann, deutet es die Mächtigkeit von ASP an. Active Server Pages sind nützlicher für das Erstellen von Anwendungen als nur zum Erzeugen von dynamischen Seiten. Mit ASP ist es möglich, den Browser des Betrachters zu ermitteln, die Wege eines Besuchers zu verfolgen und alle Daten, die der User hin und her bewegt (einschließlich Cookies und Formularfelder) zu verarbeiten. Der Schlüssel des Geheimnisses sind die serverseitigen Objekte von ASP.

Eingebundene ASP-Objekte

ASP ist so mächtig, weil diese Technologie fünf eingebundene Objekte für vielfältige Einsatzmöglichkeiten hat:

❏ application
❏ request
❏ response
❏ server
❏ session

Das Objekt application wird verwendet, um allgemeine Informationen innerhalb eine Anwendung zu teilen. Ein Beispiel hierfür ist ein Seitenzugriffszähler. Sie können die Anzahl der Zugriffe speichern und dieses Objekt zur Darstellung auf einer Seite verwenden. Das application-Objekt unterstützt das Sperren von Zugriffen (locking), wenn verschiedene Anwender gleichzeitig auf dieselbe Applikation zugreifen und so Daten zerstören könnten.

Das request-Objekt erhält Informationen vom User, einschließlich Formulardaten, Cookies oder Standard-HTTP-Anfragevariablen sowie den Browsertyp. Das Objekt request enthält Sammlungen von Informationen, die in Skripten verwendet werden können. Es unterstützt die folgenden Sammlungen:

❏ ClientCertificate Die Werte des Client-Zertifikats, die mit der HTTP-Anfrage gesendet werden.
❏ Cookies Die Cookie-Werte, die mit der HTTP-Anfrage gesendet werden.
❏ Form Die Werte der Felder, die mit einem Formular gesendet werden.
❏ QueryString Die Werte der Variablen, die mit einer HTTP-Anfrage gesendet werden.
❏ ServerVariables HTTP-Serverinformationen, wie Servername, -typ und -version.

Das `response`-Objekt wird verwendet, um Informationen an den Betrachter zu senden. Es kann verwendet werden, um mitzuteilen, welche Datentypen (HTML, Word-Dateien oder bestimmte Grafikformate) an den Browser gesendet werden. Es kann auch Cookiewerte zum Client senden oder von ihm abfragen, um dessen Präferenzen für das Erstellen personifizierter Seiten zu bestimmen.

Das `server`-Objekt bietet Zugriff zu Servermethoden und -eigenschaften, einschließlich dem Festlegen der Laufzeit für ein Skript und dem Abfragen von serverseitigen Objekten, wie z.B. Datenbankobjekten.

Das Objekt `session` ist eines der nützlichsten Objekte und wird verwendet, um Informationen einer bestimmten Session zu speichern. Das bedeutet, dass Informationen gespeichert und gewartet werden, während sich ein User von Seite zu Seite bewegt. Die Haupteigenschaft dieses Objekts ist eine ID für eine Session, die für den gesamten Ablauf der Session gültig bleibt.

Eine allgemeine Sprache wie VBScript oder JavaScript, kombiniert mit serverseitigen Objekten, die allgemeine Aufgaben übernehmen, machen komplexe serverseitige Anwendungen möglich. Viele andere Technologien wie ColdFusion und PHP gehen einen ähnlichen Weg. Letzten Endes sind die Unterschiede zwischen den verschiedenen serverseitigen Skriptsprachen wie ColdFusion und ASP eher kosmetischer Natur. Programmierer mögen ASP komfortabel finden, während erfahrene HTML-Autoren ColdFusion bevorzugen. Die Wahl der Technologie sollte ein logischer Prozess sein und kein blindes Vertrauen in ein bestimmtes Produkt.

Dieser Abschnitt stellt ASP nur vor und ist bei weitem nicht komplett. Er illustriert eine sehr allgemeine Methode, die sich die Macht von verschiedenen Skriptsprachen zunutze macht und auf serverseitige Objekte mit mächtigen Funktionen Zugriff hat. Weitere Informationen zu ASP können auf Seiten wie ASPHole (`http://www.asphole.com`) und 15 seconds (`http://www.15seconds.com`) oder in der Dokumentation zum IIS-Webserver gefunden werden.

Zusammenfassung

Serverseitige Programmierung ist eine Möglichkeit, Interaktivität in eine Webseite einzubinden. CGIs sind der traditionelle Weg, das zu tun. Ein CGI-Programm zu schreiben ist nicht schwer, wenn Sie Bibliotheken verwenden, aber der Preis, den Sie zahlen, ist oft ein Geschwindigkeitsverlust. Weil viele CGI-Programme sehr ähnlich sind, wurden einige als schnellere serverseitige Module, in Form von NSAPI-, ISAPI- und Apache-Modulen umgeschrieben. Da diese Module oft die Fähigkeiten von Entwicklern übersteigen, ist es einfacher, sie zu kaufen, um ein Problem wie einen Datenbankzugriff zu lösen. Einige Server unterstützen eine neue Form von serverseitigen Skripten. Diese Lösungen, wie SSIs, ColdFusion, PHP und ASP, bieten HTML-Autoren eine einfache Möglichkeit, weitere Funktionen in ihre Webseiten einzubinden. Während serverseitige Technologien dem Webentwickler viel Macht verleihen, besteht auch die Möglichkeit, clientseitige Technologien wie JavaScript oder Java einzusetzen. Die folgenden Kapitel beschäftigen sich mit diesen Technologien und ihrer Verbindung zu HTML.

Einführung in JavaScript und DHTML

Das Hinzufügen von Interaktivität auf Webseiten ist nicht auf serverseitige Programme beschränkt. Die Anwenderseite des Webs – der Browser – kann generell Code, in Form von Skripten oder eingebetteten programmierten Objekten, ausführen. Der einfachste Einstieg in dynamische Webseiten ist das Einbinden clientseitiger Skripte, wobei die Verwendung von JavaScript die erste Wahl sein dürfte. Dieses Kapitel betrachtet die Schnittstelle zwischen Skripten und HTML, unternimmt aber nicht den Versuch, die Skripttechniken vertieft zu lehren. Skripte erfordern vom Webdesigner sorgfältiges Nachdenken über die Art der Interaktion zwischen dem Benutzer und der Seite. Wenn Skripte nicht sorgsam angewendet werden, können sich Fehler einschleichen und Probleme für den Betrachter verursachen.

Zum jetzigen Zeitpunkt werden Skriptsprachen, wie JavaScript, oft degradiert, da sie meist nur für kleine Verschönerungen, wie den allgegenwärtigen »Rollover«-Buttons eingesetzt werden. Dynamic HTML (DHTML) und das Document Object Model (DOM) zeigen jedoch, wie eine Seite durch clientseitige Skripte pausenlos verändert werden kann. Neben diesen neuen dynamischen Eigenschaften spielen Skripte eine immer größere Rolle auf einer Webseite. Während HTML die Struktur bietet, sind Skripte der Klebstoff, der die statischen Inhalte mit den Benutzeraktionen und den verschiedenen eingebetteten Objekten verbindet, was im nächsten Kapitel erläutert wird.

Sinn und Zweck von Skripten

Wie verhalten sich Skriptsprachen im Web zu ausgereiften Web-Programmierungssprachen wie Java? Generell werden Skriptsprachen für spezielle Aufgaben in kleinen Dosen verwendet. Skripte haben auf der Anwenderseite in einer Webseite einen sehr geringen Platzbedarf. Einige Basisanwendungen des clientseitigen Scripting umfassen

❏ Plausibilitätsprüfungen von Formularen
❏ Seitenverzierungen, einschließlich Rollover-Buttons und Animation
❏ Dynamisches Erstellen von Quelltext
❏ Interaktives Bindeglied zwischen Objekten

HTML-Entwickler neigen dazu, bei Skriptsprachen bequem zu werden, da sie Skriptbefehle einfach zusammen mit den Markierungsbefehlen in ein HTML-Dokument einfügen können. Tatsächlich kopieren viele Entwickler vorhandene Skripte einfach in ihre Seite. Diese Form von der schnellen Verschönerung, kann ihren Preis haben. Falls sie nicht ordentlich getestet werden, kann es schwer wiegende Probleme – sogar Abstürze – geben. Mit dem Aufkommen von immer mehr Varianten der populären Skriptsprache

JavaScript stieg auch die Anzahl der Fehler. Hoffentlich beseitigt die Verbreitung von ECMAScript, einer standardisierten Form von JavaScript, einige dieser Probleme. Abgesehen von der Frage der Kompatibilität, haben Skripte vereinzelt Sicherheitsprobleme, die meist in der Umsetzung durch Browser begründet sind. Vorsichtigere Anwender deaktivieren z.T. die Skriptunterstützung ihres Browsers, was zu einer falschen Darstellung der Seite führen kann. Wenn Sie sinnvolle Skripte auf Ihren Seiten einsetzen wollen, müssen Sie sich zwischen JavaScript und VBScript entscheiden.

JavaScript

Die populärste clientseitige Skriptsprache im Web ist JavaScript, eine von Netscape entwickelte Skriptsprache. Microsoft unterstützt JavaScript in Form von JScript, einer Klonsprache, die vom Internet Explorer verwendet wird. Die Sprache wurde der *European Computer Manufacturers Association* (ECMA), einer Standardisierungsbehörde überlassen, die sie im Sommer 1997 als ECMA-262, oder ECMAScript, als plattformübergreifenden Internet-Standard für Skriptsprachen anerkannte. Die Browserhersteller werden die Spezifikation erfüllen, werden aber nach wie vor den Namen JavaScript verwenden.

JavaScript wirkt auf Programmierer sehr vertraut. Die Syntax von JavaScript erinnert an C oder Java mit Perl-artigen Ausdrücken. Außerdem hat die Sprache einfache objektorientierte Fähigkeiten. JavaScript ist jedoch keine richtige objektorientierte Programmiersprache und hat nach wie vor einige Merkmale, die es nur bei einfachen Skriptsprachen gibt. Sehen Sie hier ein einfaches Beispiel für ein JavaScript, das verwendet wird, um einen Benutzer zu begrüßen. Die Darstellung des Skripts in Aktion zeigt Abbildung 13.1:

```
<!DOCTYPE HTML PUBLIC "-//W3C//DTD HTML 4.01 Transitional//EN">
<html>
<head>
<title>JavaScript-Beispiel</title>
<script language="JavaScript">
<!--
  function gruss()
    {
      alert("Hallo Benutzer! Willkommen zu JavaScript.");
    }
//-->
</script>
</head>
<body>
<h1 align="center">Erstes JavaScript-Beispiel</h1>
<div align="center">
<form>
<input type="button" value="Drück mich" onclick="gruss()">
</form>
</div>
</body>
</html>
```

Abbildung 13.1: JavaScript sagt Hallo

Dies ist ein einfaches Beispiel dafür, wie JavaScript in eine HTML-Datei integriert werden kann. Der Formular-Button löst die Funktion gruss() aus, die den Benutzer grüßt. Das Ereignis onclick wird verwendet, um den HTML-Code mit dem JavaScript zu verbinden, das im Kopf des Dokuments, innerhalb des <script>-Elements enthalten ist. Obwohl dieses Beispiel sehr einfach ist, sollten Sie daran denken, dass es sich hier nur um ein triviales Beispiel handelt. Das ist eine richtige Programmiersprache mit vielen Feinheiten, was später in diesem Kapitel noch erörtert werden wird. Für weitere Informationen über JavaScript besuchen Sie Netscapes Entwicklersite unter http://developer.netscape.com/. Informationen über Microsofts Umsetzung von JavaScript, auch JScript genannt, kann unter http://msdn.microsoft.com/scripting/ gefunden werden.

VBScript

Visual Basic Scripting Edition, allgemein VBScript genannt, ist eine Abart der populären Visual-Basic-Sprache. Da es ein Nachkömmling von Visual Basic ist, wirkt es in einigen Fällen besser definiert und scheint stabiler als JavaScript zu sein. VBScript ist im Internet weniger weit verbreitet als JavaScript, hauptsächlich weil VBScript nur vom Internet Explorer 3 und höher vollständig unterstützt wird. Die Sprache bietet die gleiche Funktionalität wie JavaScript und kann ebenfalls auf die verschiedenen Objekte zugreifen, aus der sich eine Webseite zusammensetzt (das Browser-*Object Model*). Verwenden Sie VBScript möglichst nicht als eine plattformübergreifende Lösung. Beim Einsatz in einer kontrollierteren Umgebung wie einem Intranet bietet VBScript all das, was Microsoft-orientierte Entwickler sich wünschen. Bei der Arbeit mit ActiveX Controls (die in Kapitel 14 erklärt werden), bietet VBScript tatsächlich mehr Funktionalität. Nachfolgend noch ein VBScript-Beispiel, um Ihnen ein Einblick in die Syntax zu geben. Dieses Beispiel erfüllt dieselbe Aufgabe wie das vorausgegangene JavaScript-Beispiel:

```
<!DOCTYPE HTML PUBLIC "-//W3C//DTD HTML 4.01 Transitional//EN">
<html>
<head>
<title>VBScript-Beispiel</title>
<script language="VBScript">
<!--
Sub gruss_OnClick
      MsgBox "Hallo Benutzer! Willkommen zu VBScript."
End Sub
-->
</script>
</head>
<body>
<h1 align="center">Erstes VBScript-Beispiel</h1>
<div align="center">
<form>
<input type="button" value="Drück mich" name="gruss">
</form>
</div>
</body>
</html>
```

Dies ist ein einfaches Beispiel dafür, wie VBScript in eine HTML-Datei eingebunden werden kann. Es produziert eine Wiedergabe ähnlich der, die in Abbildung 13.2 gezeigt wird.

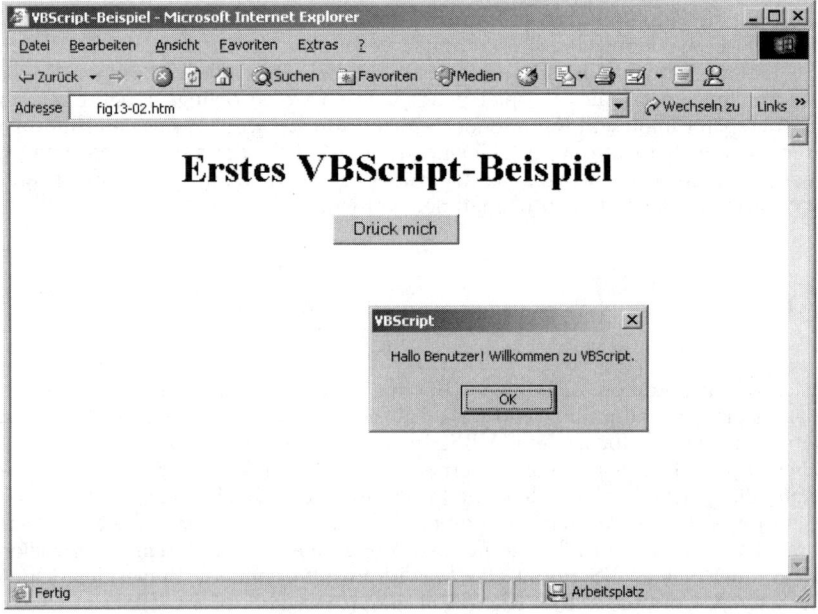

Abbildung 13.2: VBScript sagt Hallo

Wie in dem ersten Beispiel ruft der Formular-Button »gruss« ein Hinweisfenster auf, das den Benutzer grüßt. Beachten Sie, dass statt der Verwendung eines HTML-Attributs, wie onclick, das im JavaScript-Beispiel verwendet wurde, das VBScript-Beispiel ein Unterprogramm (subroutine) benennt, das sich auf eine bestimmte Weise mit dem Button-Ereignis in Verbindung bringt, in diesem Fall mit gruss_OnClick.

Andere feine Unterschiede in VBScript beinhalten die Verwendung von der MsgBox-Funktion, um ein Hinweisfenster zu erstellen, genauso wie andere syntaktische Unterschiede wie die verwendeten Klammern. Leser, die mit Visual Basic vertraut sind, sollten dieses Beispiel sehr einfach finden, da diese Sprache nur eine Untergruppe des gesamten Visual Basic ist. Leider, wie bereits erwähnt, ist VBScript als clientseitige Sprache außerhalb eines Intranets nicht sehr sinnvoll. Da VBScript auf den Internet Explorer beschränkt ist, schließt ihre Verwendung alle Netscape-Benutzer aus, was unakzeptabel für eine Publizierung auf Webseiten ist. Aus diesem Grund ist VBScript oft auf die Verwendung innerhalb eines Microsoft-orientierten Intranets oder serverseitig in Form von Active-Server-Page-Code (behandelt in Kapitel 12) beschränkt. Weiter wollen wir VBScript nicht betrachten. Leser, die sich näher mit der Syntax von VBScript befassen wollen, sollten die Skript-Seite von Microsoft besuchen (http://msdn.microsoft.com/scripting/).

Einfügen von Skripten in ein HTML-Dokument

Wie in dem einführenden Beispiel aufgezeigt, ist der übliche Weg, um Skripte – egal welcher Sprache – in eine Webseite einzubinden, hauptsächlich das <script>-Element. Es gibt aktuell fünf Möglichkeiten, Skriptcode in ein Dokument einzubinden:

❏ Innerhalb des <script>-Elements
❏ Als eine verlinkte Datei, aufgezeigt durch das src-Attribut von dem <script>-Element
❏ Innerhalb eines Steuerungsattributs wie onclick
❏ Mittels des Pseudo-URL javascript:, verweist durch einen Link
❏ Durch JavaScript-Sonderzeichen

Die Syntax der einzelnen Verfahren wird in den nachfolgenden Abschnitten durch einfache Beispiele präsentiert.

Das <script>-Element

Das <script>-Element wird verwendet, um Skripte direkt in eine Webseite einzubinden. Die Skript-Befehle sollten sich innerhalb dieses Elements befinden. Diese Befehle werden von einem Skript-Interpreter abgearbeitet, bevor das Resultat, entweder einfacher Text oder HTML, zurückgegeben wird und eventuell auf der Seite dargestellt wird. Beachten Sie z.B. das folgende kurze Skriptfragment, das in einem HTML-Dokument gefunden werden könnte.

```
<h2>Vor dem JavaScript</h2>
<script language="JavaScript">
   document.write("Hallo Welt von <b>JavaScript</b>");
</script>
<h2>Nach dem JavaScript</h2>
```

Das Ergebnis wäre eine Textüberschrift, der ein kurzer Gruß von JavaScript und eine zweite Überschrift folgen würden. Sie sehen, dass der von JavaScript generierte Text das Element <b> enthält, das durch den Browser vor der Darstellung interpretiert wird.

Das <script>-Element kann sowohl im <head>- als auch im <body>-Element mehrmals auftreten. Da ein Dokument von oben nach unten gelesen wird, werden viele Skripte im Dokumentenkopf gefunden, da dieser gelesen werden muss, bevor die Seite geladen wird. Aus Sicht der Programmierer ist das sinnvoll, um Variablen und Funktionen für eine spätere Verwendung anzumelden und zu initialisieren. Das folgende Beispiel definiert Funktionen, die später in dem Dokument aufgerufen werden können:

```
<!DOCTYPE HTML PUBLIC "-//W3C//DTD HTML 4.01 Transitional//EN">
<html>
<head>
<title>JavaScript-Beispiel</title>
<script language="JavaScript">
 function gruss()
   {
     alert("Hallo Benutzer! Willkommen bei JavaScript.");
   }
</script>
</head>
<body>

   ... Markierung und JavaScript, das eventuell Skript im Dokumentenkopf
aufruft ...

</body>
</html>
```

In diesem Beispiel besteht das Skript im Dokumentenkopf nur aus einer Definition für eine Funktion. Diese wird nicht notwendigerweise ausgeführt, sondern erst, wenn sie weiter unten im Dokumentkörper aufgerufen wird. Im Dokument könnten Sie folgenden speziellen Skriptblock antreffen,

```
<script>
   gruss();
</script>
```

mit dem das Skript aufgerufen wird, das im <head> des Dokuments definiert wird. Wir bezeichnen ein Skript im <head> oft als *verschobenes* Skript, da es nicht sofort aufgerufen wird. Das zweite Skript wird als *direktes* Skript bezeichnet, da es unmittelbar gestartet wird.

Versteckte Skripte

Ein mögliches Problem bei der Verwendung von Skriptcode innerhalb eines Dokuments ist, dass der Browser Skripte nicht unterstützt. Unter traditionellem HTML werden Inhalte innerhalb der nicht unterstützten Befehle als einfacher Text dargestellt. Ein nicht JavaScript-tauglicher Browser, der auf das folgende Beispiel trifft

```
<script language="JavaScript">
         alert("Ich bin ein Skript.");
</script>
```

würde buchstäblich alert("Ich bin ein Skript.") ausgeben, anstatt das Script auszuführen. Um diese Situation zu vermeiden, sollten Sie versuchen, den Skriptcode vor älteren Browsern zu verstecken. Dies geschieht auf die gleiche Weise wie beim Verstecken von Style Sheets, was in Kapitel 10 erläutert wurde: durch die Verwendung von Kommentaren. Ein Beispiel für ein auskommentiertes JavaScript sehen Sie hier:

```
<script language="JavaScript">
<!--
alert("Ich bin ein Skript.");
//-->
</script>
```

Beachten Sie, wie der HTML-Code am Anfang des Skripts aussieht, dass aber `//-->` zum Beenden des Kommentars verwendet wird. Das geschieht, weil JavaScript `//` als Kommentar interpretiert und daher nicht versucht, das Ende des Kommentars `-->` als Befehl zu interpretieren.

Hinweis

Andere Skriptsprachen, wie VBScript, verwenden unter Umständen davon abweichende Kommentarstile zum Verstecken von Skriptcode.

XHTML erlaubt die Einbindung des `<script>`-Elements, aber viele Zeichen, die in JavaScript verwendet werden, wie > oder &, haben eine besondere Bedeutung und könnten Probleme verursachen. Gemäß der XHTML-Spezifikation sollten Sie die Inhalte eines Skripts vor Browsern verstecken, die XHTML verlangen, indem Sie folgende Technik anwenden:

```
<script>
<![CDATA[
    ..hier ist das Skript ..
]]>
</script>
```

Natürlich funktioniert das nicht in jedem Browser. Sie sollten daher, wenn möglich, Skripte verwenden, deren Quelltext sich nicht im aktuellen Dokument befindet. Auch sollten Sie beachten, dass durch die Verwendung von Kommentaren zum Verstecken von Skripten oder Style Sheets Probleme bei XHTML-tauglichen Browsern hervorgerufen werden können.

`<noscript>`

Das `<script>`-Element unterstützt ein spezielles Element, das mit Browsern arbeitet, die Skripte nicht ausführen. Das `<noscript>`-Element wird von Browsern, die Skripte nicht interpretieren bzw. deren Skriptunterstützung durch den Benutzer deaktiviert wurde, als Alternativ-Text verwendet. In diesem Fall wird der Inhalt des `<noscript>`-Elements auf dem Bildschirm dargestellt, wie Sie im nachfolgenden Beispiel sehen:

```
<!DOCTYPE HTML PUBLIC "-//W3C//DTD HTML 4.01 Transitional//EN">
<html>
<head>
<title>JavaScript und NOSCRIPT</title>
</head>
<body>
<script language="JavaScript">
<!--
 document.write('JavaScript ist an');
//-->
</script>
```

```
<noscript>
<b> Diese Seite benötigt JavaScript. Bitte aktivieren Sie JavaScript und laden Sie
diese Seite neu!</b>
</noscript>
</body>
</html>
```

Hinweis

Es ist möglich, die JavaScript-Unterstützung eines Browsers zu deaktivieren. Diese Browsereinstellung dient dem Schutz der Betrachter, da es einige Sicherheitslücken im Zusammenhang mit JavaScript gibt.

Spezifizierung der Skriptsprache

Standardmäßig setzen die meisten Browser voraus, dass Skripte in JavaScript geschrieben sind. Das `language`-Attribut kann daher verwendet werden, um andere Sprachen, wie z.B. VBScript, zu definieren. Die HTML-4.0-Spezifikation bevorzugt das `type`-Attribut gegenüber `language`. Das `type`-Attribut wird verwendet, um auf den MIME-Typ des Skripts, z.B. `text/javascript`, hinzuweisen. Allerdings wird diese Art der Indizierung des Skriptdialekts nicht sehr häufig verwendet und kann nicht die gleiche Flexibilität wie `language` bieten. Zum Beispiel unterstützen nicht alle Versionen von JavaScript dieselben Eigenschaften. Das Objekt, das für animierte Buttons verwendet wird, war bis JavaScript 1.1 nicht verfügbar und verursacht Fehler in älteren Browsern. Das `language`-Attribut kann auch genutzt werden, um auf die verwendete Version von JavaScript hinzuweisen. Das Attribut kann z.B. den Wert »JavaScript1.1« oder »JavaScript1.2« haben. Nur Browser, die diesen Dialekt von JavaScript verstehen, werden den Skriptcode ausführen. Auf diese Weise können Sie eine Fallunterscheidung mit mehreren Versionen von ähnlichen Codes erstellen:

```
<script language="JavaScript">
Traditionelle JavaScript-Version
</script>

<script language="JavaScript1.1">
JavaScript 1.1 Version
</script>

<script language="JavaScript1.2">
JavaScript 1.2 Version
</script>
```

Bedenken Sie jedoch, dass ein Browser jedes Element ignoriert, das in einer ihm unbekannter Sprache geschrieben wurde, so dass ein einfacher Tippfehler wie `<script language="javascipt">` dazu führen wird, dass das Skript übersprungen wird.

Verlinkte Skripte

Während es einfach ist, ein Skript direkt in ein Dokument einzufügen, ist es wahrscheinlich besser, dieses als externe Datei zu speichern und mit einem Link darauf zu verweisen, ähnlich wie es bei verknüpften Style Sheets geschieht. Sie können das `src`-Attribut verwenden, um den URL zu spezifizieren, unter dem das Skript gefunden werden kann.

```
<script src="/scripts/myscript.js"></script>
```

lädt z.B. ein Skript namens `myscript.js`, auf dessen URL mit dem `src`-Attribut hingewiesen wird. Die externe Datei darf nur JavaScript-Anweisungen und keinen HTML-Code enthalten. Im vorangegangenen Beispiel hätte die Datei `myscript.js` folgenden Inhalt:

```
function gruss()
  {
    alert("Hallo Benutzer! Willkommen bei JavaScript.");
  }
```

Ein großer Vorteil von externen Skripten ist, dass ein Browser das Skript lokal zwischenspeichern kann. Wenn ein Skript mehrmals verwendet wird, würde es reichen, in den Dateien, die das Skript verwenden, nur ein einfaches `<script>`-Statement einzufügen, um die zwischengespeicherte Kopie wieder zu verwenden. Wenn Sie bedenken, wie viel Skriptcode in viele Seiten eingebunden ist, kann das die Effizienz einer Seite verbessern. Darüber hinaus bleiben auf diese Weise HTML-, Skript- und eventuell auch Style-Sheet-Elemente voneinander getrennt.

Skript-Ereignisse und HTML

Skriptcode kann auch durch Ereignisse, die *Event-Handler* genannt werden, in HTML-Dokumente eingebunden werden. Was sind Ereignisse? Ereignisse sind das Ergebnis einer Benutzeraktion oder auch eines externen Ereignisses, wie z.B. dem Laden einer Seite. Beispiele für Ereignisse sind z.B. das Anklicken einer Schaltfläche, das Drücken einer Taste oder sogar das Bewegen der Maus. HTML bietet die Möglichkeit, ein Skript für den Fall eines speziellen Ereignisses mit einem *Event-Handler-Attribut* einzubinden. Dem Namen des Ereignisses wird die Silbe »on« vorangestellt, z.B. `onclick`. Der folgende Code zeigt, wie mit dem `onclick`–Event-Handler ein Skript eingebunden wird, das ausgelöst wird, sobald ein Button angeklickt wird:

```
<form>
<input type="button" onclick="alert('Das ist JavaScript')"
       value="Drück mich">
</form>
```

Unter HTML 4 können Event-Handler-Attribute auch zusammen mit mehreren HTML-Elementen verwendet werden:

```
<p onclick="alert('Unter HTML 4 können Sie das!')">Können Sie mich anklicken?</p>
```

Bisher können jedoch nicht alle Browser Kernereignisse für jedes HTML-Element verwenden. In Wirklichkeit würde es auch nicht viel Sinn machen, Events mit einigen bestimmten Elementen zu verbinden. Das Kern-Eventmodell, gemäß HTML 4, beinhaltet `onclick`, `ondblclick`, `onkeydown`, `onkeypress`, `onkeyup`, `onmousedown`, `onmousemove`, `onmouseout`, `onmouseover` und `onmouseup`. Diese Kern-Events sind für nahezu alle HTML-Elemente definiert. Diese spezifischen Elemente und ihre Ereignisse werden in Anhang A erläutert.

Neben den Kern-Ereignissen haben einige Elemente unter HTML 4 ihre eigenen Ereignisse. Beispielsweise haben die `<body>`- und `<frameset>`-Elemente ein Ereignis, das das Laden und Entladen von Seiten beschreibt: `onload` und `onunload`. Beim `<frameset>`-Element werden die `load`- and `unload`-Ereignisse erst gestartet, wenn alle Frames geladen wurden. Das `<form>`-Element hat ebenfalls zwei spezielle Ereignisse, die gestartet werden, sobald der Benutzer eine »Submit«- oder »Reset«-Schaltfläche anklickt. Diese Ereignisse heißen `onsubmit` und `onreset`. Natürlich können diese Events mit Hilfe von Skripten auch durch andere Ereignisse ausgelöst werden. Formular-Textfelder, die durch das `<input>`-Element erstellt wurden, können mit `onfocus` und `onblur` aktiviert oder deaktiviert werden. Diese

Ereignisse lösen eine Aktion aus, wenn ein Benutzer auf ein Feld zugreift oder zu einem anderen wechselt. Das `onselect`-Ereignis tritt ein, wenn der Benutzer eine Option auswählt. `onchange` trifft zu, wenn sich der Wert eines Feldes geändert hat. Tabelle 13.1 fasst die wichtigsten von HTML unterstützten Ereignisse und deren verwandten Elemente zusammen.

Event-Attribut	Beschreibung des Ereignisses	Elemente, die unter HTML 4 erlaubt sind
onblur	Ein blur-Ereignis tritt in dem Moment auf, in dem ein Element nicht mehr aktiv ist, da der User zu einem anderen Element wechselt, indem er dieses mit der Maus anklickt oder die Tabulatortaste betätigt.	`<a>` `<area>` `<button>` `<input>` `<label>` `<select>` `<textarea>`
onchange	Ein change-Ereignis tritt dann auf, wenn entweder ein Formularfeld nicht mehr aktiv ist und/oder wenn ein Wert beim letzten Zugriff auf ein Element modifiziert wurde.	`<input>` `<select>` `<textarea>`
onclick	Tritt auf, wenn ein Element angeklickt wurde.	Die meisten Elemente
ondblclick	Tritt auf, wenn ein Element doppelt angeklickt wurde. (Zwei kurz aufeinander folgende Klicks)	Die meisten Elemente
onfocus	Das focus-Ereignis beschreibt, dass ein Formularelement aktiviert wurde, um verändert zu werden oder damit Daten eingegeben werden können.	`<a>` `<area>` `<button>` `<input>` `<label>` `<select>` `<textarea>`
onkeydown	Zeigt an, dass eine Taste gedrückt wurde.	Die meisten Elemente
onkeypress	Beschreibt ein Ereignis, bei dem eine Taste gedrückt und wieder losgelassen wurde.	Die meisten Elemente
onkeyup	Tritt auf, wenn eine Taste losgelassen wurde.	Die meisten Elemente
onload	Tritt auf, wenn ein Fenster oder ein Frame ein Dokument fertig geladen hat.	`<body>` `<frameset>`
onmousedown	Beschreibt das Drücken einer Maustaste.	Die meisten Elemente
onmousemove	Tritt auf, wenn die Maus bewegt wird.	Die meisten Elemente
onmouseout	Tritt auf, wenn die Maus von einem Element wegbewegt wird.	Die meisten Elemente
onmouseover	Tritt auf, wenn die Maus über ein Element bewegt wird.	Die meisten Elemente
onmouseup	Tritt auf, wenn die Maustaste losgelassen wird.	Die meisten Elemente
onreset	Tritt auf, wenn bei einem Formular die Schaltfläche »Reset« gedrückt wurde.	`<form>`
onselect	Tritt auf, wenn der User Text auswählt, was typischerweise zum Hervorheben geschieht.	`<input>` `<textarea>`
onsubmit	Tritt bei der Bestätigung von Formulardaten ein, meist durch Anklicken der Schaltfläche »Submit«.	`<form>`
onunload	Tritt ein, wenn ein Dokument aus dem Browser entfernt wird, und der Inhalt des Fensters oder Frames durch ein anderes Dokument ersetzt wird.	`<body>` `<frameset>`

Tabelle 13.1: Definierte Ereignisse in HTML 4

Das folgende Codebeispiel demonstriert die einfache Verwendung der HTML-4-Event-Attribute in Verbindung mit Formelementen und Links:

```
<!DOCTYPE HTML PUBLIC "-//W3C//DTD HTML 4.01 Transitional//EN">
<html>
<head>
<title>HTML-4.0-Events</title>
</head>
<body onload='alert("Event-Demo geladen")'
     onunload='alert("Verlassen der Demo")'>

<h1 align="center">HTML-4.0-Events</h1>
<form onreset='alert("Formular zurückgesetzt")'
     onsubmit='alert("Formular versendet");return false;'>

<ul>
<li>onblur: <input type="text" value="Klicken Sie in das Feld und verlassen Sie es
dann"
                size="40" onblur='alert("Feld verlassen")'><br><br></li>

<li>onclick: <input type="button" value="Klick mich"
                onclick='alert("Button angeklickt")'><br><br></li>

<li>onchange: <input type="text" value="Ändern Sie den Text und verlassen Sie dann
das Feld"
                size="40" onchange='alert("Geändert")'><br><br></li>

<li>ondblclick: <input type="button" value="Klick mich doppelt "
                ondblclick='alert("Button doppelt geklickt")'>
<br><br></li>

<li>onfocus: <input type="text" value="Klicken Sie in das Feld"
                onfocus='alert("Feld aktiviert")'><br><br></li>

<li>onkeydown: <input type="text"
                value="Drücken Sie die Taste und lassen Sie sie langsam wieder
                    los " size="40"
                onkeydown='alert("Taste losgelassen")'><br><br></li>

<li>onkeypress: <input type="text" value="Hier eintippen" size="40"
                onkeypress='alert("Taste gedrückt ")'><br><br></li>

<li>onkeyup: <input type="text" value="Eintippen und loslassen " size="40"
                onkeyup='alert("Taste wieder losgelassen")'><br><br></li>

<li>onload:   Der Hinweis wird präsentiert, wenn Dokument geladen wird.<br><br>
</li>

<li>onmousedown: <input type="button" value="Klicken und halten"
```

```
                          onmousedown='alert("Maustaste gedrückt")'><br><br></li>

<li>onmousemove: Bewegen Sie die Maus über den
<a href=""onmousemove='alert("Maus bewegt")'>Verweis</a><br><br></li>

<li>onmouseout: Positionieren Sie die Maus
 <a href=""onmouseout='alert("Maus raus")'>hierher</a>
und wieder weg.<br><br></li>

<li>onmouseover: Ziehen Sie die Maus über den
<a href=""onmouseover='alert("Maus drüber")'>Link</a><br><br></li>

<li>onmouseup: <input type="button" value="Klicken und loslassen"
                    onmouseup='alert("Maus oben")'><br><br></li>

<li>onreset: <input type="reset" value="Zurücksetzen der Demo"><br><br></li>

<li>onselect: <input type="text" value="Wählen Sie diesen Text aus " size="40"
onselect='alert("Ausgewählt")'><br><br></li>

<li>onsubmit: <input type="submit" value="Test versenden"><br><br>

<li>onunload: Verlassen Sie das Dokument mit diesem
<a href="http://www.yahoo.com">Link</a>.<br><br></li>

</ul>
</form>
</body>
</html>
```

Hinweis

Es könnten unter manchen Netscape-Versionen Probleme mit onfocus auftreten, da sie das Fokus-Ereignis nicht unterstützen. Dieser Fehler tritt nicht unter allen Versionen des Browsers auf und wird hoffentlich bald beseitigt.

Während HTML 4 schon zahlreiche Ereignisse spezifiziert, unterstützen Netscape und Internet Explorer noch viele weitere. Eine genauere Erläuterung dieser Ereignisse folgt im Anhang A.

Der javascript:-URL

Die meisten JavaScript-tauglichen Browser unterstützen die Verwendung eines neuen URL-Stils, in Form von javascript:. Das Beispiel

```
<a href="javascript:alert('Danger! JavaScript ahead!')">
Klick für das Skript</a>
```

erstellt einen Link, der, wenn er angeklickt wird, einen mit ihm verknüpften JavaScript-Code ausführt. Obwohl diese Pseudo-URL-Form in vielen Skripts verwendet wird, funktioniert sie nicht, wenn die Skriptunterstützung des Browsers deaktiviert wurde. Wenn Designer einen solchen Link verwenden, sollten sie daher sicherstellen, dass ein <noscript>-Element angeboten wird, das den Benutzer auf die Situation hinweist, oder sie sollten ganz auf dieses Pseudo-URL-Skript verzichten.

JavaScript-Sonderzeichen

Eine selten genutzte Möglichkeit, JavaScript-Code mit einer Webseite zu verknüpfen, ist das Einbinden des Codes in Form eines Sonderzeichens (erinnern Sie sich an ©, mit dem das Urheberrecht-Symbol eingefügt wird). JavaScript-Code kann wie ein HTML-Sonderzeichen in der Form &{javascript code}; eingefügt werden. Der JavaScript-Code muss sich innerhalb von geschweiften Klammern befinden, und kann sogar Funktionen aufrufen. Diese Form kann nur als ein Attributwert verwendet werden. Diese Art, Skripte einzubinden, ist mit einem »Browser-Makro« zu vergleichen und funktioniert nur, wenn der Browser diese Art der Verknüpfung unterstützt. Stellen Sie sich vor, dass sich im Dokumentenkopf einige Variablendeklarationen für Farben und Schriftarten befinden, die später über ihren Namen aufgerufen werden, wie das folgende Beispiel zeigt:

```
<!DOCTYPE HTML PUBLIC "-//W3C//DTD HTML 4.01 Transitional//EN">
<html>
<head>
<title>Script Sonderzeichen</title>
<script language="JavaScript">
<!--
  textColor='green';
//-->
</script>
</head>
<body>
<font color=&{textColor;};>Das sollte grün sein.</font>
</body>
</html>
```

Dieses Beispiel funktioniert im Zweifelsfall mit Style Sheets besser. Es dient hier lediglich als Demonstration für den Einsatz einer Sonderzeichen-artigen Verknüpfung.

JavaScript-Sprachübersicht

Leser, die mit Programmierung vertraut sind, sollten in der Lage sein, ein vorhandenes JavaScript-Programm problemlos zu untersuchen. Zur Orientierung wird hier eine kurze Übersicht der Sprache präsentiert. Für Leser, für die die Programmierung neu ist oder die auf der Suche nach detaillierten Erklärungen sind, ist es empfehlenswerter, JavaScript mit Hilfe eines der zahlreichen Online-Tutorials oder eines Buches zu lernen. Sie können direkt zum nächsten Abschnitt springen, in dem einige allgemeine Anwendungsbeispiele für JavaScript präsentiert werden.

JavaScript ist nicht schwer zu erlernen. Die Syntax ähnelt C, Perl und Java und hat nur wenige Befehle. Als Sprache hat sie nur wenige grundlegende Typen: Zahlen wie 3, -45, 56.78, Zeichenketten wie »Hallo« und »Peter Bürzel« und die Booleschen Werte »true« und »false«. Die Sprache unterstützt außerdem einige weitere komplexe Datentypen, wie »arrays« und »objects«, die allen vertraut sein sollten, die bereits einmal programmiert haben.

Variablen können in JavaScript jederzeit deklariert werden. Zum Beispiel würde

```
var x = 5;
```

einer Variable namens x den ganzzahligen Wert 5 und

```
var heute="Mittwoch";
```

der Variablen heute die Zeichenkette Mittwoch als Wert zuweisen. In JavaScript ist es möglich, den Variablen jederzeit Typen zuzuweisen, so dass ein Statement wie

```
heute = x;
```

den Wert von heute einfach in einen Ganzzahl-Wert 5 ändert.

JavaScript ist eine Sprache, bei der zwischen Groß- und Kleinschreibung unterschieden wird, so dass eine Methode alert('hallo'); richtig ist, während Alert('hallo'); falsch ist. Beachten Sie, dass die meisten Objekte, Eigenschaften und Methoden in JavaScript mit einem Kleinbuchstaben beginnen sollten. Zum Beispiel wird alert() kleingeschrieben, document.lastModified wird jedoch im zweiten Teil der Eigenschaft großgeschrieben. Dieses Schema folgt einer Vorgabe, die in vielen anderen Sprachen gefunden werden kann. Statements in JavaScript werden mit Semikolons (;) oder durch einen Zeilenumbruch abgeschlossen, so dass

```
alert("hallo");
alert("da");
```

gleichbedeutend mit

```
alert("hallo")
alert("da")
```

ist. Wenn Sie jedoch den Zeilenumbruch im zweiten Beispiel entfernen, führt das zu einem Fehler, während zwei Statements in einer Zeile,

```
alert("hallo"); alert("da");
```

die durch ein Semikolon getrennt werden, perfekt funktionieren.

JavaScript besitzt einfache Operatoren, einschließlich der Grundrechenarten (+, -, / , *), booleschen Vergleichen (>, <, >=, <=, !, und ==), Zeichenketten-Operatoren usw. Die eigentlichen Befehle der Sprache, einschließlich der bedingten Statements, verwenden eine if-else-Syntax. Beachten Sie das nachfolgende Skript, das dem Benutzer Hinweise über den Wert der Variablen x gibt.

```
x=5;
if (x > 4)
  alert('Größer als 4');
else
  alert('Kleiner als 4');
```

Es können auch komplexere Typen von Bedingungen verwendet werden, deren Syntax ähnlich der Programmierungssprache C ist.

Schleifen können mit while, for oder repeat spezifiziert werden.

Das kurze Skript hier alarmiert den Benutzer dreimal:

```
x=1;
while (x < 4)
{
  alert(x);
  x++;
}
```

Das könnte auch folgendermaßen als Schleife geschrieben werden:

```
for (var x = 1; x < 4; x++)
{
        alert(x);
}
```

Wie bei den meisten modernen Programmiersprachen ist es möglich, Schleifen zu unterbrechen oder die Anzahl der Wiederholungen zu verändern, indem die Statements `break` und `continue` verwendet werden.

Darüber hinaus unterstützt die Sprache Funktionen. Sie können beispielsweise eine Funktion `sagHallo` definieren, die Sie mehrmals in einem Dokument verwenden können:

```
function sagHallo( )
{
  alert('hallo');
}
```

Diese Funktion kann jederzeit mit einem simplen Aufruf wie `sagHallo( )` gestartet werden.

JavaScript ist für einen erfahrenen Programmierer relativ einfach zu erlernen. Der Schlüssel zur sinnvollen Verwendung dieser Sprache liegt jedoch in Ihrer Vorstellungskraft, wie auf die eingebauten Browser-Eigenschaften oder die verschiedenen Teile eines HTML-Dokuments zugegriffen werden kann. Tatsächlich führt das dazu, dass ein HTML-Dokument als eine Ansammlung von Objekten, allgemein als *Dokumenten-Objekt-Modell* bezeichnet, angesehen werden kann. Das ist der Schlüssel für das Verständnis des Einflusses, der mit Skripten ausgeübt werden kann.

JavaScript und das Document Object Model

Jedes Webdokument besteht aus einer Menge von Elementen, wie <b>, <img> und <form>. Browser können diese Dokumente darstellen, da sie die Objekte verstehen, die möglicherweise auf der Seite existieren. Eine Seite kann aus drei Grafikelementen, zwei Absätzen, einer Auflistung und dem Text innerhalb dieser Elemente bestehen. Das Document Objekt Model (DOM) beschreibt jedes Dokument als eine Ansammlung von individuellen Objekten, wie Grafiken, Absätzen und Formularen, bis hin zu den einzelnen Zeichen. Jedes Objekt kann mit eigenen Eigenschaften verknüpft sein, was bei HTML typischerweise in Form von Attributen geschieht. Das Absatz-Element hat z.B. ein Attribut zur Bestimmung der Ausrichtung, das auf links, rechts oder zentriert gesetzt werden kann. Im Objekt-Modell wird dieses Attribut als eine Eigenschaft des Objekts bezeichnet. Ein Objekt kann Methoden haben, mit denen es verbunden werden kann, und Ereignisse, die es beeinflussen, wenn sie auftreten. Eine Grafik kann ein Ereignis `onmouseover` haben, das aktiviert wird, wenn ein Benutzer den Mauszeiger über der Grafik bewegt. Ein Formular kann eine `submit`-Methode haben, mit der eine Übertragung ausgelöst wird und die das Formular und deren Inhalte an ein serverbasiertes CGI-Programm sendet.

Der beste Weg, das DOM zu erklären, ist ein Beispiel. Schauen Sie sich die einfache HTML-Datei an:

```
<!DOCTYPE HTML PUBLIC "-//W3C//DTD HTML 4.01 Transitional//EN">
<html>
<head>
<title>Demo Company</title>
</head>
<body bgcolor="white">
<h1 align="center">Demo Company</h1>
<hr>
<p id="para1">Dies ist ein Absatz mit Text.</p>
<ul>
    <li><a href="about.htm">Über uns</a></li>
    <li><a href="products.htm">Produkte</a></li>
</ul>
</body>
</html>
```

Diese Datei könnte wie ein Stammbaum dargestellt werden (s. Abbildung 13.3). Die strukturierte Aufschlüsselung der HTML-Elemente und die Art ihrer Verknüpfung untereinander sollte seit dem ersten Kapitel in diesem Buch bekannt sein.

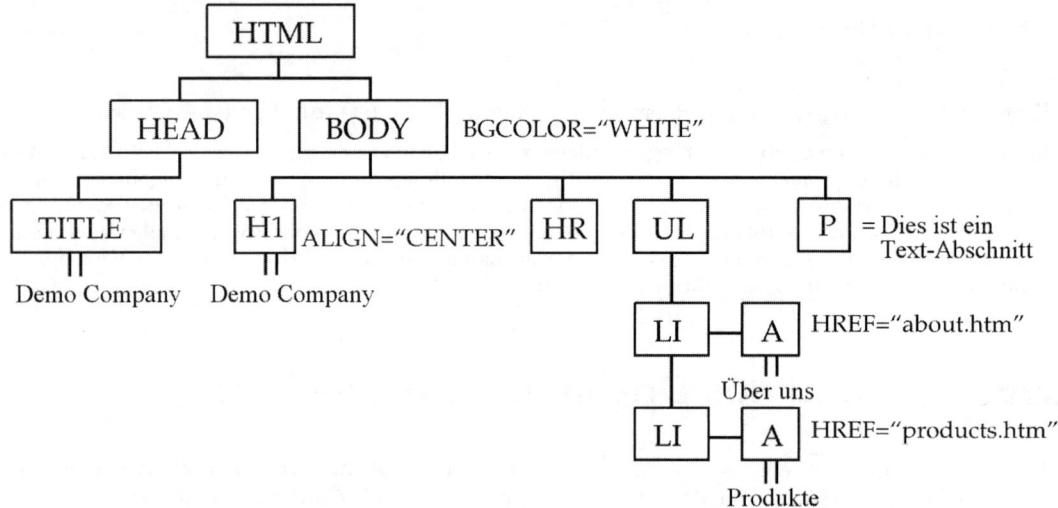

Abbildung 13.3:Der »Stammbaum« des HTML Beispiels

Das Konzept des DOM ist es, eine feste Struktur zu definieren, um Zugriff auf die verschiedenen HTML-Elemente und Textabschnitte zu haben, die ein Dokument bilden, das eine Skriptsprache verwendet. Dieses Modell beginnt beim Browserfenster. Ein typisches Fenster beinhaltet entweder ein Dokument oder ein Frameset, das Dokumente beinhaltet. Innerhalb eines Dokuments gibt es eine Menge von HTML-Elementen. Einige dieser HTML-Elemente, insbesondere Formulare, enthalten weitere HTML-Elemente, andere enthalten Text. Der Schlüssel, um auf diese Elemente zuzugreifen, ist das Verständnis um die Hierarchie und die Tatsache, dass die verschiedenen Elemente der Seite mit dem id- oder dem name-Attribut bzw. – für ein Maximum an Kompatibilität – mit beiden benannt wurden.

Objekt-Modelle

Seit Netscape 2 wurden Browser, Fenster, Dokument und Dokumenteninhalte – Formulare, Grafiken, Links usw. – als eine Ansammlung von Objekten modelliert. Das bezieht sich auf ein Objekt-Modell, genauer, das Document Object Model (DOM). Beide wichtigsten Browser unterstützen das DOM, aber beide haben unterschiedliche Namen-Konventionen und einen unterschiedlichen Grad an Unterstützung. Unter Netscape 3 können z.B. Skripte nur auf bestimmte Teile – Formularelemente, Links etc. – zugreifen. Abbildung 13.4 illustriert das Objekt-Modell für Netscape 3 und Internet Explorer 3.

Netscape 3/Internet Explorer 3 Document Object Model

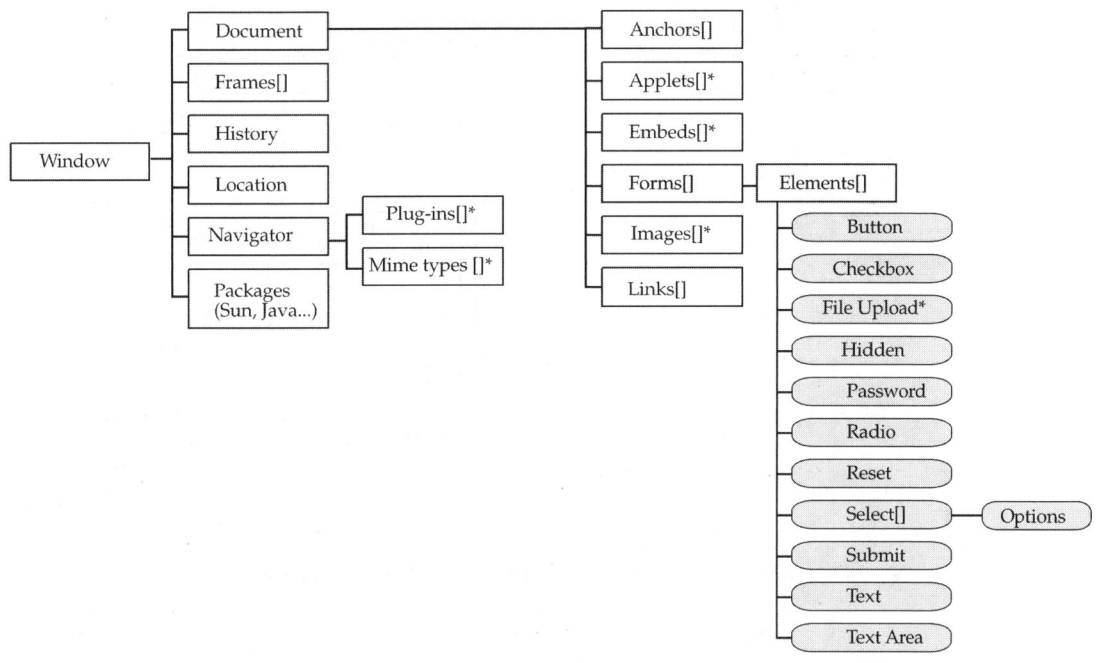

* Netscape

Abbildung 13.4: Das Object Model für Netscape 3 Browser

Objekte bieten in der Netscape-3-Objekt-Hierarchie nicht nur Zugriff auf Seitenelemente wie Links, Frames und Formulare, sondern auch den Browsernamen, PlugIns, Java-Klassen u.Ä., die mit dem aktuellen Fenster verbunden sind.

Mit der Einführung von Netscape 4 wurden weitere Elemente, wie das nicht standardisierte HTML-Element layer, zugänglich. Beim Internet Explorer 4 sind alle Seitenelemente durch das Objekt document.all skriptfähig. Abbildung 13.5 zeigt ein erweitertes Objekt-Modell. Beachten Sie, dass viele Elemente dieses Modells nur unter bestimmten Browsern angeboten werden.

Aufgrund der unterschiedlichen Unterstützung der Objekt-Modelle durch die jeweiligen Browser kann es eine Herausforderung sein, Skriptcode zu schreiben, der bei beiden Browsern funktioniert. Glücklicherweise arbeitet das W3C an einer Standardisierung. Der Abschnitt *Dynamisches HTML und das Aufkommen des Standard-DOM* bietet weitere Informationen hierzu.

Netscape 4/Internet Explorer 4 Document Object Model

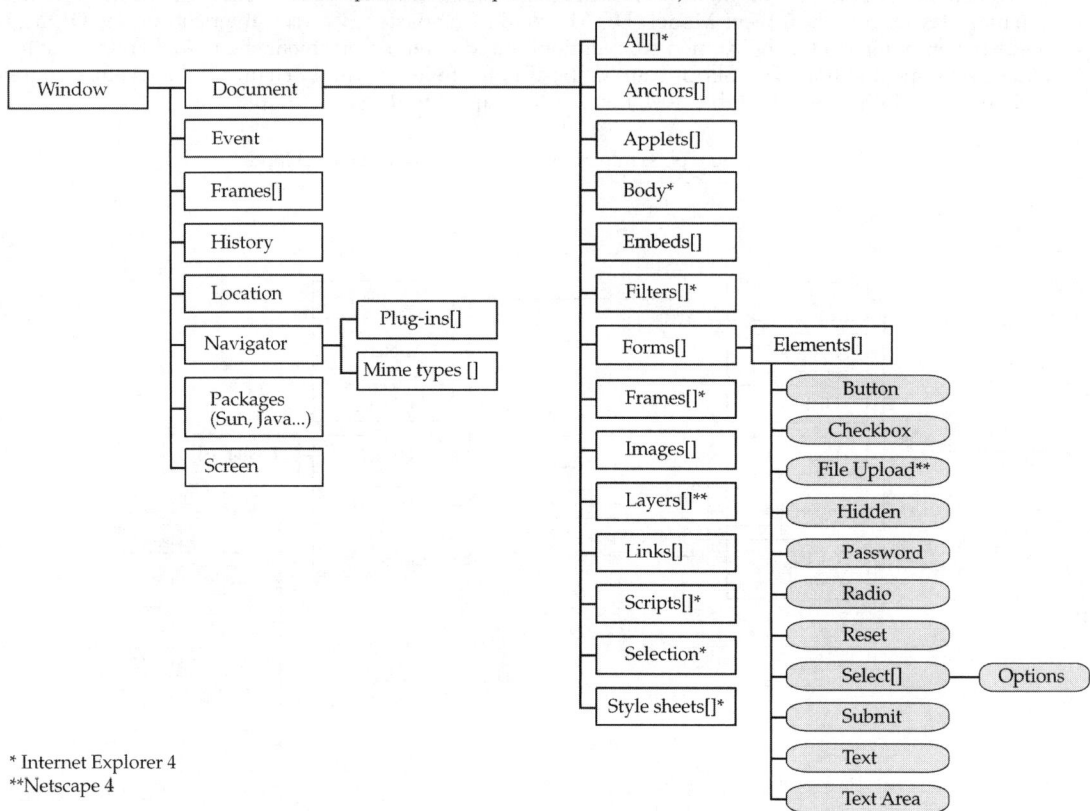

* Internet Explorer 4
**Netscape 4

Abbildung 13.5: Das erweiterte Object Model für Netscape 4 Browser

HTML-Elemente und Skriptzugriff

Die HTML-Elemente einer Webpage müssen benannt werden, damit es Skriptsprachen möglich ist, diese zu lesen und zu manipulieren. Am einfachsten geschieht das unter HTML 4 mit dem `id`-Attribut. Das `id`-Attribut kann nahezu in jedem Element verwendet werden.

Die Aufgabe des `id`-Attributs ist die Verbindung eines Identifizierers mit einem Element. Um ein fett geschriebenes Textstück mit »superwichtig« zu benennen, können Sie folgenden Code verwenden:

```
<b id="superwichtig">Dies ist sehr wichtig.</b>
```

Es ist wichtig, dass Sie bei der Benennung von Objekten eine einheitliche Vorgehensweise wählen und potenziell verwirrende Namen meiden. Der Name »button« ist z.B. keine gute Wahl, da sich dieser Name mit den reservierten Begriffen der Skriptsprache überschneiden könnte.

Vor HTML 4 wurde das Attribut `name` verwendet, um Elemente für den Zugriff durch Skripte zu markieren. Aus Gründen der Abwärtskompatibilität wurde dieses Attribut für die Elemente `<a>`, `<applet>`, `<button>`, `<embed>`, `<form>`, `<iframe>`, `<img>`, `<input>`, `<object>`, `<map>`, `<select>` und `<textarea>` definiert.

Hinweis

Sowohl das Element `<meta>` als auch das Element `<param>` unterstützen das Attribut `name`. Das hat aber in diesem Zusammenhang eine völlig andere Bedeutung.

Entwickler sollten vorsichtig mit der Verwendung von `id` sein, um eine Abwärtskompatibilität mit älteren Browsern zu gewährleisten. Ältere Browser werden das `id`-Attribut nicht erkennen. Verwenden Sie daher auch das `name`-Attribut. Beispielsweise `<a name="link1" id="link1">` würde hoffentlich von beiden, skriptfähige ältere wie modernste Browser, zu erkennen sein.

Hinweis

In der Standarddokumentation wird bisweilen die Meinung vertreten, dass es keine gute Idee sei, denselben Namen für das `name`- und das `id`-Attribut zu verwenden. Die Praxis zeigt jedoch, dass das der einzige Weg für eine Kompatibilität mit älteren Browsern ist.

Wenn ein HTML-Dokument wohlgeformt ist, so dass alle verwendeten Befehle korrekt benannt sind, kann eine Skriptsprache wie JavaScript zum Lesen und Verarbeiten der verschiedenen Objekte auf einer Seite verwendet werden. Das DOM definiert einen speziellen Satz von reservierten Namen, die diese Notation verwenden, um Skriptsprachen zu erlauben, Bezug auf besondere Elemente im Dokument zu nehmen. Die Basisnotation verwendet eine Serie von Objekten und Eigenschaftsnamen, die durch einen Punkt getrennt werden. Um beispielsweise mit einer Skriptsprache auf ein Formular zuzugreifen, das durch

```
<form name="meomformular" id="meinformular">
<input type="text" name="username">
</form>
```

definiert wird, kann entweder `window.document.myform` oder einfach `document.myform` verwendet werden, da `window` vorausgesetzt werden kann. Auf ein Formularelement und seinen Wert kann auf ähnliche Weise zugegriffen werden. Um auf ein Textfeld zuzugreifen, verwenden Sie `document.myform.username`. Um auf den aktuellen Wert eines Feldes zuzugreifen, verwenden Sie `document.myform.username.value`.

Hinweis

Mit dem Internet Explorer ist eine verkürzte Schreibweise wie `myform.username.value` möglich, was jedoch Probleme mit älteren und Netscape-Browsern verursachen kann und in zukünftigen Standards wahrscheinlich nicht unterstützt werden wird.

Hinweis

Neben der richtigen Benennung sollte das Hinzufügen von Skripten in einer Seite grundsätzlich gut bedacht sein. Einfache Fehler wie falsch verschachtelte Befehle, z.B. `<b><i>Test</b></i>`, können bei der Verwendung einer Skriptsprache Probleme verursachen. Seitenautoren sollten bedenken, dass es gefährlich ist, schlechten HTML-Code durch Skripte zu manipulieren.

Das folgende Beispiel zeigt, wie mit Hilfe des Feldnamens auf den Inhalt eines Formularfeldes zugegriffen wird, der dann in einem Hinweisfenster darstellt wird.

```
<!DOCTYPE HTML PUBLIC "-//W3C//DTD HTML 4.01 Transitional//EN">
<html>
<head>
<title>Treffen und Grüßen</title>
<script language="JavaScript">
<!--
function sagHallo()
{
 ihrname=document.meinformular.benutzername.value;
 if (ihrname !="")
  alert("Hallo "+ihrname+"!");
 else
  alert("Sei nicht so schuechtern.");
}
// -->
</script>
</head>
<body>
<form name="meinformular" id="meinformular">
<b>Wie ist Dein Name?</b>
<input type="text" name="benutzername" id="benutzername"  size="20"><br><br>
<input type="button" value="Gruss" onclick="sagHallo()">
</form>
</body>
</html>
```

Es ist außerdem möglich, sich ohne zugewiesene Namen auf Formulare und Formularelemente zu beziehen, indem eine Array-Schreibweise verwendet wird. Formulare können einem `forms`-Array zugewiesen werden, dessen Indexe bei 0 beginnen. Auch Elemente innerhalb eines Formulars können durch ein Element-Array angesprochen werden, dessen Index ebenfalls bei 0 beginnt. Das obige Beispiel beinhaltet nur ein Formular und ein Feld, so dass die Syntax `document.forms[0].elements[0].value` dieselbe Bedeutung hat wie `document.myform.username.value`. Es ist grundsätzlich besser, über den Namen auf Elemente zuzugreifen, als über ihre Position, da jedes Hinzufügen eines neuen Elements in eine Seite eine mögliche Fehlerquelle für das Skript ist.

Neben dem Einlesen der Inhalte eines Elements durch JavaScript ist es in manchen Fällen auch möglich, die Inhalte von bestimmten Elementen, wie z.B. Formularfeldern, zu aktualisieren. Das folgende Beispiel zeigt, wie dies gemacht wird:

```
<!DOCTYPE HTML PUBLIC "-//W3C//DTD HTML 4.01 Transitional//EN">
<html>
<head>
<title>Treffen und Grüße 2</title>
<script language="JavaScript">
<!--
function sag Hallo()
{
```

```
  ihrname = document.meinformular.benutzername.value;
  if (ihrname != "")
   document.meinformular.antwort.value="Hallo "+ihrname+"!";
  else
   document.meinformular.antwort.value="Sei nicht so schuechtern.";
}
// -->
</script>
</head>
<body>
<form name="meinformular" id="meinformular">
<b>Wie heißen Sie?</b>
<input type="text" name="benutzername" id="benutzername"  size="20">
<br><br>
<b>Grüße:</b>
<input type="text" name="antwort" id="antwort" size="40">
<br><br>
<input type="button" value="Gruss" onclick="sagHallo()">
</form>
</body>
</html>
```

Hinweis

Sie dürften bemerkt haben, dass im letzten Beispiel sowohl name als auch id verwendet werden. Leider wird das id-Attribut nicht von allen Browsern unterstützt, so dass es zu Fehlern kommen kann, wenn das name-Attribute nicht verwendet wird.

Wenn Sie sich Abbildung 13.4 anschauen, werden Sie bemerken, dass unter Netscape 3 und 4 sowie Internet Explorer 3 nur einige Objekte einer Seite veränderbar sind, das sind hauptsächlich die Formularelemente. Ab dem Internet Explorer 4 kann jedes Element einer Seite modifiziert werden bis hin zum einfachen Text und den Befehlen selbst. Dies ist die eigentliche Idee von dynamischem HTML, das als Nächstes betrachtet wird.

Dynamisches HTML und das Aufkommen des Standard-DOM

Die vorangegangenen Beispiele haben Skriptinteraktionen mit HTML-Elementen auf eine traditionelle Weise gezeigt. Mit dem Aufkommen der 4.-Browsergeneration wurde jedoch ein neues Konzept eingeführt, das dynamisches HTML oder DHTML genannt wird. DHTML beschreibt die Fähigkeit, HTML-Elemente dynamisch zu manipulieren, wobei sogar eine Änderung der Dokumentenstruktur möglich ist. Für viele war DHTML jedoch mehr die Idee einer HTML-Seite, die dynamische Eigenschaften, wie Animation oder das Darstellen oder Verstecken von Inhalten einer Seite besitzt. Diese fortgeschrittenen Eigenschaften wurden durch die Verknüpfung von HTML, CSS und JavaScript ermöglicht. DHTML kann somit in folgender Formel zusammengefasst werden:

DHTML = HTML + CSS + JavaScript + Voll zugängliches DOM

Das einzige Element, das wir bis zu diesem Zeitpunkt noch nicht beleuchtet haben, ist das »voll zugängliche DOM«. Im Grunde sagt das nur aus, dass es möglich ist, jeden Inhalt einer Seite zu manipulieren. Betrachten Sie z.B. den folgenden Absatz:

```
<p id="para1">Das ist ein Test</p>
```

Es gibt verschiedene Möglichkeiten, mit JavaScript auf dieses Element zuzugreifen, wenn ihm ein Name zugewiesen wurde. Beim Internet Explorer 4 oder später kann durch die Verwendung eines JavaScript-Identifizierers, wie `window.document.all['para1']`, `document.all['para1']` oder einfach `para1`; darauf verwiesen werden. Netscape-4.x-Browser können auf dieses Objekt jedoch nicht per Skript zugreifen. Selbst wenn Netscape und Internet Explorer vergleichbare Objekte für Skripte verwenden, ist die Syntax nur selten die gleiche, was Entwickler vor eine wirkliche Herausforderung stellt. Das W3C hat das Dokumenten-Objekt-Modell, genannt DOM, als Standard vorgeschlagen, das viele der Inkompatibilitäten beseitigen soll und dem Entwickler einen standardisierten Zugriff auf die Inhalte eines HTML-Dokuments ermöglicht. Es gibt verschiedene Ebenen des DOM. Stufe 0 wird vieles enthalten, was als Standard-JavaScript – das von Netscape 3 unterstützt wird – vorgeschlagen wurde. Stufe 1 und Stufe 2 werden den Zugriff auf HTML-Elemente und Style-Sheets-Eigenschaften erlauben. Derzeit kann davon ausgegangen werden, dass DOM Stufe 1 von Internet-Explorer-5- und Netscape-6-Browsern unterstützt wird.

Um durch das DOM auf ein Element zuzugreifen, benutzen wir die `getElementById`-Methode unter Angabe des id-Attributwerts des Objekts, auf das wir zugreifen wollen. Beispielsweise können wir durch Verwendung von `getElementById('para1')` auf das Element zugreifen. Wenn das Objekt zurückgegeben wird, können wir mit `getElementById('para1').align` seine Attribut modifizieren, was auf dieselbe Art auf das `align`-Attribut zugreift wie das vom IE4 verwendete `para1.align`. Das folgende Beispiel, das unter Internet Explorer 5 und Netscape 6 gleichermaßen funktioniert wie auch auf jedem anderen DOM-kompatiblen Browser, demonstriert die dynamische Manipulation von HTML.

```
<!DOCTYPE HTML PUBLIC "-//W3C//DTD HTML 4.01 Transitional//EN">
<html>
<head>
<title>Der dynamische Absatz</title>
</head>
<body bgcolor="white">
<h1 align="center"> Der dynamische Absatz </h1>
<hr>
<p id="para1">Ich bin ein dynamischer Absatz. Schau mir beim Tanzen zu!</p>
<hr>
<form>
<input type="button" value="Right"
onClick="getElementById('para1').align='right'">
<input type="button" value="Left"
onClick="getElementById('para1').align='left'">
<input type="button" value="Center"
onClick="getElementById('para1').align='center'">
</form>
</body>
</html>
```

In diesem Beispiel wird jedes Mal, wenn der Benutzer auf eine entsprechende Schaltfläche klickt, der aktuelle Wert des `align`-Attributs für den <p>-Befehl verändert werden.

Das DOM ermöglicht nicht nur Manipulationen von bestehenden Befehlen innerhalb eines Dokuments, sondern erlaubt Ihnen sogar die Änderung der Inhalte der Befehle oder sogar das dynamische Hinzufügen eines neuen Befehls. Das folgende Codebeispiel zeigt, wie einer Seite neue Daten hinzugefügt werden können:

```
<!DOCTYPE HTML PUBLIC "-//W3C//DTD HTML 4.01 Transitional//EN">
<html>
<head>
<title>Dynamische Demo-Seite</title>
<script language="JavaScript">
<!--
function addText()
{
 /* erstellt die Zeichenkette */

 var str = document.testformular.neuertext.value;
 theString = document.createTextNode(str);

 /* create the <br> element */

 theBreak = document.createElement("BR");

 /* findet das div-Tag und fügt die Zeichenkette und <br> hinzu */

 theElement = document.getElementById("div1");
 theElement.appendChild(theString);
 theElement.appendChild(theBreak);
}
//-->
</script>
</head>
<body>
<div id="div1">
  Dies ist ein wenig Text.
</div>
<hr>
<form name="testformular" id="testformular">
    Neuer Text: <input type="text" name="neuertext" id="neuertext">
    <input type="button" value="Add" onClick="addText()">
</form>
</body>
</html>
```

Hinweis

Mit dem Internet Explorer 4 ist es möglich, das obige Beispiel mit dem Element `<div>` und seinen Attributen `innerText` und `innerHTML` umzusetzen. Obwohl das viel einfacher wäre, wird Ihnen nicht dazu geraten, da diese Elemente kein Bestandteil des DOM-Standards sind.

Das vorangegangene Beispiel zeigt, dass es mit dem DOM möglich ist, die Struktur eines HTML-Dokuments zu manipulieren. Das Hinzufügen, Löschen und Verschieben von HTML-Elementen wird durch die Verwendung von JavaScript und DOM ermöglicht. Wenn diese Fähigkeit mit CSS-Eigenschaften kombiniert werden, können wir all die interessanten Effekte erstellen, die viele Leute mit DHTML assoziieren.

Skript-Interaktion mit Style Sheets

Microsoft Internet Explorer 4 war der erste Browser, der es ermöglichte, Style Sheets durch die Verwendung von Skriptsprachen zu manipulieren. Das folgende Codebeispiel zeigt, wie Ereignisse mit Stiländerungen verknüpft werden können, um die Textfarbe oder -größe als Reaktion auf ein Mausereignis zu verändern:

```
<span onmouseover="this.style.color='#FF0000'"
      onmouseout="this.style.color='#0000FF'"
      onclick="this.style.fontSize='larger'">Klick mich an!</span>
```

Das Skriptschlüsselwort this ist eine verkürzte Referenz für das aktuelle Element, doch Sie können auch das id-Attribut verwenden, wie es hier gezeigt wird:

```
<span id="testspan" onmouseover="testspan.style.color='#FF0000'"
      onmouseout="testspan.style.color='#0000FF'"
      onclick="testspan.style.fontSize='larger'">Klick mich an!</span>
```

Sowohl Netscape als auch Microsoft unterstützen den Skriptzugriff auf Style Sheets. Aber natürlich gibt es deutliche Unterschiede zwischen den beiden Browsern. Gegenwärtig unterscheiden Microsoft und Netscape sich vor allem in der Art, in der auf Style Sheets zugegriffen wird und wie sehr sie manipuliert werden können. Unter Netscape 4 sind z.B. die einzigen Style-Sheet-Eigenschaften, die geändert werden können, nachdem ein Dokument geladen wurde, die absoluten Positionseigenschaften left, top, z-index und visibility. Dass sich der Standard-DOM-Zugriff auch noch völlig von der Vorgehensweise von Microsoft unterscheidet, lässt Sie schließlich zu der Erkenntnis gelangen, dass das Schreiben von browserübergreifenden Skripten in richtige Arbeit ausartet. Wenn Sie sich jedoch auf die Manipulation der Sichtbarkeit und der Positionierung der Objekte per CSS beschränken, sollten Sie in der Lage sein, ein für alle Browser der 4.-Generation taugliches Skript zu erstellen. Ein einfaches Beispiel dafür sehen Sie hier:

```
<!DOCTYPE HTML PUBLIC "-//W3C//DTD HTML 4.01 Transitional//EN">
<html>
<head>
<title>Browserübergreifende Layer-Sichtbarkeit / Positionierungsroutinen</title>
<script language="JavaScript">
<!--
/* test for objects */
(document.layers) ? layerobject=true : layerobject=false;
(document.all) ? allobject = true: allobject = false;
(document.getElementById) ? dom = true : dom = false;

function changeVisibility(id,action)
{
 switch (action)
 {
```

```
      case "show":
         if (layerobject)
             document.layers[''+id+''].visibility = "show";
           else if (allobject)
               document.all[''+id+''].style.visibility = "visible";
           else if (dom)
               document.getElementById(''+id+'').style.visibility = "visible";
         break;

      case "hide":
         if (layerobject)
                 document.layers[''+id+''].visibility = "hide";
           else
               if (allobject)
               document.all[''+id+''].style.visibility = "hidden";
           else if (dom)
               document.getElementById(''+id+'').style.visibility = "hidden";
         break;
    default:return;
   }
   return;
}


function changePosition(id,x,y)
{
  if (layerobject)
   {
    document.layers[''+id+''].left = x;
    document.layers[''+id+''].top = y;
   }
  else if (allobject)
     {
         document.all[''+id+''].style.left=x;
         document.all[''+id+''].style.top=y;
       }
  else if (dom)
     {
         document.getElementById(''+id+'').style.left=x+"px";
         document.getElementById(''+id+'').style.top=y+"px";
       }

  return;
}

//-->
```

```
</script>

<style type="text/css">
<!--
  #test {position:absolute;
         top:20px;
         left:300px;
         background-color: yellow;}
-->
</style>
</head>
<body>
<div id="test">Das ist ein Test-Abschnitt</div>

<form name="testform" id="testform">
<input type="button" value="anzeigen"
       onClick="changeVisibility('test','show')">
<input type="button" value="verstecken"
       onClick="changeVisibility('test','hide')">
<br><br>
X: <input type="text" name="xcoord" id="xcoord" size="4" maxlength="4"
value="100">
Y: <input type="text" name="ycoord" id="ycoord" size="4" maxlength="4"
value="100">
<input type="button" value="verschieben"
onClick="changePosition('test',document.testform.xcoord.value,
         document.testform.ycoord.value)">
</form>
</body>
</html>
```

Auch wenn das DOM sehr komplex sein kann, ist das, was es tun kann, sehr eindrucksvoll. Entwickler können das Object Model verwenden, um eine Grafik auf einer Seite mit einer anderen auszutauschen, wenn ein Mauszeiger darüber gezogen wird. Diese Rollovers oder animierte Buttons sind im Web inzwischen etwas Alltägliches. In Verbindung mit Skripten kann das DOM auch zulassen, dass eine Seite durch das Bewegen einzelner Objekte animiert wird, dass eine Baumstruktur erstellt wird, mit der durch die Site navigiert werden kann, oder ein komplexes Programm wie ein Spiel oder eine einfache Datenbankanwendung erstellt wird.

Obwohl dies nur eine kurze Einführung in Skripte und die Philosophie des DOM ist, sollten Sie erkannt haben, dass Sie als kompetenter Entwickler in Zukunft fundierte Kenntnisse von HTML/XHTML, CSS und JavaScript benötigen. Die Leser werden ermuntert, sich diese Technologien anzueignen. Als Abschluss des Kapitels präsentieren wir Ihnen hier ein paar nützliche Skripte, die häufig im Web eingesetzt werden.

Gängige Skripte

Dieser Abschnitt enthält einige einfache und beliebte JavaScripts, wie sie häufig in Webseiten verwendet werden. Diese Skripte werden nicht sehr eingehend erklärt. Selbst als JavaScript-Anfänger sollten Sie jedoch in der Lage sein, diese – bei Bedarf mit kleinen Modifikationen – in Ihre Seiten zu integrieren. Weitere Skripte können online auf Sites wie `http://www.webreference.com/js` und `http://www.dynamicdrive.com` gefunden werden.

Datum der letzten Modifikation

Häufig werden Skripte verwendet, um Informationen dynamisch in eine Seite einzubinden. Wenn Sie z.B. auf jedes Dokument Ihrer Site das Datum der letzten Modifikation einbinden wollen, könnte das durch Verwendung eines kurzen JavaScripts am Ende Ihrer Seite ziemlich einfach sein:

```
<!DOCTYPE HTML PUBLIC "-//W3C//DTD HTML 4.01 Transitional//EN">
<html>
<head>
<title>Beispiel für letzte Modifizierung</title>
</head>
<body>
...hier ist der Seiteninhalt...
<hr>
<div align="center"><small>
&copy; 2000, Demo Company<br>

<script language="JavaScript">
<!--
   document.write("Letzte Modifizierung am "+document.lastModified);
//-->
</script>

</small></div>
</body>
</html>
```

Die Integration dieses Skripts ist sehr einfach: Kopieren Sie das Skriptelement und seine Inhalte an eine beliebige Stelle Ihres Dokuments und umgeben Sie es mit HTML-Elementen.

Mit Bedingungen verknüpfter Quellcode

Eine Standardanwendung von JavaScript ist das Einfügen von Code auf der Seite, sofern einige Bedingungen erfüllt sind. Durch JavaScript ist es z.B. möglich, die Version des benutzten Browsers zu erkennen, um dann den entsprechenden Quellcode zu verwenden. Das folgende Beispiel erstellt eine Seite mit einem `<blink>`-Tag, wenn der Netscape-Browser erkannt wird, bzw. das Tag `<marquee>`, wenn der Betrachter den Internet Explorer verwendet:

```
<!DOCTYPE HTML PUBLIC "-//W3C//DTD HTML 4.01 Transitional//EN">
<html>
```

```
<head>
<title>Browsererkennungsbeispiel</title>
</head>
<body>
<script language="JavaScript">
<!--
      var useragent=navigator.userAgent.toLowerCase();
      var is_nav=((useragent.indexOf('mozilla')!=-1));
      var is_ie=(useragent.indexOf("msie") != -1);

      if (is_nav && !is_ie)
      document.write("<blink>Netscape sollte blinken</blink>");
   else
      document.write("<marquee>IE liebt das Marquee</marquee>");
//-->
</script>
<noscript>
      <b>Ich weiß nicht, welchen Browser Sie benutzen.</b>
</noscript>
</body>
</html>
```

Die Erkennung ist nicht auf einen bestimmten Browsertyp beschränkt. Leser, die sich für diese Art der Seitengenerierung interessieren, sollten die Verwendung eines Skripts wie `http://developer.netscape.com/docs/examples/javascript/browser_type.html` oder sogar ein eigenständiges Programm wie BrowserHawk (`www.browserhawk.com`) in Betracht ziehen.

Pull-Down-Navigationsmenü

Auch für Navigationssysteme wird JavaScript gerne eingesetzt. Viele Designer haben damit begonnen, immer mehr auf Pull-Down-Menüsysteme als Navigationssystem zu bauen. Das folgende Beispiel zeigt ein passendes Script.

```
<!DOCTYPE HTML PUBLIC "-//W3C//DTD HTML 4.01 Transitional//EN">
<html>
<head>
<title>Navigationsmenü</title>
<style type="text/css">
<!--
   .nochoice   {color: black;}
   .choice     {color: blue;}
-->
</style>
<script language="JavaScript">
<!--
function redirect(pulldown) {
  newlocation = pulldown[pulldown.selectedIndex].value;
```

```
    if (newlocation != "")
     self.location = newlocation;
  }


function resetIfBlank(pulldown){
  possiblenewlocation = pulldown[pulldown.selectedIndex].value;
  if (possiblenewlocation == "")
     pulldown.selectedIndex = 0; /* reset to start */
}
//-->
</script>
</head>
<body>
<form name="navForm">
<b>Favorisierte Seiten:</b>
<select name="menu" id="menu" onChange="resetIfBlank(this)">
<option value="" class="nochoice" selected>Wählen Sie eine Site</option>
<option value="" class="nochoice"></option>
<option value="" class="nochoice">Suchmaschinen </option>
<option value="" class="nochoice">-------------------------
<option value="http://www.yahoo.com" class="choice">Yahoo!</option>
<option value="http://www.hotbot.com" class="choice">HotBot</option>
<option value="http://www.google.com" class="choice">Google</option>
<option value="" class="nochoice"></option>
<option value="" class="nochoice">Demos</option>
<option value="" class="nochoice">------------------------</option>
<option value="http://www.democompany.com" class="choice">Demo
        Company</option>
</select>
<input type="button" value="go"
        onclick="redirect(document.navForm.menu)">
</form>
<script>
<!--
  document.navForm.menu.selectedIndex = 0;
//-->
</script>
</body>
</html>
```

Die Auswahlmöglichkeiten des Menüs werden durch Hinzufügen eines weiteren <option>-Elements mit dem Attribut class erweitert, dessen Wert choice sein sollte und dessen value-Attribut auf den URL des zu ladenden Dokuments verweist.

Beachten Sie, dass bei diesem Beispiel ein Button benötigt wird, der die ausgewählte Seite erst lädt, wenn er gedrückt wird. Das Skript kann jedoch einfach modifiziert werden, um eine Aktion auszuführen, sobald eine Auswahl getätigt wurde. Ändern Sie das `<select>`-Element dahingehend, dass die `redirect`-Funktion ausgelöst wird, sobald der Ausgangswert des Menüs verändert wird:

```
<select name="menu" onchange="redirect(document.navForm.menu)">
```

Die Leser sollten sich jedoch darüber im Klaren sein, dass solche Pull-Down-Navigationsmenüs oft aus Gründen der Benutzerfreundlichkeit als problematisch angesehen werden.

»Rollover«-Buttons

Eine der am meisten verwendeten Verzierungen ist das Einbinden des *Rollover-Effekts*, einer JavaScript-Eigenschaft, die seit Netscape 3 verfügbar ist. Ein *Rollover-Button* ist eine Schaltfläche, die aktiv wird, wenn der Benutzer die Maus darüber positioniert. Der Button kann auch einen aktiven Status haben, wenn er angeklickt wird. Um einen Rollover-Button zu erstellen, benötigen Sie mindestens zwei, eventuell sogar drei Grafiken, um jeden Button-Status zu repräsentieren – inaktiv, aktiv und nicht verfügbar. Ein Muster solcher Grafiken wird hier gezeigt:

Um diese Rollover-Grafik in die Seite einzubinden, benötigen Sie lediglich den `<img>`-Befehl. Wenn die Maus die Grafik berührt, wird die Grafik ausgetauscht. Verlässt die Maus die Grafik wieder, wird zurück zur Original-Grafik gewechselt. Der Rollover-Effekt wird also buchstäblich durch das Austauschen des Wertes des `src`-Attributs bewirkt, sobald sich die Maus über der Grafik befindet. Angenommen, Sie hätten zwei Grafiken, `buttonon.gif` und `buttonoff.gif` – dann würden Sie mit dem folgenden Skript in nahezu allen Browsern den gewünschten Effekt erzielen:

```
<!DOCTYPE HTML PUBLIC "-//W3C//DTD HTML 4.01 Transitional//EN">
<html>
<head>
<title>Rollover-Skript</title>
<script language="JavaScript">
<!--
/* Check, um sicherzugehen, dass das Rollover funktioniert */
if (document.images)
{
 /* preload the images */
 buttonoff = new Image();
 buttonoff.src = "buttonoff.gif";
 buttonon = new Image();
 buttonon.src = "buttonon.gif";
}


/* Funktion, um die Grafik auf Aktiv-Status zu setzen */
function On(imageName)
{
 if (document.images)
  {
```

```
      document[imageName].src = eval(imageName+"on.src");
    }
  }


  /* Funktion, um die Grafik auf Passiv-Status zurück zu setzen*/
  function Off(imageName)
  {
    if (document.images)
      {
        document[imageName].src = eval(imageName+"off.src");
      }
  }
  //-->
  </script>
  </head>
  <body>
  <h1 align="center">Spaß mit Rollover</h1>
  <hr>
  <a href="http://www.democompany.com" onMouseover="On('button')"
     onMouseout = "Off('button')">
  <img src="buttonoff.gif" name="button" width="90" height="20"
       border="0"></a>
  </body>
  </html>
```

Schauen wir mal, wie dieser Code funktioniert. Der erste Abschnitt des JavaScripts stellt sicher, dass der Browser den Grafikteil des DOM unterstützt. Das ist notwendig, wenn der Rollover-Button funktionieren soll. Unterstützt der Browser diese Eigenschaft, wird die Grafik mit dem ihr zugewiesenen Namen geladen. Nachdem die Seite geladen wurde, kann der Benutzer die Maus über die Grafik bewegen. Der Link, der durch das <a>-Element spezifiziert wurde, ist mit zwei Event-Handlern verknüpft: einem für das Bewegen der Maus über die Grafik (onmouseover) und einen für das Entfernen der Maus von der Grafik (onmouseout). Diese werden durch die definierten On()- und Off()-Funktionen aufgerufen. Die Funktion On() setzt den Wert des src-Attributs des <img>-Befehls auf den Namen der ausgewählten Grafik und hängt ein on.src an, womit die Grafik den Status on erhält. Die Funktion Off() verhält sich analog dazu, hängt aber ein off.src an den Namen der Grafik an. Der Schlüssel zum Hinzufügen von zusätzlichen Grafiken sind die Namen. Wenn wir beispielsweise einen weiteren Button namens button1.gif hinzufügen, erweitern wir den Code im <script>-Element um folgende Zeilen:

```
buttonloff = new Image();
buttonloff.src = "buttonloff.gif";
buttonlon = new Image();
buttononl.src = "buttonlon.gif";
```

Folgender Code wird später in das Dokument eingefügt:

```
<a href="URL to load " onmouseover="On('button1')"
   onmouseout = "Off('button1')">
<img src="buttonoff1.gif" name="button1" width="90"
     height="20" border="0"></a>
```

Natürlich kann sich der aufzusuchende URL, die Höhe, die Breite und sogar der Name der Grafik von Rollover-Grafik zu Rollover-Grafik ändern. Vergewissern Sie sich, dass Sie einen Objektnamen nur einmal vergeben, und verwenden Sie das name-Attribut für das <img>-Element korrekt. Da der Rollover-Effekt sehr oft verwendet wird, gibt es viele Webseiten, die Anleitungen zum Erstellen solcher Skripte bieten. Ein Beispiel hierfür ist http://www.webreference.com/js. Programme wie Macromedia Dreamweaver können ebenfalls schnell den passenden Code erstellen.

Plausibilitätsprüfung von Formularen

Die Überprüfung der Plausibilität von Formulareingaben ist das letzte Beispiel für den Einsatz von Skripten. Das ist möglicherweise eines der wichtigsten Skripte im Web. Das war übrigens der eigentliche Grund zur Einführung von JavaScript. JavaScript-Plausibilitätsprüfung ist ein Verfahren zum Überprüfen der Gültigkeit von Benutzerangaben in einem HTML-Formular, bevor diese übertragen werden. Durch eine vorherige Überprüfung der Daten können Sie die Frustration der Besucher und die Kommunikationszeit zwischen dem Browser und dem Webserver verringern.

Stellen Sie sich vor, dass Sie sichergehen wollen, dass der Benutzer irgendetwas in ein Formularfeld eingibt, bevor er das Formular übermittelt. Die Überprüfung der Feldinhalte ist recht einfach. Im folgenden Beispiel wird der Inhalt eines Feldes dahingehend überprüft, ob es nicht leer ist, wenn der »Submit«-Button gedrückt wird:

```
<!DOCTYPE HTML PUBLIC "-//W3C//DTD HTML 4.01 Transitional//EN">
<html>
<head>
<title>Einfache Plausibilitätsprüfung</title>
<script language="JavaScript">
<!--
function validate()
  {
   if (document.meinformular.benutzername.value == "")
    {
     alert('Bitte geben Sie Ihren Namen ein');
     return false;
    }
   else
    return true;
  }
// -->
</script>
</head>
<body>
<form name=" meinformular " id="meinformular" action="http://www.democompany.com"
      method="get" onsubmit="return validate()">
<b>Name:</b>
<input type="text" name="benutzername" id="benutzername"
      size="25" maxlength="25">
<br><br>
<input type="submit" value="Submit">
```

```
    </form>
    </body>
    </html>
```

In diesem Beispiel wird die Funktion `validate()` aufgerufen und der Inhalt des Feldes `benutzername` überprüft, um zu sehen, ob es leer ist oder Informationen beinhaltet. Ist das Feld leer, während der Benutzer den Button klickt, wird der Besucher aufgefordert, das Feld auszufüllen, und der Wert `false` wird zurückgemeldet. Andernfalls wird der Wert `true` zurückgemeldet und die Formulardaten werden übertragen. Der Rückgabewert ist über das HTML-Event-Handler-Attribut `onsubmit` mit dem Eingabefeld verknüpft, der aktiviert wird, wenn die »Submit«-Schaltfläche angeklickt wird. Die Übertragung wird ausgeführt, wenn nicht der Wert `false` zurückgemeldet wird. Beachten Sie, wie die Plausibilitätsprüfungsfunktion `validate()` die Werte `true` oder `false`, je nach Eingabe des Benutzers, zurückgibt. Es ist nicht schwer, das Beispiel auszuweiten, um mehrere Felder zu überprüfen, wie das größere Beispiel am Ende von Kapitel 11 zeigt.

Hinweis

Eine weitere Möglichkeit der Überprüfung von Formularfeldern, um Fehler abzufangen, ist die direkte Überprüfung, sobald der Betrachter zum nächsten Feld wechselt. Mit Hilfe des `onblur`-Attributes können Sie feststellen, wenn ein Besucher ein Feld verlässt, um ein anderes anzusteuern. Seien Sie jedoch vorsichtig: Viele Besucher könnten es als lästig empfinden, wenn die Fehlerüberprüfung mit `onblur` durchgeführt wird. Außerdem funktioniert diese Methode auf Grund eines Fehlers in der JavaScript-Implementierung nicht immer.

Das Vorstehende bietet nur eine grobe Einführung in das Konzept der Plausibilitätsprüfung von Formularen. Es ist relativ leicht, weitere Felder zu diesem Beispiel hinzuzufügen oder sogar auf andere Datentypen zu überprüfen. Selbst wenn Sie ein erfahrener Programmierer sind, ist es jedoch nicht empfehlenswert, eigene Skripte für die Überprüfung von E-Mail-Adressen, Kreditkartennummern, Postleitzahlen usw. zu erstellen. Es bestehen bereits viele Bibliotheken, die solche Aufgaben übernehmen. Eine Übersicht solcher Skriptsammlungen finden Sie u.a. auf den Seiten von Netscape: `http://developer.netscape.com/docs/examples/javascript/formval/overview.html`

Zusammenfassung

Clientseitige Technologien haben ihren Platz in Webseiten. Die Entwicklung von Skripttechnologien hat einige der Verarbeitungsprozesse, die traditionell auf dem Server durchgeführt wurden, hinfällig gemacht. Plausibilitätsprüfung von Formularfeld-Eingaben durch den Einsatz von JavaScript oder VBScript auf der Anwenderseite sind sinnvoller, als diesen Prozess auf einen Server zu verweisen. Es gibt zwei Hauptmethoden für die Integration von Skripten auf einer Webseite: innerhalb des `<script>`-Elements und als Event-Handler in der Form von HTML-Attributen. Durch Verwendung einfacher Skripte können Sie einfache Veränderungen an der Schnittstelle, wie bei einem Navigationsmenü oder Rollover-Buttons, und sogar so sinnvolle Aufgaben wie eine Plausibilitätsprüfung von Formulardaten ausführen. Obwohl die Trennung zwischen HTML und Skripten ursprünglich sehr klar war, können Sie mit DHTML alle Elemente mit Hilfe des Document Object Models modifizieren. Die Verwendung dieses Scripting-Verfahrens in Verbindung mit Style Sheets macht Ihre Seiten lebendiger und füllt sie mit Interaktion und Bewegung. Natürlich hat das seinen Preis. Designer müssen sich überzeugen, dass ihr HTML sauber umgesetzt ist, die Objekte passend benannt sind und die verschiedenen Browser-Inkompatibilitäten gut bedacht wurden, bevor ein Skript zu einer Seite hinzugefügt wird.

14

Clientseitige Programmierung: PlugIns, ActiveX und Java

Das letzte Kapitel beschäftigte sich damit, wie Skripte in HTML-Seiten eingebunden werden. Skripte können verschiedene Formularelemente und, im Fall von Dynamic HTML, ganze Seitenelemente beeinflussen. Skripte können auch auf eingebundene binäre Objekte zugreifen. Wie bereits in Kapitel 9 erläutert, können eingebundene Objekte verwendet werden, um neue Dateitypen wie Sound- oder Videodateien ins Web zu bringen. Sie können sogar kleine ausführbare Programme in eine Seite integrieren. Binäre Objekte gibt es in vielen Formen, einschließlich Netscape-PlugIns, ActiveX-Anwendungen und Java Applets. Jedes von ihnen erfordert ein spezielles HTML-Element. In Zukunft werden alle Medientypen mit dem `<object>`-Tag eingebunden. Bis Objekte jedoch standardisiert sind, ist es nützlich, jede einzelne Technologie zu verstehen und zu wissen, wie sie sich mit HTML verknüpfen lässt.

Scripting, Programmierung und Objekte

Vielleicht wundern Sie sich, warum dieses Kapitel vom vorherigen getrennt wurde. Sowohl mit Skripten als auch mit eingebunden Objekten lässt sich Interaktion auf der Clientseite einbinden. Wo ist der Unterschied? Warum zwischen Skripten und Objekten unterscheiden? Erinnern Sie sich an clientseitige Skripte, kurze interpretierbare Codeschnipsel, die ein wenig Funktionalität auf die Webseiten brachten. Scripting ist *nicht* unbedingt so komplex wie Programmieren, auch wenn es oft so aussieht. Programmieren ist weiter gefasst als Scripting. Programmierung erlaubt es Ihnen, fast alles zu erstellen, was Sie sich vorstellen können, wenn es auch aufwändiger als das Erstellen von Skripten ist. Um z.B. zu überprüfen, ob ein Formular richtig ausgefüllt wurde, reichen ein paar Zeilen Skriptcode. Wenn Sie allerdings ein aufwändiges Videospiel, das auf Ihren Webseiten läuft, erstellen wollen, werden Sie etwas mehr benötigen. So etwas sollten Sie vielleicht eher in einer Sprache wie Java, C/C++ oder Visual Basic programmieren. Dieses Kapitel beschäftigt sich mit den jeweiligen Technologien und wie sie mit Hilfe von HTML in eine Webseite eingebunden werden.

PlugIns

PlugIns wie Flash Player, QuickTime Player und andere sind kleine Hilfsprogramme (Komponenten), die alleine innerhalb des Browsers laufen. Ursprünglich sind PlugIns eine Netscape-Technologie, die es seit dem Netscape Navigator 2 gibt. Sie werden von einigen anderen Browsern, wie z.B. Opera (www.operasoftware.com) unterstützt. Das Tag `<embed>` wird verwendet, um auf PlugIns zu verweisen. Er wird auch vom Internet Explorer unterstützt, obwohl er hier nur dazu verwendet wird, eine ActiveX-

Instanz (eine vergleichbare Microsoft-Technologie, die später in diesem Kapitel erläutert wird) zu starten. Obwohl PlugIns die Möglichkeiten eines Browsers erheblich erweitern können, haben sie auch ihre Nachteile. Um sie verwenden zu können, muss der Betrachter ein PlugIn finden, es herunterladen, installieren und den Browser anschließend neu starten. Viele Anwender finden das sehr kompliziert. Netscape 4.x bietet einige Installationserleichterungen durch selbstinstallierende PlugIns und andere Features, doch trotzdem bleiben PlugIns etwas problematisch. Um dieses Problem zu verringern, werden viele häufig verwendete PlugIns, wie Macromedias Flash, schon in den Lieferumfang von Netscape-Browsern integriert. Doch auch wenn die Installation kein großes Problem mehr ist, sind PlugIns nicht für alle Rechnertypen verfügbar. Da es sich hier jedoch um ausführbare Programme handelt, muss für jedes Betriebssystem eine spezielle Version erstellt werden. Aufgrund dieser Anforderungen gibt es viele PlugIns nur für Windows 98/NT. Für Macintosh- und Unix-Rechner sind deutlich weniger PlugIns verfügbar. Und schließlich ist jedes installierte PlugIn eine Browsererweiterung, die Arbeitsspeicher und Festplattenplatz beansprucht.

Der Vorteil von PlugIns ist, dass sie sich gut in Webseiten integrieren lassen. Sie können mit Hilfe der Tags <embed> oder <object> eingebunden werden. Normalerweise sollte <embed> verwendet werden, allerdings ist <object> die bevorzugte Methode und wird <embed> eventuell vollständig ersetzen. Das <embed>-Element benutzt das Attribut src, um den URL des einzubindenden Objektes zu spezifizieren. Die Attribute height und width werden verwendet, um die Größe des eingebundenen Objekts anzuzeigen, wenn es sichtbar ist. Um einen kurzen Film im AVI-(Audio Video Interleaved)Format namens willkommen.avi, der mit einem Video-PlugIn betrachtet werden kann, auf den Webseiten zu integrieren, verwenden Sie das folgende HTML-Fragment:

```
<embed src="willkommen.avi" height="100" width="100">
```

Der <embed>-Befehl zeigt das PlugIn (hier den Film) als einen Teil des HTML-Dokuments an.

Ein Browser kann viele PlugIns installiert haben. Um zu prüfen, welche PlugIns in Netscape installiert sind, geben Sie about:plugins in das Adressfeld des Browsers ein oder schauen im Hilfemenü unter dem Punkt »Über PlugIns« nach. Der Browser zeigt Ihnen daraufhin eine Liste aller installierten PlugIns und der zugehörigen MIME-Typen, die das entsprechende PlugIn aufrufen, und einen Hinweis darüber, ob das PlugIn aktiviert ist. Abbildung 14.1 zeigt das Beispiel einer PlugIn-Informationsseite.

<embed>-Syntax

Der eigentliche Weg, ein PlugIn für Netscape-Browser zu laden, ist die Verwendung des <embed>-Tags, das nicht Teil der HTML-Spezifikation ist. Das Tag <object> wäre eigentlich vorzuziehen, zumal es Teil der Spezifikation ist, es wird jedoch erst von den Microsoft-Browsern ab der Version 3 unterstützt. Aus Gründen der Abwärtskompatibilität können Sie beide Tags verwenden, wie es Ihnen weiter unten in diesem Kapitel gezeigt wird. Die komplette Syntax des <embed>-Elements finden Sie in der Referenz in Anhang A.

Das wichtigste Attribut für <embed> ist wahrscheinlich src, mit dem Sie den URL des Objekts, das in die Seite eingebunden werden soll, angeben. Der Browser erkennt den MIME-Typ des Objekts – und damit das PlugIn, an das es weitergeleitet wird – an seiner Dateiendung. Eine Datei mit dem Name test1.dcr würde z.B. dem MIME-Typ application/x-director zugewiesen und an das Shockwave-for-Director-PlugIn weitergeleitet werden.

Da PlugIns rechteckig sind, sind einzubindende Objekte Grafiken sehr ähnlich, weshalb das <embed>-Tag viele gemeinsame Attribute mit dem <img>-Tag hat.

❑ **align** Wird verwendet, um das Objekt relativ zur Seite auszurichten und erlaubt Textfluss um das Objekt. Um das gewünschte Textlayout zu erzielen, müssen Sie eventuell das
-Element mit dem clear-Attribut verwenden.

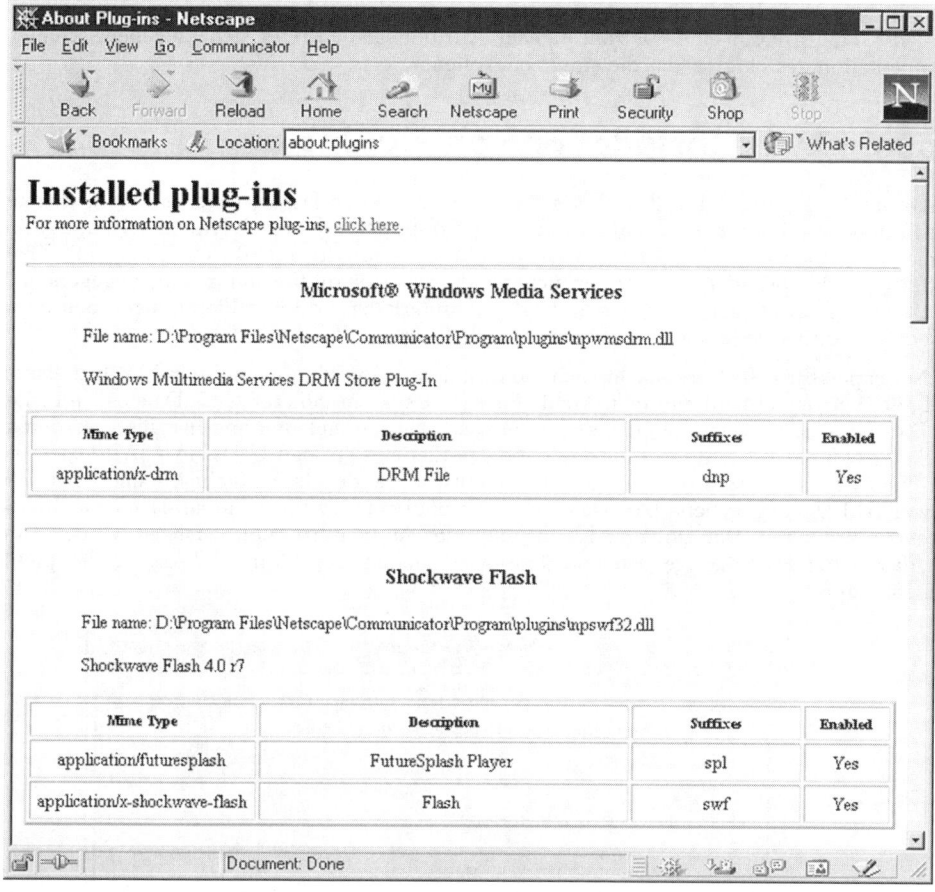

Abbildung 14.1: Die PlugIn-Anzeige in Netscape

- **hspace** und **vspace**   Wird verwendet, um einen Freiraum (in Pixeln) zwischen das Objekt und den umlaufenden Text zu schaffen.
- **border**   Bestimmt die Stärke der Umrandung um das PlugIn in Pixeln. Wie bei Grafiken kann es nützlich sein, den Wert auf 0 zu setzen, wenn das Objekt als Link verwendet wird.
- **height** und **width**   Definiert die vertikale und horizontale Größe des eingebundenen Objekts (in Pixeln), wenngleich auch Prozentangaben akzeptiert werden. Die Werte für height und width sollten immer gesetzt werden, wenn nicht das Attribut hidden verwendet wird. Wird das Attribut hidden gesetzt, wird das PlugIn unsichtbar, wodurch alle height- und width-Angaben sowie jeder optische Effekt des Objekts hinfällig werden.

Besondere PlugIn-Attribute

Zusätzlich zu den Standard-Attributen für das <embed>-Element können PlugIns auch eigene Attribute haben, um spezielle Informationen zwischen der HTML-Seite und dem PlugIn-Code auszutauschen. Ein PlugIn, das Filme abspielt, kann ein loop-Attribut haben, das festlegt, wie oft eine Sequenz wiederholt werden soll. Erinnern Sie sich, dass Browser unter HTML alle Nichtstandard-Attribute, die sie erhalten, ignorieren. Alle anderen Attribute werden an das PlugIn weitergereicht, das nach speziellen Attributen sucht, die sein Verhalten beeinflussen könnten. Alle speziellen Attribute aufzuzählen, ist hier nicht möglich. Jedes PlugIn kann eine Vielzahl eigener Attribute haben. Um sicherzugehen, schauen Sie in die Dokumentation des PlugIns, das Sie einsetzen wollen.

Attribute für die Installation von PlugIns

Es ist keine gute Lösung, die Besucher selbst herausfinden zu lassen, welches PlugIn manuell installiert werden muss. Sie können mit dem Attribut pluginspage zu einem URL verweisen, der Anweisungen für die Installation eines PlugIns enthält. Auf diese Weise wird ein Browser, der ein Objekt in einem <embed>-Befehl vorfindet, von dem er nicht weiß, was er damit tun soll, auf die angegebene Seite umgeleitet. Hier erfährt er dann, wie er das PlugIn herunterladen und installieren kann. Seit Netscape 4 verweist dieses Attribut automatisch auf eine spezielle Netscape-PlugIn-Suchseite.

Der Netscape-4-Browser vereinfacht auch die Installation von PlugIns mit dem JAR Installations Manager (JIM), der verwendet wird, um Java Archiv Files (JARs) zu installieren. JAR-Dateien sind eine Sammlung von Dateien, einschließlich PlugIns, die automatisch heruntergeladen und installiert werden können. Setzen Sie das pluginurl-Attribut für das <embed>-Element auf den URL einer JAR-Datei, die das benötigte PlugIn enthält. Wenn ein Betrachter das entsprechende PlugIn nicht installiert hat, veranlasst der Browser JIM, die angegebene JAR-Datei herunterzuladen und zu installieren. Der Betrachter kann diesen Prozess kontrollieren. Der Download kann mit einer Authentifizierung versehen werden, um zu verhindern, dass Betrachter bösartige Dateien auf ihr System laden. Abbildung 14.2 zeigt ein Beispiel-JIM-Fenster unter Netscape 4.

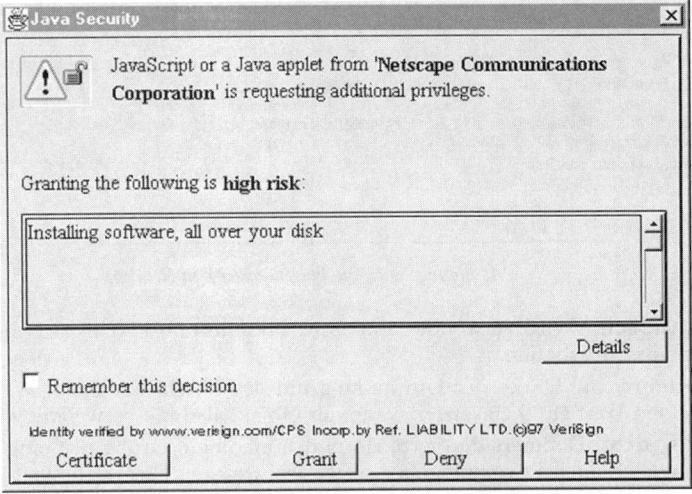

Abbildung 14.2: Das JIM Fenster in Netscape 4

In Netscape 4 oder höher wird das Attribut pluginurl in der Hierarchie über pluginspage gesetzt. Wird jedoch keins der beiden Attribute verwendet, sollte der Browser standardmäßig auf eine PlugIn-Suchseite verweisen.

<noembed>

Ein wichtiger Aspekt von PlugIns ist die Idee von <noembed>. Einige Browser verstehen die PlugIn-Architektur von Netscape oder sogar das <embed>-Element nicht. Anstatt diese Besucher von einer Webseite auszuschließen, ist es mit dem Befehl <noembed> möglich, diesen Usern einen Alternativtext oder sonstige

Inhalte anzubieten. Im folgenden Beispiel wird ein AVI-Video in eine Seite eingebunden. Das `<noembed>`-Element enthält eine Grafik, deren `alt`-Attribut mit einem alternativen Text versehen ist. Beachten Sie, wie das Beispiel von einer technisch hochwertigen Seite zu einer reinen Textanwendung werden kann:

```
<embed src="willkommen.avi" height="100" width="100">
<noembed>
    <img src="willkommen.gif" alt="Willkommen bei der Demo Company, Inc.">
</noembed>
```

Es könnte zu Problemen mit dem `<noembed>`-Befehl kommen, wenn ein Browser PlugIns unterstützt, aber ein spezielles erforderliches PlugIn nicht installiert hat. In diesem Fall würde der Betrachter das Bild eines zerbrochenen Puzzle-Teils oder eine ähnliche Abbildung sehen, um dann auf eine Seite weitergeleitet zu werden, auf der er das PlugIn herunterladen kann. Wie schon erwähnt, sollten Sie immer das Attribut `pluginurl` oder `pluginspage` verwenden, damit der User das benötigte PlugIn sofort beziehen und sich die gewünschten Inhalte ansehen kann.

`<object>`-Syntax für PlugIns

Seit Netscape 4 kann das `<object>`-Element verwendet werden, um eine Vielzahl von Elementen, einschließlich Netscape-PlugIns, in eine Webseite einzubinden. Wie das `<embed>`-Element auch besitzt das `<object>`-Tag Attribute, mit denen sich sowohl Objekttyp als auch Typ und Ort des verwendeten PlugIns bestimmen lassen. Das Tag `<object>` unterstützt alternative Darstellungsformen für den Fall, dass ein Browser nicht in der Lage ist, ein bestimmtes Objekt zu unterstützen. Das Tag `<embed>`, das ursprünglich für den Umgang mit PlugIns verwendet wurde, bietet trotz des `<noembed>`-Tags, keine gute Unterstützung für solche Situationen. Dieser Abschnitt behandelt die Syntax des `<object>`-Tags in Relation zum `<embed>`-Element (eine allgemeinere Vorstellung des `<object>`-Elements finden Sie weiter unten in diesem Kapitel im Zusammenhang mit ActiveX).

Das Hauptattribut beim Referenzieren von PlugIns mit `<object>` ist `data`, das den URL des Datenobjekts angibt und dem `src`-Attribut des `<embed>`-Tags entspricht. Wie beim `<embed>`-Tag bezeichnet das Attribut `type` den MIME-Typ des Objekts. Dieser kann manchmal vom Wert des `data`-Attributs abgeleitet werden. Das Attribut `codebase` entspricht dem `pluginspage`-Attribut und gibt den URL des PlugIns an. Das Attribut `classid` wird verwendet, um einen URL für ein PlugIn zu benennen, das mit JIM (JAR Installed Manager) heruntergeladen werden kann. Wird das `classid`-Attribut nicht verwendet und kann das Objekt nicht dargestellt werden, so wird das Objekt ignoriert. Das `id`-Attribut weist dem Objekt einen Namen zu, unter dem es von eventuell vorhandenen Skripten angesprochen werden kann. Wenn der Browser den Datentyp nicht erkennt oder ihn nicht unterstützt, kann das Objekt nicht eingebunden werden. Der nachfolgende HTML-Code wird normal dargestellt. Hier sehen Sie ein Beispiel für den Einsatz des Netscape-LiveAudio-PlugIn im Netscape-4-Browser mit dem `<object>`-Tag:

```
<object data="click.wav" type="audio/wav" height="60" width="144"
        autostart="false">
    <b>Sorry, LiveAudio ist nicht installiert...</b>
</object>
```

Autoren sollten es vermeiden, mit dem `<object>`-Tag auf PlugIns zu verweisen, da es Kompatibilitätsprobleme mit dem Internet Explorer geben könnte. Für die komplette Syntax des `<object>`-Elements schauen Sie in die Referenz in Anhang A.

Scripting und PlugIns

Auch Skriptsprachen können auf PlugIns zugreifen. Jedes PlugIn in einem Dokument kann in der Netscape-Version von JavaScript wie ein Element der embeds[]-Sammlung angesprochen werden (diese wurde im vorherigen Kapitel erläutert). Unter Netscape können Sie mit der plugins[]-Sammlung, die Teil des Navigator-Objekts in JavaScript ist, bestimmen, welche PlugIns für den Browser verfügbar sind. Der folgende Code zeigt die installierten PlugIns eines Netscape-Browsers an:

```
<!DOCTYPE HTML PUBLIC "-//W3C//DTD HTML 4.01 Transitional//EN">
<html>
<head>
<title>PlugIn-Ausgabe</title>
</head>
<body>
<h2 align="center">Installierte PlugIns</h2>
<hr>
<script language="javascript">
<!--
if (navigator.appName == "Microsoft Internet Explorer")
 document.write("PlugIns[]-Sammlung wird von IE nicht unterstützt");
else
 {
    num_plugins = navigator.plugins.length;
    for (count=0; count < num_plugins; count++)
      document.write(navigator.plugins[count].name + "<br>");
 }
//-->
</script>
</body>
</html>
```

Beachten Sie, dass dieses Beispiel die PlugIns des Internet Explorers nicht anzeigt, da dieser Browser die plugins[]-Sammlung nicht unterstützt. Unter Netscape können Sie jedoch ein bisschen einfache if-then-Logik einsetzen, um festzustellen, welches HTML verwendet werden soll, wenn ein bestimmtes PlugIn auf dem Browser verfügbar ist.

Werden PlugIns auf einer Seite verwendet, sollten sie immer einen Namen mit den Attributen name und id zugewiesen bekommen, damit JavaScript auf sie zugreifen kann. Das Codebeispiel

```
<embed src="willkommen.avi" name="welcomemovie" id="welcomemovie" height="100"
width="100">
```

weist dieser Instanz des LiveVideo-PlugIns z.B. den Namen WelcomeMovie zu. Nachdem das PlugIn benannt ist, kann es als document.welcomemovie von JavaScript angesprochen werden. Wenn es das zweite PlugIn der Seite ist, kann es auch als document.embeds[1] angesprochen werden. Warum nicht »index2«? Sammlungen werden in JavaScript als mehrdimensionale Felder (Arrays) implementiert, bei denen die Zählung mit null beginnt, so dass das erste PlugIn mit document.embeds[0] referenziert wird.

Nachdem Sie die PlugIns mit Namen versehen haben, sollten Sie in der Lage sein, PlugIn-Aktionen auch nach dem Laden noch beeinflussen zu können. Netscape-Browser ab der Version 3 sind mit einer Technologie namens *LiveConnect* versehen, die es JavaScript ermöglicht, mit Java Applets und PlugIns zu kommunizieren. Das gilt jedoch nur für PlugIns, die geschrieben wurden, um LiveConnect zu unterstützen. Glücklicherweise unterstützen viele PlugIns, wie z.B. Macromedia Flash, LiveConnect. Dieses einfache Beispiel zeigt, wie LiveConnect mit Hilfe der Fomularbuttons arbeitet, um einen Flash-Film mit JavaScript zu starten und zu stoppen:

```html
<!DOCTYPE HTML PUBLIC "-//W3C//DTD HTML 4.01 Transitional//EN">
<html>
<head>
<title>Flash-JavaScript-Kontrollbeispiel</title>
<script>
<!--

var loaded=false;
function playFlash(id)
{
    flashFile = eval("window.document."+id);
    if (!loaded)
      {
        while (!loaded)
          {
            if(flashFile.PercentLoaded() == 100)
              {
                flashFile.Play();
                  loaded = true;
              }
          }
      }
    else
      flashFile.Play();
}


function stopFlash(id)
{
  flashFile = eval("window.document."+id);
  flashFile.StopPlay()
}
//-->
</script>
</head>
<body bgcolor="#FFFFFF">

<h2>PlugIn - JavaScript-Interaktion</h2>
<embed src="example.swf" quality="high"
pluginspage="http://www.macromedia.com/shockwave/download/
index.cgi?P1_Prod_Version=ShockwaveFlash"
  type="application/x-shockwave-flash" width="400"
```

```
      height="250" id="example" name="example"
      swliveconnect="true">

  <noembed>
        Sie benötigen Flash und Netscape für diese Demo
   </noembed>
 </embed>
 <hr>
 <form>
   <input type="button" name="Button1" value="Start Flash"
         onClick="playFlash('example')">
   <input type="button" name="Button2" value="Stop Flash"
         onClick="stopFlash('example')">
 </form>
 </body>
 </html>
```

Dieses Beispiel kann live auf den Webseiten von mitp betrachtet werden.

Hinweis

Ein sehr wichtiges Attribut, das sicherstellt, dass dieses Beispiel funktioniert, ist `swliveconnect="true"`. Das gilt besonders für Netscape, aber auch für den Internet Explorer gibt es keine Garantie für einen reibungslosen Ablauf. Darüber hinaus ist die Implementierung von LiveConnect nicht stabil und funktioniert nicht unter allen Versionen von Netscape. Trotzdem sollte das Beispiel ausreichen, um das Grundkonzept einer Kommunikation zwischen Skripten und PlugIns zu verdeutlichen.

Die Kommunikation zwischen PlugIns und einer Skriptsprache in Verbindung mit LiveConnect deutet die Mächtigkeit eines Komponentenmodells wie Netscapes PlugIns an. Trotzdem werden andere Technologien, wie ActiveX oder Java, den PlugIns in Bezug auf allgemeine Programmieraufgaben häufig vorgezogen. PlugIns werden oft nur zur Handhabung neuer Medientypen eingesetzt, wie es in diesem Abschnitt demonstriert wurde.

ActiveX Controls

ActiveX (`http://www.microsoft.com/com/tech/activex.asp`), die Internet-Version des Component Object Models (COM), ist eine Microsoft-Technologie zum Erstellen von kleiner Komponenten, auch *Controls* genannt, für eine Webseite. ActiveX wurde entwickelt, um diese Komponenten über das Web zu verbreiten, um einem Browser neue Funktionalitäten hinzuzufügen. AcitveX Controls sind allgemein programmierten Komponenten insofern ähnlich, da sie innerhalb von Containerprogrammen, wie z.B. Microsoft Office, existieren können. Sie sind dem Netscape-Konzept der PlugIns allerdings dahingehend vergleichbar, dass sie (betriebs-)systemabhängig und beständig sind. Dadurch kann der Verbrauch von Rechnerressourcen problematisch werden. Die Installation ist hingegen kein Thema: Die Komponenten werden automatisch heruntergeladen und installiert.

ActiveX kann jedoch Probleme bezüglich der Sicherheit aufwerfen. Da diese kleinen Programme vollständigen Zugriff auf das System des Anwenders erlangen können, können sie auch ernsthafte Schäden hervorrufen. Diese Gefahr ist in Verbindung mit der automatischen Installation ein wirkliches Problem. Ein Besucher könnte schnell einen Button klicken, um seinen Browser um neue Funktionen zu erweitern, und feststellen, dass seine Festplatte gelöscht wird. Diese uneingeschränkte Macht von ActiveX Controls öffnet ein klaffendes Sicherheitsloch. Um dem entgegenzuwirken, bietet Microsoft Authentifizierungsinformationen, um anzuzeigen, wer eine Komponente erstellt hat. Ein Beispiel eines solchen Zertifikats sehen Sie in Abbildung 14.3.

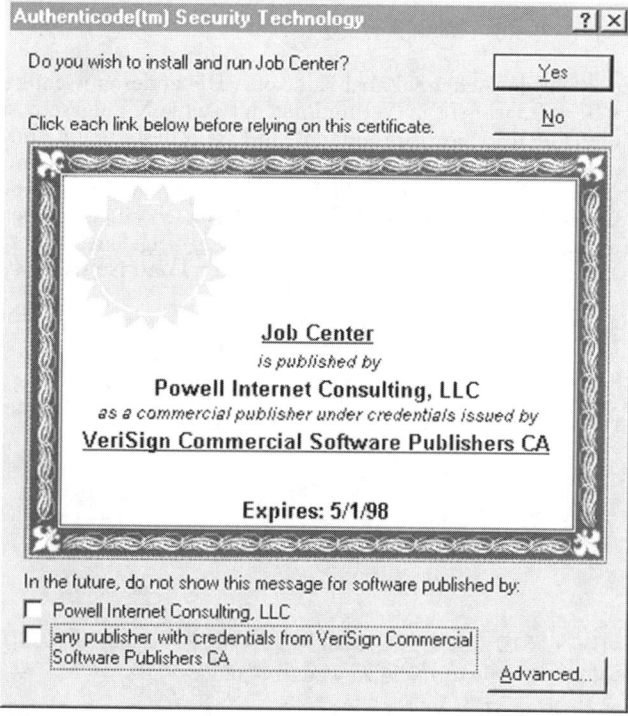

Abbildung 14.3: Das ActiveX Zertifikat

Diese Zertifikate zeigen jedoch lediglich an, dass der Programmierer der Komponente seriös ist. Es verhindert nicht, dass das Programm schadhaft sein kann. Um etwas sicherer zu sein, sollten lediglich Controls von zertifizierten Quellen akzeptiert werden.

Controls zu Webseiten hinzufügen

Eine ActiveX-Komponente wird mit dem Tag `<object>` in eine Webseite eingebunden. Die Grundform dieses Elements für eine ActiveX Control sehen Sie hier:

```
<object classid="CLSID:class-identifier"
height="pixels" width="pixels"
id="unique identifier">

Parameter und alternative Textdarstellung

</object>
```

Das wichtigste Attribut des <object>-Befehls ist classid, wenn Sie eine ActiveX Control einbinden wollen. Der Wert von classid identifiziert das zu integrierende Objekt. Jede ActiveX-Komponente hat einen Klassenidentifizierer der Form CLSID:*classidentifier*, wobei der Wert *classidentifier* eine komplexe Zeichenkette ist, mit der die Komponente eindeutig identifiziert werden kann:

```
99B42120-6EC7-11CF-A6C7-00AA00A47DD2
```

Das ist der Identifizierer für die ActiveX-Label-Kontrolle. Die anderen wichtigen Attribute für die Grundform des <object>-Befehls, wie sie in Verbindung mit ActiveX eingesetzt werden, sind height und width, mit der Sie die Dimension der Komponente in Pixeln bestimmen, und id, womit ein eindeutiger Name für das Programm für Skriptsprachen festgelegt wird. Zwischen dem Tag-Paar <object> und </object> können sich mehrere <param>-Elemente befinden, die Informationen an das Programm weiterreichen. Ebenso können hier alternative HTML-Anweisungen eingefügt werden, die in nicht ActiveX-tauglichen Browsern angezeigt werden. Der folgende Code zeigt ein kleines Beispiel, von dem Sie in Abbildung 14.4 die Darstellung unter dem Internet Explorer 4 und Netscape 4 sehen können.

```html
<!DOCTYPE HTML PUBLIC "-//W3C//DTD HTML 4.0 Transitional//EN">
<html>
<head>
<title>ActiveX-Label-Test</title>
</head>
<body>

<h1 align="center">ActiveX-Demo</h1>
<hr>

<object classid="CLSID:99B42120-6EC7-11CF-A6C7-00AA00A47DD2"
        id="IeLabel1" height="65" width="325">
  <param name="_ExtentX" value="6879">
  <param name="_ExtentY" value="1376">
  <param name="Caption" value="Hallo Welt">
  <param name="Alignment" value="4">
  <param name="Mode" value="1">
  <param name="ForeColor" value="#FF0000">
  <param name="FontName" value="Arial">
  <param name="FontSize" value="36">
  <b>Hallo Welt für Euch Nicht-ActiveX-Anwender!</b>
</object>

</body>
</html>
```

Nachdem Sie dieses Beispiel betrachtet haben, stellen Sie sich vielleicht die Frage, wie ein classid-Wert und die zugehörigen <param>-Werte bestimmt werden. Es ist jedoch nicht nötig, hier eine Liste aller Komponenten und der zugehörigen Identifizierer abzubilden. Viele Programme, wie z.B. Microsoft Visual InterDev, erledigen das automatisch für Sie.

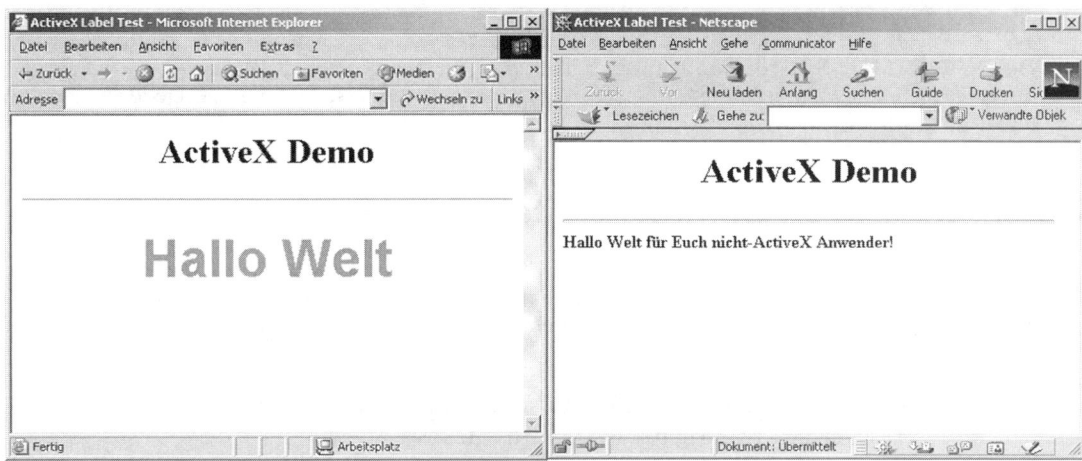

Abbildung 14.4: ActiveX in Netscape und Internet Explorer

ActiveX Controls installieren

Wie bereits zuvor bemerkt, ist das wichtigste Attribut des `<object>`-Tags `classid`, mit dem ein bestimmtes Objekt eingebunden wird. Die Syntax `CLSID:class-identifier` steht z.B. für registrierte ActiveX Controls. Im Allgemeinen, wenn das `<object>`-Element auch andere eingebundene Elemente unterstützt, wird `classid` auf andere Arten, wie z.B. als `java:Blink.class` eingesetzt. Das wird weiter unten, wenn wir zu Java Applets kommen, näher erläutert. Microsoft erlaubt darüber hinaus das Attribut `code` im `<object>`-Element. `code` wird verwendet, um den URL eines Java Applets anzugeben.

ActiveX und PlugIns sind sich in dem Sinne ähnlich, dass beide permanent verfügbare, plattformabhängige Komponenten sind. Die Installation oder der Ablauf eines ActiveX Controls kann in einer Serie von Schritten beschrieben werden:

❏ Der Browser lädt eine HTML-Seite, die mit Hilfe des `<object>`-Tags und einem zugehörigen `classid`-Attribut auf eine ActiveX-Komponente verweist.

❏ Der Browser überprüft das System, um festzustellen, ob die angegebene Komponente installiert ist. Das geschieht anhand der Angabe `CLSID: eine-id-nummer`.

❏ Wenn die Komponente installiert ist, vergleicht der Browser die gespeicherte `codebase`-Version mit der im HTML-Dokument angegebenen. Wenn eine neuere Version im Quelltext angegeben ist, wird diese benötigt.

❏ Ist sie nicht installiert oder wird eine neuere Version benötigt, bestimmt das Attribut `codebase` den Ort, von dem sie geladen werden kann. Das `codetype`-Attribut kann auch verwendet werden, um den MIME-Typ des zu ladenden Objekts festzulegen. In den meisten Fällen kann jedoch darauf verzichtet werden, da der Datentyp meist dem Standard entspricht.

Aus Gründen der Sicherheit überprüft der Browser, ob der Code zertifiziert ist, bevor er mit dem Download beginnt. Ist der Code nicht zertifiziert, wird der Anwender gewarnt. Ist er zertifiziert, wird dem Betrachter ein Authentifizierungszertifikat angezeigt, auf dem er die Identität des Autors erfährt. Anhand dieser Kriterien kann der User der Installation auf seinem System zustimmen oder sie verweigern. Akzeptiert der User den Download der Komponente, wird diese automatisch heruntergeladen, installiert und in die Seite eingebunden. Schließlich wird die Komponente für spätere Anwendungen permanent auf dem Rechner des Betrachters gespeichert. Das kann verhindert werden, wenn das `declare`-Attribut verwendet wird. Das Attribut `declare` zeigt an, ob ein `<object>` nur definiert und nicht aktuell angezeigt wird, bis spätere `<object>`-Tags den Installationsprozess auslösen.

Daten an ActiveX Controls weiterreichen

Anders als PlugIns benötigen ActiveX Controls keine speziellen Attribute, um Daten weiterzureichen. Stattdessen verwenden Sie ein eigenes Tag namens <param>, das sich innerhalb des Tag-Paares <object> </object> befindet. Um die Parameter weiterzuleiten, verwenden Sie diese Tags, wie es hier gezeigt wird:

```
<object classid="CLSID:99B42120-6EC7-11CF-A6C7-00AA00A47DD2"
        id="IeLabel1" height="65" width="325">
    <param name="Caption" value="Hallo Welt">
    <param name="FontName" value="Arial">
    <param name="FontSize" value="36">
    <b>Hallo Welt für Euch Nicht-ActiveX-Anwender!</b>
</object>
```

In diesem Fall hat der Parameter Caption den Wert »Hallo Welt«, der Parameter FontName ist auf »Arial« gesetzt, und die Fontgröße wurde mit FontSize auf 36 Punkt eingestellt.

ActiveX Controls und Scripting

Wie auch PlugIns können Sie ActiveX Controls mit einer Skriptsprache wie JavaScript oder VBScript kontrollieren. Ein Vorteil von ActiveX ist, dass es viele vorgefertigte Kontrollmöglichkeiten gibt, die mit Hilfe von Skriptsprachen leicht manipuliert werden können. Bevor Sie jedoch auf ein Objekt zugreifen können, müssen Sie ihm mit Hilfe des id-Attributs einen eindeutigen Namen zuweisen. Nachdem das Objekt benannt wurde, kann es mit einem Skript oder einem Ereignis verbunden werden, so dass es z.B. auf Mausklicks oder -bewegungen reagiert. Das folgende einfache Beispiel zeigt, wie zwei ActiveX-Befehlsbuttons verwendet werden, um einen Hinweistext auszutauschen:

```
<!DOCTYPE HTML PUBLIC "-//W3C//DTD HTML 4.01 Transitional//EN">
<html>
<head>
<title>ActiveX-Scripting-Demo</title>
</head>
<body>
<h1 align="center">ActiveX und Scripting</h1>
<hr>

<b>Label:</b>
<object id="Label1" width="200" height="80" align="top"
        classid="CLSID:978C9E23-D4B0-11CE-BF2D-00AA003F40D0">
        <param name="BackColor" value="8454143">
        <param name="Caption" value="Ich bin ein Label">
```

```html
        <param name="Size" value="4233;1212">
        <param name="BorderColor" value="8421504">
        <param name="BorderStyle" value="1">
        <param name="FontHeight" value="200">
        <param name="FontCharSet" value="0">
        <param name="FontPitchAndFamily" value="2">
        <param name="ParagraphAlign" value="3">
    </object>
<hr>
<script language="JavaScript" for="CommandButton1" event="Click()">
<!--
Label1.Caption = "Der Button wurde geklickt!"
//-->
</script>

<object id="CommandButton1" width="168" height="52"
    classid="CLSID:D7053240-CE69-11CD-A777-00DD01143C57">
        <param name="ForeColor" value="65535">
        <param name="BackColor" value="10485760">
        <param name="Caption" value="Update Label">
        <param name="Size" value="3577;1101">
        <param name="FontHeight" value="200">
        <param name="FontCharSet" value="0">
        <param name="FontPitchAndFamily" value="2">
        <param name="ParagraphAlign" value="3">
</object>

<script language="JavaScript" for="CommandButton2" event="Click()">
<!--
Label1.Caption = "Ich bin ein Label"
//-->
</script>

<object id="CommandButton2" width="168" height="52"
    classid="CLSID:D7053240-CE69-11CD-A777-00DD01143C57">
        <param name="ForeColor" value="65535">
        <param name="BackColor" value="10485760">
        <param name="Caption" value="Reset Label">
        <param name="Size" value="3577;1101">
        <param name="FontHeight" value="200">
        <param name="FontCharSet" value="0">
        <param name="FontPitchAndFamily" value="2">
        <param name="ParagraphAlign" value="3">
</object>
</body>
</html>
```

> **Hinweis**
>
> Dieses Beispiel verwendet JavaScript zum Verarbeiten des Ereignisses. Häufig wird jedoch VBScript für die Zusammenarbeit mit ActiveX Controls vorgezogen. Da ActiveX eine Microsoft-Technologie ist, sollte der Einsatz von VBScript kein Problem sein. (Dieses Beispiel funktioniert ausschließlich mit dem Internet Explorer 3 oder höher auf einem Windows-System.)

ActiveX ohne Programmierung verwenden

Entwickler können auf eine Vielzahl verfügbarer Controls für verschiedene Zwecke zugreifen. Es sind viele Repositorien kostenfreier und kommerzieller ActiveX Controls (z.B. `http://www.activex.com`) im Internet verfügbar. Auch von Microsoft sind einige Komponenten erhältlich. Natürlich können Entwickler auch ihre eigenen Programme erstellen. Allerdings ist es nicht nötig, das Rad neu zu erfinden. Controls können in verschiedenen Sprachen wie Visual Basic, C++ oder Java erstellt werden. Es können auch bereits bestehende Programme zu Controls konvertiert werden. Das ActiveX-Modell ist nicht auf die Clientseite beschränkt. Es ist Bestandteil eines größeren Microsoft-Entwicklungsgerüstes, das bereits mehrmals den Namen wechselte und momentan als die *.NET-Plattform* bekannt ist. Wahrscheinlich wird dieser Name auch wieder geändert werden, so dass Sie sich Ihre Informationen am besten aktuell auf der Microsoft-Website (`http://msdn.microsoft.com`) beschaffen.

Java Applets

Während sowohl Microsofts ActiveX- als auch Netscapes PlugIn-Technologie plattform- und browserspezifisch sind, war die Java-Technologie von Sun Microsystems darauf ausgelegt, plattformneutral zu sein. Ziel war es, ein Programm nur einmal schreiben zu müssen, um unter allen Betriebssystemen auf jedem Rechner und jedem Browser, der die Java Virtual Machine (JVM) unterstützt, zu laufen. Java verwendet kleine Java-Programme, *Applets* genannt, die zuerst mit dem HotJava-Browser von Sun vorgestellt wurden. Heute werden Applets von fast allen Browsern unterstützt. Auch wenn es vielleicht nie eine perfekte plattformübergreifende Entwicklung geben wird, spielen Java Applets selbst in der clientseitigen Entwicklung, vor allem in kontrollierten Umgebungen wie Intranets, eine wichtige Rolle.

Applets werden in der Sprache Java geschrieben und in einen plattformunabhängigen Bytecode kompiliert. Bei Bedarf wird das Applet automatisch heruntergeladen, um im Java-tauglichen Browser zu laufen. Selbst mit einem schnellen Prozessor scheint das Java-Programm nur sehr langsam zu laufen, was daran liegt, dass der Bytecode von der JVM interpretiert werden muss. Selbst mit aktuellen Just-In-Time-(JIT)Compilern in neueren Browsern reicht die Performance nicht an die anderer clientseitiger Anwendungen heran. Darüber hinaus sind Java Applets nicht permanent verfügbar. Sie müssen jedes Mal neu heruntergeladen werden. Java-taugliche Browser verhalten sich wie kleine clientseitige Anwendungen, die Code nur dann hinzufügen, wenn er benötig wird. Auf diese Weise wird vermieden, dass der Browser sich unnötig mit zusätzlichen Features aufbläht. Er wächst und schrumpft mit dem Gebrauch der Applets.

Sicherheit war bei Java von Beginn an ein wichtiges Thema. Da die Programme automatisch geladen werden und ablaufen, könnte ein bösartiges Programm Schaden anrichten, ohne dass der Betrachter die Chance hat, es zu stoppen. In der ersten Version hatte Java nur sehr wenig Zugriff auf Ressourcen außerhalb der Umgebung des Browsers. In Webseiten eingebunden, kann ein Applet nicht auf die Festplatte schreiben oder andere riskante Aufgaben ausführen. Diese Vorgehensweise wurde *Java Sandbox* (Sandkasten) genannt. Entwickler, die Funktionen außerhalb des Sandkastens nutzen wollten, mussten Java-Programme schreiben, die getrennt vom Browser laufen. Andere Internet-Programmierungstechnologien (wie PlugIns oder ActiveX) bieten weniger oder gar keinen Schutz vor schädlichen Programmen.

Seltsamerweise wollen Java-Entwickler häufig genau diese unsicheren Features ebenso wie permanentes Speichern und Kommunikation unter den einzelnen Objekten hinzufügen. Tatsächlich kann unter neueren Browsern ein erweiterter Zugriff gewährt werden, sofern es sich dabei um zertifizierte Java Applets handelt. (Über zertifizierte Applets kann der Betrachter feststellen, wer den Code programmiert hat, und entscheiden, ob er das Applet akzeptiert oder zurückweist.) Java Applets können beschränkten Festplatten- und Netzwerkzugriff erhalten, eingeschränkten Lese- und Schreibzugriff sowie uneingeschränkten Schreibzugriff. User, die ein Applet mit derart erweiterten Rechten herunterladen wollen, werden von einer Warnmeldung darüber informiert, die ihnen auch die zugehörige digitale Signatur des Applets anzeigt. Daraufhin kann der User entscheiden, ob er dem Applet diese Rechte zugestehen will oder nicht. Verweigert er dem Applet diese zusätzlichen Rechte, kann das Applet zwar laufen, allerdings ohne die Sonderrechte.

Java-Code hat sehr viel Ähnlichkeit mit C++. Das folgende Codefragment zeigt ein einfaches Beispiel eines Java Applets:

```
import java.applet.Applet;
import java.awt.Graphics;

public class helloworld extends Applet {

    public void paint(Graphics g)
    {
        g.drawString("Hello World", 50, 25);
    }

}
```

Wird dieser Code kompiliert (z.B. mit JavaSofts javac), sollte daraus eine class-Datei namens hallo-welt.class erstellt werden, die verwendet werden kann, um auf der Webseite den Text »Hallo Welt« auszugeben. Sie können das Tag <applet> verwenden, um ein Java Applet in eine Webseite zu integrieren. Wie beim <embed>-Element müssen Sie festlegen, welches Element eingebunden werden soll. In diesem Fall verwenden Sie das Attribut code, um den URL der zu ladenden Java-Klassendatei anzugeben. Da es sich um ein einzubindendes Objekt handelt, sollten auch die Attribute height und width verwendet werden. Das folgende Beispiel bindet das Applet HalloWelt in eine Webseite ein. Abbildung 14.5 zeigt die Darstellung des Java-Beispiels im Netscape-4-Browser mit aktivierter und deaktivierter Java-Funktion.

```
<!DOCTYPE HTML PUBLIC "-//W3C//DTD HTML 4.01 Transitional//EN">
<html>
<head>
<title>Java-Hallo-Welt</title>
</head>
<body>
<h1 align="center">Java-Applet-Demo</h1>
<hr>
<applet code="hallowelt.class"
height="50" width="175">
<h1>Hallo Welt für Euch nicht-Java-tauglichen Browser</h1>
</applet>
</body>
</html>
```

Im vorangegangenen Codebeispiel befindet sich zwischen dem Tag-Paar `<applet>` und `</applet>` eine alternative Darstellung für Browser, die Java oder das Tag `<applet>` nicht unterstützen, oder bei denen die Java-Unterstützung deaktiviert wurde.

Abbildung 14.5: Beispiel für aktives und deaktiviertes Java

`<applet>`-Syntax

Da Java Applets, wie Netscape-PlugIns, eingebundene Objekte sind, ist die Syntax für das `<applet>`-Tag ähnlich dem des `<embed>`-Tags. Das gilt vor allem für Ausrichtung und Größenangaben. Einen vollständigen Überblick erhalten Sie in der Referenz in Anhang A.

Das wichtigste Attribut des `<applet>`-Tags ist wahrscheinlich `code`, mit dem der URL der Java-Klasse, die in die Seite eingebunden werden soll, angegeben wird. Das Attribut `codebase` kann verwendet werden, um ein Verzeichnis zu definieren, das die Java-Klassen enthält. Ansonsten wird der URL des aktuellen Dokuments als Ausgangspunkt für relative URLs verwendet.

Da Java Applets rechteckig sind, werden eingebundene Objekte analog zu Grafiken oder PlugIns positioniert. Hierzu dienen die Attribute `align`, `height`, `width`, `hspace` und `vspace`.

Das `archiv`-Attribut kann verwendet werden, um mehrere Klassen in eine Archivdatei zu packen, damit diese auf das lokale System heruntergeladen werden können. Die angegebene Datei kann eine komprimierte PKZIP-Datei (`.zip`) oder ein Java-Archiv (`.jar`) sein. Letztere wird mit dem Werkzeug JAR erstellt. Mit

```
<applet archive="mehrereklassen.zip"
        code="beispielApp.class"
        width="560"
        height="270">
</applet>
```

laden Sie alle Klassen in `mehrereklassen.zip` herunter. Nachdem die Datei geladen wurde, wird das `code`-Attribut untersucht und das Archiv daraufhin überprüft, ob sich die Klasse `beispielApp.class` darin befindet. Wenn nicht, wird sie aus dem Netzwerk geladen. Da es die Übertragungsressourcen sehr belastet, jede Klasse einzeln per HTTP zu übertragen, sollten alle potenziell erforderlichen Klassen in ein Archiv gepackt und auf einmal zum Betrachter übertragen werden. Sie nutzen damit auch einen Cache-

Effekt, da auf diese Weise alle Klassen im Cache oder in einem temporären Verzeichnis des Betrachters gespeichert werden. Entsprechend der HTML-4-Spezifikation kann der Wert des archiv-Attributs aus mehreren Archiven bestehen, deren Namen mit einer durch Kommata getrennten Liste angegeben werden. Das wird eventuell noch nicht von den aktuellen Browsern unterstützt.

Daten an Java Applets weiterreichen

Anders als PlugIns verwenden Java Applets keine speziellen Attribute, um Daten weiterzureichen. Stattdessen werden, wie bei ActiveX Controls Einstellungen mit Hilfe des <param>-Tags vorgenommen, die zwischen dem Tag-Paar <applet> und </applet> eingefügt werden. Sie können das HalloWelt-Applet erweitern, um zuzulassen, dass die Ausgabe mit Hilfe des <param>-Elements modifiziert werden kann, wie hier zu sehen ist:

```
<applet code="hallowelt.class"
width="50" height="175">
<param name="Message" value="Hallo Welt in Java!">

<h1>Hello Welt für Euch nicht-Java-tauglichen Browser</h1>

</applet>
```

Im Folgenden sehen Sie die HTML-4-Syntax für <param>. Es handelt sich um denselben Befehl, der auch für Java Applets und ActiveX Controls eingesetzt wird:

```
<param name="Name des Objekts"
       value="weiterzureichender Objektname"
       valuetype="DATA | REF | OBJECT"
       type="MIME Type"
       id="dokumentweite eindeutige id">
```

Das Attribut name bestimmt einen Namen für das Objekt. Im obigen Beispiel lautet dieser »Message«. Wenn Sie ein fertiges Java Applet benutzen, sollten Sie die Namen der einzelnen Parameter in der zugehörigen Dokumentation finden. Ein zu modifizierender Wert wird mit dem Attribut value angesprochen, in dem der Datentyp, der hier definiert wurde, mit dem Attribut valuetype bestimmt wird. Der Standardwert dieses Attributs lautet data. Wenn Sie hier jedoch ref angeben, bedeutet das, dass es sich beim value-Attribut um den URL einer externen Datei handelt, die geladen werden muss. Darüber hinaus kann valuetype auch den Wert object annehmen, was bedeutet, dass der Wert ein Objekt oder ein Applet innerhalb des Dokuments ist. Die Daten des Applets oder Objekts können angewiesen werden, mit anderen Objekten zu kommunizieren.

Die <param>-Tags für ein bestimmtes Java Applet erscheinen innerhalb des <applet>-Tags. Ein Java Applet kann mehrere <param>-Tags beinhalten. Das <applet>-Tag kann auch reguläre HTML-Anweisungen enthalten, die von nicht Java-tauglichen Browsern anstelle des Applets angezeigt werden. Wenn solche alternativen Inhalte angegeben werden, sollten diese erst nach den <param>-Tags, jedoch vor den weiteren Inhalten folgen. Beachten Sie, dass Sie auch das Attribut alt für das <applet>-Tag verwenden können, um eine kurze Beschreibung einzufügen.

Java Applets und Scripting

Java Applets können Skripte in einer Webseite kontrollieren. Das Einbinden des Attributes `mayscript` in das `<applet>`-Tag untersagt es einem Applet, auf JavaScript zuzugreifen. Wenn Sie mit Applets arbeiten, die Sie von anderen Quellen bezogen haben, können Sie `mayscript` verwenden, um zu verhindern, dass das Applet ohne das Wissen des Anwenders auf JavaScript zugreift. Wenn dieses Attribut nicht spezifiziert wurde und ein Applet auf JavaScript zugreifen will, sollte es zu einem Ausnahmefehler kommen.

Für Webdesigner ist es wahrscheinlich interessanter, dass sich Java Applets mit Skripten kontrollieren lassen. Um auf das Applet zugreifen zu können, muss diesem im `<applet>`-Tag mit den Attributen `name` und `id` ein Name zugewiesen werden. Über diesen Namen können dann sowohl Skripte als auch andere Applets mit dem Applet kommunizieren. Ab Netscape 3 und Internet Explorer 4 kann auch mit `applets[]`, einer Eigenschaft des Dokumentobjekts, auf die Applets einer Seite zugegriffen werden. Wenn ein Applet mit einem Namen versehen wurde, kann JavaScript es als `document.appletname`, wie in `document.meinApplet`, oder über das Applet-Array als `document.applets[0]` oder `document.applets["meinApplet"]` ansprechen. Wenn das Java Applet veränderbare Eigenschaften hat, können diese durch ein Skript in einer Webseite beeinflusst werden. Der folgende Java-Code greift das »Hallo Welt«-Beispiel von oben auf und erweitert es um die `setMessage`-Methode, mit der der angezeigte Hinweistext verändert werden kann.

```java
import java.applet.Applet;
import java.awt.Graphics;
public class newhelloworld extends Applet {

    String theMessage;

    public void init()
     {
        theMessage = new String("Hallo Welt");
     }
    public void paint(Graphics g)
     {
         g.drawString(theMessage, 50, 25);
     }
    public void setMessage(String message)
     {
        theMessage = message;
        repaint();
     }
}
```

Wenn dieser Java-Code in eine `class`-Datei kompiliert wird, kann diese in eine Webseite eingebunden werden, und ein JavaScript kann auf sie zugreifen. Das folgende Beispiel zeigt, wie Daten über ein Formular gesammelt werden, um das Applet in Echtzeit zu aktualisieren.

```html
<!DOCTYPE HTML PUBLIC "-//W3C//DTD HTML 4.01 Transitional//EN">
<html>
<head>
<title>Java und Scripting (Demo)</title>
<script>
```

```
<!--
function setMessage()
{
  var message = document.TestForm.NewMessage.value;
  document.NewHello.setMessage(message);
}
//-->
</script>
</head>
<body>
<h1 align="center">Java und Scripting (Demo)</h1>
<hr>
<applet code="newhelloworld.class"
        name="NewHello"
        height="50" width="175">

<h1>Sie benötigen Java für dieses Beispiel.</h1>

</applet>

<form name="TestForm">
<input type="text" size="15" maxlength="15" name="NewMessage">
<input type="button" value="Set Message" onclick="setMessage()">
</form>

</body>
</html>
```

Analog zur Kommunikation zwischen Skripten und PlugIns wurde die Kommunikation zwischen diesem Skript und dem Applet von Netscapes »LiveConnect« synchronisiert. Microsoft unterstützt diesen Zugriff auf Applets ebenso, so dass nicht sicher ist, ob »LiveConnect« weiterhin der Name für die Verständigungsform zwischen JavaScript und Java Applets bleiben wird. Letztendlich ist allerdings nur wichtig, dass diese Technologie nicht ausschließlich Netscape-Browsern vorbehalten ist.

<object>-Syntax für Java Applets

Gemäß einer strengen Auslegung der HTML-4-Spezifikation ist das <applet>-Element ungültig und soll durch das Tag <object> ersetzt werden. Diese Anweisung durch das W3C kann zu Schwierigkeiten führen, da das Tag <object> im Zusammenhang mit Java Applets nicht in allen Browsern korrekt unterstützt wird. Im Folgenden sehen Sie ein sehr einfaches HTML-4-Codefragment, in dem ein Objekt, genauer ein Java Applet, in eine Seite eingebunden wird:

```
<object classid="URL des einzubindenden Objekts"
        height="pixels" width="pixels">

Parameter und alternativer Text

</object>
```

Die vollständige Syntax des `<object>`-Tags finden Sie in der Referenz in Anhang A.

Beachten Sie, dass das `classid`-Attribut verwendet wird, um den URL des einzubindenden Objektes zu bestimmen. Bei Java Applets sollte das `java:` sein. Bei ActiveX Controls verwenden Sie `clsid:`. Um ein einfaches Java-Beispiel neu zu schreiben, verwenden Sie folgenden Code:

```
<object classid="java:Blink.class" width="300" height="100">
 <param name="LBL" value="Java, ist, Spaß, aufregend, und, neu.">
 <param name="speed" value="2">
  Dieser Text wird in nicht-Java-tauglichen Browsern
  oder in Browsern, bei denen Java deaktiviert ist,
  angezeigt.
</object>
```

Aufgrund der Spaltung der Java-Gemeinschaft hat Sun versucht, die Syntax zu vereinheitlichen, indem sie ein Java PlugIn verwenden. Die spezifische Syntax für dieses PlugIn verwendet bei Netscape und dem Internet Explorer die beiden Tags `<object>` und `<embed>`. Leser, die hierzu tiefer gehende Informationen wünschen, wenden sich am besten direkt an die Sun-Supportsite (`http://java.sun.com`), wo sie die jeweils aktuelle Version der sich häufig ändernden Syntax finden.

Java ohne Programmierung verwenden

Das breite Spektrum der Funktionalität von Java kann sowohl Zeit als auch Geld kosten. Java-Programmierung setzt voraus, dass Sie bereits Erfahrung in einer höheren Programmiersprache und Objektorientierung haben. Web-Entwickler, denen es an Programmierkenntnissen oder einem entsprechenden Budget mangelt, können viele, z.T. kostenlose, bereits fertige Applets, die nur auf ihren Einsatz warten, im Web finden. Eine gute Anlaufstelle hierfür ist z.B. Gamelans Jars.com (`http://www.jars.com`). Auch kommerzielle Anbieter vertreiben fertige Applets oder Java-Komponenten, *JavaBeans* genannt, die verwendet werden können, um mächtige Webanwendungen zu schaffen.

JavaBeans ist ein portables, plattformunabhängiges Komponentenmodell, das in Java geschrieben wurde. Wie andere Komponenten auch, sind JavaBeans (oder kurz *Beans*) wiederverwendbare Software-Komponenten, die zu komplexen Anwendungen verbunden werden können. In gewisser Hinsicht sind Beans eine spezielle Form von Applet, die so geschrieben wurden, dass Tools sie untersuchen und beeinflussen können. Beans können auch miteinander kommunizieren. JavaBeans, die unabhängig und permanent verfügbar sind, können mit Bausteinen verglichen werden, die große Strukturen, wie z.B. Gebäude formen können. Es gibt sogar einige Web-Entwicklungstools, die es ermöglichen, durch Drag&Drop JavaBeans miteinander zu verknüpfen, wobei sie – programmiertechnisch – JavaScript-Code verwenden.

Plattformübergreifende Object-Syntax heute und morgen

Obwohl es bei Java Applets vor allem um Fragen der Plattformunabhängigkeit geht, sind Microsofts ActiveX Controls und Netscape-PlugIns extrem plattform- und browserabhängig. Auch wenn das suggeriert, dass Java Applets der richtige Weg sind, sieht es in vielerlei Hinsicht so aus, als könnten ActiveX Controls und PlugIns nebeneinander in einer Webseite existieren, ehe auch nur an Java Applets gedacht wird. Stellen Sie sich z.B. die folgende Kombination aus einer `<object>`-, `<embed>`- und einer `<noembed>`-Syntax vor:

```
<object classid="…" id="object1" name="object1"
        height="100" width="100">
    <param name="sample param" value="sample">
    <!--    andere param-Elemente hier -->
    <embed src="..." id="plug1" name="plug1" height="100" width="100">
        <noembed>
        Sorry Ihr Browser unterstützt weder ActiveX noch PlugIns.
        </noembed>
</object>
```

In diesem Fall würde zuerst die ActiveX Control versucht werden, danach das PlugIn und schließlich würde der Inhalt des `<noembed>`-Befehls dargestellt werden. Andere Methoden würden mit Hilfe von JavaScript ermitteln, welcher Browser eingesetzt wird, um dann die entsprechende HTML-Syntax, `<embed>` oder `<object>`, auszugeben. Das Problem ist, dass diese recht umständliche Vorgehensweise, bei der alle Möglichkeiten durchdacht werden müssen, die einzige durchführbare Methode ist, wirklich plattformübergreifende Seiten zu erstellen, ohne Gruppen von Usern außen vor zu lassen oder ihnen verschiedene Technologien vorzuenthalten.

Obwohl die Aussichten auf eine Unterstützung aller Browser verlockend sind, müssen sie erst real werden. Gemäß HTML-4-Spezifikation gilt das Tag `<object>` als das richtige für das Einbinden von sämtlichen Objekten in eine Webseite. Das gilt sowohl für Grafiken als auch für Sounds, Videos, ActiveX Controls, Java Applets usw. Das klingt sicher sehr gut, aber bevor Sie nun anfangen, das `<object>`-Element für all diese Zwecke zu verwenden, müssen Sie sich die Verzweigungen genauer betrachten. Obwohl das `<object>`-Tag in einigen Browsern verwendet werden kann, wird diese Syntax nicht durchgängig von allen Browsern unterstützt. Das `<object>`-Element wird fast ausschließlich nur für das Einbinden von AcitveX Controls verwendet. Nach der HTML-4-Spezifikation kann mit dem `<object>`-Tag jedes Element in eine Webseite eingebunden werden. Das kann jedoch die Darstellung einer Webseite ruinieren, wenn es sich bei einem solchen Objekt z.B. um eine Datei handelt, die ein eigenes `<head>`- oder `<body>`-Element hat. Stellen Sie sich eine Header-Datei namens `header.htm` mit folgendem Inhalt vor:

```
<h1 align="center">Demo Company, Inc.</h1>
<hr>
```

Diese Datei kann dann so, mit Hilfe des `<object>`-Tags, in eine Webseite eingebunden werden

```
<object data="header.htm">
Header-Datei nicht vorhanden
</object>
```

In diesem Beispiel soll der Inhalt der Datei `header.htm` bei Browsern, die diese Anwendung unterstützen, eingefügt werden und bei allen anderen Browsern den Text »Kopfdatei nicht vorhanden« anzeigen. Zurzeit wird diese Funktion des `<object>`-Tags jedoch von keinem wichtigen Browser unterstützt.

Vielleicht wird das `<object>`-Element einmal dazu in sehr allgemeiner Form verwendet werden, und vielleicht werden Objekt-Technologien einmal durch sehr einfache Befehle möglich sein. Zurzeit sollten HTML-Autoren jedoch sehr vorsichtig sein, wenn sie die Tags `<applet>`, `<embed>` und `<object>` verwenden, um Komponenten und Medienobjekte, die keine Grafiken sind, in eine Webseite einzubinden, da sie sonst Gefahr laufen, User von ihren Webseiten auszuschließen.

Zusammenfassung

Mit der Einbindung von programmierten Objekten wie ActiveX Controls, Java Applets und Netscape-PlugIns können Webseiten komplexe lebendige Dokumente werden. Die richtige Technologie auszuwählen ist nicht immer sehr einfach. Netscape-PlugIns sind sehr beliebt für Medienelemente wie Flash-Animationen, Video- oder Sounddateien. Leider sind sie plattformabhängig und meistens nur für Netscape-Browser verfügbar, obwohl sie auch andere Browser wie Opera und mit Einschränkungen Microsoft (unter Verwendung des <embed>-Tags) unterstützen. Die bevorzugte Lösung der Microsoft-Welt sind ActiveX Controls. Diese sind genauso plattformabhängig wie Netscape-PlugIns und bergen darüber hinaus einige Sicherheitslücken. Um das Plattformproblem zu lösen, bedarf es entweder komplexer Skriptlösungen oder der Verwendung von Java Applets, die von jedem Betriebssystem unterstützt werden, aber die Performance in Mitleidenschaft ziehen. Auf jeden Fall sollte die Darstellung ansprechend bleiben, wenn der Betrachter die eingebundene Technologie nicht unterstützen kann. Es ist vorgesehen, dass die Einbindung aller (Medien-) Objekte über das <object>-Tag erfolgen soll, doch bisher sollten die Tags <embed> und <applet> innerhalb des <object>-Elements verwendet werden, um eine Abwärtskompatibilität für das Einbinden von PlugIns durch Java Applets in eine Webseite zu gewährleisten.

15

Übermittlung der Site

Bisher wurde in diesem Buch noch nichts über die Übertragung der Webseiten gesagt, doch selbst wenn ein Entwickler mit dem Erstellen seiner Seiten erfolgreich war, kann er immer noch scheitern, wenn er nicht sorgfältig über die Übertragung seiner Seiten zum Betrachter nachdenkt. Für den User ist das Web ein großes System. Wenn eine Seite langsam lädt, weil der Server überlastet ist, wirft das aus Sicht des Betrachters ein schlechtes Bild auf die Site, egal wie gut der HTML-Code oder andere Technologien implementiert wurden, wie hilfreich die Inhalte und wie gelungen das Design ist. Diese Dinge bis zum Schluss aufzuschieben oder ganz außer Acht zu lassen, erhöhen die Chancen des Scheiterns immens.

Der Stellenwert der Übermittlung

Unglücklicherweise wird dieser Aspekt oft erst beachtet, nachdem die Seiten entwickelt und erstellt wurden. In den meisten Fällen wird die Übertragung auch bei der Budgetierung nicht ausreichend berücksichtigt. Das ist in etwa vergleichbar mit der Entwicklung und dem Produzieren einer Hochglanzbroschüre, die dann aus Geldmangel durch einen minderwertigen Vertriebsservice verteilt wird. Die Wirkung des Prospekts leidet deutlich unter der langsamen Übermittlung. Bei einer Website wird dieses Manko noch verstärkt. Durch das Aufkommen von E-Commerce-Sites kann eine langsame Übertragung den Ausschlag zwischen einem erfolgreichen Verkauf und einem verlorenen Kunden ausmachen.

Obwohl es Designern im Allgemeinen klar ist, dass die Betrachter langsame Sites nicht mögen, richtet sich ihr Augenmerk nur auf wenige Faktoren, die eine Site langsam machen. Dem User ist jedoch nicht bewusst, weshalb eine Site so langsam lädt. Für sie ist es schlicht eine langsame Site, egal ob die Grafiken optimiert wurden oder nicht. Ein häufig gemachter Fehler ist die Konzentration der Entwickler auf die Minimierung der Dateigröße und das Nichtberücksichtigen von Servern, Netzwerkauswahl oder sogar der Besonderheiten des Mediums an sich. Betrachten Sie alle möglichen Gründe, warum eine Site langsam sein könnte, wie es in Abbildung 15.1 veranschaulicht wird.

Obwohl es viele mögliche Probleme gibt, die zu bedenken sind, wenn eine Seite übertragen werden soll, ist es doch eine unumstößliche Tatsache, dass Daten übermittelt werden sollen. Ob Sie diese nun jetzt herunterladen oder später – herunterladen müssen Sie sie. Aus Sicht des Betrachters spielt es auch keine Rolle, wie viele Daten geladen werden müssen. Der User betrachtet lediglich den Sekundenzeiger auf seiner Uhr und nicht die Anzahl der heruntergeladenen Bytes. Wenn Sie große Grafiken herunterladen, während der Rechner nichts zu tun hat, ist es dem Betrachter egal.

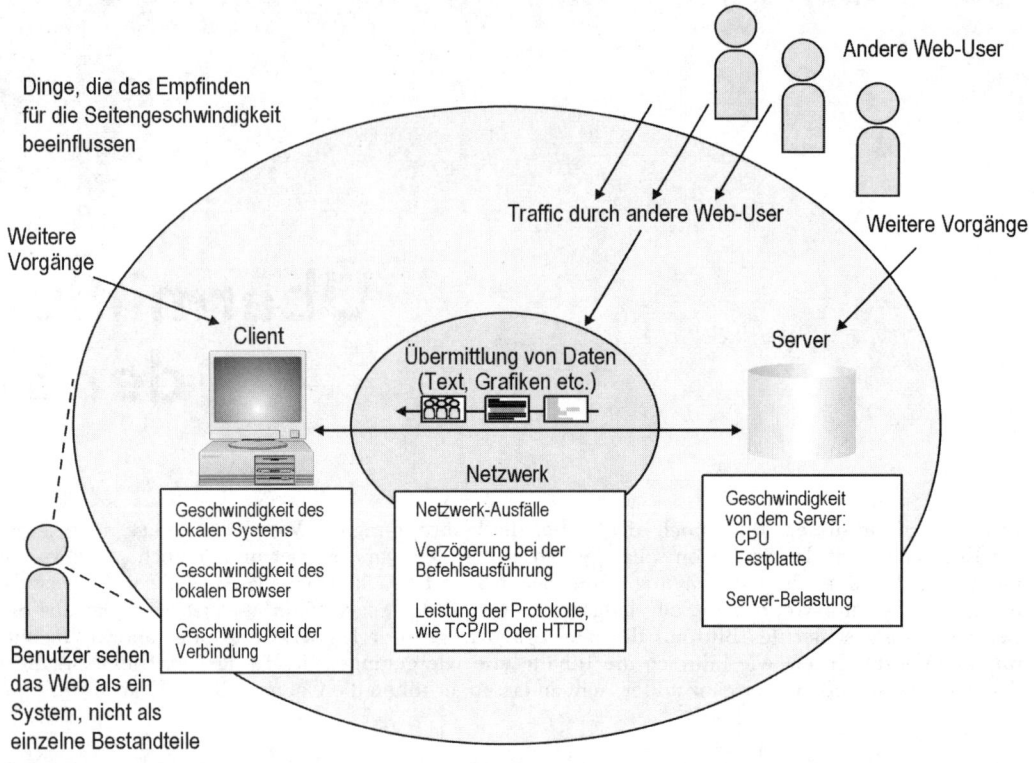

Abbildung 15.1: Der User sieht nicht, welche Elemente Einfluss auf die Übertragungsgeschwindigkeit haben

Letztendlich geht es darum, den Betrachter bei Laune zu halten. Wenn Ihr Design von einer großen Bandbreite abhängig ist, viele persönliche Anfragen tätigt oder eine große Ladezeit hat, können Sie Ihr Projekt schon jetzt zurückstellen. Respektieren Sie das Web als Medium. So wie ein Printdesigner weiß, dass zu viel Tinte das Papier aufweicht, sollte ein Webdesigner wissen, wie Netzwerke und Server funktionieren, um ihre Kreationen zu übertragen.

Wie Websites übertragen werden

Es gibt zwei Möglichkeiten, Ihre Website im Internet zu veröffentlichen: Ein eigener Server oder Outsourcing. Für den eigenen Server benötigen Sie eine dedizierte Verbindung zum Internet und müssen Ihren eigenen Server warten, während Sie für die Oursourcing-Lösung physischen Speicher, Bandbreite oder Dienste von einem externen Anbieter mieten müssen.

Einen eigenen Webserver mit einer permanenten Verbindung zum Internet zu betreiben, scheint eine gute Lösung zu sein, kann aber sehr teuer werden. Eine normale Standleitung mit einer vernünftigen Bandbreite kann einige Tausend Euro im Jahr kosten. Wenn Sie noch Arbeits- und Serverkosten, Hardware und weitere Ausgaben dazu rechnen, können Sie leicht in den sechsstelligen Bereich gelangen. Oft sind diese Einrichtungen jedoch bereits in der Organisation verfügbar und sollten genutzt werden. Andererseits bleibt auch häufig nur die Möglichkeit, einen externen Server zu nutzen, wenn Webdokumente veröffentlicht werden sollen, man sich die hohen Kosten aber nicht leisten kann. Selbst große Firmen mit ausreichenden Möglichkeiten greifen oft auf diese Lösung zurück, da sie viele weitere Vorteile mit sich bringt. In Abbildung 15.2 sehen Sie eine Übersicht über die beiden Hosting-Ansätze.

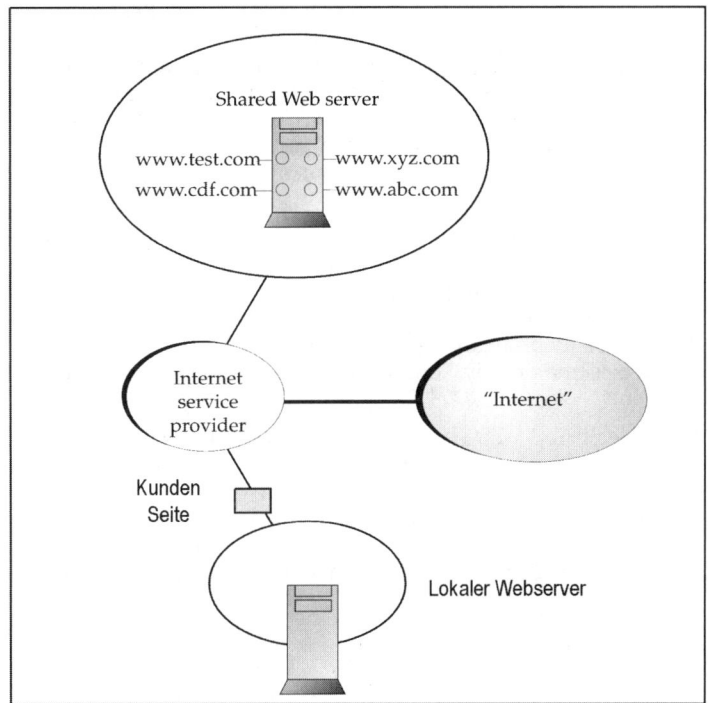

Abbildung 15.2: Shared- und dediziertes Hosting

Externes Web-Hosting

Da Websites ein immer wichtigerer Bestandteil der Informationsinfrastruktur von Unternehmen werden, gibt es einen steigenden Bedarf nach qualitativ hochwertigen und zuverlässigen Lösungen. Ein Unternehmen, das z.B. ausschließlich online verkauft, kann sich Site-Ausfälle nicht leisten. Dieses Kriterium ist für einen Online-Anbieter so wichtig wie Telefon- und Stromversorgung für ein klassisches Unternehmen. Da die Site effizient und zuverlässig betrieben werden muss, hat man schnell herausgefunden, dass es sehr teuer werden kann, diese Aufgaben in der eigenen Firma erledigen zu lassen. Daher hat man sich in vielen Unternehmen entschieden, diesen Bereich extern zu vergeben. Es gibt verschiedene Arten des Webserver-Outsourcings, doch im Grunde dreht sich alles um zwei verschiedene Faktoren. Der erste Punkt ist die Frage, ob Sie sich einen Rechner mit anderen Sites teilen möchten. Die zweite Frage ist, ob Sie den Server selbst warten wollen oder ob diese Aufgabe vom Provider übernommen werden soll. Beide Typen werden im Folgenden vorgestellt, wobei das Hauptaugenmerk auf die Vor- und Nachteile gerichtet sein wird.

Shared Hosting

Die häufigste Form des Hostings, das *shared Hosting*, kann vom kostenlosen Web-Speicherplatz über den Tausch von Webspace für das Platzieren von Werbeeinblendungen bis hin zu hoch entwickelten Application Service Providern (ASPs) reichen. Am unteren Ende bieten Ihnen viele Internet Service Provider (ISPs) ein Verzeichnis auf einem ihrer Webserver mit einer kostenlosen Speicherkapazität von einigen Megabytes und eventuell dem Zugriff auf einige Tools, mit denen Sie Websites aufwerten können (z.B. einige Standard-CGIs). Normalerweise hat der URL einer solchen Site folgendes Aussehen: `http://`

`www.isp.net/~nutzer` oder `http://www.isp.net/nutzer`. Bei einem solchen Hosting-Service haben Sie keinen Einfluss auf den Domainnamen und sehen sich in der Regel Beschränkungen bezüglich des Traffics oder der zugelassenen Programmiersprachen und Datenübertragungstools ausgesetzt. Der Vorteil dieser Services ist, dass sie oft kostenlos sind. Viele Anbieter verlangen als Gegenleistung, dass Sie persönliche Angaben machen, die dann für Marketingzwecke genutzt werden, oder dass Sie der Einblendung von Werbebannern bei der Darstellung Ihrer Seiten zustimmen. Während diese Dienstleister für private Anwender interessant sein können, werden die meisten andere Formen des shared Hosting bevorzugen.

Shared-Host-Services, die einen Domainnamen (`www.ihrname.de`) anbieten, oft auch als *virtueller Server* bezeichnet, sind in der Regel nicht kostenlos. Diese Services bieten auch erweiterte Möglichkeiten, wie das Einbinden eines eigenen `cgi-bin`-Verzeichnisses, statistische Auswertungen über Zugriffe auf die Site und andere nützliche Features wie z.B. Shoplösungen an. Die Kosten für einen virtuellen Server auf einem geteilten System beginnen bei ca. 10 Euro oder mehr pro Monat. Die Kosten variieren jedoch je nach Ausstattungsmerkmalen. Je mehr Wünsche Sie haben, desto höher sind die Kosten. Wenn Sie Zugriff auf Content-Management-Systeme oder E-Commerce-Pakete wünschen, können die Kosten in die Hunderte Euro pro Monat steigen.

Der größte Nachteil des Shared-Web-Hostings ist, dass die Serverkapazitäten geteilt sind. Das bedeutet, dass die Site sämtliche Ressourcen des Webservers und die Bandbreite mit den anderen dort gehosteten Sites teilen muss. Die Serverauslastung wird empfindlich von den anderen Sites beeinflusst, vor allem wenn sich diese großer Beliebtheit erfreuen. Darüber hinaus sind es viele Kunden leid, einen Server mit anderen zu teilen, da die Sicherheit auf solchen Systemen oft nicht garantiert werden kann. Trotz dieser Nachteile ist das shared Hosting sehr beliebt – vor allem wegen der günstigen Preise.

Dediziertes Hosting

Aufgrund der Nachteile des Teilens eines Servers mit anderen – insbesondere mangelnde Sicherheit und Kontrolle – ziehen viele Leute einen dedizierten Server vor. Dedizierte Server sind vorteilhaft, da Sie den Server mit beliebigen Tools und Programmen modifizieren können, ohne dass diese von anderen Sites beeinflusst werden. Der Nachteil sind jedoch die Kosten. Dedizierte Server sind in der Regel kostenintensiver.

Es gibt zwei Arten von dedizierten Servern. Bei der ersten wird das Equipment vom Provider, dem die Geräte gehören, gewartet. Die andere Möglichkeit sieht vor, dass Sie den Server besitzen und diesen eventuell auch selber warten. In diesem Fall bietet Ihnen der Anbieter den Raum für den Server, die Stromversorgung, eine Netzwerkanbindung, eine gewisse Bandbreite und ein sehr geringes Systemmanagement, das sich in den meisten Fällen auf das Neustarten des Systems im Falle eines Absturzes oder dem Durchführen von Backups beschränkt. Diese Lösung ist in der Regel etwas günstiger als die erstgenannte, doch für diejenigen, die sich nicht mit den Details der Übertragung belasten wollen, ist diese Variante nicht unbedingt vorzuziehen.

Dedizierte Hosting-Lösungen sind für alle, die sich Kontrolle, Sicherheit und einen leistungsfähigen Server wünschen, aber nicht mit den vielen alltäglichen Aufgaben bei der Wartung eines Webservers beschäftigen wollen, sehr interessant. Der größte Nachteil solcher Lösungen ist der Preis. Die Untergrenze der monatlichen Kosten liegt bei ca. 100 Euro. Wenn Ihr Unternehmen jedoch von einer stabilen, schnellen Webanbindung abhängig ist, sind diese Preise nicht zu hoch. Bedenken Sie die Kosten, die für die Wartung, die Überwachung, die Administration und den Support anfallen, die vierundzwanzig Stunden am Tag, sieben Tage die Woche erreichbar sind, und Sie werden verstehen, dass das seinen Preis hat. Selbst einige der größten Inhaltsanbieter, Suchmaschinen und E-Commerce-Sites haben keine eigenen Server.

Für Firmen, die bei der Übermittlung Geld sparen wollen, ist Outsourcing sehr interessant. Es muss jedoch zum Teil auf Flexibilität und Sicherheit verzichtet werden. Bei Providern, die nicht über die notwendige Erfahrung verfügen, kann das katastrophale Folgen haben, was versteckte Kosten und eine geringere Zuverlässigkeit mit sich bringt. Diejenigen, die mehr Kontrolle über ihre Webservices ausüben wollen, sollten sich einmal Gedanken über einen dedizierten oder einen eigenen Server machen. Ein eigener Server erfordert natürlich auch eine eigene Administration und Überwachung an 24 Stunden am Tag, sieben Tage die Woche. Für eine große Site könnte das jedoch den Aufwand wert sein.

Hinweis

Eine Übersicht über kommerzielle Provider kann unter `http://www.webhostlist.com` gefunden werden.

In-House-Webserver

Wenn Sie sich für einen eigenen Webserver entschieden haben, ist es wichtig, seine Arbeitsweise zu kennen. Für viele Leute haben Webserver etwas Mystisches. In der Praxis ist ein Webserver nur ein Computer, auf dem eine Software läuft, die HTTP-Anfragen von Browsern bearbeitet. Im einfachsten Sinne ist ein Webserver ein Fileserver, und ein langsamer dazu. Stellen Sie sich die Operation eines Webservers vor, die aus einer Anfrage eines Users resultiert, wie wir sie in Abbildung 15.3 sehen. Einfach ausgedrückt fordert ein Anwender eine Datei an, die der Server beantwortet, indem er entweder die gewünschte Datei oder eine dieser allgegenwärtigen 404-Fehlermeldungen an den User weiterleitet.

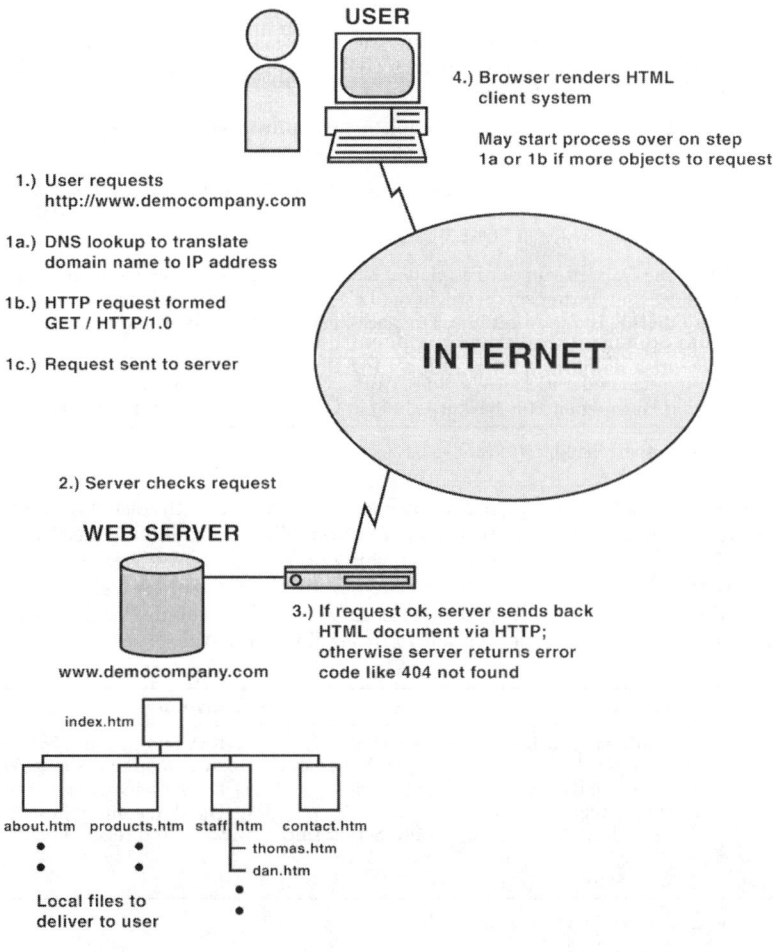

Abbildung 15.3: Die Arbeitsweise des Webservers

Ein Webserver ist jedoch nicht nur ein Fileserver, da er auch Programme ausführen und die Ergebnisse weiterleiten kann. In diesem Sinne kann ein Webserver auch ein Application-Server sein – wenn auch manchmal nur ein langsamer.

Webserver-Komponenten

Ein Webserver besteht sowohl aus Hard- als auch aus Software. Die Hauptaufgabe eines Webservers ist es, die vielen (meist kleinen) Dateien, die eine Website ausmachen, so schnell wie möglich für möglichst viele Anwender von der Festplatte ins Netzwerk zu kopieren. Eine zweite Aufgabe besteht darin, Programme für zahlreiche Individuen auszuführen und die Ergebnisse so schnell wie möglich weiterzuleiten. Anhand dieser Anforderungen können folgende Ansprüche an die Hardware eines Webservers gestellt werden, die in Tabelle 15.1 aufgelistet sind.

Hardware-Komponente	Überlegungen
Prozessor	Obwohl ein schneller Prozessor der Schlüssel zu einem schnellen Webserver zu sein scheint, sind die Anforderungen an den Rechner nur begrenzt. Es ist sinnvoller, mehrere Prozessoren zu verwenden, wenn der Server mehrere Anfragen gleichzeitig bearbeiten muss.
Speicher	Ein Webserver könnte einen großen Arbeitsspeicher gebrauchen, um möglichst viele Prozesse gleichzeitig am Laufen zu halten oder CGI-Programme abzuarbeiten, damit die Anfragen der User erfüllt werden können.
Bus	Ständig werden Daten von der Festplatte in den Arbeitsspeicher und in das Netzwerk verschoben. Begrenzen Sie nicht den Datenfluss durch einen langsamen Bus.
Festplatte	Da die Hauptaufgabe des Servers das Ausliefern von Dateien ist, gehört eine gut gewartete schnelle Festplatte in das System. Geben Sie hier ruhig etwas mehr aus, wenn Sie dafür sehr schnelle Komponenten, wie z.B. SCSI-3-Geräte bekommen können.
Netzwerk-Schnittstelle	Wenn die Dateien von der Festplatte geholt wurden, werden sie über das Netzwerk an den User weitergeleitet. Begrenzen Sie nicht die Leistung des Servers durch eine zu langsame Netzwerkkarte. Fast Ethernet ist das Minimum. Für stark beanspruchte Server sind mehrere Netzwerkschnittstellen ein Muss.
Andere	Die meisten anderen Aspekte eines Webservers haben wenig Einfluss auf die Übertragung der Site. Für die Wartung und für Backups sind ein CD-Brenner oder ähnliche Speichergeräte unverzichtbar.

Tabelle 15.1: Überlegungen zur Webserver-Hardware

Neben der Beschaffung der besten verfügbaren Hardware, die Sie sich leisten können, ist es wichtig, sich darüber im Klaren zu sein, dass das Betriebssystem einen ebenso großen Einfluss auf die Geschwindigkeit des Webservers hat wie die Server- und Entwicklungssoftware. Da Webserver meist mehrere Anfragen gleichzeitig bearbeiten müssen, neigen die meisten Entwickler dazu, entweder Windows NT oder eine Unix-Variante, wie z.B. Linux, als Betriebssystem zu verwenden. Tabelle 15.2 präsentiert einige wichtige Betriebssysteme und ihre Besonderheiten beim Einsatz für einen Webserver.

Operating-System	Vorteile	Nachteile
Unix	- Läuft hauptsächlich auf sehr schneller Hardware wie UltraSparc und Alpha-Systemen. - Sehr anpassungsfähige Entwicklungsumgebung. - High-End-Anwendungen und -Server sind verfügbar. - Sehr stabil.	- Kann kompliziert zu verwenden und schwer zu installieren oder zu warten sein. - Die Arbeitskosten können sehr hoch werden. - Die Beschaffungskosten für Hard- und Software sind relativ hoch.

Tabelle 15.2: Überlegungen zu Betriebssystemen und Webservern

Operating-System	Vorteile	Nachteile
Windows NT	- Läuft auf High- und Low-End-Hardware. - Es sind viele Entwicklungswerkzeuge verfügbar. - Die Basisadministration ist einfach.	- Könnte mehrere Prozessoren für große Sites benötigen. - Gute Administrationsmöglichkeiten, ähnlich kompliziert wie Unix. - Server-Stabilität ist nicht immer gewährleistet.
Linux	- Läuft auf High- und Low-End-Hardware und vielen verschiedenen Plattformen. - Niedrige Kosten. - Viele Server- und Entwicklungswerkzeuge verfügbar, die meisten davon kostenlos.	- Kann kompliziert anzuwenden und schwer zu warten sein. - Es ist nicht viel kommerzieller Software-support verfügbar (verglichen mit Unix und Solaris).
Windows 95/98	- Einfache Administration. - Niedrige Hardware-Kosten. - Preisgünstige Software.	- Keine Multiuser-Umgebung. - Als Serveranwendung nicht so stabil wie NT oder Unix. - Die Auswahl für Web-Software ist im Vergleich zu Windows NT oder Unix begrenzt. - Kann deutliche Sicherheitslücken aufweisen.
Macintosh	- Leicht anzuwenden und zu administrieren. - Niedrige Hardware-Kosten. - Preisgünstige Software.	- Keine Multiuser-Umgebung. - Die Auswahl für Web-Software ist im Vergleich zu Windows NT oder Unix begrenzt. - Oft als Server nicht so stabil wie Windows NT oder Unix.

Tabelle 15.2: Überlegungen zu Betriebssystemen und Webservern (Forts.)

Obwohl Tabelle 15.2 eine gute Übersicht über mögliche Probleme von bestimmten Betriebssystemen liefert, wird die Wahl der Plattform oft auch durch Vorkenntnisse oder persönliche Neigungen beeinflusst. Während die eine Person die Vorzüge von Unix lobt, wäre es unsinnig, einen Unix-Server in ein Macintosh-Netzwerk zu installieren. Den Ausschlag sollten letztendlich die Machbarkeit und die Gesamtkosten über die gesamte Laufzeit geben. Für eine Site mit relativ niedrigem Datenverkehr für eine Schule könnte ein Macintosh-Rechner sicher ausreichen. Ein Windows-NT-System wäre in einem Unternehmen, das Windows-Systeme favorisiert, ein guter Server. Für eine technisch versierte Person, die nicht viel Geld für Hard- oder Software ausgeben möchte, ist ein Linux-System wahrscheinlich die richtige Wahl, während ein E-Commerce-Unternehmen einen Sun-Server mit einem Solaris-Betriebssystem wahrscheinlich für angemessen hält. Es geht jedoch auch darum, bei der Auswahl des Betriebssystems für einen Server die Performance, die Entwicklungsmöglichkeiten und den Wartungsaufwand des Betriebssystems im Auge zu behalten.

Webserver-Software

Nachdem Sie die Hardware und das Betriebssystem ausgewählt haben, ist es an der Zeit, sich zu entscheiden, welche Webserver-Software zum Einsatz kommen soll. Noch vor wenigen Jahren waren lediglich zwei wichtige Webserver verfügbar: NCSAs httpd Server für Unix und CERNs httpd Server für Unix. Bei beiden handelte es sich um kostenlose Server, die eine gewisse Kenntnis in Unix und Programmierung voraussetzten. Heute gibt es Dutzende von verschiedenen Webservern – kommerziell und kostenlos – für eine Vielzahl von Rechnertypen. Anstatt alle Webserver aufzuzählen, ist es besser, einen Blick auf die verbreitetsten Webserver zu werfen. Basierend auf Umfragen und Analysen von erreichbaren Servern im Internet wurden die folgenden Server als die am meisten verbreiteten ermittelt, obwohl keine genauen Marktanteile ermittelt werden konnten. Die wichtigsten Webserver sind:

❑ Apache
❑ Microsofts IIS
❑ IPlanet Server (ehemals Netscape)
❑ WebSite
❑ WebStar
❑ Domino

Jeder dieser bekannten Webserver wird im Folgenden beschrieben. Es soll sich dabei nicht um eine Bewertung, sondern vielmehr um einen kurzen Überblick über diese Produkte und einige ihrer herausragenden Merkmale handeln.

Hinweis

Eine Übersicht und Verweise zu den Herstellern der bekanntesten Webserver erhalten Sie bei Serverwatch (`www.serverwatch.com`).

Apache

Als Nachkomme von NCSAs httpd Server ist der Apache (`http://www.apache.org/`), zumindest bei öffentlich zugänglichen Websites, wahrscheinlich der populärste Webserver im Internet. Seine Beliebtheit rührt daher, dass er schnell und kostenlos ist. Darüber hinaus ist er sehr mächtig und unterstützt Features wie HTTP 1.1, erweiterte Server-Side Includes (SSIs), eine modulare Architektur, die NSAPI/ISAPI vergleichbar ist, und eine Vielzahl von kostenlosen Modulen, die Funktionen wie z.B. die serverbasierte PERL-Interpretation übernehmen. Der Apache ist jedoch nicht für jeden geeignet. Das Hauptproblem ist, dass es sich bei ihm nicht um ein kommerzielles Paket handelt. Einige Firmen zögern damit, ihr System einem von Usern mitentwickelten Produkt anzuvertrauen. Es werden jedoch, wie auch bei Linux, kommerzielle Lösungen und Support von darauf spezialisierten Firmen angeboten. Eine weitere Einschränkung ist, dass der Apache hauptsächlich für Unix-Systeme entwickelt wurde. Obwohl es den Server auch für Windows-32-Bit-Systeme und Macintosh OS X gibt, ist der Apache für Unix und Linux optimiert. Die mangelnde Unterstützung für Windows NT schränkt die Anzahl der Anwendungen für Apache bei Windows-gestützten Unternehmen ein. Das größte Problem dürfte jedoch sein, dass der Apache sehr viele Einstellungs- und Konfigurationsmöglichkeiten hat und dass seine Installation eine Menge Modifikationen erfordert. Das ist sowohl ein Vor- als auch ein Nachteil. Sie können sogar den Quelltext des Servers selbst verändern! Wenn Sie gerne an Ihrem System herumbasteln oder ein schnelles System benötigen, wenn Sie ein Unix-System besitzen, aber nicht über viel Geld verfügen, dann ist der Apache wie für Sie geschaffen. Sie befinden sich in guter Gesellschaft. Einige der größten Websites im Internet schwören auf dieses Produkt.

Hinweis

Für diejenigen, die es genau wissen wollen: Der Name »Apache« leitet sich von der Beschreibung der Software ab. Es handelt sich um einen gepatchten NCSA-Server oder in Englisch: »A patchy NCSA Server«.

Microsoft Internet Information Services

Der IIS ist Microsofts Server für Windows NT (`http://www.microsoft.com/iis/`). Für Windows 95/98 existiert eine ähnliche, aber weniger umfangreiche Version namens Personal Web Server (PWS). Während der PWS recht populär ist, wird doch der IIS von den meisten Organisationen bevorzugt. Ein wichtiges Merkmal ist, dass der IIS sehr gut in die Windows-NT-Umgebung integriert ist. Es ist heute auch sehr schwer zu entscheiden, ob der IIS überhaupt ein selbstständiges Programm ist. Die Nähe zu Windows NT ist jedoch auch ein Problem. Aus Hardware- und Clustering-Gründen lässt sich der IIS nicht so gut skalieren wie Unix-basierte Server. Mit der neuen Microsoft-Clustering-Technologie und der Integration eines Transaktionsprozessors soll sich das jedoch ändern. Für eine Intranetumgebung – insbesondere bei Microsoft-Netzen – ist der IIS mit seinen vielen Features fast unschlagbar. Das gilt natürlich besonders für die Integration von Microsoft-Produkten wie dem SQL Datenbank Server. Der Preis für den IIS ist das größte Plus für dieses Programm. Er befindet sich im Lieferumfang des Betriebssystems.

iPlanet: Der Server, den man früher als Netscape kannte

iPlanet, der neue Software-Konzern, der aus der Sun/Netscape-Allianz nach dem Zusammenschluss von Netscape und AOL entstand, hat eine Vielzahl von Webservern (`http://www.iplanet.com`). Diese Server setzen Netscapes lange Tradition fort, hochwertige Web- und Applikationsserver für die wichtigsten Unix-Varianten (Solaris, SunOS, AIX, HP-UX, Digital Unix und IRIX) und Windows NT zu unterstützen. Die Server sind mittlerweile in der vierten Generation und dementsprechend ausgereift. Sie sind sehr benutzerfreundlich und mächtig und sie unterstützen Datenbanken, Content Management, HTTP 1.1 und eine Vielzahl weiterer Features. Wenn Sie mehrere Betriebssysteme oder Unix einsetzen und nach einer hochwertigen Webserver-Lösung suchen, sollten Sie sich einmal näher mit iPlanet-Servern beschäftigen.

WebSite

O'Reillys WebSite (`http://website.ora.com/`) ist ein sehr einfach einsetzbarer Webserver für Windows 95/98 und Windows NT und einer der stabilsten Webserver für Windows 95/98, die es gibt. Obwohl oft davon die Rede ist, dass WebSite weniger mächtig ist als Netscape oder Microsoft Server und auch in Sachen Performance nicht ganz an diese Server heranreicht, ist WebSite der Server, der wohl mit am leichtesten zu installieren und administrieren ist. Darüber hinaus bietet dieses System viele Entwicklungsfeatures wie z.B. eine spezielle Sprache namens iHTML. Für den Einsatz im Intranet oder für Sites, die nicht die Performance eines hochwertigen Windows-NT- oder Unix-Systems benötigen, ist WebSite hervorragend geeignet.

WebStar

Der beliebteste Webserver für Macintosh basierte ursprünglich auf MacHTTPD. WebStar (`http://www.webstar.com/`) arbeitet sehr gut mit dem Macintosh zusammen. Er unterstützt AppleScript und andere Macintosh-spezifische Tools. Das System unterstützt CGI-Programme, eine Java Virtual Machine für serverseitiges Java, erweiterte SSI und verfügt über solide Sicherheitsmerkmale. Obwohl die Performance von WebStar öfters einiges zu wünschen übrig lässt, ist der Server für Intranets und kleine Websites ausreichend. Viele Entwickler ziehen es vor, Unix-Shells auf den Macintosh aufzusetzen, um mit Apache arbeiten zu können.

Lotus Domino

Domino (`http://www.lotus.com/domino`) ist ein Beispiel für das Aufeinandertreffen von traditionellen Webservern mit Messaging und Groupware. Domino läuft unter Windows NT, einigen Unix-Varianten und sogar auf großen IBM-Systemen, wie der AS/400, und wird häufig in Firmennetzen und Extranet-Umgebungen eingesetzt, in denen der Arbeitsfluss und die Integration von Messaging- und Backendsystemen wichtiger ist als »klassische« Webserver-Performance. Es kann aufgrund des Template-Ansatzes von Domino sehr einschränkend sein, Webseiten in einer Domino-Umgebung zu erstellen. Es lassen sich jedoch auch andere Server, wie z.B. IIS, in Domino integrieren, damit die Möglichkeiten von HTTP zur Verfügung stehen.

Es stehen viele weitere Webserver zur Auswahl. Bedenken Sie immer, dass andere Software-Pakete andere Performance-Charakteristiken haben. Auf der gleichen Software kann ein Webserver einem anderen weit überlegen sein. Wenn Sie planen, einen Webserver aufzusetzen, beginnen Sie entweder mit der Hardware und bauen Sie darauf auf oder legen Sie sich eine bestimmte Software zu und besorgen Sie sich dazu die bestmögliche Hardware. Wenn Sie bei der Auswahl der Hard- und Software sorgfältig sind, kann die Performance Ihrer Site deutlich verbessert werden. Richten Sie sich bei der Wahl der Komponenten immer nach den Anforderungen Ihrer Site, wie z.B. die Anzahl der gleichzeitig zu bearbeitenden Anfragen pro Minute oder Sekunde. Sobald Sie die Anforderungen an das System sorgfältig bestimmt haben, ist es möglich, das bestmögliche Serversystem zusammenzustellen.

Wie Webserver arbeiten

Wenn es um den rein physischen Vorgang der Übertragung von Dokumenten geht, ist die wichtigste Frage, ob ein eigener Server installiert werden soll oder ob der Webserver extern in Verbindung mit einer Server-Soft- und -Hardware gehostet werden soll. Es ist auf jeden Fall wichtig, die Arbeitsweise eines Servers zu verstehen, um mögliche Flaschenhälse zu vermeiden. Ganz allgemein ausgedrückt macht ein Webserver nichts anderes, als Anfragen von Browsern, die auch als *User Agents* bezeichnet werden, zu beantworten. Nachdem er eine Anfrage erhalten hat – typischerweise nach einer Datei –, entscheidet er, ob er diese zurückliefert oder nicht. Falls er das macht, kopiert er die Datei von der Festplatte in das Netzwerk. In einigen Fällen bittet der User Agent darum, ein Programm auszuführen. Im Prinzip ist das jedoch das Gleiche: Unter Umständen werden Daten an den anfragenden Browser zurückgesendet, damit er diese anzeigen kann. Die Diskussion, die zwischen dem User Agent und dem Server stattfindet, wird durch das http-Protokoll geführt.

HTTP

Das Hypertext-Transfer-Protokoll (HTTP) ist das grundlegende Protokoll, das die Übertragung von Daten von und zum Webserver ermöglicht. HTTP bietet eine einfache und schnelle Möglichkeit, die Interaktion zwischen Client und Server zu spezifizieren. Das Protokoll definiert, wie der Client beim Server um Daten anfragen muss und wie der Server dieser zurückliefert. HTTP bestimmt nicht, wie die Daten übertragen werden. Diese Aufgabe übernehmen tiefer liegende Protokolle wie TCP.

Die erste Version von HTTP, bekannt als Version 0.9, wurde 1990 eingeführt. HTTP 1.0 wurde durch das RFC 1945 definiert und wird von den meisten Servern und Clients unterstützt. HTTP 1.0 unterstützte jedoch nicht alle Einflüsse von hierarchischen Proxies und Caching oder weitergehende Features, um virtuelle Hosts zu ermöglichen. Weit wichtiger sind die Performance-Probleme, die unter HTTP 1.0 auftreten, wenn eine einzelne Webseite mehrere Verbindungen öffnet und schließt.

Die aktuelle Version, HTTP 1.1, löst viele dieser Probleme des älteren Protokolls. Es wird von den Browsern der 4er-Generation und den aktuellen Webservern unterstützt. Es gibt jedoch immer noch Beschränkungen in HTTP. Es wird von immer mehr Anwendungen genutzt, die weiterentwickelte Features, wie das gemeinsame Bearbeiten von Webseiten, Zusammenarbeit, Multimedia-Unterstützung und den Aufruf externer Prozeduren benötigen. Verschiedene Ideen, wie HTTP erweitert werden könnte, wurden diskutiert und es wurde ein generisches Extension-Framework für HTTP durch das W3C eingeführt. Es gibt bereits Einrichtungen, wie eine Erkennungsmöglichkeit für die Fähigkeiten des Clients und private Verhandlungen zwischen Browser und Server, doch die meisten dieser Protokolle sind noch in der Entwicklungsphase. Zurzeit ist HTTP noch relativ einfach, so dass wir uns hier weiter mit HTTP 1.0 und 1.1 beschäftigen.

Der Prozess eines Webbrowsers oder eines User Agents – wie einem Webspider oder -Robot –, ein Dokument von einem Web- oder genauer HTTP-Server anzufragen, ist einfach und wurde bereits in diesem Buch erläutert. Der gesamte Prozess wird in Abbildung 15.3 dargestellt. Hier wird beim Webserver nach einem Dokument gefragt, indem der URL der gewünschten Datei spezifiziert wird. Während dieses Schrittes findet ein »Domain Name Lookup« statt, bei dem der Name der Rechners (z.B. www.democompany) in die zugehörige IP-Adresse (z.B. 206.251.142.3) übersetzt wird. Wenn dieser Schritt fehlschlägt, wird die Fehlermeldung »No Such Host« oder »The server does not have a DNS entry« zurückgeliefert. Es können auch weitere Angaben, wie z.B. Abweichungen vom Standardport für http-Anfragen (80), gemacht werden. Für den User, der einfach einen URL angeben muss, um eine Seite anzufragen, ist das durchschaubar. Wenn der Server gefunden wurde, formuliert der Browser eine richtige http-Anfrage und sendet diese an den Server, der durch den URL definiert wurde. Eine typische http-Anfrage besteht aus

```
HTTP-Method Identifier HTTP-version
<Optional additional request headers>
```

In diesem Beispiel ist die HTTP-Methode GET oder POST. Der Identfier entspricht der gewünschten Datei (z.B. /beispiele/kapitel15/51.htm) und die HTTP-Version gibt den Dialekt von HTTP, z.B. HTTP/1.0, an.

Wenn ein User ein Dokument mit einem URL http://www.htmlref.com/beispiele/kapitel15/51.htm anfordert, würde der Browser eine Anfrage wie die folgende generieren, um das gewünschte Objekt vom Server zu beziehen:

```
GET /beispiele/kapitel15/51.htm HTTP/1.0
If-Modified-Since: Saturday, 29-May-99 17:15:00 GMT;
```

```
Connection: Keep-Alive
User-Agent: Mozilla/4.02 [en] (X11; I; SunOS 5.4 sun4m)
Accept: image/gif, image/x-xbitmap, image/jpeg, image/pjpeg, */*
Accept-Language: de
Accept-Charset: iso-8859-1,*,utf-8
```

Es wird oft gefragt, warum nicht der komplette URL bei einer Anfrage gezeigt wird. Das ist in den meisten Fällen nicht nötig, außer wenn ein Proxyserver verwendet wird. Das Verwenden eines relativen URL reicht im Header aus. Der Server weiß, wo er sich befindet. Er muss nur wissen, welches Dokument er aus dem eigenen Verzeichnisbaum kopieren soll. Falls ein Proxyserver verwendet wird, der die Anfrage anstelle des Browsers stellt, wird ein kompletter URL an diesen weitergereicht, der später vom Proxy in einen relativen URL umgewandelt wird. Neben der einfachen GET-Methode sind einige andere Methoden in HTTP spezifiziert. Nicht alle werden üblicherweise verwendet. Tabelle 15.3 bietet eine Zusammenfassung der HTTP-1.1-Anfragemethoden.

Methode	Beschreibung
GET	Liefert das Objekt durch einen Identifizierer definiert zurück. Beachten Sie, dass es sich hierbei auch um ein Attribut des <form>-Elements handelt.
HEAD	Liefert Informationen über das Objekt, wie z.B. das Datum der letzten Änderung, zurück, nicht aber das Objekt.
OPTIONS	Liefert Informationen über die Möglichkeiten des Servers oder die möglichen Methoden, die mit einem spezifizierten Objekt angewendet werden können.
POST	Liefert Informationen an die im Identifizierer angegebene Adresse weiter. Wird hauptsächlich verwendet, um Daten aus einem Formular an ein CGI-Programm auf dem Server zu übermitteln, wenn das Attribut method des <form>-Befehls den Wert post hat.
PUT	Sendet Daten an den Server, die an die Adresse, die im Identifizierer angegeben wurde, weitergeleitet werden, wo bereits vorhandene Daten überschrieben werden. Kann für den Upload von Dateien verwendet werden.
DELETE	Entfernt die Datei, die im Indentifizierer angegeben wurde. In der Regel nicht zugelassen.
TRACE	Liefert Informationen zur Diagnose, indem dem Client erlaubt wird, zu betrachten, welche Daten der Server erhalten hat.

Tabelle 15.3: Überblick über die HTTP-1.1-Anfragemethoden

Es ist interessant, dass zwei der Methoden (GET und POST), die von HTTP unterstützt werden, Werte für das method-Attribut des <form>-Elements sind. Denken Sie daran, dass dieses Attribut bestimmt, mit welcher Methode die Daten eines Formulars an das serverseitige Programm weitergeleitet werden. Im Falle, dass GET verwendet wird, werden sie durch den URL weitergeleitet, da einfach eine andere Seite wie bei einer normalen GET-Anfrage angefordert wird. Wenn der Wert POST ist, werden die Daten auf anderem Wege an das Programm geleitet, was wiederum darin resultieren sollte, dass eine Seite an den Browser zurückgeliefert wird. Wie durch das <form>-Element deutlich werden sollte, interagieren HTML und HTTP auf mehr als nur eine Art miteinander.

Innerhalb einer HTTP-Anfrage gibt es eine Vielzahl von optionalen Feldern, die für die gesamte Anfrage verwendet werden können. Die gebräuchlichen Felder finden Sie mit je einem Beispiel im folgenden Abschnitt.

Hinweis

Der Wert der Header-Informationen sollte nicht unterschätzt werden. Mit ihrer Hilfe kann der verwendete Browser, die Grafiktypen, die vom Browser unterstützt werden, die verwendete Sprache und vieles mehr ermittelt werden.

Accept: MIME-Type/MIME-Subtyp

Dieses Feld gibt die Datentypen an, die vom Browser akzeptiert werden. Ein Eintrag */* zeigt an, dass alle Typen akzeptiert werden. Es ist jedoch möglich, bestimmte Inhaltstypen wie z.B. image/jpeg anzugeben, damit der Server entscheiden kann, was er zurückliefert. Diese Fähigkeit kann verwendet werden, um eine Art von Inhaltsverhandlungen zu führen, damit nur Daten an den Browser geleitet werden, die er versteht oder bevorzugt, obwohl dieser Ansatz nicht von vielen User Agents verstanden oder implementiert wird.

```
Accept: image/gif, image/x-xbitmap, image/jpeg, image/pjpeg, */*
```

Accept-Charset: zeichensatz

Dieses Feld bestimmt den Zeichensatz, der vom Browser akzeptiert wird, wie z.B. ASCII oder eine fremde Zeichen-Codierung.

```
Accept-Charset: iso-8859-1,*,utf-8
```

Accept-Encoding: codierungstyp

Dieses Feld weist dem Server an, welchen Codierungstyp der Browser versteht. Typischerweise wird dieses Feld verwendet, um dem Server anzuzeigen, dass komprimierte Daten verarbeitet werden können.

```
Accept-Encoding: x-compress
```

Accept-Language: sprache

Dieses Feld listet die Sprachen auf, die vom Browser bevorzugt werden und vom Server verwendet werden können, um entsprechende Sprachdaten zurückzuliefern.

```
Accept-Language: de
```

Authorization: authorisierungs-schema authorisierungs-daten

Dieses Feld wird typischerweise verwendet, um die User-ID und das verschlüsselte Passwort anzugeben, wenn der User seine Authorisierungsinformationen zurückliefert.

```
Authorization: user sgejoe:bambi
```

Hinweis

Normalerweise wird das Passwort unverschlüsselt übermittelt. Daher rührt das Bedürfnis nach Sicherheitsprotokollen wie SSL.

Content-length: bytes

Dieses Feld gibt die Länge einer Nachricht, die an den Server gesandt wird, in Bytes an. Denken Sie daran, dass der Browser Daten mit der PUT- oder POST-Methode hochladen oder übermitteln kann.

```
Content-length: 1805
```

Content-type: MIME-Typ/MIME-Subtyp

Dieses Feld zeigt den MIME-Typ einer Nachricht an, die an den Server gesendet wird. Der Wert des Feldes kann im Falle eines Datei-Uploads besonders wichtig sein.

```
Content-type: text/plain
```

Date: datum-zeit

Dieses Feld zeigt das Datum und die Uhrzeit (nach Greenwich Mean Time, GMT) einer Anfrage an. Aus Gründen der Übereinstimmung ist die GMT-Zeit Pflicht.

```
Date: Thursday, 15-Jan-98 01:39:39 GMT
```

Host

Dieses Feld gibt den Namen des Hosts und gegebenenfalls auch den Port des Servers an, an den die Anfrage gerichtet wurde.

```
Host: www.democompany.com
```

If-Modified-Since: datum-zeit

Dieses Feld zeigt die Aktualität der Datei an, um die Effizienz der GET-Methode zu verbessern. In Verbindung mit einer GET-Anfrage für eine bestimmte Datei wird diese Datei überprüft, um zu sehen, ob sie seit dem in diesem Feld definierten Zeitpunkt modifiziert wurde. Wenn das nicht der Fall ist, wird der »not modified«-Code (304) an den Client übermittelt, damit die Version aus dem Cache-Speicher geladen werden kann. Ansonsten wird die Datei ganz normal an den Browser übertragen.

```
If-Modified-Since: Thursday, 15-Jan-98 01:39:39 GMT
```

If-Match: auswahl-string

Dieses Feld führt eine Anfrage nur dann durch, wenn die Elemente mit einem mitgelieferten Auswahlwert übereinstimmen. Stellen Sie sich vor, dass POST nur dann verwendet wird, wenn die Daten in eine Datei namens olddata verschoben wurden.

```
If-Match: "olddata"
```

If-None-Match: auswahl-string

Dieses Feld bewirkt das Gegenteil von If-Match. Die Methode wird nur unter der Bedingung ausgeführt, dass der Auswahlwert mit nichts übereinstimmt. Das könnte nützlich sein, um zu verhindern, dass bestehende Daten überschrieben werden.

```
If-None-Match: "newfile"
```

If-Range: selektor

Wenn ein Client eine unvollständige Kopie eines Objekts im Cache-Speicher hat und eine aktuelle Kopie des gesamten Objekts haben möchte, kann er den Range-Request-Header mit der If-Range-Bedingung verwenden, um die Datei zu aktualisieren.

```
If-Range: Thursday, 15-Jan-98 01:39:39 GMT;
```

If-Unmodified-Since

Dieses Feld stellt eine Bedingung. Ist die angeforderte Datei seit dem angegebenen Zeitpunkt nicht modifiziert worden, soll der Server die Anfrage starten. Ansonsten soll die Anfrage unterbleiben.

```
If-Unmodified-Since: Thursday, 15-Jan-98 01:39:39 GMT
```

Max-Forwards: integer

Dieses Feld wird mit der TRACE-Methode verwendet, um die Anzahl der Proxyserver oder der Gateways, die die Anfrage weiterleiten können, zu begrenzen. Das kann nützlich sein, um die Fehler zu beschränken, wenn eine Anfrage über viele Proxies geht, bevor sie den anfragenden Server erreicht.

```
Max-Forwards: 6
```

MIME-version: versions-nummer

Dieses Feld gibt die MIME-Protokoll-Version an, die von dem Browser verstanden wird, an den das Ergebnis der Anfrage geleitet werden soll.

```
MIME-Version: 1.0
```

Proxy-Authorisierung: authorisierungsinformation

Dieses Feld ermöglicht es dem Client, sich selbst oder den User gegenüber einem Proxy zu identifizieren, der eine Bestätigung erfordert.

```
Proxy-Authorization: joeblow: testpass; Realm: All
```

Pragma: server-direktive

Dieses Feld leitet Informationen zu einem Server, z.B. kann dieses Feld verwendet werden, um den Proxyserver aufzufordern, eine aktuelle Version einer Seite zu laden.

```
Pragma: no-cache
```

Range: byte-range

Dieses Feld verlangt bestimmte Merkmale für eine Datei, wie z.B. eine bestimmte Anzahl von Bytes. Das Beispiel zeigt eine Anfrage nach einer Datei, die mindestens 500 Byte groß ist.

```
Range: bytes=-500
```

Referer: URL

Dieses Feld zeigt den URL eines Dokuments an, von dem die Anfrage stammt (mit anderen Worten, das verweisende Dokument). Dieser Wert kann leer sein, wenn der User den URL direkt eingegeben hat und nicht über einen Verweis auf die Seiten gelangt ist.

```
Referer: http://www.democompany.com/reports/index.html
```

User-Agent: Agent-code

Dieses Feld verweist auf den Browsertyp, der die Anfrage gestartet hat.

```
User-Agent: Mozilla/4.0 (compatible; MSIE 5.5; Windows 98)
```

Beachten Sie auch hier wieder, dass alle diese Header sehr bekannt scheinen. Sie setzen sich aus den gleichen Umgebungsvariablen zusammen, auf die Sie mit einem CGI-Programm zugreifen können. Nun sollte auch klar sein, woher diese Daten stammen.

Nach dem Empfang der Anfrage versucht der Server, die Anfrage zu bearbeiten. Das Ergebnis der Anfrage wird durch eine Server-Statuszeile angezeigt, die den Antwortcode enthält, z.B. den allseits bekannten Code »404 Not Found«. Die Server-Antwort-Statuszeile nimmt folgende Form an:

```
HTTP-version Status-code Reason-String
```

Für eine erfolgreiche Anfrage könnte die Statuszeile folgendes Aussehen haben:

```
HTTP/1.0   200   OK
```

Während die Statuszeile im Falle eines Fehlers so aussehen könnte

```
HTTP/1.0   404   Not Found
```

Die Statuscodes für den HTTP-1.1-Standard entnehmen Sie bitte Tabelle 15.4.

Status-Code	Begründungs-String	Beschreibung
Informelle Codes (Der Prozess wird danach fortgesetzt)		
100	Continue	Als Übergangsmeldung vom Server eingeführt, um anzuzeigen, dass die Anfrage noch bearbeitet wird und bisher weder akzeptiert noch abgelehnt wurde. Dieser Status-Code unterstützt das Konzept der bestehenden Verbindung, die in HTTP 1.1 eingeführt wurde.
101	Switching Protocols	Kann vom Server zurückgemeldet werden, um anzuzeigen, dass ein anderes Protokoll verwendet werden soll, um die Kommunikation zu verbessern. Kann verwendet werden, um ein Echtzeit-Protokoll zu initialisieren.
Erfolgscodes (Die Anfrage wurde verstanden und akzeptiert)		
200	OK	Zeigt die erfolgreiche Bearbeitung einer Anfrage an.
201	Created	Zeigt die erfolgreiche Bearbeitung einer PUT-Anfrage und das Erstellen der spezifizierten Datei an.
202	Accepted	Dieser Code zeigt an, dass die Anfrage akzeptiert wurde, dass die Bearbeitung jedoch noch nicht abgeschlossen wurde.
203	Non-Authoritative Information	Zeigt eine erfolgreiche Anfrage an, wobei zurückgelieferte Informationen, insbesondere Meta-Informationen über ein Dokument, von einem dritten Server kommen und nicht verifiziert werden können.
204	No Content	Weist auf eine erfolgreiche Anfrage hin, bei der jedoch keine neuen Daten an den Client zu liefern sind.
205	Reset Content	Gibt an, dass der Client die Seite erneut laden soll, von der die Informationen gesandt werden (eventuell wird weiterer Input benötigt). Kann von einer Formularseite verwendet werden, die mehrmals aktualisiert werden muss (im Gegensatz zum Neuladen), z.B. in einem Chatsystem.
206	Partial Content	Zeigt eine erfolgreiche Anfrage nach einem Teil eines größeren Dokuments oder einer Gruppe von Dokumenten. Diese Rückmeldung tritt typischerweise auf, wenn Mediadaten in einer bestimmten Reihenfolge oder byteweise als Datenstrom versandt werden.

Tabelle 15.4: HTTP-1.1.-Status-Codes

Status-Code	Begründungs-String	Beschreibung
Redirection-Codes (Es sind weitere Aktionen erforderlich, um die Anfrage zu bearbeiten)		
300	Multiple Choices	Zeigt an, dass es mehrere mögliche Präsentationsmöglichkeiten für die gewünschte Information gibt, so dass der Client entscheiden muss, welche Alternative er bevorzugt. Das kann sowohl einen näheren Server als auch ein anderes Datenformat betreffen.
301	Moved Permanently	Die angeforderte Information wurde dauerhaft verschoben. Für zukünftige Verweise auf diese Information soll nur noch die neue Adresse verwendet werden.
302	Moved Temporarily	Die angeforderte Information wurde vorübergehend verschoben. Für zukünftige Verweise auf diese Information soll weiterhin die alte Adresse verwendet werden.
303	See Other	Weist darauf hin, dass das gewünschte Objekt unter einer anderen Adresse gefunden werden kann und mit der GET-Methode von dieser Quelle bezogen werden soll.
304	Not Modified	Erfolgt als Antwort auf eine GET-Anfrage und weist den User Agent an, eine Kopie aus dem Cache oder dem lokalen Speicher zu verwenden, da das angeforderte Objekt unverändert ist.
305	Use Proxy	Zeigt an, dass die angeforderte Information über einen Proxy bezogen werden muss.
Client-Fehler-Codes (Syntax- Fehler oder andere Probleme, die Fehler verursachen)		
400	Bad Request	Die gestellte Anfrage kann vom Server nicht verstanden werden, da die Syntax falsch formatiert ist.
401	Unauthorized	Die Beantwortung der Anfrage bedarf einer Authentisierung durch den User, die fehlgeschlagen ist.
402	Payment Required	Diese Meldung, offensichtlich kommerzieller Art, ist zurzeit nur unzureichend definiert.
403	Forbidden	Die Anfrage wurde verstanden, aber abgelehnt und soll auch nicht wiederholt werden – im Gegensatz zu Code 401, bei dem eine Wiederholung sinnvoll sein kann. Eine typische Rückmeldung für die Anfrage nach einer Auflistung des Verzeichnisinhalts.
404	Not Found	Möglicherweise die Folge eines Schreibfehlers durch den Betrachter oder einer verschobenen Datei. Der Server kann keine Daten unter der angegebenen Adresse finden und hat auch keinen Hinweis auf verschobene Daten.
405	Method Not Allowed	Rückmeldung auf eine Anfrage der GET-, POST- oder PUT-Methode für ein Objekt, bei dem diese Methoden nicht unterstützt werden. In der Regel wird die unterstützte Methode in der Rückmeldung mitgeteilt.
406	Not Acceptable	Rückmeldung auf eine Anfrage nach einem Inhaltstyp, der nicht vom Browser akzeptiert wird. Da die meisten Browser standardmäßig durch die Einstellung */* alle Typen akzeptieren, erscheint diese Meldung sehr selten.
407	Proxy Authentication Required	Zeigt an, dass der Proxyserver eine Authentisierung verlangt, um fortzufahren. Dieser Code entspricht weitgehend dem Code 401.
408	Request Time-out	Zeigt an, dass der Client die Anfrage nicht innerhalb des vom Server vorgegebenen Zeitlimits gestellt oder beendet hat.
409	Conflict	Die Anfrage kann nicht fertig gestellt werden, da ein Konflikt mit der angeforderten Informationsquelle auftritt (z.B. wegen einer gesperrten Datei).

Tabelle 15.4: HTTP-1.1.-Status-Codes (Forts.)

Status-Code	Begründungs-String	Beschreibung
410	Gone	Weist darauf hin, dass das angeforderte Objekt nicht länger auf dem Server verfügbar ist und keine neue Adresse bekannt ist. Suchmaschinen könnten andere Referenzen für solche Objekte angeben wollen, da es sich bei dieser Meldung um einen dauerhaften Zustand handelt.
411	Length Required	Zeigt an, dass der Server die Bearbeitung dieser Anfrage ohne Angabe der Länge des Inhalts verweigert. Das kann passieren, wenn eine Datei ohne Längenangabe gepostet werden soll.
412	Precondition Failed	Zeigt an, dass eine Vorbedingung (z.B. If-Unmodified), die in einem oder mehreren Header-Feldern gestellt wurde, den Wert false zurückgeliefert hat.
413	Request Entity Too Large	Zeigt an, dass der Server sich weigert, Daten zurückzuliefern, da das Objekt zu groß oder der Server ausgelastet ist. Eventuell teilt der Server mit, wann die Anfrage wiederholt werden soll. Es kann allerdings auch vorkommen, dass er alle offenen Verbindungen trennt.
414	Request-URI Too Large	Zeigt an, dass der Uniform Resource Identifier (URI), meist ein URL, im Request-Feld zu lang für den Server ist. Das ist jedoch eher unwahrscheinlich, da Browser solchen Anfragen meist erst gar nicht weiterleiten.
415	Unsupported Media Type	Der Server weigert sich, die Anfrage zu bearbeiten, da der spezifizierte Medientyp nicht unterstützt wird. Dieser Code könnte zurückgeliefert werden, wenn ein Server eine Datei empfängt, die er aufgrund der Konfiguration nicht durch die PUT-Methode übertragen darf.
Server-Fehler-Codes (Der Server kann eine möglicherweise korrekte Anfrage nicht bearbeiten)		
500	Internal Server Error	Eine schwer wiegende Fehlermeldung, die anzeigt, dass auf dem Server ein interner Fehler aufgetreten ist, der die Beantwortung der Anfrage verhindert.
501	Not Implemented	Der Server versteht oder unterstützt die gestellte Anfrage nicht.
502	Bad Gateway	Zeigt an, dass auf dem Server, der als Proxy dient, ein Fehler aufgetreten ist, der von einem anderen Gateway ausgelöst wurde.
503	Service Unavailable	Zeigt an, dass der Server momentan überlastet ist oder gewartet wird. Es können Header zurückgesandt werden, um anzuzeigen, wann der Server wieder verfügbar ist.
504	Gateway Time-out	Zeigt an, dass der Server, wenn er als Gateway oder Proxy eingesetzt wird, zu lange auf eine Rückmeldung gewartet hat und nun pausiert.
505	HTTP Version not supported	Zeigt an, dass der Server die in der Anfrage spezifizierte HTTP-Version nicht unterstützt.

Tabelle 15.4: HTTP-1.1.-Status-Codes (Forts.)

Nach der Statuszeile antwortet der Server mit Informationen über sich selbst und die zurückgelieferten Daten. Es gibt verschiedene ausgewählte Response-Header, aber die wichtigsten zeigen den Datentyp in Form von MIME-Typen und -Subtypen an, die zurückgeliefert werden. Wie Anfrage-Header sind viele dieser Codes optional und hängen vom Status der Anfrage ab.

Die Beispielantwort eines Servers auf die Anfrage, die Sie schon weiter oben in diesem Kapitel (»HTTP«) gesehen haben:

```
HTTP/1.1 200 OK
Date: Sat, 19 May 1999 17:15:00 GMT
Server: Apache/1.3.12 (Unix)
```

```
Last-Modified: Fri, 25 Apr 1999 22:19:12 GMT
Accept-Ranges: bytes
Content-Length: 205
Connection: close
Content-Type: text/html

<html>
<head>
<title>Bericht 1</title>
</head>

<body>
<h1>Bericht über wichtige Sachen</h1>
<hr>
<p>Hier sind einige Informationen über wichtige Dinge. </p>

</body>
</html>
```

Eine Liste der gängigen Server-Response-Header für HTTP 1.1., mit je einem Beispiel, finden Sie in Tabelle 15.5.

Response Header	Beschreibung	Beispiel
Age	Zeigt die Einschätzung des Senders, wie viel Zeit seit der Generierung der Anfrage auf dem Ursprungsserver vergangen ist. Der Wert ist eine nicht negative Dezimalzahl, die die Zeit in Sekunden angibt.	Age: 10
Content-encoding	Gibt die Codierung der zurückgelieferten Daten an.	Content-encoding: x-compress
Content-language	Gibt die Sprache an, die in den zurückgelieferten Daten verwendet wird.	Content-language: en
Content-length	Gibt die Anzahl der Bytes an, die durch den Server zurückgeliefert werden.	Content-length: 205
Content-range	Gibt Informationen über die Daten an, die vom Server zurückgeliefert werden.	Content-range: -500
Content-type	Das ist wahrscheinlich das wichtigste Feld, und es gibt an, welche Inhaltstypen vom Server zurückgeliefert werden (in Form eines MIME-Typs).	Content-type: text/html
Expires	Nennt das Datum und die Zeit, nach der die zurückgelieferten Informationen veraltet sein könnten und nicht mehr aus dem Cache geladen werden sollten.	Expires: Thu, 04 Dec 1997 16:00:00 GMT
Last-modified	Das Last-Modified-Response-Header-Feld wird verwendet, um das Datum anzuzeigen, an dem die Inhalte zum letzten Mal verändert wurden. Dieser Wert wird vom Cache-Speicher verwendet, um zu entscheiden, ob eine Kopie der Daten lokal gespeichert wird.	Last-modified: Thursday, 01-Aug-96 10:09:00 GMT
Location	Wird verwendet, um den Browser auf eine andere Seite umzuleiten.	Location: http://www.democompany. com/products/index.htm

Tabelle 15.5: Gängige HTTP-1.1-Server-Response-Header

Response Header	Beschreibung	Beispiel
Proxy-authenticate	Enthält eine 407-Response (Proxy Authentication Required). Der Wert dieses Felds besteht aus einer Anforderung, die das Authentifizierungsschema und die Parameter, die auf die Proxyanfrage anwendbar sind, enthält.	Proxy-authenticate: GreenDecoderRing: 0124.
Public	Listet die Methoden auf, die durch den Server unterstützt werden. Der Zweck dieses Felds ist es, den Browser über die Möglichkeiten des Servers zu informieren, wenn neue oder ungewöhnliche Methoden auftreten.	Public: OPTIONS, MGET, MHEAD, GET, HEAD
Retry-after	Kann in Verbindung mit einer 503-Rückmeldung (Service Unavailable) verwendet werden, um anzuzeigen, wie lange ein Service wahrscheinlich nicht verfügbar sein wird. Der Wert des Feldes kann entweder ein HTTP-Datum oder eine Ganzzahl sein, die angibt, nach wie vielen Sekunden ein neuer Versuch unternommen werden kann.	Retry-after: Fri, 31 Dec 1999 23:59:59 GMT Retry-after: 60
Server	Enthält Informationen über die eingesetzte Server-Software.	Server: Apache/1.3.12 (Unix)
Warning	Wird verwendet, um zusätzliche Informationen über den Status einer Rückmeldung zu machen, die nicht aus dem Status-Code hervorgeht.	Warning: 10 Response is stale
WWW-authenticate	Ist in der 401-Rückmeldung (Unauthorized) enthalten. Das Feld enthält mindestens eine Anforderung, die das Authentifizierungsschema und die Parameter, die auf die Anfrage durch den Client anwendbar sind, angibt.	WWW-authenticate: Magic-Key-Challenge= 555121, DecoderRing= Green

Tabelle 15.5: Gängige HTTP-1.1-Server-Response-Header (Forts.)

Das wichtigste Header-Response-Feld ist das Content-type-Feld. Der MIME-Typ, der von diesem Feld angegeben wird, ist ein Hinweis, durch den der Browser weiß, was er mit den zurückgelieferten Daten machen soll.

MIME

MIME (Multipurpose Internet Mail Extensions) wurde eigentlich als eine Erweiterung für das Internet-Mail-Protokoll entwickelt, das die Kommunikation von Multimedia-Elementen gewährleisten soll. Die Grundidee von MIME ist die Übertragung von Textdateien, deren Header die nachfolgenden Binärdateien ankündigen. Jeder MIME-Typ besteht aus zwei Teilen, die den Datentyp und den Untertyp im folgenden Format angeben:

```
Content-type: type/subtype
```

Wobei *type* die Werte image, audio, text, video, application, multipart, message oder exten-sion-token haben kann, und *subtype* den Inhalt bestimmt. Einige Beispiele dafür sehen Sie hier:

```
text/html
application/x-director
application/x-pdf
video/quicktime
video/x-msvideo
```

```
image/gif
audio/x-wav
```

Neben diesen Basis-Headern können Sie auch Informationen wie die Zeichencodierungssprache angeben. Für weitere Informationen über MIME verweisen wir Sie hier auf das RFC 1521, das Sie auf vielen Sites wie z.B. `http://www.faqs.org/rfcs/` finden, oder auf die Liste der registrierten MIME-Typen unter `ftp://ftp.isi.edu/in-notes/iana/assignments/media-types/`.

Wenn ein Webserver eine Datei überträgt, werden die Header-Informationen vom Browser abgefangen und durchsucht. Der MIME-Typ wird durch das Server-Response-Feld »Content-type« bestimmt. Wenn ein Browser eine Standard-HTML-Datei erhält, wird ihm durch den `text/html`-Header vorgegeben, was er zu tun hat, und er stellt die Datei typischerweise im Browserfenster dar. Um festzulegen, wie er mit einem bestimmten MIME-Typ zu verfahren hat, konsultiert er eine Tabelle, in der die einzelnen MIME-Typen bestimmten Aktionen zugewiesen werden. Es Beispiel dafür sehen Sie in der folgenden Abbildung:

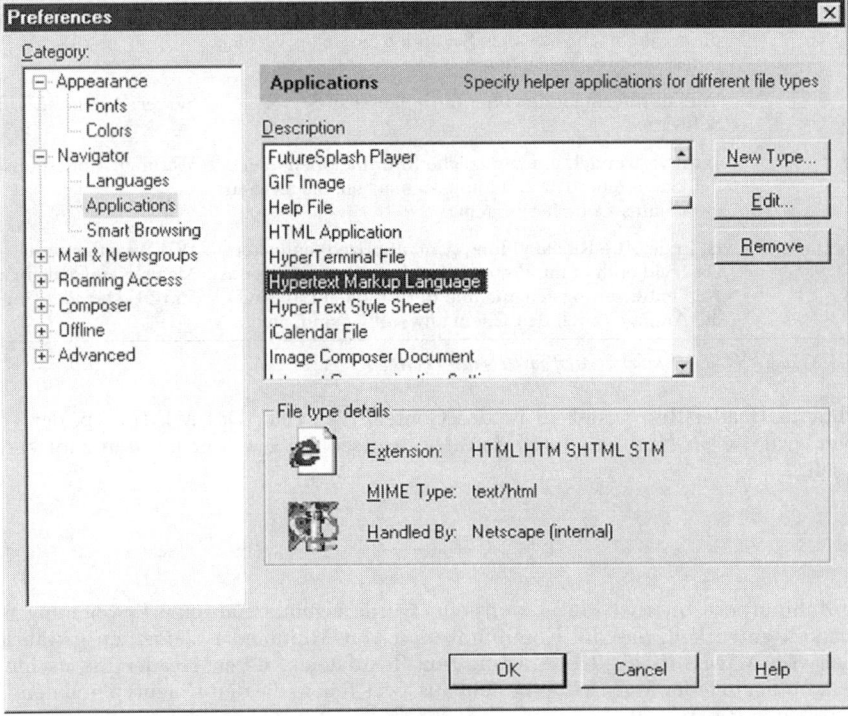

Hinweis

Auch auf dem Server existiert eine Tabelle, in der die Datei-Erweiterungen der zu versendenden MIME-Typen verzeichnet sind.

Beachten Sie, dass in diesem Fall der Typ `text/html` ist und dass das HTML-Dokument weitergeleitet wird, sobald der Header abgearbeitet wurde. Der Dialog weist den Browser an, die Datei selbst zu verarbeiten. Beachten Sie außerdem, dass der Browser die Dateitypen `.html`, `.htm`, `.stm` und `.shtml` als HTML-Dateien erkennt. Der MIME-Typ ist der Grund dafür, dass eine Datei mit der Endung `.cfm`, `.asp`, `.jsp` usw. vom Browser wie eine HTML-Datei behandelt wird, wenn sie über das Internet geliefert wird, aber beim Öffnen von einer lokalen Festplatte nicht richtig gelesen werden kann. Diese Erweiterungen werden mit dynamisch generierten Seiten in Verbindung gebracht, die vom Server mit dem HTML-MIME-Typ versehen werden. Wenn Sie jedoch von einem lokalen Laufwerk zum Browser weitergeleitet werden, muss die Endung .htm sein, um den Inhalt der Datei zuordnen zu können. Wenn ein Browser eine Datei lesen soll, über deren Inhaltstyp er sich nicht sicher ist, da ihm die Dateiendung oder der MIME-Typ unbekannt sind, sollte er mit einem Dialog reagieren, den Sie hier in Abbildung 15.2 sehen können.

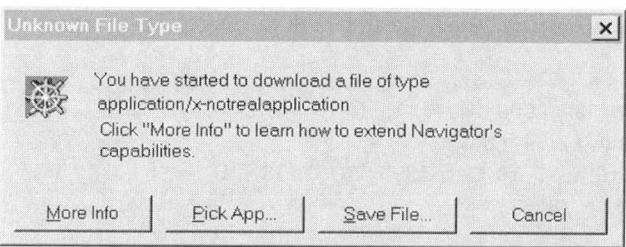

Bemerkenswert ist, wie der Internet Explorer reagiert, wenn er auf unbekannte MIME-Typen stößt: Er fordert Sie zum Speichern der Datei auf, wie Sie hier sehen:

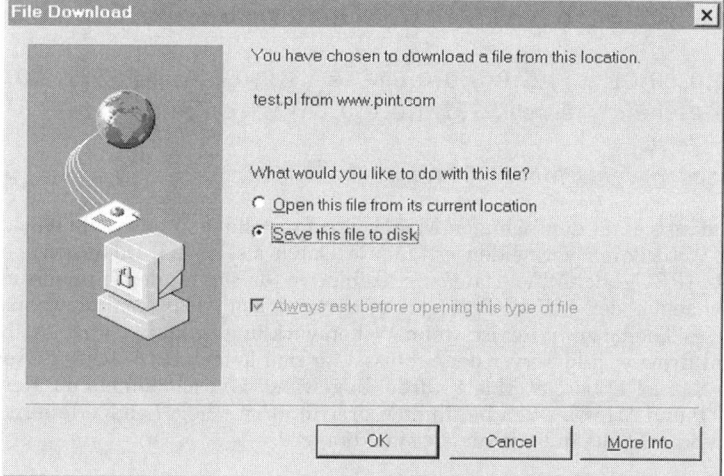

Es ist auch interessant, dass es zwar sehr einfach ist, eine Beziehung zwischen einem MIME-Typ und einem Programm, das diese Daten verarbeiten soll, herzustellen, dass aber nur sehr wenige Leute eine solche Beziehung selbst herstellen wollen.

Normalerweise werden Webseiten korrekt weitergeleitet, so dass ein solcher Dialog nur selten zu sehen ist. Der Browser liest zunächst den gelieferten HTML-Code, um danach die übrigen Objekte wie GIF-Grafiken, Sounddateien, Flash-Dateien, Java Applets usw., die mit der Seite verknüpft sind, zu laden. Jedes einzelne Objekt stellt eine eigene Anfrage an den Server dar. Wenn der Browser auf folgenden Quelltext stößt:

```
<img src="images/logo.gif" height="100" width="200" alt="Demo Company">
```

wird er folgende Anfrage formulieren:

```
GET /images/logo.gif HTTP/1.1
Connection: Keep-Alive
User-Agent: Mozilla/4.0 (compatible; MSIE 5.01; Windows 98)
```

```
Accept: application/x-comet, image/gif, image/x-xbitmap,
        image/jpeg, image/pjpeg, */*
Accept-Language: de
```

Der Server würde ähnlich wie zuvor antworten. Allerdings würde der MIME-Typ dieses Mal image/gif lauten, gefolgt von den binären Daten, die als Grafik wiedergegeben werden, wie es hier demonstriert wird:

```
HTTP/1.1 200 OK
Date: Tue, 18 Jan 2000 04:41:15 GMT
Server: Apache/1.3.4 (Unix)
Last-Modified: Wed, 13 Oct 1999 23:37:38 GMT
Content-Length: 28531
Connection: close
Content-Type: image/gif

GIF87a-,5,1,0,0,0,0hhæ÷ÿïÿÿÆï÷÷òÒÖ÷ïïõñî½Öïïïèñ½ïèóÆçã¿Æçõ½çç÷áß´µçÞï-çÝç½
Þñ¥çß÷´Þï-ÞÞÖä¥Ü÷œÞÖï°Õç"ÞÏ®ŒÞÕï™×÷"ÖÇµŒÖÆ-„ÖÆ-{ÖÅÓsÖ½-½½¥À½œsÎ½
¥¿¹'_kÎÏµ¥¬-_yµÏ©¨‹¥¥¥ ¡-œ›Œ¥Ã{""‡',5,0,0,0,0,0h
X
‹,5,0,0,0,0,0hˆŒŒ{„Œ{j,5,0,0,0,0,0h¢„„„s,,5,0,0,0,0,0h,,'}l,5,0,0,0,0,0hh{„{s‚fT{{
s,5,0,0,0,0,0hzjq|~¦eUmogKvŠ,5,0,0,0,0,0h]QljZckZoe
PfegccZccRZcRX
… Fortsetzung der binären Daten …
```

Bedenken Sie, dass Sie mit den richtigen MIME-Typ-Einstellungen buchstäblich jedes Objekt übertragen können. Viele Webautoren vermeiden es, andere Daten als HTML-Dokumente oder gängige Medientypen wie GIF-, JPEG- oder WAV-Dateien einzubinden, da sie mit den browser- und serverseitigen Einstellungsmöglichkeiten der MIME-Typen nicht vertraut sind. Das kommt wahrscheinlich daher, dass wenig über dieses Thema zu hören ist, wenn Webentwicklung diskutiert wird, es aber bei der Kommunikation zwischen Browser und Server der Schlüssel für den korrekten Ablauf von serverseitigen Programmen ist, wie in Kapitel 12 bereits erklärt wurde. In gewisser Hinsicht ähneln die Kernprotokolle des Webs – HTML, HTTP und MIME – den berühmten drei Tenören. Viele Leute erinnern sich nur an die ersten zwei, aber man braucht alle drei, damit alles funktioniert!

Die Wahrheit über das Veröffentlichen und Warten einer Website

Obwohl es relativ einfach ist, sich das Wissen über die Arbeitsweise eines Servers anzueignen und die Problematiken, die bei der Wahl zwischen einem eigenem und einem externen Server entstehen, zu durchschauen, gibt das nur eine Andeutung darüber, welcher Herausforderung man sich stellen muss, wenn man eine Website betreut. Viel zu oft sind Webprofis schnell dabei, ein Webprojekt zu starten, und viel zu langsam, wenn es darum geht es aufrechtzuerhalten. Es macht sicher Spaß, eine Site zu entwickeln, eine Struktur zu erarbeiten, die Navigation zu entwerfen und die Seiten dann zu erstellen. Aber was kommt danach? Wenn Sie Ihrem Publikum die Seiten vorgestellt haben, können Sie diese jetzt nicht alleine lassen. Websites müssen gehegt und gepflegt werden. Je nach Art der Site müssen täglich, wöchentlich oder monatlich Wartungsarbeiten vorgenommen werden. Es müssen neue Informationen hinzugefügt werden, die Links sind zu überprüfen, es sind ständig Tests auf neuen Browsern erforderlich, der Skriptcode ist unter Umständen auf den neuesten Stand zu bringen und auch auf der Serverseite sind einige Aktualisierungen und Backups vorzunehmen. Die wirkliche Arbeit kommt erst nach der Veröffentlichung. Die Site wurde erstellt, um einem bestimmten Zweck zu dienen, und nun ist es an der Zeit, diesen zu erfüllen. Das nächste Kapitel stellt einige dieser Themen vor und beschreibt, dass das Betreiben einer Site ein andauernder Prozess ist.

Zusammenfassung

Bei der Site-Entwicklung sollte auch der Bedarf nach einer Speichermöglichkeit der Seiten auf einem Webserver angesprochen werden. Der Entwickler kann zwischen zwei Möglichkeiten wählen: dem Hosting auf einem eigenen Server, wobei die notwendige Hard- und Software zu beschaffen ist und für eine Internetanbindung sowie die für das Hosting erforderlichen Arbeitskräfte gesorgt werden muss, oder einem externen Provider, einem so genannten ISP. Aufgrund der Kosten und Komplikationen, die damit verbunden sind, ausreichende Kapazitäten für einen eigenen Server bereitzustellen, ist es oft sinnvoll, eine Firma mit dieser Aufgabe zu betrauen, die sich mit Webhosting befasst. Bei diesem Ansatz haben Sie die Optionen, entweder Webspace auf einem geteilten Server zu mieten oder die Site auf einem dedizierten Server zu hosten. Letzteres bietet eine größere Flexibilität und macht Sie unabhängig von den Möglichkeiten, die der Betreiber des geteilten Servers Ihnen zur Verfügung stellt. Mit einem eigenen Server müssen Sie sich um die Auswahl der Serversoftware und des Betriebssystems sowie um alle Anforderungen an die Performance kümmern. Darüber hinaus kann es hilfreich sein, wenn Sie verstehen, wie ein Webserver arbeitet und wie die HTTP- und MIME-Protokolle funktionieren.

16

Site-Management

Selbst nach all der Arbeit des Erstellens und Übertragens der Website ist die Arbeit des Web-Entwicklers noch nicht erledigt. Webseiten bestehen weiter und müssen gewartet werden, um effektiv zu bleiben. Es gibt viele Aspekte, die dabei zu berücksichtigen sind, vom Hinzufügen neuer Inhalte bis zum Updaten des Servers. Dieses Kapitel beschäftigt sich mit der Wartung von Webseiten, sofern diese mit HTML in Verbindung steht. Eine kurze Erläuterung über den möglichen Aufwand, den die Wartung von Webseiten mit sich bringen kann, finden Sie am Ende des Kapitels.

Meta-Informationen

Meta-Informationen sind Informationen über Informationen. Häufig sind das Mitteilungen, die mit einem Webdokument verbunden sind oder es beschreiben, ohne ausdrücklich auf der Webseite zu erscheinen. Beispiele für Meta-Informationen sind der Name des Autors, das Thema, der Herausgeber, das Veröffentlichungsdatum und sogar der Titel. Richtig eingesetzt, sind Meta-Informationen sehr nützlich. Webseiten können leichter aufgefunden oder bewertet werden. Wie bereits erläutert, stehen Meta-Informationen mit Verknüpfungen in Verbindung, da sie helfen, die Rolle eines Dokuments im globalen oder lokalen Informationsraum zu erklären. Meta-Informationen bieten auch Raum für verschiedene Angaben, die mit dem jeweiligen Dokument in Zusammenhang stehen. HTML unterstützt Meta-Informationen durch das `<meta>`-Element, das es dem Autor ermöglicht, beliebige Arten von Metadaten in ein Dokument einzubinden.

Das Attribut name

Ein `<meta>`-Element, das das Attribut `name` verwendet, ist am leichtesten zu verstehen. Das Attribut `name` bestimmt einen Informationstyp. Mit dem Attribut `content` wird der Inhalt der Meta-Information bestimmt. Mit

```
<meta name="Lieblingsspieler" content="Jan-Aage Fjörtoft">
```

wird eine Meta-Information definiert, die über den Lieblingssportler des Autors informiert. Obwohl beliebige Metadaten in ein Dokument eingebunden werden können, deren Beschränkungen allein in der Phantasie des Autors liegen, gibt es einige Werte, die häufig verwendet und von Suchmaschinen wie AltaVista, HotBot und Infoseek verstanden werden. Dazu gehören z.B. die Werte `author`, `description` und `keywords` für das Attribut `name`. Durch Setzen der Attribute `name` und `content` können HTML-Autoren

Meta-Informationen in den Kopfteil ihrer Dokumente integrieren, um das Ergebnis der Katalogisierung ihrer Webseiten durch Suchmaschinen zu verbessern. Der folgende Code erstellt eine Beschreibung für die Webseiten einer fiktiven Firma:

```
<!DOCTYPE HTML PUBLIC "-//W3C//DTD HTML 4.01 Transitional//EN">
<html>
<head>
<title>Demo-Company-Homepage</title>
<meta name="author" content="Demo Company, Inc.">
<meta name="description" content="Demo Company, der Nummer-1-Händler für green
gadgets im Web">
<meta name="keywords" content="Demo Company, green gadgets, gadgets">
</head>
<body>
. . .Inhalte der Seite
</body>
</html>
```

Wie dieses Beispiel zeigt, können HTML-Autoren die Indexierung ihrer Seiten durch das Einbinden von angemessenen Schlüsselwörtern mit dem richtigen `<meta>`-Element verbessern. Allerdings müssen die Suchmaschinen dann auch von der Existenz ihrer Seiten erfahren. Darauf wird im Abschnitt *Promotion in Suchmaschinen* später in diesem Kapitel genauer eingegangen. Wir wenden unsere Aufmerksamkeit zunächst weiteren Einsatzmöglichkeiten des `<meta>`-Elements zu.

`<meta>` und http-equiv

Eine weitere Form des `<meta>`-Elements verwendet das Attribut `http-equiv`, das dem Autor ermöglicht, weitere HTTP-Header-Informationen einzubinden. Der Browser kann während des Einlesens der Datei auf diese Informationen zugreifen. Auch der Server hat Zugriff auf diese Informationen, wenn er die Daten übermittelt, was allerdings sehr selten geschieht. Das Attribut `http-equiv` setzt einen bestimmten HTTP-Header-Typ, während `content` den zugehörigen Wert bestimmt.

Wenn sich z.B.

```
<meta http-equiv="Expires" content="Wed, 19 May 2001 17:00:00 GMT">
```

im Kopf eines Dokuments befindet, wird das Ablaufdatum für den 19. Mai 2001 festgelegt. Eine Vielzahl von HTTP-Headern kann durch das `<meta>`-Element bestimmt werden. Die nützlichsten Anwendungen dieser Art sind die Kontrolle des Cache-Speichers, Client-pull und Site Filtering.

Kontrolle des Cache-Speichers

Caching bedeutet im Internetkontext das Aufbewahren einer Kopie einer Seite oder eines Objektes entweder auf einer lokalen Festplatte oder auf einem Proxyserver im Netzwerk, um mehrfaches Herunterladen aus dem Web zu vermeiden. Das ist eine sehr nützliche Sache, da es eine unnötige Belastung des Netzwerks vermeidet. Andererseits sind Browser oder Proxyserver in dieser Hinsicht sehr aggressiv, was bedeutet, dass viele Besucher ungewollt alte Inhalte betrachten. Das `<meta>`-Tag kann verwendet werden, um dieses Verhalten durch das Setzen von Verfallsdaten und ähnlichen Angaben zu beeinflussen.

Es gibt drei Arten von `<meta>`-Befehlen, die zum Kontrollieren des Caching eingesetzt werden können. Der erste lautet `Expires` und dient dem Bestimmen eines Ablaufdatums für eine Webseite. Wenn Sie hier ein Datum aus der Vergangenheit wählen, werden der Browser oder der Proxyserver beim Server immer nach einer neuen Seite fragen. Wie bereits oben gezeigt, können Sie mit

```
<meta http-equiv="Expires" content="Wed, 19 May 2001 17:00:00 GMT">
```

im Kopf eines Dokuments das Ablaufdatum für den 19. Mai 2001 bestimmen. Da dieses Datum eindeutig in der Vergangenheit liegt, gilt es als veraltet. Es ist jedoch einfacher, den Wert des content-Attributs auf 0 zu setzen, was für den Browser bedeutet, dass der Ablaufzeitpunkt »jetzt« ist, weshalb der Browser jedes Mal nach einer neuen Seite fragen wird.

```
<meta http-equiv="Expires" content="0">
```

Natürlich können Sie auch einen wirklichen Wert im GMT-Format, wie im obigen Beispiel, verwenden, um einen Zeitpunkt in der Zukunft festzulegen.

Abgesehen vom Verfallsdatum können zwei weitere Werte für das http-equiv-Attribut verwendet werden, um ein Caching zu verhindern oder zu kontrollieren: Pragma und no-cache. Der Wert für diese Attribute wird in beiden Fällen mit no-cache definiert, was in den meisten Browsern mit den folgenden Zeilen zum Erfolg führt:

```
<meta http-equiv="Pragma" content="no-cache">
```

```
<meta http-equiv="Cache-Control" content="no-cache">
```

Client-pull

Netscape stellte als Erstes eine Erweiterung vor, die es ermöglichte, eine Seite nach einem gewissen Zeitraum automatisch nachzuladen. Dieses Konzept wurde *client-pull* genannt. Sie können z.B. eine Eingangsseite erstellen, die den Besucher begrüßt und ihn automatisch nach einem bestimmten Zeitraum auf die nächste Seite weiterleitet. Das folgende Beispiel des <meta>-Elements lädt nach 10 Sekunden das Dokument naechsteSeite.htm:

```
<meta http-equiv="REFRESH" content="10;URL=naechsteSeite.htm">
```

Die Verwendung von Client-pull mit dem <meta>-Element ist einfach. Geben Sie einfach als Wert die Anzahl der gewünschten Sekunden, gefolgt von einem Semikolon und dem URL (voll oder relativ) der zu ladenden Seite an. Beachten Sie jedoch, dass nicht alle Browser diese Form des Meta-Refresh unterstützen, so dass viele Leute oft einen Link auf die zu ladende Seite anbieten, der anzeigt, dass die Betrachter auf diesen Verweis klicken sollen, wenn die Seite sich nach einer gewissen Zeit nicht von alleine aktualisiert.

Hinweis

Das Client-pull-Konzept wird häufig im Zusammenhang mit einer verwandten Idee namens Serverpush erwähnt, die hauptsächlich verwendet wird, um einfache Animationen zu bewirken. Animationen durch Server-push und ähnliche Effekte werden jedoch nicht mehr benötigt, da sie leichter durch animierte GIFs oder JavaScript erzielt werden können.

Das <meta>-Element ist sehr frei definiert. Das World Wide Web Consortium (W3C) arbeitet bereits an fortgeschritteneren Ansätzen für die Präsentation von Metadaten. Der interessanteste Ansatz ist wahrscheinlich PICS, womit ein Standard für das Site Filtering definiert werden soll und das im nächsten Abschnitt vorgestellt wird.

Site Filtering mit PICS

Eine Hauptanwendung für Meta-Informationen für Verweise und Webseiten ist das so genannte *Site Filtering*. Es dient dem Setzen eines Filters, mit dem der Zugriff auf bestimmte Dateien oder Informationstypen verweigert werden kann. Aus technologischer Sicht klingt das ziemlich harmlos, doch konsequent betrieben kann Site Filtering leicht zu Zensur führen. Ob das Filtern von Informationen im Internet richtig oder falsch ist, muss an anderer Stelle diskutiert werden. Es ist jedoch offensichtlich, das Eltern und Erzieher sehr besorgt über die Verfügbarkeit von Pornografie, Gewalt und anderen »unangemessenen« Informationstypen im Internet sind. Die Entscheidung, was angemessen ist und was nicht, ist der Schlüssel zum Zensurproblem, da die Definitionen für diesen Begriff von Person zu Person variieren. Unabhängig davon, wie »unangemessen« definiert wird, werden nur wenige Leute widersprechen, wenn gesagt wird, dass es viele unangemessene Informationen im Internet gibt. Das W3C hat die *Platform for Internet Content Selection*, oder PICS (`http://www.w3.org/pub/WWW/PICS/`) vorgeschlagen, um dieses Problem des Filterns von Informationen im Web anzugehen.

Die Idee hinter PICS ist recht einfach. Auf einer bewerteten Seite oder Site wird ein `<meta>`-Element im Kopfteil des HTML-Dokuments integriert. Dieses `<meta>`-Element zeigt die Bewertung des jeweiligen Objekts an. Ein Bewertungsservice, der jede Organisation, Firma oder Gruppe sein kann, nimmt die Bewertung vor. Ein solcher Anbieter sollte eine unabhängige, nicht gewinnorientierte Gruppe, wie das *Recreational Software Advisory Council* (RSAC) (`http://www.rsac.org`) sein, das bereits ein Bewertungssystem für Videospiele eingeführt hat. Das Bewertungssystem soll auf einer wohldefinierten Menge von Regeln basieren, die die Bewertungskriterien, die Skala der Werte für jedes Merkmal und eine Beschreibung der einzelnen Kriterien beinhalten. Normalerweise finden Sie die Spezifikation einer Bewertung in einer RAT-Datei, auf die über den Browser oder eine Filtersoftware zugegriffen werden kann. Abbildung 16.1 zeigt eine RAT-Datei für die Gewaltkategorie der RSAC-basierten (RSACi) PICS-Bewertungen. Andere, hier nicht gezeigte Kategorien sind Sex, Nacktheit und Sprache.

```
((PICS-version 1.0)
(rating-system "http://www.rsac.org/Ratings/Description/")
(rating-service "http://www.rsac.org/ratingsv01.html")
(name "RSACi")
(description "The Recreational Software Advisory Council
rating service for the internet. Based on the work of Dr.
Donald F. Roberts of Stanford University who has studied
the effects of media for nearly 20 years.")

(category
(transmit-as "v")
(name "Violence")
(label
(name "Level 0: No violence")
(description  "No aggressive violence; No natural or
accidental violence.")
(value 0) )
(label
```

Abbildung 16.1: Die RAT-Datei des RSACi Bewertungssystems

Um eine Bewertungsinformation in eine Site oder ein Dokument einzubinden, muss ein PICS-Label in Form eines `<meta>`-Elements in den Kopf einer HTML-Datei integriert werden. Dieses `<meta>`-Element muss den URL des Bewertungsservice, der die Bewertung vorgenommen hat, enthalten. Darüber hinaus sollen auch Informationen über die Bewertung selbst, z.B. Versionsnummer, Anbieter oder Erstellungsdatum und natürlich die Bewertung selbst angegeben sein. Viele Bewertungsservices, wie das RSACi (das Internet-Bewertungssystem des RSAC), erlauben eine kostenfreie Selbstbewertung. Das Ausfüllen eines Formulars und die Beantwortung einiger Fragen über den Inhalt der Site ist alles, was benötigt wird, um ein RSACi-PICS-Label zu generieren, wie in Abbildung 16.2 zu sehen ist.

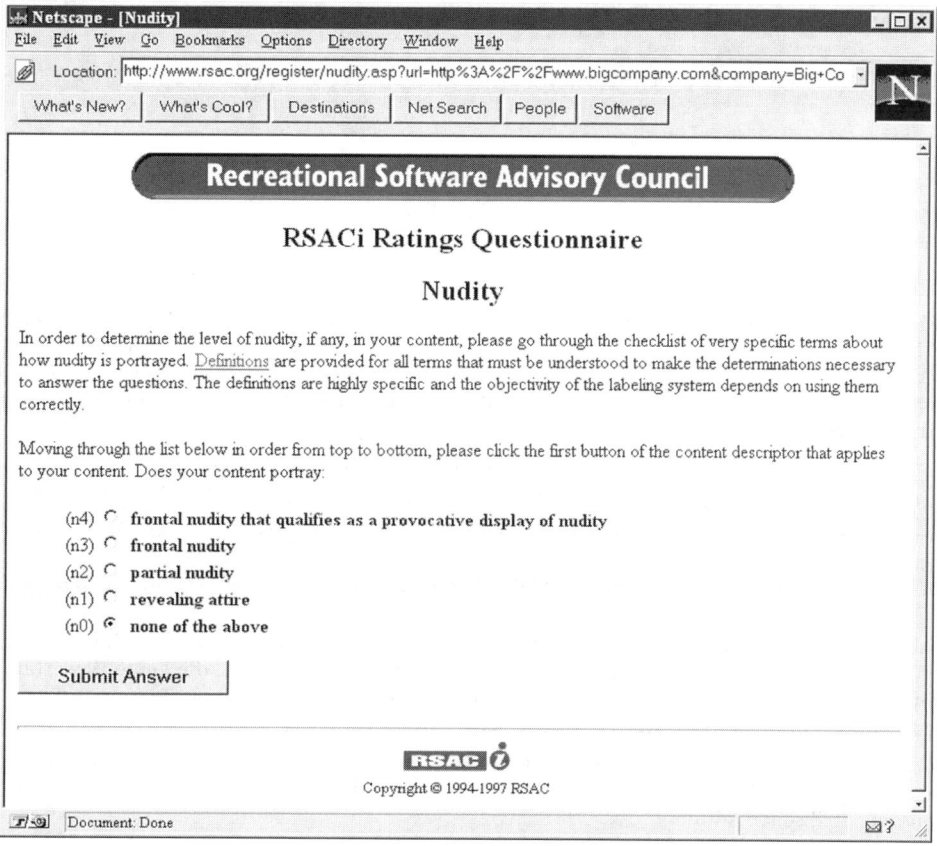

Abbildung 16.2: Das Bewertungsformular

Nach der vollständigen Beantwortung aller Fragen erhalten Sie eine E-Mail, der Sie die notwendigen Meta-Informationen für den Header Ihres HTML-Dokuments entnehmen können. Ein Beispiel für ein PICS-Label, das auf der RSACi-Bewertung basiert, sehen Sie hier:

```
<!DOCTYPE HTML PUBLIC "-//W3C//DTD HTML 4.01 Transitional//EN">
<html>
<head>
<title>PICS-Meta-Tag-Beispiel</title>
<meta http-equiv="PICS-Label"
      content='(PICS-1.1 "http://www.rsac.org/ratingsv01.html"
      l gen true comment "RSACi North America Server"
      by "webmaster@democompany.com" for
    "http://www.democompany.com" on
    "1997.05.26T13:05-0500" r (n 0 s 0 v 0 l 1))'>
</head>
```

```
<body>

<h1 align="center">Demo Company, Inc.</h1>
<hr>
<p>
Es gibt nichts Beleidigendes auf dieser Site.
</p>
</body>
</html>
```

Die Informationen des RSACi-Bewertungssystems bewerten nach Nacktheit, Sex, Gewalt und Sprache in fünf Kategorien mit einer Skala von 0 bis 4. In diesem Fall entspricht die Bewertung einer typischen Firmensite, die normalerweise nur wenige »unangemessene« Informationen bezüglich Sex und Gewalt, aber eventuell etwas Slang oder Fachjargon beinhaltet, der außerhalb des Zusammenhangs falsch verstanden werden könnte.

Hinweis

Das `<meta>`-Element, das die PICS-Informationen enthält, muss innerhalb des Dokumentkopfes erscheinen, andererseits wird es nicht bemerkt. Es können mehrere `<meta>`-Elemente innerhalb des Headers vorkommen, so dass verschiedene Bewertungssysteme gleichzeitig genutzt werden können.

Sobald die Filtersoftware eine Datei mit einer Bewertung liest, bestimmt sie, ob die Information zugelassen oder abgewiesen wird. Sehr strenge Filterumgebungen könnten alle Sites, die keine Bewertung aufweisen, ablehnen. Für Seiten, die für eine große Zielgruppe erstellt werden, sollten Sie sich also um eine Bewertung bemühen, um nicht einen Teil der Leserschaft auszuschließen.

Die Filtertechnologie, die PICS unterstützt, gewinnt langsam an Akzeptanz und Verbreitung hinzu. Der Internet Explorer unterstützt bereits Filter, die auf dem PICS-Bewertungssystem basieren, wie Sie in Abbildung 16.3 sehen können.

Verschiedene Filtersoftwarepakete wie *www.surfcontrol.com* sind sowohl bei besorgten Eltern als auch bei Unternehmen, die den Webmissbrauch ihrer Mitarbeiter einschränken wollen, sehr beliebt. Natürlich kann diese Technologie nicht das eigentliche Problem lösen. Das Vertrauen in ein bestimmtes Bewertungssystem ist der Hauptstolperstein bei der Einführung der Filterungsidee. Selbst wenn es Vertrauen gewinnen kann, verliert es an Wert, wenn das Bewertungssystem verwirrend oder wahllos erscheint. Im »wirklichen« Leben vergibt Hollywoods MPAA-Bewertungssystem einen einzigen Wert aus der Menge G, PG, PG-13, R oder NC-17 für jeden Film. Das Ergebnis der Filmbewertung basiert auf vielen Faktoren, die für den Außenstehenden oft willkürlich gewählt zu sein scheinen. Eltern fragen sich oft, warum eine Szene, in der ein Dinosaurier einen Menschen in Stücke zerreißt, nur eine Bewertung von PG oder PG-13 zur Folge hat, während der Gebrauch eines bestimmten Schimpfwortes zu einer R-Bewertung führt. Ähnliche Situationen wird es auch im Internet geben. Da Bewertungen aber immer der Makel des Unpräzisen anhängt, ist dieses Thema in der wirklichen wie in der virtuellen Welt immer ein Problem.

Neben dem einfachen Bewertungssystem gibt es weitere, nicht sofort sichtbare Vorteile von PICS. Mit der auf PICS basierenden Umgebung können Arbeitgeber den Internetzugriff ihrer Mitarbeiter auf das für die Arbeit notwendige Maß einschränken. Mit PICS können nicht nur bestimmte Informationen verweigert oder zugelassen werden, es ist auch möglich, ausgewählte Informationen zu bevorzugen. Stellen Sie sich eine Suchmaschine vor, die nur Seiten mit bestimmten Inhalten, einer bestimmten Qualität oder Relevanz meldet. Es sind Etiketten im allgemeinen Sinne notwendig, die über eine einfache Beschreibung des Speicherorts eines Dokuments und des Themas, das es abhandelt, hinausgehen.

Bevor wir uns dem Link-Management zuwenden, befassen wir uns noch mit einem weiteren Aspekt des `<meta>`-Tags, der Promotion in Suchmaschinen.

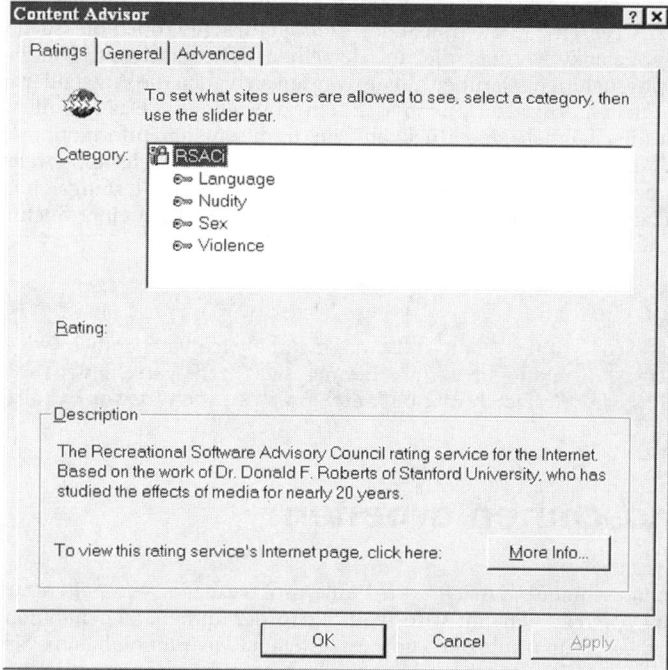

Abbildung 16.3: Unterstützung der PICS Bewertung durch den Internet Explorer

Promotion in Suchmaschinen

Sitebesitzer möchten immer die Nummer eins in Suchmaschinen sein. Stellen Sie sich vor, Sie haben ein Reisebüro. Sie fänden es sicher toll, wenn Leute in die Maske einer Suchmaschine »Reisen« eingeben und an erster Stelle auf Ihre Seite verwiesen werden. Sie würden sicher viele Zugriffe erhalten. Leider gibt es wahrscheinlich viele Leute, die an erster Stelle wären, und an 4036. Stelle zu sein, ist nicht sehr viel wert. Tatsächlich werden Sie nicht sehr viele Zugriffe bekommen, wenn Sie einen schlechteren als den 20. Rang belegen. Da dem so ist, versuchen Webautoren immer herauszufinden, wie Suchmaschinen Webseiten kategorisieren, um ihre Webseiten so zu erstellen, dass sie aufgrund der verwendeten Schlüsselwörter einen möglichst hohen Rang erreichen. In gewisser Hinsicht handelt es sich dabei um ein ähnliches Vorgehen wie bei Firmen, die ihr Unternehmen »AAA Reisen« nennen, um als erster Eintrag im Telefonbuch zu erscheinen. Bedenken Sie dabei, wie viele Reiseveranstalter auf der Welt ihre Seiten in den Top 10 der Suchmaschinen platzieren wollen, und Sie sehen, dass wir hier ein potenzielles Problem haben. Das Web ist nicht geografisch geordnet wie ein Telefonbuch. Stellen Sie sich vor, es gäbe ein einziges Telefonbuch für ganz Europa. Dann gäbe es seitenweise Einträge von Firmen, deren Name mit AAA beginnt. Im Web ist das bereits jetzt der Fall, was der Grund dafür ist, dass Sie so viele Treffer angezeigt bekommen, wenn Sie einen Begriff wie »billig reisen« eingeben.

Im Kampf um den ersten Platz bei einer Suchmaschinenanfrage gibt es einen logischen letzten Schritt: das Bezahlen für Positionen. Die Liste der Tricks für eine gute Positionierung hat sich schnell verbreitet. Bei allgemeinen Suchbegriffen ist es so gut wie unmöglich, für eine längere Zeit an erster Stelle zu bleiben, da andere Sitebetreiber dieselben Techniken einsetzen. Suchmaschinen wie Goto (`www.goto.com`) versuchen bereits Leute zu finden, die bereit sind, für die besten Positionen zu zahlen. Auch für die Bannerwerbung gibt es ein ähnliches Konzept: Bei Anfragen nach bestimmten Suchbegriffen werden Werbebanner eingeblendet, die mit den entsprechenden Begriffen korrespondieren. Wie im Telefonbuch könnte Sie der Name »AAA Reisen« an die Spitze der Einträge bringen, doch die Suchenden könnten von einer großen Anzeige abgelenkt werden, die auf derselben Seite erscheint. Suchmaschinen werden dieses Modell eventuell übernehmen. Darüber hinaus werden sich auch die Anwender weiterentwickeln und nur noch bei sehr speziellen Anfragen Suchmaschinen konsultieren. Das Resultat dieses »Suchmaschinen-Kampfes« wird wahrscheinlich eine Rückkehr zur traditionellen Informationsbeschaffung sein, wie sie auch für andere Werbeformen verwendet wird und bei der für Zielgruppenrelevanz und Positionierung bezahlt werden muss. Zum jetzigen Zeitpunkt sollten die Autoren allerdings die Schwachstellen der Suchmaschinen ausnutzen und alle Tricks für eine gute Positionierung in einer Suchmaschine anwenden, egal wie lange diese wirksam sind.

Hinweis

Diese Diskussion ist bei weitem nicht vollständig, zumal sich wöchentlich Neuerungen ergeben. Leser, die nach aktuelleren Informationen suchen, können sich an die verschiedenen Promotion-Sites wenden, die es im Web gibt, wie z.B. Search Engine Watch (`www.searchenginewatch.com`).

Wie Suchmaschinen arbeiten

Wie arbeiten Suchmaschinen? Zunächst wird eine große Anzahl von Seiten aus dem Internet in einem Prozess, der häufig *Spidering* genannt wird, von Suchprogrammen, so genannten Robots, gesammelt. Als Nächstes werden diese Seiten indexiert, um festzustellen, was sie beinhalten. Schließlich wird eine Suchseite erstellt, auf der die User ihre Anfragen spezifizieren, um zu sehen, welche Seiten ihnen weiterhelfen können. Die beste Analogie hierfür ist, dass eine Suchmaschine einen möglichst großen Heuhaufen sammelt, und dann versucht, diesen so zu organisieren, dass ein Anwender die sprichwörtliche Nadel darin finden kann. Abbildung 16.4 zeigt eine allgemeine Übersicht über die Arbeitsweise von Suchmaschinen.

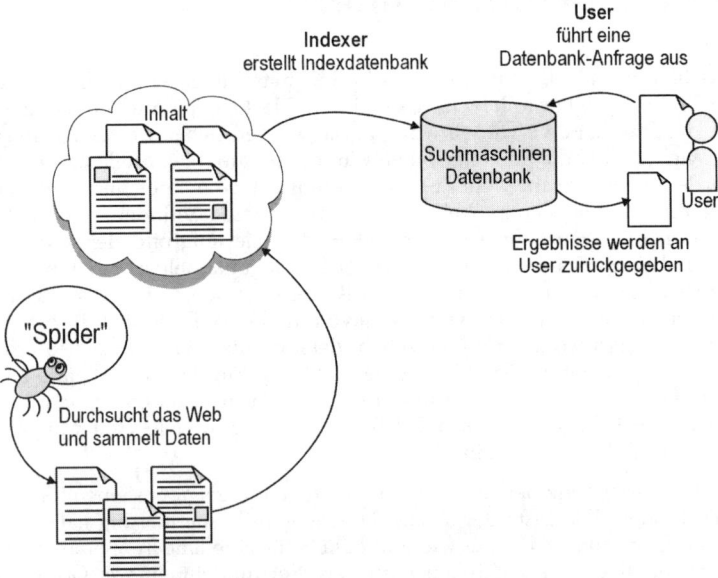

Abbildung 16.4: Arbeitsweise von Suchmaschinen

Zu Suchmaschinen hinzufügen

Dafür zu sorgen, dass die Seiten einer Website von einer Suchmaschine »eingesammelt« werden, ist der erste Schritt, eine Site im Web findbar zu machen. Der einfachste Weg, das zu tun, ist es, den Suchmaschinen mitzuteilen, dass Ihre Site existiert. Die meisten Suchmaschinen erlauben es Ihnen, einen URL anzugeben, damit dieser indexiert wird. Lycos stellt Ihnen hierzu z.B. ein einfaches Formular (`http://www.lycos.com/addasite.html`) zur Verfügung. Natürlich ist es eine ermüdende Arbeit, Ihre Site bei jeder einzelnen Suchmaschine anzumelden, so dass viele Firmen (z.B. `http://www.submit-it.com`) Ihnen gerne anbieten, das für Sie zu übernehmen. Es gibt auch verschiedene spezielle Software-Produkte, die Werkzeuge für eine automatisierte Anmeldung enthalten.

Es stellt sich die große Frage, bei wie vielen Suchmaschinen Sie Ihre Site anmelden sollten. Einige bevorzugen es, nur einige wenige Links bei den wichtigen Top-Ten-Suchmaschinen anzumelden. Sie erachten es als ausreichend, dass die großen Suchmaschinen für die größten Zuwächse von Zugriffen verantwortlich sind. Andere halten das für falsch. Sie glauben, dass es am besten ist, so viele Anmeldungen wie nur möglich durchzuführen. Einige Linksites dienen lediglich dazu, alle möglichen Einträge anzunehmen, ohne sich weiter um eine genaue Katalogisierung zu kümmern. Solche Sites sind ziemlich nutzlos und generieren häufig nur unnötigen Datenverkehr und Spam-Nachrichten.

Robot-Ausgrenzung

Bevor Sie sich zu sehr damit beschäftigen, Ihre Seiten bei jeder Suchmaschine anzumelden, sollten Sie sich überlegen, ob es eine so tolle Idee ist, dass ein Robot Ihre gesamte Site katalogisiert, egal, um welche Art von Suchmaschine es sich handelt. Zunächst müssen einige Seiten, wie z.B. die Programme in Ihrem `cgi-bin`-Verzeichnis, nicht indexiert werden. Zweitens sind viele Seiten vielleicht nur vorübergehend online, was im Falle einer Indexierung zu 404-Fehlern führen kann. Schließlich möchten Sie eventuell gar nicht, dass alle auf jedes einzelne Dokument Ihrer Site, schon gar nicht in den tiefer verzweigten Strukturen, zugreifen können. Das könnte auch für die Besucher verwirrend sein, die über eine Suchmaschine zu Ihrer Site gelangen. Da diese User relativ »weit unten« in Ihre Site einsteigen, fehlen ihnen unter Umständen einige Basisinformationen, die benötigt werden, um sich auf Ihrer Site zu orientieren.

Der vielleicht problematischste Aspekt von Suchmaschinen und automatisierten Sitekatalogisierungstools ist, dass sie verwendet werden können, um einen »denial of service«-Angriff auf Ihre Site durchzuführen. Das Anliegen der meisten Spider und Robots ist es, Seiten zu lesen und ihren Verweisen so schnell wie möglich zu folgen. Alle diese Anfragen an den zu durchsuchenden Server können diesen recht schnell überfordern, so dass er nicht mehr in der Lage wäre, alle Anfragen zu bearbeiten. Er würde also legitimen Besuchern seinen Dienst verweigern (»denial of service«). Zum Glück sind die meisten Leute nicht bösartig, aber das Gleiche kann passieren, wenn ein Spider wiederholt die gleiche dynamisch generierte Seite aufsucht.

Robots.txt

Um Robots nur begrenzten Zugriff zu ermöglichen, wurde das Robot-Exclusion-Protokoll eingeführt. Der Grundgedanke ist die Kontrolle durch eine Datei namens `robots.txt`, die sich im Wurzelverzeichnis befinden soll. Wenn z.B. ein Spider die Site `http://www.democompany.com` katalogisieren wollte, würde er zuerst nach einer Datei `http://www.democompany.com/robots.txt` suchen. Bevor er mit der Indexierung der Site fortfahren würde, würde er diese Datei analysieren.

> **Hinweis**
>
> Wenn Ihre Site eine Adresse wie `http://www.nepphoster.com/~kunde` hat, müssen Sie wahrscheinlich feststellen, dass viele Spider die `robots.txt`-Datei mit dem URL `http://www.nepphoster.com/~kunde/robots.txt` ignorieren würden. In diesem Fall müssen Sie beim Hoster nachfragen, ob er einen Eintrag für Sie in seiner `robots.txt`-Datei vornimmt.

Die Grundform der `robots.txt`-Datei ist eine Auflistung der Spider oder sonstigen Programme, deren Zugriff Sie beschränken wollen, sowie die Namen der Verzeichnisse, die nicht von Suchmaschinen durchsucht werden sollen. Hier ein Beispiel:

```
User-agent: *
Disallow: /cgi-bin/
Disallow: /temp/
Disallow: /archive/
```

In diesem Fall wird allen Robots der Zugriff auf das `cgi-bin-`, das `temp-` und ein `archive`-Verzeichnis verweigert, in das eventuell die Dateien verschoben werden, die zwar alt sind, aber nach wie vor online sein sollen. Sie sollten sehr vorsichtig sein, was Sie in die Datei `robots.txt` schreiben. Schauen Sie sich den folgenden Code genau an:

```
User-agent: *
Disallow: /cgi-bin/
Disallow: /images/
Disallow: /nur-fuer-abonnenten/
Disallow: /wiederverkaeufer.html
```

In dieser Datei wurden das Verzeichnis `nur-fuer-abonnenten` und die Datei `wiederverkaeufer.html` für eine Indexierung gesperrt. Sie müssen den Leuten jedoch mitteilen, dass es sich hierbei um sensible Daten handelt. Wenn Sie hier z.B. Informationen speichern, die nur einem zahlenden Publikum zugänglich gemacht werden soll, sollten Sie das bestimmt nicht in die Datei `robots.txt` schreiben. Allein dass Leute wissen, dass diese Datei oder dieses Verzeichnis existiert, kann ein Problem sein. Ein bösartiger Besucher wird Ihre `robots.txt`-Datei sicher sehr aufmerksam lesen, um zu finden, was Sie verstecken wollen. Das ist sehr einfach: Geben Sie lediglich einen URL wie `http://www.Ziel-Firma.de/robots.txt` in die Adresszeile Ihres Browsers ein.

Beachten Sie, dass der Robot-Exclusion-Standard nur funktionieren kann, wenn die Spider-Programme ihn einhalten. Ein bösartiger Spider wird diese Datei einfach ignorieren und Sie könnten gezwungen sein, Ihren Server so zu konfigurieren, dass bestimmte IP-Adressen oder Spider-Programme von Ihrer Site ausgeschlossen werden, falls sich jemand entschieden haben sollte, Ihre Site anzugreifen.

Robot-Kontrolle mit `<meta>`

Eine nützliche alternative Methode zur `robots.txt`-Datei, besonders für diejenigen, die keinen Zugriff auf das Wurzelverzeichnis ihrer Domain haben, ist die Verwendung des `<meta>`-Tags, um die Indexierung zu kontrollieren. Um das Indexieren einer Seite zu untersagen, fügen Sie einfach einen `<meta>`-Befehl wie

```
<meta name="robots" content="noindex">
```

in den Kopfbereich der Seite ein. Sie können einen Spider auch anweisen, den Verweisen der Seite nicht zu folgen:

```
<meta name="robots" content="noindex, nofollow">
```

Wenn Sie diese Art der Ausgrenzung verwenden, sollten Sie sich vergewissern, dass Sie den Robot nicht mit widersprüchlichen Informationen wie

```
<meta name="robots" content="index, noindex">
```

oder

```
<meta name="robots" content="index, nofollow, follow ">
```

verwirren, da der Spider diese Anweisungen sonst völlig ignoriert oder die Seiten trotzdem katalogisiert. Der Nachteil dieses Ansatzes ist, dass er weniger von Suchmaschinen unterstützt wird als die `robots.txt`-Methode.

Für Suchmaschinen optimieren

Es ist nicht schwer, Ihre Site für Suchmaschinen zu optimieren. Das Erste, was Sie tun sollten, ist zu denken wie eine Suchmaschine, d.h. überhaupt nicht. Suchmaschinen besuchen Seiten und machen sich anhand bestimmter Regeln Gedanken darüber, worum es auf dieser Seite gehen könnte. Kriterien hierfür sind die Häufigkeit der Nennung eines Wortes, `<meta>`-Tags und viele andere Dinge. Trotzdem kennt eine Suchmaschine nicht den Unterschied zwischen dem Footballteam der Miami Dolphins und einer Delfin-(»Dolphin«)Show in Miami. Der Grund hierfür ist, dass Suchmaschinen nur nach der Übereinstimmung von Schlüsselwörtern in Zusammenhang mit einigen Kriterien suchen wie der Positionierung bestimmter Wörter auf der Seite oder der Anzahl der Sites, auf die verwiesen wird. Wenn ein Autor also weiß, wonach eine Suchmaschine sucht, ist es leicht, eine Seite so zu optimieren, dass sie in die höheren Ränge gelangt. Die nächsten Abschnitte geben eine kurze Übersicht über einige Sachen, auf die Suchmaschinen achten, und auf einige der Tricks, mit denen Sie Ihre Bewertung verbessern können.

`<meta>`-Befehle für Suchmaschinen nutzen

Viele Suchmaschinen schauen in den `<meta>`-Befehlen nach Schlüsselwörtern und Beschreibungen über den Seiteninhalt. Ein `<meta>`-Befehl wie

```
<meta name="Keywords" content="Butler-1000, Robot butler, Robot butler
Spezifikationen, wo kauft man einen robot butler, Metall Mann Diener, Demo
Company, robot, butler">
```

könnte in einer Demo-Company-Seite über Roboter-Butler verwendet werden. Beachten Sie, dass der Wert des `content`-Attributs zunächst mit den wichtigsten Schlüsselwörtern und Phrasen beginnt und mit den artbezogenen Begriffen endet. Auf diese Weise versuchen die meisten User, Suchmaschinen zu erreichen.

Nachdem die Suchmaschine das `<meta>`-Tag betrachtet hat, kann es eine Site höher einstufen als eine andere, indem es die Häufigkeit der Schlüsselwörter im `content`-Attribut vergleicht. Aus diesem Grund überladen viele Autoren ihre `<meta>`-Befehle mit redundanten Schlüsselworten:

```
<meta name="Keywords" content=" Robot butler, Robot butler, Robot butler, Robot
butler, Robot butler, Robot butler, Robot butler, Robot butler, Robot butler,
Robot butler">
```

Viele Suchmaschinen merken jedoch, worum es hier geht, und entfernen diese Seite aus ihrem Katalog. Wenn die Häufung der Schlüsselwörter jedoch weniger auffällig geschieht und die Wörter und Phrasen kombiniert werden wie hier

```
<meta name="Keywords" content="Robot butler, Butler-1000, Metall Mann Diener,
Robot butler, Butler-1000, Metall Mann Diener, Robot butler, Butler-1000, Metall
Mann Diener, Robot butler, Butler-1000, Metall Mann Diener">
```

hat die Suchmaschine unter Umständen nichts dagegen einzuwenden. Noch besser ist es, wenn das Schema der wiederholten Worte weniger offensichtlich ist, wie hier gezeigt.

```
<meta name="Keywords" content="Butler-1000, Robot butler, Metall Man Servant,
Robot butler, Butler-1000, robot, Robot butler,
Democompany, Metallic Man Servant, Butler-1000, robot, butler,
Robot butler, Butler-1000">
```

Seien Sie trotzdem vorsichtig, da die Suchmaschinen die massive Wiederholung bestimmter Begriffe immer noch als Spamming einstufen und Ihre Site in der Bewertung zurückstufen oder vollständig aus dem Index entfernen könnten.

Suchmaschinen schauen auch auf den Wert des description-Attributs im <meta>-Befehl.

```
<meta name="Description" content="Der Demo Company Robot Butler ist der beste
Metall Mann Diener auf dem Markt. Der Butler-1000 wird komplett mit multiplen
Persönlichkeiten und Stimmmodulen inklusive dem immer beliebten falschen
britischen Akzent geliefert.">
```

könnte auf einer »Robot butler«-Seite eingebunden werden. Die Suchmaschine würde Sie bei einer entsprechenden Anfrage empfehlen. Da es für den Betrachter interessant sein könnte, sollten Sie einige wertvolle Informationen anbieten, damit der User entscheiden kann, ob er die Seite besuchen will oder nicht. Am besten beschränken Sie sich bei der Beschreibung auf ein bis zwei Sätze, maximal jedoch drei oder vier.

Titel und Dateinamen

Ein wichtiger Aspekt bei der Bewertung durch Suchmaschinen ist ein gut gewählter Seitentitel. Der Titel

```
<title>Robot Butler</title>
```

ist, im Bezug auf die Bewertung durch Suchmaschinen, ein schlechter Titel. Ein besserer Titel ist

```
<title>Butler-1000: Spezifikation von Demo Company's Robot Butler, dem führenden
Metall-Mann-Diener auf dem Markt</title>
```

Denken Sie daran, dass auch Menschen den Seitentitel lesen und dass sie zum Setzen von Lesezeichen verwendet werden. Ein langer Titel ist also eher für Suchmaschinen als für Betrachter interessant.

Auch der Name einer Datei kann für Suchmaschinen interessant sein. Besser als der Dateiname butler.htm ist butler1000_robot_butler.htm. Bedenken Sie, dass, wenn Sie einen guten Domain-Namen und eine gute Dateistruktur haben, Sie einen URL erstellen können, der fast sinnvoll erscheint. Wir können den Namen unseres Servers z.B. democompany.com oder www.democompany.com nennen. Wir könnten also einen URL wie diesen haben:

```
http://democompany.com/products/robots/butler1000_robot_butler.htm
```

Beachten Sie, dass das fast die gleiche Information wie der Titel enthält. So weiß der Anwender jederzeit, wo er sich gerade befindet, was bei kryptischen URLs wie dem folgenden nicht möglich wäre.

```
http://democompany.com/products.exe?prod=robots&mod=butler-1000
```

Relevanter Text-Inhalt

Eine der besten Möglichkeiten, indexiert zu werden, ist es, Schlüsselwörter und Phrasen auf der Startseite zu wiederholen. Viele Suchmaschinen schauen auf den Text einer Seite, insbesondere, wenn dieser entweder in der Nähe des Kopfes der Seite oder innerhalb der Header-Tags <h1> oder <h2> zu finden ist. Suchmaschinen beachten auch den Inhalt von Link-Texten. Folglich ist

```
<a href="specifications.htm">Spezifikationen</a>
```

nicht so suchmaschinenfreundlich wie

```
<a href="specifications.htm">Robot Butler Spezifikation</a>
```

Die Tatsache, dass Suchmaschinen sich bei ihrer Bewertung vor allem auf den Text stützen, ist ein Problem für Seiten, die vor allem aus Grafiken bestehen. Da Suchmaschinen nicht nur den <meta>-Befehl und den Seitentitel berücksichtigen, kann das die Bewertung verschlechtern. Benutzen Sie also im <img>-Befehl das alt-Attribut, um weitere Informationen anzubieten. Schauen Sie sich dazu das folgende Beispiel an:

```
<img src="robot.gif" alt="Butler-1000: Demo Company's führender Robot-Butler">
```

Es ist natürlich besser, die Informationen mit »richtigen« Texten anzubieten. Einige Autoren binden Texte in sehr kleiner Schrift oder in einer Textfarbe, die der Hintergrundfarbe entspricht, in ihren Seiten ein, in der Hoffnung, dass der Betrachter diese Texte, im Gegensatz zu den Suchmaschinen, nicht findet. Hier ein Beispiel:

```
<font size="1" color="white"> Der Demo Company Butler-1000 ist der beste Robot-
Butler. Der Demo Company Butler-1000 ist der beste Robot-Butler. Der Demo Company
Butler-1000 ist der beste Robot-Butler.</font>
```

Seien Sie vorsichtig mit dem Trick, Text klein oder unsichtbar darzustellen. Viele Suchmaschinen bewerten das als Spamming und entfernen diese Seite aus ihrem Katalog.

Links und Eingangspunkte

Ein weiterer Aspekt für die Bewertung eines Dokuments durch eine Suchmaschine sind die Anzahl der Verweise von und zur aktuellen Seite. Wichtige Seiten, wie z.B. Homepages, haben in der Regel viel abgehende und ankommende Verweise. Suchmaschinen bevorzugen solche wichtigen Seiten und bewerten sie entsprechend höher. Es wäre also wichtig, dass von möglichst allen Seiten ein Verweis auf die wichtigen Seiten ihrer Site existiert. Da Suchmaschinen auch Seiten höher bewerten, wenn viele andere, möglichst externe Seiten auf sie verweisen, beginnen viele Leute damit, Sites zu erstellen, die nur dazu dienen, Links auf andere Seiten anzubieten.

Ein weiterer Ansatz, die Platzierung in den Rängen einer Suchmaschine zu verbessern, ist es, möglichst viele einzelne Seiten der Site oder sogar außerhalb der Site anzumelden. All diese Seiten, häufig als Eingangsseiten bezeichnet, verweisen auf wichtige Inhalte Ihrer Site. Leider betrachten viele Anwender diese Zugangsseiten als Köderseiten, da sie mit falschen Inhalten gefüllt werden, um potenzielle Betrachter zu locken, aber in Wirklichkeit nichts enthalten, was den Besucher eigentlich interessiert. Das Problem bei der Suchmaschinen-Promotion ist, dass es nur ein kleiner Schritt vom Füllen der Seite mit Schlüsselwörtern zu vielen anderen Tricks ist, besonders wenn Autoren von der Idee besessen sind, ihre Site in die Top-Ten-Liste zu bringen.

Trickreiches Geschäft

Die Tricks der Suchmaschinenspezialisten sind vielfältig und wechseln ständig. Viele Ideen sind einfache Erweiterungen von normalen Webdesign-Techniken. Viele Autoren verlassen sich z.B. bei der pixelgenauen Gestaltung auf eine unsichtbare Grafik. Suchmaschinen-Promoter fragen sich nun, warum man diese Grafiken nicht mit `alt`-Attributen versehen soll, um sich zu verbessern. Stellen Sie sich solche Codefragmente

```
<img src="pixel.gif" alt="Robot butler Robot butler Robot butler">
```

über die ganze Seite verteilt vor. Wenn ein Betrachter nun die Maus über ein solches Pixel bewegen würde, bekäme er angezeigt, für welches Produkt auf dieser Seite Werbung gemacht wird. Spam-Seiten mit unsichtbarem Text, kleinem Text und verschiedenen Grafiken oder auch das Laden von `<meta>`-oder `<title>`-Befehlen sind nicht die geistreichsten Tricks, aber meistens funktionieren sie.

Zu den anderen Tricks gehört der infame Köder(-trick), bei dem eine spezielle Suchmaschine Seiten erstellt und anschließend bei einer Suchmaschine angemeldet wird. Wenn die Seite in der Bewertung den gewünscht guten Platz erhalten hat, wird diese Seite gegen die Seite ausgetauscht, die von Anfang an für die Betrachter vorgesehen war. Eine etwas komplizierte Version davon könnte »Füttern der Hunde« genannt werden. In diesem Szenario schreiben Sie ein Programm, das spürt, wenn eine Suchmaschine auf die Site trifft, und füttern die Maschine mit dem, was sie zu sehen wünscht. Wie ein ausgehungerter Hund verschlingt sie alles, was ihr in die Quere kommt, ohne zu ahnen, dass es sich dabei nur um das informationstechnische Gegenstück zu Küchenabfällen handelt. Wenn echte Besucher auf die Seiten kommen, bekommen sie kein Hundefutter, sondern die echten Seiten.

Suchmaschinen, die auf die Seiten zugreifen, zu erkennen, ist nicht sehr schwer, da diese sich selbst identifizieren und von einer festen IP-Adresse kommen. In Wirklichkeit ist das »Füttern der Hunde« eine modifizierte Form der Browsererkennung. Suchmaschinen können nur sehr wenig gegen diesen Ansatz ausrichten, weil sie sonst keine dynamischen Seiten berücksichtigen dürften. Das ist aber aufgrund der wachsenden Bedeutung der dynamischen Seiten so gut wie unmöglich. Einige Suchmaschinen haben bereits damit begonnen, einen Link zu einer Seite anzubieten, die zeigt, welche Seite in den Index aufgenommen wurde, damit der Betrachter feststellen kann, ob es sich bei der Seite, die ihm angeboten wird, um eine andere Seite handelt.

Das Problem mit dem Geschäft der Suchmaschinen-Promotion ist, dass der Autor versucht ist, aufzuhören, Seiten für Besucher zu erstellen, und stattdessen Seiten für Suchmaschinen baut. Einer der interessantesten Aspekte von Suchmaschinen ist, dass viele große Organisationen ihnen keine so große Beachtung schenken. Es ist viel eher so, dass es schwer ist, sie im Web oder mit Hilfe einer Suchmaschine zu finden, wenn Sie nicht den URL direkt eingeben. Obwohl es jedoch so aussieht, als wäre da etwas übersehen worden, generieren diese Sites sehr viel Datenverkehr. Studien, wie die GVU-Internet-Umfrage, haben ergeben, dass viele Leute direkt den URL einer Site eingeben. Wie finden Sie diese jedoch heraus? Erinnern Sie sich daran, dass Suchmaschinen nicht der einzige Weg sind. Im Folgenden erörtern wir eine sehr wichtige Wartungsarbeit für HTML-Autoren: Link-Management.

Link-Wartung

Selbst wenn alle Links innerhalb einer Site korrekt verwendet sind, benötigen sie hier und da etwas Wartung, wenn Seiten verschoben werden. Normalerweise werden Verweise auf externe Seiten ungültig, wenn auf dem entfernten System Seiten verschoben werden, ohne dass dabei an Links von außen gedacht wird. Das Aufspüren defekter Links kann sehr ermüdend sein, sollte aber oberste Priorität haben. Ein unbrauchbarer Link sollte für Sie ein ernsthaftes Problem sein. Betrachter, die einem defekten Link folgen, sind unterwegs ins Nichts, und landen bei einer »404 Not Found«-Meldung oder etwas Ähnlichem. Stellen Sie sich vor, das Menü einer Software zeigt Ihnen nach einem Klick die Meldung »Funktion nicht gefunden«. So etwas wäre bei einem kommerziellen Programm nicht zu tolerieren, und so sollten Sie auch mit Ihrer Site verfahren.

Zum Glück ist es nicht sehr schwer, einen defekten Verweis zu finden. Mit einem Werkzeug wie dem Link-Bot (www.linkbot.com) oder Coast WebMaster (www.coast.com) ist das ein einfaches Unterfangen. Trotzdem sollten Sie bedenken, dass Sie bei externen Links auch bei regelmäßiger Überwachung nicht vor defekten Links sicher sein können. Um auf einen möglichen ungültigen defekten Link zu reagieren, können Sie eine selbst erstellte 404-Seite installieren. Auf dieser können Sie einen Link zur Sitemap oder eine Möglichkeit, den Administrator der Site zu kontaktieren, anbieten. Ein Beispiel für eine solche 404-Seite sehen Sie in Abbildung 16.5.

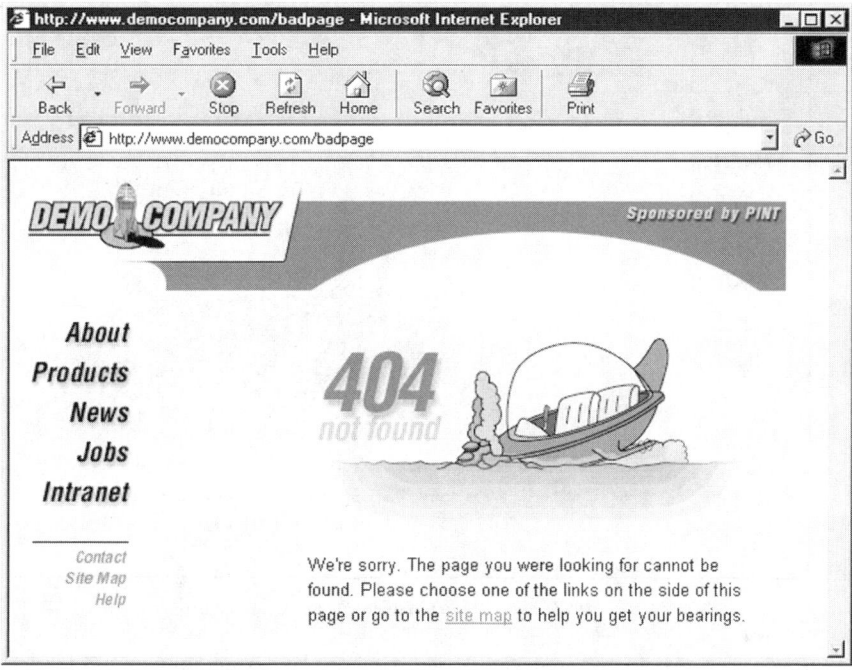

Abbildung 16.5: Eine der Siteoptik angepasste Fehlerseite

Hinweis

Die Installation einer selbst erstellten 404-Fehlerseite hängt von der Konfiguration des Servers ab.

Umleitungsseiten

Besser als das Anzeigen einer Fehlermeldung ist es, den Betrachter direkt zur neuen Seite umzuleiten. Wenn der Inhalt eines URL wie z.B. http://www.democompany.com/gibtsnicht.htm an einen neuen Ort umgezogen ist, ist es am besten, eine Seite zu installieren, die dem Betrachter den Weg zum neuen Ort weist oder ihn sogar direkt dorthin weiterleitet. Während einige Autoren vorziehen, die User direkt zur neuen Seite weiterzuleiten, installieren andere eine temporäre Seite, die den Betrachter über den Umzug der Seite informiert, wie in Abbildung 16.6.

Den Besucher direkt weiterzuleiten geschieht übergangslos, nimmt ihm aber einen Teil seiner Kontrollmöglichkeiten. Ein Betrachter, der eine Seite über Robot-Hunde vorzufinden hofft und auf eine andere Seite umgeleitet wird, könnte enttäuscht sein. Vergewissern Sie sich, dass die neue Seite mit der gewünschten Seite zumindest artverwandt ist.

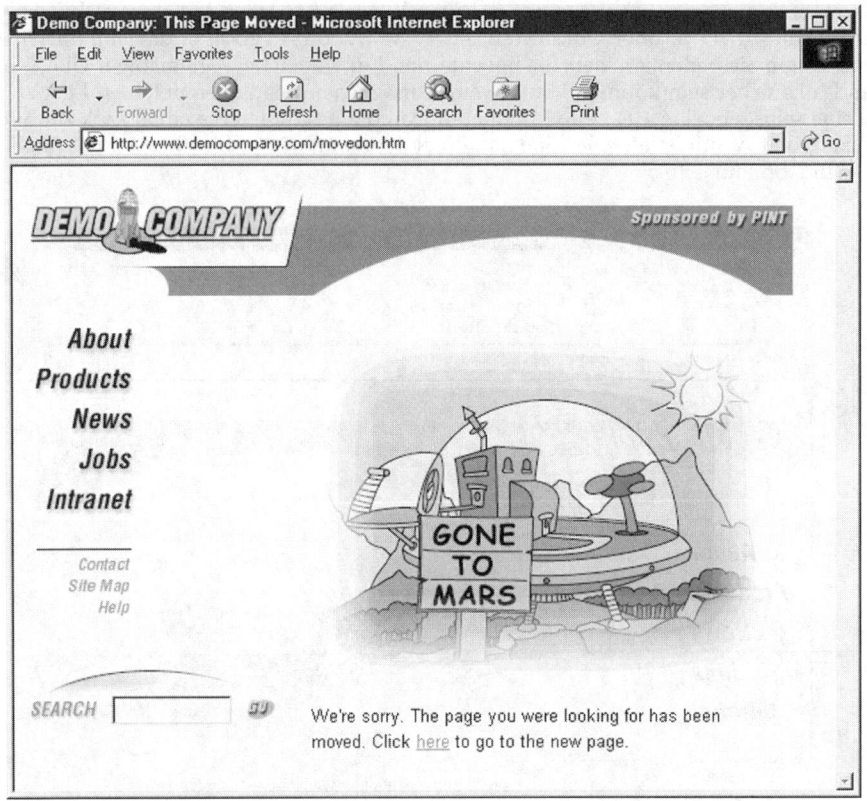

Abbildung 16.6: Beispielseite für umgezogene Seiten

Die Wartung von Verweisen kann sehr viel Arbeit machen. Fehlermeldungen und Umleitungsseiten können da eine Hilfe sein. Trotzdem sollte ein Webmanager ständig wachsam im Bezug auf die Überwachung von Links sein. Schauen Sie regelmäßig in Ihre Log-Dateien, um zu sehen, von wo aus auf Ihre Site verwiesen wird. Achten Sie bei diesen Sites darauf, dass sie immer auf dem aktuellen Stand sind, wenn Sie größere Veränderungen vorgenommen haben. Sicherzustellen, dass andere Sites korrekt auf Ihre Site verweisen, ist ein sehr harter Job, aber das alles gehört dazu, ein guter Web-Bürger zu sein. Der nächste Abschnitt zeigt einen kurzen Überblick über die üblichen Pflichten des Site-Managements.

Websites managen

Nachdem ein Webserver installiert ist und erfolgreich Daten an die User übermittelt, gibt es noch eine Vielzahl von Wartungsaufgaben, die erledigt werden müssen. Der Server muss im Hinblick auf Erreichbarkeit, Performance und Sicherheit ständig überwacht werden. Die Inhalte müssen auf Richtigkeit und Aktualität überprüft werden und Teile davon eventuell ergänzt oder gelöscht werden. Auch die Funktionalität, die über einfache Links hinausgeht, muss gewartet werden, falls Fehler gemeldet oder neue Merkmale von den Besuchern gewünscht werden. Selbst die Markteinführung eines neuen Browsers kann eine Modifikation der Site erfordern. Schließlich sollten Sie auch versuchen, sich ein Bild über das Verhalten der User zu machen, um festzustellen, welche Bereiche der Site genutzt werden und welche nicht. Auch das kann zu einer weiteren Modifikation der Site führen. Da das alles Bestandteile der Website-Wartung sind, verschwimmt die Trennlinie zwischen System-, Netzwerk- und Inhaltsmanagement zunehmend. Eine Überwachung des Systems 24 Stunden täglich an sieben Tagen in der Woche, das Durchführen von Aktualisierungen, Analysen und Tests sowie das Inhaltsmanagement einer durchschnittlich großen Firmensite ist zu viel für eine einzelne Person, ob sie den Titel »Webmaster« trägt oder nicht. Der Leser sollte sich auf allen Gebieten so viele Fähigkeiten wie möglich aneignen. Das Wissen um Serverwartung und -management gehört allerdings nicht zu diesen Anforderungen. Trotzdem werden Webautoren unter Umständen direkt mit in das Inhaltsmanagement einbezogen, weshalb nun eine etwas tiefer gehende Diskussion folgt.

Inhaltsmanagement

Das Warten der Inhalte ist ebenso wichtig wie die Wartung des Servers selbst. Große Sites oder solche mit vielen Beiträgen verlieren schnell an Attraktivität, wenn Sie nicht sehr sorgfältig arbeiten. Erstellen Sie als Erstes Richtlinien für die Benennung von Dateien. Vermeiden Sie Sonderzeichen wie z.B. Unterstriche (_) in Dateinamen, da es für Anwender schwer sein könnte, diese im Adressfenster des Browsers zu erkennen. Verwenden Sie anstelle von `robot_butler.htm` den Dateinamen `robot-butler.htm` oder `robotbutler.htm`. Seien Sie auch vorsichtig mit der Verwendung von Großbuchstaben in Datei- oder Verzeichnisnamen. Bei URLs ist die Verwendung von Groß- und Kleinbuchstaben unerheblich, so dass der Betrachter eventuell nicht einheitlich beim Angeben einer Seitenadresse vorgeht. Auch bei Servern gibt es Unterschiede: Unix-Rechner achten auf Groß- und Kleinschreibung, während NT-Server das nicht tun. Es kann also zu Problemen führen, wenn Sie Dateien von einem System zu einem anderen übertragen. Verwenden Sie immer Kleinbuchstaben, um diese Probleme zu vermeiden. Kurze Dateiendungen sind grundsätzlich besser als lange, zumal alte Systeme Dateiendungen mit drei Zeichen bevorzugen. Egal, wie Sie sich zwischen `.htm` oder `.html` entscheiden: Wählen Sie eine Endung und bleiben Sie dabei.

Überlegen Sie auch, ob Sie nicht die Länge von Dateinamen begrenzen oder einheitliche Schemata für Dateinamen verwenden wollen. Einige Dateien könnten Daten, wie z.B. Pressemeldungen, enthalten. Die Dateien `pr290599.htm` und `pr010500.htm` könnten z.B. Pressemeldungen vom 29.05.1999 und 1.05.2000 enthalten.

Wenden Sie sich den Verzeichnissen mit derselben Sorgfalt wie Dateinamen zu. Wählen Sie kurze, leicht zu schreibende Namen, die Sie komplett in Kleinbuchstaben und ohne Sonderzeichen schreiben. Verwenden Sie die üblichen Verzeichnisnamen, um sich an die üblichen Regeln zu halten. Tabelle 16.1 zeigt einige gängig Dateinamen und ihren standardmäßigen Inhalt.

Verzeichnisname	Inhalt
/cgi-bin	Der »klassische« Ort für ausführbare Programme auf einem Webserver, speziell für CGI-Programme.
/scripts	Enthält Skripte für die Site einschließlich JavaScripts, CGI-Skripte und Serversprachen wie ColdFusion oder Active Server Pages. Gelegentlich wird das Verzeichnis nach den Skripttypen benannt, die darin enthalten sind; z.B. /js oder /javascripts fuer verknuepfte JavaScript-Dateien.
/styles oder /css	Sollte alle verknüpften Style Sheets, die auf der Site verwendet werden, enthalten.
/images	Enthält alle Grafiken der Site, einschließlich der GIF-, JPEG- und PNG-Dateien.
/video	Enthält Video-Elemente – hauptsächlich nicht-streamende Videoclips.
/audio	Enthält Audio-Elemente – hauptsächlich nicht-streamende Audiodateien.
/pdfs	Enthält PDF-Dateien wie z.B. eine Bibliothek von Datenblättern.
/download oder /binaries	Ein zentraler Ort für Programme oder Software-Pakete, die von hier aus heruntergeladen werden können.

Tabelle 16.1: Standard-Verzeichnisnamen

Der vielleicht schwierigste Teil des Site-Inhalts sind die vielen Änderungen, die vorzunehmen sind. Wenn viele Leute an einer Site arbeiten, schleichen sich leicht kleine Fehler ein und werden leicht einige Vereinbarungen übersehen. Um dieses Risiko zu vermindern, begrenzen Sie die Anzahl derer, die Änderungen vornehmen können, auf ein Minimum. Zweitens sollten Sie der Versuchung widerstehen, aufgrund einer Notiz Änderungen oder Aktualisierungen durchzuführen. Es ist weit besser, regelmäßige Updates vorzunehmen. Das ermöglicht einheitliche Backups und im Falle von Problemen eine stabile Basis für das Zurückverfolgen von Problemen.

Wenn eine Site häufig upgedatet wird, sollte Sie überlegen, ein Content-Management-Tool einzusetzen. Sie können auch ein einfaches Werkzeug zur Kontrolle des Quellcodes einsetzen. Ein solches Programm zwingt die Anwender, die von Ihnen vorgenommenen Änderungen zu prüfen. Mächtigere Content-Management-Systeme bieten leicht zu verwendende, browserbasierte Eingabemöglichkeiten über HTML-Formulare. Die Demo Company verwendet selbst auch solch ein Tool, wie Sie in Abbildung 16.7 sehen können.

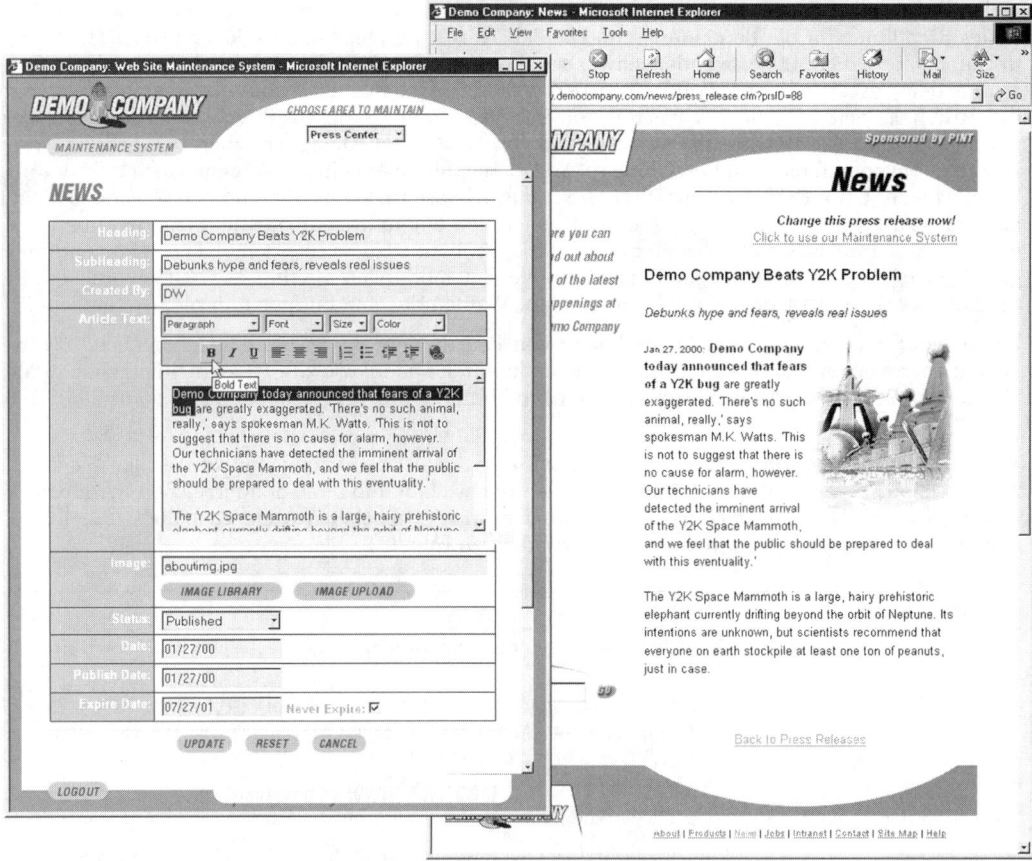

Abbildung 16.7: Das Content Management System der Demo Company

Unabhängig davon, wie Sie die Updates Ihrer Site kontrollieren, kann eines nicht oft genug wiederholt werden: Arbeiten Sie niemals direkt an einer aktiven Seite! Bedenken Sie, dass die Anwender die Veränderungen sehen könnten, während sie vorgenommen werden, selbst wenn es sich dabei erst um halbfertige Seiten handelt. Wenn Ihnen dabei ein grober Fehler unterläuft, kann es sein, dass Sie sich nur schwer davon erholen.

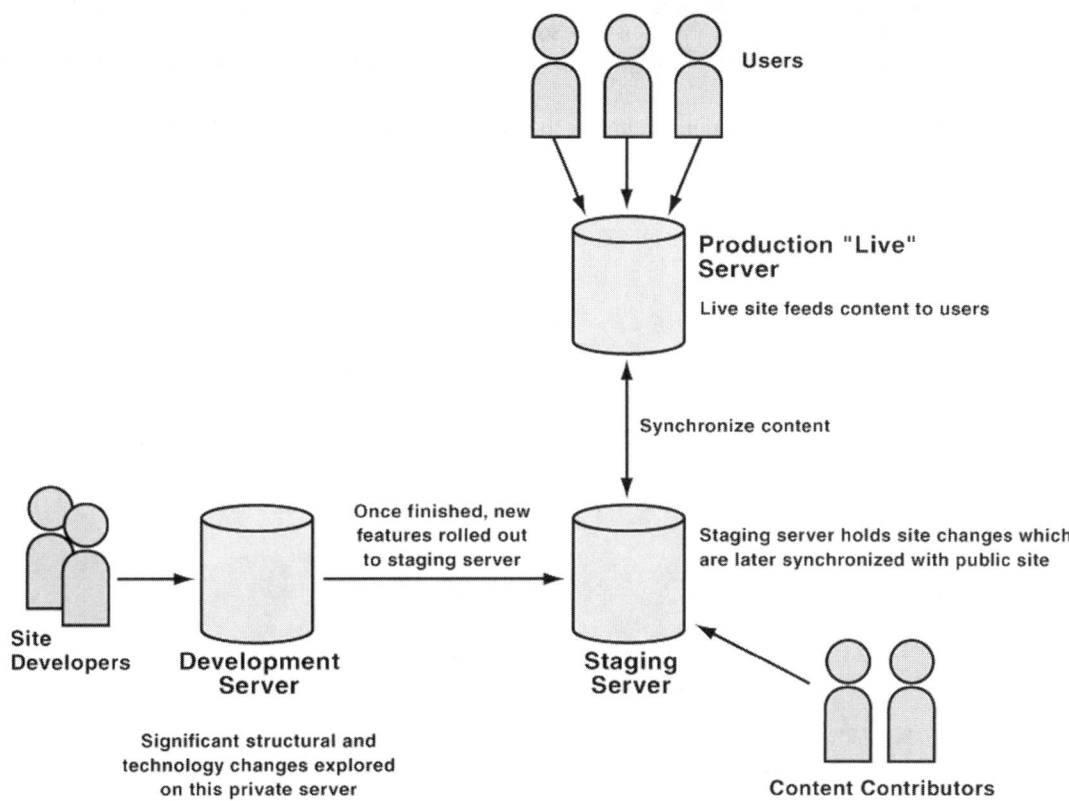

Abbildung 16.8: Drei Websites sind besser als eine.

Besser ist die Verwendung einer 3-Site-Architektur wie in Abbildung 16.8. Richten Sie zunächst einen Entwicklungsserver ein, auf dem Sie eine Kopie des Servers speichern und auf dem wichtige Veränderungen und Programmierungen vorgenommen und getestet werden. Zweitens errichten Sie einen Staging-Server, der ein exaktes Abbild der veröffentlichten Site ist. Auf diesem Server werden die Neuerungen zuerst getestet. Schließlich wird ein Production-Server verwendet, um die aktuellen Dokumente an die Betrachter weiterzuleiten. Veränderungen werden ausschließlich auf dem Entwicklungs- und dem Staging-Server vorgenommen, der später mit dem Production-Server synchronisiert wird.

Da Websites für Organisationen mehr und mehr an Bedeutung gewinnen, wird auch das Bereitstellen von Informationen mit immer mehr Ernsthaftigkeit betrieben. Es werden Regeln und Prozeduren eingeführt, um sicherzustellen, dass die Veränderungen ordnungsgemäß durchgeführt werden.

Zusammenfassung

Eine Webseite erstellen ist nur die halbe Arbeit. Sie aktuell und am Laufen zu halten verlangt ständige Achtsamkeit. Web-Entwickler sollten sicherstellen, dass Ihr HTML auch Wartungsarbeiten durch die korrekte Verwendung des `<meta>`-Befehls unterstützt und der richtige Einsatz von Links gewährleistet ist.

Natürlich gehen die Wartungsanforderungen weit über den korrekten Einsatz von HTML hinaus. Die Überwachung des Servers, das Upgraden von Software, das Hinzufügen neuer Inhalte sowie die Analyse der Logfiles kann sehr zeitraubend sein. Bei den meisten Sites müssen die Wartungsarbeiten auf mehrere Personen aufgeteilt werden.

Zum Abschluss des Buches wenden wir uns noch einmal der Zukunft von HTML – XML zu.

17

XML: Jenseits von HTML

Mit großem Wirbel wurde die *Extensible Markup Language* (XML) als ein neuer Ansatz für die Verbreitung von strukturierten Daten über das Web vorgestellt. Warum XML? Einfach ausgedrückt ermöglicht der Einsatz dieser Adaption der *Standard Generalized Markup Language* (SGML), der »Muttersprache« von HTML, dem Entwickler, seine eigenen Elemente zu definieren. Obwohl viele Ansätze der XML-Vision noch nicht unterstützt werden und viele wichtige Eigenschaften noch umgesetzt werden müssen, sind die Effekte von XML schon spürbar.

Microsoft, Netscape und viele andere arbeiten fieberhaft unter der Aufsicht des *World Wide Web Consortium* (W3C) daran, XML Wirklichkeit werden zu lassen. Viele Sprachen wurden mit XML entwickelt. Einige sind bereits im Einsatz, wie z.B. Microsofts Push-Technologie Channel Definition Format (CDF), die Wireless Markup Language (WML), die von vielen webtauglichen Mobiltelefonen verwendet wird, Scalable Vector Graphics (SVG), das Open Software Description (OSD) Format und zahlreiche andere. Aber warum XML? Was ist so falsch an HTML? Vereinfacht ausgedrückt ist HTML nicht flexibel genug, um den Strukturierungsanforderungen bestimmter Industrien oder neuer Umgebungen zu genügen. Kurz: XML wird HTML nicht notwendigerweise ersetzen – es wird es jedoch in der Gestalt von XHMLT neu definieren.

Die Beziehung zwischen HTML, SGML und XML

Um zu verstehen, woher die ganze Aufregung um XML kommt, müssen Sie die Verbindung zwischen HTML, SGML und XML verstehen. XML wurde als ein Anwendungsprofil oder eine eingeschränkte Form von SGML definiert, das entwickelt wurde, um den effizienten Gebrauch von SGML-Dokumenten im Web zu unterstützen. Informell ausgedrückt ist ein Anwendungsprofil eine Untermenge eines Standards, der etwas verbogen wurde, um alltagstauglich zu sein. Um dieses »Verbiegen« zu verstehen, müssen Sie die Stärken und Schwächen von SGML und seiner bekanntesten Anwendung HTML verstehen. Das Ziel von XML ist es jedoch nicht, eine Technologie zu verdrängen, sondern sie zu ergänzen und zu erweitern.

Die erste Frage, die sich stellt, ist, warum XML notwendig ist, wenn HTML bereits verfügbar ist. Jede Technologie, die von Millionen von Menschen eingesetzt wird, muss doch sinnvoll sein. Als allgemeine Markierungssprache hat HTML unglaublich viele Userbedürfnisse befriedigt. Sie ist jedoch nicht sehr gut für Anwendungen geeignet, die spezielle Informationen benötigen, seien es Datendateien oder komplexe strukturierte Informationen. Das trifft besonders auf Anwendungen zu, bei denen ein automatisierter Datenaustausch stattfindet und für die die Daten auf einheitliche Art strukturiert werden müssen. Stellen Sie sich vor, Sie müssten eine komplexe mathematische Formel in HTML formatieren. Die einzigen Möglichkeiten, die Sie haben, ist entweder das Abspeichern der Formel in einem Grafikformat und das anschließende Einbinden dieser Grafik in den Text oder die Verwendung einer anderen Dokumentforma-tierungstechnologie wie Adobes Acrobat.

Wie Sie sehen, kann HTML die Anforderungen, die für das Strukturieren und Formatieren von Doku-menten notwendig sind, die mehr als Absätze, Bereiche und Listen enthalten, kaum erfüllen. HTML kann komplexere, anwendungsspezifische Probleme nicht bewältigen, da seine Elemente starr sind. Die Spra-che besitzt nicht die Möglichkeit, sich selbst zu erweitern oder neue Elemente zu definieren. Selbst wenn die Browserhersteller ständig neue Elemente hinzufügen, bringt jede neu vorgeschlagene Erweiterung eine Verzögerung durch das W3C mit sich.

Abgesehen davon macht das Hinzufügen neuer Typen zu HTML keinen Sinn. Die Sprache ist groß genug. Sie wurde als allgemeingültige Markierungssprache erdacht, die in der Lage ist, eine Vielzahl von Dokumenten zu verarbeiten. HTML braucht einen Mechanismus, damit das allgemeingültige Gerüst so erweitert werden kann, dass auch spezialisierte Inhalte verarbeitet werden können.

SGML könnte ein nützliches Mittel sein, die Flexibilität von HTML zu steigern. SGML ist eine *Meta-sprache*, eine Sprache, die verwendet wird, um andere Sprachen zu definieren. Obwohl HTML die bekannteste SGML-definierte Sprache ist, hat sich SGML auch für andere Dokumenttypen, von Flug-zeugwartungsanleitungen bis hin zu wissenschaftlichen Texten, bewährt. SGML kann sehr komplexe Informationsstrukturen repräsentieren und bewältigt dabei enorme Mengen von Informationen. SGML ist extrem komplex, wurde allerdings nicht für die heutigen Online-Anwendungen erdacht. Die Sprache erschien in den späten 1970ern, dem goldenen Zeitalter der Stapeldatenverarbeitung, und wurde nicht für das Arbeiten mit vernetzten interaktiven Anwendungen entwickelt. SGML kann nicht effizient im Web arbeiten, wenn diese Probleme nicht gelöst werden.

XML ist also ein Ansatz, eine Untermenge von SGML zu definieren, die speziell für die Verwendung im Web entwickelt wurde. Als solche wird sie sowohl von SGML als auch von HTML beeinflusst. Die genaue Art, wie XML in Webdokumente eingebunden werden soll, ist noch immer ein großes Diskus-sionsthema, die grundsätzliche Rolle der Sprache ist jedoch eindeutig. Sie soll verwendet werden, um HTML um spezielle Daten(-strukturen) zu erweitern. Microsofts Channel-Definitionsformat, mit dem Dokumente im »Push«-Verfahren über das Internet verbreitet werden, ist eine XML-Anwendung. (*Push* ist eine Technologie, bei der den Anwendern in regelmäßigen Abständen Daten zugesandt werden, um ihnen das ständige Abfragen zu ersparen.)

Zweckspezifische Erweiterungen für Webdokumente sind der erste Einsatz für XML, doch XML kann auch dazu verwendet werden, um selbst Webdokumente zu erstellen. Anstatt traditionell HTML zu ver-wenden, werden wir eine neue Form von XML-definiertem HTML verwenden, die XHMTL genannt wird. Vielleicht werden wir sogar XML-Sprachen, die wir selbst definiert haben, direkt auf einem Browser einsetzen können.

Basis-XML

Da XML eine Untermenge von SGML ist, sollte es eine gewisse Ähnlichkeit mit HTML aufweisen, das ja auch eine SGML-Anwendung ist. Um jedoch einen effizienten Einsatz im Web zu ermöglichen, sind viele SGML-Konstrukte zur Dokumentendefinition nicht in XML enthalten. Die gestrichenen Konstrukte wer-den entweder nur sehr selten verwendet oder bringen eine starke Belastung der Performance mit sich. XML zu schreiben klingt wie eine entmutigende Aufgabe, bei der esoterische Kenntnisse von SGML erforderlich sind, die jenseits aller Fähigkeiten von HTML-Autoren liegen. In Wirklichkeit ist das Erstellen von XML-Dokumenten recht einfach. Stellen Sie sich vor, Sie haben die Aufgabe, einige Bestandteile einer Fast-Food-Mahlzeit zu definieren, die aus einem Burger, einem Getränk und Pommes Frites besteht. Wie würde das in XML aussehen? Sie würden einfach eine Datei `burger.xml` erstellen, die folgendes Aussehen hat.

```
<?xml version="1.0" encoding="UTF-8" standalone="yes" ?>
<combomeal>
   <burger>
```

```
     <name>Leckerer Burger</name>
     <broetchen brot="weiss">
        <fleisch />
        <kaese />
        <fleisch />
     </broetchen>
     </burger>
     <fritten size="gross" />
     <drink size="gross">
         Cola
     </drink>
  </combomeal>
```

Ein Darstellungsbeispiel im Internet Explorer 5.5 sehen Sie in Abbildung 17.1.

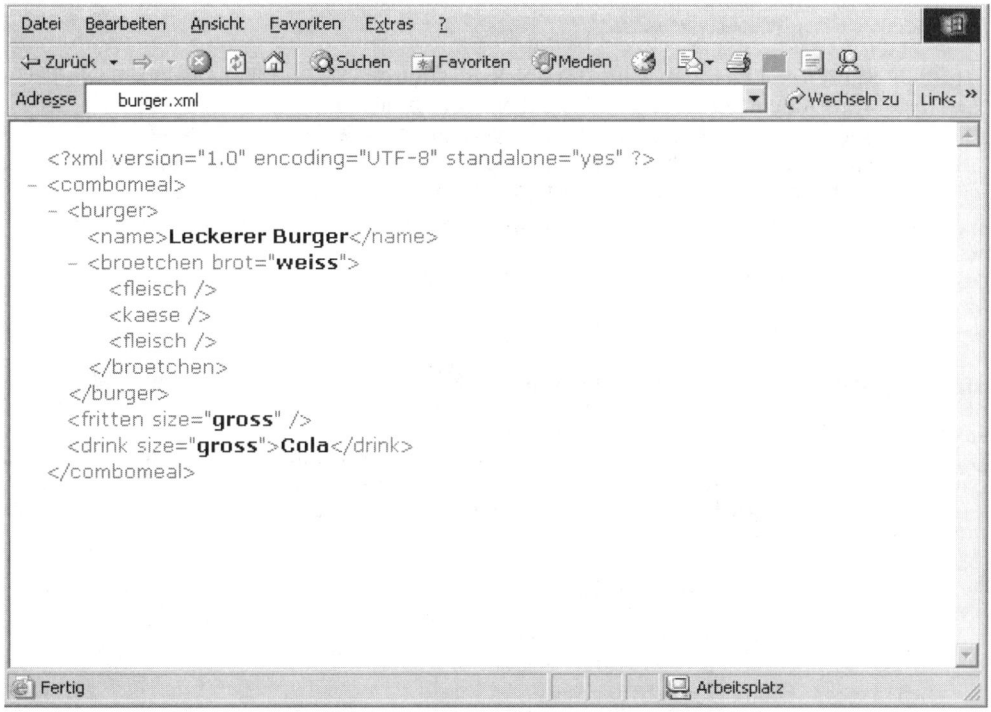

Abbildung 17.1: Wohlformatiertes XML im Internet Explorer 5.5

Beachten Sie, dass der Browser eine strukturierte Präsentation der Datei zeigt und keine Bildschirmpräsentation. Wie Sie das Aussehen dieser Datei verändern können, erfahren Sie später in diesem Kapitel. Werfen Sie zunächst einen Blick auf die Syntax des Dokuments. In vielerlei Hinsicht sieht dieses Beispiel der »Meal Markup Language« (oder MML, wenn Sie so wollen) etwas wie HTML aus, aber woher wissen Sie, ob es sich bei einem Element um ein `<combomeal>` anstatt eines `<mealdeal>` oder `<lunchspecial>` handelt? Das müssen Sie nicht wissen, weil die Entscheidung ganz bei Ihnen liegt. Suchen Sie sich einfach einen Element- oder Attributnamen aus, der das repräsentiert, was Sie sich vorstellen. Bedeutet das, dass XML keine Regeln hat? Es hat Regeln, aber es sind nur wenige und einfache, und sie beziehen sich nur auf die Syntax:

❏ Das Dokument muss mit einer korrekten XML-Deklaration beginnen, wie:

```
<?xml version="1.0" encoding="UTF-8" standalone="yes" ?>
```

oder vereinfacht:

```
<?xml version="1.0" ?>
```

❏ *Ein Wurzelelement muss das gesamte Dokument umgeben.*
Im vorangegangenen Beispiel können Sie sehen, wie das Element <combomeal> alle weiteren Elemente einschließt. Das gilt allerdings nicht nur für das Wurzelelement, alle anderen Elemente müssen korrekt geschlossen werden.

❏ Alle Elemente müssen geschlossen werden.

```
<burger>Tasty
```

ist unter XML nicht erlaubt, sondern es muss

```
<burger>Tasty</burger>
```

heißen. Selbst wenn Elemente keine Inhalte haben, müssen sie korrekt geschlossen werden, wie es die nächste Regel für ein gültiges XML-Dokument vorschreibt.

❏ *Alle Elemente mit leerem Inhalt müssen durch die Endung "/>" selbstidentifizierend sein.*
Leere Elemente sind z.B.
, <hr> oder <img>. In XML lautet die richtige Schreibweise hierfür <br />, <hr /> und <img src="test.gif" />.

❏ Wie auch beim korrekten HTML müssen *alle Elemente sauber verschachtelt sein*. So ist z.B.,

```
<aussen><innen>Mittelpunkt</innen></aussen>
```

korrekt, während Folgendes falsch ist:

```
<aussen><innen>Mittelpunkt</aussen></innen>
```

❏ *Alle Attributwerte müssen in Anführungszeichen geschrieben sein.*
In HTML ist das Setzen von Anführungszeichen eine gute Übung für das Erstellen gut strukturierten Quelltextes, es ist allerdings nur für Werte erforderlich, die andere Zeichen als Buchstaben (A–Z, a–z), Zahlen (0–9), Bindestriche (-) oder Punkte (.) enthalten oder in denen sich Leerzeichen befinden. Unter XML ist z.B.

```
<blastoff count="10" ></blastoff>
```

korrekt, während folgendes Beispiel es nicht ist:

```
<blastoff count=10></blastoff>
```

❏ *Alle Elemente müssen bei Groß- und Kleinschreibung einheitlich sein.*
Wenn Sie ein neues Element wie <BURGER> beginnen, müssen Sie es mit </BURGER> schließen, nicht mit </burger>. Wenn Sie weiter unten im Dokument das Element mit Kleinbuchstaben schreiben, beziehen Sie sich unter Umständen auf ein neues Dokument namens <burger>. Auch bei Attributnamen wird zwischen Groß- und Kleinschreibung unterschieden.

❏ *Eine gültige XML-Datei darf keine reservierten Zeichen enthalten, die bereits eine Bedeutung haben.*
Damit sind Zeichen wie & gemeint, mit denen z.B. der Beginn eines Sonderzeichens wie & angezeigt wird, oder <, womit ein Elementname wie <sunny> beginnt. Diese Zeichen müssen mit & und < codiert werden. In einem einfachen selbstständigen XML-Dokument ist diese Regel ziemlich einschränkend, da nur die Sonderzeichen &, <, >, ' und " zugelassen sind.

Ein Dokument, das nach Maßgabe der oben stehenden einfachen Regeln erstellt wurde, wird als ein *wohlgeformtes Dokument* bezeichnet. Schauen Sie sich Abbildung 17.2 an, um zu sehen, was passiert, wenn ein Dokument nicht den beschriebenen Regeln folgt.

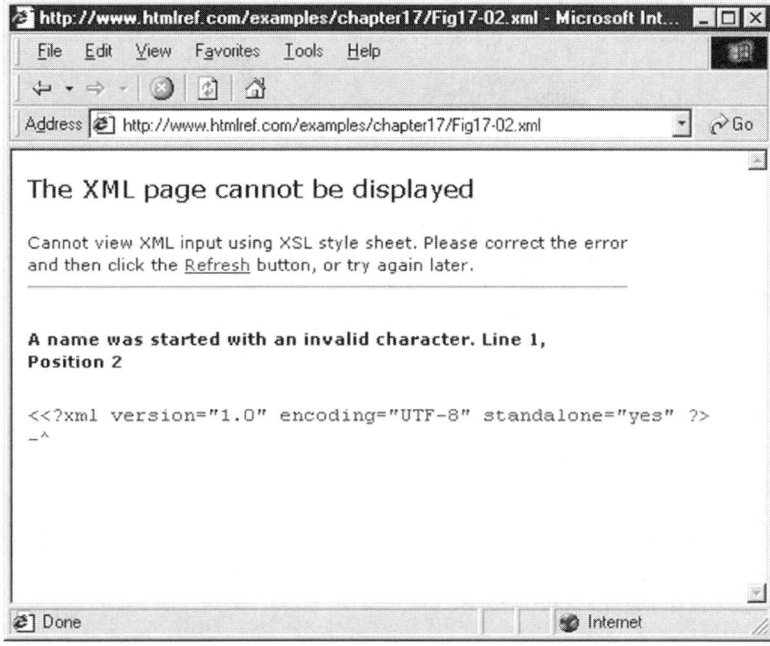

Abbildung 17.2: Nicht wohlformatierte XML-Dokumente werden nicht dargestellt

SGML-Puristen mögen die Bezeichnung *wohlgeformt* für exzentrisch und verwirrend halten. Obwohl SGML selbst ständig bearbeitet wird, gibt es diesen Begriff nicht für SGML. Für SGML gibt es hier nur den Begriff der gültigen Dokumente, die sich an die formal definierte Document Typ Definition (DTD) halten. Obwohl dieses Konzept auch ein Teil von HTML ist, wird es häufig von den Autoren außer Acht gelassen. Es geschieht selten, dass für jedes Dokument, das über eine normale Anwendung hinausgeht, eine DTD definiert wird. XML unterstützt sowohl wohlgeformte als auch gültige Dokumente. Das wohlgeformte Modell, das die Grundsyntax erzwingt, sollte diejenigen, die nicht mit den Feinheiten von SGML vertraut sind, ermutigen, XML-Dokumente zu erstellen, um damit XML so zugänglich zu machen, wie HTML es geworden ist. Das gültige Modell steht für Anwendungen zur Verfügung, in denen die logische Struktur eines Dokuments bestätigt werden muss.

Gültige Dokumente

Die meisten HTML-Autoren sind mit den Basiselementen und -attributen vertraut. Mit der steigenden Komplexität der Seiten wird ihnen auch die Notwendigkeit bewusst, ein HTML-Dokument den Regeln einer DTD wie HTML 4 anzupassen. Wie bereits im vorangegangenen Absatz erwähnt, gilt ein Dokument als gültig, wenn es die Regeln einer DTD einhält. Anders als die meisten HTML-Autoren sind SGML-Autoren meist bemüht, gültige Dokument zu erstellen. Viele schreiben sogar ihre eigenen DTDs, was für HTML-Autoren undenkbar wäre. Mit dem Erscheinen von XML können sich HTML-Autoren mit dieser Fähigkeit auseinander setzen: DTDs erstellen. Das folgende Beispiel zeigt, wie XML verwendet werden kann, um die Zensuren einer Schulklasse zu dokumentieren.

Eine Definition der Beispielsprache, mit der diese Aufgabe erledigt wird, kann innerhalb des Dokuments gefunden werden, obwohl diese Definition auch in einer externen Datei gespeichert werden kann. Die Datei `schueler.xml` zeigt hier sowohl die DTD als auch das Dokument, das dieser Definition entspricht:

```xml
<?xml version="1.0"?>
<!DOCTYPE noten [

<!ENTITY  schulname "Demo-Schule">
<!ELEMENT noten (schule, schueler+)>
<!ELEMENT schule (#PCDATA)>

<!ELEMENT  schueler (name, schuljahr, fach+)>
<!ELEMENT  name (#PCDATA)>
<!ELEMENT  schuljahr (#PCDATA)>
<!ELEMENT  fach (title, note)>
<!ATTLIST  fach type (pflichtfach | wahlfach) #REQUIRED>

<!ELEMENT  title (#PCDATA)>
<!ELEMENT  note (#PCDATA)>

]>
<!-- the document instance -->
<noten>
<schule>&schulname;</schule>

<schueler>
    <name>Andreas Hornung</name>
    <schuljahr>10</schuljahr>

    <fach type="pflichtfach">
      <title>Deutsch</title>
      <note>2</note>
    </fach>

    <fach type="pflichtfach">
     <title>Tiermedizin</title>
     <note>1</note>
    </fach>

    <fach type="wahlfach">
      <title>Reiten</title>
      <note>2</note>
    </fach>
</schueler>

<schueler>
    <name>Peter Buerzel</name>
```

```
    <schuljahr>12</schuljahr>

    <fach type="pflichtfach">
     <title>Mathe</title>
     <note>3</note>
    </fach>

    <fach type="pflichtfach">
     <title>Deutsch</title>
     <note>1</note>
    </fach>

    <fach type="wahlfach">
       <title>Geographie</title>
       <note>4+</note>
    </fach>

    <fach type="wahlfach">
       <title>Sozialkunde</title>
       <note>5</note>
    </fach>
   </schueler>

</noten>
```

Wir hätten auch einfach das Dokument schreiben können und die DTD als externe Datei verlinken können. Dieser Verweis hätte folgendes Aussehen gehabt:

```
<!DOCTYPE grades SYSTEM "noten.dtd">
```

Die Datei `noten.dtd` würde sämtliche Definitionen von Elementen, Attributen und Sonderzeichen enthalten. Unabhängig davon, wie die Sprache definiert und eingebunden ist, ist ihre Bedeutung sehr einfach. Ein Dokument muss von dem Elementpaar `<noten>` und `</noten>` umgeben sein, das nur ein Element `<schule>`, aber mehrere Elemente `<schueler>` haben darf. Jedes `<schueler>`-Element hat ein Element `<name>` und ein Element `<schuljahr>`, in denen der Name und das Schuljahr gespeichert werden. Darüber hinaus kann jedes `<schueler>`-Element mehrere `<fach>`-Elemente enthalten, die jeweils den Titel des Kurses `<titel>` und die zugehörige Note `<note>` enthalten.

Ein interessanter Aspekt von DTDs innerhalb einer XML-Datei ist, dass die Richtigkeit des Dokuments überprüft werden kann. Das Hinzufügen eines nicht definierten Elements oder eine falsche Reihenfolge bei der Verschachtelung der Elemente haben zur Folge, dass das XML-Dokument nicht akzeptiert wird, wie Sie in Abbildung 17.3 sehen.

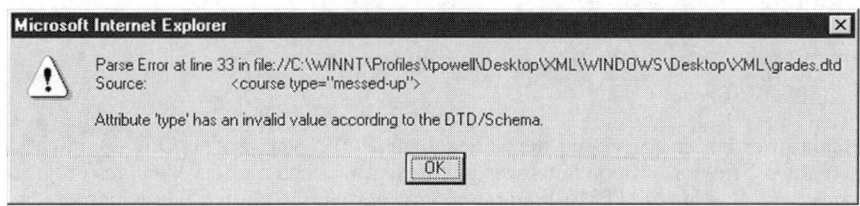

Abbildung 17.3: Fehlermeldung der Überprüfung

Das Schreiben einer DTD scheint eine Menge Schwierigkeiten zu verursachen, aber ohne DTD ist XML kaum zu gebrauchen. Wenn Sie die Konformität zur Spezifikation garantieren können, können Sie die Weitergabe und den Austausch von Daten beginnen. Das Erstellen einer DTD ist für die meisten HTML-Autoren sicher eine neue Erfahrung, und nicht jeder wird bereit sein, sich dieser Aufgabe zu stellen. Glücklicherweise reduziert XML die Komplexität von SGML deutlich. Allerdings fragen sich viele Leser sicher unabhängig davon, wie schwer oder leicht das Schreiben einer Sprachdefinition ist, was man damit macht, wenn sie erst einmal erstellt ist. Die Darstellung, wie wir sie bisher kennen gelernt haben, war nicht sonderlich brauchbar.

XML-Darstellung

Wie Sie bereits gesehen haben, ist das einfache Einbinden von neuen XML-Elementen in den Dokumentkörper problematisch, da die meisten Browser den Inhalt der Elemente darstellen. Natürlich gibt es für einfache XML-Elemente keine Formatierungsmöglichkeiten, da XML (im Gegensatz zu HTML) keine Standarddarstellung für seine Elemente kennt. Diese müssen zunächst definiert werden. Der einfachste Weg, XML darzustellen, ist, es nach HTML zu übersetzen. Alle Browser unterstützen HTML, zumindest bis zu einem gewissen Grad, so dass Sie ein serverseitiges Programm verwenden können, um Ihre XML-Dokumente direkt vor der Übertragung in HTML übersetzen zu lassen. Sie werden sich nun fragen, welchen Nutzen das hat, da HTML nicht die Strukturierungsmöglichkeiten hat, die XML bietet. Der größte Nutzen ist die gebotene Abstraktion. Stellen Sie sich vor, Sie hätten eine Pressemeldung mit einer einfachen Pressemeldungs-Markierungssprache formatiert. Diese Datei namens `pressemeldung1.xml` hätte in etwa folgendes Aussehen:

```
<?xml version="1.0"?>
<!DOCTYPE PRESSRELEASE SYSTEM "pressrelease.dtd">
<!-- die dokument instanz -->
<PRESSRELEASE>
<DATUM>January 5, 2000</DATUM>
<HEADING>Demo Company Releases Super Widget</HEADING>

<RELEASETEXT>
Das ist eine Beispiel-Pressemeldung. Das ist nur ein Dummy-Text.
</RELEASETEXT>

<IMG SRC="widget.gif" />
<CONTACT TYPE="TELEFON">619-555-1212</CONTACT>
<CONTACT TYPE="FAX">619-444-1212</CONTACT>
<CONTACT TYPE="EMAIL">info@democompany.com</CONTACT>
</PRESSRELEASE>
```

Alle Elemente werden entsprechend der angegebenen DTD verwendet. Offensichtlich kann diese Datei so nicht an einen Browser weitergeleitet werden. Es kann jedoch ein serverseitiges Programm geschrieben werden, das diese Befehle in HTML-Fragmente umwandelt, die an den Betrachter geschickt werden können. Dann könnte die Datei z.B. etwas so aussehen:

```
<html>
<head>
<title>Demo Company Releases Super Widget</title>
</head>
<body>
<h3 align="right" id="DATE">January 5, 2000</h3>
<h1 align="center" id="HEADING">Demo Company Releases Super Widget</h1>
<hr>

<div id="RELEASEBODY">
<p> Das ist eine Beispiel-Pressemeldung. Das ist nur ein Dummy-Text.
<img src="widget.gif" align="right" id="IMG">
</p>
</div>
<hr>

<!--Contact block -->
<address>
E-mail: <a href="mailto: info@democompany.com">info@democompany.com</a><br>
Phone: 619-555-1212<br>
FAX: 619-444-1212<br>
</address>
</body>
</html>
```

Anhand der id-Attribute und der Kommentare können Sie sehen, wie XML hier in verschiedene HTML-Elemente übersetzt wurde. Obwohl es verschiedene Arten gibt, XML in HTML zu übersetzen, bietet XSL (eXtensible Style Language) eine Standardmöglichkeit, um diese Transformation durchzuführen.

Hinweis

Es ist immer etwas verwirrend, ob wir über XSL-Transformationen (auch XSLT) sprechen oder über XSL-basierte Formatierung. Das Akronym XSL wird ganz allgemein verwendet, um anzudeuten, dass XSL auf ein XML-Dokument angewendet wird.

XML mit XSL zu HTML transformieren

Mit XSL können wir einfach ein XML-Dokument transformieren und dann formatieren. Verschiedene Elemente und Attribute können durch XSL in HTML umgewandelt und dann ausgegeben werden. Stellen Sie sich z.B. folgendes wohlgeformte XML-Dokument namens demo.xml vor:

```
<?xml version="1.0" ?>
<?xml-stylesheet type="text/xsl" href="test.xsl"?>
<example>
  <demo>Wir</demo>
  <demo>formatieren</demo>
  <demo>XML</demo>
  <demo>als HTML</demo>
```

```
</example>
```

Beachten Sie die zweite Zeile, die auf eine XSL-Datei `test.xsl` verweist. Diese Datei erstellt eine einfache HTML-Datei und wandelt jedes Vorkommen des Demo-Elements in ein `<h1>`-Element um. Die XSL-Schablone namens `test.xsl` sehen Sie hier.

```
<?xml version='1.0'?>
<xsl:stylesheet xmlns:xsl="http://www.w3.org/TR/WD-xsl">
    <xsl:template match="/">
        <html>
        <head>
        <title>XSL-Test</title>
        </head>
        <body>

            <xsl:for-each select="example/demo">
             <h1><xsl:value-of select="."/></h1>
            </xsl:for-each>

        </body>
        </html>

    </xsl:template>
</xsl:stylesheet>
```

Wenn wir obiges XML-Dokument in einen XML- und XSL-tauglichen Browser wie den Internet Explorer 5.5 laden, würde nach der XSL-Transformation die folgende HTML-Datei geladen werden:

```
<html>
<head>
<title>XSL-Test</title>
</head>
<body>
<h1>Wir</h1>
<h1>formatieren</h1>
<h1>XML</h1>
<h1>als HTML</h1>
</body>
</html>
```

Die Beispiel-Transformation hat im Internet Explorer 5.5 das Aussehen, wie es Abbildung 17.4 zeigt.

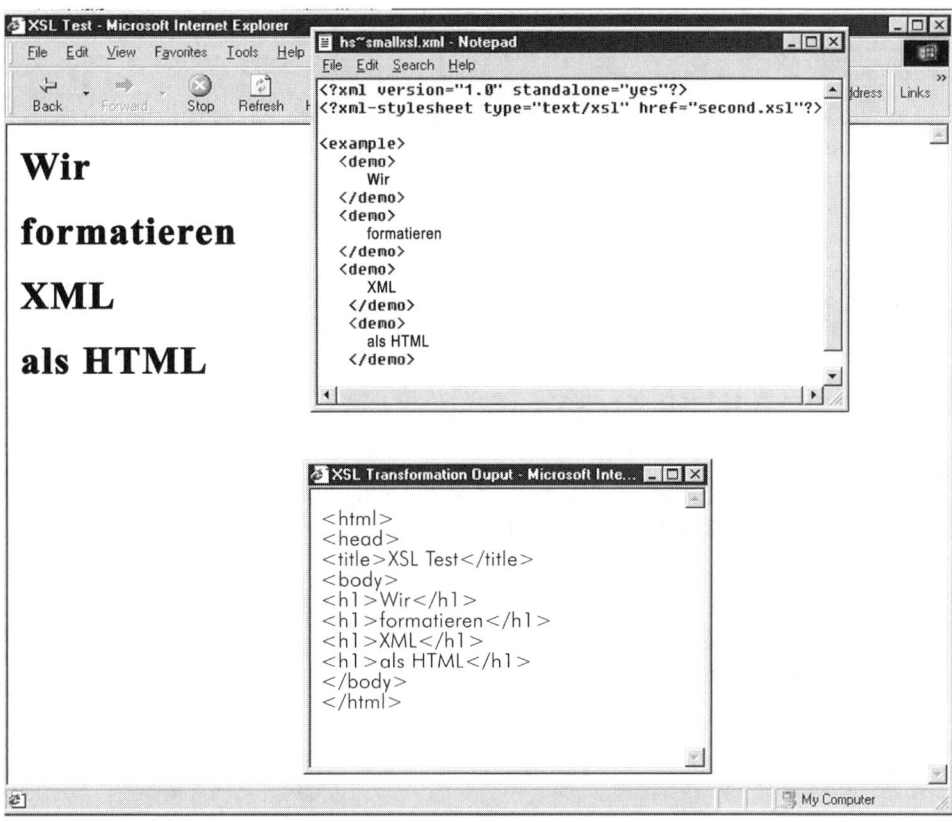

Abbildung 17.4: Der Internet Explorer 5.5 unterstützt XSL

Während dieses Beispiel sehr gekünstelt ist, gibt es weitaus komplexere Beispiele, die mit HTML- und CSS-Ausgaben erstellt werden können. Erinnern Sie sich an das Schulbeispiel, dass Sie weiter oben im Kapitel betrachtet haben? Wir könnten folgende XSL-Transformationsregeln aufstellen

```
<?xml version='1.0'?>
<xsl:stylesheet xmlns:xsl="http://www.w3.org/TR/WD-xsl">

<xsl:template match="/">
 <html>
 <head>
 <title>Class List</title>
 <link rel="stylesheet" href="noten.css" />
 </head>
 <body>

<xsl:for-each select="grades/schule">
 <h1><xsl:value-of select="."/></h1>
 <hr />
</xsl:for-each>
```

```
<xsl:for-each select="grades/student">

<div class="studentname"><xsl:value-of select="name"/></div>
<div class="level">Level: <xsl:value-of select="level"/></div>

<table border="1">
   <tr>
       <th>Class Title</th>
       <th>Grade</th>
   </tr>

  <xsl:for-each select="course">

   <tr>
       <td><xsl:value-of select="title"/></td>
       <td><xsl:value-of select="grade"/></td>
   </tr>

   </xsl:for-each>

</table>
<br /><br />

</xsl:for-each>

</body>
</html>

</xsl:template>
</xsl:stylesheet>
```

Wenn dieses Dokument mit dem Schulbeispiel verknüpft wird, verwenden wir eine Zeile wie

```
<?xml-stylesheet type="text/xsl" href="grades.xsl"?>
```

und Sie sehen folgendes Ergebnis, wie es Abbildung 17.5 zeigt.

Beachten Sie, dass in diesem Beispiel immer noch CSS-Stilregeln benötigt werden, um die Seite entsprechend der Vorschriften von grades.css darzustellen. Diese Datei wird nur aus Gründen der Vollständigkeit gezeigt:

```
body        {font-family: Arial;
             font-size: 12pt;}
h1          {text-align: center;
             font-size: 48pt;}
```

```
th              {text-align: center;
                background-color:#0099ff;
                color: white;}
.studentname {font-size: 24pt;}
.level          {color: green;
                font-style: italic;}
```

Einige Leser werden sich fragen, warum man nicht einfach die Seite mit CSS formatieren kann, um die Präsentation von der Struktur mit HTML und CSS zu trennen. Der nächste Abschnitt wird erklären, wie das bewerkstelligt werden kann. Selbst wenn CSS und XML richtig miteinander korrespondieren, gibt es einige Fälle, in denen es Sinn macht, XSL einzusetzen. Das Schöne an XSL ist, dass es auf dem Server verwendet werden kann, um XML-Dokumente in HTML oder HTML- und CSS-Dokumente umzuwandeln, damit sie auch auf älteren Browsern betrachtet werden können.

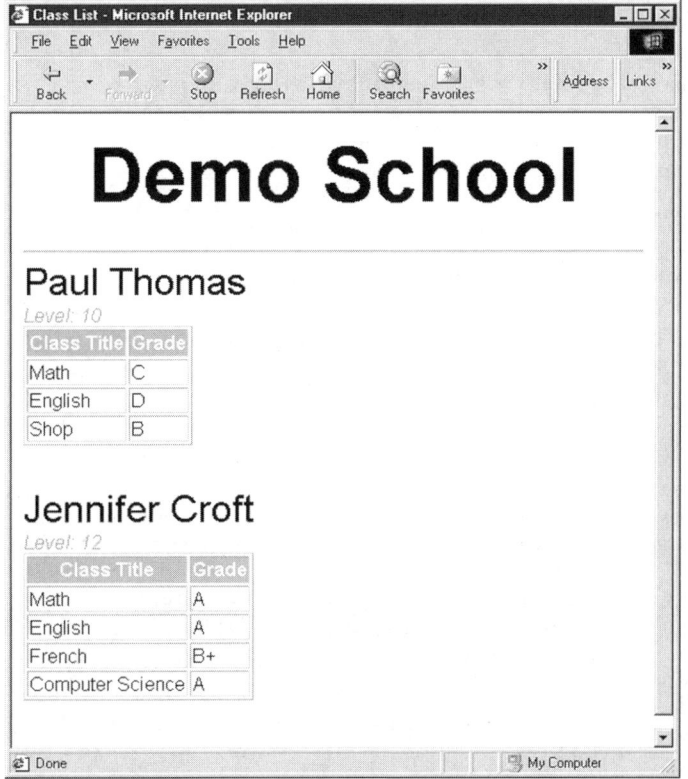

Abbildung 17.5: Mit XSL können komplexe HTML Dokumente erstellt werden

Die vorangegangene Diskussion kratzt nur an der Oberfläche von XSL, das vielfältige und komplexe Möglichkeiten und einfache Programmiereigenschaften bietet. Leider wird XSL noch nicht sehr gut unterstützt. Selbst die neuesten Browser unterstützen diese Technologie nur zum Teil. Leser, die sich für die neuesten Entwicklungen von XSL interessieren, können sich auf den Seiten des W3C (`http://www.w3.org/Style/XSL/`) oder auf Microsofts XML-Site (`http://msdn.microsoft.com/xml`) informieren.

XML-Dokumente mit Hilfe von CSS darstellen

Die Umwandlung von XML zu HTML scheint schwierig. Man würde bevorzugen, eine XML-Datei zu übertragen und diese anzuzeigen. Mit Hilfe eines *Cascading Style Sheet* (CSS) sollte es möglich sein, XML-Dokumente direkt auf dem Bildschirm anzeigen zu lassen. Beachten Sie jedoch, dass keine dieser Technologien im Zusammenhang mit XML wohldefiniert ist, so dass diese Beispiele einiges an Arbeit erfordern können, bevor sie vom Browser dargestellt werden. Trotzdem sollten Ihnen beide Beispiele einen Eindruck davon geben können, wie XML auf dem Bildschirm präsentiert wird.

Die folgende Datei ist ein wohlgeformtes XML-Dokument, das Ausschnitte aus einem Katalog darstellt.

```xml
<?xml version="1.0"?>
<?xml-stylesheet href="katalog.css" type="text/css" ?>
<CATALOG>
<PART>
    <NAME>Super-Widget</NAME>
    <DESCRIPTION>
    Der Super-Widget ist der mächtigste Widget der Welt.
    </DESCRIPTION>
    <PRICE>EUR 1,95</PRICE>
</PART>

<PART>
    <NAME>Deluxe-Widget</NAME>
    <DESCRIPTION>
    Der Deluxe-Widget ist der begehrteste Widget der Welt.
    </DESCRIPTION>
    <PRICE>EUR 2,95</PRICE>
</PART>
</CATALOG>
```

Beachten Sie, dass die zweite Zeile der Datei auf ein Style Sheet verweist, das sich im gleichen Verzeichnis befindet und *katalog.css* heißt. Den Inhalt dieser Datei sehen Sie hier:

```css
CATALOG      {font-family: Arial; font-size: 14pt;}
PART         {background: orange; display: block}
NAME         {font-size: larger; font-style: italic; display: block}
DESCRIPTION  {text-indent: 10px; display: block;}
PRICE        {color: #009900; text-align: right; font-weight: bold; display:
             block}
```

Sie sehen, dass die Syntax für das Style Sheet die gleiche wie für CSS ist, die in Kapitel 10 vorgestellt wurde. Der einzige Unterschied ist, dass die Elementnamen die Namen der XML-Elemente sind, die im obigen Beispiel definiert wurden. Das einzige Problem ist die Positionierung der Elemente durch Style Sheets, es sei denn, Sie verwenden eine Positionierungsregel oder Sie weisen einem XML-Element eine Darstellungseigenschaft zu. Beachten Sie, dass das Regelattribut `display` den Wert `block` hat, wodurch sich das entsprechende Element wie ein HTML-Absatzelement verhält und daher einen Zeilenumbruch verursacht. Die Darstellung dieses einfachen Beispiels im Internet Explorer sehen Sie in Abbildung 17.6.

Der Mangel an fließenden Objekten in CSS macht die korrekte Darstellung dieses XML-Dokuments sehr schwierig. In gewisser Hinsicht basiert CSS noch zu sehr auf der Grundstruktur von HTML. Es ist offen-

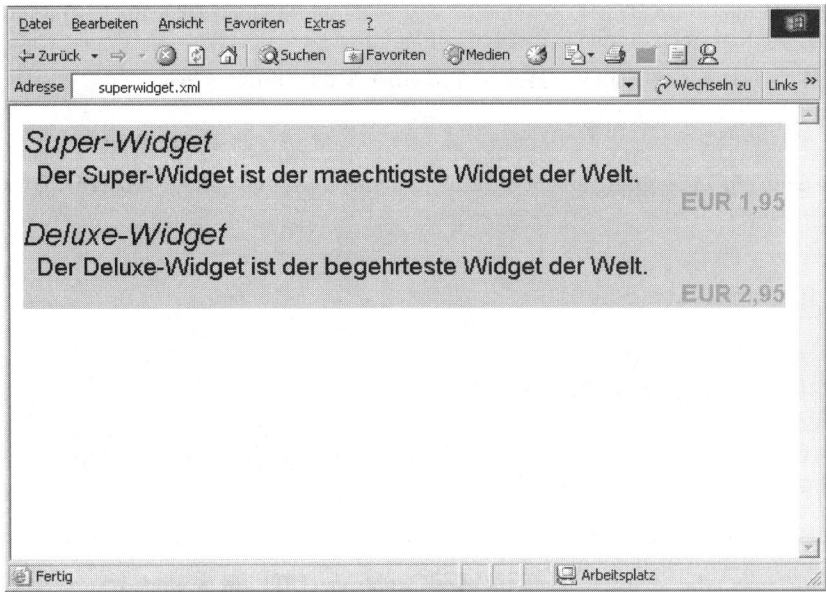

Abbildung 17.6: XML und CSS im Internet Explorer 5

sichtlich, dass XSL und HTML noch immer eine wichtige Rolle für XML spielen, unabhängig von einer eventuellen, in XML integrierten, CSS-Unterstützung.

XML Application Languages

Das Bemerkenswerte an XML ist, wie viele Leute nicht bemerken, dass es die damit erstellten Anwendungen sind, und nicht die Sprache selbst, die wirklich interessant sind. Es ist vielleicht nicht das eigentliche Interesse des Web-Designers, seine eigene XML-basierte Sprache zu entwickeln, sondern vielmehr eine bereits bestehende XML-Sprache zu verwenden. Selbst mit diesem Anspruch könnte das Web Tausende neuer XML-basierter Sprachen hervorbringen, die viele Leute nicht verstehen. Denken Sie immer daran, dass es umso wertvoller ist, eine Sprache zu verstehen, je mehr Leute da sind, mit denen man diese Sprache sprechen kann. Nun folgt ein kurzer Überblick über die drei populären XML-Sprachen, beginnend bei XHTML (der wichtigsten für HTML-Autoren), um Ihnen einen Eindruck von XML-basierten Anwendungen zu geben.

XHTML: HTML für XML umschreiben

Wenn Sie über XML lesen, werden Sie sich fragen, wie diese Technologie HTML beeinflussen soll. 1998 hat das W3C ein erstes Papier veröffentlicht, in dem beschrieben wurde, wie HTML in XML umgeschrieben werden kann. Diese HTML-Art, die unter dem Codenamen *Voyager* erschien und später in *XHTML* umbenannt wurde, wurde in Module unterteilt und übernahm alle XML-Regeln für HTML. Im Januar 2000 wurde XHTML als Spezifikation veröffentlicht. Wenn die User es annehmen, wird es die bekannteste XML-Sprache sein.

Auch wenn die meisten XHTML-Regeln an verschiedenen Stellen dieses Buches bereits vorgestellt wurden, werden sie hier noch einmal gemeinsam aufgeführt:

❏ Ein XHTML-Dokument muss beginnen mit einer XML-Direktive wie

```
<?xml version="1.0"?>
```

❏ Die zweite Zeile eines gültigen XHTML-Dokuments muss eine gültige XHTML-DOCTYPE-Deklaration referenzieren, wie

```
<!DOCTYPE html  PUBLIC "-//W3C//DTD XHTML 1.0 Strict//EN"
"DTD/xhtml1-strict.dtd">

<!DOCTYPE html PUBLIC "-//W3C//DTD XHTML 1.0 Transitional//EN"
"DTD/xhtml1-transitional.dtd">

<!DOCTYPE html PUBLIC "-//W3C//DTD XHTML 1.0 Frameset//EN"
"DTD/xhtml1-frameset.dtd">
```

❏ Das erste Element eines XHTML-Dokuments muss `<html>` sein, dessen `xmlns`-Attribut definiert ist. Ein Beispiel dafür sehen Sie hier:

```
<html xmlns="http://www.w3.org/1999/xhtml" xml:lang="en" lang="en">
```

❏ Der Befehl `<title>` ist in einem XHTML-Dokument Pflicht und muss das erste Element im `<head>`-Bereich sein.

❏ Alle Elemente müssen wohlgeformt, d.h. richtig verschachtelt sein. Das bedeutet `<b><i>richtig </i></b>` ist richtig, aber `<b><i>falsch</b></i>` ist falsch.

❏ Schluss-Tags sind immer erforderlich. Ein `<p>`-Tag muss immer ein korrespondierendes `</p>`-Tag aufweisen.

❏ Leere Elemente müssen einen schließenden Schrägstrich haben. Der Befehl `<br>` ist nicht gültig. Die korrekte Schreibweise lautet `<br />`.

❏ Die Attribute dürfen nicht minimiert werden. Die Schreibweise `<ol  compact>` ist ungültig, `<ol compact="compact">` ist korrekt.

❏ Alle Attributwerte müssen in Anführungszeichen stehen, so dass `<img src=jan-aage.gif alt=uebersteiger>` ungültig ist, `<img src="jan-aage.gif" alt="uebersteiger">` jedoch korrekt.

❏ Alle Befehle und Attribute sind in Kleinbuchstaben zu schreiben. `<hr  />` ist in XHTML zulässig, `<HR />` nicht.

Hinweis

Einige ältere Browser können Probleme mit der XHTML-Schreibweise haben, sofern Sie nicht ein Leerzeichen zwischen dem schließenden Schrägstrich und der schließenden Klammer einfügen, so dass die Schreibweise `<hr / >` vorzuziehen wäre.

❏ Alle `<img />`-Elemente müssen ein `alt`-Attribut haben. Das ist zwar auch vorher schon nicht schlecht gewesen, aber nun ist es Pflicht.

❏ Das `<style>`-Element muss ein `type`-Attribut aufweisen. Allgemein würden Sie dieses Element wie folgt schreiben: `<style type="text/css">`.

❏ Das `<script>`-Element muss ein `type`-Attribut haben. Die wahrscheinlichste Variante ist `<script type="text/javascript">`.

❏ Wenn Skripte oder Style Sheets Zeichen wie <, >, [,] oder & enthalten, müssen diese Daten entweder extern gelinkt werden, oder innerhalb von `<![CDATA[` und `]]>` enthalten sein. Wenn Sie also ein Skript wie dieses haben:

```
<script type="text/javascript">

 var a = [1,2,3,"boom"];
 for (var i=0; i < a.length; i++)
  document.write(a[i]+"<br />");

</script>
```

schreiben Sie entweder

```
<script type="text/javascript">
<![CDATA[
 var a = [1,2,3,"boom"];
 for (var i=0; i < a.length; i++)
  document.write(a[i]+"<br />");
]]>
</script>
```

was natürlich zu Problemen mit den meisten JavaScript-tauglichen Browsern führen kann. Sie können das Skript auch extern linken, was die bessere Lösung wäre:

```
<script src="boomtest.js" type="text/javascript">
</script>
```

Ein Basis-XHTML-Dokument, das den oben aufgeführten Regeln entspricht, hätte folgendes Aussehen:

```
<?xml version="1.0" ?>
<!DOCTYPE html
     PUBLIC "-//W3C//DTD XHTML 1.0 Transitional//EN"
     "DTD/xhtml1-transitional.dtd">
<html xmlns="http://www.w3.org/1999/xhtml" xml:lang="en" lang="en">
<head>
<title>Dokumenttitel hier</title>
</head>
<body>

Dokumentinhalt hier

</body>
</html>
```

XHTML-taugliche Dokumente zu erstellen, ist nicht zu schwierig: Betrachten Sie dieses HTML-Dokument, das umgeschrieben wurde, um den XHTML-Regeln zu entsprechen.

```
<?xml version="1.0" ?>
<!DOCTYPE html
     PUBLIC "-//W3C//DTD XHTML 1.0 Transitional//EN"
     "DTD/xhtml1-transitional.dtd">
<html xmlns="http://www.w3.org/1999/xhtml" xml:lang="en" lang="en">
```

```
<head>
<title>XHTML-Test, 1..2..3</title>
<script type="text/css">
   h1 {color: red;}
</script>
</head>

<body>
<h1>Willkommen bei XHTML</h1>
<hr />
<img src="test.gif" alt="must have alt text" />
<p>Das ist ein Test von <b><i>XHTML</i></b>. Das ist nur ein Test.
<a href="http://www.w3.org/Markup/">Besuchen Sie das W3C</a>
für weitere Information zu XHTML.</p>

<ul>
    <li>Denken Sie daran, die Befehle zu schließen.</li>
    <li>Egal, was passiert!</li>
</ul>

<hr />

<script type="text/javascript">
<![CDATA[
 var a = [1,2,3,"boom"];
 for (var i=0; i < a.length; i++)
  document.write(a[i]+"<br />");
]]>
</script>

</body>
</html>
```

Hinweis

Dieses Beispiel kann einen Fehler im Internet Explorer verursachen. Verwenden Sie daher ein verlinktes Skript. Es geht hier nur darum, die Veränderungen aufzuzeigen, die beim Konvertieren von HTML nach XHTML entstehen.

Die Verwendung eines XHTML-Validators, wie ihn das W3C anbietet (`http://validator.w3.org`), hilft Ihnen, die Richtigkeit Ihres XHTML-Dokuments zu überprüfen. Wenn alle Tests mit Erfolg durchgeführt wurden, können Sie ein Banner wie dieses auf Ihrer Seite einbinden:

Obwohl es nun so scheint, als wäre es eine gute Idee, XHTML-Befehle in allen Dokumenten einzufügen, kann das aufgrund ständiger Änderungen der Sprache zu Problemen mit der HTML-Formatierung oder beim Einbinden von JavaScript führen. Tatsächlich hängt die XHTML-Spezifikation stark von CSS ab, das nicht von allen Browsern ausreichend unterstützt wird, um HTML-Formatierungen zu ersetzen. Zweitens kann auch das Verknüpfen von externen JavaScripts in einigen Situationen zu Problemen führen, und selbst die Verwendung von CDATA wird nicht von vielen Browsern unterstützt. Schließlich werden ältere Browser XHTML überhaupt nicht mögen, so dass ein sehr großer Testaufwand auf Sie zukommen wird, wenn Sie auf XHTML umstellen sollten. Während diese Probleme schnell durch die wachsende Verbreitung und Unterstützung von XHTML gelöst sein sollten, können vorsichtige HTML-Autoren mit Hilfe der in diesem Buch präsentierten Formatierungen schon jetzt sehr nah an die XHTML-Tauglichkeit herankommen. Für diejenigen, die ihre Dokumente möglichst schnell nach XHTML transformieren wollen, können Werkzeuge wie HTML Tidy (`http://www.w3.org/People/Raggett/tidy/`) eine echte Hilfe sein.

Pragmatische Leser sollten beachten, dass es noch einige Eingriffe in XHTML geben wird, obwohl die Sprache bereits seit über einem Jahr »offiziell« ist. Das ist zwar unglücklich, zeigt aber, dass es mehr braucht, als nur eine Spezifikation zu definieren, damit die Leute eine Sprache verwenden. Es bleibt zu hoffen, dass die Leser verstehen, dass die Struktur von XHTML ein solides Fundament für die Zukunft bildet, und den Mehraufwand in Kauf nehmen, den es erfordert, aus brauchbaren HTML-Dateien voll XHTML-taugliche Dokumente zu machen. Obwohl XHTML noch nicht so weit fortgeschritten ist, wie es von vielen Experten vorausgesagt wurde, folgen bereits andere XML-basierte Sprachen wie die Wireless Markup Language nach.

Wireless Markup Language (WML)

Die *Wireless Markup Language* (WML), die vom WAP Forum (`http:// www.wapforum.org`) definiert wurde, wurde schnell zum Quasistandard für Websites für drahtlose Geräte, also vor allem Mobiltelefone. Es basiert weitgehend auf Phone.coms *Handheld Device Markup Language* (HDML) und schickt sich an, die allgemeine Darstellungssprache für die Präsentation von Daten auf tragbaren Geräten zu werden. Da Mobiltelefone nur eine begrenzte Speicherkapazität haben, nur eingeschränkt netzwerktauglich sind, eine sehr einfache Benutzerführung über Textmenüs und nur eine geringe – wenn überhaupt – Multimedia- und Programmunterstützung bieten, wurde diese Sprache erstellt, um klein und schnell zu sein. Tatsächlich sind WAP-Seiten wie ein Satz von Spielkarten aufgebaut, um möglichst schnell geladen zu werden. Eine Anfrage an den Server lädt den gesamten Satz, der die einzelnen Karten enthält. Am besten lässt sich das verdeutlichen, wenn man sich die Schablone eines WML-Dokuments anschaut, das aus vier Elementen besteht: `<wml>`, `<head>`, `<template>` und `<card>`, wie Sie hier sehen:

```
<?xml version="1.0"?>
<!DOCTYPE WML PUBLIC "-//WAPFORUM//DTD WML 1.1//EN"
http://www.wapforum.org/DTD/wml_1.1.xml>
<wml>
    <head>
     Kopfinformationen hier
    </head>
    <template>
     Template-Information hier
    </template>
    <card>
     Karteninhalt
    </card>
     weitere Karten
</wml>
```

Während das Dokument durch das <wml>-Element definiert wird, enthält das <head>-Element zusätzliche Informationen über das Dokument, analog zum <head>-Element in HTML. Der Bereich <template>, der optional ist, enthält Informationen, die mit verschiedenen Karten des Satzes verbunden sind. Schließlich werden die einzelnen Karten mit dem Befehl <card> definiert. Innerhalb dieses Bereichs befinden sich einzelne Elemente wie Absätze, Eingabefelder, Tabellen, Grafiken usw., die durch WML definiert werden. Eine sehr einfache WML-Schablone (template) sehen Sie hier:

```
<?xml version="1.0"?>
<!DOCTYPE wml PUBLIC "-//WAPFORUM//DTD WML 1.1//EN" "http://www.wapforum.org/DTD/
wml_1.1.xml">
<wml>
<card id="card1" title="Erster Datensatz">
<p>Hallo WML-Welt!</p>
</card>
</wml>
```

Mit einem Mobiltelefonsimulator, z.B. von Phone.com (http://developer.phone.com) oder Nokia (http://forum.nokia.com), ist es möglich, die Darstellung eines solchen Dokuments zu betrachten, wie es in Abbildung 17.7 gezeigt wird.

Die Sprache selbst ist recht einfach. Tabelle 17.1 zeigt alle Elemente, die unter der WML-1.1-Spezifikation definiert sind. Beachten Sie die Ähnlichkeit der Elemente zwischen WML und HTML, insbesondere bei der Textformatierung.

Element-Kategorie	Beispiel-WML-Elemente
Satz und Kartenstruktur	<wml> <card> <template> <head>
Header-Information	<access> <meta>
Text-Formatierung	<p> <b> <i> <u> <em> <strong> <small> <big> <table> <tr> <td>
Links und Anker	<a> <anchor>
Grafiken	<img>
Benutzereingaben	<input> <select> <option> <optgroup> <fieldset>
Variablenkontrolle	<setvar> <postfield>
Timer	<timer>

Tabelle 17.1: WML-Elemente

Element-Kategorie	Beispiel-WML-Elemente

Aufgaben	`<go>`
	`<prev>`
	`<refresh>`
	`<noop>`

Ereignisse	`<do>`
	`<ontimer>`
	`<onenterforward>`
	`<onenterbackward>`
	`<onpick>`
	`<onevent>`

Tabelle 17.1: WML-Elemente (Forts.)

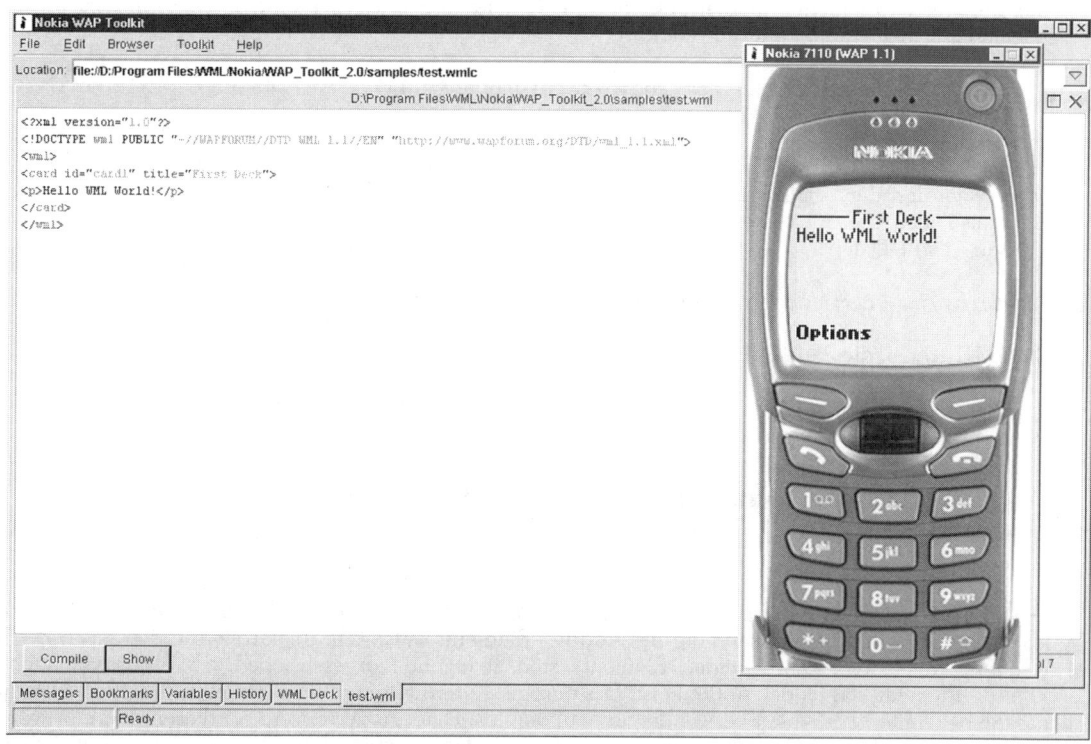

Abbildung 17.7: Hallo WML Welt im Nokia Simulator

Trotz all der Ähnlichkeiten zu HTML ist WML sehr domainspezifisch. Bedenken Sie, dass viele Elemente und Attribute erstellt wurden, um den Netzwerkverkehr zu reduzieren (z.B. durch Cachekontrolle mit Hilfe des `<meta>`-Elements und Kartensatzgrößenreduzierung durch das `<template>`-Element), um das Zustandsmanagement durch das Definieren von Variablen mit `<setvar>` zu verbessern und um den Dateninput mit Hilfe von Eingabemasken und entsprechenden Attributen zu verringern. Verglichen mit XHTML ist WML ein besseres Beispiel für die Verwendung einer selbst definierten Sprache, die einem bestimmten Zweck dient – hier der Anzeige in bestimmten Geräten. Die nächste XML-Anwendungssprache, SMIL, ist sogar noch domainspezifischer.

SMIL

SMIL, oder *Synchronized Multimedia Integration Language*, ist eine XML-basierte Markierungssprache, die verwendet werden kann, um verschiedene Medientypen in Online-Präsentationen zu kombinieren. SMIL wird, wie bereits in Teilen von Kapitel 9 angesprochen, hauptsächlich verwendet, um Präsentationen für RealNetworks RealPlayer zu erstellen. Obwohl es andere Java- und Windows-basierte Anwendungen gibt, die mit SMIL arbeiten können, bilden RealPlayer-Anwendungen den Schwerpunkt der Beispiele in diesem Abschnitt.

Als eine auf XML basierende Sprache folgt SMIL den gleichen Regeln, die auch für XHTML gelten. Alle Befehle müssen in Kleinbuchstaben geschrieben werden, alle Attribute müssen in Anführungszeichen stehen und »leere« Elemente müssen mit einem schließenden Schrägstrich enden, wie es in diesem SMIL-Pfad zu einer RealAudio-Datei zu sehen ist:

```
http://www.democompany.com/audio/robotdrone.smil
```

Verweise auf eine RealAudio- oder RealVideo-Datei (.rm) mit Hilfe einer .ram-Datei wurden bereits in Kapitel 9 erläutert (s. *RealAudio*). Bei der Verwendung von SMIL wird die SMIL-Datei zwischen der .ram-Datei und der .rm-Datei eingefügt. Zuerst verweist eine Webseite mit Hilfe des <a>-Elements auf die .ram-Datei. Die .ram-Datei sollte nichts weiter enthalten als einen vollständigen oder relativen Verweis zur .smil-Datei:

```
http://www.democompany.com/audio/robotdrone.smil
```

Die SMIL-Datei, die Sie hier in ihrer einfachsten Form sehen, verwendet eine Syntax, die der von HTML sehr ähnlich ist:

```
<smil>
<body>
<audio src="http://www.democompany.com/audio/robotdrone.rm" />
</body>
</smil>
```

Die SMIL-Datei, die mit der Erweiterung .smil oder .smi enden kann, wird durch das <smil>-Element als solche erkannt. Die Verwendung des <body>-Elements entspricht im Großen und Ganzen der Verwendung in HTML. Diese beiden Elemente sind zwingend vorgeschrieben. SMIL enthält auch ein <head>-Element, das jedoch optional ist. Das einzige weitere Element im Beispiel ist das audio-Element, das die bekannte src-Syntax verwendet, um auf die .rm-Datei zu verweisen. An diesem Punkt würde der RealPlayer geöffnet werden und beginnen, die Audiodatei abzuspielen. Natürlich ist dieser Zwischenschritt nicht sehr sinnvoll, wenn es nur darum geht, eine Audiodatei zu öffnen. SMILs Stärke liegt in ihrer Fähigkeit, verschiedene Dateien verschiedener Typen zu kombinieren. Betrachten Sie den folgenden Code, der drei verschiedene Audiodateien referenziert:

```
<smil>
<body>
<audio src="http://www.someotherfakesite.com/fanfare.rm" />
<audio src="http://www.democompany.com/audio/robotdrone.rm" />
<audio src="http://www.democompany.com/audio/robotdrone2.rm" />
</body>
</smil>
```

Wenn der RealPlayer auf diesen Code trifft, spielt er jede der drei Dateien in dieser Reihenfolge. Beachten Sie, dass sich die erste Datei, `fanfare.rm`, nicht auf dem Server der Demo-Company befindet. SMIL ist nicht auf Dateien beschränkt, die sich auf demselben Server befinden, ebenso wie HTML-Dateien nicht auf eine Site beschränkt sind. Aber das ist nur die Spitze des SMIL-Eisbergs. SMIL kann verwendet werden, um Video, Audio, Texte, Grafiken, Flash und andere Formate miteinander zu kombinieren und zu kontrollieren, in welchem Fenster sie dargestellt werden. Stellen Sie sich vor, Sie wollen eine Serie von Standbildern präsentieren, die mit Audioclips und Textbeschreibungen synchronisiert werden. Das folgende SMIL-Beispiel definiert Text- und Bildregionen, gruppiert verschiedene Mediendateien, definiert die Playbackzeiten und lässt die ganze Präsentation in einer Schleife abspielen. Abbildung 17.8 zeigt, wie ein Teil dieser Präsentation im RealPlayer aussehen würde.

```
<smil>
<head>
   <meta name="title" content="Singing Robots" />

<layout>
   <root-layout background-color="red" width="200" height="305" />

   <region id="imgregion" top="5" left="5" width="190" height="260"
    background-color="white" />

   <region id="textregion" top="270" left="5" width="190" height="30" />

</layout>
</head>

<body>

<seq repeat="indefinite">

<par>
  <audio src="http://www.democompany.com/audio/robotdrone.rm" end="7s" />
  <text src="drone01.rt" region="textregion" end="7s" />
  <img src="butler.gif" region="imgregion" end="7s" />
</par>

<par>
  <audio src="http://www.democompany.com/audio/robotoldy.rm" end="7s" />
  <text src="oldies.rt" region="textregion" end="7s" />
  <img src="trainer.gif" region="imgregion" end="7s" />
</par>

<par>
  <audio src="http://www.democompany.com/audio/robotrock.rm" end="7s" />
  <text src="rocking.rt" region="textregion" end="7s" />
  <img src="buddy.gif" region="imgregion" end="7s" />
```

```
      </par>
   </seq>

   </body>
</smil>
```

Abbildung 17.8: Der Ablauf einer RealAudio Präsentation mit SMIL

Dieses Beispiel verwendet das `<head>`-Element, das, obwohl optional, andere Elemente enthalten kann, mit denen die gesamte Präsentation beeinflusst werden kann. Es gibt kein `<title>`-Element in SMIL, doch es gibt einige Einsatzmöglichkeiten für `<meta>`-Befehle. Im Beispiel ist es der Wert `name`, der auf `title` gesetzt wurde und dessen `content` sich selbst erklärt.

Das nächste Element im Dokumentkopf ist `<layout>`, mit dem die optischen Aspekte der Präsentation definiert werden. Hiermit kann die Fenstergröße des RealPlayers beim Laden beeinflusst werden. Das Element `root-layout` definiert die Region, in der die Darstellung stattfindet. In diesem Beispiel werden Attribute verwendet, mit denen die Höhe, die Breite und die Hintergrundfarbe definiert werden.

Das `region`-Attribut wird zweimal im Kopf verwendet. Das `id`-Attribut bestimmt einen Namen für die Region, und `background color`, `height` und `width` werden so eingesetzt, wie wir es bereits von HTML her kennen. Mit `top` und `left` wird der Abstand der Region vom oberen und linken Rand der ursprünglichen Darstellungsregion bestimmt.

Im Dokumentkörper ist das erste Element `<seq>`, das die Reihenfolge bestimmt. Es können mehrere Reihenfolgen in einem Dokument angegeben werden, doch in diesem Fall gibt es nur eine. Das Attribut `repeat` hat den Wert `indefinite`, was dafür sorgt, dass das Dokument so lange wiederholt wird, bis ein anderes Dokument geladen wird. Es kann auch ein Zahlenwert definiert werden, der die Anzahl der Wiederholungen für die Reihenfolge bestimmt.

Das `<seq>`-Element enthält drei Instanzen des `<par>`-Elements. Das erste `<par>` enthält drei Clips, die gleichzeitig abgespielt werden. Der erste Clip definiert einen Audio-Clip:

```
<audio src="http://www.democompany.com/audio/robotdrone.rm" end="7s" />
```

Das Attribut `end` bestimmt die Spieldauer des Clips, hier sieben Sekunden. Es ist hier einen Hinweis wert, dass der `<audio>`-Befehl nicht verhindert, dass sich der RealPlayer noch einmal von der Richtigkeit des

Datentyps überzeugt, für den Fall, dass fälschlicherweise ein anderes Format oder eine Videodatei referenziert wurde.

Der nächste Verweis zeigt auf eine Textdatei, die auch für sieben Sekunden angezeigt wird. Die Darstellung erfolgt innerhalb des mit `<layout>` im Dokumentkopf markierten Gebiets, dem durch das `region`-Attribut ein Name zugewiesen wurde:

```
<text src="drone01.rt" region="textregion" end="7s" />
```

Der letzte Clip funktioniert analog zum zweiten, mit dem Unterschied, dass hier auf eine Grafik verwiesen wird:

```
<img src="butler.gif" region="imgregion" end="7s" />
```

Die zwei verbleibenden `<par>`-Gruppen werden auf die gleiche Art verwendet. Jeder der Audioclips wird nach dem Laden für sieben Sekunden gespielt. Gleichzeitig werden eine zugehörige Grafik und ein Text angezeigt. Am Ende jedes `<par>`-Elements wird der folgende abgespielt usw. Aufgrund der Einstellungen des `<seq>`-Elements wird diese Präsentation ständig wiederholt.

Ein letzter Hinweis: Die Textregionen verweisen auf RealText-Dateien (`.rt`), die in einer einfachen Markierungssprache erstellt wurden, die ein paar einfache Formatierungen zulässt. Weitere Informationen zu dieser Sprache und über SMIL finden Sie auf der RealNetworks-Site. Diese kurze Übersicht über SMIL kann nur die Möglichkeiten andeuten, die Ihnen diese Sprache bietet und mit deren Hilfe Sie eine Vielzahl von Dateiformaten miteinander verknüpfen können und die unglaublich viele Möglichkeiten für die Präsentation mit Multimediadaten bereitstellt. Neben den Informationen, die auf der RealNetworks-Site geboten werden, lohnt sich auch ein Blick auf die Tutorials bei `http://justsmil.com`.

Wir hoffen, dass der letzte Abschnitt Ihnen einen Vorgeschmack auf die große Spanne von XML-basierten Anwendungssprachen geben konnte. Sie können fast alles, von domainspezifischen Sprachen wie MathML bis hin zu generischen Sprachen wie XHTML, definieren. Die Möglichkeiten sind sprichwörtlich unendlich, aber wie wird XML tatsächlich eingesetzt werden?

Die Zukunft von XML

Es ist schwer, die Zukunft von XML oder ihren Einfluss auf HTML vorauszusagen. Eines ist jedoch sicher: HTML in ihrer jetzigen Form wird in der näheren Zukunft nicht verschwinden. Es arbeiten einfach zu viele Leute mit dieser Sprache, als dass sie über Nacht verschwinden könnte. Auch die Definition von HTML als eine XML-Sprache wird sich nicht so schnell durchsetzen können. Leider halten sich die Leute nicht an die Regeln, die für HTML gelten. Es ist unwahrscheinlich, dass alle Dokumente umgeschrieben werden müssen, damit sie auch weiterhin richtig dargestellt werden. Es ist wahrscheinlicher, dass die Browser einen Kompatibilitätsmodus beinhalten werden, um auch alte Seiten darstellen zu können, was jedoch den Effekt von XHTML etwas »verwässern« wird, wenn nicht genug Leute auf XHTML umstellen.

Bisher ist die Verbreitung von XML nicht so schnell eingetreten, wie ihn die Experten vorhergesagt haben. Es scheint jedoch, als würde der Aufschwung nun beginnen, was durch die Entwicklung neuer Sprachen wie WML, SMIL, SVG usw. untermauert wird. Bei den Datenaustauschsprachen spielt XML eine wichtige Rolle. Die Technologie ist einfach zu beschreiben und ist in der Lage, Daten zu erstellen, die zwischen Programmen oder Personen getauscht werden können, ohne dabei ihre Bedeutung zu verlieren. Durch ihre Struktur ermöglicht XML eine webbasierte Automation und vereinfacht die Arbeit für Suchmaschinen und E-Commerce-Anwendungen. Bevor Sie zu euphorisch werden, sollten Sie sich jedoch im Klaren darüber sein, dass es für den Traum eines XML-tauglichen Webs erforderlich ist, dass sich viele verschiedene Gruppen zusammensetzen müssen, um sich z.B. auf ein Datenformat zu einigen. Nur weil XML dazu verwendet werden *kann*, eine spezielle Sprache zu definieren, die den automatisierten Datenaustausch ermöglicht, bedeutet das nicht, dass die Leute diese Sprache annehmen werden. Erinnern Sie sich daran, dass XML auf

SGML basiert und dass SGML damals ähnliche Vorteile versprochen hat. Es ist aufgrund des Konkurrenz-kampfes in der Wirtschaft nicht immer möglich, alle Gruppen davon zu überzeugen, dass sie sich auf ein gemeinsames Format einigen sollen. Jeder kann seine eigene XML-basierte Sprache entwickeln. McDo-nalds könnte eine Sprache FFML (Fast Food Markup Language) entwickeln, aber würde Burger King diese als Standard akzeptieren? Wenn Leute anfangen, Sprachen zu definieren, die speziell auf ihre Bedürfnisse zugeschnitten sind, könnte das Chaos im Web zu einem Markierungssprachen-Turm zu Babel führen.

Unterschätzen Sie nicht die Einfachheit von HTML. Die Sprache mag z.T. schlecht definiert und falsch eingesetzt sein, aber sie ist allgemein bekannt und wird verstanden. In gewisser Hinsicht ist HTML das Englisch des Webs. Leider wird XML in dieser Analogie zum Esperanto des Webs, zu einer vermeintlich wohldefinierten, perfekten Sprache. Bedenken Sie jedoch die Bemühungen, derer es bedarf, um von einem HTML-Ansatz zu einem XML-Ansatz zu gelangen, und Sie werden sehen, dass es noch eine Weile dauern wird, bis XML den Verbreitungsgrad erreicht, den HTML heute hat.

Zusammenfassung

Diese Diskussion der XML-Kernsyntax und ihrer Erweiterungen kratzt nur an der Oberfläche dieser neuen Technologie. Die beste Möglichkeit auf dem Laufenden zu bleiben, ist das regelmäßige Verfolgen der Aktivitäten des W3C unter http://www.w3.org/XML/. Die Implikationen von XML sind enorm. Gerade als Metadaten-Definitionssprache gibt es hervorragende Verwendungsmöglichkeiten, um das Web zu erweitern. Zahlreiche Sprachen wie WML und SMIL zeigen, wie XML eingesetzt werden kann. Andere Sprachen sind möglich, einschließlich Markierungen, mit deren Hilfe Suchmaschinen die Seiten besser indexieren können. Es könnte jedoch die Forderung laut werden, XML direkt in HTML-Seiten zu integrieren, um die Funktionalität der Seite zu erweitern oder sie zu ersetzen.

Zum jetzigen Zeitpunkt verfügt XML noch nicht über die wohldefinierten und -implementierten Verweis-möglichkeiten und Stildefinitionen.

Wie viele andere neue Technologien, wird auch XML durch eine »Hype-Phase« gehen, in der behauptet werden wird, dass diese Sprache gut für alles ist. Mittelfristig wird XML jedoch HTML erweitern und eher die Schwächen von HTML ausmerzen, als sie ersetzen.

18

Zukunftsaussichten

Wohin der Weg von HTML führt, ist nicht einfach vorherzusagen. Das Web wird von rapider Kommerzialisierung und der Einführung zahlreicher neuer Technologien durchgeschüttelt. Trotzdem ist die Evolution der Web-Technologie noch weit davon entfernt, abgeschlossen zu sein. Noch vor wenigen Jahren waren die heute üblichen Multimediatypen und programmierten Sites unvorstellbar. Die aktuellen Trends für Struktur, Präsentation, Programmierung und Übertragung geben einen Hinweis darauf, was mit HTML und dem Web in der nahen Zukunft geschehen kann.

Entwirren der Menge

Eines der großen Probleme mit Webseiten, wie sie das ganze Buch hindurch erörtert wurden, ist, dass Strukturierung, Präsentation, logische Aufgaben (meist in Form von Skriptcode) meistens in ein großes Durcheinander vermengt werden. In vielen Seiten wird HTML zur Formatierung verwendet und CSS direkt mit Hilfe von `style`-Attributen zu einem Befehl hinzugefügt. Skripte werden überall über das Dokument verteilt und durch Eventhandler wie `onclick` oder `onmouseover` in HTML-Befehle eingebunden. Schauen Sie sich folgenden Quellcode an, der im Internet Explorer funktioniert:

```
<!DOCTYPE HTML PUBLIC "-//W3C//DTD HTML 4.01 Transitional//EN">
<html>
<head>
<title>Vermengt</title>
</head>
<body bgcolor="black" text="white">
<p align="center" style="font-size: 18pt; line-height: 200%"
onMouseover="this.style.backgroundColor='orange'"
onmouseout="this.style.backgroundColor='black'">Ich bin total vermengt!</p>
</body>
</html>
```

In diesem Beispiel sehen Sie eine Kombination aus HTML, Style Sheets und einer Skriptsprache in einer Art, die es sehr schwer macht, ein Objekt zu überarbeiten, ohne auch auf die anderen Objekte achten zu müssen. Es ist besser, die einzelnen Objekte deutlich voneinander zu trennen, wie im folgenden Beispiel:

```
<!DOCTYPE HTML PUBLIC "-//W3C//DTD HTML 4.01 Transitional//EN">
<html>
<head>
<title>Nicht so sehr vermengt</title>
<link rel="stylesheet" href="externesstylesheet.css">
</head>
<body>
<p id="para1">Ich bin nicht mehr vermengt!</p>
<script src="verknuepftesscript.js"></script>
</body>
</html>
```

In diesem Beispiel wird das Aussehen der Seite von einer externen Style-Sheet-Datei (`externalstyle-sheet.css`) bestimmt,

```
BODY    {background-color: black;
            color: white;}


#para1      {text-align: center;
            font-size: 18pt;
            line-height: 200%;}
```

während das verknüpfte Skript (`verknuepftesskript.js`) den Absatz farbig hervorhebt, wenn der Mauszeiger darüber rollt.

```
function goOrange()
{
  para1.style.backgroundColor='orange';
}


function goBlack()
{
  para1.style.backgroundColor='black';
}


para1.onmouseover = goOrange;
para1.onmouseout = goBlack;
```

Der Vorteil dieses Ansatzes ist, dass alle Komponenten voneinander getrennt sind, so dass sie leicht gewartet und zwischen verschiedenen Seiten ausgetauscht werden können. Dadurch wird auch die Wartung komplexer Seiten sehr viel einfacher. Bei größeren Seiten müssen die einzelnen Komponenten eventuell erst zusammengeführt werden, da sie an verschiedenen Orten und nach unterschiedlichen Kriterien gespeichert worden sein können. Die einzelnen Elemente können sich ständig ändern, so dass es wichtig ist, sie sorgfältig zu verwalten. Unter Umständen kann hierbei eine Datenbank sehr hilfreich sein. Abbildung 18.1 verdeutlicht die Zusammenhänge, die zwischen den Bestandteilen einer typischen Webseite bestehen.

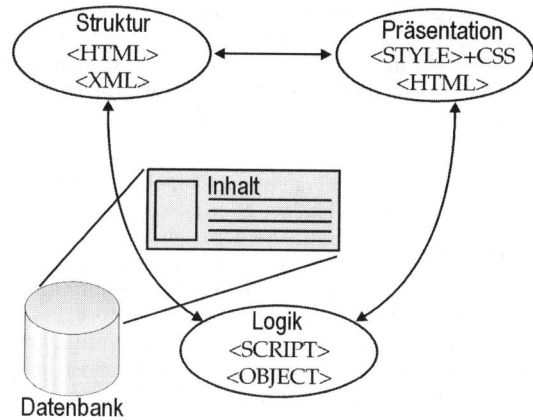

Abbildung 18.1: Trennung von Inhalt, Struktur, Präsentationsstilen und Logik

Der Vorteil der Trennung von Inhalten und der Form der Darstellung sollte nicht unterschätzt werden. Vorstellbar wäre z.B. das Speichern der Inhalte in einem zentralen Datenrepositorium, wodurch ermöglicht wird, dass die Seiten dynamisch abhängig von der Anforderung des Users für verschiedene Ausgabeumgebungen erstellt werden. Das kann mit einer Datenbank und einer guten Trennung von Inhalt, Struktur, Präsentationsstilen und Logik, wie in Abbildung 18.2 verdeutlicht, realisiert werden.

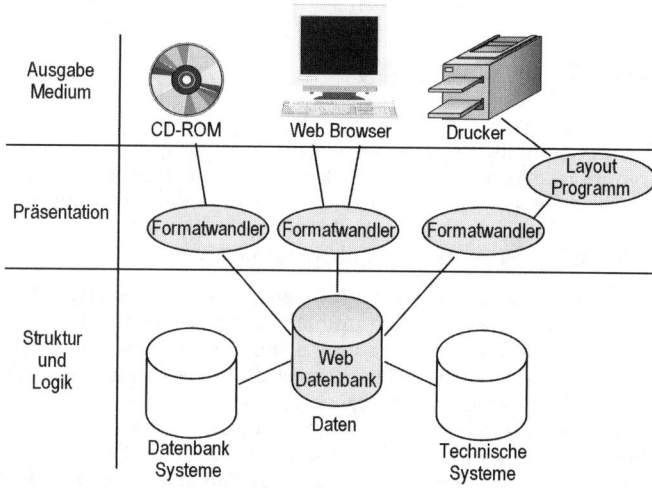

Abbildung 18.2: Die Trennung von Inhalt, Struktur, Präsentationsstilen und Logik ermöglicht das Erstellen dynamischer Seiten für verschiedene Medien

Verbessern der Präsentation

Es ist ein Hauptziel von Webdesignern, dass eine Seite das gewünschte Aussehen hat. Mit der Einführung von Cascading Style Sheets (CSS) bekamen sie das Werkzeug, das sie immer haben wollten. Obwohl die Hersteller von Browsern es versprochen haben, unterstützen noch nicht alle Browser den CSS1-Standard korrekt. Selbst wenn CSS-Eigenschaften unterstützt werden, ist es für viele Entwickler immer noch entmutigend, dass die Darstellung häufig fehlerhaft ist oder bei verschiedenen Browsern zu unterschiedlichen Ergebnissen führt. Trotz der mangelnden Unterstützung wurde CSS2 eingeführt und die CSS3-Entwicklung vorangetrieben. Ungeachtet der Frustration und der ständigen Verspätungen wird sich CSS durchsetzen. Ob Missbrauch oder nicht – HTML reicht als Präsentationswerkzeug nicht aus, um das Web weiterzubringen.

Aufgrund des langsamen Vorankommens von CSS haben sich viele entschieden, sich nach anderen Möglichkeiten umzusehen. Einige Entwickler sehen in Macromedias Flash-Technologie die Lösung für Webpräsentationen. So verlockend Flash mit seinen geringen Dateigrößen, seiner Skalierbarkeit und der ständig wachsenden Browserunterstützung ist, ist es der falsche Weg für das Web. Flash ist weniger flexibel als Textformate, die Dateien sind größer und die Verbreitung ist deutlich geringer als bei HTML und XHTML. Auch die Produktionskosten sind bei Flash deutlich höher, und auch das Vornehmen von Modifikationen kann sehr viel komplizierter sein als bei HTML-Dokumenten. Trotzdem werden Flash und andere Multimediatechnologien in immer mehr Webseiten eingesetzt werden. HTML und CSS werden Hilfsmittel sein, um diese Technologien in eine Webseite einzubinden. Welche Technologien sich auf Dauer durchsetzen werden, lässt sich nicht vorhersagen, aber es ist unwahrscheinlich, dass es mehr als zwei oder drei Formate in jeder Kategorie geben wird.

Ein anderes Problemthema ist die Frage, wie mit der Präsentation auf bestimmten Geräten verfahren werden soll. Die Bedürfnisse von PDAs, Mobiltelefonen und anderen nicht computergestützten Zugangsmöglichkeiten zum Internet erfordern andere Ansätze. PDA-basierte Browser unterstützen bereits eingeschränkte HTML-Versionen, während für Mobiltelefone HTML-ähnliche Sprachen wie HDML und WML entwickelt wurden, die den besonderen Anforderungen dieser Geräte gerecht werden sollen. Designer, die verschiedene Ausgabegeräte unterstützen wollen, sind gezwungen, sich streng an die Trennung von Struktur und Stil zu halten. Ansonsten werden sie einige Betrachter ausschließen, oder sie müssen verschiedene Versionen von inhaltsgleichen Dokumenten erstellen.

Programmieren von Sites

Das Web ist kein Druckerzeugnis. Es findet bereits ein Übergang von einer druck- und seitenorientierten hin zu einer programmorientierten Sichtweise des Webs statt. Denken Sie an komplexe E-Commerce-Sites, die es Ihnen ermöglichen, Geschenke online zu bestellen. Vereinfacht ausgedrückt, sind solche Webseiten Software und sollten auch als solche betrachtet werden. Mit steigender Komplexität von Webseiten müssen andere Entwicklungsmethoden übernommen werden.

Nach dem jetzigen Stand der Dinge wird die Optik einer Site überbewertet. Im Gegensatz dazu wird die Arbeit an Datenbanken und die übrige Programmierung zu sehr in den Hintergrund gedrängt. Tests werden vernachlässigt. Sites werden oft ohne Planung erstellt, um möglichst schnell online zu sein. Das muss sich ändern. Um komplexe Systeme zu erstellen, muss die Arbeitsweise der Software-Entwicklung auf das Erstellen von Webseiten übertragen werden. Diese Arbeitsprinzipien, die man auch als *Web Site Engineering* bezeichnen könnte, mindern die Probleme zwar etwas, aber es gibt trotzdem eine Menge zu tun, um das beste Schema für die Entwicklung von Webseiten zu entwickeln. Es ist nicht damit getan, mit Hilfe von WYSIWYG oder anderen Werkzeugen schnell ein paar Seiten zu erstellen. Es bedarf ebenso sehr einer gewissen Methodik.

Neben mangelnden Tests und fehlender Strenge kommt oft der Einsatz von falschen Werkzeugen hinzu. Viele Entwickler sind geradezu religiös bei der Auswahl von Technologien. Die Entscheidungen müssen von Fall zu Fall getroffen werden. Es gibt nicht »die perfekte Lösung«. Zu den serverseitigen Technologien zählen CGI-Programme, serverspezifische APIs wie NSAPI aus ISAPI, JavaServlets und Massen anderer serverseitiger Lösungen wie ColdFusion, PHP und viele andere. Auf der Clientseite können Sie PlugIns, Java Applets, ActiveX Controls und eine Vielzahl von Skriptsprachen einsetzen. All diese Technologien überschneiden sich mit HTML und sind z.T. sogar in der Lage, es zu manipulieren. Die symbiotische Beziehung zwischen HTML und den diversen Programmiermöglichkeiten gewinnt durch JavaScript und das so genannte Dynamic HTML in Verbindung mit dem Document Object Model (DOM) immer mehr an Bedeutung.

Die Auswahl der richtigen Technologie kann eine Herausforderung sein. Eine zu starke Belastung des Servers kann die Site zu langsam machen. Aber auch eine zu starke Einbindung der Clientseite bringt Probleme mit sich, da sich nicht immer abschätzen lässt, ob der Client bestimmte Technologien überhaupt unterstützt. Es gibt eine Verteilung der Aufgaben auf die Server- und die Clientseite.

Die größten Probleme beim Erstellen von Programmen, die in Webseiten eingebunden werden sollen, sind Standardisierung, Skalierbarkeit und Methodik. Web-Programmiertechnologien wie Java und JavaScript sind nicht standardisiert. Auch die Auffassungen über die Verarbeitung von Java sind von Browser zu Browser unterschiedlich. Netscapes JavaScript und Microsofts JScript weisen große Unterschiede bezüglich des ECMA-Script-Standards auf. Diese Probleme müssen vom Entwickler bedacht werden, wenn es keine Chance für eine echte plattformübergreifende Programmierungsumgebung gibt. Ansonsten müssen plattformspezifische Technologien wie PlugIns oder ActiveX in Verbindung mit serverseitigen Technologien eingesetzt werden.

Während immer mehr Anwender ins Internet strömen, sehen sich einige programmierte Sites dem Problem der Leistungsfähigkeit ausgeliefert. Stellen Sie sich das Online-Reservierungssystem einer Luftfahrtgesellschaft vor. Wie wird es reagieren, wenn Zigtausende von Passagieren es gleichzeitig nutzen wollen, um billig Flüge zu buchen? Zahlreiche Sites, von E-Commerce-Sites bis zu Auktionen und Onlinebrokern, sind über die Jahre zusammengebrochen. Der Bedarf nach großen stabilen Systemen wird nur dann anhalten, wenn sich der E-Commerce weiter entwickelt.

Viele Sites lassen sich jedoch einfach nicht anpassen. Die Anwendungen sind nicht auf mehrere Server verteilt und es ist schwierig, verteilte Systeme zu erstellen. Viele Experten diskutieren gerne über die Programmierung von Objekten, wie sie sich über das Internet ausbreiten und wie Netzwerke von verschiedenen Servern unterstützt werden, um Engpässe zu überbrücken. Diese Objekte sollen Ihnen helfen, wenn Sie an die vielen Anwendungsserver denken, die die Objekte an die Kunden der Luftfahrtgesellschaft weiterleiten. Es stellt sich allerdings die Frage, wie gut diese Objekte miteinander interagieren. Selbst auf einem Einzelplatzrechner funktioniert die Kommunikation von Objekten untereinander nicht immer reibungslos. So etwas über ein Netzwerk zu probieren, kann die Sache eigentlich nur verschlechtern. Die Schlacht der Objekte hat bereits begonnen und eine Allianz zwischen der Common Object Request Broker Architecture (CORBA) und Java gegen Microsofts Distributed Component Object Model (DCOM) entstehen lassen. Welche dieser Objekt-Technologien das Internet dominieren wird, ist noch unklar. Die eine könnte beliebter in Intranets sein, während die andere mehr Popularität außerhalb von Firmennetzen genießt. Die richtige Antwort könnte keins von beiden sein, da XML-basierte Formate eine Möglichkeit bieten, Anwendungen über das Internet miteinander interagieren zu lassen.

Webweite Probleme lösen

Täglich gibt es viele webweite Probleme mit HTML. Sites sind schwer zu finden, schwierig zu nutzen und werden oft viel zu langsam übertragen. Neue Technologien und Standards sowie besser ausgebildete Entwickler kümmern sich um diese Probleme.

Die Herausforderung der Suche

Ein großes Problem ist das Suchen im Web. Es ist sehr schwer, Informationen mit Hilfe einer Suchmaschine im Internet zu finden. Der Grund für dieses Problem ist klar, wenn man sich überlegt, wie Suchmaschinen funktionieren. Eine Suchmaschine betrachtet eine Webseite und katalogisiert die Wörter, die sie sieht. Sie kombiniert anhand eines Verfahrens, das zählt, wie häufig ein Wort vorkommt, wovon die Seite handelt. Auch die Schlüsselworte des `<meta>`-Elements und der Titel fließen mit in diese Bewertung ein. Jeder, der schon einmal etwas im Web gesucht hat, weiß, wie unpräzise das ist. Eine Webseite, die das Wort »Intel« enthält, muss nichts mit der Firma Intel zu tun haben. Wenn Sie dieses Wort in eine Suchmaschine eingeben, können Hunderte von Tausenden von Rückmeldungen erscheinen. Man sollte meinen, dass eine Site wie `www.intel.com` an erster Stelle stehen sollte, aber das muss nicht sein. Die

Robots und Spider, die das Web indexieren, haben keine Ahnung, was sie da machen. Sie können nicht bewerten, wie es ein Mensch könnte. Müssen Suchmaschinen nicht über künstliche Intelligenz verfügen, wenn sie die Informationen verstehen wollen, nach der sie suchen? Ja, wenn die Daten unstrukturiert sind. Wenn man die Daten strukturieren könnte, wäre das Indexieren der Daten viel einfacher. HTML-Elemente wie `<meta>` und neue Metadatenformate in XML könnten diese Ordnung einführen. Das könnte jedoch schwieriger sein, als es klingt. Es bedarf einer allgemeinen Zustimmung der Struktur der komplexeren Metadaten, der zugelassenen Wörter in diesen Daten und der Organisationen, die die Richtigkeit der Metadaten bestätigt, was sehr schwer werden wird. Bis diese Strukturen etabliert sind, wird es schwer bleiben, etwas im Web zu suchen.

Verbesserung von Zugriff und Nutzbarkeit

Ein weiteres webweites Problem ist die Erreichbarkeit. Diese Probleme treten in verschiedener Form auf: ein auswärtiger Anwender, der auf eine rein deutsche Seite zugreifen will, ein sehbehinderter User, der auf eine Seite gerät, die zu viele Grafiken enthält, oder ein technisch schlecht ausgestatteter Besucher auf der neuesten und modernsten Site. Das Fazit ist, dass das Web und HTML keine Betrachter ausschließen sollte. Es mag Fälle geben, in denen die Designer einer Site den Zugriff aus verschiedenen Gründen begrenzen wollen. Die Technologie sollte jedoch nicht das Kriterium für solches Vorgehen sein.

Das erste Beispiel für Zugriffsprobleme ist die Internationalisierung. Das Web sollte das World Wide Web sein, aber es scheint, als würde eine auf die USA ausgerichtete Sichtweise die Landschaft beherrschen. Das Web muss dahingehend verbessert werden, dass auch andere Sprachen, ihre Sonderzeichen und ihre Schreibrichtung besser unterstützt werden. HTML 4 hat sich zwar in diese Richtung bewegt, aber es liegt noch ein weiter Weg vor uns. Englisch wird wahrscheinlich die dominante Sprache bleiben, aber Dokumente in Französisch, Spanisch, Deutsch, Japanisch und Russisch sind bereits alltäglich. Zweifelsohne werden immer mehr Sprachen online genutzt. Es werden Einrichtungen benötigt, die denen Unterstützung bieten, die mit einer Sprache nicht so sehr zurechtkommen.

Es gibt auch viel darüber zu berichten, wie unfreundlich das Web zu denen ist, die mit Handicaps leben müssen. Viele Webseiten schließen solche User komplett aus, die sehbehindert sind, da sie keinen sinnvollen `alt`-Text verwenden und sich bei der Darstellung zu sehr auf Grafiken stützen. (Das `alt`-Attribut bietet den Anwendern einen alternativen Text, deren Browser keine Grafiken darstellen können oder die die Darstellung von Grafiken deaktiviert haben.) Obwohl das Web ein sehr optisches Medium bleiben wird, setzt das W3C alles daran, dass nicht viele User außen vor bleiben müssen, indem HTML dahingehend erweitert wurde, dass auch über Tastatur, Stimme und Braille auf Webdokumente zugegriffen werden kann.

Schließlich gibt es noch Anwender, die aufgrund begrenzter Bandbreite oder Technologien nicht die gesamte Site nutzen können. HTML ist nicht sehr großzügig, wenn ältere oder nicht gängige Browser auf Seiten zugreifen. Es muss an Technologien und Standards gearbeitet werden, um das Web auch für diejenigen nutzbar zu halten, die nicht immer den neuesten Browser verwenden.

Selbst wenn ein Anwender immer die neuesten Technologien einsetzt, kann eine Site immer noch schwer zu nutzen sein. Viele Entwickler denken bei ihrer Arbeit nicht an die User. Viele Downloads, umständliche Navigation, Beschränkung durch Technologie und viele weitere Probleme scheinen eine Plage selbst auf sehr populären Sites zu sein. Aber die Aufmerksamkeit konzentriert sich wieder auf das wichtigste Element einer Website – den User.

Beschleunigen der Übertragung

Neben all den Problemen der Benutzerfreundlichkeit und des Zugangs bereitet die Web-Performance das größte Kopfzerbrechen. Das Internet wächst in einer solchen Geschwindigkeit, dass der Datenverkehr tagtäglich chaotische Ausmaße annimmt. Web-Protokolle wie HTTP 1.1, Grafikformate mit besseren Kompressionsraten wie das Portable Network Grafics Format (PNG) und neue Verbindungstechnologien wie DSL und Kabelmodems werden helfen, auch in Zukunft die Übertragungsgeschwindigkeit zu sichern. Aber auch die Datenmengen, die von den Usern angefordert werden, steigen schnell. Bandbreitenhungrige Datentypen wie Videos arbeiten im Internet nicht zuverlässig. Die Übertragung von qualitativ hochwertigen Videos ist im heutigen Web nicht möglich. Selbst die Übertragung von Fotografien erscheint dem Betrachter bisweilen unerträglich langsam.

Viele Ansätze, durch die das Web beschleunigt werden sollen, wurden vorgestellt. Dazu gehören Cachespeicher, alternative Übertragungsprotokolle und Kompressionsverfahren. Trotzdem bricht die Übertragung häufig zusammen. Möglicherweise sind einzelne Webserver, die für die Auslieferung der Daten zuständig sind, der Flaschenhals. Inhalte müssen von Cachespeichern und auf gespiegelten Servern bereitgestellt werden. Eine Technik ist die Verwendung von intelligenten Hardware-Systemen, die den Vertrieb von Seiten zwischen verschiedenen Webservern ausbalancieren, wobei Anfragen an den jeweils nächsten Server mit der geringsten Auslastung weitergeleitet wird. Bedenken Sie, dass das Netzwerk das Medium des Internets ist. Seine Wirkung ist maßgeblich. Wie sehr die Leute auf das Web zugreifen, bestimmt die Richtung, die das Webdesign einschlägt.

Der Aufstieg von XML

Gerade als es vor einigen Jahren so aussah, als könnte Java der Retter des Webs sein, sagten viele voraus, dass XML viele der aktuellen Probleme lösen würde. Einige Visionäre glauben, dass XML das eigentliche Format zum Speichern von Dokumenten ist und sogar den Bedarf nach Datenbanken etwas verringern könnte. Einige sind sogar der Ansicht, dass XML HTML als dominantes Format im Web ablösen könnte. Wieder andere Experten können sich auch vorstellen, dass in der Zukunft jeder seine eigene Markierungssprache entwickeln könnte. Die meisten dieser Ideen sind allerdings höchst spekulativ.

Greifen wir zuerst die Idee der Datenspeicherung in XML-Dateien auf. Wenn ein Anwender auf einer Seite nach einem bestimmten Objekt sucht – wie schnell kann er es dann finden? Wenn die Site 1000 Seiten in einer unbestimmten Reihenfolge enthält, findet er das Objekt im günstigsten Fall auf der ersten Seite – im schlechtesten Fall muss er jede einzelne Seite durchsuchen. Im Durchschnitt wird er die Hälfte aller Seiten durchgehen müssen, um das zu finden, wonach er sucht. Um diesen Prozess zu beschleunigen, können Sie versuchen, die Seiten zu sortieren oder eine Art von Index anzulegen. Das ist jedoch genau das, was eine Datenbank macht. Datenbanken bieten Ihnen die Möglichkeit, Daten schnell zu durchsuchen, Daten zu warten, Datensicherheit zu gewährleisten usw. Ein einfaches Dateisystem, das XML-Dokumente enthält, kann das nicht bieten. Natürlich kann man auch diese Funktionalitäten integrieren, aber dann würde man lediglich eine Datenbank imitieren. In Wirklichkeit werden Datenbanken eher XML ersetzen als umgekehrt.

Eine Einschränkung bei Datenbanken ist, dass ihr Inhalt nicht einfach von verschiedenen Quellen gleichzeitig genutzt werden kann. Wenn Sie Ihre Rechnungen in einer Datenbank speichern, wäre es hilfreich, wenn Sie diese direkt zum jeweiligen Kunden übermitteln könnten, wo sie direkt in dessen Rechnungsdatenbank eingehen würde. Natürlich kann der Datenaustausch zwischen zwei unterschiedlichen Systemen schwierig sein. Die Felder auf Ihrer Rechnung könnten in Name und Format nicht direkt zu Feldern im Bezahlungssystem passen. Um den Austausch von Daten zwischen verschiedenen Systemen zu ermöglichen, sollte ein neutrales Datenformat definiert werden. XML liefert hierzu die Werkzeuge.

Abgesehen vom Datenaustausch könnte XML in seiner Grundform aus vielen anderen Gründen zu langsam sein. Erstens wird die Darstellung von XML nicht von vielen Browsern unterstützt. Einige XML-basierte Sprachen wie WML, SMIL und SVG werden zurzeit von einigen Systemen akzeptiert. Aufgrund der explosionsartigen Entwicklung könnten XML-basierte Sprachen das moderne Gegenstück zum Turm zu Babel werden, der das Web in zahlreiche Sprachräume teilt, die nur von wenigen Anwendungen verstanden werden. In begrenztem Maße ist das schon heute der Fall.

Wenn XMLs Versprechen, dass jeder seine eigene Sprache erstellen kann, wahr wird, ist das Potenzial für die Ausbreitung proprietärer Sprachen gewaltig. Werden diese Sprachen häufig genutzt werden? Das ist schwer zu sagen, aber wahrscheinlich nicht. Es könnte einige kommerzielle Organisationen geben, die sich nicht auf eine Sprache verlassen wollen, die sie nicht entwickelt haben. Stellen Sie sich eine Firma in der Öl-Industrie vor, die eine Sprache namens SGOML (Standard Gas and Oil Markup Language) entwickelt. Würde ein anderes Unternehmen diese Sprache übernehmen? Vielleicht. Aber wahrscheinlich eher nicht, da man fürchten könnte, dass eine Sprache, die man nicht selbst entwickelt hat, zu wettbewerbstechnischen Nachteilen führen könnte. Unternehmen werden eher auf eine von neutraler Stelle definierte Sprache warten. Das Gezerre zwischen den betroffenen Parteien beim Definieren von XML und das Zögern, die Sprache einer fremden Organisation einzusetzen, sollte nicht unterschätzt werden. In der SGML-Gemeinde hat der menschliche Aspekt bereits die Entwicklung vieler Sprachen deutlich behindert. XML wird sich wahrscheinlich nur langsam durchsetzen können, wobei der Haupthinderungsgrund eine fehlende Einigung unter den Anwendern sein wird.

Während auf XML basierende Sprachen, einschließlich XHTML, in Zukunft wohl sehr wichtig werden, sollte die Macht des traditionellen HTML nicht unterschätzt werden. Es ist allgemein bekannt und hat eine weit verbreitete Anhängerschaft unter den Anwendern. Die User sind der Schlüssel zum Erfolg einer Sprache. Denken Sie immer daran, wenn Sie sich überlegen, welche Sprache Sie verwenden wollen.

Wie sieht die Zukunft von HTML aus?

Nach all diesen Diskussionen könnte man sich nun fragen, was sich mit Sicherheit über die Zukunft von HTML sagen lässt. Eines ist sicher: Die Designer werden nichts mehr so tun, wie sie es zurzeit machen. HTML-Code von Hand zu erstellen, wäre ein Rückschritt in die Tage von Seitenformatierungssprachen wie .troff oder LaTeX. Mit dem Aufstieg von PostScript und den Programmen, die es darstellen können, haben die meisten Designer aufgehört, die Dateien direkt zu erstellen. Obwohl solche älteren Technologien immer noch eingesetzt werden und einige Leute immer noch in PostScript programmieren, ist das zu vernachlässigen. Mit einem Tool, das PostScript-Dateien erstellen kann, ob es sich dabei um eine Textverarbeitung handelt oder um ein Layout-Programm, werden die meisten Dokumente erstellt. Das Gleiche gilt für HTML. Die Sprache ist etabliert und standardisiert und es gibt ständig neue Tools, die in der Lage sind, syntaktisch korrekte Seiten zu erstellen. Standardseiten werden nicht mehr lange von Hand erstellt werden.

XHTML und CSS verhindern, dass Designer sich ausschließlich auf Editoren verlassen können. Die strenge Struktur von XHTML muss schnell umgesetzt werden. Wenn sich XHTML jedoch durchsetzen sollte, wird es wohl um einiges einfacher werden und die Entwickler müssen sich weniger um die Syntax und mehr um das Design und den Inhalt kümmern. Was bedeutet das? Nichts anderes, als dass HTML-Hacker in einiger Zeit – vielleicht in ca. fünf Jahren – ungefähr so begehrt sind wie Personen, die Schreibmaschine schreiben können. Mit dem Aufkommen von elektronischen und verbesserten mechanischen Drucktechnologien ist das Bedürfnis nach dieser Fähigkeit schnell verschwunden. Allerdings geht es hier nicht um HTML als Drucksprache. Der Übergang zu einer dynamischen, programmähnlichen Umgebung sollte klar sein. Dynamic HTML, Datenbanken und eingebundene Objekte zeigen den Weg in die Zukunft. HTML wird das Rückgrat für das Erlernen und Zugreifen auf solche Technologien sein. Der Nutzen von HTML ist der Zugang zu diesen Ansätzen und das Verständnis über das Funktionieren des Webs.

Zusammenfassung

Was heute Hochtechnologie ist, wird morgen trivial sein. Der Aufstieg von XHTML und gut arbeitende Web-Design-Tools werden eine tief greifende Kenntnis von HTML vielleicht überflüssig machen. Viele Ideen und Quelltexte, die Sie in diesem Buch gesehen haben, werden in ein paar Jahren zweifelsfrei unbedeutend sein. Wie lange es dauern wird, bis die Umstellung auf XHTML, CSS, XML usw. vollzogen ist, kann heute noch niemand sagen. Eines ist jedoch sicher: Es wird nicht über Nacht passieren. Es gibt zu viele Dokumente, die in traditionellem HTML erstellt wurden, und auch die Browserhersteller sind sehr langsam im Umsetzen neuer standardisierter Technologien. Wer heute korrektes HTML erstellt, schafft sich damit eine solide Basis für die Techniken von morgen und die Möglichkeit, fortgeschrittene Technologien und interaktive Elemente in seine Seiten zu integrieren, ohne befürchten zu müssen, dass die Site daran Schaden nimmt.

HTML-Element-Referenz

Dieser Anhang bietet eine komplette Referenz der Tags der HTML-4.01-Spezifikation und der Elemente, die vom Internet Explorer, Netscape und WebTV unterstützt werden. Einige Elemente, die hier dargestellt werden, gehören eventuell nicht mehr zum Standard oder wurden aus der Spezifikation gestrichen. Sie werden hier jedoch aufgezählt, da sie nach wie vor von den Browsern unterstützt werden und sie noch zum täglichen Gebrauch gehören. Die HTML-4.01-Spezifikation ist größtenteils mit der HTML-4.0-Spezifikation identisch. Sie hat jedoch einige Fehler der früheren Version korrigiert. Der Standard, der in diesem Text verwendet wird, entspricht der endgültigen Version von HTML 4.01, wie sie am 24. Dezember 1999 definiert wurde, und unter `http://www.w3.org/TR/html4/` eingesehen werden kann.

XHTML-Kompatibilität

Eine der letzten Aktivitäten des World Wide Web Consortiums war die Entwicklung von XHTML, was *Extensible Hypertext Markup Language* bedeutet. XHTML ist im Wesentlichen eine Umformulierung von HTML 4.01 mit dem Ziel, es mit XML und XML-basierenden Browsern in Einklang zu bringen. Obwohl es noch nicht viele Programme gibt, die diese Spezifikation umsetzen, wurde die XHTML-1.0-Spezifikation (`http://www.w3.org/TR/xhtml1/`) u.a. entwickelt, um einen relativ schmerzfreien Übergang zu XML-tauglichem HTML zu ermöglichen. Die Entwickler sollten schon jetzt einige Änderungen, die die Darstellung ihrer Seiten unberührt lassen, an ihrem HTML vornehmen, anstatt darauf zu warten, dass die ersten XML-Browser auf den Markt drängen. Sie ersparen sich dann viel Arbeit, wenn die Dokumente umgeschrieben werden müssten.

Regeln für XHTML-Kompatibilität

Um neue oder bereits existierende HTML-Dokumente in Einklang mit der XHTML-Spezifikation zu bringen, müssen alle Autoren einige einfache Regeln befolgen, die in Kapitel 1 vorgestellt werden. Wenn das korrekt geschehen ist, sollten alle Dokumente auch für nicht XHTML-taugliche Browser abwärtskompatibel sein.

Wohlgeformte Dokumente sind jetzt Pflicht

Obwohl dieses Konzept nichts Neues für bewusste Autoren ist, wird sauberes Arbeiten mit Elementen Pflicht bei XHTML. XHTML-taugliche Browser werden schlecht verschachtelte Elemente wie

```
<p><i><b>Es ist schräg, fett zu sein</i></p></b>
```

nicht weiter tolerieren, sondern werden rigoros sauberen Quellcode wie diesen verlangen:

```
<p><i><b>Es ist schräg, fett zu sein</b></i></p>
```

Alle Elemente und Attributnamen müssen kleingeschrieben werden

XHTML ist eine Teilmenge von XML. XML unterscheidet zwischen Groß- und Kleinschreibung. Bisher war das bei HTML nicht der Fall und es war dem Autor überlassen, ob Tags in Groß- oder in Kleinbuchstaben geschrieben werden. Damit ein HTML-Dokument XHTML-tauglich ist, müssen alle Tags und Attribute ausschließlich in Kleinbuchstaben geschrieben werden.

Keine optionalen Schluss-Tags für leere Elemente

Bisher konnten in der HTML-Spezifikation und bei strengen Webbrowsern Schluss-Tags für bestimmte Elemente wie <p> und <li> weggelassen werden. Bei XHTML sind diese Schluss-Tags nicht mehr optional. Während die aktuellen Browser das immer noch zulassen, werden zukünftige XHTML-Browser hier strenger sein. In XHTML ist folgender Code nicht mehr korrekt:

```
<ul>
    <li>Listen-Element 1
    <li>Listen-Element 2
    <li>Listen-Element 3
</ul>
```

Um richtigen XHTML-Code zu schreiben, muss der Code wie folgt geändert werden:

```
<ul>
    <li>Listen-Element 1</li>
    <li>Listen-Element 2</li>
    <li>Listen-Element 3</li>
</ul>
```

Diese Änderungen betreffen die folgenden Elemente:

<body>	<html>	<td>
<colgroup>	<li>	<tfoot>
<dd>	<option>	<th>
<dt>	<p>	<thead>
<head>	<tbody>	<tr>

Leere Elemente müssen geschlossen werden

Unter XHTML müssen *alle* Elemente geschlossen werden, auch die leeren Elemente wie <br> und <img>. Die XHTML-Spezifikation bietet zwei mögliche Arten, das zu tun. Zum einen kann einfach ein Schluss-Tag hinzugefügt werden, wie hier:

```
<br></br>
```

Da nicht sicher ist, wie Browser darauf reagieren, empfiehlt die Spezifikation eine andere Methode, bei der ein schließender Schrägstrich in den Befehl selbst eingefügt wird:

```
<br />
```

Um eine Kompatibilität mit älteren Browsern sicherzustellen, achten Sie darauf, ein Leerzeichen zwischen dem Tag-Namen (in diesem Fall br) und dem schließenden Schrägstrich (/) zu lassen. In diesem Fall wird der Schrägstrich von älteren Browsern wie ein unbekanntes Attribut behandelt und ignoriert.

Diese Veränderungen betreffen folgende Befehle:

<area>	<frame>	<link>
<base>	<hr>	<meta>
<basefont>	<img>	<param>
 	<input>	
<col>	<isindex>	

Alle Attributwerte müssen von Anführungszeichen umgeben werden

Obwohl die aktuellen Browser Attributwerte – zumindest solche ohne Leerzeichen – ohne Anführungszeichen akzeptieren, verlangt XHTML Anführungszeichen für alle Attributwerte. Während der Code

```
<img src="image.gif" width=200 height=20 border=0>
```

von den meisten Browsern als gültig anerkannt wird, muss unter XHTML der korrekte Code folgendes Aussehen haben:

```
<img src="image.gif" width="200" height="20" border="0" />
```

Alle Attribute müssen definierte Werte haben

Heute werden viele HTML-Elemente in einer Kurzschreibweise, die als »Attribut-Minimierung« bezeichnet wird, geschrieben. Ein Beispiel hierfür ist das <ul>-Element, das mit dem compact-Attribut verwendet wird. Der Code

```
<ul compact>
```

stellt die Kurzschreibweise für

```
<ul compact="compact">
```

dar. Der Grund für die Verkürzung ist offensichtlich, da compact der einzig mögliche Wert für compact ist. Trotzdem ist die Attribut-Minimierung bei XHTML nicht zulässig, wodurch

```
<ul compact="compact">
```

die einzige richtige Art ist, diesen Code in ein Dokument einzubinden.

XHTML: Verschiedene Versionen

Die XHTML-bedingten Veränderungen, die bisher vorgestellt wurden, basieren auf der XHTML-1.0-Spezifikation (http://www.w3.org/TR/xhtml1/), einer Empfehlung des W3C vom 26. Januar 2000. XHTML 1.0 enthält einige verworfene Elemente, die noch in der HTML-Spezifikation enthalten sind.

XHTML 1.1 ist eine strengere Spezifikation, die laut W3C »eine Markierungssprache ist, die reich an struktureller Funktionalität ist, sich aber bezüglich der Präsentation auf Style Sheets stützt.« Ein weiterer Schwerpunkt von XHTML 1.1 ist die Modularisierung von XHTML. Die XHTML-1.1-Spezifikation kann online unter `http://www.w3.org/TR/xhtml11/` gefunden werden. Eine »abgespeckte« Version von XHTML 1.1, *XHTML Basic* (`http://www.w3.org/TR/xhtml-basic/`) genannt, wurde für mobile Anwendungen erstellt. Für den sofortigen Einsatz sollte XHTML 1.0 in den meisten Fällen ausreichen. Entwickler, die sich für die zukünftigen Möglichkeiten von XHTML interessieren, sollten das W3C-Arbeitspapier »Modularization of XHTML« online unter `http://www.w3.org/TR/xhtml-modulari-zation/` lesen.

Kern-Attribut-Referenz

Die HTML-4.01-Spezifikation bietet vier Hauptattribute, die für fast alle Attribute Gültigkeit und dort die gleiche Bedeutung haben. Diese Elemente sind `class`, `id`, `style` und `title`.

class

Dieses Attribut wird verwendet, um die Klasse anzuzeigen, zu der ein bestimmtes Attribut gehört. Es kann ein Klassenname verwendet werden, um Stilregeln eines Style Sheets mit verschiedenen Elementen zu verknüpfen. Es wäre z.B. wünschenswert, dass eine spezielle Klasse »wichtig« existiert, damit alle mit ihr verknüpften Elemente auf einem gelben Hintergrund dargestellt werden. Da diese Klassenwerte nicht eindeutig zu einem bestimmten Element gehören, kann `<b class="wichtig">` im gleichen Dokument verwendet werden, wie `<p class="wichtig">`. Es können auch mehrere Werte für das Attribut `class` verwendet werden. Diese müssen dann durch ein Leerzeichen voneinander getrennt werden. Um den Befehl `<strong>` mit zwei Klassen zu verknüpfen, schreiben Sie einfach `<strong class="wichtig spezial-font">`. Zurzeit akzeptieren die meisten Browser jedoch nur einen Klassennamen pro Attribut.

id

Dieses Attribut spezifiziert einen einmaligen alphanumerischen Identifizierer, der mit einem Element verknüpft wird. Das Benennen eines Elements ist wichtig, um mit einem Style Sheet, einem Verweis oder mit einer Skriptsprache darauf zugreifen zu können. Namen müssen innerhalb eines Dokuments einzigartig sein und sollten eine Bedeutung haben. Obwohl also `id="x1"` durchaus korrekt ist, ist `id="absatz1"` sehr viel besser. Werte für `id` müssen mit einem Buchstaben (A–Z und a–z) beginnen, worauf eine beliebige Anzahl von Buchstaben, Zahlen, Bindestrichen und Punkten folgen darf.

Ein mögliches Problem mit dem `id`-Attribut ergibt sich aus der Tatsache, dass bei einigen Elementen, insbesondere bei Formularelementen und Grafiken, diese Aufgabe bereits vom `name`-Attribut übernommen wird. Da sich diese beiden Attribute den gleichen Namensraum teilen, sollten diese hier nicht kollidieren. Folgendes Beispiel wäre nicht erlaubt:

```
<b id="elementX">Das ist ein Test.</b>
<img name="elementX" src="image.gif" />
```

Hier ist unsicher, was passieren würde, wenn ein älterer Browser, der zwar das `name`-Attribut kennt, nicht aber `id`, diese Seite lädt. Einige Experten sind auch der Meinung, dass folgender Code nicht zulässig ist:

```
<img name="image1" id="image1" src="image.gif" />
```

Da name und id dasselbe Objekt benennen, sollte es hier kein Problem geben. Für die aktuellen Browser stellt dieser Code keine Schwierigkeit dar. Eine komplexe Schreibweise mit zwei verschiedenen Namen für die Grafik, wie z.B.

```
<img name="image1name" id="image1id" src="image.gif" />
```

ist zwar möglich, aber wahrscheinlich nicht notwendig.

Webdesigner sollten sich eine Strategie für das Benennen von Objekten erarbeiten und diese streng einhalten. Wenn ein Element benannt ist, sollte es leicht mit einer Skriptsprache zu bearbeiten sein.

Wie auch das class-Attribut wird id von Style Sheets verwendet, um auf ein bestimmtes Element zuzugreifen. Ein Element namens Absatz1 kann z.B. mit folgendem Bereichsidentifizierer durch eine Stilregel in einem dokumentweit gültigen Style Sheet referenziert werden:

```
#Absatz1    {color: blue}
```

Wenn einem Element mit id ein Name zugewiesen wurde, ist es somit auch ein mögliches Ziel für einen Anker. In der Vergangenheit wurde ein <a>-Element hauptsächlich verwendet, um ein Ziel zu bestimmen. Nun kann auch jedes Element ein Ziel sein, wie Sie dem Beispiel entnehmen können:

```
<a href="#ersterfetter">Gehe zum ersten fetten Element.</a>
<b id="ersterfetter">Das ist wichtig.</b>
```

style

Dieses Attribut bestimmt eine eingebundene Stilregel (im Gegensatz zu einem externen Style Sheet), die mit einem Element verknüpft ist. Die Stilinformation wird verwendet, um die Darstellung des betroffenen Elements zu beeinflussen. Da es das Attribut style ermöglicht, Stilregeln direkt zu einem Element hinzuzufügen, wird damit der Grundsatz der Trennung von Präsentation und Struktur in einem HTML-Dokument aufgegeben. Ein Beispiel für eine solche Anwendung sehen Sie hier:

```
<strong style="font-family: Arial;
font-size: 18pt">Wichtiger Text</strong>
```

title

Dieses Attribut bietet die Möglichkeit, einen kurzen Hilfstext für ein Element anzubieten, der als Hinweistext angezeigt wird, sobald der Mauszeiger über dem Element stehen bleibt. (Diese Eigenschaft wird schon seit einiger Zeit vom Internet Explorer unterstützt; der Netscape-Browser unterstützt diese Eigenschaft erst seit Version 6.) Ein Titel kann auch nützliche Informationen für zukünftige Wartungsarbeiten bieten, indem er auf die besondere Bedeutung eines Abschnitts oder Elements hinweist. In einigen Fällen, wie z.B. beim <a>-Element, kann das title-Attribut auch Hilfe beim Setzen von Lesezeichen bieten. Wie der Titel eines Dokuments sollte der Wert des title-Attributs eine kurze, aber nützliche Information enthalten. Der Wert <p title="absatz1"> ist nur wenig hilfreich, während <p title="HTML Ent-Packt – Die vollständige Referenz Anhang A"> sehr viel mehr Information enthält. In Kombination mit Skriptsprachen kann es bei der Erstellung automatischer Indexe helfen.

Sprach-Referenz

Eines der Hauptziele der HTML-4.01-Spezifikation ist eine bessere Unterstützung für andere Sprachen außer Englisch. Die Verwendung anderer Sprachen auf einer Webseite kann erfordern, dass die Textrichtung zwischen »links nach rechts« und »rechts nach links« wechselt. Wenn die Unterstützung von Nicht-ASCII-Sprachen leichter wird, ist es möglich, dass es in Zukunft mehr Seiten mit verschiedenen Sprachen geben wird.

lang

Dieses Attribut bestimmt die Sprache, die im so markierten Bereich verwendet wird. Die Sprache wird mit der ISO-Standard-Sprachenabkürzung angegeben, wie z.B. `fr` für Französisch, `en` für Englisch usw. RFC 1766 (`http://www.ietf.org/rfc/rfc1766.txt?number=1766`) beschreibt diese Codes und ihre Formate.

dir

Dieses Attribut bestimmt die Textrichtung und wird in Verbindung mit dem `lang`-Attribut eingesetzt. Die gültigen Werte sind `ltr` (links nach rechts) und `rtl` (rechts nach links). Es sollte möglich sein, die Grundeinstellungen des Browsers zu überschreiben, indem das `<bdo>`-Tag verwendet wird:

```
<bdo dir="rtl">Napoleon never really said "Able was I ere I saw Elba."</bdo>
```

Der Internet Explorer 5.5 unterstützt das `dir`-Attribut für das `<bdo>`-Tag, Netscape 6 nicht. Wenn Sie das `dir`-Attribut mit absatzformatierenden Tags wie `<p>` und `<div>` verwenden, könnte es Texte rechts ausrichten, wird aber nicht die Fließrichtung des Texts ändern.

Ereignis-Referenz

In Vorbereitung auf ein dynamischeres Web hat das W3C (World Wide Web Consortium) einige Ereignisse definiert, die mit fast jedem HTML-Element verknüpft werden können. Die meisten dieser Ereignisse betreffen einfache Interaktionen mit dem Anwender (sog. »Event Handler«), wie Mausklicks oder das Drücken einer bestimmten Taste auf der Tastatur. Einigen Elementen, wie z.B. Formularelementen, wurden spezielle Ereignisse, wie z.B. das Erlangen des aktiven Status für ein Eingabefeld oder das Absenden von Formulardaten, zugewiesen. Innere Ereignisse, wie das Laden oder Verlassen eines Dokuments, werden auch beschrieben. Die Kernereignisse werden in Tabelle A.1 zusammengefasst. Beachten Sie, dass der Internet Explorer 4, 5 und 5.5 sowie Netscape 4, 4.5 und 4.7 mit IE4, IE5, IE5.5, N4, N4.5 bzw. N4.7 abgekürzt werden. Aufgrund des »unfertigen« Zustands von Netscape 6 wurde dieser Browser nicht in diese Liste aufgenommen.

Kernereignis	Beschreibung	In HTML 4 in folgenden Elementen zugelassen
onblur	Tritt ein, wenn ein Element deaktiviert wird, d.h., wenn ein User ein anderes Element auswählt, in dem er es mit der Maus oder per Tabulatortaste anspringt.	<a>, <area>, <button>, <input>, <label>, <select>, <textarea> Also <applet>, <area>, <div>, <embed>, <hr>, <img>, <marquee>, <object>, <span>, <table>, <td>, <tr> (Internet Explorer 4, 5, 5.5); <body> (IE 4, 5, and 5.5, N 4 –4.7); <frameset>, <ilayer>, <layer> (N 4 –4.7)
onchange	Zeigt an, dass ein Formularfeld nicht mehr aktiv ist, und der Benutzer den Wert verändert hat.	<input>, <select>, <textarea>
onclick	Zeigt an, dass ein Element angeklickt wurde.	Die meisten anzeigbaren Elemente Auch <applet>, <font> (IE 4, 5, 5.5)
ondblclick	Zeigt an, dass ein Element doppelt angeklickt wurde.	Die meisten anzeigbaren Elemente Auch <applet>, <font> (IE 4, 5, 5.5)
onfocus	Dieses Ereignis tritt ein, wenn ein Element aktiviert wird, d.h. es wurde ausgewählt, um eine Eingabe oder eine Veränderung vorzunehmen.	<a>, <area>, <button>, <input>, <label>, <select>, <textarea> Also <applet>, <div>, <embed>, <hr>, <img>, <marquee>, <object>, <span>, <table>, <td>, <tr> (IE 4, 5, 5.5); <body> (N 4 –4.7, IE 4, 5, 5.5); <frameset>, <ilayer>, <layer> (N 4 –4.7)
onkeydown	Zeigt an, dass eine Taste gedrückt wurde, während das Element aktiv ist.	Die meisten anzeigbaren Elemente Auch <applet>, <font> (IE 4, 5, 5.5)
onkeypress	Zeigt an, dass eine Taste gedrückt und losgelassen wurde, während das Element aktiv ist.	Die meisten anzeigbaren Elemente Auch <applet>, <font> (IE 4, 5, 5.5)
onkeyup	Zeigt an, dass eine Taste losgelassen wurde, während das Element aktiv ist.	Die meisten anzeigbaren Elemente Auch <applet>, <font> (IE 4, 5, 5.5)
onload	Tritt ein, nachdem der Inhalt eines Fensters oder eines Frames geladen wurde.	<body>, <frameset> Also <applet>, <embed>, <link>, <script>, <style> (IE 4, 5, 5.5); <ilayer>, <img>, <layer> (N 4–4.7, IE 4, 5, 5.5)
onmousedown	Tritt ein, wenn eine Maustaste betätigt wurde, während das Element aktiv ist.	Die meisten anzeigbaren Elemente Auch <applet>, <font> (IE 4, 5, 5.5)
onmousemove	Tritt ein, wenn die Maus bewegt wird während ein Element ausgewählt ist.	Die meisten anzeigbaren Elemente Auch <applet> and <font> (IE 4, 5, 5.5)
onmouseout	Tritt ein, wenn der Mauszeiger von einem Element entfernt wird.	Die meisten anzeigbaren Elemente Auch <applet>, <font> (IE 4, 5, 5.5); <ilayer>, <layer> (N 4 –4.7)
onmouseover	Tritt ein, wenn die Maus über ein Element bewegt wird.	Die meisten anzeigbaren Elemente Auch <applet>, <font> (IE 4, 5, 5.5); <ilayer>, <layer> (N 4 –4.7)
onmouseup	Tritt ein, wenn die Maustaste losgelassen wurde, während das Element aktiv ist.	Die meisten anzeigbaren Elemente Auch <applet>, <font> (IE 4, 5, 5.5)
onreset	Tritt ein, wenn ein Formular durch die Reset-Taste in den ursprünglichen Zustand zurück versetzt wird.	<form>

Tabelle A.1: Kernereignisse

Kernereignis	Beschreibung	In HTML 4 in folgenden Elementen zugelassen
onselect	Tritt ein, wenn der User Text auswählt. Dieser wird dann in der Regel hervorgehoben dargestellt.	\<input\>, \<textarea\>
onsubmit	Tritt ein, wenn die Formulardaten durch Drücken der Submit-Taste abgeschickt werden.	\<form\>
onunload	Tritt ein, wenn der Browser das aktuelle Dokument verlässt, und dieses aus dem aktuellen Fenster oder Frame entfernt wird.	\<body\>, \<frameset\>

Tabelle A.1: Kernereignisse (Forts.)

Hinweis

In Tabelle A.1 bedeutet »die meisten anzeigbaren Elemente« alle Elemente außer \<applet\>, \<base\>, \<basefont\>, \<bdo\>, \<br\>, \<font\>, \<frame\>, \<frameset\>, \<head\>, \<html\>, \<iframe\>, \<isindex\>, \<meta\>, \<param\>, \<script\>, \<style\> und \<title\>.

Dieses Ereignismodell ist bei weitem nicht komplett und wird auch noch nicht von allen Browsern unterstützt. Dieses Ereignismodell sollte als »in Arbeit« betrachtet werden. Es wird bestimmt weitere Veränderungen geben, wenn das Document Object Model (DOM) näher definiert wird. Weitere Informationen über das DOM finden Sie unter http://www.w3.org/DOM/.

Erweiterte Ereignisse

Browser unterstützen Ereignisse anders als in der HTML-4.0-Spezifikation definiert. Microsoft hat selbst eine Vielzahl von Ereignissen eingeführt, um komplexe Mausaktionen abzufangen, wie das Ziehen von Elementen oder das Hin- und Herschieben von \<marquee\>-Text. Diese Ereignisse werden in Tabelle A.2 genauer beschrieben.

Ereignis Attribute	Ereignis Beschreibung	Zugelassen in folgenden Elementen	Kompatibel zu...
onabort	Wird durch den User ausgelöst, wenn er das Laden eines Objektes abbricht (z.B. durch den Stop-Button).	\<img\>	Netscape 3, 4 - 4.7 Internet Explorer 4, 5, 5.5
onafterprint	Findet statt, nachdem der User ein Dokument ausgedruckt, oder sich die Druckvorschau angesehen hat.	\<body\>, \<frameset\>	Internet Explorer 5, 5.5
onafterupdate	Findet statt, nachdem Daten von einem Element zu einem Datenanbieter übertragen wurden.	\<applet\>, \<body\>, \<button\>, \<caption\>, \<div\>, \<embed\>, \<img\>, \<input\>, \<marquee\>, \<object\>, \<select\>, \<table\>, \<td\>, \<textarea\>, \<tr\>	Internet Explorer 4, 5, 5.5

Tabelle A.2: Erweiterte Ereignisse

Ereignis Attribute	Ereignis Beschreibung	Zugelassen in folgenden Elementen	Kompatibel zu...
onbeforecopy	Findet statt, bevor ausgewählte Daten in die Zwischenablage kopiert werden.	<a>, <address>, <area>, <b>, <bdo>, <big>, <blockquote>, <caption>, <center>, <cite>, <code>, <custom>, <dd>, <dfn>, <dir>, <div>, <dl>, <dt>, <em>, <fieldset>, <form>, <h1> – <h6>, <i>, <img>, <label>, <legend>, <li>, <listing>, <menu>, <nobr>, <ol>, <p>, <plaintext>, <pre>, <s>, <samp>, <small>, <span>, <strike>, <strong>, <sub>, <sup>, <td>, <textarea>, <th>, <tr>, <tt>, <u>, <ul>	Internet Explorer 5, 5.5
onbeforecut	Findet statt, bevor ausgewählte Daten ausgeschnitten werden, um in die Zwischenablage kopiert zu werden.	<a>, <address>, <applet>, <area>, <b>, <bdo>, <big>, <blockquote>, <body>, <button>, <caption>, <center>, <cite>, <code>, <custom>, <dd>, <dfn>, <dir>, <div>, <dl>, <dt>, <em>, <embed>, <fieldset>, <font>, <form>, <h1> - <h6>, <hr>, <i>, <img>, <input>, <kbd>, <label>, <legend>, <li>, <listing>, <map>, <marquee>, <menu>, <nobr>, <ol>, <p>, <plaintext>, <pre>, <rt>, <ruby>, <s>, <samp>, <select>, <small>, <span>, <strike>, <strong>, <sub>, <sup>, <table>, <tbody>, <td>, <textarea>, <tfoot>, <th>, <thead>, <tr>, <tt>, <u>, <ul>, <var>, <xmp>	Internet Explorer 5, 5.5
onbeforepaste	Tritt ein, bevor ausgewählte Inhalte in ein Dokument eingefügt werden.	<a>, <address>, <applet>, <area>, <b>, <bdo>, <big>, <blockquote>, <body>, <button>, <caption>, <center>, <cite>, <code>, <custom>, <dd>, <dfn>, <dir>, <div>, <dl>, <dt>, <em>, <embed>, <fieldset>, <font>, <form>, <h1> – <h6>, <hr>, <i>, <img>, <input >, <kbd>, <label>, <legend>, <li>, <listing>, <map>, <marquee>, <menu>, <nobr>, <ol>, <p>, <plaintext>, <pre>, <rt>, <ruby>, <s>, <samp>, <select>, <small>, <span>, <strike>, <strong>, <sub>, <sup>, <table>, <tbody>, <td>, <textarea>, <tfoot>, <th>, <thead>, <tr>, <tt>, <u>, <ul>, <var>, <xmp>	Internet Explorer 5, 5.5
onbeforeprint	Findet statt, bevor der User ein Dokument ausgedruckt, oder sich die Druckvorschau ansieht	<body>, <frameset>	Internet Explorer 5, 5.5

Tabelle A.2: Erweiterte Ereignisse (Forts.)

Ereignis Attribute	Ereignis Beschreibung	Zugelassen in folgenden Elementen	Kompatibel zu...
onbeforeunload	Findet unmittelbar vor dem Entfernen eines Dokumentes aus dem Fenster oder einem Frame statt.	<body>, <frameset>	Internet Explorer 4, 5, 5.5
onbeforeupdate	Findet statt, bevor Daten von einem Element zu einem Datenanbieter übertragen werden. Kann eventuell auch durch das Deaktivieren eines Fensters oder den Reload einer Seite ausgelöst werden.	<applet>, <body>, <button>, <caption>, <div>, <embed>, <hr>, <img>, <input>, <object>, <select>, <table>, <td>, <textarea>, <tr>	Internet Explorer 4, 5, 5.5
onbounce	Wird ausgelöst, wenn der Inhalt des Marquees an einer Seite des Fensters anschlägt.	<marquee>	Internet Explorer 4, 5, 5.5
oncopy	Tritt ein, wenn der ausgewählte Inhalt in ein Dokument kopiert wird.	<a>, <address>, <area>, <b>, <bdo>, <big>, <blockquote>, <caption>, <center>, <cite>, <code>, <dd>, <dfn>, <dir>, <div>, <dl>, <dt>, <em>, <fieldset>, <form>, <h1> – <h6>, <hr>, <i>, <img>, <legend>, <li>, <listing>, <menu>, <nobr>, <ol>, <p>, <plaintext>, <pre>, <s>, <samp>, <small>, <span>, <strike>, <strong>, <sub>, <sup>, <td>, <th>, <tr>, <tt>, <u>, <ul>	Internet Explorer 5, 5.5
oncut	Tritt ein, wenn ausgewählte Inhalte aus einem Dokument ausgeschnitten, und in die Zwischenablage eingefügt werden.	<a>, <address>, <applet>, <area>, <b>, <bdo>, <big>, <blockquote>, <body>, <button>, <caption>, <center>, <cite>, <code>, <dd>, <dfn>, <dir>, <div>, <dl>, <dt>, <em>, <embed>, <fieldset>, <font>, <form>, <h1> – <h6>, <hr>, <i>, <img>, <input>, <kbd>, <label>, <legend>, <li>, <listing>, <map>, <marquee>, <menu>, <nobr>, <ol>, <p>, <plaintext>, <pre>, <rt>, <ruby>, <s>, <samp>, <select>, <small>, <span>, <strike>, <strong>, <sub>, <sup>, <table>, <tbody>, <td>, <textarea>, <tfoot>, <th>, <thead>, <tr>, <tt>, <u>, <ul>, <var>, <xmp>	Internet Explorer 5, 5.5
ondataavailable	Tritt ein, wenn die asynchron übertragenen Daten komplett übermittelt worden sind.	<applet>, <object >	Internet Explorer 4, 5, 5.5

Tabelle A.2: Erweiterte Ereignisse (Forts.)

Ereignis Attribute	Ereignis Beschreibung	Zugelassen in folgenden Elementen	Kompatibel zu...
ondatasetchanged	Tritt ein, wenn Daten von einer Datenquelle freigegeben werden, oder wenn sich Daten ändern.	<applet>, <object>	Internet Explorer 4, 5, 5.5
ondatasetcomplete	Zeigt an, dass alle Daten von einer Datenquelle verfügbar sind.	<applet>, <object>	Internet Explorer 4, 5, 5.5
ondragdrop	Tritt ein, wenn ein Anwender ein Objekt mit der Maus über den Browser zieht, um es dort anzeigen zu lassen.	<body>, <frameset> (window)	Netscape 4 - 4.7
ondragstart	Tritt ein, sobald ein User beginnt, ausgewählte Daten mit der Maus zu bewegen.	<a>, <acronym>, <address>, <applet>, <area>, <b>, <big>, <blockquote>, <body> (document), <button>, <caption>, <center>, <cite>, <code>, <dd>, <del>, <dfn>, <dir>, <div>, <dl>, <dt>, <em>, <font>, <form>, <frameset> (document), <h1>, <h2>, <h3>, <h4>, <h5>, <h6>, <hr>, <i>, <img>, <input> <bd>, <label>, <li>, <listing>, <map>, <marquee>, <menu>, <object>, <ol>, <option>, <p>, <plaintext>, <pre>, <q>, <s>, <samp>, <select>, <small>, <span>, <strike>, <strong>, <sub>, <sup>, <table>, <tbody>, <td>, <textarea>, <tfoot>, <th>, <thead>, <tr>, <tt>, <u>, <ul>, <var>, <xmp>	Internet Explorer 4, 5, 5.5
onerror	Tritt ein, wenn das Laden eines Dokuments, oder die Ausführung eines Skriptes einen Fehler auslöst. Wird verwendet, um Syntaxfehler ausfindig zu machen.	<body>, <frameset> (window), <img> (<link>, <object>, <script>, <style>– IE 4)	Netscape 3, 4 - 4.7 Internet Explorer 4, 5, 5.5
onerrorupdate	Tritt ein, wenn ein Datentransfer durch das onbeforeupdate Ereignis abgebrochen wurde.	<a>, <applet>, <object>, <select>, <textarea>	Internet Explorer 4, 5, 5.5
onfilterchange	Tritt ein, wenn ein Filter seinen Zustand ändert, oder beendet wird.	Fast alle Elemente	Internet Explorer 4, 5, 5.5
onfinish	Tritt ein, wenn eine Marquee-Schleife endet.	<marquee>	Internet Explorer 4, 5, 5.5
onhelp	Tritt ein, wenn ein User die F1-Taste, oder einen vergleichbaren Button des Browsers betätigt.	Fast alle Elemente für Internet Explorer 4	Internet Explorer 4, 5, 5.5

Tabelle A.2: Erweiterte Ereignisse (Forts.)

Ereignis Attribute	Ereignis Beschreibung	Zugelassen in folgenden Elementen	Kompatibel zu...
onmove	Tritt ein, wenn der User das Fenster verschiebt.	\<body>, \<frameset>	Netscape 4 - 4.7
onpaste	Tritt ein, wenn ausgewählte Inhalte in das Dokument eingefügt werden.	\<a>, \<address>, \<applet>, \<area>, \<b>, \<bdo>, \<big>, \<blockquote>, \<body>, \<button>, \<caption>, \<center>, \<cite>, \<code>, \<dd>, \<dfn>, \<dir>, \<div>, \<dl>, \<dt>, \<em>, \<embed>, \<fieldset>, \<font>, \<form>, \<h1> – \<h6>, \<hr>, \<i>, \<img>, \<input>, \<kbd>, \<label>, \<legend>, \<li>, \<listing>, \<map>, \<marquee>, \<menu>, \<nobr>, \<ol>, \<p>, \<plaintext>, \<pre>, \<rt>, \<ruby>, \<s>, \<samp>, \<select>, \<small>, \<span>, \<strike>, \<strong>, \<sub>, \<sup>, \<table>, \<tbody>, \<td>, \<textarea>, \<tfoot>, \<th>, \<thead>, \<tr>, \<tt>, \<u>, \<ul>, \<var>, \<xmp>	Internet Explorer 5, 5.5
onreadystatechange	Analog zu onload. Tritt ein, wenn der »Bereit«-Zustand eines Objektes sich ändert.	\<applet>, \<body>, \<embed>, \<frame>, \<frameset>, \<iframe>, \<img>, \<link>, \<object>, \<script>, \<style>	Internet Explorer 4, 5, 5.5
onresize	Tritt ein, wenn die Größe eines Objektes verändert wird. Kann in Netscape mit dem \<body> Element nur mit einem Fenster verknüpft werden.	\<applet>, \<body>, \<button>, \<caption>, \<div>, \<embed>, \<frameset>, \<hr>, \<img>, \<marquee>, \<object>, \<select>, \<table>, \<td>, \<textarea>, \<tr>	Netscape 4, 4.5 (unterstützt nur \<body>); Internet Explorer 4 - 5.5
onrowenter	Zeigt an, dass es Veränderungen in einer Datenzeile gegeben hat, und dass diese Daten nun verfügbar sin.	\<applet>, \<body>, \<button>, \<caption>, \<div>, \<embed>, \<hr>, \<img>, \<marquee>, \<object>, \<select>, \<table>, \<td>, \<textarea>, \<tr>	Internet Explorer 4, 5, 5.5
onrowexit	Tritt unmittelbar vor der Veränderung der Datenreihe durch die Datenquelle ein.	\<applet>, \<body >, \<button>, \<caption>, \<div >, \<embed>, \<hr>, \<img>, \<marquee>, \<object>, \<select>, \<table>, \<td>, \<textarea>, \<tr>	Internet Explorer 4, 5, 5.5
onscroll	Tritt ein, wenn die Position eines scrollenden Elements verändert wird.	\<body>, \<div>, \<fieldset>, \<img>, \<marquee>, \<span>, \<textarea>	Internet Explorer 4, 5, 5.5
onselectstart	Tritt ein, wenn der User beginnt, Daten durch Hervorheben auszuwählen.	Fast alle Elemente	Internet Explorer 4, 5, 5.5
onstart	Tritt ein, wenn ein Marquee beginnt, oder erneut startet.	\<marquee>	Internet Explorer 4, 5, 5.5

Tabelle A.2: Erweiterte Ereignisse (Forts.)

HTML-Element-Referenz

Dieser Anhang listet alle HTML-4-Befehle sowie einige exklusive Elemente von Browserherstellern auf. Die Befehlsauflistungen enthalten die folgenden Informationen:

❏ **Syntax** HTML-4.01-Syntax für ein Element, einschließlich der Attribute und Event Handler, die in der W3C-Spezifikation definiert sind.

❏ **XHTML-Syntax** Hier wird auf die Veränderungen hingewiesen, die vorgenommen werden müssen, um kompatibel mit XHTML 1.0 zu sein.

❏ **Attribute/Ereignisse vom Browser definiert** Zusätzliche Syntax von verschiedenen Browserherstellern definiert.

❏ **Attribute** Beschreibung aller Attribute, die für das Element verfügbar sind.

❏ **Attribut- und Ereignis-Unterstützung** Browserunterstützung für die Attribute und Ereignisse.

❏ **Beispiel** Ein Code-Beispiel oder -Beispiele, die den Befehl verwenden.

❏ **XHTML-Beispiele** Präsentiert ein Beispiel unter der Verwendung der XHTML-Syntax, sofern diese von der gültigen HTML-Syntax für dieses Element abweicht.

❏ **Kompatibilität** Die allgemeine Kompatibilität des Elements mit HTML/XHTML-Spezifikationen und Browserversionen.

❏ **Hinweise** Zusätzliche Informationen über den Befehl.

Eine Auflistung von Attributen und Ereignissen nach Browserversionen setzt voraus, dass diese Attribute und Ereignisse auch in späteren Versionen des Browsers gültig sind. Die Attribute, die z.B. durch den IE4 definiert wurden, sind auch im IE5 oder höher gültig, und Attribute, die für den N4 definiert wurden, gelten auch im N4.5 (bis zu Version 4.7).

Hinweis

Obwohl der Netscape-6-Browser angeblich viele HTML-Standards erfüllt, weist er immer noch einige Inkompatibilitäten auf, an denen ständig gearbeitet wird. Hinweise über die Art der Unterstützung bestimmter Attribute müssen daher nicht mit der gerade aktuellen Version übereinstimmen. Es kann auch nicht davon ausgegangen werden, dass sich der N6 im Wesentlichen wie ein Browser der Netscape-4-Generation verhält.

<!- - ... - -> (Kommentar)

Dieses Konstrukt wird verwendet, um Kommentare, die nicht vom Browser angezeigt werden, in ein Dokument einzubinden.

Syntax

```
<!-- ... -->
```

Attribute

Keine

Event Handler

Keine

Beispiele

```
<!-- Das ist ein Kommentar, der irgendwo im HTML-Dokument erscheinen kann. Das
nächste Beispiel zeigt, wie Style Sheets und Skripte "auskommentiert" werden, um
zu verhindern, dass alte Browser diese falsch interpretieren -->

<style type="text/css">
<!--
 H1 {color: red; font-size: 40pt;}
-->
</style>

<script>
<!--
document.write("hello world");
// -->
</script>
```

Kompatibilität

HTML 2, 3.2, 4, 4.01; XHTML 1.0

Internet Explorer 2, 3, 4, 5, 5.5; Netscape 1, 2, 3, 4–4.7, 6; Opera 4; WebTV

Hinweise

❏ Kommentare werden oft verwendet, um Inhalte vor alten Browsern zu verstecken, insbesondere vor solchen, die keine clientseitigen Skriptsprachen oder Style Sheets unterstützen.

❏ Seitenentwickler sollten vorsichtig mit Kommentaren im HTML-Quelltext umgehen. Ältere Browser verstecken solche Inhalte nicht immer.

<!DOCTYPE> (Document Type Definition)

Dieses SGML-Konstrukt bestimmt die mit dem aktuellen Dokument verbundene Document Type Definition.

Syntax

```
<!DOCTYPE "DTD IDENTIFIER">
```

Attribute

Keine

Event Handler

Keine

Beispiele

```
<!DOCTYPE HTML PUBLIC "-//W3C//DTD HTML 4.01 TRANSITIONAL//EN">

<!DOCTYPE HTML PUBLIC "-//W3C//DTD XHTML 1.0 TRANSITIONAL//EN">
```

Kompatibilität

HTML 2, 3.2, 4, 4.01, XHTML 1.0

Internet Explorer 2, 3, 4, 5, 5.5; Netscape 1, 2, 3, 4–4.7, 6; Opera 4; WebTV

Hinweise

❑ Das <!DOCTYPE>-Element sollte die erste Zeile eines HTML-Dokuments sein. Programme, die HTML-Code überprüfen, greifen auf dieses Konstrukt zurück, um die Richtigkeit eines HTML-Dokuments zu bestimmen. Wählen Sie den passenden Dokumenttyp für die im Dokument verwendeten Elemente.

❑ Da die Doctype-Deklaration ein SGML-Statement ist, gilt die Vorschrift der Kleinschreibweise für XHTML-Kompatibilität hier nicht.

<a> (Anker)

Dieses Element bezeichnet einen Bereich in einem Dokument, der einen Verweis oder ein Ziel für einen Verweis darstellt.

Syntax

```
<a
      accesskey="taste"
      charset="sprachcode"
      class="klassenname(n) "
      coords="durch kommata getrennte liste von zahlen"
      dir="ltr | rtl"
      href="url"
      hreflang="sprachcode"
      id="einmaliger alphanumerischer identifizierer"
      lang="sprachcode"
      name="name eines zielorts"
      rel="durch kommata getrennte liste von beziehungswerten"
      rev="durch kommata getrennte liste von beziehungswerten"
      shape="default | circle | poly | rect"
      style="stilinformation"
      tabindex="nummer"
      target="_blank | frame-name | _parent | _self | _top"
            (übergangsweise)
      title="hinweistext"
      type="inhaltstyp fuer verbundene daten"
      onblur="script" (übergangsweise)
      onclick="script"
```

```
        ondblclick="script">
        onfocus="script"
        onhelp="script"
        onkeydown="script"
        onkeypress="script"
        onkeyup="script"
        onmousedown="script"
        onmousemove="script"
        onmouseout="script"
        onmouseover="script"
        onmouseup="script">


        Verknüpfte Inhalte

</a>
```

Attribute und Ereignisse definiert durch IE4

```
datafield="name der spalte, die daten zur verfuegung stellt"
datasrc="id der datenquelle"
language="javascript | jscript | vbs | vbscript"
methods="http-method"
ondragstart="script"
onselectstart="script"
```

Attribute und Ereignisse definiert durch IE5.5

```
contenteditable="false | true | inherit"
hidefocus="true | false"
```

Attribute

accesskey Dieses Attribut bestimmt eine Taste zur Navigation mittels Tastatur für dieses Element. Das Drücken der Alt- oder einer vergleichbaren Taste (hängt von Browser und/oder Betriebssystem ab) in Verbindung mit der spezifizierten Taste wählt das Anker-Element aus, das mit dieser Taste verknüpft ist.

charset Dieses Attribut definiert die Zeichenentschlüsselung der verknüpften Informationsquelle. Der Wert ist eine durch Leerzeichen und/oder Kommata getrennte Liste von Zeichensätzen, die in RFC 2045 definiert ist. Der Standardwert ist ISO-8859-1.

class Siehe *Kern-Attribut-Referenz* weiter oben in diesem Anhang

contenteditable Dieses von Microsoft eingeführte Attribut erlaubt es dem User, den dargestellten Inhalt im IE5.5 zu bearbeiten. Mögliche Werte sind false, true und inherit. Der Wert false verhindert, dass Inhalte vom User verändert werden, true erlaubt das Verändern. Der Standardwert inherit übernimmt den Wert des übergeordneten Elements.

coords Für die Verwendung von Formen verwendet dieses Attribut eine kommaseparierte Liste von Zahlen, um die Koordinaten eines Objektes auf der Seite zu definieren.

datafld Dieses Attribut spezifiziert den Namen der Spalte, aus der das Datenquellenobjekt seine Daten bezieht. Dieses Attribut wird ausschließlich von Microsofts IE4 genutzt.

datasrc Dieses Attribut gibt die id des Datenquellenobjekts an, das mit diesem Element verknüpft ist. Dieses Attribut wird ausschließlich von Microsofts IE4 genutzt.

dir Siehe *Sprach-Referenz* weiter oben in diesem Anhang

hidefocus Dieses Element wurde mit dem IE5.5 vorgestellt. Es nimmt den Fokus vom jeweiligen Element. Der Fokus muss dem Element durch das tabindex-Attribut zugewiesen worden sein.

href Das ist das einzige erforderliche Attribut für Anker, die einen Verweis definieren. Es definiert das Ziel eines Links, in Form eines URL oder eines URL-Fragments, das aus einem Abschnittsnamen, dem ein Hash-Symbol (#) vorangestellt ist, besteht und eine interne Sprungmarke innerhalb eines Dokuments bezeichnet. URLs sind nicht auf webbasierte Dokumente beschränkt. Sie können jedes andere Protokoll, das vom Browser unterstützt wird (z.B. file, ftp, mailto, ...) verwenden.

hreflang Dieses Attribut wird verwendet, um die Sprache einer verknüpften Informationsquelle anzuzeigen. Für weitere Informationen s.a. *Sprach-Referenz* weiter oben in diesem Anhang.

id Siehe *Kern-Attribut-Referenz* weiter oben in diesem Anhang

lang Siehe *Sprach-Referenz* weiter oben in diesem Anhang

language Dieses Attribut spezifiziert die Sprache, in der das aktuelle Skript geschrieben ist, und ruft die zugehörige Scripting Engine auf. Der Standardwert ist JAVASCRIPT. JAVASCRIPT und JSCRIPT zeigen an, dass die verwendete Sprache JavaScript ist. VBS und VBScript weisen auf die Skriptsprache VBScript hin. Es können auch erweiterte Namen wie JavaScript1.1 verwendet werden, um den Code vor Browsern zu verstecken, die die jeweilige Version der Sprache nicht umsetzen können.

methods Der Wert dieses Attributs bietet Informationen über die Funktionen, die von einem Objekt ausgeführt werden könnten. In der Regel werden die Werte durch das HTTP-Protokoll angegeben. Es kann jedoch (aus ähnlichen Gründen wie beim title-Attribut) sinnvoll sein, Vorabinformationen für einen Link mitzuteilen, wenn der Browser für bestimmte Methoden besondere Darstellungsformen anwenden soll. Das gilt z.B. für durchsuchbare Objekte, die ein spezielles Icon zugewiesen bekommen, oder für externe Links, bei denen darauf hingewiesen werden soll, dass der Besucher die Site verlässt. Dieses Element wird selbst von Microsoft-Browsern kaum unterstützt, obwohl Microsoft dieses Attribut einführte.

name Dieses Attribut wird benötigt, um eine Stelle als Ziel für einen Verweis innerhalb eines Dokuments zu markieren. Der Wert für name ist analog zum id-Kernattribut und sollte ein im Dokument einzigartiger alphanumerischer Identifizierer sein. Gemäß der HTML-4.01-Spezifikation können sowohl das id- als auch das name-Attribut mit dem <a>-Element verwendet werden, solange sie denselben Wert haben.

rel Bei Ankern, die das href-Attribut enthalten, bestimmt dieses Attribut die Beziehung zwischen dem Zielobjekt und dem Linkobjekt. Der Wert ist eine durch Kommata getrennte Liste von Beziehungswerten. Die Werte und deren Bedeutung werden von einer Institution registriert, die für den Autor des Dokuments von Bedeutung sind. Die Standardbeziehung, sofern keine andere angegeben wird, ist void. Das rel-Attribut sollte nur verwendet werden, wenn das href-Attribut eingesetzt wird.

rev Dieses Attribut bestimmt einen umgekehrten Link, die entgegengesetzte Beziehung des rel-Attributs. Es ist sinnvoll, um anzuzeigen, woher das Objekt kommt und wer der Autor eines Dokuments ist.

shape Dieses Attribut dient der Definition von verschiedenen auswählbaren Regionen innerhalb einer Grafik beim Erstellen einer Imagemap. Die möglichen Werte dieses Attributs sind circle, default, polygon und rect. Das Format des coords-Attributs hängt vom Wert von shape ab. Für circle ist der Wert x,y,r, wobei x und y die Koordinaten für den Mittelpunkt des Kreises sind und r der Radiuswert in Pixel ist. Für rect sollte das coords-Attribut x,y,w,h sein. Die Werte x,y geben die obere linke Ecke des Rechtecks an, während w und h die Breite bzw. die Höhe bestimmen. Der Wert für polygon erfordert die Werte x1,y1,x2,y2,.... Jedes dieser Punktepaare definiert einen Punkt im Vieleck. Diese Punkte werden dann der Reihe nach in geraden Linien miteinander verbunden, der letzte Punkt wiederum mit dem ersten. Der Wert default für shape bestimmt, dass der gesamte eingeschlossene Bereich, in der Regel eine Grafik, verwendet wird.

Hinweis

Aufgrund der Browserunterstützung ist es ratsam, das usemap-Attribut für das <img>-Element und das zugehörige <map>-Element für die Definition der klickbaren Punkte zu verwenden.

style Siehe *Kern-Attribut-Referenz* weiter oben in diesem Anhang

tabindex Dieses Attribut verwendet eine Zahl, um den Rang des Objekts für die Tastaturnavigation per Tabulatortaste festzulegen.

target Dieses Attribut bestimmt das Zielfenster für einen Verweis in einem Frame-Gerüst. Die Informationen, auf die verwiesen wird, werden in dem benannten Fenster angezeigt. Es gibt jedoch einige spezielle Namenswerte: _blank zeigt den Link in einem neu geöffneten Fenster an, _parent verweist auf den übergeordneten Eltern-Frame, _self zeigt an, dass der Link in dem Frame angezeigt wird, aus dem er aufgerufen wird, und _top verweist auf das komplette aktuelle Browserfenster.

title Siehe *Kern-Attribut-Referenz* weiter oben in diesem Anhang

type Dieses Attribut spezifiziert den Medientyp des Linkziels in Form eines MIME-Typs. Normalerweise wird das nur als Hinweis verwendet, in zukünftigen Browserversionen könnten jedoch kleine Icons für die verschiedenen Multimediatypen hinzugefügt werden. Für eine komplette Liste der bekannten MIME-Typen schauen Sie unter http://www.w3.org/TR/html4/references.html#ref-MIMETYPES nach.

Attribut- und Ereignisunterstützung

N4 href, name, target, onclick, onmouseout und onmouseover (class, id, lang und style sind impliziert.)

IE4 accesskey, class, href, id, lang, name, rel, rev, style, target, title, onblur, onclick, ondblclick, onfocus, onhelp, onkeydown, onkeypress, onkeyup, onmousedown, onmousemove, onmouseout, onmouseover, onmouseup und alle Attribute und Ereignisse, die im IE4 definiert sind

IE5.5 Wie IE4, plus contenteditable und hidefocus

Event Handler

Siehe *Ereignis-Referenz* weiter oben in diesem Anhang

Beispiele

```
<!-- Anker verweist auf externe Datei -->
<a href="http://www.democompany.com/">Externer Link</a>

<!-- Anker verweist auf das lokale Dateisystem -->
<a href="file:/c:\html\index.htm">lokaler Datei-Link</a>

<!-- Anker ruft anonyme FTP-Sitzung auf -->
<a href="ftp://ftp.democompany.com/freestuff">Anonymer FTP Link</a>

<!-- Anker ruft FTP-Sitzung mit Passwort auf -->
<a href="ftp://joeuser:geheimespasswort@democompany.com/path/file">FTP mit
Passwort</a>
```

```
<!-- Anker versendet Mail -->
<a href="mailto:fakeid@democompany.com">Send mail</a>

<!-- Anker definiert Ziel für internen Verweis -->
<a name="ziel">Sprungmarke</a>

<!-- Anker verweist auf Sprungmarke im lokalen Dokument -->
<a href="#ziel">Lokaler Verweis innerhalb des Dokuments</a>

<!-- Anker verweist extern auf Sprungmarke des vorherigen Ankers -->
<a href="http://www.democompany.com/document#ziel">Externe Sprungmarke in
entferntem Dokument</a>
```

Kompatibilität

HTML 2, 3.2, 4, 4.01; XHTML 1.0

Internet Explorer 2, 3, 4, 5, 5.5; Netscape 1, 2, 3, 4–4.7, 6; Opera 4; WebTV

Hinweise

❑ Die folgenden Werte sind von den beiden wichtigen Browsern für Tastenkombinationen reserviert und sollten nicht als Werte für accesskey: a, c, e, f, g, h, v, left arrow und right arrow verwendet werden.

❑ HTML 3.2 definiert nur name, href, rel, rev und title.

❑ Das target-Attribut ist nicht in Browsern definiert, die keine Frames unterstützen.

❑ Das dir-Attribut für <a> wird noch nicht von allen Browsern unterstützt.

<abbr> (Abkürzung)

Dieses Element erlaubt es Autoren, zu verdeutlichen, dass es sich bei einer Folge von Buchstaben um eine Abkürzung handelt. Siehe <acronym>, das analog dazu verwendet wird.

Syntax

```
<abbr
    class="klassenname(n)"
    dir="ltr | rtl"
    id="einmaliger alphanumerischer identifizierer"
    lang="sprachcode"
    style="stilinformation"
    title="hinweistext"
    onclick="script"
    ondblclick="script"
    onkeydown="script"
    onkeypress="script"
    onkeyup="script"
    onmousedown="script"
    onmousemove="script"
```

```
        onmouseout="script"
        onmouseover="script"
        onmouseup="script">

</abbr>
```

Attribute

class Siehe *Kern-Attribut-Referenz* weiter oben in diesem Anhang

dir Siehe *Sprach-Referenz* weiter oben in diesem Anhang

id Siehe *Kern-Attribut-Referenz* weiter oben in diesem Anhang

lang Siehe *Sprach-Referenz* weiter oben in diesem Anhang

style Siehe *Kern-Attribut-Referenz* weiter oben in diesem Anhang

title Siehe *Kern-Attribut-Referenz* weiter oben in diesem Anhang

Attribut- und Ereignisunterstützung

Die Unterstützung in N6 für Attribute und Ereignisse ist bei diesem Element noch unklar. Das Attribut title wird jedoch sicher unterstützt; der Inhalt wird als Hinweistext angezeigt.

Event Handler

Siehe *Ereignis-Referenz* weiter oben in diesem Anhang

Beispiele

```
<abbr title="Dynamic Hypertext Markup Language">DHTML
</abbr>

<abbr lang="fr" title="World Wrestling Federation">WWF
</abbr>
```

Kompatibilität

HTML 4, 4.01; XHTML 1.0

Netscape 6

Hinweis

❑ <abbr> ist ein neues Element, das noch nicht in HTML 2 oder 3.2 definiert war. Zurzeit scheint nur N6 diesen Befehl zu unterstützen. <acronym> hat die gleiche Funktion, wird allerdings nur vom IE4 oder höher unterstützt. Da es keine HTML-orientierte Darstellung für dieses Element gibt, wird es vor allem in Verbindung mit Style Sheets und Skripten verwendet.

<acronym> (Akronym)

Dieses Element erlaubt es Autoren, zu verdeutlichen, dass es sich bei einer Folge von Buchstaben um eine Abkürzung handelt.

Syntax

```
<acronym
    class="klassenname(n)"
    dir="ltr | rtl"
    id="einmaliger alphanumerischer identifizierer"
    lang="sprachcode"
    style="stilinformation"
    title="hinweistext"
    onclick="script"
    ondblclick="script"
    onkeydown="script"
    onkeypress="script"
    onkeyup="script"
    onmousedown="script"
    onmousemove="script"
    onmouseout="script"
    onmouseover="script"
    onmouseup="script">

</acronym>
```

Attribute und Ereignisse definiert durch IE4

```
language="javascript | jscript | vbs | vbscript"
ondragstart="script"
onhelp="script"
onselectstart="script"
```

Attribute und Ereignisse definiert durch IE5.5

```
accesskey="taste"
contenteditable="false | true | inherit"
hidefocus="true | false"
tabindex="zahl"
```

Attribute

accesskey Dieses Attribut bestimmt eine Taste zur Navigation mittels Tastatur für dieses Element. Das Drücken der Alt- oder einer vergleichbaren Taste (hängt von Browser und/oder Betriebssystem ab) in Verbindung mit der spezifizierten Taste wählt das Anker-Element aus, das mit dieser Taste verknüpft ist.

class Siehe *Kern-Attribut-Referenz* weiter oben in diesem Anhang

contenteditable Dieses von Microsoft eingeführte Attribut erlaubt es dem User, den dargestellten Inhalt im IE5.5 zu bearbeiten. Mögliche Werte sind `false`, `true` und `inherit`. Der Wert `false` verhindert, dass Inhalte vom User verändert werden, `true` erlaubt das Verändern. Der Standardwert `inherit` übernimmt den Wert des übergeordneten Elements.

dir Siehe *Sprach-Referenz* weiter oben in diesem Anhang

hidefocus Dieses Element wurde mit dem IE5.5 vorgestellt. Es nimmt den Fokus vom jeweiligen Element. Der Fokus muss dem Element durch das `tabindex`-Attribut zugewiesen worden sein.

id Siehe *Kern-Attribut-Referenz* weiter oben in diesem Anhang

lang Siehe *Sprach-Referenz* weiter oben in diesem Anhang

language Dieses Attribut spezifiziert die Sprache, in der das aktuelle Skript geschrieben ist, und ruft die zugehörige Scripting Engine auf. Der Standardwert ist `JAVASCRIPT`. `JAVASCRIPT` und `JSCRIPT` zeigen an, dass die verwendete Sprache JavaScript ist. `VBS` und `VBScript` weisen auf die Skriptsprache VBScript hin. Es können auch erweiterte Namen wie `JavaScript1.1` verwendet werden, um den Code vor Browsern zu verstecken, die die jeweilige Version der Sprache nicht umsetzen können.

style Siehe *Kern-Attribut-Referenz* weiter oben in diesem Anhang

tabindex Dieses Attribut verwendet eine Zahl, um den Rang des Objekts für die Tastaturnavigation per Tabulatortaste festzulegen. Der IE5.5 stellt dieses Attribut für das `acronym`-Element zur Verfügung; der Fokus kann mit dem `hidefocus`-Attribut deaktiviert werden.

title Siehe *Kern-Attribut-Referenz* weiter oben in diesem Anhang

Attribut- und Ereignisunterstützung

IE4 Alle Attribute

IE5.5 Alle Attribute plus `contenteditable`, `hidefocus` und `tabindex`

N6 Die Unterstützung von N6 für die Attribute und Ereignisse dieses Elements ist nicht sicher. Das Attribut `title` wird jedoch sicher unterstützt; der Inhalt wird als Hinweistext angezeigt.

Event Handler

Siehe *Ereignis-Referenz* weiter oben in diesem Anhang

Beispiele

```
<acronym title="Extensible Markup Language">XML</acronym>

<acronym lang="fr" title="Soci&eacute;t&eacute; Nationale de Chemins de
Fer">SNCF</acronym>
```

Kompatibilität

HTML 4, 4.01; XHTML 1.0

Internet Explorer 4, 5, 5.5; Netscape 6

Hinweis

❏ `<acronym>` ist ein neues Element, das noch nicht in HTML 2 oder 3.2 definiert war. Unter dem IE4 oder höher wird der Inhalt des `title`-Attributs in einem kleinen Hinweisfenster dargestellt. Es kann verwendet werden, um die Bedeutung der Abkürzung zu erklären.

<address> (Adresse)

Dieses Element markiert Text, der auf den Autor oder den Besitzer einer Information hinweist. Es erscheint in der Regel zu Beginn oder am Ende eines Dokuments.

Syntax

```
<address
      class="klassenname(n) "
      dir="ltr | rtl"
      id="einmaliger alphanumerischer identifizierer"
      lang"sprachcode"
      style="stilinformation"
      title="hinweistext"
      onclick="script"
      ondblclick="script"
      onkeydown="script"
      onkeypress="script"
      onkeyup="script"
      onmousedown="script"
      onmousemove="script"
      onmouseout="script"
      onmouseover="script"
      onmouseup="script">

</address>
```

Attribute und Ereignisse definiert durch IE4

```
language="javascript | jscript | vbs | sbscript"
ondragstart="script"
onhelp="script"
onselectstart="script"
```

Attribute und Ereignisse definiert durch IE5.5

```
accesskey="taste"
contenteditable="inherit | false | true"
hidefocus="true | false"
tabindex="zahl"
unselectable="off | on"
```

Attribute

accesskey Dieses Attribut bestimmt eine Taste zur Navigation mittels Tastatur für dieses Element. Das Drücken der Alt- oder einer vergleichbaren Taste (hängt von Browser und/oder Betriebssystem ab) in Verbindung mit der spezifizierten Taste wählt das Anker-Element aus, das mit dieser Taste verknüpft ist.

class Siehe *Kern-Attribut-Referenz* weiter oben in diesem Anhang

contenteditable Dieses von Microsoft eingeführte Attribut erlaubt es dem User, den dargestellten Inhalt im IE5.5 zu bearbeiten. Mögliche Werte sind `false`, `true` und `inherit`. Der Wert `false` verhindert, dass Inhalte vom User verändert werden, `true` erlaubt das Verändern. Der Standardwert `inherit` übernimmt den Wert des übergeordneten Elements.

dir Siehe *Sprach-Referenz* weiter oben in diesem Anhang

hidefocus Dieses Element wurde mit dem IE5.5 vorgestellt. Es nimmt den Fokus vom jeweiligen Element. Der Fokus muss dem Element durch das `tabindex`-Attribut zugewiesen worden sein.

id Siehe *Kern-Attribut-Referenz* weiter oben in diesem Anhang

lang Siehe *Sprach-Referenz* weiter oben in diesem Anhang

language Dieses Attribut spezifiziert die Sprache, in der das aktuelle Skript geschrieben ist und ruft die zugehörige Scripting Engine auf. Der Standardwert ist `JAVASCRIPT`. `JAVASCRIPT` und `JSCRIPT` zeigen an, dass die verwendete Sprache JavaScript ist. `VBS` und `VBScript` weisen auf die Skriptsprache VBScript hin. Es können auch erweiterte Namen wie `JavaScript1.1` verwendet werden, um den Code vor Browsern zu verstecken, die die jeweilige Version der Sprache nicht umsetzen können.

style Siehe *Kern-Attribut-Referenz* weiter oben in diesem Anhang

tabindex Dieses Attribut verwendet eine Zahl, um den Rang des Objekts für die Tastaturnavigation per Tabulatortaste festzulegen. IE5.5 stellt dieses Attribut für das `address`-Element zur Verfügung; der Fokus kann mit dem `hidefocus`-Attribut deaktiviert werden.

title Siehe *Kern-Attribut-Referenz* weiter oben in diesem Anhang

unselectable Dieses Microsoft-Element kann verwendet werden, um zu verhindern, dass Inhalte, die im IE5.5 angezeigt werden, ausgewählt werden können. Bei Tests hat sich ergeben, dass das nicht immer funktioniert. Die Werte sind `off` (Auswahl erlaubt) und `on` (Auswahl verboten).

Attribut- und Ereignisunterstützung

N4 `class`, `id`, `lang` und `style`

IE4 `class`, `id`, `lang`, `language`, `style`, `title`, `onclick`, `ondblclick`, `ondragstart`, `onhelp`, `onkeydown`, `onkeypress`, `onkeyup`, `onmousedown`, `onmousemove`, `onmouseout`, `onmouseover`, `onmouseup` und `onselectstart`

IE5.5 Unterstützt nun auch `dir`, `tabindex` sowie die IE5.5-Attribute `contenteditable`, `hidefocus`, `tabindex` und `unselectable`

Event Handler

Siehe *Ereignis-Referenz* weiter oben in diesem Anhang

Beispiel

```
<address>Big Company, Inc.<br>2105 Demo Street<br>
San Diego, CA U.S.A.</address>
```

Kompatibilität

HTML 2, 3.2, 4, 4.01; XHTML 1.0

Internet Explorer 2, 3, 4, 5, 5.5; Netscape 1, 2, 3, 4–4.7, 6; Opera 4; WebTV

Hinweis

❏ Unter HTML 2.0, 3.2 und WebTV gibt es keine Attribute für `<address>`.

`<applet>` (Java Applet)

Dieses Element weist auf die Einbindung eines Java Applets hin. In der strengen HTML-4.01-Definition ist dieses Element nicht enthalten. Es wurde zu Gunsten von `<object>` entfernt.

Syntax (nur übergangsweise in HTML 4.01)

```
<applet
      align="bottom | left | middle | right | top"
      alt="Alternativtext"
      archive="URL der Archivdatei"
      class="klassenname(n)"
      code="URL der Java-Klassendatei "
      codebase="URL zur referenzierung der basis"
      height="pixel"
      hspace="pixel"
      id="einmaliger alphanumerischer identifizierer"
      name="einmaliger name zur script-referenzierung"
      object="dateiname"
      style="stilinformation"
      title="hinweistext"
      vspace="pixel"
      width="pixel">


      <param>-Elemente


      Alternativer Inhalt

</applet>
```

Attribute und Ereignisse definiert durch IE4

```
align="absbottom | absmiddle | baseline | bottom | left | middle | right |
texttop"
datafld="spaltenname"
datasrc="ID der datenquelle"
src="URL"
onafterupdate="script"
onbeforeupdate="script"
onblur="script"
onclick="script"
ondataavailable="script"
ondatasetchanged="script"
```

```
ondatasetcomplete="script"
ondblclick="script"
ondragstart="script"
onerrorupdate="script"
onfocus="script"
onhelp="script"
onkeydown="script"
onkeypress="script"
onkeyup="script"
onmousedown="script"
onmousemove="script"
onmouseout="script"
onmouseover="script"
onmouseup="script"
onreadystatechange="script"
onresize="script"
onrowenter="script"
onrowexit="script"
```

Attribute und Ereignisse definiert durch IE5.5

```
accesskey="taste"
hidefocus="true | false"
tabindex="zahl"
```

Attribute definiert durch N4

```
align="absbottom | absmiddle | baseline | center | texttop"
mayscript
```

Attribute

accesskey Dieses Attribut bestimmt eine Taste zur Navigation mittels Tastatur für dieses Element. Das Drücken der Alt- oder einer vergleichbaren Taste (hängt von Browser und/oder Betriebssystem ab) in Verbindung mit der spezifizierten Taste wählt das Anker-Element aus, das mit dieser Taste verknüpft ist.

align Dieses Attribut wird verwendet, um das Applet auf der Seite relativ zu den Inhalten, die es umfließen, zu positionieren. Die HTML-4.01-Spezifikation definiert die Werte bottom, left, middle, right und top, während Microsoft und Netscape auch die Werte absbottom, absmiddle, baseline, center und texttop unterstützen.

alt Dieses Attribut ermöglicht, dass ein alternativer beschreibender Text auf Browsern angezeigt wird, die Java nicht unterstützen. Seitendesigner sollten daran denken, dass Inhalte innerhalb des <applet>-Elements auch als alternativer Text angezeigt werden können.

archive Dieses Attribut bezieht sich auf eine archivierte oder komprimierte Version des Applets und die mit ihm verbundene Klassendatei und kann helfen, die Ladezeit zu verringern.

class Siehe *Kern-Attribut-Referenz* weiter oben in diesem Anhang

code Dieses Attribut spezifiziert den URL der Klassendatei, die geladen und ausgeführt werden soll. Applet-Dateinamen werden an der Endung `.class` erkannt. Der URL, der mit dem `code`-Attribut angegeben wird, ist relativ zum `codebase`-Attribut.

codebase Dieses Attribut gibt den absoluten oder relativen URL des Verzeichnisses an, in dem sich die `.class`-Datei des Applets, die im `code`-Attribut referenziert wird, befindet.

datafld Dieses Attribut wird vom IE4 oder höher unterstützt und spezifiziert den Spaltennamen des Datenobjekts, in dem sich die verknüpften Daten befinden. Dieses Attribut kann verwendet werden, um verschiedene `<param>`-Elemente an das Applet weiterzureichen.

datasrc Wie `datafld` wird dieses Attribut verwendet, um Daten unter dem IE4 zu verknüpfen. Es zeigt die `id` des Datenquellenobjekts an, das die Daten an das `<param>`-Element, das mit dem Applet verknüpft ist, weiterreicht.

height Dieses Attribut bestimmt die Höhe, die dem Applet zur Verfügung steht, in Pixel.

hidefocus Dieses Element wurde mit IE5.5 vorgestellt. Es nimmt den Fokus vom jeweiligen Element. Der Fokus muss dem Element durch das `tabindex`-Attribut zugewiesen worden sein.

hspace Dieses Attribut bestimmt den zusätzlichen horizontalen Freiraum in Pixel, der auf beiden Seiten des Applets frei bleibt.

id Siehe *Kern-Attribut-Referenz* weiter oben in diesem Anhang

mayscript Netscape ermöglicht durch dieses Attribut Skriptsprachen aus anderen Programmen den Zugriff auf ein Applet.

name Dieses Attribut weist einem Applet einen Namen zu, damit es von anderer Stelle, meistens von Skripten, identifiziert werden kann.

object Dieses Attribut bestimmt den URL einer nachfolgenden Repräsentation eines Applets.

src Dieses Attribut bestimmt für den IE4 oder höher einen URL für eine mit dem Applet verbundene Datei. Die Bedeutung und die Verwendung sind unklar. Das Attribut ist nicht Teil der HTML-Spezifikation.

style Siehe *Kern-Attribut-Referenz* weiter oben in diesem Anhang

tabindex Dieses Attribut verwendet eine Zahl, um den Rang des Objekts für die Tastaturnavigation per Tabulatortaste festzulegen. Der IE5.5 stellt dieses Attribut für das `applet`-Element zur Verfügung; der Fokus kann mit dem `hidefocus`-Attribut deaktiviert werden.

title Siehe *Kern-Attribut-Referenz* weiter oben in diesem Anhang

vspace Dieses Attribut bestimmt den zusätzlichen vertikalen Freiraum in Pixel, der auf beiden Seiten des Applets frei bleibt.

width Dieses Attribut bestimmt die Breite, die dem Applet zur Verfügung steht, in Pixel.

Attribut- und Ereignisunterstützung

N4 `align`, `alt`, `archive`, `code`, `codebase`, `hspace`, `mayscript`, `name`, `vspace` und `width` (`class`, `id` und `style` sind impliziert.)

IE4 `alt`, `class`, `code`, `codebase`, `height`, `hspace`, `id`, `name`, `style`, `title`, `vspace`, `width` und alle Attribute und Ereignisse, die durch den IE4 definiert sind

IE5.5 Wie IE4, plus `hidefocus` und `tabindex`

Event Handler

Keine

Beispiel

```
<applet code="game.class"
        align="left"
        archive="game.zip"
        height="250" width="350">

<param name="schwierigkeitsgrad"  value="leicht">

<b>Sorry, Sie brauchen Java, um dieses Spiel zu spielen.</b>

</applet>
```

Kompatibilität

HTML 2, 3.2, 4, 4.01; XHTML 1.0

Internet Explorer 2, 3, 4, 5, 5.5; Netscape 1, 2, 3, 4–4.7, 6; WebTV

Hinweise

❏ Die HTML-4.01-Spezifikation ermutigt nicht zur Verwendung des `<applet>`-Elements und bevorzugt die Verwendung von `<object>`. Unter strenger Auslegung von HTML 4.01 ist dieses Element ungültig.

❏ Das `<applet>`-Element ersetzt das Original-`<app>`-Element. Parameterwerte können mit dem `<param>`-Element innerhalb des Applets weitergereicht werden.

❏ Java Applets wurden zuerst von N2 und dem IE3 unterstützt.

`<area>` (Image Map Area)

`<area>` ist ein leeres Element, das verwendet wird, um clientseitige Imagemaps in eine Seite einzubinden. Es definiert klickbare Regionen auf einer Map und verbindet sie mit Hypertext-Links.

Syntax

```
<area
      accesskey="taste"
      alt="alternativtext"
      class="klassenname(n)"
      coords="durch kommata getrennte liste von zahlen"
      dir="ltr | rtl"
      href="url"
      id="einmaliger alphanumerischer identifizierer"
      lang="sprachcode"
      nohref
      shape="circle | default | poly | rect"
```

```
        style="stilinformation"
        tabindex="zahl"
        target="_blank | frame-name | _parent | _self |
                _top" (übergangsweise)
        title="hinweistext"
        onblur="script"
        onclick="script"
        ondblclick="script"
        onfocus="script"
        onkeydown="script"
        onkeypress="script"
        onkeyup="script"
        onmousedown="script"
        onmousemove="script"
        onmouseout="script"
        onmouseover="script"
        onmouseup="script">
```

XHTML-Syntax

Da `<area>` ein leeres Element ist, ist ein schließender Schrägstrich erforderlich, bevor die schließende Klammer den Befehl beendet, wie Sie hier sehen:

```
<area />
```

Attribute und Ereignisse definiert durch IE4

```
language="javascript | jscript | vbs | vbscipt"
shape="circ | circle | poly | polygon | rect | rectangle"
ondragstart="script"
onhelp="script"
onselectstart="script"
```

Attribute und Ereignisse definiert durch IE5.5

```
hidefocus="true | false"
```

Attribute definiert durch N4

```
name="filename"
shape="circle | default | poly | polygon | rect"
```

Attribute

accesskey Dieses Attribut bestimmt eine Taste zur Navigation mittels Tastatur für dieses Element. Das Drücken der Alt- oder einer vergleichbaren Taste (hängt von Browser und/oder Betriebssystem ab) in Verbindung mit der spezifizierten Taste wählt das Element aus, das mit dieser Taste verknüpft ist. Seitendesigner sollten keine Zeichen verwenden, die bereits bei einem Browser mit einer Funktion belegt sind.

alt Dieses Attribut enthält eine Zeichenkette, die als Alternative in Browsern angezeigt wird, die keine Bilder darstellen können.

class Siehe *Kern-Attribut-Referenz* weiter oben in diesem Anhang

coords Dieses Attribut enthält eine Reihe von Werten, die die Koordinaten von klickbaren Regionen spezifizieren. Die Nummern und die Bedeutung der Werte hängen von den Werten ab, die für das `shape`-Attribut angegeben wurden. Für die Werte `rect` oder `rectangle`, hat `coords` zwei Wertepaare x,y: `left`, `top`, `right` und `bottom`. Für einen Kreis (Werte `circ` oder `circle`) ist der Wert x,y,r, wobei x,y den Mittelpunkt des Kreises angibt und r seinen Radius. Für ein `polygon` (oder `poly`) besteht der Wert `coords` aus mehreren x,y-Wertepaaren, wobei jedes Paar einen Eckpunkt des Vielecks markiert.

dir Siehe *Sprach-Referenz* weiter oben in diesem Anhang

hidefocus Dieses Element wurde mit dem IE5.5 vorgestellt. Es nimmt den Fokus vom jeweiligen Element. Der Fokus muss dem Element durch das `tabindex`-Attribut zugewiesen worden sein.

href Dieses Attribut bestimmt das Ziel eines Hyperlinks für diese Region. Sein Wert ist ein gültiger URL. Entweder muss dieser Wert oder der Wert `nohref` in diesem Element vorhanden sein.

id Siehe *Kern-Attribut-Referenz* weiter oben in diesem Anhang

lang Siehe *Sprach-Referenz* weiter oben in diesem Anhang

language Dieses Attribut spezifiziert die Sprache, in der das aktuelle Skript geschrieben ist, und ruft die zugehörige Scripting Engine auf. Der Standardwert ist JAVASCRIPT. JAVASCRIPT und JSCRIPT zeigen an, dass die verwendete Sprache JavaScript ist. VBS und VBScript weisen auf die Skriptsprache VBScript hin. Es können auch erweiterte Namen wie JavaScript1.1 verwendet werden, um den Code vor Browsern zu verstecken, die die jeweilige Version der Sprache nicht umsetzen können.

name Dieses Attribut wird verwendet, um einen Namen für eine klickbare Region zu definieren, damit sie von älteren Browsern angesprochen werden können.

nohref Dieses Attribut zeigt an, dass kein Hyperlink für die betroffene Region existiert. Entweder dieses oder das `href`-Attribut muss in diesem Element vorhanden sein.

shape Dieses Attribut definiert die Form der zugehörigen Region. HTML 4 definiert die Werte `rect`, womit ein Rechteck definiert wird; `circle`, womit eine runde Region definiert wird; `poly`, womit ein Polygon definiert wird, und `default`, was die übrige Region der nicht definierten Bereiche umfasst. Viele Browser unterstützen auch die Werte `circ`, `polygon` und `rectangle` für das Attribut `shape`.

style Siehe *Kern-Attribut-Referenz* weiter oben in diesem Anhang

tabindex Dieses Attribut verwendet eine Zahl, um den Rang des Objekts für die Tastaturnavigation per Tabulatortaste festzulegen.

target Dieses Attribut bestimmt das Zielfenster für einen Verweis in einem Frame-Gerüst. Die Informationen, auf die verwiesen wird, werden in dem benannten Fenster angezeigt. Es gibt jedoch einige spezielle Namenswerte: `_blank` zeigt den Link in einem neu geöffneten Fenster an, `_parent` verweist auf den übergeordneten Elternframe, `_self` zeigt an, das der Link in dem Frame angezeigt wird, aus dem er aufgerufen wird, und `_top` verweist auf das komplette aktuelle Browserfenster.

title Siehe *Kern-Attribut-Referenz* weiter oben in diesem Anhang

Attribut- und Ereignisunterstützung

N4 coords, href, nohref, shape, target, onmouseout und onmouseover (class, id, lang und style sind impliziert, aber für dieses Element nicht in der Netscape-Dokumentation aufgelistet.)

IE4 alt, class, coords, href, id, lang, language, nohref, shape, style, tabindex, target, title, alle W3C-definierten Ereignisse und alle Attribute und Ereignisse, die durch den IE4 definiert sind

IE5.5 Wie IE4, plus dir und hidefocus

Event Handler

Siehe *Ereignis-Referenz* weiter oben in diesem Kapitel

Beispiel

```
<map name="primary">
  <area shape="circle" coords="200,250,25" href="another.htm">
  <area shape="default" nohref>
</map>
```

XHTML-Beispiel

```
<map name="primary">
  <area shape="circle" coords="200,250,25" href="another.htm" />
  <area shape="default" nohref-"noref">
</map>
```

Kompatibilität

HTML 2, 3.2, 4, 4.01; XHTML 1.0

Internet Explorer 2, 3, 4, 5, 5.5; Netscape 1, 2, 3, 4–4.7, 6; Opera 4; WebTV

Hinweise

❏ Durch die HTML-3.2- und -4.0-Spezifikationen ist das Schluss-Tag </area> verboten.
❏ Die XHTML-1.0-Spezifikation erfordert einen Schrägstrich vor der schließenden spitzen Klammer: <area />.
❏ Die Attribute id, class und style haben die gleiche Bedeutung wie die Kernattribute, die in der HTML-4-Spezifikation definiert sind, aber nur Netscape und Microsoft definieren sie.
❏ HTML 3.2 definiert nur alt, coords, href, nohref und shape.

<b> (Fett)

Dieses Element zeigt an, dass der umgebene Text fett dargestellt werden soll.

Syntax

```
<b
    class="klassenname(n)"
    dir="ltr | rtl"
    id="einmaliger alphanumerischer identifizierer"
```

```
            lang="sprachcode"
            style="stilinformation"
            title="hinweistext"
            onclick="script"
            ondblclick="script"
            onkeydown="script"
            onkeypress="script"
            onkeyup="script"
            onmousedown="script"
            onmousemove="script"
            onmouseout="script"
            onmouseover="script"
            onmouseup="script">
    </b>
```

Attribute und Ereignisse definiert durch IE4

```
    language="javascript | jscript | vbs | vbscript"
    ondragstart="script"
    onhelp="script"
    onselectstart="script"
```

Attribute und Ereignisse definiert durch IE5.5

```
    accesskey="taste"
    contenteditable="false | true | inherit"
    hidefocus="true | false"
    tabindex=="n"
```

Attribute

accesskey Dieses Attribut bestimmt eine Taste zur Navigation mittels Tastatur für dieses Element. Das Drücken der Alt- oder einer vergleichbaren Taste (hängt von Browser und/oder Betriebssystem ab) in Verbindung mit der spezifizierten Taste wählt das Anker-Element aus, das mit dieser Taste verknüpft ist.

class Siehe *Kern-Attribut-Referenz* weiter oben in diesem Anhang

contenteditable Dieses von Microsoft eingeführte Attribut erlaubt es dem User, den dargestellten Inhalt im IE5.5 zu bearbeiten. Mögliche Werte sind `false`, `true` und `inherit`. Der Wert `false` verhindert, dass Inhalte vom User verändert werden, `true` erlaubt das Verändern. Der Standardwert `inherit` übernimmt den Wert des übergeordneten Elements.

dir Siehe *Sprach-Referenz* weiter oben in diesem Anhang

hidefocus Dieses Element wurde mit dem IE5.5 vorgestellt. Es nimmt den Fokus vom jeweiligen Element. Der Fokus muss dem Element durch das `tabindex`-Attribut zugewiesen worden sein.

id Siehe *Kern-Attribut-Referenz* weiter oben in diesem Anhang

lang Siehe *Sprach-Referenz* weiter oben in diesem Anhang

language Dieses Attribut spezifiziert die Sprache, in der das aktuelle Skript geschrieben ist, und ruft die zugehörige Scripting Engine auf. Der Standardwert ist JAVASCRIPT. JAVASCRIPT und JSCRIPT zeigen an, dass die verwendete Sprache JavaScript ist. VBS und VBScript weisen auf die Skriptsprache VBScript hin. Es können auch erweiterte Namen wie JavaScript1.1 verwendet werden, um den Code vor Browsern zu verstecken, die die jeweilige Version der Sprache nicht umsetzen können.

style Siehe *Kern-Attribut-Referenz* weiter oben in diesem Anhang

tabindex Dieses Attribut verwendet eine Zahl, um den Rang des Objekts für die Tastaturnavigation per Tabulatortaste festzulegen. Der IE5.5 stellt dieses Attribut für das b-Element zur Verfügung; der Fokus kann mit dem hidefocus-Attribut deaktiviert werden.

title Siehe *Kern-Attribut-Referenz* weiter oben in diesem Anhang

Attribut- und Ereignisunterstützung

N4 class, id, lang und style sind impliziert, aber nicht ausdrücklich für dieses Element genannt.

IE4 Alle vom W3C definierten Attribute und Ereignisse, außer dir, und den Attributen und Ereignissen, die durch den IE4 definiert sind

IE5.5 Wie IE4, plus contenteditable, dir, hidefocus und tabindex

Event Handler

Siehe *Ereignis-Referenz* weiter oben in diesem Anhang

Beispiel

```
Dieser Text ist <b>fett</b> hervorgehoben.
```

Kompatibilität

HTML 2, 3.2, 4, 4.01; XHTML 1.0

Internet Explorer 2, 3, 4, 5, 5.5; Netscape 1, 2, 3, 4–4.7, 6; Opera 4; WebTV

Hinweis

❏ HTML 2 und 3.2 definieren keine Attribute für dieses Element.

<base> (Basis-URL)

Dieses Element spezifiziert den Basis-URL, der für alle relativen URLs eines Dokuments verwendet wird. Er erscheint nur im Beschreibungsteil innerhalb des <head>-Elements.

Syntax

```
<base
    href="url"
    target="_blank | frame-name | _parent | _self | _top" >
```

XHTML-Syntax

Da <base> ein leeres Element ist, ist ein schließender Schrägstrich erforderlich, bevor die schließende Klammer den Befehl beendet, wie Sie hier sehen:

```
<base />
```

Syntax definiert durch IE5.0/5.5

```
id="string"
```

Attribute

href Dieses Attribut bestimmt den Basis-URL, der als Ausgangspunkt für alle relativen URLs dieses Dokuments gilt.

target Für Dokumente, die Frames enthalten, spezifiziert dieses Element das Standardzielfenster für jeden Verweis, der keine ausdrückliche Zielreferenz hat. Neben den vom Entwickler gewählten Namen gibt es einige spezielle Namenswerte: _blank zeigt den Link in einem neu geöffneten Fenster an, _parent verweist auf den übergeordneten Eltern-Frame, _self zeigt an, das der Link in dem Frame angezeigt wird, aus dem er aufgerufen wird, und _top verweist auf das komplette aktuelle Browserfenster.

Attribut- und Ereignisunterstützung

N4 href und target

IE4 href und target

IE5.5 href, id und target

Event Handler

Keine

Beispiele

```
<base href="http://www.democompany.com/">
<base target="_blank" href="http://www.democompany.com/">
```

XHTML-Beispiele

```
<base href="http://www.democompany.com/" />
<base target="_blank" href="http://www.democompany.com/" />
```

Kompatibilität

HTML 2, 3.2, 4, 4.01; XHTML 1.0

Internet Explorer 2, 3, 4, 5, 5.5; Netscape 1, 2, 3, 4–4.7, 6; Opera 4;WebTV

Hinweise

❑ HTML 2.0 und 3.2 definieren nur das href-Attribut.
❑ XHTML 1.0 erfordert einen Schrägstrich vor der schließenden spitzen Klammer: <base />.

<basefont> (Basis-Font)

Dieses Element bestimmt eine Standardschriftgröße für ein Dokument. Die Schriftgröße kann mit dem <font>-Element relativ zur Basis-Font-Schriftgröße verändert werden. Das <basefont>-Element muss sich in der Nähe des Anfangs des Dokumentkörpers befinden.

Syntax (nur übergangsweise)

```
<basefont
    color="color name | #RRGGBB"
    face="font name(s)"
    id="einmaliger alphanumerischer identifizierer"
    size="1-7 | +/-int">
```

XHTML-Syntax

Da <basefont> ein leeres Element ist, ist ein schließender Schrägstrich erforderlich, bevor die schließende Klammer den Befehl beendet, wie Sie hier sehen:

```
<basefont />
```

Attribute definiert durch IE4

```
class="klassenname(n)"
    lang="sprachcode"
```

Attribute

class Die IE4-Dokumentation zeigt an, dass class für das <basefont>-Element verwendet werden kann, was aber wahrscheinlich ein Fehler in der Dokumentation ist.

color Dieses Attribut bestimmt die Textfarbe entweder durch einen Farbnamen oder im Hexadezimalformat #RRGGBB.

face Dieses Attribut enthält eine Liste von einem oder mehreren Fontnamen. Der Text des Dokuments wird in der erstgenannten Schriftart, die vom Browser des Users unterstützt wird, dargestellt. Ist keiner der aufgelisteten Schriftarten auf dem System des Betrachters verfügbar, verwendet der Browser standardmäßig den installierten Systemfont.

id Siehe *Kern-Attribut-Referenz* weiter oben in diesem Anhang

lang Die Dokumentation des IE4 erwähnt auch die Verwendung des lang-Attributs, um anzuzeigen, welche Sprache verwendet wird. Die Bedeutung dieses Elements ist nicht wohldefiniert.

size Dieses Attribut bestimmt die Schriftgröße als numerischen oder als relativen Wert. Numerische Werte reichen von 1 bis 7, wobei 1 die kleinste Schrift ist, und 3 der Standard.

Attribut- und Ereignisunterstützung

N4 id (impliziert) und size

IE4 Alle Attribute

Event Handler

Keine

Beispiel

```
<basefont color="#FF0000" face="Helvetica" size="+2">
```

XHTML-Beispiel

```
<basefont color="#FF0000" face="Helvetica" size="+2" />
```

Kompatibilität

HTML 2, 3.2, 4, 4.01; XHTML 1.0

Internet Explorer 2, 3, 4, 5, 5.5; Netscape 1, 2, 3, 4–4.7; WebTV

Hinweise

❏ HTML 3.2 unterstützt das <basefont>-Element und das size-Attribut. Die HTML-4.0-Spezifikation unterstützt vorübergehend auch die Attribute color und face.

❏ Die strengere HTML-4.01-Spezifikation unterstützt dieses Element nicht.

❏ Die Fontgrößen, die durch Zahlen spezifiziert werden, sind browserabhängig, nicht absolut.

❏ Die aktuelle Version von N6 unterstützt dieses Element nicht.

❏ XHTML 1.0 verlangt einen schließenden Schrägstrich für dieses Element: <basefont />.

<bdo> (Schreibrichtung ändern)

Dieses Element wird verwendet, um die aktuelle Schreibrichtung zu ändern.

Syntax

```
<bdo>
     class="klassenname(n)"
     dir="ltr | rtl"
     id="einmaliger alphanumerischer identifizierer"
     lang="sprachcode"
     style="stilinformation"
     title="hinweistext">

</bdo>
```

Attribute und Ereignisse definiert durch IE5.5

```
accesskey="taste"
contenteditable="inherit | false | true"
hidefocus="true | false"
language="javascript | jscript | vbs | vbscript | xml"
tabindex="zahl"
unselectable="off | on"
```

Attribute

accesskey Dieses Attribut bestimmt eine Taste zur Navigation mittels Tastatur für dieses Element. Das Drücken der Alt- oder einer vergleichbaren Taste (hängt von Browser und/oder Betriebssystem ab) in Verbindung mit der spezifizierten Taste wählt das Anker-Element aus, das mit dieser Taste verknüpft ist.

class Siehe *Kern-Attribut-Referenz* weiter oben in diesem Anhang

contenteditable Dieses von Microsoft eingeführte Attribut erlaubt es dem User, den dargestellten Inhalt im IE5.5 zu bearbeiten. Mögliche Werte sind `false`, `true` und `inherit`. Der Wert `false` verhindert, dass Inhalte vom User verändert werden, `true` erlaubt das Verändern. Der Standardwert `inherit` übernimmt den Wert des übergeordneten Elements.

dir Dieses Attribut ist für das <bdo>-Element erforderlich. Es bestimmt die Richtung des Textflusses entweder von links nach rechts (`ltr`) oder von rechts nach links (`rtl`).

hidefocus Dieses Element wurde mit dem IE5.5 vorgestellt. Es nimmt den Fokus vom jeweiligen Element. Der Fokus muss dem Element durch das `tabindex`-Attribut zugewiesen worden sein.

id Siehe *Kern-Attribut-Referenz* weiter oben in diesem Anhang

lang Siehe *Sprach-Referenz* weiter oben in diesem Anhang

language Dieses Attribut spezifiziert die Sprache, in der das aktuelle Skript geschrieben ist, und ruft die zugehörige Scripting Engine auf. Der Standardwert ist `JAVASCRIPT`. `JAVASCRIPT` und `JSCRIPT` zeigen an, dass die verwendete Sprache JavaScript ist. `VBS` und `VBScript` weisen auf die Skriptsprache VBScript hin. Es können auch erweiterte Namen wie `JavaScript1.1` verwendet werden, um den Code vor Browsern zu verstecken, die die jeweilige Version der Sprache nicht umsetzen können.

style Siehe *Kern-Attribut-Referenz* weiter oben in diesem Anhang

tabindex Dieses Attribut verwendet eine Zahl, um den Rang des Objekts für die Tastaturnavigation per Tabulatortaste festzulegen. Der IE5.5 stellt dieses Attribut für das `bdo`-Element zur Verfügung; der Fokus kann mit dem `hidefocus`-Attribut deaktiviert werden.

title Siehe *Kern-Attribut-Referenz* weiter oben in diesem Anhang

unselectable Diese exklusive Microsoft-Eigenschaft kann verwendet werden, um zu verhindern, dass Inhalte im IE5.5 ausgewählt werden können. Bei Tests hat sich ergeben, dass das nicht immer funktioniert. Die Werte sind `off` (Auswahl erlaubt) und `on` (Auswahl verboten).

Attribut- und Ereignisunterstützung

IE5.5 Laut IE-Dokumentation werden alle Attribute, plus `contenteditable`, `hidefocus`, `language`, `tabindex` und `unselectable` unterstützt.

Event Handler

Keine

Beispiel

```
<!-- Textrichtung ändern -->
<bdo dir="rtl">Dieser Text wird von rechts nach links fließen, wenn Sie einen
Browser finden, der dieses Element unterstuetzt.
</bdo>
```

Kompatibilität

HTML 4, 4.01; XHTML 1.0

Internet Explorer 5, 5.5

Hinweis

❑ Der IE5 war der erste Browser, der dieses Element unterstützte. Zurzeit ist <bdo> das einzige Element, mit dem das dir-Attribut funktioniert.

<bgsound> (Backgroundsound)

Dieses IE- und WebTV-Element verbindet die Seite mit einem Hintergrundsound.

Syntax (definiert durch IE4)

```
<bgsound
        balance="number"
        class="klassenname(n)"
        id="einmaliger alphanumerischer identifizierer"
        lang="sprachcode"
        loop="zahl"
        src="url of sound file"
        title="hinweistext"
        volume="number">
```

Attribute

balance Dieses Attribut definiert eine Zahl zwischen -10000 und +10000, mit der bestimmt wird, wie die Lautstärke zwischen den Lautsprechern geteilt wird.

class Siehe *Kern-Attribut-Referenz* weiter oben in diesem Anhang

id Siehe *Kern-Attribut-Referenz* weiter oben in diesem Anhang

lang Siehe *Sprach-Referenz* weiter oben in diesem Anhang

loop Dieses Attribut zeigt die Anzahl der Wiederholungen an, die ein Sound gespielt wird. Der Wert ist entweder eine Zahl oder das Schlüsselwort infinite (unendlich).

src Dieses Attribut bestimmt den URL der Sounddatei, die gespielt werden soll. Diese Datei muss einen der folgenden Typen haben: .wav, .au oder .mid.

title Siehe *Kern-Attribut-Referenz* weiter oben in diesem Anhang

volume Dieses Attribut definiert die Lautstärke des Hintergrundsounds durch eine Zahl zwischen -10000 und 0.

Attribut- und Ereignisunterstützung

IE4 Alle Attribute

Event Handler

Keine

Beispiele

```
<bgsound src="sound1.mid">

<bgsound src="sound2.au" loop="infinite">
```

Kompatibilität

Internet Explorer 2, 3, 4, 5, 5.5; WebTV

Hinweis

❑ Eine ähnliche Funktionalität kann mit Netscape erreicht werden, wenn das <embed>-Element verwendet wird, um LiveAudio zu initialisieren.

<big> (Große Schrift)

Dieses Element zeigt an, dass der eingebundene Text in einer, verglichen mit der aktuellen Schriftgröße, größeren Schriftgröße dargestellt werden soll.

Syntax

```
<big
     class="klassenname(n)"
     dir="ltr | rtl"
     id="einmaliger alphanumerischer identifizierer"
     lang="sprachcode"
     style="stilinformation"
     title="hinweistext"
     onclick="script"
     ondblclick="script"
     onkeydown="script"
     onkeypress="script"
     onkeyup="script"
     onmousedown="script"
     onmousemove="script"
     onmouseout="script"
     onmouseover="script"
     onmouseup="script">
</big>
```

Attribute und Ereignisse definiert durch IE4

```
language="javascript | jscript | vbs | vbsript"
ondragstart="script"
onhelp="script"
onselectstart="script"
```

Attribute und Ereignisse definiert durch IE5.5

```
accesskey="taste"
contenteditable="false | true | inherit"
hidefocus="true | false"
tabindex="zahl"
```

Attribute

accesskey Dieses Attribut bestimmt eine Taste zur Navigation mittels Tastatur für dieses Element. Das Drücken der Alt- oder einer vergleichbaren Taste (hängt von Browser und/oder Betriebssystem ab) in Verbindung mit der spezifizierten Taste wählt das Anker-Element aus, das mit dieser Taste verknüpft ist.

class Siehe *Kern-Attribut-Referenz* weiter oben in diesem Anhang

contenteditable Dieses von Microsoft eingeführte Attribut erlaubt es dem User, den dargestellten Inhalt im IE5.5 zu bearbeiten. Mögliche Werte sind `false`, `true` und `inherit`. Der Wert `false` verhindert, dass Inhalte vom User verändert werden, `true` erlaubt das Verändern. Der Standardwert `inherit` übernimmt den Wert des übergeordneten Elements.

dir Siehe *Sprach-Referenz* weiter oben in diesem Anhang

hidefocus Dieses Element wurde mit dem IE5.5 vorgestellt. Es nimmt den Fokus vom jeweiligen Element. Der Fokus muss dem Element durch das `tabindex`-Attribut zugewiesen worden sein.

id Siehe *Kern-Attribut-Referenz* weiter oben in diesem Anhang

lang Siehe *Sprach-Referenz* weiter oben in diesem Anhang

language Dieses Attribut spezifiziert die Sprache, in der das aktuelle Skript geschrieben ist, und ruft die zugehörige Scripting Engine auf. Der Standardwert ist `JAVASCRIPT`. `JAVASCRIPT` und `JSCRIPT` zeigen an, dass die verwendete Sprache JavaScript ist. `VBS` und `VBScript` weisen auf die Skriptsprache VBScript hin.

style Siehe *Kern-Attribut-Referenz* weiter oben in diesem Anhang

tabindex Dieses Attribut verwendet eine Zahl, um den Rang des Objekts für die Tastaturnavigation per Tabulatortaste festzulegen. IE5.5 fügt dieses Attribut zum `<big>`-Element hinzu. Unter IE5.5 kann dieser Fokus mit dem `hidefocus`-Attribut deaktiviert werden.

title Siehe *Kern-Attribut-Referenz* weiter oben in diesem Anhang

Attribut- und Ereignisunterstützung

N4 `class`, `id`, `lang` und `style` sind impliziert.

IE4 Alle Attribute und Ereignisse außer `dir`

IE5.5 Wie IE4, plus `contenteditable`, `dir`, `hidefocus` und `tabindex`

Event Handler

Siehe *Ereignis-Referenz* weiter oben in diesem Anhang

Beispiel

```
Dieser Text ist normal groß. <big>Dieser Text ist größer.</big>
```

Kompatibilität

HTML 2, 3.2, 4, 4.01; XHTML 1.0

Internet Explorer 2, 3, 4, 5, 5.5; Netscape 1, 2, 3, 4–4.7, 6; Opera 4; WebTV

Hinweis

❑ HTML 3.2 unterstützt keine Attribute für dieses Element.

<blink> (Blinkende Textdarstellung)

Dieses Netscape-spezifische Element bewirkt, dass der umgebene Text langsam blinkt.

Syntax (Definiert durch Netscape)

```
<blink
    class="klassenname(n)"
    id="einmaliger alphanumerischer identifizierer"
    lang="sprachcode"
    style="stilinformation">

</blink>
```

Attribute

class Siehe *Kern-Attribut-Referenz* weiter oben in diesem Anhang

id Siehe *Kern-Attribut-Referenz* weiter oben in diesem Anhang

lang Siehe *Sprach-Referenz* weiter oben in diesem Anhang

style Siehe *Kern-Attribut-Referenz* weiter oben in diesem Anhang

Attribut- und Ereignisunterstützung

N4 Alle Attribute

Event Handler

Keine

Beispiel

```
<blink>Nervig, nicht wahr?</blink>
```

Kompatibilität

Netscape 1, 2, 3, 4–4.7, 6

Hinweis

❑ Obwohl es nicht ausdrücklich in der Netscape-Dokumentation definiert wird, gelten hier die Attribute class, id, lang und style und haben unter N4 oder höher eine Bedeutung.

\<blockquote> (Zitatabsatz)

Dieser absatzformatierende Befehl zeigt an, dass der eingeschlossene Text ein längeres Zitat ist. Normalerweise wird das durch Einrückung dargestellt.

Syntax

```
<blockquote
      cite="url der informationsquelle"
      class="klassenname(n)"
      dir="ltr | rtl"
      id="einmaliger alphanumerischer identifizierer"
      lang="sprachcode"
      style="stilinformation"
      title="hinweistext"
      onclick="script"
      ondblclick="script"
      onkeydown="script"
      onkeypress="script"
      onkeyup="script"
      onmousedown="script"
      onmousemove="script"
      onmouseout="script"
      onmouseover="script"
      onmouseup="script">

</blockquote>
```

Attribute und Ereignisse definiert durch IE4

```
language="javascript | jscript | vbs | vbscript"
ondragstart="script"
onhelp="script"
onselectstart="script"
```

Attribute und Ereignisse definiert durch IE5.5

```
accesskey="taste"
contenteditable="false | true | inherit"
hidefocus="true | false"
tabindex="zahl"
```

Attribute

accesskey Dieses Attribut bestimmt eine Taste zur Navigation mittels Tastatur für dieses Element. Das Drücken der Alt- oder einer vergleichbaren Taste (hängt von Browser und/oder Betriebssystem ab) in Verbindung mit der spezifizierten Taste wählt das Anker-Element aus, das mit dieser Taste verknüpft ist.

cite Der Wert dieses Attributs sollte ein URL eines Dokuments sein, in der die zitierte Information gefunden werden kann.

class Siehe *Kern-Attribut-Referenz* weiter oben in diesem Anhang

contenteditable Dieses von Microsoft eingeführte Attribut erlaubt es dem User, den dargestellten Inhalt im IE5.5 zu bearbeiten. Mögliche Werte sind `false`, `true` und `inherit`. Der Wert `false` verhindert, dass Inhalte vom User verändert werden, `true` erlaubt das Verändern. Der Standardwert `inherit` übernimmt den Wert des übergeordneten Elements.

dir Siehe *Sprach-Referenz* weiter oben in diesem Anhang

hidefocus Dieses Element wurde mit dem IE5.5 vorgestellt. Es nimmt den Fokus vom jeweiligen Element. Der Fokus muss dem Element durch das `tabindex`-Attribut zugewiesen worden sein.

id Siehe *Kern-Attribut-Referenz* weiter oben in diesem Anhang

lang Siehe *Sprach-Referenz* weiter oben in diesem Anhang

language Dieses Attribut spezifiziert die Sprache, in der das aktuelle Skript geschrieben ist, und ruft die zugehörige Scripting Engine auf. Der Standardwert ist JAVASCRIPT. JAVASCRIPT und JSCRIPT zeigen an, dass die verwendete Sprache JavaScript ist. VBS und VBScript weisen auf die Skriptsprache VBScript hin.

style Siehe *Kern-Attribut-Referenz* weiter oben in diesem Anhang

tabindex Dieses Attribut verwendet eine Zahl, um den Rang des Objekts für die Tastaturnavigation per Tabulatortaste festzulegen. Der IE5.5 fügt dieses Attribut zum <blockquote>-Element hinzu. Unter IE5.5 kann dieser Fokus mit dem `hidefocus`-Attribut deaktiviert werden.

title Siehe *Kern-Attribut-Referenz* weiter oben in diesem Anhang

Attribut- und Ereignisunterstützung

N4 `class`, `id`, `lang` und `style`

IE4 Alle Attribute und Ereignisse außer `cite` und `dir`

IE5.5 Wie IE4, plus `contenteditable`, `dir`, `hidefocus` und `tabindex`

Event Handler

Siehe *Ereignis-Referenz* weiter oben in diesem Anhang

Beispiel

```
Der folgende Absatz stammt aus unserem Märzreport:
<blockquote cite="maerzreport.htm"> ... text ...
</blockquote>
```

Kompatibilität

HTML 2, 3.2, 4, 4.01; XHTML 1.0

Internet Explorer 2, 3, 4, 5, 5.5; Netscape 1, 2, 3, 4–4.7, 6; Opera 4; WebTV

Hinweise

❑ HTML 2.0 und 3.2 unterstützen keine Attribute für dieses Element.

❑ Einige Browser unterstützen noch die Kurzschreibweise <bq>.

<body> (Dokumentkörper)

Dieses Element umschließt den darstellbaren Inhalt des Dokuments, im Gegensatz zum beschreibenden und informierenden Inhalt, der im <head>-Element enthalten ist.

Syntax

```
<body
     alink="color name | #RRGGBB" (übergangsweise)
     background="url of background image" (Übergangsweise)
     bgcolor="color name | #RRGGBB" (übergangsweise)
     class="klassenname(n)"
     dir="ltr | rtl"
     id="einmaliger alphanumerischer identifizierer"
     lang="sprachcode"
     link="color name | #RRGGBB" (übergangsweise)
     style="stilinformation"
     text="color name | #RRGGBB" (übergangsweise)
     title="hinweistext"
     vlink="color name | #RRGGBB" (übergangsweise)
     onclick="script"
     ondblclick="script"
     onkeydown="script"
     onkeypress="script"
     onkeyup="script"
     onload="script"
     onmousedown="script"
     onmousemove="script"
     onmouseout="script"
     onmouseover="script"
     onmouseup="script"
     onunload="script">

</body>
```

XHTML-Syntax-Hinweise

❑ Unter XHTML 1.0 wird das Schluss-Tag </body> nicht länger als optional angesehen.

Attribute und Ereignisse definiert durch IE4

```
bgproperties="fixed"
bottommargin="pixel"
language="javascript | jscript | vbs | vbscript"
leftmargin="pixel"
rightmargin="pixel"
scroll="no | yes"
topmargin="pixel"
onafterupdate="script"
onbeforeunload="script"
onbeforeupdate="script"
ondragstart="script"
onhelp="script"
onrowenter="script"
onrowexit="script"
onscroll="script"
onselect="script"
onselectstart="script"
```

Attribute und Ereignisse definiert durch IE5.5

```
accesskey="taste"
contenteditable="false | true | inherit"
hidefocus="true | false"
tabindex="zahl"
```

Ereignisse definiert durch N4

```
onblur="script"
onfocus="script"
marginheight="pixel"
marginwidth="pixel"
```

Attribute

accesskey Dieses Attribut bestimmt eine Taste zur Navigation mittels Tastatur für dieses Element. Das Drücken der Alt- oder einer vergleichbaren Taste (hängt von Browser und/oder Betriebssystem ab) in Verbindung mit der spezifizierten Taste wählt das Anker-Element aus, das mit dieser Taste verknüpft ist.

alink Dieses Attribut bestimmt die Farbe für aktive Verweise innerhalb eines Dokuments. Ein Link befindet sich dann im aktiven Zustand, wenn er angeklickt wird. Der Wert dieses Attributs kann entweder ein reservierter Farbname oder ein im Hexadezimalcode definierter Farbwert (#RRGGBB) sein.

background Dieses Attribut enthält den URL für eine Grafikdatei, die für die Darstellung des Dokumenthintergrunds verwendet werden soll.

bgcolor Dieses Attribut bestimmt die Hintergrundfarbe eines Dokuments. Der Wert dieses Attributs kann entweder ein reservierter Farbname oder ein im Hexadezimalcode definierter Farbwert (#RRGGBB) sein.

bgproperties Dieses Attribut hat nur den Wert `fixed`, der bewirkt, dass die Hintergrundgrafik als Wasserzeichen fest an einer Stelle bleibt und nicht mit den Inhalten scrollt.

bottommargin Dieses Attribut bestimmt den Abstand des Dokumentkörpers zum unteren Rand des Browserfensters oder Frames und überschreibt den Standardwert. Wird der Wert auf 0 gesetzt, ist die untere Kante des Fensters oder des Frames, in dem sich das Dokument befindet, die Grenze.

class Siehe *Kern-Attribut-Referenz* weiter oben in diesem Anhang

contenteditable Dieses von Microsoft eingeführte Attribut erlaubt es dem User, den dargestellten Inhalt im IE5.5 zu bearbeiten. Mögliche Werte sind `false`, `true` und `inherit`. Der Wert `false` verhindert, dass Inhalte vom User verändert werden, `true` erlaubt das Verändern. Der Standardwert `inherit` übernimmt den Wert des übergeordneten Elements.

dir Siehe *Sprach-Referenz* weiter oben in diesem Anhang

hidefocus Dieses Element wurde mit dem IE5.5 vorgestellt. Es nimmt den Fokus vom jeweiligen Element. Der Fokus muss dem Element durch das `tabindex`-Attribut zugewiesen worden sein.

id Siehe *Kern-Attribut-Referenz* weiter oben in diesem Anhang

lang Siehe *Sprach-Referenz* weiter oben in diesem Anhang

language Dieses Attribut spezifiziert die Sprache, in der das aktuelle Skript geschrieben ist, und ruft die zugehörige Scripting Engine auf. Der Standardwert ist `JAVASCRIPT`. `JAVASCRIPT` und `JSCRIPT` zeigen an, dass die verwendete Sprache JavaScript ist. `VBS` und `VBScript` weisen auf die Skriptsprache VBScript hin.

leftmargin Dieses IE-spezifische Attribut bestimmt den Abstand des Dokumentkörpers zum linken Rand des Browserfensters oder Frames. Wird der Wert auf 0 gesetzt, ist die linke Kante des Fensters oder des Frames, in dem sich das Dokument befindet, die Grenze.

link Dieses Attribut bestimmt die Farbe für Verweise innerhalb eines Dokuments, die noch nicht aufgesucht wurden. Der Wert dieses Attributs kann entweder ein reservierter Farbname oder ein im Hexadezimalcode definierter Farbwert (#RRGGBB) sein.

marginheight Dieses Netscape-spezifische Attribut bestimmt den Abstand eines Elements zum oberen Rand in Pixel. Wird der Wert auf 0 oder "" gesetzt, ist die obere Kante des Fensters oder des Frames, in dem sich das Dokument befindet, die Grenze. Es ist das Äquivalent zum IE-Attribut `top-margin`.

marginwidth Dieses Netscape-spezifische Attribut bestimmt den linken und rechten Abstand eines Elements zum seitlichen Rand in Pixel. Wird der Wert auf 0 oder "" gesetzt, sind die seitlichen Kanten des Fensters oder des Frames, in dem sich das Dokument befindet, die Grenze. Es ist das Äquivalent zu den IE-Attributen `left-margin` und `right-margin`.

rightmargin Dieses IE-spezifische Attribut bestimmt den Abstand des Dokumentkörpers zum rechten Rand des Browserfensters oder Frames. Wird der Wert auf 0 gesetzt, ist die rechte Kante des Fensters oder des Frames, in dem sich das Dokument befindet, die Grenze.

scroll Dieses Attribut aktiviert oder deaktiviert die Rollbalken des Fensters. Der Standardwert ist `yes`.

style Siehe *Kern-Attribut-Referenz* weiter oben in diesem Anhang

tabindex Dieses Attribut verwendet eine Zahl, um den Rang des Objekts für die Tastaturnavigation per Tabulatortaste festzulegen. Der IE5.5 fügt dieses Attribut zum `<body>`-Element hinzu. Wenn das Element an der Reihe ist, wird das gesamte Dokument durch Drücken der Tabulatortaste ausgewählt. Unter IE5.5 kann dieser Fokus mit dem `hidefocus`-Attribut deaktiviert werden.

text Dieses Attribut bestimmt die Textfarbe entweder durch einen Farbnamen oder im Hexadezimalformat #RRGGBB.

title Siehe *Kern-Attribut-Referenz* weiter oben in diesem Anhang

topmargin Dieses IE-spezifische Attribut bestimmt den Abstand des Dokumentkörpers zum oberen Rand des Browserfensters oder Frames in Pixeln. Wird der Wert auf 0 gesetzt, ist die obere Kante des Fensters oder des Frames, in dem sich das Dokument befindet, die Grenze.

vlink Dieses Attribut bestimmt die Farbe für bereits besuchte Verweise innerhalb eines Dokuments. Der Wert dieses Attributs kann entweder ein reservierter Farbname oder ein im Hexadezimalcode definierter Farbwert (#RRGGBB) sein.

Attribut- und Ereignisunterstützung

N4 alink, background, bgcolor, link, text, vlink, onblur, onfocus, onload und onunload (class, id, lang und style sind impliziert.)

IE4 Alle W3C-definierten Attribute und Ereignisse außer dir, alle Attribute und Ereignisse definiert durch den IE4, sowie onblur und onfocus

IE5.5 Wie IE4, plus contenteditable, dir, hidefocus und tabindex

Event Handler

Siehe *Ereignis-Referenz* weiter oben in diesem Anhang

Beispiel

```
<body background="checkered.gif"
      bgcolor="white"
      alink="red"
      link="blue"
      vlink="red"
      text="black"> ... </body>


<!-Die Funktion myLoadFunction wird im Dokumentkopf im <SCRIPT>-Element definiert
-->
<body onload="myLoadFunction()"> ... </body>
```

Kompatibilität

HTML 2, 3.2, 4, 4.01; XHTML 1.0

Internet Explorer 2, 3, 4, 5, 5.5; Netscape 1, 2, 3, 4–4.7, 6; Opera 4; WebTV

Hinweise

❑ Wenn Textfarben definiert werden, ist es wichtig, dass sowohl die Vordergrund- als auch die Hintergrundfarbe explizit spezifiziert werden, damit der Text nicht auf Grund der Voreinstellungen durch den Betrachter unsichtbar wird.
❑ Unter der strengen HTML-4.01-Spezifikation sind keine Farbeinstellungen und Hintergrundattribute zulässig. Dazu gehören auch die Attribute alink, background, bgcolor, link, text und vlink.
❑ Dieses Element muss in allen Dokumenten, außer denen, die ein Frameset definieren, vorhanden sein.
❑ Unter XHTML 1.0 ist ein Schluss-Tag Pflicht.

 (Zeilenumbruch)

Dieses leere Element erzwingt einen Zeilenumbruch.

Syntax

```
<br
    class="klassenname(n)"
    clear="all | left | Keine | right" (Übergangsweise)
    id="einmaliger alphanumerischer identifizierer"
    style="stilinformation"
    title="hinweistext">
```

XHTML-1.0-Syntax

Da <br> ein leeres Element ist, ist ein schließender Schrägstrich erforderlich, bevor die schließende Klammer den Befehl beendet, wie Sie hier sehen:

```
<br />
```

Attribute definiert durch IE4

```
language="javascript | jscript | vbs | vbscript"
```

Attribute

class Siehe *Kern-Attribut-Referenz* weiter oben in diesem Anhang

clear Dieses Attribut erzwingt das Einfügen von vertikalem Freiraum, damit der so markierte Text unter Berücksichtigung der Grafik positioniert werden kann. Der Wert left befreit die linke Seite der Grafik von umfließendem Text, der Wert right befreit die rechte Seite der Grafik von umfließendem Text. Der Wert all verhindert komplett das Umfließen der Grafik durch Text. Der Standardwert gemäß der HTML-4-Spezifikation ist none.

id Siehe *Kern-Attribut-Referenz* weiter oben in diesem Anhang

language Dieses Attribut spezifiziert die Sprache, in der das aktuelle Skript geschrieben ist, und ruft die zugehörige Scripting Engine auf. Der Standardwert ist JAVASCRIPT. JAVASCRIPT und JSCRIPT zeigen an, dass die verwendete Sprache JavaScript ist. VBS und VBScript weisen auf die Skriptsprache VBScript hin.

style Siehe *Kern-Attribut-Referenz* weiter oben in diesem Anhang

title Siehe *Kern-Attribut-Referenz* weiter oben in diesem Anhang

Attribut- und Ereignisunterstützung

N4 clear (class, id und style werden von der Netscape-Dokumentation impliziert.)

IE4 Alle Attribute

Event Handler

Keine

Beispiele

```
Dieser Text wird hier umbrochen<br>und hier in einer neuen Zeile fortgesetzt.

<img src="test.gif" align="right">
Das ist die Bildunterschrift.<br clear="right">
```

XHTML-Beispiele

```
Dieser Text wird hier umbrochen<br />und hier in einer neuen Zeile fortgesetzt.

<img src="test.gif" align="right" />
Das ist die Bildunterschrift.<br clear="right" />
```

Kompatibilität

HTML 2, 3.2, 4, 4.01; XHTML 1.0

Internet Explorer 2, 3, 4, 5, 5.5; Netscape 1, 2, 3, 4–4.7, 6; Opera 4; WebTV

Hinweise

❑ Das ist ein leeres Element. Ein Schluss-Tag ist in allen HTML-Spezifikationen untersagt. Für XHTML-Kompatibilität ist ein abschließender Schrägstrich erforderlich: <br />.
❑ Unter der strengen HTML-4.01-Spezifikation ist das clear-Attribut nicht gültig. Style-Sheet-Regeln bieten eine vergleichbare Funktionalität.

<button> (Formular-Button)

Dieses Element definiert eine benannte Region, auch Button genannt, die in Verbindung mit Skripten verwendet werden kann.

Syntax

```
<button
    accesskey="taste"
    class="klassenname(n)"
    dir="ltr | rtl"
    disabled
    id="einmaliger alphanumerischer identifizierer"
    lang="sprachcode"
    name="buttonname"
    style="stilinformation"
    tabindex="zahl"
    title="hinweistext"
    type="button | reset | submit"
    value="button value"
    onblur="script"
    onclick="script"
```

```
        ondblclick="script"
        onfocus="script"
        onkeydown="script"
        onkeypress="script"
        onkeyup="script"
        onmousedown="script"
        onmousemove="script"
        onmouseout="script"
        onmouseover="script"
        onmouseup="script">

    </button>
```

Attribute und Ereignisse definiert durch IE4

```
        datafld="spaltenname"
        dataformatas="html | text"
        datasrc="id der datenquelle"
        language="javascript | jscript | vbs | vbscript"
        onafterupdate="script"
        onbeforeupdate="script"
        ondragstart="script"
        onhelp="script"
        onresize="script"
        onrowenter="script"
        onrowexit="script"
        onselectstart="script"
    Attribute und Ereignisse definiert durch IE5.5
    contenteditable="false | true | inherit"
    hidefocus="true | false"
    Attribute
```

accesskey Dieses Attribut bestimmt eine Taste zur Navigation mittels Tastatur für dieses Element. Das Drücken der Alt- oder einer vergleichbaren Taste (hängt von Browser und/oder Betriebssystem ab) in Verbindung mit der spezifizierten Taste wählt das Anker-Element aus, das mit dieser Taste verknüpft ist.

class Siehe *Kern-Attribut-Referenz* weiter oben in diesem Anhang

contenteditable Dieses von Microsoft eingeführte Attribut erlaubt es dem User, den dargestellten Inhalt im IE5.5 zu bearbeiten. Mögliche Werte sind `false`, `true` und `inherit`. Der Wert `false` verhindert, dass Inhalte vom User verändert werden, `true` erlaubt das Verändern. Der Standardwert `inherit` übernimmt den Wert des übergeordneten Elements.

datafld Dieses Attribut spezifiziert den Spaltennamen der Datenquellen, von der das Objekt seine Daten bezieht.

dataformatas Dieses Attribut zeigt an, ob die verknüpften Daten im HTML-Format oder als reiner Text gespeichert sind.

datasrc Dieses Attribut gibt die `id` der Datenquelle an, in der die Daten bereitgestellt werden.

dir Siehe *Sprach-Referenz* weiter oben in diesem Anhang

disabled Dieses Attribut wird verwendet, um den Button zu deaktivieren.

hidefocus Dieses Element wurde mit dem IE5.5 vorgestellt. Es nimmt den Fokus vom jeweiligen Element. Der Fokus muss dem Element durch das `tabindex`-Attribut zugewiesen worden sein.

id Siehe *Kern-Attribut-Referenz* weiter oben in diesem Anhang

lang Siehe *Sprach-Referenz* weiter oben in diesem Anhang

language Dieses Attribut spezifiziert die Sprache, in der das aktuelle Skript geschrieben ist, und ruft die zugehörige Scripting Engine auf. Der Standardwert ist `JAVASCRIPT`. `JAVASCRIPT` und `JSCRIPT` zeigen an, dass die verwendete Sprache JavaScript ist. `VBS` und `VBScript` weisen auf die Skriptsprache VBScript hin.

name Dieses Attribut wird verwendet, um einen Namen für den Button zu definieren, unter dem er von einem Skript angesprochen werden kann, oder weil ein Name benötigt wird, wenn es mehr als einen Button auf einer Seite gibt.

style Siehe *Kern-Attribut-Referenz* weiter oben in diesem Anhang

tabindex Dieses Attribut verwendet eine Zahl, um den Rang des Objekts für die Tastaturnavigation per Tabulatortaste festzulegen.

title Siehe *Kern-Attribut-Referenz* weiter oben in diesem Anhang

type Definiert den Buttontyp. Gemäß HTML-4.01-Spezifikation ist ein Button standardmäßig nicht definiert. Mögliche Werte sind `button`, `reset` und `submit`, mit denen festgelegt wird, ob der Button leer ist oder ob er zum Verwerfen oder zum Absenden der Formulardaten dient.

value Definiert den Wert, der an den Server übermittelt wird, wenn der Button gedrückt wird. Das kann sinnvoll sein, wenn es mehrere `submit`-Buttons auf einer Seite gibt, die verschiedene Aufgaben übernehmen. In diesem Fall entscheidet das CGI-Programm anhand des gedrückten Buttons, welche Aufgaben durchgeführt werden.

Attribut- und Ereignisunterstützung

IE4 Alle Attribute und Ereignisse außer `dir`, `name`, `tabindex` und `value`

IE5.5 Alle Attribute und Ereignisse, plus `contenteditable`, `hidefocus` und `tabindex`

Event Handler

Siehe *Ereignis-Referenz* weiter oben in diesem Anhang

Beispiele

```
<button name="submit"
        value="Submit"
        type="submit">Daten versenden</button>

<button type="button"
        onclick="machetwas()">Klicken Sie auf diesen Button</button>

<button type="button">
<img src="punkt.gif" alt="Punkt"></button>
```

Kompatibilität

HTML 4

Internet Explorer 4, 4.5, 5; Netscape 6

Hinweise

❏ Es ist nicht zulässig, eine Imagemap mit einem `<img>`-Element zu verbinden, die als Inhalt eines `button`-Elements erscheint.

❏ Die HTML-4.01-Spezifikation reserviert die Attribute `datafld`, `dataformatas` und `datasrc` für den zukünftigen Gebrauch.

`<caption>` (Bild- oder Tabellenunterschrift)

Dieses Element wird sowohl für Grafiken als auch für Tabellen verwendet, um eine Unterschrift zu erstellen.

Syntax

```
<caption
     align="bottom | left | right | top" (übergangsweise)
     class="klassenname(n)"
     dir="ltr | rtl"
     id="einmaliger alphanumerischer identifizierer"
     lang="sprachcode"
     style="stilinformation"
     title="hinweistext"
     onclick="script"
     ondblclick="script"
     onkeydown="script"
     onkeypress="script"
     onkeyup="script"
     onmousedown="script"
     onmousemove="script"
     onmouseout="script"
     onmouseover="script"
     onmouseup="script">

</caption>
```

Attribute und Ereignisse definiert durch IE4

```
language="javascript | jscript | vbs | vbscript"
valign="bottom | top"
onafterupdate="script"
onbeforeupdate="script"
onblur="script"
onchange="script"
ondragstart="script"
```

```
onfocus="script"
onhelp="script"
onresize="script"
onrowenter="script"
onrowexit="script"
onselect="script"
onselectstart="script"
```

Attribute und Ereignisse definiert durch IE5.5

```
accesskey="taste"
contenteditable="false | true | inherit"
hidefocus="true | false"
tabindex="zahl"
```

Attribute

accesskey Dieses Attribut bestimmt eine Taste zur Navigation mittels Tastatur für dieses Element. Das Drücken der Alt- oder einer vergleichbaren Taste (hängt von Browser und/oder Betriebssystem ab) in Verbindung mit der spezifizierten Taste wählt das Anker-Element aus, das mit dieser Taste verknüpft ist.

align Dieses Attribut wird verwendet, um die Ausrichtung der Überschrift zu spezifizieren. Die HTML-4-Spezifikation definiert die Werte `bottom`, `left`, `right` und `top`. Microsoft und WebTV unterstützen auch den Wert `center`. Da hier nicht die Möglichkeit besteht, die vertikale und die horizontale Ausrichtung zu kombinieren, hat Microsoft das Attribut `valign` für das `<caption>`-Element eingeführt.

class Siehe *Kern-Attribut-Referenz* weiter oben in diesem Anhang

contenteditable Dieses von Microsoft eingeführte Attribut erlaubt es dem User, den dargestellten Inhalt im IE5.5 zu bearbeiten. Mögliche Werte sind `false`, `true` und `inherit`. Der Wert `false` verhindert, dass Inhalte vom User verändert werden, `true` erlaubt das Verändern. Der Standardwert `inherit` übernimmt den Wert des übergeordneten Elements.

dir Siehe *Sprach-Referenz* weiter oben in diesem Anhang

hidefocus Dieses Element wurde mit dem IE5.5 vorgestellt. Es nimmt den Fokus vom jeweiligen Element. Der Fokus muss dem Element durch das `tabindex`-Attribut zugewiesen worden sein.

id Siehe *Kern-Attribut-Referenz* weiter oben in diesem Anhang

lang Siehe *Sprach-Referenz* weiter oben in diesem Anhang

language Dieses Attribut spezifiziert die Sprache, in der das aktuelle Skript geschrieben ist, und ruft die zugehörige Scripting Engine auf. Der Standardwert ist `JAVASCRIPT`. `JAVASCRIPT` und `JSCRIPT` zeigen an, dass die verwendete Sprache JavaScript ist. `VBS` und `VBScript` weisen auf die Skriptsprache VBScript hin.

style Siehe *Kern-Attribut-Referenz* weiter oben in diesem Anhang

tabindex Dieses Attribut verwendet eine Zahl, um den Rang des Objekts für die Tastaturnavigation per Tabulatortaste festzulegen. Der IE5.5 fügt dieses Attribut zum `<caption>`-Element hinzu. Unter IE5.5 kann dieser Fokus mit dem `hidefocus`-Attribut deaktiviert werden.

title Siehe *Kern-Attribut-Referenz* weiter oben in diesem Anhang

valign Diese IE-spezifische Eigenschaft gibt an, ob der Tabellentitel am Anfang oder am Ende erscheint.

Attribut- und Ereignisunterstützung

N4 `align` (`class`, `id`, `lang` und `style` sind impliziert.)

IE4 Alle Attribute und Ereignisse außer `dir`

IE5.5 Wie IE4, plus `contenteditable`, `dir`, `hidefocus` und `tabindex`

Event Handler

Siehe *Ereignis-Referenz* weiter oben in diesem Anhang

Beispiel

```
<table>
    <caption align="top">Unsere erfolgreichsten Jahre</caption>
        <tr>
            <td>1959</td>
            <td>1980</td>
            <td>1992</td>
        </tr>
</table>
```

Kompatibilität

HTML 2, 3.2, 4, 4.01; XHTML 1.0

Internet Explorer 2, 3, 4, 5, 5.5; Netscape 1, 2, 3, 4–4.7, 6; Opera 4; WebTV

Hinweise

❏ Es sollte nur eine Überschrift pro Tabelle geben.
❏ HTML 3.2 definiert nur das `align`-Attribut mit den Werten `bottom` und `top`. Gemäß HTML 4 sind keine weiteren Attribute definiert.

<center> (Zentrierte Ausrichtung)

Dieses Element bewirkt, dass die umgebenen Inhalte innerhalb der aktuellen Begrenzungen zentriert werden. Die Begrenzung wird entweder durch den Standard oder durch andere Elemente, wie z.B. Tabellen, definiert.

Syntax (Nur übergangsweise)

```
<center
    class="klassenname(n)"
    dir="ltr | rtl"
    id="einmaliger alphanumerischer identifizierer"
    lang="sprachcode"
    style="stilinformation"
    title="hinweistext"
```

```
        onclick="script"
        ondblclick="script"
        onkeydown="script"
        onkeypress="script"
        onkeyup="script"
        onmousedown="script"
        onmousemove="script"
        onmouseout="script"
        onmouseover="script"
        onmouseup="script">

    </center>
```

Attribute und Ereignisse definiert durch IE4

```
    language="javascript | jscript | vbs | vbscript"
    ondragstart="script"
    onhelp="script"
    onselectstart="script"
```

Attribute und Ereignisse definiert durch IE5.5

```
    accesskey="taste"
    contenteditable="false | true | inherit"
    hidefocus="true | false"
    tabindex="zahl"
```

Attribute

accesskey Dieses Attribut bestimmt eine Taste zur Navigation mittels Tastatur für dieses Element. Das Drücken der Alt- oder einer vergleichbaren Taste (hängt von Browser und/oder Betriebssystem ab) in Verbindung mit der spezifizierten Taste wählt das Anker-Element aus, das mit dieser Taste verknüpft ist.

class Siehe *Kern-Attribut-Referenz* weiter oben in diesem Anhang

contenteditable Dieses von Microsoft eingeführte Attribut erlaubt es dem User, den dargestellten Inhalt im IE5.5 zu bearbeiten. Mögliche Werte sind `false`, `true` und `inherit`. Der Wert `false` verhindert, dass Inhalte vom User verändert werden, `true` erlaubt das Verändern. Der Standardwert `inherit` übernimmt den Wert des übergeordneten Elements.

dir Siehe *Sprach-Referenz* weiter oben in diesem Anhang

hidefocus Dieses Element wurde mit dem IE5.5 vorgestellt. Es nimmt den Fokus vom jeweiligen Element. Der Fokus muss dem Element durch das `tabindex`-Attribut zugewiesen worden sein.

id Siehe *Kern-Attribut-Referenz* weiter oben in diesem Anhang

lang Siehe *Sprach-Referenz* weiter oben in diesem Anhang

language Dieses Attribut spezifiziert die Sprache, in der das aktuelle Skript geschrieben ist, und ruft die zugehörige Scripting Engine auf. Der Standardwert ist JAVASCRIPT. JAVASCRIPT und JSCRIPT zeigen an, dass die verwendete Sprache JavaScript ist. VBS und VBScript weisen auf die Skriptsprache VBScript hin.

style Siehe *Kern-Attribut-Referenz* weiter oben in diesem Anhang

tabindex Dieses Attribut verwendet eine Zahl, um den Rang des Objekts für die Tastaturnavigation per Tabulatortaste festzulegen. Der IE5.5 fügt dieses Attribut zum `<center>`-Element hinzu. Unter IE5.5 kann dieser Fokus mit dem `hidefocus`-Attribut deaktiviert werden.

title Siehe *Kern-Attribut-Referenz* weiter oben in diesem Anhang

Attribut- und Ereignisunterstützung

N4 `class`, `id`, `lang` und `style` sind impliziert.

IE4 Alle Attribute und Ereignisse außer `dir`

IE5.5 Alle Attribute und Ereignisse (einschließlich `dir`) plus `contenteditable`, `hidefocus` und `tabindex`

Event Handler

Siehe *Ereignis-Referenz* weiter oben in diesem Anhang

Beispiel

```
<center>Das ist die Mitte der Seite.</center>
```

Kompatibilität

HTML 3.2, 4 (übergangsweise); HTML 2, 3.2, 4, 4.01; XHTML 1.0

Internet Explorer 2, 3, 4, 5, 5.5; Netscape 1, 2, 3, 4–4.7, 6; Opera 4; WebTV

Hinweise

❏ Das `<center>`-Element wurde vom W3C als Kurzschreibweise für `<div align="center">` definiert. In der strengen Version von HTML 4.01 ist das `<center>`-Element nicht enthalten.
❏ HTML 3.2 unterstützt keine Attribute für dieses Element.

`<cite>` (Zitat)

Dieses Element zeigt ein Zitat aus einem Buch oder einer anderen veröffentlichten Quelle an und wird in der Regel vom Browser kursiv angezeigt.

Syntax

```
<cite
    class="klassenname(n)"
    dir="ltr | rtl"
    id="einmaliger alphanumerischer identifizierer"
    lang="sprachcode"
    style="stilinformation"
    title="hinweistext"
    onclick="script"
    ondblclick="script"
```

```
        onkeydown="script"
        onkeypress="script"
        onkeyup="script"
        onmousedown="script"
        onmousemove="script"
        onmouseout="script"
        onmouseover="script"
        onmouseup="script">

</cite>
```

Attribute und Ereignisse definiert durch IE4

```
language="javascript | jscript | vbs | vbscript"
ondragstart="script"
onhelp="script"
    onselectstart="script"
```

Attribute und Ereignisse definiert durch IE5.5

```
accesskey="taste"
contenteditable="false | true | inherit"
hidefocus="true | false"
tabindex="zahl"
```

Attribute

accesskey Dieses Attribut bestimmt eine Taste zur Navigation mittels Tastatur für dieses Element. Das Drücken der Alt- oder einer vergleichbaren Taste (hängt von Browser und/oder Betriebssystem ab) in Verbindung mit der spezifizierten Taste wählt das Anker-Element aus, das mit dieser Taste verknüpft ist.

class Siehe *Kern-Attribut-Referenz* weiter oben in diesem Anhang

contenteditable Dieses von Microsoft eingeführte Attribut erlaubt es dem User, den dargestellten Inhalt im IE5.5 zu bearbeiten. Mögliche Werte sind `false`, `true` und `inherit`. Der Wert `false` verhindert, dass Inhalte vom User verändert werden, `true` erlaubt das Verändern. Der Standardwert `inherit` übernimmt den Wert des übergeordneten Elements.

dir Siehe *Sprach-Referenz* weiter oben in diesem Anhang

hidefocus Dieses Element wurde mit dem IE5.5 vorgestellt. Es nimmt den Fokus vom jeweiligen Element. Der Fokus muss dem Element durch das `tabindex`-Attribut zugewiesen worden sein.

id Siehe *Kern-Attribut-Referenz* weiter oben in diesem Anhang

lang Siehe *Sprach-Referenz* weiter oben in diesem Anhang

language Dieses Attribut spezifiziert die Sprache, in der das aktuelle Skript geschrieben ist, und ruft die zugehörige Scripting Engine auf. Der Standardwert ist `JAVASCRIPT`. `JAVASCRIPT` und `JSCRIPT` zeigen an, dass die verwendete Sprache JavaScript ist. `VBS` und `VBScript` weisen auf die Skriptsprache VBScript hin.

style Siehe *Kern-Attribut-Referenz* weiter oben in diesem Anhang

tabindex Dieses Attribut verwendet eine Zahl, um den Rang des Objekts für die Tastaturnavigation per Tabulatortaste festzulegen. Der IE5.5 fügt dieses Attribut zum `<cite>`-Element hinzu. Unter IE5.5 kann dieser Fokus mit dem `hidefocus`-Attribut deaktiviert werden.

title Siehe *Kern-Attribut-Referenz* weiter oben in diesem Anhang

Attribut- und Ereignisunterstützung

N4 `class`, `id`, `lang` und `style` sind impliziert.

IE4 Alle Ereignisse und Attribute außer `dir`

IE5.5 Alle Ereignisse und Attribute (einschließlich `dir`), plus `contenteditable`, `hidefocus` und `tabindex`

Event Handler

Siehe *Ereignis-Referenz* weiter oben in diesem Anhang

Beispiel

```
Dieses Beispiel stammt aus <cite>HTML Ent-Packt.</cite>
```

Kompatibilität

HTML 2, 3.2, 4, 4.01; XHTML 1.0

Internet Explorer 2, 3, 4, 5, 5.5; Netscape 1, 2, 3, 4–4.7, 6; Opera 4; WebTV

Hinweis

❑ HTML 2 und 3.2 kennen keine Attribute für dieses Element.

`<code>` (Code-Listing)

Dieses Element zeigt an, dass der eingeschlossene Text ein Quelltext in einer Programmiersprache ist. Normalerweise wird er in einer nicht-proportionalen Schrift angezeigt.

Syntax

```
<code
    class="klassenname(n)"
    dir="ltr | rtl"
    id="einmaliger alphanumerischer identifizierer"
    lang="sprachcode"
    style="stilinformation"
    title="hinweistext"
    onclick="script"
    ondblclick="script"
    onkeydown="script"
    onkeypress="script"
    onkeyup="script"
    onmousedown="script"
```

```
        onmousemove="script"
        onmouseout="script"
        onmouseover="script"
        onmouseup="script">


    </code>
```

Attribute und Ereignisse definiert durch IE4

```
language="javascript | jscript | vbs | vbscript"
ondragstart="script"
onhelp="script"
onselectstart="script"
```

Attribute definiert durch IE5.5

```
contenteditable="false | true | inherit"
```

Attribute

class Siehe *Kern-Attribut-Referenz* weiter oben in diesem Anhang

contenteditable Dieses von Microsoft eingeführte Attribut erlaubt es dem User, den dargestellten Inhalt im IE5.5 zu bearbeiten. Mögliche Werte sind false, true und inherit. Der Wert false verhindert, dass Inhalte vom User verändert werden, true erlaubt das Verändern. Der Standardwert inherit übernimmt den Wert des übergeordneten Elements.

dir Siehe *Sprach-Referenz* weiter oben in diesem Anhang

id Siehe *Kern-Attribut-Referenz* weiter oben in diesem Anhang

lang Siehe *Sprach-Referenz* weiter oben in diesem Anhang

language Dieses Attribut spezifiziert die Sprache, in der das aktuelle Skript geschrieben ist, und ruft die zugehörige Scripting Engine auf. Der Standardwert ist JAVASCRIPT. JAVASCRIPT und JSCRIPT zeigen an, dass die verwendete Sprache JavaScript ist. VBS und VBScript weisen auf die Skriptsprache VBScript hin.

style Siehe *Kern-Attribut-Referenz* weiter oben in diesem Anhang

title Siehe *Kern-Attribut-Referenz* weiter oben in diesem Anhang

Attribut- und Ereignisunterstützung

N4 class, id, lang und style sind impliziert.

IE4 Alle Attribute und Ereignisse außer dir

IE5.5 Alle Attribute und Ereignisse, plus contenteditable und dir

Event Handler

Siehe *Ereignis-Referenz* weiter oben in diesem Anhang

Beispiel

Um eine Variable namens count einzubinden, verwenden Sie <code>count++</code>.

Kompatibilität

HTML 2, 3.2, 4, 4.01; XHTML 1.0

Internet Explorer 2, 3, 4, 5, 5.5; Netscape 1, 2, 3, 4–4.7, 6; Opera 4; WebTV

Hinweise

❏ Dieses Element ist am besten für kurze Code-Fragmente geeignet, da sie keine spezielle Einrückung benötigen.

❏ HTML 2.0 und 3.2 unterstützen keine Attribute für dieses Element.

<col> (Spalte)

Dieses Element definiert eine Spalte innerhalb einer Tabelle und wird zum Ausrichten und für Gruppierungen verwendet. In der Regel wird es innerhalb des <colgroup>-Elements gefunden.

Syntax

```
<col
      align="center | char | justify | left | right"
      char="zeichen"
      charoff="number"
      class="klassenname(n)"
      dir="ltr | rtl"
      id="einmaliger alphanumerischer identifizierer"
      lang="sprachcode"
      span="number"
      style="stilinformation"
      title="hinweistext"
      valign="baseline | bottom | middle | top"
      width="column width Spezifikation"
      onclick="script"
      ondblclick="script"
      onkeydown="script"
      onkeypress="script"
      onkeyup="script"
      onmousedown="script"
      onmousemove="script"
      onmouseout="script"
      onmouseover="script"
      onmouseup="script">
```

XHTML-Syntax

Da <col> ein leeres Element ist, ist ein schließender Schrägstrich erforderlich, bevor die schließende Klammer das Tag beendet, wie Sie hier sehen:

```
<col />
```

Syntax definiert durch IE5.5

```
bgcolor="color name | #RRGGBB"
```

Attribute

align Dieses Attribut spezifiziert die horizontale Ausrichtung der Inhalte einer Zelle.

bgcolor Bestimmt die Hintergrundfarbe aller Zellen der Spalte (nur bei IE5.5).

char Dieses Attribut wird verwendet, um ein Zeichen zu definieren, an dem die Inhalte einer Zelle ausgerichtet werden. Normalerweise wird hierfür ein Komma oder ein Punkt verwendet, wenn Zahlen oder Geldwerte ausgerichtet werden sollen.

charoff Dieses Attribut gibt eine Anzahl von Zeichen an, die zur Ausrichtung der Zeichen dienen, die mit dem char-Wert definiert werden.

class Siehe *Kern-Attribut-Referenz* weiter oben in diesem Anhang

dir Siehe *Sprach-Referenz* weiter oben in diesem Anhang

id Siehe *Kern-Attribut-Referenz* weiter oben in diesem Anhang

lang Siehe *Sprach-Referenz* weiter oben in diesem Anhang

span Wenn dieses Attribut vorhanden ist, werden die Attribute des <col>-Elements auf die nachfolgenden Spalten angewendet.

style Siehe *Kern-Attribut-Referenz* weiter oben in diesem Anhang

title Siehe *Kern-Attribut-Referenz* weiter oben in diesem Anhang

valign Diese Eigenschaft bestimmt die vertikale Ausrichtung des Textes innerhalb der Zelle. Mögliche Werte für dieses Attribut sind baseline, bottom, middle und top.

width Dieses Attribut definiert die Standardbreite für jede Spalte in der aktuellen Spaltengruppe. Zusätzlich zu den Standard-Pixel- und Prozentwerten kann dieses Attribut auch die Spezialform 0* annehmen, was bedeutet, dass die Breite jeder Spalte in der Gruppe auf das notwendige Minimum reduziert wird. Es können auch relative Breiten wie 0.5* verwendet werden.

Attribut- und Ereignisunterstützung

IE4 align (center | left | right), class, id, span, style, title, valign und width

IE5.5 Fügt bgcolor, dir und lang hinzu

Event Handler

Siehe *Ereignis-Referenz* weiter oben in diesem Anhang

Beispiel

```
<table border="1" width="400">
<colgroup>
<col align="center" width="150"><col align="right">
</colgroup>

  <td>Diese Spalte ist zentriert.</td>
  <td>Diese ist rechts ausgerichtet.</td>
</tr>

<tr><td>!</td><td>?</td></tr>

<tr><td>!</td><td>?</td></tr>
</table>
```

XHTML-Beispiel

```
<table border="1" width="400">
<colgroup>
<col align="center" width="150"/><col align="right" />
</colgroup>

  <td>Diese Spalte ist zentriert.</td>
  <td>Diese ist rechts ausgerichtet.</td>
</tr>

<tr><td>!</td><td>?</td></tr>

<tr><td>!</td><td>?</td></tr>
</table>
```

Kompatibilität

HTML 4, 4.01; XHTML 1.0

Internet Explorer 4, 5, 5.5

Hinweise

❑ Als leeres Element benötigt <col> kein Schluss-Tag.

❑ Unter XHTML 1.0 benötigt <col> einen schließenden Schrägstrich: <col />.

❑ Dieses Element erscheint in der Regel innerhalb des <colgroup>-Elements. Es ist so etwas wie ein Element, das der Bequemlichkeit dient, da damit die Attribute für mehrere Spalten gleichzeitig bestimmt werden können.

<colgroup> (Spaltengruppe)

Dieses Element erstellt eine Spaltengruppe zu Formatierungszwecken oder um mit Skriptsprachen auf diese Gruppe zugreifen zu können.

Syntax

```
<colgroup
      align="center | char | justify | left | right"
      char="zeichen"
      charoff="number"
      class="klassenname(n)"
      dir="ltr | rtl"
      id="einmaliger alphanumerischer identifizierer"
      lang="sprachcode"
      span="number"
      style="stilinformation"
      title="hinweistext"
      valign="baseline | bottom | middle | top"
      width="column width Spezifikation"
      onclick="script"
      ondblclick="script"
      onkeydown="script"
      onkeypress="script"
      onkeyup="script"
      onmousedown="script"
      onmousemove="script"
      onmouseout="script"
      onmouseover="script"
      onmouseup="script">

      <col> elements

</colgroup>
```

XHTML-1.0-Syntax

Unter XHTML 1.0 wird das Schluss-Tag </colgroup> Pflicht.

Attribute

align Dieses Attribut spezifiziert die horizontale Ausrichtung der Inhalte der Zellen einer Spaltengruppe. Die Bedeutung der Werte center, left und right ist offensichtlich. Der Wert justify richtet die Inhalte im Blocksatz aus. Der Wert char richtet die Elemente basierend auf dem Wert des char-Attributs in Verbindung mit charoff aus.

char Dieses Attribut wird verwendet, um ein Zeichen zu definieren, an dem die Inhalte einer Zelle ausgerichtet werden. Normalerweise wird hierfür ein Komma oder ein Punkt verwendet, wenn Zahlen oder Geldwerte ausgerichtet werden sollen.

charoff Dieses Attribut gibt eine Anzahl von Zeichen an, die zur Ausrichtung der Zeichen dienen, die mit dem char-Wert definiert werden.

class Siehe *Kern-Attribut-Referenz* weiter oben in diesem Anhang

dir Siehe *Sprach-Referenz* weiter oben in diesem Anhang

id Siehe *Kern-Attribut-Referenz* weiter oben in diesem Anhang

lang Siehe *Sprach-Referenz* weiter oben in diesem Anhang

span Wenn dieses Attribut vorhanden ist, spezifiziert es eine Anzahl von Spalten in dieser Gruppe. Browser sollten dieses Attribut ignorieren, wenn die aktuelle Spaltengruppe ein oder mehr <col>-Elemente enthält. Der Standardwert dieses Attributs ist 1.

style Siehe *Kern-Attribut-Referenz* weiter oben in diesem Anhang

title Siehe *Kern-Attribut-Referenz* weiter oben in diesem Anhang

valign Diese Eigenschaft bestimmt die vertikale Ausrichtung der Inhalte der Zellen innerhalb der Spalte.

width Dieses Attribut definiert die Standardbreite für jede Spalte in der aktuellen Spaltengruppe. Zusätzlich zu den Standard-Pixel- und Prozentwerten kann dieses Attribut auch die Spezialform 0* annehmen, was bedeutet, dass die Breite jeder Spalte in der Gruppe auf das notwendige Minimum reduziert wird.

Attribut- und Ereignisunterstützung

IE4 `align` (`center` | `left` | `right`), `class`, `id`, `span`, `style`, `title`, `valign` und `width`

IE5.5 `align` (`center` | `justify` | `left` | `right`), `class`, `dir`, `id`, `lang`, `span`, `style` und `valign`

Event Handler

Siehe *Ereignis-Referenz* weiter oben in diesem Anhang

Beispiele

```
<colgroup span="10" align="char" char=":" valign="center">

<colgroup style="background: green">
<col align="left">
<col align="center">
</colgroup>
```

Kompatibilität

HTML 4, 4.01; XHTML 1.0

Internet Explorer 4, 5, 5.5

Hinweise

❏ Jede Spaltengruppe, die durch <colgroup> definiert wird, kann null oder mehr <col>-Elemente enthalten.

❏ Unter XHTML 1.0 ist das Schluss-Tag </colgroup> Pflicht.

<comment> (Kommentarinformation)

Dieses Nicht-Standard-Element behandelt den eingeschlossenen Text als nichtdarstellbare Kommentare. Dieses Element sollte nicht verwendet werden.

Syntax (definiert durch IE4)

```
<comment
      id="einmaliger alphanumerischer identifizierer"
      lang="sprachcode"
      title="hinweistext">

      Kommentierte Informationen

</comment>
```

Attribute

id Siehe *Kern-Attribut-Referenz* weiter oben in diesem Anhang

lang Siehe *Sprach-Referenz* weiter oben in diesem Anhang

title Siehe *Kern-Attribut-Referenz* weiter oben in diesem Anhang

Attribut- und Ereignisunterstützung

IE4 Alle Attribute

Event Handler

Keine

Beispiel

```
<comment>Das ist nicht der richtige Weg Kommentare einzubinden.</comment>
```

Kompatibilität

Internet Explorer 4, 5, 5.5; WebTV

Hinweise

❏ Es ist besser, das `<!-- ... -->` Element zu verwenden, das von allen spezifikationskonformen Browsern unterstützt wird.

❏ Da das `<comment>`-Element nicht von allen Browsern unterstützt wird, kann der so eingefügte Kommentar in Netscape-Browsern angezeigt werden. Obwohl der IE dieses Element noch unterstützt, empfiehlt auch Microsoft die Verwendung von `<!-- ... -->`.

<dd> (Definition in einer Definitionsliste)

Dieses Element bezeichnet die Definition eines Begriffs (`<dt>`) innerhalb einer Definitionsliste (`<dl>`)

Syntax

```
<dd
      class="klassenname(n)"
      dir="ltr | rtl"
      id="einmaliger alphanumerischer identifizierer"
```

```
            lang="sprachcode"
            style="stilinformation"
            title="hinweistext"
            onclick="script"
            ondblclick="script"
            onkeydown="script"
            onkeypress="script"
            onkeyup="script"
            onmousedown="script"
            onmousemove="script"
            onmouseout="script"
            onmouseover="script"
            onmouseup="script">

    </dd>
```

XHTML-Syntax

Unter XHTML 1.0 wird das Schluss-Tag </dd> nicht länger als optional angesehen.

Attribute und Ereignisse definiert durch IE4

```
language="javascript | jscript | vbs | vbscript"
ondragstart="script"
onhelp="script"
onselectstart="script"
```

Attribute und Ereignisse definiert durch IE5.5

```
accesskey="taste"
contenteditable="false | true | inherit"
hidefocus="true | false"
tabindex="zahl"
```

Attribute

accesskey Dieses Attribut bestimmt eine Taste zur Navigation mittels Tastatur für dieses Element. Das Drücken der Alt- oder einer vergleichbaren Taste (hängt von Browser und/oder Betriebssystem ab) in Verbindung mit der spezifizierten Taste wählt das Anker-Element aus, das mit dieser Taste verknüpft ist.

class Siehe *Kern-Attribut-Referenz* weiter oben in diesem Anhang

contenteditable Dieses von Microsoft eingeführte Attribut erlaubt es dem User, den dargestellten Inhalt im IE5.5 zu bearbeiten. Mögliche Werte sind `false`, `true` und `inherit`. Der Wert `false` verhindert, dass Inhalte vom User verändert werden, `true` erlaubt das Verändern. Der Standardwert `inherit` übernimmt den Wert des übergeordneten Elements.

dir Siehe *Sprach-Referenz* weiter oben in diesem Anhang

id Siehe *Kern-Attribut-Referenz* weiter oben in diesem Anhang

hidefocus Dieses Element wurde mit dem IE5.5 vorgestellt. Es nimmt den Fokus vom jeweiligen Element. Der Fokus muss dem Element durch das `tabindex`-Attribut zugewiesen worden sein.

lang Siehe *Sprach-Referenz* weiter oben in diesem Anhang

language Dieses Attribut spezifiziert die Sprache, in der das aktuelle Skript geschrieben ist, und ruft die zugehörige Scripting Engine auf. Der Standardwert ist JAVASCRIPT. JAVASCRIPT und JSCRIPT zeigen an, dass die verwendete Sprache JavaScript ist. VBS und VBScript weisen auf die Skriptsprache VBScript hin.

style Siehe *Kern-Attribut-Referenz* weiter oben in diesem Anhang

tabindex Dieses Attribut verwendet eine Zahl, um den Rang des Objekts für die Tastaturnavigation per Tabulatortaste festzulegen. Der IE5.5 fügt dieses Attribut zum `<dd>`-Element hinzu. Unter IE5.5 kann dieser Fokus mit dem `hidefocus`-Attribut deaktiviert werden.

title Siehe *Kern-Attribut-Referenz* weiter oben in diesem Anhang

Attribut- und Ereignisunterstützung

N4 `class`, `id`, `lang` und `style`

IE4 Alle Attribute und Ereignisse außer `dir`

IE5.5 Alle Attribute und Ereignisse, plus `contenteditable`, `dir`, `hidefocus` und `tabindex`

Event Handler

Siehe *Ereignis-Referenz* weiter oben in diesem Anhang

Beispiel

```
<dl>
    <dt>Hund</dt>
        <dd>Ein domestiziertes Tier, das ständig um Aufmerksamkeit bettelt.</dd>
    <dt>Katze</dt>
        <dd>Ein Tier, das Sie so lange ignoriert, bis es hungrig wird.</dd>
</dl>
```

Kompatibilität

HTML 2, 3.2, 4, 4.01; XHTML 1.0

Internet Explorer 2, 3, 4, 5, 5.5; Netscape 1, 2, 3, 4–4.7, 6; Opera 4; WebTV

Hinweise

❏ Gemäß der HTML-Spezifikation ist das Schluss-Tag für dieses Element optional. Sie sollten es jedoch verwenden, um die Liste verständlicher zu gestalten.

❏ Unter XHTML 1.0, wird das Schluss-Tag `</dd>` Pflicht.

❏ Dieses Element erscheint innerhalb einer Liste von definierten Begriffen, die vom `<dt>`-Element umgeben werden. Normalerweise tritt es in Verbindung mit dem Begriff auf, den es definiert (`<dt>`).

❏ HTML 2 und 3.2 definieren keine Attribute für dieses Element.

<del> (Gelöschter Text)

Dieses Element wird verwendet, um anzuzeigen, dass Text aus einem Dokument gelöscht wurde. Ein Browser könnte diesen Text durchgestrichen darstellen.

Syntax

```
<del
     cite="url"
     class="klassenname(n)"
     datetime="date"
     dir="ltr | rtl"
     id="einmaliger alphanumerischer identifizierer"
     lang="sprachcode"
     style="stilinformation"
     title="hinweistext"
     onclick="script"
     ondblclick="script"
     onkeydown="script"
     onkeypress="script"
     onkeyup="script"
     onmousedown="script"
     onmousemove="script"
     onmouseout="script"
     onmouseover="script"
     onmouseup="script"
     onselectstart="script">

</del>
```

Attribute und Ereignisse definiert durch IE4

```
language="javascript | jscript | vbs | vbscript"
ondragstart="script"
onhelp="script"
```

Attribute definiert durch IE5.5

```
accesskey="taste"
contenteditable="false | true | inherit"
tabindex="zahl"
```

Attribute

accesskey Dieses Attribut bestimmt eine Taste zur Navigation mittels Tastatur für dieses Element. Das Drücken der Alt- oder einer vergleichbaren Taste (hängt von Browser und/oder Betriebssystem ab) in Verbindung mit der spezifizierten Taste wählt das Anker-Element aus, das mit dieser Taste verknüpft ist.

cite Der Wert dieses Attributs sollte ein URL eines Dokuments sein, in dem die zitierte Information gefunden werden kann.

class Siehe *Kern-Attribut-Referenz* weiter oben in diesem Anhang

contenteditable Dieses von Microsoft eingeführte Attribut erlaubt es dem User, den dargestellten Inhalt im IE5.5 zu bearbeiten. Mögliche Werte sind `false`, `true` und `inherit`. Der Wert `false` verhindert, dass Inhalte vom User verändert werden, `true` erlaubt das Verändern. Der Standardwert `inherit` übernimmt den Wert des übergeordneten Elements.

datetime Dieses Attribut wird verwendet, um den Zeitpunkt des Löschens anzuzeigen. Das Datum wird in einem speziellen Format angegeben, das durch die ISO 8601 definiert wird. Das Basisformat lautet `YYYY-MM-DDThh:mm:ssTZD`, wobei Folgendes gilt:

`YYYY` = Jahreszahl in vier Ziffern

`MM` = Monat in zwei Ziffern (01 = Januar, 02 = Februar usw.)

`DD` = Tag des Monats in zwei Ziffern (01 bis 31)

`hh` = Uhrzeit in zwei Ziffern (00 bis 23) (24 Stunden-Uhr, nicht AM oder PM)

`mm` = Minuten in zwei Ziffern (00 bis 59)

`ss` = Sekunden in zwei Ziffern (00 bis 59)

`TZD` = Zeitzone (time zone designator)

Die Zeitzone ist entweder Z, womit die UTC (Universal Time Coordinate) angezeigt werden, oder +/-`hh:mm`, womit die Zeitabweichung von der UTC beschrieben wird. Achten Sie darauf, den Buchstaben »T« in der Zeitdefinition einzubinden. Es müssen alle Werte belegt sein, wobei auch die Werte für Sekunden und Minuten zweistellig sein müssen. Der Attributwert für den 16. Mai 1992, 17:15 Uhr nach Mitteleuropäischer Zeit hat folgenden Wert: `1992-05-16T17:15:00+01:00`.

dir Siehe *Sprach-Referenz* weiter oben in diesem Anhang

id Siehe *Kern-Attribut-Referenz* weiter oben in diesem Anhang

lang Siehe *Sprach-Referenz* weiter oben in diesem Anhang

language Dieses Attribut spezifiziert die Sprache, in der das aktuelle Skript geschrieben ist, und ruft die zugehörige Scripting Engine auf. Der Standardwert ist `JAVASCRIPT`. `JAVASCRIPT` und `JSCRIPT` zeigen an, dass die verwendete Sprache JavaScript ist. `VBS` und `VBScript` weisen auf die Skriptsprache VBScript hin.

style Siehe *Kern-Attribut-Referenz* weiter oben in diesem Anhang

tabindex Dieses Attribut verwendet eine Zahl, um den Rang des Objekts für die Tastaturnavigation per Tabulatortaste festzulegen. Der IE5.5 fügt dieses Attribut zum `<del>`-Element hinzu.

title Siehe *Kern-Attribut-Referenz* weiter oben in diesem Anhang

Attribut- und Ereignisunterstützung

IE4 Alle Attribute und Ereignisse außer `cite`, `datetime` und `dir`

IE5.5 Wie IE4, plus `contenteditable`, `dir` und `tabindex`

Event Handler

Siehe *Ereignis-Referenz* weiter oben in diesem Anhang

Beispiel

```
<del cite="http://www.bigcompany.com/sport/fra.htm"
     datetime="1992-05-16T17:15:00+01:00">
Eine ganze Region feiert den Erfolg.</del>
```

Kompatibilität

HTML 4, 4.01; XHTML 1.0

Internet Explorer 4, 5, 5.5; Netscape 6

Hinweise

❏ Browser können gelöschten Text (<del>) auf unterschiedliche Weise darstellen. Der Internet Explorer zeigt solche Texte durchgestrichen an. Eventuell kann ein Browser auch die »Geschichte« der Seite anzeigen. Browser, die <del> oder <ins> nicht verstehen, zeigen die Informationen trotzdem an, so dass keine Gefahr davon ausgeht, wenn Sie Informationen hinzufügen. Da Text, der von <del> und </del> umgeben wird, eventuell angezeigt wird, kann es sinnvoll sein, diesen auszukommentieren, wie es hier gezeigt wird:

```
<del>
<!-- Das ist eine alte Information. -->
</del>
```

❏ Das <del>-Element wird nicht von den HTML-Spezifikationen 2 und 3.2 unterstützt.

<dfn> (Definition)

Dieses Element enthält eine Definition. Es wird gewöhnlich fett oder fett und kursiv dargestellt.

Syntax

```
<dfn
     class="klassenname(n)"
     dir="ltr | rtl"
     id="einmaliger alphanumerischer identifizierer"
     lang="sprachcode"
     style="stilinformation"
     title="hinweistext"
     onclick="script"
     ondblclick="script"
     onkeydown="script"
     onkeypress="script"
     onkeyup="script"
     onmousedown="script"
     onmousemove="script"
     onmouseout="script"
     onmouseover="script"
     onmouseup="script">

</dfn>
```

Attribute und Ereignisse definiert durch IE4

```
language="javascript | jscript | vbs | vbscript"
ondragstart="script"
onhelp="script"
onselectstart="script"
```

Attribute und Ereignisse definiert durch IE5.5

```
accesskey="taste"
contenteditable="false | true | inherit"
hidefocus="true | false"
tabindex="zahl"
```

Attribute

accesskey Dieses Attribut bestimmt eine Taste zur Navigation mittels Tastatur für dieses Element. Das Drücken der Alt- oder einer vergleichbaren Taste (hängt von Browser und/oder Betriebssystem ab) in Verbindung mit der spezifizierten Taste wählt das Anker-Element aus, das mit dieser Taste verknüpft ist.

class Siehe *Kern-Attribut-Referenz* weiter oben in diesem Anhang

contenteditable Dieses von Microsoft eingeführte Attribut erlaubt es dem User, den dargestellten Inhalt im IE5.5 zu bearbeiten. Mögliche Werte sind `false`, `true` und `inherit`. Der Wert `false` verhindert, dass Inhalte vom User verändert werden, `true` erlaubt das Verändern. Der Standardwert `inherit` übernimmt den Wert des übergeordneten Elements.

dir Siehe *Sprach-Referenz* weiter oben in diesem Anhang

hidefocus Dieses Element wurde mit dem IE5.5 vorgestellt. Es nimmt den Fokus vom jeweiligen Element. Der Fokus muss dem Element durch das `tabindex`-Attribut zugewiesen worden sein.

id Siehe *Kern-Attribut-Referenz* weiter oben in diesem Anhang

lang Siehe *Sprach-Referenz* weiter oben in diesem Anhang

language Dieses Attribut spezifiziert die Sprache, in der das aktuelle Skript geschrieben ist, und ruft die zugehörige Scripting Engine auf. Der Standardwert ist `JAVASCRIPT`. `JAVASCRIPT` und `JSCRIPT` zeigen an, dass die verwendete Sprache JavaScript ist. `VBS` und `VBScript` weisen auf die Skriptsprache VBScript hin.

style Siehe *Kern-Attribut-Referenz* weiter oben in diesem Anhang

tabindex Dieses Attribut verwendet eine Zahl, um den Rang des Objekts für die Tastaturnavigation per Tabulatortaste festzulegen. Der IE5.5 fügt dieses Attribut zum <dfn>-Element hinzu. Unter IE5.5 kann dieser Fokus mit dem `hidefocus`-Attribut deaktiviert werden.

title Siehe *Kern-Attribut-Referenz* weiter oben in diesem Anhang

Attribut- und Ereignisunterstützung

IE4 Alle Attribute und Ereignisse außer `dir`

IE5.5 Alle Attribute und Ereignisse, plus `accesskey`, `contenteditable`, `hidefocus` und `tabindex`

Event Handler

Siehe *Ereignis-Referenz* weiter oben in diesem Anhang

Beispiel

```
Ein <dfn>Elefant</dfn> ist ein zu großes Haustier, wenn man nicht so wohlhabend
wie Bill Gates ist.
```

Kompatibilität

HTML 2, 3.2, 4, 4.01

Internet Explorer 2, 3, 4, 5, 5.5; Netscape 6; Opera 4; WebTV

Hinweis

❏ HTML 2 und 3.2 definieren keine Attribute für dieses Element.

<dir> (Directory List)

Dieses Element umgibt eine kurze Liste von unsortierten Elementen. Den einzelnen Objekten wird ein <li>-Element vorangestellt. Die Verwendung dieses Befehls wird nicht empfohlen, da es nicht Teil der strikten HTML-4.01-Spezifikation ist und nur wenig Nutzen bietet.

Syntax (Nur übergangsweise)

```
<dir
      class="klassenname(n)"
      compact
      dir="ltr | rtl"
      id="einmaliger alphanumerischer identifizierer"
      lang="sprachcode"
      style="stilinformation"
      title="hinweistext"
      onclick="script"
      ondblclick="script"
      onkeydown="script"
      onkeypress="script"
      onkeyup="script"
      onmousedown="script"
      onmousemove="script"
      onmouseout="script"
      onmouseover="script"
      onmouseup="script">

</dir>
```

XHTML-Syntax

Da in XHTML 1.0 die Minimierung von Attributen nicht mehr gilt, muss das compact-Attribut einen Wert in Anführungszeichen haben:

```
<dir compact="compact"></dir>
```

Attribute und Ereignisse definiert durch IE4

```
language="javascript | jscript | vbs | vbscript"
ondragstart="script"
onhelp="script"
onselectstart="script"
```

Attribute und Ereignisse definiert durch IE5.5

```
accesskey="taste"
contenteditable="false | true | inherit"
hidefocus="true | false"
tabindex="zahl"
```

Attribute

accesskey Dieses Attribut bestimmt eine Taste zur Navigation mittels Tastatur für dieses Element. Das Drücken der Alt- oder einer vergleichbaren Taste (hängt von Browser und/oder Betriebssystem ab) in Verbindung mit der spezifizierten Taste wählt das Anker-Element aus, das mit dieser Taste verknüpft ist.

class Siehe *Kern-Attribut-Referenz* weiter oben in diesem Anhang

compact Dieses Attribut reduziert die Freiräume zwischen den Listenelementen.

contenteditable Dieses von Microsoft eingeführte Attribut erlaubt es dem User, den dargestellten Inhalt im IE5.5 zu bearbeiten. Mögliche Werte sind false, true und inherit. Der Wert false verhindert, dass Inhalte vom User verändert werden, true erlaubt das Verändern. Der Standardwert inherit übernimmt den Wert des übergeordneten Elements.

dir Siehe *Sprach-Referenz* weiter oben in diesem Anhang

hidefocus Dieses Element wurde mit dem IE5.5 vorgestellt. Es nimmt den Fokus vom jeweiligen Element. Der Fokus muss dem Element durch das tabindex-Attribut zugewiesen worden sein.

id Siehe *Kern-Attribut-Referenz* weiter oben in diesem Anhang

lang Siehe *Sprach-Referenz* weiter oben in diesem Anhang

language Dieses Attribut spezifiziert die Sprache, in der das aktuelle Skript geschrieben ist, und ruft die zugehörige Scripting Engine auf. Der Standardwert ist JAVASCRIPT. JAVASCRIPT und JSCRIPT zeigen an, dass die verwendete Sprache JavaScript ist. VBS und VBScript weisen auf die Skriptsprache VBScript hin.

style Siehe *Kern-Attribut-Referenz* weiter oben in diesem Anhang

tabindex Dieses Attribut verwendet eine Zahl, um den Rang des Objekts für die Tastaturnavigation per Tabulatortaste festzulegen. Der IE5.5 fügt dieses Attribut zum <dir> Element hinzu. Unter IE5.5 kann dieser Fokus mit dem hidefocus-Attribut deaktiviert werden.

title Siehe *Kern-Attribut-Referenz* weiter oben in diesem Anhang

Attribut- und Ereignisunterstützung

N4 `class`, `id`, `lang` und `style` sind impliziert.

IE4 Alle WC3-Ereignisse und -Attribute außer `compact` und `dir`, alle durch IE4 definierten Attribute und Ereignisse

IE5.5 Alle WC3-Ereignisse und -Attribute außer `compact`, alle durch IE4 und IE5.5 definierten Attribute und Ereignisse

Event Handler

Siehe *Ereignis-Referenz* weiter oben in diesem Anhang

Beispiel

```
<dir>
  <li>Header Files
  <li>Code Files
  <li>Comment Files
</dir>
```

Kompatibilität

HTML 2, 3.2, 4 (übergangsweise), 4.01 (übergangsweise); XHTML 1.0

Internet Explorer 2, 3, 4, 5, 5.5; Netscape 1, 2, 3, 4–4.7, 6; Opera 4; WebTV

Hinweise

❑ Da das `<dir>`-Element für die Verwendung mit kurzen Listen gedacht ist, sollte die Länge der einzelnen Listenelemente höchstens 20 Zeichen betragen.

❑ Die strikte HTML-4.01-Spezifikation unterstützt dieses Element nicht.

❑ Viele Browser stellen das `<dir>`-Element nicht anders als das `<ul>`-Element dar.

❑ Viele Browser stellen den Listenstil `compact` nicht dar.

❑ HTML 2 und 3.2 unterstützen nur das `compact`-Attribut.

❑ Um XHTML-kompatibel zu sein, muss das `compact`-Attribut erweitert werden: `<dir compact="compact">`.

`<div>` (Division)

Dieses Element weist auf einen Absatz in einem Dokument hin, dessen Inhalt als eine logische Einheit behandelt werden soll.

Syntax

```
<div
    align="center | justify | left | right" (übergangsweise)
    class="klassenname(n)"
    datafld="spaltenname"(reserviert)
    dataformatas="html | text" (reserviert)
```

```
      datasrc="id der datenquelle" (reserviert)
      dir="ltr | rtl"
      id="einmaliger alphanumerischer identifizierer"
      lang="sprachcode"
      style="stilinformation"
      title="hinweistext"
      onclick="script"
      ondblclick="script"
      onkeydown="script"
      onkeypress="script"
      onkeyup="script"
      onmousedown="script"
      onmousemove="script"
      onmouseout="script"
      onmouseover="script"
      onmouseup="script">

</div>
```

Attribute und Ereignisse definiert durch IE4

```
language="javascript | jscript | vbs | vbscript"
onafterupdate="script"
onbeforeupdate="script"
onblur="script"
ondragstart="script"
onfocus="script"
onhelp="script"
onresize="script"
onrowenter="script"
onrowexit="script"
onscroll="script"
onselectstart="script"
```

Attribute und Ereignisse definiert durch IE5.5

```
accesskey="taste"
contenteditable="false | true | inherit"
hidefocus="true | false"
tabindex="zahl"
```

Attribute

accesskey Dieses Attribut bestimmt eine Taste zur Navigation mittels Tastatur für dieses Element. Das Drücken der Alt- oder einer vergleichbaren Taste (hängt von Browser und/oder Betriebssystem ab) in Verbindung mit der spezifizierten Taste wählt das Anker-Element aus, das mit dieser Taste verknüpft ist.

align This attribute indicates how the tagged text should be horizontally aligned on the page. The default value is **left**. The **justify** value is supported only by the Microsoft implementation.

charset Dieses Attribut definiert die Zeichenentschlüsselung der verknüpften Informationsquelle. Der Wert ist eine durch Leerzeichen und/oder Kommata getrennte Liste von Zeichensätzen, die in RFC 2045 definiert ist. Der Standardwert ist `ISO-8859-1`.

class Siehe *Kern-Attribut-Referenz* weiter oben in diesem Anhang

contenteditable Dieses von Microsoft eingeführte Attribut erlaubt es dem User, den dargestellten Inhalt im IE5.5 zu bearbeiten. Mögliche Werte sind `false`, `true` und `inherit`. Der Wert `false` verhindert, dass Inhalte vom User verändert werden, `true` erlaubt das Verändern. Der Standardwert `inherit` übernimmt den Wert des übergeordneten Elements.

datafld Dieses Attribut spezifiziert den Namen einer Spalte der Datenquelle, in der die verknüpften Daten gespeichert sind.

dataformatas Dieses Attribut zeigt an, ob die verbundenen Daten reiner Text oder HTML sind.

datasrc Dieses Attribut zeigt den `id`-Wert des Datenquellenobjekts an, das die mit diesem Objekt verknüpften Daten enthält.

dir Siehe *Sprach-Referenz* weiter oben in diesem Anhang

hidefocus Dieses Element wurde mit dem IE5.5 vorgestellt. Es nimmt den Fokus vom jeweiligen Element. Der Fokus muss dem Element durch das `tabindex`-Attribut zugewiesen worden sein.

id Siehe *Kern-Attribut-Referenz* weiter oben in diesem Anhang

lang Siehe *Sprach-Referenz* weiter oben in diesem Anhang

language Dieses Attribut spezifiziert die Sprache, in der das aktuelle Skript geschrieben ist, und ruft die zugehörige Scripting Engine auf. Der Standardwert ist `JAVASCRIPT`. `JAVASCRIPT` und `JSCRIPT` zeigen an, dass die verwendete Sprache JavaScript ist. `VBS` und `VBScript` weisen auf die Skriptsprache VBScript hin.

style Siehe *Kern-Attribut-Referenz* weiter oben in diesem Anhang

tabindex Dieses Attribut verwendet eine Zahl, um den Rang des Objekts für die Tastaturnavigation per Tabulatortaste festzulegen. Der IE5.5 fügt dieses Attribut zum `<div>`-Element hinzu. Unter IE5.5 kann dieser Fokus mit dem `hidefocus`-Attribut deaktiviert werden.

title Siehe *Kern-Attribut-Referenz* weiter oben in diesem Anhang

Attribut- und Ereignisunterstützung

N4 `align`, `class`, `id`, `lang` und `style`

IE4 Alle Attribute und Ereignisse außer `dir`

IE5.5 Alle Ereignisse und Attribute, plus `accesskey`, `contenteditable`, `hidefocus` und `tabindex`

Event Handler

Siehe *Ereignis-Referenz* weiter oben in diesem Anhang

Beispiele

```
<div align="justify">
Bei den meisten Browsern sollte dieser Text im Blocksatz angezeigt werden</div>
```

```
<div class="special" id="div1" style="background: yellow">
Und jetzt stellt das hier mal dar.
</div>
```

Kompatibilität

HTML 3.2, 4, 4.01; XHTML 1.0

Internet Explorer 2, 3, 4, 5, 5.5; Netscape 2, 3, 4–4.7, 6; Opera 4; WebTV

Hinweise

❑ Viele User sind von der einfachen Verwendung des <div>-Elements verwirrt, da es nichts weiter macht, als einen Absatz zu definieren. Es ist sehr nützlich, um Skripte oder Stilregeln mit einem beliebigen Bereich eines Dokuments zu verbinden. In diesem Sinne ergänzen sich <div> und <span>, das für Bereiche innerhalb von Absätzen verwendet wird.

❑ Die HTML-4.01-Spezifikation legt fest, dass die Attribute datafld, dataformatas und datasrc für <div> reserviert sind und in Zukunft unterstützt werden sollen. Der IE4 unterstützt diese reservierten Attribute bereits.

❑ Unter der strikten HTML-4.01-Spezifikation wird das align-Attribut nicht unterstützt.

❑ HTML 3.2 unterstützt nur das align-Attribut.

<dl> (Definitionsliste)

Dieses Element schließt eine Liste von Begriffen und deren Definitionen ein. Eine übliche Verwendung für dieses Element ist z.B. ein Glossar.

Syntax

```
<dl
    class="klassenname(n)"
    compact
    dir="ltr | rtl"
    id="einmaliger alphanumerischer identifizierer"
    lang="sprachcode"
    style="stilinformation"
    title="hinweistext"
    onclick="script"
    ondblclick="script"
    onkeydown="script"
    onkeypress="script"
    onkeyup="script"
    onmousedown="script"
    onmousemove="script"
    onmouseout="script"
    onmouseover="script"
    onmouseup="script">

</dl>
```

XHTML-Syntax

Da in XHTML 1.0 die Minimierung von Attributen nicht mehr gilt, muss das `compact`-Attribut einen Wert in Anführungszeichen haben:

```
<dl compact="compact"></dl>
```

Attribute und Ereignisse definiert durch IE4

```
language="javascript | jscript | vbs | vbscript"
ondragstart="script"
onhelp="script"
onselectstart="script"
```

Attribute und Ereignisse definiert durch IE5.5

```
accesskey="taste"
contenteditable="false | true | inherit"
hidefocus="true | false"
tabindex="zahl"
```

Attribute

accesskey Dieses Attribut bestimmt eine Taste zur Navigation mittels Tastatur für dieses Element. Das Drücken der Alt- oder einer vergleichbaren Taste (hängt von Browser und/oder Betriebssystem ab) in Verbindung mit der spezifizierten Taste wählt das Anker-Element aus, das mit dieser Taste verknüpft ist.

class Siehe *Kern-Attribut-Referenz* weiter oben in diesem Anhang

compact Dieses Attribut reduziert die Freiräume zwischen den Listenelementen.

contenteditable Dieses von Microsoft eingeführte Attribut erlaubt es dem User, den dargestellten Inhalt im IE5.5 zu bearbeiten. Mögliche Werte sind `false`, `true` und `inherit`. Der Wert `false` verhindert, dass Inhalte vom User verändert werden, `true` erlaubt das Verändern. Der Standardwert `inherit` übernimmt den Wert des übergeordneten Elements.

dir Siehe *Sprach-Referenz* weiter oben in diesem Anhang

hidefocus Dieses Element wurde mit dem IE5.5 vorgestellt. Es nimmt den Fokus vom jeweiligen Element. Der Fokus muss dem Element durch das `tabindex`-Attribut zugewiesen worden sein.

id Siehe *Kern-Attribut-Referenz* weiter oben in diesem Anhang

lang Siehe *Sprach-Referenz* weiter oben in diesem Anhang

language Dieses Attribut spezifiziert die Sprache, in der das aktuelle Skript geschrieben ist, und ruft die zugehörige Scripting Engine auf. Der Standardwert ist JAVASCRIPT. JAVASCRIPT und JSCRIPT zeigen an, dass die verwendete Sprache JavaScript ist. VBS und VBScript weisen auf die Skriptsprache VBScript hin.

style Siehe *Kern-Attribut-Referenz* weiter oben in diesem Anhang

tabindex Dieses Attribut verwendet eine Zahl, um den Rang des Objekts für die Tastaturnavigation per Tabulatortaste festzulegen. Der IE5.5 fügt dieses Attribut zum <dl>-Element hinzu. Unter IE5.5 kann dieser Fokus mit dem `hidefocus`-Attribut deaktiviert werden.

title Siehe *Kern-Attribut-Referenz* weiter oben in diesem Anhang

Attribut- und Ereignisunterstützung

N4 class, compact, id, lang und style

IE4 Alle Attribute und Ereignisse außer dir

IE5.5 Alle Ereignisse und Attribute, plus accesskey, contenteditable, hidefocus und tabindex

Event Handler

Siehe *Ereignis-Referenz* weiter oben in diesem Anhang

Beispiel

```
<dl>
 <dt>Katze
   <dd>Ein Haustier, das Fisch mag.
 <dt>Skunk
   <dd>Ein wildes Tier, das ein Deodorant bräuchte.
 </dl>
```

Kompatibilität

HTML 2, 3.2, 4, 4.01; XHTML 1.0

Internet Explorer 2, 3, 4, 5, 5.5; Netscape 1, 2, 3, 4–4.7, 6; Opera 4; WebTV

Hinweise

❑ Die Elemente in der Liste bestehen aus zwei Teilen: der Begriff, der durch das <dt>-Element angezeigt wird, und seine Definition, die mit dem <dd>-Element initiiert wird.

❑ Einige Entwickler verwenden das <dl>- oder das <ul>-Element, um Texteinrückungen zu bewirken. Obwohl das sehr gebräuchlich ist, ist das nicht ratsam, da es die Bedeutung des Elements missbraucht.

❑ Unter der strikten HTML-4.01-Definition ist das compact-Attribut nicht zulässig.

❑ HTML 2 und 3.2 unterstützen nur das compact-Attribut für dieses Element.

❑ Um XHTML-kompatibel zu sein, muss das compact-Attribut erweitert werden: <dl compact="compact"></dl>.

<dt> (Begriff in einer Definitionsliste)

Dieses Element bezeichnet einen Begriff in einer Definitionsliste.

Syntax

```
<dt
      class="klassenname(n)"
      dir="ltr | rtl"
      id="einmaliger alphanumerischer identifizierer"
      lang="sprachcode"
      style="stilinformation"
```

```
        title="hinweistext"
        onclick="script"
        ondblclick="script"
        onkeydown="script"
        onkeypress="script"
        onkeyup="script"
        onmousedown="script"
        onmousemove="script"
        onmouseout="script"
        onmouseover="script"
        onmouseup="script">
```

XHTML-Syntax

Unter XHTML 1.0 muss das `<dt>`-Element ein Schluss-Tag haben: `<dt></dt>`.

Attribute und Ereignisse definiert durch IE4

```
language="javascript | jscript | vbs | vbscript"
ondragstart="script"
onhelp="script"
onselectstart="script"
```

Attribute und Ereignisse definiert durch IE5.5

```
accesskey="taste"
contenteditable="false | true | inherit"
hidefocus="true | false"
nowrap="true | false"
tabindex="zahl"
```

Attribute

accesskey Dieses Attribut bestimmt eine Taste zur Navigation mittels Tastatur für dieses Element. Das Drücken der Alt- oder einer vergleichbaren Taste (hängt von Browser und/oder Betriebssystem ab) in Verbindung mit der spezifizierten Taste wählt das Anker-Element aus, das mit dieser Taste verknüpft ist.

class Siehe *Kern-Attribut-Referenz* weiter oben in diesem Anhang

contenteditable Dieses von Microsoft eingeführte Attribut erlaubt es dem User, den dargestellten Inhalt im IE5.5 zu bearbeiten. Mögliche Werte sind `false`, `true` und `inherit`. Der Wert `false` verhindert, dass Inhalte vom User verändert werden, `true` erlaubt das Verändern. Der Standardwert `inherit` übernimmt den Wert des übergeordneten Elements.

dir Siehe *Sprach-Referenz* weiter oben in diesem Anhang

hidefocus Dieses Element wurde mit dem IE5.5 vorgestellt. Es nimmt den Fokus vom jeweiligen Element. Der Fokus muss dem Element durch das `tabindex`-Attribut zugewiesen worden sein.

id Siehe *Kern-Attribut-Referenz* weiter oben in diesem Anhang

lang Siehe *Sprach-Referenz* weiter oben in diesem Anhang

language Dieses Attribut spezifiziert die Sprache, in der das aktuelle Skript geschrieben ist, und ruft die zugehörige Scripting Engine auf. Der Standardwert ist JAVASCRIPT. JAVASCRIPT und JSCRIPT zeigen an, dass die verwendete Sprache JavaScript ist. VBS und VBScript weisen auf die Skriptsprache VBScript hin.

nowrap Dieses Attribut bestimmt, ob der Browser einen Zeilenumbruch durchführt. Der Wert true bedeutet, dass er nicht umbricht, der Wert false, dass er umbricht.

style Siehe *Kern-Attribut-Referenz* weiter oben in diesem Anhang

tabindex Dieses Attribut verwendet eine Zahl, um den Rang des Objekts für die Tastaturnavigation per Tabulatortaste festzulegen. Der IE5.5 fügt dieses Attribut zum <dt>-Element hinzu. Unter IE5.5 kann dieser Fokus mit dem hidefocus-Attribut deaktiviert werden.

title Siehe *Kern-Attribut-Referenz* weiter oben in diesem Anhang

Attribut- und Ereignisunterstützung

N4 class, id, lang und style

IE4 Alle Attribute und Ereignisse außer dir

IE5.5 Alle Ereignisse und Attribute, plus accesskey, contenteditable, hidefocus, nowrap und tabindex

Event Handler

Siehe *Ereignis-Referenz* weiter oben in diesem Anhang

Beispiel

```
<dl>
   <dt>Rechen
     <dd>Ein Gartenwerkzeug, um Blätter zusammenzukehren
   <dt>Schippe
     <dd>Ein kleines Gartenwerkzeug, um Erde zu schaufeln.
</dl>
```

Kompatibilität

HTML 2, 3.2, 4, 4.01; XHTML 1.0

Internet Explorer 2, 3, 4, 5, 6; Netscape 1, 2, 3, 4–4.7, 6; Opera 4; WebTV

Hinweise

❏ Dieses Element erscheint innerhalb einer Liste von definierten Begriffen, die vom <dl>-Element umgeben ist. In der Regel wird es zusammen mit dem <dd>-Element verwendet, das eine Definition anzeigt. Das <dt>-Element ist jedoch nicht unbedingt abhängig vom Vorhandensein eines <dd>-Elements.

❏ Das Abschluss-Tag ist zwar optional, wird aber empfohlen, um den Quelltext, vor allem bei mehreren Definitionen, übersichtlicher zu machen.

❏ Unter XHTML 1.0 wird das Schluss-Tag </dt> Pflicht.

❏ HTML 2 und 3.2 unterstützen keine Attribute für dieses Element.

<em> (Betonung)

Dieses Element zeigt einen betonten Text an, der in vielen Browsern als kursiver Text dargestellt wird.

Syntax

```
<em
      class="klassenname(n)"
      dir="ltr | rtl"
      id="einmaliger alphanumerischer identifizierer"
      lang="sprachcode"
      style="stilinformation"
      title="hinweistext"
      onclick="script"
      ondblclick="script"
      onkeydown="script"
      onkeypress="script"
      onkeyup="script"
      onmousedown="script"
      onmousemove="script"
      onmouseout="script"
      onmouseover="script"
      onmouseup="script">

</em>
```

Attribute und Ereignisse definiert durch IE4

```
language="javascript | jscript | vbs | vbscript"
ondragstart="script"
onhelp="script"
onselectstart="script"
```

Attribute und Ereignisse definiert durch IE5.5

```
accesskey="taste"
contenteditable="false | true | inherit"
hidefocus="true | false"
tabindex="zahl"
```

Attribute

accesskey Dieses Attribut bestimmt eine Taste zur Navigation mittels Tastatur für dieses Element. Das Drücken der Alt- oder einer vergleichbaren Taste (hängt von Browser und/oder Betriebssystem ab) in Verbindung mit der spezifizierten Taste wählt das Anker-Element aus, das mit dieser Taste verknüpft ist.

class Siehe *Kern-Attribut-Referenz* weiter oben in diesem Anhang

contenteditable Dieses von Microsoft eingeführte Attribut erlaubt es dem User, den dargestellten Inhalt im IE5.5 zu bearbeiten. Mögliche Werte sind `false`, `true` und `inherit`. Der Wert `false` verhindert, dass Inhalte vom User verändert werden, `true` erlaubt das Verändern. Der Standardwert `inherit` übernimmt den Wert des übergeordneten Elements.

dir Siehe *Sprach-Referenz* weiter oben in diesem Anhang

hidefocus Dieses Element wurde mit dem IE5.5 vorgestellt. Es nimmt den Fokus vom jeweiligen Element. Der Fokus muss dem Element durch das `tabindex`-Attribut zugewiesen worden sein.

id Siehe *Kern-Attribut-Referenz* weiter oben in diesem Anhang

lang Siehe *Sprach-Referenz* weiter oben in diesem Anhang

language Dieses Attribut spezifiziert die Sprache, in der das aktuelle Skript geschrieben ist, und ruft die zugehörige Scripting Engine auf. Der Standardwert ist JAVASCRIPT. JAVASCRIPT und JSCRIPT zeigen an, dass die verwendete Sprache JavaScript ist. VBS und VBScript weisen auf die Skriptsprache VBScript hin.

style Siehe *Kern-Attribut-Referenz* weiter oben in diesem Anhang

tabindex Dieses Attribut verwendet eine Zahl, um den Rang des Objekts für die Tastaturnavigation per Tabulatortaste festzulegen. Der IE5.5 fügt dieses Attribut zum `<em>`-Element hinzu. Unter IE5.5 kann dieser Fokus mit dem `hidefocus`-Attribut deaktiviert werden.

title Siehe *Kern-Attribut-Referenz* weiter oben in diesem Anhang

Attribut- und Ereignisunterstützung

N4 `class`, `id`, `lang` und `style` sind impliziert.

IE4 Alle Attribute und Ereignisse außer `dir`

IE5.5 Alle Ereignisse und Attribute, plus `accesskey`, `contenteditable`, `hidefocus` und `tabindex`

Event Handler

Siehe *Ereignis-Referenz* weiter oben in diesem Anhang

Beispiel

```
Das ist ein <em>wichtiger Punkt</em>, den Sie bedenken sollten.
```

Kompatibilität

HTML 2, 3.2, 4, 4.01; XHTML 1.0

Internet Explorer 2, 3, 4, 5, 5.5; Netscape 1, 2, 3, 4–4.7, 6; Opera 4; WebTV

Hinweise

❏ Als logisches Element ist `<em>` erste Wahl für die Verknüpfung mit Stilinformationen. Um z.B. eine größere Schriftart zur Betonung eines Bereiches zu definieren, können Sie eine CSS-Regel wie die folgende verwenden:

```
em {font-size: larger; font-family: Impact;}
```

❏ HTML 2 und 3.2 unterstützen keine Attribute für dieses Element.

\<embed\> (Eingebundenes Objekt)

Dieses gut unterstützte, aber Nicht-Standard-Element spezifiziert ein Objekt, das in ein HTML-Dokument eingebunden werden soll.

Syntax (definiert durch IE4)

```
<embed
      align="absbottom | absmiddle | baseline | bottom |
             left | middle | right | texttop | top"
      alt="Alternativtext"
      class="klassenname(n)"
      code="filename"
      codebase="url"
      height="pixel"
      hspace="pixel"
      id="einmaliger alphanumerischer identifizierer"
      name="string"
      src="url"
      style="stilinformation"
      title="hinweistext"
      vspace="pixel"
      width="pixel">

</embed>
```

Attribute und Ereignisse definiert durch IE5.5

```
accesskey="taste"
language="javascript | jscript | vbs | vbscript | xml"
```

Attribute definiert durch N4

```
border="pixel"
hidden="true | false"
palette="background | foreground"
pluginspage="url"
type="mime type"
units="en | pixel"
```

Attribute

accesskey Dieses Attribut bestimmt eine Taste zur Navigation mittels Tastatur für dieses Element. Das Drücken der Alt- oder einer vergleichbaren Taste (hängt von Browser und/oder Betriebssystem ab) in Verbindung mit der spezifizierten Taste wählt das Anker-Element aus, das mit dieser Taste verknüpft ist.

align Dieses Attribut bestimmt unter Berücksichtigung des eingebundenen Objekts die Ausrichtung von angrenzendem Text. Der Standardwert ist left.

alt Dieses Attribut enthält eine Zeichenkette, die als Alternative in Browsern angezeigt wird, wenn das Applet nicht dargestellt werden kann.

border Dieses Attribut bestimmt die Größe der Umrandung des Objekts in Pixel.

class Siehe *Kern-Attribut-Referenz* weiter oben in diesem Anhang

code Dieses Attribut spezifiziert den Namen einer Datei, die eine kompilierte Java-Klasse enthält, wenn das <embed>-Element verwendet wurde, um ein Java Applet einzubinden. Diese Funktion ist eine seltsame Microsoft-Alternative für das Einbinden von Java.

codebase Dieses Attribut spezifiziert den Basis-URL für ein PlugIn oder ein potenzielles Applet.

height Dieses Attribut bestimmt die Höhe eines eingebundenen Objekts in Pixel.

hidden Wenn dieses Attribut den Wert `true` hat, ist das eingebundene Objekt auf der Seite nicht sichtbar.

hspace Dieses Attribut bestimmt die Größe des rechten und linken Freiraums zwischen dem eingebundenen Objekt und dem umlaufenden Text in Pixel.

language Dieses Attribut spezifiziert die Sprache, in der das aktuelle Skript geschrieben ist, und ruft die zugehörige Scripting Engine auf. Der Standardwert ist `JAVASCRIPT`. `JAVASCRIPT` und `JSCRIPT` zeigen an, dass die verwendete Sprache JavaScript ist. `VBS` und `VBScript` weisen auf die Skriptsprache VBScript hin. Es können auch erweiterte Namen wie `JavaScript1.1` verwendet werden, um den Code vor Browsern zu verstecken, die die jeweilige Version der Sprache nicht umsetzen können. Der Internet Explorer unterstützt auch XML.

id Siehe *Kern-Attribut-Referenz* weiter oben in diesem Anhang

name Dieses Attribut bestimmt den Namen für ein einzubindendes Objekt, damit es von clientseitigen Programmen und Skriptsprachen angesprochen werden kann.

palette Dieses Attribut wird nur von Windows-Systemen verwendet, um die Farbpalette, die für ein PlugIn verwendet wird, auszuwählen. Mögliche Werte sind `background` (der Standardwert) und `foreground`.

pluginspage Dieses Attribut enthält den URL für die Instruktionen über das Installieren eines für das Objekt benötigten PlugIns.

src Dieses Attribut bestimmt den URL einer Quelle für ein einzubindendes Objekt.

style Siehe *Kern-Attribut-Referenz* weiter oben in diesem Anhang

title Siehe *Kern-Attribut-Referenz* weiter oben in diesem Anhang

type Dieses Attribut bestimmt den MIME-Typ des einzubindenden Objekts. Es wird vom Browser verwendet, um das richtige PlugIn zur Darstellung des Objekts festzustellen. Es kann anstelle des `src`-Attributs für PlugIns verwendet werden.

units Dieses Netscape-spezifische Attribut wird verwendet, um die Maßeinheiten für das eingebundene Objekt entweder auf `en` oder auf `pixel` (der Standard) festzulegen.

vspace Dieses Attribut bestimmt die Größe der oberen und unteren Freiräume zwischen dem eingebundenen Objekt und dem umlaufenden Text.

width Dieses Attribut bestimmt die Breite des eingebundenen Objekts in Pixeln.

Attribut- und Ereignisunterstützung

N4 align (bottom | left | right | top), height, src, width und alle Netscape-definierten Attribute (class, id, lang und style sind impliziert.)

IE4 Alle Microsoft-definierten Attribute und Ereignisse

IE5.5 Wie IE4, plus accesskey und language

Event Handler

Siehe *Ereignis-Referenz* weiter oben in diesem Anhang

Beispiele

```
<!-- embed ohne Schluss-Tag-->
<embed src="testmovie.mov" height="150" width="150">
<noembed>
    <img src="testgif.gif" height="150" width="150" alt="Test Image">
</noembed>

<!-- embed mit Schluss-Tag-->
<embed src="testmovie.mov" height="150" width="150">
<noembed>
    <img src="testgif.gif" height="150" width="150" alt="Test Image">
</noembed>
</embed>
```

Kompatibilität

Internet Explorer 3, 4, 5, 5.5; Netscape 2, 3, 4–4.7; WebTV

Hinweise

❏ Es ist unklar, ob ein Schluss-Tag für <embed> benötigt wird oder nicht. Viele Sites verwenden es nicht, da die Dokumentation sich hier nicht einig ist. Einige Designer sind der Meinung, dass es notwendig ist und den alternativen Inhalt des <noembed>-Elements umgeben sollte. Die Diskussion ist jedoch müßig, da wahrscheinlich bald zugunsten des <object>-Befehls auf <embed> verzichtet werden soll.

❏ Das <embed>-Element wird vom W3C nicht favorisiert und ist kein Bestandteil einer offiziellen HTML-Spezifikation. Trotzdem ist es sehr gebräuchlich. Die HTML-Spezifikation bevorzugt das <object>-Element, das in Verbindung mit <embed> verwendet werden kann, um eine Abwärtskompatibilität zu gewährleisten.

❏ Eingebundene Objekte sind beliebige Multimedia-Dateien, die von Browser-PlugIns dargestellt werden. Das Attribut type verwendet den MIME-Typ der Datei, um das richtige PlugIn auszuwählen. Jedes nicht definierte Attribut wird wie ein objektspezifischer Parameter behandelt und an das Objekt weitergeleitet. Die von Microsoft unterstützten Standardparameter lauten height, name, palette, src, units und width. Für weitere Informationen konsultieren Sie die Dokumentation des PlugIns.

<fieldset> (Formularfeldgruppierung)

Dieses Element erlaubt Designern, Formularfelder zu thematischen Gruppen zusammenzufassen.

Syntax

```
<fieldset
    class="klassenname(n)"
    dir="ltr | rtl"
    id="einmaliger alphanumerischer identifizierer"
    lang="sprachcode"
    style="stilinformation"
    title="hinweistext"
    onclick="script"
    ondblclick="script"
    onkeydown="script"
    onkeypress="script"
    onkeyup="script"
    onmousedown="script"
    onmousemove="script"
    onmouseout="script"
    onmouseover="script"
    onmouseup="script">

</fieldset>
```

Attribute und Ereignisse definiert durch IE4

```
align="center | left | right"
language="javascript | jscript | vbs | vbscript"
onblur="script"
onchange="script"
ondragstart="script"
onfilterchange="script"
onfocus="script"
onhelp="script"
onresize="script"
onscroll="script"
onselect="script"
onselectstart="script"
```

Attribute und Ereignisse definiert durch IE5.5

```
accesskey="taste"
contenteditable="false | true | inherit"
hidefocus="true | false"
tabindex="zahl"
```

Attribute

accesskey Dieses Attribut bestimmt eine Taste zur Navigation mittels Tastatur für dieses Element. Das Drücken der Alt- oder einer vergleichbaren Taste (hängt von Browser und/oder Betriebssystem ab) in Verbindung mit der spezifizierten Taste wählt das Anker-Element aus, das mit dieser Taste verknüpft ist.

align Der Internet Explorer definiert das `align`-Attribut, das anzeigt, wie das Element und seine Inhalte in einer Tabelle oder im Fenster positioniert werden.

class Siehe *Kern-Attribut-Referenz* weiter oben in diesem Anhang

contenteditable Dieses von Microsoft eingeführte Attribut erlaubt es dem User, den dargestellten Inhalt im IE5.5 zu bearbeiten. Mögliche Werte sind `false`, `true` und `inherit`. Der Wert `false` verhindert, dass Inhalte vom User verändert werden, `true` erlaubt das Verändern. Der Standardwert `inherit` übernimmt den Wert des übergeordneten Elements.

dir Siehe *Sprach-Referenz* weiter oben in diesem Anhang

hidefocus Dieses Element wurde mit dem IE5.5 vorgestellt. Es nimmt den Fokus vom jeweiligen Element. Der Fokus muss dem Element durch das `tabindex`-Attribut zugewiesen worden sein.

id Siehe *Kern-Attribut-Referenz* weiter oben in diesem Anhang

lang Siehe *Sprach-Referenz* weiter oben in diesem Anhang

language Dieses Attribut spezifiziert die Sprache, in der das aktuelle Skript geschrieben ist, und ruft die zugehörige Scripting Engine auf. Der Standardwert ist JAVASCRIPT. JAVASCRIPT und JSCRIPT zeigen an, dass die verwendete Sprache JavaScript ist. VBS und VBScript weisen auf die Skriptsprache VBScript hin.

style Siehe *Kern-Attribut-Referenz* weiter oben in diesem Anhang

tabindex Dieses Attribut verwendet eine Zahl, um den Rang des Objekts für die Tastaturnavigation per Tabulatortaste festzulegen. Der IE5.5 fügt dieses Attribut zum `<fieldset>`-Element hinzu. Unter IE5.5 kann dieser Fokus mit dem `hidefocus`-Attribut deaktiviert werden.

title Siehe *Kern-Attribut-Referenz* weiter oben in diesem Anhang

Attribut- und Ereignisunterstützung

IE4 Alle Attribute und Ereignisse außer `dir`

IE5.5 Alle Ereignisse und Attribute, plus `accesskey`, `contenteditable`, `hidefocus` und `tabindex`

Event Handler

Siehe *Ereignis-Referenz* weiter oben in diesem Anhang

Beispiel

```
<fieldset>
<legend>Kunden-Identifikation</legend>
<br>
<label>Kundenname:
<input type="text" id="CustName" size="25">
</fieldset>
```

Kompatibilität

HTML 4, 4.01; XHTML 1.0

Internet Explorer 4, 5, 5.5; Opera 4; Netscape 6

Hinweise

❏ Das Gruppieren von Formularfeldern macht es für den Betrachter einfacher zu verstehen, welcher Zweck vom Sitebetreiber verfolgt wird.

❏ Die Überschrift für dieses Element ist durch das `<legend>`-Element innerhalb von `<fieldset>` definiert.

`<font>` (Font-Definition)

Dieses Element erlaubt die Bestimmung von Größe, Farbe und Schriftart für den Text, den es umgibt. Die Verwendung dieses Elementes wird nicht empfohlen, da es kein Bestandteil der strikten HTML-4.01-Spezifikation ist. Die bevorzugte Methode für diese Funktion sind Style Sheets.

Syntax (Nur übergangsweise)

```
<font
    class="klassenname(n)"
    color="color name | #RRGGBB"
    dir="ltr | rtl"
    face="font name"
    id="einmaliger alphanumerischer identifizierer"
    lang="sprachcode"
    size="1 to 7 | +1 to +6 | -1 to -6"
    style="stilinformation"
    title="hinweistext">

</font>
```

Attribute und Ereignisse definiert durch IE4

```
language="javascript | jscript | vbs | vbscript"
onclick="script"
ondblclick="script"
ondragstart="script"
onhelp="script"
onkeydown="script"
onkeypress="script"
onkeyup="script"
onmousedown="script"
onmousemove="script"
onmouseout="script"
onmouseover="script"
onmouseup="script"
onselectstart="script"
```

Attribute und Ereignisse definiert durch IE5.5

```
accesskey="taste"
contenteditable="false | true | inherit"
hidefocus="true | false"
tabindex="zahl"
```

Attribute definiert durch N4

```
point-size="point size for font"
weight="100 | 200 | 300 | 400 | 500 | 600 | 700 | 800 | 900"
```

Attribute

accesskey Dieses Attribut bestimmt eine Taste zur Navigation mittels Tastatur für dieses Element. Das Drücken der Alt- oder einer vergleichbaren Taste (hängt von Browser und/oder Betriebssystem ab) in Verbindung mit der spezifizierten Taste wählt das Anker-Element aus, das mit dieser Taste verknüpft ist.

class Siehe *Kern-Attribut-Referenz* weiter oben in diesem Anhang

color Dieses Attribut bestimmt die Textfarbe entweder durch einen Farbnamen oder im Hexadezimalformat #RRGGBB.

contenteditable Dieses von Microsoft eingeführte Attribut erlaubt es dem User, den dargestellten Inhalt im IE5.5 zu bearbeiten. Mögliche Werte sind `false`, `true` und `inherit`. Der Wert `false` verhindert, dass Inhalte vom User verändert werden, `true` erlaubt das Verändern. Der Standardwert `inherit` übernimmt den Wert des übergeordneten Elements.

dir Siehe *Sprach-Referenz* weiter oben in diesem Anhang

face Dieses Attribut enthält eine Liste von einem oder mehreren Fontnamen, die durch Kommata voneinander getrennt sind. Der Browser durchsucht die Liste und stellt den Text in der ersten Schriftart dar, die er unterstützt.

hidefocus Dieses Element wurde mit dem IE5.5 vorgestellt. Es nimmt den Fokus vom jeweiligen Element. Der Fokus muss dem Element durch das `tabindex`-Attribut zugewiesen worden sein.

id Siehe *Kern-Attribut-Referenz* weiter oben in diesem Anhang

lang Siehe *Sprach-Referenz* weiter oben in diesem Anhang

language Dieses Attribut spezifiziert die Sprache, in der das aktuelle Skript geschrieben ist, und ruft die zugehörige Scripting Engine auf. Der Standardwert ist JAVASCRIPT. JAVASCRIPT und JSCRIPT zeigen an, dass die verwendete Sprache JavaScript ist. VBS und VBScript weisen auf die Skriptsprache VBScript hin.

point-size Dieses N4-spezifische Attribut bestimmt die Punktgröße des Textes und wird in Verbindung mit herunterladbaren Fonts verwendet.

size Dieses Attribut spezifiziert die Font-Größe in Form eines numerischen oder eines relativen Werts. Numerische Werte reichen von 1 bis 7, wobei 1 der kleinste und 3 der Durchschnittswert ist. Die relativen Werte + und - vergrößern oder verkleinern die Schrift relativ zur aktuellen Schriftgröße. Die Werte für die Vergrößerung oder Verkleinerung reichen von +1 bis +6 oder -1 bis -6.

style Siehe *Kern-Attribut-Referenz* weiter oben in diesem Anhang

tabindex Dieses Attribut verwendet eine Zahl, um den Rang des Objekts für die Tastaturnavigation per Tabulatortaste festzulegen. Der IE5.5 fügt dieses Attribut zum `<font>`-Element hinzu. Unter IE5.5 kann dieser Fokus mit dem `hidefocus`-Attribut deaktiviert werden.

title Siehe *Kern-Attribut-Referenz* weiter oben in diesem Anhang

weight Unter N4 bestimmt dieses Attribut die Stärke einer Schrift mit Werten von 100 bis 900, wobei 100 die dünnste und 900 die breiteste Stärke ist.

Attribut- und Ereignisunterstützung

N4 `color`, `point-size`, `size` und `weight` (`class`, `id`, `lang` und `style` sind impliziert.)

IE4 Alle W3C-definierten Attribute und Ereignisse außer `dir` und alle Attribute und Ereignisse definiert durch IE4.

IE5.5 Alle Ereignisse und Attribute, plus `accesskey`, `contenteditable`, `hidefocus` und `tabindex`

Event Handler

Siehe *Ereignis-Referenz* weiter oben in diesem Anhang

Beispiel

```
<font color="#FF0000" face="Helvetica, Times Roman" size="+1">
Relativ grosser roter Text in Helvetica oder Times.
</font>
```

Kompatibilität

HTML 3.2, 4, 4.01; XHTML 1.0

Internet Explorer 2, 3, 4, 5, 5.5; Netscape 1.1, 2, 3, 4–4.7, 6; Opera 4; WebTV

Hinweise

❏ Die Standardtextgröße für ein Dokument kann mit dem `size`-Attribut im `<basefont>`-Element festgelegt werden.
❏ Die HTML-3.2-Spezifikation unterstützt nur die Attribute `color` und `size` für dieses Element.
❏ Die strikte HTML-4.01-Spezifikation unterstützt die Attribute `class`, `color`, `dir`, `face`, `id`, `lang`, `size`, `style` und `title`.
❏ Die strikte HTML-4.01-Spezifikation unterstützt das Element `<font>` nicht.

`<form>` (Formular für User-Eingaben)

Dieses Element definiert ein ausfüllbares Formular, das aus Eingabefeldern, Kontrollelementen, Menüs und Texteingabefeldern bestehen kann.

Syntax

```
<form
    accept-charset="liste von unterstützten zeichensätzen"
    action="url"
    class="klassenname(n)"
```

```
        dir="ltr | rtl"
        enctype="application/x-www-form-urlencoded |
                 multipart/form-data | text/plain |
                 Medien-Typen nach RFC 2045"
        id="einmaliger alphanumerischer identifizierer"
        lang="sprachcode"
        method="get | post"
        style="stilinformation"
        target="_blank | frame name | _parent | _self |
                _top" (übergangsweise)
        title="hinweistext"
        onclick="script"
        ondblclick="script"
        onkeydown="script"
        onkeypress="script"
        onkeyup="script"
        onmousedown="script"
        onmousemove="script"
        onmouseout="script"
        onmouseover="script"
        onmouseup="script"
        onreset="script"
        onsubmit="script">

</form>
```

Attribute und Ereignisse definiert durch IE4

```
language="javascript | jscript | vbs | vbscript"
name="string"
ondragstart="script"
onhelp="script"
onselectstart="script"
```

Attribute und Ereignisse definiert durch IE5.0

```
autocomplete="yes | no"
```

Attribute und Ereignisse definiert durch IE5.5

```
contenteditable="false | true | inherit"
hidefocus="true | false"
tabindex="zahl"
```

Attribute

accept-charset Dieses Attribut definiert eine Liste von Zeichenentschlüsselungen für Eingabedaten, die vom Server beim Verarbeiten der Daten akzeptiert werden müssen. Der Wert ist eine durch Leerzeichen und/oder Kommata getrennte Liste von Zeichensätzen, die in RFC 2045 definiert ist. Der Standardwert für dieses Attribut ist der reservierte Wert `unknown`.

action Dieses Attribut enthält den URL des Serverprogramms, das die Daten aus dem Formular verarbeitet. Einige Browser unterstützten einen mailto-URL, der die Eingaben an eine zuvor definierte Adresse mailen kann.

autocomplete Dieses Microsoft-Attribut, das mit dem IE5 eingeführt wurde, vervollständigt automatisch Informationen, die der User zuvor schon einmal in ein Eingabefeld geschrieben hat und die vom Browser entschlüsselt und gespeichert wurden.

class Siehe *Kern-Attribut-Referenz* weiter oben in diesem Anhang

contenteditable Dieses von Microsoft eingeführte Attribut erlaubt es dem User, den dargestellten Inhalt im IE5.5 zu bearbeiten. Mögliche Werte sind `false`, `true` und `inherit`. Der Wert `false` verhindert, dass Inhalte vom User verändert werden, `true` erlaubt das Verändern. Der Standardwert `inherit` übernimmt den Wert des übergeordneten Elements.

dir Siehe *Sprach-Referenz* weiter oben in diesem Anhang

enctype Dieses Attribut gibt an, wie Formulardaten verschlüsselt werden sollen, bevor sie an den Server geschickt werden. Der Standard ist `application/x-www-form-urlencoded`. Diese Verschlüsselung ersetzt Leerzeichen mit einem + und alle anderen nichtdruckbaren Zeichen mit einem % gefolgt von dem ASCII-Hexadezimalwert des Zeichens. Die `multipart/form-data`-Option führt diese Konvertierung nicht durch und überträgt die Daten als MIME-Dokument. Diese Art muss verwendet werden, wenn `<input-type="file">` verwendet wird. Es ist auch möglich, andere Verschlüsselungen, wie `text/plain`, zu verwenden, was sinnvoll ist, wenn Daten per E-Mail versandt werden sollen.

hidefocus Dieses Element wurde mit dem IE5.5 vorgestellt. Es nimmt den Fokus vom jeweiligen Element. Der Fokus muss dem Element durch das `tabindex`-Attribut zugewiesen worden sein.

id Siehe *Kern-Attribut-Referenz* weiter oben in diesem Anhang

lang Siehe *Sprach-Referenz* weiter oben in diesem Anhang

language Dieses Attribut spezifiziert die Sprache, in der das aktuelle Skript geschrieben ist, und ruft die zugehörige Scripting Engine auf. Der Standardwert ist `JAVASCRIPT`. `JAVASCRIPT` und `JSCRIPT` zeigen an, dass die verwendete Sprache JavaScript ist. `VBS` und `VBScript` weisen auf die Skriptsprache VBScript hin.

method Dieses Attribut gibt an, wie Formularinformationen Servern übermittelt werden sollen. Die Option `get` hängt die Daten an den URL an, der im `action`-Attribut spezifiziert wurde. Dieser Ansatz hat die beste Performance, kann aber nur eine beschränkte Datenmenge übermitteln, die durch die Kommandozeilenlänge des Servers bestimmt wird. Die Option `post` übermittelt die Daten als HTTP-Transaktion. Dieser Ansatz bietet mehr Sicherheit und unterliegt keinen Beschränkungen.

name Dieses Attribut bestimmt den Namen für das Formular, damit es von clientseitigen Programmen und Skriptsprachen angesprochen werden kann.

style Siehe *Kern-Attribut-Referenz* weiter oben in diesem Anhang

tabindex Dieses Attribut verwendet eine Zahl, um den Rang des Objekts für die Tastaturnavigation per Tabulatortaste festzulegen. Der IE5.5 fügt dieses Attribut zum `<form>`-Element hinzu. Unter IE5.5 kann dieser Fokus mit dem `hidefocus`-Attribut deaktiviert werden.

target Für Dokumente, die Frames enthalten, spezifiziert dieses Element das Standardzielfenster, um die Ergebnisse einer Formularabfrage anzuzeigen. Neben den vom Entwickler gewählten Namen gibt es einige spezielle Namenswerte: _blank zeigt den Link in einem neu geöffneten Fenster an, _parent verweist auf den übergeordneten Eltern-Frame, _self zeigt an, dass der Link in dem Frame angezeigt wird, aus dem er aufgerufen wird, und _top verweist auf das komplette aktuelle Browserfenster.

title Siehe *Kern-Attribut-Referenz* weiter oben in diesem Anhang

Attribut- und Ereignisunterstützung

N4 action, enctype, method, name, target, onreset und onsubmit (class, id, lang und style sind impliziert.)

IE4 Alle Attribute und Ereignisse außer accept-charset und dir

IE5.0 Alle Ereignisse und Attribute außer accept-charset, plus autocomplete

IE5.5 Alle Ereignisse und Attribute, plus autocomplete, contenteditable, hidefocus und tabindex

Event Handler

Siehe *Ereignis-Referenz* weiter oben in diesem Anhang

Beispiel

```
<form action="http://www.bigcompany.com/cgi-bin/processit.exe"
method="post" name="testform" onsubmit="validate()">
Fügen Sie hier Ihre Kommentare ein:<br>
<textarea name="comments" cols="30" ROWS="8"></textarea>
<br>
<input type="submit">
<input type="reset">
</form>
```

Kompatibilität

HTML 2, 3.2, 4, 4.01; XHTML 1.0

Internet Explorer 2, 3, 4, 5, 5.5; Netscape 1, 2, 3, 4–4.7, 6; WebTV

Hinweise

❑ Formularinhalte können <button>, <input>, <select> und <textarea>-Elemente, aber auch alle anderen HTML-Formatierungs- und Strukturierungselemente sein. Spezielle Gruppierungselemente wie <fieldset>, <label> und <legend> wurden eingeführt, um bessere Strukturierungsmöglichkeiten für Formulare zu bieten. Es können aber auch andere HTML-Elemente wie <div> und <table> verwendet werden, um das Layout zu verbessern.

❑ HTML 2 und 3.2 unterstützen nur die Attribute action, enctype und method für das <form>-Element.

<frame> (Fensterregion)

Dieses Element definiert eine benannte Fensterregion, bekannt als Frame, die unabhängig eigene Inhalte anzeigen kann.

Syntax (Nur übergangsweise)

```
<frame
    class="klassenname(n)"
    frameborder="0 | 1"
    id="einmaliger alphanumerischer identifizierer"
    longdesc="url of description"
    marginheight="pixel"
    marginwidth="pixel"
    name="string"
    noresize
    scrolling="auto | no | yes"
    src="url" of frame contents"
    style="stilinformation"
    title="hinweistext">
```

XHTML-Syntax

Da <frame> ein leeres Element ist, ist ein schließender Schrägstrich erforderlich, bevor die schließende Klammer das Tag beendet, wie Sie hier sehen:

```
<frame />
```

Attribute und Ereignisse definiert durch IE4

```
bordercolor="color name | #RRGGBB"
datafld="spaltenname"
datasrc="id der datenquelle"
frameborder="no | yes | 0 | 1"
height="pixel"
lang="sprachcode"
language="javascript | jscript | vbs | vbscript"
width="pixel"
onreadystatechange="script"
```

Attribute und Ereignisse definiert durch IE5.5

```
hidefocus="true | false"
tabindex="zahl"
```

Attribute

bordercolor Dieses Attribut bestimmt die Farbe der Umrandung des Frames, wobei entweder Farbnamen oder Farbwerte im hexadezimalen #RRGGBB-Format verwendet werden.

class Siehe *Kern-Attribut-Referenz* weiter oben in diesem Anhang

datafld Dieses IE-spezifische Attribut spezifiziert den Namen einer Spalte der Datenquelle, in der die verknüpften Daten gespeichert sind.

datasrc Dieses Attribut zeigt den id-Wert des Datenquellenobjekts an, das die mit diesem Objekt verknüpften Daten enthält.

frameborder Dieses Attribut bestimmt, ob der Frame durch eine dreidimensionale Begrenzung umrandet wird. Die HTML-Spezifikation bevorzugt den Wert 1 für eine Frame-Umrandung und 0 für eine nicht sichtbare Begrenzung. Die meisten Browser kennen auch die Werte no und yes.

hidefocus Dieses Element wurde mit IE5.5 vorgestellt. Es nimmt den Fokus vom jeweiligen Element. Der Fokus muss dem Element durch das tabindex-Attribut zugewiesen worden sein.

id Siehe *Kern-Attribut-Referenz* weiter oben in diesem Anhang

lang Siehe *Sprach-Referenz* weiter oben in diesem Anhang

language Dieses Attribut spezifiziert die Sprache, in der das aktuelle Skript geschrieben ist, und ruft die zugehörige Scripting Engine auf. Der Standardwert ist JAVASCRIPT. JAVASCRIPT und JSCRIPT zeigen an, dass die verwendete Sprache JavaScript ist. VBS und VBScript weisen auf die Skriptsprache VBScript hin.

longdesc Dieses Attribut bestimmt den URL eines Dokuments, das eine lange Beschreibung des Frame-Inhalts enthält. Dieses Attribut sollte in Verbindung mit dem <title>-Element verwendet werden.

marginheight Dieses Attribut bestimmt die Höhe des Freiraums zwischen dem Frame-Inhalt und seiner oberen und unteren Begrenzung in Pixel.

marginwidth Dieses Attribut bestimmt die Höhe des Freiraums zwischen dem Frame-Inhalt und seiner linken und rechten Begrenzung in Pixel.

name Dieses Attribut bestimmt den Namen für einen Frame, damit er als Ziel für Hyperlinks angesprochen oder durch Skripte bearbeitet werden kann.

noresize Dieses Attribut überschreibt die standardmäßige Möglichkeit, Frames in der Größe zu verändern, und gibt ihnen eine feste Größe.

scrolling Dieses Attribut gibt an, ob ein Frame Rollbalken hat. Der Wert yes erzwingt die Darstellung von Rollbalken, der Wert no unterdrückt sie und der Wert auto lässt den Browser entscheiden. Wird kein Wert angegeben, gilt der Standardwert auto. Es wird empfohlen, den Wert auto zu wählen. Wird der Wert no gewählt, kann es sein, dass die Inhalte (aufgrund von Darstellungsunterschieden, unterschiedlicher Fenstergröße usw.) zu groß für den Frame werden und der Betrachter nicht durch den Rest der Inhalte scrollen kann. Wird der Wert auf yes gesetzt und die Inhalte passen auf die Seite, nimmt der Rollbalken unnötig Platz ein. Mit dem Wert auto erscheinen die Rollbalken nur, wenn sie benötigt werden.

src Dieses Attribut bestimmt den URL für den Inhalt, der in einem Frame angezeigt werden soll. Fehlt dieses Attribut, wird nichts im Frame angezeigt.

style Siehe *Kern-Attribut-Referenz* weiter oben in diesem Anhang

tabindex Dieses Attribut verwendet eine Zahl, um den Rang des Objekts für die Tastaturnavigation per Tabulatortaste festzulegen. Der IE5.5 fügt dieses Attribut zum <frame>-Element hinzu. Unter IE5.5 kann dieser Fokus mit dem hidefocus-Attribut deaktiviert werden.

title Siehe *Kern-Attribut-Referenz* weiter oben in diesem Anhang

Attribut- und Ereignisunterstützung

N4 bordercolor, frameborder, marginheight, marginwidth, name, noresize, scrolling und src (class, id, lang und style sind impliziert.)

IE4 Alle W3C-definierten Attribute außer `longdesc` und `style` und alle Attribute und Ereignisse definiert durch IE4 (Hinweis: IE4 unterstützt die Werte `noresize` und `resize`.)

IE5.5 Alle W3C-definierten Attribute außer `longdesc` und `style` und alle Attribute und Ereignisse definiert durch IE4, plus `hidefocus` und `tabindex`

Event Handler

Siehe *Ereignis-Referenz* weiter oben in diesem Anhang

Beispiel

```
<frameset rows="20%,80%">
  <frame src="controls.htm" name="controls" noresize scrolling="no">
  <frame src="content.htm">
</frameset>
```

XHTML-Beispiel

```
<frameset rows="20%,80%">
  <frame src="controls.htm" name="controls" noresize scrolling="no" />
  <frame src="content.htm" />
</frameset>
```

Kompatibilität

HTML 4, 4.01; XHTML 1.0

Internet Explorer 2, 3, 4, 5, 5.5; Netscape 2, 3, 4–4.7, 6; Opera 4; WebTV

Hinweise

❏ Ein Frame muss als Teil eines Framesets definiert werden und mit dem `<frameset>`-Element definiert werden, das die Beziehung zu den anderen Frames spezifiziert. Ein Frameset erscheint in einem speziellen HTML-Dokument, in dem das `<frameset>`-Element das `<body>`-Element ersetzt. Eine andere Art von Frames, unabhängige oder fließende Frames genannt, wird von Microsoft und der HTML-4.01-Spezifikation unterstützt. Fließende Frames können direkt in ein Dokument eingebunden werden und benötigen kein Frameset. Diese werden mit dem `<iframe>`-Befehl eingebunden.

❏ Viele Browser unterstützen keine Frames und benötigen für die Darstellung alternativer Inhalte ein `<noframes>`-Element.

❏ Frames bringen potenzielle Navigationsprobleme mit sich. Sie sollten nur dann eingesetzt werden, wenn sie eher hilfreich als hinderlich sind.

❏ XHTML 1.0 erfordert einen schließenden Schrägstrich für dieses Element: `<frame />`.

`<frameset>` (Frameset-Definition)

Dieses Element wird verwendet, um unabhängige Fensterregionen, bekannt als Frames, zu organisieren. Diese werden durch das `<frame>`-Element definiert. Das Element `<frameset>` ersetzt das `<body>`-Tag in Frame-Dokumenten.

Syntax (Nur übergangsweise)

```
<frameset
    class="klassenname(n)"
    cols="list of columns"
    id="einmaliger alphanumerischer identifizierer"
    rows="list of rows"
    style="stilinformation"
    title="hinweistext"
    onload="script"
    onunload="script">

    <frame> Elemente und <noframes>

</frameset>
```

Attribute und Ereignisse definiert durch IE4

```
border="pixel"
bordercolor="color name | #RRGGBB"
frameborder="NO | YES | 0 | 1"
framespacing="pixel"
lang="sprachcode"
language="javascript | jscript | vbs | vbscript"
```

Attribute und Ereignisse definiert durch N4

```
border="pixel"
bordercolor="color name | #RRGGBB"
frameborder="no | yes | 0 | 1"
lang="sprachcode"
onblur="script"
onfocus="script"
```

Attribute und Ereignisse definiert durch IE5.5

```
hidefocus="true | false"
tabindex="zahl"
```

Attribute

border Dieses Attribut bestimmt die Breite einer Frame-Begrenzung innerhalb eines Framesets in Pixeln. Der Wert border="0" unterdrückt alle Frame-Grenzen. Dieses Attribut ist in der HTML-Spezifikation nicht definiert, wird aber weitgehend unterstützt.

bordercolor Dieses Attribut bestimmt die Farbe der Umrandung innerhalb eines Frames, wobei entweder Farbnamen oder Farbwerte im hexadezimalen #RRGGBB-Format verwendet werden.

class Siehe *Kern-Attribut-Referenz* weiter oben in diesem Anhang

cols Dieses Attribut enthält eine durch Kommata getrennte Liste, die Anzahl und Größe der Spalten innerhalb eines Framesets bestimmt. Die Listenelemente beschreiben die Spalten von links nach rechts. Die Spaltenbreite kann in drei Formaten, die untereinander gemischt werden können, angegeben werden. Eine Spalte kann durch die Angabe einer absoluten Zahl in Pixel definiert werden. Es kann auch ein Prozentwert verwendet werden, der einer Spalte den jeweiligen Anteil an der verfügbaren Breite zuweist, wie z.B. 50%. Schließlich kann eine Spalte angewiesen werden, den restlichen verfügbaren Raum einzunehmen, indem ihr der Wert * verliehen wird.

frameborder Dieses Attribut bestimmt, ob der Frame umrandet wird. Microsoft unterstützt die Werte 1 und 0, Netscape verwendet no und yes.

framespacing Dieses Attribut gibt den Freiraum zwischen Frames in Pixel an.

hidefocus Dieses Element wurde mit IE5.5 vorgestellt. Es nimmt den Fokus vom jeweiligen Element. Der Fokus muss dem Element durch das tabindex-Attribut zugewiesen worden sein.

id Siehe *Kern-Attribut-Referenz* weiter oben in diesem Anhang

lang Siehe *Sprach-Referenz* weiter oben in diesem Anhang

language Dieses Attribut spezifiziert die Sprache, in der das aktuelle Skript geschrieben ist, und ruft die zugehörige Scripting Engine auf. Der Standardwert ist JAVASCRIPT. JAVASCRIPT und JSCRIPT zeigen an, dass die verwendete Sprache JavaScript ist. VBS und VBScript weisen auf die Skriptsprache VBScript hin.

rows Dieses Attribut enthält eine durch Kommata getrennte Liste, die Anzahl und Größe der Zeilen innerhalb eines Framesets bestimmt. Die Anzahl der Listenelemente bestimmt die Anzahl der Zeilen. Die Zuweisung der Zeilengrößen erfolgt analog zur Formatierung der Spalten (s.a. cols).

style Siehe *Kern-Attribut-Referenz* weiter oben in diesem Anhang

tabindex Dieses Attribut verwendet eine Zahl, um den Rang des Objekts für die Tastaturnavigation per Tabulatortaste festzulegen. Der IE5.5 fügt dieses Attribut zum <frameset>-Element hinzu. Unter IE5.5 kann dieser Fokus mit dem hidefocus-Attribut deaktiviert werden.

title Siehe *Kern-Attribut-Referenz* weiter oben in diesem Anhang

Attribut- und Ereignisunterstützung

N4 border, bordercolor, cols, frameborder, rows, onblur, onfocus, onload und onunload (class, id, lang und style sind impliziert.)

IE4 border, bordercolor, class, cols, frameborder, id, lang, language, rows und title

IE5.5 Alle HTML-Ereignisse und -Attribute außer style, alle IE4-Ereignisse und -Attribute, plus hidefocus und tabindex

Event Handler

Siehe *Ereignis-Referenz* weiter oben in diesem Anhang

Beispiele

```
<!-- Dieses Beispiel definiert ein Frameset aus drei Spalten. Die mittlere Spalte
ist 50 Pixel breit. Die erste und die letzte Spalte füllen den verbleibenden Raum.
Die letzte Spalte nimmt doppelt so viel Raum ein wie die erste. -->
```

```
<frameset cols="*,50,2*">
  <frame src="spalte1.htm">
  <frame src="spalte2.htm">
  <frame src="spalte3.htm">
</frameset>


<!-- Dieses Beispiel definiert ein Frameset aus zwei Spalten, von denen eine 20%
des Bildschirms füllt und die andere 80%. -->


<frameset cols="20%, 80%">
  <frame src="controls.htm">
  <frame src="anzeige.htm">
</frameset>


<!-- Dieses Beispiel definiert zwei Zeilen. Eine Spalte nimmt 10% des Raums ein,
die zweite füllt den Rest. -->


<frameset rows="10%, *">
  <frame src="werbebanner.htm" name="werbe-frame">
  <frame src="inhalte.htm" name="inhalts-frame">
</frameset>
```

Kompatibilität

HTML 4, 4.01 (Frameset); XHTML 1.0

Internet Explorer 2, 3, 4, 5, 5.5; Netscape 2, 3, 4–4.7, 6; Opera 4; WebTV

Hinweise

❏ Das <frameset>-Element enthält ein oder mehr <frame>-Elemente, die verwendet werden, um unterschiedliche Inhalte anzuzeigen. Das <frameset>-Element kann auch ein <noframes>-Element enthalten, dessen Inhalt in Browsern angezeigt wird, die keine Frames darstellen können.

❏ Das <frameset>-Element ersetzt das <body>-Element in einem Frame-Dokument, wie hier zu sehen ist:

```
<html>
<head>
<title>Frame-Sammlung</title>
</head>


<frameset cols="*,50,*">
  <frame src="column1.htm" name="col1">
  <frame src="column2.htm" name="col2">
  <frame src="column3.htm" name="col3">
<noframes>
Besuchen Sie unsere <a href"noframes.htm">Frame-freie</a> Site.
</frameset>


</html>
```

<h1> bis <h6> (Überschriften)

Diese Befehle implementieren sechs unterschiedliche Dokumentüberschriften. <h1> ist die wichtigste, <h6> ist die am wenigsten wichtige.

Syntax

```
<h1
      align="center | justify | left | right"
               (übergangsweise)
      class="klassenname(n)"
      dir="ltr | rtl"
      id="einmaliger alphanumerischer identifizierer"
      lang="sprachcode"
      style="stilinformation"
      title="hinweistext"
      onclick="script"
      ondblclick="script"
      onkeydown="script"
      onkeypress="script"
      onkeyup="script"
      onmousedown="script"
      onmousemove="script"
      onmouseout="script"
      onmouseover="script"
      onmouseup="script">

</h1>
```

Attribute und Ereignisse definiert durch IE4

```
language="javascript | jscript | vbs | vbscript"
ondragstart="script"
onhelp="script"
onselectstart="script"
```

Attribute und Ereignisse definiert durch IE5.5

```
accesskey="taste"
contenteditable="false | true | inherit"
hidefocus="true | false"
tabindex="zahl"
```

Attribute

accesskey Dieses Attribut bestimmt eine Taste zur Navigation mittels Tastatur für dieses Element. Das Drücken der Alt- oder einer vergleichbaren Taste (hängt von Browser und/oder Betriebssystem ab) in Verbindung mit der spezifizierten Taste wählt das Anker-Element aus, das mit dieser Taste verknüpft ist.

align Dieses Attribut definiert unter Berücksichtigung der Seite die horizontale Ausrichtung der Überschrift. Der Standardwert ist `left`.

class Siehe *Kern-Attribut-Referenz* weiter oben in diesem Anhang

contenteditable Dieses von Microsoft eingeführte Attribut erlaubt es dem User, den dargestellten Inhalt im IE5.5 zu bearbeiten. Mögliche Werte sind `false`, `true` und `inherit`. Der Wert `false` verhindert, dass Inhalte vom User verändert werden, `true` erlaubt das Verändern. Der Standardwert `inherit` übernimmt den Wert des übergeordneten Elements.

dir Siehe *Sprach-Referenz* weiter oben in diesem Anhang

hidefocus Dieses Element wurde mit dem IE5.5 vorgestellt. Es nimmt den Fokus vom jeweiligen Element. Der Fokus muss dem Element durch das `tabindex`-Attribut zugewiesen worden sein.

id Siehe *Kern-Attribut-Referenz* weiter oben in diesem Anhang

lang Siehe *Sprach-Referenz* weiter oben in diesem Anhang

language Dieses Attribut spezifiziert die Sprache, in der das aktuelle Skript geschrieben ist, und ruft die zugehörige Scripting Engine auf. Der Standardwert ist `JAVASCRIPT`. `JAVASCRIPT` und `JSCRIPT` zeigen an, dass die verwendete Sprache JavaScript ist. `VBS` und `VBScript` weisen auf die Skriptsprache VBScript hin.

style Siehe *Kern-Attribut-Referenz* weiter oben in diesem Anhang

tabindex Dieses Attribut verwendet eine Zahl, um den Rang des Objekts für die Tastaturnavigation per Tabulatortaste festzulegen. Der IE5.5 fügt dieses Attribut zu den verschiedenen Überschriftstypen hinzu. Unter IE5.5 kann dieser Fokus mit dem `hidefocus`-Attribut deaktiviert werden.

title Siehe *Kern-Attribut-Referenz* weiter oben in diesem Anhang

Attribut- und Ereignisunterstützung

N4 `align` (`class`, `id`, `lang` und `style` sind impliziert.)

IE4 Alle Attribute und Ereignisse außer `dir` (Hinweis: Der `justify`-Wert für `align` wird nicht unterstützt.)

IE5.5 Alle Ereignisse und Attribute, plus `accesskey`, `contenteditable`, `hidefocus` und `tabindex`

Event Handler

Siehe *Ereignis-Referenz* weiter oben in diesem Anhang

Beispiel

```
<h1>Das ist eine Hauptüberschrift</h1>
<h2 align="center=">Die zweite Überschrift (zentriert)</h2>
<h3 align="right">Eine dritte, rechts ausgerichete Überschrift</h3>
<h4>Die vierte Überschrift</h4>
<h5 style="font-size: 20pt">Die fünfte Überschrift mit Stilinformationen</h5>
<h6> Die kleinste Überschrift</h6>
```

Kompatibilität

HTML 2, 3.2, 4, 4.01; XHTML 1.0

Internet Explorer 2, 3, 4, 5, 5.5; Netscape 1, 2, 3, 4–4.7, 6; Opera 4; WebTV

Hinweise

❑ In den meisten Anwendungen stehen die Überschriftsnummern im umgekehrten Verhältnis zu den sechs Schriftgrößen, die vom <font>-Befehl unterstützt werden. Die Größe einer <h1>-Überschrift z.B. entspricht der Größe des Befehls <font size="6">. Die Standardgröße ist 3. Das ist jedoch kein Ansatz für Layouteinstellungen. Hierfür sollten Style Sheets verwendet werden.

❑ HTML 3.2 unterstützt nur das align-Attribut. HTML 2 unterstützt keine Attribute für Überschriften.

❑ Die strikte Definition der HTML-4.01-Spezifikation beinhaltet keine Unterstützung für das align-Attribut. Verwenden Sie stattdessen Style Sheets.

<head> (Dokumentkopf)

Dieses Element zeigt den Dokumentkopf, der beschreibende Informationen über das HTML-Dokument sowie weitere Informationen wie Stilregeln und Skripte enthält.

Syntax

```
<head
      dir="ltr | rtl"
      lang="sprachcode"
      profile="url">

</head>
```

XHTML-Syntax

Unter der XHTML-1.0-Spezifikation kann das <head>-Element nicht länger impliziert werden und muss in allen Dokumenten vorhanden sein. DasSchluss-Tag </head> ist Pflicht.

Attribute und Ereignisse definiert durch IE4

```
class="klassenname(n)"
id="einmaliger alphanumerischer identifizierer"
title="hinweistext"
```

Attribute

class Siehe *Kern-Attribut-Referenz* weiter oben in diesem Anhang

dir Siehe *Sprach-Referenz* weiter oben in diesem Anhang

id Siehe *Kern-Attribut-Referenz* weiter oben in diesem Anhang

lang Siehe *Sprach-Referenz* weiter oben in diesem Anhang

profile Dieses Attribut bestimmt einen URL für ein Meta-Informationsverzeichnis. Das angegebene Profil sollte Informationen über das Format der zugelassenen Metadaten und deren mögliche Bedeutung enthalten.

title Siehe *Kern-Attribut-Referenz* weiter oben in diesem Anhang

Attribut- und Ereignisunterstützung

IE4 class, id, lang und title

IE5.5 class, id und lang

Event Handler

Keine

Beispiel

```
<head>
<title>Demo Company Home Page</title>
<base href="http://www.democompany.com">
<meta name="Keywords"content="DemoCompany, SuperWidget">
</head>
```

Kompatibilität

HTML 2, 3.2, 4, 4.01; XHTML 1.0

Internet Explorer 2, 3, 4, 5, 5.5; Netscape 1, 2, 3, 4–4.7, 6; Opera 4; WebTV

Hinweise

❏ Das <head>-Element muss ein <title>-Element enthalten. Es kann außerdem die Elemente <base>, <isindex>, <link>, <meta>, <script> und <style> enthalten. Der IE4 unterstützt das <basefont>-Element im <head>-Element, allerdings wurde <basefont> aus der HTML-4-Spezifikation gestrichen.

❏ Unter XHTML 1.0 wird das Schluss-Tag </head> Pflicht.

❏ Obwohl die HTML-4.01-Spezifikation das profile-Attribut unterstützt, unterstützt kein Browser diese Funktion.

❏ Der IE4 definiert das <bgsound>-Element als ein weiteres zulässiges Element in <head>.

❏ HTML 2 und 3.2 unterstützen keine Attribute für dieses Element.

<hr> (Horizontale Linie)

Dieses Element wird verwendet, um eine horizontale Linie als optische Trennung in ein Dokument einzubinden. Diese Linie wird standardmäßig als geprägte Line dargestellt.

Syntax

```
<hr
    align="center | left | right" (übergangsweise)
    class="klassenname(n)"
```

```
         id="einmaliger alphanumerischer identifizierer"
         noshade (übergangsweise)
         size="pixel" (übergangsweise)
         style="stilinformation"
         title="beratender hinweis"
         width="prozentwert | pixel" (übergangsweise)
         onclick="script"
         ondblclick="script"
         onkeydown="script"
         onkeypress="script"
         onkeyup="script"
         onmousedown="script"
         onmousemove="script"
         onmouseout="script"
         onmouseover="script"
         onmouseup="script">
```

XHTML-Syntax

Da <hr> ein leeres Element ist, ist ein schließender Schrägstrich erforderlich, bevor die schließende Klammer den Befehl beendet, wie Sie hier sehen:

```
<hr />
```

Attribute und Ereignisse definiert durch IE4

```
color="color name | #RRGGBB"
lang="sprachcode"
language="javascript | jscript | vbs | vbscript"
src="url"
onbeforeupdate="script"
onblur="script"
ondragstart="script"
onfocus="script"
onhelp="script"
onresize="script"
onrowenter="script"
onrowexit="script"
onselectstart="script"
```

Attribute und Ereignisse definiert durch IE5.5

```
accesskey="taste"
hidefocus="true | false"
tabindex="zahl"
```

Attribute

accesskey Dieses Attribut bestimmt eine Taste zur Navigation mittels Tastatur für dieses Element. Das Drücken der Alt- oder einer vergleichbaren Taste (hängt von Browser und/oder Betriebssystem ab) in Verbindung mit der spezifizierten Taste wählt das Anker-Element aus, das mit dieser Taste verknüpft ist.

align Dieses Attribut definiert unter Berücksichtigung der Seite die horizontale Ausrichtung der Linie. Der Standardwert ist `left`.

class Siehe *Kern-Attribut-Referenz* weiter oben in diesem Anhang

color Dieses Attribut bestimmt die Farbe der Linie entweder durch einen Farbnamen oder im Hexadezimalformat #RRGGBB. Zurzeit wird dieses Attribut nur vom Internet Explorer unterstützt.

hidefocus Dieses Element wurde mit dem IE5.5 vorgestellt. Es nimmt den Fokus vom jeweiligen Element. Der Fokus muss dem Element durch das `tabindex`-Attribut zugewiesen worden sein.

id Siehe *Kern-Attribut-Referenz* weiter oben in diesem Anhang

lang Siehe *Sprach-Referenz* weiter oben in diesem Anhang

language Dieses Attribut spezifiziert die Sprache, in der das aktuelle Skript geschrieben ist, und ruft die zugehörige Scripting Engine auf. Der Standardwert ist `JAVASCRIPT`. `JAVASCRIPT` und `JSCRIPT` zeigen an, dass die verwendete Sprache JavaScript ist. `VBS` und `VBScript` weisen auf die Skriptsprache VBScript hin.

noshade Dieses Attribut erzwingt eine Darstellung als massive Linie ohne Schatten.

size Dieses Attribut gibt die Höhe der Linie in Pixel an.

src Dieses Attribut bestimmt den URL einer verbundenen Datei.

style Siehe *Kern-Attribut-Referenz* weiter oben in diesem Anhang

tabindex Dieses Attribut verwendet eine Zahl, um den Rang des Objekts für die Tastaturnavigation per Tabulatortaste festzulegen. Der IE5.5 fügt dieses Attribut zum `<hr>`-Element hinzu. Unter IE5.5 kann dieser Fokus mit dem `hidefocus`-Attribut deaktiviert werden.

title Siehe *Kern-Attribut-Referenz* weiter oben in diesem Anhang

width Dieses Attribut bestimmt die Breite der horizontalen Linie entweder in Pixel oder als Prozentwert relativ zur Breite des zur Verfügung stehenden Raums.

Attribut- und Ereignisunterstützung

N4 `align`, `noshade`, `size` und `width` (`class`, `id` und `style` sind impliziert.)

IE4 Alle Attribute und Ereignisse definiert durch W3C und IE4.

IE5.5 Alle Attribute und Ereignisse definiert durch W3C und IE4, plus `accesskey`, `hidefocus` und `tabindex`

Event Handler

Siehe *Ereignis-Referenz* weiter oben in diesem Anhang

Beispiele

```
<hr align="left" noshade size="1" width="420">


<hr align="center" width="100%" size="3" color="#000000">
```

XHTML-Beispiel

```
<hr align="left" noshade size="1" width="350" />
```

Kompatibilität

HTML 2, 3.2, 4, 4.01; XHTML 1.0

Internet Explorer 2, 3, 4, 5, 5.5; Netscape 1, 2, 3, 4–4.7, 6; Opera 4; WebTV

Hinweise

❑ Die strikte HTML-4.01-Spezifikation unterstützt die Attribute align, noshade, size und width nicht mehr. Diese Effekte können eventuell durch Style Sheets erzielt werden.

❑ XHTML 1.0 erfordert einen schließenden Schrägstrich: <hr />.

<html> (HTML-Dokument)

Dieses Element bezeichnet ein Dokument, das HTML-formatierte Inhalte enthält.

Syntax

```
<html
    dir="ltr | rtl"
    lang="sprachcode"
    version="url" (übergangsweise)>


</html>
```

XHTML-Syntax

Unter der XHTML-1.0-Spezifikation kann das <html>-Element nicht länger impliziert werden. Sowohl <html> als auch das Schluss-Tag </html> sind Pflicht.

Attribute definiert durch IE4

```
class="klassenname(n)"
id="einmaliger alphanumerischer identifizierer"
```

Attribute und Ereignisse definiert durch IE5.0

```
dir="ltr | rtl"
xmlns="namespace"
```

Attribute

class Siehe *Kern-Attribut-Referenz* weiter oben in diesem Anhang

dir Siehe *Sprach-Referenz* weiter oben in diesem Anhang

lang Siehe *Sprach-Referenz* weiter oben in diesem Anhang

version Das Attribut `version` wird verwendet, um den URL der zugehörigen Dokument-Typ-Definition (DTD) anzugeben. Dieses Attribut wurde unter HTML 4.01 gestrichen, da diese Information durch die Doctype-Deklaration definiert werden soll.

xmlns Dieses Attribut beschreibt den Namensraum für XML-basierte selbst erstellte Befehle im Dokument.

Attribut- und Ereignisunterstützung

IE4 `class`, `id`

IE5.0 `class`, `dir`, `id` und `xmlns`

Event Handler

Keine

Beispiel

```
<!-- Minimales HTML-Dokument -->
<html>
<head><title>Minimal-Dokument</title></head>
<body></body>
</html>
```

Kompatibilität

HTML 4, 4.01; XHTML 1.0

Internet Explorer 4, 5, 5.5; Netscape 4–4.7, 6; Opera 4; WebTV

Hinweise

❑ Das `<html>`-Element ist das erste Element in einem `<html>`-Dokument. Außer Kommentaren enthält es nur das `<head>`-Element, dem entweder das `<body>`- oder ein `<frameset>`-Element folgt.

❑ Das `<html>`-Element und sein Schluss-Tag `</html>` sind unter XHTML 1.0 Pflicht.

`<i>` (Kursiv)

Dieses Element zeigt an, dass der eingebundene Text in kursiver Schrift angezeigt werden soll.

Syntax

```
<i
    class="klassenname(n)"
    dir="ltr | rtl"
```

```
        id="einmaliger alphanumerischer identifizierer"
        lang="sprachcode"
        style="stilinformation"
        title="hinweistext"
        onclick="script"
        ondblclick="script"
        onkeydown="script"
        onkeypress="script"
        onkeyup="script"
        onmousedown="script"
        onmousemove="script"
        onmouseout="script"
        onmouseover="script"
        onmouseup="script"
```

`</i>`

Attribute und Ereignisse definiert durch IE4

```
language="javascript | jscript | vbs | vbscript"
ondragstart="script"
onhelp="script"
onselectstart="script"
```

Attribute und Ereignisse definiert durch IE5.5

```
accesskey="taste"
contenteditable="false | true | inherit"
hidefocus="true | false"
tabindex="zahl"
```

Attribute

accesskey Dieses Attribut bestimmt eine Taste zur Navigation mittels Tastatur für dieses Element. Das Drücken der Alt- oder einer vergleichbaren Taste (hängt von Browser und/oder Betriebssystem ab) in Verbindung mit der spezifizierten Taste wählt das Anker-Element aus, das mit dieser Taste verknüpft ist.

class Siehe *Kern-Attribut-Referenz* weiter oben in diesem Anhang

contenteditable Dieses von Microsoft eingeführte Attribut erlaubt es dem User, den dargestellten Inhalt im IE5.5 zu bearbeiten. Mögliche Werte sind `false`, `true` und `inherit`. Der Wert `false` verhindert, dass Inhalte vom User verändert werden, `true` erlaubt das Verändern. Der Standardwert `inherit` übernimmt den Wert des übergeordneten Elements.

dir Siehe *Sprach-Referenz* weiter oben in diesem Anhang

hidefocus Dieses Element wurde mit dem IE5.5 vorgestellt. Es nimmt den Fokus vom jeweiligen Element. Der Fokus muss dem Element durch das `tabindex`-Attribut zugewiesen worden sein.

id Siehe *Kern-Attribut-Referenz* weiter oben in diesem Anhang

lang Siehe *Sprach-Referenz* weiter oben in diesem Anhang

language Dieses Attribut spezifiziert die Sprache, in der das aktuelle Skript geschrieben ist, und ruft die zugehörige Scripting Engine auf. Der Standardwert ist JAVASCRIPT. JAVASCRIPT und JSCRIPT zeigen an, dass die verwendete Sprache JavaScript ist. VBS und VBScript weisen auf die Skriptsprache VBScript hin.

style Siehe *Kern-Attribut-Referenz* weiter oben in diesem Anhang

tabindex Dieses Attribut verwendet eine Zahl, um den Rang des Objekts für die Tastaturnavigation per Tabulatortaste festzulegen. Der IE5.5 fügt dieses Attribut zum <i>-Element hinzu. Unter IE5.5 kann dieser Fokus mit dem hidefocus-Attribut deaktiviert werden.

title Siehe *Kern-Attribut-Referenz* weiter oben in diesem Anhang

Attribut- und Ereignisunterstützung

N4 class, id, lang und style sind impliziert.

IE4 Alle Attribute und Ereignisse außer dir

IE5.5 Alle Ereignisse und Attribute, plus accesskey, contenteditable, hidefocus und tabindex

Event Handler

Siehe *Ereignis-Referenz* weiter oben in diesem Anhang

Beispiel

```
Hier ist etwas <i>kursiver</i> Text.
```

Kompatibilität

HTML 4, 4.01; XHTML 1.0

Internet Explorer 4, 5, 5.5; Netscape 4–4.7, 6; Opera 4; WebTV

<iframe> (Fließender Frame)

Dieses Element definiert einen fließenden Frame, eine unabhängige kontrollierbare Region, die in eine Seite eingebunden werden kann.

Syntax (nur übergangsweise)

```
<iframe
    align="bottom | left | middle | right | top"
    class="klassenname(n)"
    frameborder="0 | 1"
    height="prozentwert | pixel"
    id="einmaliger alphanumerischer identifizierer"
    longdesc="url der beschreibung"
    marginheight="pixel"
    marginwidth="pixel"
```

```
      name="string"
      scrolling="auto | no | yes"
      src="url des frame-inhalts"
      style="stilinformation"
      title="hinweistext"
      width="prozentwert | pixel">

</iframe>
```

Attribute definiert durch IE4

```
align="absbottom | absmiddle | baseline | texttop"
border="pixel"
bordercolor="color name | #RRGGBB"
datfld="name der spalte, die verknüpfte daten liefert"
datasrc="id der datenquelle"
frameborder="no | yes | 0 | 1"
framespacing="pixel"
hspace="pixel"
lang="sprachcode"
language="javascript | jscript | vbs | vbscript"
noresize="noresize | resize"
vspace="pixel"
```

Attribute und Ereignisse definiert durch IE5.5

```
hidefocus="true | false"
tabindex="zahl"
```

Attribute

align   Dieses Attribut definiert unter Berücksichtigung der Webseite die horizontale Ausrichtung des fließenden Frames. Der Standardwert ist left.

border   Dieses Attribut bestimmt die Breite der Umrandung des Objekts in Pixel.

bordercolor   Dieses Attribut bestimmt die Farbe der Umrandung.

class   Siehe *Kern-Attribut-Referenz* weiter oben in diesem Anhang

datafld   Dieses Attribut bestimmt die Spaltennamen des Datenquellenobjekts, das die verknüpften Daten liefert.

datasrc   Dieses Attribut zeigt den id-Wert des Datenquellenobjekts an, das die mit diesem Objekt verknüpften Daten enthält.

frameborder   Dieses Attribut bestimmt, ob der Frame durch Begrenzung umrandet wird. Die HTML-Spezifikation definiert die Werte 1 für eine Begrenzung und 0 für keine Begrenzung. Der Standardwert ist 1. Der Internet Explorer definiert auch die Werte no und yes.

framespacing   Dieses Attribut fügt zusätzlichen Freiraum zwischen den Frames ein.

height Dieses Attribut bestimmt die Höhe eines fließenden Frames in Pixeln.

hidefocus Dieses Element wurde mit dem IE5.5 vorgestellt. Es nimmt den Fokus vom jeweiligen Element. Der Fokus muss dem Element durch das `tabindex`-Attribut zugewiesen worden sein.

hspace Dieses Attribut bestimmt die Freiräume für einen Frame.

id Siehe *Kern-Attribut-Referenz* weiter oben in diesem Anhang

lang Siehe *Sprach-Referenz* weiter oben in diesem Anhang

language Dieses Attribut spezifiziert die Sprache, in der das aktuelle Skript geschrieben ist, und ruft die zugehörige Scripting Engine auf. Der Standardwert ist `JAVASCRIPT`. `JAVASCRIPT` und `JSCRIPT` zeigen an, dass die verwendete Sprache JavaScript ist. `VBS` und `VBScript` weisen auf die Skriptsprache VBScript hin.

longdesc Dieses Attribut bestimmt den URL eines Dokuments, das eine lange Beschreibung des Inhalts des fließenden Frames enthält. Dieses Attribut sollte in Verbindung mit dem `<title>`-Element verwendet werden.

marginheight Dieses Attribut bestimmt die Höhe des Freiraums zwischen dem Inhalt eines fließenden Frames und seiner oberen und unteren Begrenzung in Pixel.

marginwidth Dieses Attribut bestimmt die Höhe des Freiraums zwischen dem Inhalt eines fließenden Frames und seiner linken und rechten Begrenzung in Pixel.

name Dieses Attribut bestimmt den Namen für einen fließenden Frame, damit er als Ziel für Hyperlinks angesprochen werden kann.

noresize Wird das Attribut `noresize` verwendet, kann der Frame nicht vom User in seiner Größe verändert werden.

scrolling Dieses Attribut bestimmt, ob ein Frame Rollbalken hat. Der Wert `yes` erzwingt die Darstellung von Rollbalken, der Wert `no` unterdrückt ihre Darstellung.

src Dieses Attribut bestimmt den URL für den Inhalt, der in einem fließenden Frame angezeigt werden soll. Fehlt dieses Attribut, so bleibt der Frame leer.

style Siehe *Kern-Attribut-Referenz* weiter oben in diesem Anhang

tabindex Dieses Attribut verwendet eine Zahl, um den Rang des Objekts für die Tastaturnavigation per Tabulatortaste festzulegen. Der IE5.5 fügt dieses Attribut zum `<iframe>`-Element hinzu. Unter IE5.5 kann dieser Fokus mit dem `hidefocus`-Attribut deaktiviert werden.

title Siehe *Kern-Attribut-Referenz* weiter oben in diesem Anhang

vspace Dieses Attribut bestimmt die Freiräume für den Frame.

width Dieses Attribut bestimmt die Breite des fließenden Frames in Pixel.

Attribut- und Ereignisunterstützung

IE4 Alle Attribute und Ereignisse außer `longdesc`

IE5.5 Wie IE 4, plus `hidefocus` und `tabindex`

Event Handler

Siehe *Ereignis-Referenz* weiter oben in diesem Anhang

Beispiel

```
<iframe src="http://www.democompany.com" height="150" width="200"
name="FloatingFrame1">
Leider unterstützt Ihr Browser keine Inline-Frames.
</iframe>
```

Kompatibilität

HTML 4 (übergangsweise)

Internet Explorer 3, 4, 5, 5.5; Netscape 6

Hinweise

❏ Ein fließender Frame muss nicht mit einem `<frameset>`-Element deklariert werden.

❏ WebTV und N4.0–4.75 unterstützen keine fließenden Frames.

❏ Unter der strikten HTML-4.01-Spezifikation ist das `<iframe>`-Element nicht definiert. Fließende Frames können mit dem `<div>`-Element und CSS imitiert werden.

`<ilayer>` (Einfließende Layer)

Dieses Netscape-spezifische Element erlaubt die Definition von überlappenden Inhalts-Layern. Sie können positioniert, versteckt oder gezeigt, transparent oder undurchsichtig dargestellt, von vorne nach hinten sortiert und eingebunden werden. Ein *einfließender Layer* ist ein Layer mit einer relativen Position, der dort erscheint, wo er normalerweise in einem Dokument vorkommt, im Gegensatz zu einem *allgemeinen Layer*, der absolut unabhängig von seiner Position in einem Dokument positioniert werden kann. Diese Funktionalität von Layern kann auch über CSS-Positionierung erreicht werden, und es wird dem Seitendesigner empfohlen, dieses Element nicht zu verwenden.

Syntax (definiert durch N4)

```
<ilayer
    above="layer"
    background="url der grafik"
    below="layer"
    bgcolor="color name | #RRGGBB"
    class="klassenname(n)"
    clip="x1, y1, x2, y2"
    height="percentage | pixel"
    id="einmaliger alphanumerischer identifizierer"
    left="pixel"
    name="string"
    pagex="pixel"
    pagey="pixel"
    src="url des layer-inhalts"
    style="stilinformation"
```

```
        top="pixel"
        visibility="hide | inherit | show"
        width="percentage | pixel"
        z-index="zahl"
        onblur="script"
        onfocus="script"
        onload="script"
        onmouseout="script"
        onmouseover="script">


    </ilayer>
```

Attribute

above Dieses Attribut enthält den Namen des Layers, der über dem aktuellen Layer dargestellt werden soll.

background Dieses Attribut enthält den URL für eine Grafikdatei, die für die Darstellung des Layer-Hintergrunds verwendet werden soll.

below Dieses Attribut enthält den Namen des Layers, der unter dem aktuellen Layer angezeigt werden soll.

bgcolor Dieses Attribut bestimmt die Hintergrundfarbe eines Layers. Der Wert dieses Attributs kann entweder ein reservierter Farbname oder ein im Hexadezimalcode definierter Farbwert (#RRGGBB) sein.

class Dieses Attribut spezifiziert den/die Klassennamen für den Zugriff von Style Sheets.

clip Dieses Attribut spezifiziert die Abschnittsregion oder den sichtbaren Bereich des Layers. Der gesamte Inhalt außerhalb des Rechtecks wird transparent dargestellt. Das clip-Rechteck ist definiert durch zwei x,y-Paare: oben x, links y, unten x und rechts y. Die Koordinaten sind relativ zur oberen linken Ecke des Layers 0,0.

height Dieses Attribut bestimmt die Höhe eines Layers in Pixel oder als Prozentwert.

id Siehe *Kern-Attribut-Referenz* weiter oben in diesem Anhang

left Dieses Attribut spezifiziert die linke Einrückung des Layers. Die Einrückung ist relativ zum Eltern-Layer, wenn einer vorhanden ist, oder zum Abstand der linken Seite, wenn kein Eltern-Layer existiert.

name Dieses Attribut bestimmt den Namen für einen Layer, damit er von clientseitigen Programmen und Skriptsprachen angesprochen werden kann. Es kann auch das Attribut id verwendet werden.

pagex Dieses Attribut spezifiziert die horizontale Position eines Layers relativ zum Browserfenster.

pagey Dieses Attribut spezifiziert die vertikale Position eines Layers relativ zum Browserfenster.

src Dieses Attribut bestimmt den URL einer Datei, das die Daten enthält, die im Layer angezeigt werden sollen.

style Dieses Attribut spezifiziert eine Stilregel für den Layer.

top Dieses Attribut spezifiziert den oberen Abstand des Layers in Pixel. Dieser Abstand ist relativ zum Eltern-Layer, wenn einer vorhanden ist, oder zum Abstand der oberen Seite, wenn kein Eltern-Layer existiert.

visibility Dieses Attribut bestimmt, ob ein Layer versteckt wird oder sichtbar ist, oder er erbt seine Sichtbarkeit vom Layer, in dem er enthalten ist.

width Dieses Attribut bestimmt die Breite des Layers in Pixel.

z-index Dieses Attribut spezifiziert die Reihenfolge der Stapelung relativ zu anderen Layern. Die Position wird mit positiven Zahlen bestimmt, wobei 1 den untersten Layer anzeigt.

Attribut- und Ereignisunterstützung

N4 Alle Attribute

Event Handler

Keine

Beispiel

```
<p>Inhalte vorher.</p>
<ilayer name="background" bgcolor="green">
  <p>Hier die Informationen im Layer.</p>
</ilayer>
<p>Inhalte hinterher.</p>
```

Kompatibilität

Netscape 4.0–4.7

Hinweise

❏ Dieses Element wird wahrscheinlich nicht mehr lange verwendet werden, da es von zu wenigen Browsern unterstützt wird. Die Funktionalität von <ilayer> kann auch durch die Positionierungsmöglichkeiten von CSS erzielt werden. Entwickler sollten dieses Element nicht verwenden.

❏ Applets, PlugIns und andere eingebundene Medienformen, verallgemeinert Objekte genannt, können in einen Layer eingebunden werden, allerdings schieben sie sich über die anderen Layer, wenn der Layer, der sie enthält, verdeckt wird.

<img> (Grafik)

Dieses Element zeigt an, dass ein Medienobjekt in eine Webseite eingebunden wird. Normalerweise ist das Objekt eine Grafik, aber einige Implementierungen unterstützen auch Filme und Animationen.

Syntax

```
<img
    align="bottom | left | middle | right | top"
         (übergangsweise)
    alt="Alternativtext"
    border="pixel" (übergangsweise)
    class="klassenname(n)"
    dir="ltr | rtl"
```

```
            height="pixel"
            hspace="pixel" (übergangsweise)
            id="einmaliger alphanumerischer identifizierer"
            ismap
            lang="sprachcode"
            longdesc="url einer beschreibenden datei"
            src="url of image"
            style="stilinformation"
            title="hinweistext"
            usemap="url einer map-datei"
            vspace="pixel" (übergangsweise)
            width="pixel"
            onclick="script"
            ondblclick="script"
            onkeydown="script"
            onkeypress="script"
            onkeyup="script"
            onmousedown="script"
            onmousemove="script"
            onmouseout="script"
            onmouseover="script"
            onmouseup="script">
```

XHTML-Syntax

Da <img> ein leeres Element ist, ist ein schließender Schrägstrich erforderlich, bevor die schließende Klammer den Befehl beendet, wie Sie hier sehen:

```
<img />
```

Attribute und Ereignisse definiert durch IE4

```
align="absbottom | absmiddle | baseline | texttop"
datafld="spaltenname"
datasrc="id der datenquelle"
dynsrc="url of movie"
language="javascript | jscript | vbs | vbscript"
loop="infinite | number"
lowsrc="url of low-resolution image"
name="einmaliger alphanumerischer identifizierer"
onabort="script"
onafterupdate="script"
onbeforeupdate="script"
onblur="script"
ondragstart="script"
onerror="script"
onfocus="script"
onhelp="script"
```

```
       onload="script"
\ \ \   onresize="script"                    . .
       onrowenter="script"
       onrowexit="script"
       onselectstart="script"
```

Attribute und Ereignisse definiert durch IE5.5

```
hidefocus="true | false"
tabindex="zahl"
```

Attribute definiert durch N4

```
align="absbottom | absmiddle | baseline | texttop"
lowsrc="url der niedrig auflösenden grafik"
name="einmaliger alphanumerischer identifizierer"
suppress="true | false"
```

Attribute

align Dieses Attribut definiert unter Berücksichtigung der Seite die horizontale Ausrichtung der Grafik. Der Standardwert ist left. Nur Netscape, der Internet Explorer und WebTV unterstützen die Werte absbottom, absmiddle, baseline und texttop.

alt Dieses Attribut enthält eine Zeichenkette, die als Alternative in Browsern angezeigt wird, die keine Bilder darstellen können.

border Dieses Attribut bestimmt die Größe der Umrandung der Grafik in Pixel.

class Siehe *Kern-Attribut-Referenz* weiter oben in diesem Anhang

datafld Dieses Attribut spezifiziert den Namen einer Spalte der Datenquelle, in der die verknüpften Daten gespeichert sind, um das src-Attribut für das <img>-Element zu bestimmen.

datasrc Dieses Attribut zeigt den id-Wert des Datenquellenobjekts an, das mit dem <img>-Element verknüpft ist.

dir Siehe *Sprach-Referenz* weiter oben in diesem Anhang

dynsrc Bei Microsoft und WebTV bestimmt dieses Attribut einen URL einer Filmdatei und wird anstelle des src-Attributs verwendet.

height Dieses Attribut bestimmt die Höhe einer Grafik in Pixel.

hidefocus Dieses Element wurde mit dem IE5.5 vorgestellt. Es nimmt den Fokus vom jeweiligen Element. Der Fokus muss dem Element durch das tabindex-Attribut zugewiesen worden sein.

hspace Dieses Attribut bestimmt die Größe des rechten und linken Freiraums zwischen der Grafik und dem umlaufenden Text in Pixel.

id Siehe *Kern-Attribut-Referenz* weiter oben in diesem Anhang

ismap Dieses Attribut zeigt an, dass eine Grafik eine serverseitige Imagemap ist. Aktionen, die der User mit der Maus über der Grafik ausführt, werden zur Verarbeitung an den Server gesandt.

lang Siehe *Sprach-Referenz* weiter oben in diesem Anhang

language Dieses Attribut spezifiziert die Sprache, in der das aktuelle Skript geschrieben ist, und ruft die zugehörige Scripting Engine auf. Der Standardwert ist JAVASCRIPT. JAVASCRIPT und JSCRIPT zeigen an, dass die verwendete Sprache JavaScript ist. VBS und VBScript weisen auf die Skriptsprache VBScript hin.

longdesc Dieses Attribut bestimmt den URL eines Dokuments, das eine lange Beschreibung der Grafik enthält. Dieses Attribut sollte in Verbindung mit dem alt-Attribut verwendet werden.

loop In der Microsoft-Implementierung wird dieses Attribut in Verbindung mit dem dynsrc-Attribut verwendet, um einen Film zu wiederholen. Sein Wert ist entweder ein Zahlenwert, der die Anzahl der Wiederholungen angibt, oder das Schlüsselwort infinite.

lowsrc In der Netscape-Implementierung enthält dieses Attribut den URL einer Grafik, die sofort geladen wird. Typischerweise ist die lowsrc-Grafik ein Bild in geringer Auflösung oder ein Schwarzweißbild, das eine Vorschau auf das folgende Bild liefert. Wenn das eigentliche Bild geladen ist, ersetzt es die lowsrc-Grafik.

name Dieses Attribut bestimmt den Namen für eine Grafik. Auch ältere Browser verstehen dieses Attribut, und in Verbindung mit Skriptsprachen ist es möglich, Grafiken über ihren Namen zu manipulieren, z.B. um »rollover«-Effekte zu erzielen. Das id-Attribut spezifiziert unter HTML 4 Element-Identifizierer. Aus Gründen der Abwärtskompatibilität kann das Attribut name jedoch weiter verwendet werden.

src Dieses Attribut bestimmt den URL einer Grafikdatei.

style Siehe *Kern-Attribut-Referenz* weiter oben in diesem Anhang

suppress Dieses Netscape-spezifische Attribut bestimmt, ob ein Platzhalter-Icon während des Ladevorgangs angezeigt wird. Mögliche Werte sind true und false. Das Attribut suppress="true" unterdrückt die Darstellung sowohl des Icons als auch jeglicher alt-Information, bis das Bild geladen ist. Der Standardwert ist false. Wenn der Browser die Bilder nicht automatisch lädt, wird das suppress-Attribut ignoriert.

tabindex Dieses Attribut verwendet eine Zahl, um den Rang des Objekts für die Tastaturnavigation per Tabulatortaste festzulegen. Der IE5.5 fügt dieses Attribut zum <img>-Element hinzu. Unter IE5.5 kann dieser Fokus mit dem hidefocus-Attribut deaktiviert werden.

title Siehe *Kern-Attribut-Referenz* weiter oben in diesem Anhang

usemap Dieses Attribut sorgt für die Unterstützung der Grafik für eine clientseitige Imagemap. Sein Argument ist ein URL, der die Map-Datei spezifiziert, die die Regionen der Grafik mit Hyperlinks verknüpft.

vspace Dieses Attribut bestimmt die Größe der oberen und unteren Freiräume zwischen der Grafik und dem umlaufenden Text.

width Dieses Attribut bestimmt die Breite der Grafik in Pixel.

Attribut- und Ereignisunterstützung

N4 align, alt, border, space, hspace, ismap, lowsrc, name, src, suppress, usemap, vspace und width

IE4 Alle W3C-definierten Attribute und Ereignisse außer dir und longdesc und alle Attribute und Ereignisse definiert durch IE4

IE5.5 Wie IE4, plus dir, hidefocus und tabindex

Event Handler

Siehe *Ereignis-Referenz* weiter oben in diesem Anhang

Beispiele

```
<img src="leafs.jpg" lowsrc="leafsbw.jpg" alt="Toronto Maple Leafs" height="100"
width="300">

<img src="hugeimagemap.gif" usemap="#mainmap" border="0" height="200" width="200"
alt="Image Map Here">

<a href="home.htm"><img src="homebutton.gif" width="50" height="20" alt="Link zur
Homepage"></a>
```

XHTML-Beispiele

```
<img src="jan-aage.jpg" lowsrc="jan-aagebw.jpg" alt="Retter" height="320"
width="150" />
```

Kompatibilität

HTML 2, 3.2, 4, 4.01; XHTML 1.0

Internet Explorer 2, 3, 4, 5, 5.5; Netscape 1, 2, 3, 4–4.7, 6, Opera, WebTV

Hinweise

❏ Zurzeit unterstützt kein Browser das `longdesc`-Attribut.

❏ Normalerweise ist bei der Verwendung des `usemap`-Attributs der URL nur ein Fragment, wie z.B. #map1, und kein vollständiger URL. Einige Browser unterstützen keine externen clientseitigen Map-Dateien.

❏ Unter der strikten HTML-4-Definition werden die Attribute `support`, `align`, `border`, `height`, `hspace`, `vspace` und `width` nicht unterstützt. Es sollte jedoch möglich sein, diese Funktionalität mit Style Sheets zu erzielen.

❏ Während die HTML-4-Spezifikation die `data-binding`-Attribute wie `datafld` der `datasrc` reserviert, sind diese nicht für das `<img>`-Element spezifiziert, obwohl der Internet Explorer diese Attribute unterstützt.

❏ XHTML 1.0 erfordert einen schließenden Schrägstrich für dieses Element: `<img />`.

`<input>` (Formularkontrollobjekt)

Dieses Element spezifiziert ein Formularkontrollobjekt. Die Art des Objekts wird mit dem Attribut `type` festgelegt. Es gibt eine Vielzahl verschiedener Typen, vom einzeiligen Texteingabefeld, dem mehrzeiligen Textfeld, Passwortfelder, Checkboxen, Radio- bis zu Pushbuttons.

Syntax

```
<input
    accept="MIME typen"
    accesskey="taste"
    align="bottom | left | middle | right | top"
            (übergangsweise)
```

```
         alt="text"
         checked
         class="klassenname(n)"
         dir="ltr | rtl"
         disabled
         id="einmaliger alphanumerischer identifizierer"
         lang="sprachcode"
         maxlength="maximale feldgroesse"
         name="feld name"
         readonly
         size="feld size"
         src="url der grafikdatei"
         style="stilinformation"
         tabindex="zahl"
         title="hinweistext"
         type="button | checkbox | file | hidden | image |
               password | radio | reset | submit | text"
         usemap="url der map datei"
         value="feld wert"
         onblur="script"
         onchange="script"
         onclick="script"
         ondblclick="script"
         onfocus="script"
         onkeydown="script"
         onkeypress="script"
         onkeyup="script"
         onmousedown="script"
         onmousemove="script"
         onmouseout="script"
         onmouseover="script"
         onmouseup="script"
         onselect="script">
```

XHTML-Syntax

Da <input> ein leeres Element ist, ist ein schließender Schrägstrich erforderlich, bevor die schließende Klammer den Befehl beendet, wie Sie hier sehen:

```
<input />
```

Attribute und Ereignisse definiert durch IE4

```
align="center"
language="javascript | jscript | vbs | vbscript"
onafterupdate="script"
onbeforeupdate="script"
```

```
ondragstart="script"
onhelp="script"
onselectstart="script"
```

Attribute definiert durch IE5.5

```
hidefocus="true | false"
```

Attribute definiert durch N4

```
align="absbottom | absmiddle | baseline | texttop"
```

Attribute

accept Dieses Attribut wird verwendet, um die MIME-Typen, die für das Hochladen von Dateien zulässig sind, zu listen, wenn der Befehl `<input type="file">` im Formular existiert.

accesskey Dieses Attribut bestimmt eine Taste zur Navigation mittels Tastatur für dieses Element. Das Drücken der Alt- oder einer vergleichbaren Taste (hängt von Browser und/oder Betriebssystem ab) in Verbindung mit der spezifizierten Taste wählt das Element aus, das mit dieser Taste verknüpft ist. Seitendesigner sollten keine Zeichen verwenden, die bereits bei einem Browser mit einer Funktion belegt sind.

align Bei Formularkontrollobjekten, die durch Grafiken (`type="image"`) dargestellt werden, bewirkt dieses Attribut die Ausrichtung der Grafik unter Berücksichtigung des umfließenden Texts. Die HTML-4.01-Spezifikation definiert `bottom`, `left`, `middle`, `right` und `top` als zulässige Werte. Netscape- und Microsoft-Browser unterstützen eventuell auch die Attribute `absbottom` oder `absmiddle`. Das `align`-Attribut wurde, wie auch einige andere präsentationsspezifische Aspekte von HTML, aus der strikten HTML-4.01-Spezifikation entfernt.

alt Dieses Attribut enthält eine Beschreibung der grafischen Buttons für Textbrowser. Die Bedeutung von `alt` für andere Formularelemente als `<input type="input">` ist noch unklar.

checked Das Attribut `checked` sollte nur für Checkboxen (`type="checkbox"`) und Radiobuttons (`type="radio"`) verwendet werden. Das Vorhandensein dieser Attribute bewirkt, dass eine bestimmte Option im aktivierten Zustand dargestellt wird.

class Siehe *Kern-Attribut-Referenz* weiter oben in diesem Anhang

dir Siehe *Sprach-Referenz* weiter oben in diesem Anhang

disabled Dieses Attribut wird verwendet, um ein Formularkontrollobjekt zu deaktivieren. Die Elemente werden weder weiterversandt noch können sie durch Tastatur oder Maus aktiviert werden. Deaktivierte Elemente werden auch von der Tabulatornavigation ausgeschlossen. Der Browser könnte das Element grau unterlegen, um anzuzeigen, dass es inaktiv ist. Dieses Attribut benötigt keinen Wert.

hidefocus Dieses Element wurde mit dem IE5.5 vorgestellt. Es nimmt den Fokus vom jeweiligen Element. Der Fokus muss dem Element durch das `tabindex`-Attribut zugewiesen worden sein.

id Siehe *Kern-Attribut-Referenz* weiter oben in diesem Anhang

lang Siehe *Sprach-Referenz* weiter oben in diesem Anhang

language Dieses Attribut spezifiziert die Sprache, in der das aktuelle Skript geschrieben ist, und ruft die zugehörige Scripting Engine auf. Der Standardwert ist `JAVASCRIPT`. `JAVASCRIPT` und `JSCRIPT` zeigen an, dass die verwendete Sprache JavaScript ist. `VBS` und `VBScript` weisen auf die Skriptsprache VBScript hin.

maxlength Dieses Attribut definiert die maximale Inhaltslänge, die in ein Textfeld (`type="text"`) eingegeben werden kann. Die maximale Anzahl von Zeichen kann von der maximalen Anzahl der sichtbaren Zeichen, die mit dem `size`-Attribut festgelegt wird, abweichen.

name Dieses Attribut erlaubt es, einem Formularelement einen Namen zuzuweisen, damit es von Skriptsprachen angesprochen werden kann. `name` wird zwar von älteren Browsern unterstützt, doch das W3C empfiehlt die Verwendung des `id`-Attributs. Aus Gründen der Kompatibilität können beide Attribute verwendet werden.

readonly Dieses Attribut verhindert, dass der Wert eines Formularelements verändert werden kann. Ein Formularelement, das mit diesem Attribut versehen wurde, kann eventuell aktiviert werden, doch der Wert lässt sich nicht verändern. Auch bei der Tabulatornavigation bleibt die festgelegte Reihenfolge gültig. Dieses Attribut kann nur in Verbindung mit einem `<input>`-Element verwendet werden, dessen Typ `text` oder `password` ist. Das Attribut kann auch mit dem `<textarea>`-Element verwendet werden.

size Dieses Attribut bestimmt die sichtbare Größe von Texteingabefeldern (`type="Text"`), dessen Wert eine Zahl ist. Es unterscheidet sich von der Anzahl der maximal einzugebenden Zeichen, die mit dem `maxlength`-Attribut bestimmt wird.

src Dieses Attribut wird verwendet, um eine Grafik als Formularelement zu benutzen (`type="image"`). Der Wert ist der URL der Grafikdatei.

style Siehe *Kern-Attribut-Referenz* weiter oben in diesem Anhang

tabindex Dieses Attribut verwendet eine Zahl, um den Rang des Objekts für die Tastaturnavigation per Tabulatortaste festzulegen. Beim Drücken der Tabulatortaste wird der jeweils nächste aktive Bereich durch den nächsthöheren zugewiesenen Zahlenwert bestimmt. Bei einem negativen Wert wird das entsprechende Element nicht berücksichtigt. Wird dieses Attribut nicht ausdrücklich definiert, wird beim Drücken der Tabulatortaste jeweils das nächste Formularobjekt aktiviert.

title Siehe *Kern-Attribut-Referenz* weiter oben in diesem Anhang

type Dieses Attribut spezifiziert den Typ eines Formularelements. Der Wert `button` definiert eine Schaltfläche ohne definierte Bedeutung. Dieser kann mit einem Ereignis, wie z.B. `onclick`, eine Aktion zugewiesen werden. Der Wert `checkbox` definiert ein ankreuzbares Auswahlfeld. Diese Elemente können den Zustand ausgewählt (`checked`) oder nicht ausgewählt haben. Selbst wenn sie zu einer Gruppe zusammengefasst werden, können mehrere Kästchen gleichzeitig ausgewählt werden. Im Gegensatz dazu kann bei Radio-Buttons (`type="radio"`) immer nur ein Element innerhalb der Gruppe ausgewählt werden.

Ein Formularelement vom Typ `hidden` definiert ein Feld, das auf dem Browser nicht sichtbar ist, aber Informationen speichern kann. Dieses Element wird häufig benutzt, um Zustandsinformationen zwischen Seiten zu transportieren. Der Typ `file` ermöglicht es dem Betrachter, eine Datei auf den Server zu laden. Der Dateiname kann in ein angezeigtes Feld eingegeben werden. Einige Browser bieten auch die Möglichkeit, das lokale System nach einer Datei zu durchsuchen. Mit dem Wert `image` kann eine Grafik bestimmt werden, die auf dem Bildschirm angezeigt wird und die eine Aktion auslöst, wenn sie angeklickt wird. (Die meisten Browser unterstützen `img`-verbundene Attribute wie `height`, `width`, `hspace`, `vspace` und `alt`, wenn der Typenwert `image` ist.) Der Wert `password` erstellt ein Passworteingabefeld. Text, der hier eingegeben wird, wird nicht lesbar dargestellt, sondern erscheint in der Regel in Form von Sternchen. Die Übertragung dieser Daten an den Server erfolgt jedoch nicht auf abgesicherte Art. Der Wert `reset` für das `type`-Attribut wird verwendet, um eine Schaltfläche zu erstellen, die nach einem Klick alle Eingaben des Users verwirft. Der Wert `submit` erstellt eine Bestätigungsschaltfläche, die nach einem Klick die Daten aus dem Formular sammelt und sie an das Programm sendet, das im `action`-Attribut des `<form>`-Elements angegeben wird. Der Wert `text` (der Standardwert) erstellt ein einzeiliges Texteingabefeld.

usemap Dieses HTML-4.0-Attribut wird verwendet, um eine Map-Datei, die mit einer Grafik verknüpft wird, zu definieren, wenn das Formularelement mit dem Wert `type="image"` versehen wurde. Der Wert dieses Attributs sollte ein URL einer Map-Datei sein. In der Regel ist das nur ein URL-Fragement, das auf eine Map-Datei im selben Dokument verweist.

value Dieses Attribut hat zwei verschiedene Einsatzmöglichkeiten, die vom Wert des `type`-Attributs abhängen. Wenn die Attribut/Wert-Paare `type="Text"` und `type ="passwort"` vorhanden sind, bestimmt dieses Attribut den Standardwert für das Formularfeld. In Verbindung mit einer Checkbox oder einem Radio-Button bestimmt dieses Attribut den an das Programm zu liefernden Wert, wenn dieses Element ausgewählt wurde.

width Dieses Attribut, das von WebTV und Internet Explorer unterstützt wird, wird verwendet, um die Größe des Formularelements in Pixel anzugeben.

Attribut- und Ereignisunterstützung

N4 `name`, `value` und `onclick` (`class`, `id`, `lang` und `style` sind impliziert.)

IE4 Alle W3C-definierten Attribute und Ereignisse außer `accept` und `usemap` und alle Attribute und Ereignisse definiert durch IE4. (Hinweis: IE4 unterstützt nur die Werte `center`, `left` und `right` für das `align`-Attribut.)

IE5 Alle W3C-definierten Attribute und Ereignisse außer `accept` und `usemap` sowie alle Attribute und Ereignisse definiert durch IE4 und `adds hidefocus`. (Hinweis: Der IE4 unterstützt nur die Werte `center`, `left` und `right` für das `align`-Attribut.)

Event Handler

Siehe *Ereignis-Referenz* weiter oben in diesem Anhang

Beispiele

```
<form>
Was ist Ihr Lieblingsessen?
   <input type="radio" name="favorite" value="Mexican">Mexikanisch
   <input type="radio" name="favorite" value="Russian">Russisch
   <input type="radio" name="favorite" value="Japanese">Japanisch
   <input type="radio" checked name="favorite" value="Other">Andere
<form>


<form>
Geben Sie Ihren Namen ein: <input type="text" maxlength="35" size="20"><BR>
Geben Sie Ihr Passwort ein: <input type="password" maxlength="35" size="20"><br/>
<br/>
   <input type="submit" value="Submit">
   <input type="reset" value="Reset">
</form>
```

XHTML-Beispiel

```
<form>
Geben Sie Ihren Namen ein: <input type="text" maxlength="35" size="20" /><BR>
Geben Sie Ihr Passwort ein: <input type="password" maxlength="35" size="20" /
><br/>
```

```
  <br/>
    <input type="submit" value="Submit" />
    <input type="reset" value="Reset" />
  </form>
```

Kompatibilität

HTML 2, 3.2, 4, 4.01; XHTML 1.0

Internet Explorer 2, 3, 4, 5, 5.5; Netscape 1, 2, 3, 4–4.7, 6; Opera 4.0; WebTV

Hinweise

❏ Das Element <input> ist ein leeres Element und benötigt kein Schluss-Tag.

❏ Einige Dokumente enthalten den Befehl type="textarea". Selbst wenn das z.T. unterstützt wird, sollte stattdessen das <textarea>-Element verwendet werden, das von allen Browsern unterstützt wird.

❏ Die Spezifikationen für HTML 2.0 und 3.2 unterstützen nur die Attribute align, checked, maxlength, name, size, src, type und value für das <input>-Element.

❏ Die HTML-4.01-Spezifikation reserviert die Attribute datafld, dataformatas und datasrc als datenbindende Attribute.

❏ Unter der strikten HTML-Spezifikation ist das align-Attribut nicht zulässig.

❏ Die XHTML-1.0-Spezifikation verlangt die Verwendung eines schließenden Schrägstrichs: <input />.

<ins> (Eingefügter Text)

Dieses Element wird verwendet, um anzuzeigen, dass Text zum Dokument hinzugefügt wurde.

Syntax

```
<ins
     cite="URL"
     class="klassenname(n)"
     datetime="date"
     id="einmaliger alphanumerischer identifizierer"
     lang="sprachcode"
     style="stilinformation"
     title="hinweistext"
     onclick="script"
     ondblclick="script"
     onkeydown="script"
     onkeypress="script"
     onkeyup="script"
     onmousedown="script"
     onmousemove="script"
     onmouseout="script"
     onmouseover="script"
     onmouseup="script">

</ins>
```

Attribute und Ereignisse definiert durch IE4

```
language="javascript | jscript | vbs | vbscript"
ondragstart="script"
onhelp="script"
```

Attribute und Ereignisse definiert durch IE5.5

```
accesskey="taste"
contenteditable=" false | true | inherit "
dir="ltr | rtl"
hidefocus="true | false"
tabindex="zahl"
```

Attribute

accesskey Dieses Attribut bestimmt eine Taste zur Navigation mittels Tastatur für dieses Element. Das Drücken der Alt- oder einer vergleichbaren Taste (hängt von Browser und/oder Betriebssystem ab) in Verbindung mit der spezifizierten Taste wählt das Element aus, das mit dieser Taste verknüpft ist.

cite Der Wert dieses Attributs ist ein URL, der die Quelle für ein Dokument oder eine Nachricht angibt, aus der Informationen übernommen wurden. Dieses Attribut soll auf die Information verweisen, um zu verdeutlichen, warum der Text geändert wurde.

class Siehe *Kern-Attribut-Referenz* weiter oben in diesem Anhang

contenteditable Dieses von Microsoft eingeführte Attribut erlaubt es dem User, den dargestellten Inhalt im IE5.5 zu bearbeiten. Mögliche Werte sind `false`, `true` und `inherit`. Der Wert `false` verhindert, dass Inhalte vom User verändert werden, `true` erlaubt das Verändern. Der Standardwert `inherit` übernimmt den Wert des übergeordneten Elements.

datetime Dieses Attribut wird verwendet, um den Zeitpunkt des Einfügens anzuzeigen. Das Datum wird in einem speziellen Format, das durch die ISO 8601 definiert wird, angegeben. Das Basisformat lautet: `yyyy-mm-ddThh:mm:ssTZD`, wobei Folgendes gilt:

YYYY = Jahreszahl in vier Ziffern

M = Monat in zwei Ziffern (01 = Januar, 02 = Februar usw.)

DD = Tag des Monats in zwei Ziffern (01 bis 31)

hh = Uhrzeit in zwei Ziffern (00 bis 23) (24 Stunden-Uhr, nicht AM oder PM)

mm = Minuten in zwei Ziffern (00 bis 59)

ss = Sekunden in zwei Ziffern (00 bis 59)

TZD = Zeitzone (time zone designator)

Die Zeitzone ist entweder Z, womit die UTC (Universal Time Coordinate) angezeigt werden, oder +/- `hh:mm`, womit die Zeitabweichung von der UTC beschrieben wird. Achten Sie darauf, den Buchstaben »T« in der Zeitdefinition einzubinden. Es müssen alle Werte belegt sein, wobei auch die Werte für Sekunden und Minuten zweistellig sein müssen. Der Attributwert für den 16. Mai 1992, 17:15 Uhr nach Mitteleuropäischer Zeit hat folgenden Wert: `1992-05-16T17:15:00+01:00`

dir Siehe *Sprach-Referenz* weiter oben in diesem Anhang

hidefocus Dieses Element wurde mit dem IE5.5 vorgestellt. Es nimmt den Fokus vom jeweiligen Element. Der Fokus muss dem Element durch das `tabindex`-Attribut zugewiesen worden sein.

id Siehe *Kern-Attribut-Referenz* weiter oben in diesem Anhang

lang Siehe *Sprach-Referenz* weiter oben in diesem Anhang

language Dieses Attribut spezifiziert die Sprache, in der das aktuelle Skript geschrieben ist, und ruft die zugehörige Scripting Engine auf. Der Standardwert ist JAVASCRIPT. JAVASCRIPT und JSCRIPT zeigen an, dass die verwendete Sprache JavaScript ist. VBS und VBScript weisen auf die Skriptsprache VBScript hin. Es können auch erweiterte Namen wie JavaScript1.1 verwendet werden, um den Code vor Browsern zu verstecken, die die jeweilige Version der Sprache nicht umsetzen können.

style Siehe *Kern-Attribut-Referenz* weiter oben in diesem Anhang

tabindex Dieses Attribut verwendet eine Zahl, um den Rang des Objekts für die Tastaturnavigation per Tabulatortaste festzulegen. Der IE5.5 fügt dieses Attribut zum `<ins>`-Element hinzu. Unter IE5.5 kann dieser Fokus mit dem `hidefocus`-Attribut deaktiviert werden.

title Siehe *Kern-Attribut-Referenz* weiter oben in diesem Anhang

Attribut- und Ereignisunterstützung

IE4 Alle Attribute und Ereignisse außer `cite` und `datetime`

Event Handler

Siehe *Ereignis-Referenz* weiter oben in diesem Anhang

Beispiel

```
<ins cite="http://www.democompany.com/changes/oct99.htm"
     date="1999-10-06T09:15:00-05:00">
Dieser Strafsatz erscheint bei allen verspäteten Usern.
</ins>
```

Kompatibilität

HTML 4, 4.01; XHTML 1.0

Internet Explorer 4, 5, 5.5; Netscape 6; Opera 4.0

Hinweise

❑ Browser können eingefügten (`<ins>`) oder gelöschten (`<del>`) Text unterschiedlich darstellen, um die vorgenommenen Änderungen anzuzeigen. Eventuell kann ein Browser auch die »Geschichte« der Seite anzeigen. Browser, die `<del>` oder `<ins>` nicht verstehen, zeigen die Informationen trotzdem an, so dass keine Gefahr davon ausgeht, wenn Sie Informationen hinzufügen, sondern nur, wenn Sie etwas löschen.

❑ Das `<ins>`-Element wird nicht von den HTML-Spezifikationen 2 und 3.2 unterstützt.

`<isindex>` (Index-Prompt)

Dieses Element zeigt an, dass ein Dokument mit einem durchsuchbaren Keyboard-Index verknüpft ist. Wenn ein Browser dieses Element vorfindet, fügt er an dieser Stelle ein Abfragefeld ein. Der Betrachter kann hier Suchbegriffe eingeben, um eine Suche durchzuführen. Dieses Element wurde aus der HTML-4-Spezifikation gestrichen und sollte nicht mehr verwendet werden.

Syntax (Nur übergangsweise)

```
<isindex
    class="klassenname(n)"
    dir="ltr | rtl"
    href="url" (nicht standard, aber üblich)
    id="einmaliger alphanumerischer identifizierer"
    lang="sprachcode"
    prompt="string"
    style="stilinformation"
    title="hinweistext">
```

XHTML-Syntax

Da <isindex> ein leeres Element ist, ist ein schließender Schrägstrich erforderlich, bevor die schließende Klammer den Befehl beendet, wie Sie hier sehen:

```
<isindex />
```

Attribute definiert durch IE4

```
language="javascript | jscript | vbs | vbscript"
```

Attribute und Ereignisse definiert durch IE5.5

```
accesskey="taste"
contenteditable=" false | true | inherit"
hidefocus="true | false"
tabindex="zahl"
```

Attribute

accesskey Dieses Attribut bestimmt eine Taste zur Navigation mittels Tastatur für dieses Element. Das Drücken der Alt- oder einer vergleichbaren Taste (hängt von Browser und/oder Betriebssystem ab) in Verbindung mit der spezifizierten Taste wählt das Element aus, das mit dieser Taste verknüpft ist. Seitendesigner sollten keine Zeichen verwenden, die bereits bei einem Browser mit einer Funktion belegt sind.

action Dieses Attribut bestimmt den URL einer Suchabfrage, die durchgeführt wird, wenn der Betrachter die Return-Taste drückt. Obwohl dieses Attribut nicht Teil einer HTML-Spezifikation ist, wird es von vielen Browsern unterstützt.

class Siehe *Kern-Attribut-Referenz* weiter oben in diesem Anhang

contenteditable Dieses von Microsoft eingeführte Attribut erlaubt es dem User, den dargestellten Inhalt im IE5.5 zu bearbeiten. Mögliche Werte sind false, true und inherit. Der Wert false verhindert, dass Inhalte vom User verändert werden, true erlaubt das Verändern. Der Standardwert inherit übernimmt den Wert des übergeordneten Elements.

dir Siehe *Sprach-Referenz* weiter oben in diesem Anhang

hidefocus Dieses Element wurde mit dem IE5.5 vorgestellt. Es nimmt den Fokus vom jeweiligen Element. Der Fokus muss dem Element durch das `tabindex`-Attribut zugewiesen worden sein.

href Das `href`-Attribut wird mit dem `<isindex>`-Element verwendet, um anzuzeigen, dass es sich um ein zu durchsuchendes Dokument handelt. Ein weiterer Ansatz ist das Verwenden des `<base>`-Elements. Das Attribut wird in der HTML-Dokumentation nur sehr schlecht beschrieben.

id Siehe *Kern-Attribut-Referenz* weiter oben in diesem Anhang

tabindex Dieses Attribut verwendet eine Zahl, um den Rang des Objekts für die Tastaturnavigation per Tabulatortaste festzulegen. Der IE5.5 fügt dieses Attribut zum `<isindex>`-Element hinzu. Unter IE5.5 kann dieser Fokus mit dem `hidefocus`-Attribut deaktiviert werden.

lang Siehe *Sprach-Referenz* weiter oben in diesem Anhang

language Dieses Attribut spezifiziert die Sprache, in der das aktuelle Skript geschrieben ist, und ruft die zugehörige Scripting Engine auf. Der Standardwert ist `JAVASCRIPT`. `JAVASCRIPT` und `JSCRIPT` zeigen an, dass die verwendete Sprache JavaScript ist. `VBS` und `VBScript` weisen auf die Skriptsprache VBScript hin. Es können auch erweiterte Namen wie `JavaScript1.1` verwendet werden, um den Code vor Browsern zu verstecken, die die jeweilige Version der Sprache nicht umsetzen können.

prompt Dieses Attribut erlaubt es, eine spezielle Suche zu definieren. Der Standardprompt ist: »This is a searchable index. Enter search keywords.«.

style Siehe *Kern-Attribut-Referenz* weiter oben in diesem Anhang

title Siehe *Kern-Attribut-Referenz* weiter oben in diesem Anhang

Attribut- und Ereignisunterstützung

N4 `prompt` (`class`, `id`, `lang` und `style` sind impliziert.)

IE4 `class`, `id`, `lang`, `language`, `prompt` und `style`

Event Handler

Keine

Beispiele

```
<isindex action="cgi-bin/search" prompt="Enter search terms">

<isindex href="cgi-bin/search" prompt="Schlüsselwörter:">

<base href="cgi-bin/search">
<isindex prompt="Geben Sie hier Ihre Suchbegriffe ein:">
```

XHTML-Beispiel

```
<isindex action="cgi-bin/search" prompt="Geben Sie hier Ihre Suchbegriffe ein:" />
```

Kompatibilität

HTML 2, 3.2, 4 (übergangsweise); XHTML 1.0

Internet Explorer 2, 3, 4, 5, 5.5; Netscape 1, 2, 3, 4–4.7; Opera 4; WebTV

Hinweise

❏ Als leeres Element benötigt `<isindex>` unter der HTML-Spezifikation keinen Schlussbefehl. Die XHTML-Spezifikation verlangt jedoch einen schließenden Schrägstrich: `<isindex />`.

❏ Die HTML-3.2-Spezifikation erlaubt nur das `prompt`-Attribut, während HTML 2 eine Beschreibung verlangt, um das Suchfeld zu beschreiben.

❏ Netscape 1.1 führte das `prompt`-Attribut ein.

❏ Ursprünglich wollte das W3C dieses Element im Dokumentkopf unterbringen. Die Browserhersteller fügten es dann jedoch in den Dokumentkörper ein. Frühe Umsetzungen unterstützten das `action`-Attribut nicht und verwendeten das `<base>`-Element oder ein `href`-Attribut, um den URL der Suchfunktion zu bestimmen.

❏ Ältere Versionen des Internet Explorers unterstützen das `action`-Attribut, das den URL spezifiziert, der die Abfrage durchführen soll. Der IE4 unterstützt die Attribute `action`, `dir`, `href` oder `title` nicht. Die Microsoft-Dokumentation zieht den Befehl `<input>` diesem Element vor.

`<kbd>` (Keyboard-Eingabe)

Dieses Element markiert Text als Keyboard-Eingabe. Ein Browser stellt so markierten Text meist in nicht proportionaler Schrift dar.

Syntax

```
<kbd
     class="klassenname(n)"
     dir="ltr | rtl"
     id="einmaliger alphanumerischer identifizierer"
     lang="sprachcode"
     style="stilinformation"
     title="hinweistext"
     onclick="script"
     ondblclick="script"
     onkeydown="script"
     onkeypress="script"
     onkeyup="script"
     onmousedown="script"
     onmousemove="script"
     onmouseout="script"
     onmouseover="script"
     onmouseup="script">

</kbd>
```

Attribute und Ereignisse definiert durch IE4

```
language="javascript | jscript | vbs | vbscript"
ondragstart="script"
onhelp="script"
onselectstart="script"
```

Attribute und Ereignisse definiert durch IE5.5

```
accesskey="taste"
contenteditable=" false | true | inherit"
hidefocus="true | false"
tabindex="zahl"
```

Attribute

accesskey Dieses Attribut bestimmt eine Taste zur Navigation mittels Tastatur für dieses Element. Das Drücken der Alt- oder einer vergleichbaren Taste (hängt von Browser und/oder Betriebssystem ab) in Verbindung mit der spezifizierten Taste wählt das Element aus, das mit dieser Taste verknüpft ist. Seitendesigner sollten keine Zeichen verwenden, die bereits bei einem Browser mit einer Funktion belegt sind.

class Siehe *Kern-Attribut-Referenz* weiter oben in diesem Anhang

contenteditable Dieses von Microsoft eingeführte Attribut erlaubt es dem User, den dargestellten Inhalt im IE5.5 zu bearbeiten. Mögliche Werte sind false, true und inherit. Der Wert false verhindert, dass Inhalte vom User verändert werden, true erlaubt das Verändern. Der Standardwert inherit übernimmt den Wert des übergeordneten Elements.

dir Siehe *Sprach-Referenz* weiter oben in diesem Anhang

hidefocus Dieses Element wurde mit dem IE5.5 vorgestellt. Es nimmt den Fokus vom jeweiligen Element. Der Fokus muss dem Element durch das tabindex-Attribut zugewiesen worden sein.

id Siehe *Kern-Attribut-Referenz* weiter oben in diesem Anhang

lang Siehe *Sprach-Referenz* weiter oben in diesem Anhang

language Dieses Attribut spezifiziert die Sprache, in der das aktuelle Skript geschrieben ist, und ruft die zugehörige Scripting Engine auf. Der Standardwert ist JAVASCRIPT. JAVASCRIPT und JSCRIPT zeigen an, dass die verwendete Sprache JavaScript ist. VBS und VBScript weisen auf die Skriptsprache VBScript hin. Es können auch erweiterte Namen wie JavaScript1.1 verwendet werden, um den Code vor Browsern zu verstecken, die die jeweilige Version der Sprache nicht umsetzen können.

style Siehe *Kern-Attribut-Referenz* weiter oben in diesem Anhang

tabindex Dieses Attribut verwendet eine Zahl, um den Rang des Objekts für die Tastaturnavigation per Tabulatortaste festzulegen. Der IE5.5 fügt dieses Attribut zum <kbd>-Element hinzu. Unter IE5.5 kann dieser Fokus mit dem hidefocus-Attribut deaktiviert werden.

title Siehe *Kern-Attribut-Referenz* weiter oben in diesem Anhang

Attribut- und Ereignisunterstützung

N4 class, id, lang und style sind impliziert.

IE4 Alle Attribute und Ereignisse außer dir

Event Handler

Siehe *Ereignis-Referenz* weiter oben in diesem Anhang

Beispiel

```
Geben Sie den Befehl für das Wechseln des Verzeichnisses ein, wie unten
angegeben:<br>
<br>
<kbd>CD .. </kbd>
```

Kompatibilität

HTML 2, 3.2, 4, 4.01; XHTML 1.0

Internet Explorer 2, 3, 4, 5, 5.5; Netscape 1, 2, 3, 4–4.7, 6; Opera 4; WebTV

Hinweis

❑ Die HTML-2- und -3.2-Spezifikationen unterstützen keine Attribute für dieses Element.

\<label> (Formularelement-Label)

Dieses HTML-4-Element wird verwendet, um Beschreibungen für Formularelemente zu erstellen.

Syntax

```
<label
     accesskey="taste"
     class="klassenname(n)"
     dir="ltr | rtl"
     for="id der kontrolle"
     id="einmaliger alphanumerischer identifizierer"
     lang="sprachcode"
     style="stilinformation"
     title="hinweistext"
     onblur="script"
     onclick="script"
     ondblclick="script"
     onfocus="script"
     onkeydown="script"
     onkeypress="script"
     onkeyup="script"
     onmousedown="script"
     onmousemove="script"
     onmouseout="script"
     onmouseover="script"
     onmouseup="script">

</label>
```

Attribute und Ereignisse definiert durch IE4

```
datafld="spaltenname"
dataformatas="html | text"
datasrc="data source id"
language="javascript | jscript | vbs | vbscript"
ondragstart="script"
onhelp="script"
onselectstart="script"
```

Attribute und Ereignisse definiert durch IE5.5

```
contenteditable=" false | true | inherit "
hidefocus="true | false"
tabindex="zahl"
```

Attribute

accesskey Dieses Attribut bestimmt eine Taste zur Navigation mittels Tastatur für dieses Element. Das Drücken der Alt- oder einer vergleichbaren Taste in Verbindung mit der spezifizierten Taste wählt das Element aus, das mit dieser Taste verknüpft ist. Seitendesigner sollten keine Zeichen verwenden, die bereits bei einem Browser mit einer Funktion belegt sind.

class Siehe *Kern-Attribut-Referenz* weiter oben in diesem Anhang

contenteditable Dieses von Microsoft eingeführte Attribut erlaubt es dem User, den dargestellten Inhalt im IE5.5 zu bearbeiten. Mögliche Werte sind `false`, `true` und `inherit`. Der Wert `false` verhindert, dass Inhalte vom User verändert werden, `true` erlaubt das Verändern. Der Standardwert `inherit` übernimmt den Wert des übergeordneten Elements.

datafld Dieses Attribut wird verwendet, um den Namen einer Spalte der Datenquelle zu ermitteln, die mit dem `<label>`-Element verknüpft ist.

dataformatas Dieses Attribut zeigt an, ob die verbundenen Daten reiner Text oder HTML sind. Die Daten, die mit `<label>` verknüpft sind, werden verwendet, um den Inhalt von Labels zu definieren.

datasrc Dieses Attribut zeigt den `id`-Wert des Datenquellenobjekts an, das die mit diesem Objekt verknüpften Daten enthält.

dir Siehe *Sprach-Referenz* weiter oben in diesem Anhang

for Dieses Attribut spezifiziert die `id` für das Formularelement, das durch `label` referenziert wird. Das ist optional, wenn das Label ein Formelement umgibt, zu dem es gehört. In vielen Fällen, vor allem wenn eine Tabelle verwendet wird, um ein Formular zu strukturieren, ist das Element `<label>` nicht in der Lage, das zugehörige Formularelement einzuschließen, so dass das Attribut `for` verwendet werden sollte. Dieses Attribut erlaubt es, durch das Erstellen von mehreren Referenzen mehr als ein Label mit dem gleichen Formularelement zu verknüpfen.

hidefocus Dieses Element wurde mit dem IE5.5 vorgestellt. Es nimmt den Fokus vom jeweiligen Element. Der Fokus muss dem Element durch das `tabindex`-Attribut zugewiesen worden sein.

id Siehe *Kern-Attribut-Referenz* weiter oben in diesem Anhang

lang Siehe *Sprach-Referenz* weiter oben in diesem Anhang

language Dieses Attribut spezifiziert die Sprache, in der das aktuelle Skript geschrieben ist, und ruft die zugehörige Scripting Engine auf. Der Standardwert ist JAVASCRIPT. JAVASCRIPT und JSCRIPT zeigen an, dass die verwendete Sprache JavaScript ist. VBS und VBScript weisen auf die Skriptsprache VBScript hin. Es können auch erweiterte Namen wie JavaScript1.1 verwendet werden, um den Code vor Browsern zu verstecken, die die jeweilige Version der Sprache nicht umsetzen können.

style Siehe *Kern-Attribut-Referenz* weiter oben in diesem Anhang

tabindex Dieses Attribut verwendet eine Zahl, um den Rang des Objekts für die Tastaturnavigation per Tabulatortaste festzulegen. Der IE5.5 fügt dieses Attribut zum <label>-Element hinzu. Unter IE5.5 kann dieser Fokus mit dem hidefocus-Attribut deaktiviert werden.

title Siehe *Kern-Attribut-Referenz* weiter oben in diesem Anhang

Attribut- und Ereignisunterstützung

IE4 Alle W3C-definierten Attribute und Ereignisse außer dir, onblur und onfocus sowie alle Attribute und Ereignisse definiert durch IE4

Event Handler

Siehe *Ereignis-Referenz* weiter oben in diesem Anhang

Beispiele

```
<form>
    <label id="usernamelabel">Name
    <input type="text" id="username">
    </label>
</form>

<form>
  <table>
  <tr>
    <td><label for="username">Name</label></td>
    <td><input type="text" id="username"></td>
  </tr>
  </table>
</form>
```

Kompatibilität

HTML 4, 4.01; XHTML 1.0

Internet Explorer 4, 5, 5.5; Netscape 6; Opera 4.0

Hinweise

❑ Um ein Label mit einem Formularelement zu verknüpfen, sollte das Formularelement zum Inhalt des Labels gemacht werden. In diesem Fall kann das <label>-Element nur ein anderes Kontrollelement enthalten. Das Label selbst kann vor oder nach dem zugehörigen Formularelement positioniert werden. Wenn es nicht möglich ist, das verknüpfte Formularelement zu umschließen, kann das Attribut for verwendet werden.

❑ Die HTML-4-Spezifikation definiert die Ereignisse onblur und onfocus für <label>. Der IE4 dokumentiert jedoch nicht ihre Verwendung.

<layer> (Inhalts-Layer)

Dieses Netscape-spezifische Element erlaubt die Definition von überlappenden Inhalts-Layern. Sie können positioniert, versteckt oder gezeigt, transparent oder undurchsichtig dargestellt, von vorne nach hinten sortiert und eingebunden werden. Die Funktionalität von Layern kann auch mit Hilfe der CSS-Positionierungsmöglichkeiten erzielt werden. Seitendesigner sollten das <layer>-Element nicht verwenden.

Syntax (definiert durch N4)

```
<layer
       abve="layer name"
       background="URL der hintergrund-grafik"
       below="layer-name"
       bgcolor="farbwert"
       class="klassenname(n)"
       clip="clip region coordinates in x1, y1, x2, y2 form"
       height="percentage | pixel"
       id="einmaliger alphanumerischer identifizierer"
       left="pixel"
       name="zeichenkette"
       pagex="horizontale pixelposition des layers"
       pagey="vertikale pixelposition des layers"
       src="url des inhalts des layers"
       style="stilinformation"
       title="hinweistext"
       top="pixel"
       visibility="hide | inherit | show"
       width="percentage | pixel"
       z-index="number"
       onblur="script"
       onfocus="script"
       onload="script"
       onmouseout="script"
       onmouseover="script">

</layer>
```

Attribute

above Dieses Attribut enthält den Namen des Layers, der über dem aktuellen Layer dargestellt werden soll.

background Dieses Attribut enthält den URL für eine Grafikdatei, die für die Darstellung des Layer-Hintergrunds verwendet werden soll.

below Dieses Attribut enthält den Namen des Layers, der unter dem aktuellen Layer dargestellt werden soll.

bgcolor Dieses Attribut bestimmt die Hintergrundfarbe eines Layers. Der Wert dieses Attributs kann entweder ein reservierter Farbname oder ein im Hexadezimalcode definierter Farbwert (#RRGGBB) sein.

class Siehe *Kern-Attribut-Referenz* weiter oben in diesem Anhang

clip Dieses Attribut beschneidet den Inhalt des Layers zu einem zu spezifizierenden Rechteck. Der gesamte Inhalt außerhalb des Rechtecks wird transparent dargestellt. Das `clip`-Rechteck ist definiert durch zwei x,y-Paare: oben x, links y, unten x und rechts y. Die Koordinaten sind relativ zur oberen linken Ecke des Layers 0,0.

height Dieses Attribut bestimmt die Höhe eines Layers in Pixel oder als Prozentwert des Bildschirms oder der Region, in der der Layer dargestellt wird.

id Siehe *Kern-Attribut-Referenz* weiter oben in diesem Anhang

left Dieses Attribut spezifiziert die linke Einrückung des Layers. Die Einrückung ist relativ zum Eltern-Layer, wenn einer vorhanden ist, oder zum Abstand der linken Seite, wenn kein Eltern-Layer existiert.

name Dieses Attribut bestimmt den Namen für einen Layer, damit es von clientseitigen Programmen und Skriptsprachen angesprochen werden kann. Es kann auch das Attribut `id` verwendet werden.

pagex Dieses Attribut spezifiziert die horizontale Position eines Layers relativ zum Browserfenster.

pagey Dieses Attribut spezifiziert die vertikale Position eines Layers relativ zum Browserfenster.

src Dieses Attribut bestimmt den URL der Daten, die im Layer angezeigt werden sollen. Dieses Attribut mit einem leeren Element zu verwenden, ist eine gute Möglichkeit, Layouts auch unter alten Browsern zu bewahren.

style Siehe *Kern-Attribut-Referenz* weiter oben in diesem Anhang

title Siehe *Kern-Attribut-Referenz* weiter oben in diesem Anhang

top Dieses Attribut spezifiziert den oberen Abstand des Layers in Pixel. Dieser Abstand ist relativ zum Eltern-Layer, wenn einer vorhanden ist, oder zum Abstand der oberen Seite, wenn kein Eltern-Layer existiert.

visibility Dieses Attribut bestimmt, ob ein Layer versteckt wird oder sichtbar ist, oder er erbt seine Sichtbarkeit vom Layer, in dem er enthalten ist.

width Dieses Attribut bestimmt die Breite des Layers in Pixel oder als Prozentangabe relativ zum Objekt, in dem sich der Layer befindet.

z-index Dieses Attribut spezifiziert die Reihenfolge der Stapelung relativ zu anderen Layern. Die Position wird mit positiven Zahlen bestimmt, wobei 1 den untersten Layer anzeigt.

Attribut- und Ereignisunterstützung

N4 Alle Attribute

Event Handler

Siehe *Ereignis-Referenz* weiter oben in diesem Anhang

Beispiele

```
<layer name="scene" bgcolor="#00FFFF>
  <layer name="Shaq" left="100" top="100">
    <img src="shaq.gif">
  </layer>
```

```
    <layer name="Rodman" left="200" top="100"
          visibility="hidden">
      <img src="pinkhair.gif">
    </layer>
</layer>

<!-- Die bessere Art Layer zu definieren -->
<layer src="contents.htm" left="20" top="20"
       height="80%" width="80%">
</layer>
```

Kompatibilität

Netscape 4–4.7

Hinweise

❏ Dieses Element wird wahrscheinlich nicht mehr lange verwendet werden, da es von zu wenigen Browsern unterstützt wird. Die Funktionalität von `<layer>` kann auch durch die Positionierungsmöglichkeiten von CSS erzielt werden. Entwickler sollten dieses Element nicht verwenden.

❏ Applets, PlugIns und andere eingebundene Medienformen, verallgemeinert Objekte genannt, können in einen Layer eingebunden werden, allerdings schieben sie sich über die anderen Layer, wenn der Layer, der sie enthält, verdeckt wird.

`<legend>` (Legende für Formularfeldgruppe)

Dieses HTML-4-Element wird verwendet, um eine Überschrift für eine Gruppe von Formularfeldern festzulegen, die durch das `<fieldset>`-Element definiert wurde.

Syntax

```
<legend
     accesskey="taste"
     align="bottom | left | right | top" (übergangsweise)
     class="klassenname(n)"
     dir="ltr | rtl"
     id="einmaliger alphanumerischer identifizierer"
     lang="sprachcode"
     style="stilinformation"
     title="hinweistext"
     onclick="script"
     ondblclick="script"
     onkeydown="script"
     onkeypress="script"
     onkeyup="script"
     onmousedown="script"
     onmousemove="script"
     onmouseout="script"
```

```
        onmouseover="script"
        onmouseup="script">

    </legend>
```

Attribute und Ereignisse definiert durch IE4

```
    align="center"
    language="javascript | jscript | vbs | vbscript"
    valign="bottom | top"
    ondragstart="script"
    onhelp="script"
```

Attribute und Ereignisse definiert durch IE5.5

```
    contenteditable=" false | true | inherit"
    hidefocus="true | false"
    tabindex="zahl"
```

Attribute

accesskey Dieses Attribut bestimmt eine Taste zur Navigation mittels Tastatur für dieses Element. Das Drücken der Alt- oder einer vergleichbaren Taste in Verbindung mit der spezifizierten Taste wählt das Element, das mit dieser Taste verknüpft ist, oder die Legende selbst aus.

align Dieses Attribut definiert, wo die Legende innerhalb des `<fieldset>`-Elements angezeigt werden soll. Die Standardposition ist die obere linke Ecke.

Es ist auch möglich, die Legende rechts zu positionieren, indem der Wert des Attributs auf `right` gesetzt wird. Die Spezifikation definiert auch die Werte `bottom` und `top`. Microsoft definiert weiterhin die Werte `center` und `valign`, mit dem die vertikale Ausrichtung definiert werden kann. Die weitere Unterstützung von `valign` ist nicht geklärt. Webdesigner sollten nur das `align`-Attribut verwenden und die Ausrichtung der Legende mit Style Sheets verwirklichen.

class Siehe *Kern-Attribut-Referenz* weiter oben in diesem Anhang

contenteditable Dieses von Microsoft eingeführte Attribut erlaubt es dem User, den dargestellten Inhalt im IE5.5 zu bearbeiten. Mögliche Werte sind `false`, `true` und `inherit`. Der Wert `false` verhindert, dass Inhalte vom User verändert werden, `true` erlaubt das Verändern. Der Standardwert `inherit` übernimmt den Wert des übergeordneten Elements.

dir Siehe *Sprach-Referenz* weiter oben in diesem Anhang

hidefocus Dieses Element wurde mit dem IE5.5 vorgestellt. Es nimmt den Fokus vom jeweiligen Element. Der Fokus muss dem Element durch das `tabindex`-Attribut zugewiesen worden sein.

id Siehe *Kern-Attribut-Referenz* weiter oben in diesem Anhang

lang Siehe *Sprach-Referenz* weiter oben in diesem Anhang

language Dieses Attribut spezifiziert die Sprache, in der das aktuelle Skript geschrieben ist, und ruft die zugehörige Scripting Engine auf. Der Standardwert ist `JAVASCRIPT`. `JAVASCRIPT` und `JSCRIPT` zeigen an, dass die verwendete Sprache JavaScript ist. `VBS` und `VBScript` weisen auf die Skriptsprache VBScript hin. Es können auch erweiterte Namen wie `JavaScript1.1` verwendet werden, um den Code vor Browsern zu verstecken, die die jeweilige Version der Sprache nicht umsetzen können.

style Siehe *Kern-Attribut-Referenz* weiter oben in diesem Anhang

tabindex Dieses Attribut verwendet eine Zahl, um den Rang des Objekts für die Tastaturnavigation per Tabulatortaste festzulegen. Der IE5.5 fügt dieses Attribut zum `<legend>`-Element hinzu. Unter IE5.5 kann dieser Fokus mit dem `hidefocus`-Attribut deaktiviert werden.

title Siehe *Kern-Attribut-Referenz* weiter oben in diesem Anhang

valign Diese IE-spezifische Eigenschaft gibt an, ob die Legende über oder unter der Begrenzung erscheint, die mit dem umschließenden `<fieldset>`-Element definiert wird. Dieses Attribut könnte abgeschafft werden, da es nicht zum Standard gehört.

Attribut- und Ereignisunterstützung

IE4 Alle Attribute und Ereignisse außer `accesskey` und `dir`

Event Handler

Siehe *Ereignis-Referenz* weiter oben in diesem Anhang

Beispiel

```
<form>
 <fieldset>
   <legend align="top">User-Information</legend>
   Vorname: <input type="text" id="vorname"
   size="20"><br>
   Nachname: <input type="text" id="nachname"
   size="20"><br>
 </fieldset>
</form>
```

Kompatibilität

HTML 4, 4.01; XHTML 1.0

Internet Explorer 4, 5, 5.5; Netscape 6; Opera 4.0

Hinweise

❑ Das `<legend>`-Element sollte nur innerhalb des `<fieldset>`-Elements erscheinen. Es solle nur eine Legende pro `<fieldset>`-Element existieren.

❑ Die Legende verbessert die Zugriffsmöglichkeiten, wenn Formularfelder unsichtbar zusammengefasst werden.

❑ Die Microsoft-Implementierung kann die `center`-Option im `align`-Attribut verwenden. Microsoft definiert auch das `valign`-Attribut für die Positionierung der Legende. Allerdings scheint das `valign`-Attribut nicht einheitlich zu funktionieren.

❑ WebTV und Netscape unterstützen dieses Element noch nicht.

`<li>` (Listen-Element)

Dieses Element wird verwendet, um ein Listenelement anzuzeigen, das sich in einer nummerierten Liste `<ol>`, einer nicht nummerierten Liste `<ul>` oder einem älteren Listentyp wie z.B. `<dir>` oder `<menu>` befindet.

Syntax

```
<li
    class="klassenname(n)"
    dir="ltr | rtl"
    id="einmaliger alphanumerischer identifizierer"
    lang="sprachcode"
    style="stilinformation"
    title="hinweistext"
    type="circle | disc | square | a | A | i | I | 1"
        (übergangsweise)
    value="number" (übergangsweise)
    onclick="script"
    ondblclick="script"
    onkeydown="script"
    onkeypress="script"
    onkeyup="script"
    onmousedown="script"
    onmousemove="script"
    onmouseout="script"
    onmouseover="script"
    onmouseup="script">
```

XHTML-Syntax

Unter XHTML 1.0 wird das Schluss-Tag </li> nicht länger als optional angesehen.

```
<li></li>
```

Attribute und Ereignisse definiert durch IE4

```
language="javascript | jscript | vbs | vbscript"
ondragstart="script"
onhelp="script"
onselectstart="script"
```

Attribute und Ereignisse definiert durch IE5.5

```
accesskey="taste"
contenteditable=" false | true | inherit"
hidefocus="true | false"
tabindex="zahl"
```

Attribute

accesskey Dieses Attribut bestimmt eine Taste zur Navigation mittels Tastatur für dieses Element. Das Drücken der Alt- oder einer vergleichbaren Taste (hängt von Browser und/oder Betriebssystem ab) in Verbindung mit der spezifizierten Taste wählt das Element aus, das mit dieser Taste verknüpft ist.

class Siehe *Kern-Attribut-Referenz* weiter oben in diesem Anhang

contenteditable Dieses von Microsoft eingeführte Attribut erlaubt es dem User, den dargestellten Inhalt im IE5.5 zu bearbeiten. Mögliche Werte sind `false`, `true` und `inherit`. Der Wert `false` verhindert, dass Inhalte vom User verändert werden, `true` erlaubt das Verändern. Der Standardwert `inherit` übernimmt den Wert des übergeordneten Elements.

dir Siehe *Sprach-Referenz* weiter oben in diesem Anhang

hidefocus Dieses Element wurde mit dem IE5.5 vorgestellt. Es nimmt den Fokus vom jeweiligen Element. Der Fokus muss dem Element durch das `tabindex`-Attribut zugewiesen worden sein.

id Siehe *Kern-Attribut-Referenz* weiter oben in diesem Anhang

lang Siehe *Sprach-Referenz* weiter oben in diesem Anhang

language Dieses Attribut spezifiziert die Sprache, in der das aktuelle Skript geschrieben ist, und ruft die zugehörige Scripting Engine auf. Der Standardwert ist JAVASCRIPT. JAVASCRIPT und JSCRIPT zeigen an, dass die verwendete Sprache JavaScript ist. VBS und VBScript weisen auf die Skriptsprache VBScript hin. Es können auch erweiterte Namen wie `JavaScript1.1` verwendet werden, um den Code vor Browsern zu verstecken, die die jeweilige Version der Sprache nicht umsetzen können.

style Siehe *Kern-Attribut-Referenz* weiter oben in diesem Anhang

tabindex Dieses Attribut verwendet eine Zahl, um den Rang des Objekts für die Tastaturnavigation per Tabulatortaste festzulegen. Der IE5.5 fügt dieses Attribut zum `<li>`-Element hinzu. Unter IE5.5 kann dieser Fokus mit dem `hidefocus`-Attribut deaktiviert werden.

title Siehe *Kern-Attribut-Referenz* weiter oben in diesem Anhang

type Dieses Attribut bestimmt den Typ des Aufzählungszeichens einer nicht nummerierten Liste oder die Art der Nummerierung bei einer nummerierten Liste. Bei einer nummerierten Liste bezeichnet der Wert a Kleinbuchstaben, A bezeichnet Großbuchstaben, i steht für kleine römische Zahlen, I für große römische Zahlen und 1 für arabische Zahlen. Bei nicht nummerierten Listen kann der Browser ein beliebiges Aufzählungszeichen wählen. Es kann jedoch davon ausgegangen werden, dass der Wert `circle` einen Kreis, der Wert `disc` einen gefüllten Kreis und der Wert `square` ein gefülltes Quadrat initiiert. Browser wie WebTV fügen eventuell andere Aufzählungszeichen, wie z.B. Dreiecke, ein.

value Dieses Attribut bestimmt die gegenwärtige Anzahl von Elementen in einer nummerierten Liste, die durch das `<ol>`-Element definiert wird. Unabhängig von der Art der Nummerierung, die mit dem `type`-Attribut festgelegt wurde, ist der einzige zulässige Wert eine Zahl. Die Nummerierung der nachfolgenden Elemente beginnt bei der Zahl, die durch den Wert von `value` bestimmt wurde. Bei nicht nummerierten Listen hat das Attribut `value` keine Bedeutung.

Attribut- und Ereignisunterstützung

N4 `class`, `id`, `style`, `lang`, `type` und `value`

IE4 Alle Attribute und Ereignisse außer `dir`

Event Handler

Siehe *Ereignis-Referenz* weiter oben in diesem Anhang

Beispiele

```
<ul>
    <li type="circle">Das erste Element ist ein Kreis
    <li type="square">Das zweite Element ist ein Quadrat
```

```
    <li type="disc">Das dritte Element ist eine Scheibe
</ul>
<ol>
    <li type="i">Römische Zahlen
    <li type="a" value="3">Das zweite Element ist der Buchstabe C
    <li type="a">Die Liste wird mit Kleinbuchstaben weiter durchnummeriert
</ol>
```

XHTML-Beispiel

```
<ul>
    <li>Erstes Listenelement</li>
    <li>Zweites Listenelement</li>
    <li>Drittes Listenelement</li>
</ul>
```

Kompatibilität

HTML 2, 3.2, 4, 4.01; XHTML 1.0

Internet Explorer 2, 3, 4, 5, 5.5; Netscape 1, 2, 3, 4–4.7, 6; Opera 4.0; WebTV

Hinweise

❏ Unter der strikten HTML-4.01-Definition verliert das <li>-Element die Attribute type und value, da diese Funktionen von Style Sheets übernommen werden können.

❏ Während die Aufzählungszeichen explizit bestimmt werden können, neigen Browser dazu, die Typen von Aufzählungszeichen selbstständig zu ändern, wenn <ul>-Listen ineinander verschachtelt werden. Nummerierte Listen ändern ihren Typ nicht selbstständig und kennen keine Fortführung der Nummerierung (1.1, 1.1.1 usw.).

❏ Das Schluss-Tag </li> ist unter der HTML-Spezifikation optional und wird in der Praxis nicht verwendet.

❏ XHTML 1.0 macht das Schluss-Tag </li> zur Pflicht.

<link> (Verweis zu externen Dateien oder zum Bestimmen von Beziehungen)

Dieses leere Element bestimmt die Beziehung zwischen dem aktuellen Dokument und anderen Dokumenten. Ein möglicher Anwendungszweck ist das Definieren eines relationalen Netzwerkes für die Navigation und die Verknüpfung des Dokuments zu einem Style Sheet.

Syntax

```
<link
    charset="zeichensatz-liste aus RFC 2045"
    class="klassenname(n)"
    dir="ltr | rtl"
    href="URL"
    hreflang="sprachcode"
    id="einmaliger alphanumerischer identifizierer"
```

```
          lang="sprachcode"
          media="all | aural | braille | print | projection | screen | other"
          rel="beziehungswert"
          rev="beziehungswert"
          style="stilinformation"
          target="frame-name" (übergangsweise)
          title="hinweise und informationen"
          type="inhaltstyp"
          onclick="script"
          ondblclick="script"
          onkeydown="script"
          onkeypress="script"
          onkeyup="script"
          onmousedown="script"
          onmousemove="script"
          onmouseout="script"
          onmouseover="script"
          onmouseup="script">
```

XHTML-Syntax

Da <link> ein leeres Element ist, ist ein schließender Schrägstrich erforderlich, bevor die schließende Klammer das Tag beendet, wie Sie hier sehen:

```
<link />
```

Attribute definiert durch IE4

```
disabled
```

Attribute definiert durch N4

```
src="url"
```

Attribute

charset Dieses Attribut definiert die Zeichenentschlüsselung des verknüpften Dokuments. Zulässige Werte für dieses Attribut sind Zeichensätze, die in RFC 2045 definiert sind.

class Siehe *Kern-Attribut-Referenz* weiter oben in diesem Anhang

dir Siehe *Sprach-Referenz* weiter oben in diesem Anhang

disabled Dieses Microsoft-definierte Attribut wird verwendet, um eine Link-Beziehung zu deaktivieren. Die Anwesenheit dieses Attributs ist alles, was benötigt wird, um eine solche Beziehung zu beenden. In Verbindung mit Skriptsprachen können Style-Sheet-Verknüpfungen an- und ausgeschaltet werden.

href Dieses Attribut bestimmt den URL einer verknüpften Informationsquelle. Der URL kann absolut oder relativ sein.

hreflang Dieses Attribut wird verwendet, um die Sprache der verknüpften Informationsquelle anzuzeigen. Siehe *Sprach-Referenz* weiter oben in diesem Anhang.

id Siehe *Kern-Attribut-Referenz* weiter oben in diesem Anhang

lang Siehe *Sprach-Referenz* weiter oben in diesem Anhang

media Dieses Attribut spezifiziert den Medientyp für verknüpfte Stilinformationen, wenn das `rel`-Attribut auf ein Style Sheet verweist. Der Wert des Attributs kann eine einfache Medienbeschreibung wie `screen` oder eine durch Kommata getrennte Liste sein. Mögliche Werte sind u.a. `all`, `aural`, `braille`, `print`, `projection` und `screen`. Andere Werte könnten, abhängig vom Browser, auch definiert sein. Der Internet Explorer unterstützt `all`, `print` und `screen` für dieses Attribut.

rel Dieses Attribut benennt eine Beziehung zwischen einem verknüpften und dem aktuellen Dokument. Mögliche Werte für dieses Attribut sind u.a. `alternate`, `bookmark`, `chapter`, `contents`, `copyright`, `glossary`, `help`, `index`, `next`, `prev`, `section`, `start`, `stylesheet` und `subsection`. Das gebräuchlichste Attribut ist `stylesheet`, wobei das `href`-Attribut den URL des externen Style Sheets bestimmt, der das Dokument formatiert.

rev Dieses Attribut bezeichnet eine Beziehung zwischen dem aktuellen und einem verknüpften Dokument, das durch das `href`-Attribut definiert wird. Das Attribut definiert somit, verglichen mit dem `rel`-Attribut, die umgekehrte Beziehung der Dokumente. Die Werte für das `rev`-Attribut sind vergleichbar zu den Werten von `rel`. Sie umfassen u.a. `alternate`, `bookmark`, `chapter`, `contents`, `copyright`, `glossary`, `help`, `index`, `next`, `prev`, `section`, `start`, `stylesheet` und `subsection`.

style Siehe *Kern-Attribut-Referenz* weiter oben in diesem Anhang

target Der Wert des `target`-Attributs dient der Definition eines Frame- oder Fensternamens, der die definierte Linkbeziehung hat.

title Siehe *Kern-Attribut-Referenz* weiter oben in diesem Anhang

type Dieses Attribut spezifiziert den Medientyp des Linkziels. Der Wert kann ein MIME-Typ wie `text/html`, `text/css` oder ähnlich sein. Die gebräuchlichste Verwendung für dieses Attribut ist die Definition des Typs eines verknüpften Style Sheets, wobei der häufigste Wert `text/css` ist, der das Style-Sheet-Format anzeigt.

Attribut- und Ereignisunterstützung

N4 `rel`, `src` und `type` (`class`, `id`, `lang` und `style` sind impliziert.)

IE4 `disabled`, `href`, `id`, `media` (`all` | `print` | `screen`), `rel`, `rev`, `title` und `type`

Event Handler

Siehe *Ereignis-Referenz* weiter oben in diesem Anhang

Beispiele

```
<link href="products.htm" rel="parent">

<link href="corpstyle.css" rel="stylesheet" type="text/css" media="all">

<link href="nextpagetoload.htm" rel="next">
```

XHTML-Beispiel

```
<link href="products.htm" rel="parent" />
```

Kompatibilität

HTML 2, 3.2, 4, 4.01; XHTML 1.0

Internet Explorer 3, 4, 5, 5.5; Netscape 4–4.7, 6; WebTV

Hinweise

❏ Als leeres Element hat `<link>` kein Schluss-Tag.

❏ Unter XHTML 1.0 müssen leere Elemente wie `<link>` einen schließenden Schrägstrich haben: `<link />`.

❏ Das `<link>`-Element kann nur im `<head>`-Element vorkommen. Es sind mehrere `<link>`-Elemente in einem Dokument zulässig.

❏ HTML 3.2 definiert für das `<link>`-Element nur die Attribute `href`, `rel`, `rev` und `title`.

❏ HTML 2 definiert die Attribute `href`, `methods`, `rel`, `rev`, `title` und `urn` für das `<link>`-Element. Die Attribute `methods` und `urn` wurden später aus der Spezifikation entfernt.

❏ Die HTML-4.01-Spezifikation definiert Event Handler für das `<link>`-Element, es ist allerdings unklar, wie sie eingesetzt werden sollen.

`<listing>` (Code-Listing)

Dieses verworfene Element von HTML 2 wird verwendet, um ein Code-Listing anzuzeigen. Es ist nicht weiter Bestandteil des HTML-Standards. In der Regel wird der Text innerhalb dieses Elements kleiner dargestellt. Es kann auch das Element `<pre>` verwendet werden, um vorformatierten Text anzuzeigen.

Syntax (HTML 2; Verworfen)

```
<listing>
</listing>
```

Attribute und Ereignisse definiert durch IE4

```
class="klassenname(n)"
id="einzigartige alphanumerische zeichenkette"
lang="sprachcode"
language="javascript | jscript | vbs | vbscript"
style="stilinformation"
title="hinweistext"
onclick="script"
ondblclick="script"
ondragstart="script"
onhelp="script"
onkeydown="script"
onkeypress="script"
onkeyup="script"
onmousedown="script"
```

```
onmousemove="script"
onmouseout="script"
onmouseover="script"
onmouseup="script"
onselectstart="script">
```

Attribute und Ereignisse definiert durch IE5.5

```
accesskey="taste"
contenteditable=" false | true | inherit"
dir="ltr | rtl"
hidefocus="true | false"
tabindex="zahl"
```

Attribute

accesskey Dieses Attribut bestimmt eine Taste zur Navigation mittels Tastatur für dieses Element. Das Drücken der Alt- oder einer vergleichbaren Taste (hängt von Browser und/oder Betriebssystem ab) in Verbindung mit der spezifizierten Taste wählt das Element aus, das mit dieser Taste verknüpft ist.

class Siehe *Kern-Attribut-Referenz* weiter oben in diesem Anhang

contenteditable Dieses von Microsoft eingeführte Attribut erlaubt es dem User, den dargestellten Inhalt im IE5.5 zu bearbeiten. Mögliche Werte sind `false`, `true` und `inherit`. Der Wert `false` verhindert, dass Inhalte vom User verändert werden, `true` erlaubt das Verändern. Der Standardwert `inherit` übernimmt den Wert des übergeordneten Elements.

dir Siehe *Sprach-Referenz* weiter oben in diesem Anhang

hidefocus Dieses Element wurde mit dem IE5.5 vorgestellt. Es nimmt den Fokus vom jeweiligen Element. Der Fokus muss dem Element durch das `tabindex`-Attribut zugewiesen worden sein.

id Siehe *Kern-Attribut-Referenz* weiter oben in diesem Anhang

lang Siehe *Sprach-Referenz* weiter oben in diesem Anhang

language Dieses Attribut spezifiziert die Sprache, in der das aktuelle Skript geschrieben ist, und ruft die zugehörige Scripting Engine auf. Der Standardwert ist `JAVASCRIPT`. `JAVASCRIPT` und `JSCRIPT` zeigen an, dass die verwendete Sprache JavaScript ist. `VBS` und `VBScript` weisen auf die Skriptsprache VBScript hin. Es können auch erweiterte Namen wie `JavaScript1.1` verwendet werden, um den Code vor Browsern zu verstecken, die die jeweilige Version der Sprache nicht umsetzen können.

style Siehe *Kern-Attribut-Referenz* weiter oben in diesem Anhang

tabindex Dieses Attribut verwendet eine Zahl, um den Rang des Objekts für die Tastaturnavigation per Tabulatortaste festzulegen. Der IE5.5 fügt dieses Attribut zum `<listing>`-Element hinzu. Unter IE5.5 kann dieser Fokus mit dem `hidefocus`-Attribut deaktiviert werden.

title Siehe *Kern-Attribut-Referenz* weiter oben in diesem Anhang

Attribut- und Ereignisunterstützung

IE4 Alle Attribute

Event Handler

Siehe *Ereignis-Referenz* weiter oben in diesem Anhang

Beispiel

```
<listing>
Das ist ein Code-Listing. Das Element für vorformatierten Text &lt;PRE&gt;
sollte anstatt dieses verworfenen Elements verwendet werden.
</listing>
```

Kompatibilität

HTML 2

Internet Explorer 2, 3, 4, 5, 5.6; Netscape 1, 2, 3, 4–4.7; Opera 6; WebTV

Hinweise

❑ Da es verworfen wurde, sollte dieses Element nicht mehr verwendet werden. Es wird von HTML 4 nicht mehr unterstützt. Es wird jedoch weiterhin von vielen Browserherstellern dokumentiert und schleicht sich immer wieder in verschiedene Seiten ein. Anstelle von `<listing>` sollte das `<pre>`-Element verwendet werden.

❑ Netscape und Internet Explorer stellen den Text innerhalb von `<listing>` häufig eine Stufe kleiner dar als normalen Text. Das liegt eventuell daran, dass die HTML-2-Spezifikation vorgeschlagen hat, hier 132 statt der üblichen 80 Zeichen in einer Zeile darzustellen.

`<map>` (Clientseitige Imagemap)

Dieses Element wird verwendet, um eine clientseitige Imagemap zu implementieren. So werden verschiedene Regionen einer Grafik mit einem Ziel-URL verknüpft. Jede Region, der ein Hyperlink zugewiesen wird, wird im `<area>`-Element definiert. Die Map wird mit dem `usemap`-Attribut in einem `<img>`-Element an eine Grafik gebunden.

Syntax

```
<map
     class="klassenname(n)"
     dir="ltr | rtl"
     id="einmaliger alphanumerischer identifizierer"
     lang="sprachcode"
     name="einmaliger alphanumerischer identifizierer"
     style="stilinformation"
     title="hinweistext"
     onclick="script"
     ondblclick="script"
     onkeydown="script"
     onkeypress="script"
     onkeyup="script"
     onmousedown="script"
     onmousemove="script"
```

```
          onmouseout="script"
          onmouseover="script"
          onmouseup="script">

          <area> Elemente

      </map>
```

Ereignisse definiert durch IE4

```
      ondragstart="script"
      onhelp="script"
      onselectstart="script"
```

Attribute

class Siehe *Kern-Attribut-Referenz* weiter oben in diesem Anhang

dir Siehe *Sprach-Referenz* weiter oben in diesem Anhang

id Siehe *Kern-Attribut-Referenz* weiter oben in diesem Anhang

lang Siehe *Sprach-Referenz* weiter oben in diesem Anhang

name Wie das id-Attribut bestimmt name den Namen für ein einzubindendes Objekt. Im Falle des <map>-Elements wird name verwendet, um den Namen der Imagemap durch das usemap-Attribut im <img>-Befehl zu referenzieren.

style Siehe *Kern-Attribut-Referenz* weiter oben in diesem Anhang

title Siehe *Kern-Attribut-Referenz* weiter oben in diesem Anhang

Attribut- und Ereignisunterstützung

N4 name (class, id, lang und style sind impliziert.)

IE4 Alle Attribute und Ereignisse außer dir

Event Handler

Siehe *Ereignis-Referenz* weiter oben in diesem Anhang

Beispiel

```
<map name="mainmap">
   <area shape="circle" coords="200,250,25"
         href="file1.htm">
   <area shape="rectangle" coords="50,50,100,100"
         href="file2.htm#wichtig">
   <area shape="default" nohref>
</map>
```

Kompatibilität

HTML 3.2, 4, 4.01; XHTML 1.0

Internet Explorer 2, 3, 4, 5, 5.5; Netscape 1, 2, 3, 4–4.7, 6; Opera; WebTV

Hinweise

❏ HTML 3.2 unterstützt nur das name-Attribut für das <map>-Element.

❏ Clientseitige Imagemaps werden nicht unter HTML 2 unterstützt. Sie wurden zuerst von Spyglass und später von Netscape und anderen Browsern verwendet.

<marquee> (Marquee-Darstellung)

Das Microsoft-spezifische Element beschreibt einen rollenden, gleitenden oder hin- und herpendelnden Text und wird nur von wenigen Browsern unterstützt.

Syntax (definiert durch IE4)

```
<marquee
    behavior="alternate | scroll | slide"
    bgcolor="farb-name | #RRGGBB"
    class="klassenname(n)"
    datafld="spaltenname"
    dataformatas="html | text"
    datasrc="datenquellen-id"
    direction="down | left | right | up"
    height="pixel oder prozentangabe"
    hspace="pixel"
    id="einmaliger alphanumerischer identifizierer"
    lang="sprachcode"
    language="javascript | jscript | vbs | vbscript"
    loop="infinite | zahl"
    scrollamount="pixel"
    scrolldelay="millisekunden"
    style="stilinformation"
    title="hinweistext"
    truespeed
    vspace="pixel"
    width="pixel oder prozentangabe"
    onafterupdate="script"
    onblur="script"
    onbounce="script"
    onclick="script"
    ondblclick="script"
    ondragstart="script"
    onfinish="script"
    onfocus="script"
    onhelp="script"
```

```
          onkeydown="script"
          onkeypress="script"
          onkeyup="script"
          onmousedown="script"
          onmousemove="script"
          onmouseout="script"
          onmouseover="script"
          onmouseup="script"
          onresize="script"
          onrowenter="script"
          onrowexit="script"
          onselectstart="script"
          onstart="script">

      Marquee-text

</marquee>
```

Attribute und Ereignisse definiert durch IE5.0

```
dir="ltr | rtl"
```

Attribute und Ereignisse definiert durch IE5.5

```
accesskey="taste"
contenteditable=" false | true | inherit"
hidefocus="true | false"
tabindex="zahl"
```

Attribute

accesskey Dieses Attribut bestimmt eine Taste zur Navigation mittels Tastatur für dieses Element. Das Drücken der Alt- oder einer vergleichbaren Taste (hängt von Browser und/oder Betriebssystem ab) in Verbindung mit der spezifizierten Taste wählt das Element aus, das mit dieser Taste verknüpft ist.

behavior Dieses Attribut kontrolliert die Bewegung des Marquee-Texts. Die Option `alternate` bewirkt, dass der Text bis zum Seitenrand von einer Seite zur anderen pendelt. Der Wert `scroll` lässt den Text endlos horizontal über den Bildschirm scrollen. Der Wert `slide` bewirkt, dass der Text von einer Seite ins Bild gleitet und stehen bleibt, wenn der erste Buchstabe den gegenüberliegenden Seitenrand erreicht.

bgcolor Dieses Attribut bestimmt die Hintergrundfarbe eines mit `<marquee>` markierten Bereichs. Der Wert dieses Attributs kann entweder ein reservierter Farbname oder ein im Hexadezimalcode definierter Farbwert (#RRGGBB) sein.

class Siehe *Kern-Attribut-Referenz* weiter oben in diesem Anhang

contenteditable Dieses von Microsoft eingeführte Attribut erlaubt es dem User, den dargestellten Inhalt im IE5.5 zu bearbeiten. Mögliche Werte sind `false`, `true` und `inherit`. Der Wert `false` verhindert, dass Inhalte vom User verändert werden, `true` erlaubt das Verändern. Der Standardwert `inherit` übernimmt den Wert des übergeordneten Elements.

datafld Dieses Attribut wird verwendet, um den Namen einer Spalte der Datenquelle zu ermitteln, die mit dem <marquee>-Element verbunden ist.

dataformatas Dieses Attribut zeigt an, ob die verbundenen Daten reiner Text oder HTML sind. Die Daten, die mit <marquee> verknüpft sind, werden verwendet, um den scrollenden Text zu definieren.

datasrc Dieses Attribut zeigt den id-Wert des Datenquellenobjekts an, das die mit diesem Objekt verknüpften Daten enthält. Diese Daten werden verwendet, um den zu scrollenden Text zu definieren.

dir Siehe *Sprach-Referenz* weiter oben in diesem Anhang

direction Dieses Attribut bestimmt die Richtung, in der der Marquee sich bewegen soll. Der Standardwert ist left. Andere mögliche Werte für direction sind down, right und up.

height Dieses Attribut bestimmt die Höhe des Marquees in Pixel oder als Prozentwert relativ zum Fenster.

hidefocus Dieses Element wurde mit dem IE5.5 vorgestellt. Es entfernt den Fokus vom jeweiligen Element. Der Fokus muss dem Element durch das tabindex-Attribut zugewiesen worden sein.

hspace Dieses Attribut bestimmt die Größe des rechten und linken Freiraums zwischen dem Marquee und dem umlaufenden Text in Pixel.

id Siehe *Kern-Attribut-Referenz* weiter oben in diesem Anhang

lang Siehe *Sprach-Referenz* weiter oben in diesem Anhang

language Dieses Attribut spezifiziert die Sprache, in der das aktuelle Skript geschrieben ist, und ruft die zugehörige Scripting Engine auf. Der Standardwert ist JAVASCRIPT. JAVASCRIPT und JSCRIPT zeigen an, dass die verwendete Sprache JavaScript ist. VBS und VBScript weisen auf die Skriptsprache VBScript hin. Es können auch erweiterte Namen wie JavaScript1.1 verwendet werden, um den Code vor Browsern zu verstecken, die die jeweilige Version der Sprache nicht umsetzen können.

loop Dieses Attribut zeigt die Anzahl der Durchläufe des Marquee-Textes an. Standardmäßig läuft der Marquee unendlich durch das Bild, sofern der Wert von behavior nicht slide ist. Es ist auch möglich, den Wert infinite oder -1 zu verwenden, um ein unendliches Scrollen zu bewirken.

scrollamount Dieses Attribut bestimmt die Schrittweite der jeweiligen Darstellungen, während der Text scrollt, in Pixeln.

scrolldelay Dieses Attribut bestimmt die Verzögerung der jeweiligen Darstellungen in Millisekunden.

style Siehe *Kern-Attribut-Referenz* weiter oben in diesem Anhang

tabindex Dieses Attribut verwendet eine Zahl, um den Rang des Objekts für die Tastaturnavigation per Tabulatortaste festzulegen. Der IE5.5 fügt dieses Attribut zum <marquee>-Element hinzu. Unter IE5.5 kann dieser Fokus mit dem hidefocus-Attribut deaktiviert werden.

title Siehe *Kern-Attribut-Referenz* weiter oben in diesem Anhang

truespeed Wenn dieses Attribut existiert, legt es fest, dass der Wert des scrolldelay-Attributes exakt bemessen werden soll. Wenn es nicht vorhanden ist, werden Werte unter 60 Millisekunden auf 60 Millisekunden aufgerundet.

vspace Dieses Attribut bestimmt die Größe der oberen und unteren Freiräume zwischen dem Marquee und dem umlaufenden Text.

width Dieses Attribut bestimmt die Breite des Marquees in Pixel oder als Prozentangabe relativ zum Objekt, in dem der Marquee enthalten ist.

Attribut- und Ereignisunterstützung

IE4 Alle Microsoft-definierten Attribute und Ereignisse

Event Handler

Das <marquee>-Element hat einige einmalige Ereignisse. Zum Beispiel gibt es ein Ereignis, wenn der Text an einem Seitenende ankommt oder auf ein anderes Marquee stößt. Dieses Ereignis wird vom onbounce-Event-Handler-Attribut beschrieben. Wenn der Text zu scrollen beginnt, greift das `onstart`-Ereignis, und wenn das Marquee aufhört zu scrollen, das Ereignis `onfinish`. Die anderen Ereignisse sind die gewöhnlichen HTML-4-Elemente und Microsoft-Erweiterungen.

Beispiele

```
<marquee behavior="alternate">
SONDERANGEBOT !!! Nur diese Woche !!!
</marquee>

<marquee id="marquee1" bgcolor="red" direction="right" height="30"
        width="80%" hspace="10" vspace="10">
Der Super-Scroller scrollt wieder!!
Lustiger als ein Eimer &lt;BLINK&gt; Elemente.
</marquee>
```

Kompatibilität

Internet Explorer 3, 4, 5, 5.5; WebTV

Hinweis

❑ Das <marquee>-Element wird nur von Microsoft und WebTV unterstützt.

<menu> (Menüliste)

Dieses Element wird verwendet, um eine kurze Liste von Elementen zu definieren, die in einer menüähnlichen Auswahl erscheinen. Wie bei nummerierten und nicht nummerierten Listen werden die einzelnen Listenelemente durch das <li>-Element angezeigt. Die meisten Browser stellen das <menu>-Element genauso dar wie eine nicht nummerierte Liste, so dass es kaum noch Verwendungszwecke für sie gibt. Von der strikten HTML-4-Spezifikation wird <menu> nicht mehr unterstützt.

Syntax (nur übergangsweise)

```
<menu
    class="klassenname(n)"
    compact
    dir="ltr | rtl"
    id="einzigartige alphanumerische zeichenkette"
    lang="sprachcode"
    style="stilinformation"
    title="hinweistext"
    onclick="script"
```

```
              ondblclick="script"
              onkeydown="script"
              onkeypress="script"
              onkeyup="script"
              onmousedown="script"
              onmousemove="script"
              onmouseout="script"
              onmouseover="script"
              onmouseup="script">

      </menu>
```

Ereignisse definiert durch IE4

```
      ondragstart="script"
      onhelp="script"
      onselectstart="script"
```

Attribute und Ereignisse definiert durch IE5.5

```
      accesskey="taste"
      contenteditable=" false | true | inherit"
      hidefocus="true | false"
      tabindex="zahl"
```

Attribute

accesskey Dieses Attribut bestimmt eine Taste zur Navigation mittels Tastatur für dieses Element. Das Drücken der Alt- oder einer vergleichbaren Taste (hängt von Browser und/oder Betriebssystem ab) in Verbindung mit der spezifizierten Taste wählt das Element aus, das mit dieser Taste verknüpft ist.

class Siehe *Kern-Attribut-Referenz* weiter oben in diesem Anhang

compact Dieses Attribut zeigt an, dass die Liste kompakt dargestellt werden soll. Einige Browser verändern die Darstellung der Liste unabhängig vom Vorhandensein dieses Attributs. Das compact-Attribut benötigt keinen Wert.

contenteditable Dieses von Microsoft eingeführte Attribut erlaubt es dem User, den dargestellten Inhalt im IE5.5 zu bearbeiten. Mögliche Werte sind false, true und inherit. Der Wert false verhindert, dass Inhalte vom User verändert werden, true erlaubt das Verändern. Der Standardwert inherit übernimmt den Wert des übergeordneten Elements.

dir Siehe *Sprach-Referenz* weiter oben in diesem Anhang

hidefocus Dieses Element wurde mit dem IE5.5 vorgestellt. Es entfernt den Fokus vom jeweiligen Element. Der Fokus muss dem Element durch das tabindex-Attribut zugewiesen worden sein.

id Siehe *Kern-Attribut-Referenz* weiter oben in diesem Anhang

lang Siehe *Sprach-Referenz* weiter oben in diesem Anhang

style Siehe *Kern-Attribut-Referenz* weiter oben in diesem Anhang

tabindex Dieses Attribut verwendet eine Zahl, um den Rang des Objekts für die Tastaturnavigation per Tabulatortaste festzulegen. Der IE5.5 fügt dieses Attribut zum <menu>-Element hinzu. Unter IE5.5 kann dieser Fokus mit dem hidefocus-Attribut deaktiviert werden.

title Siehe *Kern-Attribut-Referenz* weiter oben in diesem Anhang

Attribut- und Ereignisunterstützung

N4 class, id, lang und style

IE4 Alle Attribute und Ereignisse außer compact und dir

Event Handler

Siehe *Ereignis-Referenz* weiter oben in diesem Anhang

Beispiel

```
<h2>Taco-Liste</h2>
   <menu>
      <li>Fisch
      <li>Schwein
      <li>Rind
      <li>Huhn
   </menu>
```

Kompatibilität

HTML 2, 3.2, 4 (übergangsweise), 4.01 (übergangsweise); XHTML 1.0

Internet Explorer 2, 3, 4, 5, 5.5; Netscape 1, 2, 3, 4–4.7, 6; Opera 4.0; WebTV

Hinweise

❑ Unter der strikten HTML-4.01-Spezifikation ist dieses Element nicht definiert. Da die meisten Browser diesen Listentyp einfach wie eine nicht nummerierte Liste darstellen, ist das <ul>-Element vorzuziehen.

❑ Die meisten Browser unterstützen das compact-Attribut nicht.

❑ Die HTML-2.0- und -3.2-Spezifikationen unterstützen nur das compact-Attribut.

<meta> (Meta-Information)

Dieses Element spezifiziert allgemeine Informationen über ein Dokument, die zum Indexieren des Dokuments verwendet werden können. Es erlaubt auch das Definieren von Feldern im HTTP-Response-Header, wenn es vom Server versandt wird. Typische Einsatzgebiete für dieses Element ist das Laden einer Seite durch Client-pull, das es ermöglicht, automatisch nach einer vorgegebenen Zeitspanne ein neues Dokument anzuzeigen.

Syntax

```
<meta
      content="string"
      dir="ltr | rtl"
      http-equiv="http-header-zeichenkette"
```

```
        lang="sprachcode"
        name="name der meta-information"
        scheme="schemen-typ">
```

XHTML-Syntax

Da `<meta>` ein leeres Element ist, ist ein schließender Schrägstrich erforderlich, bevor die schließende Klammer das Tag beendet, wie Sie hier sehen:

```
<meta />
```

Attribute

content Dieses Attribut enthält die eigentliche Meta-Information. Die Art dieser Meta-Information kann stark variieren und hängt vom Werte des `name`-Attributs ab.

dir Es bestimmt die Richtung des Textflusses für die Meta-Information, die durch das `content`-Attribut definiert wird (entweder von links nach rechts (`ltr`) oder von rechts nach links (`rtl`)).

http-equiv Dieses Attribut verknüpft die Meta-Information aus dem `content`-Attribut mit einem HTTP-Response-Header. Wenn dieses Attribut vorhanden ist, sollte das `name`-Attribut nicht verwendet werden. Das Attribut `http-equiv` wird häufig verwendet, um ein Dokument zu bestimmen, das nach einer vorgegebenen Zeitspanne das aktuelle Dokument ersetzt. Diese Technik wird *client-pull* genannt. Ein Beispiel für ein Client-pull-`<meta>`-Element ist

```
<meta http-equiv="refresh" content="10;URL='nextpage.htm'">
```

Beachten Sie, dass das `content`-Attribut zwei Werte enthält. Der erste ist die Anzahl der Sekunden, die gewartet wird, und der zweite bestimmt den URL des zu ladenden Dokuments mitsamt seinem Identifizierer.

lang Dieses Attribut bestimmt den Sprachcode, der mit der Sprache, die im `content`-Attribut verwendet wird, korrespondiert.

name Dieses Attribut verbindet einen Namen mit der Meta-Information, die im `content`-Attribut enthalten ist.

scheme Das `scheme`-Attribut wird verwendet, um das erwartete Format des Wertes des `content`-Attributs anzuzeigen. Dieses Schema kann auch in Verbindung mit dem Meta-Daten-Profil, das durch das `profile`-Attribut für das `<head>`-Element angezeigt wird, verwendet werden.

Attribut- und Ereignisunterstützung

N4 `content`, `http-equiv` und `name`

IE4 Alle Attribute außer `dir`

Event Handler

Keine

Beispiele

```
<!-- Verwendung des META-Elements, um die Dokument-Indexierung zu unterstuetzen -->
<meta name="keywords" content="html, scripting"
      scheme="Lycos">
```

```
<!-- Verwendung des META-Elements, um einen client-pull einzubinden -->
<meta http-equiv="refresh"
      content="3;URL='http://www.mitp.de/'">


<!-- Verwendung des META-Elements, um Bewertungsinformationen hinzuzufügen -->
<meta http-equiv="PICS-Label" content="(PICS-1.1
                'http://www.rsac.org/ratingsv01.html'
                1 gen true comment 'RSACi North America
                Server' by 'webmaster@bigcompany.com'
                for 'http://www.bigcompany.com' on
                '1999.05.26T13:05-0500'
                r (n 0 s 0 v 0 l 1))">
```

XHTML-Beispiel

```
<meta name="keywords" content="html, scripting" />
```

Kompatibilität

HTML 2, 3.2, 4, 4.01; XHTML 1.0

Internet Explorer 2, 3, 4, 5, 5.5; Netscape 1.1, 2, 3, 4–4.7, 6; Opera 4.0; WebTV

Hinweise

❏ Das `<meta>`-Element kann nur innerhalb des `<head>`-Elements verwendet werden. Es kann mehrmals definiert werden.

❏ Das `<meta>`-Element ist ein leeres Element (wie von der HTML-Spezifikation definiert) und hat kein Schluss-Tag und beinhaltet keine Daten.

❏ Unter XHTML 1.0 benötigen leere Elemente wie `<meta>` einen schließenden Schrägstrich: `<meta />`.

❏ Eine typische Anwendung des `<meta>`-Elements ist das Bestimmen von Informationen für Indexierungstools wie Suchmaschinen. Die üblichen Werte für das name-Attribut bei dieser Funktion sind u.a. author, description und keywords; es sind auch weitere Attribute möglich.

❏ Darüber hinaus können Meta-Informationen auch zur Bewertung von Seiten verwendet werden.

❏ Die HTML-2.0- und -3.2-Spezifikationen definieren nur die Attribute content, http-equiv und name.

`<multicol>` (Mehrspaltiger Text)

Dieses Netscape-spezifische Element stellt den eingeschlossenen Inhalt in mehreren Spalten dar. Dieses Element sollte nicht anstelle einer Tabelle verwendet werden, die von mehr Browsern unterstützt wird als `<multicol>`. Es ist wahrscheinlich, dass diese Form der mehrspaltigen Darstellung in Zukunft von Style Sheets übernommen werden könnte.

Syntax (definiert durch Netscape)

```
<multicol
     class="klassenname(n)"
     cols="number of columns"
```

```
        gutter="pixel"
        id="einmaliger alphanumerischer identifizierer"
        style="stilinformation"
        width="pixel">

  </multicol>
```

Attribute

class Siehe *Kern-Attribut-Referenz* weiter oben in diesem Anhang

cols Dieses Attribut bestimmt die Anzahl der Spalten, auf die der anzuzeigende Text verteilt werden soll. Der Browser wird versuchen, die Spalten gleichmäßig zu füllen.

gutter Dieses Attribut bestimmt die Breite zwischen den einzelnen Spalten in Pixel. Der Standardwert für dieses Attribut ist 10 Pixel.

id Siehe *Kern-Attribut-Referenz* weiter oben in diesem Anhang

style Siehe *Kern-Attribut-Referenz* weiter oben in diesem Anhang

width Dieses Attribut bestimmt die Spaltenbreite für alle Spalten. Die Breite der Spalten wird in Pixel angegeben und ist für alle Spalten einer Gruppe gleich. Wird dieses Attribut nicht spezifiziert, wird die Breite der Spalten dadurch definiert, dass der gesamte zur Verfügung stehende Raum abzüglich der Pixel, die von `gutter` in Anspruch genommen werden, auf die Anzahl der Spalten, die mit dem `col`-Attribut bestimmt werden, aufgeteilt wird.

Attribut- und Ereignisunterstützung

N4 Alle Attribute

Event Handler

Keine

Beispiel

```
<multicol cols="3" gutter="20">
Fügen Sie hier einen langen Text ein ...
</multicol>
```

Kompatibilität

Netscape 3, 4–4.7

Hinweise

❏ Versuchen Sie nicht, Grafiken oder andere Multimedia-Elemente in einem mit `<multicol>` gestalteten Bereich einzubinden.

❏ Achten Sie darauf, die Anzahl der Spalten nicht zu hoch zu setzen oder das Fenster zu schmal zu machen, da der Text sonst über die Zeilen hinaus geschrieben werden könnte.

<nobr> (Kein Umbruch)

Dieses von Microsoft eingeführte Element umschließt Text, in dem keine Zeilenumbrüche stattfinden dürfen. Umbrüche können explizit mit dem Element <wbr> eingefügt werden.

Syntax

```
<nobr
      class="klassenname(n)"
      id="einmaliger alphanumerischer identifizierer"
      style="stilinformation"
      title="hinweistext">

</nobr>
```

Attribute und Ereignisse definiert durch IE5.5

```
contenteditable=" false | true | inherit "
dir="ltr | rtl"
```

Attribute

class Siehe *Kern-Attribut-Referenz* weiter oben in diesem Anhang

contenteditable Dieses von Microsoft eingeführte Attribut erlaubt es dem User, den dargestellten Inhalt im IE5.5 zu bearbeiten. Mögliche Werte sind false, true und inherit. Der Wert false verhindert, dass Inhalte vom User verändert werden, true erlaubt das Verändern. Der Standardwert inherit übernimmt den Wert des übergeordneten Elements.

dir Siehe *Sprach-Referenz* weiter oben in diesem Anhang

id Siehe *Kern-Attribut-Referenz* weiter oben in diesem Anhang

style Siehe *Kern-Attribut-Referenz* weiter oben in diesem Anhang

title Siehe *Kern-Attribut-Referenz* weiter oben in diesem Anhang

Attribut- und Ereignisunterstützung

N4 Alle Attribute

IE4 id, style und title

Event Handler

Keine

Beispiele

```
<nobr>Dieser sehr lange Text ... wird nicht umbrochen.</nobr>

<nobr>Bei diesem Element ist es oft wichtig, einen Ort mit Hilfe des Elements
&lt;wbr&gt;<wbr>zu definieren, an dem umbrochen werden darf. Dieses Element wirkt
wie ein weicher Zeilenumbruch.</nobr>
```

Kompatibilität

Internet Explorer 2, 3, 4, 5, 5.5; Netscape 1.1, 2, 3, 4–4.7; Opera 4.0; WebTV

Hinweis

❑ Dieses Element gehört nicht zum W3C-Standard, wird jedoch von vielen Browsern unterstützt.

<noembed>

Dieses Netscape-spezifische Element wird verwendet, um Browsern, die ein eingebundenes Medienobjekt nicht unterstützen, die Darstellung von alternativen Inhalten zu ermöglichen. Es sollte in Verbindung mit dem <embed>-Element erscheinen.

Syntax

```
<noembed>

    Alternative Inhalte hier

</noembed>
```

Attribute

Netscape hat keine Attribute für dieses Element definiert. In der Netscape-Dokumentation ist jedoch die Rede davon, dass die Attribute class, id, style und title unterstützt werden sollten.

Event Handler

Keine

Beispiel

```
<embed src="uebersteiger.mov" height="150" width="150">
    <noembed>
        <img src="trailer.gif">
        <br>
    Schade, dieser Browser kann keine Videos wiedergeben.
    </noembed>
</embed>
```

Kompatibilität

Netscape 2, 3, 4–4.7; WebTV

Hinweis

❑ Dieses Element wird verschwinden, wenn das Element <object> sich für das Einbinden von Medienobjekten durchgesetzt hat.

<noframes>

Dieses Element wird verwendet, um alternative Inhalte in Browsern anzuzeigen, die keine Frames unterstützen.

Syntax (Nur übergangsweise)

```
<noframes
      class="klassenname(n)"
      dir="ltr | rtl"
      id="einmaliger alphanumerischer identifizierer"
      lang="sprachcode"
      style="stilinformation"
      title="hinweistext"
      onclick="script"
      ondblclick="script"
      onkeydown="script"
      onkeypress="script"
      onkeyup="script"
      onmousedown="script"
      onmousemove="script"
      onmouseout="script"
      onmouseover="script"
      onmouseup="script">

      Alternative Inhalte für Browser, die keine Frames unterstützen

</noframes>
```

Attribute

class Siehe *Kern-Attribut-Referenz* weiter oben in diesem Anhang

dir Siehe *Sprach-Referenz* weiter oben in diesem Anhang

id Siehe *Kern-Attribut-Referenz* weiter oben in diesem Anhang

lang Siehe *Sprach-Referenz* weiter oben in diesem Anhang

style Siehe *Kern-Attribut-Referenz* weiter oben in diesem Anhang

title Siehe *Kern-Attribut-Referenz* weiter oben in diesem Anhang

Attribut- und Ereignisunterstützung

N4 class, id, lang und style sind impliziert.

IE4 id, style und title

Event Handler

Es ist interessant, dass das <noframes>-Element zwar fast alle HTML-4-Elemente unterstützt, es jedoch unklar ist, welche Werte diese annehmen können. Die Inhalte, die sich innerhalb des <noframes>-Bereichs befinden, können nur auf Browsern betrachtet werden, die Frames nicht unterstützen. Es ist jedoch nicht anzunehmen, dass ein Browser, der keine Frames unterstützt, in der Lage ist, ein Eventmodell oder ähnliche Features zu unterstützen. Für weitere Informationen, s.a. *Ereignis-Referenz* weiter oben in diesem Anhang.

Beispiel

```
<frameset rows="100,*">
  <frame src="controls.htm">
  <frame src="content.htm">
    <noframes>
    Schade, dieser Browser unterstützt keine Frames.
    </noframes>
</frameset>
```

Kompatibilität

HTML 4 (übergangsweise), 4.01 (übergangsweise); XHTML 1.0

Internet Explorer 2, 3, 4, 5, 5.5; Netscape 2, 3, 4–4.7, 6; Opera 4.0; WebTV

Hinweise

❏ Dieses Element sollte innerhalb des <frameset>-Elements verwendet werden.

❏ Der Nutzen von Ereignissen und höher wertigen Attributen wie z.B. style ist unklar, da ein Browser, der auf das <noframes>-Element zurückgreifen muss, weil er keine Frames unterstützt, wahrscheinlich auch die Elemente nicht unterstützen wird.

<noscript>

Dieses Element wird verwendet, um Inhalte einzuschließen, die von Browsern angezeigt werden, die kein Scripting unterstützen oder bei denen die Unterstützung von Skripten durch den Betrachter deaktiviert wurde.

Syntax

```
<noscript
    class="klassenname(n)"
    dir="ltr | rtl"
    id="einmaliger alphanumerischer identifizierer"
    lang="sprachcode"
    style="stilinformation"
    title="hinweistext"
    onclick="script"
    ondblclick="script"
    onkeydown="script"
    onkeypress="script"
```

```
    onkeyup="script"
    onmousedown="script"
    onmousemove="script"
    onmouseout="script"
    onmouseover="script"
    onmouseup="script">

    Alternative Inhalte für Browser ohne Skriptunterstützung

</noscript>
```

Attribute

class Siehe *Kern-Attribut-Referenz* weiter oben in diesem Anhang

dir Siehe *Sprach-Referenz* weiter oben in diesem Anhang

id Siehe *Kern-Attribut-Referenz* weiter oben in diesem Anhang

lang Siehe *Sprach-Referenz* weiter oben in diesem Anhang

style Siehe *Kern-Attribut-Referenz* weiter oben in diesem Anhang

title Siehe *Kern-Attribut-Referenz* weiter oben in diesem Anhang

Attribut- und Ereignisunterstützung

N4 class, id, lang und style sind impliziert.

IE4 id

Event Handler

Wie in der HTML-4-Spezifikation beschrieben, ist der Nutzen von Event Handler hier nicht sichtbar, da der Inhalt des `<noscript>`-Elements für Browser gedacht ist, die Scripting nicht unterstützen, Event Handler jedoch in der Regel gerade für Browser erstellt werden, die Scripting unterstützen. Es handelt sich dabei um Standard-Ereignisse für fast alle HTML-4-Elemente. Für Definitionen, s.a. *Ereignis-Referenz* weiter oben in diesem Anhang.

Beispiel

```
Last Updated:
<script language="javascript">
<!-- document.writeln(document.lastmodified); // -->
</script>
<noscript>
1999
</noscript>
```

Kompatibilität

HTML 4, 4.01; XHTML 1.0

Internet Explorer 3, 4, 5, 5.5; Netscape 2, 3, 4–4.7; Opera 4.0; WebTV

Hinweise

❑ Erweiterte Funktionalitäten für das <noscript>-Element sind denkbar, wenn es eine Möglichkeit gibt, nur bestimmte Skriptsprachen zu unterstützen. Zurzeit wird dieses Element jedoch nur verwendet, um festzulegen, ob das Scripting als solches unterstützt wird oder nicht.

❑ Es ist sinnvoll, Skriptinformationen auszukommentieren, damit nicht skripttaugliche Browser diese Informationen nicht lesen.

<object> (Eingebundene Objekte)

Dieses Element spezifiziert ein beliebiges Objekt, das in ein HTML-Dokument eingebunden werden soll. Ursprünglich wurde dieses Element verwendet, um ActiveX Controls einzubinden, aber gemäß der HTML-4.01-Spezifikation kann mit <object> jedes Medienobjekt, Dokument, Applet oder Bild eingebunden werden.

Syntax

```
<object
     align="bottom | left | middle | right | top"
           (übergangsweise)
     archive="url"
     border="percentage | pixel" (übergangsweise)
     class="klassenname(n)"
     classid="id"
     codebase="URL"
     codetype="MIME-Type"
     data="URL of data"
     declare
     dir="ltr | rtl"
     height="percentage | pixel"
     hspace="percentage | pixel" (übergangsweise)
     id="einmaliger alphanumerischer identifizierer"
     lang="sprachcode"
     name="eindeutiger alphanumerischer name"
     standby="standby text string"
     style="stilinformation"
     tabindex="zahl"
     title="hinweistext"
     type="MIME-Type"
     usemap="URL"
     vspace="percentage | pixel" (übergangsweise)
     width="percentage | pixel"
     onclick="script"
     ondblclick="script"
     onkeydown="script"
     onkeypress="script"
     onkeyup="script"
     onmousedown="script"
```

```
        onmousemove="script"
        onmouseout="script"
        onmouseover="script"
        onmouseup="script">


    </object>
```

Attribute und Ereignisse definiert durch IE4

```
accesskey="taste"
align="absbottom | absmiddle | baseline | texttop"
code="url"
datafld="spaltenname"
datasrc="id for bound data"
language="javascript | jscript | vbs | vbscript"
onafterupdate="script"
onbeforeupdate="script"
onblur="script"
ondragstart="script"
onfocus="script"
onhelp="script"
onreadystatechange="script"
onresize="script"
onrowenter="script"
onrowexit="script"
onselectstart="script"
```

Attribute und Ereignisse definiert durch IE5.5

```
hidefocus="true | false"
```

Attribute

accesskey Dieses Microsoft-Attribut bestimmt eine Taste zur Navigation mittels Tastatur für dieses Element. Das Drücken der Alt- oder einer vergleichbaren Taste in Verbindung mit der spezifizierten Taste wählt das Element aus, das mit dieser Taste verknüpft ist. Seitendesigner sollten keine Zeichen verwenden, die bereits bei einem Browser mit einer Funktion belegt sind.

align Dieses Attribut definiert unter Berücksichtigung des umlaufenden Textes die horizontale Ausrichtung des Objekts. Der Standardwert ist left. Die HTML-4.01-Spezifikation definiert auch die Werte bottom, middle, right und top. Einige Browser unterstützen sogar weitere Werte für die Ausrichtung. Das Verhalten von ausgerichteten Objekten ist ähnlich wie bei Grafiken. Unter strenger Auslegung der HTML-4.01-Spezifikation unterstützt das <objekt>-Element dieses Attribut nicht.

archive Dieses Attribut enthält einen URL für den Ort, an dem eine Archivdatei gespeichert wird, die mehrere Objektdateien enthält.

border Dieses Attribut bestimmt die Größe der Umrandung des Objekts in Pixel oder als Prozentwert.

class Siehe *Kern-Attribut-Referenz* weiter oben in diesem Anhang

classid Dieses Attribut enthält einen URL für die Implementierung eines Objekts. Die URL-Syntax hängt vom Objekttyp ab. Bei ActiveX Controls existiert kein Wert für dieses Attribut als URL, sondern nur in Form einer CLSID: object-id (z.B. CLSID: 99B42120-6EC7-11CF-A6C7-00AA00A47DD2).

code In der alten Microsoft-Implementierung für Java enthält dieses Attribut den URL einer Java-Klassendatei. Gemäß der HTML-4.01-Spezifikation wird ein Java Applet durch die Verwendung von <object classid="java: classname.class"> eingebunden. Der Pseudo-URL *java:* wird verwendet, um ein Java Applet anzuzeigen. IE4 oder höher unterstützten dieses Verfahren, so dass code nicht mehr verwendet werden sollte.

codebase Dieses Attribut spezifiziert den URL, der als relative Basis für den Zugriff auf Objekte durch das Attribut classid dient.

codetype Dieses Attribut bestimmt den MIME-Typ eines Objektes. Verwechseln Sie dieses Attribut nicht mit type, das den MIME-Typ der durch das Objekt verwendeten Daten bestimmt, die mit dem data-Attribut spezifiziert werden.

data Dieses Attribut enthält den URL für die Daten, die von einem Objekt verwendet werden.

datafld Dieses Attribut wird verwendet, um den Namen einer Spalte der Datenquelle zu ermitteln, die mit dem <object>-Element verknüpft ist.

datasrc Dieses Attribut zeigt den id-Wert des Datenquellenobjekts an, das die mit diesem Objekt verknüpften Daten enthält.

declare Dieses Attribut deklariert ein Objekt, ohne es zu initialisieren. Das ist nützlich, wenn es als Parameter eines anderen Objekts dient.

dir Siehe *Sprach-Referenz* weiter oben in diesem Anhang

height Dieses Attribut bestimmt die Höhe eines eingebundenen Objekts in Pixel oder als Prozentwert.

hidefocus Dieses Element wurde mit dem IE5.5 vorgestellt. Es nimmt den Fokus vom jeweiligen Element. Der Fokus muss dem Element durch das tabindex-Attribut zugewiesen worden sein.

hspace Dieses Attribut gibt den horizontalen Raum zwischen einem Objekt und den es umgebenden Inhalten in Pixel an.

id Siehe *Kern-Attribut-Referenz* weiter oben in diesem Anhang

lang Siehe *Sprach-Referenz* weiter oben in diesem Anhang

language Dieses Attribut spezifiziert die Sprache, in der das aktuelle Skript geschrieben ist, und ruft die zugehörige Scripting Engine auf. Der Standardwert ist JAVASCRIPT. JAVASCRIPT und JSCRIPT zeigen an, dass die verwendete Sprache JavaScript ist. VBS und VBScript weisen auf die Skriptsprache VBScript hin. Es können auch erweiterte Namen wie JavaScript1.1 verwendet werden, um den Code vor Browsern zu verstecken, die die jeweilige Version der Sprache nicht umsetzen können.

name In der Microsoft-Definition bestimmt dieses Attribut den Namen des Objektes, damit ein Skript darauf zugreifen kann. Laut HTML-4.01-Spezifikation wird hier von einer Formularbestätigung ausgegangen, doch die Bedeutung ist unklar und es wird keine Browserunterstützung gegeben.

standby Dieses Attribut enthält einen Hinweistext, der angezeigt wird, solange das Objekt geladen wird.

style Siehe *Kern-Attribut-Referenz* weiter oben in diesem Anhang

tabindex Dieses Attribut verwendet einen numerischen Wert, um den Rang des Objekts für die Tastaturnavigation per Tabulatortaste festzulegen. Bei jedem Druck auf die Tabulatortaste wechselt der Fokus vom niedrigsten tabindex zum nächsthöheren Wert. Bei der Verwendung von negativen Werten wird das entsprechende Objekt nicht berücksichtigt. Wird dieses Attribut nicht explizit definiert, werden die Objekte in der Reihenfolge angesprungen, in der sie auf der Seite erscheinen.

title Siehe *Kern-Attribut-Referenz* weiter oben in diesem Anhang

type Dieses Attribut bestimmt den MIME-Typ für die Daten des einzubindenden Objekts. Im Gegensatz dazu bestimmt das Attribut `codetype` den MIME-Typ des Objekts und nicht der Daten.

usemap Dieses Attribut enthält den URL einer Imagemap, die mit dem Objekt verwendet wird. Typischerweise ist der URL ein Fragmentidentifizierer, der auf ein `<map>`-Element innerhalb der Seite verweist. Das Vorhandensein dieses Attributs zeigt an, dass der eingebundene Objekttyp eine Grafik ist.

vspace Dieses Attribut bestimmt die Größe der oberen und unteren Freiräume zwischen dem eingebundenen Objekt und dem umlaufenden Text.

width Dieses Attribut bestimmt die Breite des eingebundenen Objekts in Pixel oder als Prozentangabe.

Attribut- und Ereignisunterstützung

N4 `align`, `classid`, `codebase`, `data`, `height`, `type` und `width` (`class`, `id`, `lang` und `style` sind impliziert.)

IE4 `align`, `class`, `classid`, `code`, `codebase`, `codetype`, `data`, `height`, `id`, `lang`, `name`, `style`, `tabindex`, `title`, `type`, `width`, alle W3C-definierten Ereignisse und alle Attribute und Ereignisse definiert durch IE4

IE5.5 Wie IE4, plus `hidefocus`

Event Handler

Siehe *Ereignis-Referenz* weiter oben in diesem Anhang

Beispiele

```
<object id="IeLabel1" width="325" height="65"
        classid="CLSID:99B42120-6EC7-11CF-A6C7-00AA00A47DD2">
  <param name="_ExtentX" value="6879">
  <param name ="_ExtentY" value="1376">
  <param name="Caption" value="Hello World">
  <param name="Alignment" value="4">
  <param name="Mode" value="1">
  <param name="ForeColor" value="#FF0000">
  <param name="FontName" value="Arial">
  <param name="Fontize" value="36">
<b>Hallo Welt für Nicht-ActiveX-User!</b>
</object>

<object classid="java:Blink.class"
        standby="Here it comes"
        height="100" width="300">
  <param name="lbl"
         value-"Java macht Spaß, ist aufregend und neu.">
  <param name="speed" value="2">
```

```
Das wird von nicht Java-tauglichen Browsern angezeigt.
</object>

<object data="pullinthisfile.html">
Keine Daten enthalten!
</object>

<object data ="bigimage.gif" shapes>
   <a href="page1.htm" shape="rect" coords="10,10,40,40">
   Page 1</a>
   <a href="page2.htm" shape="circle" coords="100,90,20 ">
   Page 2</a>
</object>
```

Kompatibilität

HTML 4, 4.01; XHTML 1.0

Internet Explorer 3, 4, 5, 5.5, Netscape 4–4.7, 6

Hinweise

❑ Unter der strikten HTML-4.01-Spezifikation verliert das `<object>`-Element die meisten seiner Präsentationsattribute, einschließlich `align`, `border`, `height`, `hspace`, `vspace` und `width`. Diese Attribute werden durch CSS-Stilregeln ersetzt.

❑ Die HTML-4.01-Spezifikation reserviert die Attribute `datafld`, `dataformatas` und `datasrc` für zukünftige Verwendung.

❑ Alternative Inhalte sollten innerhalb des `<object>`-Elements nach den `<param>`-Elementen definiert werden.

❑ Das `<object>`-Element wird hauptsächlich dazu verwendet, Binärdaten in Seiten einzubinden. Obwohl die Spezifikation besagt, dass es auch HTML-Dateien laden und Imagemaps erstellen kann, wird das bisher nur von sehr wenigen Browsern unterstützt.

`<ol>` (Nummerierte Liste)

Dieses Element dient der Definition von nummerierten oder geordneten Listen. Die Art der Nummerierung reicht von Buchstaben über römische bis hin zu arabischen Zahlen. Die einzelnen Elemente innerhalb der Liste werden durch `<li>`-Elemente innerhalb des `<ol>`-Elements spezifiziert.

Syntax

```
<ol
    class="klassenname(n)"
    compact (übergangsweise)
    dir="ltr | rtl"
    id="einmaliger alphanumerischer identifizierer"
    lang="sprachcode"
    start="number" (übergangsweise)
    style="stilinformation"
```

```
        title="hinweistext"
        type="a | A | i | I | 1" (übergangsweise)
        onclick="script"
        ondblclick="script"
        onkeydown="script"
        onkeypress="script"
        onkeyup="script"
        onmousedown="script"
        onmousemove="script"
        onmouseout="script"
        onmouseover="script"
        onmouseup="script">

</ol>
```

XHTML-Syntax

Da in XHTML 1.0 die Minimierung von Attributen nicht mehr gilt, muss das compact-Attribut einen Wert in Anführungszeichen haben:

```
<ol compact="compact"></ol>
```

Attribute und Ereignisse definiert durch IE4

```
language="javascript | jscript | vbs | vbscript"
ondragstart="script"
onhelp="script"
onselectstart="script"
```

Attribute und Ereignisse definiert durch IE5.5

```
accesskey="taste"
contenteditable="false | true | inherit"
hidefocus="true | false"
tabindex="zahl"
```

Attribute

accesskey Dieses Attribut bestimmt eine Taste zur Navigation mittels Tastatur für dieses Element. Das Drücken der Alt- oder einer vergleichbaren Taste (hängt von Browser und/oder Betriebssystem ab) in Verbindung mit der spezifizierten Taste wählt das Element aus, das mit dieser Taste verknüpft ist.

class Siehe *Kern-Attribut-Referenz* weiter oben in diesem Anhang

compact Dieses Attribut zeigt an, dass die Liste komprimiert dargestellt werden soll. Einige Browser ändern die Darstellung der Liste unabhängig vom Vorhandensein dieses Attributes, das keinen Wert benötigt.

contenteditable Dieses von Microsoft eingeführte Attribut erlaubt es dem User, den dargestellten Inhalt im IE5.5 zu bearbeiten. Mögliche Werte sind false, true und inherit. Der Wert false verhindert, dass Inhalte vom User verändert werden, true erlaubt das Verändern. Der Standardwert inherit übernimmt den Wert des übergeordneten Elements.

dir Siehe *Sprach-Referenz* weiter oben in diesem Anhang

hidefocus Dieses Element wurde mit dem IE5.5 vorgestellt. Es nimmt den Fokus vom jeweiligen Element. Der Fokus muss dem Element durch das `tabindex`-Attribut zugewiesen worden sein.

id Siehe *Kern-Attribut-Referenz* weiter oben in diesem Anhang

lang Siehe *Sprach-Referenz* weiter oben in diesem Anhang

language Dieses Attribut spezifiziert die Sprache, in der das aktuelle Skript geschrieben ist, und ruft die zugehörige Scripting Engine auf. Der Standardwert ist `JAVASCRIPT`. `JAVASCRIPT` und `JSCRIPT` zeigen an, dass die verwendete Sprache JavaScript ist. `VBS` und `VBScript` weisen auf die Skriptsprache VBScript hin. Es können auch erweiterte Namen wie `JavaScript1.1` verwendet werden, um den Code vor Browsern zu verstecken, die die jeweilige Version der Sprache nicht umsetzen können.

start Dieses Attribut wird verwendet, um dem Anfangswert der Nummerierung zu bestimmen. Obwohl die Art der Aufzählung auch aus römischen Zahlen wie XXXI oder Buchstaben bestehen kann, ist der Wert des Attributs `start` immer eine Nummer. Um eine Aufzählung z.B. beim Buchstaben »C« zu beginnen, verwenden Sie `<ol type="A" start="3">`.

style Siehe *Kern-Attribut-Referenz* weiter oben in diesem Anhang

tabindex Dieses Attribut verwendet eine Zahl, um den Rang des Objekts für die Tastaturnavigation per Tabulatortaste festzulegen. Der IE5.5 fügt dieses Attribut zum `<ol>`-Element hinzu. Unter IE5.5 kann dieser Fokus mit dem `hidefocus`-Attribut deaktiviert werden.

title Siehe *Kern-Attribut-Referenz* weiter oben in diesem Anhang

type Dieses Attribut bestimmt den Nummerierungstyp: a definiert Kleinbuchstaben, A definiert Großbuchstaben, i definiert kleine römische Zahlen, I definiert große römische Zahlen und 1 definiert arabische Zahlen. Das Attribut `type` bestimmt innerhalb des `<ol>`-Elements den Aufzählungstyp für die gesamte Liste, solange das Attribut nicht explizit in einem in der Liste enthaltenen `<li>`-Element verwendet wird.

Attribut- und Ereignisunterstützung

N4 `class`, `id`, `lang`, `start`, `style` und `type`

IE4 Alle Attribute und Ereignisse außer `dir`

IE5.5 Alle Attribute und Ereignisse

Event Handler

Siehe *Ereignis-Referenz* weiter oben in diesem Anhang

Beispiele

```
<ol type="1">
    <li>Erster Schritt
    <li>Zweiter Schritt
    <li>Dritter Schritt
</ol>

<ol compact type="I" start="30">
    <li>Klausel 30
```

```
    <li>Klausel 31
    <li>Klausel 32
</ol>
```

XHTML-Beispiel

```
<ol compact="compact" type="I">
    <li>Klausel 1</li>
    <li>Klausel 2</li>
    <li>Klausel 3</li>
</ol>
```

Kompatibilität

HTML 2, 3.2, 4, 4.01; XHTML 1.0

Internet Explorer 2, 3, 4, 5, 5.5; Netscape 1, 2, 3, 4–4.7, 6; Opera 4.0; WebTV

Hinweise

❏ Unter der strikten HTML-4.01-Spezifikation unterstützt das <ol>-Element die Attribute compact, start und type nicht mehr. Diese Listendarstellungen können jetzt von CSS-Stilregeln gesteuert werden.

❏ Unter der XHTML-1.0-Spezifikation kann das compact-Attribut nicht mehr minimiert werden, sondern muss ein Attribut in Anführungszeichen haben.: <ol compact="compact">...</ol>.

❏ Die HTML-3.2-Spezifikation unterstützt nur die Attribute compact, start und type. Die HTML-2.0-Spezifikation unterstützt nur das compact-Attribut.

<optgroup> (Gruppierung von Optionen)

Dieses Element spezifiziert die Gruppierung von Elementen einer Auswahlliste, die durch das <option>-Element definiert wird, so dass die Menüauswahl in einem hierarchischen Menü oder auf ähnliche Weise präsentiert werden kann.

Syntax

```
<optgroup
    class="klassenname(n)"
    dir="ltr | rtl"
    disabled
    id="einmaliger alphanumerischer identifizierer"
    label="beschreibungstext"
    lang="sprachcode"
    style="stilinformation"
    title="hinweistext"
    onclick="script"
    ondblclick="script"
    onkeydown="script"
    onkeypress="script"
    onkeyup="script"
```

```
        onmousedown="script"
        onmousemove="script"
        onmouseout="script"
        onmouseover="script"
        onmouseup="script">

        <option> Elemente

    </optgroup>
```

Attribute

class Siehe *Kern-Attribut-Referenz* weiter oben in diesem Anhang

dir Siehe *Sprach-Referenz* weiter oben in diesem Anhang

disabled Mit diesem Attribut markierte Optionen sind deaktiviert.

id Siehe *Kern-Attribut-Referenz* weiter oben in diesem Anhang

label Dieses Attribut enthält einen kurzen Hinweis, dessen Einsatz sinnvoll ist, wenn die Auswahl eine hierarchische Liste darstellt.

lang Siehe *Sprach-Referenz* weiter oben in diesem Anhang

style Siehe *Kern-Attribut-Referenz* weiter oben in diesem Anhang

title Siehe *Kern-Attribut-Referenz* weiter oben in diesem Anhang

Attribut- und Ereignisunterstützung

N6 class, disabled, id, label, style, title

Event Handler

Siehe *Ereignis-Referenz* weiter oben in diesem Anhang

Beispiel

```
Wo möchten Sie Ihren Urlaub verbringen?<br>
<select>
    <option id="ch1" value="China">Die große Mauer
  <optgroup label="Mexico">
    <option id="ch2" label="Los Cabos" value="Los Cabos">
     Los Cabos, Mexico
    <option id="ch3" label="Leon" value="Leon">Leon, Mexico
    <option id="ch4" value="MXC">Mexico City
  </optgroup>
    <option id="ch5" value="Zuhause" selected>Auf dem Balkon
</select>
```

Kompatibilität

HTML 4, 4.01; XHTML 1.0

Netscape 6

Hinweise

❏ Dieses Element sollte nur innerhalb des `<select>`-Elements verwendet werden.

❏ Netscape 6 ist der erste Browser, der dieses Element optisch sinnvoll umsetzt.

`<option>` (Option in einer Auswahlliste)

Dieses Element bezeichnet ein Objekt in einer Auswahlliste, die durch das `<select>`-Element definiert wird.

Syntax

```
<option
      class="klassenname(n)"
      dir="ltr | rtl"
      disabled
      id="einmaliger alphanumerischer identifizierer"
      label="text description"
      lang="sprachcode"
      selected
      style="stilinformation"
      title="hinweistext"
      value="option value"
      onclick="script"
      ondblclick="script"
      onkeydown="script"
      onkeypress="script"
      onkeyup="script"
      onmousedown="script"
      onmousemove="script"
      onmouseout="script"
      onmouseover="script"
      onmouseup="script">

</option>
```

XHTML-Syntax

Unter XHTML 1.0 wird der das Schluss-Tag `</option>` nicht länger als optional angesehen.

Attribute und Ereignisse definiert durch IE4

```
language="javascript | jscript | vbs | vbscript"
ondragstart="script"
onselectstart="script"
```

Attribute

class Siehe *Kern-Attribut-Referenz* weiter oben in diesem Anhang

dir Siehe *Sprach-Referenz* weiter oben in diesem Anhang

disabled Mit diesem Attribut markierte Optionen sind deaktiviert.

id Siehe *Kern-Attribut-Referenz* weiter oben in diesem Anhang

label Dieses Attribut enthält einen kurzen Hinweis, dessen Einsatz sinnvoll ist, wenn die Auswahl eine hierarchische Liste darstellt.

lang Siehe *Sprach-Referenz* weiter oben in diesem Anhang

language Dieses Attribut spezifiziert die Sprache, in der das aktuelle Skript geschrieben ist, und ruft die zugehörige Scripting Engine auf. Der Standardwert ist JAVASCRIPT. JAVASCRIPT und JSCRIPT zeigen an, dass die verwendete Sprache JavaScript ist. VBS und VBScript weisen auf die Skriptsprache VBScript hin. Es können auch erweiterte Namen wie JavaScript1.1 verwendet werden, um den Code vor Browsern zu verstecken, die die jeweilige Version der Sprache nicht umsetzen können.

selected Dieses Attribut zeigt an, dass das damit verknüpfte Element die Standardauswahl darstellt. Ist dieses Attribut nicht vorhanden, gilt das erste Element der Liste als Standard. Wenn das <select>-Element, das die <option>-Elemente umgibt, das Attribut multiple hat, darf das selected-Attribut bei mehreren Elementen vorhanden sein, ansonsten nur bei einem Element.

style Siehe *Kern-Attribut-Referenz* weiter oben in diesem Anhang

title Siehe *Kern-Attribut-Referenz* weiter oben in diesem Anhang

value Dieses Attribut gibt den Wert an, der mit den Formulardaten versandt wird, wenn das zugehörige Element ausgewählt wird.

Attribut- und Ereignisunterstützung

N4 selected und value (class, id, lang und style sind impliziert.)

IE4 class, id, language, selected, value, ondragstart und onselectstart

Event Handler

Siehe *Ereignis-Referenz* weiter oben in diesem Anhang

Beispiel

```
Wo möchten Sie Ihren Urlaub verbringen?<br>
<select>
    <option id="choice1" value="China">Die große Mauer
```

```
    <option id="choice2" value="Mexico">Los Cabos
    <option id="choice3" value="Zuhause" selected>Auf dem Balkon
</select>
```

XHTML-Beispiel

```
Schade, hier können Sie nicht hin. Wie wäre es mit diesen Urlaubsorten?
<br/>
<select>
    <option id="choice1" value="Ohio">Cleveland</option>
    <option id="choice2" value="New Jersey">Paramus</option>
    <option id="choice3" value="fast Zuhause " selected="selected">
    Nachbars Garten</option>
</select>
```

Kompatibilität

HTML 2, 3.2. 4, 4.01; XHTML 1.0

Internet Explorer 2, 3, 4, 5, 5.5; Netscape 1, 2, 3, 4–4.7, 6; Opera 4.0; WebTV

Hinweise

❑ Bei den HTML-Spezifikationen ist das Schluss-Tag für <option> optional.

❑ Für eine XHTML-Kompatibilität ist das Schluss-Tag </option> erforderlich.

❑ Dieses Element sollte nur in Verbindung mit dem <select>-Element verwendet werden.

❑ Die Spezifikationen für HTML 2.0 und 3.2 definieren für dieses Element nur die Attribute selected und value.

<p> (Paragraph, Absatz)

Dieses Element wird verwendet, um einen Textabsatz zu definieren. Browser fügen vor und hinter so formatierten Absätzen eine Leerzeile ein.

Syntax

```
<p
    align="center | justify | left | right"
            (übergangsweise)
    class="klassenname(n)"
    dir="ltr | rtl"
    id="einmaliger alphanumerischer identifizierer"
    lang="sprachcode"
    style="stilinformation"
    title="hinweistext"
    onclick="script"
    ondblclick="script"
    onkeydown="script"
```

```
        onkeypress="script"
        onkeyup="script"
        onmousedown="script"
        onmousemove="script"
        onmouseout="script"
        onmouseover="script"
        onmouseup="script">

</p>
```

XHTML-Syntax

Unter XHTML 1.0 muss das <p>-Element ein Schluss-Tag haben:

```
<p></p>
```

Attribute und Ereignisse definiert durch IE4

```
language="javascript | jscript | vbs | vbscript"
ondragstart="script"
onhelp="script"
onselectstart="script"
```

Attribute und Ereignisse definiert durch IE5.5

```
accesskey="taste"
contenteditable="false | true | inherit"
hidefocus="true | false"
tabindex="zahl"
```

Attribute

accesskey Dieses Attribut bestimmt eine Taste zur Navigation mittels Tastatur für dieses Element. Das Drücken der Alt- oder einer vergleichbaren Taste (hängt von Browser und/oder Betriebssystem ab) in Verbindung mit der spezifizierten Taste wählt das Element aus, das mit dieser Taste verknüpft ist.

align Dieses Attribut definiert die Ausrichtung von Text innerhalb eines Absatzes. Der Standardwert ist left. Übergangsweise definiert die HTML-4.01-Spezifikation auch die Werte center, justify, right. Bei strenger Auslegung der Spezifikation kann die Ausrichtung auch mit Style Sheets vorgenommen werden.

class Siehe *Kern-Attribut-Referenz* weiter oben in diesem Anhang

contenteditable Dieses von Microsoft eingeführte Attribut erlaubt es dem User, den dargestellten Inhalt im IE5.5 zu bearbeiten. Mögliche Werte sind false, true und inherit. Der Wert false verhindert, dass Inhalte vom User verändert werden, true erlaubt das Verändern. Der Standardwert inherit übernimmt den Wert des übergeordneten Elements.

dir Siehe *Sprach-Referenz* weiter oben in diesem Anhang

hidefocus Dieses Element wurde mit IE5.5 vorgestellt. Es nimmt den Fokus vom jeweiligen Element. Der Fokus muss dem Element durch das tabindex-Attribut zugewiesen worden sein.

id Siehe *Kern-Attribut-Referenz* weiter oben in diesem Anhang

lang Siehe *Sprach-Referenz* weiter oben in diesem Anhang

language Dieses Attribut spezifiziert die Sprache, in der das aktuelle Skript geschrieben ist, und ruft die zugehörige Scripting Engine auf. Der Standardwert ist JAVASCRIPT. JAVASCRIPT und JSCRIPT zeigen an, dass die verwendete Sprache JavaScript ist. VBS und VBScript weisen auf die Skriptsprache VBScript hin. Es können auch erweiterte Namen wie JavaScript1.1 verwendet werden, um den Code vor Browsern zu verstecken, die die jeweilige Version der Sprache nicht umsetzen können.

style Siehe *Kern-Attribut-Referenz* weiter oben in diesem Anhang

tabindex Dieses Attribut verwendet eine Zahl, um den Rang des Objekts für die Tastaturnavigation per Tabulatortaste festzulegen. Der IE5.5 fügt dieses Attribut zum <p>-Element hinzu. Unter IE5.5 kann dieser Fokus mit dem hidefocus-Attribut deaktiviert werden.

title Siehe *Kern-Attribut-Referenz* weiter oben in diesem Anhang

Attribut- und Ereignisunterstützung

N4 align (class, id, lang und style sind impliziert.)

IE4 Alle Attribute und Ereignisse außer dir (Hinweis: Der Wert justify für align wird vom IE4 nicht unterstützt.)

IE5.0 Alle Attribute und Ereignisse

Event Handler

Siehe *Ereignis-Referenz* weiter oben in diesem Anhang

Beispiele

```
<p align="right">Ein rechtsbündiger Absatz</p>

<p id="Para1" class="defaultParagraph"
   title="Einfuehrungsabsatz">
Das ist der Einführungsabsatz für ein sehr langes Papier über nichts.
</p>
```

Kompatibilität

HTML 2, 3.2, 4, 4.01; XHTML 1.0

Internet Explorer 2, 3, 4, 5, 5.5; Netscape 1, 2, 3, 4–4.7, 6; Opera 4.0; WebTV

Hinweise

❏ Unter der strikten HTML-4.01-Spezifikation wird das align-Attribut nicht unterstützt. Die Textausrichtung kann durch Style Sheets definiert werden.
❏ In der HTML-Spezifikation ist das Schluss-Tag für <p> optional.
❏ In der XHTML-1.0-Spezifikation ist das Schluss-Tag </p> vorgeschrieben.
❏ Da <p> ein logisches Element ist, werden leere Absätze von Browsern ignoriert. Versuchen Sie also nicht, durch die Verwendung von mehreren <p>-Elementen hintereinander einen größeren Freiraum zu erzeugen. Verwenden Sie stattdessen das
-Element.

❏ Die HTML-3.2-Spezifikation unterstützt ausschließlich das align-Attribut mit den Werten center, left und right.

❏ Die HTML-2.0-Spezifikation unterstützt keine Attribut für das <p>-Element.

<param> (Objektparameter)

Dieses Element bestimmt einen Parameter, der an Objekte, die mit den Elementen <object> oder <applet> eingebunden wurden, weitergereicht wird. Dieses Element sollte nur innerhalb von <object> oder <applet> verwendet werden.

Syntax

```
<param
      id="einmaliger alphanumerischer identifizierer"
      name="parameter-name"
      type="MIME-Type"
      value="parameter value"
      valuetype="data | object | ref">
```

XHTML-Syntax

Da <param> ein leeres Element ist, ist ein schließender Schrägstrich erforderlich, bevor die schließende Klammer den Befehl beendet, wie Sie hier sehen:

```
<param />
```

Attribute definiert durch IE4

```
datafld="spaltenname"
dataformatas="html | text"
datasrc="data source id"
```

Attribute

datafld Dieses Attribut wird verwendet, um den Namen einer Spalte der Datenquelle zu ermitteln, die mit dem <param>-Element verknüpft ist.

dataformatas Dieses Attribut zeigt an, ob die verbundenen Daten reiner Text oder HTML sind.

datasrc Dieses Attribut zeigt den id-Wert des Datenquellenobjekts an, das die mit diesem Objekt verknüpften Daten enthält. Diese Daten werden verwendet, um die Werte der Parameter an ein Objekt oder ein Applet weiterzureichen.

id Siehe *Kern-Attribut-Referenz* weiter oben in diesem Anhang

name Dieses Attribut enthält den Namen des Parameters. Dieser Name hängt vom einzubindenden Objekt ab. Es wird vorausgesetzt, dass das Objekt weiß, wie die weitergeleiteten Daten zu verarbeiten sind. Verwechseln Sie das name-Attribut nicht mit dem name-Attribut, das für Formularelemente verwendet wird.

type Wenn das valuetype-Attribut auf ref gesetzt wird, kann das type-Attribut verwendet werden, um den Datentyp der übertragenen Daten anzuzeigen. Gültige Werte werden in Form von MIME-Typen angegeben, wie z.B. text/html.

value Dieses Attribut enthält den Wert des Parameters. Der Inhalt des Attributs hängt vom Objekt und dem jeweiligen Parameter ab, der durch das `name`-Attribut bestimmt wird.

valuetype Dieses HTML-4-spezifische Attribut bestimmt den Typ des `value`-Attributs. Mögliche Werte für dieses Attribut sind `data`, `object` und `ref`. Der Wert `data` zeigt an, dass die weitergeleiteten Informationen wie Daten zu behandeln sind. Der Wert `ref` weist darauf hin, dass die weitergeleiteten Informationen ein URL sind, der angibt, wo sich die Daten befinden. Die Daten werden selbst nicht weitergeleitet, sondern können bei Bedarf am angegebenen Ort abgeholt werden. Der letzte Wert `object` zeigt an, dass der weitergeleitete Wert der Name eines Objekts ist, der durch sein `id`-Attribut gesetzt ist. In der Praxis wird der Wert `data` als Standard verwendet.

Attribut- und Ereignisunterstützung

N4 `name` und `value` (`id` könnte impliziert sein.)

IE4 `name`, `datafld`, `dataformatas`, `datasrc` und `value`

Event Handler

Keine

Beispiele Kompatibilität

```
<applet code="plot.class">
    <param name="min" value="5">
    <param name="max" value="30">
    <param name="ticks" value=".5">
    <param name="line-style" value="dotted">
</applet>

<object classid="clsid:D27CDB6E-AE6D-11cf-96B8-444553540000"
        codebase="swflash.cab#version=2,0,0,0"
        height="100" width="100">
    <param id="param1" name="Movie" value="SplashLogo.swf">
    <param id="param2" name="Play" value="True">
</object>
```

HTML 3.2, 4

Internet Explorer 3, 4, 5; Netscape 2, 3, 4, 4.5

Hinweise

❏ Das Schluss-Tag ist für dieses Element verboten.
❏ Die HTML-3.2-Spezifikation unterstützt nur die Attribute `name` und `value` für dieses Element.
❏ Unter XHTML 1.0 benötigen leere Elemente wie `<param>` einen schließenden Schrägstrich: `<param />`.

`<plaintext>` (Reiner Text)

Ein verworfenes Element der HTML-2.0-Spezifikation, das den Text, der mit diesem Befehl markiert wurde, als reinen Text darstellt und Browser dazu zwingt, alle darin enthaltene HTML-Befehle zu ignorieren. Typischerweise wird Text, der mit `<plaintext>` formatiert wurde, mit einer nicht proportionalen Schrift dargestellt. Dieses Element ist nicht länger Bestandteil des HTML-Standards.

Syntax (HTML 2; verworfen unter HTML 4)

```
<plaintext>
```

Attribute und Ereignisse definiert durch IE4

```
class="klassenname(n)"
      dir="ltr | rtl"
      id="einmaliger alphanumerischer identifizierer"
      lang="sprachcode"
      language="javascript | jscript | vbs | vbscript"
      style="stilinformation"
      title="hinweistext"
      onclick="script"
      ondblclick="script"
      ondragstart="script"
      onhelp="script"
      onkeydown="script"
      onkeypress="script"
      onkeyup="script"
      onmousedown="script"
      onmousemove="script"
      onmouseout="script"
      onmouseover="script"
      onmouseup="script"
      onselectstart="script"
```

Attribute und Ereignisse definiert durch IE5.5

```
accesskey="taste"
contenteditable="false | true | inherit"
hidefocus="true | false"
tabindex="zahl"
```

Attribute

accesskey Dieses Attribut bestimmt eine Taste zur Navigation mittels Tastatur für dieses Element. Das Drücken der Alt- oder einer vergleichbaren Taste in Verbindung mit der spezifizierten Taste wählt das Element aus, das mit dieser Taste verknüpft ist.

class Siehe *Kern-Attribut-Referenz* weiter oben in diesem Anhang

contenteditable Dieses von Microsoft eingeführte Attribut erlaubt es dem User, den dargestellten Inhalt im IE5.5 zu bearbeiten. Mögliche Werte sind `false`, `true` und `inherit`. Der Wert `false` verhindert, dass Inhalte vom User verändert werden, `true` erlaubt das Verändern. Der Standardwert `inherit` übernimmt den Wert des übergeordneten Elements.

dir Siehe *Sprach-Referenz* weiter oben in diesem Anhang

hidefocus Dieses Element wurde mit IE5.5 vorgestellt. Es nimmt den Fokus vom jeweiligen Element. Der Fokus muss dem Element durch das `tabindex`-Attribut zugewiesen worden sein.

id Siehe *Kern-Attribut-Referenz* weiter oben in diesem Anhang

lang Siehe *Sprach-Referenz* weiter oben in diesem Anhang

language Dieses Attribut spezifiziert die Sprache, in der das aktuelle Skript geschrieben ist, und ruft die zugehörige Scripting Engine auf. Der Standardwert ist JAVASCRIPT. JAVASCRIPT und JSCRIPT zeigen an, dass die verwendete Sprache JavaScript ist. VBS und VBScript weisen auf die Skriptsprache VBScript hin. Es können auch erweiterte Namen wie JavaScript1.1 verwendet werden, um den Code vor Browsern zu verstecken, die die jeweilige Version der Sprache nicht umsetzen können.

style Siehe *Kern-Attribut-Referenz* weiter oben in diesem Anhang

tabindex Dieses Attribut verwendet eine Zahl, um den Rang des Objekts für die Tastaturnavigation per Tabulatortaste festzulegen. Der IE5.5 fügt dieses Attribut zum <plaintext>-Element hinzu. Unter IE5.5 kann dieser Fokus mit dem hidefocus-Attribut deaktiviert werden.

title Siehe *Kern-Attribut-Referenz* weiter oben in diesem Anhang

Attribut- und Ereignisunterstützung

N4 class, id, lang und style sind impliziert.

IE4 Alle Attribute und Ereignisse definiert durch W3C und IE4.

IE5.5 Alle Attribute und Ereignisse

Event Handler

Siehe *Ereignis-Referenz* weiter oben in diesem Anhang

Beispiel

```
<html>
<head><title>Plaintext-Beispiel</title></head>
<body>
    Der Rest dieser Datei wird als reiner Text dargestellt.
    <plaintext>
    Der Text sollte zwar <b>fett</b> sein, es werden jedoch die Befehle angezeigt.
    Es gibt keine Möglichkeit, diesen Befehl zu deaktivieren. </plaintext> hilft
nichts. Selbst </body> und </html> werden angezeigt.
```

Kompatibilität

HTML 2

Internet Explorer 2, 3, 4, 5, 5.5; Netscape 1, 2, 3, 4–4.7

Hinweise

❑ Es ist kein Schluss-Tag für dieses Element erforderlich, da der Browser alle Befehle nach dem Anfangs-Tag ignoriert.

❑ Dieses Element sollte nicht mehr verwendet werden. Reine Textinformationen können durch einen Dateityp angezeigt werden und Informationen können mit Hilfe des <pre>-Tags dargestellt werden.

<pre> (Preformatted Text, vorformatierter Text)

Dieser Befehl wird verwendet, um anzuzeigen, dass so formatierter Text vorformatiert angezeigt wird, d.h., dass Leerzeichen, Umbrüche, Tabulatorsprünge und andere Formatierungszeichen erhalten bleiben. Browser erkennen jedoch die meisten HTML-Elemente, die sich innerhalb des <pre>-Elements befinden. In der Regel wird vorformatierter Text in nicht proportionaler Schrift dargestellt.

Syntax

```
<pre
      class="klassenname(n)"
      dir="ltr | rtl"
      id="unique alphanumeric value"
      lang="sprachcode"
      style="stilinformation"
      title="hinweistext"
      width="number" (übergangsweise)
      onclick="script"
      ondblclick="script"
      onkeydown="script"
      onkeypress="script"
      onkeyup="script"
      onmousedown="script"
      onmousemove="script"
      onmouseout="script"
      onmouseover="script"
      onmouseup="script">

</pre>
```

Attribute und Ereignisse definiert durch IE4

```
language="javascript | jscript | vbs | vbscript"
ondragstart="script"
onhelp="script"
onselectstart="script"
```

Attribute und Ereignisse definiert durch IE5.5

```
accesskey="taste"
contenteditable="false | true | inherit"
hidefocus="true | false"
tabindex="zahl"
```

Attribute und Ereignisse definiert durch N4

```
col="columns"
wrap
```

Attribute

accesskey Dieses Attribut bestimmt eine Taste zur Navigation mittels Tastatur für dieses Element. Das Drücken der Alt- oder einer vergleichbaren Taste (hängt von Browser und/oder Betriebssystem ab) in Verbindung mit der spezifizierten Taste wählt das Element aus, das mit dieser Taste verknüpft ist.

class Siehe *Kern-Attribut-Referenz* weiter oben in diesem Anhang

contenteditable Dieses von Microsoft eingeführte Attribut erlaubt es dem User, den dargestellten Inhalt im IE5.5 zu bearbeiten. Mögliche Werte sind `false`, `true` und `inherit`. Der Wert `false` verhindert, dass Inhalte vom User verändert werden, `true` erlaubt das Verändern. Der Standardwert `inherit` übernimmt den Wert des übergeordneten Elements.

dir Siehe *Sprach-Referenz* weiter oben in diesem Anhang

hidefocus Dieses Element wurde mit dem IE5.5 vorgestellt. Es nimmt den Fokus vom jeweiligen Element. Der Fokus muss dem Element durch das `tabindex`-Attribut zugewiesen worden sein.

id Siehe *Kern-Attribut-Referenz* weiter oben in diesem Anhang

lang Siehe *Sprach-Referenz* weiter oben in diesem Anhang

language Dieses Attribut spezifiziert die Sprache, in der das aktuelle Skript geschrieben ist, und ruft die zugehörige Scripting Engine auf. Der Standardwert ist `JAVASCRIPT`. `JAVASCRIPT` und `JSCRIPT` zeigen an, dass die verwendete Sprache JavaScript ist. `VBS` und `VBScript` weisen auf die Skriptsprache VBScript hin. Es können auch erweiterte Namen wie `JavaScript1.1` verwendet werden, um den Code vor Browsern zu verstecken, die die jeweilige Version der Sprache nicht umsetzen können.

style Siehe *Kern-Attribut-Referenz* weiter oben in diesem Anhang

tabindex Dieses Attribut verwendet eine Zahl, um den Rang des Objekts für die Tastaturnavigation per Tabulatortaste festzulegen. Der IE5.5 fügt dieses Attribut zum `<pre>`-Element hinzu. Unter IE5.5 kann dieser Fokus mit dem `hidefocus`-Attribut deaktiviert werden.

title Siehe *Kern-Attribut-Referenz* weiter oben in diesem Anhang

width Dieses Attribut sollte verwendet werden, um die Breite der vorformatierten Region zu bestimmen. Der Wert dieses Attributs gibt die Anzahl der Zeichen an, die in einer Zeile angezeigt werden. In der Praxis wird dieses Attribut kaum unterstützt und wurde aus der strikten HTML-4.01-Spezifikation entfernt.

Attribut- und Ereignisunterstützung

N4 `class`, `cols`, `id`, `lang`, `style` und `wrap`

IE4 Alle Attribute und Ereignisse definiert durch W3C und IE4, außer `dir` und `width`

IE5.5 Alle Attribute und Ereignisse definiert durch W3C, IE4 und IE5.5, außer `width`

Event Handler

Siehe *Ereignis-Referenz* weiter oben in diesem Anhang

Beispiel

```
<pre>
Innerhalb VORFORMATIERTEM Text    bleibt    j e d e  Formatierung         erhalten.

Es spielt       k e i n e        Rolle,   wie wild      das       au s seh en
mag.

Erinnern    Sie    sich,

das <b>HTML-Befehle</b>           innerhalb des        &lt;pre&gt; E l e m e n t s
zulässig sind.
</pre>
```

Kompatibilität

HTML 2, 3.2, 4, 4.01; XHTML 1.0

Internet Explorer 2, 3, 4, 5, 5.5; Netscape 1, 2, 3, 4–4.7, 6; Opera 4.0; WebTV

Hinweise

❏ Die übergangsweise HTML-4.01-Spezifikation besagt, dass die Elemente <applet>, <basefont>, <big>, <font>, <img>, <object>, <small>, <sub> und <sup> nicht innerhalb des <pre>-Befehls verwendet werden sollen. Die strikte HTML-4.01-Spezifikation besagt, dass nur die Elemente <big>, <img>, <object>, <small>, <sub> und <sup> nicht innerhalb des <pre>-Elements eingesetzt werden sollen. Die anderen Elemente fehlen nur deshalb, weil sie von der strikten HTML-Spezifikation verworfen wurden. Obwohl sie nicht eingesetzt werden sollen, werden die meisten dieser Elemente von den meisten Browsern unterstützt.

❏ Die strikte HTML-4.0/4.01-Spezifikation hat das Attribut width verworfen, das ohnehin nicht überall unterstützt wurde.

❏ Die Spezifikationen HTML 2.0 und HTML 3.2 unterstützen für das <pre>-Element nur das Attribut width.

<q> (Zitat)

Dieses Element zeigt an, dass es sich beim so eingeschlossenen Text um ein kurzes Zitat handelt.

Syntax

```
<q
    cite="url der quelle"
    class="klassenname(n)"
    dir="ltr | rtl"
    id="einzigartige alphanumerische zeichenkette"
    lang="sprachcode"
    style="stilinformation"
    title="hinweistext"
    onclick="script"
    ondblclick="script"
```

```
        onkeydown="script"
        onkeypress="script"
        onkeyup="script"
        onmousedown="script"
        onmousemove="script"
        onmouseout="script"
        onmouseover="script"
        onmouseup="script">


    </q>
```

Attribute und Ereignisse definiert durch IE4

```
language="javascript | jscipt | vbs | vbscript"
ondragstart="script"
onhelp="script"
onselectstart="script"
```

Attribute und Ereignisse definiert durch IE5.5

```
accesskey="taste"
contenteditable="false | true | inherit"
hidefocus="true | false"
tabindex="zahl"
```

Attribute

accesskey Dieses Attribut bestimmt eine Taste zur Navigation mittels Tastatur für dieses Element. Das Drücken der Alt- oder einer vergleichbaren Taste (hängt von Browser und/oder Betriebssystem ab) in Verbindung mit der spezifizierten Taste wählt das Element aus, das mit dieser Taste verknüpft ist.

cite Der Wert dieses Attributs sollte ein URL eines Dokuments sein, in der die zitierte Information gefunden werden kann.

class Siehe *Kern-Attribut-Referenz* weiter oben in diesem Anhang

contenteditable Dieses von Microsoft eingeführte Attribut erlaubt es dem User, den dargestellten Inhalt im IE5.5 zu bearbeiten. Mögliche Werte sind `false`, `true` und `inherit`. Der Wert `false` verhindert, dass Inhalte vom User verändert werden, `true` erlaubt das Verändern. Der Standardwert `inherit` übernimmt den Wert des übergeordneten Elements.

dir Siehe *Sprach-Referenz* weiter oben in diesem Anhang

hidefocus Dieses Element wurde mit dem IE5.5 vorgestellt. Es nimmt den Fokus vom jeweiligen Element. Der Fokus muss dem Element durch das `tabindex`-Attribut zugewiesen worden sein.

id Siehe *Kern-Attribut-Referenz* weiter oben in diesem Anhang

lang Siehe *Sprach-Referenz* weiter oben in diesem Anhang

language Dieses Attribut spezifiziert die Sprache, in der das aktuelle Skript geschrieben ist, und ruft die zugehörige Scripting Engine auf. Der Standardwert ist JAVASCRIPT. JAVASCRIPT und JSCRIPT zeigen an, dass die verwendete Sprache JavaScript ist. VBS und VBScript weisen auf die Skriptsprache VBScript hin. Es können auch erweiterte Namen wie JavaScript1.1 verwendet werden, um den Code vor Browsern zu verstecken, die die jeweilige Version der Sprache nicht umsetzen können.

style Siehe *Kern-Attribut-Referenz* weiter oben in diesem Anhang

tabindex Dieses Attribut verwendet eine Zahl, um den Rang des Objekts für die Tastaturnavigation per Tabulatortaste festzulegen. Der IE5.5 fügt dieses Attribut zum <q>-Element hinzu. Unter IE5.5 kann dieser Fokus mit dem hidefocus-Attribut deaktiviert werden.

title Siehe *Kern-Attribut-Referenz* weiter oben in diesem Anhang

Attribut- und Ereignisunterstützung

IE4 Alle Attribute und Ereignisse definiert durch W3C und IE4, außer cite und dir

IE5.5 Alle Attribute und Ereignisse, außer cite

Event Handler

Siehe *Ereignis-Referenz* weiter oben in diesem Anhang

Beispiel

```
<q style="color: green">"Ehrgeiz ist die letzte Zuflucht der Versager."</q>
```

Kompatibilität

HTML 4, 4.01; XHTML

Internet Explorer 4, 5, 5.5; Netscape 6

Hinweise

❏ Dieses Element ist nur für kurze Zitate gedacht, die keine Umbrüche enthalten sollen, wie es z.B. bei <blockquote> erlaubt ist. Die Microsoft-Dokumentation beschreibt diesen Befehl als Absatzformatierer, obwohl er es nicht ist!

❏ Der Internet Explorer stellt so markierten Text nicht anders dar. Es ist jedoch möglich, eine Stilregel zu erstellen.

❏ N6 fügt bei Texten, die mit <q>-Elementen umgeben sind, Anführungszeichen hinzu.

<rt> (Ruby-Text)

Dieses Microsoft-spezifische Element wird innerhalb des <ruby>-Elements verwendet, um einen *ruby text* zu erstellen, eine Anmerkung bzw. Hinweise für die Aussprache von Wörtern oder Phrasen. Der Basistext sollte im <ruby>-Element enthalten sein, während die Anmerkung sich innerhalb des <rt>-Elementes befindet, die als kürzerer Text über dem Basistext steht. Dieses Element wurde mit dem IE5 eingeführt.

Syntax definiert durch IE5.0

```
<rt
      accesskey="taste"
      class="klassenname(n)"
      dir="ltr | rtl"
```

```
        id="einmaliger alphanumerischer identifizierer"
        lang="sprachcode"
        language="javascript | jscript | vbs | vbscript | xml"
        name="string"
        style="stilinformation"
        tabindex="zahl"
        title="hinweistext"
        onfterupdate="script"
        onbeforecut="script"
        onbeforepaste="script"
        onbeforeupdate="script"
        onblur="script"
        onclick="script"
        oncut="script"
        ondblclick="script"
        ondragstart="script"
        onerrorupdate="script"
        onfilterchange="script"
        onfocus="script"
        onhelp="script"
        onkeydown="script"
        onkeypress="script"
        onkeyup="script"
        onmousedown="script"
        onmousemove="script"
        onmouseout="script"
        onmouseover="script"
        onmouseup="script"
        onpaste="script"
        onreadystatechange="script">
    ... ruby text ..
```

Syntax definiert durch IE5.5

```
    contenteditable="false | true | inherit"
    hidefocus="true | false"
```

Attribute

accesskey Dieses Attribut bestimmt eine Taste zur Navigation mittels Tastatur für dieses Element. Das Drücken der Alt- oder einer vergleichbaren Taste (hängt von Browser und/oder Betriebssystem ab) in Verbindung mit der spezifizierten Taste wählt das Element aus, das mit dieser Taste verknüpft ist.

class Siehe *Kern-Attribut-Referenz* weiter oben in diesem Anhang

contenteditable Dieses von Microsoft eingeführte Attribut erlaubt es dem User, den dargestellten Inhalt im IE5.5 zu bearbeiten. Mögliche Werte sind `false`, `true` und `inherit`. Der Wert `false` verhindert, dass Inhalte vom User verändert werden, `true` erlaubt das Verändern. Der Standardwert `inherit` übernimmt den Wert des übergeordneten Elements.

dir Siehe *Sprach-Referenz* weiter oben in diesem Anhang

hidefocus Dieses Element wurde mit dem IE5.5 vorgestellt. Es nimmt den Fokus vom jeweiligen Element. Der Fokus muss dem Element durch das `tabindex`-Attribut zugewiesen worden sein.

id Siehe *Kern-Attribut-Referenz* weiter oben in diesem Anhang

lang Siehe *Sprach-Referenz* weiter oben in diesem Anhang

language Dieses Attribut spezifiziert die Sprache, in der das aktuelle Skript geschrieben ist, und ruft die zugehörige Scripting Engine auf. Der Standardwert ist `JAVASCRIPT`. `JAVASCRIPT` und `JSCRIPT` zeigen an, dass die verwendete Sprache JavaScript ist. `VBS` und `VBScript` weisen auf die Skriptsprache VBScript hin.

name Dieses Attribut bestimmt den Namen für den Ruby-Text.

style Siehe *Kern-Attribut-Referenz* weiter oben in diesem Anhang

tabindex Dieses Attribut verwendet eine Zahl, um den Rang des Objekts für die Tastaturnavigation per Tabulatortaste festzulegen. Der IE5.5 fügt dieses Attribut zum `<rt>`-Element hinzu. Unter IE5.5 kann dieser Fokus mit dem `hidefocus`-Attribut deaktiviert werden.

title Siehe *Kern-Attribut-Referenz* weiter oben in diesem Anhang

Attribut- und Ereignisunterstützung

IE5.0 Alle Attribute und Ereignisse außer `contenteditable` und `hidefocus`

IE5.5 Alle Attribute und Ereignisse

Event Handler

Siehe *Ereignis-Referenz* weiter oben in diesem Anhang

Beispiele

```
<ruby>Basistext

<rt>Ruby-Text

</ruby>
```

Hinweise

❏ Dieses Element funktioniert nur im IE5.0 oder höher.
❏ Das `<rt>`-Element muss innerhalb des `<ruby>`-Elements verwendet werden.
❏ Microsoft definiert das `<rt>`-Element als Zeichenmarkierer, der kein Schluss-Tag benötigt. Wie hier eine XHTML-Kompatibilität hergestellt werden kann, ist unklar.
❏ Das Element sollte nur in einer IE-exklusiven Umgebung verwendet werden, da andere Browser die Elemente `<rt>` oder `<ruby>` nicht interpretieren können.

`<ruby>`

Dieses Microsoft-spezifische Element wird innerhalb des `<ruby>`-Elements verwendet, um einen »ruby text« zu erstellen, eine Anmerkung bzw. Hinweise für die Aussprache von Wörtern oder Phrasen. Der

Basistext sollte im `<ruby>`-Element enthalten sein, während die Anmerkung sich innerhalb des `<rt>`-Elementes befindet, die als kürzerer Text über dem Basistext steht. Dieses Element wurde mit dem IE5 eingeführt.

Syntax definiert durch IE5.0

```
<ruby
    accesskey="taste"
    class="klassenname(n)"
    dir="ltr | rtl"
    id="einmaliger alphanumerischer identifizierer"
    lang="sprachcode"
    language="javascript | jscript | vbs | vbscript | xml"
    name="string"
    style="stilinformation"
    tabindex="zahl"
    title="hinweistext"
    onfterupdate="script"
    onbeforecut="script"
    onbeforepaste="script"
    onbeforeupdate="script"
    onblur="script"
    onclick="script"
    oncut="script"
    ondblclick="script"
    ondragstart="script"
    onerrorupdate="script"
    onfilterchange="script"
    onfocus="script"
    onhelp="script"
    onkeydown="script"
    onkeypress="script"
    onkeyup="script"
    onmousedown="script"
    onmousemove="script"
    onmouseout="script"
    onmouseover="script"
    onmouseup="script"
    onpaste="script"
    onreadystatechange="script">

    ... Basistext ...
  <rt>ruby text

</ruby>
```

Syntax definiert durch IE5.5

```
contenteditable="false | true | inherit"
hidefocus="true | false"
```

Attribute

accesskey Dieses Attribut bestimmt eine Taste zur Navigation mittels Tastatur für dieses Element. Das Drücken der Alt- oder einer vergleichbaren Taste (hängt von Browser und/oder Betriebssystem ab) in Verbindung mit der spezifizierten Taste wählt das Element aus, das mit dieser Taste verknüpft ist.

class Siehe *Kern-Attribut-Referenz* weiter oben in diesem Anhang

contenteditable Dieses von Microsoft eingeführte Attribut erlaubt es dem User, den dargestellten Inhalt im IE5.5 zu bearbeiten. Mögliche Werte sind `false`, `true` und `inherit`. Der Wert `false` verhindert, dass Inhalte vom User verändert werden, `true` erlaubt das Verändern. Der Standardwert `inherit` übernimmt den Wert des übergeordneten Elements.

dir Siehe *Sprach-Referenz* weiter oben in diesem Anhang

hidefocus Dieses Element wurde mit dem IE5.5 vorgestellt. Es nimmt den Fokus vom jeweiligen Element. Der Fokus muss dem Element durch das `tabindex`-Attribut zugewiesen worden sein.

id Siehe *Kern-Attribut-Referenz* weiter oben in diesem Anhang

lang Siehe *Sprach-Referenz* weiter oben in diesem Anhang

language Dieses Attribut spezifiziert die Sprache, in der das aktuelle Skript geschrieben ist, und ruft die zugehörige Scripting Engine auf. Der Standardwert ist `JAVASCRIPT`. `JAVASCRIPT` und `JSCRIPT` zeigen an, dass die verwendete Sprache JavaScript ist. `VBS` und `VBScript` weisen auf die Skriptsprache VBScript hin.

name Dieses Attribut bestimmt den Namen für den Ruby-Basistext.

style Siehe *Kern-Attribut-Referenz* weiter oben in diesem Anhang

tabindex Dieses Attribut verwendet eine Zahl, um den Rang des Objekts für die Tastaturnavigation per Tabulatortaste festzulegen. Der IE5.5 fügt dieses Attribut zum <ruby>-Element hinzu. Unter IE5.5 kann dieser Fokus mit dem `hidefocus`-Attribut deaktiviert werden.

title Siehe *Kern-Attribut-Referenz* weiter oben in diesem Anhang

Attribut- und Ereignisunterstützung

IE5.0 Alle Attribute und Ereignisse definiert durch IE5.0

IE5.5 Alle Attribute und Ereignisse definiert durch IE5.0 und 5.5

Event Handler

Siehe *Ereignis-Referenz* weiter oben in diesem Anhang

Beispiele

```
<ruby>Das ist der Basistext innerhalb des Ruby-Elements.

<rt>Das ist der Ruby-Text, der beim Internet Explorer 5.0 oder höher in einer
```

kleineren Schrift über dem Basistext erscheinen soll.

```
</ruby>
```

Hinweise

❏ Dieses Element funktioniert nur im IE5.0 oder höher.

❏ Das `<ruby>`-Element muss in Verbindung mit dem `<rt>`-Element verwendet werden, da es sonst keine Bedeutung hat.

❏ Das Element sollte nur in einer IE-exklusiven Umgebung verwendet werden, da andere Browser die Elemente `<rt>` oder `<ruby>` nicht interpretieren können.

`<s>` (Durchgestrichen)

Dieser Befehl stellt den Text durchgestrichen dar.

Syntax (Nur übergangsweise)

```
<s
     class="klassenname(n)"
     dir="ltr | rtl"
     id="einmaliger alphanumerischer identifizierer"
     lang="sprachcode"
     style="stilinformation"
     title="hinweistext"
     onclick="script"
     ondblclick="script"
     onkeydown="script"
     onkeypress="script"
     onkeyup="script"
     onmousedown="script"
     onmousemove="script"
     onmouseout="script"
     onmouseover="script"
     onmouseup="script">

</s>
```

Attribute und Ereignisse definiert durch IE4

```
language="javascript | jscript | vbs | vbsscript"
ondragstart="script"
onhelp="script"
onselectstart="script"
```

Attribute und Ereignisse definiert durch IE5.5

```
accesskey="taste"
contenteditable="false | true | inherit"
hidefocus="true | false"
tabindex="zahl"
```

Attribute

accesskey Dieses Attribut bestimmt eine Taste zur Navigation mittels Tastatur für dieses Element. Das Drücken der Alt- oder einer vergleichbaren Taste (hängt von Browser und/oder Betriebssystem ab) in Verbindung mit der spezifizierten Taste wählt das Element aus, das mit dieser Taste verknüpft ist.

class Siehe *Kern-Attribut-Referenz* weiter oben in diesem Anhang

contenteditable Dieses von Microsoft eingeführte Attribut erlaubt es dem User, den dargestellten Inhalt im IE5.5 zu bearbeiten. Mögliche Werte sind `false`, `true` und `inherit`. Der Wert `false` verhindert, dass Inhalte vom User verändert werden, `true` erlaubt das Verändern. Der Standardwert `inherit` übernimmt den Wert des übergeordneten Elements.

dir Siehe *Sprach-Referenz* weiter oben in diesem Anhang

hidefocus Dieses Element wurde mit dem IE5.5 vorgestellt. Es nimmt den Fokus vom jeweiligen Element. Der Fokus muss dem Element durch das `tabindex`-Attribut zugewiesen worden sein.

id Siehe *Kern-Attribut-Referenz* weiter oben in diesem Anhang

lang Siehe *Sprach-Referenz* weiter oben in diesem Anhang

language Dieses Attribut spezifiziert die Sprache, in der das aktuelle Skript geschrieben ist, und ruft die zugehörige Scripting Engine auf. Der Standardwert ist JAVASCRIPT. JAVASCRIPT und JSCRIPT zeigen an, dass die verwendete Sprache JavaScript ist. VBS und VBScript weisen auf die Skriptsprache VBScript hin. Es können auch erweiterte Namen wie `JavaScript1.1` verwendet werden, um den Code vor Browsern zu verstecken, die die jeweilige Version der Sprache nicht umsetzen können.

style Siehe *Kern-Attribut-Referenz* weiter oben in diesem Anhang

tabindex Dieses Attribut verwendet eine Zahl, um den Rang des Objekts für die Tastaturnavigation per Tabulatortaste festzulegen. Der IE5.5 fügt dieses Attribut zum <s>-Element hinzu. Unter IE5.5 kann dieser Fokus mit dem `hidefocus`-Attribut deaktiviert werden.

title Siehe *Kern-Attribut-Referenz* weiter oben in diesem Anhang

Attribut- und Ereignisunterstützung

N4 `class`, `id`, `lang` und `style` sind impliziert.

IE4 Alle Attribute und Ereignisse definiert durch das W3C und den IE4.0, außer `dir`

IE5.5 Alle Attribute und Ereignisse

Event Handler

Siehe *Ereignis-Referenz* weiter oben in diesem Anhang

Beispiele

```
Diese Zeile enthält einen <s>Fehler</s>.

<s id="strike1"
   onmouseover="this.style.color='red'"
   onmouseout="this.style.color='black'">Fastball</s>
```

Kompatibilität

HTML 4 (übergangsweise), 4.01 (übergangsweise); XHTML 1.0

Internet Explorer 2, 3, 4, 5, 5.5; Netscape 3, 4–4.7, 6; WebTV

Hinweise

❏ Dieses Element sollte sich genauso verhalten wie das `<strike>`-Element.

❏ Dieses HTML-3-Element wurde von Netscape und Microsoft eingeführt und später in die übergangsweise HTML-4-Spezifikation übernommen.

❏ Dieses Element wurde vom W3C verworfen. Die strikte HTML-4.01-Spezifikation enthält weder das `<s>`- noch das `<strike>`-Element. Es ist möglich, durchgestrichenen Text mit Hilfe von Style Sheets zu erzeugen.

`<samp>` (Beispieltext)

Dieses Element wird verwendet, um einen Beispieltext anzuzeigen. So eingebetteter Text wird in der Regel durch einen nicht proportionalen Font dargestellt.

Syntax

```
<samp
    class="klassenname(n)"
    dir="ltr | rtl"
    id="einzigartige alphanumerische zeichenkette"
    lang="sprachcode"
    style="stilinformation"
    title="hinweistext"
    onclick="script"
    ondblclick="script"
    onkeydown="script"
    onkeypress="script"
    onkeyup="script"
    onmousedown="script"
    onmousemove="script"
    onmouseout="script"
    onmouseover="script"
    onmouseup="script">

</samp>
```

Attribute und Ereignisse definiert durch IE4

```
language="javascript | jscript | vbs | vbscript"
ondragstart="script"
onhelp="script"
onselectstart="script"
```

Attribute und Ereignisse definiert durch IE5.5

```
accesskey="taste"
contenteditable="false | true | inherit"
hidefocus="true | false"
tabindex="zahl"
```

Attribute

accesskey Dieses Attribut bestimmt eine Taste zur Navigation mittels Tastatur für dieses Element. Das Drücken der Alt- oder einer vergleichbaren Taste (hängt von Browser und/oder Betriebssystem ab) in Verbindung mit der spezifizierten Taste wählt das Element aus, das mit dieser Taste verknüpft ist.

class Siehe *Kern-Attribut-Referenz* weiter oben in diesem Anhang

contenteditable Dieses von Microsoft eingeführte Attribut erlaubt es dem User, den dargestellten Inhalt im IE5.5 zu bearbeiten. Mögliche Werte sind `false`, `true` und `inherit`. Der Wert `false` verhindert, dass Inhalte vom User verändert werden, `true` erlaubt das Verändern. Der Standardwert `inherit` übernimmt den Wert des übergeordneten Elements.

dir Siehe *Sprach-Referenz* weiter oben in diesem Anhang

hidefocus Dieses Element wurde mit dem IE5.5 vorgestellt. Es nimmt den Fokus vom jeweiligen Element. Der Fokus muss dem Element durch das `tabindex`-Attribut zugewiesen worden sein.

id Siehe *Kern-Attribut-Referenz* weiter oben in diesem Anhang

lang Siehe *Sprach-Referenz* weiter oben in diesem Anhang

language Dieses Attribut spezifiziert die Sprache, in der das aktuelle Skript geschrieben ist, und ruft die zugehörige Scripting Engine auf. Der Standardwert ist `JAVASCRIPT`. `JAVASCRIPT` und `JSCRIPT` zeigen an, dass die verwendete Sprache JavaScript ist. `VBS` und `VBScript` weisen auf die Skriptsprache VBScript hin. Es können auch erweiterte Namen wie `JavaScript1.1` verwendet werden, um den Code vor Browsern zu verstecken, die die jeweilige Version der Sprache nicht umsetzen können.

style Siehe *Kern-Attribut-Referenz* weiter oben in diesem Anhang

tabindex Dieses Attribut verwendet eine Zahl, um den Rang des Objekts für die Tastaturnavigation per Tabulatortaste festzulegen. Der IE5.5 fügt dieses Attribut zum `<samp>`-Element hinzu. Unter IE5.5 kann dieser Fokus mit dem `hidefocus`-Attribut deaktiviert werden.

title Siehe *Kern-Attribut-Referenz* weiter oben in diesem Anhang

Attribut- und Ereignisunterstützung

IE4 Alle Attribute und Ereignisse definiert durch das W3C und IE4.0, außer `dir`

IE5.5 Alle Attribute und Ereignisse

Event Handler

Siehe *Ereignis-Referenz* weiter oben in diesem Anhang

Beispiel

```
Verwenden Sie die folgenden Anrede in allen E-Mail-Nachrichten an den Chef:
<samp>Bitte entschuldigen Sie die Unterbrechung, oh erhabener Manager.</samp>
```

Kompatibilität

HTML 2, 3.2, 4, 4.01; XHTML 1.0

Internet Explorer 2, 3, 4, 5, 5.5; Netscape 1, 2, 3, 4–4.7, 6; Opera 4.0; WebTV

Hinweise

❏ Es ist sinnvoll, <samp> als ein logisches Element mit Stilregeln zu verbinden.

❏ Die HTML-2.0- und -3.2-Spezifikationen unterstützen keine Attribute für dieses Element.

<script> (Scripting)

Dieses Element umgibt Statements in einer Skriptsprache für clientseitige Bearbeitung. Skriptstatements können entweder direkt eingebunden oder aus einer externen Datei geladen werden und sollten auskommentiert werden, um eine Ausführung durch nicht skripttaugliche Browser zu verhindern.

Syntax

```
<script
    charset="zeichensatz"
    defer
    event="ereignisname" (reserviert)
    for="element ID" (reserviert)
    language="name der skriptsprache"
    src="url des skriptcodes"
    type="mime type">

</script>
```

Attribute definiert durch IE4

```
class="klassenname(n)"
id="einmaliger alphanumerischer identifizierer"
title="hinweistext"
```

Attribute

charset Dieses Attribut definiert die Zeichenentschlüsselung der verknüpften Informationsquelle. Der Wert ist eine durch Leerzeichen und/oder Kommata getrennte Liste von Zeichensätzen, die in RFC 2045 definiert ist. Der Standardwert ist ISO-8859-1.

class Dieses von Microsoft definierte Attribut macht nicht sehr viel Sinn, da es davon ausgeht, dass der Skriptcode nicht durch Stilregeln gebunden ist. Die Bedeutung gemäß der *Kern-Attribut-Referenz* in diesem Anhang ist im Zusammenhang mit dem `<script>`-Element unklar.

defer Das Vorhandensein dieses Attributs zeigt an, dass der Browser die Ausführung eines Skripts, das sich innerhalb des `<script>`-Attributs befindet, verschieben kann. In der Praxis hängt diese Verschiebung eher von der Position oder dem Inhalt des `<script>`-Elements ab. Dieses Attribut wurde sehr spät in die HTML-4.01-Spezifikation aufgenommen und kaum unterstützt.

event Dieses Microsoft-Attribut wird verwendet, um ein bestimmtes Ereignis zu definieren, auf das das Skript reagieren soll. Es muss in Verbindung mit dem `for`-Attribut verwendet werden. Die Ereignisnamen entsprechen den Event-Handler-Attributen (z.B. `onclick`, `ondblclick` usw.).

for Das `for`-Attribut wird verwendet, um den Namen oder die ID eines Elementes zu definieren, das mit dem Ereignis, das durch das `event`-Attribut definiert wurde, verknüpft ist. Zum Beispiel definiert `<script event="onclick" for="button1" language="vbscript">` ein VBScript, das ausgeführt wird, wenn ein »Click«-Ereignis für ein Element namens `button1` bestimmt wurde.

id Siehe *Kern-Attribut-Referenz* weiter oben in diesem Anhang

language Dieses Attribut spezifiziert die Sprache, in der das aktuelle Skript geschrieben ist, und ruft die zugehörige Scripting Engine auf. Der Standardwert ist `JAVASCRIPT`. `JAVASCRIPT` und `JSCRIPT` zeigen an, dass die verwendete Sprache JavaScript ist. `VBS` und `VBScript` weisen auf die Skriptsprache VBScript hin. Es können auch erweiterte Namen wie `JavaScript1.1` oder `JavaScript1.2` verwendet werden, um den Code vor Browsern zu verstecken, die die jeweilige Version der Sprache nicht umsetzen können.

src Dieses Attribut bestimmt den URL einer Datei, die den Skriptcode enthält. Normalerweise haben Dateien, die JavaScript-Code enthalten, die Endung `.js`, und der Server ergänzt den zugehörigen MIME-Typ. Ist das nicht der Fall, muss das `type`-Attribut verwendet werden, um den Inhaltstyp für die externe Skriptdatei explizit anzugeben. Das `language`-Attribut könnte auch hilfreich dabei sein, das zu bestimmen.

title Siehe *Kern-Attribut-Referenz* weiter oben in diesem Anhang

type Dieses Attribut bestimmt den MIME-Typ der eingesetzten Skriptsprache. Für JavaScript ist das z.B. `text/javascript`. In der Praxis ist das Attribut `language` der übliche Weg, um die verwendete Skriptsprache anzuzeigen.

Attribut- und Ereignisunterstützung

N4 `language` und `src`

IE4 Alle Attribute und Ereignisse außer `charset`

Event Handler

Es gibt keine Ereignisse, die direkt mit dem `<script>`-Element verknüpft sind. Die Microsoft-Implementierung erlaubt jedoch, dass das `event`-Attribut verwendet wird, um anzuzeigen, mit welchem Ereignis ein bestimmtes Skript verknüpft ist.

Beispiele

```
<script language="JavaScript">
<!-- alert("Hallo Welt !!!"); // -->
</script>


<!-- code in einer externen datei -->
```

```
<script language="JavaScript1.2" src="superrollover.js">
</script>

<script for ="myButton" event="onclick"
        language="JavaScript">
<!-- alert("Ich wurde geklickt!"); // -->
</script>

<form>
    <input type="BUTTON" name="myButton" value="Klick mich">
</form>
```

Kompatibilität

HTML 4, 4.01; XHTML 1.0

Internet Explorer 3, 4, 5, 5.5; Netscape 2, 3, 4–4.7, 6; Opera 4.0

Hinweise

❏ Es ist gängige Praxis, Statements, die sich innerhalb des `<script>`-Elements befinden, auszukommen-tieren. Andererseits würden Browser, die kein Scripting unterstützen, das Skript als Seiteninhalt anzei-gen. Der genaue Kommentarstil hängt von der eingesetzten Sprache ab. Bei JavaScript verwenden Sie z.B.

```
<script language="JavaScript">
<!-- Javacript-Code hier // -->
</script>
```

und in VBScript verwenden Sie

```
<script language="vbscript">
<!-- VBScript-Code hier -->
</script>
```

❏ Die HTML-3.2-Spezifikation definiert einen Platzhalter für das `<script>`-Element, ansonsten ist das Element neu in HTML 4.

❏ Beachten Sie das `<noscript>`-Element in diesem Anhang, um zu sehen, wie Inhalte für nicht skript-taugliche Browser angeboten werden können.

`<select>` (Auswahlliste)

Dieses Element definiert eine Auswahlliste innerhalb eines Formulars. Abhängig von der Form der Aus-wahlliste erlaubt dieses Element dem Betrachter, eine oder mehrere Optionen auszuwählen.

Syntax

```
<select
    class="klassenname(n)"
    dir="ltr | rtl"
    disabled
```

```
         id="einmaliger alphanumerischer identifizierer"
         lang="sprachcode"
         multiple
         name="einmaliger alphanumerischer name"
         size="zahl"
         style="stilinformation"
         tabindex="zahl"
         title="hinweistext"
         onblur="script"
         onchange="script"
         onclick="script"
         ondblclick="script"
         onfocus="script"
         onkeydown="script"
         onkeypress="script"
         onkeyup="script"
         onmousedown="script"
         onmousemove="script"
         onmouseout="script"
         onmouseover="script"
         onmouseup="script">

    <option> Elemente

</select>
```

Attribute und Ereignisse definiert durch IE4

```
accesskey="taste"
align="absbottom | absmiddle | baseline | bottom | left | middle | right | texttop
| top"
datafld="spaltenname"
datasrc="data source ID"
language="javascript | jscript | vbs | vbscript"
onafterupdate="script"
onbeforeupdate="script"
ondragstart="script"
onhelp="script"
onresize="script"
onrowenter="script"
onrowexit="script"
onselectstart="script"
```

Attribute und Ereignisse definiert durch IE5.5

```
hidefocus="true | false"
```

Attribute

accesskey Dieses Microsoft-Attribut bestimmt eine Taste zur Navigation mittels Tastatur für dieses Element. Das Drücken der Alt- oder einer vergleichbaren Taste in Verbindung mit der spezifizierten Taste wählt das Element aus, das mit dieser Taste verknüpft ist. Seitendesigner sollten keine Zeichen verwenden, die bereits bei einem Browser mit einer Funktion belegt sind.

align Dieses Microsoft-spezifische Attribut definiert unter Berücksichtigung der Seite die horizontale Ausrichtung der Grafik. Der Standardwert ist `left`, es können jedoch auch Werte wie `absbottom`, `absmiddle`, `baseline`, `bottom`, `middle`, `right`, `texttop` und `top` unterstützt werden. Die Bedeutung dieser Werte sollte die gleiche wie bei eingebundenen Objekten sein.

class Siehe *Kern-Attribut-Referenz* weiter oben in diesem Anhang

datafld Dieses Attribut wird verwendet, um den Namen einer Spalte der Datenquelle zu ermitteln, die mit dem `<select>`-Element verknüpft ist.

datasrc Dieses Attribut zeigt den `id`-Wert des Datenquellenobjekts an, das die mit diesem Objekt verknüpften Daten enthält.

dir Siehe *Sprach-Referenz* weiter oben in diesem Anhang

disabled Dieses Attribut wird verwendet, um ein Formularfeld zu deaktivieren. Die Werte dieser Elemente werden nicht weitergesandt, noch können sie mit der Maus oder der Tastatur aktiviert werden. Deaktivierte Formularelemente fallen auch aus der Reihenfolge der Aktivierung per Tabulatortaste heraus. Der Browser stellt deaktivierte Elemente meist grau dar, um den Status anzuzeigen. Dieses Attribut benötigt keinen Wert.

hidefocus Dieses Element wurde mit dem IE5.5 vorgestellt. Es nimmt den Fokus vom jeweiligen Element. Der Fokus muss dem Element durch das `tabindex`-Attribut zugewiesen worden sein.

id Siehe *Kern-Attribut-Referenz* weiter oben in diesem Anhang

lang Siehe *Sprach-Referenz* weiter oben in diesem Anhang

language Dieses Attribut spezifiziert die Sprache, in der das aktuelle Skript geschrieben ist, und ruft die zugehörige Scripting Engine auf. Der Standardwert ist `JAVASCRIPT`. `JAVASCRIPT` und `JSCRIPT` zeigen an, dass die verwendete Sprache JavaScript ist. `VBS` und `VBScript` weisen auf die Skriptsprache VBScript hin. Es können auch erweiterte Namen wie `JavaScript1.1` verwendet werden, um den Code vor Browsern zu verstecken, die die jeweilige Version der Sprache nicht umsetzen können.

multiple Dieses Attribut erlaubt die Auswahl mehrerer Elemente der Liste. Der Standard ist die Auswahl eines einzelnen Elements.

name Dieses Attribut erlaubt es, dem Formularelement einen Namen zuzuweisen, damit es von Skripten angesprochen werden kann. Der Wert `name` wird von älteren Browsern unterstützt, das W3C empfiehlt jedoch die Verwendung des `id`-Attributs. Sie können aus Kompatibilitätsgründen beide Attribute verwenden.

size Dieses Attribut bestimmt die Anzahl der sichtbaren Elemente der Auswahlliste. Wenn das `multiple`-Attribut nicht gesetzt wurde, sollte nur ein Element sichtbar sein. Wurde jedoch das `multiple`-Attribut gesetzt, bestimmt dieses Attribut die Größe der Auswahllistenbox.

style Siehe *Kern-Attribut-Referenz* weiter oben in diesem Anhang

tabindex Dieses Attribut nimmt einen numerischen Wert an, der den Rang des Formularelements in der Reihenfolge der Tabulatorauswahl bestimmt. Die Reihenfolge beginnt beim niedrigsten positiven `tabindex`-Wert und geht bis zum höchsten. Negative Werte für `tabindex` werden außer Acht gelassen. Wenn nicht explizit eine Reihenfolge festgelegt wird, arbeitet der Browser die Felder in der Reihenfolge ab, in der sie im Quelltext erscheinen. Formularelemente, die mit dem Attribut disabled deaktiviert wurden, sind – im Gegensatz zu nicht veränderbaren Elementen (read-only) – nicht Bestandteil der Reihenfolge.

title Siehe *Kern-Attribut-Referenz* weiter oben in diesem Anhang

Attribut- und Ereignisunterstützung

N4 multiple, name, size, onblur, onchange und onfocus (class, id, lang und style sind impliziert.)

IE4 Alle W3C-definierten Attribute und Ereignisse außer dir und title und alle Attribute und Ereignisse definiert durch IE4

IE5.0 Alle W3C-definierten Attribute und Ereignisse außer title und alle Attribute und Ereignisse definiert durch den IE4

IE5.5 Wie IE5.0 plus hidefocus

Event Handler

Siehe *Ereignis-Referenz* weiter oben in diesem Anhang

Beispiele

```
Wählen Sie Ihre Lieblingsfarbe
<select multiple size="2">
    <option>Rot
    <option>Blau
    <option>Gruen
    <option>Gelb
</select>

Taco-Auswahl
<select name="tacomenu">
    <option value="SuperChicken">Huhn
    <option value="Baja">Fisch
    <option value="Beef">Rindfleisch
</select>
```

Kompatibilität

HTML 2, 3.2, 4, 4.01; XHTML 1.0

Internet Explorer 2, 3, 4, 5, 5.5; Netscape 1, 2, 3, 4–4.7, 6; Opera 4; WebTV

Hinweise

❑ Die HTML-4.01-Spezifikation reserviert die Attribute datafld und datasrc für zukünftigen Gebrauch.

❑ Die HTML-2.0- und -3.2-Spezifikationen definieren nur die Attribute multiple, name und size.

<small> (Small Text)

Dieses Element stellt den eingeschlossenen Text eine Größe kleiner dar, als die Größe des Basisfonts des Dokuments, sofern es sich dabei nicht um die kleinstmögliche Größe handelt.

Syntax

```
<small
     class="klassenname(n)"
     dir="ltr | rtl"
     id="einzigartige alphanumerische zeichenkette"
     lang="sprachcode"
     style="stilinformation"
     title="hinweistext"
     onclick="script"
     ondblclick="script"
     onkeydown="script"
     onkeypress="script"
     onkeyup="script"
     onmousedown="script"
     onmousemove="script"
     onmouseout="script"
     onmouseover="script"
     onmouseup="script">

</small>
```

Attribute und Ereignisse definiert durch IE4

```
language="javascript | jscript | vbs | vbscript"
ondragstart="script"
onhelp="script"
onselectstart="script"
```

Attribute und Ereignisse definiert durch IE5.5

```
accesskey="taste"
contenteditable="false | true | inherit"
hidefocus="true | false"
tabindex="zahl"
```

Attribute

accesskey Dieses Attribut bestimmt eine Taste zur Navigation mittels Tastatur für dieses Element. Das Drücken der Alt- oder einer vergleichbaren Taste (hängt von Browser und/oder Betriebssystem ab) in Verbindung mit der spezifizierten Taste wählt das Element aus, das mit dieser Taste verknüpft ist.

class Siehe *Kern-Attribut-Referenz* weiter oben in diesem Anhang

contenteditable Dieses von Microsoft eingeführte Attribut erlaubt es dem User, den dargestellten Inhalt im IE5.5 zu bearbeiten. Mögliche Werte sind `false`, `true` und `inherit`. Der Wert `false` verhindert, dass Inhalte vom User verändert werden, `true` erlaubt das Verändern. Der Standardwert `inherit` übernimmt den Wert des übergeordneten Elements.

dir Siehe *Sprach-Referenz* weiter oben in diesem Anhang

hidefocus Dieses Element wurde mit dem IE5.5 vorgestellt. Es nimmt den Fokus vom jeweiligen Element. Der Fokus muss dem Element durch das `tabindex`-Attribut zugewiesen worden sein.

id Siehe *Kern-Attribut-Referenz* weiter oben in diesem Anhang

lang Siehe *Sprach-Referenz* weiter oben in diesem Anhang

language Dieses Attribut spezifiziert die Sprache, in der das aktuelle Skript geschrieben ist, und ruft die zugehörige Scripting Engine auf. Der Standardwert ist JAVASCRIPT. JAVASCRIPT und JSCRIPT zeigen an, dass die verwendete Sprache JavaScript ist. VBS und VBScript weisen auf die Skriptsprache VBScript hin. Es können auch erweiterte Namen wie `JavaScript1.1` verwendet werden, um den Code vor Browsern zu verstecken, die die jeweilige Version der Sprache nicht umsetzen können.

style Siehe *Kern-Attribut-Referenz* weiter oben in diesem Anhang

tabindex Dieses Attribut verwendet eine Zahl, um den Rang des Objekts für die Tastaturnavigation per Tabulatortaste festzulegen. Der IE5.5 fügt dieses Attribut zum `<small>`-Element hinzu. Unter IE5.5 kann dieser Fokus mit dem `hidefocus`-Attribut deaktiviert werden.

title Siehe *Kern-Attribut-Referenz* weiter oben in diesem Anhang

Attribut- und Ereignisunterstützung

N4 `class`, `id`, `lang` und `style` sind impliziert.

IE4 Alle Attribute und Ereignisse definiert durch das W3C und IE4, außer `dir`

IE5.5 Alle Attribute und Ereignisse

Event Handler

Siehe *Ereignis-Referenz* weiter oben in diesem Anhang

Beispiele

```
Hier ist etwas <small>kleiner Text</small>.

Dieses Element kann <small><small><small>mehrere
Male angewendet werden,</small></small></small> um den Text noch viel kleiner zu
machen.
```

Kompatibilität

HTML 3.2, 4; XHTML 1.0

Internet Explorer 2, 3, 4, 5, 5.5; Netscape 2, 3, 4–4.7, 6; WebTV

Hinweise

❏ Das Element <small> kann mehrmals verwendet werden, um die Textgröße um einen größeren Grad zu verkleinern. Es macht keinen Sinn, das <small>-Element mehr als sechs Mal ineinander zu verschachteln, da die relative Schriftgröße von 1 bis 7 reicht. Aufgrund der wachsenden Verbreitung von Style Sheets könnte dieses Element bald aus der Mode kommen.

❏ Die Standard-Basisfont-Größe ist typischerweise 3, wenngleich sie mit dem <basefont>-Element geändert werden kann.

<spacer> (Extra Space)

Dieses Element bestimmt eine unsichtbare Region, um die Inhalte einer Seite zu positionieren.

Syntax (definiert durch N3)

```
<spacer
      align="absmiddle | absbottom | baseline | bottom | left | middle | right |
texttop | top"
      height="pixel"
      size="pixel"
      type="block | horizontal | vertical"
      width="pixel">
```

Attribute

align Dieses Attribut definiert unter Berücksichtigung des umlaufenden Textes die horizontale Ausrichtung des Spacers. Es wird nur verwendet, wenn das Attribut type den Wert block hat. Der Standardwert für das align-Attribut ist bottom. Die Bedeutung der align-Werte sind die gleichen, die auch im <img>-Element verwendet werden.

height Dieses Attribut bestimmt die Höhe einer unsichtbaren Region in Pixel. Es wird nur mit Spacers verwendet, die das Attribut type="block" besitzen.

size Wird mit type="block" und type="horizontal" verwendet, um die Breite des Spacers in Pixel zu bestimmen. In Verbindung mit type="vertical" bestimmt dieses Attribut die Höhe des Spacers.

type Dieses Attribut zeigt den Typ der unsichtbaren Region an. Der Wert horizontal fügt einen horizontalen Freiraum zwischen dem Text und einem Objekt ein. Der Wert vertical wird verwendet, um Raum zwischen Zeilen einzufügen. Mit dem Wert block wird ein Rechteck definiert, um das der Text wie um eine unsichtbare Grafik fließt.

width Dieses Attribut wird nur mit dem Attribut type="block" verwendet, um die Breite der Region in Pixel zu bestimmen.

Attribut- und Ereignisunterstützung

N4 Alle Attribute

Beispiele

```
Eine Textzeile mit zwei <spacer type="horizontal" size="20">Wörtern, die durch 20
Pixel getrennt werden. Hier ist eine Textzeile.<br>
<spacer type="vertical" size="50">
```

```
Hier ist noch eine Textzeile mit einem großen Zwischenraum zwischen den zwei
Zeilen.<spacer align="left" type="block" height="100" width="100"> Das ist etwas
Text, der um einen unsichtbaren Block herumfließt. Das hätte man auch leicht mit
einer Tabelle erreichen können.
```

Kompatibilität

Netscape 3, 4–4.7, 6; WebTV

Hinweise

❏ Dieses Element sollte nicht verwendet werden. Wenn dieser Effekt erzielt werden soll und keine Style Sheets verwendet werden können, ist ein »unsichtbares Pixel« die bessere Alternative. Bei diesem Trick wird ein transparentes Bild mit Hilfe der Attribute `height` und `width` nach Belieben gestreckt.

```
<img src="pixel.gif" height="100" width="100">
```

❏ Das ist ein leeres Element; es wird kein Schluss-Tag benötigt.

<span> (Text Span)

Dieses Element wird verwendet, um eine Zeichenkette zu markieren, damit ein Skript oder eine Stilregel auf diesen Abschnitt zugreifen kann. Da es keine eigenständige Formatierung verursacht, ist dieses Element sehr nützlich für die Verknüpfung von Text mit Stilregeln.

Syntax

```
<span
      class="klassenname(n)"
      datafld="spaltenname" (reserviert)
      dataformatas="html | text" (reserviert)
      datasrc="id einer datenquelle" (reserviert)
      dir="ltr | rtl"
      id="einzigartige alphanumerische zeichenkette"
      lang="sprachcode"
      style="stilinformation"
      title="hinweistext"
      onclick="script"
      ondblclick="script"
      onkeydown="script"
      onkeypress="script"
      onkeyup="script"
      onmousedown="script"
      onmousemove="script"
      onmouseout="script"
      onmouseover="script"
      onmouseup="script">

</span>
```

Attribute und Ereignisse definiert durch IE4

```
language="javascript | jscript | vbs | vbscript"
ondragstart="script"
onhelp="script"
onselectstart="script"
```

Attribute und Ereignisse definiert durch IE5.5

```
accesskey="taste"
contenteditable="false | true | inherit"
hidefocus="true | false"
tabindex="zahl"
```

Attribute

accesskey Dieses Attribut bestimmt eine Taste zur Navigation mittels Tastatur für dieses Element. Das Drücken der Alt- oder einer vergleichbaren Taste (hängt von Browser und/oder Betriebssystem ab) in Verbindung mit der spezifizierten Taste wählt das Element aus, das mit dieser Taste verknüpft ist.

class Siehe *Kern-Attribut-Referenz* weiter oben in diesem Anhang

contenteditable Dieses von Microsoft eingeführte Attribut erlaubt es dem User, den dargestellten Inhalt im IE5.5 zu bearbeiten. Mögliche Werte sind false, true und inherit. Der Wert false verhindert, dass Inhalte vom User verändert werden, true erlaubt das Verändern. Der Standardwert inherit übernimmt den Wert des übergeordneten Elements.

datafld Dieses Attribut wird verwendet, um den Namen einer Spalte der Datenquelle zu ermitteln, die mit dem <span>-Element verknüpft ist.

dataformatas Dieses Attribut zeigt an, ob die verbundenen Daten reiner Text oder HTML sind. Die Daten, die mit <span> verknüpft sind, werden verwendet, um den Inhalt des Elements zu definieren.

datasrc Dieses Attribut zeigt den id-Wert des Datenquellenobjekts an, das die mit diesem Objekt verknüpften Daten enthält.

dir Siehe *Sprach-Referenz* weiter oben in diesem Anhang

hidefocus Dieses Element wurde mit dem IE5.5 vorgestellt. Es nimmt den Fokus vom jeweiligen Element. Der Fokus muss dem Element durch das tabindex-Attribut zugewiesen worden sein.

id Siehe *Kern-Attribut-Referenz* weiter oben in diesem Anhang

lang Siehe *Sprach-Referenz* weiter oben in diesem Anhang

language Dieses Attribut spezifiziert die Sprache, in der das aktuelle Skript geschrieben ist, und ruft die zugehörige Scripting Engine auf. Der Standardwert ist JAVASCRIPT. JAVASCRIPT und JSCRIPT zeigen an, dass die verwendete Sprache JavaScript ist. VBS und VBScript weisen auf die Skriptsprache VBScript hin. Es können auch erweiterte Namen wie JavaScript1.1 verwendet werden, um den Code vor Browsern zu verstecken, die die jeweilige Version der Sprache nicht umsetzen können.

style Siehe *Kern-Attribut-Referenz* weiter oben in diesem Anhang

tabindex Dieses Attribut verwendet eine Zahl, um den Rang des Objekts für die Tastaturnavigation per Tabulatortaste festzulegen. Der IE5.5 fügt dieses Attribut zum <span>-Element hinzu. Unter IE5.5 kann dieser Fokus mit dem hidefocus-Attribut deaktiviert werden.

title Siehe *Kern-Attribut-Referenz* weiter oben in diesem Anhang

Attribut- und Ereignisunterstützung

N4 `class`, `id`, `lang` und `style`

IE4 Alle Attribute und Ereignisse definiert durch das W3C und IE4, außer `dir`

IE5.5 Alle Attribute und Ereignisse

Event Handler

Siehe *Ereignis-Referenz* weiter oben in diesem Anhang

Beispiele

```
Hier ist etwas <span style="font-size: 14pt; color: purple">sehr seltsamer</span>
Text.

<span id="toggletext"
      onclick="this.style.color='red'"
      ondblclick="this.style.color='black'">
Klick mich, und klick mich doppelt!
</span>
```

Kompatibilität

HTML 4, 4.01; XHTML 1.0

Internet Explorer 3, 4, 5, 5.5; Netscape 4–4.7, 6

Hinweise

❏ Die HTML-4.01-Spezifikation reserviert die Attribute `datafld`, `dataformatas` und `datasrc` für zukünftigen Gebrauch. Der IE4 unterstützt sie.

❏ Anders als der Absatzformatierer `<div>` bewirkt das Element `<span>` keinen Zeilenumbruch.

`<strike>` (Durchgestrichener Text)

Dieses Element wird verwendet, um Text durchgestrichen darzustellen. Das Element `<s>` bietet eine Kurzschreibweise für dieses Element.

Syntax (nur übergangsweise)

```
<strike
    class="klassenname(n)"
    dir="ltr | rtl"
    id="einzigartige alphanumerische zeichenkette"
    lang="sprachcode"
    style="stilinformation"
    title="hinweistext"
    onclick="script"
```

```
        ondblclick="script"
        onkeydown="script"
        onkeypress="script"
        onkeyup="script"
        onmousedown="script"
        onmousemove="script"
        onmouseout="script"
        onmouseover="script"
        onmouseup="script">

</strike>
```

Attribute und Ereignisse definiert durch IE4

```
language="javascript | jscript | vbs | vbscript"
ondragstart="script"
onhelp="script"
onselectstart="script"
```

Attribute und Ereignisse definiert durch IE5.5

```
accesskey="taste"
contenteditable="false | true | inherit"
hidefocus="true | false"
tabindex="zahl"
```

Attribute

accesskey Dieses Attribut bestimmt eine Taste zur Navigation mittels Tastatur für dieses Element. Das Drücken der Alt- oder einer vergleichbaren Taste (hängt von Browser und/oder Betriebssystem ab) in Verbindung mit der spezifizierten Taste wählt das Element aus, das mit dieser Taste verknüpft ist.

class Siehe *Kern-Attribut-Referenz* weiter oben in diesem Anhang

contenteditable Dieses von Microsoft eingeführte Attribut erlaubt es dem User, den dargestellten Inhalt im IE5.5 zu bearbeiten. Mögliche Werte sind false, true und inherit. Der Wert false verhindert, dass Inhalte vom User verändert werden, true erlaubt das Verändern. Der Standardwert inherit übernimmt den Wert des übergeordneten Elements.

dir Siehe *Sprach-Referenz* weiter oben in diesem Anhang

hidefocus Dieses Element wurde mit dem IE5.5 vorgestellt. Es nimmt den Fokus vom jeweiligen Element. Der Fokus muss dem Element durch das tabindex-Attribut zugewiesen worden sein.

id Siehe *Kern-Attribut-Referenz* weiter oben in diesem Anhang

lang Siehe *Sprach-Referenz* weiter oben in diesem Anhang

language Dieses Attribut spezifiziert die Sprache, in der das aktuelle Skript geschrieben ist, und ruft die zugehörige Scripting Engine auf. Der Standardwert ist JAVASCRIPT. JAVASCRIPT und JSCRIPT zeigen an, dass die verwendete Sprache JavaScript ist. VBS und VBScript weisen auf die Skriptsprache VBScript hin. Es können auch erweiterte Namen wie JavaScript1.1 verwendet werden, um den Code vor Browsern zu verstecken, die die jeweilige Version der Sprache nicht umsetzen können.

style Siehe *Kern-Attribut-Referenz* weiter oben in diesem Anhang

tabindex Dieses Attribut verwendet eine Zahl, um den Rang des Objekts für die Tastaturnavigation per Tabulatortaste festzulegen. Der IE5.5 fügt dieses Attribut zum `<strike>`-Element hinzu. Unter IE5.5 kann dieser Fokus mit dem `hidefocus`-Attribut deaktiviert werden.

title Siehe *Kern-Attribut-Referenz* weiter oben in diesem Anhang

Attribut- und Ereignisunterstützung

N4 `class`, `id`, `lang` und `style` sind impliziert.

IE4 Alle Attribute und Ereignisse definiert durch das W3C und IE4, außer `dir`

IE5.5 Alle Attribute und Ereignisse

Event Handler

Siehe *Ereignis-Referenz* weiter oben in diesem Anhang

Beispiel

```
Diese Zeile enthält einen <strike>Fähler</strike> Fehler.
```

Kompatibilität

HTML 3.2, 4 (übergangsweise), 4.01 (übergangsweise); XHTML 1.0

Internet Explorer 2, 3, 4, 5, 5.5; Netscape 3, 4–4.7, 6; Opera 4.0; WebTV

Hinweise

❑ Dieses Element sollte sich wie das Element `<s>` verhalten.
❑ Dieses Element wurde vom W3C verworfen. Die strikte HTML-4.01-Spezifikation enthält weder das `<strike>`- noch das `<s>`-Element. Es ist möglich, durchgestrichenen Text durch ein Style Sheet darzustellen.

`<strong>` (Stark hervorgehobener Text)

Dieses logische Element markiert stark hervorgehobenen Text. Es wird normalerweise in fetter Schrift dargestellt.

Syntax

```
<strong
    class="klassenname(n)"
    dir="ltr | rtl"
    id="einzigartige alphanumerische zeichenkette"
    lang="sprachcode"
    style="stilinformation"
    title="hinweistext"
    onclick="script"
    ondblclick="script"
    onkeydown="script"
```

```
        onkeypress="script"
        onkeyup="script"
        onmousedown="script"
        onmousemove="script"
        onmouseout="script"
        onmouseover="script"
        onmouseup="script">


</strong>
```

Attribute und Ereignisse definiert durch IE4

```
language="javascript | jscript | vbs | vbscript"
ondragstart="script"
onhelp="script"
onselectstart="script"
```

Attribute und Ereignisse definiert durch IE5.5

```
accesskey="taste"
contenteditable="false | true | inherit"
hidefocus="true | false"
tabindex="zahl"
```

Attribute

accesskey Dieses Attribut bestimmt eine Taste zur Navigation mittels Tastatur für dieses Element. Das Drücken der Alt- oder einer vergleichbaren Taste (hängt von Browser und/oder Betriebssystem ab) in Verbindung mit der spezifizierten Taste wählt das Element aus, das mit dieser Taste verknüpft ist.

class Siehe *Kern-Attribut-Referenz* weiter oben in diesem Anhang

contenteditable Dieses von Microsoft eingeführte Attribut erlaubt es dem User, den dargestellten Inhalt im IE5.5 zu bearbeiten. Mögliche Werte sind false, true und inherit. Der Wert false verhindert, dass Inhalte vom User verändert werden, true erlaubt das Verändern. Der Standardwert inherit übernimmt den Wert des übergeordneten Elements.

dir Siehe *Sprach-Referenz* weiter oben in diesem Anhang

hidefocus Dieses Element wurde mit dem IE5.5 vorgestellt. Es nimmt den Fokus vom jeweiligen Element. Der Fokus muss dem Element durch das tabindex-Attribut zugewiesen worden sein.

id Siehe *Kern-Attribut-Referenz* weiter oben in diesem Anhang

lang Siehe *Sprach-Referenz* weiter oben in diesem Anhang

language Dieses Attribut spezifiziert die Sprache, in der das aktuelle Skript geschrieben ist, und ruft die zugehörige Scripting Engine auf. Der Standardwert ist JAVASCRIPT. JAVASCRIPT und JSCRIPT zeigen an, dass die verwendete Sprache JavaScript ist. VBS und VBScript weisen auf die Skriptsprache VBScript hin. Es können auch erweiterte Namen wie JavaScript1.1 verwendet werden, um den Code vor Browsern zu verstecken, die die jeweilige Version der Sprache nicht umsetzen können.

style Siehe *Kern-Attribut-Referenz* weiter oben in diesem Anhang

tabindex Dieses Attribut verwendet eine Zahl, um den Rang des Objekts für die Tastaturnavigation per Tabulatortaste festzulegen. Der IE5.5 fügt dieses Attribut zum `<strong>`-Element hinzu. Unter IE5.5 kann dieser Fokus mit dem `hidefocus`-Attribut deaktiviert werden.

title Siehe *Kern-Attribut-Referenz* weiter oben in diesem Anhang

Attribut- und Ereignisunterstützung

N4 `class`, `id`, `lang` und `style` sind impliziert.

IE4 Alle Attribute und Ereignisse definiert durch das W3C und IE4, außer `dir`

IE5.5 Alle Attribute und Ereignisse

Event Handler

Siehe *Ereignis-Referenz* weiter oben in diesem Anhang

Beispiele

```
Es ist wirklich <strong>sehr wichtig,</strong> dass Sie hier aufpassen.

<strong style="font-family: impact; font-size: 28pt">Wichtige Informationen</strong>
```

Kompatibilität

HTML 2, 3.2, 4, 4.01; XHTML 1.0

Internet Explorer 2, 3, 4, 5, 5.5; Netscape 1, 2, 3, 4–4.7, 6; Opera 4.0; WebTV

Hinweise

❏ Dieser Befehl stellt umgebenen Text normalerweise fett dar. Als logisches Element bietet sich `<strong>` jedoch sehr gut für die Verwendung mit Style Sheets an.

❏ Im Vergleich zu `<b>` hat dieses Element eine Bedeutung, so dass Sprachbrowser den mit `<strong>` markierten Text anders vorlesen als Text, der mit `<b>` markiert wurde.

`<style>` (Stilinformation)

Dieses Element wird verwendet, um Stilregeln für ein Dokument zu markieren. Dieses Element sollte sich im `<head>`-Bereich des Dokuments befinden. Stilregeln innerhalb des `<body>`-Elements sollten durch das Attribut `style` mit dem jeweiligen Befehl verknüpft werden.

Syntax

```
<style
    dir="ltr | rtl"
    lang="sprachcode"
    media="all | print | screen | others"
    title="hinweistext"
    type="MIME Type">
```

```
</style>
```

Attribute definiert durch IE4

```
disabled
```

Attribute

dir Dieses Attribut wird verwendet, um die Richtung des Textflusses für den Titel des Style Sheets zu bestimmen. Die möglichen Richtungen sind entweder links nach rechts (`ltr`) oder rechts nach links (`rtl`).

disabled Dieses Microsoft-Attribut wird verwendet, um ein Style Sheet zu deaktivieren. Es bedarf nur der Anwesenheit dieses Attributes, um ein Style Sheet zu deaktivieren. In Verbindung mit Skripten kann dieses Attribut verwendet werden, um verschiedene Stlye Sheets an- und auszuschalten.

lang Der Wert dieses Attributs ist ein Sprachcode. Im Gegensatz zu anderen `lang`-Attributen wird hier jedoch nur die Sprache für den `title` definiert und nicht für den Inhalt des Elements.

media Dieses Attribut bestimmt das Zielmedium für die Stilinformation. Der Wert des Attributs kann ein einfacher Bezeichner wie `screen` oder eine durch Kommata getrennte Liste sein. Mögliche Werte für dieses Attribut sind `all`, `aural`, `braille`, `print`, `projection`, `screen` und `tv`. Andere Werte könnten noch definiert werden.

title Dieses Attribut verknüpft einen Titel mit dem Style Sheet.

type Dieses Attribut bestimmt den MIME-Typ des Style Sheets. Der Wert des Attributs sollte der MIME-Typ der verwendeten Style-Sheet-Sprache sein. Der übliche Wert ist `text.css`, der das Format des Cascading Style Sheets angibt.

Attribut- und Ereignisunterstützung

N4 `type`

IE4 `disabled`, `media` (`all` | `print` | `screen`), `title` und `type`

Event Handler

Keine

Beispiel

```
<html>
<head>
<title>Style-Sheet-Beispiel</title>
<style type="text/css">
<!--
    body {background: black; color: white;
    font: 12pt Helvetica}
    h1 {color: red; font: 14pt Impact}
-->
</style>
</head>
```

```
<body>
<h1>Eine rote 14-Punkt-Überschrift in Impact auf schwarzem Hintergrund</h1>
Normaler Text, in weißer 12-Punkt-Helvetica-Schrift.
</body>
</html>
```

Kompatibilität

HTML 4, 4.01; XHTML 1.0

Internet Explorer 3, 4, 5, 5.5; Netscape 4–4.7, 6; Opera 4.0

Hinweise

❑ Stilinformationen können auch durch ein externes Style Sheet spezifiziert werden, die durch den Befehl <link> definiert werden.

❑ Stilinformationen können auch mit Hilfe des style-Attributs mit einem bestimmten Element verknüpft werden.

❑ Stilregeln werden in der Regel innerhalb des <style>-Elements auskommentiert, um zu verhindern, dass nicht Style-Sheet-taugliche Browser diese Befehle falsch interpretieren.

<sub> (Tief gestellt)

Dieser Befehl stellt den markierten Text tief gestellt dar.

Syntax

```
<sub
     class="klassenname(n)"
     dir="ltr | rtl"
     id="einzigartige alphanumerische zeichenkette"
     lang="sprachcode"
     style="stilinformation"
     title="hinweistext"
     onclick="script"
     ondblclick="script"
     onkeydown="script"
     onkeypress="script"
     onkeyup="script"
     onmousedown="script"
     onmousemove="script"
     onmouseout="script"
     onmouseover="script"
     onmouseup="script">

</sub>
```

Attribute und Ereignisse definiert durch IE4

```
language="javascript | jscript | vbs | vbscript"
ondragstart="script"
onhelp="script"
onselectstart="script"
```

Attribute und Ereignisse definiert durch IE5.5

```
accesskey="taste"
contenteditable="false | true | inherit"
hidefocus="true | false"
tabindex="zahl"
```

Attribute

accesskey Dieses Attribut bestimmt eine Taste zur Navigation mittels Tastatur für dieses Element. Das Drücken der Alt- oder einer vergleichbaren Taste (hängt von Browser und/oder Betriebssystem ab) in Verbindung mit der spezifizierten Taste wählt das Element aus, das mit dieser Taste verknüpft ist.

class Siehe *Kern-Attribut-Referenz* weiter oben in diesem Anhang

contenteditable Dieses von Microsoft eingeführte Attribut erlaubt es dem User, den dargestellten Inhalt im IE5.5 zu bearbeiten. Mögliche Werte sind `false`, `true` und `inherit`. Der Wert `false` verhindert, dass Inhalte vom User verändert werden, `true` erlaubt das Verändern. Der Standardwert `inherit` übernimmt den Wert des übergeordneten Elements.

dir Siehe *Sprach-Referenz* weiter oben in diesem Anhang

hidefocus Dieses Element wurde mit dem IE5.5 vorgestellt. Es nimmt den Fokus vom jeweiligen Element. Der Fokus muss dem Element durch das `tabindex`-Attribut zugewiesen worden sein.

id Siehe *Kern-Attribut-Referenz* weiter oben in diesem Anhang

lang Siehe *Sprach-Referenz* weiter oben in diesem Anhang

language Dieses Attribut spezifiziert die Sprache, in der das aktuelle Skript geschrieben ist, und ruft die zugehörige Scripting Engine auf. Der Standardwert ist `JAVASCRIPT`. `JAVASCRIPT` und `JSCRIPT` zeigen an, dass die verwendete Sprache JavaScript ist. `VBS` und `VBScript` weisen auf die Skriptsprache VBScript hin. Es können auch erweiterte Namen wie `JavaScript1.1` verwendet werden, um den Code vor Browsern zu verstecken, die die jeweilige Version der Sprache nicht umsetzen können.

style Siehe *Kern-Attribut-Referenz* weiter oben in diesem Anhang

tabindex Dieses Attribut verwendet eine Zahl, um den Rang des Objekts für die Tastaturnavigation per Tabulatortaste festzulegen. Der IE5.5 fügt dieses Attribut zum `<sub>`-Element hinzu. Unter IE5.5 kann dieser Fokus mit dem `hidefocus`-Attribut deaktiviert werden.

title Siehe *Kern-Attribut-Referenz* weiter oben in diesem Anhang

Attribut- und Ereignisunterstützung

N4 `class`, `id`, `lang` und `style` sind impliziert.

IE4 Alle Attribute und Ereignisse definiert durch das W3C und IE4, außer `dir`

IE5.5 Alle Attribute und Ereignisse

Event Handler

Siehe *Ereignis-Referenz* weiter oben in diesem Anhang

Beispiel

```
Hier ist etwas <sub>tief gestellter</sub> Text.
```

Kompatibilität

HTML 3.2, 4, 4.01; XHTML 1.0

Internet Explorer 2, 3, 4, 5, 5.5; Netscape 2, 3, 4–4.7, 6; Opera 4.0; WebTV

Hinweis

❏ Die HTML-3.2-Spezifikation unterstützt keine Attribute für das `<sub>`-Element.

`<sup>` (Hoch gestellt)

Dieser Befehl stellt den markierten Text hoch gestellt dar.

Syntax

```
<sup
     class="klassenname(n)"
     dir="ltr | rtl"
     id="einzigartige alphanumerische zeichenkette"
     lang="sprachcode"
     style="stilinformation"
     title="hinweistext"
     onclick="script"
     ondblclick="script"
     onkeydown="script"
     onkeypress="script"
     onkeyup="script"
     onmousedown="script"
     onmousemove="script"
     onmouseout="script"
     onmouseover="script"
     onmouseup="script">

</sup>
```

Attribute und Ereignisse definiert durch IE4

```
language="javascript | jscript | vbs | vbscript"
ondragstart="script"
onhelp="script"
onselectstart="script"
```

Attribute und Ereignisse definiert durch IE5.5

```
accesskey="taste"
contenteditable="false | true | inherit"
hidefocus="true | false"
tabindex="zahl"
```

Attribute

accesskey Dieses Attribut bestimmt eine Taste zur Navigation mittels Tastatur für dieses Element. Das Drücken der Alt- oder einer vergleichbaren Taste (hängt von Browser und/oder Betriebssystem ab) in Verbindung mit der spezifizierten Taste wählt das Element aus, das mit dieser Taste verknüpft ist.

class Siehe *Kern-Attribut-Referenz* weiter oben in diesem Anhang

contenteditable Dieses von Microsoft eingeführte Attribut erlaubt es dem User, den dargestellten Inhalt im IE5.5 zu bearbeiten. Mögliche Werte sind `false`, `true` und `inherit`. Der Wert `false` verhindert, dass Inhalte vom User verändert werden, `true` erlaubt das Verändern. Der Standardwert `inherit` übernimmt den Wert des übergeordneten Elements.

dir Siehe *Sprach-Referenz* weiter oben in diesem Anhang

hidefocus Dieses Element wurde mit dem IE5.5 vorgestellt. Es nimmt den Fokus vom jeweiligen Element. Der Fokus muss dem Element durch das `tabindex`-Attribut zugewiesen worden sein.

id Siehe *Kern-Attribut-Referenz* weiter oben in diesem Anhang

lang Siehe *Sprach-Referenz* weiter oben in diesem Anhang

language Dieses Attribut spezifiziert die Sprache, in der das aktuelle Skript geschrieben ist, und ruft die zugehörige Scripting Engine auf. Der Standardwert ist `JAVASCRIPT`. `JAVASCRIPT` und `JSCRIPT` zeigen an, dass die verwendete Sprache JavaScript ist. `VBS` und `VBScript` weisen auf die Skriptsprache VBScript hin. Es können auch erweiterte Namen wie `JavaScript1.1` verwendet werden, um den Code vor Browsern zu verstecken, die die jeweilige Version der Sprache nicht umsetzen können.

style Siehe *Kern-Attribut-Referenz* weiter oben in diesem Anhang

tabindex Dieses Attribut verwendet eine Zahl, um den Rang des Objekts für die Tastaturnavigation per Tabulatortaste festzulegen. Der IE5.5 fügt dieses Attribut zum `<sup>`-Element hinzu. Unter IE5.5 kann dieser Fokus mit dem `hidefocus`-Attribut deaktiviert werden.

title Siehe *Kern-Attribut-Referenz* weiter oben in diesem Anhang

Attribut- und Ereignisunterstützung

N4 `class`, `id`, `lang` und `style` sind impliziert.

IE4 Alle Attribute und Ereignisse definiert durch das W3C und IE4, außer `dir`

IE5.5 Alle Attribute und Ereignisse

Event Handler

Siehe *Ereignis-Referenz* weiter oben in diesem Anhang

Beispiel

```
Hier ist etwas <sup>hoch gestellter</sup> Text.
```

Kompatibilität

HTML 3.2, 4, 4.01; XHTML 1.0

Internet Explorer 2, 3, 4, 5, 5.5; Netscape 2, 3, 4–4.7, 6; Opera 4.0; WebTV

Hinweis

❑ Die HTML-3.2-Spezifikation unterstützt keine Attribute für das <sup>-Element.

<table> (Tabelle)

Dieses Element wird verwendet, um eine Tabelle zu definieren. Tabellen werden genutzt, um Daten zu organisieren und um das Seitenlayout zu strukturieren.

Syntax

```
<table
    align="center | left | right" (übergangsweise)
    bgcolor="color name | #RRGGBB" (übergangsweise)
    border="pixel"
    cellpadding="pixel"
    cellspacing="pixel"
    class="klassenname(n)"
    datapagesize="anzahl der anzuzeigenden datensätze"
    dir="ltr | rtl"
    frame="above | below | border | box | hsides | lhs | rhs | void | vsides"
    id="einmaliger alphanumerischer identifizierer"
    lang="sprachcode"
    rules="all | cols | groups | Keine | rows"
    style="stilinformation"
    summary="zusamenfassende informationen"
    title="hinweistext"
    width="prozentangabe | pixel"
    onclick="script"
    ondblclick="script"
    onkeydown="script"
    onkeypress="script"
    onkeyup="script"
    onmousedown="script"
    onmousemove="script"
    onmouseout="script"
    onmouseover="script"
    onmouseup="script">

</table>
```

Attribute und Ereignisse definiert durch IE4

```
background="url"
bordercolor="color name | #RRGGBB"
bordercolordark="color name | #RRGGBB"
bordercolorlight="color name | #RRGGBB"
cols="number"
datasrc="data source id"
height="percentage | pixel"
language="javascript | jscript | vbs | vbscript"
onafterupdate="script"
onbeforeupdate="script"
onblur="script"
ondragstart="script"
onfocus="script"
onhelp="script"
onresize="script"
onrowenter="script"
onrowexit="script"
onselectstart="script"
```

Attribute und Ereignisse definiert durch IE5.5

```
accesskey="taste"
hidefocus="true | false"
tabindex="zahl"
```

Attribute definiert durch N4

```
background="url of image" file
bordercolor="color name | #RRGGBB"
cols="number of columns"
height="pixel"
hspace="pixel"
vspace="pixel"
```

Attribute

accesskey Dieses Attribut bestimmt eine Taste zur Navigation mittels Tastatur für dieses Element. Das Drücken der Alt- oder einer vergleichbaren Taste (hängt von Browser und/oder Betriebssystem ab) in Verbindung mit der spezifizierten Taste wählt das Element aus, das mit dieser Taste verknüpft ist.

align Dieses Attribut definiert unter Berücksichtigung des umlaufenden Textes die horizontale Ausrichtung der Tabelle. Die HTML-4.01-Spezifikation definiert die Werte center, left und right. Einige Browser unterstützen auch den Wert absmiddle, der von Absatzformatierern her bekannt ist.

background Dieses Attribut, das vom Internet Explorer, Netscape und WebTV unterstützt wird, enthält den URL für eine Grafikdatei, die für die Darstellung des Tabellenhintergrunds verwendet werden soll. Ist die Grafik kleiner als die Tabelle, wird sie entsprechend über den zur Verfügung stehenden Raum geka-chelt. Netscape zeigt die Hintergrundgrafik in jeder Zelle an, während der Internet Explorer die Grafik über die gesamte Tabelle darstellt.

bgcolor Dieses Attribut bestimmt die Hintergrundfarbe einer Tabelle. Der Wert dieses Attributs kann entweder ein reservierter Farbname oder ein im Hexadezimalcode definierter Farbwert (#RRGGBB) sein.

border Dieses Attribut bestimmt die Größe der Umrandung der Tabelle in Pixel. Der Wert 0 macht die Umrandung unsichtbar, was für ein grafisches Layout sehr nützlich ist.

bordercolor Dieses Attribut, das vom IE4 und von N4 unterstützt wird, bestimmt die Farbe der Umran-dung einer Tabelle. Das Attribut sollte nur in Verbindung mit einem positiven Wert für das border-Attri-but verwendet werden. Der Wert kann entweder als Farbname oder als Farbwert im hexadezimalen #RRGGBB-Format definiert werden. Der Internet Explorer färbt die gesamte Tabellenumrandung ein-schließlich der Zellenumrandung ein. Netscape wirkt nur auf die äußere Umrandung der Tabelle.

bordercolordark Dieses IE-spezifische Attribut bestimmt die dunklere der beiden Farben, die den drei-dimensionalen Effekt der Zellengrenzen bewirken. Es muss in Verbindung mit einem positiven Wert für das border-Attribut verwendet werden. Der Wert des Attributs kann ein Farbname oder eine im Hexade-zimalformat definierte Farbe sein.

bordercolorlight Dieses IE-spezifische Attribut bestimmt die hellere der beiden Farben, die den dreidi-mensionalen Effekt der Zellengrenzen bewirken. Es muss in Verbindung mit einem positiven Wert für das border-Attribut verwendet werden. Der Wert des Attributs kann ein Farbname oder eine im Hexadezi-malformat definierte Farbe sein.

cellpadding Dieses Attribut bestimmt die Breite zwischen der Begrenzung einer Zelle und den Inhalten in Pixel.

cellspacing Dieses Attribut bestimmt die Breite zwischen den Zellen in Pixel.

class Siehe *Kern-Attribut-Referenz* weiter oben in diesem Anhang

cols Dieses Attribut bestimmt die Anzahl der Spalten in der Tabelle und wird verwendet, um die Größe der Tabelle leichter berechnen zu können. Das Attribut war Teil der vorläufigen HTML-4.0-Spezifikation und wurde später verworfen. Einige Browser, z.B. N4 und höher unterstützen es jedoch.

datapagesize Der Wert dieses Microsoft-spezifischen Attributs ist die Anzahl der Datensätze, die in der Tabelle angezeigt werden können, wenn Datenanbindung verwendet wird.

datasrc Dieses IE-spezifische Attribut zeigt den id-Wert des Datenquellenobjekts an, das die mit diesem Objekt verknüpften Daten enthält.

dir Siehe *Sprach-Referenz* weiter oben in diesem Anhang

frame Dieses Attribut bestimmt, welche Ränder der Tabelle angezeigt werden. Der Wert above stellt nur den oberen Rand dar, below lässt nur den unteren Rand anzeigen, und border und box lassen alle Rän-der darstellen, was dem Standard entspricht, wenn der Wert von border eine positive Zahl ist. Bei hsi-des werden nur der obere und der untere Rand angezeigt. Mit den Werten lhs bzw. rhs werden aus-schließlich die linken bzw. die rechten Begrenzungen sichtbar, während der Wert vsides sowohl die rechten als auch die linken Ränder anzeigen lässt. Der Wert void unterdrückt die Darstellung von Rän-dern.

height Beim N4-Browser ist es möglich, mit diesem Attribut die Höhe der Tabelle in Pixel zu bestimmen. Der IE4 ermöglicht darüber hinaus eine Angabe der Höhe in Prozent.

hidefocus Dieses Element wurde mit dem IE5.5 vorgestellt. Es nimmt den Fokus vom jeweiligen Ele-ment. Der Fokus muss dem Element durch das tabindex-Attribut zugewiesen worden sein.

hspace Dieses Netscape-spezifische Attribut gibt den horizontalen Abstand zwischen der Tabelle und den angrenzenden Inhalten in Pixel an.

id Siehe *Kern-Attribut-Referenz* weiter oben in diesem Anhang

lang Siehe *Sprach-Referenz* weiter oben in diesem Anhang

language Dieses Attribut spezifiziert die Sprache, in der das aktuelle Skript geschrieben ist, und ruft die zugehörige Scripting Engine auf. Der Standardwert ist JAVASCRIPT. JAVASCRIPT und JSCRIPT zeigen an, dass die verwendete Sprache JavaScript ist. VBS und VBScript weisen auf die Skriptsprache VBScript hin. Es können auch erweiterte Namen wie JavaScript1.1 verwendet werden, um den Code vor Browsern zu verstecken, die die jeweilige Version der Sprache nicht umsetzen können.

rules Dieses Attribut kontrolliert die Darstellung von Trennlinien innerhalb der Tabelle. Der Wert all bestimmt Trennlinien für Zeilen und Spalten. Der Wert cols gibt an, dass nur die Spalten durch Linien getrennt werden sollen. Mit groups wird festgelegt, dass die Gruppen, die mit den Befehlen <thead>, <tbody>, <tfoot> oder <colgroup> definiert werden, durch Linien voneinander getrennt werden. Der Wert rows definiert eine Trennung der Zeilen durch Linien. Ein Wert none gibt an, dass keine Trennlinien eingefügt werden sollen, und ist Standard.

style Siehe *Kern-Attribut-Referenz* weiter oben in diesem Anhang

summary Dieses Attribut wird verwendet, um eine Zusammenfassung des Sinns und Zwecks der Tabelle und ihrer Struktur anzubieten. Dieses Element dient einem vereinfachten Zugriff und ist für nicht visuelle Browser wichtig.

tabindex Dieses Attribut verwendet eine Zahl, um den Rang des Objekts für die Tastaturnavigation per Tabulatortaste festzulegen. Der IE5.5 fügt dieses Attribut zum <table>-Element hinzu. Unter IE5.5 kann dieser Fokus mit dem hidefocus-Attribut deaktiviert werden.

title Siehe *Kern-Attribut-Referenz* weiter oben in diesem Anhang

vspace Dieses Netscape-Attribut bestimmt die Größe der oberen und unteren Freiräume zwischen der Tabelle und dem umlaufenden Text.

width Dieses Attribut bestimmt die Breite der Tabelle in Pixel oder als Prozentangabe.

Attribut- und Ereignisunterstützung

N4 align (left | right), bgcolor, border, cellpadding, cellspacing, cols, height, hpace, vspace und width (class, id, lang und style sind impliziert.)

IE4 Alle W3C-definierten Attribute und Ereignisse außer dir und summary und alle Attribute und Ereignisse definiert durch den IE4.

IE5.5 Alle Attribute und Ereignisse definiert durch das W3C, IE4 und IE5.5

Event Handler

Siehe *Ereignis-Referenz* weiter oben in diesem Anhang

Beispiele

```
<table bgcolor="white" border="2">
   <tr>
      <td>Zelle 1</td>
      <td>Zelle 2</td>
```

```
            <td>Zelle 3</td>
            <td>Zelle 4</td>
        </tr>

        <tr>
            <td>Zelle 5</td>
            <td>Zelle 6</td>
        </tr>
</table>

<table rules="all" bgcolor="yellow">
<caption>Widgets by Area</caption>
<thead align="center" bgcolor="green" valign="middle">
    <td>Das ist eine Überschrift</td>
</thead>

<tfoot align="right" bgcolor="red" valign="bottom">
    <td>Das ist ein Teil des Tabellenfußes.</td>
    <td>Noch ein Teil des Tabellenfußes.</td>
</tfoot>

<tbody>
    <tr>
        <td> </td>
        <th>Normaler Widget</th>
        <th>Super Widget</th>
    </tr>

    <tr>
        <th>Westküste</th>
        <td>10</td>
        <td>12</td>
    </tr>

    <tr>
        <th>Ostküste</th>
        <td>1</td>
        <td>20</td>
    </tr>
</tbody>
</table>
```

Kompatibilität

HTML 3.2, 4, 4.01; XHTML 1.0

Internet Explorer 2, 3, 4, 5, 5.5; Netscape 1.1, 2, 3, 4–4.7, 6; Opera 4.0; WebTV

Hinweise

❏ In Verbindung mit der Darstellung von tabellarischen Daten werden Tabellen verwendet, um das grafische Layout und Design zu unterstützen.

❏ Die HTML-4.01-Spezifikation reserviert die Attribute datafld, dataformatas und datasrc für den zukünftigen Gebrauch im <table>-Element.

❏ Die HTML-3.2-Spezifikation definiert nur die Attribute align, border, cellpadding, cellspacing und width für das <table>-Element.

❏ Das cols-Attribut könnte ein ungewünschtes Ergebnis im Netscape-Browser bewirken, da so jede Spalte die gleiche Größe zugewiesen bekommt.

<tbody> (Tabellen-Body)

Dieses Element wird verwendet, um mehrere Reihen innerhalb des Körpers einer Tabelle zu gruppieren, so dass die Ausrichtung und Stilvorgaben für mehrere Zellen auf einmal definiert werden können.

Syntax

```
<tbody
        align="center | char | justify | left | right"
        char="zeichen"
        charoff="offset"
        class="klassenname(n)"
        dir="ltr | rtl"
        id="einmaliger alphanumerischer identifizierer"
        lang="sprachcode"
        style="stilinformation"
        title="hinweistext"
        valign="baseline | bottom | middle | top"
        onclick="script"
        ondblclick="script"
        onkeydown="script"
        onkeypress="script"
        onkeyup="script"
        onmousedown="script"
        onmousemove="script"
        onmouseout="script"
        onmouseover="script"
        onmouseup="script">

</tbody>
```

Syntax

In der XHTML-1.0-Spezifikation ist das Schluss-Tag </tbody> nicht länger optional.

Attribute und Ereignisse definiert durch IE4

```
bgcolor="color name | #RRGGBB"
language="javascript | jscript | vbs | vbscript"
valign="center"
ondragstart="script"
onhelp="script"
onselectstart="script"
```

Attribute und Ereignisse definiert durch IE5.5

```
accesskey="taste"
hidefocus="true | false"
tabindex="zahl"
```

Attribute

accesskey Dieses Attribut bestimmt eine Taste zur Navigation mittels Tastatur für dieses Element. Das Drücken der Alt- oder einer vergleichbaren Taste (hängt von Browser und/oder Betriebssystem ab) in Verbindung mit der spezifizierten Taste wählt das Element aus, das mit dieser Taste verknüpft ist.

align Dieses Attribut wird verwendet, um die Inhalte von Zellen innerhalb des <tbody>-Elements auszurichten. Mögliche Werte sind center, justify, left und right. Die 4.01-Spezifikation unterstützt auch den Wert char. Wenn dieser Wert gewählt wird, werden die Elemente basierend auf dem Wert des char-Attributs ausgerichtet. In der Regel wird hierfür der Dezimalpunkt oder das Komma gewählt.

bgcolor Dieses Attribut bestimmt die Hintergrundfarbe der Zellen innerhalb eines mit <tbody> markierten Bereichs. Der Wert dieses Attributs kann entweder ein reservierter Farbname oder ein im Hexadezimalcode definierter Farbwert (#RRGGBB) sein.

char Dieses Attribut wird verwendet, um ein Zeichen zu definieren, an dem die Inhalte einer Zelle ausgerichtet werden.

charoff Dieses Attribut gibt eine Anzahl von Zeichen an, die zur Ausrichtung der Zeichen dienen, die mit dem char-Wert definiert werden.

class Siehe *Kern-Attribut-Referenz* weiter oben in diesem Anhang

dir Siehe *Sprach-Referenz* weiter oben in diesem Anhang

hidefocus Dieses Element wurde mit dem IE5.5 vorgestellt. Es nimmt den Fokus vom jeweiligen Element. Der Fokus muss dem Element durch das tabindex-Attribut zugewiesen worden sein.

id Siehe *Kern-Attribut-Referenz* weiter oben in diesem Anhang

lang Siehe *Sprach-Referenz* weiter oben in diesem Anhang

language Dieses Attribut spezifiziert die Sprache, in der das aktuelle Skript geschrieben ist, und ruft die zugehörige Scripting Engine auf. Der Standardwert ist JAVASCRIPT. JAVASCRIPT und JSCRIPT zeigen an, dass die verwendete Sprache JavaScript ist. VBS und VBScript weisen auf die Skriptsprache VBScript hin. Es können auch erweiterte Namen wie JavaScript1.1 verwendet werden, um den Code vor Browsern zu verstecken, die die jeweilige Version der Sprache nicht umsetzen können.

style Siehe *Kern-Attribut-Referenz* weiter oben in diesem Anhang

tabindex Dieses Attribut verwendet eine Zahl, um den Rang des Objekts für die Tastaturnavigation per Tabulatortaste festzulegen. Der IE5.5 fügt dieses Attribut zum `<tbody>`-Element hinzu. Unter IE5.5 kann dieser Fokus mit dem `hidefocus`-Attribut deaktiviert werden.

title Siehe *Kern-Attribut-Referenz* weiter oben in diesem Anhang

valign Diese Eigenschaft bestimmt die vertikale Ausrichtung der Inhalte der Tabellenzellen innerhalb des `<tbody>`-Elements. HTML 4.01 definiert folgende Werte für dieses Attribut: `baseline`, `bottom`, `middle` und `top`. Beim IE wird `middle` durch `center` ersetzt. Der Effekt sollte der gleiche sein.

Attribut- und Ereignisunterstützung

IE4 Alle W3C-definierten Attribute und Ereignisse außer `char`, `charoff` und `dir`. (Hinweis: Der IE4 unterstützt nicht die Werte `char` und `justify` für `align` oder den Wert `middle` für `valign`.)

IE5.5 Alle W3C-definierten Attribute und Ereignisse außer `char` und `charoff` und alle Attribute und Ereignisse definiert durch den IE4 und IE5.5

Event Handler

Siehe *Ereignis-Referenz* weiter oben in diesem Anhang

Beispiel

```
<table rule="all" bgcolor="yellow">

<tbody align="center" bgcolor="red" style="bodystyle"
       valign="baseline">
    <tr>
        <td> </td>
        <th>Normaler Widget</th>
        <th>Super Widget</th>
    </tr>

    <tr>
        <th>Westküste</th>
        <td>10</td>
        <td>12</td>
    </tr>

    <tr>
        <th>Ostküste</th>
        <td>1</td>
        <td>20</td>
    </tr>
</tbody>
</table>
```

Kompatibilität

HTML 4, 4.01; XHTML 1.0

Internet Explorer 4, 5, 5.5; Netscape 6

Hinweise

❏ Das Element ist im `<table>`-Element enthalten und enthält eine oder mehr Tabellenzeilen, die durch das `<tr>`-Element definiert werden.

❏ Für eine XHTML-Kompatibilität muss das `</tbody>`-Element verwendet werden.

`<td>` (Tabellendaten)

Dieses Element spezifiziert eine Datenzelle einer Tabelle. Das Element sollte innerhalb einer Tabellenzeile erscheinen, die durch das `<tr>`-Element definiert wird.

Syntax

```
<td
    abbr="abkürzung"
    align="center | justify | left | right"
    axis="gruppenname"
    bgcolor="farbname | #RRGGBB" (übergangsweise)
    char="zeichen"
    charoff="offset"
    class="klassenname"
    colspan="zahl"
    dir="ltr | rtl"
    headers="durch leerzeichen getrennte liste von id-werten zugehöriger header "
    height="pixel" (übergangsweise)
    id="einmaliger alphanumerischer identifizierer"
    lang="sprachcode"
    nowrap (übergangsweise)
    rowspan="zahl"
    scope="col | colgroup | row | rowgroup"
    style="stilinformation"
    title="hinweistext"
    valign="baseline | bottom | middle | top"
    width="pixel" (übergangsweise)
    onclick="script"
    ondblclick="script"
    onkeydown="script"
    onkeypress="script"
    onkeyup="script"
    onmousedown="script"
    onmousemove="script"
    onmouseout="script"
    onmouseover="script"
    onmouseup="script">

</td>
```

XHTML-Syntax

Unter XHTML 1.0 wird das Schluss-Tag `</td>` Pflicht.

Attribute und Ereignisse definiert durch IE4

```
background="url of image file"
bordercolor="color name | #RRGGBB"
bordercolordark="color name | #RRGGBB"
bordercolorlight="color name | #RRGGBB"
language="javascript | jscript | vbs | vbscript"
valign="center"
onafterupdate="script"
onbeforeupdate="script"
onblur="script"
ondragstart="script"
onfocus="script"
onhelp="script"
onresize="script"
onrowenter="script"
onrowexit="script"
onscroll="script"
onselectstart="script"
```

Attribute und Ereignisse definiert durch IE5.5

```
accesskey="taste"
hidefocus="true | false"
tabindex="zahl"
```

Attribute definiert durch N4

```
background="url of image file"
bordercolor="color name | #RRGGBB"
```

Attribute

abbr Der Wert dieses Attributs ist ein abgekürzter Name für eine Kopfzelle. Das kann nützlich sein, wenn eine große Tabelle auf einem kleinen Bildschirm dargestellt werden soll.

accesskey Dieses Attribut bestimmt eine Taste zur Navigation mittels Tastatur für dieses Element. Das Drücken der Alt- oder einer vergleichbaren Taste (hängt von Browser und/oder Betriebssystem ab) in Verbindung mit der spezifizierten Taste wählt das Element aus, das mit dieser Taste verknüpft ist.

align Dieses Attribut wird verwendet, um den Inhalt von Zellen innerhalb des `<tbody>`-Elements auszurichten. Mögliche Werte sind `center`, `justify`, `left` und `right`.

axis Dieses Attribut wird verwendet, um einer Gruppe von verwandten Headern einen Namen zuzuweisen.

background Dieses Attribut, das vom IE, Netscape und WebTV unterstützt wird, enthält den URL für eine Grafikdatei, die für die Darstellung des Zellenhintergrunds verwendet werden soll. Ist die Grafik kleiner als die Zelle, wird sie entsprechend über den zur Verfügung stehenden Raum gekachelt.

bgcolor Dieses Attribut bestimmt die Hintergrundfarbe einer Zelle. Der Wert dieses Attributs kann entweder ein reservierter Farbname oder ein im Hexadezimalcode definierter Farbwert (#RRGGBB) sein. (Netscape hat häufig Probleme, eine leere Zelle mit einem farbigen Hintergrund anzuzeigen, solange nicht wenigstens ein -Leerzeichen darin enthalten ist.)

bordercolor Dieses Attribut, das vom IE4 und von N4 unterstützt wird, bestimmt die Farbe der Umrandung einer Tabellenzelle. Das Attribut sollte nur in Verbindung mit einem positiven Wert für das border-Attribut verwendet werden. Der Wert kann entweder als Farbname oder als Farbwert im hexadezimalen #RRGGBB-Format definiert werden.

bordercolordark Dieses IE-spezifische Attribut bestimmt die dunklere der beiden Farben, die den dreidimensionalen Effekt der Zellengrenzen bewirken. Es muss in Verbindung mit einem positiven Wert für das border-Attribut verwendet werden. Der Wert des Attributs kann ein Farbname oder eine im Hexadezimalformat definierte Farbe sein.

bordercolorlight Dieses IE-spezifische Attribut bestimmt die hellere der beiden Farben, die den dreidimensionalen Effekt der Zellengrenzen bewirken. Es muss in Verbindung mit einem positiven Wert für das border-Attribut verwendet werden. Der Wert des Attributs kann ein Farbname oder eine im Hexadezimalformat definierte Farbe sein.

char Dieses Attribut wird verwendet, um ein Zeichen zu definieren, an dem die Inhalte einer Zelle ausgerichtet werden.

charoff Dieses Attribut gibt eine Anzahl von Zeichen an, die zur Ausrichtung der Zeichen dienen, die mit dem char-Wert definiert werden.

class Siehe *Kern-Attribut-Referenz* weiter oben in diesem Anhang

colspan Dieses Attribut nimmt einen numerischen Wert an, der anzeigt, über wie viele Spalten sich eine bestimmte Zelle erstrecken soll. Das ist hilfreich, wenn in einer Tabelle Zellen mit verschieden breiten Zellen enthalten sein sollen.

dir Siehe *Sprach-Referenz* weiter oben in diesem Anhang

headers Dieses Attribut enthält eine durch Leerzeichen getrennte Liste von id-Werten, die mit den zugehörigen Headerzellen korrespondieren.

height Dieses Attribut bestimmt die Höhe einer Zelle in Pixel.

hidefocus Dieses Element wurde mit dem IE5.5 vorgestellt. Es nimmt den Fokus vom jeweiligen Element. Der Fokus muss dem Element durch das tabindex-Attribut zugewiesen worden sein.

id Siehe *Kern-Attribut-Referenz* weiter oben in diesem Anhang

lang Siehe *Sprach-Referenz* weiter oben in diesem Anhang

language Dieses Attribut spezifiziert die Sprache, in der das aktuelle Skript geschrieben ist, und ruft die zugehörige Scripting Engine auf. Der Standardwert ist JAVASCRIPT. JAVASCRIPT und JSCRIPT zeigen an, dass die verwendete Sprache JavaScript ist. VBS und VBScript weisen auf die Skriptsprache VBScript hin. Es können auch erweiterte Namen wie JavaScript1.1 verwendet werden, um den Code vor Browsern zu verstecken, die die jeweilige Version der Sprache nicht umsetzen können.

nowrap Dieses Attribut verhindert, dass der Inhalt einer Tabellenzelle automatisch umbricht.

rowspan Dieses Attribut nimmt einen numerischen Wert an, der anzeigt, über wie viele Zeilen sich eine bestimmte Zelle erstrecken soll. Das ist hilfreich, wenn in einer Tabelle Zellen mit verschieden hohen Zellen enthalten sein sollen.

scope Dieses Attribut spezifiziert die Zellen, für die die aktuelle Zelle Headerinformationen enthält. Der Wert col gibt an, dass die Zelle der Header für den folgenden Rest der Spalte ist. Der Wert colgroup zeigt an, dass die Zelle ein Header für die gesamte Spaltengruppe ist. Der Wert row gibt an, dass die Zelle der Header für die Zeile ist, in der sie sich befindet. Der Wert rowgroup weist darauf hin, dass die Zelle ein Header für die gesamte Zeilengruppe ist. Dieses Attribut kann anstelle des header-Attributs verwendet werden und ist für die Darstellung bei nicht visuellen Browsern nützlich. Dieses Attribut wurde sehr spät zur HTML-4-Spezifikation hinzugefügt und wird nur von wenigen Browsern unterstützt.

style Siehe *Kern-Attribut-Referenz* weiter oben in diesem Anhang

tabindex Dieses Attribut verwendet eine Zahl, um den Rang des Objekts für die Tastaturnavigation per Tabulatortaste festzulegen. Der IE.5 fügt dieses Attribut zum <td>-Element hinzu. Unter IE5.5 kann dieser Fokus mit dem hidefocus-Attribut deaktiviert werden.

title Siehe *Kern-Attribut-Referenz* weiter oben in diesem Anhang

valign Diese Eigenschaft bestimmt die vertikale Ausrichtung der Inhalte der Tabellenzelle. HTML 4.01 definiert folgende Werte für dieses Attribut: baseline, bottom, middle und top. Beim IE wird middle durch center ersetzt. Der Effekt sollte der gleiche sein.

width Dieses Attribut bestimmt die Breite einer Zelle in Pixel.

Attribut- und Ereignisunterstützung

N4 align, background, bgcolor, bordercolor, colspan, height, nowrap, rowspan, valign und width (class, id, lang und style sind impliziert.)

IE4 Alle W3C-definierten Attribute und Ereignisse außer abbr, axis, char, charoff, dir, headers und height und alle Attribute und Ereignisse definiert durch den IE4 (Hinweis: Der IE4 unterstützt nicht die Werte justify für align oder middle für valign.)

IE5.5 Alle W3C-definierten Attribute und Ereignisse außer abbr, axis, char, charoff und headers und alle Attribute und Ereignisse definiert durch den IE4 und IE5.5

Event Handler

Siehe *Ereignis-Referenz* weiter oben in diesem Anhang

Beispiele

```
<table>
<tr>
<td align="left" valign="top">
Setze mich in die obere linke Ecke.
</td>
<td align="right" bgcolor="red" valign="bottom">
Setze mich in die untere rechte Ecke.
</td>
</tr>
</table>
```

```
<table border="1" width="80%">
  <tr>
    <td colspan="3">
    Eine ziemlich breite Zelle.
    </td>
    </td>
  <tr>
    <td>Element 2</td>
    <td>Element 3</td>
    <td>Element 4</td>
  </tr>
</table>
```

Kompatibilität

HTML 3.2, 4; XHTML 1.0

Internet Explorer 2, 3, 4, 5, 5.5; Netscape 1.1, 2, 3, 4–4.7, 6; Opera 4.0; WebTV

Hinweise

❏ Bei der XHTML-1.0-Spezifikation ist das schließende </td>-Tag nicht mehr optional.

❏ Die HTML-3.2-Spezifikation definiert nur die Attribute align, colspan, height, nowrap, rowspan, valign und width.

❏ Dieses Element sollte immer innerhalb des <tr>-Elements erscheinen.

<textarea> (Mehrzeiliges Texteingabefeld)

Dieses Element spezifiziert ein Textfeld in einem Formular, das sich über mehrere Zeilen erstreckt.

Syntax

```
<textarea
    accesskey="taste"
    class="klassenname"
    cols="zahl"
    dir="ltr | rtl"
    disabled
    id="einmaliger alphanumerischer identifizierer"
    lang="sprachcode"
    name="einmaliger alphanumerischer identifizierer"
    readonly
    rows="zahl"
    style="stilinformation"
    tabindex="zahl"
    title="hinweistext"
```

```
            onblur="script"
            onchange="script"
            onclick="script"
            ondblclick="script"
            onfocus="script"
            onkeydown="script"
            onkeypress="script"
            onkeyup="script"
            onmousedown="script"
            onmousemove="script"
            onmouseout="script"
            onmouseover="script"
            onmouseup="script"
            onselect="script">

    </textarea>
```

Attribute und Ereignisse definiert durch IE4

```
align="absbottom | absmiddle | baseline | bottom | left | middle | right | texttop
| tcp"
datafld="spaltenname"
datasrc="data source ID"
language="javascript | jscript | vbs | vbscript"
wrap="off | physical | virtual"
onafterupdate="script"
onbeforeupdate="script"
ondragstart="script"
onhelp="script"
onresize="script"
onrowenter="script"
onrowexit="script"
onscroll="script"
onselectstart="script"
onstart="script"
```

Attribute und Ereignisse definiert durch IE5.5

```
contenteditable="false | true | inherit"
hidefocus="true | false"
```

Attribute definiert durch N4

```
wrap="hard | off | soft"
```

Attribute

accesskey Dieses Microsoft-Attribut bestimmt eine Taste zur Navigation mittels Tastatur für dieses Element. Das Drücken der Alt- oder einer vergleichbaren Taste in Verbindung mit der spezifizierten Taste wählt das Element aus, das mit dieser Taste verknüpft ist. Seitendesigner sollten keine Zeichen verwenden, die bereits bei einem Browser mit einer Funktion belegt sind.

align Microsoft definiert Ausrichtungswerte für dieses Element. Die Werte für dieses Attribut verhalten sich analog zu eingebundenen Objekten oder Grafiken.

class Siehe *Kern-Attribut-Referenz* weiter oben in diesem Anhang

cols Dieses Attribut bestimmt die Breite des Eingabefeldes, gemessen in der Anzahl der sichtbaren Textzeichen. Typischerweise ist der Standardwert, wenn das Attribut nicht gesetzt wurde, 20 Zeichen.

contenteditable Dieses von Microsoft eingeführte Attribut erlaubt es dem User, den dargestellten Inhalt im IE5.5 zu bearbeiten. Mögliche Werte sind `false`, `true` und `inherit`. Der Wert `false` verhindert, dass Inhalte vom User verändert werden, `true` erlaubt das Verändern. Der Standardwert `inherit` übernimmt den Wert des übergeordneten Elements.

datafld Dieses Attribut wird verwendet, um den Namen einer Spalte der Datenquelle zu ermitteln, die mit dem `<textarea>`-Element verknüpft ist.

datasrc Dieses Attribut zeigt den `id`-Wert des Datenquellenobjekts an, das die mit diesem Objekt verknüpften Daten enthält.

dir Siehe *Sprach-Referenz* weiter oben in diesem Anhang

disabled Dieses Attribut wird verwendet, um ein Formularkontrollobjekt zu deaktivieren. Die Elemente werden weder weiterversandt noch können sie durch Tastatur oder Maus aktiviert werden. Deaktivierte Elemente werden auch von der Tabulatornavigation ausgeschlossen. Der Browser könnte das Element grau unterlegen, um anzuzeigen, dass es inaktiv ist. Dieses Attribut benötigt keinen Wert.

hidefocus Dieses Element wurde mit dem IE5.5 vorgestellt. Es nimmt den Fokus vom jeweiligen Element. Der Fokus muss dem Element durch das `tabindex`-Attribut zugewiesen worden sein.

id Siehe *Kern-Attribut-Referenz* weiter oben in diesem Anhang

lang Siehe *Sprach-Referenz* weiter oben in diesem Anhang

language Dieses Attribut spezifiziert die Sprache, in der das aktuelle Skript geschrieben ist, und ruft die zugehörige Scripting Engine auf. Der Standardwert ist `JAVASCRIPT`. `JAVASCRIPT` und `JSCRIPT` zeigen an, dass die verwendete Sprache JavaScript ist. `VBS` und `VBScript` weisen auf die Skriptsprache VBScript hin. Es können auch erweiterte Namen wie `JavaScript1.1` verwendet werden, um den Code vor Browsern zu verstecken, die die jeweilige Version der Sprache nicht umsetzen können.

name Dieses Attribut ermöglicht es, einem Formularelement einen Namen zuzuweisen, damit es von einem Skript angesprochen werden kann. Dieses Attribut wird von älteren Browsern unterstützt, doch das W3C empfiehlt die Verwendung des `id`-Attributs. Aus Gründen der Kompatibilität können Sie beide Attribute verwenden.

nosoftbreaks Dieses Attribut entfernt Zeilenumbrüche, die automatisch im Formularfeld entstehen, wenn Text eingegeben wird. Dieses Attribut benötigt keinen Wert.

readonly Dieses Attribut verhindert, dass der Wert dieses Formularfelds verändert werden kann. Das Formularfeld kann eventuell aktiviert werden, jedoch kann der User keine Modifikationen an seinem Inhalt vornehmen. Es wird auch in der Reihenfolge bei der Navigation mit der Tabulatortaste berücksichtig. Der Wert des Feldes wird an das bearbeitende Skript weitergereicht, wenn der »submit«-Buttons gedrückt wird. Das Attribut kann nur im `<input>`-Element verwendet werden, wenn das Attribut `type` den Wert `text` oder `password` hat. Es kann auch im `<textarea>`-Element verwendet werden.

rows Dieses Attribut bestimmt die Anzahl der Zeilen, die das Textfeld haben soll. Der Wert des Attributs sollte eine positive ganze Zahl sein.

style Siehe *Kern-Attribut-Referenz* weiter oben in diesem Anhang

tabindex Dieses Attribut verwendet eine Zahl, um den Rang des Objekts für die Tastaturnavigation per Tabulatortaste festzulegen. Beim Drücken der Tabulatortaste werden die Formularelemente vom niedrigsten `tabindex`-Wert bis zum höchsten angesprungen. Bei einem negativen Wert wird das entsprechende Element ebenso wenig berücksichtigt wie deaktivierte Elemente. Wird dieses Attribut nicht ausdrücklich definiert, wird beim Drücken der Tabulatortaste jeweils das nächste Formularobjekt aktiviert.

title Siehe *Kern-Attribut-Referenz* weiter oben in diesem Anhang

wrap Dieses Attribut kontrolliert bei Netscape- und Microsoft-Browsern das Umbruchverhalten. Der Wert `off` bewirkt, dass der Betrachter die Umbrüche von Hand eingeben muss, da es keinen automatischen Umbruch am Zeilenende gibt. Der Wert `hard` bewirkt automatische Umbrüche, die auch an den Server weitergeleitet werden. Der Wert `soft` bewirkt zwar ebenfalls Zeilenumbrüche auf dem Monitor, die jedoch nicht an den Server weitergeleitet werden. Die Microsoft-Gegenstücke für die Netscape-Bezeichnungen `hard` und `soft` sind `physical` und `virtual`. Wenn das `wrap`-Attribut nicht verwendet wird, umbricht der Text im IE, während er im Netscape-Browser horizontal scrollt. Es ist also sinnvoll, das Attribut `wrap` immer zu verwenden.

Attribut- und Ereignisunterstützung

N4 `cols, name, rows, wrap (hard | off | soft)`, `onblur, onchange, onfocus` und `onselect` (`class, id, lang` und `style` sind impliziert.)

IE4 Alle W3C-definierten Ereignisse und Attribute außer `dir` und alle Attribute und Ereignisse definiert durch den IE4

IE5.5 Alle Ereignisse und Attribute definiert durch das W3C, IE4 und IE5.5

Event Handler

Siehe *Ereignis-Referenz* weiter oben in diesem Anhang

Beispiele

```
<textarea name="CommentBox" cols="40" rows="8">
Standardtext im Feld
</textarea>


<textarea name="comment" rows="10" cols="40" wrap="virtual" align="center">
</textarea>
```

Kompatibilität

HTML 2, 3.2, 4, 4.01; XHTML 1.0

Internet Explorer 2, 3, 4, 5, 5.5; Netscape 1, 2, 3, 4–4.7, 6; Opera 4.0; WebTV

Hinweise

❑ Jeder Text zwischen den Befehlen <textarea> und </textarea> wird als Standardeintrag für das Texteingabefeld dargestellt.

❑ Die HTML-2.0- und -3.2-Spezifikationen definieren nur die Attribute cols, name und rows für dieses Element.

❑ Die HTML-4.01-Spezifikation reserviert die Attribute datafld und datasrc für den zukünftigen Gebrauch im <textarea>-Element.

<tfoot> (Tabellenfuß)

Dieses Element wird verwendet, um mehrere Reihen innerhalb des Tabellenfußes zu gruppieren, so dass die Ausrichtung und Stilvorgaben für mehrere Zellen auf einmal definiert werden können. Dieses Element kann besonders nützlich sein, wenn ein Standardfuß für dynamisch generierte Tabellen definiert werden soll.

Syntax

```
<tfoot
    align="center | char | justify | left | right"
    bgcolor="color name | #RRGGBB" (übergangsweise)
    char="zeichen"
    charoff="offset"
    class="klassenname(n)"
    dir="ltr | rtl"
    id="einmaliger alphanumerischer identifizierer"
    lang="sprachcode"
    style="stilinformation"
    title="hinweistext"
    valign="baseline | bottom | middle | top"
    onclick="script"
    ondblclick="script"
    onkeydown="script"
    onkeypress="script"
    onkeyup="script"
    onmousedown="script"
    onmousemove="script"
    onmouseout="script"
    onmouseover="script"
    onmouseup="script">

</tfoot>
```

XHTML-Syntax

Unter XHTML 1.0 wird das Schluss-Tag </tfoot> Pflicht.

Attribute und Ereignisse definiert durch IE4

```
language="javascript | jscript | vbs | vbscript"
valign="center"
ondragstart="script"
onhelp="script"
onselectstart="script"
```

Attribute und Ereignisse definiert durch IE5.5

```
accesskey="taste"
hidefocus="true | false"
tabindex="zahl"
```

Attribute

accesskey Dieses Attribut bestimmt eine Taste zur Navigation mittels Tastatur für dieses Element. Das Drücken der Alt- oder einer vergleichbaren Taste (hängt von Browser und/oder Betriebssystem ab) in Verbindung mit der spezifizierten Taste wählt das Element aus, das mit dieser Taste verknüpft ist.

align Dieses Attribut wird verwendet, um die Inhalte von Zellen innerhalb des `<tfoot>`-Elements auszurichten. Mögliche Werte sind `center`, `justify`, `left` und `right`. Die 4.01-Spezifikation unterstützt auch den Wert `char`. Wenn dieser Wert gewählt wird, werden die Elemente basierend auf dem Wert des `char`-Attributs ausgerichtet. In der Regel wird hierfür der Dezimalpunkt oder das Komma gewählt.

bgcolor Dieses Attribut bestimmt die Hintergrundfarbe der Zellen innerhalb eines mit `<tfoot>` markierten Bereichs. Der Wert dieses Attributs kann entweder ein reservierter Farbname oder ein im Hexadezimalcode definierter Farbwert (#RRGGBB) sein.

char Dieses Attribut wird verwendet, um ein Zeichen zu definieren, an dem die Inhalte einer Zelle ausgerichtet werden.

charoff Dieses Attribut gibt eine Anzahl von Zeichen an, die zur Ausrichtung der Zeichen dienen, die mit dem `char`-Wert definiert werden.

class Siehe *Kern-Attribut-Referenz* weiter oben in diesem Anhang

dir Siehe *Sprach-Referenz* weiter oben in diesem Anhang

hidefocus Dieses Element wurde mit dem IE5.5 vorgestellt. Es nimmt den Fokus vom jeweiligen Element. Der Fokus muss dem Element durch das `tabindex`-Attribut zugewiesen worden sein.

id Siehe *Kern-Attribut-Referenz* weiter oben in diesem Anhang

lang Siehe *Sprach-Referenz* weiter oben in diesem Anhang

language Dieses Attribut spezifiziert die Sprache, in der das aktuelle Skript geschrieben ist, und ruft die zugehörige Scripting Engine auf. Der Standardwert ist `JAVASCRIPT`. `JAVASCRIPT` und `JSCRIPT` zeigen an, dass die verwendete Sprache JavaScript ist. `VBS` und `VBScript` weisen auf die Skriptsprache VBScript hin. Es können auch erweiterte Namen wie `JavaScript1.1` verwendet werden, um den Code vor Browsern zu verstecken, die die jeweilige Version der Sprache nicht umsetzen können.

style Siehe *Kern-Attribut-Referenz* weiter oben in diesem Anhang

tabindex Dieses Attribut verwendet eine Zahl, um den Rang des Objekts für die Tastaturnavigation per Tabulatortaste festzulegen. Der IE5.5 fügt dieses Attribut zum `<tfoot>`-Element hinzu. Unter IE5.5 kann dieser Fokus mit dem `hidefocus`-Attribut deaktiviert werden.

title Siehe *Kern-Attribut-Referenz* weiter oben in diesem Anhang

valign Diese Eigenschaft bestimmt die vertikale Ausrichtung der Inhalte der Tabellenzellen innerhalb des `<tfoot>`-Elements. HTML 4.01 definiert folgende Werte für dieses Attribut: `baseline`, `bottom`, `middle` und `top`. Beim IE wird `middle` durch `center` ersetzt. Der Effekt sollte der gleiche sein.

Attribut- und Ereignisunterstützung

IE4 Alle Ereignisse und Attribute außer `char`, `charoff` und `dir` (Hinweis: Der IE4 unterstützt nicht den Wert `justify` für das `align`-Attribut.)

IE5.5 Alle W3C-definierten Attribute und Ereignisse außer `char` und `charoff` und alle Attribute und Ereignisse definiert durch den IE4 und IE5.5

Event Handler

Keine

Beispiel

```
<table border="1" bgcolor="yellow" width="80%">
<tbody class="tabellenkoerper">
    <tr>
        <td>Der Inhalt der Tabelle!</td>
    </tr>
</tbody>

<tfoot align="center" bgcolor="red" class="fuss"
        valign="bottom">
    <td>Das ist ein Teil des Tabellenfusses.</td>
    <td>Das ist auch ein Teil des Fusses.</td>
</tfoot>
</table>
```

Kompatibilität

HTML 4, 4.01; XHTML 1.0

Internet Explorer 4, 5, 5.5; Netscape 6

Hinweise

❏ Dieses Element kann nur im `<table>`-Element enthalten sein und enthält Tabellenzeilen, die mit dem `<tr>`-Element definiert werden.

❏ In der XHTML-1.0-Spezifikation ist das Schluss-Tag `</tfoot>` Pflicht.

<th> (Tabellenüberschrift)

Dieses Element spezifiziert eine Kopfzelle in einer Tabelle. Das Element sollte innerhalb einer Zeile, die mit <tr> definiert wird, enthalten sein. Der Hauptunterschied zwischen diesem Element und <td> ist die meist hervorgehobene Darstellung durch den Browser.

Syntax

```
<th
      abbr="abkürzung"
      align="center | justify | left | right"
      axis="gruppenname"
      bgcolor="farbname | #RRGGBB" (übergangsweise)
      char="zeichen"
      charoff="offset"
      class="klassenname"
      colspan="zahl"
      dir="ltr | rtl"
      headers="durch leerzeichen getrennte liste von id Werten zugehöriger
      tabellenzellen"
      height="pixel" (übergangsweise)
      id="einmaliger alphanumerischer identifizierer"
      lang="sprachcode"
      nowrap (übergangsweise)
      rowspan="zahl"
      scope="col | colgroup | row | rowgroup"
      style="stilinformation"
      title="hinweistext"
      valign="baseline | bottom | middle | top"
      width="pixel" (übergangsweise)
      onclick="script"
      ondblclick="script"
      onkeydown="script"
      onkeypress="script"
      onkeyup="script"
      onmousedown="script"
      onmousemove="script"
      onmouseout="script"
      onmouseover="script"
      onmouseup="script">

</th>
```

XHTML-Syntax

Unter XHTML 1.0 wird das Schluss-Tag </th> Pflicht.

Attribute und Ereignisse definiert durch IE4

```
background="url der grafikdatei"
bordercolor="farbname | #RRGGBB"
bordercolordark="farbname | #RRGGBB"
bordercolorlight="farbname | #RRGGBB"
language="javascript | jscript | vbs | vbscript"
valign="center"
ondragstart="script"
onhelp="script"
onscroll="script"
onselectstart="script"
```

Attribute und Ereignisse definiert durch IE5.5

```
accesskey="taste"
hidefocus="true | false"
tabindex="zahl"
```

Attribute definiert durch N4

```
background="url der grafikdatei"
bordercolor="color name | #RRGGBB"
```

Attribute

abbr Der Wert dieses Attributs ist ein abgekürzter Name für eine Kopfzelle. Das kann nützlich sein, wenn eine große Tabelle auf einem kleinen Bildschirm dargestellt werden soll.

accesskey Dieses Attribut bestimmt eine Taste zur Navigation mittels Tastatur für dieses Element. Das Drücken der Alt- oder einer vergleichbaren Taste (hängt von Browser und/oder Betriebssystem ab) in Verbindung mit der spezifizierten Taste wählt das Element aus, das mit dieser Taste verknüpft ist.

align Dieses Attribut wird verwendet, um die Inhalte von Zellen innerhalb des <th>-Elements auszurichten. Mögliche Werte sind center, justify, left und right.

axis Dieses Attribut wird verwendet, um einer Gruppe von verwandten Überschriften einen Namen zuzuweisen.

background Dieses Attribut, das vom IE, Netscape und WebTV unterstützt wird, enthält den URL für eine Grafikdatei, die für die Darstellung des Zellenhintergrunds verwendet werden soll. Ist die Grafik kleiner als die Tabelle, wird sie entsprechend über den zur Verfügung stehenden Raum gekachelt.

bgcolor Dieses Attribut bestimmt die Hintergrundfarbe einer Zelle. Der Wert dieses Attributs kann entweder ein reservierter Farbname oder ein im Hexadezimalcode definierter Farbwert (#RRGGBB) sein.

bordercolor Dieses Attribut, das vom IE und von Netscape unterstützt wird, bestimmt die Farbe der Umrandung einer Tabellenzelle. Das Attribut sollte nur in Verbindung mit einem positiven Wert für das border-Attribut verwendet werden. Der Wert kann entweder als Farbname oder als Farbwert im hexadezimalen #RRGGBB-Format definiert werden.

bordercolordark Dieses IE-spezifische Attribut bestimmt die dunklere der beiden Farben, die den dreidimensionalen Effekt der Zellengrenzen bewirken. Es muss in Verbindung mit einem positiven Wert für das border-Attribut verwendet werden. Der Wert des Attributs kann ein Farbname oder eine im Hexadezimalformat definierte Farbe sein.

bordercolorlight Dieses IE-spezifische Attribut bestimmt die hellere der beiden Farben, die den dreidimensionalen Effekt der Zellengrenzen bewirken. Es muss in Verbindung mit einem positiven Wert für das border-Attribut verwendet werden. Der Wert des Attributs kann ein Farbname oder eine im Hexadezimalformat definierte Farbe sein.

char Dieses Attribut wird verwendet, um ein Zeichen zu definieren, an dem die Inhalte einer Zelle ausgerichtet werden.

charoff Dieses Attribut gibt eine Anzahl von Zeichen an, die zur Ausrichtung der Zeichen dienen, die mit dem char-Wert definiert werden.

class Siehe *Kern-Attribut-Referenz* weiter oben in diesem Anhang

colspan Dieses Attribut nimmt einen numerischen Wert an, der anzeigt, über wie viele Spalten sich eine bestimmte Zelle erstrecken soll. Das ist hilfreich, wenn in einer Tabelle Zellen mit verschieden breiten Zellen enthalten sein sollen.

dir Siehe *Sprach-Referenz* weiter oben in diesem Anhang

headers Dieses Attribut enthält eine durch Leerzeichen getrennte Liste von id-Werten, die mit den zugehörigen Headerzellen korrespondieren.

height Dieses Attribut bestimmt die Höhe der Kopfzelle in Pixel.

hidefocus Dieses Element wurde mit dem IE5.5 vorgestellt. Es nimmt den Fokus vom jeweiligen Element. Der Fokus muss dem Element durch das tabindex-Attribut zugewiesen worden sein.

id Siehe *Kern-Attribut-Referenz* weiter oben in diesem Anhang

lang Siehe *Sprach-Referenz* weiter oben in diesem Anhang

language Dieses Attribut spezifiziert die Sprache, in der das aktuelle Skript geschrieben ist, und ruft die zugehörige Scripting Engine auf. Der Standardwert ist JAVASCRIPT. JAVASCRIPT und JSCRIPT zeigen an, dass die verwendete Sprache JavaScript ist. VBS und VBScript weisen auf die Skriptsprache VBScript hin. Es können auch erweiterte Namen wie JavaScript1.1 verwendet werden, um den Code vor Browsern zu verstecken, die die jeweilige Version der Sprache nicht umsetzen können.

nowrap Dieses Attribut verhindert, dass der Inhalt einer Tabellenkopfzelle automatisch umbricht.

rowspan Dieses Attribut nimmt einen numerischen Wert an, der anzeigt, über wie viele Zeilen sich eine bestimmte Zelle erstrecken soll. Das ist hilfreich, wenn in einer Tabelle Zellen mit verschieden hohen Zellen enthalten sein sollen.

scope Dieses Attribut spezifiziert die Zellen, für die die aktuelle Zelle Headerinformationen enthält. Der Wert col gibt an, dass die Zelle der Header für den folgenden Rest der Spalte ist. Der Wert colgroup zeigt an, dass die Zelle ein Header für die gesamte Spaltengruppe ist. Der Wert row gibt an, dass die Zelle der Header für die Zeile ist, in der sie sich befindet. Der Wert rowgroup weist darauf hin, dass die Zelle ein Header für die gesamte Zeilengruppe ist. Dieses Attribut kann anstelle des header-Attributs verwendet werden und ist für die Darstellung bei nicht visuellen Browsern nützlich. Dieses Attribut wurde sehr spät zur HTML-4-Spezifikation hinzugefügt und wird nur von wenigen Browsern unterstützt.

style Siehe *Kern-Attribut-Referenz* weiter oben in diesem Anhang

tabindex Dieses Attribut verwendet eine Zahl, um den Rang des Objekts für die Tastaturnavigation per Tabulatortaste festzulegen. Der IE5.5 fügt dieses Attribut zum <th>-Element hinzu. Unter IE5.5 kann dieser Fokus mit dem hidefocus–Attribut deaktiviert werden.

title Siehe *Kern-Attribut-Referenz* weiter oben in diesem Anhang

valign Diese Eigenschaft bestimmt die vertikale Ausrichtung der Inhalte der Tabellenzelle. HTML 4.01 definiert folgende Werte für dieses Attribut: baseline, bottom, middle und top. Beim IE wird middle durch center ersetzt. Der Effekt sollte der gleiche sein.

width Dieses Attribut bestimmt die Breite einer Kopfzelle in Pixel.

Attribut- und Ereignisunterstützung

N4 align, background, bgcolor, bordercolor, colspan, height, nowrap, rowspan, valign und width (class, id, lang und style sind impliziert.)

IE4 align (center | left | right), bgcolor, class, colspan, id, lang, nowrap, rowspan, style, title und valign (baseline | bottom | top), alle W3C-definierten Ereignisse und alle Attribute und Ereignisse definiert durch den IE4

IE5.5 Alle W3C-definierten Attribute und Ereignisse außer abbr, axis, char und charoff und alle Attribute und Ereignisse, die durch den IE4 und IE5.5 definiert sind

Event Handler

Siehe *Ereignis-Referenz* weiter oben in diesem Anhang

Beispiele

```
<table border="1">
    <tr>
        <th>Name</th>
        <th>Wohnort</th>
        <th>Spitzname</th>
    </tr>

    <tr>
        <td>Rainer</td>
        <td>Ostend</td>
        <td>Poser</td>
    </tr>

    <tr>
        <td>Ollie</td>
        <td>Nordend</td>
        <td>Roi Schnick</td>
    </tr>
</table>
```

Kompatibilität

HTML 3.2, 4, 4.01; XHTML 1.0

Internet Explorer 2, 3, 4, 5, 5.5; Netscape 1.1, 2, 3, 4–4.7, 6; Opera 4.0; WebTV

Hinweise

❏ Die HTML-3.2-Spezifikation definiert nur die Attribute `align`, `colspan`, `height`, `nowrap`, `rowspan`, `valign` und `width`.

❏ Dieses Element sollte immer innerhalb des `<tr>`-Elements verwendet werden.

❏ In der XHTML-1.0-Spezifikation ist das Schluss-Tag `</th>` Pflicht.

`<thead>` (Tabellen-Überschrift)

Dieses Element wird verwendet, um mehrere Reihen innerhalb des Tabellenkopfes zu gruppieren, so dass die Ausrichtung und Stilvorgaben für mehrere Zellen auf einmal definiert werden können. Dieses Element kann besonders nützlich sein, wenn ein Standardkopf für dynamisch generierte Tabellen definiert werden soll.

Syntax

```
<thead
      align="center | char | justify | left | right"
      char="zeichen"
      charoff="offset"
      class="klassenname(n)"
      dir="ltr | rtl"
      id="einmaliger alphanumerischer identifizierer"
      lang="sprachcode"
      style="stilinformation"
      title="hinweistext"
      valign="baseline | bottom | middle | top"
      onclick="script"
      ondblclick="script"
      onkeydown="script"
      onkeypress="script"
      onkeyup="script"
      onmousedown="script"
      onmousemove="script"
      onmouseout="script"
      onmouseover="script"
      onmouseup="script">

</thead>
```

XHTML-Syntax

Unter XHTML 1.0 wird das Schluss-Tag `</thead>` Pflicht.

Attribute und Ereignisse definiert durch IE4

```
bgcolor="color name | #RRGGBB"
language="javascript | jscript | vbs | vbscript"
valign="center"
ondragstart="script"
onhelp="script"
onselectstart="script"
```

Attribute und Ereignisse definiert durch IE5.5

```
accesskey="taste"
hidefocus="true | false"
tabindex="zahl"
```

Attribute

accesskey Dieses Attribut bestimmt eine Taste zur Navigation mittels Tastatur für dieses Element. Das Drücken der Alt- oder einer vergleichbaren Taste (hängt von Browser und/oder Betriebssystem ab) in Verbindung mit der spezifizierten Taste wählt das Element aus, das mit dieser Taste verknüpft ist.

align Dieses Attribut wird verwendet, um die Inhalte von Zellen innerhalb des `<thead>`-Elements auszurichten. Mögliche Werte sind `center`, `justify`, `left` und `right`. Die 4.01-Spezifikation unterstützt auch den Wert `char`. Wenn dieser Wert gewählt wird, werden die Elemente basierend auf dem Wert des `char`-Attributs ausgerichtet. In der Regel wird hierfür der Dezimalpunkt oder das Komma gewählt.

bgcolor Dieses Attribut bestimmt die Hintergrundfarbe der Zellen innerhalb eines mit `<thead>` markierten Bereichs. Der Wert dieses Attributs kann entweder ein reservierter Farbname oder ein im Hexadezimalcode definierter Farbwert (#RRGGBB) sein.

char Dieses Attribut wird verwendet, um ein Zeichen zu definieren, an dem die Inhalte einer Zelle ausgerichtet werden.

charoff Dieses Attribut gibt eine Anzahl von Zeichen an, die zur Ausrichtung der Zeichen dienen, die mit dem `char`-Wert definiert werden.

class Siehe *Kern-Attribut-Referenz* weiter oben in diesem Anhang

dir Siehe *Sprach-Referenz* weiter oben in diesem Anhang

hidefocus Dieses Element wurde mit dem IE5.5 vorgestellt. Es nimmt den Fokus vom jeweiligen Element. Der Fokus muss dem Element durch das `tabindex`-Attribut zugewiesen worden sein.

id Siehe *Kern-Attribut-Referenz* weiter oben in diesem Anhang

lang Siehe *Sprach-Referenz* weiter oben in diesem Anhang

language Dieses Attribut spezifiziert die Sprache, in der das aktuelle Skript geschrieben ist, und ruft die zugehörige Scripting Engine auf. Der Standardwert ist JAVASCRIPT. JAVASCRIPT und JSCRIPT zeigen an, dass die verwendete Sprache JavaScript ist. VBS und VBScript weisen auf die Skriptsprache VBScript hin. Es können auch erweiterte Namen wie `JavaScript1.1` verwendet werden, um den Code vor Browsern zu verstecken, die die jeweilige Version der Sprache nicht umsetzen können.

style Siehe *Kern-Attribut-Referenz* weiter oben in diesem Anhang

tabindex Dieses Attribut verwendet eine Zahl, um den Rang des Objekts für die Tastaturnavigation per Tabulatortaste festzulegen. Der IE5.5 fügt dieses Attribut zum `<thead>`-Element hinzu. Unter IE5.5 kann dieser Fokus mit dem `hidefocus`-Attribut deaktiviert werden.

title Siehe *Kern-Attribut-Referenz* weiter oben in diesem Anhang

valign Diese Eigenschaft bestimmt die vertikale Ausrichtung der Inhalte der Tabellenzelle innerhalb des `<thead>`-Attributs. HTML 4.01 definiert folgende Werte für dieses Attribut: `baseline`, `bottom`, `middle` und `top`. Beim IE wird `middle` durch `center` ersetzt. Der Effekt sollte der gleiche sein.

Attribut- und Ereignisunterstützung

IE4 Alle Attribute und Ereignisse außer `char`, `charoff` und `dir` (Hinweis: Der IE4 unterstützt nicht den Wert `justify` für das `align`-Attribut.)

IE5.5 Alle W3C-definierten Attribute und Ereignisse außer `char` und `charoff` und alle Attribute und Ereignisse definiert durch den IE4 und IE5.5

Event Handler

Siehe *Ereignis-Referenz* weiter oben in diesem Anhang

Beispiel

```
<table border="1" bgcolor="yellow" width="80%">
<thead align="center" bgcolor="red" class="kopf"
       valign="bottom">
   <td>Das ist die wichtige Tabellen-überschrift</td>
</thead>

<tbody class="tablebody">
   <tr>
      <td>Der Inhalt der Tabelle!</td>
   </tr>
</tbody>
</table>
```

Kompatibilität

HTML 4, 4.01; XHTML 1.0

Internet Explorer 3, 4, 5, 5.5; Netscape 6

Hinweis

❏ Dieses Element kann nur im `<table>`-Element enthalten sein und enthält Tabellenzeilen, die mit dem `<tr>`-Element definiert werden.

❏ In der XHTML-1.0-Spezifikation ist das Schluss-Tag `</thead>` Pflicht.

`<title>` (Dokumenten-Titel)

Dieses Element enthält den Titel eines HTML-Dokuments. Es muss innerhalb des `<head>`-Elements enthalten sein und ist ein unbedingter Bestandteil eines gültigen HTML-Dokuments. Aussagekräftige Titel sind sehr wichtig, da sie für Lesezeichen verwendet werden und auch Suchmaschinen beim Indexieren der Seiten helfen sollen.

Syntax

```
<title
    dir="ltr | rtl"
    lang="sprachcode">

</title>
```

Attribute definiert durch IE4

```
id="einmaliger alphanumerischer identifizierer"
title="hinweistext"
```

Attribute

dir Siehe *Sprach-Referenz* weiter oben in diesem Anhang

id Siehe *Kern-Attribut-Referenz* weiter oben in diesem Anhang

lang Siehe *Sprach-Referenz* weiter oben in diesem Anhang

title Siehe *Kern-Attribut-Referenz* weiter oben in diesem Anhang

Attribut- und Ereignisunterstützung

IE4 `id` und `title`

Event Handler

Keine

Beispiel

```
<head><title>Demo Company: Produkte: Super Widget</title></head>
```

Kompatibilität

HTML 2, 3.2, 4, 4.01

Internet Explorer 2, 3, 4, 5, 5.5; Netscape 1, 2, 3, 4–4.7, 6; Opera 4.0; WebTV

Hinweise

❏ Aussagekräftige Namen sollen Informationen über das Dokument liefern. »Meine Homepage« ist ein schlechter Titel, während der Titel »Aktuelle Informationen über Eintracht Frankfurt« schon aussagekräftiger ist.

❏ Ältere Versionen von Netscape erlauben mehrere `<title>`-Elemente. Diese könnten für einen animierten Titelbalken im Browser verwendet werden. Das war jedoch nur ein Programmfehler von Netscape, so dass dieser Effekt nicht mehr funktioniert.

❏ Browser können beim `<title>`-Element sehr empfindlich sein. Wenn dieser Befehl schlecht eingesetzt oder nicht geschlossen wird, kann es sein, dass die Seite überhaupt nicht dargestellt wird.

❏ Die HTML-2.0- und -3.2-Spezifikationen definieren keine Attribute für das `<title>`-Element.

<tr> (Tabellenzeile)

Dieses Element spezifiziert die Zeile einer Tabelle. Die einzelnen Zellen der Zeile werden durch die Elemente <th> und <td> definiert.

Syntax

```
<tr
     align="center | justify | left | right"
     bgcolor="farbname | #RRGGBB" (übergangsweise)
     char="zeichen"
     charoff="offset"
     class="klassenname(n)"
     dir="ltr | rtl"
     id="einmaliger alphanumerischer identifizierer"
     lang="sprachcode"
     style="stilinformation"
     title="hinweistext"
     valign="baseline | bottom | middle | top"
     onclick="script"
     ondblclick="script"
     onkeydown="script"
     onkeypress="script"
     onkeyup="script"
     onmousedown="script"
     onmousemove="script"
     onmouseout="script"
     onmouseover="script"
     onmouseup="script">

</tr>
```

XHTML-Syntax

Unter XHTML 1.0 wird das Schluss-Tag </tr> nicht länger als optional angesehen.

Attribute und Ereignisse definiert durch IE4

```
bordercolor="farbname | #RRGGBB"
bordercolordark="farbname | #RRGGBB"
bordercolorlight="farbname | #RRGGBB"
language="javascript | javascript | vbs | vbscript"
valign="center"
onafterupdate="script"
onbeforeupdate="script"
onblur="script"
ondragstart="script"
onfocus="script"
```

```
onhelp="script"
onresize="script"
onrowenter="script"
onrowexit="script"
onselectstart="script
```

Attribute und Ereignisse definiert durch IE5.5

```
accesskey="taste"
hidefocus="true | false"
tabindex="zahl"
```

Attribute

accesskey Dieses Attribut bestimmt eine Taste zur Navigation mittels Tastatur für dieses Element. Das Drücken der Alt- oder einer vergleichbaren Taste (hängt von Browser und/oder Betriebssystem ab) in Verbindung mit der spezifizierten Taste wählt das Element aus, das mit dieser Taste verknüpft ist.

align Dieses Attribut wird verwendet, um die Inhalte von Zellen innerhalb des `<thead>`-Elements auszurichten. Mögliche Werte sind `center`, `justify`, `left` und `right`.

bgcolor Dieses Attribut bestimmt die Hintergrundfarbe aller Zellen einer Zeile. Der Wert dieses Attributs kann entweder ein reservierter Farbname oder ein im Hexadezimalcode definierter Farbwert (#RRGGBB) sein.

bordercolor Dieses Attribut, das vom IE und von Netscape unterstützt wird, bestimmt die Farbe der Umrandung einer Tabellenzelle. Das Attribut sollte nur in Verbindung mit einem positiven Wert für das `border`-Attribut verwendet werden. Der Wert kann entweder als Farbname oder als Farbwert im hexadezimalen #RRGGBB-Format definiert werden.

bordercolordark Dieses IE-spezifische Attribut bestimmt die dunklere der beiden Farben, die den dreidimensionalen Effekt der Zellengrenzen bewirken. Es muss in Verbindung mit einem positiven Wert für das `border`-Attribut verwendet werden. Der Wert des Attributs kann ein Farbname oder eine im Hexadezimalformat definierte Farbe sein.

bordercolorlight Dieses IE-spezifische Attribut bestimmt die hellere der beiden Farben, die den dreidimensionalen Effekt der Zellengrenzen bewirken. Es muss in Verbindung mit einem positiven Wert für das `border`-Attribut verwendet werden. Der Wert des Attributs kann ein Farbname oder eine im Hexadezimalformat definierte Farbe sein.

char Dieses Attribut wird verwendet, um ein Zeichen zu definieren, an dem die Inhalte einer Zelle ausgerichtet werden.

charoff Dieses Attribut gibt eine Anzahl von Zeichen an, die zur Ausrichtung der Zeichen dienen, die mit dem `char`-Wert definiert werden.

class Siehe *Kern-Attribut-Referenz* weiter oben in diesem Anhang

dir Siehe *Sprach-Referenz* weiter oben in diesem Anhang

hidefocus Dieses Element wurde mit dem IE5.5 vorgestellt. Es nimmt den Fokus vom jeweiligen Element. Der Fokus muss dem Element durch das `tabindex`-Attribut zugewiesen worden sein.

id Siehe *Kern-Attribut-Referenz* weiter oben in diesem Anhang

lang Siehe *Sprach-Referenz* weiter oben in diesem Anhang

language Dieses Attribut spezifiziert die Sprache, in der das aktuelle Skript geschrieben ist, und ruft die zugehörige Scripting Engine auf. Der Standardwert ist JAVASCRIPT. JAVASCRIPT und JSCRIPT zeigen an, dass die verwendete Sprache JavaScript ist. VBS und VBScript weisen auf die Skriptsprache VBScript hin. Es können auch erweiterte Namen wie JavaScript1.1 verwendet werden, um den Code vor Browsern zu verstecken, die die jeweilige Version der Sprache nicht umsetzen können.

style Siehe *Kern-Attribut-Referenz* weiter oben in diesem Anhang

tabindex Dieses Attribut verwendet eine Zahl, um den Rang des Objekts für die Tastaturnavigation per Tabulatortaste festzulegen. Der IE5.5 fügt dieses Attribut zum <tr>-Element hinzu. Unter IE5.5 kann dieser Fokus mit dem hidefocus-Attribut deaktiviert werden.

title Siehe *Kern-Attribut-Referenz* weiter oben in diesem Anhang

valign Diese Eigenschaft bestimmt die vertikale Ausrichtung der Inhalte der Tabellenzellen innerhalb einer Zeile. HTML 4.01 definiert folgende Werte für dieses Attribut: baseline, bottom, middle und top. Beim IE wird middle durch center ersetzt. Der Effekt sollte der gleiche sein.

Attribut- und Ereignisunterstützung

N4 align, bgcolor und valign (class, id, lang und style sind impliziert.)

IE4 align (center | left | right), bgcolor, id, lang, style, title und valign (baseline | bottom | top), alle W3C-definierten Ereignisse und alle Attribute und Ereignisse definiert durch den IE4

IE5.5 align (center | left | right | justify), bgcolor, id, lang, style, title und valign (baseline | bottom | top | middle), alle W3C-definierten Ereignisse und alle Attribute und Ereignisse definiert durch den IE4 und IE5.5

Event Handler

Siehe *Ereignis-Referenz* weiter oben in diesem Anhang

Beispiel

```
<table width="300" border="1">
    <tr bgcolor="red" align="center" valign="middle">
        <td>3</td>
        <td>5.6</td>
        <td>7.9</td>
    </tr>
</table>
```

Kompatibilität

HTML 3.2, 4, 4.01, XHTML 1.0

Internet Explorer 2, 3, 4, 5, 5.5; Netscape 1.1, 2, 3, 4–4.7, 6; Opera 4.0; WebTV

Hinweise

❑ Dieses Element kann im <table>-, <thead>-, <tbody>- und im <tfoot>-Element enthalten sein. Es enthält die Elemente <th> und <td>.

❑ Die HTML-3.2-Spezifikation definiert nur die Attribute align und valign für dieses Element.

❑ In der XHTML-1.0-Spezifikation ist das schließende Tag </tr> Pflicht.

<tt> (Teletype-Text)

Dieser Befehl weist den Browser an, den Text in einer nicht proportionalen Schrift darzustellen.

Syntax

```
<tt
     class="klassenname(n)"
     dir="ltr | rtl"
     id="einmaliger alphanumerischer identifizierer"
     lang="sprachcode"
     style="stilinformation"
     title="hinweistext"
     onclick="script"
     ondblclick="script"
     onkeydown="script"
     onkeypress="script"
     onkeyup="script"
     onmousedown="script"
     onmousemove="script"
     onmouseout="script"
     onmouseover="script"
     onmouseup="script">

</tt>
```

Attribute und Ereignisse definiert durch IE4

```
language="javascript | jscript | vbs | vbscript"
ondragstart="script"
onhelp="script"
onselectstart="script"
```

Attribute und Ereignisse definiert durch IE5.5

```
accesskey="taste"
contenteditable="false | true | inherit"
hidefocus="true | false"
tabindex="zahl"
```

Attribute

accesskey Dieses Attribut bestimmt eine Taste zur Navigation mittels Tastatur für dieses Element. Das Drücken der Alt- oder einer vergleichbaren Taste (hängt von Browser und/oder Betriebssystem ab) in Verbindung mit der spezifizierten Taste wählt das Element aus, das mit dieser Taste verknüpft ist.

class Siehe *Kern-Attribut-Referenz* weiter oben in diesem Anhang

contenteditable Dieses von Microsoft eingeführte Attribut erlaubt es dem User, den dargestellten Inhalt im IE5.5 zu bearbeiten. Mögliche Werte sind false, true und inherit. Der Wert false verhindert, dass Inhalte vom User verändert werden, `true` erlaubt das Verändern. Der Standardwert `inherit` übernimmt den Wert des übergeordneten Elements.

dir Siehe *Sprach-Referenz* weiter oben in diesem Anhang

hidefocus Dieses Element wurde mit dem IE5.5 vorgestellt. Es nimmt den Fokus vom jeweiligen Element. Der Fokus muss dem Element durch das `tabindex`-Attribut zugewiesen worden sein.

id Siehe *Kern-Attribut-Referenz* weiter oben in diesem Anhang

lang Siehe *Sprach-Referenz* weiter oben in diesem Anhang

language Dieses Attribut spezifiziert die Sprache, in der das aktuelle Skript geschrieben ist, und ruft die zugehörige Scripting Engine auf. Der Standardwert ist `JAVASCRIPT`. `JAVASCRIPT` und `JSCRIPT` zeigen an, dass die verwendete Sprache JavaScript ist. `VBS` und `VBScript` weisen auf die Skriptsprache VBScript hin. Es können auch erweiterte Namen wie `JavaScript1.1` verwendet werden, um den Code vor Browsern zu verstecken, die die jeweilige Version der Sprache nicht umsetzen können.

style Siehe *Kern-Attribut-Referenz* weiter oben in diesem Anhang

tabindex Dieses Attribut verwendet eine Zahl, um den Rang des Objekts für die Tastaturnavigation per Tabulatortaste festzulegen. Der IE5.5 fügt dieses Attribut zum `<tt>`-Element hinzu. Unter IE5.5 kann dieser Fokus mit dem `hidefocus`-Attribut deaktiviert werden.

title Siehe *Kern-Attribut-Referenz* weiter oben in diesem Anhang

Attribut- und Ereignisunterstützung

N4 `class`, `id`, `lang` und `style` sind impliziert.

IE4 Alle Attribute und Ereignisse definiert durch das W3C und IE4 außer `dir`

IE5.5 Alle Attribute und Ereignisse

Event Handler

Siehe *Ereignis-Referenz* weiter oben in diesem Anhang

Beispiel

```
Hier ist etwas <tt>nicht proportionaler Text</tt>.
```

Kompatibilität

HTML 2, 3.2, 4, 4.01; XHTML 1.0

Internet Explorer 2, 3, 4, 5, 5.5; Netscape 1, 2, 3, 4–4.7, 6; Opera 4.0; WebTV

`<u>` (Unterstrichen)

Dieses Element wird verwendet, um anzuzeigen, dass der so markierte Text unterstrichen werden soll.

Syntax (nur übergangsweise)

```
<u
    class="klassenname(n)"
    dir="ltr | rtl"
```

```
          id=" einmalige alphanumerische zeichenkette"
          lang="sprachcode"
          style="stilinformation"
          title="hinweistext"
          onclick="script"
          ondblclick="script"
          onkeydown="script"
          onkeypress="script"
          onkeyup="script"
          onmousedown="script"
          onmousemove="script"
          onmouseout="script"
          onmouseover="script"
          onmouseup="script">

</u>
```

Attribute und Ereignisse definiert durch IE4

```
language="javascript | jscript | vbs | vbscript"
ondragstart="script"
onhelp="script"
onselectstart="script"
```

Attribute und Ereignisse definiert durch IE5.5

```
accesskey="taste"
contenteditable="false | true | inherit"
hidefocus="true | false"
tabindex="zahl"
```

Attribute

accesskey Dieses Attribut bestimmt eine Taste zur Navigation mittels Tastatur für dieses Element. Das Drücken der Alt- oder einer vergleichbaren Taste (hängt von Browser und/oder Betriebssystem ab) in Verbindung mit der spezifizierten Taste wählt das Element aus, das mit dieser Taste verknüpft ist.

class Siehe *Kern-Attribut-Referenz* weiter oben in diesem Anhang

contenteditable Dieses von Microsoft eingeführte Attribut erlaubt es dem User, den dargestellten Inhalt im IE5.5 zu bearbeiten. Mögliche Werte sind `false`, `true` und `inherit`. Der Wert `false` verhindert, dass Inhalte vom User verändert werden, `true` erlaubt das Verändern. Der Standardwert `inherit` übernimmt den Wert des übergeordneten Elements.

dir Siehe *Sprach-Referenz* weiter oben in diesem Anhang

hidefocus Dieses Element wurde mit dem IE5.5 vorgestellt. Es nimmt den Fokus vom jeweiligen Element. Der Fokus muss dem Element durch das `tabindex`-Attribut zugewiesen worden sein.

id Siehe *Kern-Attribut-Referenz* weiter oben in diesem Anhang

lang Siehe *Sprach-Referenz* weiter oben in diesem Anhang

language Dieses Attribut spezifiziert die Sprache, in der das aktuelle Skript geschrieben ist, und ruft die zugehörige Scripting Engine auf. Der Standardwert ist JAVASCRIPT. JAVASCRIPT und JSCRIPT zeigen an, dass die verwendete Sprache JavaScript ist. VBS und VBScript weisen auf die Skriptsprache VBScript hin. Es können auch erweiterte Namen wie JavaScript1.1 verwendet werden, um den Code vor Browsern zu verstecken, die die jeweilige Version der Sprache nicht umsetzen können.

style Siehe *Kern-Attribut-Referenz* weiter oben in diesem Anhang

tabindex Dieses Attribut verwendet eine Zahl, um den Rang des Objekts für die Tastaturnavigation per Tabulatortaste festzulegen. Der IE5.5 fügt dieses Attribut zum <u>-Element hinzu. Unter IE5.5 kann dieser Fokus mit dem hidefocus-Attribut deaktiviert werden.

title Siehe *Kern-Attribut-Referenz* weiter oben in diesem Anhang

Attribut- und Ereignisunterstützung

N4 class, id, lang und style sind impliziert.

IE4 Alle Attribute und Ereignisse definiert durch das W3C und IE4 außer dir

IE4 Alle Attribute und Ereignisse

Event Handler

Siehe *Ereignis-Referenz* weiter oben in diesem Anhang

Beispiele

```
Hier ist etwas <u>unterstrichener Text</u>.

Seien Sie vorsichtig mit <u>Unterstreichungen</u>; sie sehen aus wie
<a href="http://www.mitp.de/">Links</a>.
```

Kompatibilität

HTML 3.2, 4 (übergangsweise), 4.01 (übergangsweise); XHTML 1.0

Internet Explorer 2, 3, 4, 5, 5.5; Netscape 3, 4–4.7, 6; Opera 4.0; WebTV

Hinweise

❑ Dieses Element wurde vom W3C verworfen. In der strikten HTML-4.01-Spezifikation ist das <u>-Element nicht definiert. Der Effekt dieses Attributes kann auch durch Style Sheets erzeugt werden.

❑ Unterstrichener Text kann problematisch sein, da er – besonders auf Schwarzweißmonitoren – wie ein Link aussieht.

<ul> (Nicht nummerierte Liste)

Dieses Element wird verwendet, um eine nicht nummerierte Liste, also eine Aufzählung von Objekten in beliebiger Reihenfolge, zu erstellen. Die einzelnen Elemente werden durch das <li>-Element definiert, die nur im <ul>-Element erlaubt sind.

Syntax

```
<ul
     class="klassenname(n)"
     compact (übergangsweise)
     dir="ltr | rtl"
     id="einmaliger alphanumerischer identifizierer"
     lang="sprachcode"
     style="stilinformation"
     title="hinweistext"
     type="circle | disc | square" (übergangsweise)
     onclick="script"
     ondblclick="script"
     onkeydown="script"
     onkeypress="script"
     onkeyup="script"
     onmousedown="script"
     onmousemove="script"
     onmouseout="script"
     onmouseover="script"
     onmouseup="script">

     Listenelemente spezifiziert durch das <li>-Element

</ul>
```

XHTML-Syntax

Da in XHTML 1.0 die Minimierung von Attributen nicht mehr gilt, muss das `compact`-Attribut einen Wert in Anführungszeichen haben:

```
<ul compact="compact"></ul>
```

Attribute und Ereignisse definiert durch IE4

```
language="javascript | jscript | vbs | vbscript"
ondragstart="script"
onhelp="script"
onselectstart="script"
```

Attribute und Ereignisse definiert durch IE5.5

```
accesskey="taste"
contenteditable="false | true | inherit"
hidefocus="true | false"
tabindex="zahl"
```

Attribute

accesskey Dieses Attribut bestimmt eine Taste zur Navigation mittels Tastatur für dieses Element. Das Drücken der Alt- oder einer vergleichbaren Taste (hängt von Browser und/oder Betriebssystem ab) in Verbindung mit der spezifizierten Taste wählt das Element aus, das mit dieser Taste verknüpft ist.

class Siehe *Kern-Attribut-Referenz* weiter oben in diesem Anhang

compact Dieses Attribut zeigt an, dass die Liste komprimiert dargestellt werden soll. Einige Browser ändern die Darstellung der Liste unabhängig vom Vorhandensein dieses Attributes, das keinen Wert benötigt.

contenteditable Dieses von Microsoft eingeführte Attribut erlaubt es dem User, den dargestellten Inhalt im IE5.5 zu bearbeiten. Mögliche Werte sind `false`, `true` und `inherit`. Der Wert `false` verhindert, dass Inhalte vom User verändert werden, `true` erlaubt das Verändern. Der Standardwert `inherit` übernimmt den Wert des übergeordneten Elements.

dir Siehe *Sprach-Referenz* weiter oben in diesem Anhang

hidefocus Dieses Element wurde mit dem IE5.5 vorgestellt. Es nimmt den Fokus vom jeweiligen Element. Der Fokus muss dem Element durch das `tabindex`-Attribut zugewiesen worden sein.

id Siehe *Kern-Attribut-Referenz* weiter oben in diesem Anhang

lang Siehe *Sprach-Referenz* weiter oben in diesem Anhang

language Dieses Attribut spezifiziert die Sprache, in der das aktuelle Skript geschrieben ist, und ruft die zugehörige Scripting Engine auf. Der Standardwert ist `JAVASCRIPT`. `JAVASCRIPT` und `JSCRIPT` zeigen an, dass die verwendete Sprache JavaScript ist. `VBS` und `VBScript` weisen auf die Skriptsprache VBScript hin. Es können auch erweiterte Namen wie `JavaScript1.1` verwendet werden, um den Code vor Browsern zu verstecken, die die jeweilige Version der Sprache nicht umsetzen können.

style Siehe *Kern-Attribut-Referenz* weiter oben in diesem Anhang

tabindex Dieses Attribut verwendet eine Zahl, um den Rang des Objekts für die Tastaturnavigation per Tabulatortaste festzulegen. Der IE5.5 fügt dieses Attribut zum `<ul>`-Element hinzu. Unter IE5.5 kann dieser Fokus mit dem `hidefocus`-Attribut deaktiviert werden.

title Siehe *Kern-Attribut-Referenz* weiter oben in diesem Anhang

type Dieses Attribut bestimmt die Art des Aufzählungszeichens für die Liste. Die Werte, die unter HTML 3.2 und in der Übergangsspezifikation HTML 4.0/4.01 definiert sind, lauten `circle`, `disc` und `square`. Ein Browser kann einen anderen Typ von Aufzählungszeichen für verschachtelte Listen auswählen, wenn das `type`-Attribut nicht verwendet wird. Das `type`-Attribut wurde aus der strikten HTML-4.0-Spezifikation gestrichen, da mit Style Sheets eine größere Auswahl von Aufzählungszeichen zur Verfügung steht.

Attribut- und Ereignisunterstützung

N4 `class`, `id`, `lang`, `style` und `type`

IE4 Alle Attribute und Ereignisse definiert durch das W3C und IE4 außer `compact` und `dir`

IE5 Alle Attribute und Ereignisse

Event Handler

Siehe *Ereignis-Referenz* weiter oben in diesem Anhang

Beispiele

```
<ul compact title="Die Helden" type="circle">
    <li>Jan-Aage
    <li>Holz
    <li>Dr. Hammer
</ul>


<!-- Häufig anzutreffendes, aber schlechtes Beispiel -->
<ul>Es sollten keine Einrückungen mit Listen vorgenommen werden, obwohl man das
häufig antrifft.
Viele Web-Editoren generieren Code, der mit "Nonbreaking Spaces" und nicht
nummerierten Listen überladen ist.</ul>
```

Kompatibilität

HTML 2, 3.2, 4, 4.01; XHTML 1.0

Internet Explorer 2, 3, 4, 5, 5.5; Netscape 1, 2, 3, 4–4.7, 6; Opera 4.0; WebTV

Hinweise

❏ HTML 2.0 unterstützt nur das compact-Attribut.

❏ Die HTML-3.2-Spezifikation unterstützt compact und type.

❏ In der strikten HTML-4.01-Spezifikation unterstützt das <ul>-Element nicht die Attribute compact oder type. Beide Attribute können durch Style Sheets ersetzt werden.

❏ Viele Webentwickler verwenden das <ul>-Element, um Text einzurücken. Bedenken Sie, dass gemäß HTML-Standards das einzige Element innerhalb des <ul>-Elements <li> sein sollte, so dass diese Verwendung nicht den Regeln entspricht. Wahrscheinlich wird dieser missbräuchliche Einsatz aber fortgeführt werden.

<var> (Variable)

Dieses Element wird verwendet, um eine Variable anzuzeigen. Variablen sind Identifizierer, die in Programmiersprachen oder mathematischen Ausdrücken erscheinen. Dieses Element ist ein logisches, dessen Inhalt häufig kursiv dargestellt wird.

Syntax

```
<var
    class="klassenname(n)"
    dir="ltr | rtl"
    id="einmaliger alphanumerischer wert"
    lang="sprachcode"
    style="stilinformation"
    title="hinweistext"
    onclick="script"
    ondblclick="script"
    onkeydown="script"
    onkeypress="script"
```

```
      onkeyup="script"
      onmousedown="script"
      onmousemove="script"
      onmouseout="script"
      onmouseover="script"
      onmouseup="script">


  </var>
```

Attribute und Ereignisse definiert durch IE4

```
  language="javascript | jscript | vbs | vbscript"
  ondragstart="script"
  onhelp="script"
  onselectstart="script"
```

Attribute und Ereignisse definiert durch IE5.5

```
  accesskey="taste"
  contenteditable="false | true | inherit"
  hidefocus="true | false"
  tabindex="zahl"
```

Attribute

accesskey Dieses Attribut bestimmt eine Taste zur Navigation mittels Tastatur für dieses Element. Das Drücken der Alt- oder einer vergleichbaren Taste (hängt von Browser und/oder Betriebssystem ab) in Verbindung mit der spezifizierten Taste wählt das Element aus, das mit dieser Taste verknüpft ist.

class Siehe *Kern-Attribut-Referenz* weiter oben in diesem Anhang

contenteditable Dieses von Microsoft eingeführte Attribut erlaubt es dem User, den dargestellten Inhalt im IE5.5 zu bearbeiten. Mögliche Werte sind `false`, `true` und `inherit`. Der Wert `false` verhindert, dass Inhalte vom User verändert werden, `true` erlaubt das Verändern. Der Standardwert `inherit` übernimmt den Wert des übergeordneten Elements.

dir Siehe *Sprach-Referenz* weiter oben in diesem Anhang

hidefocus Dieses Element wurde mit dem IE5.5 vorgestellt. Es nimmt den Fokus vom jeweiligen Element. Der Fokus muss dem Element durch das `tabindex`-Attribut zugewiesen worden sein.

id Siehe *Kern-Attribut-Referenz* weiter oben in diesem Anhang

lang Siehe *Sprach-Referenz* weiter oben in diesem Anhang

language Dieses Attribut spezifiziert die Sprache, in der das aktuelle Skript geschrieben ist, und ruft die zugehörige Scripting Engine auf. Der Standardwert ist JAVASCRIPT. JAVASCRIPT und JSCRIPT zeigen an, dass die verwendete Sprache JavaScript ist. VBS und VBScript weisen auf die Skriptsprache VBScript hin. Es können auch erweiterte Namen wie `JavaScript1.1` verwendet werden, um den Code vor Browsern zu verstecken, die die jeweilige Version der Sprache nicht umsetzen können.

style Siehe *Kern-Attribut-Referenz* weiter oben in diesem Anhang

tabindex Dieses Attribut verwendet eine Zahl, um den Rang des Objekts für die Tastaturnavigation per Tabulatortaste festzulegen. Der IE5.5 fügt dieses Attribut zum `<var>`-Element hinzu. Unter IE5.5 kann dieser Fokus mit dem `hidefocus`-Attribut deaktiviert werden.

title Siehe *Kern-Attribut-Referenz* weiter oben in diesem Anhang

Attribut- und Ereignisunterstützung

N4 `class`, `id`, `lang` und `style` sind impliziert.

IE4 Alle Attribute und Ereignisse definiert durch das W3C und IE4 außer `dir`

IE5.5 Alle Attribute und Ereignisse

Event Handler

Siehe *Ereignis-Referenz* weiter oben in diesem Anhang

Beispiel

Weisen Sie der Variablen `<var>x</var>` den Wert 5 zu.

Kompatibilität

HTML 2, 3.2, 4, 4.01; XHTML 1.0

Internet Explorer 2, 3, 4, 5, 5.5; Netscape 1, 2, 3, 4–4.7, 6; Opera 4.0; WebTV

Hinweise

❑ Als logisches Element eignet sich `<var>` besonders für die Verwendung mit Style Sheets.
❑ Die HTML-2.0- und -3.2-Spezifikationen unterstützen keine Attribute für dieses Element.

`<wbr>` (Zeilenumbruch)

Dieses Element, das nicht dem Standard entspricht, wird verwendet, um einen Ort zu definieren, an dem bei Bedarf ein Zeilenumbruch stattfinden darf. Dieses Element wird in Verbindung mit dem `<nobr>`-Element verwendet, das einen Zeilenumbruch verhindert. Dieser Einsatz kann mit einem »weichen Zeilenumbruch« verglichen werden. Obwohl es nicht dem Standard entspricht, wird dieses Element von Netscape und Microsoft unterstützt.

Syntax

```
<wbr
    class="klassenname(n)"
    id="einmaliger alphanumerischer wert"
    language="javascript | jscript | vbs | vbscript"
    style="stilinformation"
    title="hinweistext">
```

Attribute

class Siehe *Kern-Attribut-Referenz* weiter oben in diesem Anhang

id Siehe *Kern-Attribut-Referenz* weiter oben in diesem Anhang

language Dieses Attribut spezifiziert die Sprache, in der das aktuelle Skript geschrieben ist, und ruft die zugehörige Scripting Engine auf. Der Standardwert ist JAVASCRIPT. JAVASCRIPT und JSCRIPT zeigen an, dass die verwendete Sprache JavaScript ist. VBS und VBScript weisen auf die Skriptsprache VBScript hin. Es können auch erweiterte Namen wie JavaScript1.1 verwendet werden, um den Code vor Browsern zu verstecken, die die jeweilige Version der Sprache nicht umsetzen können.

style Siehe *Kern-Attribut-Referenz* weiter oben in diesem Anhang

title Siehe *Kern-Attribut-Referenz* weiter oben in diesem Anhang

Attribut- und Ereignisunterstützung

N4 class, id, style und title sind impliziert.

IE4 Alle Attribute

Event Handler

Siehe *Ereignis-Referenz* weiter oben in diesem Anhang

Beispiel

```
<nobr>Ein Zeilenumbruch kann nur hier<wbr>und sonst nirgends in dieser Zeile
erfolgen.</nobr>
```

Kompatibilität

Internet Explorer 2, 3, 4, 5, 5.5; Netscape 1.1, 2, 3, 4–4.7

Hinweise

❏ Dieses Element wurde mit N1.1 eingeführt.
❏ Da es sich um ein leeres Element handelt, wird kein Schluss-Tag benötigt.

<xml> (XML Daten)

Dieses exklusive Microsoft-Element kann verwendet werden, um Abschnitte von XML(Extensible Markup Language)-Daten in HTML-Dokumente einzubinden, was nur unter dem IE5.0 oder höher funktioniert. Das <xml>-Element kann verwendet werden, um mit dem src-Attribut externe Datenquellen zu referenzieren oder um XML-Daten innerhalb des HTML-Dokuments einzubinden.

Syntax definiert durch IE5.0

```
<xml
    id="einmaliger alphanumerischer wert"
    ns="url des xml-namensraums"
    prefix="xml-prefix"
    src="url der xml-datendatei"
    ondataavailable="script"
    ondatasetchanged="script"
    ondatasetcomplete="script"
    onreadystatechange="script"
    onrowenter="script"
```

```
        onrowexit="script">

   . . . eingebundener xml-code . . .

   </xml>
```

Attribute

id Siehe *Kern-Attribut-Referenz* weiter oben in diesem Anhang

ns Dieses Attribut referenziert den URL eines XML-Namensraums.

prefix Dieses Attribut referenziert den URL eines XML-Namensraum-Präfixes in Verbindung mit dem ns-Attribut.

src Dieses Attribut bestimmt den URL einer XML-Datendatei.

Event Handler

ondataavailable Siehe *Erweiterte Ereignisse* weiter oben in diesem Anhang

ondatasetchanged Siehe *Erweiterte Ereignisse* weiter oben in diesem Anhang

ondatasetcomplete Siehe *Erweiterte Ereignisse* weiter oben in diesem Anhang

onreadystatechange Siehe *Erweiterte Ereignisse* weiter oben in diesem Anhang

onrowenter Siehe *Erweiterte Ereignisse* weiter oben in diesem Anhang

onrowexit Siehe *Erweiterte Ereignisse* weiter oben in diesem Anhang

Attribut- und Ereignisunterstützung

IE5 id, src, ondataavailable, ondatasetchanged, ondatasetcomplete, onreadysta-techange, onrowenter, onrowexit

Beispiele

```
<!-- Dieser Code bindet XML-Daten direkt in ein Dokument ein. Der gesamte Code
innerhalb der XML-Befehle ist kein HTML, sondern ein hypothetisches Beispiel für
XML. -->

<xml id="lecker">
   <combomahl>
      <burger>
       <name>Tasty Burger</name>
         <bun brot="weiss">
            <fleisch />
            <kaese />
            <fleisch />
         </bun>
      </burger>
```

```
        <fritten size="gross" />
        <getraenk size="gross" geschmack="Cola" />
    </combomahl>
</xml>


<!-- Dieses Codefragment verwendet das src-Attribut, um eine externe Datei, die
XML-Daten enthaelt, zu referenzieren. -->


<xml src="combomeal.xml"></xml>
```

Kompatibilität

IE5

Hinweise

❏ Die Unterstützung des <xml>-Elements erfolgt ausschließlich im IE5.0 oder höher.

❏ Für genauere Informationen zu diesem Element lesen Sie Kapitel 17 *XML: Jenseits von HTML.*

<xmp> (Beispiel)

Dieses verworfene Element zeigt an, dass der eingeschlossene Text ein Beispiel ist. Dieser Text wird in der Regel in nicht proportionaler Schrift dargestellt, wobei die Leerzeichen und Umbrüche wie beim <pre>-Element erhalten bleiben. Da das <xmp>-Element nicht weiter dem Standard zugerechnet wird, sollte stattdessen das <pre>- oder das <samp>-Element verwendet werden.

Syntax definiert durch HTML 2; verworfen unter HTML 4

```
<xmp>
</xmp>
```

Attribute und Ereignisse definiert durch IE4

```
class="klassenname(n)"
id="einmaliger numerischer wert"
lang="sprachcode"
language="javascript | jscript | vbs | vbscript"
style="stilinformation"
title="hinweistext"
onclick="script"
ondblclick="script"
ondragstart="script"
onhelp="script"
onkeydown="script"
onkeypress="script"
onkeyup="script"
onmousedown="script"
onmousemove="script"
```

```
onmouseout="script"
onmouseover="script"
onmouseup="script"
onselectstart="script"
```

Attribute und Ereignisse definiert durch IE5.5

```
accesskey="taste"
contenteditable="false | true | inherit"
hidefocus="true | false"
tabindex="zahl"
```

Attribute

accesskey Dieses Attribut bestimmt eine Taste zur Navigation mittels Tastatur für dieses Element. Das Drücken der Alt- oder einer vergleichbaren Taste (hängt von Browser und/oder Betriebssystem ab) in Verbindung mit der spezifizierten Taste wählt das Element aus, das mit dieser Taste verknüpft ist.

class Siehe *Kern-Attribut-Referenz* weiter oben in diesem Anhang

contenteditable Dieses von Microsoft eingeführte Attribut erlaubt es dem User, den dargestellten Inhalt im IE5.5 zu bearbeiten. Mögliche Werte sind false, true und inherit. Der Wert false verhindert, dass Inhalte vom User verändert werden, true erlaubt das Verändern. Der Standardwert inherit übernimmt den Wert des übergeordneten Elements.

hidefocus Dieses Element wurde mit dem IE5.5 vorgestellt. Es nimmt den Fokus vom jeweiligen Element. Der Fokus muss dem Element durch das tabindex-Attribut zugewiesen worden sein.

id Siehe *Kern-Attribut-Referenz* weiter oben in diesem Anhang

lang Siehe *Sprach-Referenz* weiter oben in diesem Anhang

language Dieses Attribut spezifiziert die Sprache, in der das aktuelle Skript geschrieben ist, und ruft die zugehörige Scripting Engine auf. Der Standardwert ist JAVASCRIPT. JAVASCRIPT und JSCRIPT zeigen an, dass die verwendete Sprache JavaScript ist. VBS und VBScript weisen auf die Skriptsprache VBScript hin. Es können auch erweiterte Namen wie JavaScript1.1 verwendet werden, um den Code vor Browsern zu verstecken, die die jeweilige Version der Sprache nicht umsetzen können.

style Siehe *Kern-Attribut-Referenz* weiter oben in diesem Anhang

tabindex Dieses Attribut verwendet eine Zahl, um den Rang des Objekts für die Tastaturnavigation per Tabulatortaste festzulegen. Der IE5.5 fügt dieses Attribut zum <xmp>-Element hinzu. Unter IE5.5 kann dieser Fokus mit dem hidefocus-Attribut deaktiviert werden.

title Siehe *Kern-Attribut-Referenz* weiter oben in diesem Anhang

Attribut- und Ereignisunterstützung

N4 class, id, style und title

IE4 Alle Attribute definiert durch das W3C und IE4

IE5.5 Alle Attribute

Event Handler

Siehe *Ereignis-Referenz* weiter oben in diesem Anhang

Beispiel

```
<xmp>Das ist ein großer Absatz mit einem Beispieltext. Beachten Sie, dass sowohl
Umbrüche,
als auch    L E E R Z E I C H E N    erhalten bleiben.</xmp>
```

Kompatibilität

HTML 2

Internet Explorer 2, 3, 4, 5; Netscape 1, 2, 3, 4–4.7; Opera 4.0; WebTV

Hinweise

❏ Dieses Element ist sehr alt, obwohl es weiterhin dokumentiert wird. Es wurde erstmals unter HTML 3.2 verworfen und wird auch in HTML 4.0 nicht weiter unterstützt.

❏ Webdesigner sollten dieses Element nicht verwendet. Die Dokumentation des IE unterstützt dieses Element weiterhin, empfiehlt jedoch die Verwendung von `<pre>` oder `<samp>`.

B

Style-Sheet-Referenz

Cascading Style Sheets, die in Kapitel 10 behandelt werden, sind ein mächtiges neues Werkzeug für die Gestaltung von Webseiten. Wenn sie richtig eingesetzt werden, trennen Style Sheets die Formatierung von der Struktur, was ursprünglich von HTML übernommen werden sollte. Die meisten Stileigenschaften, die durch die Cascading-Style-Sheets-1(CSS1)-Spezifikation definiert wurden, werden von den meisten Browsern, wie Internet Explorer ab Version 3 und Netscape Navigator ab Version 4 unterstützt. Dieser Anhang gibt Ihnen einen kurzen Überblick über die Style-Sheet-Regeln, eine Auflistung der weithin unterstützten CSS1-Eigenschaften und ihre Werte sowie über die derzeitige Kompatibilität mit den wichtigsten Browsern. Eine kurze Auflistung der neuen Eigenschaften, die ab der Cascading-Style-Sheets-2(CSS2)-Spezifikation verfügbar sein soll, und eine Übersicht der CSS2-Positionierungseigenschaften folgt im Anschluss. Für eine ausführlichere Beschreibung lesen Sie bitte Kapitel 10. Ein kurzer Blick auf die Microsoft-Erweiterungen von CSS und ein Abschnitt über CSS-Maßeinheiten und die Farbwerte runden diesen Anhang ab.

Style-Sheet-Ausdrücke

Dieser Abschnitt definiert einige grundlegende Ausdrücke, die bei der Arbeit mit Style Sheets verwendet werden.

Dokumentweite Stilregeln

Dokumentweite Stilregeln können in den `<head>`-Bereich eines Dokuments eingebunden werden, indem das Element `<style>` verwendet wird. Beachten Sie, dass diese Regeln auskommentiert werden sollten, um eine Fehlinterpretation durch nicht-Style-taugliche Browser zu vermeiden.

Beispiel

```
<head>
<style type="text/css">
<!--
p  {font-size: 14pt; font-face: Times; color: blue;
```

```
        background-color: yellow;}
  em {font-size: 16pt; color: green;}
  -->
  </style>
  <title> ... </title></head>
```

Browser-Unterstützung

Internet Explorer 3, 4, 5, 5.5; Netscape 4, 4.5–4.7, 6

Eingebundene Stilregeln

Stilregeln können auch direkt an Befehle innerhalb des Dokumentkörpers angehängt werden. Anstatt das Aussehen für das <h1>-Element dokumentweit festzulegen, ist es möglich, den Stil einer einzelnen Überschrift zu bestimmen:

Beispiel

```
<h1 style="font-size: 48pt; font-family: Arial;
           color: green;">CSS1 Test</h1>
```

Eine <h1>-Überschrift an einer anderen Stelle im Dokument kann ein gänzlich anderes Aussehen haben.

Browser-Unterstützung

Internet Explorer 3, 4, 5, 5.5; Netscape 4, 4.5–4.7, 6

Verknüpfte Stilregeln

Stilregeln können in einer externen Style-Sheet-Datei enthalten sein, die mit einem oder mehreren Dokumenten verknüpft ist (s.a. Kapitel 10). Die Verknüpfungsinformation sollte innerhalb des Dokumentkopfes platziert werden, wie es das folgende Beispiel zeigt:

Beispiel

```
<link rel="stylesheet" type="text/css" href="newstyle.css">
```

Browser-Unterstützung

Internet Explorer 3, 4, 5, 5.5; Netscape 4, 4.5–4.7, 6

Importierte Stilregeln

Stilregeln können, ähnlich wie ein Makro, aus einer externen Datei importiert und im Dokument eingebunden werden. Der Import kann vorgenommen werden, um verschiedene Style Sheets einzubinden. Ein importierter Stil wird mit dem <style>-Element und dem type-Attribut, dem der URL des Style Sheets folgt, definiert, wie Sie hier sehen:

Beispiel

```
<head>
<style type="text/css">
@import url(newstyle.css)
</style>
<title> . . . </title></head>
```

Browser-Unterstützung

Internet Explorer 5; zukünftige Versionen von Netscape (nicht in Netscape 6 Preview Release 2 verfügbar)

Selektoren

Ein Selektor ist ein HTML-Element, ein Identifizierer oder ein Klassenname, der mit einer Stilregel verbunden ist. In den folgenden Beispielen sind die Selektoren p und div.

Beispiel

```
p {font-size: 12pt;}

div {font-family: Courier;}
```

Browser-Unterstützung

Internet Explorer 3, 4, 5, 5.5; Netscape 4, 4.5–4.7, 6

Klassenselektoren

Es können mehrere Klassen für einzelne Elemente (Selektoren) definiert werden. Um einen Klassenselektor zu erstellen, hängen Sie einen Klassennamen an den Selektor an, wobei die beiden durch einen Punkt getrennt werden. Wiederholen Sie das mit dem gleichen Selektor, aber weisen Sie einen anderen Namen zu.

Beispiel

```
p.one {font-face: Arial; font-size: 12pt;}
p.two {font-face: Verdana; font-size: 14pt;}
```

Es gibt zwei verschiedene Absatzstile, aus denen Sie wählen können. Verwenden Sie das class-Attribut mit dem <p>-Befehl, um sie im Dokumentkörper zu unterscheiden.

Beispiel

```
<p class="one">Das ist Absatz-Stil one.</p>
<p class="two">Das ist Absatz-Stil two.</p>
```

Es ist auch möglich, einen allein stehenden Klassenselektor zu erstellen, indem Sie den Elementnamen weglassen.

Beispiel

```
.one {font-face: Arial; font-size: 12pt;}
.two {font-face: Verdana; font-size: 14pt;}

<p class="one">Das ist Absatz-Stil one.</p>
<p class="two">Das ist Absatz-Stil two.</p>
<h1 class="two">Diese Überschrift hat auch Stil two.</h1>
```

Browser-Unterstützung

Internet Explorer 3, 4, 5, 5.5; Netscape 4, 4.5–4.7, 6

Kontextabhängige Selektoren

Kontextabhängige Selektoren definieren das Aussehen von Elementen innerhalb bestimmter Elemente. Im folgenden Beispiel wird mit <strong> markierter Text innerhalb eines <div>-Befehls grün dargestellt. Mit <strong> formatierter Text außerhalb des <div>-Befehls wird davon nicht berührt. Beachten Sie, dass die kontextabhängigen Selektoren div und strong durch ein Leerzeichen und nicht durch Kommata getrennt werden. Sie können auch sagen, dass der Befehl <strong> seinen Stil vom Element <div> erbt.

Beispiel

```
div strong {color: green;}
```

Browser-Unterstützung

Internet Explorer 3, 4, 5, 5.5; Netscape 4, 4.5–4.7, 6

ID-Selektoren

Stilregeln können auch unabhängig von Elementen festgelegt werden, indem ID-Selektoren erstellt werden. Hierzu wird ein Name gewählt, dem das #-Zeichen vorangestellt wird. Diesem Ausdruck folgt die Definition des mit dieser ID verknüpften Stils.

Beispiel

```
#style43 {font-size: 6pt; font-face: Verdana; font-variant: small-caps;}
```

Verwenden Sie das id-Attribut innerhalb des Dokumentkörpers, um einem Element diesen Stil zuzuweisen.

Beispiel

```
<p id="style43">Dieser Text ist schwer zu lesen.</p>
<h1 id="style43">Diese Überschrift auch.</h1>
```

Hinweis

Die ID muss einmalig sein. Jeder Wert darf höchstens einmal innerhalb eines Dokuments vorkommen.

Browser-Unterstützung

Internet Explorer 3, 4, 5, 5.5; Netscape 4, 4.5–4.7, 6

Regeln

Stilregeln bestimmen, welcher Stil mit welchem Selektor verbunden wird. Stilregeln werden von geschwungenen Klammern umgeben. Eine Regel muss eine Eigenschaft (im folgenden Beispiel `font-face`) und einen Wert (hier der Fontname `Impact`) besitzen.

Beispiel

```
p {font-face: Impact;}
```

Es können verschiedene Regeln mit einem einzigen `<style>`-Befehl eingebunden werden. Diese müssen jedoch durch Semikolons getrennt werden. Das letzte Semikolon ist optional.

Beispiel

```
p {font-face: Impact; font-size: 12pt; line-height: 16pt;}
```

Browser-Unterstützung

Internet Explorer 3, 4, 5, 5.5; Netscape 4, 4.5–4.7, 6

Gruppierung

Selektoren und Anweisungen können miteinander gruppiert werden, so dass alle Selektoren mit einer bestimmten Regel verknüpft sind. Beachten Sie, dass die aufgelisteten Selektoren durch Kommata voneinander getrennt sind.

Beispiel

```
p, div, span {background-color: yellow; font-face: Arial; color: black; font-size: 14pt;}
```

Browser-Unterstützung

Internet Explorer 3, 4, 5, 5.5; Netscape 4, 4.5–4.7, 6

Vererbung

In den meisten Fällen erben Elemente, die sich innerhalb anderer Elemente befinden, die Eigenschaften des Elements, in dem sie sich befinden, sofern diese Eigenschaften für das eingeschlossene Element nicht anders definiert sind. Im folgenden Beispiel erbt das <p>-Element die Hintergrund- und die Schriftfarbe des <body>-Elements. Lediglich der Schrifttyp ändert sich.

Beispiel

```
body {background-color: blue; font-face: Courier; color: white;}
p    {font-face: Arial;}
```

Browser-Unterstützung

Internet Explorer 3, 4, 5, 5.5; Netscape 4, 4.5–4.7, 6

Pseudoklassen

Elemente können Pseudoklassen zugewiesen werden, um ihre Darstellung zu beeinflussen. Es gibt drei verschiedene Pseudoklassen: a:active, a:link und a:visited.

a:active

Diese Eigenschaft bestimmt, wie der Text eines aktiven Links dargestellt wird.

Beispiel

```
a:active {text-decoration: none;}
```

Browser-Unterstützung

Internet Explorer 5, 5.5; Netscape 6

a:link

Diese Eigenschaft bestimmt, wie der Text eines noch nicht besuchten Links dargestellt wird.

Beispiel

```
a:link {text-decoration: underline;}
```

Browser-Unterstützung

Internet Explorer 3, 4, 5, 5.5; Netscape 4, 4.5–4.7, 6

a:visited

Diese Eigenschaft bestimmt, wie der Text eines bereits besuchten Links dargestellt wird.

Beispiel

```
a:visited {text-decoration: line-through;}
```

Browser-Unterstützung

Internet Explorer 4, 5, 5.5; Netscape 4, 4.5–4.7, 6

Pseudoelemente

Dieser Abschnitt behandelt *Pseudoelemente*, mit denen typografische Elemente wie die erste Zeile eines Absatzes (im Gegensatz zu *strukturellen Elementen* wie z.B. das <p>-Element) beeinflusst werden.

first-letter

Diese Eigenschaft bestimmt, wie der erste Buchstabe eines Textes in einem Blockelement dargestellt wird.

Beispiel

```
p:first-letter {font-face: Arial Black; font-size: 25pt;}
```

Browser-Unterstützung

Internet Explorer 5.5; Netscape 6

first-line

Diese Eigenschaft bestimmt, wie die erste Zeile eines Textes in einem Blockelement dargestellt wird.

Beispiel

```
p:first-line {font-face: Arial Black; font-size: 150%;
              font-weight: bold;}
```

Browser-Unterstützung

Internet Explorer 5.5; Netscape 6

Verschiedenes

Dieser Abschnitt erläutert verschiedene Begriffe, die mit Style Sheets in Verbindung stehen.

/* Kommentare */

Innerhalb von Style Sheets können Kommentare eingebunden werden. Die HTML-Kommentarsyntax (<!-- Kommentar -->) funktioniert hier nicht. Style Sheets verwenden die Kommentarsyntax der C-Programmierung (/* Kommentar */)

Beispiel

```
p<style type="text/css">
p {font-face: Courier; font-size: 14pt; font-weight: bold; background-color:
yellow;}
/* Dieses Style Sheet wurde von der Demo Company, Inc.
   erstellt.
   Alle Rechte vorbehalten.*/
</style>
```

Browser-Unterstützung

Internet Explorer 3, 4, 5, 5.5; Netscape 4, 4.5–4.7, 6

!important

Diese Eigenschaft bestimmt, dass ein Stil Vorrang über einen anderen Stil für das gleiche Element hat. Ein Stil, der vom Autor als wichtig eingestuft wird, wird höher eingestuft als die Voreinstellungen des Betrachters.

Beispiel

```
.header {font-family: "Times New Roman";}
.code   {font-family: "Courier";}
.body   {font-family: "Times New Roman, Courier";}
```

Browser-Unterstützung

Internet Explorer 5, 5.5; Netscape 6

Fonts

Die Fonteigenschaften sind font-family, font-size, font-style, font-weight, font-variant, text-transform, text-decoration und font. Die Fonteigenschaften können auch in der Kurzschreibweise für Schriftwerte verwendet werden.

Beispiel

```
p.one{font-family: Arial, sans-serif; font-size: 18pt;
      font-style: italic; font-variant: normal;
      font-weight: bold; text-decoration: underline;
      text-transform: capitalize;}
```

font-family

Diese Eigenschaft bestimmt den Schrifttyp für einen Text. Es ist äquivalent zum face-Attribut des <font>-Elements.

Beispiel

```
{font-family: "Arial, Helvetica, sans-serif";}
```

Die Schriftarten werden in absteigender Folge gelesen und müssen durch Kommata voneinander getrennt werden. Im vorangegangenen Beispiel ist Arial der primäre Schrifttyp und wird von Browsern verwendet, die diese Schriftart installiert haben. Ist Arial nicht verfügbar, wird Helvetica benutzt. Die letzte Option, ein Schrifttyp ohne Serifen, wird verwendet, wenn keiner der aufgelisteten Schriftarten verfügbar ist.

Browser-Unterstützung

Internet Explorer 3, 4, 5, 5.5; Netscape 4, 4.5–4.7, 6

Namenswerte

Diese Werte bestimmen eine oder mehrere bestimmte Schriftenfamilien.

Beispiel

```
{font-family: "Times New Roman";}

{font-family: "Courier";}

{font-family: "Times New Roman, Courier";}
```

Browser-Unterstützung

Internet Explorer 3, 4, 5, 5.5; Netscape 4, 4.5–4.7, 6

Generische Font-Namen

Diese Werte können verwendet werden, um eine letzte Option in einer Schriftenliste festzulegen. In der Regel wird hier der Standardfont des Anwendersystems verwendet. Der Wert serif wird z.B. bei den meisten Systemen von der Schriftart Courier dargestellt. Für dieses Attribut sind zurzeit fünf generische Schrifttypen verfügbar: serif, sans-serif, cursive, fantasy und monospace.

Serif

Dieser Wert bestimmt einen Standard-Schrifttyp mit Serifen.

Beispiel

```
p {font-family: "serif";}

p {font-family: "Times New Roman, serif";}
```

Browser-Unterstützung

Internet Explorer 3 (nur bei Windows), 4, 5, 5.5; Netscape 4, 4.5–4.7, 6

sans-serif

Dieser Wert bestimmt einen Standard-Schrifttyp ohne Serifen.

Beispiel

```
p {font-family: sans-serif;}

p {font-family: "Arial, sans-serif";}
```

Browser-Unterstützung

Internet Explorer 3 (nur bei Windows), 4, 5, 5.5; Netscape 4, 4.5–4.7, 6

Cursive

Dieser Wert bestimmt einen kursiven Standard-Schrifttyp.

Beispiel

```
p {font-family: cursive;}
```

Browser-Unterstützung

Internet Explorer 3 (nur bei Windows), 4, 5, 5.5; Netscape 6

fantasy

Dieser Wert bestimmt einen Standard-fantasy-Schrifttyp.

Beispiel

```
p {font-family: fantasy;}
```

Browser-Unterstützung

Internet Explorer 3 (nur bei Windows), 4, 5, 5.5; zukünftige Versionen von Netscape (Die Unterstützung unter Netscape 6 ist noch unklar.)

monospace

Dieser Wert bestimmt einen proportionalen Standard-Schrifttyp.

Beispiel

```
p {font-family: monospace;}
```

Browser-Unterstützung

Internet Explorer 3, 4, 5, 5.5; Netscape 4, 4.5–4.7, 6

font-size

Dieser Wert bestimmt die Schriftgröße für den Text. Optional können exakte Größenwerte (Point, Pixel oder andere Werte), relative Größenwerte oder Prozentangaben gemacht werden.

Beispiel

```
p {font-face: Arial; font-size: 18pt;}
```

Browser-Unterstützung

Internet Explorer 3, 4, 5, 5.5; Netscape 4, 4.5–4.7, 6

Exakte Schriftgrößenwerte

Diese Werte bestimmen eine exakte Schriftgröße, deren Werten in Punkt (pt) oder Pixel (px) angegeben werden.

Beispiel

```
p {font-size: 12pt;}
```

```
p {font-size: 30px;}
```

Browser-Unterstützung

Internet Explorer 3, 4, 5, 5.5; Netscape 4, 4.5–4.7, 6

Absolute Schriftgrößenwerte

Diese Werte bestimmen eine Schriftgröße mit absoluten Werten. Es gibt sieben mögliche Werte: xx-small, x-small, small, medium, large, x-large und xx-large.

Beispiel

```
p {font-size: xx-small;}
```

Browser-Unterstützung

Internet Explorer 3, 4, 5, 5.5; Netscape 4, 4.5–4.7, 6

xx-small

Dieser Wert setzt den Wert der Schriftgröße auf den kleinsten möglichen absoluten Wert, der normalerweise ein Punkt kleiner als der HTML-Code <font size="1"> ist.

Beispiel

```
p {font-size: xx-small;}
```

Browser-Unterstützung

Internet Explorer 3, 4, 5, 5.5; Netscape 4, 4.5–4.7, 6

x-small

Dieser Wert setzt den Wert der Schriftgröße auf den zweitkleinsten möglichen absoluten Wert, der normalerweise dem HTML-Code <font size="1"> entspricht.

Beispiel

```
p {font-size: x-small;}
```

Browser-Unterstützung

Internet Explorer 3, 4, 5, 5.5; Netscape 4, 4.5–4.7, 6

small

Dieser Wert setzt den Wert der Schriftgröße auf den drittkleinsten möglichen absoluten Wert, der normalerweise dem HTML-Code <font size="2"> entspricht.

Beispiel

```
p {font-size: small;}
```

Browser-Unterstützung

Internet Explorer 3, 4, 5, 5.5; Netscape 4, 4.5–4.7, 6

medium

Dieser Wert setzt den Wert der Schriftgröße auf einen mittleren absoluten Wert, der normalerweise dem HTML-Code <font size="3"> entspricht.

Beispiel

```
p {font-size: medium;}
```

Browser-Unterstützung

Internet Explorer 3, 4, 5, 5.5; Netscape 4, 4.5–4.7, 6

large

Dieser Wert setzt den Wert der Schriftgröße auf den drittgrößten möglichen absoluten Wert, der normalerweise dem HTML-Code <font size="4"> entspricht.

Beispiel

```
p {font-size: large;}
```

Browser-Unterstützung

Internet Explorer 3, 4, 5, 5.5; Netscape 4, 4.5–4.7, 6

x-large

Dieser Wert setzt den Wert der Schriftgröße auf den zweitgrößten möglichen absoluten Wert, der normalerweise dem HTML-Code <font size="5"> entspricht.

Beispiel

```
p {font-size: x-large;}
```

Browser-Unterstützung

Internet Explorer 3, 4, 5, 5.5; Netscape 4, 4.5–4.7, 6

xx-large

Dieser Wert setzt den Wert der Schriftgröße auf den größten möglichen absoluten Wert, der normalerweise dem HTML-Code <font size="6"> entspricht.

Beispiel

```
p {font-size: xx-large;}
```

Browser-Unterstützung

Internet Explorer 3, 4, 5, 5.5; Netscape 4, 4.5–4.7, 6

Prozentuale Schriftgrößenwerte

Diese Werte bestimmen die Fontgröße eines Abschnitts oder eines Dokuments prozentual in Relation zur Standardschriftgröße. Wenn im <body>-Befehl die Schriftgröße z.B. mit 12 Punkt festgelegt wurde und die Schriftgröße für das <p>-Element den Wert 200 Prozent zugewiesen bekommt, wird der Text innerhalb eines mit `<p>` formatierten Absatzes mit einer Schriftgröße von 24 Punkt angezeigt. Dieser Wert kann durch Vererbung überschrieben werden.

Beispiel

```
p {font-size: 75%;}
```

Browser-Unterstützung

Internet Explorer 3 (nicht vollständig), 4, 5, 5.5; Netscape 4, 4.5–4.7, 6

Schriftgrößenwerte

Diese Werte bestimmen die Schriftgröße eines Abschnitts oder eines Dokuments in Relation zur Standard-schriftgröße.

Smaller

Dieser Wert bestimmt einen Schriftgrößenwert, der einen Punkt kleiner als die Standardschrift eines Abschnitts oder eines Dokuments ist. Der Wert entspricht dem HTML-Code `<font size="-1">`.

Beispiel

```
p {font-size: smaller;}
```

Browser-Unterstützung

Internet Explorer 4, 5, 5.5; Netscape 4, 4.5–4.7, 6

Larger

Dieser Wert bestimmt einen Schriftgrößenwert, der ein Punkt größer als die Standardschrift eines Abschnitts oder eines Dokuments ist. Der Wert entspricht dem HTML-Code `<font size="+1">`.

Beispiel

```
p {font-size: larger;}
```

Browser-Unterstützung

Internet Explorer 4, 5, 5.5; Netscape 4, 4.5–4.7, 6

font-style

Diese Eigenschaft bestimmt den Stils einer Schriftart mit den Werten `normal`, `oblique` oder `italic`. Das kann auch in Verbindung mit einer bestimmten Schriftart (z.B. Times New Roman Italic) geschehen. Es können auch Stilvorschriften für mehrere Schriftfamilien bestimmt werden.

Beispiele

```
p {font-style: normal;}

p {font-style: oblique;}

p {font-style: italic;}
```

Browser-Unterstützung

Internet Explorer 3 (unvollständig), 4, 5, 5.5; Netscape 4, 4.5–4.7, 6

Normal

Dieser Wert bestimmt eine normale Darstellung der Schrift.

Beispiel

```
p {font-style: normal;}
```

Browser-Unterstützung

Internet Explorer 4, 5, 5.5; Netscape 4, 4.5–4.7, 6

Italic

Dieser Wert bestimmt eine kursive Darstellung der Schrift.

Beispiel

```
p {font-style: normal;}
```

Browser-Unterstützung

Internet Explorer 4, 5, 5.5; Netscape 4, 4.5–4.7, 6

Oblique

Dieser Wert bestimmt eine geneigte Darstellung der Schrift.

Beispiel

```
p {font-style: oblique;}
```

Browser-Unterstützung

Internet Explorer 4, 5, 5.5; Netscape 4, 4.5–4.7, 6

font-weight

Diese Eigenschaft bestimmt die Stärke bzw. die relative Kräftigkeit einer Schriftart. Die Werte können Namenswerte (normal, bold, bolder oder lighter) oder Zahlenwerte (100–900) sein.

Beispiel

```
p {font-weight: bold;}

p {font-weight: 300;}
```

Browser-Unterstützung

Internet Explorer 3 (unvollständig), 4, 5, 5.5; Netscape 4, 4.5–4.7 (unvollständig), 6

Normal

Dieser Wert bestimmt eine normal starke Darstellung der Schrift.

Beispiel

```
p {font-weight: normal;}
```

Browser-Unterstützung

Internet Explorer 4, 5, 5.5; Netscape 4, 4.5–4.7, 6

Bold

Dieser Wert bestimmt eine fette Darstellung der Schrift.

Beispiel

```
p {font-weight: bold;}
```

Browser-Unterstützung

Internet Explorer 4, 5, 5.5; Netscape 4, 4.5–4.7, 6

Bolder

Dieser Wert bestimmt eine fettere Darstellung der Schrift, als sie durch den Wert `bold` erreicht werden könnte.

Beispiel

```
p {font-weight: bolder;}
```

Browser-Unterstützung

Internet Explorer 4, 5, 5.5

Lighter

Dieser Wert bestimmt eine dünnere Darstellung der Schrift als mit dem Wert `normal` bewirkt wird.

Beispiel

```
p {font-weight: lighter;}
```

Browser-Unterstützung

Internet Explorer 4, 5, 5.5

100–900

Diese Werte bestimmen die Stärke der Schrift von der feinsten (100) bis zur stärksten (900). Die Steigerungen erfolgen in 100er-Schritten. In der Praxis stellen der Internet Explorer und Netscape die Werte 100 bis 500 als normalen Text dar, die Werte 600 bis 900 im Fettdruck. Andere Werte werden nicht einheitlich von den Browsern dargestellt.

Beispiel

```
.strong {font-weight: 600;}
```

Browser-Unterstützung

Internet Explorer 4, 5, 5.5 (nur für Windows, unvollständig); Netscape 4, 4.5–4.7 (unvollständig für Macs), 6

font-variant

Diese Eigenschaft bestimmt eine Variation der spezifizierten oder Standard-Schriftfamilie. Zurzeit werden die Werte normal und small-caps unterstützt.

Beispiel

```
p.one {font-family: Courier; font-size: 14pt; font-variant: small-caps;}
```

Browser-Unterstützung

Internet Explorer 4, 5, 5.5; Netscape 6

Normal

Dieser Wert legt die normale Darstellung der Schrift fest und ist der Standardwert.

Beispiel

```
.normal {font-family: Arial; font-size: 12pt; font-variant: normal;}
```

Browser-Unterstützung

Internet Explorer 4, 5, 5.5; Netscape 6

small-caps

Dieser Wert lässt den Text in kleinen Großbuchstaben (Kapitälchen) darstellen.

Beispiel

```
p.smallcaps {font-family: Times New Roman; font-size: 20pt;
             font-variant: small-caps;}
```

Browser-Unterstützung

Internet Explorer 4, 5, 5.5; Netscape 6

text-transform

Diese Eigenschaft verändert die Schreibweise von betroffenem Text. Mögliche Werte sind capitalize, uppercase, lowercase und none.

Beispiel

```
.caps {text-transform: capitalize;}
```

Browser-Unterstützung

Internet Explorer 4, 5, 5.5; Netscape 4 (bei Macs nicht vollständig), 4.5–4.7, 6

capitalize

Bei diesem Wert ist der erste Buchstabe von jedem Wort ein Großbuchstabe.

Beispiel

```
.caps {font-family: Times New Roman; font-size: 20pt;
       text-transform: capitalize;}
```

Browser-Unterstützung

Internet Explorer 4, 5, 5.5; Netscape 4, 4.5–4.7, 6

Uppercase

Bei diesem Wert wird jeder Buchstabe als Großbuchstabe dargestellt.

Beispiel

```
.allcaps {font-family: Helvetica; font-size: 10pt; text-transform: uppercase;}
```

Browser-Unterstützung

Internet Explorer 4, 5, 5.5; Netscape 4, 4.5–4.7, 6

Lowercase

Bei diesem Wert wird jeder Buchstabe als Kleinbuchstabe dargestellt.

Beispiel

```
.lowercase {font-family: Verdana; font-size: 14pt; text-transform: lowercase;}
```

Browser-Unterstützung

Internet Explorer 4, 5, 5.5; Netscape 4, 4.5–4.7, 6

None

Dieser Wert lässt den Text unberührt oder überschreibt vorher eingeführte Werte.

Beispiel

```
p {font-family: Arial; font-size: 12pt; text-transform: none;}
```

Browser-Unterstützung

Internet Explorer 4, 5, 5.5; Netscape 4, 4.5–4.7, 6

text-decoration

Diese Eigenschaft definiert spezielle Texteffekte. Mögliche Werte sind `blink`, `line-through`, `over-line`, `underline` und none.

Beispiel

```
p.line {text-decoration: underline;}
```

Diese Eigenschaft wird häufig mit dem `<a>`-Element und seinen Pseudoklassen (`a:active`, `a:link` und `a:visited`) verwendet. Das folgende Beispiel stellt bereits besuchte Links durchgestrichen dar.

Beispiel

```
a:visited {text-decoration: line-through;}
```

Browser-Unterstützung

Internet Explorer 3 (unvollständig), 4, 5, 5.5; Netscape 4, 4.5–4.7 (unvollständig), 6

blink

Dieser Wert stellt den Text blinkend dar.

Beispiel

```
.blinktext {text-decoration: blink;}
```

Browser-Unterstützung

Netscape 4, 4.5–4.7, 6

line-through

Dieser Wert streicht den Text durch.

Beispiel

```
.strike {text-decoration: line-through;}
```

Browser-Unterstützung

Internet Explorer 3, 4, 5, 5.5; Netscape 4, 4.5–4.7, 6

overline

Dieser Wert zieht eine Linie über den Text.

Beispiel

```
.oline {text-decoration: overline;}
```

Browser-Unterstützung

Internet Explorer 4, 5, 5.5; Netscape 6

underline

Dieser Wert unterstreicht den Text.

Beispiel

```
.uline {text-decoration: underline;}
```

Browser-Unterstützung

Internet Explorer 3, 4, 5, 5.5; Netscape 4, 4.5–4.7, 6

none

Dieser Wert zeigt normalen Text an. Er kann mit `a:active`, `a:link` und `a:visited` verwendet werden, um die Unterstreichung von Links zu unterdrücken.

Beispiel

```
nodecor {text-decoration: none;}
```

Browser-Unterstützung

Internet Explorer 3, 4, 5, 5.5; Netscape 4, 4.5–4.7, 6

font

Diese Eigenschaft bietet die Möglichkeit einer Kurzschreibweise, um alle Fonteigenschaften mit einer Stilregel zu bestimmen. Diese Eigenschaften sind `font-family`, `font-size/line-height`, `font-style`, `font-weight` und `font-variant`. Es ist nicht erforderlich, alle Eigenschaften einzubinden. Die Eigenschaft `line-height` wird im folgenden Abschnitt *Text* vorgestellt. Auflistungen unterschiedlicher Schrifttypen müssen durch Kommata voneinander getrennt werden. Schriftnamen, die aus mehr als einem Wort bestehen, müssen in Anführungszeichen geschrieben werden.

Beispiel

```
p {font: normal small-caps bold 12pt/18pt "Times New Roman", Courier, serif;}
```

Browser-Unterstützung

Internet Explorer 3 (unvollständig), 4, 5, 5.5; Netscape 4 (bei Macs unvollständig), 4.5–4.7, 6

Text

Dieser Abschnitt behandelt Stileigenschaften, die Textelemente betreffen.

word-spacing

Diese Eigenschaft bestimmt die Breite der Freiräume zwischen Wörtern. Die Werte können in Inch (`in`), Zentimeter (`cm`), Millimeter (`mm`), Punkt (`pt`), Pica (`pc`), em-Zwischenräumen (`em`) oder Pixel (`px`) oder mit dem Standardwert `normal` angegeben werden. Bei dieser Eigenschaft ist auch die Angabe negativer Werte möglich.

Beispiel

```
p.spaced {font-family: Arial; font-size: 16pt; word-spacing: 3pt;}

p.normal {font-family: Helvetica; font-size: 12pt; word-spacing: normal;}
```

Browser-Unterstützung

Netscape 6

normal

Dieser Wert ist der Standardwert für diese Eigenschaft und übernimmt die Vorgaben des Browsers.

Beispiel

```
p {font-family: Arial; font-size: 10pt; word-spacing: normal;}
```

Browser-Unterstützung

Netscape 6

letter-spacing

Diese Eigenschaft bestimmt den Freiraum zwischen einzelnen Buchstaben. Die Werte können in verschiedenen Einheiten oder durch den Standardwert normal festgelegt werden. Negative Werte sind nicht zulässig.

Beispiel

```
p.spaced {font-family: Arial; font-size: 14pt; letter-spacing: 2pt;}
```

Browser-Unterstützung

Internet Explorer 4, 5, 5.5; Netscape 6

Werte der Einheiten

Diese Werte bestimmen die Freiräume zwischen den Buchstaben in bestimmten Einheiten wie Inch (in), Zentimeter (cm), Millimeter (mm), Punkt (pt), Pica (pc), em-Zwischenräumen (em) oder Pixel (px).

Beispiel

```
p.spaced {font-family: Arial; font-size: 14pt; letter-spacing: 2pt;}
```

Browser-Unterstützung

Internet Explorer 4, 5, 5.5; Netscape 6

normal

Dieser Wert ist der Standardwert und übernimmt die Vorgaben des Browsers.

Beispiel

```
p {font-family: Arial; font-size: 14pt; letter-spacing: normal;}
```

Browser-Unterstützung

Internet Explorer 4, 5, 5.5; Netscape 6

line-height

Diese Eigenschaft bestimmt die Höhe zwischen den Zeilen eines absatzformatierenden Elements, wie z.B. dem Absatz <p>. Die Werte können als Anzahl von Zeilen, in Einheiten (Pixel, Punkt usw.) oder in Prozentwerten relativ zur Zeichenhöhe angegeben werden. Diese Eigenschaft wird in der Regel in Verbindung mit der font-size-Eigenschaft verwendet.

Beispiel

```
.dblspace {font-family: Arial; font-size: 14pt; line-height: 2;}

.leading {font-family: Arial; font-size: 14pt; line-height: 16pt;}

p {font-family: Arial; font-size: 14pt; line-height: normal;}

.leading {font-family: Arial; font-size: 14pt; line-height: 125%;}
```

Browser-Unterstützung

Internet Explorer 3, 4, 5, 5.5; Netscape 4, 4.5–4.7, 6

text-align

Diese Eigenschaft bestimmt die horizontale Ausrichtung eines absatzformatierenden Elements. Die möglichen Werte sind left, right, center und justify. Der Standardwert ist left. Diese Eigenschaft ist vergleichbar mit dem align-Attribut, das in HTML-Absatzformatierern wie <p> verfügbar ist.

Browser-Unterstützung

Internet Explorer 3 (unvollständig), 4, 5 (nur für Windows; unvollständig), 5.5; Netscape 4, 4.5–4.7, 6

left

Dieser Wert bestimmt eine linksbündige horizontale Ausrichtung für einen Absatz.

Beispiel

```
p {text-align: left;}
```

Browser-Unterstützung

Internet Explorer 3, 4, 5, 5.5; Netscape 4, 4.5–4.7, 6

right

Dieser Wert bestimmt eine rechtsbündige horizontale Ausrichtung für einen Absatz.

Beispiel

```
p {text-align: right;}
```

Browser-Unterstützung

Internet Explorer 3, 4, 5, 5.5; Netscape 4, 4.5–4.7, 6

center

Dieser Wert bestimmt eine zentrierte horizontale Ausrichtung für einen Absatz.

Beispiel

```
p {text-align: center;}
```

Browser-Unterstützung

Internet Explorer 3, 4, 5, 5.5; Netscape 4, 4.5–4.7, 6

justify

Dieser Wert bestimmt, dass ein Absatz im Blocksatz formatiert wird.

Beispiel

```
p {text-align: justify;}
```

Browser-Unterstützung

Internet Explorer 5, 5.5; Netscape 4, 4.5–4.7, 6

vertical-align

Diese Eigenschaft bestimmt die vertikale Positionierung von Text und Grafiken. Mögliche Werte sind `baseline`, `sub`, `super`, `top`, `text-top`, `middle`, `bottom` und `text-bottom`. Es können auch Prozentangaben gemacht werden. Der Standardwert ist `baseline`.

Beispiel

```
p {vertical-align: top;}
```

Browser-Unterstützung

Internet Explorer 4, 5 (unvollständig), 5.5; Netscape 6

baseline

Dieser Wert, der der Standardwert dieser Eigenschaft ist, richtet den Text oder Grafiken an der Grundlinie aus.

Beispiel

```
p {vertical-align: baseline;}
```

Browser-Unterstützung

Internet Explorer 5.5; Netscape 6

sub

Dieser Wert positioniert Text oder Grafiken als Subscript der Baseline-Einstellung.

Beispiel

```
p {vertical-align: sub;}
```

Browser-Unterstützung

Internet Explorer 4, 5, 5.5; Netscape 6

super

Dieser Wert positioniert Text oder Grafiken als Superscript der Baseline-Einstellung.

Beispiel

```
p {vertical-align: super;}
```

Browser-Unterstützung

Internet Explorer 4, 5, 5.5; Netscape 6

top

Dieser Wert positioniert die höchste Stelle von Text oder Grafiken auf Höhe des höchsten Elements.

Beispiel

```
p {vertical-align: top;}
```

Browser-Unterstützung

Internet Explorer 5.5; Netscape 6

text-top

Dieser Wert positioniert die höchste Stelle von Text oder Grafiken auf Höhe des höchsten Textelements.

Beispiel

```
p {vertical-align: text-top;}
```

Browser-Unterstützung

Internet Explorer 5.5; Netscape 6

middle

Dieser Wert positioniert die Mitte von Text oder Grafiken auf Höhe der Mitte des Elements, dass den so markierten Text oder die Grafik enthält.

Beispiel

```
p {vertical-align: middle;}
```

Browser-Unterstützung

Internet Explorer 5.5; Netscape 6

bottom

Dieser Wert positioniert die niedrigste Stelle von Text oder Grafiken auf Höhe des Fußes des niedrigsten Elements.

Beispiel

```
p {vertical-align: bottom;}
```

Browser-Unterstützung

Internet Explorer 5.5; Netscape 6

text-bottom

Dieser Wert positioniert die niedrigste Stelle von Text oder Grafiken auf Höhe des niedrigsten Textelements.

Beispiel

```
p {vertical-align: text-bottom;}
```

Browser-Unterstützung

Internet Explorer 5.5; Netscape 6

text-indent

Diese Eigenschaft rückt die erste Zeile eines Texts eines absatzformatierenden Elements ein. Die Werte können in Längenwerten (.5cm, 15px, 12pt usw.) oder als Prozentangabe relativ zur Breite des Absatzes gemacht werden. Der Standardwert ist 0, was bedeutet, dass keine Einrückung stattfindet.

Beispiel

```
{text-indent: 5pt;}

{text-indent: 15%;}
```

Browser-Unterstützung

Internet Explorer 3, 4, 5, 5.5; Netscape 4, 4.5–4.7, 6

Farben und Hintergründe

Dieser Abschnitt erläutert die Stileigenschaften, die den Hintergrund betreffen oder sich mit verschiedenen Aspekten, die damit zusammenhängen, beschäftigen. Dazu gehören Farben, Grafiken und das Scrollen sowie einige Eigenschaften, die Textfarben betreffen.

color

Diese Eigenschaft bestimmt die Textfarbe. Die Werte können als Farbnamen, Hexadezimalwerte im drei- oder sechsstelligen Format oder als RGB-Wert (Zahlen oder Prozente) angegeben werden. Für die Browser-Unterstützung von Farbwerten s.a. Abschnitt *Style-Sheet-Farbwerte*.

Beispiel

```
{color: yellow;}

{color: #FFFF00;}

{color: #FF0;}

{color: rgb(255,255,0);}

{color: rgb(100%,100%,0%);}
```

Browser-Unterstützung

Internet Explorer 3, 4, 5, 5.5; Netscape 4, 4.5–4.7, 6

background-color

Diese Eigenschaft bestimmt die Hintergrundfarbe eines Elements. Es wird häufig in Verbindung mit der color-Eigenschaft verwendet, mit der die Textfarbe festgelegt wird. In Verbindung mit absatzformatierenden Elementen betrifft diese Eigenschaft auch die Abstände zum nächsten Objekt, nicht aber die Begrenzungen. Der Standardwert, transparent, erlaubt es allen darunter liegenden Inhalten durchzuscheinen. Für die Browser-Unterstützung von Farbwerten s.a. Abschnitt *Style-Sheet-Farbwerte*.

Beispiel

```
{background-color: #00CCFF;}

{background-color: orange;}

{background-color: rgb(255,0,255;}
```

Browser-Unterstützung

Internet Explorer 4, 5, 5.5; Netscape 4, 4.5–4.7, 6

transparent

Dieser Wert ist der Standardwert für `background-color` und erlaubt Inhalten, die unter dem so formatierten Element liegen, durchzuscheinen.

Beispiel

```
{background-color: transparent;}
```

Browser-Unterstützung

Internet Explorer 4, 5, 5.5; Netscape 4, 4.5–4.7, 6

background-image

Diese Eigenschaft verbindet eine Hintergrundgrafik mit einem Element. Enthält diese Grafik transparente Regionen, so scheinen darunter liegende Inhalte durch. Das Element `background-image` muss mit einem URL (absolut oder relativ) mit der Hintergrundgrafik verknüpft werden. Der Standardwert ist `none`.

Browser-Unterstützung

Internet Explorer 4, 5, 5.5; Netscape 4, 4.5–4.7, 6

background-image – URL-Werte

Diese Werte enthalten einen URL, der auf die Hintergrundgrafik verweist. Es wird die gleiche Syntax wie beim `background`-Attribut verwendet.

Beispiel

```
{background-image: url(yellowpattern.gif);}
```

Browser-Unterstützung

Internet Explorer 4, 5, 5.5; Netscape 4, 4.5–4.7, 6

none

Dieser Wert ist der Standardwert für diese Eigenschaft und bestimmt, dass keine Hintergrundgrafik angezeigt wird. Inhalte von tiefer liegenden Ebenen scheinen durch.

Beispiel

```
{background-image: none;}
```

Browser-Unterstützung

Internet Explorer 4, 5, 5.5; Netscape 4, 4.5–4.7, 6

background-repeat

Dieser Wert bestimmt, wie Hintergrundgrafiken dargestellt werden, wenn sie kleiner als der zur Verfügung stehende Raum sind. Er wird in Verbindung mit der `background-image`-Eigenschaft eingesetzt. Mögliche Werte sind `repeat`, `repeat-x`, `repeat-y` und `no-repeat`.

Browser-Unterstützung

Internet Explorer 4, 5, 5.5; Netscape 4, 4.5–4.7, 6

repeat

Dieser Wert ist der Standardwert und legt fest, dass das Hintergrundbild horizontal und vertikal wiederholt wird.

Beispiel

```
{background-image: url(yellowpattern.gif) background-repeat: repeat;}
```

Browser-Unterstützung

Internet Explorer 4, 5, 5.5; Netscape 4, 4.5–4.7, 6

repeat-x

Dieser Wert legt fest, dass eine Hintergrundgrafik nur horizontal wiederholt wird.

Beispiel

```
{background-image: url(yellowpattern.gif); background-repeat: repeat-x;}
```

Browser-Unterstützung

Internet Explorer 4, 5, 5.5; Netscape 4, 4.5–4.7, 6

repeat-y

Dieser Wert legt fest, dass eine Hintergrundgrafik nur vertikal wiederholt wird.

Beispiel

```
{background-image: url(yellowpattern.gif); background-repeat: repeat-y;}
```

Browser-Unterstützung

Internet Explorer 4, 5, 5.5; Netscape 4, 4.5–4.7, 6

no-repeat

Dieser Wert verhindert, dass eine Hintergrundgrafik wiederholt wird.

Beispiel

```
{background-image: url(yellowpattern.gif);
  background-repeat: no-repeat;}
```

Browser-Unterstützung

Internet Explorer 4, 5, 5.5; Netscape 4, 4.5–4.7, 6

background-attachment

Diese Eigenschaft legt fest, ob die Hintergrundgrafik mit der ihr zugewiesenen Element scrollt oder nicht. Der Standardwert ist scroll. Der Alternativwert fixed ermöglicht einen Wasserzeicheneffekt, ähnlich wie das Attribut bgproperties beim <body>-Element, das für Microsoft-Browser eingeführt wurde.

Beispiel

```
{background-image: url(yellowpattern.gif);
  background-attachment: scroll;}
```

Browser-Unterstützung

Internet Explorer 4, 5, 5.5; Netscape 6

scroll

Dieser Wert ist der Standardwert für diese Eigenschaft und bestimmt, dass sich die Hintergrundgrafik mit den ihm zugewiesenen Inhalten bewegt.

Beispiel

```
{background-image: url(yellowpattern.gif);
  background-attachment: scroll;}
```

Browser-Unterstützung

Internet Explorer 4, 5, 5.5; Netscape 6

fixed

Dieser Wert legt fest, dass die Hintergrundgrafik fest an ihrem Platz bleibt, während die Inhalte, wie z.B. Texte, scrollen.

Beispiel

```
{background-image: url(yellowpattern.gif);
  background-attachment: fixed;}
```

Browser-Unterstützung

Internet Explorer 4, 5, 5.5; Netscape 6

background-position

Diese Eigenschaft bestimmt, wie ein Hintergrundbild innerhalb des verfügbaren Raums positioniert wird. Die Position der oberen linken Ecke der Grafik kann in Pixel als absoluter Abstand definiert werden. Es können auch Prozentwerte für die horizontale und vertikale Dimension angegeben werden. Schließlich kann die Position auch mit vordefinierten Namen bestimmt werden, die die horizontale und vertikale Dimension beschreiben. Die Werte für die horizontale Achse sind center, left und right, die Werte für die vertikale Achse lauten top, center und bottom. Der Standardwert für eine nicht spezifizierte Dimension ist center.

Beispiel

```
{background-image: url(yellowpattern.gif);
  background-position: 50px 100px;}

{background-image: url(yellowpattern.gif);
  background-position: 10% 45%;}

{background-image: url(yellowpattern.gif);
  background-position: top center;}
```

Browser-Unterstützung

Internet Explorer 4, 5, 5.5; Netscape 6

backgroundposition – Numerische Werte

Diese Werte bestimmen die Position der Hintergrundgrafik, indem eine genaue Pixelposition für die linke, obere Ecke der Grafik angegeben wird.

Beispiel

```
{background-image: url(picture.gif);
  background-position: 10px 10px;}
```

Browser-Unterstützung

Internet Explorer 4, 5, 5.5; Netscape 6

background-position – Prozentuale Werte

Diese Werte definieren die Position einer Hintergrundgrafik als prozentualen Wert der horizontalen und vertikalen Achse ihres Eltern-Elements.

Beispiel

```
{background-image: url(picture.gif);
  background-position: 20% 40%;}
```

Browser-Unterstützung

Internet Explorer 4, 5, 5.5; Netscape 6

background-position – Namenswerte

Diese Werte definieren die Position der Hintergrundgrafik in Relation zu ihrem Eltern-Element. Die möglichen Werte sind top, center, bottom, left und right.

top

Dieser Wert legt fest, dass die Position der Hintergrundgrafik am Kopf des ihm zugewiesenen Elements ist. Es kann in Kombination mit dem Wert center oder mit den Horizontalwerten (left oder right) verwendet werden.

Beispiel

```
{background-image: url(picture.gif);
 background-position: top;}

{background-image: url(picture.gif);
 background-position: top left;}
```

Browser-Unterstützung

Internet Explorer 4, 5, 5.5; Netscape 6

center

Dieser Wert legt fest, dass die Position der Hintergrundgrafik in der Mitte des ihm zugewiesenen Elements ist. Es kann in Kombination mit den Vertikalwerten (bottom oder top) verwendet werden.

Beispiel

```
{background-image: url(picture.gif);
 background-position: center;}

{background-image: url(picture.gif);
 background-position: center bottom;}
```

Browser-Unterstützung

Internet Explorer 4, 5, 5.5; Netscape 6

bottom

Dieser Wert legt fest, dass die Position der Hintergrundgrafik am Fuß des ihm zugewiesenen Elements ist. Es kann in Kombination mit dem Wert center oder mit den Horizontalwerten (left oder right) verwendet werden.

Beispiel

```
{background-image: url(picture.gif);
 background-position: bottom;}

{background-image: url(picture.gif);
 background-position: bottom left;}
```

Browser-Unterstützung

Internet Explorer 4, 5, 5.5; Netscape 6

left

Dieser Wert legt fest, dass die Position der Hintergrundgrafik auf der linken Seite des ihm zugewiesenen Elements ist. Es kann in Kombination mit dem Wert center oder mit den Vertikalwerten (bottom oder top) verwendet werden.

Beispiel

```
{background-image: url(picture.gif);
 background-position: left;}

{background-image: url(picture.gif);
 background-position: left center;}
```

Browser-Unterstützung

Internet Explorer 4, 5, 5.5; Netscape 6

right

Dieser Wert legt fest, dass die Position der Hintergrundgrafik auf der rechten Seite des ihm zugewiesenen Elements ist. Es kann in Kombination mit dem Wert center oder mit den Vertikalwerten (bottom oder top) verwendet werden.

Beispiel

```
{background-image: url(picture.gif);
 background-position: right;}

{background-image: url(picture.gif);
 background-position: right top;}
```

Browser-Unterstützung

Internet Explorer 4, 5, 5.5; Netscape 6

background

Diese Eigenschaft legt einen oder alle Hintergrundeigenschaften einschließlich der Grafiken fest. Für nicht bestimmte Eigenschaften werden die Standardwerte verwendet. Die Reihenfolge der Eigenschaften spielt keine Rolle und Semikolons sind nicht erforderlich.

Beispiel

```
{background: white url(picture.gif) repeat-y center;}
```

Browser-Unterstützung

Internet Explorer 3, 4, 5, 5.5; Netscape 4, 4.5–4.7 (unvollständig), 6

transparent

Dieser Wert bestimmt, dass die Hintergrundfarbe transparent ist, was allen darunter liegenden Objekten ermöglicht, durchzuscheinen.

Beispiel

```
{background: transparent;}
```

Browser-Unterstützung

Internet Explorer 3, 4, 5, 5.5; Netscape 4, 4.5–4.7, 6

background – URL-Werte

Diese Werte geben den URL der Grafik an, die als Hintergrundgrafik dienen soll.

Beispiel

```
{background: url(yellowpattern.gif);}
```

Browser-Unterstützung

Internet Explorer 3, 4, 5, 5.5; Netscape 4, 4.5–4.7, 6

none

Dieser Wert ist der Standardwert und legt fest, dass es keine Hintergrundgrafik gibt.

Beispiel

```
{background: none;}
```

Browser-Unterstützung

Internet Explorer 3, 4, 5, 5.5; Netscape 4, 4.5–4.7, 6

repeat

Dieser Wert legt fest, dass sich die Hintergrundgrafik horizontal und vertikal wiederholt. Wenn kein Wert bestimmt wird, wird repeat als Standard angenommen.

Beispiel

```
{background: url(yellowpattern.gif) repeat;}
```

Browser-Unterstützung

Internet Explorer 3, 4, 5, 5.5; Netscape 4, 4.5–4.7, 6

repeat-x

Dieser Wert bestimmt, dass die Hintergrundgrafik horizontal wiederholt wird.

Beispiel

```
{background: url(yellowpattern.gif) repeat-x;}
```

Browser-Unterstützung

Internet Explorer 3, 4, 5, 5.5; Netscape 4, 4.5–4.7, 6

repeat-y

Dieser Wert bestimmt, dass die Hintergrundgrafik vertikal wiederholt wird.

Beispiel

```
{background: url(yellowpattern.gif) repeat-y;}
```

Browser-Unterstützung

Internet Explorer 3, 4, 5, 5.5; Netscape 4, 4.5–4.7, 6

no-repeat

Dieser Wert bestimmt, dass die Hintergrundgrafik nicht wiederholt wird.

Beispiel

```
{background: url(yellowpattern.gif) no-repeat;}
```

Browser-Unterstützung

Internet Explorer 3, 4, 5, 5.5; Netscape 4, 4.5–4.7, 6

scroll

Dieser Wert bestimmt, dass die Hintergrundgrafik sich mit den ihr zugewiesenen Inhalten bewegt. Im IE3 funktioniert diese Einstellung nicht. Wird jedoch kein Wert bestimmt, scrollt der Hintergrund mit dem zugehörigen Inhalt.

Beispiel

```
{background: url(yellowpattern.gif) repeat scroll;}
```

Browser-Unterstützung

Internet Explorer 4, 5, 5.5; Netscape 6

fixed

Dieser Wert bestimmt, dass die Hintergrundgrafik sich nicht mit den ihr zugewiesenen Inhalten bewegt.

Beispiel

```
{background: url(yellowpattern.gif) fixed;}
```

Browser-Unterstützung

Internet Explorer 3, 4, 5, 5.5; Netscape 6

Hintergrundpositionierung – Prozentuale Werte

Diese Werte bestimmen die Position der Hintergrundgrafik als Prozentwerte für die horizontale und die vertikale Dimension. Der erste Prozentwert bestimmt die horizontale Ausrichtung, der zweite die vertikale. Wird nur ein Wert angegeben, wird als Wert für die vertikale Ausrichtung der Standardwert 50% angenommen. Die Verwendung dieser Werte in einer Seite ohne Inhalte kann beim IE3 zu Problemen führen. (Mit dem Wert bottom wird z.B. das untere Ende der Grafik am Fuß der Seite ausgerichtet, wodurch die Hintergrundgrafik aus dem sichtbaren Bereich verschwinden würde. Im IE4 wurde dieses Problem behoben.) Wenn keine Werte angegeben werden, wird die Hintergrundgrafik in der linken oberen Ecke positioniert.

Beispiel

```
{background url(picture.gif) no-repeat 20% 50%;}
```

Browser-Unterstützung

Internet Explorer 3, 4, 5, 5.5; Netscape 6

Hintergrundpositionierung – Namenswerte

Diese Werte bestimmen die Position der Hintergrundgrafik. Die Werte top, center und bottom bestimmen die vertikale Position; center, left und right legen die horizontale Ausrichtung fest. Wenn keine Werte angegeben werden, wird die Hintergrundgrafik in der linken oberen Ecke positioniert.

Beispiel

```
{background: url(picture.gif) no-repeat top center;}

{background: url(picture.gif) no-repeat right bottom;}
```

Browser-Unterstützung

Internet Explorer 3, 4, 5, 5.5; Netscape 6

top

Dieser Wert legt fest, dass die Position der Hintergrundgrafik am Kopf des ihm zugewiesenen Elements ist. Wenn kein weiterer Wert angegeben wird, wird die Grafik links ausgerichtet.

Beispiel

```
{background url(picture.gif) no-repeat top;}
```

Browser-Unterstützung

Internet Explorer 3, 4, 5, 5.5; Netscape 6

center

Dieser Wert legt fest, dass die Position der Hintergrundgrafik auf der horizontalen Achse in der Mitte dargestellt wird. Wenn kein weiterer Wert angegeben wird, wird die Grafik vertikal mittig ausgerichtet.

Beispiel

```
{background url(picture.gif) no-repeat center;}
```

Browser-Unterstützung

Internet Explorer 3, 4, 5, 5.5; Netscape 6

Beispiel

```
{background url(picture.gif) no-repeat middle;}
```

Browser-Unterstützung

Internet Explorer 3, 4, 5, 5.5; Netscape 6

bottom

Dieser Wert legt fest, dass die Position der Hintergrundgrafik am Fuß des ihr zugewiesenen Elements dargestellt wird. Wenn kein weiterer Wert angegeben wird, wird die Grafik links ausgerichtet.

Beispiel

```
{background url(picture.gif) no-repeat bottom;}
```

Browser-Unterstützung

Internet Explorer 3, 4, 5, 5.5; Netscape 6

left

Dieser Wert ist der Standardwert für die horizontale Ausrichtung und legt fest, dass die Hintergrundgrafik links im ihr zugewiesenen Element ausgerichtet wird.

Beispiel

```
{background url(picture.gif) no-repeat left;}
```

Browser-Unterstützung

Internet Explorer 3, 4, 5, 5.5; Netscape 6

right

Dieser Wert legt fest, dass die Hintergrundgrafik rechts im ihr zugewiesenen Element ausgerichtet wird.

Beispiel

```
{background url(picture.gif) no-repeat right;}
```

Browser-Unterstützung

Internet Explorer 3, 4, 5, 5.5; Netscape 6

Layout

Dieser Abschnitt erläutert die Stileigenschaften, mit der die Darstellung von HTML-Elementen beeinflusst werden kann.

Abstände

Style Sheets können verwendet werden, um die Abstände um ein Element mit der margin-Eigenschaft zu bestimmen. Die Werte können mit einem bestimmten Wert (15pt, 2em usw.) oder als Prozentwert, der sich auf die Breite eines Absatzes bezieht, angegeben werden. Ein weiterer Wert, auto, soll die Abstände automatisch berechnen. Dieser Wert wird jedoch nicht unterstützt. Vier verschiedene Abstände können unabhängig voneinander bestimmt werden, indem die folgenden Eigenschaften verwendet werden: `margin-top`, `margin-bottom`, `margin-right` und `margin-left`. Wenn `margin` allein verwendet wird, wird auf allen vier Seiten ein einheitlicher Abstand bestimmt. Den Abständen können auch negative Werte zugewiesen werden.

Browser-Unterstützung

Internet Explorer 3 (nur bei Windows), 4, 5, 5.5; Netscape 4, 4.5–4.7, 6

margin-top

Diese Eigenschaft bestimmt den oberen Abstand eines Elements.

Beispiel

```
{margin-top: 15pt;}
```

Browser-Unterstützung

Internet Explorer 3 (nur bei Windows), 4, 5, 5.5; Netscape 4, 4.5–4.7, 6

margin-bottom

Diese Eigenschaft bestimmt den unteren Abstand eines Elements.

Beispiel

```
{margin-bottom: 10pt;}
```

Browser-Unterstützung

Internet Explorer 3 (nur bei Windows), 4, 5, 5.5; Netscape 4, 4.5–4.7, 6

margin-right

Diese Eigenschaft bestimmt den rechten Abstand eines Elements.

Beispiel

```
{margin-right: 15pt;}
```

Browser-Unterstützung

Internet Explorer 3, 4, 5, 5.5; Netscape 4, 4.5–4.7, 6

margin-left

Diese Eigenschaft bestimmt den linken Abstand eines Elements.

Beispiel

```
{margin-left: 12pt;}
```

Browser-Unterstützung

Internet Explorer 3, 4, 5, 5.5; Netscape 4, 4.5–4.7, 6

margin

Diese Eigenschaft bestimmt alle vier Abstände eines Elements. Es können bis zu vier Werte in der folgenden Reihenfolge definiert werden: top, right, bottom und left. Der Wert auto wird zurzeit nicht unterstützt. Ein einzelner Wert definiert den gleichen Abstand für alle vier Richtungen.

Beispiel

```
{margin: 25pt;}
```

Wenn zwei Werte spezifiziert werden, definiert der erste Wert den oberen und den unteren Abstand, während der zweite Wert den linken und rechten Abstand definiert.

Beispiel

```
{margin: 15pt, 25pt;}
```

Wenn drei Werte bestimmt werden, gilt der erste für den oberen Abstand, der zweite für den linken und den rechten Abstand und der dritte Wert für den unteren Abstand. Beachten Sie, dass ein nicht spezifizierter Wert vom Wert für die gegenüberliegende Seite abgeleitet wird.

Beispiel

```
{margin: 25pt, 50pt, 25pt;}
```

Schließlich können auch allen vier Abständen unterschiedliche Werte zugewiesen werden, wenn das gewünscht wird: top, right, bottom und left, in dieser Reihenfolge.

Beispiel

```
{margin: 15pt, 25pt, 50pt, 10pt;}
```

Browser-Unterstützung

Internet Explorer 3 (unvollständig), 4, 5, 5.5; Netscape 4, 4.5–4.7, 6

Begrenzungen

Es gibt fünf verschiedene Eigenschaften, um die Breite einer Begrenzung zu bestimmen: border-top-width, border-bottom-width, border-right-width, border-left-width und border-width. Die ersten vier bestimmen die Breite für je eine bestimmte Grenze. Der Wert border-width bestimmt die Breite aller vier Grenzen. Die Werte können in numerischen Maßen oder mit den Wertnamen thin, medium oder thick angegeben werden. Es können auch Farben oder Stile mit den Eigenschaften border-color und border-style festgelegt werden. Die Eigenschaften border-top, border-bottom, border-right und border-left können verwendet werden, um Breite, Stil und Farbe für verschiedene Seiten einzeln zu bestimmen. Die Eigenschaft border bestimmt diese Werte für die Grenze des gesamten Elements.

border-top-width

Diese Eigenschaft definiert die Breite der oberen Begrenzung eines Elements. Die Werte können durch ein Schlüsselwort (thin, medium oder thick) und durch einen numerischen Wert bestimmt werden.

Beispiel

```
{border-top-width: thin;}

{border-top-width: 25px;}
```

Browser-Unterstützung

Internet Explorer 4, 5, 5.5; Netscape 4, 4.5–4.7, 6

border-bottom-width

Diese Eigenschaft definiert die Breite der unteren Begrenzung eines Elements. Die Werte können durch ein Schlüsselwort (thin, medium oder thick) und durch einen numerischen Wert bestimmt werden.

Beispiel

```
{border-bottom-width: medium;}

{border-bottom-width: 15px;}
```

Browser-Unterstützung

Internet Explorer 4, 5, 5.5; Netscape 4, 4.5–4.7, 6

border-right-width

Diese Eigenschaft definiert die Breite der rechten Begrenzung eines Elements. Die Werte können durch ein Schlüsselwort (thin, medium oder thick) und durch einen numerischen Wert bestimmt werden.

Beispiel

```
{border-right-width: thick;}

{border-right-width: 40px;}
```

Browser-Unterstützung

Internet Explorer 4, 5, 5.5; Netscape 4, 4.5–4.7, 6

border-left-width

Diese Eigenschaft definiert die Breite der linken Begrenzung eines Elements. Die Werte können durch ein Schlüsselwort (thin, medium oder thick) und durch einen numerischen Wert bestimmt werden.

Beispiel

```
{border-left-width: thin;}

{border-left-width: 5px;}
```

Browser-Unterstützung

Internet Explorer 4, 5, 5.5; Netscape 4, 4.5–4.7, 6

border-width

Diese Eigenschaft definiert die Breite der gesamten Begrenzung eines Elements. Die Werte können durch ein Schlüsselwort (thin, medium oder thick) und durch einen numerischen Wert bestimmt werden. Die Eigenschaft border-width kann auch verwendet werden, um alle vier Begrenzungsbreiten unabhängig voneinander festzulegen (z.B. border-width: 5px 5px 5px 5px;).

Beispiel

```
{border-width: medium;}

{border-width: 5px;}
```

Browser-Unterstützung

Internet Explorer 4, 5, 5.5; Netscape 4, 4.5–4.7, 6

thin

Diese Eigenschaft definiert eine dünne Begrenzung für ein Element.

Beispiel

```
{border-right-width: thin;}
```

Browser-Unterstützung

Internet Explorer 4, 5, 5.5; Netscape 4, 4.5–4.7, 6

thick

Diese Eigenschaft definiert eine dicke Begrenzung für ein Element.

Beispiel

```
{border-width: thick;}
```

Browser-Unterstützung

Internet Explorer 4, 5, 5.5; Netscape 4, 4.5–4.7, 6

medium

Diese Eigenschaft definiert eine mittlere Begrenzung für ein Element.

Beispiel

```
{border-top-width: medium;}
```

Browser-Unterstützung

Internet Explorer 4, 5, 5.5; Netscape 4, 4.5–4.7, 6

border-color

Diese Eigenschaft definiert die Farbe für die Begrenzung eines Elements. Weiter unten in diesem Anhang erfahren Sie unter *Style-Sheet-Farbwerte* mehr über die Browser-Unterstützung von Farbwerten.

Beispiel

```
{border-color: blue;}

{border-color: #0000EE;}
```

Browser-Unterstützung

Internet Explorer 4, 5, 5.5; Netscape 4, 4.5–4.7, 6

border-style

Diese Eigenschaft definiert den Stil der Begrenzung eines Elements.

Beispiel

```
{border-style: solid;}
```

Die Eigenschaft border-style definiert den Stil von bis zu vier verschiedenen Seiten einer Begrenzung. Hierzu dienen die Werte none, dotted, dashed, solid, double, groove, ridge, inset und outset. Diese Werte werden in der Reihenfolge für die obere, die rechte, die untere und die linke Seite aufgelistet. Fehlende Werte werden von den Werten für die gegenüberliegende Seite abgeleitet.

```
{border-style: solid, thin, medium, solid;}
```

Hinweis

Netscape 4 unterstützt nur einen Wert für border-style zur selben Zeit. Die Anwendung von verschiedenen Werten erzeugt eine fehlerhafte Darstellung in diesem Browser.

Browser-Unterstützung

Internet Explorer 4, 5, 5.5; Netscape 4, 4.5–4.7 (unvollständig), 6

none

Dieser Wert schaltet die Darstellung von Begrenzungen ab, selbst wenn andere Eigenschaften einen Wert für diese Eigenschaft gesetzt haben.

Beispiel

```
{border-style: none;}
```

Browser-Unterstützung

Internet Explorer 4, 5, 5.5; Netscape 4, 4.5–4.7, 6

dotted

Dieser Wert definiert eine gepunktete Begrenzung.

Beispiel

```
{border-style: dotted;}
```

Browser-Unterstützung

Internet Explorer 5.5; Netscape 6

dashed

Dieser Wert definiert eine gestrichelte Begrenzung.

Beispiel

```
{border-style: dashed;}
```

Browser-Unterstützung

Internet Explorer 5.5; Netscape 6

solid

Dieser Wert definiert eine Begrenzung, die aus einer durchgezogenen Linie besteht. Da das der Standard-zustand ist, muss dieser Wert nicht definiert werden.

Beispiel

```
{border-style: solid;}
```

Browser-Unterstützung

Internet Explorer 4, 5, 5.5; Netscape 4, 4.5–4.7, 6

double

Dieser Wert definiert eine Begrenzung, die aus zwei durchgezogenen Linien besteht.

Beispiel

```
{border-style: double;}
```

Browser-Unterstützung

Internet Explorer 4, 5, 5.5; Netscape 4, 4.5–4.7, 6

groove

Dieser Wert definiert eine gefurchte Begrenzung.

Beispiel

```
{border-style: grooved;}
```

Browser-Unterstützung

Internet Explorer 4, 5, 5.5; Netscape 4, 4.5–4.7, 6

inset

Dieser Wert definiert eine Begrenzung, die auf der rechten und der unteren Seite der Grenze einen hellen Schatten hat.

Beispiel

```
{border-style: inset;}
```

Browser-Unterstützung

Internet Explorer 4, 5, 5.5; Netscape 4, 4.5–4.7, 6

outset

Dieser Wert definiert eine Begrenzung, die auf der linken und der oberen Seite der Grenze einen hellen Schatten hat.

Beispiel

```
{border-style: outset;}
```

Browser-Unterstützung

Internet Explorer 4, 5, 5.5; Netscape 4, 4.5–4.7, 6

ridge

Dieser Wert definiert eine erhabene Begrenzung, indem die Schattierung der Eigenschaft grooved umgekehrt wird.

Beispiel

```
{border-style: ridge;}
```

Browser-Unterstützung

Internet Explorer 4, 5, 5.5; Netscape 4, 4.5–4.7, 6

border-top

Diese Eigenschaft definiert die Breite, den Stil und die Farbe für die obere Begrenzung eines Elements.

Beispiel

```
{border-top: thin solid blue;}
```

Browser-Unterstützung

Internet Explorer 4, 5, 5.5; Netscape 6

border-bottom

Diese Eigenschaft definiert die Breite, den Stil und die Farbe für die untere Begrenzung eines Elements.

Beispiel

```
{border-bottom: thick double #CCFFCC;}
```

Browser-Unterstützung

Internet Explorer 4, 5, 5.5; Netscape 6

border-right

Diese Eigenschaft definiert die Breite, den Stil und die Farbe für die rechte Begrenzung eines Elements.

Beispiel

```
{border-right: thick solid black;}
```

Browser-Unterstützung

Internet Explorer 4, 5, 5.5; Netscape 6

border-left

Diese Eigenschaft definiert die Breite, den Stil und die Farbe für die linke Begrenzung eines Elements.

Beispiel

```
{border-left: normal inset green;}
```

Browser-Unterstützung

Internet Explorer 4, 5, 5.5; Netscape 6

border

Diese Eigenschaft definiert die Breite, den Stil und die Farbe für alle vier Seiten der Begrenzung eines Elements.

Beispiel

```
{border: normal inset green;}
```

Browser-Unterstützung

Internet Explorer 4, 5, 5.5; Netscape 6

padding

Die Eigenschaft padding bestimmt den Raum zwischen der Begrenzung eines Elements und seinen Inhalten. Es gibt fünf Eigenschaften für padding: padding-top, padding-bottom, padding-right, padding-left und padding. Der Wert padding legt die »Füllräume« auf allen vier Seiten fest, während die anderen vier Werte jeweils die Breite für eine bestimmte Seite bestimmen. Die Werte können in definierten Werten (Pixel, Punkt usw.) oder als Prozentwert im Verhältnis zur Gesamtbreite des Elements angegeben werden. Anders als die Eigenschaft margin kann die Eigenschaft padding keine negativen Werte annehmen.

padding-top

Diese Eigenschaft bestimmt den Abstand zwischen der oberen Grenze des Elements und dem höchsten Punkt des Inhalts.

Beispiel

```
{padding-top: 25px;}
```

Browser-Unterstützung

Internet Explorer 4, 5, 5.5; Netscape 4, 4.5–4.7, 6

padding-bottom

Diese Eigenschaft bestimmt den Abstand zwischen der unteren Grenze des Elements und dem tiefsten Punkt des Inhalts.

Beispiel

```
{padding-bottom: 15px;}
```

Browser-Unterstützung

Internet Explorer 4, 5, 5.5; Netscape 4, 4.5–4.7, 6

padding-right

Diese Eigenschaft bestimmt den Abstand zwischen der rechten Grenze des Elements und der rechten Seite des Inhalts.

Beispiel

```
{padding-right: 5px;}
```

Browser-Unterstützung

Internet Explorer 4, 5, 5.5; Netscape 4, 4.5–4.7, 6

padding-left

Diese Eigenschaft bestimmt den Abstand zwischen der linken Grenze des Elements und der linken Seite des Inhalts.

Beispiel

```
{padding-left: 25px;}
```

Browser-Unterstützung

Internet Explorer 4, 5, 5.5; Netscape 4, 4.5–4.7, 6

padding

Diese Eigenschaft bestimmt den Abstand zwischen der Grenze eines Elements und seinem Inhalt. Ein einzelner Wert erstellt eine einheitliche »Füllung« auf allen Seiten.

Beispiel

```
{border-style: solid; padding: 10px;}
```

Es können bis zu vier Werte verwendet werden, die im Uhrzeigersinn definiert werden: top, right, bottom und left.

Beispiel

```
{border-style: solid; padding: 10px 20px 10px 50px;}
```

Bei fehlenden Werten wird der entsprechende Wert der gegenüberliegenden Seite angenommen.

Beispiel

```
{border-style: solid; padding: 10px 20px 10px;}
```

Browser-Unterstützung

Internet Explorer 4, 5, 5.5; Netscape 4, 4.5–4.7, 6

width

Diese Eigenschaft bestimmt die Breite der Inhaltsregion eines Elements (abzüglich von Abständen, Begrenzungen und »Füllung«). Das nächste Beispiel definiert einen Absatz mit einer Breite von 400 Pixel.

Beispiel

```
p {width: 400px; padding: 10px; border: solid 5px;}
```

Prozentwerte, die auf der Breite des übergeordneten Elements basieren, in dem das aktuelle Element enthalten ist, können auch verwendet werden.

Beispiel

```
p {width: 80%; padding: 10px; border: solid 5px;}
```

Der Wert auto errechnet die Breite eines Elements, basierend auf der Breite des übergeordneten Elements, in dem das aktuelle Element enthalten ist.

Beispiel

```
p {width: auto; padding: 10px; border: solid 5px;}
```

Browser-Unterstützung

Internet Explorer 4, 5, 5.5; Netscape 4, 4.5–4.7, 6

height

Diese Eigenschaft bestimmt die Höhe der Inhaltsregion eines Elements (abzüglich von Abständen, Begrenzungen und »Füllung«). Das nächste Beispiel definiert einen Absatz mit einer Höhe von 200 Pixel.

Beispiel

```
p {height: 200px; padding: 10px; border: solid 5px;}
```

Prozentwerte, die auf der Höhe des übergeordneten Elements basieren, in dem das aktuelle Element enthalten ist, können auch verwendet werden.

Beispiel

```
P {height: 80%; padding: 10px; border: solid 5px;}
```

Der Wert auto errechnet die Höhe eines Elements, basierend auf der Höhe des übergeordneten Elements, in dem das aktuelle Element enthalten ist.

Beispiel

```
p {height: auto; padding: 10px; border: solid 5px;}
```

Browser-Unterstützung

Internet Explorer 5, 5.5; Netscape 6

float

Diese Eigenschaft beeinflusst die horizontale Ausrichtung eines Elements, indem es rechts oder links zur Begrenzung des übergeordneten Elements »fließen« kann. Mögliche Werte sind left, right oder none.

Beispiel

```
img {float: right;}
```

Browser-Unterstützung

Internet Explorer 4, 5, 5.5; Netscape 4, 4.5–4.7, 6

left

Dieser Wert bewirkt, dass ein Element zur linken Begrenzung des übergeordneten Elements fließt.

Beispiel

```
img {float: left;}
```

Browser-Unterstützung

Internet Explorer 4, 5, 5.5; Netscape 4, 4.5–4.7, 6

right

Dieser Wert bewirkt, dass ein Element zur rechten Begrenzung des übergeordneten Elements fließt.

Beispiel

```
img {float: right;}
```

Browser-Unterstützung

Internet Explorer 4, 5, 5.5; Netscape 4, 4.5–4.7, 6

none

Dieser Wert verhindert, dass ein Element zu irgendeiner Begrenzung des übergeordneten Elements fließt.

Beispiel

```
img {float: none;}
```

Browser-Unterstützung

Internet Explorer 4, 5, 5.5; Netscape 4, 4.5–4.7, 6

clear

Diese Eigenschaft spezifiziert die Platzierung eines Elements in Relation zu fließenden Objekten. Mögliche Werte sind left, right, both und none.

Beispiel

```
{clear: right;}
```

Browser-Unterstützung

Internet Explorer 5, 5.5; Netscape 4, 4.5–4.7 (unvollständig), 6

left

Dieser Wert beendet den (Text-) Fluss auf der linken Seite eines Elements.

Beispiel

```
{clear: left;}
```

Browser-Unterstützung

Internet Explorer 5, 5.5; Netscape 4, 4.5–4.7 (unvollständig), 6

right

Dieser Wert beendet den (Text-) Fluss auf der rechten Seite eines Elements.

Beispiel

```
{clear: right;}
```

Browser-Unterstützung

Internet Explorer 5, 5.5; Netscape 4, 4.5–4.7 (unvollständig), 6

both

Dieser Wert beendet den (Text-) Fluss auf beiden Seiten eines Elements.

Beispiel

```
{clear: both;}
```

Browser-Unterstützung

Internet Explorer 5, 5.5; Netscape 4, 4.5–4.7 (unvollständig), 6

none

Das ist der Standardwert für diese Eigenschaft. Die Objekte, die das Element umgeben, werden in ihrem Fluss nicht unterbrochen, wenn clear den Wert none hat.

Beispiel

```
{clear: none;}
```

Browser-Unterstützung

Internet Explorer 5, 5.5; Netscape 4, 4.5–4.7 (unvollständig), 6

Klassifikation

Dieser Abschnitt behandelt Stileigenschaften, mit denen die Darstellungsart von Elementen (absatzformatiert, zeichenorientiert usw.), die Darstellung von Listen und Leerzeichen beeinflusst werden kann.

display

Diese Eigenschaft bestimmt die Darstellungsart eines Elements. Diese Eigenschaft kann andere zuvor definierte Darstellungstypen für das Element überschreiben. Absatzformatierte Elemente können z.B. als eingebundene Elemente neu definiert werden, so dass keine Extralinien zwischen ihnen platziert werden.

Beispiel

```
p {display: inline;}
```

Browser-Unterstützung

Internet Explorer 4, 5 (unvollständig); Netscape 4, 4.5 (unvollständig)

block

Dieser Wert bestimmt, dass ein Element als Absatz dargestellt wird.

Beispiel

```
span {display: block;}
```

Browser-Unterstützung

Internet Explorer 5; Netscape 4, 4.5

inline

Dieser Wert bestimmt, dass ein Element als eingebundenes Element dargestellt wird.

Beispiel

```
p {display: inline;}
```

Browser-Unterstützung

Internet Explorer 5; Zukünftige Versionen von Netscape

list-item

Dieser Wert bestimmt, dass ein Element als Listenelement dargestellt wird.

Beispiel

```
p {display: list-item;}
```

Browser-Unterstützung

Netscape 4, 4.5

none

Dieser Wert bestimmt, dass ein Element nicht dargestellt wird. Anders als beim Wert hidden für die Eigenschaft visibility wird hier kein Raum für das Element freigehalten.

Beispiel

```
p {display: none;}
```

Browser-Unterstützung

Internet Explorer 4, 5; Netscape 4, 4.5

white-space

Diese Eigenschaft kontrolliert, wie Leerzeichen, Tabulatoren und Zeilenumbrüche in einem Element behandelt werden. Mögliche Werte sind normal, pre und nowrap.

Beispiel

```
{white-space: pre;}
```

Browser-Unterstützung

Netscape 4, 4.5 (unvollständig)

normal

Dieser Wert fasst alle Freiräume zu einem einzelnen Leerzeichen zusammen und übergeht Leerzeilen, wie normales HTML.

Beispiel

```
{white-space: normal;}
```

Browser-Unterstützung

Netscape 4, 4.5

pre

Dieser Wert erhält Freiräume, analog zur Verwendung des <pre>-Befehls in HTML.

Beispiel

```
{white-space: pre;}
```

Browser-Unterstützung

Netscape 4, 4.5

nowrap

Dieser Wert verhindert, dass Zeilen umbrechen, die das Ende der zur Verfügung stehenden Breite erreichen.

Beispiel

```
{white-space: nowrap;}
```

Browser-Unterstützung

Zurzeit keine, wahrscheinlich in zukünftigen Versionen von Netscape

list-style-type

Diese Eigenschaft definiert Aufzählungszeichen für nummerierte und nicht nummerierte Listen. Der Wert none verhindert die Darstellung von Aufzählungszeichen.

Beispiel

```
OL {list-style-type: upper-roman;}

UL {list-style-type: disc;}
```

Browser-Unterstützung

Internet Explorer 4, 5; Netscape 4, 4.5

none

Dieser Wert bestimmt, dass kein Aufzählungszeichen für die Elemente einer nummerierten oder einer nicht nummerierten Liste angezeigt wird.

Beispiel

```
OL {list-style-type: none;}

UL {list-style-type: none;}
```

Browser-Unterstützung

Internet Explorer 4, 5; Netscape 4, 4.5

Nummerierte Listen

Es gibt fünf Werte für nummerierte Listen: `decimal`, `lower-roman`, `upper-roman`, `lower-alpha` und `upper-alpha`.

decimal

Dieser Wert legt fest, dass bei nummerierten Listen die Aufzählung der Elemente in arabischen Zahlen (1, 2, 3, ...) erfolgt.

Beispiel

```
ol {list-style-type: decimal;}
```

Browser-Unterstützung

Internet Explorer 4, 5; Netscape 4, 4.5

lower-roman

Dieser Wert legt fest, dass bei nummerierten Listen die Aufzählung der Elemente in kleinen römischen Zahlen (i, ii, iii, ...) erfolgt.

Beispiel

```
ol {list-style-type: lower-roman;}
```

Browser-Unterstützung

Internet Explorer 4, 5; Netscape 4, 4.5

upper-roman

Dieser Wert legt fest, dass bei nummerierten Listen die Aufzählung der Elemente in großen römischen Zahlen (I, II, III, ...) erfolgt.

Beispiel

```
ol {list-style-type: upper-roman;}
```

Browser-Unterstützung

Internet Explorer 4, 5; Netscape 4, 4.5

lower-alpha

Dieser Wert legt fest, dass bei nummerierten Listen die Aufzählung der Elemente in Kleinbuchstaben (a, b, c, ...) erfolgt.

Beispiel

```
ol {list-style-type: lower-alpha;}
```

Browser-Unterstützung

Internet Explorer 4, 5; Netscape 4, 4.5

upper-alpha

Dieser Wert legt fest, dass bei nummerierten Listen die Aufzählung der Elemente in Großbuchstaben (A, B, C, ...) erfolgt.

Beispiel

```
ol {list-style-type: upper-alpha;}
```

Browser-Unterstützung

Internet Explorer 4, 5; Netscape 4, 4.5

Nicht nummerierte Listen

Es existieren drei Werte für nicht nummerierte Listen `disc`, `circle` und `square`.

disc

Dieser Wert bestimmt, dass ein schwarzer Punkt als Aufzählungszeichen für die Elemente von nicht nummerierten Listen verwendet wird.

Beispiel

```
ul {list-style-type: disc;}
```

Browser-Unterstützung

Internet Explorer 4, 5; Netscape 4, 4.5

circle

Dieser Wert bestimmt, dass ein schwarzer Kreis als Aufzählungszeichen für die Elemente von nicht nummerierten Listen verwendet wird.

Beispiel

```
ul {list-style-type: circle;}
```

Browser-Unterstützung

Internet Explorer 4, 5; Netscape 4, 4.5

square

Dieser Wert bestimmt, dass ein schwarzes Quadrat als Aufzählungszeichen für die Elemente von nicht nummerierten Listen verwendet wird.

Beispiel

```
ul {list-style-type: square;}
```

Browser-Unterstützung

Internet Explorer 4, 5; Netscape 4, 4.5

list-style-image

Diese Eigenschaft definiert eine Grafik als Aufzählungszeichen, indem sie einen URL, der den Speicherort der Grafik angibt, als Wert verwendet. Der andere Wert für list-style-image ist none.

Beispiel

```
ul {list-style-image: url(ball.gif);}
```

Browser-Unterstützung

Internet Explorer 4, 5; Zukünftige Versionen von Netscape

list-style-position

Diese Eigenschaft bestimmt, ob die Aufzählungszeichen für die Elemente einer Liste innerhalb oder außerhalb der Region, die mit box definiert wurde, angezeigt werden. Standardmäßig erscheinen die Aufzählungszeichen außerhalb der »box«.

Beispiel

```
ol {list-style-type: upper-roman; list-style-position: outside; background:
yellow;}
```

Der Wert inside positioniert die Aufzählungszeichen innerhalb der »box«.

Beispiel

```
ul {list-style-type: square; list-style-position: inside; background: yellow;}
```

Browser-Unterstützung

Internet Explorer 4, 5

list-style

Diese Eigenschaft ist genauer als die anderen list-style Eigenschaften. Sie bestimmt den Typ, die Grafik und die Position für nummerierte und nichtnummerierte Listen. Die Reihenfolge der Eigenschaften ist unerheblich.

Die Werte inside und outside werden nicht von allen Browsern korrekt unterstützt.

Beispiel

```
UL {list-style: inside url("bullet.gif");}

UL {list-style: outside square;}

OL {list-style: lower-roman inside;}
```

Browser-Unterstützung

Internet Explorer 4, 5

CSS2-Eigenschaften

Dieser Abschnitt behandelt die neuen Eigenschaften der CSS2-Spezifikation (ohne die Eigenschaften, die von der CSS1-Spezifikation übernommen wurden). Die Beschreibung einiger Elemente wird relativ kurz sein, da diese Eigenschaften bisher nur von wenigen Browsern unterstützt werden.

CSS2-Selektoren

CSS2 stellt eine Vielzahl neuer Selektoren vor. Diese Eigenschaften verwenden Zusammenhänge, um zu bestimmen, wie bestimmte Stile umgesetzt werden, und um die Abhängigkeit von den HTML-Selektoren wie class und id zu verringern. Für weitere Informationen s.a. Kapitel 10.

* (Wildcard-Selektor)

Dieser Selektor gilt für jedes Element. Die Regel

```
*   {background-color: red;}
```

würde für alle Elemente des Dokuments einen roten Hintergrund definieren.

Eine eher kontextabhängige Anwendung wie

```
div * span  {background-color: yellow;}
```

würde einen gelben Hintergrund für alle <span>-Elemente vorschreiben, die sich innerhalb eines <div>-Elements befinden.

Dieser Selektor wird vom Internet Explorer ab Version 5.5 und von Netscape 6 unterstützt.

> (Child-Selektor)

Dieser Selektor definiert eine Regel, die ausschließlich für Elemente gilt, die sich direkt innerhalb eines anderen Elements befinden, so wie z.B. <p> innerhalb des Dokumentkörpers.

```
body > p  {background-color: yellow;}
```

Dieser Selektor wird von Netscape 6 unterstützt.

+ (Angrenzender-Geschwister-Selektor; Adjacent-sibling)

Dieser Selektor definiert eine Regel, die für das erste Auftreten des in der Stilregel zweitgenannten Elements gilt, nach dem ersten Auftreten des in der Stilregel erstgenannten Elements.

```
h1 + p {color: red;}
```

Hier wird jedes <p>-Element, das direkt auf ein <h1>-Element folgt, rot dargestellt. Der <h1>-Befehl selbst wird von dieser Regel nicht berührt.

Dieser Selektor wird von Netscape 6 unterstützt.

[ ] (Attributabhängiger Selektor)

Dieser Selektor definiert eine Regel, die nur dann ausgeführt wird, wenn ein Element über ein Attribut verfügt, das in eckigen Klammern angegeben wird.

```
A[href] {background-color: orange;}
```

Das kann noch einen Schritt weiter getrieben werden, indem vorgeschrieben wird, dass ein Attribut auch einen bestimmten Wert haben muss.

```
A[href="http://www.htmlref.com"] {background-color: orange;}
```

Dieser Selektor wird von Netscape 6 unterstützt.

CSS2-Pseudoelemente

CSS2 stellt einige neue Pseudoelemente vor: :first-child, :focus, :hover und einige mehr. Die folgende Tabelle listet diese Pseudoelemente auf, beschreibt ihren Zweck und beschreibt, welcher Browser diese Elemente bereits unterstützt. Für weitere Informationen s.a. Kapitel 10.

Pseudoelement	Zweck	Browser-Unterstützung
:first-child	Bestimmt eine Stilregel für das erste Kind-Element eines Elements.	Keine
:focus	Ändert die Darstellung eines Elements, wenn ein Element aktiviert wird, oder in den Mittelpunkt gerät. (Findet in der Regel bei Eingabefeldern Anwendung)	N6
:hover	Ändert die Darstellung eines Elements, wenn der Mauszeiger es überfährt.	IE4, IE5.0, IE5.5; N6
:lang	Weist einem Element eine Stilregel in Abhängigkeit von der jeweiligen Sprache zu.	Keine
:left	Weist einem Element beim Drucken die Regeln für eine linke Seite zu.	Keine
:right	Weist einem Element beim Drucken die Regeln für eine rechte Seite zu.	Keine
:first	Weist einem Element beim Drucken die Regeln für eine erste Seite zu.	Keine
:before	Definiert die Inhalte, die vor einem Element platziert werden sollen.	Keine
:after	Definiert die Inhalte, die nach einem Element platziert werden sollen.	Keine
@media	Definiert Regeln für verschiedene Medientypen innerhalb eines Style Sheets (s.a. Kapitel 10).	IE5.0, IE5.5

CSS2-Text und -Font-Eigenschaften

CSS2 stellt einige neue Eigenschaften vor, die die Darstellung von Text beeinflussen. Bisher werden sie von keinem Browser unterstützt. Sie werden jedoch der Vollständigkeit halber aufgelistet.

Eigenschaft	Zweck
font-size-adjust	Erlaubt die Anpassung der Höhe von Schrifttypen an den erstgenannten Schrifttyp in einer Liste.
font-stretch	Wählt verschiedene Varianten von Schriftfamilien aus. Die Werte sind: ultra-condensed, extra-condensed, condensed, semi-condensed, normal, semi-expanded, expanded, extra-expanded und ultra-expanded.
text-shadow	Bewirkt einen Schatteneffekt bei Text innerhalb eines Elements.

Druck-Stile

CSS2 bietet verschiedene Eigenschaften, die verwendet werden, um Seiten für den Ausdruck zu formatieren und Umbrüche zu definieren. Für weitere Informationen s.a. Kapitel 10.

Eigenschaft	Zweck	Browser-Unterstützung
page	Definiert einen Seitentyp, in dem ein Element dargestellt werden soll.	IE5.5
page-break-after	Führt einen Seitenumbruch nach einem Element durch, wenn die Seite gedruckt wird.	IE4, IE5.0, IE5.5
page-break-before	Führt einen Seitenumbruch vor einem Element durch, wenn die Seite gedruckt wird.	IE4, IE5.0, IE5.5
page-break-inside	Erzwingt oder verbietet einen Seitenumbruch innerhalb eines Elements, wenn die Seite gedruckt wird.	Keine

CSS2-Tabellen-Eigenschaften

CSS2 definiert eine Menge neuer Eigenschaften, mit der die Darstellung von Tabellen beeinflusst werden kann. Manche dieser Eigenschaften werden von einigen Browsern unterstützt.

Eigenschaft	Zweck	Browser-Unterstützung
table-layout	Legt fest, ob eine Tabelle fixiert wird oder nicht. Werte: auto und fixed	IE5.0, IE5.5
border-collapse	Bestimmt, ob die Grenzen von Tabellenzellen verbunden oder getrennt sind. Werte: separate und collapse	IE5.0, IE5.5; N6
border-spacing	Definiert den Abstand von aneinander grenzenden Zellengrenzen (Zahlenwerte)	N6
caption-side	Definiert die Position des Inhalts des <caption>-Elements. Werte: top, bottom, left und right	N6
empty-cells	Bestimmt, ob die Grenzen von leeren Zellen angezeigt werden oder nicht. Werte: show, hide und inherit	N6

CSS2-Border-Eigenschaften

CSS2 stellt einige weitere Eigenschaften für die Umrandung von Tabellen zur Verfügung, die in Verbindung mit den bereits existierenden CSS1-Umrandungseigenschaften verwendet werden können. Sie erlauben eine unabhängige Definition von Stil und Farben für unterschiedliche Seiten eines Elements.

Eigenschaft	Zweck	Browser-Unterstützung
border-bottom-color	Definiert die Farbe für die untere Grenze eines Elements.	IE5.5; N6
border-bottom-style	Definiert den Stil für die untere Grenze eines Elements.	IE5.5; N6
border-left-color	Definiert die Farbe für die linke Grenze eines Elements.	IE5.5; N6

Eigenschaft	Zweck	Browser-Unterstützung
`border-left-style`	Definiert den Stil für die linke Grenze eines Elements.	IE5.5; N6
`border-right-color`	Definiert die Farbe für die rechte Grenze eines Elements.	IE5.5; N6
`border-right-style`	Definiert den Stil für die rechte Grenze eines Elements.	IE5.5; N6
`border-top-color`	Definiert die Farbe für die obere Grenze eines Elements.	IE5.5; N6
`border-top-style`	Definiert den Stil für die obere Grenze eines Elements.	IE5.5; N6

CSS2 – Akustische Stil-Eigenschaften

CSS2 definiert eine Menge von Eigenschaften für die Verwendung von sprachbasierten Browsern, die hier aufgelistet werden. Bisher unterstützt kein Browser diese Eigenschaften. Es kann jedoch in Zukunft nützlich sein, zu definieren, wie ein Browser ein Dokument »liest«. Das gilt für die Sprechgeschwindigkeit, für Pausen, bis hin zu akustischen Signalen.

`azimuth`	`cue`
`cue-after`	`cue-before`
`elevation`	`pause`
`pause-after`	`pause-before`
`pitch`	`pitch-range`
`play-during`	`richness`
`speak`	`speak-header`
`speak-numeral`	`speak-punctuation`
`speech-rate`	`stress`
`voice-family`	`volume`

Für eine ausführlichere Darstellung dieser Eigenschaften s.a. Kapitel 10.

CSS2-Layer und Positionierung

Dieser Abschnitt beschäftigt sich mit den Stileigenschaften, die durch das Schichten und Positionieren von Elementen beeinflusst werden können. Von allen CSS2-Eigenschaften sind das diejenigen mit dem höchsten Grad an Browser-Unterstützung.

position

Diese Eigenschaft definiert, wie ein Element im Verhältnis zu anderen Elementen positioniert wird, wobei die Werte `static`, `absolute` und `relative` lauten können. Die Eigenschaften `left`, `right`, `top` und `bottom` definieren die genaue Position des Elements, dessen obere linke Ecke (0,0) als Referenz dient. Da Elemente auch andere Elemente enthalten können, ist 0,0 nicht notwendigerweise die obere linke Ecke des Browsers.

Beispiel

```
{position: relative; left: 190px; top: 30px;}
```

Browser-Unterstützung

Internet Explorer 4, 5, 5.5; Netscape 6

static

Dieser Wert ist der Standardwert für diese Eigenschaft, platziert Elemente in der Reihenfolge, in der sie im Dokument erscheinen.

Beispiel

```
{position: static; left: 120px; top: 50px;}
```

Browser-Unterstützung

Internet Explorer 4, 5, 5.5; Netscape 6

absolute

Dieser Wert definiert ein Koordinatensystem, das unabhängig von der Platzierung der anderen Absätze und eingebetteten Elemente ist. Ein Element, dessen Position absolut ist, verhält sich wie ein sichtbarer Container für die anderen Elemente, die sich hierin befinden. Alle Elemente, die darin definiert sind, bewegen sich mit ihm. Enthaltene Elemente, die außerhalb dieses Containers definiert sind, verschwinden.

Beispiel

```
{position: absolute; left: 120px; top: 50px;}
```

Browser-Unterstützung

Internet Explorer 4, 5, 5.5; Netscape 6

relative

Dieser Wert positioniert Elemente relativ zu ihrer natürlichen Position im Dokumentfluss.

Beispiel

```
{position: relative; left: 120px; top: 50px;}
```

Browser-Unterstützung

Internet Explorer 4, 5, 5.5; Netscape 6

left

Diese Eigenschaft definiert die X-Koordinate (horizontal) für ein positioniertes Element, relativ zur linken Seite. Die Werte können in Längenwerten (Inch, Pixel usw.), als Prozentwert der Ausmaße des Containers oder mit dem Wert auto, wodurch die Funktion der Eigenschaft durch den Browser oder das Eltern-Element bestimmt wird, angegeben werden.

Beispiel

```
{position: absolute; left: 120px; top: 50px;}

{position: absolute; left: 30%; top: 50%;}

{position: absolute; left: auto; top: auto;}
```

Browser-Unterstützung

Internet Explorer 4, 5, 5.5; Netscape 4, 4.5–4.7, 6

right

Diese Eigenschaft definiert die X-Koordinate (horizontal) für ein positioniertes Element, relativ zur rechten Seite. Die Werte können in Längenwerten (Inch, Pixel usw.), als Prozentwert der Ausmaße des Containers oder mit dem Wert auto, wodurch die Funktion der Eigenschaft durch den Browser oder das Eltern-Element bestimmt wird, angegeben werden.

Beispiel

```
{position: absolute; right: 120px; top: 50px;}

{position: absolute; right: 30%; top: 50%;}

{position: absolute; right: auto; top: auto;}
```

Browser-Unterstützung

Internet Explorer 4, 5, 5.5; Netscape 6

top

Diese Eigenschaft definiert die Y-Koordinate (vertikal) für ein positioniertes Element, relativ zur oberen Begrenzung. Die Werte können in Längenwerten (Inch, Pixel usw.), als Prozentwert der Ausmaße des Containers oder mit dem Wert auto, wodurch die Funktion der Eigenschaft durch den Browser oder das Eltern-Element bestimmt wird, angegeben werden.

Beispiel

```
{position: absolute; left: 100px; top: 150px;}

{position: absolute; left: 50%; top: 30%;}

{position: absolute; left: auto; top: auto;}
```

Browser-Unterstützung

Internet Explorer 4, 5, 5.5; Netscape 4, 4.5–4.7, 6

bottom

Diese Eigenschaft definiert die Y-Koordinate (vertikal) für ein positioniertes Element, relativ zur unteren Begrenzung. Die Werte können in Längenwerten (Inch, Pixel usw.), als Prozentwert der Ausmaße des Containers oder mit dem Wert `auto`, wodurch die Funktion der Eigenschaft durch den Browser oder das Eltern-Element bestimmt wird, angegeben werden.

Beispiel

```
{position: absolute; left: 100px; bottom: 150px;}

{position: absolute; left: 50%; bottom: 30%;}

{position: absolute; left: auto; bottom: auto;}
```

Browser-Unterstützung

Internet Explorer 4, 5, 5.5; Netscape 6

width

Diese Eigenschaft definiert die Breite eines Elements. Die Werte können als Längenwerte (nur positive Werte), prozentual (relativ zur Breite des Containerelements) oder mit dem Wert `auto`, dessen Standardwert die natürliche Breite des Elements ist, angegeben werden.

Beispiel

```
img {position: absolute; left: 120px; top: 50px; height: 200px; width: 400px;}
```

Browser-Unterstützung

Internet Explorer 4, 5, 5.5; Netscape 4, 4.5–4.7, 6

height

Diese Eigenschaft definiert die Höhe eines Elements. Die Werte können als Längenwerte (nur positive Werte), prozentual (relativ zur Höhe des Containerelements) oder mit dem Wert `auto`, dessen Standardwert die natürliche Höhe des Elements ist, angegeben werden.

Beispiel

```
img {position: absolute; left: 120px; top: 50px; height: 100px;
        width: 150px;}
```

Browser-Unterstützung

Internet Explorer 4, 5, 5.5; Netscape 6

clip

Diese Eigenschaft bestimmt die Koordinaten des Beschneidungsrechtecks; genauer die Stelle ab der ein Rechteck beschnitten wird, in dem sich die Inhalte des Elements befinden, wenn der Attributwert abso-lute verwendet wird. Die Koordinatenwerte sind top, right, bottom, left und auto. Wird der Wert auto verwendet, wird eine willkürliche Beschneidung vorgenommen.

Beispiel

```
{position: absolute; left: 20; top: 20; width:100;
 height:100; clip: rect(10 90 90 10);}
```

Browser-Unterstützung

Internet Explorer 5, 5.5; Netscape 6

overflow

Diese Eigenschaft bestimmt das Verhalten eines Elements, wenn sein Inhalt nicht in den dafür zur Verfügung gestellten Raum passt. Mögliche Werte sind clip, scroll und none.

Beispiel

```
{position: absolute; left: 20; top: 20; width: 100; height: 100; clip: rect(10 90
90 10); overflow: scroll;}
```

Browser-Unterstützung

Internet Explorer 5, 5.5; Netscape 6

clip

Dieser Wert schneidet die Inhalte ab, die nicht in den definierten Container passen.

Beispiel

```
{position: absolute; left: 20; top: 20; width: 100; height: 100; clip: rect(10 90
90 10); overflow: clip;}
```

Browser-Unterstützung

Internet Explorer 5.5; Netscape 6

scroll

Dieser Wert erlaubt es nicht anzeigbaren Inhalten zu scrollen.

Beispiel

```
{position: absolute; left: 20; top: 20; width: 100; height: 100; clip: rect(10 90
90 10); overflow: scroll;}
```

Browser-Unterstützung

Internet Explorer 5, 5.5; Netscape 6

none

Dieser Wert bewirkt nichts, kann aber das Abschneiden von Inhalten erlauben.

Beispiel

```
{position: absolute; left: 20; top: 20; width: 100; height: 100; clip: rect(10 90
90 10); overflow: none;}
```

Browser-Unterstützung

Internet Explorer 5, 5.5; Netscape 6

z-index

Diese Eigenschaft bestimmt eine Layerdefinition für Elemente, die andere Inhalte beinhalten, mit relativen oder absoluten Werten. Standardmäßig werden die Elemente in der Reihenfolge gestapelt, in der sie im HTML-Dokument definiert werden. Mit dieser Eigenschaft kann diese Reihenfolge überschrieben werden, indem jedem Element ein numerischer Layerwert zugewiesen wird. Elemente mit höheren Werten liegen über den Elementen mit niedrigen Werten. Der Wert auto bestimmt die Reihenfolge automatisch.

Beispiel

```
{position: absolute; top:20;left:20; height: 50; width: 50; background-color:
blue; z-index: 2;}
```

Browser-Unterstützung

Internet Explorer 5, 5.5; Netscape 4, 4.5–4.7, 6

visibility

Diese Eigenschaft bestimmt, ob ein Element sichtbar ist oder nicht. Mögliche Werte sind hidden, visible und inherit.

Beispiel

```
{visibility: inherit;}
```

Browser-Unterstützung

Internet Explorer 4, 5, 5.5; Netscape 6

hidden

Dieser Wert bestimmt, dass ein Element versteckt wird. Ein solches Element belegt weiterhin Platz im Browserfenster.

Beispiel

```
{visibility: hidden;}
```

Browser-Unterstützung

Internet Explorer 4, 5, 5.5; Netscape 6

visible

Dieser Wert definiert ein Element als sichtbar.

Beispiel

```
{visibility: visible;}
```

Browser-Unterstützung

Internet Explorer 4, 5, 5.5; Netscape 6

inherit

Dieser Wert bestimmt, dass ein Element seinen Sichtbarkeitsstatus von dem Element erbt, in dem es enthalten ist.

Beispiel

```
{visibility: inherit;}
```

Browser-Unterstützung

Internet Explorer 4, 5, 5.5; Netscape 6

Weitere CSS2-Eigenschaften

Die folgende Tabelle zeigt die verbleibenden CSS2-Eigenschaften mit einer kurzen Beschreibung der ihnen zugedachten Funktionen. Zurzeit wird keine dieser Eigenschaften von den aktuellen Browsern unterstützt.

Eigenschaft	Zweck
content	Wird mit den :before- und :after-Pseudoelementen verwendet, um einen URL für Aktionen, wie z.B. dem Abspielen von Audiodateien, zu bestimmen.
counter	Wurde entwickelt, um bei der automatischen Nummerierung von Abschnitten in einem HTML zu helfen (s.a. Kapitel 10).
counter-increment	Wurde entwickelt, um bei der automatischen Nummerierung von Abschnitten in einem HTML zu helfen (s.a. Kapitel 10).
counter-reset	Wurde entwickelt, um bei der automatischen Nummerierung von Abschnitten in einem HTML zu helfen (s.a. Kapitel 10).
marker-offset	Definiert den Abstand für ein Element, das mit der display-Eigenschaft als Hervorhebungsgrafik definiert wurde (s.a. Kapitel 10).
marks	Definiert ob cross marks, crop marks oder beides außerhalb der Box-Kante dargestellt werden soll.

Eigenschaft	Zweck
max-height	Definiert die maximale Höhe, die für ein Element möglich ist.
max-width	Definiert die maximale Breite, die für ein Element möglich ist.
min-height	Definiert die minimale Höhe, die für ein Element möglich ist.
min-width	Definiert die minimale Breite, die für ein Element möglich ist.
orphans	Definiert die minimale Anzahl von Zeilen, die in einem Absatz bis zum Ende der Seite zur Verfügung stehen müssen.
outline	Kurzschreibweise für die Eigenschaft, mit der die drei Werte, Farbe, Stil und Breite, für die Umrandung eines Elements definiert werden (s.a. Kapitel 10).
outline-color	Definiert die Farbe für die Umrandung eines Elements (s.a. Kapitel 10).
outline-style	Definiert den Stil für die Umrandung eines Elements (s.a. Kapitel 10).
outline-width	Definiert die Breite für die Umrandung eines Elements (s.a. Kapitel 10).
quotes	Definiert den Stil der Anführungszeichen, die innerhalb des so markierten Bereichs verwendet werden.
run-in	Ermöglicht es einem Absatzelement, innerhalb des folgenden Absatzelements zu erscheinen (s.a. Kapitel 10).
size	Definiert die Größe und die Ausrichtung einer Seiten-Box.
unicode-bidi	Definiert den Level der Einbindung unter Berücksichtigung des Unicode-bi-directional-Algorithmus.
widows	Definiert die minimale Anzahl von Zeilen, die in einem Absatz bis zum Anfang der Seite bleiben müssen.

Microsoft-Erweiterungen für CSS

Microsoft hat einige Erweiterungen zu den CSS eingeführt, die zwar für die neue CSS-Spezifikation vorgeschlagen wurden, die aber zurzeit nur beim Internet Explorer funktionieren. Der folgende Abschnitt bietet einen kurzen Überblick über diese Erweiterungen und nennt Ihnen die früheste Version des Internet Explorers, der diese unterstützt. Für eine genauere Übersicht schauen Sie auf der Microsoft-Site unter http://www.msdn.microsoft.com/workshop/author/css/reference/attributes.asp nach.

background-position-x

Diese von Microsoft vorgeschlagene Eigenschaft definiert die X-Koordinate für die backgroung-position-Eigenschaft. Eingeführt mit dem Internet Explorer 4.

Beispiel

```
<body style="background-image: url(picture.gif);

       background-repeat: no-repeat;
       background-position-x: 25%;">
```

background-position-y

Diese Eigenschaft definiert die Y-Koordinate für die `backgroung-position`-Eigenschaft. Eingeführt mit IE4.

Beispiel

```
<body style="background-image: url(picture.gif);
       background-repeat: no-repeat;
       background-position-y: 200px;">
```

behavior

Diese Eigenschaft wird verwendet, um den URL für ein Skript zu definieren, das DHTML-Verhaltensweisen in ein Dokument einbindet. Eingeführt mit IE5.

Beispiel

```
<h1 style="behavior: url(colorchange.js)">What a dynamic header!</h1>
```

filter

Diese Eigenschaft fügt Filtereffekte zu verknüpften HTML-Elementen hinzu. Eingeführt mit IE4.

Beispiel

```
<h2 style="filter: Blur(Add = 1, Direction = 90, Strength = 20); width:
100%;">This header is all blurry.</h2>
```

ime-mode

Mit dieser Eigenschaft kann der Status eines Input Method Editors (IME) bestimmt werden, der für chinesische, japanische und koreanische Zeichensätze verwendet werden kann. Eingeführt mit IE5.

Beispiel

```
<textarea style="ime-mode:active"></textarea>
```

layout-grid

Diese Eigenschaft definiert ein Raster, das verwendet werden kann, um japanische oder chinesische Zeichen im Web darzustellen. Kurzschreibweise für die folgenden Layoutraster-Eigenschaften. Eingeführt mit IE5.

Beispiel

```
<p style="layout-grid: char line 12px 12px .5in">
   Ein kurzes Textbeispiel.</p>
```

layout-grid-char

Diese Eigenschaft definiert die Größe eines japanischen oder chinesischen Zeichens, das mit einem Raster erstellt wurde. Eingeführt mit IE5.

Beispiel

```
<p style="layout-grid-char: 50px">
 Ein kurzes Textbeispiel.</p>
```

layout-grid-line

Diese Eigenschaft definiert den Rasterlinienwert eines japanischen oder chinesischen Zeichens, das mit einem Raster erstellt wurde. Eingeführt mit IE5.

Beispiel

```
<p style="layout-grid-line: 100px">
    Ein kurzes Textbeispiel<br>
    mit Zeilenumbrüchen, damit<br>
    die Bedeutung dieser Eigenschaft<br>
    offensichtlich wird.</p>
```

layout-grid-mode

Diese Eigenschaft definiert, ob ein Textlayoutraster eine oder zwei Dimensionen verwendet. Eingeführt mit IE5.

Beispiel

```
<p style="layout-grid-mode: none; layout-grid-line: 100px">
    Ein kurzes Textbeispiel<br>
    mit layout-grid-mode,<br>
    das den Wert none hat,<br>
    um das Raster abzuschalten.</p>
```

layout-grid-type

Diese Eigenschaft definiert den Typ eines Rasters, das verwendet wird, um japanische oder chinesische Zeichen zu erstellen. Eingeführt mit IE5.

Beispiel

```
<p style="layout-grid-type: strict; layout-grid-line: 55px">
    Ein kurzes Textbeispiel.</p>
```

line-break

Diese Eigenschaft definiert die Zeilenumbruchsregeln für japanischen Text. Eingeführt mit IE5.

Beispiel

```
p {line-break: normal;}
```

overflow-x

Diese Eigenschaft definiert, wie Inhalte sich verhalten sollen, wenn sie die Breite des umgebenden Elements überschreiten. Eingeführt mit IE4.

Beispiel

```
<p style="overflow-x: scroll; width: 100px">
ABCDEFGHIJKLMNOPQRSTUVWXYZ
</p>
```

overflow-y

Diese Eigenschaft definiert, wie Inhalte sich verhalten sollen, wenn sie die Höhe des umgebenden Elements überschreiten. Eingeführt mit IE4.

Beispiel

```
<p style="overflow-y: scroll; height: 25px; width: 50px;
    background-color: lightblue">
ABC<br>
DEF<br>
GHI<br>
JKL<br>
MNO<br>
PQR<br>
STU<br>
VWXYZ
</p>
```

ruby-align

Diese Eigenschaft definiert die Ausrichtung von Ruby-Text, der mit dem <rt>-Element definiert wird, in Relation zum Basistext, der durch das <ruby>-Element definiert wird (s.a. Einträge für <ruby> und <rt> in Anhang A). Eingeführt mit IE5.

Beispiel

```
<ruby style="ruby-align: right">
Das ist der Basistext definiert mit dem Element ruby.

<rt>Das ist der Ruby-Text definiert mit dem Element rt.
</ruby>
```

ruby-overhang

Diese Eigenschaft definiert den Überhang von Ruby-Text, der durch das <rt>-Element definiert wurde, im Verhältnis zum Basistext, der mit dem <ruby>-Element definiert wurde (s.a. Einträge für <ruby> und <rt> in Anhang A). Eingeführt mit IE5.

Beispiel

```
<ruby style="ruby-overhang: auto">
Das ist der Basistext definiert mit dem Element ruby.

<rt> Das ist der Ruby-Text definiert mit dem Element rt,
und er ist sehr viel länger als der Basistext in diesem Beispiel. Viel länger.</
ruby>

Das ist Text außerhalb des Ruby-Elements.
```

ruby-position

Diese Eigenschaft definiert die Position von Ruby-Text, der durch das <rt>-Element definiert wurde, im Verhältnis zum Basistext, der mit dem <ruby>-Element definiert wurde (s.a. Einträge für <ruby> und <rt> in Anhang A). Eingeführt mit IE5.

Beispiel

```
<ruby style="ruby-position: inline">
Das ist der Basistext definiert mit dem Element ruby.

<rt> Das ist der Ruby-Text definiert mit dem Element rt, aber er sieht so nicht im
IE5.5 aus, da er als inline in Relation zum Basistext definiert wurde.</ruby>
```

scrollbar-3d-light-color

Diese Eigenschaft definiert die Farbe für die obere und die untere Kante einer Scrollbox in einem Scrollbalken. Dieser und die zugehörigen Scrollbalken-Eigenschaften können auch dem Scrollbalken des Browserfensters zugewiesen werden, wenn sie im <body>-Element oder mit anderen Elementen, die in Verbindung mit Beschneidungseigenschaften stehen, verwendet werden. Eingeführt mit IE5.5.

Beispiel

```
body {scrollbar-3d-light-color: lightblue;}
```

scrollbar-arrow-color

Diese Eigenschaft bestimmt die Farbe des Pfeils in einem Scrollbalken. Eingeführt mit IE5.5.

Beispiel

```
body {scrollbar-arrow-color: red;}
```

scrollbar-base-color

Diese Eigenschaft bestimmt die Grundfarbe eines Scrollbalkens. Eingeführt mit IE5.5.

Beispiel

```
body {scrollbar-base-color: green;}
```

scrollbar-dark-shadow-color

Diese Eigenschaft bestimmt die Schattenfarbe für die rechte und die untere Kante eines Scrollbalkens. Eingeführt mit IE5.5.

Beispiel

```
body {scrollbar-darkshadow-color: #0000FF;}
```

scrollbar-face-color

Diese Eigenschaft bestimmt die Farbe der Front eines Scrollbalkens. Eingeführt mit IE5.5.

Beispiel

```
body {scrollbar-face-color: #CC00FF;}
```

scrollbar-highlight-color

Diese Eigenschaft bestimmt die Farbe für die obere und die linke Kante eines Scrollbalkens. Eingeführt mit IE5.5.

Beispiel

```
body {scrollbar-highlight-color: #CCFFFF;}
```

scrollbar-shadow-color

Diese Eigenschaft bestimmt die Farbe für die rechte und die untere Kante eines Scrollbalkens. Eingeführt mit IE5.5.

Beispiel

```
body {scrollbar-shadow-color: purple;}
```

text-autospace

Diese Eigenschaft definiert den Freiraumwert für Text. Sie findet Verwendung, wenn verschiedene Zeichentypen (regulärer Text, ideografischer Text und Zahlen) miteinander kombiniert werden. Eingeführt mit IE5.

text-justify

Diese Eigenschaft bietet Ihnen größere Kontrolle darüber, wie Text im Blocksatz ausgerichtet werden soll. Eingeführt mit IE5.

Beispiel

```
<p style="text-align: justify; text-justify: distribute-all-lines; width: 250px">
Dieser Absatz wird nicht nur als Blocksatz dargestellt, es wird auch festgelegt,
dass auch die letzte Zeile im Blocksatz erscheint.
</p>
```

text-kashida-space

Diese Eigenschaft definiert die Raumzuteilung zwischen der Kashida-Erweiterung und Leerzeichen-Erweiterung bei Text, der als Blocksatz formatiert wurde (Kashida ist ein typografischer Effekt, der in arabischen Schreibsystemen verwendet wird). Eingeführt mit IE5.5.

text-underline-position

Diese Eigenschaft definiert die Position von Unterstreichungen, die mit der Eigenschaft text-decoration definiert wurden. Eingeführt mit IE5.

Beispiel

```
<p style="text-decoration: underline;
    text-underline-position: above">
Dieses Beispiel verwendet die Eigenschaft text-underline-position, um die
Unterstreichung über dem Text darzustellen.
Weshalb wurde nicht der Wert von text-decoration auf overline gesetzt?
</p>
```

word-break

Diese Eigenschaft kann verwendet werden, um Zeilenumbrüche innerhalb von Wörtern, insbesondere bei asiatischen Sprachen, zu erlauben. Eingeführt mit IE5.

Beispiel

```
<div style="word-break: break-all; width:50px">
Wörter können in diesem Beispiel getrennt werden. Wie dieses hier:
Sesquipedalianismus</div>
```

word-wrap

Diese Eigenschaft kann verwendet werden, um Zeilenumbrüche innerhalb von Wörtern zu erlauben, wenn der Inhalt den zur Verfügung stehenden Raum überschreitet. Eingeführt mit IE5.5.

Beispiel

```
<p style="word-wrap: break-word; width: 30px">
Hier können Wörter umbrechen. Hier ist noch ein langes:
Transzendentalismus</p>
```

writing-mode

Diese Eigenschaft kann verwendet werden, um den Text entsprechend der europäischen oder der ostasiatischen Schreibrichtung fließen zu lassen. Die Werte sind `lr-tb` (left-to-right, top-to-bottom; von links nach rechts und von oben nach unten) und `tb-rl` (top-to-bottom, right-to-left; von oben nach unten und von links nach rechts). Eingeführt mit IE5.5.

Beispiel

```
<p style="writing-mode: tb-rl">
Dieses Beispiel verdreht Ihnen den Kopf, wenn Sie es im Internet Explorer 5.5
betrachten.</p>
```

zoom

Diese Eigenschaft kann verwendet werden, um eine Vergrößerungsskala für ein Element zu definieren. Es kann mit Skriptsprachen verwendet werden, um Rollover-Effekte zu erzielen. Eingeführt mit IE5.5.

Beispiel

```
<p onmouseover="this.style.zoom='150%'"
   onmouseout="this.style.zoom='normal'">
   Vorsicht, der Text könnte Sie anspringen!</p>
```

Style-Sheet-Messwerte

Dieser Abschnitt beschäftigt sich mit den Maßeinheiten, die in Verbindung mit Style Sheets verwendet werden.

%

Dieser Wert definiert eine Maßangabe, die prozentual zu einem anderen Wert gemacht wird.

Beispiel

```
p {font-size: 14pt; line-height: 150%;}
```

Browser-Unterstützung

Internet Explorer 3, 4, 5, 5.5; Netscape 4, 4.5–4.7, 6

cm

Dieser Wert definiert eine Maßangabe, die in Zentimeter gemacht wird.

Beispiel

```
div {margin-bottom: 1cm;}
```

Browser-Unterstützung

Internet Explorer 3, 4, 5, 5.5; Netscape 4, 4.5–4.7, 6

em

Dieser Wert definiert eine Maßangabe für Höhen von Schriftzeichen, die in em-Einheiten gemacht wird.

Beispiel

```
p {letter-spacing: 5em;}
```

Browser-Unterstützung

Internet Explorer 3 (nur beim Mac), 5, 5.5; Netscape 4, 4.5–4.7 (unvollständig), 6

ex (x-height)

Dieser Wert definiert eine Maßangabe, die relativ zur x-Höhe einer Schrift gemacht wird. Die x-Höhe wird durch die Höhe des Kleinbuchstabens x definiert.

Beispiel

```
p {font-size: 14pt; line-height: 2ex;}
```

Browser-Unterstützung

Internet Explorer 3 (nur beim Mac), 5, 5.5; Netscape 4, 4.5–4.7 (unvollständig), 6

in

Dieser Wert definiert eine Maßangabe, die in Inch gemacht wird.

Beispiel

```
p {word-spacing: .25in;}
```

Browser-Unterstützung

Internet Explorer 3, 4, 5, 5.5; Netscape 4, 4.5–4.7, 6

mm

Dieser Wert definiert eine Maßangabe, die in Millimeter gemacht wird.

Beispiel

```
p {word-spacing: 12mm;}
```

Browser-Unterstützung

Internet Explorer 3, 4, 5, 5.5; Netscape 4, 4.5–4.7, 6

pc

Dieser Wert definiert eine Maßangabe, die in Pica gemacht wird.

Beispiel

```
p {font-size: 10pc;}
```

Browser-Unterstützung

Internet Explorer 3, 4, 5, 5.5; Netscape 4, 4.5–4.7, 6

pt

Dieser Wert definiert eine Maßangabe, die in Punkt gemacht wird.

Beispiel

```
body {font-size: 14pt;}
```

Browser-Unterstützung

Internet Explorer 3, 4, 5, 5.5; Netscape 4, 4.5–4.7, 6

px

Dieser Wert definiert eine Maßangabe, die in Pixel gemacht wird.

Beispiel

```
p {padding: 15px;}
```

Browser-Unterstützung

Internet Explorer 3, 4, 5, 5.5; Netscape 4, 4.5–4.7, 6

Style-Sheet-Farbwerte

Dieser Abschnitt erläutert die Farbwerte, die in Verbindung mit Style Sheets verwendet werden.

Farbwertnamen

Farbwerte können durch sechzehn Farbnamen definiert werden: aqua, black, blue, fuchsia, gray, green, lime, maroon, navy, olive, purple, red, silver, teal, white und yellow. Eine erweiterte Liste der Farbnamen wurde von Netscape eingeführt, aber es ist sicherer, die äquivalenten Hexadezimalwerte zu verwenden. Eine alphabetische Liste dieser Namen finden Sie in Anhang E.

Beispiel

```
body {font-family: Arial; font-size: 12pt; color: red;}
```

Browser-Unterstützung

Internet Explorer 3, 4, 5, 5.5; Netscape 4, 4.5–4.7, 6

Sechsstellige Hexadezimal-Farbwerte

Farbwerte können mit sechsstelligen Hexadezimal-Farbwerten, wie sie üblicherweise im Web verwendet werden, definiert werden.

Beispiel

```
div {font-family: Courier; font-size: 10pt; color: #00CCFF;}
```

Browser-Unterstützung

Internet Explorer 3, 4, 5, 5.5; Netscape 4, 4.5–4.7, 6

Dreistellige Hexadezimal-Farbwerte

Farbwerte können mit dreistelligen Hexadezimal-Farbwerten, einer verkürzten Schreibweise der sechsstelligen Werte, definiert werden.

Beispiel

```
span {font-family: Helvetica; font-size: 14pt; color: #0CF;}
```

Browser-Unterstützung

Internet Explorer 3, 4, 5, 5.5; Netscape 4, 4.5–4.7, 6

RGB-Farbwerte

Farbwerte können durch Verwendung der RGB-Werte definiert werden. Die Farben werden durch die Buchstaben rgb definiert, denen drei Zahlen zwischen 0 und 255 folgen. Diese Zahlen müssen in Klammern geschrieben und nur durch Kommata ohne Leerzeichen voneinander getrennt sein.

Beispiel

```
p {color: rgb(204,0,51);}
```

Browser-Unterstützung

Internet Explorer 4, 5, 5.5; Netscape 4, 4.5–4.7, 6

RGB-Farbwerte unter Verwendung von Prozenten

RGB-Farbwerte können auch unter Verwendung von Prozentangaben definiert werden. Das Format ist das gleiche, mit der Ausnahme, dass die Zahlen durch Prozentwerte zwischen 0% und 100% ersetzt werden.

Beispiel

```
p {color: rgb(75%,10%,50%);}
```

Browser-Unterstützung

Internet Explorer 4, 5, 5.5; Netscape 4, 4.5–4.7, 6

C

Sonderzeichen

Dieser Anhang listet die Sonderzeichen auf, die im Standard-HTML und in HTML 4.x verfügbar sind. Für die Hinweise zur Browserunterstützung sind die folgenden Browserversionen getestet worden: Netscape 1.22, Netscape 2.02, Netscape 3.01, Netscape Communicator 4.0, Netscape Communicator 4.5, Netscape Communicator 4.73, Netscape 6, Internet Explorer 3.02, Internet Explorer 4.0, Internet Explorer 5.0, Internet Explorer 5.5 und Opera 4.02. In den Tabellen dieses Anhangs werden die folgenden Abkürzungen für die verschiedenen Netscape- und Internet-Explorer-Versionen verwendet:

N1 = Netscape 1.22	N6 = Netscape Communicator 6
N2 = Netscape 2.02	IE3 = Internet Explorer 3.02
N3 = Netscape 3.01	IE4 = Internet Explorer 4.0
N4 = Netscape Communicator 4.0	IE5 = Internet Explorer 5.0
N4.5 = Netscape Communicator 4.5	IE5.5 = Internet Explorer 5.5
N4.7 = Netscape Communicator 4.73	O4 = Opera 4.02

»Standard«-HTML-Zeichen

Wie bereits mehrmals in diesem Buch erwähnt, werden bestimmte Zeichen vom Browser nicht dargestellt, wenn sie in einem HTML-Dokument erscheinen. Einige Zeichen wie »>« und »<« haben eine besondere Bedeutung in HTML, da sie Teile von HTML-Befehlen (so genannten »Tags«) sind. Auch andere Zeichen, wie die Sonderzeichen fremder Sprachen oder bestimmte Symbole, sind schwer einzufügen. HTML verwendet einen Satz von Codes für die Darstellung von Sonderzeichen. Diese Codes bestehen aus Zahlenwerten und für einige Zeichen aus Namenswerten. Der Zahlenwert Ë erzeugt z.B. das Zeichen »Ë«. Der Namenswert Ë produziert dasselbe Zeichen. Die Namenswerte deuten oft die Art der Darstellung an, so dass man hier eine hilfreiche Gedächtnisstütze hat. Ë wird von fast allen Browsern unterstützt, dennoch funktionieren nicht alle Sonderzeichen auf allen Browsern. Theoretisch könnte ein Browserhersteller sogar beliebige eigene Interpretationen für diese Codes erstellen. WebTV hat z.B. seine eigenen Darstellungen für die Zeichen 128 und 129 definiert, die in der HTML-Spezifikation nicht verwendet werden. Die Codes 32 bis 255 entsprechen (mit einigen Lücken) den Standardzeichen einer Tastatur. Einige dieser Zeichen entsprechen denen, die ein Browser ohnehin darstellen kann. So repräsentiert der Wert 5 die Zahl »5«, während A den Großbuchstaben »A« darstellt. Diese Zeichen werden dann eingesetzt, wenn es notwendig wird, Sonderzeichen einer fremden Sprache, wie »Œ« oder »Å« oder Spezialzeichen wie »¶«, zu verwenden. Die folgende Tabelle listet diese »Standardzeichen«, jedoch ohne die Buchstaben aus dem »normalen« Alphabet und Zahlen, sowie die Unterstützung durch Browser auf.

Namenswert	Browser-Unterstützung	Zahlenwert	Browser-Unterstützung	Darstellung	Beschreibung
		&#32;	N: 1, 2, 3, 4, 4.5, 4.7, 6 IE: 3, 4, 5, 5.5, Opera 4.02, WebTV		Leerzeichen
		&#33;	N: 1, 2, 3, 4, 4.5, 4.7, 6 IE: 3, 4, 5, 5.5, Opera 4.02, WebTV	!	Ausrufezeichen
&quot;	N: 1, 2, 3, 4, 4.5, 4.7, 6 IE: 3, 4, 5, 5.5, Opera 4.02, WebTV	&#34;	N: 1, 2, 3, 4, 4.5, 4.7, 6 IE: 3, 4, 5, 5.5, Opera 4.02, WebTV	"	Doppelte Anführungszeichen
		&#35;	N: 1, 2, 3, 4, 4.5, 4.7, 6 IE: 3, 4, 5, 5.5, Opera 4.02, WebTV	#	Hash (Zahlensymbol)
		&#36;	N: 1, 2, 3, 4, 4.5, 4.7, 6 IE: 3, 4, 5, 5.5, Opera 4.02, WebTV	$	Dollar-Symbol
		&#37;	N: 1, 2, 3, 4, 4.5, 4.7, 6 IE: 3, 4, 5, 5.5, Opera 4.02, WebTV	%	Prozentsymbol
&amp;	N: 1, 2, 3, 4, 4.5, 4.7, 6 IE: 3, 4, 5, 5.5, Opera 4.02, WebTV	&#38;	N: 1, 2, 3, 4, 4.5, 4.7, 6 IE: 3, 4, 5, 5.5, Opera 4.02, WebTV	&	Kaufmanns-Und
		&#39;	N: 1, 2, 3, 4, 4.5, 4.7, 6 IE: 3, 4, 5, 5.5, Opera 4.02, WebTV	'	Einfaches Anführungszeichen
		&#40;	N: 1, 2, 3, 4, 4.5, 4.7, 6 IE: 3, 4, 5, 5.5, Opera 4.02, WebTV	(	Öffnende runde Klammer
		&#41;	N: 1, 2, 3, 4, 4.5, 4.7, 6 IE: 3, 4, 5, 5.5, Opera 4.02, WebTV	)	Schließende runde Klammer
		&#42;	N: 1, 2, 3, 4, 4.5, 4.7, 6 IE: 3, 4, 5, 5.5, Opera 4.02, WebTV	*	Sternchen
		&#43;	N: 1, 2, 3, 4, 4.5, 4.7, 6 IE: 3, 4, 5, 5.5, Opera 4.02, WebTV	+	Plus-Zeichen
		&#44;	N: 1, 2, 3, 4, 4.5, 4.7, 6 IE: 3, 4, 5, 5.5, Opera 4.02, WebTV	,	Komma

Namenswert	Browser-Unterstützung	Zahlenwert	Browser-Unterstützung	Darstellung	Beschreibung
		&#45;	N: 1, 2, 3, 4, 4.5, 4.7, 6 IE: 3, 4, 5, 5.5, Opera 4.02, WebTV	-	Minus-Zeichen (Bindestrich)
		&#46;	N: 1, 2, 3, 4, 4.5, 4.7, 6 IE: 3, 4, 5, 5.5, Opera 4.02, WebTV	.	Punkt
		&#47;	N: 1, 2, 3, 4, 4.5, 4.7, 6 IE: 3, 4, 5, 5.5, Opera 4.02, WebTV	/	Schrägstrich
		&#58;	N: 1, 2, 3, 4, 4.5, 4.7, 6 IE: 3, 4, 5, 5.5, Opera 4.02, WebTV	:	Doppelpunkt
		&#59;	N: 1, 2, 3, 4, 4.5, 4.7, 6 IE: 3, 4, 5, 5.5, Opera 4.02, WebTV	;	Semikolon
&lt;	N: 1, 2, 3, 4, 4.5, 4.7, 6 IE: 3, 4, 5, 5.5, Opera 4.02, WebTV	&#60;	N: 1, 2, 3, 4, 4.5, 4.7, 6 IE: 3, 4, 5, 5.5, Opera 4.02, WebTV	<	»Kleiner als«-Symbol
		&#61;	N: 1, 2, 3, 4, 4.5, 4.7, 6 IE: 3, 4, 5, 5.5, Opera 4.02, WebTV	=	Gleichheitszeichen
&gt;	N: 1, 2, 3, 4, 4.5, 4.7, 6 IE: 3, 4, 5, 5.5, Opera 4.02, WebTV	&#62;	N: 1, 2, 3, 4, 4.5, 4.7, 6 IE: 3, 4, 5, 5.5, Opera 4.02, WebTV	>	»Größer als«-Symbol
		&#63;	N: 1, 2, 3, 4, 4.5, 4.7, 6 IE: 3, 4, 5, 5.5, Opera 4.02, WebTV	?	Fragezeichen
		&#64;	N: 1, 2, 3, 4, 4.5, 4.7, 6 IE: 3, 4, 5, 5.5, Opera 4.02, WebTV	@	At-Symbol (»Klammeraffe«)
		&#91;	N: 1, 2, 3, 4, 4.5, 4.7, 6 IE: 3, 4, 5, 5.5, Opera 4.02, WebTV	[	Öffnende eckige Klammer
		&#92;	N: 1, 2, 3, 4, 4.5, 4.7, 6 IE: 3, 4, 5, 5.5, Opera 4.02, WebTV	\	Backslash
		&#93;	N: 1, 2, 3, 4, 4.5, 4.7, 6 IE: 3, 4, 5, 5.5, Opera 4.02, WebTV	]	Schließende eckige Klammer

Namenswert	Browser-Unterstützung	Zahlenwert	Browser-Unterstützung	Darstellung	Beschreibung
		&#94;	N: 1, 3, 4, 4.5, 4.7, 6 IE: 3, 4, 5, 5.5, Opera 4.02, WebTV	^	Accent circonflexe
		&#95;	N: 1, 2, 3, 4, 4.5, 4.7, 6 IE: 3, 4, 5, 5.5, Opera 4.02, WebTV	_	Unterstrich
		&#96;	N: 1, 2, 3, 4, 4.5, 4.7, 6 IE: 3, 4, 5, 5.5, Opera 4.02, WebTV	'	Accent grave
		&#123;	N: 1, 2, 3, 4, 4.5, 4.7, 6 IE: 3, 4, 5, 5.5, Opera 4.02, WebTV	{	Öffnende geschwungene Klammer
		|	N: 1, 2, 3, 4, 4.5, 4.7, 6 IE: 3, 4, 5, 5.5, Opera 4.02, WebTV	|	Horizontaler Strich
		&#125;	N: 1, 2, 3, 4, 4.5, 4.7, 6 IE: 3, 4, 5, 5.5, Opera 4.02, WebTV	}	Schließende geschwungene Klammer
		&#126;	N: 1, 2, 3, 4, 4.5, 4.7, 6 IE: 3, 4, 5, 5.5, Opera 4.02, WebTV	~	Tilde
&trade;	IE: 3, 4, 5, 5.5	&#129;	WebTV (kein Standard) †	™	Trademark-Symbol
		&#130;	N: 2, 3, 4, 4.5 IE: 3, 4, 5, 5.5, Opera 4.02, WebTV	,	Einfaches unteres Anführungszeichen
		&#131;	N: 3, 4, 4.5, 4.7, 6 IE: 3, 4, 5, 5.5, Opera 4.02, WebTV	ƒ	Geschwungenes kleines »f«
		&#132;	N: 2, 3, 4, 4.5, 4.7, 6 IE: 3, 4, 5, 5.5, Opera 4.02, WebTV	„	Doppeltes unteres Anführungszeichen
		&#133;	N: 2, 3, 4, 4.5, 4.7, 6 IE: 3, 4, 5, 5.5, Opera 4.02, WebTV	…	Ellipsis (kein Standard)
		&#134;	N: 2, 3, 4, 4.5, 4.7, 6 IE: 3, 4, 5, 5.5, Opera 4.02, WebTV	†	Kreuz (kein Standard)

Namenswert	Browser-Unterstützung	Zahlenwert	Browser-Unterstützung	Darstellung	Beschreibung
		&#135;	N: 2, 3, 4, 4.5, 4.7, 6 IE: 3, 4, 5, 5.5, Opera 4.02, WebTV	‡	Doppelkreuz (kein Standard)
		&#136;	N: 3, 4, 4.5, 4.7, 6 IE: 3, 4, 5, 5.5, Opera 4.02, WebTV	^	Accent circonflexe
		&#137;	N: 2, 3, 4, 4.5, 4.7, 6 IE: 3, 4, 5, 5.5, Opera 4.02, WebTV	‰	Promille-Zeichen
		&#138;	N: 3, 4, 4.5, 4.7, 6 IE: 3, 4, 5, 5.5, Opera 4.02, WebTV	Š	Großes »S« mit Caron
		&#139;	N: 2, 3, 4, 4.5, 4.7, 6 IE: 3, 4, 5, 5.5, Opera 4.02, WebTV	<	»Kleiner als«-Symbol
		&#140;	N: 3, 4, 4.5, 4.7, 6 IE: 3, 4, 5, 5.5, Opera 4.02, WebTV	Œ	Große »OE«-Ligatur
		&#141;	Keiner	Ÿ	Großes »Y« mit Umlaut
		&#145;	N: 1, 2, 3, 4, 4.5, 4.7, 6 IE: 3, 4, 5, 5.5, Opera 4.02, WebTV	`	Öffnendes einfaches Anführungszeichen
		&#146;	N: 1, 2, 3, 4, 4.5, 4.7, 6 IE: 3, 4, 5, 5.5, Opera 4.02, WebTV	'	Schließendes einfaches Anführungszeichen
		&#147;	N: 2, 3, 4, 4.5, 4.7, 6 IE: 3, 4, 5, 5.5, Opera 4.02, WebTV	"	Öffnendes doppeltes unteres Anführungszeichen
		&#148;	N: 2, 3, 4, 4.5, 4.7, 6 IE: 3, 4, 5, 5.5, Opera 4.02, WebTV	"	Schließendes doppeltes unteres Anführungszeichen
		&#149;	N: 2, 3, 4, 4.5, 4.7, 6 IE: 3, 4, 5, 5.5, Opera 4.02, WebTV	•	Bullet
		&#150;	N: 2, 3, 4, 4.5, 4.7, 6 IE: 3, 4, 5, 5.5, Opera 4.02, WebTV	–	En-Bindestrich

Namenswert	Browser-Unterstützung	Zahlenwert	Browser-Unterstützung	Darstellung	Beschreibung
		&#151;	N: 2, 3, 4, 4.5, 4.7, 6 IE: 3, 4, 5, 5.5, Opera 4.02, WebTV	–	Em-Bindestrich
		&#152;	N: 3, 4, 4.5, 4.7, 6 IE: 3, 4, 5, 5.5, Opera 4.02, WebTV	~	Tilde
&trade;	IE: 3, 4, 5, 5.5 N: 2, 3, 4, 4.5, 4.7, 6 O: 4, WebTV	™‡	N: 2, 3, 4, 4.5, 4.7, 6 IE: 3, 4, 5, 5.5, O:4, WebTV	™	Trademark-Symbol
		&#154;	N: 3, 4, 4.5, 4.7, 6 IE: 3, 4, 5, 5.5, Opera 4.02, WebTV	š	Kleines »s« mit Caron
		&#155;	N: 2, 3, 4, 4.5, 4.7, 6 IE: 3, 4, 5, 5.5, Opera 4.02, WebTV	>	Größer als Symbol
		&#156;	N: 3, 4, 4.5, 4.7, 6 IE: 3, 4, 5, 5.5, Opera 4.02, WebTV	œ	Kleine »oe«-Ligatur
		&#159;	N: 4, 4.5, 4.7, 6 IE: 3, 5, 5.5	Ÿ	Großes »Y« mit Umlaut
	N: 1, 3, 4, 4.5, 4.7, 6 IE: 3, 4, 5, 5.5, O: 4		N: 1, 2, 3, 4, 4.5, 4.7, 6 IE: 3, 4, 5, 5.5		Nonbreaking spacegibt es dafür ein deutsches Wort?
&iexcl;	N; 3, 4, 4.5, 4.7, 6 IE: 3, 4, 5, 5.5, Opera 4.02, WebTV	&#161;	N: 1, 3, 4, 4.5, 4.7, 6 IE: 3, 4, 5, 5.5, Opera 4.02, WebTV	¡	Umgekehrtes Ausrufezeichen
&cent;	N: 3, 4, 4.5, 4.7, 6 IE: 3, 4, 5, 5.5, Opera 4.02, WebTV	&#162;	N: 1, 3, 4, 4.5, 4.7, 6 IE: 3, 4, 5, 5.5, Opera 4.02, WebTV	¢	Cent
&pound;	N: 3, 4, 4.5, 4.7, 6 IE: 3, 4, 5, 5.5, Opera 4.02, WebTV	&#163;	N: 1, 3, 4, 4.5, 4.7, 6 IE: 3, 4, 5, 5.5, Opera 4.02, WebTV	£	Pfund Sterling
&curren;	N: 3, 4, 4.5, 4.7, 6 IE: 3, 4, 5, 5.5, Opera 4.02, WebTV	&#164;	N: 1, 2, 3, 4, 4.5, 4.7, 6 IE: 3, 4, 5, 5.5, Opera 4.02, WebTV	¤	Währungs-Symbol
&yen;	N: 3, 4, 4.5, 4.7, 6 IE: 3, 4, 5, 5.5, Opera 4.02, WebTV	&#165;	N: 1, 3, 4, 4.5, 4.7, 6 IE: 3, 4, 5, 5.5, Opera 4.02, WebTV	¥	Japanische Yen

‡ Die Unterstützung für `&#153;` (™) ist von Betriebssystem zu Betriebssystem unterschiedlich, obwohl die meisten Browser das Zeichen richtig darstellen. Wenn Sie unsicher sind, können Sie stattdessen `<sup><small>TM</small></sup>` verwenden.

Namenswert	Browser-Unterstützung	Zahlenwert	Browser-Unterstützung	Darstellung	Beschreibung
&brvbar;	N: 3, 4, 4.5, 4.7, 6 IE: 3, 4, 5, 5.5, Opera 4.02, WebTV	&#166;	N: 2, 3, 4, 4.5, 4.7, 6 IE: 3, 4, 5, 5.5, Opera 4.02, WebTV	¦	Pipe
&sect;	N: 3, 4, 4.5, 4.7, 6 IE: 3, 4, 5, 5.5, Opera 4.02, WebTV	&#167;	N: 1, 2, 3, 4, 4.5, 4.7, 6 IE: 3, 4, 5, 5.5, Opera 4.02, WebTV	§	Paragraf-Symbol
&uml;	N: 3, 4, 4.5, 4.7, 6 IE: 3, 4, 5, 5.5, Opera 4.02, WebTV	&#168;	N: 1, 3, 4, 4.5, 4.7, 6 IE: 3, 4, 5, 5.5, Opera 4.02, WebTV	¨	Umlaut, ohne Buchstaben
&copy;	N: 1, 2, 3, 4, 4.5, 4.7, 6 IE: 3, 4, 5, 5.5, Opera 4.02, WebTV	&#169;	N: 1, 2, 3, 4, 4.5, 4.7, 6 IE: 3, 4, 5, 5.5, Opera 4.02, WebTV	©	Copyright
&ordf;	N: 3, 4, 4.5, 4.7, 6 IE: 3, 4, 5, 5.5, Opera 4.02, WebTV	&#170;	N: 1, 3, 4, 4.5, 4.7, 6 IE: 3, 4, 5, 5.5, Opera 4.02, WebTV	^{a}	Weibliches Ordnungszeichen
&laquo;	N: 3, 4, 4.5, 4.7, 6 IE: 3, 4, 5, 5.5, Opera 4.02, WebTV	&#171;	N: 1, 2, 3, 4, 4.5, 4.7, 6 IE: 3, 4, 5, 5.5, Opera 4.02, WebTV	«	Öffnende französische Anführungszeichen
&not;	N: 3, 4, 4.5, 4.7, 6 IE: 3, 4, 5, 5.5, Opera 4.02, WebTV	&#172;	N: 1, 2, 3, 4, 4.5, 4.7, 6 IE: 3, 4, 5, 5.5, Opera 4.02, WebTV	¬	Logisches »nicht«-Symbol
&shy;	N: 3, 4, 4.5, 4.7, 6 IE: 3, 4, 5, 5.5, Opera 4.02, WebTV	&#173;	N: 1, 2, 3, 4, 4.5, 4.7, 6 IE: 3, 4, 5, WebTV	-	Soft hyphen [keine Darstellung in IE 5.5]
&reg;	N: 1, 2, 3, 4, 4.5, 4.7, 6 IE: 3, 4, 5, 5.5, Opera 4.02, WebTV	&#174;	N: 1, 2, 3, 4, 4.5, 4.7, 6 IE: 3, 4, 5, 5.5, Opera 4.02, WebTV	®	Eingetragenes Warenzeichen
&macr;	N: 3, 4, 4.5, 4.7, 6 IE: 3, 4, 5, 5.5, Opera 4.02, WebTV	&#175;	N: 1, 3, 4, 4.5, 4.7, 6 IE: 3, 4, 5, 5.5, Opera 4.02, WebTV	¯	Querbalken
&deg;	N: 3, 4, 4.5, 4.7, 6 IE: 3, 4, 5, 5.5, Opera 4.02, WebTV	&#176;	N: 1, 2, 3, 4, 4.5, 4.7, 6 IE: 3, 4, 5, 5.5, Opera 4.02, WebTV	°	Grad-Symbol
&plusmn;	N: 3, 4, 4.5, 4.7, 6 IE: 3, 4, 5, 5.5, Opera 4.02, WebTV	&#177;	N: 1, 2, 3, 4, 4.5, 4.7, 6 IE: 3, 4, 5, 5.5, Opera 4.02, WebTV	±	Plus/minus-Symbol
&sup2;	N: 3, 4, 4.5, 4.7, 6 IE: 3, 4, 5, 5.5, Opera 4.02, WebTV	&#178;	N: 1, 3, 4, 4.5, 4.7, 6 IE: 3, 4, 5, 5.5, Opera 4.02, WebTV	^{2}	Hochgestellte 2

Namenswert	Browser-Unterstützung	Zahlenwert	Browser-Unterstützung	Darstellung	Beschreibung
&sup3;	N: 3, 4, 4.5, 4.7, 6 IE: 3, 4, 5, 5.5, Opera 4.02, WebTV	&#179;	N: 1, 3, 4, 4.5, 4.7, 6 IE: 3, 4, 5, 5.5, Opera 4.02, WebTV	³	Hochgestellte 3
&acute;	N: 3, 4, 4.5, 4.7, 6 IE: 3, 4, 5, 5.5, Opera 4.02, WebTV	&#180;	N: 1, 3, 4, 4.5, 4.7, 6 IE: 3, 4, 5, 5.5, Opera 4.02, WebTV	´	Accent acute
&micro;	N: 3, 4, 4.5, 4.7, 6 IE: 3, 4, 5, 5.5, Opera 4.02, WebTV	&#181;	N: 1, 2, 3, 4, 4.5, 4.7, 6 IE: 3, 4, 5, 5.5, Opera 4.02, WebTV	µ	Micron
&para;	N: 3, 4, 4.5, 4.7, 6 IE: 3, 4, 5, 5.5, Opera 4.02, WebTV	&#182;	N: 1, 2, 3, 4, 4.5, 4.7, 6 IE: 3, 4, 5, 5.5, Opera 4.02, WebTV	¶	Absatz-Symbol
&middot;	N: 3, 4, 4.5, 4.7, 6 IE: 3, 4, 5, 5.5, Opera 4.02, WebTV	&#183;	N: 1, 3, 4, 4.5, 4.7, 6 IE: 3, 4, 5, 5.5, Opera 4.02, WebTV	·	Mittiger Punkt
&cedil;	N: 3, 4, 4.5, 4.7, 6 IE: 3, 4, 5, 5.5, Opera 4.02, WebTV	&#184;	N: 1, 3, 4, 4.5, 4.7, 6 IE: 3, 4, 5, 5.5, Opera 4.02, WebTV	¸	Cedille
&sup1;	N: 3, 4, 4.5, 4.7, 6 IE: 3, 4, 5, 5.5, Opera 4.02, WebTV	&#185;	N: 1, 3, 4, 4.5, 4.7, 6 IE: 3, 4, 5, 5.5, Opera 4.02, WebTV	¹	Hochgestellte 1
&ordm;	N: 3, 4, 4.5, 4.7, 6 IE: 3, 4, 5, 5.5, Opera 4.02, WebTV	&#186;	N: 1, 3, 4, 4.5, 4.7, 6 IE: 3, 4, 5, 5.5, Opera 4.02, WebTV	º	Männliches Ordnungszeichen
&raquo;	N: 3, 4, 4.5, 4.7, 6 IE: 3, 4, 5, 5.5, Opera 4.02, WebTV	&#187;	N: 1, 2, 3, 4, 4.5, 4.7, 6 IE: 3, 4, 5, 5.5, Opera 4.02, WebTV	»	Schließende französische Anführungszeichen
&frac14;	N: 3, 4, 4.5, 4.7, 6 IE: 3, 4, 5, 5.5, Opera 4.02, WebTV	&#188;	N: 1, 3, 4, 4.5, 4.7, 6 IE: 3, 4, 5, 5.5, Opera 4.02, WebTV	¼	Ein-Viertel-Bruch
&frac12;	N: 3, 4, 4.5, 4.7, 6 IE: 3, 4, 5, 5.5, Opera 4.02, WebTV	&#189;	N: 1, 3, 4, 4.5, 4.7, 6 IE: 3, 4, 5, 5.5, Opera 4.02, WebTV	½	Ein-Halb-Bruch
&frac34;	N: 3, 4, 4.5, 4.7, 6 IE: 3, 4, 5, 5.5, Opera 4.02, WebTV	&#190;	N: 1, 3, 4, 4.5, 4.7, 6 IE: 3, 4, 5, 5.5, Opera 4.02, WebTV	¾	Drei-Viertel-Bruch
&iquest;	N: 3, 4, 4.5, 4.7, 6 IE: 3, 4, 5, 5.5, Opera 4.02, WebTV	&#191;	N: 1, 3, 4, 4.5, 4.7, 6 IE: 3, 4, 5, 5.5, Opera 4.02, WebTV	¿	Umgekehrtes Fragezeichen

Namenswert	Browser-Unterstützung	Zahlenwert	Browser-Unterstützung	Darstellung	Beschreibung
&Agrave;	N: 1, 3, 4, 4.5, 4.7, 6 IE: 3, 4, 5, 5.5, Opera 4.02, WebTV	&#192;	N: 1, 3, 4, 4.5, 4.7, 6 IE: 3, 4, 5, 5.5, Opera 4.02, WebTV	À	Großes »A« mit Accent grave
&Aacute;	N: 1, 3, 4, 4.5, 4.7, 6 IE: 3, 4, 5, 5.5, Opera 4.02, WebTV	&#193;	N: 1, 3, 4, 4.5, 4.7, 6 IE: 3, 4, 5, 5.5, Opera 4.02, WebTV	Á	Großes »A« mit Accent acute
&Acirc;	N: 1, 3, 4, 4.5, 4.7, 6 IE: 3, 4, 5, 5.5, Opera 4.02, WebTV	&#194;	N: 1, 3, 4, 4.5, 4.7, 6 IE: 3, 4, 5, 5.5, Opera 4.02, WebTV	Â	Großes »A« mit Accent circonflexe
&Atilde;	N: 1, 3, 4, 4.5, 4.7, 6 IE: 3, 4, 5, 5.5, Opera 4.02, WebTV	&#195;	N: 1, 3, 4, 4.5, 4.7, 6 IE: 3, 4, 5, 5.5, Opera 4.02, WebTV	Ã	Großes »A« mit Tilde
&Auml;	N: 1, 3, 4, 4.5, 4.7, 6 IE: 3, 4, 5, 5.5, Opera 4.02, WebTV	&#196;	N: 1, 3, 4, 4.5, 4.7, 6 IE: 3, 4, 5, 5.5, Opera 4.02, WebTV	Ä	Großes »A« mit Umlaut
&Aring;	N: 1, 3, 4, 4.5, 4.7, 6 IE: 3, 4, 5, 5.5, Opera 4.02, WebTV	&#197;	N: 1, 3, 4, 4.5, 4.7, 6 IE: 3, 4, 5, 5.5, Opera 4.02, WebTV	Å	Großes »A« mit Ring
&AElig;	N: 1, 3, 4, 4.5, 4.7, 6 IE: 3, 4, 5, 5.5, Opera 4.02, WebTV	&#198;	N: 1, 3, 4, 4.5, 4.7, 6 IE: 3, 4, 5, 5.5, Opera 4.02, WebTV	Æ	Große »AE«-Ligatur
&Ccedil;	N: 1, 3, 4, 4.5, 4.7, 6 IE: 3, 4, 5, 5.5, Opera 4.02, WebTV	&#199;	N: 1, 3, 4, 4.5, 4.7, 6 IE: 3, 4, 5, 5.5, Opera 4.02, WebTV	Ç	Großes »C« mit Cedille
&Egrave;	N: 1, 3, 4, 4.5, 4.7, 6 IE: 3, 4, 5, 5.5, Opera 4.02, WebTV	&#200;	N: 1, 3, 4, 4.5, 4.7, 6 IE: 3, 4, 5, 5.5, Opera 4.02, WebTV	È	Großes »E« mit Accent grave
&Eacute;	N: 1, 3, 4, 4.5, 4.7, 6 IE: 3, 4, 5, 5.5, Opera 4.02, WebTV	&#201;	N: 1, 3, 4, 4.5, 4.7, 6 IE: 3, 4, 5, 5.5, Opera 4.02, WebTV	É	Großes »E« mit Accent acute
&Ecirc;	N: 1, 3, 4, 4.5, 4.7, 6 IE: 3, 4, 5, 5.5, Opera 4.02, WebTV	&#202;	N: 1, 3, 4, 4.5, 4.7, 6 IE: 3, 4, 5, 5.5, Opera 4.02, WebTV	Ê	Großes »E« mit Accent circonflexe
&Euml;	N: 1, 3, 4, 4.5, 4.7, 6 IE: 3, 4, 5, 5.5, Opera 4.02, WebTV	&#203;	N: 1, 3, 4, 4.5, 4.7, 6 IE: 3, 4, 5, 5.5, Opera 4.02, WebTV	Ë	Großes »E« mit Umlaut
&Igrave;	N: 1, 3, 4, 4.5, 4.7, 6 IE: 3, 4, 5, 5.5, Opera 4.02, WebTV	&#204;	N: 1, 3, 4, 4.5, 4.7, 6 IE: 3, 4, 5, 5.5, Opera 4.02, WebTV	Ì	Großes »I« mit Accent grave

Namenswert	Browser-Unterstützung	Zahlenwert	Browser-Unterstützung	Darstellung	Beschreibung
&Iacute;	N: 1, 3, 4, 4.5, 4.7, 6 IE: 3, 4, 5, 5.5, Opera 4.02, WebTV	&#205;	N: 1, 3, 4, 4.5, 4.7, 6 IE: 3, 4, 5, 5.5, Opera 4.02, WebTV	Í	Großes »I« mit Accent acute
&Icirc;	N: 1, 3, 4, 4.5, 4.7, 6 IE: 3, 4, 5, 5.5, Opera 4.02, WebTV	&#206;	N: 1, 3, 4, 4.5, 4.7, 6 IE: 3, 4, 5, 5.5, Opera 4.02, WebTV	Î	Großes »I« mit Accent circonflexe
&Iuml;	N: 1, 3, 4, 4.5, 4.7, 6 IE: 3, 4, 5, 5.5, Opera 4.02, WebTV	&#207;	N: 1, 3, 4, 4.5, 4.7, 6 IE: 3, 4, 5, 5.5, Opera 4.02, WebTV	Ï	Großes »I« mit Umlaut
&ETH;	N: 1, 3, 4, 4.5, 4.7, 6 IE: 3, 4, 5, 5.5, Opera 4.02, WebTV	&#208;	N: 1, 3, 4, 4.5, 4.7, 6 IE: 3, 4, 5, 5.5, Opera 4.02, WebTV	Ð	Großes »ETH«
&Ntilde;	N: 1, 3, 4, 4.5, 4.7, 6 IE: 3, 4, 5, 5.5, Opera 4.02, WebTV	&#209;	N: 1, 3, 4, 4.5, 4.7, 6 IE: 3, 4, 5, 5.5, Opera 4.02, WebTV	Ñ	Großes »N« mit Tilde
&Ograve;	N: 1, 3, 4, 4.5, 4.7, 6 IE: 3, 4, 5, 5.5, Opera 4.02, WebTV	&#210;	N: 1, 3, 4, 4.5, 4.7, 6 IE: 3, 4, 5, 5.5, Opera 4.02, WebTV	Ò	Großes »O« mit Accent grave
&Oacute;	N: 1, 3, 4, 4.5, 4.7, 6 IE: 3, 4, 5, 5.5, Opera 4.02, WebTV	&#211;	N: 1, 3, 4, 4.5, 4.7, 6 IE: 3, 4, 5, 5.5, Opera 4.02, WebTV	Ó	Großes »O« mit Accent acute
&Ocirc;	N: 1, 3, 4, 4.5, 4.7, 6 IE: 3, 4, 5, 5.5, Opera 4.02, WebTV	&#212;	N: 1, 3, 4, 4.5, 4.7, 6 IE: 3, 4, 5, 5.5, Opera 4.02, WebTV	Ô	Großes »O« mit Accent circonflexe
&Otilde;	N: 1, 3, 4, 4.5, 4.7, 6 IE: 3, 4, 5, 5.5, Opera 4.02, WebTV	&#213;	N: 1, 3, 4, 4.5, 4.7, 6 IE: 3, 4, 5, 5.5, Opera 4.02, WebTV	Õ	Großes »O« mit Tilde
&Ouml;	N: 1, 3, 4, 4.5, 4.7, 6 IE: 3, 4, 5, 5.5, Opera 4.02, WebTV	&#214;	N: 1, 3, 4, 4.5, 4.7, 6 IE: 3, 4, 5, 5.5, Opera 4.02, WebTV	Ö	Großes »O« mit Umlaut
&times;	N: 3, 4, 4.5, 4.7, 6 IE: 3, 4, 5, 5.5, Opera 4.02, WebTV	&#215;	N: 1, 3, 4, 4.5, 4.7, 6 IE: 3, 4, 5, 5.5, Opera 4.02, WebTV	×	Multiplikationssymbol
&Oslash;	N: 1, 3, 4, 4.5, 4.7, 6 IE: 3, 4, 5, 5.5, Opera 4.02, WebTV	&#216;	N: 1, 3, 4, 4.5, 4.7, 6 IE: 3, 4, 5, 5.5, Opera 4.02, WebTV	Ø	Großes »O« mit Schrägstrich
&Ugrave;	N: 1, 3, 4, 4.5, 4.7, 6 IE: 3, 4, 5, 5.5, Opera 4.02, WebTV	&#217;	N: 1, 3, 4, 4.5, 4.7, 6 IE: 3, 4, 5, 5.5, Opera 4.02, WebTV	Ù	Großes »U« mit Accent grave

Namenswert	Browser-Unterstützung	Zahlenwert	Browser-Unterstützung	Darstellung	Beschreibung
&Uacute;	N: 1, 3, 4, 4.5, 4.7, 6 IE: 3, 4, 5, 5.5, Opera 4.02, WebTV	&#218;	N: 1, 3, 4, 4.5, 4.7, 6 IE: 3, 4, 5, 5.5, Opera 4.02, WebTV	Ú	Großes »U« mit Accent acute
&Ucirc;	N: 1, 3, 4, 4.5, 4.7, 6 IE: 3, 4, 5, 5.5, Opera 4.02, WebTV	&#219;	N: 1, 3, 4, 4.5, 4.7, 6 IE: 3, 4, 5, 5.5, Opera 4.02, WebTV	Û	Großes »U« mit Accent circonflexe
&Uuml;	N: 1, 3, 4, 4.5, 4.7, 6 IE: 3, 4, 5, 5.5, Opera 4.02, WebTV	&#220;	N: 1, 3, 4, 4.5, 4.7, 6 IE: 3, 4, 5, 5.5, Opera 4.02, WebTV	Ü	Großes »U« mit Umlaut
&Yacute;	N: 1, 3, 4, 4.5, 4.7, 6 IE: 3, 4, 5, 5.5, Opera 4.02, WebTV	&#221;	N: 1, 3, 4, 4.5, 4.7, 6 IE: 3, 4, 5, 5.5, Opera 4.02, WebTV	Ý	Großes »Y« mit Accent acute
&THORN;	N: 1, 3, 4, 4.5, 4.7, 6 IE: 3, 4, 5, 5.5, Opera 4.02, WebTV	&#222;	N: 1, 3, 4, 4.5, 4.7, 6 IE: 3, 4, 5, 5.5, Opera 4.02, WebTV	Þ	Großes »thron«
&szlig;	N: 1, 3, 4, 4.5, 4.7, 6 IE: 3, 4, 5, 5.5, Opera 4.02, WebTV	&#223;	N: 1, 3, 4, 4.5, 4.7, 6 IE: 3, 4, 5, 5.5, Opera 4.02, WebTV	ß	»sz«-Ligatur
&agrave;	N: 1, 3, 4, 4.5, 4.7, 6 IE: 3, 4, 5, 5.5, Opera 4.02, WebTV	&#224;	N: 1, 3, 4, 4.5, 4.7, 6 IE: 3, 4, 5, 5.5, Opera 4.02, WebTV	à	Kleines »a« mit Accent grave
&aacute;	N: 1, 3, 4, 4.5, 4.7, 6 IE: 3, 4, 5, 5.5, Opera 4.02, WebTV	&#225;	N: 1, 3, 4, 4.5, 4.7, 6 IE: 3, 4, 5, 5.5, Opera 4.02, WebTV	á	Kleines »a« mit Accent acute
&acirc;	N: 1, 3, 4, 4.5, 4.7, 6 IE: 3, 4, 5, 5.5, Opera 4.02, WebTV	&#226;	N: 1, 3, 4, 4.5, 4.7, 6 IE: 3, 4, 5, 5.5, Opera 4.02, WebTV	â	Kleines »a« mit Accent circonflexe
&atilde;	N: 1, 3, 4, 4.5, 4.7, 6 IE: 3, 4, 5, 5.5, Opera 4.02, WebTV	&#227;	N: 1, 3, 4, 4.5, 4.7, 6 IE: 3, 4, 5, 5.5, Opera 4.02, WebTV	ã	Kleines »a« mit Tilde
&auml;	N: 1, 3, 4, 4.5, 4.7, 6 IE: 3, 4, 5, 5.5, Opera 4.02, WebTV	&#228;	N: 1, 3, 4, 4.5, 4.7, 6 IE: 3, 4, 5, 5.5, Opera 4.02, WebTV	ä	Kleines »a« mit Umlaut
&aring;	N: 1, 3, 4, 4.5, 4.7, 6 IE: 3, 4, 5, 5.5, Opera 4.02, WebTV	&#229;	N: 1, 3, 4, 4.5, 4.7, 6 IE: 3, 4, 5, 5.5, Opera 4.02, WebTV	å	Kleines »a« mit Ring
&aelig;	N: 1, 3, 4, 4.5, 4.7, 6 IE: 3, 4, 5, 5.5, Opera 4.02, WebTV	&#230;	N: 1, 3, 4, 4.5, 4.7, 6 IE: 3, 4, 5, 5.5, Opera 4.02, WebTV	æ	Kleine »ae«-Ligatur

Namenswert	Browser-Unterstützung	Zahlenwert	Browser-Unterstützung	Darstellung	Beschreibung
&ccedil;	N: 1, 3, 4, 4.5, 4.7, 6 IE: 3, 4, 5, 5.5, Opera 4.02, WebTV	&#231;	N: 1, 3, 4, 4.5, 4.7, 6 IE: 3, 4, 5, 5.5, Opera 4.02, WebTV	ç	Kleines »c« mit Accent Cedille
&egrave;	N: 1, 3, 4, 4.5, 4.7, 6 IE: 3, 4, 5, 5.5, Opera 4.02, WebTV	&#232;	N: 1, 3, 4, 4.5, 4.7, 6 IE: 3, 4, 5, 5.5, Opera 4.02, WebTV	è	Kleines »e« mit Accent grave
&eacute;	N: 1, 3, 4, 4.5, 4.7, 6 IE: 3, 4, 5, 5.5, Opera 4.02, WebTV	&#233;	N: 1, 3, 4, 4.5, 4.7, 6 IE: 3, 4, 5, 5.5, Opera 4.02, WebTV	é	Kleines »e« mit Accent acute
&ecirc;	N: 1, 3, 4, 4.5, 4.7, 6 IE: 3, 4, 5, 5.5, Opera 4.02, WebTV	&#234;	N: 1, 3, 4, 4.5, 4.7, 6 IE: 3, 4, 5, 5.5, Opera 4.02, WebTV	ê	Kleines »e« mit Accent circonflexe
&euml;	N: 1, 3, 4, 4.5, 4.7, 6 IE: 3, 4, 5, 5.5, Opera 4.02, WebTV	&#235;	N: 1, 3, 4, 4.5, 4.7, 6 IE: 3, 4, 5, 5.5, Opera 4.02, WebTV	ë	Kleines »e« mit Umlaut
&igrave;	N: 1, 3, 4, 4.5, 4.7, 6 IE: 3, 4, 5, 5.5, Opera 4.02, WebTV	&#236;	N: 1, 3, 4, 4.5, 4.7, 6 IE: 3, 4, 5, 5.5, Opera 4.02, WebTV	ì	Kleines »i« mit Accent grave
&iacute;	N: 1, 3, 4, 4.5, 4.7, 6 IE: 3, 4, 5, 5.5, Opera 4.02, WebTV	&#237;	N: 1, 3, 4, 4.5, 4.7, 6 IE: 3, 4, 5, 5.5, Opera 4.02, WebTV	í	Kleines »i« mit Accent acute
&icirc;	N: 1, 3, 4, 4.5, 4.7, 6 IE: 3, 4, 5, 5.5, Opera 4.02, WebTV	&#238;	N: 1, 3, 4, 4.5, 4.7, 6 IE: 3, 4, 5, 5.5, Opera 4.02, WebTV	î	Kleines »i« mit Accent circonflexe
&iuml;	N: 1, 3, 4, 4.5, 4.7, 6 IE: 3, 4, 5, 5.5, Opera 4.02, WebTV	&#239;	N: 1, 3, 4, 4.5, 4.7, 6 IE: 3, 4, 5, 5.5, Opera 4.02, WebTV	ï	Kleines »i« mit Umlaut
&eth;	N: 1, 3, 4, 4.5, 4.7, 6 IE: 3, 4, 5, 5.5, Opera 4.02, WebTV	&#240;	N: 1, 3, 4, 4.5, 4.7, 6 IE: 3, 4, 5, 5.5, Opera 4.02, WebTV	ð	Kleines »eth«
&ntilde;	N: 1, 3, 4, 4.5, 4.7, 6 IE: 3, 4, 5, 5.5, Opera 4.02, WebTV	&#241;	N: 1, 3, 4, 4.5, 4.7, 6 IE: 3, 4, 5, 5.5, Opera 4.02, WebTV	ñ	Kleines »n« mit Tilde
&ograve;	N: 1, 3, 4, 4.5, 4.7, 6 IE: 3, 4, 5, 5.5, Opera 4.02, WebTV	&#242;	N: 1, 3, 4, 4.5, 4.7, 6 IE: 3, 4, 5, 5.5, Opera 4.02, WebTV	ò	Kleines »o« mit Accent grave
&oacute;	N: 1, 3, 4, 4.5, 4.7, 6 IE: 3, 4, 5, 5.5, Opera 4.02, WebTV	&#243;	N: 1, 3, 4, 4.5, 4.7, 6 IE: 3, 4, 5, 5.5, Opera 4.02, WebTV	ó	Kleines »o« mit Accent acute

Namenswert	Browser-Unterstützung	Zahlenwert	Browser-Unterstützung	Darstellung	Beschreibung
&ocirc;	N: 1, 3, 4, 4.5, 4.7, 6 IE: 3, 4, 5, 5.5, Opera 4.02, WebTV	&#244;	N: 1, 3, 4, 4.5, 4.7, 6 IE: 3, 4, 5, 5.5, Opera 4.02, WebTV	ô	Kleines »o« mit Accent circonflexe
&otilde;	N: 1, 3, 4, 4.5, 4.7, 6 IE: 3, 4, 5, 5.5, Opera 4.02, WebTV	&#245;	N: 1, 3, 4, 4.5, 4.7, 6 IE: 3, 4, 5, 5.5, Opera 4.02, WebTV	õ	Kleines »o« mit Tilde
&ouml;	N: 1, 3, 4, 4.5, 4.7, 6 IE: 3, 4, 5, 5.5, Opera 4.02, WebTV	&#246;	N: 1, 3, 4, 4.5, 4.7, 6 IE: 3, 4, 5, 5.5, Opera 4.02, WebTV	ö	Kleines »o« mit Umlaut
&divide;	N: 3, 4, 4.5, 4.7, 6 IE: 3, 4, 5, 5.5, Opera 4.02, WebTV	&#247;	N: 1, 3, 4, 4.5, 4.7, 6 IE: 3, 4, 5, 5.5, Opera 4.02, WebTV	÷	Divisionssymbol
&oslash;	N: 1, 3, 4, 4.5, 4.7, 6 IE: 3, 4, 5, 5.5, Opera 4.02, WebTV	&#248;	N: 1, 3, 4, 4.5, 4.7, 6 IE: 3, 4, 5, 5.5, Opera 4.02, WebTV	ø	Kleines »o« mit Schrägstrich
&ugrave;	N: 1, 3, 4, 4.5, 4.7, 6 IE: 3, 4, 5, 5.5, Opera 4.02, WebTV	&#249;	N: 1, 3, 4, 4.5, 4.7, 6 IE: 3, 4, 5, 5.5, Opera 4.02, WebTV	ù	Kleines »u« mit Accent grave
&uacute;	N: 1, 3, 4, 4.5, 4.7, 6 IE: 3, 4, 5, 5.5, Opera 4.02, WebTV	&#250;	N: 1, 3, 4, 4.5, 4.7, 6 IE: 3, 4, 5, 5.5, Opera 4.02, WebTV	ú	Kleines »u« mit Accent acute
&ucirc;	N: 1, 3, 4, 4.5, 4.7, 6 IE: 3, 4, 5, 5.5, Opera 4.02, WebTV	&#251;	N: 1, 3, 4, 4.5, 4.7, 6 IE: 3, 4, 5, 5.5, Opera 4.02, WebTV	û	Kleines »u« mit Accent circonflexe
&uuml;	N: 1, 3, 4, 4.5, 4.7, 6 IE: 3, 4, 5, 5.5, Opera 4.02, WebTV	&#252;	N: 1, 3, 4, 4.5, 4.7, 6 IE: 3, 4, 5, 5.5, Opera 4.02, WebTV	ü	Kleines »u« mit Umlaut
&yacute;	N: 1, 3, 4, 4.5, 4.7, 6 IE: 3, 4, 5, 5.5, Opera 4.02, WebTV	&#253;	N: 1, 3, 4, 4.5, 4.7, 6 IE: 3, 4, 5, 5.5, Opera 4.02, WebTV	ý	Kleines »y« mit Accent acute
&thorn;	N: 1, 3, 4, 4.5, 4.7, 6 IE: 3, 4, 5, 5.5, Opera 4.02, WebTV	&#254;	N: 1, 3, 4, 4.5, 4.7, 6 IE: 3, 4, 5, 5.5, Opera 4.02, WebTV	þ	Kleines »thorn«
&yuml;	N: 1, 3, 4, 4.5, 4.7, 6 IE: 3, 4, 5, 5.5, Opera 4.02, WebTV	&#255;	N: 1, 3, 4, 4.5, 4.7, 6 IE: 3, 4, 5, 5.5, Opera 4.02, WebTV	ÿ	Kleines »y« mit Umlaut

HTML-4.0-Sonderzeichen

Die HTML-4.0-Spezifikation hat eine Vielzahl neuer Zeichen eingeführt, mit der die Präsentationsmöglichkeiten von HTML vor allem in weiteren Fremdsprachen deutlich erweitert werden. Dazu gehören weitere »normale« Zeichen, aber auch Buchstaben aus dem griechischen Alphabet, spezielle Leerzeichen, Pfeile und Formen sowie einige technische Symbole. Einige Symbole werden jedoch nicht von allen Browsern unterstützt. Während Netscape nur einige der »Standard«-Zeichen unterstützt, ist der Internet Explorer in der Lage, einige Zeichen mehr, z.B. das griechische Alphabet und die mathematischen Zeichen, darzustellen. Mit der Version 6 hat auch der Netscape-Browser seine Möglichkeiten erweitert.

Der erweiterte Zeichensatz Latin-A

Namenswert	Browser-Unterstützung	Zahlenwert	Browser-Unterstützung	Darstellung	Beschreibung
&Oelig;	IE: 4, 5, 5.5 N: 6	&#338;	IE: 4, 5, 5.5, N: 4, 4.5, 4.7, 6	Œ	Große Ligatur »OE«
&oelig;	IE: 4, 5, 5.5 N: 6	&#339;	IE: 4, 5, 5.5, N: 4, 4.5, 4.7, 6	œ	Kleine Ligatur »oe«
&Scaron;	IE: 4, 5, 5.5 N: 6	&#352;	IE: 4, 5, 5.5, N: 4, 4.5, 4.7, 6	Š	Großes »S« mit caron
&scaron;	IE: 4, 5, 5.5 N: 6	&#353;	IE: 4, 5, 5.5, N: 4, 4.5, 4.7, 6	š	Kleines »s« mit caron
&Yuml;	IE: 4, 5, 5.5 N: 6	&#376;	IE: 4, 5, 5.5, N: 4, 4.5, 4.7, 6	Ÿ	Großes »Y« mit Umlaut

Der Internet Explorer 5 für Macintosh stellt die Zeichen Š, Š, š und š mit einem u ein Feld nach vorne verschobenen caron dar.

Der erweiterte Zeichensatz Latin-B

Namenswert	Browser-Unterstützung	Zahlenwert	Browser-Unterstützung	Darstellung	Beschreibung
&fnof;	IE: 4, 5, 5.5 N: 6	&#402;	IE: 4, 5, 5.5, N: 4, 4.5, 4.7, 6	ƒ	Kleines »f« mit Haken

Freiraum modifizierende Zeichen

Namenswert	Browser-Unterstützung	Zahlenwert	Browser-Unterstützung	Darstellung	Beschreibung
&circ;	IE: 4, 5, 5.5 N: 6, O: 4	&#710;	IE: 4, 5, 5.5, N: 4, 4.5, 4.7, 6, O: 4	^	Accent Circonflexe
&tilde;	IE: 4, 5, 5.5 N: 6, O: 4	&#732;	IE: 4, 5, 5.5, N: 4, 4.5, 4.7, 6, O: 4	~	Kleine Tilde

Allgemeine Satzzeichen

Namenswert	Browser-Unterstützung	Zahlenwert	Browser-Unterstützung	Darstellung	Beschreibung
	N: 6		N: 6		En-Leerzeichen
	N: 6		N: 6		Em-Leerzeichen
	N: 6		N: 6		Dünnes Leerzeichen
&zwnj;	IE: 4, 5, 5.5	&#8204;	IE: 4, 5, 5.5	|	Zero width nonjoiner
&lrm;	Keiner	&#8206;	Keiner	Unbekannt	Links-nach-rechts-Markierer
&rlm;	Keiner	&#8207;	Keiner	Unbekannt	Rechts-nach-links-Markierer
&ndash;	IE: 4, 5, 5.5 N: 6	&#8211;	IE: 4, 5, 5.5, N: 4, 4.5, 4.7, 6	–	En-Bindestrich
&mdash;	IE: 4, 5, 5.5 N: 6	&#8212;	IE: 4, 5, 5.5, N: 4, 4.5, 4.7, 6	—	Em-Bindestrich
&lsquo;	IE: 4, 5, 5.5 N: 6	&#8216;	IE: 4, 5, 5.5, N: 4, 4.5, 4.7, 6	'	Einfaches Anführungszeichen links
&rsquo;	IE: 4, 5, 5.5 N: 6	&#8217;	IE: 4, 5, 5.5, N: 4, 4.5, 4.7, 6	'	Einfaches Anführungszeichen rechts
&sbquo;	IE: 4, 5, 5.5 N: 6	&#8218;	IE: 4, 5, 5.5, N: 4, 4.5, 4.7, 6	‚	Einfaches unteres Anführungszeichen
&ldquo;	IE: 4, 5, 5.5 N: 6	&#8220;	IE: 4, 5, 5.5, N: 4, 4.5, 4.7, 6	"	Doppeltes Anführungszeichen links
&rdquo;	IE: 4, 5, 5.5 N: 6	&#8221;	IE: 4, 5, 5.5, N: 4, 4.5, 4.7, 6	"	Doppeltes Anführungszeichen rechts (oben)
&bdquo;	IE: 4, 5, 5.5 N: 6	&#8222;	IE: 4, 5, 5.5, N: 4, 4.5, 4.7, 6	„	Doppeltes Anführungszeichen rechts (unten)
&dagger;	IE: 4, 5, 5.5 N: 6	&#8224;	IE: 4, 5, 5.5, N: 4, 4.5, 4.7, 6	†	Kreuz
&Dagger;	IE: 4, 5, 5.5 N: 6	&#8225;	IE: 4, 5, 5.5, N: 4, 4.5, 4.7, 6	‡	Doppelkreuz
&bull;	IE: 4, 5, 5.5 N: 6	&#8226;	IE: 4, 5, 5.5, N: 4, 4.5, 4.7, 6	•	Aufzählungspunkt
&hellip;	IE: 4, 5, 5.5 N: 6	&#8230;	IE: 4, 5, 5.5, N: 4, 4.5, 4.7, 6	…	Auslassungspunkte
&permil;	IE: 4, 5, 5.5 N: 6	&#8240;	IE: 4, 5, 5.5, N: 4, 4.5, 4.7, 6	‰	Promille-Zeichen
&prime;	IE: 4, 5, 5.5 N: 6	&#8242;	IE: 4, 5, 5.5 N: 6	′	Minuten oder Fuß

Namenswert	Browser-Unterstützung	Zahlenwert	Browser-Unterstützung	Darstellung	Beschreibung
&Prime;	IE: 4, 5, 5.5 N: 6	&#8243;	IE: 4, 5, 5.5 N: 6	"	Sekunden oder Inches
&lsaquo;	IE: 4, 5, 5.5 N: 6, O: 4	&#8249;	IE: 4, 5, 5.5, N: 4, 4.5, 4.7, 6, O: 4	‹	Einfaches nach links gerichtetes »Winkelanführungszeichen«
&rsaquo;	IE: 4, 5, 5.5 N: 6, O: 4	&#8250;	IE: 4, 5, 5.5, N: 4, 4.5, 4.7, 6, O: 4	›	Einfaches nach rechts gerichtetes »Winkelanführungszeichen«
&oline;	IE: 4, 5, 5.5 N: 6	&#8254;	IE: 4, 5, 5.5 N: 6	‾	senkrecht geschwungener Strich
&frasl;	IE: 4, 5, 5.5 N: 6, O: 4	&#8260;	IE: 4, 5, 5.5 N: 6, O: 4	⁄	Divisionsschrägstrich

Griechische Buchstaben

Namenswert	Browser-Unterstützung	Zahlenwert	Browser-Unterstützung	Darstellung	Beschreibung
&Alpha;	IE: 4, 5, 5.5 N: 6	&#913;	IE: 4, 5, 5.5 N: 6	A	Griechischer Großbuchstabe Alpha
&Beta;	IE: 4, 5, 5.5 N: 6	&#914;	IE: 4, 5, 5.5 N: 6	B	Griechischer Großbuchstabe Beta
&Gamma;	IE: 4, 5, 5.5 N: 6	&#915;	IE: 4, 5, 5.5 N: 6	Γ	Griechischer Großbuchstabe Gamma
&Delta;	IE: 4, 5, 5.5 N: 6	&#916;	IE: 4, 5, 5.5 N: 6	Δ	Griechischer Großbuchstabe Delta
&Epsilon;	IE: 4, 5, 5.5 N: 6	&#917;	IE: 4, 5, 5.5 N: 6	E	Griechischer Großbuchstabe Epsilon
&Zeta;	IE: 4, 5, 5.5 N: 6	&#918;	IE: 4, 5, 5.5 N: 6	Z	Griechischer Großbuchstabe Zeta
&Eta;	IE: 4, 5, 5.5 N: 6	&#919;	IE: 4, 5, 5.5 N: 6	H	Griechischer Großbuchstabe Eta
&Theta;	IE: 4, 5, 5.5 N: 6	&#920;	IE: 4, 5, 5.5 N: 6	Θ	Griechischer Großbuchstabe Theta
&Iota;	IE: 4, 5, 5.5 N: 6	&#921;	IE: 4, 5, 5.5 N: 6	I	Griechischer Großbuchstabe Iota
&Kappa;	IE: 4, 5, 5.5 N: 6	&#922;	IE: 4, 5, 5.5 N: 6	K	Griechischer Großbuchstabe Kappa

Namenswert	Browser-Unterstützung	Zahlenwert	Browser-Unterstützung	Darstellung	Beschreibung
&Lambda;	IE: 4, 5, 5.5 N: 6	&#923;	IE: 4, 5, 5.5 N: 6	Λ	Griechischer Großbuchstabe Lambda
&Mu;	IE: 4, 5, 5.5 N: 6	&#924;	IE: 4, 5, 5.5 N: 6	M	Griechischer Großbuchstabe Mu
&Nu;	IE: 4, 5, 5.5 N: 6	&#925;	IE: 4, 5, 5.5 N: 6	N	Griechischer Großbuchstabe Nu
&Xi;	IE: 4, 5, 5.5 N: 6	&#926;	IE: 4, 5, 5.5 N: 6	Ξ	Griechischer Großbuchstabe Xi
&Omicron;	IE: 4, 5, 5.5 N: 6	&#927;	IE: 4, 5, 5.5 N: 6	O	Griechischer Großbuchstabe Omicron
&Pi;	IE: 4, 5, 5.5 N: 6	&#928;	IE: 4, 5, 5.5 N: 6	Π	Griechischer Großbuchstabe Pi
&Rho;	IE: 4, 5, 5.5 N: 6	&#929;	IE: 4, 5, 5.5 N: 6	P	Griechischer Großbuchstabe Rho
&Sigma;	IE: 4, 5, 5.5 N: 6	&#931;	IE: 4, 5, 5.5 N: 6	Σ	Griechischer Großbuchstabe Sigma
&Tau;	IE: 4, 5, 5.5 N: 6	&#932;	IE: 4, 5, 5.5 N: 6	T	Griechischer Großbuchstabe Tau
&Upsilon;	IE: 4, 5, 5.5 N: 6	&#933;	IE: 4, 5, 5.5 N: 6	Y	Griechischer Großbuchstabe Upsilon
&Phi;	IE: 4, 5, 5.5 N: 6	&#934;	IE: 4, 5, 5.5 N: 6	Φ	Griechischer Großbuchstabe Phi
&Chi;	IE: 4, 5, 5.5 N: 6	&#935;	IE: 4, 5, 5.5 N: 6	X	Griechischer Großbuchstabe Chi
&Psi;	IE: 4, 5, 5.5 N: 6	&#936;	IE: 4, 5, 5.5 N: 6	Ψ	Griechischer Großbuchstabe Psi
&Omega;	IE: 4, 5, 5.5 N: 6	&#937;	IE: 4, 5, 5.5 N: 6	Ω	Griechischer Großbuchstabe Omega
&alpha;	IE: 4, 5, 5.5 N: 6	&#945;	IE: 4, 5, 5.5 N: 6	α	Griechischer Kleinbuchstabe Alpha
&beta;	IE: 4, 5, 5.5 N: 6	&#946;	IE: 4, 5, 5.5 N: 6	β	Griechischer Kleinbuchstabe Beta
&gamma;	IE: 4, 5, 5.5 N: 6	&#947;	IE: 4, 5, 5.5 N: 6	γ	Griechischer Kleinbuchstabe Gamma
&delta;	IE: 4, 5, 5.5 N: 6	&#948;	IE: 4, 5, 5.5 N: 6	δ	Griechischer Kleinbuchstabe Delta
&epsilon;	IE: 4, 5, 5.5 N: 6	&#949;	IE: 4, 5, 5.5 N: 6	ε	Griechischer Kleinbuchstabe Epsilon

Namenswert	Browser-Unterstützung	Zahlenwert	Browser-Unterstützung	Darstellung	Beschreibung
&zeta;	IE: 4, 5, 5.5 N: 6	&#950;	IE: 4, 5, 5.5 N: 6	ζ	Griechischer Kleinbuchstabe Zeta
&eta;	IE: 4, 5, 5.5 N: 6	&#951;	IE: 4, 5, 5.5 N: 6	η	Griechischer Kleinbuchstabe Eta
&theta;	IE: 4, 5, 5.5 N: 6	&#952;	IE: 4, 5, 5.5 N: 6	θ	Griechischer Kleinbuchstabe Theta
&iota;	IE: 4, 5, 5.5 N: 6	&#953;	IE: 4, 5, 5.5 N: 6	ι	Griechischer Kleinbuchstabe Iota
&kappa;	IE: 4, 5, 5.5 N: 6	&#954;	IE: 4, 5, 5.5 N: 6	κ	Griechischer Kleinbuchstabe Kappa
&lambda;	IE: 4, 5, 5.5 N: 6	&#955;	IE: 4, 5, 5.5 N: 6	λ	Griechischer Kleinbuchstabe Lambda
&mu;	IE: 4, 5, 5.5 N: 6	&#956;	IE: 4, 5, 5.5 N: 6	μ	Griechischer Kleinbuchstabe Mu
&nu;	IE: 4, 5, 5.5 N: 6	&#957;	IE: 4, 5, 5.5 N: 6	ν	Griechischer Kleinbuchstabe Nu
&xi;	IE: 4, 5, 5.5 N: 6	&#958;	IE: 4, 5, 5.5 N: 6	ξ	Griechischer Kleinbuchstabe Xi
&omicron;	IE: 4, 5, 5.5 N: 6	&#959;	IE: 4, 5, 5.5 N: 6	o	Griechischer Kleinbuchstabe Omicron
&pi;	IE: 4, 5, 5.5 N: 6	&#960;	IE: 4, 5, 5.5 N: 6	π	Griechischer Kleinbuchstabe Pi
&rho;	IE: 4, 5, 5.5 N: 6	&#961;	IE: 4, 5, 5.5 N: 6	ρ	Griechischer Kleinbuchstabe Rho
&sigmaf;	IE: 4, 5, 5.5 N: 6	&#962;	IE: 4, 5, 5.5 N: 6	ς	Griechischer Kleinbuchstabe final Sigma
&sigma;	IE: 4, 5, 5.5 N: 6	&#963;	IE: 4, 5, 5.5 N: 6	σ	Griechischer Kleinbuchstabe Sigma
&tau;	IE: 4, 5, 5.5 N: 6	&#964;	IE: 4, 5, 5.5 N: 6	τ	Griechischer Kleinbuchstabe Tau
&upsilon;	IE: 4, 5, 5.5 N: 6	&#965;	IE: 4, 5, 5.5 N: 6	υ	Griechischer Kleinbuchstabe Upsilon
&phi;	IE: 4, 5, 5.5 N: 6	&#966;	IE: 4, 5, 5.5 N: 6	φ	Griechischer Kleinbuchstabe Phi

Namenswert	Browser-Unterstützung	Zahlenwert	Browser-Unterstützung	Darstellung	Beschreibung
&chi;	IE: 4, 5, 5.5 N: 6	&#967;	IE: 4, 5, 5.5 N: 6	χ	Griechischer Kleinbuchstabe Chi
&psi;	IE: 4, 5, 5.5 N: 6	&#968;	IE: 4, 5, 5.5 N: 6	ψ	Griechischer Kleinbuchstabe Psi
&omega;	IE: 4, 5, 5.5 N: 6	&#969;	IE: 4, 5, 5.5 N: 6	ω	Griechischer Kleinbuchstabe Omega
&thetasym;	IE: 5 (nur Mac), N: 6	&#977;	IE: 5 (nur Mac), N: 6	ϑ	Griechischer Kleinbuchstabe Theta symbol
&upsih;	IE: 5 (nur Mac), N: 6	&#978;	IE: 5 (nur Mac), N: 6	ϒ	Griechisches Ypsilon mit Haken
&piv	IE: 5 (nur Mac), N: 6	&#982;	IE: 5 (nur Mac), N: 6	ϖ	Griechische Pi Symbol

Pfeile

Namenswert	Browser-Unterstützung	Zahlenwert	Browser-Unterstützung	Darstellung	Beschreibung
&larr;	IE: 4, 5, 5.5 N: 6	&#8592;	IE: 4, 5, 5.5 N: 6	←	Linksgerichteter Pfeil
&uarr;	IE: 4, 5, 5.5 N: 6	&#8593;	IE: 4, 5, 5.5 N: 6	↑	Aufwärtsgerichteter Pfeil
&rarr;	IE: 4, 5, 5.5 N: 6	&#8594;	IE: 4, 5, 5.5 N: 6	→	Rechtsgerichteter Pfeil
&darr;	IE: 4, 5, 5.5 N: 6	&#8595;	IE: 4, 5, 5.5 N: 6	↓	Abwärtsgerichteter Pfeil
&harr;	IE: 4, 5, 5.5 N: 6	&#8596;	IE: 4, 5, 5.5 N: 6	↔	Links-rechts-Pfeil
&crarr;	N: 6	&#8629;	N: 6	↵	Abwärtsgerichteter Pfeil mit Knick nach links
&lArr;	N: 6	&#8656;	N: 6	⇐	Linksgerichteter Doppelpfeil
&uArr;	N: 6	&#8657;	N: 6	⇑	Aufwärtsgerichteter Doppelpfeil
&rArr;	N: 6	&#8658;	N: 6	⇒	Rechtsgerichteter Doppelpfeil
&dArr;	N: 6	&#8659;	N: 6	⇓	Abwärtsgerichteter Doppelpfeil
&hArr;	N: 6	&#8660;	N: 6	⇔	Links-rechts-Doppelpfeil

Mathematische Operatoren

Namenswert	Browser-Unterstützung	Zahlenwert	Browser-Unterstützung	Darstellung	Beschreibung
&forall;	N: 6	&#8704;	N: 6	∀	Für alle
&part;	IE: 4, 5, 5.5 N: 6	&#8706;	IE: 4, 5, 5.5 N: 6	∂	Partial differential
&exist;	N: 6	&#8707;	N: 6	∃	Es existiert
&empty;	N: 6	&#8709;	N: 6	∅	Leere Menge, Nullmenge, Durchmesser
&isin;	N: 6	&#8712;	N: 6	∈	Element von
&notin;	N: 6	&#8713;	N: 6	∉	Nicht Element von
&ni;	N: 6	&#8715;	N: 6	∋	Enthält als Element
&prod;	IE: 4, 5, 5.5 N: 6	&#8719;	IE: 4, 5, 5.5 N: 6	∏	n-faches Produkt oder Produktzeichen
&sum;	IE: 4, 5, 5.5 N: 6	&#8721;	IE: 4, 5, 5.5 N: 6	∑	Summe über n
&minus;	IE: 4, 5, 5.5 N: 6 O: 4	&#8722;	IE: 4, 5, 5.5 N: 6 O: 4	∠	Minus-Zeichen
&lowast;	N: 6	&#8727;	N: 6	∗	Sternchen-Operator
&radic;	IE: 4, 5, 5.5 N: 6	&#8730;	IE: 4, 5, 5.5 N: 6	√	Quadratwurzel, Wurzelzeichen
&prop;	N: 6	&#8733;	N: 6	∝	Proportional zu
&infin;	IE: 4, 5, 5.5 N: 6	&#8734;	IE: 4, 5, 5.5 N: 6	∞	Unendlich
&ang;	N: 6	&#8736;	N: 6	∠	Winkel
&and;	N: 6	&#8869;	N: 6	⊥	Logisches Und
&or;	N: 6	&#8870;	N: 6	≤	Logisches Oder
&cap;	IE: 4, 5, 5.5 N: 6	&#8745;	IE: 4, 5, 5.5 N: 6	∩	Schnittmenge
&cup;	N: 6	&#8746;	N: 6	∪	Vereinigungsmenge
&int;	IE: 4, 5, 5.5 N: 6	&#8747;	IE: 4, 5, 5.5 N: 6	∫	Integral
&there4;	N: 6	&#8756;	N: 6	∴	Daher
&sim;	N: 6	&#8764;	N: 6	~	Tildenoperator
&cong;	N: 6	&#8773;	N: 6	≅	Geschätzt
&asymp;	IE: 4, 5, 5.5 N: 6	&#8776;	IE: 4, 5, 5.5 N: 6	≈	Näherungsweise
&ne;	IE: 4, 5, 5.5 N: 6	&#8800;	IE: 4, 5, 5.5 N: 6	≠	Nicht gleich

Namenswert	Browser-Unterstützung		Zahlenwert	Browser-Unterstützung		Darstellung	Beschreibung
&equiv;	IE: 4, 5, 5.5 N: 6		&#8801;	IE: 4, 5, 5.5 N: 6		≡	Identisch
&le;	IE: 4, 5, 5.5 N: 6		&#8804;	IE: 4, 5, 5.5 N: 6		≤	Kleiner gleich
&ge;	IE: 4, 5, 5.5 N: 6		&#8805;	IE: 4, 5, 5.5 N: 6		≥	Größer gleich
&sub;	N: 6		&#8834;	N: 6		⊂	Teilmenge
&sup;	N: 6		&#8835;	N: 6		⊃	Obermenge
&nsub;	N: 6		&#8836;	N: 6		⊄	Nicht Teilmenge
&sube;	N: 6		&#8838;	N: 6		⊆	Teilmenge oder gleich
&supe;	N: 6		&#8839;	N: 6		⊇	Obermenge oder gleich
&oplus;	N: 6		&#8853;	N: 6		⊕	Eingekreistes Plus, Direktsumme
&otimes;	N: 6		&#8855;	N: 6		⊗	Eingekreistes Mal, Vektorprodukt
&perp;	N: 6		&#8869;	N: 6		⊥	Senkrecht
&sdot;	N: 6		&#8901;	N: 6		⟨	Punktoperator

Technische Symbole

Namenswert	Browser-Unterstützung		Zahlenwert	Browser-Unterstützung		Darstellung	Beschreibung
&lceil;	N: 6		&#8968;	N: 6		⌈	Linke Decke
&rceil;	N: 6		&#8969;	N: 6		⌉	Rechte Decke
&lfloor;	N: 6		&#8970;	N: 6		⌊	Linker Boden
&rfloor;	N: 6		&#8971;	N: 6		⌋	Rechter Boden
&lang;	Keiner		&#9001;	Keiner		⟨	Winkelklammer nach links zeigend
&rang;	Keiner		&#9002;	Keiner		⟩	Winkelklammer nach rechts zeigend

Geometrische Formen

Namenswert	Browser-Unterstützung		Zahlenwert	Browser-Unterstützung		Darstellung	Beschreibung
&loz;	IE: 4, 5, 5.5 N: 6		&#9674;	IE: 4, 5, 5.5 N: 6		◊	Raute

Verschiedene Symbole

Namenswert	Browser-Unterstützung	Zahlenwert	Browser-Unterstützung	Darstellung	Beschreibung
&spades;	IE: 4, 5, 5.5 N: 6	&#9824;	IE: 4, 5, 5.5 N: 6	♠	Pik
&clubs;	IE: 4, 5, 5.5 N: 6	&#9827;	IE: 4, 5, 5.5 N: 6	♣	Kreuz
&hearts;	IE: 4, 5, 5.5 N: 6	&#9829;	IE: 4, 5, 5.5 N: 6	♥	Herz

D

Fonts

Dieser Anhang listet die normalerweise auf den meisten Systemen verfügbaren sowie die mit dem Internet Explorer gelieferten Schrifttypen auf. Auch wenn andere Schriftarten auf dem System der Besucher verfügbar sein könnten, ist es ratsam, sich bei der Auswahl von Fonts auf diejenigen zu beschränken, die mit hoher Wahrscheinlichkeit beim Betrachter installiert sind, oder die gewünschten Schriftzeichen mitzuliefern, wenn es sich dabei um eher seltene Fonts handelt (s.a. Kapitel 6).

Fonts für Microsoft

Die folgenden Schriftarten sind für Microsoft-Browser und -Systeme verfügbar. Sie werden in Abbildung D.1 dargestellt.

Arial

Arial Black

Comic Sans MS

Courier New

Impact

Lucida Sans

▫ ✔ ✘ ⌐ ⌈ ▲ ▲

Σψμβολ

Times New Roman

Verdana

▶ 🏛 🏕 🏘 🚂 👁 🏛 🏚

♇ ⚷ ■ ♐ ♎ ⚷ ■ ♐ ✦

Abbildung D1]

Font	Betriebssystem
Arial	Windows 95, Windows 2000, Windows 3.1x, Windows NT 3.x, 4.0
Arial Black	Internet Explorer 3
Arial Bold	Windows 95, Windows 2000, Windows 3.1x, Windows NT 3.x, 4.0
Arial Italic	Windows 95, Windows 2000, Windows 3.1x, Windows NT 3.x, 4.0
Arial Bold Italic	Windows 95, Windows 2000, Windows 3.1x, Windows NT 3.x, 4.0
Comic Sans MS	Internet Explorer 3, Internet Explorer 4
Comic Sans MS Bold	Internet Explorer 3
Courier New	Windows 95, Windows 2000, Windows 3.1x, Windows NT 3.x, 4.0
Courier New Bold	Windows 95, Windows 2000, Windows 3.1x, Windows NT 3.x, 4.0
Courier New Italic	Windows 95, Windows 2000, Windows 3.1x, Windows NT 3.x, 4.0
Courier New Bold Italic	Windows 95, Windows 2000, Windows 3.1x, Windows NT 3.x, 4.0
Impact	Internet Explorer 3
Lucida Sans Unicode	Windows NT 3.x (außer NT 3.0), 4.0
Lucida Console	Windows NT 3.x (außer NT 3.0), 4.0
Marlett	Windows 95, Windows 2000
Symbol	Windows 95, Windows 2000, Windows 3.1x, Windows NT 3.x, 4.0
Times New Roman	Windows 95, Windows 2000, Windows 3.1x, Windows NT 3.x
Times New Roman Bold	Windows 95, Windows 2000, Windows 3.1x, Windows NT 3.x, 4.0
Times New Roman Italic	Windows 95, Windows 2000, Windows 3.1x, Windows NT 3.x, 4.0
Times New Roman Bold Italic	Windows 95, Windows 2000, Windows 3.1x, Windows NT 3.x, 4.0
Verdana	Internet Explorer 3, Internet Explorer 4
Verdana Bold	Internet Explorer 3, Internet Explorer 4
Verdana Italic	Internet Explorer 3, Internet Explorer 4
Verdana Bold Italic	Internet Explorer 3, Internet Explorer 4
Webdings	Internet Explorer 4.0
Wingdings	Windows 95, Windows 2000, Windows 3.1x, Windows NT 3.x, 4.0

Fonts für Apple Macintosh System 7

Die Schriftarten für das Macintosh-System 7 werden in Abbildung D.2 dargestellt.

Chicago

Courier Regular

Geneva

Helvetica

Monaco

New York

Palatino

Σψμβολ

Times

Abbildung D2

Zusätzliche Fonts bei Apple Macintosh System 8.0

Apple hat weitere Schriftarten zu seinem Macintosh-System 8 hinzugefügt. Sie werden in Abbildung D.3 gezeigt.

Apple Chancery

Hoefler Text

◕⚙☾⚘☀⚯ (Hoefler Text Ornaments)

Skia

Abbildung D.3

Zusätzliche Fonts bei Apple Macintosh System 8.5

Apple hat weitere Schriftarten zu seinem Macintosh-System 8.5 hinzugefügt. Sie werden in Abbildung D.4 gezeigt.

Charcoal

Gadget

Sand

Techno

Textile

Abbildung D.4

Microsoft-Fonts für Macintosh-Internet-Explorer

Microsoft hat einige seiner Schriftarten für die Macintosh-Versionen des Internet Explorer 4.5 und 5 verfügbar gemacht. Sie werden in Abbildung D.5 gezeigt.

Andale Mono

Arial

Arial Black

Comic Sans MS

Courier New

Georgia

Impact

Times New Roman

Trebuchet MS

Verdana

▶📖 ⚙ ♥ ⓘ ●◼ ? (Webdings)

✦ ♏ ♌ ♎ ♓ ◼ ♑ ◆ (Wingdings)

Abbildung D.5

Charter

Clean

Courier

Fixed

Helvetica

Lucida

Lucidabright

New Century Schoolbook

Συμβολ

Terminal

Times

Utopia

Abbildung D.6

Fonts für Unix-Systeme

Die Schriftarten, die für Unix-Systeme verfügbar sind, werden in Abbildung D.6 gezeigt.

[ANCHOR HERE: Abbildung D.6]

E

Farbreferenz

Dieser Anhang bietet Ihnen einen Überblick über den Einsatz von Farben im Web, über die Ermittlung von websicheren Farben, das Regulieren unsicherer Farben, die Verwendung von Farbnamen und ihrer numerischen Gegenstücke, wie sie in HTML und CSS verwendet werden, und die Browser-Unterstützung der Farbnamen.

Websichere Farben

Während 8-Bit-GIF-Grafiken 256 Farben darstellen können, gibt es nur 216 wirklich websichere Farben, die mit Sicherheit auf jeden Farbsystem dargestellt werden können. Diese Farben werden häufig als *browsersichere Palette* bezeichnet. Da es schwer ist, das in einem schwarz-weißen Buch zu visualisieren, haben wir Ihnen diese Farben auf den Webseiten zum Buch online bereitgestellt (`http://www.mitp.de`). Die Verwendung von Farben, die nicht in dieses Spektrum fallen, kann zu unschönen Ergebnissen führen, wenn sie auf einem reinen VGA-System betrachtet werden. Das Mischen verschiedener websicherer Farben, um Farben, die nicht in dieser Palette enthalten sind, näherungsweise darzustellen, bezeichnet man als *Dithering*. Hierbei werden ähnliche Farben nebeneinander dargestellt, um einen bestimmten Farbwert zu simulieren. Das Ergebnis ist allerdings in der Regel weniger ansehnlich.

Die Auswahl der 216 Farben ist recht offensichtlich, wenn man sich das RGB-Farbkonzept vergegenwärtigt. Stellen Sie sich eine Farbe vor, die aus verschiedenen Anteilen von Rot, Grün oder Blau besteht, die durch die Einstellung mit einem imaginären Farbregler bearbeitet werden kann. Die Extremwerte reichen von »keine Farbe« bis zur maximalen Farbsättigung. Um websichere Farben zu erstellen, sind nur die Sättigungseinstellungen 0 %, 20 %, 40 %, 60 %, 80 % und 100 % zulässig. Der Wert 0 %, 0 %, 0 % entspricht der Farbe Schwarz, während der Wert 100 %, 100 %, 100 % die Farbe Weiß ergibt. Ein Wert von 100 %, 0 %, 0 % ergibt ein reines Rot usw. Sichere Farben sind solche, deren RGB-Werte einen sicheren Intensitätswert haben. Die Hexadezimalumrechnung für diese Sättigungsgrade sehen Sie in Tabelle E.1.

Farbintensität	Hexadezimalwert	Dezimalwert
100 %	FF	255
80 %	CC	204
60 %	99	153
40 %	66	102
20 %	33	51
0 %	00	0

Tabelle E.1: Farbintensitäts-Umrechnungstabelle

Um eine sichere Farbe einzustellen, müssen Sie lediglich die richtige Kombination von sicheren Hexadezimalwerten auswählen. So ist z.B. #9966ff eine sichere Farbe, während #917467 keine sichere Farbe ist. Die meisten Webdesign-Tools wie Macromedia Dreamweaver oder Allaires HomeSite enthalten ein Farbauswahlprogramm. Gleiches gilt für viele Grafikwerkzeuge wie Macromedia Fireworks oder Adobes Photoshop. Wenn Sie nach Farbpaletten oder ähnlichen Tools suchen, können Sie einmal bei http://www.visibone.com/colorlab/ vorbei schauen.

Eine unsichere Farbe in die nächstliegende sichere Farbe umzuwandeln, ist relativ einfach. Sie müssen lediglich die einzelnen Werte für Rot, Grün oder Blau zum nächsten sicheren Wert auf- oder abrunden. Ein Beispiel für eine solche Umwandlung wird in Tabelle E.2 gezeigt. Sichere Werte werden hier fett dargestellt.

00=00	01=01	02=02	03=03	04=04	05=05
06=06	07=07	08=08	09=09	10=0A	11=0B
12=0C	13=0D	14=0E	15=0F	16=10	17=11
18=12	19=13	20=14	21=15	22=16	23=17
24=18	25=19	26=1A	27=1B	28=1C	29=1D
30=1E	31=1F	32=20	33=21	34=22	35=23
36=24	37=25	38=26	39=27	40=28	41=29
42=2A	43=2B	44=2C	45=2D	46=2E	47=2F
48=30	49=31	50=32	**51=33**	52=34	53=35
54=36	55=37	56=38	57=39	58=3A	59=3B
60=3C	61=3D	62=3E	63=3F	64=40	65=41
66=42	67=43	68=44	69=45	70=46	71=47
72=48	73=49	74=4A	75=4B	76=4C	77=4D
78=4E	79=4F	80=50	81=51	82=52	83=53
84=54	85=55	86=56	87=57	88=58	89=59
90=5A	91=5B	92=5C	93=5D	94=5E	95=5F
96=60	97=61	98=62	99=63	100=64	101=65
102=66	103=67	104=68	105=69	106=6A	107=6B
108=6C	109=6D	110=6E	111=6F	112=70	113=71
114=72	115=73	116=74	117=75	118=76	119=77
120=78	121=79	122=7A	123=7B	124=7C	125=7D
126=7E	127=7F	128=80	129=81	130=82	131=83

132=84	133=85	134=86	135=87	136=88	137=89
138=8A	139=8B	140=8C	141=8D	142=8E	143=8F
144=90	145=91	146=92	147=93	148=94	149=95
150=96	151=97	152=98	**153=99**	154=9A	155=9B
156=9C	157=9D	158=9E	159=9F	160=A0	161=A1
162=A2	163=A3	164=A4	165=A5	166=A6	167=A7
168=A8	169=A9	170=AA	171=AB	172=AC	173=AD
174=AE	175=AF	176=B0	177=B1	178=B2	179=B3
180=B4	181=B5	182=B6	183=B7	184=B8	185=B9
186=BA	187=BB	188=BC	189=BD	190=BE	191=BF
192=C0	193=C1	194=C2	195=C3	196=C4	197=C5
198=C6	199=C7	200=C8	201=C9	202=CA	203=CB
204=CC	205=CD	206=CE	207=CF	208=D0	209=D1
210=D2	211=D3	212=D4	213=D5	214=D6	215=D7
216=D8	217=D9	218=DA	219=DB	220=DC	221=DD
222=DE	223=DF	224=E0	225=E1	226=E2	227=E3
228=E4	229=E5	230=E6	231=E7	232=E8	233=E9
234=EA	235=EB	236=EC	237=ED	238=EE	239=EF
240=F0	241=F1	242=F2	243=F3	244=F4	245=F5
246=F6	247=F7	248=F8	249=F9	250=FA	251=FB
252=FC	253=FD	254=FE	**255=FF**		

Obwohl die mathematische Übersetzung zur nächstliegenden browsersicheren Farbe sinnvoll erscheint, kann es für einige Leute nicht richtig aussehen. Stellen Sie sich vor, dass Sie eine Farbmischung erstellen, die aus mehreren sicheren Farben besteht. Das lässt sich mit einer GIF-Grafik durch einen einfachen Schachbretteffekt bewerkstelligen, bei dem zwei oder mehrere Farben nebeneinander platziert werden, wodurch der Eindruck einer dritten Farbe entsteht. Es gibt eine Vielzahl von Photoshop-PlugIns wie Colorsafe (`www.boxtopsoft.com`), die hierbei hilfreich sind.

Farbnamen und Zahlenwerte

Die HTML-Spezifikation definiert sechzehn Farbnamen (aqua, black, blue, fuchsia, gray, green, lime, maroon, navy, olive, purple, red, silver, teal, white und yellow), von denen allerdings nur sieben als websicher gelten. Viele weitere Namen wurden von einzelnen Browsern, vor allem Netscape, eingeführt und verwendet. Farbnamen sind leichter zu merken als Zahlencodes, allerdings kann es bei der Verwendung in älteren Browsern zu Problemen kommen. Es ist ratsam, Hexadezimalwerte für Farben zu verwenden, da Sie damit immer auf der sicheren Seite sind. Der Code <body bgco-lor="lightsteelblue"> erzeugt z.B. das gleiche Ergebnis wie <body bgcolor="#b0C4de">. Verschiedene Farbnamen können unter Umständen zum selben Ergebnis führen. Die Namen »magenta« und »fuchsia« entsprechen z.B. beide dem Farbwert #ff00ff. Unabhängig von der Unterstützung von Farbnamen sollten Sie sich merken, dass auch nicht alle Zahlenwerte browsersicher sind. Obwohl diese Farbnamen und Zahlenwerte für einen Betrachter mit einem hoch auflösenden System sicher kein Problem sind, sollten Sie nicht vergessen, dass das nicht die einzigen im Web sind.

Hinweis

Bitte beachten Sie, dass der Opera-Browser zwar Zahlenwerte unterstützt, aber leichte Probleme mit der Umsetzung von Farbwerten hat. Nur 18 Farbnamen stimmen hier mit den numerischen Gegenstücken überein. Es werden zwar in den meisten Fällen Annäherungen an den eigentlichen Farbwert erreicht, aber es sind trotzdem signifikante Abweichungen sichtbar, so dass Sie auch hier besser Zahlenwerte verwenden. Darüber hinaus gibt es einige Farbnamen, die von Opera überhaupt nicht akzeptiert werden. Es bleibt zu hoffen, dass dieser Fehler in zukünftigen Versionen dieses Browsers nicht mehr auftritt.

Viele Online-Farbreferenzen geben an, dass weitere Farbvariationen eingeführt werden können, indem die Zahlen 1 bis 4 zum Farbnamen hinzugefügt werden. Wenn das stimmen würde, könnten mit den Farbwerten *cadetblue1*, *cadetblue2*, *cadetblue3* und *cadetblue4* unterschiedliche Schattierungen der gleichen Farbe erzielt werden, wobei die Zahl 1 die hellste und die Zahl 4 die dunkelste Variation bewirken soll. Opera scheint dieses Konzept bis zu einem gewissen Grad zu unterstützen. Da es jedoch bei anderen Browsern zu Problemen führen kann, sollten Sie auf die Verwendung dieses Ansatzes verzichten.

Darüber hinaus behaupten einige Online-Farbreferenzen, dass es bis zu 100 Farbvariationen von grau (*gray10*, *gray50*, *gray90* usw.) gäbe. Tests haben jedoch ergeben, dass dieses Konzept von keinem gängigen Browser unterstützt wird.

Stichwortverzeichnis

Symbole

A

B

C

D

ISBN 3-8266-0836-4
www.mitp.de

Danny Goodman

Die JavaScript-Bibel

- Optimieren Sie Ihre Skripte für den Explorer und Navigator
- Profi-Tipps zur Cross-Browser-Programmierung
- Erfahren Sie alles zu W3C DOM
- Mit umfassender JavaScript-Referenz

... wenn JavaScript es kann, dann können Sie es auch !

Erstellen Sie Web-Seiten, die von dynamischen Inhalten nur so strotzen. Erfreuen Sie die Besucher Ihrer Site mit Stylesheets, die sich den Aktionen des Anwenders anpassen. Übernehmen Sie die Kontrolle über die Benutzerschnittstellen, kontrollieren und steuern Sie CSS-Attribute, Plug-Ins und Java-Applets, ja sogar XML-Daten.

Durch die exzellenten Ratschläge und Lektionen von Danny Goodman, der Autorität auf dem Gebiet JavaScript, lernen Sie, wie Sie Ihre Web-Seiten wirklich dynamisch gestalten. Dieses Buch ist mit der bekannten Klarheit und Energie geschrieben, in der Danny Goodman sein enormes Wissen und seine zahlreichen Erfahrungen auf dem Gebiet der client-seitigen Programmierung mit Ihnen teilt.

Vom Anfänger bis hin zum Erfahrenen: diese Ausgabe der JavaScript-Bibel enthält die Informationen, die Sie benötigen, um Ihre Webseiten professionell zu gestalten.

Im Buch finden Sie eine ausführliche Darstellung der folgenden Themen:

- Eine Einführung in die Grundlagen der Sprache JavaScript mit einzelnen Lektionen für Einsteiger in der Programmierung.
- Das Erzeugen von Skripten für Rollover-Effekte und zur Überprüfung von Skripten auf dem Browser.
- Lernen und erfahren Sie mehr über die Konzepte des JavaScript-Objektmodells und des W3C DOM mit der Hilfe von Dannys exklusivem Tool, dem Evaluator.
- Lernen Sie, wie die neuesten (JavaScript 1.5) Techniken der Ausnahmebehandlung und eigene Objekte anzuwenden sind.
- Implementieren Sie Cross-Browser-Skripte mit dynamischen HTML-Elementen für den MSIE und Netscape Navigator.
- Entwickeln Sie eigene Strategien zur Programmierung von Skripten, die Ihnen helfen, die Wünsche Ihrer Web-Seiten-Besucher zu erfüllen.

XML GE-PACKT

Eine wirklich praktische Referenz: Alles, was man für die Arbeit mit XML (Extensible Markup Language) benötigt, zum gezielten Nachschlagen, detailliert erläutert und mit Beispielen praxisnah ergänzt. XML erobert mehr und mehr Bereiche der Softwareentwicklung und umfasst dabei eine Reihe von Teilthemen, die die Komponenten dieses Buchs bilden. XML-GE-PACKT zeigt unter anderem die Syntax von XML, erklärt Namensräume und befasst sich mit der praktischen Anwendung von DTD, CSS, XLST, Xpath, XSL-FO, Xlink, Xpointer, DOM, SAX und »Schema«.

**Alfred Nussbaumer,
Dr. August Mistlbacher**

ISBN 3-8266-0690-6

XML Ent-Packt

Dieses Buch bietet einen umfassenden Überblick über die Grundlagen von XML. Alle Elemente und Attribute von XML, CSS, XSL, XSLT und einiger wichtiger Anwendungen werden in zahlreichen Beispielen erläutert. Die Referenzen zu diesen Themen machen dieses Werk zu einem unentbehrlichen Ratgeber für XML-Einsteiger und erfahrene Programmierer, die sich rasch in das Thema XML einarbeiten müssen.

**Alfred Nussbaumer,
Dr. August Mistlbacher**

ISBN 3-8266-0884-4

ISBN 3-8266- -0799-6
www.mitp.de

Richard Samar, Christian Stocker

PHP de Luxe

Dieses Buch richtet sich an fortgeschrittene PHP-Programmierer, die bereits Erfahrung in der Arbeit mit der Web-Programmiersprache haben. Der Leser erhält mit diesem Buch aktuelles und profundes Wissen über PHP, das er benötigt, um ungeahnte Leistungs- und Anwendungsmöglichkeiten aus PHP heraus zu holen.

Nach einem gründlichen Überblick über PHP wird der Leser mit den wichtigen Entwicklungswerkzeugen (Editoren, IDE, PHP PEAR, PHPDoc, Template-architekturen) vertraut gemacht.

Das Buch geht ausführlich auf den Einsatz von PHP und Datenbanken ein, wobei es sich schwerpunktmäßig auf die Datenbankschnittstellen zu MySQL, PostgreSQL und Oracle konzentriert.

PHP bietet XML-Unterstützung in Form des expat-Parsers. Dies wird umfassend dargestellt, ebenso die Verarbeitung von XML und XSLT anhand der vorhandenen PHP-Extensions.

Was PHP in Sachen dynamische Bilder bietet, vermittelt ein weiteres Kapitel. Dabei geht es um On-the-Fly-Erzeugung von Bildern, PDF und Flash, wie es vermutlich bisher erst wenigen PHP-Entwicklern bekannt sein dürfte. Weitere Kapitel gehen auf PHP in Netzwerken ein, beschreiben ausführlich Schnittstellen zu Java und .NET, zeigen auf, wie clientseitige Standalone-Anwendungen mit PHP-GTK programmiert werden und widmen sich ausführlich dem Sicherheitsaspekt bei Web-Anwendungen, die mit PHP erstellt wurden.

Im Praxisteil werden Anwendungen erläutert, die mit PHP erstellt wurden. Der Leser kann somit sein erworbenes Wissen sofort in die Praxis umsetzen.

Auf der CD:

Quellcodes der einzelnen Kapitel und der Projektteile; diverse Tools wie PostgreSQL und MySQL für verschiedene Betriebssysteme, verschiedene PHP-Versionen (auch eine mit der Zend Engine 2), der Apache Webserver (für Linux und Windows), PHP-GTK und andere Tools (wie z.B. die freie IDE Weaverslave).

Mit einem Vorwort von Andi Gutmans und Zeev Suraski, die die Zend Engine (das Herzstück von PHP) entworfen und entwickelt haben.

ISBN 3-8266-0819-4
www.mitp.de

Bill McCarthy

PHP 4 IT-Tutorial

Mit diesem Tutorial lernen Sie systematisch und anhand praxisnaher Beispiele, wie Sie mit PHP dynamische und datenbankunterstützte Webseiten programmieren.

Sie lernen zunächst, wie Sie einfache PHP-Programme erstellen sowie die Verwendung von Kontrollstrukturen, Funktionen, Arrays und Strings. Anhand zahlreicher Beispielprogramme können Sie sich schrittweise in komplexere Themen einarbeiten wie das Arbeiten mit Cookies, Dateien und Verzeichnissen, das Senden und Empfangen von E-mails und die Anbindung von mySQL-Datenbanken. Sie erhalten fundiertes Basiswissen, um PHP effektiv für Ihre Aufgaben als Webentwickler einsetzen zu können.

Mit der Software und dem Programmcode auf der CD können Sie sofort mit der konkreten Umsetzung Ihrer Aufgaben beginnen.

Das Konzept der Tutorials ist für die praxisnahe, schrittweise und strukturierte Erlernung des jeweiligen Themas ausgelegt.

Weitere IT-Tutorials in unserem Programm:

- SQL IT-Tutorial
- C# IT-Tutorial
- Java 2 IT-Tutorial
- VB .NET IT-Tutorial
- HTML IT-Tutorial
- C++ IT-Tutorial

ISBN 3-8266-0685-X
www.mitp.de

Christoph Aigner, Thomas Strohmaier

PHP Ge-Packt

PHP zeichnet sich durch zahlreiche Stärken aus wie u.a. die Unterstützung von zahlreichen Datenbanken und Protokollen, die Generierung von PDF-Dokumenten und Grafiken sowie die Kompatibilität zu XML und ist zudem auch noch kostenlos.

Mit dieser Referenz erhalten Sie präzise Erläuterungen zu allen Elementen und Funktionen von PHP, die Sie bei der täglichen Arbeit benötigen: angefangen bei Arrays, Variablen, Klassen und Objekten über Funktionen zum Dateisystem bis hin zu Datenbanken, Serversteuerung, Protokollfunktionen und XML. Innerhalb der thematischen Kapitel sind die Funktionen alphabetisch sortiert, so dass Sie schnell die gesuchten Informationen finden. Ein Kapitel über Tipps und Tricks enthält zusätzliche wertvolle Informationen.

ISBN 3-8266-0695-7
www.mitp.de

Dirk Chung, Robert Agular

HTML Ge-Packt

Mit dieser gepackten Referenz erhalten Sie alle Informationen, die Sie brauchen, um mit HTML Ihre Webseiten zu erstellen. Für alle, die ihre Webseiten mit Cascading Style Sheets aufwerten wollen, enthält dieses Buch außerdem eine Referenz zu CSS. Im zweiten Teil des Buches finden Sie viele wertvolle Tipps und Hilfen für die praktische Umsetzung und die Erweiterung Ihrer Webseite wie das Einbinden von Scripten und Multimedia-Elementen. Ein weiterer Teil befasst sich mit der Testphase, der Providerauswahl, der Suchmaschinenproblematik sowie einer Übersicht über verschiedene hilfreiche Tools, die Sie z.T. kostenlos aus dem Internet beziehen können.

ISBN 3-8266-0774-0
www.mitp.de

Sven Fischer

Grafikformate Ge-Packt

Jeder, der selber schon einmal digitale Bilder für den Druck oder für's Web aufbereitet hat oder aber zur weiteren Bearbeitung verschicken wollte, weiß, dass dies auch im heutigen Medienzeitalter durchaus noch mit Problemen behaftet sein kann. Oft werden mangelnde Bildqualität oder zu hoher Speicherbedarf zum Ärgernis.

In dieser handlichen Referenz finden Sie jedoch alles, was Sie für einen souveränen Umgang mit Grafikformaten wissen müssen. Alle gängigen Grafikformate werden hier genau untersucht. Dabei stehen nicht programmiertechnische Aspekte im Mittelpunkt, sondern es geht vor allem um den praktischen Einsatz der Formate. In übersichtlicher Form erfahren Sie alles über wichtige Eigenschaften wie Auflösung, Datentiefe, Farbkanäle, Dateistruktur, Kompatibilität zu anderen Programmen sowie den besonderen Anwendungsbereichen des jeweiligen Formats.

Außerdem werden auch die wichtigsten Multimediaformate besprochen und ein Blick auf diverse Verschlüsselungsmethoden von Bilddaten geworfen.

ISBN 3-8266-0859-3
www.mitp.de

Michael Seeboerger-Weichselbaum

JavaScript GE-PACKT

In dieser gepackten Referenz finden Sie alle Informationen, die Sie brauchen, um effektiv mit JavaScript Ihre Webseiten zu erstellen: Sie erhalten präzise und klar verständliche Erläuterungen zu allen Objekten, zu den objektunabhängigen Funktionen und Eigenschaften sowie den Statements, Operatoren, Reservierten Wörtern und den Event-Handlern. Immer wird genau angegeben, von welcher Browserversion die jeweiligen Methoden und Eigenschaften unterstützt werden und ob diese Bestandteil von ECMAScript-262 sind. Die Referenz enthält sämtliche Objekte, Methoden und Eigenschaften von JavaScript 1.0 bis einschließlich 1.5.

Die Neuauflage enthält eine vollständige DOM-Referenz und deckt alle Web-Browser ab (Internet Explorer bis 6.0, Netscape bis 6.2).

Mit JavaScript Ge-Packt erhalten Sie ein komfortables Arbeitsinstrument für den täglichen Einsatz.